Hans Joachim Schneider
Kriminologie. Ein internationales Handbuch
Band 1: Grundlagen
De Gruyter Handbuch

Hans Joachim Schneider

Kriminologie

Ein internationales Handbuch

___

Band 1: Grundlagen

DE GRUYTER

Dr. Dr. h.c. Dipl.-Psych. *Hans Joachim Schneider*, em. Professor an der Westfälischen Wilhelms-Universität Münster, Abteilung Kriminologie des Instituts für Kriminalwissenschaften

ISBN 978-3-11-048452-6
e-ISBN 978-3-11-024827-2

Bibliografische Information der Deutschen Nationalbibliothek
Die Deutsche Nationalbibliothek verzeichnet diese Publikation in der Deutschen
Nationalbibliografie; detaillierte bibliografische Daten sind im Internet
über http://dnb.d-nb.de abrufbar.

© 2014 Walter de Gruyter GmbH, Berlin/Boston
Datenkonvertierung/Satz: Werksatz Schmidt & Schulz GmbH, Gräfenhainichen
Druck: Hubert & Co. GmbH & Co. KG, Göttingen
♾ Gedruckt auf säurefreiem Papier
Printed in Germany

www.degruyter.com

Meinen Lehrern
Gotthold Bohne (1890–1958)
und
Rudolf Sieverts (1903–1980)
in Dankbarkeit gewidmet

Vorwort

Während die US-amerikanische Kriminologie in der zweiten Hälfte des 20. Jahrhunderts und im ersten Jahrzehnt des 21. Jahrhundets rasante wissenschaftliche Fortschritte in Theorie und Methode machte, entwickelte sich die deutsche Kriminologie fast überhaupt nicht. Die Teilnehmerzahlen der Jahrestagungen der „American Society of Criminology" (ASC) vervielfachten sich. Die deutsche Kriminologie blieb demgegenüber konstant. Nach dem Vorbild der ASC, die im Jahre 1941 gegründet worden war, machte die „European Society of Criminology" (ESC), die man im Jahre 2000 errichtet hatte, enorme Fortschritte. Das konnte den deutschen Kriminologen nicht verborgen bleiben. Sie führten Ende Juni 2012 in Freiburg i.B. eine Konferenz zur Lage der deutschen Kriminologie durch, dessen „Freiburger Memorandum" im Januar/Februar 2013 veröffentlicht worden ist. In diesem Memorandum ist von der nachlassenden Bedeutung der Kriminologie an den deutschen Universitäten die Rede. Die Kriminologie sei in Deutschland in einen zum Teil gravierenden Rückstand geraten. Sie müsse wieder den Anschluss an die internationale Kriminologie, insbesondere an die englischsprachige Kriminologie finden.

Die drei Bände des internationalen kriminologischen Handbuchs wollen einen Beitrag dazu leisten, die Internationalität der deutschen Kriminologie zu stärken, sie international stärker zu öffnen und ihr eine einflussreichere, wirksamere sozialstrukturelle und -prozessuale Ausrichtung zu geben.

Die Bände wollen die entstandene internationale, sozialstrukturelle und -prozessuale Lücke schließen: Im ersten Band werden anhand neuester kriminologischer Erkenntnisse die internationalen theoretischen und methodischen Grundlagen der Kriminologie gelegt. Sie gelten für alle drei Bände und bauen auf den historischen Wurzeln heutigen internationalen kriminologischen Denkens auf, das im Überblick und in allen wichtigen Einzelheiten gründlich erarbeitet wird. Alle Ausführungen beruhen auf der neuesten, aktuellsten Literatur. Der zweite Band zeichnet – insbesondere anhand der neuesten internationalen Dunkelfeldforschung (der internationalen Befragungen in das Täter- und Opferwerden) – ein Bild über die gegenwärtige Kriminalitätslage in der Welt. Anhand wichtiger Kriminalitätsformen, z.B. Gewaltkriminalität, sexueller Kindesmisshandlung, Organisiertem Verbrechen, werden die sozialstrukturellen und -prozessualen Kriminalitätsursachen deutlich gemacht. Der dritte Band widmet sich vor allem den auf empirischen und experimentellen Beweisen gegründeten und überprüften (evaluierten) Vorbeugungs-, Täter- und Opfer-Behandlungsprogrammen, wie sie gegenwärtig in der Welt angewandt oder erprobt werden.

Alle Ausführungen der drei Bände stützen sich nicht nur auf die internationale Literatur (z.B. auf die Beobachtung und Lektüre von etwa dreißig kriminologischen oder der Kriminologie nahestehenden Zeitschriften). Für meine Erkenntnisse wertvoll waren auch die vielen Diskussionen mit Kollegen, Professoren wie Studierenden, die ich während meiner vielen Tagungs-, Gastvorlesungs- und Vortragsreisen kennenlernen durfte. Als Beispiele nenne ich nur meine zahlreichen Aufenthalte im asiatischen und fernöstlichen Institut der Vereinten Nationen (UNAFEI), meine Lehr- und Forschungstätigkeit an zahlreichen Universitäten in Tokyo und Peking und meine Arbeit im australischen Institut für Kriminologie in Canberra. Meine aktive Teilnahme an allen Jahrestagungen (mit zwei Ausnahmen) der „Amerikanischen Gesellschaft für Kriminologie" seit 1966 hat schließlich ein besonderes Gewicht.

Ergänzt und untermauert wird meine Arbeit durch empirische Forschung, die zum großen Teil durch die Hilfe und Unterstützung des Strafvollzugs und der Polizei im Ausland ermöglicht worden ist. In den 1970er Jahren hat mir beispielsweise die Polizei in New York City mit Hilfe einer geheimen Spezialeinheit einen Einblick in das Organisierte Verbrechen gewährt. Ich habe seinerzeit darüber berichtet. In den 1990er Jahren hat mir die Polizei in den australischen Nordgebieten die Gelegenheit gegeben, in drei Settlements Aborigines zu befragen und so einen Einblick in die Ursachen der hohen Tötungs- und Gewaltkriminalität der Aborigines im menschenleeren australischen Outback (im Landesinnern) zu bekommen.

Ohne die tätige Mithilfe meiner Frau Hildegard hätte das Buch nicht geschrieben werden können. Sie hat mir z.B. bei der Literaturbeschaffung geholfen und alle Schreibarbeiten erledigt. Mein Sohn Prof. Dr.-Ing. (Karlsruhe) Marvin Oliver Schneider (Sao Paulo) war bei unzähligen Computerschwierigkeiten eine unentbehrliche Hilfe. Meine Tochter Dr. Ursula Schneider (Richterin am Bundesgerichtshof) ist bei zahlreichen „Notfällen" hilfreich eingesprungen. Ihnen allen sei herzlichsten Dank.

Münster, im Oktober 2013   *Hans Joachim Schneider*

Inhaltsverzeichnis

Abkürzungsverzeichnis

a.A.	anderer Ansicht
ACT	Australian Capital Territory (Gebiet der australischen Hauptstadt)
Abb.	Abbildung
AIC	Australian Institute of Criminology
Anm.	Anmerkung
ASC	American Society of Criminology (Amerikanische Gesellschaft für Kriminologie)
Aufl.	Auflage
Bd., Bde	Band, Bände
BKA	Bundeskriminalamt, Wiesbaden
BMI	Bundesministerium des Innern
BMJ	Bundesministerium der Justiz
CA	California (Bundesstaat der USA)
CT	Connecticut (Bundesstaat in den USA)
D.C.	District of Columbia (Bundesbezirk der Vereinigten Staaten von Amerika)
Ed.	Editor (Herausgeber)
ESC	European Society of Criminology (Europäische Gesellschaft für Kriminologie)
et al (u.a.)	und andere
EU	European Union (Europäische Union)
FBI	Federal Bureau of Investigation (Bundeskriminalamt der USA in Washington D.C.)
Fl	Florida (Bundesstaat der USA)
GA	Goltdammer's Archiv für Strafrecht
HEUNI	European Institute for Crime Prevention and Control Affiliated with the United Nations (Europäisches Institut für Verbrechensverhütung und Kontrolle, den Vereinten Nationen angegliedert)
Hrsg.	Herausgeber
ICVS	International Crime Victim Survey (Internationaler Überblick über Verbrechensopfer)
Ill	Illinois (Bundesstaat der USA)
IVAWS	International Violence Against Women Survey (Internationaler Überblick über die Gewalt an Frauen)
JR	Juristische Rundschau (Zeitsschrift)
JURA	Juristische Ausbildung (Zeitschrift)
JZ	Juristenzeitung
Krim	Kriminalistik (Zeitschrift)
KrimJ	Kriminologisches Journal

Mass	Massachusetts (Bundesstaat der USA)
Min	Minnesota (Bundesstaat der USA)
MschrKrim	Monatsschrift für Kriminalpsychologie und Strafrechtsreform (1903–1936)
	Monatsschrift für Kriminalbiologie und Strafrechtsreform (1937–1944)
	Monatsschrift für Kriminologie und Strafrechtsreform (seit 1953)
m.w.N.	mit weiteren Nachweisen
NASA	National Aeronautics and Space Administration (Nationale Luft- und Raumfahrtbehörde der USA)
NCVS	National Crime Victimisation Survey (Nationaler Überblick über das Opferwerden USA)
NGO	Non Governmental International Organisation (Internationale Nichtregierungsorganisation)
NH	New Hampshire (Bundesstaat in den USA)
NJ	New Jersey (Bundesstaat der USA)
N, n	Numerus (Zahl der Beobachtungen in einer Datenmenge, der Personen in einer Population)
No. (Nr.)	Nummer
OH	Ohio (Bundesstaat der USA)
o.J.	ohne Jahr
ÖJZ	Österreichische Juristenzeitung
OR	Oregon (Bundesstaat der USA)
S.	Seite
UK	United Kingdom (Vereinigtes Königreich)
UNAFEI	United Nations Asia and Far East Institute of Crime Prevention and Treatment of Offenders (Institut der Vereinten Nationen für Asien und den Fernen Osten für Verbrechensverhütung und Behandlung des Rechtsbrechers)
UNICRI	United Nations Interregional Crime and Justice Research Institute (Überregionales Institut für Verbrechens- und Justiz-Forschung der Vereinten Nationen)
USA (US)	United States of America (Vereinigte Staaten von Amerika)
vgl.	vergleiche
Vol.	Volume (Band)
Wi	Wisconsin (Bundesstaat der USA)
WODC	Wetenschappelijk Onderzoek en Documentatiecentrum (Den Haag) (Forschungs- und Kriminalpolitik Zentrum des niederländischen Justizministeriums)
WSV	World Society of Victimology (Weltgesellschaft für Viktimologie (Opferwissenschaft))
ZfStrVo	Zeitschrift für Strafvollzug und Strafälligenhilfe
ZStW	Zeitschrift für die gesamte Strafrechtswissenschaft

Einleitung
Die internationale, die europäische
und die deutschsprachige Kriminologie:
Entwicklungen und gegenwärtige Situation

1 Die internationale und die europäische Kriminologie

Inhaltsübersicht

1.1 Prinzipien der internationalen Kriminologie

Die Kriminologie verfolgt als autonome Sozialwissenschaft vier Grundsätze (*LaFree* 2007):

- Ohne ihre Geschichte ist die Kriminologie eine bloße Ansammlung theoretischer Erwägungen und empirischer Fakten. Ihre Geschichte verleiht der Kriminologie erst inhaltlichen Sinn und Einsicht in ihre Zusammenhänge (Konzepte). Eine sinnlose Gegenwartsbezogenheit (Präsentismus) fördert die Entwicklung der Kriminologie nicht.
- Internationale Vergleiche sind eine ganz wesentliche Methode der Kriminologie. Denn die Ergebnisse nationaler empirischer und experimenteller Studien erlangen durch sie mehr Überzeugungskraft (externe Validität). In nationaler Enge kann sich Kriminologie nicht entfalten; sie ist eine internationale Wissenschaft. Die internationale Sektion der „American Society of Criminology (ASC)" erreicht eine immer größer werdende Bedeutung. Internationale Vergleichsuntersuchungen werden durch die „European Society of Criminology (ESC)" besonders gepflegt.
- Die Interdisziplinarität gehört zum Wesen der Kriminologie. Domination durch eine Disziplin, z.B. Soziologie oder Psychiatrie, bedeutet Einengung in Theorie und Methodologie. Deshalb sind alle U.S.-amerikanischen Graduiertenschulen in Kriminologie und Kriminaljustiz interdisziplinär organisiert. Soziologie, Psychologie und Sozialpsychologie bilden den interdisziplinären Kern der Kriminologie.
- Die internationale Kriminologie geht davon aus, dass es eine objektive Realität gibt, die losgelöst von den Wahrnehmungen derer existiert, die sie beobachten. Konstruktivismus, der behauptet, das Verbrechen sei nicht real, sondern allein menschlich gemacht, ist ihr ebenso fremd wie die Kriminologie als Reflexionswissenschaft, die weniger Realphänomene ermittelt, sondern vor allem über die Rolle der Kriminologie und des Strafrechts nachdenkt.

1.2 Die internationalen Gesellschaften für Kriminologie

Die internationale Kriminologie wird auf den Tagungen der internationalen Gesellschaften für Kriminologie entwickelt. Diese Tagungen sind nicht nur Diskussionsforen. Die wichtigsten neuen theoretischen, methodologischen und kriminalpolitischen Konzepte werden dort vorgestellt. Die drei folgenden Gesellschaften sind für die Entwicklung einer internationalen Kriminologie von großer Bedeutung.

1.2.1 Die Internationale Gesellschaft für Kriminologie

1.2.1.1 Ziele und Aufgaben der SIC

Die „Société Internationale de Criminologie (SIC)" hat sich zum Ziel gesetzt, ein Forum für die Kriminologen der Welt zu sein und auf diese Weise ein Fach- und auch Laienpublikum durch ihre Weltkongresse und internationalen Kurse sowie durch ihre Halbjahreszeitschrift über alle kriminologischen Neuentwicklungen zu informieren. Es geht ihr um alle Kriminalitätsphänomene und -ursachen sowie um Kriminalprävention und soziale Kontrolle, insbesondere um die Erforschung des Kriminaljustizsystems. Die internationale Zusammenarbeit auf dem Gebiet der Kriminologie soll ermöglicht und gestärkt werden. Eine Weltkriminologie und -kriminalpolitik soll entwickelt werden. Ihre Hauptaktivitäten sind ihre Weltkongresse, die alle fünf Jahre stattfanden und die jetzt jedes 3. Jahr abgehalten werden. Hinzu kommen zwei internationale Kurse jedes Jahr und die Veröffentlichung einer Halbjahreszeitschrift (Annales Internationales de Criminologie), die seit dem Jahre 1951 – zumeist als Doppelheft – in französischer, spanischer und englischer Sprache erscheint. Bisher sind 15 Weltkongresse und 67 internationale Kurse organisiert worden. Die „Annales" sind in 48 Jahrgängen veröffentlicht worden.

1.2.1.2 Geschichte der SIC

Die „Société Internationale de Criminologie (SIC)" ist im Jahre 1938 in Rom gegründet worden. Ihr „Gründungsvater" ist der klinische Kriminologe *Benigno di Tullio* (Rom) (1967, 1969, 1980). Während des 2. Weltkriegs (1939–1945) ist die internationale und europäische Kriminologie in ihrer Entwicklung zum völligen Stillstand gekommen. Die deutsche Kriminologie ist durch den Nationalsozialismus international isoliert worden. Nach dem 2. Weltkrieg ergriff Frankreich die Initiative. Paris ist der Sitz der SIC, die seit dem Jahre 1949 im Justizministerium in Paris ein ständiges Sekretariat unterhält, das sich jetzt seit Juli 2010 an der Katholischen Universität Leuven/Belgien befindet. Die SIC besitzt drei Forschungszentren. Das wichtigste ist im Jahre 1969 in Montreal/Kanada eröffnet worden und widmet sich der internationalen Vergleichenden Kriminologie. Zwei weitere Forschungszentren arbeiten in Genua/Italien und in San Sebastian/Spanien. Die SIC wird durch einen Vorstand (Board of Directors), eine

Wissenschaftliche Kommission (Scientific Committee) und ein Generalsekretariat gesteuert. Sie besitzt Konsultativstatus bei den Vereinten Nationen und beim Europarat. Sie ist eine „Non Governmental International Organisation (NGO)".

Ihre ersten Kongresse in Rom (1938), in Paris (1950), in London (1955), in Den Haag (1960), in Montreal (1965) (*H.J. Schneider* 1966) und in Madrid (1970) diskutierten hauptsächlich Fragen der klinischen Kriminologie und der Kriminalbiologie. Unter klinischer Kriminologie versteht man eine einzelfallbezogene Kriminologie, die mit psychiatrischen und biographischen Methoden, z.B. psychiatrischen Explorationen, Aktenanalysen, Tätermerkmale zu erforschen sucht. Der Straftäter stand im Mittelpunkt. Ihr Kongress in London beschäftigte sich z.B. mit der Rückfälligkeit des Rechtsbrechers, ihr Kongress in Den Haag mit den kriminellen psychopathischen Persönlichkeiten und ihr Kongress in Montreal mit der Behandlung des Straftäters. Diese Festlegung auf den Kriminellen änderte sich mit dem denkwürdigen Referat von *Nils Christie* (Oslo) über sozialstrukturelle und -prozessuale Einflüsse auf die Kriminalitätsentstehung während des Kongresses in Belgrad (1973). Die Variationsbreite behandelter Themen vergrößerte sich in der Folgezeit: in Lissabon (1978), in Wien (1983) und in Hamburg (1988). Das Strafensystem und die Kriminaljustiz kamen unter Kritik. Das dynamische Konzept der kriminellen Karriere wurde besprochen. Die Kongresse in Budapest (1993), in Seoul/Korea (1998) und in Rio de Janeiro (2003) (*H.J. Schneider* 2003a) erörterten vor allem Strafvollzugsfragen, insbesondere Alternativen zum Freiheitsvollzug, Opferprobleme, insbesondere restaurative Justiz, und Polizeiforschung, insbesondere Gemeinschaftspolizeiarbeit. Auf den Kongressen in Seoul und Rio de Janeiro wurde der unbefriedigende Zustand der Kriminologie in den Entwicklungsländern deutlich (über Kriminologie in Asien vgl. auch „Asian Journal of Criminology"). Dort begnügt man sich im Wesentlichen mit Meinungsäußerungen von Autoritäten (vgl. z.B. *Zaffaroni* 1998, 2001, 2008, 2009). Allerdings ist mitunter die Opferforschung der Täterforschung überlegen. Während der Kongresse in Philadelphia (2005) und in Barcelona/Spanien (2008) kamen schließlich die Evaluationsforschung, die Effektivitätsprüfung von Vorbeugungs- und Behandlungsprogrammen, und Probleme der Punitivität (der Straforientierung, Bestrafungsneigung) zur Sprache (*H.J. Schneider* 2005a, 2008).

1.2.1.3 Beurteilung der Aktivitäten der SIC

Die SIC hat auf die internationale Kriminologie Einfluss ausgeübt. Sie war allerdings nicht in der Lage, die Grundlagen für eine Weltkriminologie und -kriminalpolitik zu legen. Dafür war und ist ihre organisatorische und wissenschaftliche Basis zu schmal. Sie hat Wert darauf gelegt und ist auch gegenwärtig darum bemüht, die Kriminologie in den französisch- und spanisch-, portugiesischsprachigen Ländern in den Mittelpunkt ihres Interesses zu stellen. Kriminologie existiert in Frankreich indessen nicht als selbstständige akademische Disziplin (*Maillard/Roché* 2004). Demzufolge hat die kriminologische Forschung in Frankreich eine sehr begrenzte Bedeutung. Das ist auch durch die mangelnde französische Beteiligung an den Weltkongressen der SIC erkennbar geworden. Die Aktivitäten der SIC sind in vierfacher Weise kritisch zu bewerten:

Die internationale Bedeutung der Weltkongresse der SIC wird immer wieder mit einer Beteiligung von etwa eintausend Teilnehmerinnen und Teilnehmern begründet. Diese Beteiligung muss freilich auf etwa ein Fünftel reduziert werden. Denn vier Fünftel der Teilnehmerinnen und Teilnehmer kommen aus dem Austragungsland des jeweiligen Weltkongresses. Die Kongresse der SIC sind in Wirklichkeit nationale Tagungen mit einiger internationaler Beteiligung.

Dadurch, dass die SIC-Kongresse alle fünf Jahre abgehalten worden sind und nun jedes 3. Jahr veranstaltet werden, ist das kriminologische Weltpotential nicht annähernd ausgeschöpft worden; die Zeitverzögerung wird auch gegenwärtig der rasanten Entwicklung der Kriminologie in der Welt nicht gerecht. Um den kriminologischen Fortschritten in der Welt Rechnung zu tragen, müssten Welt-Jahrestagungen abgehalten werden. Denn nur sie ermöglichen einen permanenten internationalen Gedanken- und Forschungsaustausch und einen ungestörten internationalen Lern- und Forschungs-Prozess. Die internationalen Kurse der SIC und ihre Halbjahreszeitschrift füllen diese Lücke nicht. Denn die Kurse sind national ausgerichtet, und die „Annales" bieten zu wenig Raum.

Weder die Hauptreferate der Weltkongresse noch die Aufsätze in den „Annales" sind Welt-Übersichts-Referate zu kriminologischen Themenbereichen. Es sind vielmehr Referate und Aufsätze zu individuellen nationalen Projekten. Kriminologen von Weltrang werden in der Regel weder für die Hauptreferate der SIC-Kongresse gewonnen noch veröffentlichen sie ihre Arbeiten in den „Annales".

Das ständige Bemühen um „Eindämmung" des Einflusses der Kriminologie der englischsprachigen Länder vergrößert die Schwierigkeiten der SIC zusätzlich. So wird die kriminologische Theoriediskussion beispielsweise international stark behindert. Denn sie hat sich fast vollständig in die US-amerikanische Kriminologie verlagert.

Immerhin wird die Kriminologie als selbstständige sozialwissenschaftliche Disziplin angesehen und nicht als strafrechtliche, soziologische oder psychiatrische Hilfswissenschaft (*Peters* 2006).

1.2.2 Die Weltgesellschaft für Viktimologie

1.2.2.1 Ziele und Aufgaben der WSV

Die „World Society of Victimology (WSV)" ist gegründet worden, um die Position des Verbrechensopfers in der kriminologischen Forschung und Lehre und insbesondere in der Kriminalpolitik zu stärken. Die WSV verfolgt zu diesem Zweck folgende Aufgaben (Beispiele):

–   Es geht ihr um die soziale Sichtbarkeit der bisher verborgen gebliebenen, verdeckten, selten angezeigten Viktimisierungen, um die zwischenmenschlichen

Beziehungen gewaltärmer und humaner zu gestalten und um menschliches Leiden zu verringern.

- Die Viktimisierung verursacht psychosoziale Verletzungen, die das Opfer für weiteres Opferwerden verletzbar, aber auch mitunter für Täterwerden anfällig machen. Deshalb setzt sich die WSV für die Opfervorbeugung und -behandlung ein. Insbesondere will sie die friedliche Durchsetzungs- und die friedliche Konfliktlösungsfähigkeit durchsetzungsschwacher Opfer mit kognitiv-sozialen Lern- und Interaktionsprogrammen verbessern.

- Zur Vermeidung der Opfer-Verletzbarkeit und -Anfälligkeit hält die WSV eine Erweiterung und Verschärfung des Strafrechts für keinen gangbaren Weg.

- Auf die psychosozialen Opferverletzungen, die die Viktimisierung hervorrufen kann, wird nicht selten in einer Weise reagiert, die diese Verletzungen aufrecht erhält oder sogar noch verschlimmert. Deshalb ist es der WSV ein Anliegen, solche Opferschäden den Reaktionsinstanzen auf das Opferwerden, insbesondere der Kriminaljustiz, sozial sichtbar zu machen, damit sie sich bei der Reaktion auf das Opferwerden in einer Weise verhalten, die nicht zur Festschreibung der Opferrolle beiträgt.

- Die Viktimisierung im Kindes- und Jugendalter ist für den weiteren Lebensweg des Kindes oder Jugendlichen von großer Bedeutung. Denn sie kann zum Einstieg in eine Opfer- oder Täterkarriere werden. Deshalb sind für die WSV Eltern-Erziehungs-Programme wichtig, die eine Frühintervention bei emotional vernachlässigten und physisch wie sexuell misshandelten Kindern zum Ziel haben.

- Die Anzeigeraten der physischen und sexuellen Gewaltanwendung gegenüber Frauen und Kindern sind – besonders in sozialen Nahbeziehungen – erheblich niedriger als die Durchschnittsanzeigeraten der Kriminalität allgemein. Die Dunkelfelder verborgen gebliebener Viktimisierung sind in diesen Bereichen entsprechend hoch. Deshalb hegt die WSV Zweifel, ob das Strafverfahren die richtige Reaktion auf solche Viktimisierungen darstellt. Sie setzt sich vielmehr für ein Ausgleichs- und Schlichtungsverfahren (Mediationsverfahren) ein. Denn den Opfern geht es vor allem darum, dass ihr Opferwerden aufhört, und nicht darum, dass ihr Täter, der ihnen regelmäßig sozial nahesteht, besonders hart bestraft wird.

- Der gesellschaftliche Ausschluss oder die gesellschaftliche Marginalisation von sozialen Minderheiten, z.B. Obdachlosen, Immigranten, trägt häufig erheblich zu deren Viktimisierung bei. Nach Ansicht der WSV muss deshalb ein Interaktionsprozess des Machtungleichgewichts zwischen mächtiger Mehrheits- und weitgehend ohnmächtiger Minderheitsgruppe vermieden werden. In sozialen Institutionen, z.B. Familien, Schulen, Krankenhäusern, darf es nicht zu einem extremen Machtungleichgewicht kommen. Den Machtunterworfenen darf der Respekt nicht versagt werden; ihre Menschenwürde muss stets unangetastet bleiben.

1.2.2.2 Geschichte der WSV

Viktimologie als dynamische, sozialpsychologische Disziplin, als Subdisziplin der Kriminologie hat zum ersten Mal *Hans von Hentig* (1941, 1948, 436) angestoßen. Viktimisierungsstudien, repräsentative Bevölkerungsbefragungen in das Opferwerden, sind erstmalig im Jahre 1964 von *Inkeri Anttila* (2001, 3–8) angeregt worden. Die „President's Commission", eine Expertenkommission (*Buerger* 2010), nahm diese Anregung im Jahre 1967 auf und gab die erste Viktimisierungsstudie (*National Opinion Research Center* 1967) als Pilot Projekt in Auftrag. Auf Initiative von *Israel Drapkin* (Jerusalem) und *Stephen Schafer* (Boston) sind die ersten beiden internationalen Symposien für Viktimologie in Jerusalem (1973) (*Drapkin/Viano* 1974/1975) und in Boston (1976) durchgeführt worden. Um den internationalen Symposien mehr Organisationsstabilität zu geben, ist die „World Society of Victimology (WSV)" auf dem „3. Internationalen Symposium für Viktimologie" in Münster/Westfalen gegründet worden (*H.J. Schneider* 1982a, 1982b). Ihr Gründungspräsident war *Hans Joachim Schneider* (1979–1985). Die WSV hat die Viktimologie durch ihre internationalen Symposien in Tokyo/Kyoto 1982 (*Miyazawa/Ohya* 1986), in Zagreb/Kroatien 1985 (*Separovic* 1988/1989), in Jerusalem 1988 (*Ben David/Kirchhoff* 1992), in Rio de Janeiro 1991 (*Kirchhoff/Kosovski/Schneider* 1994), in Adelaide/Australien 1994 (*Sumner/Israel/O'Connell/Sarre* 1996), in Amsterdam 1997 (*van Dijk/van Kaam/Wemmers* 1999), in Montreal 2000 (*Gaudreault/Waller* 2001, in Stellenbosch/Südafrika 2003, in Orlando/Florida 2006 (*Winkel/Friday/Kirchhoff/Letschert* 2009) und in Mito/Japan 2009 in die ganze Welt getragen. Neben ihrer Hauptaktivität der Organisation internationaler Symposien hält die WSV, die Konsultativstatus bei den Vereinten Nationen und beim Europarat besitzt, seit 1984 internationale Kurse in Viktimologie in Dubrovnik/Kroatien, aber auch in Asien, in Mittel- und Südamerika sowie in Südafrika ab. Ihre Experten haben die Vereinten Nationen bei der Abfassung ihrer „Deklaration über Grundsätze der gerechten Behandlung von Verbrechensopfern und Opfern von Machtmissbrauch" (1985) (*Bassiouni* 1988, 201–205), den Europarat bei der Ausarbeitung seiner „Empfehlungen zur Verbesserung der Rechtsstellung des Opfers im Strafrecht und Strafverfahren" (1985) (*Council of Europe* 1985) und den Rat der Europäischen Union bei der Vorbereitung seines „Rahmenbeschlusses über die Stellung des Opfers im Strafverfahren" (2001) (*Rat der Europäischen Union* 2001) beraten. Die Zeitschrift „International Review of Victimology" wird in Zusammenarbeit mit der WSV publiziert. Die viktimologische Entwicklung in der Welt während der letzten drei Jahrzehnte des 20. Jahrhunderts ist in einem umfassenden Referat zusammengefasst (*H.J. Schneider* 2001a, 2001b, 2011b).

1.2.2.3 Die gegenwärtige Situation der WSV

Die WSV hat in den letzten zwei Jahrzehnten des 20. Jahrhunderts und im ersten Jahrzehnt des 21. Jahrhunderts zu den Fortschritten der internationalen Kriminologie erheblich beigetragen.

Viktimisierungsstudien (Victimization Surveys), Befragungen der Bevölkerung nach ihrem Opferwerden durch Straftäter, nähern sich der Kriminalitätswirklichkeit besser an als jedes andere (bisher bekannt gewordene) Verbrechensmessinstrument. Durch sie sind internationale Kriminalitätsvergleiche möglich geworden. Sie erhellen die Viktimisierung in gesellschaftlichen Institutionen, z.B. in der Familie, in der Schule, im Krankenhaus, in der Kirche, in der Strafanstalt, die bisher weitgehend von der Kriminologie vernachlässigt worden ist. Durch sie sind neue, bisher verborgen gebliebene Verbrechensformen, z.B. Hass- und Vorurteilsverbrechen, Stalking (Opfernachstellen und -beschleichen), entdeckt worden.

Viktimologische Ursachentheorien haben die internationale kriminologische Theoriediskussion wesentlich belebt. Gesellschaftlicher Ausschluss oder soziale Marginalisation hat die kriminologische Aufmerksamkeit auf die sozialstrukturelle Viktimisierung gelenkt. Das dynamische, psychosoziale Ursachenkonzept des zwischenmenschlichen Interaktionsprozesses, in den durch die Tätermotivation gesellschaftliche viktimisierungsfreundliche Stereotype und Vorurteile eingehen und der psychosoziale Folgen für Täter und Opfer hat, ist für die sozialprozessuale Viktimisierung von ausschlaggebender Bedeutung. Der Täter fehlinterpretiert aufgrund opferbelastender gesellschaftlicher Stereotype und Vorurteile das Opferverhalten (illusionäre Situationsverkennung des Täters aufgrund Opferverhaltens). Die Viktimisierung verstärkt seine Täterneigung. Das Viktimisierungstrauma macht das Opfer für weitere Viktimisierungen (Re-Victimizations) verletzbar und opferanfällig. Denn die Täter suchen sich verletzbare Opfer aus, von denen sie annehmen, dass sie leicht viktimisierbar sind. Dem Opfer mangelt es an gesellschaftlicher Obhut (*Cohen/Felson* 2011), an sozialer Unterstützung (*Cullen* 2011), was auf sozialstrukturelle Mängel zurückgeführt werden muss.

Die empirisch-viktimologische Forschung war auf zahlreichen Gebieten für neue kriminologische Erkenntnisse bahnbrechend. Fünf empirisch-viktimologische Studien sollen als Beispiele angeführt werden:

– Die Völkermord-Viktimisierungs-Studie (*Hagan/Rymond-Richmond* 2009) hat deutlich gemacht, dass der Völkermord in einem gesellschaftlichen Überordnungs-Unterordnungs-Interaktions-Prozess entsteht.
– Die Studien zur Obdachlosen-Viktimisierung in Kanada (*Gaetz* 2004), England (*Newburn/Rock* 2006) und Japan (*Kirchhoff/Kameko/Tsuda/Yamada* 2009) haben gezeigt, dass vermehrte Viktimisierung auf gesellschaftlicher Marginalisierung oder gar sozialem Ausschluss aufgrund eines untergeordneten sozialen Status beruht.
– Die Untersuchungen zur sexuellen Kindesmisshandlung in der katholischen Kirche (*Terry* 2008a, 2008b; *White/Terry* 2008) haben ergeben, dass die Viktimisierungen auf klerikalem Kontrollüberfluss bei extremem Mangel an Kontrollfähigkeit der Opfer zurückzuführen sind.
– Die Entwicklungs-Viktimisierungs-Studie („Developmental Victimization Survey") (*Finkelhor/Ormrod/Turner/Hamby* 2005) kommt zu dem Ergebnis, dass die Vikti-

misierung der Kinder und Jugendlichen ihre emotionalen und Verhaltensprobleme, z.B. Depression, Angst, Traurigkeit, Furchtsamkeit und Zurückgezogenheit, hervorruft, die wiederum ihre Re-Viktimisierung verursachen. Denn die Täter suchen sich Opfer mit diesen Symptomen aus (*Turner/Finkelhor/Ormrod* 2010).

–   Nach der „Internationalen Studie über Gewalt in Liebesbeziehungen" (International Dating Violence Study) (*Straus* 2010) ist gewaltsame Erziehung der Kinder ein Risikofaktor für Gewaltanwendung in der Jugend und im Erwachsenenleben der Opfer.

Die Viktimologie hat zur Opfer-Politik (Victim Policy), zur Vorbeugung gegen Viktimisierung und zu ihrer Kontrolle, Vorschläge gemacht, die zukunftsweisend sind:

–   Die Restaurative Justiz (*Bazemore* 2009) will dem Opfer, der Gemeinschaft und dem Täter helfen, die Schäden zu überwinden, die durch die Viktimisierung entstanden sind. Sie will durch die aktive Teilnahme von Opfer, Gemeinschaft und Täter am Mediationsverfahren die Gemeinschaftsbeziehungen stärken und die informellen Mechanismen der Sozialkontrolle verbessern, um die Re-Viktimisierung zu verhüten.

–   Nach der Verfahrens-Gerechtigkeits-Theorie (*Tyler/Braga/Fagan/Meares/Sampson/ Winship* 2007) verinnerlichen Menschen Gerechtigkeits-Normen und -Verpflichtungen, wenn sie im Kriminaljustizverfahren fair und respektvoll behandelt werden und wenn ihre Verfahrens- und Menschenrechte eingehalten werden. Opfer, Täter und Gemeinschaft sollen im Verfahren Gelegenheit erhalten, am Entscheidungs-Findungs-Prozess teilzunehmen, die eigenen Argumente darzulegen, gehört zu werden und bei der Entscheidung Berücksichtigung zu finden.

–   Die Opfer-Einwirkungs-Erklärung (Victim Impact Statement) (*Tolhurst* 2008) ist eine geschriebene oder gesprochene Darstellung darüber, in welcher Weise die Viktimisierung auf das Opfer und seine Mitopfer (z.B. Eltern, Partner, Kinder des Opfers) schädigend eingewirkt hat. Diese Erklärung hat keine negativen Wirkungen auf den Verurteilungsprozess, z.B. auf die Schwere der verhängten Strafe, auf die Länge der Freiheitsstrafe (*Roberts* 2009). Sie trägt vielmehr zur Zufriedenheit des Opfers mit dem Strafverfahren bei. Denn es fühlt sich dadurch fair und gerecht behandelt, dass es seine Beurteilung der eigenen Viktimisierung zur Geltung bringen kann (*Tyler* 2003).

1.2.2.4 Beurteilung der Aktivitäten der WSV

Durch die Viktimisierungsstudien, die viktimologischen Ursachentheorien und die empirisch-viktimologische Forschung hat die Viktimologie wesentlich zur Modernisierung und Erneuerung der Kriminologie beigetragen. Die opfer-politischen Empfehlungen der Vereinten Nationen, des Europarates und des Rates der Europäischen Union

- zur Wiedergutmachung als eigenständiger Sanktion,
- zu Prozessmitsteuerungsrechten des Opfers im Strafverfahren,
- zur Einführung eines Ausgleichs- und Schlichtungsverfahrens (eines Mediations-
  verfahrens) und
- zum Aufbau von Opferhilfs- und -behandlungszentren

sind demgegenüber von den nationalen Gesetzgebungen nur zögerlich und spora-
disch umgesetzt worden. Der Grund liegt für Deutschland in der rechtsphilosophi-
schen Tradition des Strafrechts aus dem 19. Jahrhundert, von der man nicht abweichen will.

Insgesamt leidet die Viktimologie unter dem Richtungsstreit zwischen dem
statischen Grundkonzept von *Beniamin Mendelsohn* (1974, 1976) und dem dynamischen, interaktionistischen Ansatz von *Hans von Hentig* (1941, 1948). Nach *Mendelsohn* sollen bio-psycho-soziale Merkmale bei **allen** Opfern, also auch für Opfer von
Unglücksfällen, Naturkatastrophen und Krankheiten Berücksichtigung finden. Sein
Grundkonzept ist in eine sozialwissenschaftliche Kriminologie nicht integrierbar.

1.2.3 Die Amerikanische Gesellschaft für Kriminologie

1.2.3.1 Ziele und Aufgaben der ASC

Die „American Society of Criminology (ASC)" ist eine internationale, interdisziplinäre Gesellschaft, die Forschung und Lehre in akademischen Institutionen und die
Praxis im Kriminaljustizsystem auf dem Gebiet der Kriminologie fördern will. Sie
ist ein Forum des wissenschaftlichen und praktischen Austauschs und der Verbreitung kriminologischen Wissens. Ihre Hauptaktivität besteht in der Organisation von
Jahrestagungen. Sie gibt zwei Zeitschriften heraus: „Criminology: An Interdisciplin-
ary Journal" (seit 1970) und „Criminology and Public Policy" (seit 2001). Die erste
Zeitschrift widmet sich der Theorie und der empirischen wie experiementellen Forschung. Die zweite Zeitschrift hat sich der kriminalpolitischen Diskussion zugewandt.
Der Newsletter „The Criminologist" verfolgt (seit 1976) das Ziel, den Zusammenhalt
innerhalb der Gesellschaft zu unterstützen. Die ASC wird von einem Präsidenten und
einem Vorstand geleitet. Präsidentschaft, Vorstand und Tagungsvorbereitungsteam
wechseln von Jahr zu Jahr. Die ASC besitzt sechs Fachgruppen: eine für „Corrections
and Sentencing", eine für „Critical Criminology", eine für „Experimental Criminology", eine für „International Criminology", eine für „People of Color and Crime" und
eine für „Women and Crime". Fünf dieser Fachgruppen veröffentlichen internationale
Zeitschriften: „Critical Criminology", „Feminist Criminology", „International Journal
of Comparative and Applied Justice", „Journal of Experimental Criminology" und
„Race and Justice".

1.2.3.2 Geschichte der ASC

Der Deutsch-Amerikaner *August Vollmer* gründete mit sechs anderen die ASC am 30. Dezember 1941 in Berkeley/Kalifornien. In ihrer Anfangsphase (1941–1964) war die Gesellschaft vollständig mit der Förderung des College-Polizei-Trainings im Westen der USA beschäftigt. Im Jahre 1946 hatte sie 40, im Jahre 1960 200 Mitglieder. *Walter C. Reckless (Mutchnick/Martin/Austin* 2009, 121–140; *Huff/Scarpitti* 2011) stellte die ASC während seiner ASC-Präsidentschaft (1964–1966) auf eine neue breitere wissenschaftliche Grundlage. Er konnte sich dabei auf umfangreiche Vorarbeiten der US.-amerikanischen Kriminologie (vgl. *H.J. Schneider* 2005c) seit dem Jahre 1909 stützen. Von den 1960er Jahren an hat die ASC eine beispiellose, einzigartige Entwicklung von einer unbedeutenden nationalen Vereinigung bis zur führenden kriminologischen Gesellschaft in der Welt durchgemacht. Im Jahre 1966 versammelten sich in Philadelphia im Tecumseh Raum des Bellevue Stratford Hotels noch etwa 80 Teilnehmerinnen und Teilnehmer, um an einem Wochenende fünf Sitzungen durchzuführen. Auf der Jahrestagung in Tucson/Arizona fanden im Jahre 1976 bereits 58 Sitzungen mit 300 Teilnehmerinnen und Teilnehmern statt. Die Teilnahme steigerte sich bis zum Jahr 1998 in Washington D.C. auf 2.200 Personen, die zwischen 450 Sitzungen wählen konnten. Sie erreichte in San Francisco im Jahre 2010 mit 870 Sitzungen und 3.960 Teilnehmerinnen und Teilnehmern ihren vorläufigen Höhepunkt.

Die wissenschaftliche Entwicklung der ASC im ersten Jahrzehnt des 21. Jahrhunderts ist in fünf Berichten beschrieben worden (vgl. *H.J. Schneider* 2003c, 2005b, 2007b, 2009a, 2011a). Ihr außergewöhnlicher Erfolg beruht auf organisatorischen und substantiellen Gründen. Zu den organisatorischen Gründen gehört Folgendes:
- Der Ein-Jahres-Turnus ermöglicht einen zügigen kriminologischen Lern- und Forschungsprozess, der der rasanten Entwicklung krimineller Probleme in der heutigen Welt Rechnung trägt.
- Der ständige Wechsel der Präsidentschaft, des Vorstandes und der Tagungsvorbereitungsteams schöpft das gesamte kriminologische Potential einer Gesellschaft aus und macht die Bildung von „Seilschaften" unmöglich, die ihnen unliebsame Kriminologen auszugrenzen und auszuschließen versuchen.
- Die Einbeziehung aller Richtungen, auch der kritischen, begünstigt die wechselseitige Toleranz und schafft die Grundlagen für eine produktive Koexistenz.
- Die Förderung des kriminologischen Nachwuchses durch die Veranstaltung von Vortragswettbewerben und durch Stellenvermittlung sichert die zukünftige Entwicklung der Kriminologie.

Die substantiellen Einflüsse beziehen sich auf folgende Gesichtspunkte:
- Der Ein-Jahres-Rhythmus der ASC-Tagungen unterstützt die ständige theoretische Auseinandersetzung und die kontinuierliche Berichterstattung über den Fortgang und Stand empirischer und experimenteller Theorie-Testung.
- Die kriminologischen Methoden, quantitative wie qualitative, empirische wie experimentelle, stehen auf den ASC-Tagungen fortwährend auf dem Prüfstand.

Ihre Reliabilität (Zuverlässigkeit) und Validität (Gültigkeit) werden beharrlich erprobt.

– Die Kriminalpolitik muss – nach den Ergebnissen der ASC-Tagungen – auf wissenschaftlichem Beweis beruhen. Interventions-Programme müssen mit zuverlässigen sozialwissenschaftlichen Methoden evaluiert werden. Systematische Überblicke und Meta-Analysen dienen der methodischen Transparenz und schaffen aufgrund von Wiederholungs-Studien (externe Validität) die Grundlagen für die Entwicklung einer allgemeingültigen Welt-Kriminalpolitik.

1.2.3.3 Die gegenwärtige Situation der ASC

Seit den 1960er Jahren hat sich die Kriminologie auf den ASC-Jahrestagungen zu einer autonomen Sozialwissenschaft entwickelt, die das Täter- und Opferwerden und die informelle wie formelle Reaktion auf das Täter- und Opferwerden im Rahmen gesellschaftlicher Prozesse erforscht. Die US.-amerikanische Kriminologie ist in ihren Theorien, Methoden und in ihrer Täter-, Opfer- und Sozialpolitik (Public Policy) psychosozial orientiert. Eine Kriminologie als strafrechtliche Hilfswissenschaft, die nur der Strafgesetzgebung und -anwendung dient, oder gar als psychiatrische Hilfswissenschaft, die lediglich der psychiatrischen Täterbegutachtung zur Seite steht, wird einhellig abgelehnt. Gesellschaftliche Institutionen, wie Familie, Nachbarschaft, Schule, Kirche, sind für die Entstehung und Kontrolle von Delinquenz und Kriminalität mindestens ebenso wichtig wie die Kriminaljustiz, die lediglich eine letzte Kontroll-Zuflucht-Rolle zu spielen vermag.

Die US.-amerikanische Kriminologie ist heute eine autonome Sozialwissenschaft, eine Tatsachenwissenschaft, die sowohl Täterperspektiven wie Opfer- und Gesellschaftsgesichtspunkte zu berücksichtigen sucht. Die Vorstellung, dass Kriminelle eine Gruppe andersartiger, abnormer Menschen sind, wird deshalb verworfen. Delinquenz und Kriminalität entstehen inmitten der Gesellschaft, in der nicht selten kriminelle Verhaltensmuster, Werte, Einstellungen und Rechtfertigungen verfolgt werden. Psychopathologie, Kriminalbiologie, klinische Kriminologie und der antitheoretische Mehrfaktorenansatz sind zu einseitig täterorientiert. Sie berücksichtigen soziale Gesichtspunkte nur insoweit, wie sie den Täter betreffen, wie sie also zu seinem sozialen Nahraum gehören.

Die US.-amerikanische Kriminologie der Gegenwart ist interdisziplinär ausgerichtet. Psychologische, soziologische, sozialpsychologische Konzepte sind für sie bestimmend. Kriminalgeographische und -ökologische Gesichtspunkte sind ergänzend zu berücksichtigen. Psychiatrie und Strafrecht spielen eine ganz untergeordnete Rolle. Die zahlreichen Graduiertenschulen in Kriminologie und Kriminaljustiz, die interdisziplinär organisiert sind, arbeiten eng mit der ASC zusammen.

Die international vergleichende Kriminologie gewinnt in der US.-amerikanischen Kriminologie immer mehr an Bedeutung. Die Sozialstrukturen zahlreicher Länder werden im Hinblick auf ihre Kriminalitätsverursachung und -kontrolle miteinander verglichen. Ursachentheorien und Interventionsprogramme werden durch Wiederholungsstudien in mehreren Ländern auf ihre Allgemeingültigkeit (externale Validität) überprüft. Evaluierte empirische und experimentelle Studien zahlreicher Länder werden in methodisch transparenten systematischen Überblicken und in numerisch aufbereiteten Meta-Analysen zusammengefasst, um eine Weltkriminologie zu entwickeln.

1.2.3.4 Beurteilung der Aktivitäten der ASC

Die US.-amerikanische Kriminologie hat sich in ihren ASC-Jahrestagungen seit den 1960er Jahren eine weltweit führende Position erarbeitet. Diese internationale Position wird in folgenden Sachlagen erkennbar:

Die ASC-Jahrestagungen übertreffen die SIC-Weltkongresse in Teilnahme-Reichweite und wissenschaftlicher Bedeutung. Aus einem Vergleich der 62. Jahrestagung der ASC in San Francisco im Jahre 2010 mit dem 15. Weltkongress der SIC in Barcelona/Spanien im Jahre 2008 ergibt sich: In San Francisco konnten 3.960 Teilnehmerinnen und Teilnehmer 3.480 Referate zu 54 Themen in 870 Sitzungen hören. In Barcelona hatten etwa eintausend Teilnehmerinnen und Teilnehmer die Wahl zwischen etwa 500 Vorträgen zu 23 Themen in 157 Sitzungen.

Die internationale Beteiligung an den ASC-Jahrestagungen und an den SIC-Weltkongressen hat in etwa einen Gleichstand erreicht: In San Francisco waren etwa 300 und in Barcelona etwa 200 internationale Teilnehmerinnen und Teilnehmer anwesend. Zu den ASC-Jahrestagungen kommen sie allerdings mehr aus den englischsprachigen, zu den SIC-Weltkongressen mehr aus den nicht-englischsprachigen Ländern. Die Fachgruppe „Internationale Kriminologie" der ASC ist mit gutem Erfolg sehr bemüht, um die Internationalität der ASC-Jahrestagungen noch zu steigern.

Die US.-amerikanische Kriminologie und ihre zentrale Vereinigung – die ASC – können sich auf die politische und finanzielle Hilfe des „National Institute of Justice" in Washington D.C. stützen. Nicht weniger als 60 Graduiertenschulen in Kriminologie und Kriminaljustiz arbeiten – wie in keinem anderen Land – in den USA in der kriminologischen Forschung und Lehre. Durch die kontinuierlichen Bemühungen der ASC ist die Gründung dieser Graduiertenschulen mit kriminologischen Fakultäten möglich geworden.

Fast alle kriminologisch-theoretischen, -methodischen und kriminalpolitischen Innovationen und Fortschritte des 20. Jahrhunderts und des 1. Jahrzehnts des 21. Jahrhunderts in der Welt sind in der US.-amerikanischen Kriminologie vorbereitet worden. In der Kriminalpolitik findet allerdings die liberale Einstellung der US.-amerikanischen Mainstream-Kriminologie international eine größere Beachtung und Zustimmung als die konservative offizielle Kriminalpolitik. Freilich kann man nicht behaupten, dass die Kriminalpolitik aller 50 US.-amerikanischen Staaten konservativ ist.

Die US.-amerikanische Kriminologie übt über ihre ASC-Jahrestagungen einen entscheidenden Einfluss auf die Kriminologien der englischsprachigen Länder aus. Sie hat die Gründung der „European Society of Criminology (ESC)" maßgeblich mitbestimmt und beeinflusst deren Jahrestagungen in erheblicher Weise. Viele junge Kriminologen aus den Entwicklungsländern studieren Kriminologie in den US.-amerikanischen kriminologischen Graduiertenschulen.

Die US.-amerikanische Kriminologie realisiert ihre führende Position in der Welt schließlich in einer beeindruckenden kriminologischen Zeitschriften- und Buchproduktion. Die englischsprachige kriminologische Literatur-Produktion macht mehr als zwei Drittel der kriminologischen Welt-Literatur-Produktion aus. Die englische Sprache ist zur Lingua franca der internationalen Kriminologie geworden.

1.3 Der Stockholm Preis für Kriminologie

Im Jahre 2005 gab der schwedische Justizminister auf dem 14. Weltkongress der ISC in Philadelphia die Stiftung eines internationalen Preises für Kriminologie bekannt. Der Preis wird jährlich von einer Jury der „Stockholm Prize in Criminology Association" unter der Schirmherrschaft des schwedischen Justizministeriums verliehen; er ist mit etwa 133.000 US-Dollar dotiert, und die Preisträger werden für gewöhnlich auf der Jahrestagung der ASC mitgeteilt. Sponsoren kommen derzeit aus den USA, Japan und Schweden. Der Preis wird für hervorragende Leistungen auf dem Gebiet der kriminologischen Forschung und für die Anwendung von kriminologischen Forschungsergebnissen durch Praktiker zum Zwecke der Verbrechensminderung und der Förderung von Menschenrechten vergeben. Mit der Preisverleihung in Stockholm ist ein jährliches „Stockholm Criminology Symposium" verbunden, das im Wesentlichen von dem „Swedish National Council of Crime Prevention" organisiert wird. Die Referate einiger Preisträger sind veröffentlicht worden (vgl. z.B. *Braithwaite* 2006; *Blumstein* 2007; *Olds* 2008; *Zaffaroni* 2009; *Hagan* 2009). Die Referate der Symposien sind ebenfalls teilweise erschienen. Beispiele sind Vorträge über Hasskriminalität (*Goodey*, *Aromaa* 2008) und über Viktimisierungsüberblicke (*Aromaa*, *Heiskanen* 2008). Der Stockholm Preis für Kriminologie ist nicht kritiklos hingenommen worden (vgl. z.B. *Peters* 2006). Ob er die Entwicklung einer Weltkriminologie nachhaltig beeinflussen wird oder eher den wechselseitigen individuellen Interessen von kriminologischen „Seilschaften" dient, bleibt abzuwarten.

1.4 Die Europäische Gesellschaft für Kriminologie

1.4.1 Gründung, Ziele und Entwicklung der ESC

In den 1980er und 1990er Jahren haben immer mehr europäische Kriminologen an den Jahrestagungen der „American Society of Criminology" (ASC) teilgenommen. Denn sie waren mit den organisatorischen Bedingungen und den inhaltlichen Konzepten vieler europäischer nationaler kriminologischer Gesellschaften nicht mehr einverstanden. Nach dem 2. Weltkrieg hatten sich die meisten dieser Gesellschaften nur mäßig entwickelt, während die ASC einen enormen Aufschwung erlebt hatte. Sie war zu einer unabhängigen Sozialwissenschaft und zur Welt-Markt-Führerin geworden. In Europa war das Schwergewicht der Kriminologie von Italien, Frankreich und Deutschland im Laufe des 20. Jahrhunderts auf das Vereinigte Königreich, die Niederlande und die skandinavischen Länder übergegangen. Aufgrund dieser Gegebenheiten ist im Jahre 2000 die „European Society of Criminology" (ESC) in Den Haag (mit Sitz in Cambridge/UK) gegründet worden. Für sie sind nicht nur die organisatorischen Bedingungen der ASC zum Vorbild geworden: z.B. Organisation von Jahrestagungen in allen Teilen Europas, jährlicher Präsidentschaftswechsel, keine Themen- und Referenteneinschränkungen bei den Jahrestagungen. Aufgrund von acht Jahrestagungen der ESC (vgl. *H.J. Schneider* 2003b; 2004; 2009b; 2010) kann vielmehr festgestellt werden, dass auch das autonome kriminologische Grundkonzept der internationalen Mainstream-Kriminologie von der Mehrheit der europäischen Kriminologen geteilt wird.

Nach dem Vorbild der ASC ist die ESC entstanden. Sie ist eine Gesellschaft nach englischem Recht. Ihr juristischer Sitz ist Cambridge/UK. Ihre Hauptaktivitäten bestehen in der Organisation von Jahrestagungen und in der Herausgabe eines Newsletter (Criminology in Europe) und einer Zeitschrift ab dem Jahre 2004: European Journal of Criminology. Die „Europäische Gesellschaft für Kriminologie" ist nicht nur deshalb gegründet worden, um die Beziehungen der nationalen Kriminologien innerhalb Europas zu stärken, sondern um eine europäische kriminologische Forschung und Lehre zu entwickeln und um auf diese Weise die Bedeutung der europäischen Kriminologie in der Welt zu beleben. Die europäische Kriminologie soll zur Partnerin der US-amerikanischen Kriminologie werden und eine von ihr unabhängige Identität entfalten. Sie hat sich die Förderung der vergleichenden theoretischen und empirischen kriminologischen Forschung und Lehre und des europäischen kriminologischen Nachwuchses, z.B. durch Vortragswettbewerbe, zum Ziel gesetzt.

1.4.2 Die gegenwärtige Situation der ESC

Die Europäische Kriminologie hat sich im ersten Jahrzehnt des 21. Jahrhunderts gut entwickelt. Zwischen 330 und 700 Teilnehmerinnen und Teilnehmer besuchten jede der Jahrestagungen der ESC. Zwischen 220 und 560 Referate wurden auf jeder Jahrestagung gehalten. Die „European Society of Criminology (ESC)" besaß im Jahre 2009 831 Mitglieder aus 49 Ländern. Die Länder mit den meisten Mitgliedern waren: das Vereinigte Königreich (184 Mitglieder), Deutschland (69), USA (69), Belgien (59), die skandinavischen Länder (56), die Niederlande (49), Slowenien (45), Italien (38), Spanien (34), die Schweiz (31) und Österreich (22).

Drei europäische Forschungskonzentrationszentren haben sich herausgebildet:
- das „European Institute for Crime Prevention and Control, Affiliated with the United Nations" (HEUNI) in Helsinki,
- das „Wetenschappelijk Onderzoek-en Documentatiecentrum (WODC)" des niederländischen Justizministeriums in Den Haag,
- das „United Nations Interregional Crime and Justice Research Institute" (UNICRI) in Turin/Italien.

1.4.3 Forschungsschwerpunkte der europäischen Kriminologie

Seit ihrer ersten Jahrestagung in Lausanne (2001) hat die ESC große Fortschritte gemacht. Nicht nur die Teilnehmer- und Mitglieder-Zahlen haben sich enorm vermehrt. Auch die Anzahl der Referate und die Variationsbreite der behandelten Themen haben zugenommen. Die sozialwissenschaftlich orientierte, pragmatische Hauptrichtung der Kriminologie beginnt, sich – unter US-amerikanischem Einfluss – auch in Europa durchzusetzen. Die Kriminologie als strafrechtliche und forensisch-psychiatrische Hilfswissenschaft gehört der Vergangenheit an. Die kritisch-radikale Kriminologie ist eine Nebenrichtung geblieben. Der anglophone kriminologische Einfluss ist vorherrschend. Eine von der US-amerikanischen Kriminologie unabhängige europäische kriminologische Identität vermag sich nur auf der Grundlage der international und sozialwissenschaftlich orientierten Hauptrichtung zu entwickeln. Eine Rückschau auf die psychopathologisch-multifaktorielle Richtung oder auf die Nebenrichtung der kritisch-radikalen Kriminologie ist kontraproduktiv. Die theoriegeleitete vergleichende Kriminologie ersetzt die klinische.

Folgende fünf Forschungsschwerpunkte der europäischen Kriminologie sind international bemerkenswert:
- Durch die internationalen Viktimisierungsüberblicke (*Dijk/Kesteren/Smit* 2007; *Dijk/Manchin/Kesteren/Nevala/Hideg* 2005; *Dijk* 2008) und durch die Selbstberichtstudien (*Junger-Tas/Marshall/Enzmann/Killias/Steketee/Gruszczyska* 2010; *Steketee/Moll/Kapardis* 2008) sind Kriminalitäts- und Delinquenz-Vergleiche zwischen den europäischen Ländern möglich geworden.

- Die auf empirischen Beweis gegründete Vorbeugungsforschung (*Farrington/ Welsh* 2007; *Welsh/Farrington* 2006a) hat internationale evaluative Maßstäbe gesetzt.
- Die europäische kriminalpolitische Punitivitätsforschung (*Lappi-Seppälä* 2010; 2008) hat die sozialstrukturellen Ursachen europäischer Bestrafungspolitik eindrucksoll herausgearbeitet.
- Mit der international vergleichenden Strafvollzugsforschung (*Dünkel* 2009) und dem Vergleich der europäischen Jugend-Justiz-Systeme (*Dünkel/Grzywa/Horsfield/Pruin* 2010) sind deskriptive Vergleiche in verschiedenen europäischen Sozialsystemen erarbeitet worden.
- Das Forschungsprojekt über „Großstadtängste" in Europa (*Sessar/Stangl/Swaaningen* 2007) ist ein Beispiel für eine ätiologisch-analytische Vergleichsstudie, die die sozialstrukturellen und -prozessualen Ursachen der Unsicherheitsgefühle der Großstadtbewohner deutlich werden lässt.

1.5 Das Asiatische und Fernöstliche Institut der Vereinten Nationen für Verbrechensverhütung und die Behandlung des Rechtsbrechers

1.5.1 Gründung und Aufgaben von UNAFEI

Das „United Nations Asia and Far East Institute for the Prevention of Crime and the Treatment of Offenders (UNAFEI)" in Fuchu/Tokyo ist das aktivste und erfolgreichste Regional-Institut der Vereinten Nationen, das sich die Förderung der internationalen Vergleichenden Kriminologie und Kriminalpolitik zur Aufgabe gemacht hat. Es ist durch eine Vereinbarung der Vereinten Nationen mit der japanischen Regierung geschaffen worden, die am 15. März 1961 unterzeichnet worden und am 1. April 1970 in Kraft getreten ist. Das UNAFEI-Institut widmet sich vor allem der kriminologischen Weiterbildung von Praktikern der Kriminaljustiz der Entwicklungsländer Asiens und des Pazifiks, des Mittleren Ostens, Mittel- und Südamerikas, Afrikas und der Länder Osteuropas. Seit 1970 hat es 146 internationale Trainingskurse und 144 internationale Seminare in englischer Sprache durchgeführt, die von etwa zweitausend Professionals der Entwicklungsländer und von eintausend japanischen Praktikern der Kriminaljustiz besucht worden sind. Die Referate und Beratungen der Trainingskurse und Seminare sind in bisher 81 Bänden (Jahresberichten) innerhalb der Reihe „Annual Report and Resource Material Series" veröffentlicht worden. Der erste Direktor des Instituts war *Norval Morris* (Chicago) (1962–1964). Im Institut lehrt das japanische Institutspersonal. Als Dozenten werden Gast-Experten (Visiting Experts) aus Nordamerika, Europa, Asien und Australien eingeladen. Die meisten Gast-Experten (mehr als 10) kamen aus folgenden Ländern: aus den USA (90), aus dem Vereinigten Königreich (27), aus der Bundesrepublik Deutschland (25), aus Thailand (22), von den Philippinen (20), aus den skaninavischen Ländern (19), aus Hongkong (17), aus Australien (15), aus Singapur (14), aus der Republik Korera (14), aus Kanada (13) und aus Malaysia (13).

1.5.2 Einige Aktivitäts-Schwerpunkte von UNAFEI

Das UNAFEI-Institut hat sich in den letzten 40 Jahren in erheblichem Maße für die internationale Vergleichende Kriminologie und Kriminalpolitik eingesetzt. Fünf Arbeitsschwerpunkte werden als Beispiele genannt:

Die UNAFEI-Experten berichteten in erster Linie über internationale kriminalpolitische Trends und Sicherheitseinschätzungen der internationalen Öffentlichkeit. Sie zeigten globale Trends und Begrenzungen der Freiheitsstrafe auf (*Lappi-Seppälä* 2008a; 2003a). Sie interessierten sich für die Sanktionen zwischen der Bewährungshilfe und der Freiheitsstrafe und für Alternativen zur Freiheitsstrafe (*H.J. Albrecht* 2010). Als Zwischen-Sanktionen waren europäische Erfahrungen mit Wiedergutmachung, gemeinnütziger Arbeit, sozialem Training in der Gemeinschaft, Freiheitseinschränkungen in der Gemeinschaft, z.B. mit Hausarrest, elektronischer Überwachung, besonders gefragt (*Lappi-Seppälä* 2003b). Als Alternative zur Freiheitsstrafe spielte die Restaurative Justiz (*Braithwaite* 2004a, 2004b) eine herausgehobene Rolle. Täter, Opfer und Gemeinschaft sollen im Mediationsverfahren aktive Rollen erhalten. Schließlich ist die Einstellung der Bürger zu ihrer Sicherheit und zu ihrer Kriminaljustiz international eingeschätzt worden (*Zvekic* 2000).

Ihr besonderes Augenmerk richteten die UNAFEI-Experten auf die Kriminalpolitik (*Christiansen* 1974) und den Strafvollzug (*Hofer* 2001; *Sveri* 1981) in den skandinavischen Ländern. Hierbei ging es besonders um die skandinavische Begrenzung der Freiheitsstrafe (*N. Christie* 2005; *Lappi-Seppälä* 2008b), um die skandinavischen Sanktionen in der Gemeinschaft (*Lappi-Seppälä* 2008c), um das Jugendjustizsystem in Schweden (*Sveri* 1986) und um die Prisonisierungstheorie und Strafanstaltsforschung in Schweden (*U.V. Bondeson* 1991).

Als außerordentlich wichtig schätzten die UNAFEI-Experten die internationale Verbrechensvorbeugung ein. Sie diskutierten die Vorbeugung gegen Jugenddelinquenz (*H.J. Kerner* 2006), die Effektivität der Verbrechensvorbeugung in Großstädten (*I. Waller* 2006a; 2006b), die Teilnahme der Öffentlichkeit an der Verbrechensverhütung (*Grabosky* 1996) und Verbrechens-Vorbeugungs-Experimente in den USA (*Bayley* 1980).

Auf die sozialstrukturellen und -prozessualen Ursachen und Kontrollmechanismen haben die UNAFEI-Experten vornehmlich Gewicht gelegt. Der Einfluss der ökonomischen und gesellschaftlichen Entwicklung auf Verbrechensverursachung und -kontrolle (*H.J. Schneider* 1990a) ist untersucht worden. Wirtschaftskriminalität (*Grabosky* 2000b; *H.J. Schneider* 1987; *Andenaes* 1978), Organisiertes Verbrechen (*Savona* 1999; *H.J. Schneider* 1993) und Cyberkriminalität, Straftaten im Computer- und Telekommunikationsbereich (*Grabosky* 2000a), waren die Kriminalitätsformen, die am häufigsten erörtert worden sind.

Schließlich stand die kriminologische Verbrechensopfer-Forschung im Zentrum des Interesses der UNAFEI-Experten. Man setzte sich mit grundlegenden theoretischen Konzepten und praktischen Implikationen der Viktimologie auseinander (*H.J. Schneider* 1990b; *Fattah* 2000; *Dussich* 2010). Man ging den Weg von der Kriminalpolitik zur Opferpolitik (*H.J. Schneider* 1990c).

1.6 Entwicklungen der internationalen und der europäischen Kriminologie

1.6.1 Historische Entwicklungen

1.6.1.1 Das Aschaffenburg Paradigma

Die Kriminologie besitzt drei historische Quellen. Die Kriminalbiologie, die die Anlage in den Mittelpunkt ihrer Betrachtungen stellt, ist hauptsächlich in Italien entwickelt worden. Die Kriminalsoziologie, die die soziale Umwelt betont, geht im Wesentlichen auf französische Denker zurück. Die Kriminalpsychologie, der die Persönlichkeit des Rechtsbrechers wesentlich ist, hat ihren Ursprung in Deutschland (*H.J. Schneider* 1977). In dem ersten deutsch- wie englischsprachigen kriminologischen Lehrbuch entwickelt *Gustav Aschaffenburg* (1903; 1913) das nach ihm benannte Paradigma (*Wetzell* 2010; 2006; 2000, 69, 297/298), die Integration der Kriminalpsychologie mit der Kriminalsoziologie. Denn sein Buch enthält in seinem ersten Teil die sozialen Ursachen des Verbrechens (die Kriminalsoziologie) und im zweiten Teil erst die individuellen Ursachen (die Kriminalpsychologie), während der dritte Teil der Bekämpfung des Verbrechens gewidmet ist (der Kriminalpolitik). Umweltfaktoren spielen eine entscheidende Doppelrolle bei der Verbrechensverursachung. Denn sie sind unmittelbar und mittelbar wirksam, weil sie auch die psychische Entstehung der Tat beim Rechtsbrecher beeinflussen. *Aschaffenburgs* Buch ist im Jahre 1913 in englischer Sprache veröffentlicht und im Jahre 1968 nachgedruckt worden. Es war Modell für die zahlreichen kriminologischen Lehrbücher, die in den USA in den 1920er bis 1950er Jahren erschienen sind (*Reckless* 1970; 1973, 688–691) und die die Grundlage für die Entwicklung der US-amerikanischen Kriminologie zur „Marktführerin" in der Welt in den 1960er bis 1990er Jahren und zu Beginn des 21. Jahrhunderts bildeten. Ganz anders verlief die Entwicklung in der deutschsprachigen Kriminologie. Hier erlangte das *Kraepelin*-Paradigma[1], die Integration der Kriminalbiologie mit der Kriminalpsychologie, eine entscheidende Bedeutung. Der wichtigste Vertreter dieser Richtung war *Kurt Schneider*, der mit seiner auf klinischer Erfahrung beruhenden

---

1 Nach *Emil Kraepelin*, Psychiatrie-Professor in Heidelberg und München (1856–1926).

Psychopathologie (*K. Schneider* 1923; 1950; 1959) nicht nur die Kriminalbiologie der 1930er und 1940er Jahre dominierte, sondern auch nach dem 2. Weltkrieg seinen Einfluss auf die deutschsprachige Kriminologie (*K. Schneider* 1958; *H. Göppinger* 1962; 1971; 1973; 1976; 1980) entfaltete.

1.6.1.2 Meilensteine der Kriminologie im 20. Jahrhundert

Die englischsprachige internationale und die europäische sozialwissenschaftliche Richtung der Kriminologie bauen auf den vier folgenden „Wendepunkten" (*Laub* 2004) auf:

In den 1920er und 1930er Jahren des 20. Jahrhunderts wendete die Forschungsarbeit von *Clifford R. Shaw* und *Henry D. McKay* (2011) die Aufmerksamkeit weg von individuellen Merkmalen der Delinquenten und Nichtdelinquenten (einem populären Fokus im frühen 20. Jahrhundert) und hin zum sozialstrukturellen Ansatz. Ein System, eine Gemeinschaft, ein Subsystem einer Gesellschaft, ist sozial desorganisiert, wenn sein Gemeinschafts-Zusammenhalt zerfällt, wenn seine soziale Kontrolle zusammenbricht und wenn antisoziales Verhalten unter seinen Mitgliedern geduldet wird. Soziale Desorganisation ruft Delinquenz und Kriminalität hervor.

Edwin H. Sutherland (1924; 1934; 1939; 1947) wurde zum einflussreichsten Kriminologen des 20. Jahrhunderts. Er setzte sich dafür ein, dass kriminelles Verhalten wie jedes andere Verhalten gelernt wird. Er erteilte damit der kriminologischen Richtung eine Absage, die in Kriminellen eine ontologisch unterschiedliche menschliche Kategorie sieht (*Warr* 2001, 185). *Sutherland* lehnte die Psychopathologie und den Mehrfaktorenansatz ab. Er setzte sich für eine theoriegeleitete Forschung ein und war Vorläufer der kognitiv-sozialen Lerntheorie, die sich in der modernen Vorbeugungs- und Behandlungsforschung bewährt hat.

In den letzten 25 Jahren hat die Forschungsarbeit von *Travis Hirschi* (1969) – wie die keines anderen Kriminologen – die intellektuelle Diskussion beherrscht und substanziell die Forschungstagesordnung der Kriminologie bestimmt. *Hirschi*s Kombination der Theorie-Konstruktion, der Konzeptualisierung, der Operationalisierung und der empirischen Prüfung ist zu seiner Zeit fast einzigartig gewesen und dient auch heute noch als Modell (*Akers/Sellers* 2009, 129). Es ist keine Überraschung, dass seine Kontrolltheorie (die Theorie der sozialen Bindung) zur dominierenden Theorie der letzten 25 Jahre geworden ist. Sie ist die am häufigsten diskutierte und getestete aller kriminologischen Theorien (*Akers/Sellers* 2009, 128). *Hirschi* übersetzte tiefenpsychologische Konzepte in sozialpsychologische Kategorien.

Die Studie der Philadelphia Geburtskohorte von *Marvin E. Wolfgang, Robert M. Figlio, Thorsten Sellin* (1972) erneuerte das Interesse an Längsschnittstudien und brachte die grundlegende Erkenntnis in Erinnerung, dass eine kleine Gruppe jugendlicher Täter (6%) für einen unverhältnismäßig großen Teil des Verbrechens verantwortlich ist (für etwa die Hälfte). Die Philadelphia- Studie ist ein Vorläufer der Entwicklungs- und Lebenslaufkriminologie und des Konzepts der kriminellen Karriere.

1.6.2 Phänomenologische Entwicklungen

1.6.2.1 Dunkelfeldstudien

Im Rahmen der phänomenologischen Entwicklungen ist die Dunkelfeldforschung für die internationale und europäische Kriminologie enorm wichtig geworden. Obwohl das Hellfeld registrierter Kriminalität in Europa in bemerkenswerter Weise zusammengestellt worden ist (*Aebi/Cavarlay/Barclay/Gruszczynska/Harrendorf/Heiskanen/Hysi/Jaquier/Jehle/Killias/Shostko/Smit/Dorisdottir* 2010), setzt sich in der „Mainstream"-Kriminologie aus drei Gründen die Einsicht immer mehr durch, dass Dunkelfelddaten über verborgen gebliebene Verbrechen besser geeignet sind, die Häufigkeit, Entwicklung und Struktur der Kriminalität zu ermitteln:

- Die polizeiliche Kriminalstatistik gibt Auskunft über die Produktivität und Effektivität der Polizei, aber nicht über das Ausmaß an Kriminalität in der Bevölkerung. Denn dort, wo die Polizei effektiv ist, gehen die Anzeigeraten nach oben und die registrierte Kriminalität nimmt zu (*Dijk* 2008, 15–43). Eine hohe registrierte Kriminalität ist deshalb ein Zeichen für mehr und nicht für weniger Sicherheit.
- Die Anzeigeraten sind von Delikt zu Delikt unterschiedlich. Deshalb kann eine Straftat mit niedriger Anzeigerate und niedriger Registrierung in der polizeilichen Kriminalstatistik nicht unbedingt als tatsächlich niedrig gelten. So beträgt die Durchschnitts-Anzeigerate für alle Delikte 47%, für die Sexualdelikte aber nur 15% (*Dijk/Kesteren/Smit* 2007, 109/110). Das Dunkelfeld der Sexualdelikte ist deshalb außergewöhnlich hoch.
- Ein Anstieg der Kriminalität nach der polizeilichen Kriminalstatistik kann eine wirkliche, aber auch eine scheinbare Zunahme bedeuten. Denn das Dunkelfeld kann sich wegen erhöhter Anzeigeraten verkleinert haben.

Dunkelfeldstudien sind im internationalen, im nationalen, im regionalen und im deliktspezifischen Bereich unternommen worden (*H.J. Schneider* 2007a, 289–332). Hier wird nur kurz auf den internationalen Bereich eingegangen, der deshalb so wichtig ist, weil das Ausmaß und die Struktur der Kriminalität eines Landes nur dann richtig eingeschätzt werden können, wenn sie zur Kriminalität anderer Länder in Beziehung gesetzt werden (internationaler Kriminalitätsvergleich). Die internationale Dunkelfeldforschung hat im Jahre 1989 mit der „International Crime Victims Survey (ICVS)" begonnen, die seitdem in fünf Runden in den Jahren 1989, 1992, 1996, 2000 und 2004/2005 durchgeführt worden ist. Ende 2005 blickte die ICVS auf 140 Viktimisierungsstudien (Studien zum Opferwerden durch Straftaten) in 78 verschiedenen Ländern mit über 320.000 befragten Probanden zurück. Im Jahre 2005 ist eine Dunkelfeldstudie in 18 europäischen Ländern („European Crime Safety Survey (EU ICS)") hinzugekommen (*Dijk/Manchin/Kesteren/Hideg* 2007).

1.6.2.2 Kriminalitätsvergleiche

Die 5. Runde der ICVS (2004/2005) bezieht sich auf dreißig entwickelte und Entwicklungs-Länder und 33 verschiedene Großstädte (*Dijk/Kesteren/Smit* 2007, 41–47).

– Fast 16 Prozent der Bevölkerung in den dreißig teilnehmenden Ländern sind im Jahre 2004 Opfer einer Straftat geworden. Unter den 15 Ländern mit höheren Viktimisierungsraten befinden sich England/Wales, USA und Australien, unter den 15 Ländern mit niedrigeren Viktimisierungsraten Deutschland, Österreich und Japan.
– Die Verbrechensfurcht, von der im Durchschnitt 27% der Bevölkerung erfasst wird, liegt in Deutschland mit 30% etwas über dem Durchschnitt, in Österreich aber mit 19% klar unter dem Durchschnitt.
– Mit der Arbeit der Polizei sind 42% der Befragten zufrieden. Klar über dem Durchschnitt äußerten ihre Zufriedenheit die Befragten in den USA (88%), in Österreich (81%), in Deutschland (74%) und in der Schweiz (69%).

Die Ergebnisse der ICVS 1996 bis 2005 (*Dijk* 2008, 47–53) zeigen einen Durchschnitt von 25% Viktimisierung von Bewohnern in Großstadtgebieten, die wenigstens einmal Opfer einer Straftat im letzten Jahr vor dem Interview geworden sind. Das Dunkelfeld ist hoch, speziell für Gewalt- und Sexualdelikte. Die höchsten Viktimisierungsraten sind für Großstadtbewohner in Lateinamerika und Afrika gemessen worden. Die Länder Europas und Nordamerikas befinden sich – fast ohne Ausnahme – in der mittleren Kategorie. Die niedrigsten Viktimisierungsraten besitzt Asien.

Unter den 18 europäischen Ländern, in denen eine Dunkelfeldforschung durchgeführt worden ist, haben das Vereinigte Königreich, die Niederlande und Belgien die höchsten Viktimisierungsraten. Schweden, Polen und Deutschland zählen zum Durchschnittsbereich. Niedrige Viktimisierungsraten besitzen Spanien, Frankreich und Österreich.

1.6.3 Ätiologische Entwicklungen

1.6.3.1 Ursprünge der Lebenslauf- und Entwicklungskriminologie

Die Kriminologie hat in der Vergangenheit ihre Aufmerksamkeit zu sehr auf die Delinquenz im Jugendalter konzentriert. Ein Grund hierfür war, dass die Kriminalitäts-Alterskurve im Jugendalter ihren Höhepunkt erreicht. Da die Kriminalitäts-Alterskurve mit dem Beginn des Erwachsenwerdens stark abfällt, ging man von einer Spontanrückbildung der Delinquenz aus und befürwortete – unter dem Einfluss des Labeling-Ansatzes – eine Nichtintervention oder zumindest eine informelle Reaktion auf Jugenddelinquenz. In starkem Kontrast hierzu stand allerdings die Erkenntnis, dass eine kleine Gruppe jugendlicher Täter (6%) für einen unverhältnismäßig großen Teil des Verbrechens verantwortlich ist (für etwa die Hälfte). Das Konzept der kriminellen Karriere stimmte ebenfalls mit der Annahme einer Spontanrückbildung der

Gesamtdelinquenz nicht überein. Nach diesem Konzept sind Täter, die in ihrer Kindheit Verhaltensprobleme haben, auch mit Jugenddelinquenz und Erwachsenenkriminalität belastet. Man begann, sich für den Beginn der Straftaten, für ihre Dauer, ihre Häufigkeit und ihr Ende zu interessieren. Der theoretische Schlüssel für die Lebenslauf- und Entwicklungskriminologie wurde die Erklärung der Beständigkeit und des Wandels im Kriminellwerden (*Lilly/Cullen/Ball* 2011, 386). Delinquenz und Kriminalität entstehen in einem Entwicklungsprozess. Verhaltensprobleme in der Kindheit sind Prädiktoren für Delinquenz und Kriminalität; ineffektive Kindererziehung ist der Hauptgrund für ihre Entstehung.

1.6.3.2 Die Interaktionsprozess-Theorie

Kriminelles Verhalten wird in einem Entwicklungsprozess verursacht, in dem Person und soziale Umwelt miteinander interagieren (*Thornberry* 2011). Delinquente werden nicht nur durch ihr soziales Umfeld beeinflusst, sondern sie üben auch Einfluss auf andere durch ihr delinquentes Verhalten aus. In der Lebensbahn führen anfänglich schwache soziale Bindungen zu hoher delinquenter Verwicklung, und diese Verwicklung schwächt ihrerseits wieder die konventionellen Bindungen. Die Interaktionsprozesse sind in die Sozialstruktur eingebettet. Die Interaktionsprozess-Theorie unterscheidet drei Entwicklungspfade:

- Verhaltensprobleme in der Kindheit sind das Ergebnis der Familiendesorganisation, der ineffektiven Kindererziehung, des Misserfolgs in der Schule und des Umgangs mit delinquenten Gleichaltrigen.
- Die meisten delinquenten Jugendlichen, die mit ihren Straftaten im Alter zwischen 12 und 16 Jahren beginnen, befinden sich in einem Prozess zur Erreichung altersangemessener Autonomie von erwachsenen Autoritäten, speziell von ihren Eltern. Sie suchen nach ihrer Identität.
- Spätstarter, die mit ihren Straftaten erst im Erwachsenenalter anfangen, haben persönliche Defizite, z.B. geringe Intelligenz und schlechte Schulleistungen, die aber während ihres Aufwachsens von ihren Eltern „abgedämpft" worden sind.

Frühe Verhaltensstörungen entstehen dadurch, dass Persönlichkeitszüge der Kinder mit Elterndefiziten in Interaktion stehen. Die Kinder besitzen negative Emotionalität, Impulsivität, schlechte emotionale Regulationsfähigkeiten, und sie setzen sich schädlichen, verderblichen Anreizen aus. Die Eltern erweisen sich als unfähig, prosoziales Verhalten ihrer Kinder zu beobachten und zu belohnen und ihr antisoziales Verhalten zu bemerken und effektiv zu bestrafen. Sie haben geringe Problemlösungsfähigkeiten. Ihre affektiven Bindungen zu ihren Kindern sind niedrig. Sie wenden explosive physische Disziplinierungsstile an.

1.6.3.3 Das sozial-interaktionistische Entwicklungsmodell

Nach diesem Modell liegt der Beginn antisozialen Verhaltens in dysfunktionalen Familien, die gekennzeichnet sind durch schroffe, harte, widersprüchliche Disziplin, wenig positive elterliche Beschäftigung mit dem Kind und schlechte Überwachung und Beaufsichtigung (*Patterson/DeBaryshe/Ramsey* 2006). Die sozial-interaktionistische Perspektive nimmt den Standpunkt ein, dass Familienmitglieder die Kinder unmittelbar darin trainieren, sich antisozial zu verhalten. Einen antisozialen Elternteil oder gar zwei antisoziale Elternteile zu haben, ist ein signifikantes Risiko für das antisoziale Verhalten des Kindes. Die Verhaltensstörungen in der Familie führen zu schulischem Misserfolg und zur Zurückweisung durch die normale Gleichaltrigengruppe. Daran schließt sich während der späten Kindheit und in der ersten Phase der Jugendzeit die Aufnahme in eine deviante Gleichaltrigengruppe an. Die devianten Gleichaltrigen lehren die Jugendlichen Einstellungen, Motivationen und Rechtfertigungen antisozialen Verhaltens. Sie zeigen ihnen Gelegenheiten für spezielle delinquente Handlungen.

Zahlreiche empirische Studien haben diese Theorie getestet und zum großen Teil bestätigt (*Piquero/Farrington/Blumstein* 2003, 400). Die Interventionsprogramme, die auf diesem Modell aufbauen, haben sich im Wesentlichen als effektiv erwiesen (*Cullen/Wright/Gendreau/Andrews* 2003).

1.6.3.4 Die Theorie des chronischen Lebenslauf-Straftäters und des Jugendzeit-Rechtsbrechers

Die Theorie unterscheidet zwei Hauptgruppen antisozialer Personen (*Moffitt* 2011; 2006). Eine kleine Gruppe (5 bis 10% der männlichen Bevölkerung) fällt durch ihre Verhaltensstörungen in ihrer Kindheit und durch die Beständigkeit ihres Fehlverhaltens in ihrer Jugend- und Erwachsenenzeit auf. Eine große Gruppe, der die meisten Jugendlichen während ihrer Jugendzeit angehören, hat wenig oder gar keine antisozialen Tendenzen während ihrer Kindheit gezeigt. Sie verübt delinquente Handlungen während ihrer Jugendzeit, um damit aufzuhören, sobald sie ihr Erwachsenenalter erreicht. Beständigkeit ist das Merkmal der kleinen Gruppe chronischer Lebenslauf-Straftäter. Sie leiden unter neuropsychischen Defiziten, die einen hohen Grad an Aktivität, Irritierbarkeit, schlechter Selbstkontrolle und niedriger kognitiver Fähigkeiten hervorrufen. Diese Persönlichkeitszüge sind Risikofaktoren für delinquentes und kriminelles Verhalten. Die neuropsychisch-geschädigten Kinder treffen auf Eltern mit eigenen neuropsychischen Defiziten. Die Persönlichkeitszüge der Eltern und ihrer Kinder stehen in Wechselwirkung. Die Kinder erreichen nur ein begrenztes Verhaltensrepertoire, da sie wenig Gelegenheit für prosoziales Verhalten haben. Sie sind verstrickt in die Konsequenzen ihres delinquenten und kriminellen Verhaltens. Die Delinquenz in der großen Gruppe der Jugendzeit-Rechtsbrecher ist so weit verbreitet, dass man sie als normal für die jugendliche Entwicklung ansehen kann. Diese Delinquenz beruht auf der Kluft zwischen physischer und sozialer Reife im Jugendalter. Die Jugendlichen streben nach Unabhängigkeit.

1.6.3.5 Die Theorie der altersabgestuften informellen Sozialkontrolle

Nach den Vertretern dieser Theorie, *John H. Laub* und *Robert J. Sampson* (2011; 2003; *Sampson/Laub* 2005), sind Daten aus der Kindheit, der Jugend und dem Erwachsenenalter erforderlich, um die Verläufe, die Längsschnittmuster des Kriminellwerdens zu erklären. Aus diesem Grund haben sie die Daten, die das Ehepaar *Sheldon* und *Eleanor Glueck* (1950; 1968) – zusammen mit einem Team von Fachleuten – in der Mitte des vorigen Jahrhunderts gesammelt haben, neu aufbereitet, erneut analysiert und weitergeführt. Das Forschungsdesign der *Glueck*s umfasste eine Stichprobe von 500 männlichen Delinquenten im Alter zwischen 10 und 17 Jahren und eine Stichprobe von 500 Nichtdelinquenten im selben Alter. Diese beiden Stichproben wurden – Paar für Paar – nach dem Alter, der ethnischen Herkunft/Rasse, dem Intelligenzquotienten und dem Wohnbezirk in Boston zusammengeordnet, aus dem sie kamen und in dem die Einwohner ein niedriges Einkommen hatten. Über einen Zeitraum von 25 Jahren (1940 bis 1965) trug das *Glueck*-Team umfangreiche Daten von diesen eintausend Jungen an drei Zeitpunkten zusammen: im Alter der Jungen von 14, 25 und 32 Jahren. *Laub* und *Sampson* rekonstruierten und analysierten die Längsschnittdaten in sechs Jahren von 1987 bis 1993 mit ihrem neuen theoretischen Ansatz und mit neuen statistischen Forschungsmethoden. Sie erhoben die Daten aus den Kriminalakten von 475 Delinquenten im Jahre 1993 und führten Lebensgeschichte-Interviews mit 52 Männern (aus der ursprünglichen Stichprobe der 500 Delinquenten) durch, die inzwischen ihr 70. Lebensjahr erreicht hatten. Sie gingen der Frage nach, welche Faktoren die Kriminalitätsstabilität und welche den Kriminalitätswandel erklären. Sie suchten nach Prädiktoren für das Aufhören und die Beständigkeit in der Erwachsenenkriminalität.

Sie gelangten zu folgenden Ergebnissen:

Ursachen der Hartnäckigkeit, der Beharrlichkeit der Kriminalität bestehen in einem Mangel an sozialer Kontrolle, in wenig strukturierten Routineaktivitäten und in absichtlichem menschlichen Handeln. Chronische Lebenslaufstraftäter erfuhren Wohn-, Ehe- und Berufs-Instabilität; sie versagten in der Schule und beim Militär; sie hatten relativ lange Perioden der Inhaftierung. Sie erwiesen sich als unfähig, aus Strukturen in jeder Phase ihres Lebens, speziell aus Beziehungen, die soziale Unterstützung und informelle Kontrolle versprechen, Nutzen zu ziehen.

Heirat, Arbeit, Militärdienst repräsentieren Wendepunkte im Lebenslauf und sind wesentlich für das Verständnis des Wandels der kriminellen Aktivität. Wendepunkte stehen in einem größeren strukturellen und kulturellen Kontext. Die Ehe, speziell eine starke eheliche Zuneigung, hat sich für Männer als Prädiktor für ihr Abstandnehmen von ihrer Kriminalität erwiesen. Das Wachsen sozialer Bindungen ist wie ein Investitionsprozess. Die Ehe beeinflusst das Aufhören, weil sie häufig zu einem signifikanten Wandel in Alltagsroutinen führt. Sie besitzt das Potential, den Ex-Straftäter von seiner delinquenten Gleichaltrigengruppe abzuschneiden. Sie begünstigt das Aufhören mit Kriminalität wegen der unmittelbaren Kontrolle durch den Ehepartner. Berufsstabilität, die stark mit dem Aufhören mit Straftaten verbunden ist, Engagement für die Arbeit und wechselseitige Bindungen der Arbeitnehmer und der Arbeitgeber lassen die informelle Sozialkontrolle wachsen. Die Arbeit als solche verstärkt nicht notwendigerweise die Sozialkontrolle. Es ist vielmehr die Arbeit, die mit Berufsstabilität, mit Arbeitsengagement und wechselseitigen Bindungen gekoppelt ist, die die Sozialkontrolle verstärkt und zu einer Verminderung des Verbrechens führt. Der Prozess des Abstandnehmens von Rechtsbrüchen kann in die folgenden vier Dimensionen aufgeteilt werden (*Laub/Sampson* 2003, 148/149):

- Abschneiden der Vergangenheit (delinquente Gleichaltrigengruppe) von der Gegenwart (Ehe- und Familienleben),
- Überwachung durch den Ehepartner/Arbeitgeber und Gelegenheiten für soziale Unterstützung,
- Struktur in den Routine-Aktivitäten (geordnetes Alltagsverhalten),
- Gelegenheit für eine Identitätsänderung (Straftäter → Familienvater).

1.6.4 Methodologische Entwicklungen

1.6.4.1 Die systematische sozialwissenschaftliche Methodologie
Die internationale und europäische Kriminologie der Gegenwart legt auf sozialwissenschaftlich-methodische Exaktheit bei der realitätsnahen Erfassung der Wirklichkeit großen Wert. Die personalen und sozialen Tatsachen müssen in sozialwissenschaftlich einwandfreien Verfahren ermittelt werden. Hierbei geht die Mehrheit der Kriminologen davon aus, dass es eine äußere, objektive Realität gibt, die von den Wahrnehmungen ihrer Beobachter unabhängig ist. Zwar wird eingeräumt, dass die Wirklichkeit komplex ist und dass ihre Erfassung Grenzen hat. Den Vorurteilen der Beobachter wird entgegengewirkt, und eine intersubjektive Übereinstimmung der Forscher wird angestrebt. Gleichwohl wird die Auffassung abgelehnt, dass die soziale Realität nur konstruiert ist und dass das Ziel der Kriminologie allein darin besteht, die Bedeutungen zu verstehen, die Menschen der Wirklichkeit geben. Eine gesellschaftlich konstruierte Realität setzt eine Wirklichkeit voraus, die von allen gesellschaftlichen Konstruktionen unabhängig ist, weil es etwas geben muss, woraus die Konstruktion konstruiert wird. Kriminologen konstruieren nicht nur ein Image der Realität, das auf ihren eigenen Voreingenommenheiten und Vorurteilen und ihrer Interaktion mit anderen beruht (*Bachman/Schutt* 2011, 71–78).

1.6.4.1.1 Vier kriminologische Forschungskategorien
Empirische kriminologische Forschung kann in vier Kategorien eingeteilt werden (*Bachman/Schutt* 2011, 9/10):

- Die deskriptiven Untersuchungen definieren und beschreiben die kriminellen Phänomene, für die sich die Kriminologie interessiert. Auswahl und Messung sind die zentralen Anliegen der deskriptiven Forschung.
- Die exploratorische Forschung versucht, die Probleme zu erkunden, die kriminelle Phänomene hervorrufen, und die Bedeutungen zu ermitteln, die Menschen ihren Handlungen und dem Verhalten anderer geben. Sie untersucht personale und soziale Phänomene ohne bestimmte Erwartungen und fördert relativ unstrukturierte Informationen zutage, denen sie Sinn geben muss.
- Die explanatorischen Studien gehen von Theorien aus und suchen Ursache und Wirkung sozialer Phänomene zu erkennen. Die Theorie sagt voraus, wie ein Phänomen sich in Reaktion auf die Wandlung eines anderen Phänomens ändern wird.
- Die evaluative Forschung hat das Ziel, die Wirkungen sozialer Programme, z.B. von Vorbeugungs- und Behandlungsprogrammen, oder von anderen Interventionstypen zu bestimmen. Die Evaluation wendet soziale Forschungsverfahren an, um Beweise über die Leistungsfähigkeit eines Programms zu sammeln, zu analysieren und zu interpretieren.

Die Bestimmung empirischer Fakten sollte in einem von ihrer Evaluation getrennten Prozess vorgenommen werden.

1.6.4.1.2 Der Forschungsprozess

Explanatorische, empirische und experimentelle Forschungen gehen von Theorien aus, die widerspruchsfrei und nicht zirkulär sein dürfen. Aus diesen Theorien werden Hypothesen formuliert und die in ihnen enthaltenen Variablen operationalisiert, d.h. „messbar" gemacht. Nach der Auswertung des bisherigen Forschungsstandes werden die Begriffe, die verwandt werden sollen, definiert, und es wird eine – möglichst repräsentative – Stichprobe gebildet. Untersuchungsanordnung, Erhebungsmethode und Messinstrumente werden ausgewählt. Als Forschungstechniken werden beispielsweise Befragung (Interview), Beobachtung und Inhaltsanalyse eingesetzt. Dem Forschungsplan folgen Datenerhebung und statistische Ausertung. Der empirisch-kriminologische Forschungsprozess endet mit der Ergebnisinterpretation und theoretischen Schlussfolgerungen.

1.6.4.2 Programm-Evaluation

Evaluationsforschung steht im Zentrum der modernen Kriminologie. Sie wird als Aktivität einer Sozialwissenschaft verstanden, die auf die Sammlung, Analyse, Interpretation und Kommunikation über das Funktionieren und die Effektivität sozialer Programme gerichtet ist (*Rossi/Lipsey/Freeman* 2004, 2). Die Qualität unserer physischen und sozialen Umgebungen soll verbessert und unser individuelles und kollektives Wohlbefinden soll durch systematisches Hervorbringen und Anwenden von Wissen erhöht werden. Sinn und Zweck der Evaluation ist informierte Aktion.

1.6.4.2.1 Experimentalforschung

Zur Überprüfung von Vorbeugungs- und Behandlungsprogrammen erlangt das Experiment in der Kriminologie eine immer größer werdende Bedeutung. Ein Experiment ist ein systematischer Versuch, die Wirkung von Veränderungen in einem Faktor (in der unabhängigen Variablen) auf einen anderen Faktor (auf die abhängige Variable) zu untersuchen. In der Kriminologie ist die unabhängige Variable häufig eine Art von Intervention und die abhängige Variable ein Maß für die Straffälligkeit (*Farrington* 2006, 124). Experiment ist ein Beobachtungsprozess, der in einer Situation ausgeführt wird, die extra für diesen Zweck herbeigeführt worden ist. Die Kontrolle der unabhängigen Variablen durch den Experimentator ist der Kern des Experiments. Echte Experimente haben wenigstens drei Merkmale (*Bachman/Schutt* 2011, 175):

- Zwei Vergleichsgruppen: eine, die experimentelle Bedingungen erhält (z.B. Behandlung, Intervention) und eine andere, die keine Behandlung/Intervention bekommt.
- Zuweisung der Versuchspersonen nach Zufallsgesichtspunkten zu einer der beiden Vergleichsgruppen (Randomisierung).
- Beurteilung der Änderung in den abhängigen Variablen beider Gruppen, nachdem die experimentelle Bedingung verwirklicht worden ist.

Das wichtigste Charakteristikum der Randomisierung besteht darin, wie sie Experimental- und Kontrollgruppen hervorbringt, die statistisch äquivalent sind. Durch Experimente kann ermittelt werden, welche Reaktionsmaßnahme auf Delinquenz und Kriminalität einer anderen im Hinblick auf Delinquenz- und Kriminalitätssowie auf Rückfallverhütung überlegen ist. Die Anzahl der randomisierten Experimente hat sich in der internationalen Kriminologie von 37 in den Jahren 1957 bis 1981 auf 85 in den Jahren 1982 bis 2004 verdoppelt (*Farrington/Welsh* 2006, 111).

1.6.4.2.2 Der Evaluationsprozess

Der Evaluationsprozess entwickelt sich in fünf Phasen (*Rossi/Lipsey/Freeman* 2004):
- Beurteilung der Notwendigkeit des Programms (Needs Assessment),
- Beurteilung des Programmplanes und der Programmtheorie (Assessment of Program Theory),
- Beurteilung des Programm-Prozesses und der Programm-Durchführung (Assessment of Program Process and Program Monitoring),
- Beurteilung des Programm-Ergebnisses und des Programm-Einflusses (Impact Assessment),

– Beurteilung der Programm-Kosten und der Effizienz des Programms (Efficiency Assessment).

Für die Effektivität einer Intervention ist ihre Gültigkeit (Validität) von entscheidender Bedeutung. Man kann fünf Validitätskriterien voneinander unterscheiden (*Farrington/Gottfredson/Sherman/Welsh* 2002).

– Die internale Validität macht Aussagen darüber, ob die Intervention eine Wirkung entfaltet, ob die Korrelation zwischen Intervention und Wirkung echt ist und ob keine intervenierenden Variablen das Evaluationsergebnis verfälschen.
– Die deskriptive Validität gibt Auskunft über die angemessene Darstellung der Schlüsselaspekte der Evaluationsforschung.
– Nach der statistischen Schlüssigkeitsvalidität erkennt man, ob Ursache und Wirkung der Intervention in einer statistisch signifikanten Verbindung stehen.
– Es ist das Ziel der Konstruktvalidität, darüber Erkenntnisse zu vermitteln, ob das theoretische Konstrukt, das der Intervention zugrunde liegt, angemessen operationalisiert und implementiert worden ist.
– Die externale Validität ist ein Messinstrument, mit dem man ermittelt, ob der gefundene Programmeffekt generalisierbar, ob er auf Programme an anderen Orten und zu anderen Zeiten übertragbar ist.

1.6.4.2.3 Metaanalysen

Unter einer Metaanalyse versteht man die statistische Analyse von Gruppen von Studien, um die Stärke ihrer Interventionswirkung zu ermitteln. Die Effektstärke wird aus den quantitativen Ergebnissen zahlreicher Studien derselben oder ähnlicher Interventionen zu dem Zweck hergeleitet, um die Ergebnisse zusammenzufassen und zu vergleichen (*D.B. Wilson* 2010). Nicht jede empirische Forschungsarbeit besitzt dieselbe methodologische Qualität. In systematischen Überblicken und Metaanalysen versucht man, die besten Studien zu ermitteln.

1.6.5 Kriminalpolitische Entwicklungen

1.6.5.1 Auf Beweis gegründete Kriminalpolitik

Kriminalpolitik sollte rational und auf den bestmöglichen wissenschaftlichen Beweis gegründet sein. Wirksame und vielversprechende kriminalpolitische Maßnahmen sollten unterstützt, ineffektive und schädliche ausgeschlossen werden. Spekulation, ideologische Überzeugungen, subjektive Erfahrungen, Meinungen und Eindrücke sollten bei kriminalpolitischen Entscheidungen keine Rolle spielen. Die Kriminalpolitik sollte auf evaluierten Vorbeugungs- und Behandlungs-Experimenten beruhen. Das randomisierte, kontrollierte Experiment ist hierbei die überzeugendste Evaluationsmethode. Validitäts-Untersuchungen sind unerlässlich. Alle evaluierten Experimente zu einem kriminalpolitischen Problem, z.B. zur Videoüberwachung, müssen international zusammengefasst werden (*Welsh/Farrington* 2006b). Systematische Überblicke und Metaanalysen sind die rigorosesten Methoden, um die Effektivität kriminologischer Interventionen zu bewerten. Hierbei ist allerdings eine subjektive Auswahl publizierter Quellen durch den Autor zu vermeiden. Ausdrückliche Eignungskriterien machen deutlich, in welcher Weise er nach potentiellen Studien gesucht hat und warum er bestimmte Studien einbezogen und andere ausgeschlossen hat. Eine Metaanalyse umfasst die statistische oder quantitative Analyse der Studien, die zusammengefasst und bewertet werden. Die durchschnittliche Effektstärke wird ermittelt. Systematische Überblicke und Metaanalysen haben in jüngster Zeit in der Kriminologie verstärkte Aufmerksamkeit erfahren. Ein internationales Netzwerk (die „Campbell Collaboration" (*Farrington/Petrosino* 2000)) sorgt dafür, dass relevante Evaluationsstudien weltweit in systematischen Überblicken zusammengefasst, bewertet und weltweit zugänglich gemacht werden.

1.6.5.2 Verbrechensvorbeugung
1.6.5.2.1 Entwicklungsprävention
Kriminalprävention aus der Entwicklungs-Perspektive gründet sich auf die Idee, dass delinquente Aktivität durch Verhaltens- und Einstellungs-Muster hervorgerufen wird, die während der individuellen Entwicklung gelernt werden (*Tremblay/Japel* 2003). Durch Vorbeugung versucht man, Dysfunktionen dadurch zu vermeiden, dass man auf frühe Ursachen einwirkt: durch Verminderung der Risiko- und durch Verstärkung der Schutz-Faktoren während der Kindheit und Jugend. Ziel der risikofokussierten Prävention ist es, den Kausal-Prozess zu verstehen und zu unterbrechen, der zur Delinquenz führt. Man benutzt Präventions-Methoden, die den Eltern und Lehrern helfen, die körperliche, kognitive und sozioemotionale Entwicklung ihrer Kinder zu unterstützen, und die die Selbst- und Impuls-Kontrolle der Kinder verbessern. Im Wesentlichen werden die folgenden vier Vorbeugungs-Methoden angewandt:

- Die Vorschulprogramme (*Howell* 2009, 214) entwickeln durch geistige und seelische Bereicherung die kognitiven Fähigkeiten der Kinder, damit sie den späteren Anforderungen durch Schule und Berufsausbildung besser gerecht zu werden vermögen. Sie befähigen sie insbesondere zu positiven zwischenmenschlichen Interaktionen. Das interpersonelle kognitive Verhaltenstraining der Kinder in ihrem Kindergarten- und in ihrem frühen Grundschulalter ist darauf gerichtet, sie prosoziale Methoden der Problemlösung zu lehren und hierdurch ihre Selbstkontrolle zu verbessern (*Farrington* 2003, 14/15).
- Beim Eltern-Erziehungs-Training (*Farrington/Welsh* 2002) lehrt man die Eltern, klare Erwartungen für pro- und gegen antisoziales Verhalten ihrer Kinder auszusprechen, das Benehmen ihrer Kinder zu beaufsichtigen, Vorläufer positiven und negativen Verhaltens ihrer Kinder zu erkennen, wünschenswertes Verhalten durch Lob, Belohnung und die Gewährung von Sonderrechten zu ver-

stärken und unerwünschtes Benehmen in einer maßvollen, vernünftigen und beständigen Weise, z.B. durch die Entziehung von Sonderrechten, zu bestrafen. Die Eltern-Kind-Interaktionen und die Eltern-Interaktionen zu sozialen Systemen, z.B. zur Schule, werden verbessert. Den Eltern wird beigebracht, körperliche Strafen zu meiden und Familien-Krisen und -Konflikte friedlich zu lösen.

Das soziale Kompetenz-Training der Kinder (*Farrington/Welsh* 2003) versucht, sozial-kognitive Defizite und Verzerrungen aggressiver Kinder zu beheben. Zwischenmenschliches sozial-kognitives Problem-Lösen durch Kommunikation, Verhandeln, Treffen von Entscheidungen wird eingeübt. Die Fähigkeiten der Kinder werden verbessert, Emotionen zu erkennen und zu verstehen sowie aggressive Gefühle zu kontrollieren. Die Selbstkontrolle ihres Ärgers und Zorns, ihr Selbstwertgefühl und ihr Einfühlungsvermögen in ihre Interaktionspartner werden gestärkt. Ihnen wird vermittelt, dass aggressives Verhalten weder angemessen noch annehmbar ist.

Beim Klassen-Kontingenz-Training der Lehrer (*Gottfredson/D.B. Wilson/Najaka* 2002) kommt es auf die proaktive Klassen-Leitung, das kooperative Lernen und das interaktive Lehren an. Die proaktive Klassen-Leitung besteht darin, prosoziale Erwartungen an die Anwesenheit und das Verhalten in der Klasse zu stellen und Lehr-Methoden anzuwenden, die die Ordnung in der Klasse aufrechterhalten, um Lernunterbrechungen zu vermeiden. Durch häufiges und beständiges Lob werden die Schülerinnen und Schüler zu konstruktivem Verhalten und zum Lernen motiviert.

Interventionsprogramme, die sich darauf konzentrieren, die Fähigkeiten der Eltern zu verbessern, ihre Kinder zu beaufsichtigen, ihr Fehlverhalten zu erkennen und angemessen zu disziplinieren, sind am erfolgversprechendsten bei der Verminderung antisozialen Verhaltens und der Delinquenz (*Laub/Sampson/Allen* 2001, 108). Insgesamt machen die Erfolge der entwicklungspräventiven Programme deutlich, dass die Lebenslauf- und Entwicklungstheorien eine beachtliche Validität (Gültigkeit) besitzen.

1.6.5.2.2 Längsschnitt-Experimental-Studien

Die Entwicklungsprävention muss möglichst früh im Lebenslauf einsetzen. Um die Risikofaktoren herauszufinden, denen man entgegenwirken muss, sind Längsschnitt-Experimental-Studien notwendig, von denen *David P. Farrington* (2006) die wichtigsten zusammengestellt hat. Drei dieser Studien beschäftigen sich mit der natürlichen Geschichte der Entwicklung und dem Einfluss von Interventionen auf das Täterwerden.

Bei der „Montreal Longitudinal-Experimental Study" (*Tremblay/Vitaro/Nagin/ Pagani/Séguin* 2003) wurde eine Experimental- und eine Kontrollgruppe von Jungen zwischen 7 und 9 Jahren gebildet. Die Experimentalgruppe der Jungen bekam soziales Kompetenz-Training; ihre Eltern erhielten Erziehungstraining. Aufgrund jährlicher Nachuntersuchungen der Jungen zwischen ihrem 10. und 17. Lebensjahr kam man zu folgendem Schlüsselergebnis: Die meisten Jungen verminderten die Häufigkeit ihrer physischen Aggression, wenn sie älter wurden (zwischen 6 und 17 Jahren). Eine kleine Minderheit (4%) fuhr allerdings mit ihrer Aggression fort. Diese Minderheit wurde vermehrt delinquent und kriminell.

Das „Perry Pre-School Project" (Ypsilanti/MI) ist ein Vorschul-Erziehungsprogramm (*Schweinhart/Montie/Zongping/Barnett/Belfield/Nores* 2005). Die Intervention bestand in einem täglichen Vorschul-Programm der Kinder der Experimentalgruppe zwischen 3 und 4 Jahren. Ziele des Programms waren: die intellektuelle Stimulation, die Verstärkung kognitiven Denkens und Argumentierens und die Vorbereitung späterer schulischer Leistungen. Im Alter von 40 Jahren hatten 35 Prozent der 112 Teilnehmerinnen und Teilnehmer (von ursprünglich 123) weniger Verhaftungen als die Kontrollgruppe.

Das „Nurse-Family Partnership Project" (Elmira/N.Y.) gründete man auf folgende Intervention (*Olds* 2008): Vierhundert schwangere, unverheiratete junge Frauen mit niedrigem sozioökonomischem Status empfingen Hausbesuche von Schwestern während ihrer Schwangerschaft und während der ersten beiden Lebensjahre ihrer Kinder. Während der Hausbesuche berieten die Schwestern sie in Kindererziehung, in Kleinkind-Ernährung und -Entwicklung, in der Vermeidung von Drogenmissbrauch und in der Gestaltung ihres eigenen Lebenslaufs. Familienplanung, Ausbildung und berufliches Weiterkommen wurden erörtert. Eine Nachuntersuchung nach 15 Jahren ergab: Die Mütter der Experimentalgruppe hatten sich weniger wegen Kindesmissbrauchs und -vernachlässigung zu verantworten. Die Kinder der Experimentalgruppe hatten weniger polizeiliche Festnahmen als die Kinder der Kontrollgruppe.

1.6.5.2.3 Die Effektivität der Frühprävention

Auf der Grundlage von Längsschnitt-Experimental-Studien haben *David P. Farrington* und *Brandon C. Welsh* (2007) die wichtigsten Frühpräventions-Programme zusammengestellt, die auf wissenschaftlichem Beweis und nicht nur auf Meinungen, Spekulationen und ideologischen Überzeugungen beruhen. Die systematischen und meta-analytischen Überprüfungsstudien, die sie heranzogen, waren auf rigorose Bewertungsmethoden der Wirksamkeit kriminologischer Interventionen gerichtet. Die Auswahlkriterien, die Gründe, warum Überprüfer der von ihnen gesammelten Untersuchungen bestimmte Studien ein- und andere ausgeschlossen hatten, mussten z.B. explizit angegeben worden sein, um mögliche Vorurteile und Voreingenommenheiten auszuschließen. Sie identifizierten Risiko-Schlüssel-Faktoren und empfahlen Präventionsmethoden, die diesen Schlüsselfaktoren entgegenwirken.

Aufgrund prospektiver Längsschnittstudien aus Nordamerika, Großbritannien, Australien, Neuseeland und den skandinavischen Ländern entwarfen *Farrington* und *Welsh* (2007) ein Bild früher Risikofaktoren für Delinquenz und späteres kriminelles Verhalten. Die wichtigsten Persönlichkeitszüge, die Delinquenz und späteres kriminelles Verhalten vorhersagen, sind niedrige Intelligenz und Leistung, mangelndes Einfühlungsvermögen und Impulsivität. Die stärksten Risikofaktoren in der Familie sind umfängliche Familiengröße, unzulängliche elterliche Aufsicht, inkonsequente und zu harte Disziplin, Elternkonflikt und Familienzerrüttung. Im sozialen Umweltbereich sind Aufwachsen in einem Elternhaus mit niedrigem sozioökonomischen Status, Umgang mit delinquenten Freunden, Besuch von Schulen, die hoch mit Delinquenz belastet sind, und Leben in unterprivilegierten Gebieten am stärksten mit Delinquenz und späterem kriminellen Verhalten verbunden.

Auf der Grundlage dieser Risikofaktoren befürworteten *Farrington* und *Welsh* (2007) die folgenden vier Vorbeugungsmethoden:

- Die Hausbesuche von Schwestern bei schwangeren, unverheirateten jungen Frauen mit niedrigem sozioökonomischen Status während ihrer Schwangerschaft und während der ersten beiden Lebensjahre ihrer Kinder hatten die Verbesserung des Verlaufs der Schwangerschaft, der Kinderbetreuung und -pflege und der persönlichen Lebenslaufentwicklung der Mütter zum Ziele. Die Effektstärke belief sich auf 12 Prozent Verminderung antisozialen und delinquenten Verhaltens der Kinder.
- Vorschulische intellektuelle Bereicherungsprogramme verbessern die kognitiven Fähigkeiten der Kinder, fördern ihre soziale und emotionale Entwicklung und bereiten sie auf die Schule vor. Sie haben eine Effektstärke von 16 Prozent (Delinquenzverminderung). Eine Kosten-Nutzen-Analyse ergab für jeden ausgegebenen US-Dollar eine Ersparnis von 17 US-Dollar.
- Beim Elternerziehungs-Training lernen die Eltern wünschbares Verhalten ihrer Kinder positiv zu verstärken, nicht-punitive Disziplin-Praktiken beständig anzuwenden und Familienkonflikte und -krisen zu bewältigen. Elternerziehungs-Training ist effektiv: Es vermindert das antisoziale und delinquente Verhalten der Kinder in 20 Prozent der Fälle.
- Den Lehrern wird im Lehrertraining beigebracht, klare Instruktionen und Erwartungen an die Kinder aufzustellen, die Kinder für wünschbares Verhalten zu belohnen und sie mit prosozialen Methoden der Problemlösung vertraut zu machen. Lehrertraining ist effektiv.

1.6.5.3 Behandlung des Rechtsbrechers
1.6.5.3.1 Das differentielle Behandlungs-Modell

Die Philosophie und Praktik der Verurteilung und des Strafvollzugs haben sich in den letzten dreißig Jahren dramatisch verändert. Während der ersten sieben Jahrzehnte des 20. Jahrhunderts verfolgte man das Prinzip der Rehabilitation. In den 1970er Jahren geriet das Straftäter-Behandlungs-Modell in die Krise. Die Behandlungs-Ideologie, die davon ausging, jede Art von Straftäter-Behandlung sei erfolgversprechend, wurde durch eine Evaluation in Frage gestellt. *Douglas Lipton, Robert Martinson, Judith Wilks* (1975) hatten in den 1970er Jahren 231 Evaluationen von Behandlungsprogrammen untersucht, die von 1945 bis 1967 durchgeführt worden waren. Auf der

Grundlage dieser Evaluationen kamen sie zu dem Schluss, dass mit einigen wenigen isolierten Ausnahmen die Behandlungs-Bemühungen, über die berichtet worden war, keine nennenswerten Wirkungen auf die Straftäter-Rückfälligkeit hatten. Ein Panel der „Nationalen Akademie der Wissenschaften" in Washington D.C. (*Sechrest/White/Brown* 1979) überprüfte die Ergebnisse und stimmte ihnen zu. Ihre Erkenntnisse hatten negative und positive Folgen. Zu den negativen Folgen gehört, dass die Verurteilungspraktiken nunmehr das Verbrechens-Kontroll-Modell zugrunde legten, das das Unfähigmachen (Incapacitation) für die Verbrechens-Verminderung zum Ziel hatte. Das Konzept des Unfähigmachens ist einfach: Solange Straftäter eingesperrt sind, können sie keine Rechtsbrüche außerhalb der Strafanstalt begehen. Die Vertreter der selektiven Strategie des Unfähigmachens stützen sich auf das Forschungsergebnis, nach dem eine kleine Minderheit von Karriere-Kriminellen (6 Prozent) für eine unverhältnismäßig große Zahl von Verhaftungen (52 Prozent) verantwortlich sind (*Wolfgang/Figlio/Sellin* 1972). Eine große Anzahl von Verbrechen kann – nach dieser Strategie – verhindert werden, wenn die Karriere-Kriminellen erkannt und eingesperrt werden.

*Lipton*s, *Martinson*s und *Wilks*' Erkenntnisse hatten aber nicht nur diese negativen Ergebnisse. Sie trugen ganz wesentlich zu einer Differenzierung der Behandlungs-Methoden und zu einer Schärfung des Methoden-Bewusstseins bei. Die Behandlungs-Programme, die sie untersucht hatten, besaßen nämlich zum großen Teil keine zuverlässige theoretische und methodische Grundlage oder waren von solchen Grundlagen in die Praxis in unzulänglicher Weise umgesetzt worden (*Palmer* 1975). Man erkannte weiterhin, dass es darum ging, welche Behandlungs-Methoden am besten für welchen Täter, unter welchen Bedingungen und in welchem sozialen Kontext wirken. Eine Differenzierung der Wirkung der Behandlungs-Programme wurde eingeleitet, die drei Prinzipien zugrunde legte:
-   Für eine Evaluation kommen nur solche Behandlungs-Programme in Frage, die in theoretisch wie methodisch einwandfreier Weise konzipiert und durchgeführt worden sind.
-   Nicht jedes Behandlungs-Programm ist effektiv.
-   Nicht alle effektiven Behandlungs-Methoden haben dieselbe Effektstärke.

Donald Arthur Andrews und *James Bonta* (2010, 21/22, 309) entdeckten das Konzept der dynamischen, kriminogenen Bedürfnisse. Solche Bedürfnisse sind Faktoren, die direkt mit dem kriminellen Verhalten verbunden sind, die also kriminogen sind, und die durch Behandlung geändert werden können, die also dynamisch sind. Diese Faktoren sollten Ziele der Behandlung sein. Derartige Behandlungsexperimente sollten evaluiert werden. Solche Evaluationen sollten in zwei Schritten vor sich gehen:
-   Zunächst sollten alle Einzelstudien zum Zwecke der Qualitätsbeurteilung gesammelt werden. Die Einbeziehungs-Kriterien aller Einzelstudien in die Evaluation sollten offengelegt werden.

– Sodann sollte eine Qualitäts-Beurteilung aller Einzelstudien aufgrund einer Fünf-Stufen-Skala (*Farrington/Gottfredson/Sherman/Welsh* 2002) vorgenommen werden.

Der Sherman-Report (*Sherman/Farrington/Welsh/MacKenzie* 2002), der die Effektivität von Vorbeugungs- und Behandlungs-Programmen untersucht hat, ist eine solche Evaluation in zwei Schritten. Die bisherige Evaluationsforschung, die sich auf die beweisbasierte Behandlung stützt, ist zu folgendem Urteil gekommen: Kognitiv-behavioristische Ansätze, die auf die kognitiv-soziale Lerntheorie gegründet sind, haben sich als am wirksamsten erwiesen. Kriminelles Verhalten ist erlernt und kann durch motivierte Rechtsbrecher wieder „verlernt" werden.

1.6.5.3.2 Effektive Behandlungsprogramme
In den USA ist man keineswegs zum Resozialisierungs- und Behandlungs-Modell zurückgekehrt. Allerdings ist die Kriminalpolitik in den Einzelstaaten der USA sehr bunt und kann eher als eine „schizoide Kombination therapeutischer und punitiver Ansätze" (*Gibbons* 1992, 18) verstanden werden. Zwar war der Slogan: Alles nützt nichts! eine Übertreibung. Sie war aber nicht allzu groß. Denn neuere systematische Überblicke und Meta-Analysen haben lediglich eine mäßige Rückfallverminderung durch Behandlung festgestellt. Wenn man alle Behandlungs-Programme berücksichtigt, so liegt die Rückfallverminderung bei 10 bis 12 Prozent (*Palmer* 1992, 158). Nimmt man nur die erfolgreichen Resozialisierungs-Projekte, so steigt die Rückfallreduzierung auf bescheidene 17 bis 22 Prozent (*Palmer* 1994, 45). Erziehungs-Programme im Strafvollzug, die die sozialen Kognitionen der Strafgefangenen und ihre Fähigkeiten der Problemlösung verbessern, können zukünftiges Täterwerden vermindern. Berufsausbildung kann den Rückfall um 11 Prozent reduzieren (*MacKenzie* 2006, 94). Am wirksamsten ist kognitive Verhaltenstherapie: Wandel im Verhalten wird dadurch erreicht, dass Individuen ihre Wahrnehmungen, ihre Überlegungen und ihr Denken ändern. Kognitiver Behaviorismus nimmt an, dass Erkenntnisse Verhalten beeinflussen. Dysfunktionale Verhaltensweisen werden durch Wandlungen in den Einstellungen, Glaubenssätzen und Denkprozessen der Menschen korrigiert. In der Therapie werden den Strafgefangenen ihre schlecht angepassten Denkprozesse bewusst gemacht, und sie werden ermutigt, ihre Denkweisen umzugestalten. Man erwartet, dass ihre Wandlungen im Denken ihre schlecht angepassten Verhaltensweisen ändern werden. Es gibt drei Typen kognitiv-behavioristischer Therapie: Eine Behandlung gleicht die kognitiven Defizite aus. Eine andere Behandlung richtet sich gegen Verzögerungen in der moralischen Entwicklung. Eine dritte Behandlung geht fehlerhafte Denkmuster an (*MacKenzie* 2006, 112, 128). Alle drei Behandlungsarten sind effektiv.

Sexualstraftäter haben eine hohe Rückfallrate: 50 Prozent werden rückfällig, und 34 Prozent werden wegen Sexualdelikten wieder verurteilt (*MacKenzie* 2006, 138).

Der kognitiv-behavioristischen Behandlung geht es darum, den Sexualstraftätern die geistigen Fähigkeiten zu vermitteln, die notwendig sind, um ihre eigenen sexuellen Fehlverhaltensweisen zu kontrollieren. Diese Behandlungsform spiegelt die Philosophie wider, dass Sexualstraftaten auf einer Entscheidung des Täters beruhen, über die er oder sie kognitive Kontrolle hat – wenn auch vielleicht nur begrenzte – und die das kognitiv-behavioristische Theorie-Modell reflektiert (*MacKenzie* 2006, 148). Das Rückfall-Verhütungs-Training („Relapse Prevention") (*Laws/Hudson/Ward* 2000), das Erlernen von Rückfallverhütungs-Strategien und -Konzepten, ist hierbei zu einem integrierten Bestandteil des kognitiven Verhaltenstrainings geworden. Es ist ein Selbst-Steuerungs-Modell zur Erhaltung des Trainings-Gewinns und zur Verbesserung der äußeren Überwachung des Sexualstraftäters. Allerdings setzt es voraus, dass der Rechtsbrecher seine Tat nicht leugnet, sondern dass er die volle Verantwortung für sein kriminelles Verhalten übernimmt. Bei der Rückfallverhütung wird dem Sexualstraftäter ein Problem-Lösungs-Ansatz nahegebracht. Man stattet ihn mit Methoden aus, die es ihm erlauben, Warnzeichen und Risikosituationen zu erkennen und zu analysieren sowie Strategien zu entwickeln, solche Situationen entweder zu vermeiden oder mit ihnen fertig zu werden (*H.J. Schneider* 1998, 26–29). Behandlungsprogramme, die bei Sexualstraftätern kognitiv-behavioristische Therapie (mit Rückfall-Verhütungs-Training) verwenden, sind bei der Rückfallverminderung wirksam (*MacKenzie* 2006, 163).

Mehrsystemische Therapie besteht aus Familientherapie, aus behavioristischem Elterntraining und aus kognitiv-behavioristischer Therapie der Kinder und Jugendlichen. Sie ist bei der Rückfallverminderung der Jugenddelinquenz effektiv (*MacKenzie* 2006, 185).

1.6.5.4 Restaurative Justiz

Trotz vieler Einzelschritte in die richtige Richtung ist die opferorientierte Kriminalpolitik in Deutschland bisher nicht sehr erfolgreich gewesen. Die Rechtswirklichkeit ist nicht nachhaltig beeinflusst worden. Die Ursache hierfür liegt darin, dass opferorientierte Normen auf die traditionelle täterorientierte Strafrechts- und Strafprozess-Systematik „aufgesetzt" worden sind, so dass eine durchgreifende Akzeptanz der Opfer-Normen durch die Kriminal-Justiz ausbleiben musste. Auf internationaler Ebene will man dies jetzt mit dem restaurativen Paradigma ändern. Retributive (vergeltungs- und schuldorientierte) und rehabilitative (behandlungsorientierte) Paradigmen sind eindimensional täterorientiert. Sie stellen es abstrakt auf die Gesetzes- und Rechtsguts-Verletzung (Staat-Täter-Konflikt) ab und weisen Täter und Opfer passive Rollen zu. Der Täter wird bestraft und/oder behandelt, das Opfer wird als Zeuge/Zeugin instrumentalisiert. Das restaurative Paradigma, das die Vereinten Nationen in ihrer „Wiener Erklärung" (April 2000) (*United Nations* 2000, 27/28) und die Europäische Union in ihrem Rahmenbeschluss vom 15.03.2001 (*Rat der Europäischen Union* 2001) befürworten, ist dreidimensional. Es berücksichtigt konkrete

Opfer-, Täter- und Gemeinschaftsschäden, ist gegenwarts- und zukunftsbezogen und gesteht Opfer und Täter aktive Rollen zu (*Ness/Strong* 2010). Sie sollen Rechtssubjekte in einem Vorschaltverfahren (Mediationsverfahren) werden, in dem Opfer, Täter und ihre Obhutsgemeinschaften mit Hilfe eines Mediators (Vermittlers) ihre Konflikte selbst zu lösen versuchen. Experimente zu einem solchen Ausgleichs- und Schlichtungsverfahren in Australien (*Strang* 2002) haben sich bewährt.

1.7 Die gegenwärtige Situation der internationalen und der europäischen Kriminologie

Die gegenwärtige Situation der internationalen und der europäischen Kriminologie kann in folgenden charakteristischen Merkmalen – zusammenfassend und thesenartig – beschrieben werden.

In ihrem historischen Verständnis stützen sich die internationale und die europäische Kriminologie ätiologisch auf die Sozialstrukturen und -prozesse der Chicago-Schule. Die Wurzeln der kriminellen Persönlichkeit liegen nicht in der ererbten Anlage, sondern in der desorganisierten Gemeinschaft, in die eine Person hinein geboren wird. Der multifaktorielle, täterorientierte Ansatz wird abgelehnt. Der Straftäter leidet an keiner Persönlichkeitsstörung, an keiner ererbten Abnormität. Antisoziale Verhaltensmuster, Wertvorstellungen und Rechtfertigungen hat er vielmehr in gesellschaftlichen und zwischenmenschlichen Interaktionsprozessen gelernt. Mit *Edwin H. Sutherland* und *Travis Hirschi* wird die theoriegeleitete empirische Ursachenforschung empfohlen. Delinquenz und Kriminalität beruhen auf mangelhaften psychosozialen Bindungen.

Kriminalphänomenologisch genügt die alleinige Interpretation von offiziellen Kriminalstatistiken (Hellfeld-Daten) nicht. Die Dunkelfeldforschung, Viktimisierungsstudien (Victimization Surveys), Befragungen der Bevölkerung nach ihrem Opferwerden durch Straftäter, und Selbstberichtstudien, Befragungen von Bevölkerungssegmenten nach ihrem Täterwerden, erfasst die Kriminalitätswirklichkeit besser als jedes andere (bisher bekannt gewordene) Verbrechensmessinstrument. Durch die internationalen Viktimisierungsüberblicke und durch die internationalen Selbstberichtstudien sind länderübergreifende Kriminalitäts- und Delinquenz-Vergleiche möglich geworden.

Die internationale und die europäische Kriminologie verstehen sich nicht nur als Grundlegungen des Strafrechts. Sie begreifen sich vielmehr als interdisziplinäre, internationale, autonome Sozialwissenschaften, die das Täter- und Opferwerden und die informellen wie formellen Reaktionen auf das Täter- und Opferwerden im Rahmen gesellschaftlicher Prozesse erforschen. Die Kriminologie entwickelt kriminalätiologische und -politische Theorien, die mit empirischen und experimentellen Methoden getestet werden, die auf ihre Reliabilität (Zuverlässigkeit) und Validität (Gültigkeit) evaluiert worden sind. Zur Kriminologie als Sozialwissenschaft gehört auch die kritische Kriminologie, die mit der Mainstream-Kriminologie in produktiver Koexistenz verbunden ist. Die Biokriminologie, ebenfalls eine kriminologische Nebenrichtung, ist indessen keine Sozialwissenschaft. Denn sie beschränkt die Kriminalitäts-Entstehung auf den individuellen Bereich des Straftäters. Sie erkennt soziale Faktoren nur insoweit an, wie sie Bezüge zum Täter aufweisen, also Teil seines sozialen Nahraums sind. Für die Biokriminologie gehören die Kriminellen zu einer andersartigen, abnormen, ontologisch unterschiedlichen menschlichen Kategorie, deren Abnormität erheblich ist und deshalb nicht verändert werden kann.

Die theoretische Kriminologie ist der Grundstein, der Eckpfeiler der internationalen und der europäischen Kriminologie. Theorien müssen entwickelt und empirisch getestet werden. Theoretische und empirische Forschung gehören eng zusammen.

– Für die sozialstrukturellen Theorien, z.B. die Theorie der kollektiven Effektivität, sind soziale Institutionen der Gemeinschaft, z.B. Familie, Schule, Kirche, von großer Bedeutung. In Gebieten, denen es an kollektiver Effektivität mangelt, sind sie zusammengebrochen. Die Gemeinschaft in sozial-desorganisierten Gebieten ist nicht mehr in der Lage, gemeinsame, prosoziale Werte ihrer Bewohner zu realisieren und eine effektive Sozialkontrolle zu gewährleisten. Gesellschaftlicher Ausschluss und soziale Marginalisation sind sozialstrukturelle Ursachen, die für vermehrte Viktimisierung anfällig machen.

– Die Sozialprozesstheorien kennen keine ererbten Prädispositionen zu kriminellem Verhalten, das nicht pathologisch ist. Es beruht vielmehr hauptsächlich auf Nachahmungslernen krimineller Verhaltensmuster, Einstellungen, Wertvorstellungen und Vorabrechtfertigungen in gesellschaftlichen und zwischenmenschlichen Interaktionsprozessen. Selbstverstärkung und -effektivität sind mächtige Wirkungsmechanismen. Die Rechtsbrecher erleben in ihren kriminellen Handlungen Selbstbestätigung. Kriminelles Verhalten wird in kriminellen Trajektorien, Entwicklungs-Pfadwegen und Lebensbahnen, gelernt. Das Opfer ist durch das Viktimisierungs-Trauma gezeichnet (stigmatisiert). Es wird aufgrund dieser Stigmatisierung von tatgeneigten Personen immer wieder re-viktimisiert, weil sie sich von ihm eine leichte Viktimisierbarkeit (Opfereignung für den Täter) erwarten.

– In der psychosozialen Dynamik der kriminogenen/viktimogenen Situation konkretisieren sich sozialstrukturelle Mängel und kriminelle psychosoziale Lern- und Interaktionsprozesse. Dem Opfer fehlt es an sozialer Obhut; es wird nicht in sozialen Schutz genommen.

Die Nebenrichtungen der kritischen Kriminologie machen in etwa zehn Prozent der internationalen und der europäischen Kriminologie aus. Die kriminologische Hauptrichtung, von der sich die kritischen Nebenrichtungen – hauptsächlich wegen des Objektivitätsanspruchs der Hauptrichtung – distanzieren, steht der kritischen Kriminologie wohlwollend gegenüber. Die zahlreichen kritischen Nebenrichtungen, die sich in ihren Theorien voneinander unterscheiden, eint eine Grundauffassung, nämlich die Hervorhebung der zentralen Rolle der ungleichen Macht- und Ressourcen-Verteilung in allen Bereichen der Gesellschaft bei der Kriminalitätsverursachung.

Die Kriminiologie als Sozialwissenschaft ist rigoros, kritisch und objektiv in ihrer Datensammlung, -auswertung und -beurteilung. Quantitative und qualitative Methoden ergänzen und bereichern sich. Die alleinige Auswertung von Strafakten genügt nicht. Wissenschaftlicher Beweis beruht in der internationalen und europäischen Kriminologie auf theoretischer, quantitativer wie qualitativer, empirischer wie experimenteller Forschung. Verstehen als alleinige Methode reicht nicht aus. Das Verstehen muss zuvor mit empirischer oder experimenteller Untersuchung begründet werden. Der quantitativen Methode kommt bei der Beschreibung kriminellen Verhaltens ebenso wie bei der Identifikation einer Ursache-Wirkungs-Beziehung im Kriminalitäts-Verursachungs-Prozess eine herausragende Rolle zu. Dunkelfeldforschung (Viktimisierungs- und Selbstberichtstudien) gehört zum Kernbereich heutiger internationaler wie europäischer Kriminologie. Die experimentelle Kriminologie erlangt eine immer größer werdende Bedeutung. Die Zahl der Experimente hat sich in der internationalen Kriminologie im letzten halben Jahrhundert verdoppelt. Die Evaluationsforschung, die systematische Überprüfung von Interventionen auf ihre theoretische und methodische Qualität, ist zu einem wesentlichen Bestandteil kriminologischer Forschung geworden. In systematischen Überblicken, die methodisch transparent sein müssen, und in Meta-Analysen, in denen der gegenwärtige Stand der Forschung numerisch zusammengefasst wird, erarbeitet man die externe Validität, die Allgemeingültigkeit von Forschungsergebnissen in Europa und in der Welt.

Die Kriminalpolitik muss im Sinne einer wissenschaftsgeleiteten, rechtsstaatlich-demokratischen Gesellschaft auf theoretischem und empirischem Beweis beruhen. Für die Delinquenz- und Kriminalitäts-Kontrolle sind gesellschaftliche Institutionen, z.B. Familie, Erziehung, Religion, von großer Bedeutung. Denn diese Institutionen sind Normsysteme, die Verhalten steuern. Früh-Präventions-Programme wie Schwestern-Familien-Partnerschafts-Programme, Eltern-Erziehungs-Programme, Verbesserung der kognitiven Entwicklung der Kinder haben sich in der Evaluationsforschung als effektiv erwiesen. Die Kriminaljustiz ist Ultima Ratio der Delinquenz- und Kriminalitäts-Kontrolle. Damit sie wirksam werden kann, muss sie in die informelle Kontrolle der gesellschaftlichen Institutionen gut integriert werden.

In der internationalen wie europäischen Kriminologie werden folgende kriminalpolitische Probleme (Beispiele) gegenwärtig diskutiert:

– Man spricht sich gegen die massenhafte Anwendung der Freiheitsstrafe aus, weil sie sich kriminogen, rückfallfördernd auswirkt.
– Die traditionelle Abschreckungstheorie durch Sanktionen wird als nicht sehr effektiv angesehen. Deshalb befürwortet man in der Legitimitätsforschung die Verfahrens-Gerechtigkeits-Theorie. Bei fairer und respektvoller Behandlung aller Verfahrensbeteiligten im Kriminaljustizverfahren verinnerlichen sie prosoziale Normen, die eine freiwillige Normbefolgung gewährleisten.

- Die Restaurative Justiz wird, insbesondere für das Jugend-Kriminaljustiz-Verfahren, empfohlen. Wiedergutmachung, Begegnung zwischen Opfer, Täter und ihren Obhutsgemeinschaften sowie Gegenwarts- und Zukunfts-Orientierung der Mediationsverfahren sind wegweisende Merkmale dieser Justiz.
- In der Behandlungsforschung setzt man sich für das Risiko-Bedürfnis-Ansprechbarkeits-Modell ein. Das Niveau der Behandlung ist dem Risiko-Niveau des Täters anzupassen. Kriminelle Einstellungen müssen unmittelbare Ziele der Behandlung sein. Behandlungsprogramme sind im Stil und in der Modalität dem anzugleichen, was den Fähigkeiten und dem Lebensstil des Täters entspricht. Die größten Durchschnitts-Effektstärken erzielen kognitiv-behavioristische Behandlungs-Programme.

Literatur

Aebi, M.F./Cavarlay, B.A. de/Barclay, G./Gruszczynska, B./Harrendorf, S./Heiskanen, M./Hysi, V./Jaquier, V./ Jehle, J.-M./Killias, M./Shostko, O./Smit, P./Dorisdottir, R. (2010). European Sourcebook of Crime and Criminal Justice Statistics – 2010. 4. Aufl. Den Haag.

Akers, R.L./Sellers, C.S. (2009). Criminological Theories – Introduction, Evaluation, and Application. 5. Aufl. New York, Oxford.

Albrecht, H.-J. (2010). Sanction Policies and Alternative Measures to Incarceration: European Experiences with Intermediate and Alternative Criminal Penalties. In: *UNAFEI* (Hrsg.): Resource Material Series No. 80. 28–51. Fuchu, Tokyo.

Andenaes, J. (1978). Social and Economic Offenses: Theoretical Issues and Practical Considerations. In: *UNAFEI* (Hrsg.): Report for 1977 and Resource Material Series No. 15. 169–181. Fuchu, Tokyo.

Andrews, D.A./Bonta, J. (2010). The Psychology of Criminal Conduct. 5. Aufl. Cincinnati/OH.

Anttila, I. (2001). Ad Ius Criminale Humanius – Essays in Criminology, Criminal Justice and Criminal Policy. Helsinki.

Aromaa, K./Heiskanen, M. (Hrsg.) (2008). Victimisation Surveys in Comparative Perspective. Helsinki.

Aschaffenburg, G. (1903). Das Verbrechen und seine Bekämpfung. Heidelberg.

Aschaffenburg, G. (1913, Nachdruck 1968). Crime and its Repression. Montclair/NJ.

Bachman, R./Schutt, R.K. (2011). The Practice of Research in Criminology and Criminal Justice. 4. Aufl. Los Angeles, London, New Delhi et al.

Bayley, D.H. (1980). Experiments in Crime Prevention in the United States. In: *UNAFEI* (Hrsg.): Report for 1998 and Resource Material Series No. 18. 49–60. Fuchu, Tokyo.

Bassiouni, M.C. (Hrsg.) (1988). International Protection of Victims. Siracusa/Italien.

Bazemore, G. (2009). Restorative Justice – Theory, Practice, and Evidence. In: *J.M. Miller* (Hrsg.): 21st Century Criminology – A Reference Handbook. Vol. 2, 750–760. Los Angeles, London, New Delhi et al.

Ben David, S./Kirchhoff, G.F. (Hrsg.) (1992). International Faces of Victimology. Mönchengladbach.

Blumstein, A. (2007). The Roots of Punitiveness in a Democracy. In: Journal of Scandinavian Studies in Criminology and Crime Prevention 8 (Supplement 1), 2–16.

Bondeson, U.V. (1991). Socialization Processes in Prison Communities. In: *UNAFEI* (Hrsg.): Resource Material Series No. 40. 238–258. Fuchu, Tokyo.

Braithwaite, J. (2004a). The Evolution of Restorative Justice. In: *UNAFEI* (Hrsg.): Annual Report for 2003 and Resource Material Series No. 63. 37–46. Fuchu, Tokyo.

Braithwaite, J. (2004b). Restorative Justice: Theories and Worries. In: *UNAFEI* (Hrsg.): Annual Report for 2003 and Resource Material Series No. 63. 47–56. Fuchu, Tokyo.

Braithwaite, J. (2006). Rape, Shame and Pride – Address to Stockholm Criminology Symposium, 16 June 2006. In: Journal of Scandinavian Studies in Criminology and Crime Prevention 7 (Supplement 1), 2–16.

Buerger, M.E. (2010). President's Crime Commission Report, 1967. In: *F.S. Fisher/S.P. Laub* (Hrsg.): Encyclopedia of Victimology and Crime Prevention. Bd. 2. 656–659. Los Angeles, London, New Delhi et al.

Christiansen, K.O. (1974). Some Considerations on the Possibility of a Rational Criminal Policy. In: *UNAFEI* (Hrsg.): Report for 1973 and Resource Material Series No. 7. 49–82. Fuchu, Tokyo.

Christie, N. (1973). The Delinquent Stereotype and Stigmatisation. Vortrag während des 7. Internationalen Kongresses für Kriminologie in Belgrad.

Christie, N. (2005). A Suitable Amount of Crime. In: *UNAFEI* (Hrsg.): Resource Material Series No. 67. 3–24. Fuchu, Tokyo.

Cohen, L.W./Felson, M. (2011). Routine Activity Theory. In: *F.T. Cullen/R. Agnew* (Hrsg.): Criminological Theory: Past to Present. 4. Aufl. 417–427. New York, Oxford.

Council of Europe (1985). The Position of the Victim in the Framework of Criminal Law and Procedure. Strasbourg.

Cullen, F.C. (2011). Social Support and Crime. In: *F.T. Cullen/R. Agnew* (Hrsg.): Criminological Theory: Past to Present. 4. Aufl. 590–600. New York, Oxford.

Cullen, F.T./Wright, J.P./Gendreau, P./Andrews, D.A. (2003). What Correctional Treatment Can Tell Us about Criminological Theory: Implications for Social Learning Theory. In: *R.L. Akers/G.F. Jensen* (Hrsg.). Social Learning and the Explanation of Crime – Advances in Criminological Theory. Vol. 11, 229–362. New Brunswick/USA, London/U.K.

Dijk, J. van (2008). The World of Crime – Breaking the Silence on Problems of Security, Justice, and Development Across the World. Los Angeles, London, New Delhi et al.

Dijk, J.J.M. van/Kaam, R.G.H. van/Wemmers, J.A.M (Hrsg.) (1999). Caring for Crime Victims – Selected Proceedings of the 9th International Symposium on Victimology. Monsey/New York.

Dijk, J. van/Kesteren, J. van/Smit, P. (2007). Criminal Victimisation in International Perspective – Key Findings from the 2004–2005 ICVS and EU ECS. Den Haag.

Dijk, J.J.M. van/Manchin, R./Kesteren, J.N. van/Hideg, G. (2007). The Burden of Crime in the EU. A Comparative Analysis of the European Survey of Crime and Safety (2005 EU ICS). Brüssel.

Drapkin, I./Viano, E. (Hrsg.) (1974, 1975). Victimology: A New – Focus. 5 Bände. Lexington, Toronto, London.

Dünkel, F. (2009). International vergleichende Strafvollzugsforschung. In: *H.J. Schneider* (Hrsg.): Internationales Handbuch der Kriminologie. Bd. 2: Besondere Probleme der Kriminologie. 145–226. Berlin.

Dünkel, F./Grzywa, J./Horsfield, P./Pruin, I. (2010) (Hrsg.). Juvenile Justice Systems in Europe – Current Situation and Reform Developments. 4 Bände. Mönchengladbach.

Dussich, P.J. (2010). The Challenges of Victimology Past, Present and Future. In: *UNAFEI* (Hrsg.): Annual Report for 2009 and Resource Material Series No. 81. 41–75. Fuchu, Tokyo.

Farrington, D.P. (2003). Advancing Knowledge about the Early Prevention of Adult Antisocial Behaviour. In: *D.P. Farrington/J.W. Coid* (Hrsg.): Early Prevention of Adult Antisocial Behavior. 1–31. Cambridge/U.K. *Farrington, D.P.* (2006). Key Longitudinal-Experimental Studies in Criminology. In: Journal of Experimental Criminology 2, 121–141.

Farrington, D.P./Gottfredson, D.C./Sherman, L.W./Welsh, B.C. (2002). The Maryland Scientific Methods Scale. In: *L.W. Sherman/D.P. Farrington/B.C. Welsh/D.L. MacKenzie* (Hrsg.): Evidence-Based Crime Prevention. 13–21. London, New York.

Farrington, D.P./Petrosino, A. (2000). Systematic Reviews of Criminological Interventions: The Campbell Collaboration Crime and Justice Group. In: Annales Internationales de Criminologie 38, 49–66.

Farrington, D.P./Welsh, B.C. (2002). Family-Based Crime Prevention. In: *L.W. Sherman/D.P. Farrington/B.C. Welsh/D.L. MacKenzie* (Hrsg.): Evidence-Based Crime Prevention. 22–55. London, New York.

Farrington, D.P./Welsh, B.C. (2003). Family-Based Programs to Prevent Delinquent and Criminal Behavior. In: *H. Kury/J. Obergfell-Fuchs* (Hrsg.): Crime Prevention – New Approaches. 62–90. Mainz.

Farrington, D.P./Welsh, B.C. (2006). A Half Century of Randomized Experiments on Crime and Justice. In: *M. Tonry* (Hrsg.): Crime and Justice – A Review of Research. Vol. 34, 55–132. Chicago, London.

Farrington, D.P./Welsh, B.C. (2007). Saving Children from a Life of Crime – Early Risk Factors and Effective Interventions. Oxford, New York et al.

Fattah, E.A. (2000). Victimology Today – Recent Theoretical and Applied Developments. In: *UNAFEI* (Hrsg.): Resource Material Series No. 56. 60–70. Fuchu, Tokyo.

Finkelhor, D./Ormrod, R./Turner, H./Hamby, S.L. (2005). The Victimization of Children and Youth: A Comprehensive National Survey. In: Child Maltreatment 10, 5–25.

Gaetz, S. (2004). Safe Streets for Whom? Homeless Youth, Social Exclusion, and Criminal Victimization. In: Canadian Journal of Criminology and Criminal Justice 46, 423–455.

Gaudreault, A./Waller, I. (Hrsg.) (2001). X^{th} International Symposium on Victimology – Selected Symposium Proceedings. Montréal.

Gibbons, D.C. (1992). The Limits of Punishment as Social Policy. In: *C.A. Hartjen/E.E. Rhine* (Hrsg.): Correctional Theory and Practice. 12–28. Chicago.

Glueck, S. & E. (1950). Unraveling Juvenile Delinquency. Cambridge/Mass.

Glueck, S. & E. (1968). Delinquents and Nondelinquents in Perspective. Cambridge/Mass.

Göppinger, H. (1962). Die Bedeutung der Psychopathologie für die Kriminologie. In: *H. Kranz* (Hrsg.): Psychopathologie heute. 316–321. Stuttgart.

Göppinger, H. (1971, 1973, 1976, 1980). Kriminologie. 1. bis 4. Auflage. München.

Goodey, J./Aromaa, K. (Hrsg.) (2008). Hate Crime. Helsinki.

Gottfredson, D.C./Wilson, D.B./ Najaka, S.S. (2002). School-Baseed Crime Prevention. In: *L.W. Sherman/D.P. Farrington/B.C. Welsh/D.L. MacKenzie* (Hrsg.): Evidence-Based Crime Prevention. 56–164. London, New York.

Grabosky, P.N. (1996). Public Participation and Co-operation in Crime Prevention Activities. In: *UNAFEI* (Hrsg.): Resource Material Series No. 48. 33–47. Fuchu, Tokyo.

Grabosky, P. (2000a). Crime in Cyberspace. In: *UNAFEI* (Hrsg.): Annual Report for 1998 and Resource Material Series No. 55. 35–43. Fuchu, Tokyo.

Grabosky, P. (2000b). The Prevention and Control of Economic Crime. In: *UNAFEI* (Hrsg.): Annual Report for 1998 and Resource Material Series No. 55. 44–53. Fuchu, Tokyo.

Hagan, H. (2009). Prosecuting Ethnic Cleansing and Mass Atrocity in the Former Yugoslavia and Darfur. In: Journal of Scandinavian Studies in Criminology and Crime Prevention 10 (Supplement 1), 26–47.

Hagan, J./Rymond-Richmond, W. (2009). Darfur and the Crime of Genocide. Cambridge, New York, Melbourne et al.

Hentig, H. von (1941/1974). Remarks on the Interaction of Perpetrator and Victim. In: *I. Drapkin/ E. Viano* (Hrsg.): Victimology. 45–53. Lexington/Mass., Toronto, London.

Hentig, H. von (1948, Nachdruck 1967). The Criminal and His Victim – Studies in the Sociobiology of Crime. New Haven/Conn.

Hirschi, T. (1969). Causes of Delinquency. Berkeley, Los Angeles.

Hofer, H. von (2001): Notes on Crime and Punishment in Sweden and Scandinavia. In: *UNAFEI* (Hrsg.): Annual Report for 1999 and Resource Material Series No. 29. 284–313. Fuchu, Tokyo.

Howell, J.C. (2009). Preventing and Reducing Juvenile Delinquency – A Comprehensive Framework. 2. Aufl. Los Angeles, London, New Delhi et al.

Huff, C.R./Scarpitti, F.R. (2011). The Origins and Development of Containment Theory: Walter C. Reckless and Simon Dinitz. In: *F.T. Cullen/C.L. Jonson/ A.J. Myer/F. Adler* (Hrsg.): The Origins of American Criminology – Advances in Criminological Theory. Vol. 16, 277–331. New Brunswick, London.

Junger-Tas, J./Marshall, I.H./Enzmann, D./Killias, M./Steketee, M./Gruszczynska, B. (Hrsg.) (2010). Juvenile Delinquency in Europe and Beyond – Results of the Second International Self-Report Delinquency Study. Dordrecht, Heidelberg, London, New York.

Kerner, H.J. (2006). Young Delinquents and Youth at Risk: Data and Reflections about a Complex Problem with Regard to Community Level Crime Prevention Efforts. In: *UNAFEI* (Hrsg.): Resource Material Series No. 68. 52–74. Fuchu, Tokyo.

Kirchhoff, G.F/Kaneko, J./Tsuda, A./Yamada, M. (2009). Victimization of Homeless in Japan. Vortrag während des 13. Internationalen Symposiums für Viktimologie in Mito/Japan.

Kirchhoff, G.F./Kosovski, E./Schneider, H.J. (Hrsg.) (1994). International Debates of Victimology. Mönchengladbach.

LaFree, G. (2007). Expanding Criminology's Domain: The American Society of Criminology 2006 Presidential Address. In: Criminology 45, 1–31.

Lappi-Seppälä, T. (2003a). Prisoner Rates: Global Trends and Local Exceptions. In: *UNAFEI* (Hrsg.): Annual Report for 2002 and Resource Material Series No. 61. 37–60. Fuchu, Tokyo.

Lappi-Seppälä, T. (2003b). Techniques in Enhancing Community-Based Alternatives to Incarceration – A European Perspective. In: *UNAFEI* (Hrsg.): Annual Report for 2002 and Resource Material Series No. 61. 61–87. Fuchu, Tokyo.

Lappi-Seppälä, T. (2003c). Enhancing the Community Alternatives – Getting the Measures Accepted and Implemented. In: *UNAFEI* (Hrsg.): Annual Report for 2002 and Resource Material Series No. 61. 88–97. Fuchu, Tokyo.

Lappi-Seppälä, T. (2008a). Trust, Welfare, and Political Culture: Explaining Differences in National Penal Policies. In: *M. Tonry* (Hrsg.): Crime and Justice – A Review of Research. Vol. 37, 313–387. Chicago, London.

Lappi-Seppälä, T. (2008b). Controlling Prisoner Rates: Experiences from Finland. In: *UNAFEI* (Hrsg.): Resource Material Series No. 74. 3–19. Fuchu, Tokyo.

Lappi-Seppälä, T. (2008c). Crime Prevention and Community Sanctions in Scandinavia. In: *UNAFEI* (Hrsg.): Resource Material Series No. 74. 20–52. Fuchu, Tokyo.

Lappi-Seppälä, T. (2010). Vertrauen, Wohlfahrt und politikwissenschaftliche Aspekte – Vergleichende Perspektiven zur Punitivität. In: *F. Dünkel/T. Lappi-Seppälä/C. Morgenstern/ D. van Zyl Smit* (Hrsg.): Kriminalität, Kriminalpolitik, strafrechtliche Sanktionspraxis und Gefangenenraten im europäischen Vergleich. Bd. 2, 937–996. Mönchengladbach.

Laub, J.H. (2004). The Life Course of Criminology in the United States: The American Society of Criminology 2003 Presidential Address. In: Criminology 42, 1–26.

Laub, J.H./Sampson, R.J. (2003). Shared Beginnings, Divergent Lives, Delinquent Boys to Age 70. Cambridge/Mass., London/England.

Laub, J.H./Sampson, R.J. (2011). A Theory of Persistent Offending and Desistance from Crime. In: *F.T. Cullen/R. Agnew* (Hrsg.): Criminological Theory: Past to Present. 4. Aufl. 497–503. New York, Oxford.

Laub, J.H./Sampson, R.J./Allen, L.C. (2001). Explaining Crime Over the Life Course – Toward a Theory of Age-Graded Informal Social Control. In: *R. Paternoster/R. Bachman* (Hrsg.): Explaining Criminals and Crime. 97–112. Los Angeles/CA.

Laws, D.R./Hudson, S.M./Ward, T. (Hrsg.) (2000). Remaking Relapse Prevention with Sex Offenders. Thousand Oaks, London, New Delhi.

Lilly, J.R./Cullen, F.T./Ball, R.A. (2011). Criminological Theory – Context and Consequences. 5. Aufl. Los Angeles, London, New Delhi et al.

Lipton, D./Martinson, R./Wilks, J. (1975). The Effectiveness of Correctional Treatment – A Survey of Treatment Evaluation Studies. New York, Washington, London.

MacKenzie, D.L. (2006). What Works in Corrections – Reducing the Criminal Activities of Offenders and Delinquents. Cambridge, New York, Melbourne et al.

Maillard, J. de/Roché, S. (2004). Crime and Justice in France – Time Trends, Policies and Political Debate. In: European Journal of Criminology 1, 111–151.

Mendelsohn, B. (1974). Victimology and the Technical and Social Sciences: A Call for the Establishment of Victimological Clinics. In: *I. Drapkin/E. Viano* (Hrsg.): Victimology: A New Focus. Vol. 1: Theoretical Issues in Victimology. 25–35. Toronto, Lexington.

Mendelsohn, B. (1976). Victimology and Contemporary Society's Trends. In: Victimology – An International Journal 1, 8–28.

Miyazawa, K./Ohya, M. (Hrsg.) (1986). Victimology in Comparative Perspective. Tokyo.

Moffitt, T.E. (2006). A Review of Research on the Taxonomy of Life-Course Persistent Versus Adolescence-Limited Antisocial Behavior. In: *F.T. Cullen/J.P. Wright/K.R. Blevins* (Hrsg.): Taking Stock: The Status of Criminological Theory – Advances in Criminological Theory. Vol. 15, 277–311. New Brunswick, London.

Moffitt, T.E. (2011). Pathways in the Life Course to Crime. In: *F.T. Cullen/R. Agnew* (Hrsg.): Criminological Theory: Past to Present. 4. Aufl. 477–496. New York, Oxford.

Mutchnick, R.J./Martin, R./Austin, W.T. (2009). Criminological Thought – Pioneers Past and Present. Upper Saddle River/NJ., Columbus/OH.

National Opinion Research Center: Criminal Victimization in the United States: A Report of the National Survey. Washington D.C. 1967.

Ness, D.W. van/Strong, K.H. (2010). Restoring Justice – An Introduction to Restorative Justice. 4. Aufl. Cincinnati/OH.

Newburn, T./Rock, P. (2006). Urban Homelessness, Crime and Victimisation in England. In: International Review of Victimology 13, 121–156.

Olds, D.L. (2008). Preventing Child Maltreatment and Crime with Prenatal and Infancy Support of Parents: The Nurse-Family Partnership. In: Journal of Scandinavian Studies in Criminology and Crime Prevention 9 (Supplement 1), 2–24.

Palmer, T. (1975). Martinson Revisited. In: Journal of Research in Crime and Delinquency 12, 133–152.

Palmer, T. (1992). The Re-Emergence of Correctional Intervention. Newbury Park, London, New Delhi.

Palmer, T. (1994). A Profile of Correctional Effectiveness and New Directions for Research. Albany/NY.

Patterson, G.R./DeBaryshe, B.D./Ramsey, E. (2006). A Developmental Perspective on Antisocial Behavior. In: *F.T. Cullen/R. Agnew* (Hrsg.): Criminological Theory – Past to Present. 3. Aufl. 495–501. Los Angeles/CA.

Peters, T. (2006). The Academic Status of Criminology. In: Annales Internationales de Criminologie 44, 53–63.

Piquero, A.R./Farrington, D.P./Blumstein, A. (2003). The Criminal Career Paradigm. In: *M. Tonry* (Hrsg.): Crime and Justice – A Review of Research. Vol. 30, 359–506. Chicago, London.

Rat der Europäischen Union (2001). Rahmenbeschluss des Rates über die Stellung des Opfers im Strafverfahren. In: Amtsblatt der Europäischen Gemeinschaften. L 82, 1–4.

Reckless, W.C. (1970). American Criminology. In: Criminology 8, 4–20.

Reckless, W.C. (1973). The Crime Problem. 5. Aufl. New York.

Roberts, J.V. (2009). Listening to the Crime Victim: Evaluating Victim Input at Sentencing and Parole. In: *M. Tonry* (Hrsg.): Crime and Justice – A Review of Research. Vol. 38, 347–412. Chicago, London.

Rossi, P.H./Lipsey, M.W./Freeman, H.E. (2004). Evaluation – A Systematic Approach. 7. Aufl. Thousand Oaks, London, New Delhi.

Sampson, R.J./Laub, J.H. (2005). A Life-Course View of the Development of Crime. In: The Annals of the American Academy of Political and Social Science 602, 12–45.

Savona, E.U. (1999). Recent Trends of Organised Crime in Europe: Actors, Activities and Policies againt Them. In: *UNAFEI* (Hrsg.): Resource Material Series No. 54. 5–24. Fuchu, Tokyo.

Schneider, H.J. (1966). Verhütung des Verbrechens und Behandlung des Rechtsbrechers – Die internationalen kriminologischen Kongresse des Jahres 1965 in Stockholm und Montreal. In: MschrKrim 49, 226–239.

Schneider, H.J. (1977). Psychologie des Verbrechens (Kriminalpsychologie). In: *R. Sieverts/ H.J. Schneider* (Hrsg.): Handwörterbuch der Kriminologie. Bd. 2, 415–458. Berlin, New York.

Schneider, H.J. (Hrsg.) (1982a). The Victim in International Perspective. Berlin, New York.

Schneider, H.J. (Hrsg.) (1982b). Das Verbrechensopfer in der Strafrechtspflege. Berlin, New York.

Schneider, H.J. (1987). Economic Crime and Economic Criminal Law in the Federal Republic of Germany. In: *UNAFEI* (Hrsg.): Report for 1986 and Resource Material Series No. 31. 128–158. Fuchu, Tokyo.

Schneider, H.J. (1990a). The Impact of Economic and Societal Development on Crime Causation and Control. In: *UNAFEI* (Hrsg.): Report for 1989 and Resource Material Series No. 37. 65–86. Fuchu, Tokyo.

Schneider, H.J. (1990b). Victimology: Basic Theoretical Concepts and Practical Implications. In: *UNAFEI* (Hrsg.): Report for 1989 and Resource Material Series No. 37. 254–264. Fuchu, Tokyo.

Schneider, H.J. (1990c). From Criminal Policy to Victim Policy – New Tendencies in the Reform of Criminal Law, Criminal Procedure and Corrections. In: *UNAFEI* (Hrsg.): Report for 1989 and Resource Material Series No. 37. 265–281. Fuchu, Tokyo.

Schneider, H.J. (1993). Organized Crime in International Criminological Perspective. In: *UNAFEI* (Hrsg.): Report for 1992 and Resource Material Series No. 43. 133–148. Fuchu, Tokyo.

Schneider, H.J. (1998). Kriminalpolitik an der Schwelle zum 21. Jahrhundert. Berlin, New York.

Schneider, H.J. (2001a). Victimological Developments in the World during the Last Three Decades: A Study of Comparative Victimology. 19–68. In: *A. Gaudreault/I. Waller* (Hrsg.). Xth International Symposium on Victimology – Selected Symposium Proceedings. Montréal.

Schneider, H.J. (2001b). Victimological Developments in the World during the Past Three Decades. A Study of Comparative Victimology. In: International Journal of Offender Therapy and Comparative Criminology 45, 449–468, 539–555.

Schneider, H.J. (2003a). Die Internationale Gesellschaft für Kriminologie. In: MschrKrim 86, 464–477.

Schneider, H.J. (2003b). Die Europäische Gesellschaft für Kriminologie. In: MschrKrim 86, 225–231.

Schneider, H.J. (2003c). Die Amerikanische Gesellschaft für Kriminologie. In: MschrKrim 86, 310–319.

Schneider, H.J. (2004). Fortschritte der europäischen Kriminologie. In: MschrKrim 87, 460–475.

Schneider, H.J. (2005a). Der 14. Weltkongress für Kriminologie. In: MschrKrim. 88, 459–466.

Schneider, H.J. (2005b). Entwicklungen in der nordamerikanischen Kriminologie. In: MschrKrim 88, 181–194.

Schneider, H.J. (2005c). Der Ursprung der Weltkriminologie der Gegenwart – Die US-amerikanische Kriminologie in der ersten Hälfte des 20. Jahrhunderts. In: *S.C. Saar/A. Roth/C. Hattenhauer* (Hrsg.): Recht als Erbe und Aufgabe – Festschrift für Heinz Holzhauer. 299–318. Berlin.

Schneider, H.J. (2007a). Kriminalitätsumfang, -verbreitung und -vorhersage. In: *H.J. Schneider* (Hrsg.): Internationales Handbuch der Kriminologie. Bd. 1: Grundlagen der Kriminologie. 289–393. Berlin.

Schneider, H.J. (2007b). Die U.S.-amerikanische Kriminologie: historische, internationale und interdisziplinäre Aspekte. In: MschrKrim 90, 48–60.

Schneider, H.J. (2008). Der 15. Weltkongress für Kriminologie. In: MschrKrim 91, 390–398.

Schneider, H.J. (2009a). Die gegenwärtige Situation der US-amerikanischen Kriminologie. In: MschrKrim 92, 480–493.

Schneider, H.J. (2009b). Europäische Kriminologie im Aufwind. In: MschrKrim 92, 76–86.

Schneider, H.J. (2010). Die Europäische Kriminologie zu Beginn des 21. Jahrhunderts. In: MschrKrim 93, 475–501.

Schneider, H.J. (2011a). Ein Jahrzehnt US-amerikanischer Kriminologie. In: MschrKrim 94, 112–140.

Schneider, H.J. (2011b). Victimological Developments in the World During the Past Three Decades (I und II). In: *A. Walsh/C. Hemmens* (Hrsg.): Introduction to Criminology. 2. Aufl. 577–588. Los Angeles, London, New Delhi et al.

Schneider, K. (1923, 1950). Die psychopathischen Persönlichkeiten. 1. und 9. Aufl. Wien.

Schneider, K. (1958). „Der Psychopath" in heutiger Sicht. In: Fortschritte der Neurologie, Psychiatrie und ihrer Grenzgebiete 26, 1–6.

Schneider, K. (1959). Klinische Psychopathologie. 5. Aufl. Stuttgart 1959.

Schweinhart, L./Montie, J./Zongping, X./Barnett, W.S./Belfield, C.R./Nores, M. (2005). Lifetime Effects: The High/Scope Perry Preschool Study through Age 40. Ypsilanti/MI.

Sechrest, L./White, S.O./Brown, E.D. (Hrsg.) (1979). The Rehabilitation of Criminal Offenders: Problems and Prospects. Washington D.C.

Separovic, Z.P. (Hrsg.) (1988, 1989). Victimology – International Action and Study of Victims. 2 Bände. Zagreb.

Sessar, K./Stangl, W./Swaaningen, R. van (2007). Großstadtängste – Untersuchungen zu Unsicherheitsgefühlen und Sicherheitspolitiken in europäischen Kommunen. Wien.

Shaw, C.R./McKay, H.D. (2011). Juvenile Delinquency and Urban Areas. In: *F.T. Cullen/R. Agnew* (Hrsg.): Criminological Theory: Past to Present. 4. Aufl. 98–104. New York, Oxford.

Sherman, L.W./Farrington, D.P./Welsh, B.C./MacKenzie, D.L. (Hrsg.) (2002). Evidence-Based Crime Prevention. London, New York.

Steketee, M./Moll, M./Kapardis, A. (Hrsg.) (2008): Juvenile Delinquency in Six New EU Member States. Utrecht.

Strang, H. (2002). Repair or Revenge: Victims and Restorative Justice. Oxford, New York et al.

Straus, M.A. (2010). Corporal Punishment by Parents and Criminal Behavior of University Students in 32 Nations. Vortrag auf der Jahrestagung der „European Society of Criminology" in Liège/Belgien.

Sumner, C./Israel, M./O'Connell, M./Sarre, R. (Hrsg.) (1996). International Victimology – Selected Papers from the 8th International Symposium. Canberra/ACT.

Sutherland, E.H. (1924). Criminology. Philadelphia, London.

Sutherland, E.H. (1934; 1939; 1947). Principles of Criminology. 2., 3. und 4. Auflage. Chicago, Philadelphia.

Sveri, K. (1981). Recent Changes in Correctional Policies and Practices in Sweden. In: *UNAFEI* (Hrsg.): Resource Material Series No. 19. 97–109. Fuchu, Tokyo.

Sveri, K. (1986). The Juvenile System of Sweden. In: *UNAFEI* (Hrsg.): Report for 1985 and Resource Material Series No. 29. 134–146. Fuchu, Tokyo.

Terry, K.J. (2008a). Stained Glass: The Nature and Scope of Child Sexual Abuse in the Catholic Church. In: Criminal Justice and Behavior 35, 549–569.

Terry, K.J. (2008b). Understanding the Sexual Abuse Crisis in the Catholic Church: Challenges with Prevention Policies. In: Victims and Offenders 3, 31–44.

Thornberry, T.P. (2011). Toward an International Theory of Delinquency. In: *F.T. Cullen/R. Agnew* (Hrsg.): Criminological Theory: Past to Present. 4. Aufl. 559–570. New York, Oxford.

Tolhurst, K.A. (2008). Victim Impact Statements. In: *C.M. Renzetti/J.L. Edleson* (Hrsg.): Encyclopedia of Interpersonal Violence. Vol. 2, 732/733. Los Angeles, London, New Delhi et al.

Tremblay, R.E./Japel, C. (2003). Prevention during Pregnancy, Infancy, and the Preschool Years. In: *D.P. Farrington/J.W. Coid* (Hrsg.): Early Prevention of Adult Antisocial Behavior. 205–242. Cambridge/U.K.

Tremblay, R.E./Vitaro, F./Nagin, D./Pagani, L./Séguin, J.R. (2003). The Montreal Longitudinal and Experimental Study – Rediscovering the Power of Descriptions. In: *T.P. Thornberry/M.D. Krohn* (Hrsg.): Taking Stock of Delinquency – An Overview of Findings from Contemporary Longitudinal Studies. 205–254. New York, Boston, Dordrecht et al.

Tullio, B. di (1967). Principles de Criminologie Clinique. Paris.

Tullio, B. di (1969). Horizons of Clinical Criminology. South Hackensack/NJ.

Tullio, B. di (1980). Naissance de la Societé Internationale de Criminologie. In: *J. Susini* (Hrsg.): La Criminologie – Bilan et Perspectives. Festschrift für Jean Pinatel. 1–12. Paris.

Turner, H.A./Finkelhor, D./Ormrod, R. (2010). Child Mental Health Problems as Risk Factors for Victimization. In: Child Maltreatment 15, 132–143.

Tyler, T.R. (2003). Procedural Justice, Legitimacy, and the Effective Rule of Law. In: *M. Tonry* (Hrsg.): Crime and Justice – A Review of Research. Vol. 30, 283–357. Chicago, London.

Tyler, T.R./Braga, A./Fagan, J./Meares, T./Sampson, R./Winship, C. (2007). Legitimacy and Criminal Justice: International Perspectives. In: *T.R. Tyler* (Hrsg.): Legitimacy and Criminal Justice – International Perspectives. 9–29. New York.

United Nations (2000). Vienna Declaration on Crime and Justice: Meeting the Challenges of the Twenty-First-Century. Wien (A Conf. 187/15).

Waller, I. (2006a). Effective Measures for the Prevention of Crime Associated with Urbanization. In: *UNAFEI* (Hrsg.): Resource Material Series No. 68. 75–88. Fuchu, Tokyo.

Waller, I. (2006b). Effective Multi-Agency Systems for Effective Urban Crime Prevention. In: *UNAFEI* (Hrsg.): Resource Material Series No. 68. 89–99. Fuchu, Tokyo.

Warr, M. (2001). The Social Origins of Crime: Edwin Sutherland and the Theory of Differential Association. In: *R. Paternoster/R. Bachman* (Hrsg.): Explaining Criminals and Crime. 182–191. Los Angeles/CA.

Welsh, B.C./Farrington, D.P. (Hrsg.) (2006a). Preventing Crime – What Works for Children, Offenders, Victims, and Places. Dordrecht/The Netherlands.

Welsh, B.C./Farrington, D.P. (2006b). Evidence-Based Crime Prevention. In: *B.C. Welsh/D.P. Farrington* (Hrsg.). Preventing Crime – What Works for Children, Offenders, Victims, and Places. 1–17. Dordrecht/The Netherlands.

Wetzell, R.F. (2000). Inventing the Criminal – A History of German Criminology 1880–1945. Chapel Hill, London.

Wetzell, R.F. (2006). Criminology in Weimar and Nazi Germany. In: *P. Becker/R.F. Wetzell* (Hrsg.): Criminals and Their Scientists – The History of Criminology in International Perspective. 401–423. Cambridge, New York, Melbourne et al.

Wetzell, R.F. (2010). Aschaffenburg, Gustav: German Criminology. In: *F.T. Cullen/P. Wilcox* (Hrsg.): Encyclopedia of Criminological Theory. Vol. 1, 58–61. Los Angeles, London, New Delhi et al.

Winkel, F.W./Friday, P.C./Kirchhoff, G.F./Letschert, R.M. (Hrsg.) (2009). Victimization in a Multidisciplinary Key: Recent Advances in Victimology. Nijmegen/The Netherlands.

White, M.D./Terry, K.J. (2008). Child Sexual Abuse in the Catholic Church – Revisiting the Rotten Apples Explanation. In: Criminal Justice and Behavior 35, 658–678.

Wilson, D.B. (2010). Meta-analysis. In: *A.R. Piquero/D. Weisburd* (Hrsg.): Handbook of Quantitative Criminology. 181–208. New York, Dordrecht, Heidelberg et al.

Wolfgang, M.E./Figlio, R.M./Sellin, T. (1972). Delinquency in a Birth Cohort. Chicago, London.

Zaffaroni, E.R. (1998). Institutional Conditioning of Police Criminality. In: *H.-D. Schwind/ E. Kube/H.-H. Kühne* (Hrsg.): Kriminologie an der Schwelle zum 21. Jahrhundert – Festschrift für Hans Joachim Schneider. 197–208. Berlin, New York.

Zaffaroni, E.R. (2001). La Criminologia Como Curso. In: *E. Carranza* (Hrsg.): Politice Criminal, Derechos Humanos y Sistemas Juridicos en el Siglo XXI. Festschrift für Pedro R. David. 925–953. Buenos Aires.

Zaffaroni, E.R. (2008). Delincuencia Urbana y Victimizacion de las Victimas. In: *E. Gimenez-Salinas/M. Corcoy* (Hrsg.) XV Congreso Mundial de la Sociedad International de Criminologia. 75–82. Barcelona.

Zaffaroni, E.R. (2009). Can Criminal Law Really Contribute to the Prevention of Crimes against Humanity? In: Journal of Scandinavian Studies in Criminology and Crime Prevention 10 (Supplement 1), 2–25.

Zvekic, U. (2000). Citizen's Appraisal of Security and Criminal Justice: An International Perspective. In: *UNAFEI* (Hrsg.): Resource Material Series No. 56. 176–189. Fuchu, Tokyo.

2 Die deutschsprachige Kriminologie

2.1 Der Ursprung der deutschsprachigen Kriminologie

2.1.1 Monokausaltheorien

Die heutige deutschsprachige Kriminologie ist in ihrem Ursprung auf drei deutsche Wissenschaftler zurückzuführen, die am Ende des 18. Jahrhunderts Ideen zu einer Kriminalpsychologie veröffentlichten. Als erster hat *Karl von Eckartshausen* (1752 bis 1803) in seiner Schrift „Über die Notwendigkeit physiologischer Kenntnisse bei der Beurteilung von Verbrechen" (1791) empirische Aussagen über Kriminalitätsverursachung und -kontrolle gemacht. Er wandte sich gegen eine Dämonisierung des Verbrechers. Er unterschied äußere und innere Gründe für das Verbrechen. Zu den äußeren Ursachen zählte er beispielsweise eine schlechte Erziehung, zu den inneren Ursachen das Temperament des Individuums. Soziale Aspekte des Verbrechens waren für ihn z.B. Müßiggang und drückende Armut. Die Kriminalitätskontrolle sah er durch gute Gesetze und durch Religion als gewährleistet an (*Kürzinger* 1986, 184). Fast gleichzeitig erschien *Johann Christian Schaumann*s (1768 bis 1821) Buch „Ideen zu einer Kriminalpsychologie" (1792), in dem er unter Kriminalpsychologie ein System von psychologischen Kenntnissen versteht, die sich auf die Natur der Verbrechen beziehen. Für *Schaumann* ist die Kriminalpsychologie bereits im Jahre 1792 eine empirische Wissenschaft (S. 113): Der Kriminalpsychologe sammelt Materialien seiner Wissenschaft aus der Erfahrung. Methoden seiner Untersuchungen sind Verhaltensbeobachtung, Ausdruckskunde und Biographie (*H.J. Schneider* 1977, 418). In seinem Buch „Über den Einfluss der Kriminalpsychologie auf ein System des Kriminalrechts" (1799) führt *Johann Gottlieb Münch* (1774 bis 1837) als Gründe für das Verbrechen die „unveränderliche Struktur der menschlichen Seele" und die veränderlichen Verhältnisse an, die sie von außen zu beeinflussen versuchen. Die gröbsten Verbrechen werden aus „roher Unwissenheit" begangen. Allerdings entsteht Kriminalität auch aus dem (damaligen) Zustand der Zuchthäuser; sie schaffen Verbrecher, obwohl sie die Verbrecher bessern sollen (*Kürzinger* 1996, 26). In den Lehrbüchern des 19. Jahrhunderts zur Kriminalpsychologie oder zur gerichtlichen Psychologie (vgl. z.B. *Heinroth* 1833; *Ideler* 1857; *Wilbrand* 1858) werden die Kriminellen mit negativen Persönlichkeitszügen gekennzeichnet. Die Ursache der Kriminalität wird zumeist in **einem** wesentlichen Merkmal gesehen (Monokausaltheorie): in der menschlichen Schwäche, in Genusssucht, Arbeitsscheu oder allgemein in Lebensuntüchtigkeit. Die Straftäter werden als eine vom Normalmenschen unterschiedliche Menschen-Kategorie aufgefasst (Dichotomie von Kriminellen und Nichtkriminellen). Ausführungen zu gesamtgesellschaftlichen oder Opfer-Verbrechensursachen sucht man vergebens. Die Kriminologie des 18. und 19. Jahrhunderts ist allein täterorientiert.

2.1.2 Anlage und Umwelt

Die zweite Hälfte des 19. Jahrhunderts stand in der deutschsprachigen Kriminologie ganz im Zeichen der populären Theorie des geborenen Verbrechers des italienischen Gerichtsmediziners *Cesare Lombroso* (1835 bis 1909). Sein zentrales Werk „Der kriminelle Mensch" erschien im Jahre 1876 erstmalig in italienischer Sprache und wurde in zahlreichen Übersetzungen zum Welterfolg. Zwei seiner vier Grundthesen (vgl. *H.J. Schneider* 1987, 105) lauteten:

– Der Kriminelle unterscheidet sich vom Nichtkriminellen durch zahlreiche physische und psychische Anomalien.
– Die verbrecherische Anlage vererbt sich von Generation zu Generation in der Kategorie krimineller Menschen.

Das Konzept vom geborenen Verbrecher ermöglichte es der Gesellschaft, ihre kriminellen Tendenzen auf die Verbrecher zu übertragen und in sie hineinzusehen (psychischer Mechanismus der Projektion) und jede Mitverantwortung für die Entstehung der Kriminalität abzulehnen. Insofern hat die Theorie vom geborenen Verbrecher für die Gesellschaft eine Entlastungsfunktion. Im deutschsprachigen Raum entwickelten speziell Psychiater im späten 19. Jahrhundert eine starke Vorliebe für biologische Erklärungen des Verbrechens (*Wetzell* 2000, 57). Nach *Hans Kurella* (1893) gibt es eine Verbrecheranlage: Jedes kriminelle Verhalten ist biologisch bestimmt. Für *Julius Koch* (1894), *Robert Sommer* (1895) und *Eugen Bleuler* (1896) ist die Entstehung des Verbrechens auf endogene Verbrechernaturen, auf geistig abnorme, psychopathische Persönlichkeiten konzentriert, die sich physisch und psychisch vom Durchschnittstyp der gesunden, ehrlichen Menschen unterscheiden. *Koch, Sommer* und *Bleuler* lehnten zwar kriminelle physische Kennzeichen am Körper von Kriminellen ab. Sie befürworteten aber die These, dass kriminelles Verhalten durch endogene biologische Dispositionen hervorgerufen werde. Der berühmte Psychiater *Emil Kraepelin* sprach (1899) ebenfalls von psychopathischen Persönlichkeiten, die er sogar „Gesellschaftsfeinde" nannte. Freilich gab es um die Wende zum 20. Jahrhundert auch Kriminaljustiz-Praktiker wie namentlich *Abraham Baer* (1893) oder *Paul Näcke* (1894; 1897), die die Theorie des geborenen Verbrechers ablehnten und die eine Milieu-Theorie vertraten, die die gesellschaftlichen Prozesse betonte, in denen Kriminalität wurzelt und wächst. Soziologen wie *Ferdinand Tönnies* (1935; 1895) oder *Georg Simmel* (1908; 1983, 186–255) setzten sich ebenfalls für eine kriminalsoziologische Erklärung der Kriminalitätsentstehung und -kontrolle ein. Sie vermochten sich indessen gegen die starke psychiatrische Richtung nicht durchzusetzen. Die grundlegenden Ideen von *Tönnies* und *Simmel* dienten der US.-amerikanischen Kriminologie vielmehr im 20. Jahrhundert zur Entwicklung der Theorie der sozialen Desorganisation und der Konflikt-Theorien.

2.2 Entwicklungen der deutschsprachigen Kriminologie im 20. Jahrhundert

2.2.1 Entwicklungen zu Beginn des 20. Jahrhunderts

In den zwei ersten Jahrzehnten des 20. Jahrhunderts standen zwei Namen im Mittelpunkt der Entwicklungen der deutschsprachigen Kriminologie: *Franz von Liszt* und *Gustav Aschaffenburg*. Der Kriminalpolitiker *von Liszt* unterschied zwar zwischen sozialen und individuellen Faktoren bei der Entstehung des Verbrechens. Er unterstrich aber (1905a, 235), „dass die gesellschaftlichen Faktoren ungleich größere Bedeutung für sich in Anspruch nehmen dürfen als der individuelle Faktor". Freilich prägte er auch schon die Formel, die die „gesellschaftlichen Faktoren" auf den sozialen Nahraum des Straftäters einschränkten (1905b, 438): „Das Verbrechen ist das Produkt aus der Eigenart des Verbrechers im Augenblick der Tat einerseits und den den Verbrecher im Augenblick der Tat umgebenden äußeren, insbesondere wirtschaftlichen Verhältnisse andererseits." Obwohl *von Liszt* erkannte, dass Strafe (formelle Kontrolle) weniger effektiv für die Verbrechenskontrolle ist als die Sozialpolitik (informelle Kontrolle), konzentrierten sich seine Reform-Vorschläge auf die Individualisierung der Bestrafung (1905c). Als ungewollte Konsequenz vernachlässigte das neu sich bildende Feld der Kriminologie die sozialen Gründe des Verbrechens und richtete seine Aufmerksamkeit auf die Persönlichkeit des Rechtsbrechers (*Wetzell* 2000, 37). Der Kriminalpolitiker *von Liszt* hatte gute Ideen für eine vorwiegend soziologisch orientierte Kriminologie; er hat indessen selbst keine empirisch-kriminologische Forschung unternommen (*Wetzell* 2000, 37).

Der zweite Wissenschaftler, der die deutschsprachige Kriminologie zu Beginn des 20. Jahrhunderts maßgeblich beeinflusste, war *Gustav Aschaffenburg* (vgl. *Hentig* 1960). Er war der wichtigste deutschsprachige Kriminologe während der beiden ersten Jahrzehnte des 20. Jahrhunderts, und er veröffentlichte das Standardwerk der deutschsprachigen Kriminologie dieser Zeit (*Aschaffenburg* 1903; 1906; 1923; 1933a), durch das er – in dessen englische Übersetzung (*Aschaffenburg* 1913; 1968) – internationales Ansehen erreichte (*Wetzell* 2010, 58; *Reckless* 1970; 1973, 691). In diesem Buch vertrat er das zu Beginn des 20. Jahrhunderts führende Paradigma, nämlich die Integration der Kriminalsoziologie mit der Kriminalpsychologie als wechselseitig sich ergänzende Ansätze der Kriminalitätsentstehung (*Wetzell* 2010, 60). Er wies eine endogene kriminelle Prädisposition zurück. Die doppelte Bedeutung sozialer Faktoren in *Aschaffenburg*s Werk beschreibt *Richard F. Wetzell* (2010, 59) folgendermaßen: „Die soziale Umgebung ist doppelt verantwortlich für kriminelles Verhalten. Nicht nur die entsetzliche Notlage und das schlechte Beispiel eines moralisch benachteiligten Milieus treiben viele Menschen unmittelbar in eine kriminelle Karriere. Es ist vielmehr die Verwahrlosung eines Unterschichts-Lebens, die zu einer biologischen Degeneration führt, die ihre Opfer sozial unbrauchbar werden lässt." Vor den verhängnisvollen Folgen einer Anwendung kriminalbiologischer Forschungsergebnisse warnte *Aschaffenburg* (1933b). Er bezeichnete die Kriminalbiologie als eine „in fast jeder Beziehung noch zu schaffende Wissenschaft" (1933a, 827). „Wir müssen uns bewusst sein, dass wir uns auf unsicherem Boden bewegen" (1933b, 840). Er wies auf die „Dürftigkeit des Erreichten" hin (1933b, 840). Degenerationszeichen bilden „keinen Beweis" für eine Entartung, und „vor ihrer Verwertung muss ernsthaft gewarnt werden" (1933b, 829). *Aschaffenburg* (1933b) machte geltend, dass die Kriminalbiologie weit davon entfernt sei, zuverlässige Untersuchungs- und Begutachtungs-Methoden der kriminellen Persönlichkeit zu besitzen. Die Erbforschung stehe vor fast unüberwindlichen Schwierigkeiten. Es sei zum derzeitigen Zeitpunkt unmöglich, besserungsfähige Rechtsbrecher von unverbesserlichen zu trennen. Nach vierzig Jahren habe die kriminalbiologische Forschung praktisch keine verwertbaren Ergebnisse erzielt, und sie stehe als Wissenschaft noch ganz am Anfang (*Wetzell* 2006, 410).

2.2.2 Entwicklungen in der Weimarer Zeit (1918–1933)

2.2.2.1 Kriminalsoziologie

Obwohl sich in den USA in den 1920er Jahren eine Kriminalsoziologie aufzubauen begann (vgl. z.B. *Parmelee* 1922; *Sutherland* 1924; *Shaw* 1929), gelang es im deutschsprachigen Raum nicht, eine ähnliche Entwicklung ins Leben zu rufen. Zwar unternahmen *Moritz Liepmann* und *Franz Exner* Informationsreisen in die USA, über die sie (*Liepmann* 1927; *Exner* 1935) referierten. Ihre Aufmerksamkeit galt indessen vor allem dem US.-amerikanischen Strafvollzug und erst in zweiter Linie der sich in den USA gerade herausbildenden Kriminologie (vgl. *H.J. Schneider* 2005a). *Liepmann* berichtete über sie überhaupt nicht und *Exner* nur oberflächlich und zum Teil irreführend. So wird die von *Clifford R. Shaw* (1929) herausgearbeitete sozialstrukturelle Kriminalitäts-Ursache, die im Delinquenz-Gebiet selbst liegt (Gemeinschaftszerfall), von *Exner* (1935, 70) in einen individuellen Verbrechens-Entstehungs-Grund umgedeutet, der darin liegen soll, dass psychopathische Straftäter von Delinquenz-Gebieten angezogen werden. Die von *Exner* (1926, 1927) und von *Liepmann* (1930) mit Unterstützung der Carnegie-Stiftung für den Weltfrieden unternommenen Studien über die Kriminalität in Deutschland und in Österreich während des 1. Weltkriegs (1914–1918) stützen sich nicht auf sozialstrukturelle Theorien, z.B. nicht auf die Anomie-Theorie von *Emile Durkheim* (1893, 1895), die bei einem sozialen Wandel zwischen Frieden und Krieg in einer Gesellschaft Wertezusammenbruch vorhersagt. Es werden auch keine anspruchsvollen empirisch-sozialwissenschaftlichen Methoden angewandt. Vielmehr werden lediglich dokumentarische Quellen, z.B. offizielle Kriminalstatistiken, ausgewertet und interpretiert, wobei auf das hohe Dunkelfeld der nicht angezeigten Delikte während des Krieges wegen der Schwächung der offiziellen Sozialkontrolle (Verringerung der Verfolgungsintensität) hingewiesen wird. Die Untersuchungen kommen im Wesentlichen zu folgenden Ergebnissen (ausführlich bei *H.J. Schneider* 1987, 241–250): Während des Krieges steigen die Vermögens- und Kriegswirtschafts-Delikte an. Dieser Anstieg ist auf die wirtschaftliche Notlage während des Krieges und auf die Flut der Kriegswirtschaftsgesetze zurückzuführen, die niemand mehr einzuhalten in der Lage war (Überkriminalisierung). Gleichzeitig sind die Sexualdelikte erheblich gesunken, was mit Unterernährung der Bevölkerung und Alkoholmangel erklärt wird. Die Frauenkriminalität und die Jugenddelinquenz sind während des Krieges gewachsen. Als Gründe werden hierfür angegeben, dass die Frauen die berufliche und familiäre Stellung ihrer an der Front befindlichen Männer einnehmen mussten und dass die Jugend unzulänglich beaufsichtigt war. Nach Beendigung des Krieges nahmen die Tötungsdelikte in Deutschland und Österreich erheblich zu. Diese Zunahme wird mit den Nachwirkungen des Krieges (Wertlosigkeit des Lebens, psychische Verrohung) begründet.

2.2.2.2 Psychoanalyse

Die psychoanalytische Kriminologie, die in ihren wesentlichen Teilen im deutschsprachigen Raum während der Weimarer Zeit entstanden ist, unterscheidet sich fundamental von der Kriminalbiologie. Während die Kriminalbiologie eine scharfe Grenze zwischen (schon rein körperlich erkennbaren) Kriminellen und „Normalen" aufzurichten sucht, besteht in der psychoanalytischen Kriminologie kein wesentlicher qualitativer Unterschied zwischen Kriminellen und „Normalen". Der Mensch kommt als kriminelles, d.h. sozial nicht angepasstes Wesen auf die Welt. Während es dem „Normalen" gelingt, seine kriminellen Triebregungen teils zu verdrängen, teils im Sinne der Gesellschaft umzuwandeln (zu sublimieren), missglückt dem Kriminellen dieser Anpassungsvorgang. Kriminalität ist nach dieser Auffassung – von Ausnahmefällen abgesehen – kein „Geburtsfehler", sondern ein Erziehungsdefekt, ein Domestikationsdefekt. Die Kriminalität ist in ihrer Anlage eine allgemein menschliche Erscheinung – das Gegenteil und Gegenstück zur kriminalbiologischen Auffassung *Lombrosos* vom „geborenen Verbrecher". Die psychoanalytische Kriminologie findet die psychogenetischen Wurzeln des Verbrechens in der Frühkindheit des Täters.

Zu ihrer Charakterisierung werden einige Beispiele erläutert:

In seinem Buch „Geständniszwang und Strafbedürfnis" stellt *Theodor Reik* (1925a; vgl. auch 1925b) die These vom unbewussten Geständniszwang auf. Die im Geständnis liegende Wiederholung der Tat hat eine befreiende, von langem seelischen Druck lösende Wirkung. Denn mit dem Geständnis, mit der abgeschwächten Wiederholung der phantasierten Tat tritt eine Angstüberwindung ein, eine Bewältigung der sozialen Angst, die man gemeinhin Schuldgefühl nennt. *Gotthold Bohne* hat (1927) *Reik*s Gedanken aufgenommen und für die Kriminologie vertieft. Wenn der Täter auch seine Tat kennt, so will er sich doch niemals die unbewussten Zusammenhänge eingestehen, die sein Handeln verursacht haben, die tiefsten Gefühle, die zur Entlastung drängten und die nicht selten auf Erlebnisse in seiner frühesten Kindheit zurückzuführen sind. Für *August Aichhorn* (1925) ist es die Aufgabe der Erziehung, das Kind aus dem Zustand der Asozialität in den der sozialen Anpassung zu führen, eine Aufgabe, die nur erfüllt werden kann, wenn seine Gefühlsentwicklung normal verläuft. Für eine gesunde Entwicklung seiner Persönlichkeit ist seine Identifikation mit seinen Eltern, insbesondere mit seinem gleichgeschlechtlichen Elternteil, von ausschlaggebender Bedeutung. Das Kind identifiziert sich mit einem Elternteil und übernimmt dessen Rolle nur dann, wenn sich zwischen ihm und dem Elternteil eine normale, herzliche Bindung herstellt. Dann werden Züge der geliebten Person in die eigene Persönlichkeit internalisiert (verinnerlicht). Die zärtliche Zuneigung des Kindes zu seinen Familienangehörigen gehört zu seinen normalen Entwicklungsbedingungen. Wächst es in einem soziodynamisch ungestörten Familienklima auf, so lernt es, mitmenschliche emotionale Beziehungen anzuknüpfen, aufzubauen, zu vertiefen und konfliktlos wieder zu lösen. Wenn sein Liebesbedürfnis in seiner frühen Kindheit zu wenig befriedigt oder übersättigt worden ist, werden seine Triebwünsche zwar verdrängt, aber nicht psychisch verarbeitet. Es kommt zu einer „latenten" Verwahrlosung.

Vier Typen von Kriminellen unterscheiden *Franz Alexander* und *Hugo Staub* (1929):

-   Für den neurotischen Kriminellen stellt sein gesellschaftsfeindliches Verhalten einen Ausweg aus einem innerpsychischen Konflikt sozialer und asozialer Teile seiner Persönlichkeit dar.
-   Die „normalen" Kriminellen identifizieren sich mit kriminellen Vorbildern. Als gedachter Grenzfall setzt der „genuine" Verbrecher, der sozial überhaupt nicht angepasst ist und auf der Naturstufe des Urmenschen steht, seine Urtriebe unmittelbar in die Tat um.
-   Die Funktionen des Ich (der Persönlichkeits-Steuerungs-Instanz) sind bei chronischen Kriminellen durch toxische und andere organisch-pathologische Vorgänge weitgehend beeinträchtigt und ausgeschaltet.
-   Bei Situationsdelikten (akzidenteller Kriminalität) setzt eine reale Leidenssituation die hemmende Macht eines sonst gut funktionierenden Gewissens außer Kraft.

Nach *Alfred Adler* (1924; 1931) entsteht Kriminalität aus einem tiefen Minderwertigkeitsgefühl. Vernachlässigte und verhätschelte Kinder versagen in der Lösung sozialer Probleme, in der Bildung eines sozialen Lebensstils. Aus dem fehlenden Gemeinschaftsgefühl und aus dem Minderwertigkeitsgefühl erwächst eine tiefempfundene soziale Entmutigung, die auf Abwegen und Umwegen soziale Anerkennung zu erreichen versucht. Das so entstandene, abnorm gesteigerte Ausgleichsstreben führt zu einem unbewussten Überlegenheitsgefühl und zu einem übersteigerten Vorteilsstreben, das an der Wirklichkeit scheitern muss. Der sozial Entmutigte hat den Glauben daran verloren, sich innerhalb der Gesellschaft mit den durch die Gesellschaftsordnung zugelassenen Mitteln durchzusetzen. Weniger durch eigene positive Leistung als durch Herabsetzung der Leistungen und Fähigkeiten anderer wird die eigene fiktive Überlegenheit erreicht. Da Ausdauer und Spannkraft Funktionen des Selbstwertgefühls und des Mutes der Persönlichkeit sind, fehlt es dem Mutlosen an geistiger Spannkraft und an Ausdauer. Denn er hat den Glauben an sich selbst verloren. Die Waffe der Mutlosigkeit ist Gewalttätigkeit. Verbrechensbereitschaft entsteht bei den Mutlosen durch ihre egoistische Perspektive, ihre in ihrer Kindheit eingeübte, eingeschliffene egoistische Schablone ihrer Lebensform und durch ihren unbändigen Drang, sich über ihr Niveau nicht durch mutiges Handeln, sondern durch Tricks, List und Überrumpelung anderer zu erheben.

Für *Gotthold Bohne* (1931, 333) ist die Erfassung der kriminellen Persönlichkeit nur unter Berücksichtigung des Umstandes möglich, dass Anlage und Umwelteinflüsse untrennbare Komponenten der Persönlichkeit bilden. Die Anlage ist hierbei nicht „als eine Summierung erbbiologischer Faktoren aufzufassen" …, sondern „als Produkt früherer Erlebnisse". Die Eingliederung des Arbeitnehmers in große Wirtschaftsorganisationen, die das Individuelle mehr und mehr ersticken, verursacht ein Gefühl sozialer Minderwertigkeit, die Gemeinschafts- und Leistungswille verkümmern lässt und zu rigoroser Brutalität bei der Verfolgung egoistischer Ziele führt (*Bohne* 1928). Trotzeinstellung und unbewusstes Überlegenheitsgefühl sind für Schwerverbrecher typisch, die vor allem das Opfer entwerten wollen und keineswegs in erster Linie materiellen Vorteil erstreben. In derselben Weise argumentiert *Eugen Schmidt* (1931): Unter den Masken von Trotz, Gewalttätigkeit, Grausamkeit und Todesverachtung versteckt der Verbrecher seine Mutlosigkeit. Die Entwertungstendenz des entmutigten Schwerverbrechers steigert sich bis zur Vernichtung des Opfers.

Die psychoanalytische Kriminologie mit ihrer starken Milieu-Betonung war ein immenses Ärgernis für die psychiatrisch orientierte Kriminalbiologie der Weimarer Zeit. Man marginalisierte die Psychoanalyse, der man feindlich gegenüberstand (*Wetzell* 2006, 405). *August Aichhorn*s Werk erlangte Weltbedeutung erst durch seine englische Übersetzung (*Aichhorn* 1935). Er erhielt im deutschsprachigen Raum keine Festschrift, vielmehr eine in den USA (*Eissler* 1949). *Franz Alexander* wanderte in die USA aus und setzte seine Arbeit mit *William Healy* (*Alexander/Healy* 1935/1969) fort. Im deutschsprachigen Raum versuchte man, die psychoanalytische Kriminologie zu ignorieren. In dem Handwörterbuch-Artikel über „Kriminalpsychologie" von *Hans W. Gruhle* (1933) findet man kein einziges Zitat, das auf die psychoanalytische Kriminologie hinweist. Im Jahre 1973 versuchte *Rüdiger Herren* die psychoanalytische Kriminologie bis zum Tode *Sigmund Freud*s im Jahre 1939 aus der Sicht der philosophischen Anthropologie darzustellen (*Herren* 1973). Eine eingehende Auseinandersetzung mit der psychoanalytischen Kriminologie und ihren imposanten empirisch-kriminologischen Auswirkungen in der US.-amerikanischen Kriminologie ist erst in den 1980er Jahren gelungen (*H.J. Schneider* 1981a; 1987, 471–500). Heute sind ihre grundlegenden Konzepte aus der Tiefenpsychologie in die Sozialpsychologie übersetzt und empirisch getestet worden (*Hirschi* 1969). Als Theorie der sozialen Bindung (Kontrolltheorie) haben sie weltweite Verbreitung und Anerkennung gefunden (*H.J. Schneider* 2007a, 142).

2.2.2.3 Kriminalbiologie

Die Kriminalbiologie erreichte im deutschsprachigen Raum in der Weimarer Zeit eine dominierende Position. Das *Aschaffenburg*-Paradigma verlor an Anziehungskraft. Die Kriminalsoziologie und die psychoanalytische Kriminologie wurden bekämpft und in die USA abgedrängt. In vier Phasen bahnte sich die Kriminalbiologie ihren Weg:

Die aufgrund klinischer Erfahrung entworfene Psychopathen-Typologie von *Kurt Schneider* (1887–1967) (1923; 1946) ist hier deshalb an erster Stelle zu nennen, weil sie nicht nur die deutschsprachige Kriminologie der 1930er und 1940er Jahre und darüber hinaus der zweiten Hälfte des 20. Jahrhunderts entscheidend geprägt hat, sondern weil sie auch heute noch – freilich im ähnlichen Konstrukt des kanadischen Psychologen *Robert D. Hare* (1996) – weiter im deutschsprachigen Raum vertreten wird. Nach *K. Schneider* sind Psychopathen abnorme Persönlichkeiten, die sich wegen ihrer abnormen Abweichungen von der „Durchschnittsbreite der Persönlichkeiten" unterscheiden. Ihre Abnormität, die nichts Krankhaftes besitzt und die auf etwas „Angelegtes", zumeist Ererbtes zurückzuführen ist, besteht darin, dass sie eine Persönlichkeitsstruktur mit einer hervorstechenden, beherrschenden negativen Eigenschaft besitzen. So beschreibt *K. Schneider* zehn Psychopathen-Typen, z.B. als geltungsbedürftige, stimmungslabile, explosible, gemütlose und willenlose Psychopathen. Gemütlose Psychopathen sind – nach *K. Schneider* (1950, 120; 1959, 23–25) – beispielsweise Menschen ohne Mitleid, Scham, Ehrgefühl, Reue und Gewissen. In ihrem Wesen sind sie häufig finster, kalt und mürrisch. Sie handeln oft triebhaft und brutal. Gemütlose sind unverbesserlich und unerziehbar. Auf diesem beherrschenden Persönlichkeitsmerkmal, das im Lebenslauf relativ konstant ist, beruht ihre Kriminalität. Die Psychopathen-Typologie von *K. Schneider* soll nicht „diagnostischen Etikettierungen" dienen, sondern ist als „analytische Deskription" gedacht. Nach *Karl Birnbaum* (1926; 1931) ist die psychopathische Konstitution erblich bedingt. Endogene Gemüts-, Gefühls-, Trieb- und Willensanomalien sind Verbrechensursachen. Der kriminelle Psychopath ist gekennzeichnet durch eine absolute Empfindungs- und Gefühllosigkeit in moralischer und ethischer Beziehung.

Das Psychopathie-Konstrukt erfüllt nicht die Mindest-Standards einer adäquaten Theorie (*Andrews/Bonta* 2010, 80). Es geht vom statischen Eigenschafts- und nicht vom dynamischen Prozess-Modell der Persönlichkeit aus (*H.J. Schneider* 2010a), das kriminogene, dynamische Persönlichkeitszüge als kriminelle Verläufe von Gedanken, Gefühlen und Verhalten über Situationen hinweg beschreibt. Insbesondere ist das Psychopathie-Konstrukt tautologisch. Denn es postuliert, dass Psychopathen wegen ihrer Psychopathie Verbrechen begehen. Ferner sind seine Kategorien, z.B. gemütlos, willenlos, nicht deskriptiv, sondern subjektiv bestimmt und wertgeladen (*Wetzell* 2006, 406). Das Psychopathie-Konstrukt beschränkt die sozialen Ursachen der Kriminalität auf den sozialen Nahraum des Täters. Der Opfer-Aspekt wird ausgeblendet. Klinische Erfahrung ist als Methode empirisch-kriminologischer Forschung unzureichend. Das Psychopathie-Konstrukt fördert eine repressive Kriminalpolitik. Denn es ermöglicht der Gesellschaft, ihre kriminellen Tendenzen auf die Psychopathen zu projizieren und an ihnen abzureagieren.

Die Grazer Schule der Kriminologie (*Bachhiesl* 2008) hat ganz wesentlich zur dominierenden Position der Kriminalbiologie im deutschsprachigen Raum beigetragen. Für ihren Gründer *Hans Groß* (1847–1915), den Bahnbrecher der wissenschaftlichen Kriminalistik, war das Verbrechen zwar noch eine normale psychosoziale Erscheinung (*Groß* 1905). Er lehnte das Konzept des geborenen Verbrechers ab. Seine Nachfolger in der Zwischenkriegszeit (1918–1939) *Adolf Lenz* (1868–1959), *Ernst Seelig* (1895–1955) und *Hanns Bellavic* (1901–1965) verfolgten indessen eine kriminalbiologi-

sche Linie, in der für die Verursachung des Verbrechens der „kriminogene Erbgang"
vor allem Berücksichtigung fand und in der die Umwelteinflüsse auf den sozialen
Nahraum des Täters beschränkt wurden. *Lenz* (1927, 1936) fasste die Persönlichkeit
als Ganzheit von ererbten und erworbenen Dispositionen und Strukturen auf. Er hatte
Sträflinge mit einem kriminalbiologischen Fragebogen in Wiener und Grazer Strafanstalten untersucht. Der Kriminelle unterscheidet sich – nach seiner Ansicht – von
„durchschnittlichen" Menschen durch seine Abweichungen in der „Harmonie der
seelischen Einstellungen" in den verschiedenen Lebenslagen (*Lenz* 1927, 13). „Die Kriminalbiologie ist die logisch geordnete (systematische) Lehre von der Persönlichkeit
des Täters und von seinem Verbrechen als individuellem Erlebnis. ... Die Umwelt
kommt für die Kriminalbiologie nur so weit in Betracht, als sie sich im individuellen
Leben widerspiegelt" (*Lenz* 1927, 20). Seine besondere Zuwendung galt deshalb dem
„kriminogenen Erbgut" des Rechtsbrechers (*Lenz* 1927, 39–42). Für *Seelig* (1936) sind
die Tatzeitpersönlichkeit und die Umweltlage zur Tatzeit Ursachen des Verbrechens.
Die Tatzeitpersönlichkeit ist das Ergebnis einer Entwicklung, die mit den Anlagen im
Zeitpunkt der Geburt beginnt und die durch die steten Umwelteinwirkungen während
des Individuallebens beeinflusst wird. Die Kriminologie ist eine Naturwissenschaft
(*Seelig/Bellavic* 1963, 35), die Psychopathen-Lehre von *Kraepelin* und *K. Schneider* für
die Verbrechensverursachung maßgeblich (1963, 179–182).

Die Kriminalbiologie im deutschsprachigen Raum ist durch die Gründung der
„Kriminalbiologischen Gesellschaft" im Jahre 1927 in Wien ganz entscheidend gefördert worden. *Lenz* leitete die Gesellschaft von ihrer Gründung bis zum Beginn des
2. Weltkriegs (1939). In ihrer Satzung wird der Gesellschaftszweck mit der „biologischen Betrachtung des Verbrechers" beschrieben. In ihr arbeiteten Psychiater und
Strafrechtler zusammen, die die Kriminalsoziologen und die psychoanalytischen
Kriminologen von jeder Mitarbeit ausschlossen. Sie wollten damit der Unterwande-
rung der Gesellschaft durch „falsche Lehren" vorbeugen. Ihr Interesse richtete sich
vor allem auf die Erbbiologie, besonders auf die Zwillings- und Sippenforschung, und
auf die Konstitutionsforschung. Auf ihren Arbeitstagungen in Wien (1927), in Dresden
(1928), in München (1930 und 1937) und in Hamburg (1933) standen erb- und konstitu-
tionsbiologische Konzeptionen und naturwissenschaftlich-medizinische Aspekte des
Verbrechers mit ihren kriminalpolitischen Konsequenzen wie Kastration und Sterilisation im Mittelpunkt.

Die Einführung des „Kriminalbiologischen Dienstes" im bayrischen Strafvollzug und der „Kriminalbiologischen Sammelstelle" in den 1920er Jahren war für den
Aufbau der Kriminalbiologie im deutschsprachigen Raum von erheblichem Nutzen.
Bayern hatte das Progressiv-System, den Stufenstrafvollzug, im Jahre 1921 eingeführt.
Der „Kriminalbiologische Dienst" besaß die Aufgabe, in diesem Progressiv-System
die besserungsfähigen von den unverbesserlichen Strafgefangenen zu trennen, um
eine kriminelle Ansteckung der Besserungsfähigen durch die Unverbesserlichen zu
vermeiden und um die Behandlung auf die Besserungsfähigen zu konzentrieren.
Die Akten der kriminalbiologischen Untersuchungen wurden in der „Kriminalbio-

logischen Sammelstelle" für kriminalbiologische Forschungszwecke erfasst und zusammengetragen. Die Strafgefangenen wurden mit einem kriminalbiologischen Fragebogen von Gefängnisärzten oder mit einer Kurzform dieses Fragebogens von Verwaltungsbeamten, Gefängnis-Geistlichen oder Lehrern untersucht. Ziel der Untersuchungen war die Beantwortung der Frage, ob der Strafgefangene im Progressiv-System (im Stufenstrafvollzug) besserungsfähig oder unverbsserlich war. Man wollte „Schädlinge" eliminieren und entwickelte Typologien von verbesserlichen und unverbesserlichen Verbrechern. In einem Zeitschriftartikel kritisierte *Moritz Liepmann* (1926) das bayrische Progressiv-System. Er vertrat die Ansicht, die bayrische Praxis der Trennung von besserungsfähigen und unverbesserlichen Strafgefangenen ermangele jeder wissenschaftlichen Grundlage. Nach *Liepmann*s Tod im Jahre 1928 setzte sein Nachfolger an der Universität Hamburg *Rudolf Sieverts* (1932; 1933) die Kritik fort. Er unterstützte als Strafvollzugsreformer die Einführung von pädagogischen Rehabilitations-Maßnahmen. Er wandte sich deshalb gegen das Argument, dass die große Zahl der Unverbesserlichen (etwa 50 Prozent) ein Beweis für das Scheitern der Strafvollzugsreform sei. Er wies auf die Unzuverlässigkeit der im bayrischen Strafvollzug gesammelten Daten hin, bezweifelte die kriminologische Ausbildung der Beamten, die die Daten erhoben, und warf ihnen „kriminologischen Dilettantismus" vor. Er empfahl für die fünzig Prozent unverbesserlicher Rezidivisten intensivere pädagogische Behandlungs-Maßnahmen.

2.2.3 Entwicklungen während des Nationalsozialismus (1933–1945)

2.2.3.1 Kriminologie in den 1930er und 1940er Jahren
2.2.3.1.1 Kriminalsoziologie und Psychoanalyse in den USA in den 1930er und 1940er Jahren

In den 1930er und 1940er Jahren sind in den USA die Grundlagen für die heutige internationale und europäische Kriminologie gelegt worden.

Die „Chicago-Schule" (*Shaw* 1929; *Shaw/McKay* 1931; 1942; *Shaw* 1930; 1931; 1938) arbeitete aufgrund empirischer Studien folgende vier Grundsätze heraus:

- Delinquenz entsteht aufgrund negativer gesellschaftlicher Entwicklungen (aufgrund defekter Sozialstrukturen und -prozesse).
- In sozial desorganisierten Gebieten, in denen sich die Gemeinschaft durch Zerstörung zwischenmenschlicher Bindungen und konventioneller Institutionen, wie z.B. der Familie, der Schule, der Nachbarschaft, in Auflösung befindet, werden prokriminelle Verhaltensmuster, Wertvorstellungen und Rechtfertigungen unterstützt und gelernt.
- Delinquente Traditionen werden von Generation zu Generation aufgrund interpersoneller Interaktionen durch Gleichaltrigengruppen in den Nachbarschaften weitergegeben.

– Die Wurzeln der kriminellen Persönlichkeit liegen nicht in ererbten Anlagen,
  sondern in der zerstörten Gemeinschaft, in die eine Person hineingeboren wird.

Ganz in der Tradition der „Chicago-Schule" stand *Edwin H. Sutherland* (1883–1950)
(1924, 1934, 1939, 1947), der eine sozialpsychologische Theorie des Lernens kriminellen Verhaltens in und mit sozialen Gruppen entwarf. Er erteilte in der *Sutherland-
Glueck*-Debatte (*Laub/Sampson* 1991) der multifaktoriell-täterorientierten Kriminologie eine Absage und entpathologisierte die Kriminalitätsverursachung. Das Ehepaar
Sheldon Glueck (1896–1980) und *Eleanor T. Glueck* (1898–1972) hatte auf der Grundlage des Mehrfaktorenansatzes, der einfach davon ausgeht, dass zahlreiche Faktoren
die Kriminalität verursachen, mit einem interdisziplinären Team von Wissenschaftlern mehrfache Informationsquellen erschlossen und ohne eine Theorie eine Fülle
empirisch-kriminologischer Daten gesammelt (vgl. *Glueck/Glueck* 1934a; 1934b; 1937;
1939, 1940; 1943). *Sutherland* hielt diese Methode für unhaltbar. Denn sie ging von
einem bio-, psycho-sozialen Unterschied zwischen Kriminellen und Nichtkriminellen
aus und folgte nicht dem theoretischen Grundsatz, dass kriminelles Verhalten aufgrund prokrimineller gesellschaftlicher Normen gelernt wird. Er setzte sich deshalb
für eine theoriegeleitete empirische Ursachenforschung ein.

Die US.-amerikanische Kriminologie der 1930er und 1940er Jahre ist von der
Psychoanalyse wesentlich beeinflusst worden. Nach *August Aichhorn* (1935) entsteht
Delinquenz aus der psychosozialen Unfähigkeit des Individuums, psychische Konflikte prosozial zu lösen. Dieses Unvermögen, das auf frühkindlichen Erlebnissen
und Versäumnissen beruht, war auch für *Franz Alexander* und *William Healy* (1935)
der Hauptgrund für die Delinquenz-Entstehung, den sie durch Fallstudien empirisch
nachzuweisen versuchten.

Die Ergebnisse der Selbstberichtstudien („Self-Report-Surveys"), die in den
1940er Jahren in den USA durchgeführt worden sind, sprechen mehr für den theoretischen Grundsatz, dass kriminelles Verhalten aufgrund prokrimineller gesellschaftlicher Normen gelernt wird als für eine Dichotomie (essentielle Zweiteilung)
zwischen Kriminellen und Nichtkriminellen. Im Gebiet von Fort Worth/Texas hatte
Austin L. Porterfield (1943; 1949) College-Studierende und delinquente Jugendliche
nach ihrer Delinquenzbegehung befragt. Die delinquenten Jugendlichen hatte man
vor ein Jugendgericht gestellt. Beide Gruppen hatten dieselben Straftaten verübt, die
College-Studierenden hatten die Rechtsbrüche allerdings weniger häufig begangen.
Porterfield schloss aus diesem Ergebnis, dass Delinquenz in der Bevölkerung ubiquitär, allgemein verbreitet ist. In New York City befragten *James S. Wallerstein* und
Clement Wyle (1947) unbestrafte erwachsene Männer und Frauen, ob sie 49 verschiedene Deliktsarten in ihrem Leben begangen hätten. 91 Prozent der Stichprobe gaben
zu, eine Straftat oder mehrere Rechtsbrüche verübt zu haben.

2.2.3.1.2 Kriminalbiologie im deutschsprachigen Raum

Über die Forschungen der US.-amerikanischen Kriminologie der 1930er und 1940er Jahre ist im deutschsprachigen Raum in dieser Zeit fast nichts bekannt geworden. Die Nationalsozialisten schotteten die deutsche Kriminologie von den Einflüssen der US.-amerikanischen Kriminalsoziologie und Psychoanalyse ab. International orientierte Kriminologen wie *Gustav Aschaffenburg* (1866–1944), *Hans von Hentig* (1887–1974) und *Hermann Mannheim* (1889–1974) wurden zur Emigration in die USA oder in das Vereinigte Königreich gezwungen. Zwar unternahm *Franz Exner* eine Reise in die USA, über die er im Jahre 1935 berichtete (*Exner* 1935). Sein Bericht bezieht sich aber vor allem auf die Strafgerichtsbarkeit und den Strafvollzug in den USA. Über die kriminologische Forschung enthält der Reisebericht nur spärliche Informationen, die den kriminologischen Forschungsstand in den USA nur unvollständig und lückenhaft wiedergeben (vgl. *H.J. Schneider* 1987, 115–131; 2005a). In seinem Handwörterbuch-Artikel, den er mit „Kriminalsoziologie" überschrieb (*Exner* 1936), ist nichts über US.-amerikanische kriminalsoziologische Forschung enthalten. Die „Kriminalsoziologie" ist für ihn eine strafrechtliche Hilfswissenschaft (1936, 11). Sie beschreibt die Kriminalität mithilfe der Kriminalstatistik (1936, 13). Mit der Methode des Verstehens, des Erfassens von Sinnzusammenhängen, ermittelt sie das Verbrechen als Massenerscheinung (1936, 13). Sie befasst sich mit der „Täterumwelt" und der „Tatumwelt" (1936, 16). Gegenstände der US.-amerikanischen Kriminalsoziologie der 1930er und 1940er Jahre sind demgegenüber defekte Sozialstrukturen und -prozesse, die Kriminalität hervorbringen. Ihre Methode ist die Bevölkerungsbefragung.

Im Zentrum der deutschsprachigen Kriminologie der 1930er und 1940er Jahre steht *Kurt Schneider* (1887–1967). Seine schmale Schrift über die „psychopathischen Persönlichkeiten", die im Jahre 1923 erstmalig erschien und in neun Auflagen zwischen 1928 und 1950 veröffentlicht worden ist, war „eines der einflussreichsten Werke der deutschen Psychiatrie des 20. Jahrhunderts und übte einen starken Einfluss auf die Kriminalbiologie aus" (*Wetzell* 2000, 146). Denn seine ebenfalls knappe Schrift über „Klinische Psychopathologie", die ein ausführliches Kapitel über „psychopathische Persönlichkeiten" enthält, kam zwischen 1946 und 2007 in bisher fünfzehn Auflagen heraus und wurde in sieben Sprachen übersetzt. Die Psychopathie-Lehre von *K. Schneider*, die sich durch „handliche Kürze" (so *K. Schneider* 1958, 5) auszeichnet, steht nichtsdestoweniger in scharfem Gegensatz zur US.-amerikanischen Kriminalsoziologie, weil diese psychopathologische Lehre soziale Faktoren der Verbrechensentstehung nur insoweit berücksichtigt, wie sie zum sozialen Nahraum des Täters gehören. Auf die Psychopathie-Lehre von *K. Schneider* beziehen sich maßgeblich *Franz Exner* (1939; 1944; 1949) ebenso wie *Edmund Mezger* (1934; 1942; 1944; 1951) und *Friedrich Stumpfl* (1935; 1936), die bedeutendsten Kriminalbiologen der 1930er und 1940er Jahre.

Die Lehrbücher von *Franz Exner* (1881–1947) über „Kriminalbiologie in ihren Grundzügen" (1939; 1944) und „Kriminologie" (1949) waren in den 1930er und 1940er Jahren die tonangebenden kriminologischen Werke im deutschsprachigen Raum.

Im Kapitel „Volkscharakter und Verbrechen" seiner Lehrbücher (1944, 40–59; 1949, 36–51) erörterte er die Frage eines „Zusammenhangs zwischen nordischer Rasse und geringerer Straffälligkeit" (*Exner* 1944, 55; 1949, 51). Er schrieb (1944, 59): „Für die Annahme einer rassisch bedingten Kriminalität spricht auch der Umstand, dass die Juden in anderen Ländern eine ähnliche Straffälligkeit zu zeigen scheinen. Freilich wissen wir darüber wenig Genaues." Er sprach sich für eine „Verbrecheranlage oder Anlage zum Verbrechen" aus (1944, 127; 1949, 111). Er verstand darunter (1944, 127/128; 1949, 111), dass ein „Mensch ... von Anbeginn eine gewisse auf seinem Erbgut beruhende Entwicklungsrichtung" besitzt, „die in ihm Charaktereigenheiten zur Entfaltung kommen lässt, welche, wie die sonstige Lebenserfahrung lehrt, ihren Träger mit Wahrscheinlichkeit auf die Bahn des Verbrechens führen". Er nahm einen „Erbzusammenhang zwischen Psychopathie und Kriminalität" an (1944, 136; 1949, 119/120) und zog die Psychopathie-Lehre ganz wesentlich zur Erklärung der Verursachung der Kriminalität heran (1944, 211–217; 1949, 183–191). Er schrieb (1944, 148; 1949, 131): „Unter den Ursachen des Verbrechens spielt die Qualität des Erbgutes eine hervorragende Rolle ... Durch die neue Erbforschung ist ... jegliche reine „Milieutheorie" ... endgültig erledigt". Über den Einfluss der Psychoanalyse und der nordamerikanischen Kriminalsoziologie auf die Kriminologie liest man bei *Exner* (1939; 1944; 1949) fast nichts.

Ein weiterer wichtiger deutscher Kriminologe der 1930er und 1940er Jahre war *Edmund Mezger* (1883–1962), der in seinen Lehrbüchern „Kriminalpolitik auf kriminologischer Grundlage" (1934; 1942; 1944) und „Kriminologie" (1951) zu einseitig betonte, dass das Verbrechen eine individuelle Erscheinung ist. Kriminologie ist für ihn „die Lehre vom seelisch-körperlichen Ursprung des Verbrechens" (1944, 3); sie wendet biologische und psychologische Erkenntnisse und Methoden auf den rechtsbrechenden Menschen an. *Mezger* bekennt sich (1944, 29) zu einer psychopathologischen Verbrechensauffassung, „die das Verbrechen von der Seite der seelischen Krankheit und der seelischen Abnormität her zu verstehen sucht". Er weiß sich der Methode des Verstehens, des „subjektiv einfühlenden Nacherlebens" (1951, 8) verpflichtet. Gesamtgesellschaftliche kriminologische Analysen sind für ihn weniger wichtig; das Verbrechensopfer findet überhaupt keine Erwähnung. „Kriminologie kommt vom Einzelfall her und zielt wieder zum Einzelfall ... Die exakte kriminologisch-kriminalpsychologische Analyse des Einzelfalles ist daher ein unentbehrliches Hilfsmittel, ja im ganzen betrachtet, das wichtigste Ziel aller Kriminologie" (1951, 13).

Aufgrund der Zwillings- und der erbbiologischen Sippenforschung, aufgrund „systematischer und massenhafter Einzelbeobachtung", versuchte man in den 1930er und 1940er Jahren im deutschsprachigen Raum, die Erb- von den Umweltfaktoren bei der Entstehung des Verbrechens zu trennen und den Erbfaktoren ein ungleich größeres, ja entscheidendes Gewicht beizumessen. Als einer der ersten unternahm *Johannes Lange* (1929) eine Zwillingsforschung. Ihm folgten *Friedrich Stumpfl* (1936) und *Heinrich Kranz* (1936). *Lange, Stumpfl* und *Kranz* zeichneten die „Lebensschicksale" ihrer Zwillinge eingehend auf und kamen zu dem Ergebnis, dass sich eineiige, also erbgleiche Zwillinge dem Verbrechen gegenüber ganz vorwiegend konkordant, übereinstimmend, zweieiige, also erbverschiedene aber ganz vorwiegend diskonkordant, ungleichförmig verhalten. Denn die eineiigen Zwillinge hatten einen höheren Anteil an der gemeinsamen Straffälligkeit als die zweieiigen. Sie interpretierten dieses Ergebnis: Die Erbanlage spielt eine ganz überragende Rolle bei der Verbrechensverursachung. Sie haben allerdings nicht berücksichtigt, dass zwei Kinder nicht dieselbe Umwelt haben, selbst wenn sie in derselben Familie aufwachsen. Denn die Interaktionen, die wechselseitigen zwischenmenschlichen Beziehungen, sind im sozialen Nahraum sehr unterschiedlich. Noch einen Schritt weiter ging *Stumpfl* (1935). Er verglich Schwerkriminelle (Rückfallverbrecher) mit Leichtkriminellen (einmalig Bestraften). Er erhob die Lebensläufe und befragte „Sippenangehörige" sowie Auskunftspersonen (Lehrer, Pfarrer, Bürgermeister). Unter den Verwandten von Rückfallverbrechern fand er mehr Kriminelle, speziell Rückfallverbrecher, als unter den Verwandten von einmalig Bestraften. Im Verwandtenkreis von Schwerkriminellen stellte er wesentlich häufiger Psychopathen fest als im Verwandtenkreis von Leichtkriminellen. Er folgerte hieraus, dass Erbanlagen die Hauptursachen des Verbrechens sind, und er forderte „rassenhygienische Maßnahmen" (Kastration, Sterilisation) bei Schwerkriminellen, da die „Fortpflanzungskraft" krimineller Sippen besonders stark sei. *Stumpfl* hat soziale Einflüsse als intervenierende Variablen nicht in ausreichendem Maße ausgeschlossen; die „Diagnose" Psychopathie ist ferner nicht objektiv genug, sondern zu subjektiv bewertend. Der Psychopathen-Anteil in der „nichtkriminellen" Bevölkerung ist bis heute unbekannt.

2.2.3.2 Die kriminelle Politik der Nationalsozialisten

Die Nationalsozialisten haben in der Zeit von ihrer Machtergreifung im Jahre 1933 bis zum Zusammenbruch des Nationalsozialismus im Jahre 1945 ein kriminelles System in Deutschland errichtet und einen Gesellschaftsprozess mit vorwiegend kriminellen Verhaltensmustern, Wertvorstellungen und Rechtfertigungen ins Leben gerufen. Das kriminelle System und der kriminelle Gesellschaftsprozess haben sich in kriminellen Aktionen realisiert, von denen einige als Beispiele genannt werden:

- die Ermordung von Regimegegnern und missliebigen Personen, z.B. des ehemaligen Reichskanzlers Kurt von Schleicher und seiner Frau im Jahre 1934 (vgl. *H.J. Schneider* 1993, 34/35),
- die Gleichsetzung politischer Gegnerschaft mit kriminellem Verhalten und die Inhaftierung und Ermordung politischer Gegner in Konzentrationslagern,
- die Euthanasie-Aktion zur Ermordung von Geisteskranken und geistig Behinderten, zur sogenannten Vernichtung lebensunwerten Lebens,
- das Inbrandsetzen von Synagogen, die Plünderung jüdischer Geschäfte und die Inhaftierung von Juden in Konzentrationslagern in der „Reichskristallnacht" vom 9. zum 10. November 1938,

- der Beginn und das Führen eines Angriffskrieges (1939–1945) sowie die Begehung mannigfaltiger Kriegsverbrechen, z.B. die Ermordung von Teilen der Zivilbevölkerung, meist Juden oder „Partisanen", in den durch den Krieg besetzten europäischen Gebieten (z.B. Einsatzgruppen-Erschießungen),
- die Verschleppung von sogenannten Fremdarbeitern aus ihren besetzten europäischen Heimatländern nach Deutschland und ihre Vernichtung durch Hunger und Zwangsarbeit in Rüstungsbetrieben,
- die Ermordung europäischer Juden und anderer europäischer Volksgruppen in den Gaskammern der Konzentrationslager (Völkermord) (*H.J. Schneider* 1975a, 204–216; 1981b; 1987, 886–913; 2007f, 761–781),
- die Benutzung des Volksgerichtshofs als Terrorinstrument und die Vielzahl seiner unberechtigten Todesurteile (5.200) zur „Ausmerzung Entarteter" (*Marxen* 1994; *Schlüter* 1995).

Alle diese schwersten Verbrechen rechtfertigten die Nationalsozialisten, indem sie die Gesellschaft ideologisch in zwei Teile spalteten: die kriminelle Außengruppe und die nichtkriminelle Innengruppe. Zur Außengruppe, die zur Erhaltung der „Rassereinheit" des deutschen Volkes „ausgemerzt" werden musste, gehörten alle „Volksschädlinge" und „Gesellschaftsfeinde" mit minderwertigem Erbgut: psychopathische Kriminelle, speziell Rezidivisten, geistig und körperlich Minderwertige, speziell Geisteskranke und geistig Behinderte, Regimegegner, Juden und Rassenzugehörige anderer Fremdgruppen. Juden wurden als Zugehörige zu einem rassisch-minderwertigen „Menschenschlag", zu einer „kriminalitätsanfälligen Rasse" abgewertet. Geisteskranke und geistig Behinderte waren „sozial unbrauchbar" und mussten an der „Weitergabe ihres minderwertigen Erbgutes" im „gesunden Volkskörper" gehindert werden. Es ging den Nationalsozialisten um eine „rassenhygienische Schädlingsbekämpfung". Die nationalsozialistisch geprägte Gesellschaft war demgegenüber die nichtkriminelle Innengruppe. Sie bestand aus der „kriminalitätsarmen nordischen Herrenrasse". Die „Reinheit des deutschen Blutes" musste erhalten werden, so dass alle „volks- und rasseschädlichen" Bevölkerungssegmente aus „dem gesunden Volkskörper" ausgemerzt werden mussten. Die Nationalsozialisten benutzten die psychophysische Kriminologie (vgl. Tabelle 1) als Grundlage für ihre „Zwei-Gruppen-Ideologie". Denn nur auf diese Weise waren sie in der Lage, alles Negative auf die „sozial minderwertige" Außengruppe zu projizieren und an dieser Gruppe abzureagieren. Hierdurch konnten sie die Innengruppe, die nationalsozialistisch geprägte Gesellschaft, zusammenhalten, ihren Machterhalt über diese Innengruppe sichern und ausbauen und ihre eigenen Verbrechen verschleiern und vernebeln. Die psychosoziale Kriminologie (vgl. Tabelle 1) bekämpften sie mit allen Mitteln: z.B. durch Abschottung gegenüber der US.-amerikanischen Kriminalsoziologie und durch die Erzwingung der Emigration international orientierter deutscher Kriminologen in die USA und in das Vereinigte Königreich. Sie wollten damit die kriminalsoziologische Analyse ihres kriminellen Systems und des kriminellen Sozialprozesses verhindern,

Tabelle 1: Gegenüberstellung der psychophysischen und der psychosozialen Kriminologie

Psychophysische Kriminologie	Psychosoziale Kriminologie
Vertreter: Kraepelin, K. Schneider, S. & E. Glueck, Göppinger	Vertreter: Aschaffenburg, Sutherland, H.J. Schneider
Integration Kriminalbiologie – Kriminalpsychologie	Integration Kriminalpsychologie – Kriminalsoziologie
Entlastung der Gesellschaft	Gesellschaftliche Mitverursachung
Kriminalität vorwiegend ererbt, anlagebedingt	Kriminalität vorwiegend erlernt, gesellschaftsbedingt
Kriminalität vorwiegend individuelles Problem	Kriminalität vorwiegend soziales Problem
Kriminalität – Nichtkriminalität dichotomisch, zweigeteilt. Entweder-Oder-Verteilung	Kriminalität – Nichtkriminalität kontinuierlich. Mehr- oder Weniger-Verteilung
Psychopathologie, täterorientierter Mehrfaktorenansatz	Sozialstrukturelle, -prozessuale und situative Ursachentheorien
Sterilisation, Kastration, Unfähigmachen (Masseneinsperrung)	Auf Beweis gegründete Vorbeugungs- und Behandlungsprogramme

in den sie die deutsche Gesellschaft gebracht hatten. Sie wollten der Gefahr entgehen, dass der psychosoziale Mechanismus ihrer „Zwei-Gruppen-Ideologie" aufgedeckt werden könnte.

2.2.3.3 Die Beurteilung der Kriminalbiologie der 1930er und 1940er Jahre

Die Kriminalbiologie der 1930er und 1940er Jahre ist nicht nur für die „Überbetonung des Anlagedenkens" (*Dölling* 1989) verantwortlich. Sie diente der nationalsozialistischen Rassen- und Vererbungsideologie vielmehr dadurch als Grundlage, dass sie die individuelle Verursachung des Verbrechens durch eine Gruppe von Psychopathen hervorhob und die soziale Kriminalitätsentstehung durch defekte Sozialstrukturen und -prozesse ausschloss. Der Nationalsozialismus dauerte nur etwa dreizehn Jahre (1933–1945). Deshalb greift man zu kurz, wenn man die kriminalbiologische Literatur dieser Jahre allein oder vorwiegend zur Erklärung der nationalsozialistischen Untaten heranzieht. Vielmehr muss die Kriminalbiologie der 1930er und 1940er Jahre in den kriminologiegeschichtlichen Zusammenhang von Jahrzehnten gestellt werden. Denn es kommt bei der heutigen Betrachtung der Fehleinschätzungen der Kriminalbiologie während der Zeit des Nationalsozialismus nicht mehr darauf an, welcher Kriminalbiologe den größeren Einfluss auf die kriminelle Politik der Nationalsozialisten gehabt hat (so aber *Scheerer/Lorenz* 2006). Gegenwärtig interessiert das Problem, dass viel wissenschaftliche Forschung im Nationalsozialismus nicht so unterschiedlich von der heutigen wissenschaftlichen Forschung ist, wie wir annehmen möchten(so *Wetzell* 2000, 305). Vor allem ist es notwendig, sich vor der Methode der blickverändernden und -verengenden **Verabscheuung** zu hüten (*Marxen* 1994, 21, 29; *Schlüter* 1995). Die Beurteilung der deutschen Kriminalbiologie der 1930er und 1940er Jahre durch die US.-amerikanische Kriminalbiologin *Nicole Rafter* kann als Beispiel dienen. In einem Kapitel ihres Buches „The Criminal Brain" (2008a, 176–198) und in einem Zeitschriftenartikel (2008b) stellt sie unter der Überschrift „Die schwärzeste Stunde der Kriminologie" die Biokriminologie im nationalsozialistischen Deutschland in den düstersten Farben dar, um dann ihre eigenen biokriminologischen Auffassungen im letzten Kapitel ihres Buches über „Eine Kriminologie für das 21. Jahrhundert" in leuchtenden Farben besser absetzen zu können (2008a, 239–251).

Die Beantwortung der Frage, ob und inwieweit die Kriminalbiologie der 1930er und 1940er Jahre zur nationalsozialistischen Rassen- und Vererbungsideologie und zu den durch diese Ideologie legitimierten Verbrechen beigetragen hat, ist derzeit nur unzulänglich aufgearbeitet worden. Die folgenden drei Beiträge werden als Beispiele kritisch gewürdigt.

Im ersten Beitrag (*Dölling* 1989) werden anhand von Zitaten führender Psychopathologen und Kriminalbiologen der 1930er und 1940er Jahre, namentlich *Exner, Mezger, K. Schneider, J. Lange* und *Stumpfl*, Vorstellungen aufgezeigt, die ein Nährboden der Untaten des Nationalsozialismus gewesen sind. Allerdings werden auch Zitate von *Aschaffenburg* (*Dölling* 1989, 222) herangezogen. Die Gleichsetzung von *Aschaffenburg* als „Führer in der Entwicklung der Kriminalbiologie" (so *Rafter* 2008a, 184) mit den genannten führenden Psychopathologen und Kriminalbiologen der 1930er und 1940 Jahre kann nicht ohne Widerspruch hingenommen werden. Wenn man die negativsten Zitate eines ganzen Buches auswählt, aus dem Zusammenhang nimmt, sie jeder Differenzierung entkleidet und auf kürzestem Raum konzentriert (so *Dölling* 1989, 221/222), entsteht ein falscher Eindruck. Wenn *Aschaffenburg* z.B. von psychopathischen Persönlichkeiten spricht (1933, 211), so ist zu berücksichtigen, dass er wenig später darauf hinweist, dass die Psychopathie nicht in ein kriminologisches Lehrbuch gehört, sondern in die Lehrbücher der gerichtlichen Psychiatrie. Der Terminus „Unschädlichmachung" hat durch den Nationalsozialismus einen Bedeutungswandel im Sinne der Vernichtung erfahren. Wenn *Aschaffenburg* sich auf „unschädlich machen" bezieht (1933, 296), so meint er das im Jahre 1933 im Sinne von *Franz von Liszt* (1905c, 164) als Sicherung des Strafgefangenen (etwa in der Sicherungsverwahrung). Aber erneut macht er darauf aufmerksam, dass die Sicherungsverwahrung nur das „letzte Mittel" sein könne. Vorher müssten „alle anderen Mittel erschöpft" sein, und diese Mittel bedürften einer „Verbesserung und Vertiefung" (1933, 296). Schließlich geht *Aschaffenburg* auf die „Verhinderung der Fortpflanzung" (Sterilisation) ein (1933, 261). Er vertritt die Meinung, dass sie nicht zur „Alltagsmaßregel" werden dürfe und dass man – wenn eben möglich – die „Zustimmung des zu Sterilisierenden" einholen müsse. Ein „nicht unwichtiges Ersatzmittel der Sterilisation" erblickte er in der „Einsperrung der Verbrecher" (1933, 261). Sicherlich sind alle diese Zitate zu kritisieren. Man muss aber bei aller notwendigen Kritik berücksichtigen, dass *Aschaffenburg* als Jude seinerzeit unter einem enormen Druck stand, dass er im Nationalsozialismus alle seine Ämter verlor, dass er sich zur Emigration in die USA gezwungen sah, dass er durch die Übersetzung der 1. Auflage seines Lehrbuchs ins Englische (*Aschaffenburg* 1913) Weltgeltung erlangt hat (*Wetzell* 2000, 63) und dass er durch das nach ihm benannte Paradigma Entscheidendes zur Entwicklung der internationalen psychosozialen Kriminologie beigetragen hat (so *Wetzell* 2010, 60; 2006, 419; *Reckless* 1970; 1973, 691).

Der zweite Beitrag zur Beurteilung der Kriminalbiologie der 1930er und 1940er Jahre (*Streng* 1993) geht auf Beiträge von *Lenz, Seelig, Exner, Mezger, J. Lange, Stumpfl* und *Kranz* ein und kritisiert die von diesen seinerzeit führenden deutschen Kriminalbiologen vertretene ausgesprochene „Anlageorientierung". Bemerkenswert ist, dass *Kurt Schneider* völlig ausgespart wird, der einer der einflussreichsten Psychiater des 20. Jahrhunderts war und auf den sich die meisten Kriminalbiologen der 1930er und 1940er Jahre zustimmend beriefen (*Wetzell* 2000, 146). Hier wird deutlich, dass es den Kritikern der Kriminalbiologie der 1930er und 1940er Jahre lediglich um die „Überbetonung des Anlagedenkens", nicht aber darum ging, dass die Kriminalbiologen die Entstehung des Verbrechens auf Verbrechernaturen, auf psychisch abnorme, psychopathische Persönlichkeiten beschränken, die sich psychisch und sozial vom Durchschnittstyp des gesunden, ehrlichen, normalen Deutschen unterscheiden. Psychopathie ist eine subjektive Bewertung, eine Abwertung eines Menschen. Sie wird zumeist als anlagebedingt, vererbt gesehen. Der Psychopath ist in der Regel unverbesserlich, unerziehbar. Die Kriminalbiologie der 1930er und 1940er Jahre ist wesentlich durch *K. Schneider* (1923; 1946) bestimmt. Sie geht zurück auf die Psychopathie von *Koch* (1894), *Sommer* (1895), *Bleuler* (1896) und *Kraepelin* (1899), letztlich auf den geborenen Verbrecher von *Lombroso* (1890; 1894).

Der dritte Beitrag zur Beurteilung der Kriminalbiologie der 1930er und 1940er Jahre setzt sich mit *Franz Exners* Rolle in der deutschen Kriminalbiologie auseinander (*Scheerer/Lorenz* 2006). Es soll herausgearbeitet werden, dass *Exner* eine „Strategie skeptischen Abstands", einer „gewissen Distanzwahrung" zum nationalsozialistischen Regime verfolgt habe. *Exner* wird als „Deutschlands herausragender Kriminalsoziologe" gesehen. Ein entsprechendes Zitat „Germany's preeminent criminal sociologist" wird *Richard F. Wetzell* zugeschrieben (*Scheerer/Lorenz* 2006, 440, 448), findet sich aber nicht an der angegebenen Fundstelle. *Wetzell* charakterisiert *Exner* statt dessen nüchterner und realistischer als „Deutschlands prominentester Kriminologe der Zwischenkriegszeit" („interwar Germany's most prominent criminologist") (*Wetzell* 2000, 110). In der Tat war *Exner* kein Kriminalsoziologe. Denn er beurteilte die grundlegenden kriminalsoziologischen Forschungen der „Chicago-Schule" (*Shaw* 1929; *Shaw/McKay* 1931) nicht kriminalsoziologisch, sondern psychopathologisch. Die Delinquenz eines Gebietes beruht – nach *Exner* 1935, 70 – nicht auf der defekten Sozialstruktur, nicht auf dem Gemeinschaftszerfall, nicht auf der Zerstörung zwischenmenschlicher Bindungen und sozialer Institutionen in einem

Delinquenz-Bezirk, sondern darauf, dass kriminelle Personen von solchen Gebieten angezogen werden. Deshalb steht im Text ebenso wie im Literaturverzeichnis seines Handwörterbuch-Artikels „Kriminalsoziologie" (*Exner* 1936) nichts über die kriminalsoziologischen Forschungen der „Chicago-Schule" (*Shaw* 1929; *Shaw/McKay* 1931), die *Exner* (1935) während seiner USA-Reise kennengelernt hatte. Für *Exner* steht die kriminelle Persönlichkeit, die ein Produkt aus Erbgut und Milieu ist, im Mittelpunkt seines Interesses. Die Kriminalität ist für ihn vor allem ein individuelles und kein vor allem soziales Problem.

In der Kriminalbiologie der 1930er und 1940er Jahre überwog bei weitem die Forschung zu den biologischen Verbrechensursachen die Erforschung der sozialen. Sie ging über diese einseitige Anlageorientierung aber noch weit hinaus:
- Die Verbrechensursache wurde einer Menschengruppe zugeschrieben, die eine abnorme, psychopathische Persönlichkeit besaß und die – wegen ihrer ererbten Kriminalitätsneigung – weitgehend unbeeinflussbar war.
- Die sozialen Ursachen spielten im sozialen Nahraum des Täters eine Nebenrolle. Gesamtgesellschaftliche Faktoren wurden auf die Beschreibung der Kriminalität als „Massenerscheinung" mit Hilfe der offiziellen Kriminalstatistik beschränkt, auf die man sich im Nationalsozialismus nicht verlassen konnte.
- Sozialstrukturelle und -prozessuale Verbrechensursachen blieben unerörtert. Entsprechende US.-amerikanische Forschungsergebnisse wurden unterdrückt. Kriminalsoziologie und psychoanalytische Kriminologie wurden bekämpft und in die USA abgedrängt.

Diese kriminalbiologische Entwicklung reicht – kriminologiegeschichtlich – bis in die zweite Hälfte des 19. Jahrhunderts zurück. Sie ist das Ergebnis einer Zusammenarbeit von forensischen Psychiatern mit Strafjuristen (*Wetzell* 2006, 416/417). Die forensischen Psychiater haben das eigentliche Gebiet ihrer Forschung, die Untersuchung des geisteskranken Straftäters auf seine Geisteskrankheit (Schuldfähigkeit), auf das gesamte Grenzgebiet der „abnormen Persönlichkeiten", der „Persönlichkeitsstörungen", der „psychopathischen Persönlichkeiten" ausgeweitet. Sie haben damit ihre Rolle ganz erheblich ausgedehnt, die sie im Kriminaljustizsystem spielen. Ihr Fehler besteht darin, einen Absolutheitsanspruch auf die alleinige Wahrheit zu erheben und soziale sowie psychosoziale Verbrechens-Entstehungs-Gründe unbearbeitet zu lassen.

2.2.4 Entwicklungen in der Nachkriegszeit (1950er und 1960er Jahre)

2.2.4.1 Kriminologie in den USA in der ersten Hälfte des 20. Jahrhunderts
Die deutsche Kriminologie hat durch zwei verlorene Weltkriege (1914–1918; 1939–1945) und den Nationalsozialismus (1933–1945) einen enormen Rückschlag und Niedergang erfahren. Während der Kriege und in den Nachkriegszeiten konnte nicht

angemessen kriminologisch geforscht werden. Der Nationalsozialismus schottete die deutsche Kriminologie gegenüber allen ausländischen Einflüssen ab. Die kriminologische Führung in der Welt, die vor dem ersten Weltkrieg bei Italien, Frankreich und Deutschland gelegen hatte, ging auf die USA über, die durch die zwei Weltkriege in weit geringerem Maße in Mitleidenschaft gezogen worden war.

In der ersten Hälfte des 20. Jahrhunderts orientierte sich die US.-amerikanische Kriminologie in ihrer großen Mehrheit an einem sozialwissenschaftlichen Ansatz. Bereits der Psychiater *William Healy* (1869–1939), der (1915) eintausend rückfällige Delinquente im Durchschnittsalter von 15 bis 16 Jahren untersucht hatte, fand in seinem Probandengut keinen Beweis dafür, dass die Delinquenz wesentlich durch Vererbung bestimmt wird. Der Soziologe *Maurice Parmelee* wies in seinem Lehrbuch (1922) nach, dass es keinen geborenen Verbrecher gibt. Die Chicago-Schule (*Shaw* 1929; *Shaw/McKay* 1931; 1942; *Shaw* 1930; 1931; 1938) konzentierte sich auf die Kriminalitätsentstehung durch defekte Sozialstrukturen und auf die Wurzeln der kriminellen Persönlichkeiten in der zerstörten Gemeinschaft, in die eine Person hineingeboren wird. Nach dem Soziologen *John Lewis Gillin* (1926; 1971) wächst die Kriminalität mit der Ungleichartigkeit einer Gesellschaft, weil die Menschen verschiedenen Wertsystemen folgen und die Situationen unterschiedlich definieren. Der bedeutendste Kriminologe des 20. Jahrhunderts *Edwin H. Sutherland* (1883–1950), der sein Kriminologie-Lehrbuch in erster Auflage 1924 herausbrachte und der noch drei weitere Auflagen seines Buches (1934; 1939; 1947) selbst besorgte, entwickelte eine sozialpsychologische Theorie der Kriminalitätsentstehung, die weltweite Beachtung fand (*Cressey* 1981). In der *Sutherland-Glueck*-Debatte (*Laub/Sampson* 1991) sprach er sich gegen die Psychopathologie, gegen den täterorientierten Mehrfaktorenansatz aus und befürwortete eine theoriegeleitete empirische Forschung. Er schrieb (1934, 105): „Die neolombrosianische Theorie, die lehrt, Kriminalität sei ein Ausdruck der Psychopathie, ist nicht gerechtfertigter als die Theorie *Lombrosos*, Rechtsbrecher stellten einen bestimmten Menschentyp dar ... Psychopathische Persönlichkeit ist ein vages Konzept, und seine Beziehung zur Kriminalität ist in quantitativer wie in qualitativer Hinsicht unbekannt."

Der Soziologe *Fred E. Haynes* (1930) und der Soziologe und Psychiater *Clayton J. Ettinger* (1932) vertraten in ihren Lehrbüchern die Auffassung, dass Kriminalität durch soziale Desorganisation entsteht und durch soziales Lernen weitergegeben wird. Der Soziologe *Walter C. Reckless* (1899–1988) versuchte (1940), die sozialen Ursachen der Kriminalität dadurch zu erkennen, dass er verschiedene Gesellschaftsstrukturen auf ihre Kriminalitätsbelastung miteinander verglich. In der sozialen Stabilität erkannte er den Faktor, der die Kriminalität auf niedrigem Niveau hält.

Eine individuelle Kriminalitäts-Entstehungs-Perspektive verfolgte indessen das Ehepaar *Sheldon* und *Eleanor Glueck* (1950; 1968) mit seinem täterorientierten Mehrfaktorenansatz. Das Forschungsdesign der *Glueck*s umfasste eine Stichprobe von 500 männlichen Delinquenten im Alter zwischen 10 und 17 Jahren und eine Stichprobe von 500 Nichtdelinquenten im selben Alter. Über einen Zeitraum von 25 Jahren trug das *Glueck*-Team umfangreiche Daten von diesen eintausend Jungen an drei Zeit-punkten zusammen: im Alter der Jungen von 14, 25 und 32 Jahren. Die Persönlich-keitszüge ihrer delinquenten Jungen fassen die *Glueck*s (vgl. auch *Cassel/Bernstein* 2007, 78) – wie folgt – zusammen (1968, 26): Sie waren trotziger, ambivalenter, übel-nehmerischer und ungehorsamer als die nichtdelinquenten Jungen. Die *Glueck*s cha-rakterisierten ihre delinquenten Jungen als feindselig, misstrauisch und destruktiv. Sie waren parasitär, destruktiv-sadistisch, impulsiv und wenig selbstkontrolliert. Die *Glueck*s betrachteten sie als weit weniger kooperativ und deutlich weniger konven-tionell in ihren Ideen, Gefühlen und in ihrem Verhalten als ihre nichtdelinquenten Jungen. Die *Glueck*s veröffentlichten ihre Forschungsergebnisse in fünfzehn For-schungsberichten im Zeitraum zwischen 1930 und 1974. In den 1950er und 1960er Jahren waren insbesondere ihre Forschungsberichte über den Körperbau ihrer delin-quenten Jungen (*Glueck/Glueck* 1956) und über ihr familiäres Umfeld (*Glueck/Glueck* 1962) aktuell. Eine Kurzfassung ihrer gesamten Forschungsergebnisse kam in deut-scher Übersetzung im Jahre 1963 heraus.

Durch die *Sutherland-Glueck*-Debatte (1925–1945) beeinflusst, gerieten die *Glueck*schen Forschungsarbeiten in der US.-amerikanischen Kriminologie nach 1945 immer mehr ins Abseits (*Laub/Sampson* 1991). Die Auffassung setzte sich durch, die Erarbeitung von Unterschieden zwischen Delinquenten und Nichtdelinquenten sei der falsche Ansatz und die Charakterisierung von Delinquenten mit negativen Merk-malen schade mehr, als sie nütze. Deshalb rekonstruierten und analysierten *John H. Laub* und *Robert J. Sampson* (2003; vgl. auch *Sampson/Laub* 1993) die Längsschnitt-daten der *Glueck*s in sechs Jahren von 1987 bis 1993 mit ihrem entwicklungstheoreti-schen Ansatz der altersabgestuften informellen Sozialkontrolle (*Laub/Sampson* 2011) und mit neuen statistischen Forschungsmethoden. Sie erhoben die Daten aus den Kriminalakten von 475 Delinquenten im Jahre 1993 und führten Lebensgeschichte-Interviews mit 52 Männern (aus der ursprünglichen Stichprobe von 500 Delinquen-ten) durch, die inzwischen ihr 70. Lebensjahr erreicht hatten. Sie stellten die Theorie auf, dass für die Kriminalitäts-Entstehung das Ausmaß der informellen Kontrolle, z.B. der sozialen Institutionen durch Familie, Schule, Nachbarschaft, in den verschiede-nen Lebensphasen entscheidend ist. Dieses Ausmaß kann durch strukturelle Wen-depunkte, z.B. Heirat, durch neue Routineaktivitäten, durch Zuneigungs-Bindungen oder das Engagement für einen neuen Lebensstil beeinflusst werden.

2.2.4.2 Kriminologie im deutschsprachigen Raum in den 1950er und 1960 Jahren
2.2.4.2.1 Kontinuität oder Traditionsbruch
Nach dem Ende des 2. Weltkriegs und dem Zusammenbruch des Nationalsozialismus (1945) orientierte sich die deutsche Kriminologie nicht von Grund auf neu, z.B. an der US.-amerikanischen Kriminalsoziologie und psychoanalytischen Kriminologie. Sie schließt sich vielmehr kontinuierlich an die Kriminalbiologie der 1930er und 1940er Jahre an. Die „Kriminalbiologie" von *Exner* wird – nun als „Kriminologie" (1949) –

ohne nennenswerte Änderungen gegenüber ihrer 2. Auflage (1944) wieder herausgebracht. In der Nachfolge seiner „Kriminalsoziologie" (1933) veröffentlicht *Wilhelm Sauer* (1950) nunmehr ein ebenfalls „Kriminologie" genanntes Lehrbuch, in dem er seine wissenschaftlich unfruchtbare Theorie vom „Kriminalitätserreger" erneut zu verbreiten versucht, unter dem er den „selbstschöpferischen Gestaltungswillen" des Verbrechers, seine „in der Tiefe der Persönlichkeit wurzelnde Willensfreiheit" versteht. Von der angewandten Kriminologie trennt er die „reine" Kriminologie, die einen „intuitiven Sinn für das Wahre" besitzt (1950, 11). „Der reinen Kriminologie in Verbindung mit intuitiver Erkenntnis und Lebenserfahrung kommt grundsätzlich ein höherer Beweiswert zu als der Statistik" (1950, 14). Theoretischer Grundansatz („Kriminalitätserreger") und methodischer Forschungsansatz (intuitive Einfühlung) verlieren sich im Irrationalen. Sie stehen zur Kriminologie als empirischer Tatsachenwissenschaft in eklatantem Widerspruch. In Fortsetzung seiner Lehrbücher (1934, 1942, 1944) publiziert *Edmund Mezger* (1951) ein Kurz-Lehrbuch der „Kriminologie", in dem er sich erneut zu einer „Anlage zum Verbrechen" bekennt (1951, 113) und in dem er der Kriminologie die Aufgabe zuweist, „die kriminogenen (verbrechensverursachenden) Faktoren der Anlage im einzelnen zu erforschen" (1951, 113). Die Belastung mit Psychopathie spielt hierbei eine wesentliche Rolle. Während der ersten Nachkriegstagung der „Kriminalbiologischen Gesellschaft" (1951), die bis 1967 ihren Namen behält, geht *Mezger* als neuer Vorsitzender in München mit keinem Wort auf die Verstrickungen der Gesellschaft mit dem Nationalsozialismus ein (*Schöch* 1986, 364). Als Inhaber des ersten Lehrstuhls für Kriminologie in der Bundesrepublik Deutschland an der Universität Heidelberg kommt *Heinz Leferenz* (1955) in einem Vortrag vor der „Kriminalbiologischen Gesellschaft" in Graz den kriminalbiologischen Bestrebungen der 1950er Jahre entgegen, indem er erklärt: „Die Lehre *Kurt Schneider*s von den psychopathischen Persönlichkeiten hat sich ... für die Kriminologie als fruchtbar und ausreichend erwiesen" (1955, 21). *Kurt Schneider* selbst hält (1958) seine Psychopathie-Lehre wegen ihrer „handlichen Kürze" für unentbehrlich. Er erkennt nicht, dass gerade in dieser „handlichen Kürze" die Gefahr für eine forensisch-psychiatrische Begutachtung liegt, an der Oberfläche der Täterpersönlichkeit zu verharren und den Prozesscharakter dieser Persönlichkeit nicht voll zu erfassen (vgl. *H.J. Schneider* 2010a). *Friedrich Stumpfl* bringt (1958) das Wesen der Kriminalbiologie der 1950er Jahre auf den Punkt, indem er die Gerichtspsychiatrie zum „Kernstück der Kriminologie als Wissenschaft" erklärt.

Anfang der 1960er Jahre führte *Leon Radzinowicz* (1961) eine Informationsreise in kriminologische Institute West-Europas und der USA durch, um sich Anregungen für die Organisation seines kriminologischen Instituts zu holen, das er im Jahre 1959 an der Universität Cambridge/England gegründet hatte. Er beurteilte die westdeutsche Kriminologie kritisch: Ihr Verhältnis zum Strafrecht sei „ungelöst"; das Strafrecht werde mit „unnachgiebiger Energie" betrieben; es behindere die Entwicklung der Kriminologie. Die kriminologische Forschung gehe nach der stereotypen Methode der Beschreibung des X-Delikts im Y-Bezirk anhand von Akten vor, die nicht viel bringe.

Die Kriminologie in den USA charakterisierte er als „unermesslich großes Laboratorium" und als führend in der Welt. Obwohl *Radzinowicz'* Forschungsbericht eingehend besprochen worden ist (vgl. *H.J. Schneider* 1962), blieb er in der Bundesrepublik Deutschland fast unbeachtet.

Der kriminologische Wortführer der 1960er Jahre (und darüber hinaus) im deutschsprachigen Raum war vielmehr der Psychiater *Hans Göppinger*. Er bereitete in den 1960er Jahren seine „Tübinger Jungtäter-Vergleichsuntersuchung" nach seinem Konzept des „Täters in seinen sozialen Bezügen" vor. Er führte diese Untersuchung in den 1970er Jahren durch. Er war durch *Kurt Schneider* maßgeblich beeinflusst. Er war der Meinung, eine „exakte, deutungsfreie Erfassung der Täterpersönlichkeit" sei **allein** der Psychopathologie möglich (1962a): Auf dem Weg des Verstehens, des Erfassens von Sinnzusammenhängen gewinnt man Zugang zur Täterpersönlichkeit. „Eine solche Persönlichkeitsanalyse erfolgt nicht durch Interpretation der Äußerungen und Verhaltensweisen des Täters an Hand einer bestimmten Leitidee, sondern fußt auf einer großen Zahl einwandfrei nachweisbarer Einzeltatsachen, aus denen sich ohne konstruktives Deuten mit Evidenz die jeweiligen seelischen Zusammenhänge ergeben" (1962b, 119). Der Psychoanalyse und der „Milieutheorie" warf er „vorgefasste Meinungen", „konstruierendes Deuten, verwirrende und entstellende Spekulationen" anhand einer bestimmten „Leitidee" vor (1962a, 1962b). *Göppinger* verkennt, dass die psychopathologische Beurteilung der Täterpersönlichkeit auf der Zuschreibung negativer Eigenschaften, z.B. Triebhaftigkeit, Gemütsarmut, beruht, die durch **subjektive Abwertung** des Täters durch den Psychopathologen zustande kommen. *Göppingers* Konzept des „Täters in seinen sozialen Bezügen" umfasst den Täter, seine Persönlichkeit und seinen sozialen Nahraum (1964, 14/15). Er lehnt Theorien als ungerechtfertigte „Leitideen" ab und lässt nur „aus der Erfahrung erwachsene Hypothesen" gelten (1964, 26). Von „Wertungen und wertsetzenden Theorien" will er sich freihalten (1964, 35). Stattdessen will er „im Wechselspiel mit den Tatsachenerhebungen Arbeitshypothesen aufstellen und diese wiederum durch Tatsachenfeststellungen zu verifizieren oder falsifizieren versuchen" (1964, 35/36). Seine Methode der verstehenden Psychopathologie charakterisiert er als „eine dem Vorgehen bei der psychiatrischen Diagnosestellung ähnliche Arbeitsweise" (1964, 37). Seine Theorieablehnung und seine psychiatrische Arbeitsweise hat er bis zum Ende seiner kriminologischen Laufbahn durchgehalten. In seiner Abschiedsvorlesung im Jahre 1986 erklärt er (*Göppinger* 1997, X): Mit einer Theorie oder einer Theorienkombination lässt sich das Verbrechen „in seiner ganzen individuellen Differenziertheit" nicht erfassen. Nach Beendigung seiner „Tübinger Jungtäter-Vergleichsuntersuchung" hält er seine Eindrücke „vor allem aus den psychiatrischen Explorationen" für ausschlaggebend (1985, 25).

Während *Göppinger* sich an die deutsche Tradition der forensischen Psychiatrie hielt, unternahmen es andere, die deutsche Kriminologie aufgrund internationaler Forschungen und Konzepte neu aufzustellen. *Hans Joachim Schneider* versuchte (1966, 1969), auf der Grundlage internationaler kriminologischer Informationsreisen die deutsche Kriminologie neu psychosozial zu orientieren. Er äußerte die Meinung, die kriminologische Entwicklung in den USA und in England werde in Deutschland unterschätzt. Er sprach sich für eine Intensivierung der internationalen Zusammenarbeit aus und empfahl eine sozialpsychologische Kriminologie der dynamischen Interaktionsprozesse, der Beziehungen, Einstellungen und Rollen. Er setzte sich dafür ein, die Kriminalsoziologie und die psychoanalytische Kriminologie stärker zu berücksichtigen. Seine internationale, kriminologische Situationsanalyse fand nicht nur Zustimmung. *Günter Kaiser* und *Hartmut Schellhoss* (1966) werteten sie als Traditionsbruch. Sie befürworteten demgegenüber eine Kriminologie, wie sie in der „Kriminalbiologischen Gesellschaft" und im „Institut für Kriminologie" der Universität Tübingen betrieben werde, also Psychopathologie und einen täterorientierten Mehrfaktorenansatz. Sie verteidigten die tradtionelle deutschsprachige Kriminologie. Die Domination der Psychiater und Juristen schrieben sie der fachlichen Enge der Psychologen und Soziologen zu. Sie wehrten sich dagegen, dass Deutschland eine „kriminologische Provinz" sei. Sie warnten davor, alles zu rezipieren, was aus dem „kriminologischen Laboratorium" der USA komme. Im Jahre 1975 erklärte *Kaiser*, die Rezeption angloamerikanischer Forschungsergebnisse sei „nunmehr weitgehend abgeschlossen" (1975, 68). Seine Meinung konnte er allerdings nicht durchhalten. Im Jahre 1998 berichtigte er sich: „Doch habe ich später einsehen müssen, dass ich die fortdauernde Originalität, Produktivität und Breite der amerikanischen Kriminologie ebenso wie die Gefahren der Erstarrung und partiellen Sterilität europäischer Wissenschaft wohl unterschätzt habe" (1998, 541). Er sprach der US.-amerikanischen Kriminologie nunmehr „eine weltweit führende Position" zu, alle innovativen Ansätze und Perspektiven seien vor allem von der US.-amerikanischen Kriminologie entwickelt und vorangetrieben worden (1998, 562).

In der „Kriminalbiologischen Gesellschaft" nahm *Ernst Kretschmer* (1961) eine führende Rolle als Vizepräsident seit 1951 ein. Er hatte in seinem Buch „Körperbau und Charakter", das im Jahre 1921 erstmalig erschienen war, eine Körperbautypologie entwickelt und eine Korrelation zwischen Körperbau und Kriminalität klinisch ermittelt, die die *Glueck*s im Rahmen ihrer mehrdimensionalen Forschungsarbeit (1956) berücksichtigten. Zum 40. Jahrestag der Gründung der „Kriminalbiologischen Gesellschaft" erklärte *Thomas Würtenberger* (1968) in Köln: „Eine Auseinandersetzung mit der soziologisch und kulturwissenschaftlich orientierten Kriminologie in Amerika erscheint uns für den deutschen Kulturbereich als eine unumgängliche Notwendigkeit, wollen wir den Bann jener verhängnisvollen Isolierung seit 1933 endlich durchbrechen". Er hielt eine „schroffe Entgegensetzung von „Kriminalbiologie" und „Kriminalsoziologie" nicht mehr für vertretbar, fügte aber eilfertig hinzu: „Bewusst bekennen wir uns auch künftig zu unserem geistigen Ursprung aus der berühmten „Grazer Schule" eines *Hanns Gross, Adolf Lenz* und *Ernst Seelig*." Aus Anlass des 50. Gründungsjahres der nunmehr in „Gesellschaft für die gesamte Kriminologie" umbenannten „Kriminalbiologischen Gesellschaft" führte der Psychiater *Leferenz* in seiner Festansprache auf *Würtenberger*s Forderung aus (1978, 2), die Rezeption soziologischer Kriminalitätstheorien des angloamerikanischen Bereichs habe stattgefunden; sie habe aber nichts gebracht. „Die Erklärungskraft dieser Theorien erwies sich als unbefriedigend, für die deutschen Verhältnisse offensichtlich von noch geringerer Reichweite als in den USA." Er begrüßte es, dass „sich unsere Gesellschaft der psychoanalytischen Thematik weitgehend enthalten hat" (1978, 4).

In den 1960er Jahren sind noch folgende kriminologische Ereignisse bemerkenswert:

- Aus seiner Emigration war *Hans von Hentig* nach Deutschland zurückgekehrt. Er hatte in den USA zwei viel beachtete Bücher (1947; 1948) veröffentlicht. Den Inhalt dieser Bücher brachte er nunmehr – für die deutsche Kriminologie neu bearbeitet – in seinem dreibändigen Hauptwerk „Das Verbrechen" (1961; 1962, 193) heraus. Eindrucksvoll sind insbesondere seine Ausführungen zum Verbrechensopfer in Band 2.

- In seinem Exil in London publizierte *Hermann Mannheim* (1965) seine zweibändige „Comparative Criminology", in der er die kriminologische Forschung Englands, Deutschlands und der USA zusammenführte, die in Deutschland Beachtung fand (*H.J. Schneider* 1969a) und die schließlich (1974) in deutscher Übersetzung erschien.

- In einem Handwörterbuch-Artikel zur „Kriminalbiologie" geht *Friedrich Stumpfl* (1966) nicht mehr näher auf seine Zwillings- und Sippenforschungen aus den 1930er Jahren ein. Er stützt sich nunmehr auf die Konstitutionslehre von *Ernst Kretschmer* und auf die Vergleichende Verhaltensforschung von *Konrad Lorenz*.

- Im Jahre 1967 bringt *Armand Mergen* ein Kriminologie-Lehrbuch heraus, das noch zwei Auflagen erlebt (1978, 1995), und im Jahre 1968 eine Schrift über den „geborenen Verbrecher", in der er kriminalbiologische Forschungen zusammenstellt. Er schlägt ein Konzept der „Kriminopathie" (1967, 437; 1978, 199/200) vor, das sehr viel Ähnlichkeit mit *K. Schneider*s Psychopathie-Konzept besitzt, das er aber in der 3. Auflage seines Lehrbuchs aufgibt (1995, 202).

- In einem Reader über „Kriminalsoziologie" machen *Fritz Sack* und *René König* (1968) US.-amerikanische kriminalsoziologische Texte in deutscher Sprache zugänglich. Wesentlich sind die Beiträge von *Edwin H. Sutherland*, *Robert K. Merton*, *Gresham M. Sykes* und *David Matza*. Man vermisst jedoch die kriminalsoziologisch wichtigen Texte der Chicago-Schule, von *Clifford R. Shaw* und *Henry D. McKay*.

- Im Jahre 1969 schreibt *Anne-Eva Brauneck* in einem Festschrift-Beitrag: „Der Begriff der „kriminellen Anlage" ist theoretisch falsch und praktisch inhuman und sollte aufgegeben werden" (1969, 643).

2.2.4.2.2 Einige empirische Untersuchungen der Nachkriegszeit

Um die theoretischen Diskussionen der deutschsprachigen Kriminologie der 1950er und 1960er Jahre zu veranschaulichen, werden als Beispiele fünf empirische Studien etwas näher besprochen.

In seiner Studie über die „Soziologie der deutschen Nachkriegskriminalität"
beschreibt der Jurist *Karl S. Bader* (1949) die Kriminalität der Zeit nach dem 2. Weltkrieg
in Deutschland anhand offizieller Kriminalstatistiken und anhand von Fahndungs-
blättern. Es wird deutlich, wie durch Änderung der Sozial- und Wirtschaftsstruktur
im Nachkriegsdeutschland die Kriminalitätsstruktur beeinflusst wird. In einer Zeit
des Wertverfalls des Geldes nehmen z.B. Sachgüter erheblich an Wert zu. Das führt
zum Rückgang der vorsätzlichen Brandstiftungen; denn Geldentschädigung für den
Brandfall verspricht keinerlei Gewinn. Anstelle des Bankraubs treten Kleinräube-
reien in Trümmerfeldern der durch Bomben zerstörten Großstädte oder Raubüberfälle durch bewaffnete Banden auf einsam gelegene Gehöfte, um Nahrungsmittel und
andere wertvolle Sachgüter zu erbeuten. Die Schwäche der formellen Sozialkontrolle,
der Polizei und der Gerichte, lässt das ohnehin hohe Dunkelfeld der Sexualdelikte
noch größer werden und ermöglicht das Stehlen von Holz und Kohle von fahrenden
Zügen ohne großes Risiko. Die Kriminalsoziologie fasst *Bader* als strafrechtliche Hilfswissenschaft auf (1949, 4–7), und seine Untersuchung wird demnach strafrechtlichen
Gesichtspunkten gemäß gegliedert. Im kriminalätiologischen Teil werden die Kriminalstatistiken nach der Methode des „Verstehens" in Sinnzusammenhänge gebracht.
Zur Interpretation der Kriminalstatistiken werden Meinungen von *Exner, Liepmann*
und *Mezger* herangezogen. Kriminalsoziologische Theorien werden der Untersuchung nicht zugrunde gelegt.

Anhand von Jugendpersonalakten hat der schweizerische Jurist *Erwin Frey* (1951)
seine Untersuchung zum „frühkriminellen Rückfallverbrecher" erstellt. Seine Arbeit,
die durch *Franz Exner* wesentlich beeinflusst worden ist, bezieht sich auf männliche
delinquente Jugendliche, die in den Jahren 1939 bis 1948 durch die Basler Jugend-
strafbehörden in Anstalten untergebracht worden sind. *Frey*, der die Kriminologie als
ein Grenzgebiet zwischen Psychiatrie und Strafrecht betrachtet (1951, 5), sieht durch
seine Untersuchung „die große Bedeutung der biologischen Faktoren für die Rückfälligkeit und innerhalb dieser biologischen Faktoren die überragende Bedeutung
der Psychopathien" bestätigt (1951, 94, 108). Er kommt zu dem Schluss: „Es bestehen
unzweifelhaft sehr enge Beziehungen zwischen Frühkriminalität, Rückfallkriminalität und Psychopathie" (1951, 113). Die Wahrscheinlichkeit ist groß, „dass Erbmin-
derwertige ihre Ehe und überhaupt ihre Geschlechtspartner wiederum unter Erbmin-
derwertigen wählen, wodurch zwangsläufig eine weitere Kumulation ungünstiger
kriminogener Erbfaktoren entsteht" (1951, 159).

Mit der „Kriminalität der Kinder" hat sich der Psychiater *Heinz Leferenz* (1957;
1962) in seiner klinisch-kriminologischen Studie beschäftigt. Er hat achtzig Kinder
im Alter zwischen sechs und fünfzehn Jahren, die sich in den Jahren 1951 bis 1954 in
stationärer Beobachtung und Behandlung der Abteilung für Kinder und Jugendliche
der Psychiatrischen und Neurologischen Klinik der Universität Heidelberg befanden,
mehrwöchigen Verhaltensbeobachtungen und psychopathologischen Beurteilungen
unterzogen. Über seine Ergebnisse berichtet er in 80 kurzen Einzelfalldarstellungen.
Nach *Leferenz* nimmt die „Psychopathologie bei der Erforschung der kindlichen Kri-

minalität eine entscheidende Stellung ein" (1957, 9). Psychologische, speziell psycho-analytische Begutachtungen sind für ihn dann „dilettantisch", „wenn es dem Untersu-cher an der notwendigen psychopathologischen Erfahrung und dem entsprechenden Wissen mangelt" (1957, 9). Seine kindlichen Probanden beurteilte er nach ihrer „päda-gogischen Formbarkeit"; er teilte ihnen psychopathologische Eigenschaften zu, unter denen er „abnorme seelische Eigenschaften" verstand, die vom Eigenschaftsdurch-schnitt abweichen. Unter seinen 80 Kindern besaßen 13 „keine anlagebedingten kri-minogenen seelischen Strukturen" (1957, 131). Nicht „pädagogisch-formbar" waren 29 Kinder, die *Leferenz* als „gegen jegliche Führung unempfindlich" einschätzte (1957, 134). Zu dieser Gruppe gehören beispielsweise die „gemütsarmen" Kinder: „Sie sind lieblos, ohne Mitleid, rücksichtslos bis zur Brutalität ... Sie sind hinterhältig und ver-schlagen" (1957, 54). Die dritte Gruppe der „ungenügend formbaren und prognostisch zweifelhaften Kinder" machte über die Hälfte, nämlich 44, der 80 kindlichen Pro-banden aus. Es wird nur deutschsprachige psychopathologische Literatur verarbei-tet, u.a. Zitate von *K. Schneider, Exner, Frey, Stumpfl*. Es erscheint forschungsethisch bedenklich, delinquente Kinder mit abwertenden Eigenschaften, wie Gemütsarmut, Triebhaftigkeit, Willensschwäche, subjektiv abzuwerten und sie als pädagogisch nichtbildbar zu benennen. Eine solche subjektive Einschätzung ermangelt darüber-hinaus jeder psychologischen Objektivität.

Die Kriminologin *Anne-Eva Brauneck* hat in ihrem Forschungsbericht über „Die Entwicklung jugendlicher Straftäter" (1961) dargestellt, was aus dreihundert jugend-lichen Vermögensdelinquenten geworden ist, die das Jugendgericht in Hamburg im Jahre 1949 verurteilt hatte. Die Nachuntersuchungs-Periode erstreckte sich auf fünf bis sechs Jahre nach der Verurteilung, also bis März 1955. *Brauneck* sah Jugendge-richtsakten, Polizeiakten und Akten der Jugend- und Sozialbehörden ein. Ergänzend stellte sie persönliche Ermittlungen an, indem sie Hausbesuche bei Angehörigen ihrer Probanden machte und sie nach ihren Probanden befragte. Grundsätzlich inter-viewte sie die Mutter oder die Person, die ihren Probanden überwiegend aufgezogen hatte. Ihr Forschungsbericht besteht aus zwei Teilen. Im ersten Teil fasst sie ihre Ergebnisse statistisch zusammen. Im zweiten Teil beschreibt sie 36 ihrer Fälle voll-ständig und weitere 13 in Auszügen. Sie stellte eine Beziehung zwischen Schul- und Berufsversagen und späterer Rückfälligkeit fest. Sie ermittelte die Familienzerrüttung als Delinquenzursache. Nach der Aburteilung 1949 hatten 42 % der Jungen und 55 % der Mädchen im Nachuntersuchungszeitraum kein weiteres Vermögensdelikt began-gen. Eine zweite Gruppe verübte wenige und geringfügige Delikte. Die Jugendlichen der dritten Gruppe wurden bedenklich schwerer und länger rückfällig. 16 Prozent der Jungen und 5 Prozent der Mädchen gehörten zur vierten Gruppe der Schwer-rückfälligen, die fortwährend mit Straftaten belastet waren (1961, 527). Als besonders heikel erwies sich die Begehung von Straftaten schon in der Kindheit. Ungünstige Vorzeichen waren Kontaktstörung und Ungehemmtheit der Aggression. Englischspra-chige und skandinavische Literatur wird neben der deutschsprachigen angemessen verarbeitet. Dazu gehören auch kriminalsoziologische und psychoanalytische Titel.

Anhand von Strafanstaltsakten hat *Joachim Hellmer* (1961) in seiner Analyse zum Gewohnheitsverbrecher und zur Sicherungsverwahrung in der Zeit von 1934 bis 1945 ermittelt, wer als Gewohnheitsverbrecher verurteilt und wie die Sicherungsverwahrung durchgeführt worden ist. Seiner Untersuchung hat er 250 Personalakten von Sicherungsverwahrten zugrunde gelegt. Er kommt zu dem Ergebnis, dass der Gewohnheitsverbrecher in der Regel ein „haltungsschwacher Mensch" ist; „er ist nur an der Oberfläche Mensch, nicht in der Tiefe der geistig-seelischen Konstitution, im Persönlichkeitskern" (1961, 288). Es handelt sich – seiner Meinung nach – um gemeinlästige, nicht gemeingefährliche Verbrecher. Man müsse zwischen den Rückfälligen unterscheiden, „die von einer Straftat in die andere taumeln, weil sie keine soziale Richtung haben, und denen, deren soziale Richtung gerade das Verbrechen ist" (1961, 26). In der Zeit von 1934 bis 1945 habe man mit der Sicherungsverwahrung nur die gemeinlästigen, nicht aber die intelligenten Schwerverbrecher erfasst. Zur theoretischen Situation der deutschsprachigen Kriminologie meint er, der Streit zwischen biologischer und soziologischer Betrachtungsweise sei an der „kulturellen Situation" vorbeigegangen. Er setzt sich für eine „verstehende Psychologie und Anthropologie" nach *Spranger, Jaspers* und *Gehlen* ein.

2.2.5 Das Ergebnis der Entwicklungen bis in die 1960er Jahre

Wenn man die Geschichte der deutschsprachigen Kriminologie vom Ende des 18. Jahrhunderts bis in die 1960er Jahre Revue passieren lässt, so zeichnen sich zwei unterschiedliche kriminologische Grundkonzepte ab:

- Nach dem einen Konzept besteht eine Dichotomie (Zweiteilung) zwischen Kriminellen und Nichtkriminellen. Die Straftäter, die sich von normalen Menschen unterscheiden, werden durch negative, konstante Eigenschaften gekennzeichnet, die zumeist ererbt, aber auch im sozialen Nahraum des Täters erworben worden sind.
- Nach der anderen Konzeption ist Kriminalität ein psychosoziales Verhalten, das aufgrund prokrimineller Normen in defekten Sozialstrukturen und -prozessen gelernt wird. An diesem Verhalten sind Täter, Opfer und Gesellschaft beteiligt, die alle durch das kriminelle Verhalten geschädigt werden.

Nach der ersten Konzeption ist Kriminalität ein individuelles, auf den Täter beschränktes Problem und die Kriminologie „die Seinswissenschaft vom Menschen als Verbrecher" (*Leferenz* 1967, 21). Nach dem zweiten Konzept ist das Verbrechen ein psychosoziales Phänomen, an dem Täter, Opfer und Gesellschaft beteiligt sind, und die Kriminologie eine Wissenschaft, die Täter- und Opferwerden sowie die Reaktionen auf das Täter- und Opferwerden auf sozialstruktureller und -prozessualer Grundlage erforscht.

Das erste Konzept war in der deutschsprachigen Kriminologie bis in die 1960er Jahre hinein dominant. Denn es entspricht strafrechtlichem ebenso wie psychiatrischem Denken, die beide täterorientiert sind. Die zweite Konzeption ist im angloamerikanischen Bereich entwickelt worden. Sie beruht auf soziologischem, sozialpsychologischem und psychoanalytischem Denken. Sie hat sich im deutschsprachigen Raum nicht durchzusetzen vermocht, weil sie systematisch behindert worden ist. Man erklärte nicht nur, die „Rezeption" der angloamerikanischen Kriminologie sei erfolglos gewesen (*Leferenz* 1978, 2) und sei weitgehend abgeschlossen (*Kaiser* 1975, 68). Man behauptete auch, die Psychopathologie *Kurt Schneider*s sei weiterhin „unerschüttert" (*R. Lange* 1970, 234) und die Konzepte und Denkweisen der US.-amerikanischen Kriminalsoziologie und der psychoanalytischen Kriminologie seien völlig andersartig und auf deutsche Verhältnisse nicht anwendbar (*R. Lange* 1981, 159, 168, 176, 182/183, 189, 194). Alle diese Behauptungen entbehren jeder Tatsachengrundlage; sie sind schlichtweg unvertretbar und mit dem internationalen kriminologischen Forschungsstand unvereinbar. Man wollte auf diese Weise einer wissenschaftlichen Auseinandersetzung mit der angloamerikanischen Kriminologie aus dem Weg gehen und das Problem durch Nichtbeachtung lösen.

2.2.6 Entwicklungen während der 1970er, 1980er und 1990er Jahre

2.2.6.1 Die kriminologische Entwicklung in den USA während der 1970er, 1980er und 1990er Jahre als internationale Richtschnur

2.2.6.1.1 Fortsetzung der sozialwissenschaftlichen Tradition

Die Kriminologie in den USA hat sich in den 1970er, 1980er und 1990er Jahren zu einer internationalen, interdisziplinären, autonomen Sozialwissenschaft entwickelt. Das Kriminologie-Lehrbuch von *Sutherland*, das in den 1920er bis 1950er Jahren führend war, ist nach dem Tod von *Sutherland* im Jahre 1950 von seinem Schüler *Donald R. Cressey* in 5. bis 10. Auflage (*Sutherland/Cressey* 1955, 1960, 1966, 1970, 1974, 1978; vgl. auch *Cressey* 1981) im sozialwissenschaftlichen Sinne fortgeführt worden. Es war bis Mitte der 1980er Jahre in Nordamerika und in der Welt tonangebend (vgl. auch *Sutherland/Cressey/Luckenbill* 1992). Die beiden Kriminologie-Lehrbücher (*Conklin* 1981; 2010; *Siegel* 1983; 2009; 2013), die in den 1980er Jahren bis in die Gegenwart in jeweils zehn Auflagen an die Stelle seiner führenden Position getreten sind, setzten die sozialwissenschaftliche Tradition fort, die *Shaw*, *McKay* und *Sutherland* begründet hatten. Das gilt auch für die beiden Kriminologie-Lehrbücher (*Adler/Mueller/Laufer* 1991, 2010; *Brown/Esbensen/Geis* 1991, 2010), die in den 1990er Jahren hinzukamen und in bisher sieben Auflagen weit verbreitet worden sind. Die sozialwissenschaftliche Richtung von *Sutherland* setzte sich in den 1970er Jahren bis in die Gegenwart durch. Sie war und ist dominierend. Demgegenüber ist der *Glueck*sche täterorientierte Mehrfaktorenansatz immer mehr zurückgetreten. Denn man sah es nicht als zielführend an, biologische und psychologische Tätermerkmale zu ermitteln, die für die Prävention, für die Täter- und Opferbehandlung sowie für die Sozialpolitik irrelevant sind.

2.2.6.1.2 Theoretische Entwicklungen

In den 1970er, 1980er und 1990er Jahren entwickelte sich die Theorie zum Grundstein und Eckpfeiler der US.-amerikanischen Kriminologie. An ihr wird ständig gearbeitet. Sie wird fortwährend neu- und weiterentwickelt sowie empirisch getestet. Drei Ebenen sind für die US.-amerikanische Theoriediskussion charakteristisch.

2.2.6.1.2.1 Sozialstrukturelle Theorien

Auf sozialstruktureller Ebene sind drei Weiterentwicklungen bemerkenswert:

Die Theorie der sozialen Desorganisation (*Shaw/McKay* 1931; 1942) ist zur Theorie der kollektiven Effektivität (*Sampson/Raudenbush/Earls* 1997) fortgebildet worden (vgl. auch *Sampson* 2011). Diese Theorie stellt es darauf ab, ob die Bewohner eines Gebietes die Fähigkeit und die Bereitschaft besitzen, informelle Kontrolle anzuwenden.

Die konzentrische Zonentheorie (*Shaw* 1929) war die Basis für die Raum-Verteidigungs-Theorie, die *Oscar Newman* (1972) ausgearbeitet hat (vgl. auch *Brantingham/Brantingham* 1984). Nach dieser Theorie sind der physische Plan (das Layout), die physische Gestaltung, das physische Design und der physische Grundriss eines Raumes Grundfaktoren, die seine soziale Dynamik bestimmen, die wiederum Einflüsse auf das Verhalten potentieller Täter und Opfer ausübt.

Nach der Anomie-Theorie von *Robert K. Merton* (1938; 2011) haben Gesellschaften, die großes Gewicht auf bestimmte soziale Ziele legen, die legalen Wege zur Erreichung dieser Ziele aber blockieren, hohe Kriminalitätsraten. Diese Theorie ist durch die institutionelle Anomietheorie (*Messner/Rosenfeld* 1994; 1997) und durch die Allgemeine Drucktheorie (*Agnew* 1995; 2011b) erweitert und umformuliert worden. Die institutionelle Anomietheorie erklärt die Kriminalitätsentstehung aus der Vorherrschaft der Wirtschaft und aus der relativen Machtlosigkeit und Entwertung nichtökonomischer Institutionen, z.B. der Familie, der Erziehung und der Religion. Nach der Allgemeinen Drucktheorie lassen Ärger, Frustration und Furcht Druck entstehen, und Verbrechen kann eine Antwort sein, diesen Druck zu vermindern.

2.2.6.1.2.2 Sozialprozessuale Theorien

Auf der sozialprozessualen Ebene der kognitiv-sozialen Lerntheorie ist *Sutherland*s Theorie der differentiellen Assoziation in den 1970er, 1980er und 1990er Jahren enorm erweitert und konkretisiert worden:

Sutherland hat seine Theorie im Jahre 1939 erstmalig und im Jahre 1947 endgültig formuliert (*Sutherland* 1947, 1–9). Sie ist von *Robert L. Burgess* und *Ronald L. Akers*

(1966) nach den damals neuesten psychologischen Erkenntnissen zur Theorie der differentiellen Verstärkung umformuliert worden. *Akers* hat seine soziale Lerntheorie im Jahre 1998 auf die Basis der Sozialstruktur gegründet (*Akers* 1998). Die neuen psychologischen Forschungsergebnisse des Beobachtungs- und Nachahmungslernens sowie der Selbstverstärkung (*A. Bandura* 1979a; 1979b; 1986) und der Selbsteffektivität (*A. Bandura* 1997; 2001) sind allerdings von *Akers* erst sehr spät in seine Theorie integriert worden (*Akers* 2010).

Die kognitiv-soziale Lerntheorie ist in den 1970er, 1980er und 1990er Jahren durch die folgenden Lernmechanismen konkretisiert worden:

- Bereits in den 1950er Jahren ist herausgearbeitet worden, dass delinquentes Verhalten in delinquenten Subkulturen, z.B. delinquenten Banden (*Cohen* 1955; 2011), und mit Hilfe von Neutralisationen (Vorabrechtfertigungen) (*Sykes/Matza* 1957; 2011) gelernt wird.
- Nach der Theorie der Gewalt-Subkultur (*Wolfgang/Ferracuti* 1967; *Anderson* 1999; 2010) werden Gewaltmuster, -einstellungen und Wertvorstellungen im Lebensstil, im Sozialisations- und zwischenmenschlichen Interaktionsprozess sozialer Systeme (Subkulturen) erworben, die die Gewalt höher einschätzen als die sie umgebende Gesellschaft.
- Prosoziales Verhalten wird am besten realisiert, wenn starke Bindungen zu prosozialen Institutionen und Menschen bestehen. Ist dies nicht der Fall, kann prosoziales Verhalten nicht gelernt, vielmehr kann antisoziales Verhalten in antisozialen Kontakten eingeübt werden (*Hirschi* 1969).
- Prosoziales wie antisoziales Verhalten eignet man sich durch Reaktion auf Verhalten und durch die Reaktion auf die Reaktion (durch Interaktion) an. In diesem Interaktionsprozess ist wesentlich, welche Bedeutung die Interaktionspartner ihrem Verhalten, der Reaktion auf ihr Verhalten und ihrer Person geben (*H.S. Becker* 1973, 22–35).
- In der Lebensbahn führen anfänglich schwache soziale Bindungen zu hoher delinquenter Verwicklung, und diese Verwicklung schwächt ihrerseits wieder die konventionellen Bindungen (*Thornberry* 1987; 2011).
- Der Lern-Entwicklungs-Prozess erstreckt sich über den gesamten Lebensweg in unterschiedlichen pro- und antisozialen Pfadwegen und Lebensbahnen (*Patterson/DeBaryshe/Ramsey* 1989).
- Aus der zunehmenden Verwicklung in die Folgen antisozialen Verhaltens ergibt sich ein eingeschränktes Verhaltensrepertoire. Der Delinquente wird in wachsendem Maße unfähig, sich konventionelle, prosoziale Alternativen zu seinem kriminellen Benehmen anzueignen (*Moffitt* 1993; 2011).
- Ein großer Teil der Kriminalität, insbesondere der Gewalt- und Sexualkriminalität, entsteht aus einer Interaktionsstörung, aus einem Kontrollungleichgewicht, aus einer gestörten Interaktion der Über-Unter-Ordnung heraus (*Tittle* 2001; 2011).

2.2.6.1.2.3 Situative Theorien

Auf der dritten, situativen Ebene sind zwei sehr ähnliche Theorien entwickelt worden, die es auf die Konkretisierung sozialstruktureller und -prozessualer Faktoren in der kriminogenen/viktimogenen Situation abstellen:

- Nach dem Lebensstil-, Routine-, Gelegenheits-Modell ist die Viktimogenese (die Ursache des Opferwerdens) mit einem Lebensstil verbunden, durch den man ständig Situationen mit einem hohen Viktimisierungsrisiko ausgesetzt ist (*Hindelang/Gottfredson/Garofalo* 1978, 251).
- Nach der Routine-Aktivitäts-Theorie sind für die Viktimisierung (das Opferwerden) drei Elemente von entscheidender Bedeutung: das Vorhandensein motivierter Täter, die Existenz eines geeigneten Tatobjekts, einer Person oder Sache, und die Abwesenheit fähiger Beschützer des Tatobjekts gegen Rechtsverletzung (*Cohen/Felson* 1979; 2011).

2.2.6.1.3 Das dynamische Paradigma der kriminellen Karriere

In den 1970er Jahren bis zur Gegenwart ist das statische Konstrukt der Psychopathie durch das dynamische Paradigma der kriminellen Karriere ersetzt worden. Unter krimineller Karriere versteht man die Charakterisierung der Verlaufsabfolge von Verbrechen, die durch Straftäter während ihrer Lebensspanne begangen werden (*Blumstein/Cohen/Roth/Visher* 1986). Man unterscheidet Beginn, Dauer und Ende der Verlaufsabfolge. Die kriminologische Karriereforschung ist durch die Philadelphia-Kohortenstudie von *Marvin E. Wolfgang* wieder aktualisiert worden (*Wolfgang/Figlio/Sellin* 1972; *Wolfgang/Thornberry/Figlio* 1987). *Wolfgang* identifizierte die kleine Gruppe der chronischen, persistenten Delinquenten. Nur 6 Prozent seiner Kohorte und nur 18 Prozent seiner Delinquenten verübten über die Hälfte der Delinquenz und über zwei Drittel der Gewaltdelinquenz. Die Trajektorien, die Entwicklungspfadwege delinquenten und kriminellen Verhaltens, führt die wichtigste Lebenslauftheorie, die Theorie der altersabgestuften informellen Sozialkontrolle (*Sampson/Laub* 1993; *Laub/Sampson* 2003) – aufgrund von quantitativen und qualitativen empirischen Untersuchungen – auf verschiedenartige mangelnde Bindungen und gestörte Interaktionen der Straftäter zur Gesellschaft und ihren Institutionen, z.B. Familie, Schule, Nachbarschaft, während ihrer unterschiedlichen Lebensphasen zurück. Durch Wendepunkte, z.B. eheliche Zuneigung, Berufsstabilität, können kriminelle Lebenslauf-Trajektorien allerdings in prosoziale Pfadwege geändert werden.

2.2.6.1.4 Viktimisierungsstudien

Die Viktimisierungsstudien, die auf Initiative der „President's Commission" (1967) einer Expertenkommission (*Buerger* 2010), Ende der 1960er Jahre einsetzten (*National Opinion Reseach Center* 1967) und die das Verbrechensopfer in den Mittelpunkt ihres Interesses stellten, vermittelten durch jährliche umfassende Befragungen zum

Opferwerden seit den 1970er Jahren bis in die Gegenwart (*Rennison* 2010a; 2010b) die grundlegenden Erkenntnisse, dass die meiste Viktimisierung der Kriminaljustiz verborgen, weil unangezeigt bleibt, dass das Dunkelfeld der nichtangezeigten Sexual- und Gewalt-Viktimisierung im sozialen Nahraum besonders groß ist und dass die Vikimisierung bei vielen Opfern beachtliche psychosoziale Schäden hinterlässt. Die Viktimisierungsstudien förderten zudem eine Menge von Daten zur Verbrechensfurcht und zur Einstellung der Bevölkerung gegenüber der Kriminaljustiz sowie zur Opferunterstützung und zu Präventionsmaßnahmen der Bevölkerung zutage.

2.2.6.1.5 Drei Beispiele empirischer Forschung

Die sozialstrukturellen, -prozessualen und situativen Theorien, die die US.-amerikanische Kriminologie in den 1970er Jahren bis in die Gegenwart hinein entwickelt hat, übertreffen in der Ursachenerklärung kriminellen Verhaltens die Psychopathologie und den täterorientierten Mehrfaktorenansatz bei weitem. Das wird aus den drei folgenden Beispielen empirischer Forschung deutlich:

Physische und sexuelle Familiengewalt ist weit verbreitet und liegt großenteils im Dunkelfeld nichtangezeigter Kriminalität (*Straus/Gelles/Steinmetz* 1980). Von ihr sind Ehepartner, Kinder, Großeltern und Geschwister betroffen. Sie hat enorm schädliche psychosoziale Wirkungen, wird häufig wiederholt und von Generation zu Generation weitergegeben (*Reiss/Roth* 1993, 221–254). Familiengewalt entsteht in sozial isolierten Familien, deren zwischenmenschlichen Bindungen zerstört sind. Gewalt wird in solchen Familien gelernt. Kern der Familiengewalt ist Machtmissbrauch, ist Domination, Unterwerfung und Kontrolle eines Familienmitglieds oder mehrerer Familienmitglieder (vgl. zur physischen Familiengewalt: *Straus/Gelles* 1990).

Unternehmenskriminalität ist Kriminalität durch, gegen und in Institutionen, z.B. Industrie-, Handels- und Dienstleistungsunternehmen, Banken (*Clinard/Yaeger* 1980). Die Opfer solcher Institutionen nehmen häufig ihr Opferwerden nicht wahr: finanzielle Verluste, Körper- und Gesundheitsverletzungen, Umweltschäden. Unternehmenskriminalität verursacht keine intensive Furcht in der Bevölkerung. Die wirtschaftlich bedeutsamsten Verbrechen werden am wenigsten veröffentlicht, am geringsten verfolgt und am seltensten bestraft. Großunternehmen sind Zentralinstitutionen der Gesellschaft. Sie bestimmen die Verhaltensweisen von Millionen von Konsumenten und von Hunderttausenden von Angestellten wesentlich mit. Denn Institutionen sind Normensysteme, die Verhalten steuern (*Messner/Rosenfeld* 2004). In Wirtschaftsunternehmen, die Kriminalität verüben, existieren normative Systeme, die mit den prosozialen Normen in Konflikt geraten, die in der Gesellschaft Geltung besitzen, die das deviante Unternehmen umgibt. Normen, die in der Gesellschaft als illegal, deviant und unethisch definiert werden, sind in dem devianten Unternehmen normal. Die Normalisation der Deviation in solchen Unternehmen ist ein Prozess, der eine Weltsicht hervorruft, die deviante Ereignisse neutralisiert, indem sie annehmbar, vorteilhaft und zweckdienlich gemacht werden (*Vaughan* 1996).

Die International-Vergleichende Kriminologie betrachtet Täter- und Opferwerden, ihre Verursachung und Kontrolle als Elemente in gesellschaftlichen Systemen und vergleicht sie in unterschiedlichen Sozialstrukturen (*H.J. Schneider* 1995; 2001a). Das Täter- und Opferwerden, ihre Verursachung und Kontrolle sind Phänomene, die sich in gesellschaftlichen Strukturen und Prozessen entwickeln. Durch Verstädterung und Modernisierung lösen sich z.B. in den Entwicklungsländern die Stammesgemeinschaften auf, die eine starke informelle Kontrolle ausgeübt haben. In den Slums, den Elendsvierteln der Großstädte der Entwicklungsländer, z.B. in den südamerikanischen Favelas, entstehen Delinquenz und Kriminalität aufgrund sozialer Desorganisation, aufgrund des Zerfalls sozialer Bindungen (*Clinard/Abbott* 1973). Länder mit niedriger Kriminalität sind dadurch gekennzeichnet, dass ihre sozialen Institutionen, z.B. ihre Familien, einwandfrei funktionieren, dass ihre informelle Sozialkontrolle in solchen Institutionen nicht durch die Modernisierung zerstört worden sind, dass ihre Jugend gut in die Gesellschaft eingeordnet ist, dass sich keine delinquenten Jugendsubkulturen gebildet haben und dass ihre formelle Sozialkontrolle, ihre Kriminaljustiz, gut in ihre informelle Sozialkontrolle, in ihre sozialen Institutionen, integriert ist (*Clinard* 1978; *Adler* 1983; *Hartjen/Priyadarsini* 1984).

2.2.6.1.6 Kriminalpolitische Kontroverse

In kriminalpolitischer Hinsicht hat die biokriminologische Nebenrichtung in den 1970er Jahren bis in die Gegenwart die sozialwissenschaftliche Hauptrichtung in den USA in den Hintergrund gedrängt. Aufgrund einer Evaluation von Strafvollzugs-Behandlungs-Programmen (*Martinson* 1974; *Lipton/Martinson/Wilks* 1975) behauptete man, fast alle diese Programme hätten sich als unwirksam erwiesen. Diese Behauptung ist durch die extrem konservative biokriminologische Nebenrichtung unterstützt und verallgemeinert worden: Nothing Works (*J.Q.Wilson* 1975; 1983; *J.Q.Wilson/Herrnstein* 1985). Weder Vorbeugung noch Täterbehandlung führen zum Erfolg. Das Ergebnis dieser Kampagne war, dass sich ein großer Teil der offiziellen Kriminalpolitik in den USA auf das „Unfähigmachen" (Incapacitation) und auf die Masseneinsperrung einstellten. Das Konzept des Unfähigmachens ist einfach: Solange Straftäter eingesperrt sind, können sie keine Rechtsbrüche außerhalb der Strafanstalt begehen. *Martinsons* Evaluation besaß indessen weder zuverlässige theoretische noch verlässliche methodische Grundlagen (*Cullen* 2005). Eine (unbeabsichtigte) positive Wirkung seiner Evaluation bestand in der Schärfung des kriminologischen Theorie- und Methoden-Bewusstseins. Man berücksichtigte nur noch auf Wissenschaft basierte Vorbeugungs- und Behandlungsprogramme. Man unterschied nunmehr zwischen Vorbeugungs- und Behandlungsprogrammen mit negativen, positiven und irrelevanten Wirkungen. Bei den wirksamen Programmen stellte man das Effekt-Ausmaß, die Effekt-Stärke fest (*Sherman/Gottfredson/MacKenzie/Eck/Reuter/Bushway* 1997). Insgesamt ermittelte man, dass die Strafvollzugs-Behandlungs-Programme, die man auf die kognitiv-soziale Lerntheorie gegründet hatte, am erfolgreichsten waren (*Cullen/ Wright/Gendreau/Andrews* 2003).

2.2.6.2 Die kriminologische Entwicklung im deutschsprachigen Raum in den 1970er, 1980er und 1990er Jahren

2.2.6.2.1 Die täterorientierte Kriminologie

2.2.6.2.1.1 Der Täter in seinen sozialen Bezügen

Eines der maßgeblichen deutschsprachigen Lehrbücher der 1970er Jahre war das Kriminologie-Lehrbuch von *Hans Göppinger*. Seine erste Auflage erschien im Jahre 1971. Ihr folgten schnell hintereinander die zweite (1973), die dritte (1976) und die vierte Auflage (1980). Gleichzeitig erarbeitete *Göppinger* in den 1970er bis Anfang der 1980er Jahre eine umfangreiche, personal- und kostenintensive empirische Untersuchung mit einem interdisziplinären Team von Wissenschaftlern: die Tübinger Jungtäter Vergleichsuntersuchung. Deren Ergebnisse brachte er in einer Monographie im Jahre 1983 heraus (*Göppinger* 1983). Eine Anwendung dieser Ergebnisse für die Kriminaljustiz-Praxis veröffentlichte er in einer Monographie im Jahre 1985 (*Göppinger* 1985). Seine empirischen Grundkonzepte und Ergebnisse sind erst zusammenfassend in der 5. Auflage seines Lehrbuchs enthalten (*Göppinger, Bock, Böhm* 1997a), die *Michael Bock* und *Alexander Böhm* bearbeitet haben und die erst ein Jahr nach *Göppinger*s Tod im Jahre 1996 erschienen ist.

Grundlagen der Lehrbücher und der empirischen Forschungsarbeit von *Göppinger* waren der *Glueck*sche multifaktorielle Ansatz und die *K. Schneider*sche Psychopathenlehre. Kriminologische Theorien werden samt und sonders abgelehnt. *Göppinger*s Konzept ist der „Täter in seinen sozialen Bezügen", die „Verflochtenheit der Persönlichkeit mit ihrem Sozialbereich" (*Göppinger* 1980, 6). Zentralproblem der Kriminologie ist die Persönlichkeit des Verbrechers in ihrer sozialen Einbettung (*Göppinger* 1980, 11; *Göppinger* (*Bock, Böhm*) 1997, 5). Deshalb ist der „Täter und sein Sozialbereich" der wichtigste Teil der Lehrbücher (vgl. *Göppinger* 1980, 166–436; *Göppinger* (*Bock, Böhm*) 1997, 209–327). In diesem Teil werden die „Tübinger Jungtäter-Vergleichsuntersuchung", die psychischen Abnormitäten der Täter und die *K. Schneider*sche Psychopathenlehre abgehandelt.

Bei der „Tübinger Jungtäter Vergleichsuntersuchung" (*Göppinger* 1983) handelt es sich um die umfangreichste deutschsprachige Vergleichsstudie, die allerdings bisher weder retrospektiv noch prospektiv überprüft worden ist. Es wurden 200 20- bis 30-jährige männliche Häftlinge, die zu mindestens sechs Monaten Haft verurteilt worden waren, und 200 gleichaltrige männliche Probanden der Normalbevölkerung medizinisch-psychologisch untersucht. Durch einen Erhebungsbogen zum Sozialverhalten ermittelte man Syndrome krimineller Gefährdung. Aufgrund psychiatrischer Exploration fand man eine kriminovalente Konstellation heraus, durch die 60,5 % der Häftlingsprobanden und keiner der Vergleichsprobanden „repräsentiert" worden sind (*Göppinger* 1985, 25; *Göppinger* (*Bock, Böhm*) 1997, 309, 414/415):

- Vernachlässigung des Arbeits- und Leistungsbereichs sowie familiärer und sozialer Pflichten,
- fehlendes Verhältnis zu Geld und Eigentum,
- unstrukturiertes Freizeitverhalten,
- fehlende Lebensplanung.

Diese empirisch-kriminologischen Ergebnisse hat man für die tägliche Strafrechtspraxis nutzbar zu machen versucht. Deshalb entwickelte man eine kriminologische Diagnose- und Prognosemethode für Kriminaljustiz-Praktiker, um ihnen bei ihren Entscheidungen kriminologische Hilfestellung zu leisten.

Aufgrund der Ergebnisse der „Tübinger Jungtäter-Vergleichsuntersuchung" ist die „Methode der idealtypisch-vergleichenden Einzelfallanalyse" als Diagnose- und Prognoseverfahren für Praktiker der Kriminaljustiz konstruiert worden (*Göppinger* 1985; *Göppinger* (*Bock, Böhm*) 1997, 328–465). Idealtypen, Extreme, die in der Wirklichkeit allenfalls punktuell oder als Ausnahme vorkommen, sind kreiert worden, bei denen man durch einen Prozess des Vergleichens, Zuordnens und Systematisierens einschätzt, ob und in welchem Ausmaß das konkrete Verhalten des Probanden sich dem Idealtypus annähert. Weder eine kausale Erklärung noch eine Behandlungsempfehlung sind beabsichtigt. Die Methode zielt vielmehr darauf ab, den *Grad krimineller Gefährdung* festzustellen. Anwendungsgebiete sind z.B. Entscheidungen in der Jugendhilfe und im Kriminaljustizsystem. Bei der Beurteilung der Persönlichkeit des Beschuldigten, als Haftentscheidungshilfe, bei der Strafzumessung, bei Urteilsprognosen, bei Sanktionsentscheidungen, bei den Entscheidungen über Lockerungen im Strafvollzug und bei der Entlassungsprognose soll die Methode beispielsweise nützliche kriminologische Unterstützung leisten.

Gegen das Konzept des „Täters in seinen sozialen Bezügen" erheben sich beträchtliche Bedenken (vgl. dazu im Einzelnen: *H.J. Schneider* 2008a):

- Die Ermittlung des Ausmaßes krimineller Gefährdung ist eine Kennzeichnung des Täters als Mehr- oder Weniger-Krimineller. Danach soll sich die Günstigkeit oder Ungünstigkeit der Entscheidung der Kriminaljustiz-Praxis für den Täter richten. Eine solche Entscheidung trägt die Gefahr der Etikettierung, der Brandmarkung in sich.
- Das Ausmaß krimineller Gefährdung richtet sich beim Konzept des „Täters in seinen sozialen Bezügen" nach konstanten, statischen Tätermerkmalen. Solche Merkmale sind indessen prozesshaft dem Wandel unterworfen; sie sind dynamisch.
- Tätermerkmale werden nicht nur durch den sozialen Nahraum des Täters bestimmt. Ohne Berücksichtigung der Täter-Opfer-Interaktion und der gesellschaftlichen Entwicklungen und Situationen sind sie unvollständig und irreführend.
- Die Feststellung der Tätermerkmale soll als kriminologische Hilfestellung bei Entscheidungen der Kriminaljustiz-Praxis dienen. Hier wird eine Überbewertung

der Kriminaljustiz deutlich, die nur die Ultima Ratio, der letzte Zufluchtsort der Sozialkontrolle sein kann. Viel wichtiger für die Sozialkontrolle sind die gesellschaftlichen Institutionen, wie z.B. die Familie, die eine informelle Kontrolle ausüben. Deshalb ist die Entwicklung von Vorbeugungsmaßnahmen sowie von Täter- und Opfer-Behandlungsprogrammen eine vorrangige Aufgabe der Kriminologie.

Die „Tübinger Jungtäter-Vergleichsuntersuchung" setzt sich erheblichen methodischen Einwänden aus, weil sie intervenierende Variablen nicht in ausreichendem Maße ausgeschlossen hat.
–   Es werden Häftlinge untersucht, also eine durch die Strafverfolgungsorgane vorausgelesene hochselektive Stichprobe. Ermittelte Merkmale der Häftlinge brauchen deshalb nicht mit Kriminalität zu korrelieren. Sie können auf der Auswahl der Strafverfolgungsbehörden beruhen oder auf die Auswirkungen der Haftsituation zurückgeführt werden.
–   Den Häftlingen werden als Vergleichsgruppe Probanden der Normalbevölkerung gegenübergestellt, ohne dass durch eine Dunkelfelduntersuchung geprüft worden ist, ob zahlreiche Probanden verdeckte Kriminelle sind. Bei vielen Probanden, die in die „nichtkriminelle" Kontrollgruppe aufgenommen worden sind, kann es sich um verborgen und unentdeckt gebliebene Kriminelle handeln.

Zweifel bestehen schließlich gegen die Anwendung der Methode der idealtypisch-vergleichenden Einzelfallanalyse.
–   Die Feststellung der kriminellen Gefährdung des Täters bei einer Fülle von Anwendungsfeldern mit einer einzigen Methode, die auf einer einzigen, nicht evaluierten empirischen Untersuchung beruht, trägt der Variationsbreite der konkreten Fragestellungen und der Verschiedenheit der Täterpersönlichkeiten nicht Rechnung.
–   Für kriminologische Diagnose-, Prognose- und Behandlungszwecke empfiehlt sich vielmehr das **Risiko-Bedürfnis-Ansprechbarkeits-Modell** (*Andrews/Bonta* 2010, 47–52), das nach kognitiv-sozialen Lern-Perspektiven menschlichen Verhaltens aufgestellt worden ist. Für Diagnose, Prognose und Behandlung ist nicht nur das Risiko maßgebend, das der Täter bietet und das in jedem Einzelfall mit speziellen Methoden festgestellt werden muss. Wesentlich für Prognose und Behandlung sind auch dynamische, wandelbare Tätermerkmale, die unmittelbar mit der Tat im Einzelfall in Verbindung stehen. Schließlich hängt die Behandlungstechnik von der Lern-Fähigkeit und dem Lernstil des Täters ab.

2.2.6.2.1.2 Kriminologie als strafrechtliche Wirklichkeitswissenschaft
Die kriminologischen Lehrbücher von *Günther Kaiser*, sein Grundriss (1976; 1989; 1993; 1997) in zehn Auflagen und sein großes Lehrbuch (1980; 1988; 1996) in drei

Auflagen, haben in den 1970er bis 1990er Jahren im deutschsprachigen Raum und darüber hinaus in fünf Übersetzungen große Verbreitung gefunden. *Kaisers* kriminologisches Denken kreist um drei Grundbegriffe, mit denen er das Wissenschaftsgebiet der Kriminologie treffend zu kennzeichnen meint: Verbrechen, Verbrecher und Verbrechenskontrolle (*Kaiser* 1993, 1; 1996, 1). Er hat sich zwar von der Psychiatrie gelöst („Bedeutungsverlust der Psychiatrie") (*Kaiser* 1996, 117). Gleichwohl stehen das Verbrechen als individuelles Problem und die Kriminologie als juristisch orientierte Wissenschaft im Mittelpunkt seiner Bücher. Er fühlt sich dem täterorientierten Mehrfaktorenansatz verpflichtet (*Kaiser* 1993, 31; 1996, 44). Die Kriminologie ist für ihn eine „Wirklichkeitswissenschaft des Strafrechts" (*Kaiser* 1993, 78; 1996, 173), die Verbrechenskontrolle eine „strafrechtliche Sozialkontrolle" (*Kaiser* 1993, 109; 1996, 207). Die Kapitel seiner Bücher sind am stärksten, die sich auf den Verbrecher als Individuum konzentrieren (*Kaiser* 1993, 260–308; 1996, 471–530). Schwach sind demgegenüber Kapitel, die sozialwissenschaftlicher Erörterung bedürfen, z.B. Organisiertes Verbrechen (*Kaiser* 1993, 234–241; 1996, 409–420) oder politische Kriminalität (*Kaiser* 1993, 442–451; 1996, 745–757). Die Internationale Vergleichende Kriminologie wird überhaupt nicht behandelt. Demgegenüber werden strafrechtliche Probleme eingehend dargelegt: z.B. Zurechnung und Zumessung im Strafrecht (*Kaiser* 1993, 543–52; 1996, 930–954) oder Strukturwandel und Praxis kriminalrechtlicher Sanktionen (*Kaiser* 1993, 581–630; 1996, 974–1052).

Kaiser steht vollständig in der deutschsprachigen kriminologischen Tradition, die die Kriminalität als individuelles Problem auffasst und das strafrechtliche Verwertungsinteresse betont. Die deutschsprachige Kriminologie wird in allen Einzelheiten erfasst, die internationale sozialwissenschaftliche Kriminologie – selbst in wichtigen Entwicklungen – vernachlässigt. Die deutschsprachige kriminologische Diskussion wird auf den Gegensatz zwischen Täterorientierung und Zuschreibungsideologie eingeengt (*Kaiser* 1996, 74/75). Die Rezeption der internationalen sozialwissenschaftlichen Kriminologie bleibt dabei auf der Strecke. Fehlentwicklungen der deutschsprachigen Kriminologie werden nicht benannt oder beschönigt. Zahlreiche Behauptungen über die US.-amerikanische Kriminologie entbehren jeder Grundlage. Dafür werden einige Beispiele genannt:

- Die kriminologische Theorieentwicklung in den USA stagniert (*Kaiser* 1993, 91; 1996, 71/72). Seit einem halben Jahrhundert befassen sich die Jahrestagungen der „American Society of Criminology" vor allem und beständig mit der Entwicklung und Testung kriminologischer Ursachentheorien (vgl. für die zehn ersten Jahrestagungen der ASC im 21. Jahrhundert: *H.J. Schneider* 2003a; 2005b; 2007b; 2009a; 2011a).
- Der täterorientierte Mehrfaktorenansatz ist auch in Nordamerika „eine der Hauptorientierungen" (*Kaiser* 1993, 32). Der Mehrfaktorenansatz ist seit den 1950er Jahren in der US.-amerikanischen Kriminologie aufgegeben.
- Die Rezeption der psychoanalytischen Kriminologie ist auch in den USA ein „Trauerspiel" (*Kaiser* 1996, 124). Die psychoanalytische Kriminologie ist in

der US.-amerikanischen Kriminologie empirisch fruchtbar gemacht worden (*H.J. Schneider* 1981a; 1987, 471–500). Sozialpsychologisch umgearbeitet (*Hirschi* 1969), spielt sie in der internationalen sozialwissenschaftlichen Kriminologie eine Hauptrolle.

– Die biologisch orientierte Verbrechenserklärung kehrt in die USA zurück (*Kaiser* 1996, 71). Die biosoziale Richtung ist eine absolute Nebenrichtung der US.-amerikanischen Kriminologie. Die von *Kaiser* für seine Behauptung als Beleg angeführte Studie (*J.Q. Wilson/Herrnstein* 1985) wird von der Hauptrichtung der US.-amerikanischen Kriminologie einhellig abgelehnt.

2.2.6.2.2 Die reaktionsorientierte Kriminologie

In den 1970er Jahren ist der „Labeling Approach" in der US.-amerikanischen Kriminologie viel diskutiert worden. Seine Grundlage ist der symbolische Interaktionismus des Sozialpsychologen *George Herbert Mead* (1863–1931). Er sieht die Eigenart zwischenmenschlicher Interaktion darin, dass Menschen nicht nur auf die Handlungen anderer reagieren, sondern dass sie die Handlungen ihrer Interaktionspartner interpretieren und definieren. Der Soziologe *Howard S. Becker* (1973, 22–35) hat diesen Gedanken aufgenommen und für die Kriminologie in seinem Lern-Laufbahn-Modell nutzbar gemacht. Der Lern-Interaktions-Prozess des Sozialabweichlers besteht aus fünf Phasen: aus der Begehung einer vorsätzlichen oder nichtvorsätzlichen nonkonformen Handlung, aus dem Lernen der Freude an einer solchen Handlung, aus der Definition des Sozialabweichlers als Sozialabweichler in der Öffentlichkeit, aus der sich selbst erfüllenden Prophezeiung dieser Definition und schließlich aus der Selbstdefinition als Sozialabweichler. Erst nach dem dritten Schritt, nämlich der Definition als Sozialabweichler, bildet der Deviante ein festes Muster devianten Verhaltens aus. Durch diese Etikettierung tritt ein drastischer Wandel in der öffentlichen Identität des Devianten ein. Er wird nun als unterschiedlich, als vom Normalbürger verschieden wahrgenommen. Schließlich definiert er sich selbst als sozialabweichend, schließt sich sozialabweichenden Gruppen an, begeht immer schwerwiegendere sozialabweichende Handlungen und neutralisiert konventionelle Einstellungen, die ihm sozialabweichendes Verhalten verbieten. Dieses Lern-Laufbahn-Modell enthält zwei wesentliche Grundgedanken, die die deutschsprachige täterorientierte Kriminologie ganz entscheidend zu korrigieren in der Lage sind:

– Sozialabweichung wird von der Gesellschaft kreiert, auf der Grundlage tatsächlicher Gegebenheiten konstruiert. Sie ist keine in sich ruhende individuelle Handlungsqualität, sondern die Folge von außen kommender gesellschaftlicher Regeln und Sanktionen.

– Der Ansatz, der den Kriminellen als grundsätzlich anders, als unterschiedlich zum Normalbürger auffasst, ist irreführend. Kriminalität wird aus denselben Gründen begangen, mit denen man prosoziales Verhalten erklärt.

In Anschluss an *Howard S. Becker* hat sich die „Schule der sozialen Reaktion" gebildet, der Soziologen wie *Edwin Lemert, Aaron V. Cicourel* und *Harold Garfinkel* angehörten. Wesentlich für diese Schule ist, dass sie die Gültigkeit und Nützlichkeit der pathologischen Konzeptualisierung der Deviation in Frage stellt. Kriminalität ist das Produkt aus der Art und Weise, wie die Gesellschaft auf das Individuum reagiert, und aus den Merkmalen, die das Individuum entwickelt. Verbrechen kann nicht länger als eine statische Größe gesehen werden, die innerhalb des Individuums und seines sozialen Nahraums existiert (*Mutchnick/Martin/Austin* 2009, 241–261).

Die Rezeption dieser wichtigen Grundgedanken in der deutschsprachigen Kriminologie ist nicht gelungen. Der deutsche Soziologe *Fritz Sack*, der es sich zur Aufgabe gemacht hat, die US.-amerikanische Kriminalsoziologie im deutschsprachigen Raum bekannt zu machen, hat durch seine polemischen („Legitimationscharakter der bisherigen Kriminologie") und seine teilweise überspitzten und provokativen Formulierungen wenig zur Auseinandersetzung mit der US.-amerikanischen Kriminalsoziologie beigetragen. Er hat vielmehr – wie es der schweizerische Kriminologe *Martin Killias* (2003, 7) formuliert hat – „eine der unfruchtbarsten Epochen der deutschsprachigen Kriminologie", nämlich den Schulenstreit zwischen „alter" und „neuer" Kriminologie, eingeleitet, der die deutschsprachige Kriminologie gespalten und zur Stabilisierung der deutschsprachigen täterorientierten Kriminologie geführt hat. Einige dieser Formulierungen sollen als Beispiele genannt werden (vgl. auch *H.J. Schneider* 2007c, 151/152). *Sack* wandelt den „Labeling Approach" ohne nähere Begründung in eine „marxistisch-interaktionistische Theorie" um (*Sack* 1974). Er versteht Kriminalität nicht als Verhalten, sondern als „negatives Gut", als „das genaue Gegenstück zum Privileg", das Rechte vorenthält, Chancen beschneidet und die in der Gesellschaft vorhandenen Ressourcen verteilt (*Sack* 1968, 469). Das Merkmal Kriminalität steht zur „Disposition einer spezifischen Gruppe von Funktionsträgern" (*Sack* 1974, 39). Die sozialen Kontrollinstitutionen einer Gesellschaft, z.B. Polizei, Gerichte, bezeichnet er als „Rekrutierungsinstitutionen in den Status des Abweichenden" (*Sack* 1978, 342). Schließlich empfiehlt er die „Aufhebung der Kriminologie in einer Soziologie des Strafrechts", die das Strafrecht rechtstatsächlich vermessen und empirisch erfassen soll (*Sack* 1988, 23/24). Denn „die Uhr einer Kriminologie als wissenschaftliche Disziplin" sei abgelaufen, die fortfahre, ‚Kriminalität' als einen lohnenswerten und erforschbaren ‚Gegenstand' wissenschaftlicher Anstrengung zu betrachten" (*Sack* 1990, 25). Alle diese eigenwilligen Interpretationen und globalen Angriffe auf **die** Kriminologie, die auf Originalität und Beachtung abzielen, haben es der traditionellen täterorientierten deutschsprachigen Kriminologie leicht gemacht, die US.-amerikanische Kriminalsoziologie in Bausch und Bogen abzulehnen. Denn *Sack* gibt sich den Anschein, als spreche er für diese Kriminalsoziologie. Er hat nicht einmal die enorme Entwicklung der angloamerikanischen kritischen Kriminologie weiter verfolgt und bearbeitet (vgl. dazu z.B. *DeKeseredy* 2011 und die Beiträge in *DeKeseredy, Dragiewicz* 2012). Deshalb äußert man die Vermutung, dass das kritische Potential der kritischen Kriminologie verbraucht ist (*Kreissl* 1996, 31). Das ist freilich nicht der Fall. Die kritische Kriminologie wird gebraucht, um auf Fehlkonzeptionen der Mainstream-Kriminologie aufmerksam zu machen und um solche Fehlkonzeptionen – wenn möglich – zu korrigieren.

2.2.6.2.3 Die gesellschafts- und opferorientierte Kriminologie

Der sozialwissenschaftliche Ansatz der Kriminologie ist der internationale Ansatz. Denn er wird von der englischsprachigen Mainstream-Kriminologie in der Welt vertreten. Er unterscheidet sich vom traditionellen Ansatz der deutschsprachigen Kriminologie, der stark kriminalbiologisch, psychopathologisch geprägt ist, dadurch, dass er Kriminalsoziologie und psychoanalytische Kriminologie einbezieht und dass er vor allem sozialpsychologisch ausgerichtet ist. Die Kriminologie ist – nach dem gesellschafts- und opferorientierten Konzept – eine Sozialwissenschaft, die das Verbrechen, das Täter- und Opferwerden sowie die Reaktionen auf das Verbrechen, auf das Täter- und Opferwerden als Sozialprozesse auf der Grundlage gesellschaftlicher Strukturen und Entwicklungen erforscht (*H.J. Schneider* 1972; 1974a; 1974b; 1975; 1977a; 1977b; 1987). Kriminalität ist nicht nur ein individuelles Problem des Täters und seines sozialen Nahraums, sondern ein gesamtgesellschaftliches Problem, in das sich die individuellen Probleme des Täters und Opfers einfügen. Sie entsteht und wird kontrolliert in Sozialprozessen, an denen Täter, Opfer und Gesellschaft beteiligt sind. Das Verbrechen besitzt keine individuelle Verhaltensqualität, sondern wird durch die Gesellschaft kreiert. Es ist keine statische Größe, die am Täter haftet, sondern ein dynamischer Vorgang, ein Interaktions-Lern-Prozess. Die gesellschafts- und opferorientierte Konzeption ist deshalb daran uninteressiert, die Kriminellen mit konstanten, statischen, negativen Merkmalen zu kennzeichnen und ihre kriminelle Gefährdung zu ermitteln, um den Grad ihrer psychischen Abnormität und damit ihrer Besserungsfähigkeit oder Unverbesserlichkeit für die Kriminaljustiz festzustellen. Es geht ihr vielmehr vor allem darum, prokriminelle Verhaltensmuster, Einstellungen und Vorabrechtfertigungen in der Gesellschaft und in ihren Institutionen, z.B. in ihren Familien, zu erkennen und durch Vorbeugungsprogramme, z.B. Elterntraining, abzubauen. Sie möchte dynamische, veränderbare Tätermerkmale, die im Einzelfall mit der Verbrechensentstehung in unmittelbarer Verbindung stehen, erfassen und prognostisch für eine erfolgreiche Täterbehandlung nutzbar machen. Aussagen über individuelle Unterschiede zwischen Kriminellen und Nichtkriminellen werden von der psychosozialen Kriminologie verworfen (*Reiss* 1981). Denn sie ist auf kein statisches Persönlichkeits-Eigenschafts-Modell, sondern auf ein dynamisches Prozess-Modell der kriminellen Persönlichkeit gegründet (*H.J. Schneider* 2010a). Kriminogene, dynamische Persönlichkeitszüge werden als kriminelle Verläufe von Gedanken, Gefühlen und Verhalten über unterschiedliche Situationen hinweg verstanden. Die Wurzeln der kriminellen Persönlichkeit liegen nicht in der ererbten Anlage, sondern in der zerstörten Gemeinschaft, in die eine Person hineingeboren wird. Kriminelle sind keine vom Normalmenschen unterschiedliche Menschen-Kategorie. Kriminelles

Verhalten ist eine normale psychosoziale Erscheinung, die aufgrund prokrimineller gesellschaftlicher Normen – wie jedes andere menschliche Verhalten – gelernt wird und auch wieder verlernt werden kann.

2.2.6.2.3.1 Die Rolle des Verbrechensopfers

Nach dem sozialwissenschaftlichen Ansatz der Kriminologie ist das Verbrechensopfer ein wesentliches Element in den Prozessen der Verbrechensentstehung und -kontrolle (*H.J. Schneider* 1975a; 1975b; 1977b; 1981c; 1983a; 1987, 751–788; 1990a; 1994a; 1998a; 2007; 2010d; 2010e). Viktimologie ist kein „Modewort" (so aber *Weis* 1972, 175), nicht nur eine „spezifische Betrachtungsweise" (so aber *Kiefl/Lamnek* 1986, 35), nicht allein ein Anhängsel („Opferbelange") an Verbrechen, Verbrecher und Verbrechenskontrolle (so aber *Kaiser* 1992, 1; 1993; 1996, 1). Vielmehr hat die Viktimisierung, der Interaktionsprozess zwischen Täter und Opfer und der zwischen Opfer und Kriminaljustiz, erhebliche Bedeutung für die Verbrechensentstehung und -kontrolle, für die Verbrechensopfer-Vorbeugung und -Behandlung. Nach der sozialstrukturellen Viktimisierung sind sozial ausgeschlossene oder an den Rand der Gesellschaft gedrängte Personen oder Bevölkerungs-Segmente, z.B. Immigranten, rassische, religiöse oder ethnische Minderheiten, Obdachlose, in hohem Maße für die Opfer-Verletzbarkeit oder -Verwundbarkeit anfällig. Opfermerkmale und -verhalten erklären allein nicht die Opferverwundbarkeit und -neigung. Opferverhalten kann am Modell gelernt werden (Beobachtungslernen): Opferneigung, -anfälligkeit und -verwundbarkeit, Opferverhaltensmuster, -einstellungen und -rollen werden dem Opfer vom Täter aufgezwungen (Viktimisierungstrauma!). Opferverletzbarkeit und -verwundbarkeit wachsen mit jeder Viktimisierung (Selbstbehauptungsschwäche). In der Täter-Opfer-Interaktion ist der Täter der aktive Teil, der dem Opfer seine Viktimisierung nahelegt. Folge dieser Viktimisierung ist die psychosoziale Schädigung des Opfers durch den Täter, die das Opfer für weitere Viktimisierungen verletzbar macht und die sich in viktimogenen Situationen für das Opfer negativ auswirkt. Denn die Täter suchen sich in solchen Situationen die am leichtesten verletzbaren Opfer aus.

2.2.6.2.3.2 Gesellschaftsorientierte Verbrechensformen

Zahlreiche Verbrechensformen können nur durch den sozialwissenschaftlichen Ansatz erklärt und kontrolliert werden. Dafür sind die folgenden vier Beispiele charakteristisch.

Das *Organisierte Verbrechen* wird nicht von einer kriminellen Organisation der nichtkriminellen Gesellschaft von außen angetan, sondern entsteht innerhalb der sozial desorganisierten Gesellschaft. Es ist ein Prozess, der innerhalb der gesellschaftlichen Entwicklung abläuft. Auf der Basis einer Gesellschaft, die durch soziale Desorganisation, Zerstörung mitmenschlicher Beziehungen gekennzeichnet ist und in der neben der Schwäche der informellen Kontrolle durch die sozialen Institutionen (Gemeinschaften) auch die formelle Kontrolle der Kriminaljustiz schwach ausgeprägt ist (Korruption), bilden sich kriminelle Organisationen als Subkulturen, in denen Verbrechenstechniken, -einstellungen und -rechtfertigungen gelernt werden (*H.J. Schneider* 2007h). Der Organisierte Verbrecher ist kein Psychopath, sondern er entwickelt sich in einer kriminellen Laufbahn, Karriere (Trajektorie), in der er prokriminelle Verhaltensmuster, Einstellungen, Rechtfertigungen und Rollen lernt und das Selbstverständnis eines Organisierten Verbrechers annimmt.

Wirtschafts- und Umweltstraftaten von Unternehmens-Direktoren und -Managern sind ohne die Berücksichtigung kriminogener Unternehmens-Strukturen und -Prozesse nicht verständlich. Unternehmen führen ihr Eigenleben. Individuen sind in Rollen innerhalb des Unternehmens eingebunden. Individuelle Identität ist den Anforderungen der Organisation untergeordnet. Einstellungen und Verhaltensstile von Individuen werden in krimineller Richtung durch das Unternehmen beeinflusst. Institutionelle prokriminelle Strukturen und fehllaufende deviante innere Organisations-Prozesse sind häufig für die Entstehung von Wirtschafts- und Umweltkriminalität mitverantwortlich.

Die *politische Kriminalität* bildet das dritte Beispiel. Auf Großformen kollektiver Gewalt, auf Völkermord, Kriegsmassaker, Staats- und Gruppenterrorismus, Minderheitenverfolgung, Folterung, Liquidierung politischer Gegner, hat *Herbert Jäger* (1967, 1973, 1989) eindrucksvoll hingewiesen. Er versteht sie als Erscheinungsformen der „Makro-Kriminalität", für die charakteristisch ist, dass sie von Regierungen angeordnet, ausgelöst, gefördert oder systematisch verschleiert werden. Sie werden weiterhin durch gesellschaftliche Subsysteme, den politischen Machtapparat, bewaffnete Milizen, eine politische Partei, die Polizei, das Militär, unterstützt und verwirklichen sich in defekten Sozialstrukturen und gesellschaftlichen Interaktionsprozessen, die schwere Opferschäden zur Folge haben:

- Teile der Bevölkerung nehmen ihre demokratischen Freiheitsrechte wahr. Ihre friedlichen Demonstrationen werden durch einen totalitären Machtapparat gewaltsam niedergeschlagen (Arabischer Frühling).
- In einem gesellschaftlichen Selbstzerstörungsprozess unterdrückt und vernichtet eine mächtige, mit formeller Autorität ausgestattete Mehrheits-Bevölkerungs-Gruppe eine opferanfällige, machtlose Minderheits-Bevölkerungsgruppe (Genozid) (*H.J. Schneider* 2007f).
- Hassorganisationen greifen Gesellschaften, Institutionen und Personen in ihnen an. Aufgrund von Vorurteilen werden die Opfer wegen ihres symbolischen Status (ihrer Rasse, Religion), wegen ihres sozialen und persönlichen So-Seins geschädigt (Islamistischer Hassterrorismus) (*H.J. Schneider* 2007g).

Gewalt in der Institution, z.B. in der Familie, Schule, in der Kirche oder im Krankenhaus, das vierte und letzte Beispiel für die Notwendigkeit der Anwendung des sozialwissenschaftlichen Ansatzes, ist Gewalt, die durch die Institution selbst oder durch Personen innerhalb der Institution verursacht wird (*H.J. Schneider* 1996b;

1994b, 109–137). Für sie sind die Position der Institution in der Gesellschafts-Struktur (z.B. ihre Isolation) und die Störungen der Interaktionsprozesse innerhalb der Institution (Zerrüttung der Familie) von maßgeblicher Bedeutung. Innerhalb der Institution kann ein Machtungleichgewicht (*Tittle* 2011) Machtmissbrauch hervorrufen. In einer kalten, enthumanisierenden und entpersonalisierenden Institutions-Atmosphäre können durch Degradierungsprozesse einerseits soziale Domination, Arroganz und Machtmissbrauch, andererseits Hilflosigkeit und Opferverwundbarkeit entstehen. Der täterorientierte Mehrfaktorenansatz vermag Gewalt in der Institution nur in unzulänglicher Weise zu erklären.

2.2.6.2.3.3 Die Bedeutung der internationalen Vergleichenden Kriminologie

Die Kriminologie hat als Sozialwissenschaft Methoden der internationalen Vergleichenden Kriminologie entwickelt, die mit zunehmender europäischer und internationaler Verflechtung immer mehr an Bedeutung gewinnen:

- Empirische und experimentelle, quantitative wie qualitative Vergleichsstudien ermitteln die Sozialstrukturen und -prozesse unterschiedlicher Gesellschaften und setzen sie mit den verschiedenen Kriminalitätshäufigkeiten, -strukturen, -entwicklungen und -kontrollen in Beziehung, um die Ursachen der Massenkriminalität und ihrer Kontrolle herauszufinden (*H.J. Schneider* 1993, 176–182; 1995; 2001a).
- Zur Ermittlung der Allgemeingültigkeit kriminologischer Ursachentheorien und kriminalpolitischer Interventionen kann ferner überprüft werden, ob eine in einem Sozialsystem wirksame Theorie oder Intervention in einem anderen Sozialsystem ebenso effektiv ist (Replication Studies, externale Validität) (*H.J. Schneider* 1966, 372). Schließlich sind mit dem sozialwissenschaftlichen Ansatz Untersuchungen darüber möglich, ob und inwieweit physische und soziale Strukturen des Raumes die Kriminalitäts-Entstehung und -Kontrolle beeinflussen (Environmental Criminology, Umwelt-Kriminologie) (*H.J. Schneider* 1987, 327–358). Die physische und soziale Umwelt-Perspektive trennt die Umwelt-Kriminologie von einer täterorientierten Kriminologie, nach der die Kriminalitätsentstehung auf eine Gruppe von Tätern mit kriminellen Verhaltensbereitschaften beschränkt ist. Die physische Gestaltung des Raumes beeinflusst die Raum-Sozialstruktur, die ihrerseits das Täter- und Opferwerden im Raum hervorrufen kann (indirekte kriminogene/viktimogene Wirkung der physischen Raumgestaltung). Durch physische und soziale Raumgestaltung kann eine Raum-Sozial-Struktur geschaffen werden, die die Kriminalitäts-Intervention, die Entdeckung und Ergreifung des Täters ermutigt (*H.J. Schneider* 2011c).

2.2.6.2.4 Die sozialistische Kriminologie (1949 bis 1990) und der soziale Umbruch (1989/1990)

2.2.6.2.4.1 Die sozialistische Kriminologie

Der verlorene 2. Weltkrieg (1939-1945) hatte zur Folge, dass Deutschland durch die Siegermächte (USA, Großbritannien, Frankreich, die ehemalige Sowjetunion) in vier Besatzungszonen geteilt wurde und dass später (1949) zwei unabhängige deutsche Staaten entstanden: die Bundesrepublik Deutschland (BRD) (aus den Besatzungszonen der USA, Großbritanniens und Frankreichs) und die Deutsche Demokratische Republik (DDR) (aus der Besatzungszone der ehemaligen Sowjetunion). Während die Kriminologie in der BRD mehrheitlich an kriminalbiologische und psychopathologische deutsche Traditionen anknüpfte und mit dem *Glueck*schen täterorientierten Mehrfaktorenansatz zu erneuern versuchte, entwickelte sich in der DDR nach sowjetrussischem Vorbild eine sozialistische Kriminologie, die kommunistisch-ideologisch orientiert war. Sie beurteilte zunächst den „noch nicht ausreichenden Stand der Produktivität" und „das unzureichende Kultur- und Bildungsniveau" als Grundursachen der Kriminalität in der sozialistischen Gesellschaft (*Lekschas* 1967, 11/12). In den 1970er Jahren entwickelte man die „Relikt-" oder „Rudiment-Theorie" (*Buchholz/ Hartmann/Lekschas/Stiller* 1971), die aus zwei Grundaussagen bestand:

- Die Kriminalität in der DDR beruht auf kapitalistischen Restverhältnissen und auf traditionell egoistischen Denk- und Verhaltensmustern.
- Durch die Vergesellschaftung der Produktionsmittel sind in der DDR sozioökonomische Verhältnisse geschaffen worden, in denen niemand mehr Kriminalität zu begehen braucht (Wesensfremdheit der Kriminalität in der sozialistischen Gesellschaft).

Beide Aussagen erwiesen sich als illusionäre Selbstverkennungen und konnten empirisch nicht erhärtet werden. In den 1980er Jahren versuchte man es deshalb mit dem sogenannten „Tätigkeitskonzept" (*Kräupl* 1998a, 697). Nach diesem Konzept entstand Kriminalität in der ehemaligen DDR aus verschärften Widersprüchen in den sozioökonomischen, politischen und anderen makrosozialen Verhältnissen, die sich auf konflikthafte Tätigkeitsverhältnisse der Individuen auswirkten (*Lekschas/Harrland/ Hartmann/Lehmann* 1983). Der Zusammenbruch der Sowjetuinon und die Wiedervereinigung Deutschlands (1989/1990) machte diesem ideologischen Denken ein Ende. Es wäre indessen verfehlt, das gesamte kriminalwissenschaftliche Denken in der DDR als ideologisch abzutun. Sehr bedeutsam sind die Erörterungen zur kognitiv-sozialen Lerntheorie und zu ihren Auswirkungen auf die Bildung der kriminellen Persönlichkeit und auf das kriminelle Verhalten (*Dettenborn/Fröhlich* 1971; *Dettenborn/Fröhlich/ Szewzcyk* 1984; *Dettenborn* 1985).

2.2.6.2.4.2 Der gesellschaftliche Umbruch

Der Zusammenbruch der Sowjetunion setzte auch der DDR ein Ende, die sich am 03. Oktober 1990 der BRD anschloss (Wiedervereinigung Deutschlands). Der wirtschaftlich-politische Wandel, der mit dieser Vereinigung – insbesondere in der ehemaligen DDR – verbunden war, ist von zahlreichen deutschen Kriminologen als kriminologisches Großexperiment missverstanden worden, von dem man sich fundamentale kriminologische Neuentdeckungen erwartete. Denn zwei völlig unterschiedliche wirtschaftlich-politische Systeme, die DDR als sozialistisch-zentralwirtschaftlich geführter Staat und die BRD als demokratisch-marktwirtschaftlich orientierter Staat, sollten zusammenwachsen. Man interessierte sich für zwei Fragestellungen:

–   War die niedrigere Kriminalitätshäufigkeit in der ehemaligen DDR, die von der führenden kommunistischen Elite der DDR immer wieder behauptet worden war, tatsächlich so niedrig? Wenn dies zutraf, auf welche Gründe war diese niedrigere Kriminalitätshäufigkeit zurückzuführen?
–   Welche Auswirkungen wird der wirtschaftlich-politische Wandel in der ehemaligen DDR auf die objektive und subjektive Sicherheitslage haben? Man vermutete mit der Anomie-Theorie von *Emile Durkheim* (1858–1917) einen Wertezusammenbruch in der ehemaligen DDR mit explosionsartigen Kriminalitätserhöhungen. Fälschlicherweise setzte man hierbei das Konzept der Sozialstruktur mit dem wirtschaftlich-politischen System der DDR gleich.

Ein erster Vergleich von Viktimisierungen in Ost und West vor der deutschen Wiedervereinigung ist vom Max-Planck-Institut für ausländisches und internationales Strafrecht in Freiburg i.Br. in Zusammenarbeit mit dem Bundeskriminalamt in Wiesbaden in der zweiten Jahreshälfte 1990 unternommen worden (*Kury* 1992; *Kury/Dörmann/ Richter/Würger* 1992). Es sind 5.000 Personen in der ehemaligen DDR und 2.000 Personen in der BRD im persönlichen Interview befragt worden, ob sie im Erhebungszeitraum von Anfang 1986 bis Oktober 1990 mindestens einmal Opfer eines von elf erfassten Delikten geworden waren. Während in Westdeutschland im Erhebungszeitraum (1986–1990) 32,6 % (N = 661) der Befragten mindestens einmal viktimisiert worden waren, belief sich die Zahl der Viktimisierten in Ostdeutschland auf 28,2 % (N = 1.408), war also um 4,4 Prozentpunkte geringer.

Eine zweite vergleichende kriminologische Bevölkerungsbefragung haben das Max-Planck-Institut für ausländisches und internationales Strafrecht und die Rechtswissenschaftliche Fakultät der Universität Jena in den Jahren 1991/92 durchgeführt und zur Jahreswende 1995/96 wiederholt (*Kury/Obergfell-Fuchs/Würger* 2000; *Kräupl/Ludwig* 2000; *Kräupl/Ludwig* 1993). Sie haben einen undramatischen, unspektakulären Anstieg der Kriminalität und der Verbrechensfurcht in der ehemaligen DDR nach der deutschen Wiedervereinigung festgestellt.

Eine dritte Bevölkerungsbefragung nach dem Opferwerden in der ehemaligen DDR hat am Jahreswechsel 2001/2002 in Jena stattgefunden und ist mit den Viktimisierungsstudien 1991/92 und 1995/96 in der ehemaligen DDR zu einer Längsschnittuntersuchung über ein Jahrzehnt zusammengefügt worden (*Ludwig/Kräupl* 2005). Man stellte einen Rückgang der Kriminalitätsbelastung im Dunkelfeld und der Verbrechensfurcht für das zweite Jahrfünft der 1990er Jahre in der ehemaligen DDR fest. Ein Anstieg der Gewaltkriminalität konnte nicht beobachtet werden, schon eher eine intensivere Reflexion der Gewalt in der Gesellschaft.

Die drei Viktimisierungsstudien (Victimization Surveys) waren ernüchternd und enttäuschend für diejenigen, die mit kriminologischen Neuerkenntnissen gerechnet hatten. Der kleine Unterschied in der Kriminalitätshöhe der ehemaligen DDR und der BRD im Erhebungszeitraum von 1986 bis 1990 kann mit der erheblich beschränkten Mobilität und dem dichten Netz der repressiven Sicherheitskontrollen in der ehemaligen DDR erklärt werden. Für das Ausbleiben einer anomischen Situation (eines Wertezusammenbruchs) in der ehemaligen DDR direkt nach der Wiedervereinigung suchte man vergeblich nach theoretischen Begründungen in der deutschsprachigen philosophischen und soziologischen Transformationsforschung (*Kräupl/Ludwig* 1998; *Kräupl* 1998). Die internationale kriminologische Theorie hat eine eindeutige Erklärung.

Mit vier Jahrzehnten (1949–1990) sozialistisch-zentralwirtschaftlicher Politik in der erhemaligen DDR schafft man keine neue Sozialstruktur im kriminologischen Sinne. Die theoretische Erklärung der Errichtung einer solchen Sozialstruktur gründet sich auf die kognitiv-soziale Lerntheorie, auf die Kontrolltheorie und auf die soziale Desorganisationstheorie. Im gesellschaftlichen Lernprozess müssen sich Gemeinschaftsbildung und -zusammenhalt, die interpersonellen Bindungen und Interaktionen und die informelle Kontrolle der gesellschaftlichen Institutionen, z.B. der Familien, in unterschiedlicher Weise während der 40 Jahre deutscher Teilung in beiden deutschen Staaten entwickelt haben. In den 40 Jahren deutscher Teilung haben die beiden deutschen Staaten zwar eine sehr unterschiedliche Politik betrieben. Die verschiedene Politik hat für eine sozialstrukturelle Spaltung Deutschlands jedoch nicht ausgereicht. Denn die gesamtdeutsche Sozialstruktur ist in Jahrhunderten gemeinsamer Geschichte gewachsen und konnte deshalb in vierzig Jahren nicht von Grund auf geändert werden. Die beiden Teile Deutschlands konnten deshalb ohne einen Werteverfall und ohne eine soziale Zerrüttung in der ehemaligen DDR zusammengefügt werden.

2.2.6.2.5 Einige bemerkenswerte Vorgänge, empirische Forschungen und kriminalpolitische Konzeptionen

2.2.6.2.5.1 Einige bemerkenswerte Vorgänge

Die Entwicklung der deutschsprachigen Kriminologie in den Jahren 1970 bis 1990 einschließlich ist durch die folgenden vier Ereignisse beeinflusst worden.

Im Jahre 1979 fand das „*Dritte Internationale Symposium für Viktimologie*" in Münster/Westfalen statt (*H.J. Schneider* 1982a; 1982b). Es sollte die internationalen Erkenntnisse zur Opfer-Theorie, -Methodologie und -Politik international vorantreiben und für die deutschsprachige Kriminologie nutzbar machen. Das erste Ziel ist voll erreicht worden. Denn in Münster ist die „World Society of Victimology" gegründet worden, die in bisher dreizehn internationalen Symposien für Viktimologie die Opferforschung in die ganze Welt getragen hat (vgl. hierzu *H.J. Schneider* 2010d; 2010e). Das zweite Ziel ist nicht in dem Umfang wie das erste verwirklicht worden. Obwohl ein Band mit ausgewählten Symposium-Referaten in deutscher Sprache erschienen ist (*H.J. Schneider* 1982b), war das Echo in der deutschsprachigen Kriminologie und die Mitarbeit deutscher Kriminologen an den bisher dreizehn internationalen Symposien für Viktimologie sehr begrenzt. Auf nationaler Basis ist nicht einmal mit einem „National Crime Survey Program" wie z.B. in den USA, im Vereinigten Königreich, in den Niederlanden, in den skandinavischen Ländern und Australien begonnen worden, wie es auf dem internationalen Symposium besonders hervorgehoben worden ist (vgl. *Hindelang* 1982a, 1982b).

In den Jahren 1983 sind in Wien und 1988 in Hamburg der *9. und 10. Internationale Kongress für Kriminologie* abgehalten worden. Die Erträge dieser Weltkongresse für die Entwicklung der deutschsprachigen Kriminologie waren bescheiden. Weltübersichtsreferate zu aktuellen Kriminalitätsformen, -theorien, -forschungsmethoden und -kontrollmaßnahmen sind überhaupt nicht gehalten worden. Die Vorträge beschäftigten sich zumeist mit persönlichen Meinungen der Referenten über die Kriminologie (vgl. z.B. *Baratta* 1985; *Rock* 1985) oder mit Themen wie „Kriminologie als Kongressthema" (*Schüler-Springorum* 1989) oder „Krise der Kriminologie: Chancen für eine interdisziplinäre Renaissance" (*Quensel* 1989) von sehr eingeschränktem internationalen Interesse.

Im Jahr 1986 ist in Wiesbaden die *„Kriminologische Zentralstelle e.V."* als Bund-Länder-Einrichtung geschaffen worden. Man war der Meinung, dass die deutsche Kriminologie ihre ehemals führende Stellung in der Welt verloren habe und dass die Gefahr bestehe, den Anschluss an die internationale kriminologische Forschung zu verlieren (*Böttcher* 1998). Dieser Gefahr sollte die „Kriminologische Zentralstelle" begegnen (*Dessecker* 2007). Die Idee war insbesondere, eine Dokumentationsstelle zu schaffen, die Strafakten sammeln sollte, die über den Einzelfall hinaus kriminalistisch und kriminologisch bedeutsame Erkenntnisse enthielten (*Böttcher* 1998, 50). Die „Kriminologische Zentralstelle" führt Expertengespräche, Fachtagungen und Forschungsprojekte durch, die sie in bisher 62 Titeln ihrer Schriftenreihe „Kriminologie und Praxis" veröffentlicht hat. Sie erarbeitet Arbeitsmaterialien und -hilfen für die Kriminaljustiz. Sie ist ein Dokumentations- und Forschungszentrum der deutschen Kriminaljustiz. Ihre praxisbezogene Forschung wird mit der und für die Kriminaljustiz erstellt. Bevorzugte Forschungsmethode ist die Strafaktenauswertung. Bevorzugte Fragestellungen sind strafrechtliche und psychiatrische Probleme der Kriminaljustiz. Internationale Einflüsse sind gering. Kriminologische Theorien, Methoden oder kriminalpolitische Neuerungen werden nicht entwickelt und getestet.

Nach US.-amerikanischem Vorbild (*H.J. Schneider* 1990b) hat die *„Unabhängige Regierungskommission zur Verhinderung und Bekämpfung von Gewalt"* in den

Jahren 1987 bis 1989 in acht Untergruppen, zwei Arbeitsgruppen und einem Plenum mit 36 interdisziplinär zusammengesetzten Mitgliedern Gewalt-Analysen erarbeitet und 138 Empfehlungen zur Gewaltverhütung und -kontrolle entworfen (*Schwind/ Baumann* u.a. 1990). Die Anti-Gewalt-Kommission hat in acht Unterkommissionen Erstgutachten, in zwei Arbeitsgruppen Zwischengutachten und im Plenum schließlich ein Endgutachten mit einem Vorschlagskatalog erstellt. Sie hat Auslands- und Inlandsgutachten herangezogen, Expertenanhörungen und Bevölkerungsumfragen durchgeführt. Durch ihre sorgfältige Arbeit hat sie die Gewaltforschung innerhalb der deutschsprachigen Kriminologie erheblich gefördert (*H.J. Schneider* 1994b).

2.2.6.2.5.2 Einige empirische Studien

Für die Wirksamkeit kriminologisch-empirischer Studien ist es von großer Bedeutung, dass sie sich in die Erträge internationaler theoretischer und empirischer Forschungen einfügen. Denn die Kriminologie ist eine internationale Wissenschaft, die den internationalen Diskurs nicht vernachlässigen darf. Deshalb sind fünf Forschungsprojekte ausgewählt worden, die sich auf einen längeren Zeitraum erstrecken und die auch international Beachtung gefunden haben.

Im Forschungsbereich *„Berufskriminalität und Organisiertes Verbrechen"* ist eine psychosoziale Untersuchung zum Schlüsselprojekt geworden, auf dem andere Studien aufgebaut haben. Es sind 171 schwerrückfällige Straftäter – an verschiedenen Tagen – insgesamt drei Stunden mit sechs psychodiagnostischen Testverfahren untersucht und weitere drei Stunden intensiv interviewt worden. In diesen Interviews sind 175 Variablen differenziert berücksichtigt worden. Man fand zwei Gruppen schwerrückfälliger Verbrecher: 69 gefährliche Intensivtäter, von denen sich nahezu die Hälfte durch eine herausragende Handlungskompetenz auszeichnen, und 132 Berufsverbrecher, die von einem Delikt in das nächste „stolpern" (*H.J. Schneider* 1977c). Unter Handlungskompetenz versteht man die Fähigkeit, in Interaktionssituationen die Vorgehensweise des Interaktionspartners vorherzusehen und das eigene Verhalten hieran zu orientieren. Der Handlungskompetenz entspricht die soziale Intelligenz, die als Fähigkeit definiert wird, die Gedanken, Gefühle und Absichten anderer Menschen zu verstehen. Nach US.-amerikanischen Studien, die durch diese Studie bestätigt worden sind, handelt es sich bei den Intensivtätern vor allem um Wirtschaftskriminelle, aber auch um Organisierte Verbrecher. Um die Verflochtenheit des Organisierten Verbrechens mit der großstädtischen Sozialstruktur erkennen zu können, ist das Organisierte Verbrechen in New York City mit einer Spezialeinheit der New Yorker Kriminalpolizei über mehrere Monate observiert worden (*H.J. Schneider* 1973a). Die empirischen Untersuchungen zum Organisierten Verbrechen in zahlreichen anderen Ländern sind in den 1980er und 1990er Jahren fortgesetzt worden (*H.J. Schneider* 1975c; 1981d; 1984; 1993, 130–164; 1998b; 2001b, 314–336 und 2007h, 691–737). Weitere empirische Forschungen zum Organisierten Verbrechen sind im deutschsprachigen Raum von *Henner Hess* (1970/1993), *Hans-Jürgen Kerner* (1973), *Marion Bögel* (1994) und *Ulrich Sieber* (1997) durchgeführt worden.

Ein weiteres empirisches Forschungsprojekt, das für die Entwicklung der deutschsprachigen Kriminologie in den 1980er und 1990er Jahren repräsentativ ist, betrifft den Forschungsbereich *„Massenmedien und Kriminalität"*. Es beruht auf den neuesten internationalen psychologischen Forschungsergebnissen zur kognitiv-sozialen Lerntheorie und hat die Kriminologie in der Welt, insbesondere in Europa (*H.J. Schneider* 1979a), in den USA (*H.J. Schneider* 1990c), in Japan (*H.J. Schneider* 1988) und Südamerika (*H.J. Schneider* 1988/89; 1992) maßgeblich beeinflusst. In der ursprünglichen empirischen Untersuchung (*H.J. Schneider* 1977d) geht es um das Problem, ob die Massenmedien die Kriminalität, den Straftäter, das Verbrechensopfer und die Kriminalkontrolle so wirklichkeitsnah darstellen, wie die kriminologische Forschung es versucht. Falls dies nicht der Fall ist, besteht das weitere Problem darin, ob die massenmedial konstruierte Wirklichkeit negative Auswirkungen auf die Kriminalpolitik hat. Ein Unterproblem ist die Frage, ob die Medienkriminalität dazu beiträgt (Beobachungslernen!), Kriminalität und Delinquenz hervorzurufen. Diese Probleme sind in den 1970er, 1980er und 1990er Jahren in zahlreichen empirischen Studien für TV-Nachrichten, Berichte, Dokumentationen, Magazinbeiträgen, Fahndungs- und Unterhaltungssendungen im Fernsehen, Beiträgen in seriösen und Boulevardzeitungen, insbesondere auch in Comics und in der Gerichtsberichterstattung, untersucht worden (vgl. zusammenfassend *H.J. Schneider* 1979a; 1981e; 1982c; 1987, 715–751; 1988c; 1991a; 1996a; 2001b, 127–148; 2009e, 255–296). Da die empirischen Studien auf der kognitiv-sozialen Lerntheorie beruhen, sind ihre Ergebnisse vor wie nach gültig.

Eine für die Entwicklung der deutschsprachigen Kriminologie wichtige empirische Forschung sind in den 1970er, 1980er und 1990er Jahren die empirischen Untersuchungen zur *„Dunkelfeldforschung"* und zur *„Kriminalgeographie"*, die *Hans-Dieter Schwind* (1981a, 1981b) theoretisch vorbereitet hat. Er hat in den Jahren 1975, 1986 und 1998 in Bochum Bevölkerungsbefragungen in das Opferwerden durchgeführt (*Schwind u.a.* 1978; 1989; 2001). In seiner Dunkelfeldstudie wollte er das Hellfeld der registrierten Kriminalität dem Dunkelfeld der nicht bekannt gewordenen Straftaten gegenüberstellen. 16,6 Prozent seiner Probanden gaben an, mindestens einmal Opfer eines Diebstahls geworden zu sein. 2,2 Prozent aller Befragten sind mehr als einmal bestohlen worden. Die Dunkelfeldrelationen zu den Hellfelddelikten betrugen in der Dunkelfeldstudie 1998 eins zu acht beim einfachen Diebstahl, eins zu zwei beim schweren Diebstahl und eins zu drei bei der Körperverletzung. Der Anteil nicht angezeigter Straftaten war beim schweren Diebstahl mit einer Dunkelfeldrelation von eins zu zwei am niedrigsten, beim einfachen Diebstahl mit einem Wert von eins zu acht am höchsten. Die Körperverletzung lag mit jedem 4. angezeigten Delikt in 1998 dazwischen. In seiner „Empirischen Kriminalgeographie"-Studie bestätigt *Schwind* (1978) zwar, dass die Kriminalität in der City und ihrer Umgebung am höchsten ist. Sie nimmt jedoch in Bochum nicht ringförmig ab wie in Chikago (konzentrische Zonentheorie), sondern bildet mehrere Schwerpunkte (Mehrkerntheorie) dort, wo sich Zentren früherer Kommunen befanden, die in Bochum integriert worden sind. Die kriminelle Mobilität ist in Bochum relativ gering. Der Großteil aller Delikte wird im Nahbereich der Täter-Wohnung verübt.

Zentrale Methoden der sozialwissenschaftlichen Kriminologie sind die Methoden der *internationalen Vergleichenden Kriminologie* (*H.J. Schneider* 1995; 1998a; 2001a, 259–294), die die Unterschiedlichkeit und Gemeinsamkeit der Kriminalität, ihrer Verursachung und Kontrolle sowie der Verbrechensfurcht in verschiedenen Sozialsystemen und Kulturen (historischen Epochen, geographischen Regionen) oder Kombinationen von Sozialsystemen (Weltregionen) erforscht. Die folgenden zwei Methoden sind heute von besonderer Bedeutung:

– Ätiologisch-analytische Vergleichsuntersuchungen setzen sich zum Ziel, die Verursachung der oben genannten Unterschiedlichkeit und Gemeinsamkeit der verschiedenen Kriminalitätsphänomene aus der Unterschiedlichkeit und Gemeinsamkeit der Sozialstrukturen und -prozesse zu erklären (vgl. z.B. *Adler* 1983; *Clinard* 1978). Empirische oder experimentelle, quantitative oder qualitative Vergleichsstudien ermitteln die Sozialstrukturen und -prozesse auf der einen Seite und setzen sie auf der anderen Seite mit den verschiedenen Kriminalitätshäufigkeiten, -strukturen, -entwicklunngen und -kontrollen in Beziehung.

– Auf evaluativer Ebene ermittelt man die Effektivität von Kriminalitätstheorien und -interventionen in verschiedenen Sozialsystemen und überprüft, ob eine wirksame Theorie oder eine effektive Intervention in einem System in anderen Sozialsystemen ebenso wirksam sind (externale theoretische Validität, Allgemeingültigkeit einer Theorie oder Intervention).

In den 1970er, 1980er und 1990er Jahren sind aus dem deutschsprachigen Bereich zwei empirische internationale Vergleichsuntersuchungen in Australien und Japan unternommen worden.

In Australien ist die außergewöhnlich hohe kriminelle Belastung der Aborigines, der australischen Ureinwohner, besonders mit Gewaltdelikten, und ihre Überrepräsentation im australischen Strafvollzug besonders aufgefallen. Diese besondere Belastung im Vergleich zu den weißen Australiern ist in 1986/1987 in den australischen Nordterritorien, insbesondere in den Settlements (Reservaten) Yuendumu, Mutijulu und Papunya in Zentralaustralien, empirisch untersucht worden (*H.J. Schneider* 1988b; 1991b; 1992b; 2001b, 336–352). Es ist herausgefunden worden: Die Aborigines haben ihre traditionellen Wertvorstellungen (Lebensstile, Bräuche) aufgegeben, ohne neue zu entwickeln oder anzunehmen. Der dominierende Einfluss der weißen Australier hat ihre sozialen Bindungen weitgehend zerstört. Die formelle Sozialkontrolle, das Kriminaljustizsystem der weißen Australier, ist ihnen unverständlich geblieben. Sie haben zur Kriminaljustiz der weißen Australier kein Vertrauen. Ihre eigene informelle, gemeinschaftsorientierte Konfliktlösung (durch Mediation) hat man ihnen genommen.

Japan ist ein Industrieland mit einer ausgesprochen niedrigen Kriminalität. Deshalb sind Sozialstruktur und Kriminalität in Japan und in der Bundesrepublik Deutschland, die eine erheblich höhere Kriminalität besitzt, miteinander verglichen worden (*H.J. Schneider* 1992d; 2001a, 294–314). Die Gründe für die niedrige Kriminalität in Japan hat man in drei sozialstrukturellen Ursachen gefunden:

- In der japanischen Gesellschaft hat sich über Jahrhunderte und viele Generationen hinweg ein Lebensstil herausgebildet, der durch enge Zusammenarbeit und zuverlässigen Zusammenhalt in der Gemeinschaft gekennzeichnet ist.
- Soziale Institutionen, Familien, Nachbarschaften und Unternehmen, sind in Japan wesentliche Gruppen zur Vermittlung informeller Sozialkontrolle. Die Dorfgemeinschaft ist durch die Industrie-Unternehmens-Gemeinschaft ersetzt worden.
- Die formelle Sozialkontrolle, das Kriminaljustizsystem, genießt in Japan hohes Ansehen und Vertrauen. Es ist in die informelle Sozialkontrolle der gesellschaftlichen Institutionen dadurch gut integriert, dass die Bürgerinnen und Bürger sich stark an der Kriminaljustiz beteiligen.

Zwei *viktimologisch-empirische Forschungen* in den 1980er und 1990er Jahren im deutschsprachigen Bereich (*Baurmann/Schädler* 1991/1999; *Kilchling* 1995) sind gut theoretisch und methodisch vorbereitet worden und haben internationale Aufmerksamkeit gefunden. Theoretisch ist klar herausgearbeitet worden, dass das Opfer hinter dem Abstraktum der Rechtsgutsverletzung im Obrigkeitsstaat verloren gegangen ist und dass es dringend der Repersonalisierung des Strafrechts bedarf (*H.J. Schneider* 1975a; 1975b; 1981c; 1982a; 1982b; 1983a; 1988d). Methodisch haben bereits Opferbefragungen im englischsprachigen Raum stattgefunden, deren Ergebnisse von den beiden deutschen empirischen Studien bestätigt worden sind. In den Jahren 1985 bis 1989 hat eine Arbeitsgruppe 203 Verbrechensopfer nach ihren Bedürfnissen und Erwartungen befragt (*Baurmann/Schädler* 1991/1999). Ihre Hauptergebnisse bestanden darin, dass ihre Opfer hauptsächlich unter psychosozialen Schäden leiden und dass sich Opferbedürfnisse nicht zur Legitimierung von Vergeltungsideologien eignen. Anfang der 1990er Jahre hat *Michael Kilchling* (1995) in Westdeutschland und Berlin insgesamt 3.411 Verbrechensopfer schriftlich befragt. Die Opfer fühlen sich mit ihren Bedürfnissen, Wünschen und Einstellungen von den Strafverfolgungsbehörden nicht ausreichend ernst genommen. Sie wünschen sich eine deutliche Aufwertung ihrer Rolle als Rechtssubjekte im Strafverfahren. Sie denken dabei an eine Rechtsposition, die ihnen vermehrt Informations-, Anhörungs-, Beratungs- und Antragsrechte gibt. Die viktimologisch-empirische Weltforschung ist zusammengefasst worden (*H.J. Schneider* 1998a; 2001d; 2001e; 2006a; 2007e) und hat Eingang in das US.-amerikanische kriminologische Universitäts-Lehrprogramm gefunden (vgl. *H.J. Schneider* 2011d).

2.2.6.2.5.3 Einige kriminalpolitische Konzeptionen

In den 1970er, 1980er und 1990er Jahren haben zwei kriminalpolitische Konzeptionen die Strafrechtsreform-Diskussion im deutschsprachigen Raum beherrscht.

- Die weite Verbreitung des Benennungsansatzes" (des „Labeling Approach") wirkte sich dahingehend aus, dass man versuchte, die schädlichen Nebenwirkungen formeller Interventionen zu vermeiden (*H.H. Kühne* 1998; 2003; *W. Hassemer* 1999; *H. Schüler-Springorum* 1991). Die Freiheitsstrafe ist mit Recht zurückgedrängt worden. Zwischensanktionen („Intermediate Sanctions": z.B. Hausarrest mit elektronischer Überwachung, gemeinnützige Arbeit) erlangten immer größer werdende Bedeutung. Diversion, Nichtintervention oder informelle anstelle formeller Intervention, wurde im Jugendkriminalrecht der formellen Intervention vorgezogen (vgl. *H.J. Schneider* 1974b).
- Zum Zweiten ging es darum, neben dem retributiven (vergeltungs-orientierten) und dem rehabilitativen (behandlungs-orientierten) ein restitutives oder restauratives (wiedergutmachungs-orientiertes) Paradigma der Kriminalintervention zu etablieren. Die Mehrheit der Opfer besitzt keine punitive, retributive Einstellung. Ihre Leiden werden nicht durch die Leiden der Täter gelindert; ihre Erniedrigung wird nicht durch die Degradierung der Täter ausgeglichen. Opfer sind nicht rachedurstig; ihr Hauptanliegen ist Wiedergutmachung. Das Gericht soll ihren Schaden anerkennen; der Täter soll sich nicht in Ausreden flüchten, sondern die Verantwortung für seine Tat übernehmen. Wiedergutmachung ist ein kreativer Prozess, eine Persönlichkeits- und Sozialleistung, durch die der Täter seine Verantwortung für seine Tat vor dem Opfer und vor der Gesellschaft auf sich nimmt.

Ein Teil der opferpolitischen Anliegen hat die deutsche Strafgesetzgebung übernommen (vgl. hierzu *H.J. Schneider* 2002). Die Opferpolitik ist allerdings auch auf herbe Kritik der deutschen Strafrechtsdogmatik gestoßen, die das Strafrecht als ein in sich geschlossenes, dogmatisches System sieht, das auf den philosophischen Grundlagen des 19. Jahrhunderts ruht. Ohne die viktiminologisch-empirischen Studien und ohne die internationalen viktimologischen Diskussionen zu berücksichtigen, werden beispielsweise folgende Meinungen vertreten:

- Es sei ein „fast schon abstruser Gedanke", das Opfer als eine weitere Gegenpartei zum Täter im Prozess aufzubauen (*B. Schünemann* 2000, 8).
- Die „sensible Balance der Macht zwischen Täter, Verletztem und Staat" gerate ins Wanken (*P.A. Albrecht* 2000, 47). Der Verletzte diene als Mittel einer „populistischen Sicherheitspolitik" (*P.A. Albrecht* 2000, 48).
- Durch eine weitere „Verstärkung der formalen Position des Opfers" würden „emotionale Strafbedüfnisse, Vergeltungsbestrebungen in den Prozess Eingang finden" (*H. Ostendorf* 2000, 70).

In seinem beachtlichen Forschungsbericht aus dem Jahr 1992 (*K. Sessar* 1992) hat *Klaus Sessar* aufgrund empirischer Daten herausgearbeitet, dass die große Mehrheit der Opfer und der Bevölkerung die Wiedergutmachung und nicht die Bestrafung des Täters wünscht und dass die Justiz, die sich gegen die Wiedergutmachung ausspricht, den Opfern und der Allgemeinheit ein Genugtuungsbedürfnis unterstellt.

2.2.7 Das Ergebnis der Entwicklungen während der 1970er, 1980er und 1990er Jahre

Während sich die Kriminologie als unabhängige Sozialwissenschaft unter Führung der US-amerikanischen Kriminologie in den englischsprachigen Ländern der Welt (z.B. in Großbritannien, Kanada, Australien, Neuseeland, Südafrika) prächtig entwickelte, machte die täterorientierte deutschsprachige Kriminologie in den 1970er, 1980er und 1990er Jahren keine nennenswerten Fortschritte. Der Bedeutungsverlust der Psychiatrie in der Kriminologie, insbesondere bei der Erforschung der Täterpersönlichkeit mit der psychopathologischen Methode, ist im Jahre 1996 eindeutig konstatiert worden (*Kaiser* 1996, 117; *H.J. Albrecht* 1998; kritisch *Rössner* 2004). Das Lehrbuch von *Göppinger* (*Göppinger, Bock, Böhm* 1997; *Göppinger, Bock* 2008) hat z.B. in seiner 5. und 6. Auflage eine erhebliche Bedeutungsreduzierung erfahren. *Günther Kaiser* hat sich zwar von der Psychopathologie entfernt, gleichwohl stehen das Verbrechen als individuelles Problem und die Kriminologie als strafrechtliche Wirklichkeitswissenschaft im Mittelpunkt seines Denkens. Die Verbrechenskontrolle konzentriert sich bei ihm auf die strafrechtliche Sozialkontrolle. Die informelle Sozialkontrolle durch die sozialen Institutionen, z.B. die Familie, hat bei ihm eine geringere Bedeutung. Täter- und Opferwerden entwickeln sich nicht auf gesellschaftlicher Grundlage. Wesentliche internationale und europäische Entwicklungen, z.B. die Entwicklung der internationalen und europäischen Kriminologie zur unabhängigen Sozialwissenschaft, werden bei ihm nicht gesehen und nicht diskutiert. Der Widerspruch zwischen internationaler und europäischer Kriminologie einerseits und deutschsprachiger Kriminologie andererseits wird auf den Gegensatz zwischen Zuschreibungsideologie und Täterorientierung eingeengt. Die deutschsprachige reaktionsorientierte Kriminologie hat seit den 1970er Jahren deshalb so relativ erfolglos agiert, weil sie die Zuschreibung, die Benennung als nahezu alleinigen Mechanismus in der kritischen Kriminologie problematisiert und verabsolutiert hat. Da sich die „Sozialistische Kriminologie" ganz in den Dienst einer politischen Ideologie (in den Dienst des Kommunismus) gestellt hat, ist sie mit dem Zusammenbruch dieser Ideologie (1989/1990) untergegangen.

Zwar sind Phänomene wie die Kriminalität als soziale Erscheinungsform, die Rolle des Verbrechensopfers in der Kriminologie, gesellschaftsorientierte Verbrechensformen (z.B. Organisiertes Verbrechen, Wirtschafts- und politische Kriminalität), Massenmedien-Verbrechen, Dunkelfeld-Kriminalität und die Bedeutung der international Vergleichenden Kriminologie der deutschsprachigen Kriminologie nicht verborgen geblieben. Sie sind aber zugunsten einer täterorientierten – auch kriminalpolitisch unfruchtbaren – Kriminologie in den Hintergrund gedrängt worden.

Immerhin ist das maßgebliche deutschsprachige sozialwissenschaftliche Kriminologie-Lehrbuch (*H.J. Schneider* 1987) in die chinesische und in die russische Sprache übersetzt worden. Die Übersetzungen sind im Jahre 1990 in Peking (*H.J. Schneider* 1990d) und in Moskau (*H.J. Schneider* 1994c) veröffentlicht worden. Das internationale viktimologische Symposium in Münster (1979) und die beiden kriminologischen Weltkongresse in Wien (1983) und in Hamburg (1988) haben die viktimologische und die internationale sozialwissenschaftliche Perspektive in der deutschsprachigen Kriminologie nicht wesentlich zu fördern vermocht. Es ist vor allem der Täterorientierung der deutschsprachigen Kriminologie zuzuschreiben, dass sich die Viktimologie im deutschsprachigen Raum nicht so lebendig wie im internationalen Raum zu entwickeln vermochte und dass in Deutschland keine nationale „Victimization Survey" (keine nationale Befragung in das Opferwerden) aufgebaut worden ist, was sich äußerst negativ auf die deutschsprachige Kriminologie ausgewirkt hat. Die täterorientierte Kriminologie-Richtung ist ferner dafür verantwortlich, dass die gesellschaftlichen, insbesondere die institutionellen Ursachen der Kriminalität und Gewalt zu wenig in den Blick genommen worden sind. Sie hat schließlich die deutschsprachige Kriminologie in zu geringem Maße auf die Europäisierung der Sicherheitspolitik dadurch vorbereitet, dass sie die internationale Vergleichende Kriminologie vernachlässigt hat. Für die wissenschaftliche Erfassung der komplexen europäischen Kriminalitäts- und Delinquenz-Situation ist die Anwendung der Methoden der internationalen Vergleichenden Kriminologie unerlässlich (*H.J. Schneider* 1998c). Entgegen hohen Erwartungen erwies sich der gesellschaftliche Umbruch, der mit der Wiedervereinigung Deutschlands verbunden war, nicht als das kriminologische Großexperiment, anhand dessen neue theoretische und empirische Erkenntnisse hätten erworben werden können.

Insgesamt hat der in der deutschsprachigen Kriminologie beliebte täterorientierte Mehrfaktorenansatz das Paradigma der Kriminalität als Eigenschaft, als Persönlichkeitsmerkmal begünstigt, das in einer vom Normalmenschen unterschiedlichen kriminellen Menschenkategorie von Generation zu Generation weitergegeben wird. Die internationale und europäische Kriminologie geht demgegenüber als Sozialwissenschaft von dem Paradigma aus, dass Kriminalität ein normales soziales Verhalten ist, das in gesellschaftlichen Strukturen und Prozessen, und zwar durch ihre prokriminellen Verhaltensmuster, Einstellungen und Rechtfertigungen, gelernt wird und das auch wieder in gesellschaftlichen Strukturen und Prozessen, und zwar durch ihre antikriminellen Verhaltensmuster, Einstellungen und Wertvorstellungen, verlernt werden kann.

2.3 Die gegenwärtige Situation der deutschsprachigen Kriminologie

2.3.1 Die internationale und europäische kriminologische Situation als Beurteilungsmaßstab

Die Kriminologie war vom Beginn ihrer Geschichte (Ende des 18. Jahrhunderts) an eine internationale Wissenschaft. Ihr Schwerpunkt lag in Italien, Frankreich und Deutschland. Die Kriminalität wurde als individuelles Problem (Straftäter-Problem) verstanden, Kriminalbiologie und -psychopathologie standen in voller Blüte. In der ersten Hälfte des 20. Jahrhunderts brach die europäische Kriminologie durch zwei Weltkriege (1914–1918; 1939–1945) und die nationalsozialistische Gewaltherrschaft (1933–1945) zusammen, und ihr Schwerpunkt verlagerte sich in die USA. Mit der geographischen Änderung ihres Schwerpunktes und als Lehre aus zwei Weltkriegen und dem Nationalsozialismus wandelte sich auch ihr inhaltlicher Kern. Die Kriminalität war nicht mehr nur ein individuelles Problem (kriminalbiologische, psychopathologische Perspektive); die soziale Fragestellung trat vielmehr in den Mittelpunkt (kriminalsoziologische, sozialpsychologische Perspektive). Während sich in der zweiten Hälfte des 20. Jahrhunderts in den USA und in den englischsprachigen Ländern weltweit eine Kriminologie als unabhängige, internationale, interdisziplinäre Sozialwissenschaft entwickelte (vgl. die Berichte von *H.J. Schneider* 2003a; 2005c; 2007b; 2009a; 2011a), beharrte ein Großteil der kontinentaleuropäischen, insbesondere deutschsprachigen Kriminologie auf einem psychopathologischen, forensisch-psychiatrischen Mehrfaktoren-Ansatz, obgleich er sich während der ersten Hälfte des 20. Jahrhunderts nicht bewährt hatte.

Nach dem 2. Weltkrieg spaltete sich die europäische Kriminologie in drei Teile. Während sich die Kriminologie in Großbritannien, den Niederlanden und den skandinavischen Ländern stark an die US.-amerikanische Kriminologie anlehnte, hielt ein Großteil der westeuropäischen kontinentalen Kriminologie an der traditionellen psychopathologischen Mehrfaktoren-Sicht fest. Die osteuropäischen Länder versuchten (1949–1990) einer sozialistischen Kriminologie zum Durchbruch zu verhelfen, die die kommunistische Ideologie stützte. Dieser Versuch brach jedoch mit dem Zusammenbruch des Kommunismus in der ehemaligen Sowjetunion in sich zusammen.

Im Jahre 2000 erlebte die europäische Kriminologie eine Wende: Die „Europäische Gesellschaft für Kriminologie" wurde als Gesellschaft englischen Rechts in Den Haag gegründet. Sie soll zur Schwestergesellschaft der „Amerikanischen Gesellschaft für Kriminologie" werden (vgl. hierzu die Berichte von *H.J. Schneider* 2003b; 2004a; 2009c; 2010b). Damit erhält die europäische und mit ihr die deutschsprachige Kriminologie einen Schub hin zur unabhängigen, interdisziplinären, internationalen Sozialwissenschaft. Mit dem täterorientierten Mehrfaktorenansatz, der vom Individuum ausgeht und auf das Individuum gerichtet ist (strafrechtliche Einzelfallentscheidung), kann man europäische Kriminalitätsprobleme nicht lösen. Der täterorientierte

Mehrfaktorenansatz führt unausweichlich zu Tätermerkmalen, zu Unterschieden zum „Normalmenschen", zu Negativausprägungen in körperlicher, psychischer und sozialer Sicht. Die sozialwissenschaftliche Perspektive schließt die Täterperspektive in sich, aber nicht nur den sozialen Nahraum des Täters, sondern die gesamtgesellschaftliche Perspektive. Die gegenwärtige Situation der deutschsprachigen Kriminologie ist eine Übergangssituation vom täterorientierten Mehrfaktorenansatz zur sozialwissenschaftlichen Kriminologie (*H.J. Schneider* 2005b; 2007c).

2.3.2 Die deutschsprachige Kriminologie zu Beginn des 21. Jahrhunderts

2.3.2.1 Selbstverständnis
Die Kriminologie als Sozialwissenschaft ist eine internationale, interdisziplinäre, unabhängige Tatsachenwissenschaft, die Verbrechen, Täter- und Opferwerden sowie Reaktionen auf Verbrechen, Täter- und Opferwerden als Sozialprozesse auf der Grundlage von Sozialstrukturen und -prozessen erforscht (*H.J. Schneider* 2001b; 2010a; 2011b). *Frank Neubacher* (2011, 21), *Martin Killias, Andre Kuhn* und *Marcelo F. Aebi* (2011, 1, 4–6) beurteilen die Kriminologie ebenfalls als Sozialwissenschaft. Etwas unschlüssig ist *Hans-Dieter Schwind*, der die Kriminologie als „eigenständige interdisziplinäre Schwesterwissenschaft" zum Strafrecht einschätzt (2011, 8). Widersprüchlich äußert sich *Bernd-Dieter Meier* (2010), wenn er die Kriminologie zwar als Wissenschaft sieht, „die sich mit Kriminalität als einem sozialen Phänomen beschäftigt ..." (2010, 2), wenn er ihr Schwergewicht aber in der „Beschäftigung mit dem Täter" und in den „Verwertungsinteressen des Strafrechts" erblickt (2010, 142) und wenn er meint, in ihr würden die Mehrfaktorenansätze „auch heute noch" am häufigsten vertreten (2010, 19). Mit seiner Zusammenfassung, die *Günter Kaiser* den Kriminologie-Aufgaben-Formulierungen deutschsprachiger Autoren zuschreibt (2007, 32; 2006, 28), schafft er keineswegs Klarheit. Denn er nimmt an, dass die tragenden Gemeinsamkeiten „die explizit empirisch-interdisziplinäre Fokussierung auf Verbrechen und Kriminalität sowie auf die Strukturen strafrechtlicher Sozialkontrolle, aber auch auf die Prozesse von Viktimisierung, Verbrechensfurcht und Punitivität erkennen" lassen.

Seine täterorientierte Mehrfaktorenansatz-Kriminologie will *Michael Bock* gleich in zwei Lehrbüchern (2007, 2008) durchsetzen. Seine Position formuliert er als „verstehende Psychopathologie und Soziologie" (2007, 14), wobei man nach Soziologie vergeblich sucht. Er fühlt sich der deutschen „Wissenschaftstradition" verpflichtet (2007, 17), die darin bestehen soll, Beurteilungskriterien (Negativausprägungen, belastende Merkmalsausprägungen in körperlicher, psychischer und sozialer Hinsicht) herauszuarbeiten, mit der sich (wiederholt) Straffällige von der Durchschnittspopulation unterscheiden (2008, 34/35; 254). In kriminologischen Einzelfallanalysen will er das „individuelle Einzelgeschehen in seiner konkreten Eigenart" (2008, 50) „verstehen" (51/52). Es kommt ihm auf die „sinnhafte Orientierung" der Diagnose- und Prognoseentscheidungen an (2008, 51).

Ganz in der deutschsprachigen kriminologischen Tradition der Bevorzugung der forensischen Psychiatrie befinden sich die kriminologischen Beiträge im „Handbuch der Forensischen Psychiatrie", Band 3 und 4 (*Kröber/Dölling/Leygraf/Sass* 2006; 2009). Die Unterordnung der Kriminologie unter die forensische Psychiatrie fördert einseitig ihre individuelle Perspektive und durchkreuzt die Bemühungen um eine weltweite Entpathologisierung der Kriminologie. Auf diese Weise werden die internationale und europäische Isolation und der „Sonderweg" der deutschsprachigen Kriminologie unterstützt, die sich in der Entwicklung der deutschsprachigen Kiminologie nicht bewährt haben (vgl. *Wetzell* 2006, 416–418). Die forensische Psychiatrie ist für den geisteskranken Straftäter zuständig, der nur eine kleine Minderheit (wenige Prozent) von Rechtsbrechern ausmacht. Die Auslieferung der Kriminologie an die forensische Psychiatrrie bahnt der symbiotischen Kompetenz-Überschreitung des Tätigkeitsbereichs der forensischen Psychiatrie innerhalb der Kriminaljustiz den Weg, die sich wegen ihrer psychopathologischen Ausrichtung als nicht nutzbringend erwiesen hat.

Seit *Aschaffenburg* (1903) und *Sutherland* (1924) sind die Kriminologie und ihre Gegenstandsbereiche kanonisiert. Kriminal-Phänomenologie und -Ätiologie sowie Kriminalpolitik sind die drei Kern-Gegenstands-Bereiche der Kriminologie, um die herum der kriminologische Stoff von den Kriminologen der Welt ausgewählt und angeordnet wird. Freilich erkannte man schon früh, dass die Anwendung des Strafrechts, der Überblick und Einblick in die Kriminaljustiz, ein wichtiges Teilgebiet der Kriminalwissenschaften bildet. Man nahm es allerdings nicht in die Kriminologie auf, weil deren Grenzen sonst gesprengt worden wären. Es etablierte sich ein neues Lehr- und Forschungsgebiet, das man international „Kriminaljustiz" („Criminal Justice": vgl. z.B. *Travis* 2012) nannte. In Deutschland erschienen zwei Bücher, die nicht die Kriminologie, sondern die Kriminaljustiz zum Gegenstand haben:

– In dem Werk von *Ulrich Eisenberg* (2005) ist – neben dem Teil über die strafrechtlichen Rechtsfolgen der Delikte (2005, 410–573) – der Teil über die strafrechtliche Beurteilung von Geschehensabläufen (2005, 187–409): Gesetzgebung, Verfolgung und Verurteilung Herzstück des Buches.

– Als „autonome Reflexionswissenschaft" versteht *Peter-Alexis Albrecht* (2010) die Kriminologie, die – in seiner Sicht – die „Aufklärung über das Recht, seine Entstehung und Anwendung" (2010, 86) zur Aufgabe hat. Die traditionelle Kriminologie war Strafrechts-Hilfswissenschaft, die Kriminologie (wie er sie versteht) ist Strafrechtssoziologie, ihr Gegenstand ist die Reflexion über das Strafrecht, ist „das Strafrecht und seine Institutionen (Kriminaljustizsystem)", die selbst zum Forschungsgegenstand werden (2010, 93). Das „Kriminaljustizsystem" ist deshalb ein zentraler Teil des Buches (2010, 150–316).

Um eine heillose Verwirrung der Studierenden zu vermeiden, hätten beide Autoren (*Eisenberg* und *P.A. Albrecht*) besser daran getan, ihre Bücher „Kriminaljustiz" (wie international üblich) zu benennen. Denn beide Bücher vermitteln ganz wesentlich „Einblicke in die Wirkungs- und Funktionsweisen des Kriminaljustizsystems" (*P.A. Albrecht*: 2010, Vorwort).

Schließlich versucht *Karl-Ludwig Kunz* (2011) eine Zuschreibungs-Kriminologie zu begründen, die auf den förmlichen strafrechtlichen und informellen gesellschaftlichen Reaktionen (also auf dem „Kriminalisierungsprozess und seinen Agenten") ruht (2011, 185). Er besitzt eine einseitige Präferenz für das „Verstehensmodell" und für die „Erfassung der „Sinndeutungen" des relevanten Geschehens aus der Subjektperspektive der Betroffenen" (2011, 16).

2.3.2.2 Theorien

Die theoretische Kriminologie ist der Grundstein, der Eckpfeiler der Kriminologie. Theorie ist ein System miteinander verbundener Ideen, das Wissen zum Zwecke des Verstehens und/oder Erklärens zusammenfasst und organisiert (*Kraska/Neuman* 2012, 62). Theorien müssen auf der Grundlage des Forschungsstandes entwickelt und empirisch getestet werden. Ohne Theorie ist keine wissenschaftliche Erklärung möglich. Theorie und empirische Forschung gehören eng zusammen. Der theoretisch-empirische Forschungsprozess ist ein ständiger Prozess: Theorien müssen entwickelt, empirisch getestet, auf ihre Gültigkeit (Validität) überprüft (evaluiert) werden. Zunächst geht es um die methodologische Überprüfung der einzelnen empirischen Forschung (interne Validität). Sodann müssen die internal-validen Forschungen in anderen Gebieten und Zeiten auf ihre Validität kontrolliert werden (externe Validität), um ihre Allgemeingültigkeit festzustellen. Schließlich sind die validen Forschungen – möglichst weltweit – in systematischen (transparenten) Überblicken und Meta-Analysen zusammenzufassen. Die praktische Akzeptanz richtet sich nach solchen Evaluationen, die in der Literatur, in Fachzeitschriften und Kongressen fortwährend verbreitet werden (vgl. die Jahrestagungen der ASC: *H.J. Schneider* 2003a; 2005c; 2007b; 2009a; 2011a). Im ständigen kriminologischen Forschungsprozess ändern Theorien ihren Stellenwert: Sie müssen dauernd neu gewichtet, an den empirischen Forschungsstand angepasst und neu beurteilt werden. Theoretisch-empirische Konzepte sind zu allen praktischen kriminologischen Problemen (z.B. Gewalt in der Familie, in der Schule) nach der jeweiligen Forschungslage neu zu überdenken. Bloßes „Verstehen kriminellen Handelns" (*Kunz* 2011, 186), „qualitative Sinndeutungen des Geschehens" (*Kunz* 2011, 187) reichen nicht mehr aus. Sie sind rein subjektiv und völlig unzuverlässig. Die kriminologische Theoriediskussion im deutschsprachigen Raum ist unbefriedigend. Psychopathie und Mehrfaktorenansatz sind nicht als Theorien anerkannt. Mit ihnen ist theoriegelenkte und -geleitete empirische und experimentelle kriminologische Forschung nicht durchführbar (kritisch ausführlich: *H.J. Schneider* 2008a). Es macht wenig Sinn, die biologischen, psychologischen, sozialpsychologischen, soziologisch orientierten und integrativen Theorien aufzuführen, ohne eine Beurteilung ihrer empirischen Bewährung vorzunehmen (*Schwind* 2011, 106–166). Andere Autoren berichten zwar extensiv über empirische Studien, ziehen aber theoretische Erwägungen nur gelegentlich heran (vgl. z.B. *Killias, Kuhn, Aebi* 2011). Es vermittelt ein falsches Bild, die kriminalsoziologischen Theorien getrennt zu erörtern und die gesamte US.-amerikanische Theoriediskussion (Theorieentwicklung und empirische Testung) der 2. Hälfte des 20. Jahrhunderts zu ignorieren (so *Lamnek* 2007, 2008). Zieht man sie demgegenüber heran, lässt sich die Gesamtbeurteilung der Erklärungskraft, praktischen Brauchbarkeit und empirischen Bewährung der kriminalsoziologischen Theorien als „mäßig" nicht mehr aufrechterhalten (so aber *Lamnek* 2007, 290/291). Beobachtet und verfolgt man die internationale Theorieentwicklung regelmäßig und dauernd, so ist die Aufstellung eines gültigen theoretischen Ursachenkonzepts nach der jeweiligen Forschungslage durchaus möglich und begründbar (vgl. z.B. *H.J. Schneider* 2011b). Allerdings eignen sich manche Theorien für alle Kriminalitätsformen, manche nur für spezielle. Immer ist die Theorie mit Tatsachen verbunden. Die Integration von vorhandenen Teiltheorien und die Strukturierung einer „Theorie der Kriminalität als gesellschaftliche Sinnprovinz" lösen das Problem der Mikro- und Makroverbindungen und die Zusammenfügung von krimineller Handlung, Kriminalitätsereignis und Kontrollstrategien in einer Theorie keineswegs (A.A. *Hess/Scheerer* 2004). Sie entfernen sich von der Realität in einem Maße, dass sie unverständlich werden. Die Befürwortung einer kritischen Theorie, z.B. des Labeling Ansatzes (*Kunz* 2011, 19) oder der kulturellen Kriminologie (*Walter* 2010, *Jung* 2009), und ihre Herauslösung aus der Vielfalt kritischer Theorien (*DeKeseredy/Dragiewicz* 2012; *DeKeseredy* 2011) ist wenig sinnvoll, weil eine einzelne kritische Theorie ohne die Verbindung zu anderen wesentlichen kriminologisch-kritischen Theorien unverständlich wird. Die theoretischen und empirischen Wiederholungsstudien der Anomie-Theorie (*Ortmann* 2000) und der Selbstkontrolltheorie (*Schulz* 2006) vermögen methodologisch nicht zu überzeugen.

2.3.2.3 Methoden
2.3.2.3.1 Vermeidung von Einseitigkeiten
Die Kriminologie versucht, das Verbrechen, das Täter- und Opferwerden sowie die Reaktionen auf das Verbrechen, das Täter- und Opferwerden auf sozialstruktureller und -prozessualer Grundlage möglichst wirklichkeitsnah und authentisch zu erfassen. Sie tut dies mit exploratorischen (erkundenden), deskriptiven (beschreibenden), explanatorischen (erklärenden) und evaluativen (überprüfend-beurteilenden) Untersuchungen (*Kraska/Neuman* 2012, 30–25), die Einseitigkeiten vermeiden. Denn die genaue Erfassung der kriminellen Wirklichkeit erfordert umfangreiches Wissen und weitreichende Erfahrung sowie die Unterlassung jeder unnötigen methodologischen Erschwerungen:
- Empirische Studien können sowohl idiographisch (das Einmalige beschreibend) wie nomothetisch (auf die Aufstellung von Regelmäßigkeiten abzielend) sein (*Maxfield/Babbie* 2011, 22/23). Die Bevorzugung der Idiographie ist willkürlich (so aber *Bock* 2008, 50).

- Empirische Studien könen sowohl quantitativ (mit Zahlen und Daten argumentierend) wie qualitativ (feld- oder fallbeobachtend) durchgeführt werden. Beide Methoden sind nützlich und legitim (*Maxfield/Babbie* 2011, 27). Es ist grob irreführend, die Vorzüge einer dieser beiden Methoden (hier der qualitativen) einseitig hervorzuheben (so aber *Kunz* 2011, 13–25).
- Alle für das kriminologische Problem erfassbaren Daten müssen mit allen geeigneten Forschungstechniken (z.B. Interview, Beobachtung, Inhaltsanalyse) ermittelt werden. Die Einschätzung von Methoden als „klassische Methoden" – wie z.B. „Strafaktenanalysen" – ist nicht hilfreich (so aber *Bannenberg* 2009, 359).

In der Methoden-Geschichte der deutschsprachigen Kriminologie ist die stereotype Methode der Strafaktenanalyse von *Leon Radzinowicz* (1961, 56) wie von *Hermann Mannheim* (1965, 127/128) scharf kritisiert worden. *Franz Exner* und *Hellmuth von Weber* hatten sie bei den von ihnen betreuten Dissertationen extensiv angewandt. Auf der Basis einer Anzahl von Strafakten wurden die Erscheinungsformen eines bestimmten Delikts oder eines bestimmten Straftätertyps in einem bestimmten Gebiet dargestellt. *Exner* sammelte die Dissertationen in seiner Schriftenreihe „Kriminalistische Abhandlungen" (1926–1941), *von Weber* in seiner Reihe „Kriminalsoziologische Einzelforschungen". *Radzinowicz* (1961, 56) äußerte die Meinung, diese „Forschungen" reichten weder in ihrer Methode noch in ihrem Gegenstand weit genug. *Mannheim* (1965, 127/128; vgl. auch *H.J. Schneider* 1969a, 240) schrieb, die Strafakten seien für praktische Zwecke der Kriminaljustiz angelegt und spiegelten die Aktenwirklichkeit wider. Der kriminologische Forscher finde in ihnen nicht die Informationen, die er für seine kriminologische Forschung benötige. Die Akten vermittelten ein Scheinbild der Wirklichkeit, die Aktenwirklichkeit. Es sollten nicht nur Strafakten ausgewertet und interpretiert werden. Denn auf diese Weise gingen individuelle Vorurteile der Kriminaljustiz-Praktiker in die Forschung ein, und der Forscher erhalte ein hochsubjektives, vorurteilsbelastetes Bild über Tat, Täter und sein Umfeld. Die kriminologische Forschung sollte sich demgegenüber – wie in anderen Sozialwissenschaften – auf Lebensgeschichten aus unausgelesenen Populationen konzentrieren.

Strafaktenauswertungen sind auch gegenwärtig – im Gegensatz zur internationalen Kriminologie – noch extrem populär in der deutschsprachigen Kriminologie. Dafür sollen zwei Studien als Beispiele genügen:

Das erste Beispiel ist eine strafrechtlich-empirische Studie zur Korruption (*Bannenberg* 2002). Die Erkenntnisse über das Hellfeld der bekannt gewordenen Korruption stützt sich auf Strafaktenauswertungen von 101 Strafverfahren aus 14 Bundesländern mit 436 Beschuldigten. Die Untersuchung ist nicht theorie- und hypothesengeleitet (2002, 71). Vielmehr passen die „herausgearbeiteten Elemente zur Erklärung aus einem Wechselspiel der Täterpersönlichkeit mit Gelegenheitsstrukturen ... in multifaktorielle Ansätze" (*Bannenberg* 2002, 357, 485).

Das zweite Beispiel ist ein für die Forschung der „Kriminologischen Zentralstelle" typisches Forschungsprojekt der Legalbewährung und kriminellen Karriere von Sexualstraftätern (so *Dessecker* 2007, 61). Aufgrund einer Strafakten- und Bundeszentralregister-Auswertung sowie einer Rückfallbeobachtungszeit von nur sechs Jahren berechnete man den einschlägigen Rückfall bei sexuellen Gewaltdelikten mit 19,3 %, bei Vergewaltigung mit 14 % und bei sexueller Misshandlung an Kindern mit 22,1 % (*Egg* 2004, 127). Obwohl man aus der internationalen kriminologischen Forschung weiß, dass das Dunkelfeld wegen niedriger Anzeigeraten und der Sanktionsverzicht wegen niedriger Anklage- und Verurteilungsraten bei Sexualdelikten besonders hoch sind, verlässt man sich auf Hellfelddaten (bekannt gewordene Sexual- und Rückfallsexualdelikte, kurze Rückfallbeobachtungszeiten, keine Berücksichtigung von Strafanstaltsaufenthalten während der Rückfallbeobachtungszeit). Berücksichtigt man alle diese Fehlerquellen, kommt man zu völlig anderen (viel höheren) Rückfallraten (vgl. *H.J. Schneider* 2009f, 914/915).

2.3.2.3.2 Studien über „School Shootings": Methodologische Unterschiede

In den letzten Jahrzehnten haben sich zahlreiche Schulschießereien mit Mehrfachviktimisierungen weltweit ereignet. Die folgenden zwei empirisch kriminologischen Untersuchungen sind zu Schulschießereien durchgeführt worden. Sie werden miteinander verglichen, um die unterschiedlichen Theorien, Methoden und Ergebnisse in der US.-Studie und in der deutschen Studie deutlich zu machen.

Die US.-Studie

Die „Nationale Akademie der Wissenschaften" hat das Mandat, die U.S.-Bundesregierung in wissenschaftlichen Fragen zu beraten. Der U.S.-Kongress (Senat und Repräsentantenhaus) beauftragte den „Nationalen Forschungsrat" dieser Akademie, die tödliche Schulgewalt in großstädtischen, vorstädtischen und ländlichen Gebieten wissenschaftlich zu untersuchen. Der U.S.-Kongress wollte anhand detaillierter Fallstudien und eines Literaturüberblicks wissen, welche Ursachen zu so einer extremen tödlichen Gewalt in Schulen führten und was Individuen und Institutionen tun könnten, um solche Mehrfachviktimisierungen zu vermeiden. Im Jahre 2001 hat der „Nationale Forschungsrat" eine interdisziplinäre Expertenkommission zum Studium der tödlichen Schulgewalt ins Leben gerufen, die empirische Untersuchungen von sechs Schulen und Gemeinschaften in Auftrag gegeben hat, die Ereignisse der tödlichen Schulgewalt erfahren hatten, bei denen mehr als eine Person getötet worden war. Der Bericht des „Nationalen Forschungsrates" ist im Jahre 2003 veröffentlicht worden (*Moore/Petrie/Braga/McLaughlin* 2003). In ihrem Bericht analysierte die Expertenkommission die empirischen Forschungsergebnisse der sechs Fallstudien und stellte eine Literatur-Überblicks-Studie zusammen.

In ihren sechs Fallstudien benutzten die empirischen Forscherteams die exploratorische, qualitative Methode. Sie gingen nach der Methode der Triangulation vor, die als Prozess angesehen wird, in dem mehrfache Beobachtungen zur Klärung der

Bedeutung, der Wahrhaftigkeit und Wiederholbarkeit einer Observation oder Interpretation herangezogen werden. Die Forscherteams zogen Zeitungsberichte, offizielle Schul-, Polizei- und Gerichtsakten, Statistiken und psychologische Gutachten über die Täter heran. Sie führten im Durchschnitt vierzig bis siebzig Interviews pro Fallstudie mit den Tätern, ihren Familien, ihren Bekannten, Freunden, mit den Mitopfern, z.B. Familienmitgliedern der Opfer, mit Zeugen der Schießerei, mit Lehrern, Lehrerinnen, Mitschülern und Mitschülerinnen der Täter, mit Polizei, Richtern, bedeutenden Persönlichkeiten der Gemeinschaft und Vertretern der Gemeindeverwaltung durch. Es wurden situative Faktoren ermittelt, z.B. die näheren Umstände der Schießerei, Warnsignale für das Ereignis und unmittelbare Bedingungen in der Gemeinschaft, die die Motivation der Täter beeinflussten. Den individuellen Ursachen wurde nachgegangen: Die Persönlichkeiten der Täter, ihre familiären Hintergründe, ihre Stellung in ihrer Gleichaltrigengruppe, ihre schulischen Leistungen und ihre Erfahrungen mit Waffen wurden erforscht. Die Gemeinschaftsfaktoren wurden aufgeklärt: der ökonomische Status der Gemeinschaft, ihre Stabilität und ihr Zusammenhalt, ihr Vorrat an sozialem Kapital, an gegenseitigem Vertrauen und an der Übernahme von Mitverantwortung. Erkundigungen über die Schule wurden eingezogen: über ihre Organisation, über Lehrer-Charakteristiken, über ihre Erziehungs- und Disziplinarpolitik und -praxis, über ihre Sicherheitsvorkehrungen. Schließlich wurden die Reaktion der Gemeinschaft auf die Tat und ihre Konsequenzen erfragt.

Ergebnisse der sechs Fallanalysen

Aufgrund der sechs Fallanalysen wurden im Wesentlichen folgende Ergebnisse erarbeitet:

- In den Gemeinschaften, in denen sich die tödliche Schulgewalt ereignete, trennt eine große Kluft die Jugendkultur von der Erwachsenenwelt. Die Welt der Jugend wird von den Erwachsenen nicht gut verstanden. Die empirischen Untersuchungen ergaben einen starken Beweis für die Abwesenheit von Beratung und Anleitung durch Erwachsene und speziell durch ihre Eltern.
- Ein ausgesprochenes, einheitliches Schul-Mehrfach-Tötungs-Täter-Profil gibt es nicht. Allerdings häufen sich die Tätermerkmale, -tendenzen und -neigungen, die aus dem Persönlichkeits-Entstehungs-Prozess folgen. Am ausgeprägtesten war die intensive Sorge der Täter um ihre soziale Position in ihrer Schule und in ihrer Gleichaltrigengruppe.
- In der Mehrzahl der Fälle spielt Bullying (Tyrannisierung, Mobbing) eine Schlüsselrolle in dem Angriff. Viele der Täter haben intensives Bullying während einer sehr langen Zeit erfahren müssen. Es beruht auf einer Unausgewogenheit in den Stärke-Beziehungen, die zu einer Interaktion der Über-Unter-Ordnung und zu chronischem Machtmissbrauch führt. Es hat negative Konsequenzen für das Opfer (psychosoziale Opferschäden, z.B. Selbstmordgedanken, verborgene Depression) ebenso wie für den Täter, der mit großer Wahrscheinlichkeit weitere

Gewalttaten verübt. Denn er fühlt sich durch seine „Erfolge" (Quälen schwächerer Kinder, Tierquälerei) bestärkt. Bullying ereignet sich immer dann, wenn die Erwachsenenaufsicht und -überwachung nachlässt. Lehrer und Eltern schauen weg.

– In allen Fällen erleichterte der einfache und mühelose Zugang zu und die ausgedehnten Erfahrungen der Täter mit Waffen die tödliche Schulgewalt. Der Schul-Mehrfach-Tötungs-Täter interessiert sich nicht für die Beschäftigungen normaler Teenager: für Autos, Sport, die Annäherungen an das weibliche Geschlecht. Er ist vielmehr von Waffen, Sprengstoff und Gewalt in den Massenmedien und in Videospielen fasziniert. Besitz und Gebrauch einer Waffe wird für ihn zum Symbol der Macht und Kontrolle. Durch Waffen versucht er, Status und Identität zu erlangen. Sie vermitteln ihm Gefühle der Sicherheit und der persönlichen Effizienz unter Teenagern.

– Der Schul-Mehrfach-Tötungs-Täter spielt sein Vorhaben viele Wochen und Monate vor seiner Tat in seiner Phantasie durch; er probt sie wieder und wieder in seiner Vorstellung. In allen Fällen trafen die Täter umfangreiche Vorbereitungen: Sie beschafften sich Waffen; sie arbeiteten genaue Pläne aus; sie warnten ihre Gleichaltrigen.

Die deutsche Studie

Es wurden Strafakten von 15 vollendeten und versuchten Mordfällen aus den Jahren 1994 bis 2009 (ein Fall stammt aus 1978) mit Mehrfachviktimisierungen aus unklarem Motiv ausgewertet (*Bannenberg* 2010). Die Täter befanden sich zur Tatzeit im Alter zwischen 14 und 24 Jahren. Zur Ergänzung der Strafaktenauswertungen wurden Gespräche mit Hinterbliebenen, mit Opfer- und Täterfamilien, Zeugen sowie noch lebenden (im Strafvollzug befindlichen) Tätern geführt. Die Taten fanden an Schulen und Ausbildungsstätten statt, zum Teil auch an anderen Orten, wobei sich eine frühere Tatplanung auf die Schule bezog.

Ergebnisse der fünfzehn Strafaktenauswertungen

Die 15 Strafaktenauswertungen (mit ergänzenden Gesprächen) erzielten im Wesentlichen folgende Ergebnisse:

– Die Schul-Mehrfach-Tötungs-Täter litten unter einer narzisstischen Persönlichkeitsstörung. Sie besaßen ein erhöhtes Geltungsbedürfnis und erhoben einen bedingungslosen Anspruch auf unbedingte Bestätigung, ohne dazu imstande zu sein, dafür eine entsprechende Leistung zu erbringen.

– Sie waren schüchterne stille Einzelgänger mit hoher Kränkbarkeit. Sie pochten auf völlige Freiheit ohne gesellschaftliche Zwänge. Sie hatten Rache- und Hassphantasien und wollten es der verhassten Gesellschaft zeigen. Sie nahmen sich als andersartig als die normalen Mitglieder der Gesellschaft wahr.

– Sie fühlten sich oft gemobbt (tyrannisiert) und von Mitschülern und Lehrern gedemütigt. Einer objektiveren Nachprüfung hielt diese Sicht der Dinge nicht stand. Ihre Gedankenwelt war von Hass und Gewalt dominiert.

– Sie waren übertrieben kränkbar, und es fehlte ihnen die Konfliktfähigkeit, die Fähigkeit, Konflikte friedlich zu lösen.

– Waffen aller Art übten eine enorme Faszination auf sie aus. Typisch für sie war ihre intensive Beschäftigung mit gewalthaltigen Medien und Computerspielen.

Unterschiede beider Studien

Die US.-Studie ist eine sozialwissenschaftliche Untersuchung. Ihre Grundlagen sind psychosoziale Theorien: sozialstrukturelle, psychosoziale Lerntheorie und situative Theorien. Sie legt ein psychosoziales Prozess-Modell der Persönlichkeit zugrunde. Sie untersucht nicht nur psychosoziale Interaktionen der Persönlichkeiten, sondern auch ihre psychosozialen Grundlagen (z.B. Gemeinschaften, Schulen) und die situativen Prozesse der Taten. Sie analysiert den Schul-Mehrfach-Tötungs-Täter-Persönlichkeits-Prozess.

Die deutsche Studie legt ihren Betrachtungen das psychopathologische, forensisch-psychiatrische, täterorientierte Mehrfaktoren-Modell zugrunde. Die gesamte Ursachenlast liegt beim Täter, der seine Tat den ursachenfreien großstädtischen, vorstädtischen und ländlichen Gemeinschaften und ihren ursachenfreien Schulen antut. Die Tat ist auf die statischen Eigenschaften von Persönlichkeiten zurückzuführen, die sich als andersartig als die normalen Mitglieder der Gesellschaft wahrnehmen. Sie gehören einer Menschenkategorie an, die sich vom Normalmenschen unterscheidet.

Die US.-Studie verwendet eine exploratorische, qualitative Methode (*Kraska, Neuman* 2012, 20/21), die von allen erfassbaren Informationsquellen Gebrauch macht. Sie geht nach der Methode der Triangulation vor, die als Prozess verstanden wird, der sich nicht nur auf die Auswertung von Akten, Berichten und psychologischen Gutachten, sondern auf 240 bis 420 Interviews mit unmittelbar Beteiligten und auf die Beratung in einer interdisziplinären Expertenkommission konzentriert.

Die deutsche Studie beschränkt sich auf die Auswertung von 15 Strafakten (mit ergänzenden Gesprächen). Da sie bearbeitet worden ist, als die US.-Studie bereits erschienen war, hätte sie auf dieser Studie aufbauen müssen. Es wird indessen keine deutsche Wiederholungsstudie unternommen. Die US.-Studie wird zwar zitiert. Theorien, Methoden, empirische Forschungsergebnisse der US.-Studie werden indessen völlig ignoriert (auch ihre deutschsprachige Auswertung: *H.J. Schneider* 2009g, 752–757, 2006b). Demgegenüber werden psychiatrische Begutachtungen in den ausgewerteten Akten für besonders informativ gehalten.

Es gibt kein kriminologisch-methodisches Prinzip, wonach für die kriminologische Ursachenforschung in einem Land nur kriminologisches Material des entsprechenden Landes herangezogen werden darf. Im Gegenteil müssen internationale und ausländische kriminologische Theorien, Methoden, Forschungsergebnisse für die eigene Arbeit nutzbar gemacht werden. Das gilt in Besonderheit dann, wenn die eigenen Forschungsergebnisse mit den internationalen und ausländischen nicht übereinstimmen. In diesen Fällen muss der Erklärungsversuch gemacht werden, worauf die Nichtübereinstimmung zurückzuführen ist.

- Die US.-Studie kommt zu dem Ergebnis, dass nur einige wenige Schul-Mehrfach-Tötungs-Täter isolierte Einzelgänger waren. Die deutsche Studie behauptet, dass die Täter „in der Regel Einzelgänger und Außenseiter" gewesen sind.
- Die US.-Studie und ein Großteil der internationalen Literatur (vgl. *H.J. Schneider* 2009g, 753, 755 m.w.N.) haben herausgearbeitet, dass in der Mehrzahl der Fälle Bullying (Tyrannisieren) eine Schlüsselrolle gespielt habe. Die Verfasserin der deutschen Studie behauptet, dass sich die Täter oft gemobbt (tyrannisiert) gefühlt hätten, dass diese Sicht jedoch einer objektiveren Nachprüfung nicht stand gehalten habe.

Anhand von 15 Strafaktenauswertungen (mit Ergänzungsgesprächen) ist es außerordentlich schwer, mit einiger wissenschaftlicher Sicherheit herauszufinden, ob sich die Täter das Bullying lediglich einbildeten oder nicht. Es lässt sich nicht so einfach von der Hand weisen, dass die in der deutschen Studie behauptete Realität in Wirklichkeit eine Strafaktenrealität ist.

2.3.2.4 Empirische Forschung

Die Kriminologie ist eine empirische Wissenschaft. Ihre Theorien müssen mit einwandfreien sozialwissenschaftlichen Methoden empirisch oder experimentell überprüft werden. Kriminologische Experimente sind bisher im deutschsprachigen Raum äußerst selten durchgeführt worden (vgl. *H.J. Schneider* 2007i, 220). Empirische Studien werden zwar vorgelegt, entsprechen aber häufig nicht den Mindeststandards sozialwissenschaftlicher Theorien und Methoden sowie dem internationalen Forschungsstand. Das soll an zwei Beispielen veranschaulicht werden.

2.3.2.4.1 Die „Marburger Kinderdelinquenzstudie"

Die „Marburger Kinderdelinquenzstudie" (*Remschmidt/Walter* 2009, 129–189; 2011) hatte die Absicht, die legale Entwicklung straffälliger Kinder bis ins mittlere Erwachsenenalter zu verfolgen. Sie war auf Jungen beschränkt. Die Untersuchung stützte sich auf eine Grundgesamtheit aller Kinder, die während eines Zeitraums von 1962 bis 1971 bei der Staatsanwaltschaft des Marburger Landgerichts aktenkundig geworden waren. Die Ermittlungsakten sind im Jahre 1972 retrospektiv ausgewertet worden. Zwischen 1975 und 1977 wurden 263 Probanden persönlich untersucht. Standardisierte Interviews, verchiedene psychodiagnostische Testverfahren und ein speziell für die Untersuchung konstruierter Dunkelfeld-Fragebogen wurden angewandt. Zwei Kontrollgruppen wurden gebildet. Die Jungen einer dieser Kontrollgruppen durften weder vor noch nach ihrem 14. Lebensjahr polizeilich registriert worden sein. In der Follow-Up-Phase wurden die Rückfälle der delinquenten Kinder im Erziehungsregister und im Bundeszentralregister bis zum 30.06.1996 festgestellt.

Die Studie erzielte folgende Ergebnisse:

- Insgesamt sind 46 Prozent aller registrierten Kinder rückfällig geworden, 18,2 Prozent mit einem Delikt, 27,78 Prozent mit zwei und mehr Delikten; 54 Prozent sind nicht mehr für Straftaten registriert worden.
- Über die gesamte Lebenszeit konnten drei Gruppen von Probanden unterschieden werden: niemals polizeilich registrierte Personen, chronische Täter sowie Täter mit zeitlich befristeter Delinquenz.
- Neben sozialen und familiären Risikofaktoren unterschieden sich die delinquenten Kinder von den kriminell registrierten Personen in vier Persönlichkeitsmerkmalen: Extraversion, emotionale Labilität, Nervosität und spontane Aggressivität.
- Ein früher Delinquenzbeginn erhöht nicht die Wahrscheinlichkeit chronischer persistenter Delinquenz. Weder die registrierte noch die unregistrierte Delinquenz vor dem 14. Lebensjahr prognostiziert eine spätere kriminelle Karriere, auch dann nicht, wenn mehrere Straftaten registriert worden sind.

Die Studie bezeichnet sich selbst als „Längsschnittstudie über 30 Jahre" und vergleicht sich mit den modernen internationalen Längsschnittstudien. Deshalb soll auf Unterschiede zu diesen Studien in der Theorie, in der Methode und im Ergebnis hingewiesen werden:

- Theoretisch folgt die Studie dem Mehrfaktorenansatz, indem sie Risiko- und Schutz-Faktoren gegeneinander abwägt. Sie legt einen statischen Persönlichkeitsbegriff zugrunde und ermittelt Unterschiede in Persönlichkeitsmerkmalen zwischen registrierten Delinquenten und nicht registrierten „normalen" Personen.
- Die modernen Längsschnittstudien stützen sich auf dynamische entwicklungskriminologische Theorien (*Farrington* 2007), z.B. auf die Theorie der altersabgestuften informellen Sozialkontrolle. Diese Theorien gehen nicht von unterschiedlichen Persönlichkeitseigenschaften zwischen Delinquenten und Nichtdelinquenten aus, sondern von verschiedenen Trajektorien, Lebensbahnen, Persönlichkeitsverläufen und -prozessen zwischen Delinquenten und Nichtdelinquenten (*Piquero/Weis* 2012).
- Die verschiedene Theorie erfordert auch eine unterschiedliche Methode. Die Studie von *Remschmidt* und *Walter* (2009) stellt Unterschiede in den Persönlichkeitsmerkmalen von delinquenten und nichtdelinquenten Kindern fest. Sie prüft dann, ob sich Verschiedenheiten in den Rückfallhäufigkeiten beider Erwachsenengruppen finden.

- Die modernen Verlaufsstudien (z.B. *Moffitt/Harrington* (1996); *Moffitt* (2011)) sammeln Berichte über ihre Probanden von Eltern, Lehrern, Gleichaltrigen, Polizei und Gerichten von Geburt an und folgen ihnen über zahlreiche Lebensphasen hinweg, indem sie jedes 2. Jahr die Berichte der genannten Personengruppen erneut prospektiv aufnehmen lassen. Hierdurch sollen Änderungen im Lebenslauf ihrer Probanden und ihre Wirkungen auf deren Straftaten-Entstehung erhoben werden.
- Die Studie von *Remschmidt* und *Walter* (2009) kommt zu dem Ergebnis, dass ein früher Delinquenzbeginn keine kriminelle Karriere prognostiziert, auch dann nicht, wenn mehrere Straftaten polizeilich bekannt geworden sind.
- Die meisten internationalen Verlaufsstudien (*Piquero/Weiss* 2012, 39) haben eine kleine Tätergruppe identifiziert, die früh in ihrer Kindheit mit Delinquenz beginnt und ihre Straftaten im Erwachsenenleben fortsetzt. Diese Tätergruppe ist durch frühen Beginn und durch Straftaten-Begehungs-Persistenz während ihres Lebens charakterisiert.

2.3.2.4.2 Eine Studie über Evaluations-Ergebnisse der Behandlung von Sexualstraftätern

Das zweite Beispiel ist eine Meta-Analyse über kontrollierte Evaluations-Ergebnisse der Behandlung von Sexualstraftätern (*Lösel/Schmucker* 2005; 2008; *Schmucker/Lösel* 2007). Von 2.039 Dokumenten, die in fünf Sprachen veröffentlicht worden sind, entsprachen nur 69 Studien den Einschlusskriterien. Diese 69 Studien enthielten 80 unabhängige Vergleiche zwischen behandelten und unbehandelten Straftätern. Obwohl eine große Reichweite zwischen positiven und negativen Effektstärken ermittelt worden ist, stellte man fest, dass 37 Prozent der behandelten Straftäter weniger einschlägige Rückfälle als die Kontrollgruppe besaßen. Organische Behandlung (chirurgische Kastration und hormonale Medikation) übten stärkere Effekte als psychosoziale Interventionen aus. Die hohe mittlere Effektstärke der chirurgischen Kastration ist allerdings zum Teil auf einen Selbstselektionseffekt zurückzuführen. Da die Straftäter auf freiwilliger Basis operiert worden sind, wurde die chirurgische Kastration wahrscheinlich an einer besonders motivierten Klientel mit niedriger Rückfallgefährdung vorgenommen. Von den psychosozialen Maßnahmen hatten nur kognitiv-behavioristische Behandlungen und klassische Verhaltenstherapie signifikante Einflüsse auf den sexual-kriminellen Rezidivismus. Behandlungs-Abbrecher wurden fast doppelt so häufig mit einem Sexualdelikt rückfällig wie Täter, die die Behandlung erst gar nicht begonnen hatten. Durch die Meta-Analyse wurde ein Mangel an Evaluationsstudien hoher methodologischer Qualität offenkundig. Die meisten Evaluationsstudien sind englischsprachig und in Nordamerika durchgeführt worden. Ihre methodologische Qualität bleibt mäßig. Nur 40 Prozent der Vergleiche erreicht die 3. oder eine höhere Stufe der „Maryland Scientific Methods Scale" (*Farrington/*

Gottfredson/Sherman/Welsh 2002). Die Qualität der Evaluationsdesigns erwies sich als überwiegend unbefriedigend.

2.3.2.4.3 Ergebnis des Vergleichs der beiden Studien

Während die „Marburger Kinderdelinquenzstudie" einen theoretischen und methodologischen Qualitätsunterschied zu den internationalen Verlaufsstudien deutlich werden lässt, ist durch die Meta-Analyse von *Lösel* und *Schmucker* (2005) erkennbar geworden, dass es – auch im deutschsprachigen Raum – an Evaluationsstudien hoher methodischer Qualität mangelt und dass die empirisch-kriminologische Forschung personell wie finanziell gefördert werden muss.

2.3.2.5 Sicherheitsbericht

Die Politikberatung durch die Kriminologie besitzt in den USA eine große Tradition. Sachverständigen-Kommissionen überprüfen kritisch die Strafgesetzanwendung in einer Region oder national in den USA. Die „Missouri Crime Survey" (1926) oder die „Illinois Crime Survey" (1929) sind Beispiele hierfür. Im Jahre 1931 veröffentlichte die „National Commission" in 14 Bänden die „Wickersham Commission Reports", in denen sie das bisher erforschte kriminologische Wissen zusammengefasst hat. Die „Presidents' Commission" gab 1967 die erste Viktimisierungsstudie in Auftrag (*National Opinion Research Center* 1967). Die beiden Reports der US.-Violence-Commissions (*National Commission* 1969; *National Research Council* 1993/1994) sind weltweit verbreitet worden, und der Report der 1. US.-Violence- Commission war auch Vorbild für die deutsche Anti-Gewalt-Kommission (*H.J. Schneider* 1990b).

Die Bildung einer Sachverständigen-Kommission zur Politikberatung in kriminologischen Problemen lag deshalb nahe. Aufgrund einer Koalitionsvereinbarung aus dem Jahre 1998 sind bisher zwei Periodische Sicherheitsberichte der Bundesregierung (*BMI/BMJ* 2001; 2006) in den Jahren 2001 und 2006 veröffentlicht worden. Es geht der Bundesregierung hierbei nicht um eine Beratung durch einen unabhängigen kriminologischen Sachverständigenrat. Die beiden Periodischen Sicherheitsberichte sind vielmehr Bestandsaufnahmen der Bundesregierung über die Sicherheitslage durch Aufarbeitung und Analyse des vorhandenen Datenmaterials. Diese Aufarbeitung und Analyse ist erarbeitet worden von einem Gremium aus fünf Professoren, Vertretern des Bundesministeriums des Innern und des Bundesministeriums der Justiz, des Bundeskriminalamtes, der Kriminologischen Zentralstelle und des statistischen Bundesamtes. Es handelt sich also um keine wissenschaftliche Beratung durch ein Expertengremium, sondern um eine Stellungnahme der Bundesregierung unter Mithilfe von kriminologischen Experten. Das ist durchaus legitim und hilfreich, sollte allerdings nicht als Politikberatung der Bundesregierung missverstanden werden. Denn es fehlt in den Sicherheitsberichten beispielsweise – im Gegensatz zu den kriminologischen Kommissionsberichten in den USA – die kritische Überprüfung der Strafgesetzanwendung durch eine kriminologische Expertenkommission, an der die Bundesregierung durchaus Interesse haben sollte. Denn es geht um eine effektive Kriminalitätskontrolle. Kriminologische Bereicherungen aus dem Ausland, aus Europa und der Welt, sucht man ferner vergebens (vgl. *Kerner* 2004, 549). Ein sogenanntes „Außengutachten" ist nicht eingeholt worden. Dass die Bundesregierung sich bei ihrer periodischen Sicherheitsberichterstattung kriminologischer Unterstützung bedient, ist nur zu begrüßen. Allerdings darf eine solche Hilfe nicht als Politikberatung im Sinne der internationalen Kriminologie verstanden werden, die eine gewisse Distanz zwischen Berater und Beratenem voraussetzt und sich nicht in der gemeinsamen Abfassung von Texten erschöpft.

2.3.2.6 Kriminalpolitik

Ziel und Zweck allen kriminologischen Forschens ist die idiographische oder nomothetische Kriminalpolitik. Sie umfasst alle Aktivitäten der Kriminaljustiz, der Gesellschaft, ihrer Gruppen und Institutionen oder von Individuen, die darauf gerichtet sind, auf eine Straftat, auf eine Erst- oder Rückfalltat, oder eine Vielzahl von Rechtsbrüchen in angemessener Art und Weise zu reagieren, insbesondere das Täter- und Opferwerden und ihre Wiederholungen zu vermeiden oder zu vermindern, bevor sie sich voll entwickelt haben. Mit der Änderung der Gesellschaftsstruktur und des Gesellschaftsprozesses wandelt sich auch die Kriminalpolitik; sie muss zeitgemäß erneuert und umgestaltet werden. Berücksichtigt man die Entwicklung der deutschsprachigen Kriminologie vom Ende des 18. Jahrhunderts bis zur Gegenwart, so hat sich – aufgrund dieser Entwicklung – die deutschsprachige Kriminalpolitik gegenwärtig vier Problemen zugewandt:
- der Schärfung des Theorie- und Methodenbewusstseins der Kriminalpolitik (ihrer auf Beweis gegründeten Evaluation),
- der Einschränkung der Freiheitsstrafe (durch Zwischensanktionen),
- der Einbeziehung der Opferpolitik (durch ein Restauratives Paradigma),
    - der Hass- und Vorurteilskriminalität,
    - der Restaurativen Jugendkriminaljustiz,
    - dem Problem der Entwicklung einer „Straflust" (Punitivität) in der Gesellschaft.

2.3.2.6.1 Auf Beweis gegründete Evaluation

Mit dem sogenannten *Sherman* Report ist – im Auftrag des US.-Kongresses – die theoretische und methodische Qualität von mehr als 600 internationalen kriminologischen Interventionen im Jahre 1998 kritisch überprüft (evaluiert) worden, die vom US.-Kongress finanziell unterstützt (subventioniert) worden sind (*Sherman/Farrington/Welsh/MacKenzie* 2002). Die Interventionen bezogen sich u.a. auf die Kriminalitätsverhütung in Familien, Schulen, im Beruf, in der Nachbarschaft und durch die

Polizei. Sie wurden mit einer eigens für diesen Zweck entworfenen wissenschaftlichen Methoden-Skala (der „Maryland Scientific Methods Scale") einer rigorosen Kritik unterzogen und in fünf Güte-Ebenen eingeteilt. In Deutschland folgten *Dieter Rössner* und *Britta Bannenberg* (2002) diesem Vorbild und erarbeiteten – in ihrem sogenannten Düsseldorfer Gutachten – „empirisch gesicherte Erkenntnisse über kriminalpräventive Wirkungen". Nur fünf für ihre Evaluation geeignete Studien fanden sie in Deutschland; sie erweiterten deshalb ihre Evaluation auf den internationalen Bereich und erfassten schließlich 61 Untersuchungen zur Kriminalprävention. Aufgrund ihrer Forschungen entwickelten sie Leitinien zur Kriminalprävention (*Rössner/ Bannenberg* 2002; *Bannenberg/Rössner* 2009).

Seit diesen Evaluationsstudien setzt sich immer mehr international eine auf Beweis gegründete Kriminalpolitik durch, der die deutschsprachige Kriminologie zögerlich folgt (vgl. *Lösel/Bender/Jehle* 2007). Die Kriminalpolitik muss auf empirischen und experimentellen Beweis gegründet werden. Die empirischen und experimentellen Studien müssen nach theoretisch und methodisch einwandfreien validen Prinzipien durchgeführt werden. Kriminalpolitische Entscheidungen dürfen nicht bloß auf Anekdoten, Meinungen, Spekulationen, ideologischen Überzeugungen und sensationellen Fällen („moralische Panik") beruhen. Sie müssen in einer wissenschaftsorientierten, rechtsstaatlich-demokratischen Gesellschaft im Interesse der Objektivität auf unabhängiger Evaluation aufbauen. Solche Evaluations-Forschung ist die systematische Anwendung von Methoden der Sozialforschung, um die Programm-Notwendigkeit, die Programm-Theorie, die Programm-Verwirklichung, den Programm-Erfolg und seine Nützlichkeit (mit der Kosten-Nutzen-Analyse) zu ermitteln. Die evaluativen Begleitforschungen zu Interventions-Programmen werden mit den folgenden zwei Methoden zusammengefasst:

Der *systematische Überblick* macht – im Gegensatz zu traditionellen Synthesen – jede Phase des Entscheidungsprozesses zur Qualität evaluativer Untersuchungen unter Einschluss der Fragen transparent, was für den Überblick maßgeblich gewesen ist, welche Kriterien beim Auswahlverfahren der einbezogenen, erfassten, aufgenommenen Studien angewandt worden sind und welche Methoden benutzt worden sind, um nach Evaluations-Studien zu suchen und um sie zu bewerten. Systematische Überblicke legen in Einzelheiten dar, wie die Analysen durchgeführt worden sind und wie man zu den Schlussfolgerungen gekommen ist.

Mit der *Meta-Analyse* ermittelt man den gegenwärtigen Stand der Forschung zu einem Problem in quantitativer, numerischer Weise. Die Meta-Analyse unterscheidet sich vom tradtionellen narrativen Literaturüberblick, in dem der Stand der Forschung qualitativ, aber nicht numerisch zusammengefasst wird. Man verfolgt mit der Meta-Analyse die Ziele, robuste empirische Beziehungen aufzudecken, Forschungsschwächen zu erkennen, eine statistische Zusammenfassung über ein Gesamtergebnis zu ermitteln und die Probleme der externalen Validität zu überwinden. Die externale Validität ist das Gütekriterium der Allgemeingültigkeit des Forschungsergebnisses für andere Gebiete und Populationen.

2.3.2.6.2 Zwischensanktionen

Die Gesellschaft und ihr Verhalten differenzieren sich immer mehr; mit dieser Differenzierung vermehrt sich die Vielzahl der Verbrechensformen, so dass eine größere, effektivere Variationsbreite möglicher Sanktionen notwendig wird. Im Kontinuum der Sanktionen fehlen z.B. die mittleren Strafen, die Zwischensanktionen (*H.J. Schneider* 2001b, 384–389). Die Freiheitsstrafe ist häufig eine viel zu strenge, die Strafaussetzung zur Bewährung eine viel zu milde Reaktion. Große Hoffnungen setzte man auf Alternativen zur Freiheitsstrafe, auf die auf die Gemeinschaft gegründete Behandlung: z.B. auf Hausarrest mit elektronischer Überwachung und gemeinnützige Arbeit. Man strebte eine weiter aufgefächerte und effektivere Variationsbreite möglicher Sanktionen an und erhoffte sich davon eine Verminderung der Rückfallrate, eine Kostenersparnis, eine Entlastung des Freiheitsstrafvollzugs und eine Verbesserung des Schutzes der Bürger. Es war falsch, einen solchen Sanktions-Optimismus zu erzeugen, der – nach Evaluationsforschungen – zu einer Ernüchterung, zu einer Desillusionierung führen musste. Die meisten mittleren Sanktionen reduzieren den Rückfall nicht, weil durch sie allein kriminelle Denkmuster (Skripte), Einstellungen und Rechtfertigungen nicht verlernt werden. Sie führen auch zu keiner Kostenersparnis. Denn gut implementierte mittlere Sanktionen verursachen notwendigerweise Ausgaben, die nicht vermieden werden können. So müssen die Sanktionen organisiert, verwaltet, überwacht und die Probanden betreut werden. Die Einführung mittlerer Sanktionen ist vielmehr aus zwei Gründen zu empfehlen:
- Mit den auf die Gemeinschaft gestützten Sanktionen nähert sich die Kriminaljustiz der Bevölkerung, so dass die Integration der formellen Kontrolle in die informelle Kontrolle gefördert wird.
- Zwischensanktionen vermeiden viele Schäden des Freiheitsentzugs, und sie intensivieren durch eine verbesserte Kontrolle gleichzeitig die Strafaussetzung zur Bewährung.

2.3.2.6.3 Das Restaurative Paradigma

Während man international eine Opferpolitik (ein „Restauratives oder restitutives Paradigma") diskutiert und Experimente hierzu durchführt, tendiert man in Deutschland dazu, alles bei der traditionellen Täter-Politik zu belassen (BMJ 2000): An der Positionierung des Verbrechensopfers im Strafrecht und Strafverfahren – schreibt *Winfried Hassemer* – darf sich in Zukunft nichts Weitreichendes ändern. Diese Positionierung hat tiefe Wurzeln, in die man nicht schneiden darf (so *Hassemer/Reemtsma* 2002, 157). Die Restaurative Justiz ist in Deutschland nach wie vor mit großer Skepsis und zum Teil auch Unverständnis konfrontiert (so *Meier* 2004, 416). Deutschland gehört zu den Ländern, die am wenigsten für Verbrechensopfer tun (*Dijk/Kesteren/Smit* 2007, 119). Es geht bei der Opferpolitik nicht um eine Erweiterung und Verschärfung des Strafrechts. Opfer-Politik hat vielmehr das Ziel, Frieden zwischen Täter und

Opfer zu schaffen und die Schäden für Opfer, Gemeinschaft und Täter aus der Straftat wieder gutzumachen. Das soll an zwei Beispielen erläutert werden.

Hassverbrechen (Vorurteilsverbrechen) sind Rechtsbrüche eigener Art, die sich gegen das Anderssein des Opfers, gegen seine Rasse, Religion, seine ethnische Zugehörigkeit, sein Geschlecht, seine politische oder sexuelle Orientierung, sein Alter oder seine geistige oder körperliche Behinderung richten (*H.J. Schneider* 2006c; 2006d). Charakteristikum und Besonderheit der Hassverbrechen sind Schädigungen des symbolischen Status, der Identität und des So-Seins des Opfers, die als Hasssymbole, Feinde, entpersonalisierte „gesichtslose" Hassobjekte verstanden werden. Hassverbrechen sind „Botschafts-Verbrechen", weil sie sich nicht nur gegen das unmittelbare Opfer, sondern gegen die Opfergruppe und gegen die Gemeinschaft richten, die sie durch Schürung von Zwischen-Gruppen-Konflikten zu zersetzen suchen. Hassdelikte sind keine traditionellen Delike, die durch Hass tätermotiviert sind (so aber *Kühne* 2003, 30). Deshalb sind sie ohne Weiteres mit dem Tat-, Schuldstrafrecht in Einklang zu bringen. Es ist etwas Anderes, ob ein Haus mit Graffiti beschmiert wird oder ob eine Synagoge mit Nazi-Symbolen bemalt wird. Dieses Delikt ist wegen seines zeitgeschichtlichen Hintergrunds ein Hassdelikt und soll – vom Täter aus gesehen – auch so verstanden werden.

Hassdelikte waren am 22. Juli 2011 der Bombenanschlag im Regierungsviertel von Oslo und das Massaker an 77 jungen Menschen auf der norwegischen Insel Utoya in der Nähe von Oslo, die sich dort in einem Zeltlager der sozialdemokratischen Partei zusammengefunden hatten. Diese schweren Hassverbrechen hatten den Islamismus, Multikulturalismus, Marxismus zum Ziel. Der Täter verübte die schweren Delikte, um die westliche Welt von Muslimen und überhaupt von Andersdenkenden, von Multikulturalisten und „Kultur"-Marxisten zu befreien. Zumeist werden allerdings Hassdelikte in leichteren Formen begangen, verursachen aber gleichwohl schwere psychische Verletzungen bei der Opfergruppe. Telefonische Bedrohungen und Beleidigungen sowie Grölen und Schmieren von Nazi-Parolen machen das Gros fremdenfeindlicher Aktionen aus. In der deutschen Kriminaljustiz geschieht selten mehr als die Aufnahme einer Anzeige (*Kubink* 1997, 246). Die Aufklärungsquote fremdenfeindlicher Delikte liegt weit unter der Durchschnitts-Aufklärungs-Quote. Die Mehrzahl polizeilich aufgeklärter Verfahren wird wegen Geringfügigkeit des Tat- und Schuldvorwurfs eingestellt. Zur Verurteilung kommt es in nicht einmal zehn Prozent aller polizeilichen Ausgangsverfahren. Der Begriff fremdenfeindliche Kriminalität wird von den Richtern und Staatsanwälten kaum beachtet. Die „Restaurative Justiz" beabsichtigt nicht, das Strafrecht gegen „Hassverbrechen" zu verschärfen. Man ist jedoch der Meinung, dass die Bagatellisierung der Reaktion auf Hassverbrechen durch die Kriminaljustiz nicht länger hingenommen werden kann. Den Tätern muss eindeutig klargemacht werden, welche psychosoziale Schäden sie anrichten, und sie müssen lernen, dass sie eine Verantwortlichkeit für ihre Taten zu übernehmen haben. Volle friedenstiftende und wieder gutmachende Reaktion auf Hassverbrechen ist die restaurative Zielbestimmung: nichts mehr und nichts weniger.

Die Zukunft der Jugend-Kriminal-Justiz wird in Europa durch die *restaurative Jugend-Kriminal-Justiz* bestimmt werden (*O'Mahony/Dork* 2009). Die traditionelle Jugend-Kriminal-Justiz hat allein den Schutz der delinquenten Jugend im Sinn. Sie ist eindimensional, täterorientiert. Retributive (vergeltungs-orientierte) und rehabilitative (behandlungs-orientierte) Paradigmen weisen den Tätern passive Rollen zu; sie sind Objekte der Bestrafung und Überwachung oder der Behandlung und Erziehung. Opfer und Gemeinschaft schließen sie völlig aus ihrer Betrachtung aus. Die restaurative Kriminal-Justiz stattet Opfer, Gemeinschaft und Täter mit aktiven Problem-Lösungs-Rollen aus (hierzu näher *H.J. Schneider* 2001b). Sie wird durch Personalisierung und Demokratisierung bestimmt. Sie möchte den Opfer-Gemeinschafts- und Täter-Schaden wieder gutmachen, alle an der Tat Beteiligten miteinander versöhnen und Frieden zwischen ihnen schaffen. Das traditionelle Jugend-Gerichts-Verfahren ist vergangenheitsbezogen, an der bisherigen Entwicklung der Täter-Persönlichkeit ausgerichtet. Das restaurative Jugend-Gerichts-Verfahren ist – im Sinne einer therapeutichen Kriminal-Justiz – gegenwarts- und zukunftsbezogen. Es will dem Opfer, der Gemeinschaft und dem Täter helfen, die Schäden zu überwinden, die durch die Tat in der Gegenwart entstanden sind und die durch sie in der Zukunft noch verursacht werden. Die restaurative Justiz-Philosophie will durch die aktive Teilnahme von Opfer, Gemeinschaft und Täter am Strafverfahren die Gemeinschaftsbeziehungen stärken und die informellen Mechanismen der Sozialkontrolle verbessern, um die Verbrechensentstehung zu verhüten. Sie stützt sich hierbei auf die Befürwortung der Wiedergutmachung durch die Bevölkerung.

2.3.2.6.4 Die Punitivität

Im ersten Jahrzehnt des 21. Jahrhunderts ist die Diskussion über das Konstrukt der Punitivität (Straforientierung, Bestrafungsneigung) in der deutschsprachigen Kriminologie sehr lebhaft geführt worden. Es handelte sich nicht um Punitivität als „komplexes und facettenreiches Muster von Einstellungen und Werthaltungen" (so *Kury/Obergfell-Fuchs* 2006, 1039). Es ging auch nicht um den Widerstreit über Ursachen und empirische Forschungen zur Punitivität. Die Frage war vielmehr einfach, ob sich ein „Punitive Turn", eine repressive Wende in der Kriminalpolitik in Deutschland im Augenblick vollziehe. Man ging von einer gegenwärtigen „Straflust" (*Winfried Hassemer*) aus und legte das Buch von *David Garland* über die „Culture of Control" (2001) der Diskussion zugrunde. Im Sinne der „Meinungskriminologie" hatte *Garland* in diesem Buch die hohen Kriminalitätsraten der USA und Großbritanniens, der „High Crime Societies" (*Garland* 2004) zum Anlass genommen, die Normalität dieser hohen Kriminalitätsraten in diesen Ländern und einen tiefgreifenden Wandel der Einstellungen der Bevölkerung – besonders der Mittelschicht – zur Kriminalität zu behaupten. Die Kriminalität wurde zu einer Quelle der Angst, der Frustration und des Ärgers. Die Bereitschaft, die Täter mit Sympathie zu unterstützen, sie zu verstehen, ließ nach, und die Identifikation mit dem Opfer nahm zu (*Garland* 2004, 62). Während *Garland* die Entstehung einer harten Strafkultur, einer repressiven Wende der Kriminalpolitik nur in den USA und Großbritannien annahm, blieb es *Fritz Sack* – wiederum als deutscher-kriminologischer Meinungsführer – überlassen, *Garland*s Thesen einfach für Deutschland zu übernehmen (*Sack* 2004; 2006; 2007a; 2007b). Er begründete seine Ansicht auf zweierlei Weise: Er erklärte *Garland* zu einem der international berühmtesten Kriminologen (Autoritätsargument), obwohl *Garland* selbst die Kriminologie nicht als wissenschaftliche Disziplin betrachtet (*Garland* bei *H.J. Schneider* 2008b). Er definierte die deutschsprachige Kriminologie ferner als rückständig, weil sie die Genialität *Garland*s nicht erkannte (Sonderwegargument). Ob *Garland*s Thesen für die USA und Großbritannien gültig sind, mag dahinstehen. Jedenfalls gelten sie nicht für Deutschland. Das Ausmaß der Punitivität eines Landes wird nach der Häufigkeit der Verhängung der Freiheitsstrafe (Gefangenenzahlen auf 100.000 Einwohner) gemessen. Die USA hat eine erheblich höhere Gefangenenzahl und auch Großbritannien hat eine höhere Gefangenenzahl als Deutschland (*H.J. Schneider* 2009h, 1027, 1035). Ferner ist das Vertrauen in die gesellschaftlichen Institutionen, das für einen Mangel an Punitivität bestimmend ist, in Deutschland wesentlich höher als in den USA und Großbritannien (*Roberts* 2007, 167). Der finnische Kriminologe *Tapio Lappi-Seppälä* (2010, 965) hat die Ursache für die Punitivität klar auf den Punkt gebracht: „Ein Verlust an Vertrauen in gesellschaftliche Institutionen schafft politischen Druck in Richtung auf repressive Maßnahmen, um die politische Autorität zu sichern. Abnehmendes Vertrauen im zwischenmenschlichen Bereich gepaart mit Ängsten und Verbrechensfurcht führt zu verstärkten Forderungen nach härteren Strafen und erhöht den oben genannten Druck auf die Politik." Durch übertriebenen Eifer bei der Bekämpfung einer angeblich auflebenden Punitivität ist die Entwicklung der deutschsprachigen Kriminologie stärker behindert als gefördert worden. Denn anstelle dieser Diskussion der traditionellen Abschreckungstheorie (Verbrechenskontrolle durch Schnelligkeit und Härte der Strafe) hätte ihre Alternative: die Verfahrensgerechtigkeitstheorie (*Tyler* 2003, 2006) wesentlich stärker berücksichtigt werden müssen. Nach der traditionellen Abschreckungstheorie durch Sanktionen ist die Ausweitung der Schwere und Sicherheit der Bestrafung für die Normbefolgung ausschlaggebend. Nach der Verfahrensgerechtigkeitstheorie verinnerlichen Menschen demgegenüber Gerechtigkeitsnormen und -verpflichtungen, wenn sie im Kriminaljustizverfahren mit Würde und Respekt behandelt werden und wenn ihre Verfahrens- und Menschenrechte eingehalten werden (*Tyler/Braga/Fagan/Meares/Sampson/Winship* 2007). Sie stimmen dann dem Gesetz und seiner Anwendung auf freiwilliger Basis zu. Auf die Sorgfalt, die Neutralität, die Folgerichtigkeit und die Widerspruchsfreiheit der Entscheidung kommt es an. Die Menschen sollten im Verfahren Gelegenheit erhalten, am Entscheidungsfindungsprozess teilzunehmen, die eigenen Argumente darzulegen, gehört zu werden und bei der Entscheidung Berücksichtigung zu finden (Demokratisierung der Kriminaljustiz) (*Tyler* 2006).

2.4 Die gegenwärtigen internationalen und deutschsprachigen Richtungen der Kriminologie

Zur Orientierung sind bereits früher Versuche unternommen worden, die deutschsprachige Kriminologie in Richtungen einzuteilen (*H.J. Schneider* 2007c; 2004d). Es ist lediglich eine relativ grobe Einteilung möglich, weil die Orientierung sonst unübersichtlich wird. Die Kriminologie hat in den letzten Jahrzehnten auf internationalem Gebiet die größten Fortschritte erzielt (*Smith/Zhang/Barbaret* 2011), so dass an die internationale Einteilung anzuknüpfen ist.

2.4.1 Die Kriminaljustiz

Zur Kriminologie im weiteren Sinne gehört die Kriminaljustiz, die sich mit der Anwendung des Strafrechts beschäftigt und die Überblicke und Einblicke in die Praxis der Kriminaljustiz gewährt (vgl. z.B. *Travis* 2012). Kriminologie im engeren Sinne, deren Kerngebiete Kriminal-Phänomenologie, -Ätiologie und -Politik sind, und Kriminaljustiz gehören zwar zusammen. Es wäre allerdings besser, sie als zwei getrennte Disziplinen zu betrachten, um jede Verwirrung zu vermeiden (*Siegel* 2013, 5). Das wird im deutschsprachigen Raum bedauerlicherweise nicht beachtet. International unterscheidet man „Criminal Justice" (vgl. z.B. *Travis* 2012) und „Criminology". Im deutschsprachigen Raum stellen die Lehrbücher von *Ulrich Eisenberg* (2005) und *Peter-Alexis Albrecht* (2010) hauptsächlich Reflexionen über das Strafrecht und seine Institutionen (Kriminaljustizsystem) an. Sie gewähren Einblicke in die Wirkungs- und Funktionsweisen der Kriminaljustiz, die in den US.-amerikanischen „University-Departments of Criminology and Criminal Justice" getrennt von der Kriminologie gelehrt wird. Kriminologie und Kriminaljustiz sind in zwei unterschiedlichen professionellen Vereinigungen in den USA zusammengeschlossen:
– in der „American Society of Criminology" (hauptsächlich für Wissenschaftler) und
– in der „Academy of Criminal Justice Sciences" (hauptsächlich für Kriminaljustiz-Praktiker).

In Deutschland bezeichnet man die beiden Kriminaljustiz-Bücher von *Eisenberg* und *P.A. Albrecht* einfach als „Kriminologie" und trägt damit zur Verwirrung über Kriminologie bei, die im deutschsprachigen Raum ohnehin außergewöhnlich groß ist.

2.4.2 Die Kriminologie im engeren Sinne

International unterscheidet man drei Richtungen der Kriminologie:
– die Kriminologie als Sozialwissenschaft (Mainstream-Criminology),

- die Kritische Kriminologie, die allerdings zahlreiche Richtungen besitzt, und
- die täterorientierte Psychopathologie, die hauptsächlich in der forensischen Psychiatrie verbreitet ist.

Im deutschsprachigen Raum kommt noch die „Kriminologie als strafrechtliche Wirklichkeitswissenschaft" hinzu, eine Richtung, die man wegen ihrer starken Verflochtenheit mit dem Strafrecht international und im Ausland selten findet.

2.4.2.1 Die Kriminologie als Sozialwissenschaft

International ist die Kriminologie als Sozialwissenschaft die weitaus wichtigste Richtung (Mainstream-Criminology). Sie wird von fast allen englischsprachigen Lehrbüchern vertreten. Sie gründet sich auf vier Merkmale:

- Kriminalität, Delinquenz, Devianz werden als normale soziale Erscheinungen gesellschaftlich definiert, gelernt und verlernt. Ihre Wurzeln liegen nicht in der Vererbung, sondern in der zerstörten Gemeinschaft, in die eine Person hineingeboren ist.
- Kriminalität, Delinquenz, Devianz sind nicht nur individuelle Probleme des Täters und seines sozialen Nahraums. Sie entstehen aufgrund prokrimineller gesellschaftlicher Normen und vergehen – wie jedes andere menschliche Verhalten – in gesellschaftlichen Prozessen, in die sich die individuellen Entstehungs- und Kontrollprozesse des Täters und Opfers einordnen.
- Kriminalität, Delinquenz, Devianz, Täter- und Opferwerden sowie ihre Kontrolle werden in einem ständig andauernden, theorie- und hypothesengeleiteten empirischen und experimentellen Prozess erforscht. Kriminologische Untersuchungen, ihre Theorien und Methoden, müssen einer rigorosen Überprüfung und Beurteilung (Evaluation) unterworfen werden.
- Die informelle Kontrolle durch gesellschaftliche Institutionen, z.B. die Familie, ist die wichtigste Verbrechenskontrolle, durch die dem Täter- und Opferwerden vorgebeugt werden kann. Die formelle Kontrolle durch die Kriminaljustiz besitzt demgegenüber lediglich eine Ultima-Ratio-Funktion.

Im deutschsprachighen Raum bekennen sich – neben den Veröffentlichungen von *Hans Joachim Schneider* – die Lehrbücher von *Frank Neubacher* (2011) und *Martin Killias, Andre Kuhn* und *Marcelo F. Aebi* (2011) zur Kriminologie als Sozialwissenschaft.

2.4.2.2 Kritische Kriminologie

Etwa zehn Prozent der Kriminologen kann man international zur Kritischen Kriminologie rechnen, die in den 1970er Jahren entstanden ist und die zahlreiche Richtungen umfasst (*DeKeseredy* 2011; *DeKeseredy/Dragiewicz* 2012). Die Kritische Kriminologie und die Sozialwissenschaftliche Kriminologie arbeiten international eng zusammen. Man betont die Gemeinsamkeiten: die Ablehnung der Konzeption des Kriminellen als essentiell unterschiedlich vom Nichtkriminellen und die Absage an das alleinige Vertrauen auf die Kriminaljustiz bei der Datensammlung für kriminologische Forschungszwecke. Gleichwohl stimmen die Kritischen Kriminologen darin überein, sich bewusst von den Mainstream-Kriminologen und speziell von ihrem Objektivitätsanspruch zu distanzieren. International folgen sie zwar verschiedenen Ursachentheorien. Eine Ursachentheorie eint sie allerdings: Sie heben die zentrale Rolle der Ungleichheit der Macht als Kriminalitätsverursachung hervor (*Friedrichs* 2009, 2010; *DeKeseredy/Dragiewicz* 2012, 1). Ungleiche Verteilung der Macht oder der materiellen Ressourcen kehrt in allen ihren unterschiedlichen Theorien wieder: der Klassen-, Geschlechter-, Rassen- oder ethnische Konflikt (*Agnew* 2011a, 4). Die deutschsprachige Kritische Kriminologie hat demgegenüber keine so große Variationsbreite. Sie ist sehr stark auf den Labeling Approach eingeengt. Für die Kriminalitätsverursachung interessiert sie sich im Grunde gar nicht (*Sack* 2007, 227). Die Zuschreibung, die Reaktion auf Kriminalität ist ihr vorwiegendes Interessenfeld (*Kunz* 2011, 185). Mit der Zuschreibung versucht sie auch, die Verursachungsfrage zu lösen. Hinzu kommt in der deutschsprachigen Kritischen Kriminologie die starke Hervorhebung des Verstehens-Modells und der qualitativen Methode: Erfassung der qualitativen Sinndeutungen des Geschehens auf der Basis der wechselseitigen Subjektperspektive der Betroffenen (*Kunz* 2011, 187; vgl. auch 13–25). Die deutschsprachige Kritische Kriminologie ist viel schwächer als ihr internationaler Counterpart. Deshalb gestaltet sich die Zusammenarbeit mit ihr sehr schwierig.

2.4.2.3 Täterorientierte Psychopathologie

Die Täterorientierte Psychopathologie (Biokriminologie) ist international so schwach, dass man sie fast als nicht-existent bezeichnen muss. In der deutschsprachigen und ausländischen forensischen Psychiatrie ist sie allerdings noch stärker vertreten. Sie beschränkt die Kriminalitäts-Entstehung auf den individuellen Bereich: auf den Täter und seinen sozialen Nahraum. Sie führt die Kriminalitätsverursachung auf Unterschiede zwischen Kriminellen und Nichtkriminellen in körperlichen Merkmalen, konstitutionellen Prädispositionen und psychischen Eigenschaften (Anomalien) zurück. Es werden evolutionäre, genetische und biochemische Theorien sowie Zwillings- und Adoptionsstudien zur Begründung dieser Unterschiede herangezogen. Der Täter gehört zu einer Menschenkategorie, die sich vom Normalmenschen unterscheidet. Zweck und Ziel der Kriminologie ist ihre Unterstützung der Kriminaljustiz in ihren Diagnose- und Prognoseentscheidungen. Die Einzelfallanalyse und das Verstehen des Straftäters spielen eine große Rolle (*Bock* 2007, 2008). Die Kriminalitätskontrolle ist nahezu nur die formelle Kontrolle durch die Kriminaljustiz. Die Täterorientierte Psychopathologie wird von der Sozialwissenschaftlichen Kriminologie aus vier Gründen abgelehnt:

- Sie berücksichtigt bei der Verbrechensentstehung keine gesellschaftlichen und zwischenmenschlichen Gründe.
- Täter und Opfer sind in ihren Persönlichkeiten konstante Eigenschafts-Gesamtheiten und keine veränderbaren Prozesse.
- Psychopathologie besitzt keine Theorie. Ihre empirischen Studien leiden unter gravierenden methodischen Mängeln.
- Kriminalpolitisch rechtfertigt sie Repression, die Masseneinsperrung. Sie kann zu ungerechtfertigten, rechtsstaatlich bedenklichen physischen Eingriffen, z.B. zu Kastration, Gehirnoperation, eugenischen Maßnahmen führen.

2.4.2.4 Die Kriminologie als Strafrechtliche Wirklichkeitswissenschaft

Günther Kaiser (1996, 1997) hat sich zwar von der Psychopathologie gelöst. Gleichwohl stehen das Verbrechen als individuelles Problem und die Kriminologie als juristisch orientierte Wissenschaft im Mittelpunkt seines Denkens. Er fühlt sich dem täterorientierten Mehrfaktorenansatz und der Verbrechenskontrolle als strafrechtliche Sozialkontrolle verpflichtet. Kriminologie und Strafrecht sind bei *Kaiser* eng miteinander verbunden. Neben den Veröffentlichungen von *Kaiser* betrachtet *Hans-Dieter Schwind* (2011, 8) die Krimonologie als „eigenständige (interdisziplinäre) Schwesterwissenschaft" des Strafrechts, und *Bernd-Dieter Meier* (2010, 142) betont die Beschäftigung mit dem Täter und die Verwertungsinteressen des Strafrechts als Schwerpunkte der Kriminologie. Beide erwähnen die Kriminologie als Sozialwissenschaft nicht.

2.5 Ergebnis der kriminologischen Entwicklung der deutschsprachigen Kriminologie bis in die Gegenwart

Die deutschsprachige Kriminologie hat keine zufriedenstellende Entwicklung durchgemacht. Von Psychologen am Ende des 18. und am Beginn des 19. Jahrhunderts zunächst bearbeitet, bemächtigten sich schnell Psychiater und Juristen unter dem unseligen Einfluss *Cesare Lombrosos* dem neuen Gebiet der Kriminologie. Das ist bis in die Gegenwart so geblieben. Psychopathologie und Kriminalbiologie waren nicht nur die dominierenden Disziplinen. Psychopathologen und Kriminalbiologen versuchten vielmehr mit *allen Mitteln*, die Kriminalsoziologie, die Sozialpsychologie, die Psychoanalyse und die Viktimologie von der Kriminologie fernzuhalten.

- Die Entwicklung der deutschsprachigen Kriminologie ist nur parallel zur Entwicklung der US.-amerikanischen Kriminologie verständlich. Denn zahlreiche deutschsprachige Kriminologen und Viktimologen sind zur Auswanderung in die USA gezwungen worden und haben maßgebend zur Entfaltung der US.-amerikanischen Kriminologie beigetragen. Auf diese Weise hat die US.-amerikanische Kriminologie eine führende Stellung in der Welt erhalten.

- Während man in der US.-amerikanischen Kriminologie auf das Täter- und Opfer-werden sowie auf die Kontrolle des Täter- und Opferwerdens auf sozialstruktu-reller und -prozessualer Grundlage großen Wert legt, betont man in der deutsch-sprachigen Kriminologie die Täterpersönlichkeit mit ihrem sozialen Nahraum, den bio-, psycho-sozialen Unterschied zwischen Kriminellen und Nichtkriminel-len. Die Kriminellen gehören zu einer Menschenkategorie, die sich durch ererbte verbrecherische Anlagen und psychopathologische Anomalien vom Normalmen-schen unterscheiden.
- Die Nationalsozialisten verschärften in ihrer kriminellen Ideologie die Dicho-tomie zwischen Kriminellen und Nichtkriminellen mit der Methode des „Ver-stehens" zur Zweiteilung zwischen nordischer, kriminalitätsfreier Herrenrasse, deren Aufgabe die Vernichtung aller Schwachen, Kranken und Nicht-National-sozialistischen gehört, und den „kriminellen Volksschädlingen", dem „rassisch minderwertigen Menschenschlag" der „unverbesserlichen" Kriminellen, die aus dem „gesunden Volkskörper" ausgemerzt werden müssen. Es ging den National-sozialisten keineswegs nur um die „Überbetonung" des Anlagedenkens.
- Zu Beginn des 20. Jahrhunderts war eine Richtung einflussreich, die die gesellschaftlichen Gründe des Täter- und Opferwerdens und ihrer Kontrolle unterstrich (*Aschaffenburg, von Liszt*). Durch das Erscheinen des psychopatholo-gischen Buches „Die psychopathischen Persönlichkeiten" von *Kurt Schneider* ist diese Richtung schnell zerstört worden. Nach dem 2. Weltkrieg knüpfte man nicht an *Aschaffenburg* und *von Liszt*, sondern an *Kurt Schneider* an. Das brachte die US.-amerikanische Kriminologie, die weltführend geworden war, in einen ekla-tanten Widerspruch zur deutschsprachigen Kriminologie, die ihren gesamten Welteinfluss verlor.

Literatur

Adler, A. (1924). Neurose und Verbrechen. In: Internationale Zeitschrift für Individualpsychologie 3, 1–11.
Adler, A. (1931). Die kriminelle Persönlichkeit und ihre Heilung. In: Internationale Zeitschrift für Individualpsychologie 9, 321–329.
Adler, F. (1983). Nations Not Obsessed with Crime. Littleton/Colorado.
Adler, F./Mueller, G.O.W./Laufer, W.S. (1991, 2010). Criminology. 1. Aufl.; 7. Aufl. New York/NY.
Agnew, R. (1995). Strain and Subcultural Theories of Criminality. In: *J.F. Sheley* (Hrsg.): Criminology. 2. Aufl., 305–347. Belmont, Albany, Bonn et al.
Agnew, R. (2011a). Toward a Unified Criminology – Integrating Assumptions about Crime, People, and Society. New York, London.
Agnew, R. (2011b). Pressured Into Crime: General Strain Theory. In: *F.T. Cullen/R. Agnew* (Hrsg.): Criminological Theory – Past to Present. 4. Aufl. 189–206. New York, Oxford.
Aichhorn, A. (1925). Verwahrloste Jugend – Die Psychoanalyse in der Fürsorgeerziehung. Bern, Stuttgart.
Aichhorn, A. (1935). Wayward Youth. New York.

Akers, R.L. (1998). Social Learning and Social Structure – A General Theory of Crime and Deviance. Boston.

Akers, R.L. (2010). A Social Learning Theory of Crime. In: *S.G. Tibbetts/C. Hemmens* (Hrsg.): Criminological Theory. 475–485. Los Angeles, London, New Delhi.

Akers, R.L. (2011). A Social Learning Theory of Crime. In: *F.T. Cullen/R. Agnew* (Hrsg.): Criminological Theory – Past to Present. 4. Aufl. 130–142. New York, Oxford.

Albrecht, H.-J. (1998). Kriminologische und rechtspolitische Desiderate in der Gestaltung der Forschungsperspektiven Forensischer Psychiatrie. In: *H.-L. Kröber/K.-P. Dahle* (Hrsg.): Sexual-straftaten und Gewaltdelinquenz: Verlauf – Behandlung – Opferschutz. 135–150. Heidelberg.

Albrecht, P.-A. (2000). Die Funktionalisierung des Opfers im Kriminaljustizsystem. In: *B. Schünemann/M.D. Dubber* (Hrsg.): Die Stellung des Opfers im Strafrechtssystem – Neue Entwicklungen in Deutschland und in den USA. 39–50. Köln, Berlin, Bonn, München.

Albrecht, P.-A. (2010). Kriminologie – eine Grundlegung zum Strafrecht. 4. Aufl. München.

Alexander, F./Staub, H. (1929): Der Verbrecher und seine Richter. Ein psychoanalytischer Einblick in die Welt der Paragraphen. In: *A. Mitscherlich* (Hrsg.): Psychoanalyse und Justiz. 1971, 203–411. Frankfurt/M.

Alexander, F./Healy, W. (1935, Nachdruck 1969). Roots of Crime. Montclair/NJ.

Anderson, E. (1999, 2010). The Code of the Streets. In: *S.G. Tibbetts/C. Hemmens* (Hrsg.): Criminological Theory. 426–436. Los Angeles, London, New Delhi et al.

Andrews, D.A./Bonta, J. (2010). The Psychology of Criminal Conduct. 5. Aufl. Cincinnati/OH.

Aschaffenburg, G. (1903, 1906, 1923, 1933). Das Verbrechen und seine Bekämpfung. 1. Aufl., 2. Aufl., 3. Aufl., Nachdruck der 3. Auflage. Heidelberg.

Aschaffenburg, G. (1913, Nachdruck 1968). Crime and its Repression. Montclair/NJ.

Aschaffenburg, G. (1933). Kriminalanthropologie und Kriminalbiologie. In: *A. Elster/H. Lingemann* (Hrsg.): Handwörterbuch der Kriminologie. 1. Bd. 825–840. Berlin, Leipzig.

Bachhiesl, C. (2008). Die Grazer Schule der Kriminologie – Eine wissenschaftsgeschichtliche Skizze. In: MschrKrim 91, 87–111.

Bachman, R./Schutt, R.K. (2011). The Practice of Research in Criminology and Criminal Justice. 4. Aufl. Los Angeles, London, New Delhi et al.

Bader, K.S. (1949). Soziologie der deutschen Nachkriegskriminalität. Tübingen.

Baer, A. (1893). Der Verbrecher in anthropologischer Beziehung. Leipzig.

Bandura, A. (1979a). Aggression. Stuttgart.

Bandura, A. (1979b). Sozial-kognitive Lerntheorie. Stuttgart.

Bandura, A. (1986). Social Foundations of Thought and Action – A Social Cognitive Theory. Englewood Cliffs/NJ.

Bandura, A. (1997). Self-Efficacy: The Exercise of Control. New York.

Bandura, A. (2001). Social Cognitive Theory: An Agentic Perspective. In: Annual Review of Psychology 52, 1–26.

Bannenberg, B. (2002). Korruption in Deutschland und in ihre strafrechtliche Kontrolle – Eine kriminologisch-strafrechtliche Analyse. Neuwied, Kriftel.

Bannenberg, B. (2009). Korruption. In: *H.J. Schneider* (Hrsg.): Internationales Handbuch der Kriminologie. Bd. 2: Besondere Probleme der Kriminologie. 359–383. Berlin.

Bannenberg, B. (2010). So genannte „Amokläufe" aus kriminologischer Sicht. In: *D. Dölling/B Götting/B.D. Meier/T. Verrel* (Hrsg.): Verbrechen – Strafe – Resozialisierung. 49–68. Berlin, New York.

Bannenberg, B./Rössner, D. (2009). Evidenzbasierte Kriminalprävention – Was wirkt und zahlt sich auf Dauer für die Gemeinschaft aus? In: *T. Görgen/K. Hoffmann-Holland/H. Schneider/J. Stock* (Hrsg.): Interdisziplinäre Kriminologie – Festschrift für Arthur Kreuzer zum 70. Geburtstag. 2. Aufl., 1. Bd. 38–61. Frankfurt/M.

Baratta, A. (1985). Sur la Criminologic Critique et sa Fonction dans la Politique Criminelle. In: Annales Internationales de Criminologie 23, 27–43.

Baurmann, M.C./Schädler, W. (1991/1999). Das Opfer nach der Straftat – Seine Erwartungen und Perspektiven. Bericht 1991 und korrigierter Nachdruck 1999. Bundeskriminalamt. Wiesbaden.

Becker, H.S. (1973). Außenseiter – Zur Soziologie abweichenden Verhaltens. Tübingen.

Birnbaum, K. (1926). Die psychopathischen Verbrecher. 2. Aufl. Leipzig.

Birnbaum, K. (1931). Kriminalpsychopathologie und psychobiologische Verbrecherkunde. 2. Aufl. Berlin.

Bleuler, E. (1896). Der geborene Verbrecher. Eine kritische Studie. München.

Blumstein, J./Cohen, J./Roth, J.A./Visher, C.A. (1986). Criminal Careers and „Career Criminals". 2 Bände. Washington D.C.

Bock, M. (2007). Kriminologie. 3. Aufl. München.

Bock, M. (Hrsg.), *Göppinger, H.* (Begründer) (2008). Kriminologie. 6. Aufl. München.

Bögel, M. (1994). Strukturen und Systemanalyse der Organisierten Kriminalität in Deutschland. Berlin.

Böttcher, R. (1998). Die Kriminologische Zentralstelle in Wiesbaden. In: *H.J. Albrecht/F. Dünkel/ H.-J. Kerner/J. Kürzinger/H. Schöch/K. Sessar/B. Villmow* (Hrsg.): Internationale Perspektiven in Kriminologie und Strafrecht: Festschrift für Günther Kaiser. 47–56. Berlin.

Bohne, G. (1927). Psychoanalyse und Strafrecht. In: Zeitschrift für die gesamte Strafrechtswissenschaft 47, 439–459.

Bohne, G. (1928). Individualpsychologische Betrachtungen zu den Kapitalverbrechen der letzten Zeit. In: Deutsche Juristen-Zeitung 33, 1502–1508.

Bohne G. (1931). Individualpsychologische Beurteilung krimineller Persönlichkeiten. In: Internationale Zeitschrift für Individualpsychologie 9, 330–345.

Brantingham, P./Brantingham, P. (1984). Patterns in Crime. New York/NY.

Brauneck, A.-E. (1961). Die Entwicklung jugendlicher Straftäter. Hamburg.

Brauneck, A.-E. (1969). Zum Begriff der kriminellen Anlage. In: *P. Bockelmann/A. Kaufmann/U. Klug* (Hrsg.): Festschrift für Karl Engisch zum 70. Geburtstag. 636–643. Frankfurt/M.

Brown, S./Esbensen, F.-A./Geis, G. (1991, 2010). Criminology – Explaining Crime and its Context. 1. Aufl., 7. Aufl. Cincinnati/OH.

Buerger, M.E. (2010). President's Crime Commission Report. 1967. In: *B.S. Fisher/S.P. Lab* (Hrsg.): Encyclopedia of Victimology and Crime Prevention. Bd. 2. 656–659. Los Angeles, London.

Buchholz, E./Hartmann, R./Lekaschas, J./Stiller, G. (1971): Sozialistische Kriminologie – Ihre theoretische und methodologische Grundlegung. Berlin.

Bundesministerium des Innern (BMI)/Bundesministerium der Justiz (BMJ) (2001, 2006). Erster und Zweiter Sicherheitsbericht. Berlin.

Bundesministerium der Justiz (BMJ) (2000). Abschlussbericht der Kommission zur Reform des strafrechtlichen Sanktionensystems. Berlin.

Burgess, R.L./Akers, R.L. (1966). A Differential Association-Reinforcement Theory of Criminal Behavior. In: Social Problems 14, 128–147.

Cassel, E./Bernstein, D.A. (2007). Criminal Behavior. 2. Aufl. Mahwah/NJ, London.

Clinard, M.B. (1978). Cities with little Crime – The Case of Switzerland. London, New York, Melbourne.

Clinard, M.B./Abbott, D. (1973). Crime in Developing Countries: A Comparative Perspective. New York, London, Sydney, Toronto.

Clinard, M.B./Yeager, P.C. (1980). Corporate Crime. New York, London.

Coester, M./Bannenberg, B./Rössner, D. (2007). Die deutsche kriminologische Evaluationsforschung im internationalen Vergleich. In: *F. Lösel/D. Bender/J.-M. Jehle* (Hrsg.): Kriminologie und wissensbasierte Kriminalpolitik – Entwicklungs- und Evaluationsforschung. 93–112. Mönchengladbach.

Cohen, A.K. (2011). Delinquent Boys: the Culture of the Gang. In: F.T. Cullen/R. Agnew (Hrsg.): Criminological Theory – Past to Present. 4. Aufl. 173–177. New York, Oxford.

Cohen, L.C./Felson, M. (1979, 2011). Routine Activity Theory. In: F.T. Cullen/R. Agnew (Hrsg.): Criminological Theory: Past to Present. 417–427. New York, Oxford.

Conklin, J.E. (1981). Criminology. New York, London.

Conklin, J.E. (2010). Criminology. 10. Aufl. Upper Saddle River/NJ., Columbus/OH.

Cressey, D.R. (1981). Differentielle Assoziation, symbolischer Interaktionismus und Kriminologie. In: H.J. Schneider (Hrsg.): Die Psychologie des 20. Jahrhunderts. Bd. 14: Auswirkungen auf die Kriminologie. 182–195. Zürich.

Cullen, F.T. (2005). The Twelve People who Saved Rehabilitation: How the Science of Criminology Made a Difference – The American Society of Criminology 2004 Presidential Address. In: Criminology 43, 1–42.

Cullen, F.T./Wright, J.P./Gendreau, P./Andrews, D.A. (2003). What Correctional Treatment Can Tell Us about Criminological Theory: Implications for Social Learning Theory. In: R.L. Akers/G.F. Jensen (Hrsg.): Social Learning Theory and the Explanation – Advances in Criminological Theory. Vol. 11, 339–362. New Brunswick/USA, London/UK.

DeKeseredy, W.S. (2011). Contemporary Critical Criminology. London, New York.

DeKeseredy, W.S./Dragiewicz, M. (2012). Introduction – Critical Criminology: Past, Present and Future. In: W.S. DeKeseredy/M. Dragiewicz (Hrsg.): Routledge Handbook of Critical Criminology. 1–8. London, New York.

DeLisi M./Beaver, K.M. (Hrsg.): Criminological Theory – A Life-Course Approach. Boston, Toronto, London, Singapore.

Dessecker, A. (2007). Die Kriminologische Zentralstelle (KrimZ): Aufgaben und Perspektiven. In: K. Liebl (Hrsg.): Kriminologie im 21. Jahrhundert. 57–69. Wiesbaden.

Dettenborn, H. (1985). Determination strafbaren Handelns und soziales Lernen. In: H.-U. Jähnig, E. Littmann (Hrsg.): Kriminalpsychologie und Kriminalpsychopathologie. 36–55. Jena.

Dettenborn, H./Fröhlich, H.-H. (1971). Psychologische Probleme der Täterpersönlichkeit. Berlin.

Dettenborn, H./Fröhlich/H.-H./Szewczyk, H. (1984). Forensische Psychologie. Berlin.

Dijk, J. van/Kesteren, J. van/Smit, P. (2007). Criminal Victimisation in International Perspective – Key Findings from the 2004–2005 ICVS and EU ICS. Den Haag.

Dölling, D. (1989). Kriminologie im „Dritten Reich". In: R. Dreier/W. Sellert (Hrsg.): Recht und Justiz im „Dritten Reich". 194–225. Frankfurt/M.

Durkheim, E. (1893). De la Division du Travail Social. Paris.

Durkheim, E. (1895). Les Règles de la Méthode Sociologique. Paris.

Eckartshausen, Karl von (1791). Über die Notwendigkeit physiologischer Kenntnisse bei der Beurteilung von Verbrechen. München.

Egg, R. (2004). Rückfalluntersuchungen mit Hilfe von Bundeszentralregisterauszügen – am Beispiel von Sexualstraftätern. In: W. Heinz/J.-M. Jehle (Hrsg.): Rückfallforschung. 119–130. Wiesbaden.

Egg, R./Sohn, W. (2006). Von der Gewaltkommission zum Periodischen Sicherheitsbericht. In: T. Feltes/C. Pfeiffer/G. Steinhilper (Hrsg.): Kriminalpolitik und ihre wissenschaftlichen Grundlagen – Festschrift für Professor Dr.Hans-Dieter Schwind zum 70. Geburtstag. 35–56. Heidelberg, München, Landsberg, Berlin.

Eisenberg, U. (2005). Kriminologie. 6. Aufl. München.

Eissler, K.R. (1949). Searchlights on Delinquency – New Psychoanalytic Studies. New York/NY.

Ettinger, C.J. (1932). The Problem of Crime. New York/N.Y.

Exner, F. (1926). Krieg und Kriminalität. Vortrag. Leipzig.

Exner, F. (1927). Krieg und Kriminalität in Österreich. Wien, New Haven.

Exner, F. (1935). Kriminalistischer Bericht über eine Reise nach Amerika. Berlin, Leipzig.

Exner, F. (1936). Kriminalsoziologie. In: *A. Elster/H. Lingemann* (Hrsg.): Handwörterbuch der Kriminologie. 2. Bd. 10–26. Berlin, Leipzig.

Exner, F. (1939, 1944). Kriminalbiologie in ihren Grundzügen. 1. Aufl. Leipzig, 2. Aufl. Hamburg.

Exner, F. (1949). Kriminologie. 3. Aufl. Berlin, Göttingen, Heidelberg.

Farrington, D.P. (2007). Developmental and Life-Course Criminology. In: *H.J. Schneider* (Hrsg.): Internationales Handbuch der Kriminologie. 1. Bd.: Grundlagen der Kriminologie. 183–207. Berlin.

Farrington, D.P./Gottfredson, D.C./Sherman, L.W./Welsh, B.C. (2002). The Maryland Scientific Methods Scale. In: *L.W. Sherman/D.P. Farrington/B.C. Welsh/D.L. MacKenzie* (Hrsg.): Evidence-Based Crime Prevention. 13–21. London, New York.

Frey, E. (1951). Der Frühkriminelle Rückfallsverbrecher. Basel.

Friedrichs, D.O.: Critical Criminology. In: *J.M. Miller* (Hrsg.): 21st Century Criminology – A Reference Handbook. Bd. 1. 210–218. Los Angeles, London, New Delhi et al.

Garland, D. (2001). The Culture of Control. Crime and Social Order in Contemporary Society. Oxford.

Garland, D. (2004). Die Kultur der „High Crime Societies" – Voraussetzungen einer neuen Politik von „Law and Order". In: *D. Oberwittler/S. Karstedt* (Hrsg.): Soziologie der Kriminalität. 36–68. Wiesbaden.

Gillin, J.L. (1926, 1971). Criminology and Penology. 1. Aufl. 1926, 2. Aufl. 1935, 3. Aufl. 1945, Nachdruck der 3. Aufl. 1971. Westport/Conn.

Glick, L./Miller, J.M. (2008). Criminology. 2. Aufl. Boston, New York, San Francisco et al.

Glueck, S. & E. (1934a, Nachdruck 1971). Five Hundred Delinquent Women. New York.

Glueck, S. & E. (1934b, Nachdruck 1970). One Thousand Juvenile Delinquents – Their Treatment by Court and Clinic. Cambridge, New York.

Glueck, S. & E. (1937, Nachdruck 1966). Later Criminal Careers. New York.

Glueck, S. & E. (1939, Nachdruck 1975). Five Hundred Criminal Careers. Millwood, New York.

Glueck, S. & E. (1940, Nachdruck 1976). Juvenile Delinquents Grown Up. Millwood, New York.

Glueck, S. & E. (1943, Nachdruck 1976). Criminal Careers in Retrospect. Millwood, New York.

Glueck, S. & E. (1950). Unraveling Juvenile Delinquency. Cambridge/Mass.

Glueck, S. & E. (1956). Physique and Delinquency. New York.

Glueck, S. & E. (1962). Family Environment and Delinquency. London.

Glueck, S. & E. (1963). Jugendliche Rechtsbrecher – Wege zur Vorbeugung. Stuttgart.

Glueck, S. & E. (1968). Delinquents and Nondelinquents in Perspective. Cambridge/Mass.

Glueck, S. & E. (1974). Of Delinquency and Crime – A Panorama of Years of Search and Research. Springfield/Ill.

Göppinger, H. (1962a). Die Bedeutung der Psychopathologie für die Kriminologie. In: *H. Kranz* (Hrsg.): Psychopathologie heute. Festschrift für Kurt Schneider. 316–321. Stuttgart.

Göppinger, H. (1962b). Methodologische Probleme und ihre Auswirkungen bei der Begutachtung. In: *T. Würtenberger/J. Hirschmann* (Hrsg.): Kriminalbiologische Gegenwartsfragen. Heft 5, 110–121. Stuttgart.

Göppinger, H. (1964). Die gegenwärtige Situation der Kriminologie. Tübingen.

Göppinger, H. (1971, 1973, 1976, 1980). Kriminologie. 1. bis 4. Aufl. München.

Göppinger, H. (1983). Der Täter in seinen sozialen Bezügen. Berlin, Heidelberg, New York, Tokyo.

Göppinger, H. (1985). Angewandte Kriminologie. Berlin, Heidelberg, New York, Tokyo.

Göppinger, H. (1997a). Kriminologie. 5. Aufl. Bearbeitet von *M. Bock* und *A. Böhm*. München.

Göppinger, H. (1997b). Kriminologie am Scheideweg. Auszüge aus der Tübinger Abschiedsvorlesung von 1986. In: *H. Göppinger* (1997). Kriminologie. 5. Aufl. VII–XIII. München.

Gross, H. (1905). Kriminal-Psychologie. 2. Aufl. Leipzig.

Gruhle, H.W. (1933). Kriminalpsychologie. In: *A. Elster/H. Lingemann* (Hrsg.): Handwörterbuch der Kriminologie. 1. Bd. 907–914. Berlin, Leipzig.

Hagan, F.E. (2011): Introduction to Criminology – Theories, Methods, and Criminal Behavior. Los Angeles, London, New Delhi et al.

Hare, R.D. (1996). Psychopathy. A Clinical Construct Whose Time Has Come. In: Criminal Justice and Behavior 23, 25–54.

Hartjen, C.A./Priyadarsini, S. (1984). Delinquency in India – A Comparative Analysis. New Brunswick/New Jersey.

Hassemer, W. (1999). Neue Ansätze der Kriminalpolitik – Prävention durch Integration oder Repression. In: *D. Rössner/J.-M. Jehle* (Hrsg.): Kriminalität, Prävention und Kontrolle. 3–24. Heidelberg.

Hassemer, W./Reemtsma, J.P. (2002). Verbrechensopfer, Gesetz und Gerechtigkeit. München.

Haynes, F.E. (1930). Criminology. New York, London.

Healy, W. (1915, Nachdruck 1969). The Individual Delinquent. Montclair/N.J.

Heinroth, J.C.A. (1833). Grundzüge der Kriminalpsychologie. Berlin.

Hellmer, J. (1961). Der Gewohnheitsverbrecher und die Sicherungsverwahrung 1934–1945. Berlin.

Hentig, H. von (1947) Crime – Causes and Conditions. New York, London.

Hentig, H. von (1948, Nachdruck 1967). The Criminal and His Victim – Studies in the Sociobiology of Crime. New Haven/Conn.

Hentig, H. von (1960). Gustav Aschaffenburg 1866–1944. In: *H. Mannheim* (Hrsg.): Pioneers in Criminology. 327–334. London.

Hentig, H. von (1961, 1962, 1963). Das Verbrechen. 3 Bände. Berlin, Göttingen, Heidelberg.

Herren, R. (1973). Freud und die Kriminologie. Stuttgart.

Hess, H. (1970, 1993). Mafia. Zentrale Herrschaft und lokale Gegenmacht. Tübingen; Ursprung, Macht und Mythos. Freiburg i.Br., Basel, Wien.

Hess, H./Scheerer, S. (1997). Was ist Kriminalität? Skizze einer konstruktivistischen Kriminalitätstheorie. In: Krim.Journal 29, 83–155.

Hess, H./Scheerer, S. (2004). Theorie der Kriminalität. In: *D. Oberwittler/S. Karstedt* (Hrsg.): Soziologie der Kriminalität. 69–92. Wiesbaden.

Hindelang, M.J. (1982a). Victimization Surveying: Theory and Research. In: *H.J. Schneider* (Hrsg.): The Victim in International Perspective. 151–165. Berlin, New York.

Hindelang, M.J. (1982b). Opferbefragungen in Theorie und Forschung – Eine Einführung in das „National Crime Survey Programm". In: *H.J. Schneider* (Hrsg.): Das Verbrechensopfer in der Strafrechtspflege. 115–131. Berlin, New York.

Hindelang, M.J./Gottfredson, M.R./Garofalo, J. (1978). Victims of Personal Crime: An Empirical Foundation for a Theory of Personal Victimization. Cambridge/Mass.

Hirschi, T. (1969). Causes of Delinquency. Berkeley, Los Angeles.

Ideler, K.W. (1857). Lehrbuch der gerichtlichen Psychologie. Berlin.

Jäger, H. (1967). Verbrechen unter totalitärer Herrschaft – Studien zur nationalsozialistischen Gewaltkriminalität, Texte und Dokumente zur Zeitgeschichte. Olten, Freiburg i.Br.

Jäger, H. (1973). Psychologie des Strafrechts und der strafenden Gesellschaft. In: *P. Reiwald* (Hrsg.): Die Gesellschaft und ihre Verbrecher. 20–42. Frankfurt/M.

Jäger, H. (1989). Makrokriminalität – Studien zur Kriminologie kollektiver Gewalt. Frankfurt/M.

Jennings, W.G./Akers, R.L. (2011). Social Learning Theory. In: *C.D. Bryant* (Hrsg.): The Routledge Handbook of Deviant Behavior. 106–113. London, New York.

Jung, H. (2009). Zum „cultural turn" in der Kriminologie. In: *T. Görgen/K. Hoffmann-Holland/ H. Schneider/J. Stock* (Hrsg.): Interdisziplinäre Kriminologie – Festschrift für Arthur Kreuzer zum 70. Geburtstag. 2. Aufl., 1. Bd. 344–355. Frankfurt/M.

Kaiser, G. (1975). Stand und Entwicklung der kriminologischen Forschung in Deutschland. Berlin, New York.

Kaiser, G. (1976, 1989, 1993, 1997). Kriminologie – Eine Einführung in die Grundlagen. 1. Aufl. Heidelberg, Karlsruhe, 8. Aufl., 9. Aufl., 10. Aufl. Heidelberg.

Kaiser, G. (1980, 1988, 1996). Kriminologie. 1. Aufl., 2. Aufl., 3. Aufl. Heidelberg.

Kaiser, G. (1993). Viktimologie. In: *P.-A. Albrecht/A.P.F. Ehlers/F. Lamott/C. Pfeiffer/H.D. Schwind/ M. Walter* (Hrsg.): Festschrift für Horst Schüler-Springorum. 3–17. Köln, Berlin, Bonn, München.

Kaiser, G. (1998). Was heißt „Amerikanische Kriminologie?" In: *D. Schwind/E. Kube/H.-H. Kühne* (Hrsg.): Festschrift für Hans Joachim Schneider. 539–563. Berlin, New York.

Kaiser, G. (2006). Wo steht die Kriminologie, und wohin geht sie? In: *J. Obergfell-Fuchs/ M. Brandenstein* (Hrsg.): Nationale und internationale Entwicklungen in der Kriminologie – Festschrift für Helmut Kury. 19–34. Frankfurt/M.

Kaiser, G. (2007). Kriminologie: Begriff und Aufgaben. In: *H.J. Schneider* (Hrsg.): Internationales Handbuch der Kriminologie. Bd. 1: Grundlagen der Kriminologie. 25–52. Berlin.

Kaiser, G./Schellhoss, H. (1966). Entwicklungstendenzen der Kriminologie – Eine kritische Erwiderung auf den Beitrag von H.J. Schneider in JZ 1966, 369 ff. In: JZ 21, 772–778.

Kerner, H.-J. (1973). Professionelles und Organisiertes Verbrechen. Schriftenreihe des Bundeskriminalamtes. Wiesbaden.

Kerner, H.-J. (2004). Wissenschaftstransfer in der Kriminalpolitik – Erfahrungen aus der Mitarbeit am Ersten Periodischen Sicherheitsbericht der Bundesregierung. 523–551. Mönchengladbach.

Kiefl, W./Lamnek, S. (1986). Soziologie des Opfers – Theorie, Methoden und Empirie der Viktimologie. München.

Kilchling, M. (1995). Opferinteressen und Strafverfolgung. Freiburg i.Br.

Killias, M. (2003). Für und wider täterzentrierte Ansätze – Hintergründe einer deutschen Streitfrage des ausgehenden 20. Jahrhunderts. In: *V. Dittmann/J.-M. Jehle* (Hrsg.): Kriminologie zwischen Grundlagenwissenschaften und Praxis. 3–18. Mönchengladbach.

Killias, M./Kuhn, A./Aebi, M.F. (2011). Grundriss der Kriminologie – Eine europäische Perspektive. 2. Aufl. Bern.

Kirchhoff, G.F. (1996). Das Opfer und die Kriminalitätsbekämpfung aus viktimologischer Sicht. In: *Bundeskriminalamt* (Hrsg.): Das Opfer und die Kriminalitätsbekämpfung. BKA-Arbeitstagung 1995. 37–62. Wiesbaden.

Koch, J. (1894). Die Frage nach dem geborenen Verbrecher. Ravensburg.

Kranz, H. (1936). Lebensschicksale krimineller Zwillinge. Berlin.

Kraepelin, E. (1899). Psychiatrie. Ein kurzes Lehrbuch für Studierende und Ärzte. 6. Aufl., 2 Bände. Leipzig.

Kräupl, G. (1998a). Vergleichende Kriminologie: Deutsche Demokratische Republik (1949–1990). In: *R. Sieverts/H.J. Schneider* (Hrsg.): Handwörterbuch der Kriminologie. Bd. 5. 693–703. Berlin, New York.

Kräupl, G. (1998b). Kriminologische Begleitforschung gesellschaftlicher Transformation – Erwartungen, Grenzen, Überlegungen. In: *H.J. Albrecht/F. Dünkel/H.-J. Kerner/J. Kürzinger/ H. Schöch/K. Sessar/B. Villmow* (Hrsg.): Internationale Perspektiven in Kriminologie und Strafrecht – Festschrift für Günther Kaiser. 195–213. Berlin.

Kräupl, G./Ludwig, H. (1993). Wandel kommunaler Lebenslagen, Kriminalität und Sanktionserwartungen – Bevölkerungsbefragung in einer städtischen Region Thüringens 1991/92 (Jenaer Kriminalitätsbefragung). Freiburg i.Br.

Kräupl, G./Ludwig, H. (1998). Wertewandel und Normbruch – Eigenartige Resultate einer gesellschaftlichen Transformation. In: *H.-D. Schwind/E. Kube/H.-H. Kühne* (Hrsg.): Festschrift für Hans Joachim Schneider zum 70. Geburtstag. 37–56. Berlin, New York.

Kräupl, G./Ludwig, H. (2000). Wahrnehmung von Kriminalität und Sanktionen im Kontext gesellschaftlicher Transformation. Freiburg i.Br.

Kraska, P.B./Neuman, W.L. (2012). Criminal Justice and Criminology Research Methods. 2. Aufl.
Boston, Columbus, Indianapolis et al.

Kreissl, R. (1996). Was ist kritisch an der Kritischen Kriminologie – Eine neue Standortbestimmung.
In: *K.-D. Bussmann/R. Kreissl* (Hrsg.): Kritische Kriminologie in der Diskussion. 13–43. Opladen.

Kretschmer, E. (1961). Körperbau und Charakter. 23./24. Aufl. Stuttgart.

Kröber, H.-L./Dölling, D./Leygraf, N./Sass, H. (Hrsg.) (2006) (2009). Handbuch der Forensischen
Psychiatrie. Bd. 3: Psychiatrische Kriminalprognose und Kriminaltherapie; Bd. 4: Kriminologie
und Forensische Psychiatrie. Heidelberg.

Kubink, M. (1997). Fremdenfeindliche Straftaten – Polizeiliche Registrierung und justizielle
Erledigung – am Beispiel Köln und Wuppertal. Berlin.

Kühne, H.-H. (1998). Das Paradigma der inneren Sicherheit: Polizeiliche Möglichkeiten – Rechtsstaatliche Grenzen. In: *H.-D. Schwind/E. Kube/H.-H. Kühne* (Hrsg.): Festschrift für Hans Joachim
Schneider. 3–16. Berlin, New York.

Kühne, H.-H. (2003). Neue nationale und internationale Entwicklungen in der Kriminalpolitik. In:
E. Minthe (Hrsg.): Neues in der Kriminalpolitik. 23–37. Wiesbaden.

Kürzinger, J. (1982). Kriminologie. 2. Aufl. Stuttgart, München et al.

Kürzinger, J. (1986). Karl von Eckartshausen (1752–1803) und die Anfänge der Kriminalpsychologie
in Deutschland. In: *J. Kürzinger/E. Müller* (Hrsg.): Festschrift für Wolf Middendorff zum
70. Geburtstag. 177–192. Bielefeld.

Kunz, K.-L. (2011). Kriminologie. 6.Aufl. Bern, Stuttgart, Wien.

Kurella, H. (1893). Naturgeschichte des Verbrechers: Grundzüge der kriminellen Anthropologie und
Kriminalpsychologie. Stuttgart.

Kury, H. (Hrsg.) (1992). Gesellschaftliche Umwälzung – Kriminalitätserfahrungen, Straffälligkeit und
soziale Kontrolle. Freiburg i.Br.

Kury, H./Dörmann, U./Richter, H./Würger, M. (1992). Opfererfahrungen und Meinungen zur Inneren
Sicherheit in Deutschland – Ein empirischer Vergleich von Viktimisierungen, Anzeigeverhalten
und Sicherheitseinschätzung in Ost und West vor der Vereinigung. BKA-Forschungsreihe,
Bd. 25. Wiesbaden.

Kury, H./Obergfell-Fuchs, J. (2006). Punitivität in Deutschland – Zur Diskussion um eine
neue „Straflust". In: *T. Feltes/C. Pfeiffer/G. Steinhilper* (Hrsg.): Kriminalpolitik und ihre
wissenschaftlichen Grundlagen – Festschrift für Professor Dr.Hans-Dieter Schwind zum
70. Geburtstag. 1021–1043. Heidelberg, München, Landsberg, Berlin.

Kury, H./Obergfell-Fuchs, J./Würger, M. (2000). Gemeinde und Kriminalität – Eine Untersuchung in
Ost- und Westdeutschland. Freiburg i.Br.

Lamnek, S. (2007, 2008). Theorien abweichenden Verhaltens. I: „Klassische" Ansätze. 8. Aufl.; II:
„Moderne" Ansätze. 3. Aufl. Paderborn.

Lange, J. (1929). Verbrechen als Schicksal. Studien an kriminellen Zwillingen. Leipzig.

Lange, R. (1970). Das Rätsel Kriminalität – Was wissen wir vom Verbrechen? Frankfurt/Main, Berlin.

Lange, R. (1981). Die Entwicklung der Kriminologie im Spiegel der Zeitschrift für die gesamte
Strafrechtswissenschaft. In: ZStW 93, 151–198.

Lappi-Seppälä, T. (2008). Trust, Welfare, and Political Culture: Explaining Differences in National
Penal Policies. In: *M. Tonry* (Hrsg.): Crime and Justice – A Review of Research. Vol. 37, 313–387.
Chicago, London.

Lappi-Seppälä, T. (2010). Vertrauen, Wohlfahrt und politikwissenschaftliche Aspekte –
Vergleichende Perspektiven zur Punitivität. In: *F. Dünkel/T. Lappi-Seppälä/C. Morgenstern/
D. van Zyl Smit* (Hrsg.): Kriminalität, Kriminalpolitik, strafrechtliche Sanktionspraxis und
Gefangenenraten im europäischen Vergleich. Bd. 2, 937–996. Mönchengladbach.

Laub, J.H. (2004). The Life Course of Criminology in the United States: The American Society of Crimininology 2003 Presidential Address. In: Criminology 42, 1–26.

Laub, J./Sampson, R. (1991). The Sutherland-Glueck Debate: On the Sociology of Criminological Knowledge. In: American Journal of Sociology 96, 1402–1440.

Laub, J.H./Sampson, R.J. (2003). Shared Beginnings, Divergent Lives, Delinquent Boys to Age 70. Cambridge/Mass., London/England.

Laub, J.H./Sampson, R.J. (2011). A Theory of Persistent Offending and Desistance from Crime. In: *F.T. Cullen/R. Agnew* (Hrsg.): Criminological Theory – Past to Present. 4. Aufl. 497–503. New York, Oxford.

Leferenz, H. (1955). Psychopathentypen in kriminologischer Sicht. In: *E. Mezger/E. Seelig* (Hrsg.): Kriminalbiologische Gegenwartsfragen. Heft 2, 13–22. Stuttgart.

Leferenz, H. (1957). Die Kriminalität der Kinder – Eine kriminologisch-jugendpsychiatrische Untersuchung. Tübingen.

Leferenz, H. (1967). Aufgaben einer modernen Kriminologie – Vortrag vor der Juristischen Studiengesellschaft in Karlsruhe. Karlsruhe.

Leferenz, H. (1978). 50 Jahre Gesellschaft für die gesamte Kriminologie. In: *H. Göppinger/H. Walder* (Hrsg.): Kriminologische Gegenwartsfragen. Wirtschaftskriminalität, Beurteilung der Schuldfähigkeit. 1–5. Stuttgart.

Lekschas, J. (1967). Neue Probleme der sozialistischen Kriminologie. Berlin.

Lekschas, J./Harrland, H./Hartmann, R./Lehmann, G. (1983). Kriminologie – Theoretische Grundlagen und Analysen. Berlin.

Lenz, A. (1927). Grundriss der Kriminalbiologie – Werden und Wesen der Persönlichkeit des Täters nach Untersuchungen an Sträflingen. Wien.

Lenz, A. (1936). Kriminogene Disposition und Struktur. In: *A. Elster/H. Lingemann* (Hrsg.): Handwörterbuch der Kriminologie. 2. Bd. 62–67. Berlin, Leipzig.

Liepmann, M. (1926). Die Problematik des „progressiven Strafvollzugs". In: MschrKrim, Beiheft 1, Beiträge zur Kriminalpsychologie und Strafrechtsreform.

Liepmann, M. (1927). Amerikanische Gefängnisse und Erziehungsanstalten – Ein Reisebericht. Mannheim, Berlin, Leipzig.

Liepmann, M. (1930). Krieg und Kriminalität in Deutschland. Berlin u.a., New Haven.

Lilly, J.R./Cullen, F.T./Ball, R.A. (2011). Criminological Theory – Context and Consequences. 5. Aufl. Los Angeles, London, New Delhi et al.

Lipton, D./Martinson, R./Wilks, J. (1975). The Effectiveness of Correctional Treatment – A Survey of Treatment Evaluation Studies. New York, Washington, London.

Liszt, F. von (1905a, Nachdruck 1970). Das Verbrechen als sozial-pathologische Erscheinung. In: *F. von Liszt*: Strafrechtliche Aufsätze und Vorträge. 2. Bd. 230–250. Berlin.

Liszt, F. von (1905b, Nachdruck 1970). Die gesellschaftlichen Faktoren der Kriminalität. In: *F. von Liszt*: Strafrechtliche Vorträge und Aufsätze. 2. Bd. 433–447. Berlin.

Liszt, F. von (1905c, Nachdruck 1970). Der Zweckgedanke im Strafrecht (Marburger Universitätsprogramm 1882). In: *F. von Liszt*: Strafrechtliche Vorträge und Aufsätze. 1. Bd. 126–179. Berlin.

Lösel, F. (1983). Vorwort. In: *F. Lösel* (Hrsg.): Kriminalpsychologie – Grundlagen und Anwendungsbereiche. 7/8. Weinheim, Basel.

Lösel, F. (1995a). The Efficacy of Correctional Treatment: A Review and Synthesis of Meta-Evaluations. In: *J. McGuire* (Hrsg.). What Works: Reducing Reoffending – Guidelines from Research and Practice. 79–111. Chichester, New York et al.

Lösel, F. (1995b). Increasing Consensus in the Evaluation of Offender Rehabilitation? Lessons from Recent Research Syntheses. In: Psychology, Crime & Law 2, 19–39.

Lösel, F. (1996). Ist der Behandlungsgedanke gescheitert? Eine empirische Bestandsaufnahme. In: ZfStrVo 45, 259–267.

Lösel, F./Bender, D./Jehle, J.M. (2007). Kriminologie und wissensbasierte Kriminalpolitik – Entwicklungs- und Evaluationsforschung. Mönchengladbach.

Lösel, F./Schmucker, M. (2005). The Effectiveness of Treatment for Sexual Offenders: A Comprehensive Meta-Analysis. In: Journal of Experimental Criminology 1, 117–146.

Lösel, F./Schmucker, M. (2008). Evaluation der Straftäterbehandlung. In: *R. Volbert/M. Steller* (Hrsg.): Handbuch der Rechtspsychologie. 160–171. Göttingen, Bern Wien et al.

Lombroso, C. (1894, 1890). Der Verbrecher. Bd. 1, 2., Hamburg.

Lombroso, C. (2006). Criminal Man. Translated and with a New Introduction by Mary Gibson and Nicole Hahn Rafter. Durham, London.

Ludwig, H./Kräupl, G. (2005). Viktimisierung, Sanktionen und Strafverfolgung – Jenaer Kriminalitätsbefragung über ein Jahrzehnt gesellschaftlicher Transformation. Mönchengladbach.

Mannheim, H. (1965). Comparative Criminology. 2 Bände. London.

Mannheim, H. (1974). Vergleichende Kriminologie. 2 Bände. Stuttgart.

Martinson, R. (1974). What Works? Questions and Answers about Prison Reform. In: The Public Interest. Spring 1974, 22–74.

Marxen, K. (1994). Das Volk und sein Gerichtshof – Eine Studie zum nationalsozialistischen Volksgerichtshof. Frankfurt/M.

Maxfield, M.G./Babbie, E.R. (2011). Research Methods for Criminal Justice and Criminology. 6. Aufl. Belmont/CA, Stamford/CA, London (UK).

Meier, B.-D. (2004). Restorative Justice – Bericht über Deutschland. In: *H. Schöch/J.-M. Jehle* (Hrsg.): Angewandte Kriminologie zwischen Freiheit und Sicherheit. 415–428. Mönchengladbach.

Meier, B.-D. (2010). Kriminologie. 4. Aufl. München.

Mergen, A. (1967, 1978, 1995). Die Kriminologie – Eine systematische Darstellung. 1., 2., 3. Auflage. Berlin, Frankfurt/M., München.

Mergen, A. (1968). Der geborene Verbrecher. Hamburg.

Merton, R.K. (1968). Social Theory and Social Structure. New York, London.

Merton, R.K. (2011). Social Structure and Anomie. In: *F.T. Cullen/R. Agnew* (Hrsg.): Criminological Theory: Past do Present. 4. Aufl. 165–172. New York, Oxford.

Messner S.F./Rosenfeld, R. (1997, 1994). Crime and the American Dream. Belmont/CA.

Messner, S.F./Rosenfeld, R. (2004). "Institutionalizing" Criminological Theory. In: *J. McCord* (Hrsg.): Beyond Empiricism – Advances in Criminological Theory. Vol. 13, 83–176. New Brunswick/USA, London/U.K.

Mezger, E. (1934, 1942, 1944). Kriminalpolitik auf kriminologischer Grundlage. 1. Aufl., 2. Aufl., 3. Aufl. Stuttgart.

Mezger, E. (1951). Kriminologie. München, Berlin.

Moffitt, T.E. (2011). Pathways in the Life Course to Crime. In: *F.T. Cullen/R. Agnew* (Hrsg.): Criminological Theory – Past to Present. 4. Aufl. 477–496. New York, Oxford.

Moffitt, T./Harrington, M.L. (1996). Delinquency: The Natural History of Antisocial Behaviour. In: *P.A. Silva/W.R. Stanton* (Hrsg.): From Child to Adult. 163–185. Oxford, Melbourne, New York.

Moore, M.H./Petrie, C.V./Braga, A.A./McLaughlin, B.L. (Hrsg.) (2003). Deadly Lessons. Understanding Lethal School Violence. Washington D.C.

Münch, J.G. (1799). Über den Einfluss der Kriminalpsychologie auf ein System des Kriminalrechts. Nürnberg.

Mutchnick, R.J./Martin, R./Austin, W.T. (2009). Criminological Thought – Pioneers Past and Present. Upper Saddle River/NJ., Columbus/OH.

Näcke, P. (1894). Verbrechen und Wahnsinn beim Weibe. Mit Ausblicken auf die Kriminal-Anthropologie überhaupt. Wien.

Näcke, P. (1897). Über Kriminalpsychologie. In: ZStW 17, 85–100.

National Commission on Law Observance and Enforcement (1931). Wickersham Commission Reports. 14 Bände. Washington D.C.

National Commission on the Causes and Prevention of Violence (1969). To Establish Justice, to Insure Domestic Tranquility. Washington D.C. (mit 13 Task-Force-Berichten).

National Opinion Research Center (1967). Criminal Victimization in the United States. Washington D.C.

National Research Council (1993, 1994). Understanding and Preventing Violence. Vier Bände. Washington D.C.

Neubacher, F. (2011). Kriminologie. Baden-Baden.

Newman, O. (1972). Defensible Space – People and Design in the Violent City. London.

O'Mahony, D./Doak, J. (2009). Restorative Justice and Youth Justice: Bringing Theory and Practice Closer Together in Europe. In: *J. Junger-Tas/F. Dünkel* (Hrsg.): Reforming Juvenile Justice. 165–182. Dordrecht, Heidelberg, London, New York.

Ortmann, R. (1994). Zur Evaluation der Sozialtherapie. Ergebnisse einer experimentellen Längsschnittstudie zu Justizvollzugsanstalten in Nordrhein-Westfalen. In: ZStW 106, 782–821.

Ortmann, R. (2000). Abweichendes Verhalten und Anomie. Freiburg i.Br.

Ostendorf, H. (2000). Wieviel Strafe braucht die Gesellschaft? Plädoyer für eine soziale Strafrechtspflege. Baden-Baden.

Parmelee, M. (1922). Criminology. New York.

Patterson, G.R./DeBaryshe, B.D./Ramsey, E. (2006). A Development Perspective on Antisocial Behavior. In: *F.T. Cullen/R. Agnew* (Hrsg.): Criminological Theory – Past to Present. 3. Aufl. 495–501. Los Angeles/CA.

Piquero, A.R./Weis, D.B. (2012). Heterogeneity in Delinquency. In: *B.C. Feld/D.M. Bishop* (Hrsg.): The Oxford Handbook of Juvenile Crime and Juvenile Justice. 31–46. New York/NY.

Porterfield, A.L. (1943). Delinquency and its Outcome in Court and College. In: American Journal of Sociology 19, 199–208.

Porterfield, A.L. (1949). Youth in Trouble. Fort Worth/Texas.

President's Commission on Law Enforcement and Administration of Justice (1967). The Challenge of Crime in a Free Society (mit acht Task-Force-Reports und zehn Sonderreports). Washington D.C.

Quensel, S. (1989). Krise der Kriminologie: Chancen für eine interdisziplinäre Renaissance? In: MschrKrim 72, 391–410.

Radzinowicz, L. (1961). In Search of Criminology. London, Melbourne, Toronto.

Rafter, N. (2008a). The Criminal Brain – Understanding Biological Theories of Crime. New York, London.

Rafter, N. (2008b). Criminology's Darkest Hour: Biocriminology in Nazi Germany. In: Australian and New Zealand Journal of Criminology 41, 287–306.

Reckless, W.C. (1940). Criminal Behavior. New York, London.

Reckless, W.C. (1970). American Criminology. In: Criminology 8, 4–20.

Reckless, W.C. (1973). The Crime Problem. 5. Aufl. New York.

Reemtsma, J.P. (1999). Das Recht des Opfers auf die Bestrafung des Täters – als Problem. München.

Reik, T. (1925a). Geständniszwang und Strafbedürfnis – Probleme der Psychoanalyse und der Kriminologie. Leipzig, Wien, Zürich.

Reik, T. (1925b). Der unbekannte Mörder – Psychoanalytische Studien. Hamburg.

Reiss, A.J. (1981). Soziologische Einflüsse auf die Kriminologie. In: *H.J. Schneider* (Hrsg.): Die Psychologie des 20. Jahrhunderts. Bd. 14: Auswirkungen auf die Kriminologie. 13–28. Zürich.

Reiss, A.J./Roth, J.A. (1993). Understanding and Preventing Violence. Bd. 1. Washington D.C.

Rennison, C.M. (2010a). National Crime Victimization Survey (NCVS). In: *B.S. Fisher/S.P. Lab* (Hrsg.): Encyclopedia of Victimology and Crime Prevention. 2. Bd. 579–584. Los Angeles, London.

Rennison, C.M. (2010b). Victimization Surveys. In: *B.S. Fisher/S.P. Lab* (Hrsg.): Encyclopedia of Victimology and Crime Prevention. 2. Bd. 985–991. Los Angeles, London.

Remschmidt, W./Walter, R. (2009). Kinderdelinquenz – Gesetzesverstöße Strafunmündiger und ihre Folgen. Heidelberg.

Remschmidt, H./Walter, R. (2011). Was wird aus delinquenten Kindern? Ergebnisse der Marburger Kinderdelinquenzstudie. In: *B. Bannenberg/J.-M. Jehle* (Hrsg.): Gewaltdelinquenz – Lange Freiheitsentziehung – Delinquenzverläufe. 469–485. Mönchengladbach.

Roberts, J.V. (2007). Public Confidence in Criminal Justice in Canada: A Comparative and Contextual Analysis. In: Canadian Journal of Criminology and Criminal Justice 49, 153–184.

Rock, P. (1985). The Status and Roles of Criminology and its Institutional Relations with Public Policy and Practices. In: Annales Internationales de Criminologie 23, 65/66.

Rössner, D. (2004). Dissoziale Persönlichkeit und Strafrecht. In: *H. Schöch/J.-M. Jehle* (Hrsg.): Angewandte Kriminologie zwischen Freiheit und Sicherheit. 391–411. Mönchengladbach.

Rössner, D./Bannenberg, B. (2002a). Düsseldorfer Gutachten: Leitlinien wirkungsorientierter Kriminalprävention. Düsseldorf.

Rössner, D./Bannenberg, B. (2002b). Empirisch gesicherte Leitlinien der Kriminalprävention. In: *H.-H. Kühne/H. Jung/A. Kreuzer/J. Wolter* (Hrsg.): Festschrift für Klaus Rolinski. 459–469. Baden-Baden.

Sack, F. (1968). Neue Perspektiven in der Kriminologie. In: *F. Sack/R. König* (Hrsg.). Kriminalsoziologie. 431–475. Frankfurt/M.

Sack, F. (1969, 1978). Probleme der Kriminalsoziologie. In: *R. König* (Hrsg.): Handbuch der empirischen Sozialforschung. Bd. 12: Wahlverhalten, Vorurteile, Kriminalität. 192–492. Stuttgart.

Sack, F. (1974). Definition von Kriminalität als politisches Handeln: der labeling approach. In: *Arbeitskreis Junger Kriminologen* (Hrsg.). Kritische Kriminologie – Positionen, Kontroversen und Perspektiven. 18–43. München.

Sack, F. (1988). Wege und Umwege der deutschen Kriminologie in und aus dem Strafrecht. In: *H. Janssen/R. Kaulitzky/R. Michalowski* (Hrsg.): Radikale Kriminologie – Themen und theoretische Positionen der amerikanischen Radical Criminology. 9–34. Bielefeld.

Sack, F. (1990). Das Elend der Kriminologie und Überlegungen zu seiner Überwindung – Ein erweitertes Vorwort. In: *P. Robert* (Hrsg.): Strafe, Strafrecht, Kriminologie – Eine soziologische Kritik. 15–55. Frankfurt/M.

Sack, F. (2004). Wie die Kriminalpolitik dem Staat aufhilft. Governing through Crime als neue politische Strategie. In: *R. Lautmann/D. Klimke/F. Sack* (Hrsg.): Punitivität. In: Kriminologisches Journal 8, Beiheft 2004, 30–50.

Sack, F. (2006). Deutsche Kriminologie: auf eigenen (Sonder)Pfaden? Zur deutschen Diskussion der kriminalpolitischen Wende. In: *J. Obergfell-Fuchs/M. Brandenstein* (Hrsg.): Nationale und internationale Entwicklungen in der Kriminologie – Festschrift für Helmut Kury. 35–71. Frankfurt/M.

Sack, F. (2007a). Die deutsche Kriminologie – von „draußen" betrachtet. In: *H. Hess/L. Ostermeier/ B. Paul* (Hrsg.): Kontrollkulturen: Texte zur Kriminalpolitik im Anschluss an David Garland – KrimJ. 39, 9.Beiheft. 205–230.

Sack, F. (2007b). Innere Sicherheit und die Zukunft der Kriminologie – Möglichkeiten und Verpflichtungen. In: *Kh. Liebl* (Hrsg.) Kriminologie im 21. Jahrhundert. 211–220. Wiesbaden.

Sack, F./König, R. (Hrsg.) (1968). Kriminalsoziologie. Frankfurt/M.

Sampson, R.J./Laub, J.H. (1993). Crime in the Making – Pathways and Turning Points through Life. Cambridge/Mass., London/England.

Sampson, R.J. (2011). Great American City. Chicago and Enduring Neighborhood Effect. Chicago, London.

Sampson, R.J./Raudenbush, S.W./Earls, F. (2011). Collective Efficacy and Crime. In: *F.T. Cullen/ R. Agnew* (Hrsg.): Criminological Theory: Past to Present. 112–117. New York, Oxford.

Sauer, W. (1933). Kriminalsoziologie. 3 Bände. Berlin.

Sauer, W. (1950). Kriminologie. Berlin.

Schaumann, J.C. (1792). Ideen zu einer Kriminalpsychologie. Halle.

Scheerer, S./Lorenz, D. (2006). Zum 125. Geburtstag von Franz Exner (1881–1947). In: MschrKrim 89, 436–454.

Schlüter, H. (1995). Die Urteilspraxis des nationalsozialistischen Volksgerichtshofs. Berlin.

Schmidt, Eugen (1931). Das Verbrechen als Ausdrucksform sozialer Entmutigung – Eine einführende Betrachtung über das Werden und die Behandlung der kriminellen Persönlichkeit auf Grund der Erkenntnisse der modernen Psychologie. München, Berlin, Leipzig.

Schmucker, M./Lösel, F. (2007). Wie erfolgreich ist die Therapie von Sexualstraftätern? Ergebnisse und Probleme der Wirkungsforschung. In: *F. Lösel/D. Bender/J.-M. Jehle* (Hrsg.): Kriminologie und wissensbasierte Kriminalpolitik – Entwicklungs- und Evaluationsforschung. 297–314. Mönchengladbach.

Schneider, H.J. (1962). Besprechung: L. Radzinowicz – In Search of Criminology. In: ZStW 74, 502–513.

Schneider, H.J. (1966). Entwicklungstendenzen ausländischer und internationaler Kriminologie – Zugleich ein Bericht über die internationalen kriminologischen Kongresse des Jahres 1965 in Stockholm und Montreal. In: JZ 21, 369–381.

Schneider, H.J. (1969a). Zur Vergleichenden Kriminologie. In: MschrKrim 52, 234–254.

Schneider, H.J. (1969b). Entwicklungstendenzen ausländischer und internationaler Kriminologie – Schlusswort zu einer Diskussion. In: JZ 24, 182–185.

Schneider, H.J. (1972). Kriminalitätsentstehung und -behandlung als Sozialprozesse – Kritischer Überblick über die kriminologischen Kongresse im Herbst 1971. In: JZ 27, 191–199.

Schneider, H.J. (1973a). Die Erben der Mafia – Organisiertes Verbrechertum in den USA. In: MschrKrim 56, 353–362.

Schneider, H.J. (1973b). Die gegenwärtige Lage der deutschsprachigen Kriminologie. In: JZ 28, 569–583.

Schneider, H.J. (1974a, 1977d, 1993). Kriminologie. 1., 2. und 3. Aufl. Berlin, New York.

Schneider, H.J. (1974b). Jugendkriminalität im Sozialprozess. Göttingen.

Schneider, H.J. (1975a). Viktimologie – Wissenschaft vom Verbrechensopfer. Tübingen.

Schneider, H.J. (1975b). Viktimologie. In: *R. Sieverts/H.J. Schneider* (Hrsg.): Handwörterbuch der Kriminologie. 2. Aufl. 3. Bd. 532–607. Berlin, New York.

Schneider, H.J. (1975c). Organisiertes Verbrechertum. In: *R. Sieverts/H.J. Schneider* (Hrsg.): Handwörterbuch der Kriminologie. 2. Aufl. 3. Bd. 473–487. Berlin, New York.

Schneider, H.J. (1977a). Psychologie des Verbrechens (Kriminalpsychologie). In: *R. Sieverts/H.J. Schneider* (Hrsg.): Handwörterbuch der Kriminologie. 2. Aufl. 2. Bd. 415–458. Berlin, New York.

Schneider, H.J. (1977b). Die Verbrechensopfer im Sozialprozess – Fortschritte der Viktimologie-Forschung. In: JZ 32, 620–632.

Schneider, H.J. (1977c). Berufsverbrecher und gefährliche Intensivtäter – ihre kriminelle Karriere, ihre Persönlichkeitsmerkmale, ihre Reaktionen und die Reaktion auf ihr kriminelles Verhalten. In: *Schriftenreihe der Polizei-Führungsakademie* 4, 20–42.

Schneider, H.J. (1977d). Kriminalitätsdarstellung im Fernsehen und kriminelle Wirklichkeit – Bericht über die Ergebnisse einer empirisch-kriminologischen Teamforschung. Opladen.

Schneider, H.J. (1979a). The Influence of Mass Communication Media on Public Opinion on Crime and Criminal Justice. In: *Council of Europe* (Hrsg.): Public Opinion on Crime and Criminal Justice. Collected Studies in Criminological Research. Bd. 17. 121–160. Strasbourg.

Schneider, H.J. (1979b). Das Opfer und sein Täter – Partner im Verbrechen. München.

Schneider, H.J. (1981a). Psychoanalytische Kriminologie. In: *H.J. Schneider* (Hrsg.): Die Psychologie des 20. Jahrhunderts. Bd. 14: Auswirkungen auf die Kriminologie. 114–140. Zürich.

Schneider, H.J. (1981b). Politische Kriminalität am Beispiel des Völkermords. In: *H.J. Schneider* (Hrsg.): Die Psychologie des 20. Jahrhunderts. Bd. 14: Auswirkungen auf die Kriminologie. 391–401. Zürich.

Schneider, H.J. (1981c). Das Opfer im Verursachungs- und Kontrollprozess der Kriminalität. In: *H.J. Schneider* (Hrsg.): Die Psychologie des 20. Jahrhunderts. Bd. 14: Auswirkungen auf die Kriminologie. 683–708. Zürich.

Schneider, H.J. (1981d). Organisiertes Verbrechen. In: *H.J. Schneider* (Hrsg.): Die Psychologie des 20. Jahrhunderts. Bd. 14: Auswirkungen auf die Kriminologie. 377–390. Zürich.

Schneider, H.J. (1981e). Massenmedien und Kriminalität. In: *H.J. Schneider* (Hrsg.): Die Psychologie des 20. Jahrhunderts. Bd. 14: Auswirkungen auf die Kriminologie. 631–682. Zürich.

Schneider, H.J. (Hrsg.) (1982a). The Victim in International Perspective. Berlin, New York.

Schneider, H.J. (Hrsg.) (1982b). Das Verbrechensopfer in der Strafrechtspflege. Berlin, New York.

Schneider, H.J. (1982c). Meinungsbildung durch den Rundfunk über Straftaten und deren Ahndung – aus der Sicht des Kriminologen. In: Schriftenreihe des Instituts für Rundfunkrecht an der Universität zu Köln. Bd. 32. 41–68. München.

Schneider, H.J. (1983a). Viktimologie. In: *W. Seitz* (Hrsg.): Kriminal- und Rechtspsychologie – Ein Handbuch in Schlüsselbegriffen. 236–242. München, Wien, Baltimore.

Schneider, H.J. (1983b). Situative Aspekte delinquenter Handlungen und der Prozess des Opferwerdens. In: *F. Lösel* (Hrsg.): Kriminalpsychologie – Grundlagen und Anwendungsbereiche. 74–84. Weinheim, Basel.

Schneider, H.J. (1984). Das Organisierte Verbrechen. In: JURA Juristische Ausbildung 6, 169–183.

Schneider, H.J. (1987). Kriminologie. Berlin, New York.

Schneider, H.J. (1988a). Crime in the Mass Media. In: Acta Criminologiae et Medicinae Legalis Japonica 54, 1–18.

Schneider, H.J. (1988b). Leben im gesellschaftlichen Niemandsland: die Kriminalität der Aborigines in Zentralaustralien – Eine empirische Studie der vergleichenden Kriminologie. in: *G. Kaiser/ H. Kury/H.-J. Albrecht* (Hrsg.): Kriminologische Forschung in den 80er Jahren – Projektberichte aus der Bundesrepublik Deutschland. 1085–1103. Freiburg i.Br.

Schneider, H.J. (1988c). Crime in the Mass Media. In: Tijdschrift voor Criminologie (Arnheim), 32–60.

Schneider, H.J. (1988d). Viktimologie. Theoretische Grundlagen und praktische Folgerungen. In: JURA Juristische Ausbildung 10, 635–640.

Schneider, H.J. (1988/1989). Crime in the Mass Media. In: *Ilanud* (Hrsg.): Review of the United Nations Latin American Institute for the Prevention of Crime and the Treatment of Offenders 9/10, 127–134.

Schneider, H.J. (1990a). Berücksichtigung viktimologischer Gesichtspunkte bei der Reform des Strafrechts, des Strafverfahrens und des Strafvollzugs. In: ÖJZ 45, 10–20.

Schneider, H.J. (1990b). Sondergutachten USA. In: *H.-D. Schwind/J. Baumann u.a.* (Hrsg.): Ursachen, Prävention und Kontrolle von Gewalt. Bd. 3: Sondergutachten. 155–292. Berlin.

Schneider, H.J. (1990c). The Media World of Crime: A Study of Social Learning Theory and Symbolic Interaction. In: *W.S. Laufer/F. Adler* (Hrsg.): Advances in Criminological Theory. Bd. 2. 115–143. New Brunswick/N.J., London.

Schneider, H.J. (1990d). Kriminologie (chinesisch). Peking.

Schneider, H.J. (1991a). Massenmedien. In: *R. Sieverts/H.J. Schneider* (Hrsg.): Handwörterbuch der Kriminologie. Bd. 5. 301–324. Berlin, New York.

Schneider, H.J. (1991b). Aboriginal Victimization in Central Australia – An Empirical Study in Comparative Victimology. In: *G. Kaiser/H. Kury/H.-J. Albrecht* (Hrsg.): Victims and Criminal Justice. 201–307. Freiburg i.Br.

Schneider, H.J. (1992a). Crime in the Mass Media. In: Annales Internationales de Criminologie 30, 85–99.

Schneider, H.J. (1992b). Life in a Societal No-Man's Land: Aboriginal Crime in Central Australia. In: International Journal of Offender Therapy and Comparative Criminology 36, 5–19.

Schneider, H.J. (1992c). Criminology of Riots. In: International Journal of Offender Therapy and Comparative Criminology 36, 173–186.

Schneider, H.J. (1992d). Crime and its Control in Japan and in the Federal Republic of Germany. In: International Journal of Offender Therapy and Comparative Criminology 36, 307–321.

Schneider, H.J. (1993). Einführung in die Kriminologie. 3. Aufl. Berlin, New York.

Schneider, H.J. (1994a). Schwerpunkte und Defizite im viktimologischen Denken der Gegenwart. In: *G. Kaiser/J.-M. Jehle* (Hrsg.): Kriminologische Opferforschung – Neue Perspektiven und Erkenntnisse. Teilband I: Grundlagen, Opfer und Strafrechtspflege, Kriminalität der Mächtigen und ihre Opfer. 21–41. Heidelberg.

Schneider, H.J. (1994b). Kriminologie der Gewalt. Stuttgart, Leipzig.

Schneider, H.J. (1994c). Kriminologie (russisch). Moskau.

Schneider, H.J. (1995). Vergleichende Kriminologie: Aufgaben, Methoden und Forschungsergebnisse. In: *H.-H. Kühne* (Hrsg.): Festschrift für Koichi Miyazawa. Dem Wegbereiter des japanisch-deutschen Strafrechtsdiskurses. 75–91. Baden-Baden.

Schneider, H.J. (1996a). Violence in the Mass Media. In: Studies on Crime and Crime Prevwention 5, 59–71.

Schneider, H.J. (1996b). Violence in the Institution. In: International Journal of Offender Therapy and Comparative Criminology 40, 5–18.

Schneider, H.J. (1998a). Der gegenwärtige Stand der kriminologischen Opferforschung – Kongress- und Literaturreferat über das letzte Jahzehnt. In: MschrKrim 81, 316–344.

Schneider, H.J. (1998b). Organisiertes Verbrechen. In: *R. Sieverts/H.J. Schneider* (Hrsg.): Handwörterbuch der Kriminologie. Bd. 5. 562–578. Berlin, New York.

Schneider, H.J. (1998c). Vergleichende Kriminologie. In: *R. Sieverts/H.J. Schneider* (Hrsg.): Handwörterbuch der Kriminologie. Bd. 5. 676–693. Berlin, New York.

Schneider, H.J. (1998d). Kriminalpolitik an der Schwelle zum 21. Jahrhundert. Berlin, New York.

Schneider, H.J. (1999). Die gegenwärtige Situation des Verbrechensopfers – Fortschritte und Probleme der Viktimologie-Forschung. In: ÖJZ 54, 121–131.

Schneider, H.J. (2000). Polizei-Wissenschaft – Begriff, Aufgaben, Entstehung und Methoden. In: Krim 54, 218–224.

Schneider, H.J. (2000). Polizei-Theorie – Polizei als Institution und Polizei-Arbeit als Sozialkontrolle. In: Krim 54, 290–298.

Schneider, H.J. (2000). Polizei-Forschung – Empirische und experimentelle Studien. In: Krim 54, 362–370.

Schneider, H.J. (2000). Kriminologie 2000: Neue Theorieansätze und ihre empirische Bestätigung. In: JZ 55, 387–394.

Schneider, H.J. (2001a). Comparative Criminology: Purposes, Methods and Research Findings. In: *H.N. Pontell/D. Shichor* (Hrsg.): Contemporary Issues in Crime and Criminal Justice: Essays in Honor of Gilbert Geis. 359–376. Upper Saddle River/NJ.

Schneider, H.J. (2001b). Kriminologie für das 21. Jahrhundert- Schwerpunkte und Fortschritte der internationalen Kriminologie – Überblick und Diskussion. Münster, Hamburg, London.

Schneider, H.J. (2001c). Retributive, rehabilitative oder restaurative Jugend-Kriminal-Justiz. In: *Britz, G./Jung, H./Koriath, H./Müller E.* (Hrsg.): Grundfragen staatlichen Strafens: Festschrift für Heinz Müller-Dietz zum 70. Geburtstag. 783–801. München.

Schneider, H.J. (2001d). Victimological Development in the World During the Last Three Decades: A Study of Comparative Victimology. In: *A. Gaudreault/I. Waller* (Hrsg.): Xe Symposium internationale de victimologie. Textes choisis du Symposium. 19–68. Montreal.

Schneider, H.J. (2001e). Victimological Development in the World During the Last Three Decades: A Study of Comparative Victimology. In: International Journal of Offender Therapy and Comparative Criminology 45, 449–468; 45, 539–555.

Schneider, H.J. (2002). Die gegenwärtige Situation der Verbrechensopfer in Deutschland – Eine wissenschaftliche Bilanz. In: JZ 57, 231–237.

Schneider, H.J. (2003a). Die Amerikanische Gesellschaft für Kriminologie. In: MschrKrim 86, 310–319.

Schneider, H.J. (2003b). Die Europäische Gesellschaft für Kriminologie. In: MschrKrim 86, 225–231.

Schneider, H.J. (2004a). Fortschritte der europäischen Kriminologie. In: MschrKrim 87, 460–475.

Schneider, H.J. (2004b). Dreißig Jahre „Schweizerische Arbeitsgruppe für Kriminologie" – Ihre Jahrestagungen: Überblick und Stellungnahme. In: MschrKrim 87, 286–297.

Schneider, H.J. (2004c). Kriminalpsychologie gestern und heute – Gustav Aschaffenburg als internationaler Kriminologe. In: MschrKrim 87, 168–191.

Schneider, H.J. (2004d). Die deutschsprachige Kriminologie der Gegenwart. In: GA 151, 503–520.

Schneider, H.J. (2005a). Der Ursprung der Weltkriminologie der Gegenwart – Die US-amerikanische Kriminologie in der ersten Hälfte des 20. Jahrhunderts. In: *S.C. Saar/A. Roth/C. Hattenhauer* (Hrsg.): Recht als Erbe und Aufgabe – Festschrift für Heinz Holzhauer. 299–318. Berlin.

Schneider, H.J. (2005b). Die gegenwärtige Lage der internationalen, der europäischen und der deutschsprachigen Kriminologie. In: GA 152, 351–365.

Schneider, H.J. (2005c). Entwicklungen in der nordamerikanischen Kriminologie. In: MschrKrim 88, 181–194.

Schneider, H.J. (2006a). Verbrechensopferforschung, -politik und -hilfe: Fortschritte und Defizite in einem halben Jahrhundert. In: MschrKrim 89, 389–404.

Schneider, H.J. (2006b). Tödliche Lektionen – Kriminalpsychologie tödlicher Schulgewalt. In: *J. Obergfell-Fuchs/M. Brandenstein* (Hrsg.): Nationale und internationale Entwicklungen in der Kriminologie – Festschrift für Helmut Kury. 193–202. Frankfurt/M.

Schneider, H.J. (2006c). Kriminologie der Hasskriminalität in internationaler Sicht: Theoretische Konzepte, Ursachen, Vorbeugungskonzepte. In: *Bundesministerium der Justiz* (Hrsg.): Projekt Primäre Prävention von Gewalt gegen Gruppenangehörige – insbesondere: junge Menschen. Bd. 4: Tagungsband Symposium. 19–34. Berlin.

Schneider, H.J. (2006d). Hass-Gewalt-Delinquenz junger Menschen: Theoretische Grundlagen und empirische Forschungsergebnisse. In: *Bundesministerium der Justiz* (Hrsg.): Projekt Primäre Prävention von Gewalt gegen Gruppenangehörige – insbesondere: junge Menschen. Bd. 1: Endbericht der Arbeitsgruppe. 43–82. Berlin.

Schneider, H.J. (2007a). Theorien der Kriminologie (Kriminalitätsursachen). In: *H.J. Schneider* (Hrsg.): Internationales Handbuch der Kriminologie. Bd. 1: Grundlagen der Kriminologie. 125–181. Berlin.

Schneider, H.J. (2007b). Die U.S.-amerikanische Kriminologie: historische, internationale und interdisziplinäre Aspekte. In: MschrKrim 90, 48–60.

Schneider, H.J. (2007c). Die deutschsprachige Kriminologie der Gegenwart – Kritische Analyse anhand deutschsprachiger kriminologischer Lehrbücher. In: *Kh. Liebl* (Hrsg.) Kriminologie im 21. Jahrhundert. 145–174. Wiesbaden.

Schneider, H.J. (2007d). Kriminologische Entwicklungen – Kriminalität, Kriminologie und Kriminalpolitik in deutscher, europäischer und internationaler Sicht. In: JZ 62, 1134–1143.

Schneider, H.J. (2007e). Viktimologie. In: *H.J. Schneider* (Hrsg.): Internationales Handbuch der Kriminologie. Bd. 1: Grundlagen der Kriminologie. 395–433. Berlin.

Schneider, H.J. (2007f). Politische Kriminalität – Dimensionen, Typologien, Verhaltenssysteme. In: *H.J. Schneider* (Hrsg.): Internationales Handbuch der Kriminologie. Bd. 1: Grundlagen der Kriminologie. 739–792. Berlin.

Schneider, H.J. (2007g). Politische Kriminalität – Terrorismus. In: *H.J. Schneider* (Hrsg.): Internationales Handbuch der Kriminologie. Bd. 1: Grundlagen der Kriminologie. 793–831. Berlin.

Schneider, H.J. (2007h). Organisiertes Verbrechen. In: *H.J. Schneider* (Hrsg.): Internationales Handbuch der Kriminologie. Bd. 1: Grundlagen der Kriminologie. 691–737. Berlin.

Schneider, H.J. (2007i). Methoden der Kriminologie. In: *H.J. Schneider* (Hrsg.): Internationales Handbuch der Kriminologie. Bd. 1: Grundlagen der Kriminologie. 209–288. Berlin.

Schneider, H.J. (2008a). Theoriegeleitete oder multifaktoriell bestimmte kriminologische Forschung und Praxis. In: MschrKrim 91, 227–234.

Schneider, H.J. (2008b). Der 15. Weltkongress für Kriminologie. In: MschrKrim 91, 390–398.

Schneider, H.J. (2009a). Die gegenwärtige Situation der US-amerikanischen Kriminologie. In: MschrKrim 92, 480–493.

Schneider, H.J. (2009b). Kriminologie in Europa und in der Welt – Die kriminologische Hauptrichtung auf der Grundlage der wichtigsten Kongresse. Krim 63, Teil 1 und 2 639–646; 700–708.

Schneider, H.J. (2009c). Europäische Kriminologie im Aufwind. In: MschrKrim 92, 76–86.

Schneider, H.J. (2009d). Auf Beweis gegründete Kriminalitätskontrolle – Effektive Verbrechensvorbeugungs-, Straftäterbehandlungs- und Mediations-Programme. In: *T. Görgen/ K. Hoffmann-Holland/H. Schneider/J. Stock* (Hrsg.): Interdisziplinäre Kriminologie – Festschrift für Arthur Kreuzer zum 70. Geburtstag. 2. Aufl., 2.Bd. 697–718. Frankfurt/M.

Schneider, H.J. (2009e). Kriminalität in den Massenmedien. In: *H.J. Schneider* (Hrsg.): Internationales Handbuch der Kriminologie. Bd. 2: Besondere Probleme der Kriminologie. 255–296. Berlin.

Schneider, H.J. (2009f). Rückfallprognose bei Sexualstraftätern. In: *H.J. Schneider* (Hrsg.): Internationales Handbuch der Kriminologie. Bd. 2: Besondere Probleme der Kriminologie. 909–946. Berlin.

Schneider, H.J. (2009g). Gewalt in der Schule. In: *H.J. Schneider* (Hrsg.): Internationales Handbuch der Kriminologie. Bd. 2: Besondere Probleme der Kriminologie. 727–771. Berlin.

Schneider, H.J. (2009h). Die Freiheitsstrafe. In: *H.J. Schneider* (Hrsg.): Internationales Handbuch der Kriminologie. Bd. 2: Besondere Probleme der Kriminologie. 1025–1048. Berlin.

Schneider, H.J. (2010a). Die kriminelle Persönlichkeit – Eigenschafts- versus Prozess-Modell. In: *D. Dölling/B. Götting/B.-D. Meier/T. Verrel* (Hrsg.): Verbrechen – Strafe – Resozialisierung. Festschrift für Heinz Schöch zum 70. Geburtstag. 145–165. Berlin, New York.

Schneider, H.J. (2010b). Die Europäische Kriminologie zu Beginn des 21. Jahrhunderts. In: MschrKrim 93, 475–501.

Schneider, H.J. (2010c). Die internationale und europäische Kriminologie im ersten Jahrzehnt des 21. Jahrhunderts. In: ZStW 122, 873–896.

Schneider, H.J. (2010d). Das Verbrechensopfer gestern und heute. In: Krim 64, 627–635.

Schneider, H.J. (2010e). Neue Erkenntnisse der kriminologischen Verbrechensopferforschung – ihre Auswirkungen auf die Opferpolitik. In: JR. 375–385.

Schneider, H.J. (2010f). Grundzüge der Weltkriminologie – Die Rolle der U.S.-amerikanischen Kriminologie in der Welt. In: *V. Konarskiej-Wrzosek/J. Lachowskiego/J. Wójcikiewicza* (Hrsg.): Wezlowe Problemy Prawa Karnego, Kryminologii i Polityki Kryminalnej – Ksiega pamiatkowa ofiarowana Profesorowi Andrzejowi Markowi. 787–811. Warschau.

Schneider, H.J. (2011a). Ein Jahrzehnt US-amerikanischer Kriminologie. In: MschrKrim 94, 112–140.

Schneider, H.J. (2011b). Die Kriminologie als Sozialwissenschaft – Die internationale und die europäische Kriminologie zu Beginn des 21. Jahrhunderts. In: JR. 287–299.

Schneider, H.J. (2011c). Umwelt-Kriminologie. In: Kriminalistik 65, 606–613.

Schneider, H.J. (2011d). Victimological Developments in the World During the Past Three Decades (I und II). In: *A. Walsh/C. Hemmens* (Hrsg.): Introduction to Criminology. 2. Aufl. 577–588. Los Angeles, London, New Delhi et al.

Schneider, K. (1923) Die psychopathischen Persönlichkeiten. Wien.

Schneider, K. (1946). Klinische Psychopathologie. Stuttgart.

Schneider, K. (1950). Die psychopathischen Persönlichkeiten. 9. Aufl. Wien 1950.

Schneider, K. (1958). „Der Psychopath" in heutiger Sicht. In: Fortschritte der Neurologie, Psychiatrie und ihrer Grenzgebiete 26, 1–5.

Schöch, H. (1986). Die gesellschaftliche Organisation der deutschsprachigen Kriminologie. In: *H.J. Hirsch/G. Kaiser/H. Marquardt* (Hrsg.): Gedächtnisschrift für Hilde Kaufmann. 355–372. Berlin, New York.

Schneider, K. (1959). Klinische Psychopathologie. 5. Aufl. Stuttgart.

Schüler-Springorum, H. (1989). Kriminologie als Kongressthema. In: MschrKrim 72, 383–390.

Schüler-Springorum, H. (1991). Kriminalpolitik für Menschen. Frankfurt/M.

Schünemann, B. (2000). Die Stellung des Opfers im System der Strafrechtspflege: Ein Drei-Säulen-Modell. In: *B. Schünemann/M.D. Dubber* (Hrsg.): Die Stellung des Opfers im Strafrechtssystem – Neue Entwicklungen in Deutschland und in den USA. 1–13. Köln, Berlin, Bonn, München.

Schulz, S. (2006). Beyond Self-Control: Analysis and Critique of Gottfredson & Hirschi's General Theory of Crime (1990). Berlin.

Schwind, H.-D. (1981a). Dunkelfeldforschung. In: *H.J. Schneider* (Hrsg.): Die Psychologie des 20. Jahrhunderts. Bd. 14: Auswirkungen auf die Kriminologie. 223–247. Zürich.

Schwind, H.-D. (1981b). Kriminalgeographie. In: *H.J. Schneider* (Hrsg.): Die Psychologie des 20. Jahrhunderts. Bd. 14: Auswirkungen auf die Kriminologie. 248–261. Zürich.

Schwind, H.-D. (2011). Kriminologie – Eine praxisorientierte Einführung mit Beispielen. 21. Aufl. Heidelberg, München, Landsberg et al.

Schwind, H.-D./Ahlborn, W./Weiß, R. (1978). Empirische Kriminalgeographie – Kriminalitätsatlas Bochum. Wiesbaden.

Schwind, H.-D./Ahlborn/Weiß, R. (1989). Dunkelfeldforschung in Bochum 1986/87. Wiesbaden.

Schwind, H.-D./Baumann, J. u.a. (Hrsg.) (1990). Ursachen, Prävention und Kontrolle von Gewalt – Analysen und Vorschläge der Unabhängigen Regierungskommission zur Verhinderung und Bekämpfung von Gewalt (Gewaltkommission). Vier Bände. Berlin.

Schwind, H.-D./Fetchenhauer, D./Ahlborn, W./Weiß, R. (2001). Kriminalitätsphänomene im Langzeit-vergleich am Beispiel einer deutschen Großstadt – Bochum 1975–1986–1998. Neuwied, Kriftel.

Seelig, E. (1936). Kriminologie. In: *A. Elster/H. Lingemann* (Hrsg.): Handwörterbuch der Kriminologie. 2. Bd. 67–77. Berlin, Leipzig.

Seelig, E./Bellavic, H. (1963). Lehrbuch der Kriminologie. 3. Aufl. Darmstadt.

Sessar, K. (1992). Wiedergutmachen oder strafen – Einstellungen in der Bevölkerung und der Justiz. Pfaffenweiler.

Shaw, C.R. (1929). Delinquency Areas. Chicago/Ill.

Shaw, C.R. (1930, 1966). The Jack-Roller. A Delinquent Boy's Own Story. Chicago, London.

Shaw, C.R. (1931, 1966). The Natural History of a Delinquent Career. Chicago, London.

Shaw, C.R. (1938, 1966). Brothers in Crime. Chicago, London.

Shaw, C.R./McKay, H.D. (1931, 1968): Social Factors in Juvenile Delinquency. In: *National Commission on Law Observance and Enforcement* (Hrsg.): Wickersham Commission Reports. Bd. 13. Teil 2. Washington D.C.

Shaw, C.R./McKay, H.D. (1942/1969). Juvenile Delinquency and Urban Areas. Chicago, London.

Sherman, L.W./Gottfredson, D./MacKenzie, D./Eck, J./Reuter, P./Bushway, S. (1997). What Works, What Doesn't, What's Promising. Washington D.C.

Sherman, L.W./Farrington, D.P./Welsh, B.C./MacKenzie, D.L. (2002). Evidence-Based Crime Prevention. London, New York.

Sieber, U. (1997). Organisierte Kriminalität in der Bundesrepublik Deutschland. In: *U. Sieber* (Hrsg.): Internationale Organisierte Kriminalität – Herausforderungen und Lösungen für ein Europa offener Grenzen. 43–85. Köln, Berlin, Bonn, München.

Siegel, L.J. (1992, 2009, 2013). Criminology. 4. Aufl., 10. Aufl., 11. Aufl. Belmont/CA.

Sieverts, R. (1932). Gedanken über Methoden, Ergebnisse und kriminalpolitische Folgen der kriminal-biologischen Untersuchungen im bayrischen Strafvollzug. In: MschrKrim 23, 588–601.

Sieverts, R. (1933). Gedanken über den kriminalbiologischen Dienst im bayrischen Strafvollzug. Ein Nachwort. In: MschrKrim 24, 107–116.

Simmel, G. (1908, 1983). Soziologie. 1. Aufl., 6. Aufl. Berlin.

Smith, C.J./Zhang, S.X./Barberet, R. (2011). Progress of International Criminology. In: *C.J. Smith/ S.X. Zhang* (Hrsg.). Routledge Handbook of International Criminology. 1–8. London, New York.

Sommer, R. (1895). Die Kriminalpsychologie. In: Allgemeine Zeitschrift für Psychiatrie 51, 782–803.

Straus, M.A./Gelles, R.J./Steinmetz, S.K. (1980). Behind Closed Doors. Garden City, New York.

Straus, M.A./Gelles, R.J. (1990). Physical Violence in American Families – Risk Factors in 8,145 Families. New Brunswick/USA, London/UK.

Streng, F. (1993). Der Beitrag der Kriminologie zu Entstehung und Rechtfertigung staatlichen Unrechts im „Dritten Reich". In: MschrKrim 76, 141–168.

Stumpfl, F. (1935). Erbanlage und Verbrechen. Berlin.

Stumpfl, F. (1936). Die Ursprünge des Verbrechens. Leipzig.

Stumpfl, F. (1958). Kriminologie und Psychiatrie. In: *H. Ehrhardt/D. Ploog/H. Stutte* (Hrsg.): Psychiatrie und Gesellschaft. Ergebnisse und Probleme der Sozialpsychiatrie. 243–250. Bern u.a.

Stumpfl, F. (1966). Kriminalbiologie. In: *R. Sieverts* (Hrsg.): Handwörterbuch der Kriminologie. Bd. 1. 496–519. Berlin, New York.

Sutherland, E.H. (1924). Criminology. Philadelphia, London.

Sutherland, E.H. (1934, 1939, 1947). Principles of Criminology. 2nd, 3rd, 4th Ed. Chicago, Philadelphia.

Sutherland, E.H./Cressey, D.R. (1955 bis 1978). Principles of Criminology. 5. bis 10. Aufl. Philadelphia, New York, San Jose, Toronto.

Sutherland, E.H./Cressey, D.R./Luckenbill, D.F. (1992). Principles of Criminology. 11. Aufl. Dix Hills/NY.

Sykes, G.M./Matza, D. (2011). Techniques of Neutralization. In: *F.T. Cullen/R. Agnew* (Hrsg.): Criminological Theory – Past to Present. 4. Aufl. 207–214. New York, Oxford.

Thornberry, T.P. (1887, 2011). Toward an Interactional Theory of Delinquency. In: *F.T. Cullen/R. Agnew* (Hrsg.): Criminological Theory: Past to Present. 559–570. New York, Oxford.

Tittle, C.R. (2011). Control Balance Theory. In: *F.T. Cullen/R. Agnew* (Hrsg.): Criminological Theory – Past to Present. 4. Aufl. 571–589. New York, Oxford.

Tönnies, F. (1895). Das Verbrechen als soziale Erscheinung. In: Archiv für soziale Gesetzgebung und Statistik 8, 329–344.

Tönnies, F. (1935, Nachdruck 1979). Gemeinschaft und Gesellschaft. 8. Aufl. Darmstadt.

Travis III, L.F. (2012). Introduction to Criminal Justice. 7. Aufl. Amsterdam, Boston, Heidelberg.

Tyler, T.R. (2003). Procedural Justice, Legitimacy, and the Effective Rule of Law. In: *M. Tonry* (Hrsg.): Crime and Justice – A Review of Research. Vol. 30, 283–357. Chicago, London.

Tyler, T.R. (2006). Why People Obey the Law. Princeton, Oxford.

Tyler, R./Braga, A./Fagan, J./Meares, T./Sampson, R./Winship, C. (2007). Legitimacy and Criminal Justice:International Perspectives. In: *T.R. Tyler* (Hrsg.): Legitimacy and Criminal Justice – International Perspectives. 9–29. New York.

Vaughan, D. (1996). The Challenger Launch Decision – Risky Technology, Culture, and Deviance at NASA. Chicago, London.

Wallerstein, J./Wyle, C. (1947). Our Law-Abiding Lawbreakers. In: Probation 25, 107–112.

Walter, M. (2010). Über Kriminologie als Kulturwissenschaft. In: *D. Dölling/B. Götting/B.-D. Meier/ T. Verrel* (Hrsg.): Verbrechen – Strafe – Resozialisierung. Festschrift für Heinz Schöch. 3–17. Berlin, New York.

Weis, K. (1972). „Viktimologie" und „Viktorologie" in der Kriminologie. In: MschrKrim 55, 170–180.

Wetzell, R.F. (2000). Inventing the Criminal – A History of German Criminology, 1880–1945. Chapel Hill, London.

Wetzell, R.F. (2006). Criminology in Weimar and Nazi Germany. In: *P. Becker/R.F. Wetzell* (Hrsg.): Criminals and their Scientists. The History of Criminology in International Perspective. 401–423. Washington D.C., Cambridge, New York u.a.

Wetzell, R.F. (2010). Gustav Aschaffenburg: German Criminology. In: *F.T. Cullen/P. Wilcox* (Hrsg.): Encyclopedia of Criminological Theory. 58–62. Los Angeles, London, New Delhi u.a.

Wilbrand, F.J.J. (1858). Lehrbuch der gerichtlichen Psychologie. Erlangen.

Wilson, J.Q. (1975, 1983). Thinking about Crime. 1. und 2. Aufl. New York.

Wilson, J.Q./Herrnstein, R.J. (1985). Crime and Human Nature. New York.

Wolfgang, M.E./Ferracuti, F. (1967). The Subculture of Violence. London, New York et al.

Wolfgang, M.E./Figlio, R.M./Sellin, T. (1972). Delinquency in a Birth Cohort. Chicago, London.

Wolfgang, M.E./Thornberry, T.P./Figlio, R.M. (1987). From Boy to Man, from Delinquency to Crime. Chicago, London.

Würtenberger, T. (1968). Die Kriminalbiologische Gesellschaft in Vergangenheit und Gegenwart. In: *H. Göppinger/H. Leferenz* (Hrsg.): Kriminologische Gegenwartsfragen. Heft 8, 1–9. Stuttgart.

Grundlagen der internationalen Kriminologie

1 Die internationale Kriminologie
    als Sozialwissenschaft

1.1 Begriff und Aufgaben der Kriminologie als Sozialwissenschaft

Inhaltsübersicht

1.1.1 Kriminologische Entwicklungen

1.1.1.1 Internationale Entwicklungen

Die U.S.-amerikanische Kriminologie hat in der 2. Hälfte des 20. Jahrhunderts und im ersten Jahrzehnt des 21. Jahrhunderts die Führung in der internationalen Kriminologie übernommen. Die Teilnahme an den Jahrestagungen der „American Society of Criminology (ASC)" hat sich in ihren ersten zehn Tagungen im 21. Jahrhundert fast verdoppelt: von etwa 2.000 Teilnehmerinnen und Teilnehmern in Altanta/Georgia im Jahre 2001 auf fast 4.000 in San Franzisko im Jahre 2010. Sie hat damit die Teilnahme an den Weltkongressen für Kriminologie um fast das Vierfache überschritten (*H.J. Schneider* 2008, 290–298). Die internationale Teilnahme an den ASC-Jahrestagungen und an den Weltkongressen hat in etwa einen Gleichstand erreicht. Freilich ist zu berücksichtigen, dass die Tagungen der U.S.-amerikanischen Kriminologie jährlich, die Weltkongresse aber nur jedes 3. Jahr stattfinden. Gleichzeitig mit dieser Entwicklung hat – gegenüber den Weltkongressen – in den ASC-Jahrestagungen die Variationsbreite der diskutierten Themen, die Zahl und Qualität der gehaltenen Referate und die Teilnahme junger Kriminologen aus der ganzen Welt erheblich zugenommen. Die Anzahl der veröffentlichten kriminologischen Bücher und Zeitschriften sowie der Graduiertenschulen mit kriminologischen Fakultäten übertrifft in den USA den Weltdurchschnitt bei weitem. Die U.S.-amerikanische Kriminologie übt einen großen Einfluss auf die englisch-sprachigen Länder und auf die Europäische Kriminologie aus (*H.J. Schneider* 2010c, 475–501). Der kriminologische Nachwuchs der asiatischen, südamerikanischen und afrikanischen Entwicklungsländer wird derzeit in den U.S.- amerikanischen kriminologischen Graduiertenschulen ausgebildet. Die ASC-Jahrestagungen sind zu den größten und bedeutungsvollsten jährlichen kriminologischen Zusammenkünften in der Welt geworden. Sie beeinflussen die internationale Kriminologie in entscheidendem Maße.

1.1.1.2 Europäische Entwicklungen

In den 1980er und 1990er Jahren haben immer mehr europäische Kriminologen an den Jahrestagungen der „American Society of Criminology (ASC)" teilgenommen. Denn sie waren mit den organisatorischen Bedingungen und den inhaltlichen Konzepten vieler europäischer nationaler kriminologischer Gesellschaften nicht mehr einverstanden. Nach dem 2. Weltkrieg hatten sich die meisten dieser Gesellschaften nur mäßig entwickelt, während die ASC einen enormen Aufschwung erlebt hatte. Sie war zu einer unabhängigen Sozialwissenschaft und zur Welt-Markt-Führerin geworden. In Europa war das Schwergewicht der Kriminologie von Italien, Frankreich und Deutschland im Laufe des 20. Jahrhunderts auf das Vereinigte Königreich, die Niederlande und die skandinavischen Länder übergegangen (vgl. *H.J. Schneider* 2010c,

483–485). Aufgrund dieser Gegebenheiten ist im Jahre 2000 die „European Society of Criminology (ESC)" in Den Haag (mit Sitz in Cambridge/UK) gegründet worden. Für sie sind nicht nur die organisatorischen Bedingungen der ASC zum Vorbild geworden: z.B. Organisation von Jahrestagungen in allen Teilen Europas, jährlicher Präsidentschaftswechsel, keine Themen- und Referenteneinschränkungen bei den Jahrestagungen. Aufgrund meiner Teilnahme an allen Jahrestagungen der ASC seit 1966 (mit zwei Ausnahmen) und an den ersten acht von zehn Jahrestagungen der ESC (*H.J. Schneider* 2010d) habe ich vielmehr festgestellt, dass auch das autonome kriminologische sozialwissenschaftliche Grundkonzept der internationalen Mainstream-Kriminologie von der Mehrheit der europäischen Kriminologen akzeptiert wird. Die „European Society of Criminology (ESC)" entwickelt sich unter U.S.-amerikanischem sozialwissenschaftlichem Vorbild in eindrucksvoller Weise. Sie besitzt gegenwärtig bereits über 800 Mitglieder aus 49 Ländern (mit steigender Tendenz).

1.1.2 Die gegenwärtige Situation der internationalen und europäischen Kriminologie

1.1.2.1 Meilensteine der Entwicklung der Kriminologie zur Sozialwissenschaft

Für die Entwicklung der internationalen und europäischen Kriminologie zur autonomen, psychosozialen Tatsachenwissenschaft sind die folgenden sechs Wendepunkte von maßgeblicher Bedeutung.

Die Entwicklung begann mit der Gründung des „American Institute of Criminal Law and Criminology" an der Rechtsfakultät der „Northwestern University" in Chikago im Jahre 1909. Dieses Institut veröffentlichte ab 1911 im Rahmen der „Modern Criminal Science Series" hervorragende Werke europäischer Kriminologen in englischer Sprache, um die U.S.-amerikanische Kriminologie aufzubauen. Das Buch von *Gustav Aschaffenburg* über „Crime and its Repression" (1913) nahm hierbei eine Sonderstellung ein. Denn es enthielt den Ansatz zu einer Integration von Kriminalsoziologie mit Kriminalpsychologie als wechselseitig sich beeinflussende Denkweisen der Kriminalätiologie (*R.F. Wetzell* 2010; 2006; 2000). Es wurde zum Modell der zahlreichen kriminologischen Lehrbücher, die in den USA in den 1920er bis 1960er Jahren erschienen sind (so *W.C. Reckless* 1970; 1973). Es handelt sich z.B. um die Lehrbücher von Soziologen (*Parmelee* 1922; *E.H. Sutherland* 1924; *Gillin* 1926; *Haynes* 1930; *Reckless* 1940; *Wood/Waite* 1941; *Sutherland* 1947; *Taft* 1947; *Elliott* 1952; *Barnes/Teeters* 1959), aber auch von Psychologen (*Gault* 1932) und Juristen (*Hentig* 1947; 1948).

Einen Markstein der Entwicklung setzte die „Chikago-Schule" in den 1920er bis 1940er Jahren. Die viel zu enge täterorientierte Kriminologie wurde durch eine Kriminologie erweitert und vertieft, die für die Kriminalitätsentstehung gesellschaftliche Entwicklungen (Sozialstrukturen und -prozesse) verantwortlich machte (*Shaw/McKay* 1942/1969). Die Bedeutung des Raumes (Kriminalökologie) für die Kriminalitätsentstehung und -verhütung wurde entdeckt. Kriminalität ist nicht gleichmäßig im Raum verteilt, sondern konzentriert sich auf bestimmte Gebiete. Es wurde herausgearbeitet, dass die Wurzeln der kriminellen Persönlichkeit nicht in der Anlage, nicht in der Vererbung, sondern in der Gemeinschaft liegen, in die eine Person hineingeboren wird (*Shaw* 1930; 1966; 1931; 1966; 1938; 1966). Die *„Wickersham Commission"* (1931), eine Expertenkommission, die das kriminologische Wissen der Zeit in 14 Bänden zusammenfasste, maß den Forschungen der „Chikago-Schule" eine wesentliche Bedeutung zu.

Ganz in der Tradition der „Chikago-Schule" stand *Edwin H. Sutherland* (1924, 1934; 1939; 1947), der eine sozialpsychologische Theorie des Lernens kriminellen Verhaltens mit und in sozialen Gruppen entwarf. Er erteilte der multifaktoriell-täterorientierten Kriminologie eine Absage und entpathologisierte die Kriminalitätsverursachung. Kriminelle sind nicht psychisch abnorm; sie leiden unter keiner Persönlichkeitsstörung. Sie lernen kriminelles Verhalten vielmehr aus antisozialen gesellschaftlichen Verhaltensweisen, Wertvorstellungen und Rechtfertigungen. Er erfand das Konzept der Weiße-Kragen-Kriminalität (*Sutherland* 1940; 1949). Berufs- und Wirtschaftskriminelle sind keine Psychopthen. Berufs-, Wirtschafts- und Unternehmenskriminalität entstehen vielmehr aus defekten Sozialstrukturen und -prozessen in der Wirtschaft und in ihren Unternehmen. Methodologisch setzte er sich für die theoriegeleitete empirische Ursachenforschung ein.

Die U.S.-amerikanische Kriminologie ist von der Psychoanalyse wesentlich beeinflusst worden. Nach *August Aichhorn* (1935) entsteht Delinquenz aus der psychosozialen Unfähigkeit des Individuums, psychische Konflikte prosozial zu lösen. Dieses Unvermögen, das auf frühkindlichen Erlebnissen beruht, war auch für *Franz Alexander* und *William Healy* (1935) der Hauptgrund für die Delinquenz-Entstehung. Da die innerpsychischen Konflikte nur durch Fallstudien qualitativ veranschaulicht werden konnten, übersetzten die Kontrolltheoretiker der 1950er und 1960er Jahre psychodynamische Mechanismen in sozialpsychologische Konzepte, um sie leichter empirisch-quantitativ nachweisbar zu machen. Nach *Albert J. Reiss* (1951) wird Delinquenz auf mangelnde soziale und auf fehlende internalisierte psychische Kontrollmechanismen zurückgeführt. Für *Walter C. Reckless* (1961) ist Delinquenz die Folge eines unzulänglichen Selbstkonzepts, das durch mangelhafte Sozialisation herbeigeführt wird (*Mutchnick, Martin, Austin* 2009, 121–140). Nach *Travis Hirschi* (1969) schließlich beruht Delinquenz auf defizitären psychosozialen Bindungen. Seine Untersuchungen sind auch heute noch ein hervorragendes Modell für theoriegeleitete quantitative empirisch-kriminologische Forschung (*Akers, Sellers* 2009, 129).

Die Dunkelfeldforschung, die Selbstbericht- und Viktimisierungsstudien, hat die Kriminologie von Grund auf verändert. Die Selbstberichtstudien, die in den 1940er Jahren begannen (*Porterfield* 1949), arbeiteten heraus, dass Delinquenz ubiquitär, allgemein verbreitet ist, dass sie aber in ihrer Mehrheit aus leichteren bis mittelschweren Rechtsbrüchen besteht und sich – episodenhaft – meist spontan zurückbildet. Die Viktimisierungsstudien, die auf Initiative der „President's Commission" (1967), einer

Expertenkommission (*Buerger* 2010, 656–659), Ende der 1960er Jahre einsetzten (*National Opinion Research Center* 1967) und die das Verbrechensopfer in den Mittelpunkt ihres Interesses stellten, vermittelten durch jährliche umfassende Befragungen zum Opferwerden seit den 1970er Jahren (*Rennisson* 2010, 579–584, 985–991) die grundlegenden Erkenntnisse, dass die meiste Viktimisierung der Kriminaljustiz verborgen, weil unangezeigt bleibt, dass das Dunkelfeld der nichtangezeigten Sexual- und Gewalt-Viktimisierung im sozialen Nahraum besonders groß ist und dass die Viktimisierung bei vielen Opfern beachtliche psychosoziale Schäden hinterlässt. Die Viktimisierungsstudien förderten zudem eine Menge von Daten zur Verbrechensfurcht und zur Einstellung der Bevölkerung gegenüber der Kriminaljustiz sowie zur Opferunterstützung und zu Präventivmaßnahmen der Bevölkerung zutage.

Das dynamische Paradigma der kriminellen Karriere ersetzte das statische Konstrukt der Psychopathie. Unter krimineller Karriere versteht man die Charakterisierung der Verlaufsabfolge von Verbrechen, die durch Straftäter während ihrer Lebensspanne begangen werden (*Blumstein, Cohen, Roth, Visher* 1986). Man unterscheidet Beginn, Dauer und Ende der Verlaufsabfolge. Die kriminologische Karriereforschung begann mit empirischen Untersuchungen des Ehepaars *Sheldon* und *Eleanor Glueck* (1930) (*Glueck/Glueck* 1930; vgl. auch *Laub/Sampson* 2011, 369–395) und von *Marvin Wolfgang* und Mitarbeitern (1972) (*Wolfgang, Figlio, Sellin* 1972). *Wolfgang* identifizierte die kleine Gruppe der chronischen, persistenten Delinquenten. Nur 6 Prozent seiner Kohorte und nur 18 Prozent seiner Delinquenten verübten über die Hälfte der Delinquenz und über zwei Drittel der Gewaltdelinquenz. Die Trajektorien, die Entwicklungspfadwege delinquenten und kriminellen Verhaltens, führt die wichtigste Lebenslauftheorie, die Theorie der altersabgestuften informellen Sozialkontrolle (*Sampson, Laub* 1995; *Laub, Sampson* 2003), – aufgrund von quantitativen und qualitativen empirischen Untersuchungen – auf verschiedenartige mangelnde Bindungen der Straftäter zur Gesellschaft und ihren Institutionen während ihrer unterschiedlichen Lebensphasen zurück. Durch Wendepunkte, z.B. eheliche Zuneigung, Berufsstabilität, können kriminelle Lebenslauf-Trajektorien allerdings in prosoziale Pfadwege geändert werden.

1.1.2.2 Die Kriminologie als Sozialwissenschaft

Die internationale und europäische Kriminologie besitzt einen umfassenderen Gegenstand als die Vorbereitung der Strafgesetzgebung und -anwendung oder die Kritik der Kriminaljustiz. Sie ist nicht nur eine Grundlegung des Strafrechts. Sie ist vielmehr eine autonome Sozialwissenschaft (*J.M. Miller* 2009; 2005), in deren Zentrum die Viktimologie (Wissenschaft vom Verbrechensopfer) gerückt ist (*Barkan* 2012, 80–109). Die Sozialwissenschaften erforschen – unter Anwendung wissenschaftlicher Methoden – Gesellschaften, ihre Strukturen und Prozesse sowie Menschen in diesen Gesellschaften, ihre Werte, ihre Persönlichkeiten, ihr Verhalten, ihre Interaktionen, ihre

Institutionen und ihre Kulturen (*Kraska, Neuman* 2012, 33). Kriminologie als Sozialwissenschaft hat ihre Wurzeln in der rechtsstaatlich verfassten Demokratie (*LaFree* 2007, 4). Denn nur Demokratien gewährleisten die Unabhängigkeit der Kriminologie und nur sie bringen die selbstkritische Einsicht in gesellschaftliche Ursachen und in die Notwendigkeit gesellschaftlicher Kontrolle der Delinquenz und Kriminalität auf. Kriminologie als Sozialwissenschaft ist eine internationale, interdisziplinäre, unabhängige Tatsachenwissenschaft, die Verbrechen, Täter- und Opferwerden sowie Reaktionen auf Verbrechen, Täter- und Opferwerden als Sozialprozesse auf der Grundlage von Sozialstrukturen und -prozessen erforscht: Sie besteht aus Phänomenologie, Ätiologie und Kriminalpolitik. Sie entwirft ätiologische und kriminalpolitische Theorien und testet sie mit empirischen und experimentellen Methoden, die sie auf ihre Reliabilität (Zuverlässigkeit) und Validität (Gültigkeit) hin evaluiert. Im Rahmen der Kriminalpolitik widmet sie sich der Vorbeugung und der informellen wie formellen Sozialkontrolle der Delinquenz und Kriminalität, die sie als Sozialprozesse versteht, an denen Täter, Opfer und Gesellschaft beteiligt sind. Die Grenzen der Delinquenz und Kriminalität werden durch die Gesellschaft bestimmt (*K.T. Erikson* 1966). Zur Kriminologie als Sozialwissenschaft gehört auch die kritische Kriminologie, die kriminologische theoretische und methodische Konzepte auf ihre Beständigkeit (Nachhaltigkeit) hinterfragt und Alternativen entwirft. Die Öffentlichkeits-Kriminologie (Public Criminology) (*Uggen* 2010; *Loader, Sparks* 2011; 2010) informiert schließlich die Gesellschaft über die kriminologischen Forschungsergebnisse, um soziale Kräfte zur Kriminalitäts-Vorbeugung und -Kontrolle zu aktivieren.

Theoretische Kriminologie ist der Grundstein, der Eckpfeiler der Kriminologie (*J.M. Miller* 2009, 3). Theorie ist ein System miteinander verbundener Ideen, das Wissen zum Zwecke des Verstehens und/oder der Erklärung zusammenfasst und organisiert (*Kraska, Neuman* 2012, 62). Theorien müssen entwickelt und empirisch getestet werden. Die empirische Untersuchung wird entweder durch eine Theorie geleitet, oder sie besitzt das Ziel der Theoriebildung (*Maxfield, Babbie* 2011, 45). Ohne Theorie ist keine wissenschaftliche Erklärung möglich. Theorie und empirische Forschung gehören eng zusammen (*Laub* 2010, 423). Kriminologische Forschung ist theoriegeleitet, aber ideologiefrei (*Sherman* 2010, 37). Theorien sind offen, entwicklungs-, ausbau- und erweiterungsfähig. Sie begrüßen empirische und experimentelle Tests, positiven und negativen Beweis. Sie ändern sich mit diesem Beweis. Sie sind neutral und berücksichtigen alle Seiten. Ideologien bieten absolute Sicherheiten aus einem einzigen Gesichtspunkt an. Sie haben auf alles eine Antwort. Sie sind festgelegt, in sich geschlossen und beurteilen sich als vollkommen. Sie vermeiden Tests und abweichende Forschungsergebnisse (*Brown, Esbensen, Geis* 2010, 9–2).

Die Kriminologie als Sozialwissenschaft hat das Ziel, Muster der Regelmäßigkeit im sozialen Leben zu entdecken (*Maxfield, Babbie* 2011, 14). Sie stützt sich sowohl auf idiographische wie nomothetische Erklärungen. Während die nomothetischen Studien breite, sich nicht in Einzelheiten verlierende Allgemeinaussagen machen, widmen sich idiographische Untersuchungen mehr den in die Tiefe der Einzelheiten gehenden Fällen (*Maxfield, Babbie* 2011, 22/23). Die Unterscheidung zwischen quantitativen und qualitativen Methoden ist eine Differenzierung zwischen numerischen, zahlenmäßigen und nicht-numerischen Datensammlungen (*Maxfield, Babbie* 2011, 25). Quantitative Studien erfassen Veränderungen im sozialen Leben in Kategorien, die im Umfang variieren. Daten, die als quantitativ gelten, sind entweder Zahlen oder Merkmale, die nach ihrer Größe geordnet werden können. Qualitative Studien versuchen, das soziale Leben durch teilnehmende Beobachtung einzufangen (*Bachman, Schutt* 2011, 16). Quantitative und qualitative Ansätze haben Stärken, Schwächen und Vergleichbarkeiten. Beide Methoden können sich ergänzen und bereichern (*Kraska, Neuman* 2012, 260/261). Die Untersuchungsmethode muss dem Forschungsgegenstand angemessen sein. Die Kriminologie als Sozialwissenschaft ist rigoros, kritisch und objektiv in ihrer Datensammlung, -auswertung und -beurteilung (*Kraska, Neuman* 2012, 33). Nach ihrem Ziel unterscheidet man vier Untersuchungsformen (*Kraska, Neuman* 2012, 20–25):

-   Die exploratorische Studie erkundet neues Kriminalitäts- und Kriminaljustiz-Territorium. Dieses neue Territorium kann aus neuen Kriminalitäts- und Kriminaljustiz-Phänomenen, neuen Forschungsmethoden oder daraus bestehen, neue Wissensgrenzen zu entdecken. Exploratorische Forscher sind kreativ, aufgeschlossen, vorurteilslos und flexibel. Sie kommen selten zu definitiven Ergebnissen.
-   Das Ziel der deskriptiven Forschung besteht darin, ein detailliertes Bild ihres Forschungsgegenstandes zu zeichnen. Deskriptive Studien benutzen verschiedene Daten-Sammlungs-Techniken.
-   Explanatorische Forschungen sind extrem wichtig für die Kriminologie. Sie gehen den Ursachen und Gründen der Delinquenz und Kriminalität nach und entwickeln, vervollkommnen oder testen Theorien mit empirischen oder experimentellen Methoden.
-   Evaluative Untersuchungen verfolgen den Zweck, die Effektivität von kriminalpolitischen Programmen und Methoden sozialwissenschaftlich zu überprüfen.

Kriminologische Forschung sollte praktische Probleme ansprechen. Die Lösung der Probleme (Kriminalpolitik) sollte im Sinne einer wissenschaftsgeleiteten Gesellschaft auf theoretischen und empirischen Beweis gegründet sein (*Sherman* 2010, 37). Der kriminologische Forscher sollte fähig und bereit sein, seinen Forschungsgegenstand vorurteilsfrei zu untersuchen (*Glick, J.M. Miller* 2008, 7).

1.1.2.3 Die Öffentlichkeits-Kriminologie

Die Öffentlichkeits-Kriminologie („Public Criminology") hat sich im ersten Jahrzehnt des 21. Jahrhunderts in den USA und im Vereinigten Königreich herausgebildet (*Uggen, Interbitzin* 2010; *Loader, Sparks* 2010; 2011). Sie hat sich zur Aufgabe gestellt, nicht nur die Regierung und die Massenmedien über das gesicherte kriminologische Wissen aktiv zu unterrichten, sondern die Qualität kriminologischer Argumentation in der Öffentlichkeit allgemein zu heben. Hierfür hält sie es für notwendig, Verbindungen zu Gruppen in der Gesellschaft anzuknüpfen, die danach streben, Alternativen zur offiziellen Kriminalpolitik voranzutreiben. Da für die Kriminologie als Sozialwissenschaft die Verursachung der Kriminalität in der Gesellschaft ein bedeutsames Problem bildet, ist es nur zu verständlich, gesellschaftliche Kräfte für die Vorbeugung und Kontrolle des Verbrechens zu gewinnen. Hierfür ist die Information der Öffentlichkeit über das gesicherte Wissen der Kriminologie unabdingbare Voraussetzung. Die Tendenz der Kriminologie, sich in unterschiedlichen Lagern zu bekämpfen, hält sie insbesondere dann für schädlich, wenn diese Tendenz damit verbunden ist, Andersdenkende herabzusetzen und auszuschließen. Denn auf diese Weise erfüllt die Kriminologie ihre Aufgabe nicht, das Täter- und Opferwerden in der Gesellschaft zu reduzieren. Die Öffentlichkeits-Kriminologie setzt sich im Sinne einer pluralistischen Demokratie für die Pluralität, für die Offenheit für verschiedene Theorien, Methoden und kriminalpolitische Perspektiven ein. Sie will den Austausch und die Debatte zwischen verschiedenen kriminologischen Schulen fördern, damit auf diese Weise eine **produktive Koexistenz** geschaffen wird.

1.1.3 Die Hauptrichtung der internationalen und europäischen Kriminologie

1.1.3.1 Die Theorien

Die internationale und europäische Kriminologie arbeiten ständig an der Entwicklung, Verbesserung und an der empirischen und experimentellen Testung kriminologischer Theorien. Die folgende Skizze gibt deshalb nur die Richtung an, in der sie sich in den ersten beiden Jahrzehnten des 21. Jahrhunderts entfaltet haben (*Lilly, Cullen, Ball* 2011; *Bernard, Snipes, Gerould* 2010). Hierbei kann man von drei Ebenen ausgehen.

1.1.3.1.1 Die sozialstrukturellen Theorien

Auf der sozialstrukturellen Ebene ist die Theorie der sozialen Desorganisation (*Shaw, McKay* 2011, 98–104), die zur Theorie der kollektiven Effektivität weiterentwickelt worden ist (*Sampson* 2011a, 210–236; 2006, 149–167; *Sampson, Raudenbush, Earls* 2011, 112–117), die derzeit populärste; sie wird empirisch am stärksten unterstützt. Sie bezieht sich hauptsächlich auf Gebiete konzentrierter Benachteiligung, die durch Armut, zerrüttete Familien, Wohn-Instabilität und große Gruppen von Immigranten gekennzeichnet sind. In diesen Gebieten sind die sozialen Institutionen der Gemeinschaft, z.B. der Familie, der Schule, der Kirche, der politischen Gruppen, zusammengebrochen. Diese Institutionen sind unfähig, die soziale Ordnung und Kontrolle aufrecht zu erhalten. Die Gemeinschaft ist nicht mehr in der Lage, gemeinsame Werte ihrer Bewohner zu realisieren und eine effektive Sozialkontrolle zu gewährleisten. Die kollektive Effektivität muss wiederhergestellt werden, die aus einem Aktivierungs- und Umformungsprozess sozialer Bindungen unter Nachbarn mit dem Ziel besteht, gemeinsame Interessen, wie z.B. öffentliche Ordnung und Verbrechenskontrolle, durchzusetzen. Die Sozialstruktur eines Gebietes ändert sich langfristig oder kann durch Interventionen geändert werden (*Kirk, Laub* 2010, 441–502).

1.1.3.1.2 Die Sozialprozesstheorien

Nach den Theorien der mittleren Ebene, nach den Sozialprozesstheorien, ist kriminelles Verhalten nicht anlagebedingt, und es gibt keine Prädispositionen zu kriminellem Verhalten, das nicht pathologisch ist. Es wird vielmehr in gesellschaftlichen und zwischenmenschlichen Prozessen erlernt (*Bandura* 1979a, 1979b; 1997, 2001). Man unterscheidet im kognitiv-sozialen Lernprozess mehrere Lernmechanismen (*Akers* 2010, 475–485):

Kriminelles Verhalten wird durch unmittelbare Verstärkung gelernt. Stellvertretende Verstärkung (Beobachtungslernen) besteht darin, dass der Beobachter sieht, wie sein Modell für sein kriminelles Verhalten belohnt wird. Sie ist ein effektiverer Verhaltensregulator als unmittelbare Verstärkung. Durch Nachahmungslernen wird nicht nur Verhalten, sondern es werden auch Einstellungen, Wertvorstellungen, Gefühle und Verhaltens-Neutralisationen (Vorab-Rechtfertigungen) (*Sykes, Matza* 2011, 112–117) erworben. Die gedankliche Vorwegnahme der Belohnung für kriminelles Verhalten erhöht die Wahrscheinlichkeit seiner Begehung; die gedankliche Vorwegnahme der Bestrafung mindert die Wahrscheinlichkeit. Kriminelles Verhalten kann man sich auch durch Selbstverstärkung aneignen. Menschen sind in der Lage, ihr Verhalten dadurch selbst zu regulieren, dass sie sich selbst Anreize für selbstgeschaffene Motivation setzen. Eine wichtige Komponente der Selbstverstärkung ist die Selbsteffektivität, die die Wahrnehmung widerspiegelt, die ein Mensch von sich und seinen Fähigkeiten besitzt (*Bandura* 1997, 2001). So kann die Freude an der Domination über das Opfer im Täter-Opfer-Interaktionsprozess eine Demonstration überlegener Selbstwirksamkeit sein (*Katz* 1988; 1991).

Prosoziales Lernen wird am besten realisiert, wenn starke Bindungen zu prosozialen Institutionen und Menschen bestehen. Ist dies nicht der Fall, kann prosoziales Verhalten nicht gelernt, vielmehr kann antisoziales Verhalten in antisozialen Kontakten erworben werden (*Hirschi* 2011, 215–223). Kriminelles Verhalten wird in kriminellen Trajektorien (Entwicklungs-Pfadwegen, Lebensbahnen) gelernt. Es wird durch vorausgegangenes kriminelles Verhalten stark geprägt. Es schwächt die prosozialen Bindungen und engt das prosoziale Verhaltensrepertoire ein (*Piquero, Farrington, Blumstein* 2010, 631–646; *Jennings, Piquero* 2009, 262–270). Es kann in den aufeinander folgenden Entwicklungsphasen der Lebensspanne gleich bleiben oder sich ändern. Es kann mit Wendepunkten im Lebenslauf, z.B. mit der Eheschließung, abnehmen oder gar aufhören; es kann aber auch eskalieren (*Laub, Sampson* 2011, 497–503).

Nach dem Persönlichkeits-Prozess-Modell (*H.J. Schneider* 2010a, 145–165; *Horney* 2006, 1–16; *Andrews, Bonta* 2010) ändern sich durch die Viktimisierung die dynamischen Persönlichkeitszüge von Täter und Opfer. Der Täter gewinnt Freude an der Domination; das Opfer kann durch die Traumatisierung unterwürfige Verhaltensmuster entwickeln. Durch ihren Kontrollverlust der Viktimisierung leiden die Durchsetzungsfähigkeit, die Selbstwirksamkeit und das Vertrauen der Opfer in ihre Mitmenschen. Diese Schädigungen durch ihren Täter tragen zu ihrer Re-Viktimisierung bei. Denn die tätergeneigten Personen wählen sich gerade solche verletzbaren Opfer aus (*H.J. Schneider* 2010b, 313–334).

1.1.3.1.3 Die situativen Theorien

Auf der dritten Ebene der situativen Theorien konkretisieren sich sozialstrukturelle Mängel und psychosoziale Lern- und Interaktionsprozesse in der psychosozialen Dynamik der kriminogenen/viktimogenen Situation. Risiko-Orte sind Kriminalitäts-Konzentrations-Orte, die Mängel in ihrer Sozialstruktur aufweisen. An diesen Stellen treffen motivierte Täter auf verletzbare Opfer (oder geeignete Sachen). Viktimisierungsfreundliche Stereotype und Vorurteile, die der Täter in gesellschaftlichen und zwischenmenschlichen Prozessen gelernt hat, treten in der Tätermotivation zutage (illusionäre Situationsverkennung) (*H.J. Schneider* 2010b, 313–334). Er handelt aufgrund gelernter krimineller Verhaltensmuster, Wertvorstellungen und Einstellungen. Die Opferneigung leitet sich aus den erlittenen, traumatisierenden Viktimisierungserfahrungen ab (Opfereignung für den Täter). Dem Opfer wird kein wirksamer Opferschutz zuteil (*Cohen, Felson* 2011, 417–427). Denn es besteht in diesen viktimogenen Situationen ein Mangel an Interventions-Fähigkeit und -Bereitschaft bei den Situationsteilnehmern (mangelnde kollektive Effektivität).

1.1.3.2 Die Methoden

Die Offenheit der sozialwissenschaftlichen Kriminologie für alle sozialwissenschaftlichen Methoden heißt nicht, dass alles erlaubt ist. Sozialwissenschaftliche Standards müssen schon eingehalten werden. So sind bloße Meinungsäußerungen oder Spekulationen über Kriminalität und Kriminalpolitik sowie das Erzählen krimineller Anekdoten keine sozialwissenschaftlichen Methoden. Die Auswertung von Strafakten genügt allein nicht zur Beantwortung kriminologischer Fragestellungen. Denn Strafakten werden nicht für wissenschaftliche, sondern für praktische Zwecke der Strafverfolgung erstellt. Schließlich führt die alleinige Interpretation offizieller Kriminalstatistiken häufig in die Irre. Denn sie enthalten Arbeitsberichte der Kriminaljustiz. Für die Analyse kriminalphänomenologischer Strukturen und Entwicklungen sind sie zwar unentbehrlich, aber nur mit der Korrektur der Ergebnisse der Dunkel-feld-Forschung (der Selbstbericht- und Viktimisierungsstudien). Wissenschaftlicher Beweis beruht in der Kriminologie auf theoretischer, quantitativer wie qualitativer empirischer und experimenteller Forschung (*Sampson* 2010, 489–500). Alle kriminologischen Forscher, ob sie nun quantitative oder qualitative Methoden praktizieren, sammeln und analysieren systematisch empirische Daten und überprüfen sorgfältig ihre Theorien, um ihre Forschungsgegenstände zu verstehen und zu erklären. Hierbei hat die internationale und europäische Kriminologie in den beiden ersten Jahrzehnten des 21. Jahrhunderts vornehmlich folgende Methoden und Forschungsziele verfolgt:

1.1.3.2.1 Ethnographische Feldstudien

Aufgrund der Sammlung von Beobachtungs- und Interview-Daten versuchen ethnographische Feldforscher, Menschen in ihren natürlichen sozialen Umgebungen zu studieren. Es handelt sich um qualitative Untersuchungen, die sich für die Exploration (Erkundung) besonders gut eignen (*Bachman/Schutt* 2011, 288/289). Das „Gesetz der Straße" (Gewaltorientierung der Jugend in innergroßstädtischen Bezirken) ist aufgrund einer ethnographischen Feldstudie eindrucksvoll erarbeitet worden (*Anderson* 2010, 426–436).

1.1.3.2.2 Quantitative Kriminologie

Quantitative Methoden, die *Gustav Aschaffenburg* (1913) bereits erfolgreich angewandt hat, spielen in der internationalen und europäischen Kriminologie eine herausragende Rolle. Sie verfolgen die Ziele der Beschreibung kriminellen Verhaltens oder der Identifikation einer Ursache-Wirkungs-Beziehung im Kriminalitäts-Verursachungs-Prozess. Kriminalität ist eine verdeckte, verborgene Aktivität und das ausschließliche Vertrauen auf offiziell bekanntgewordene Daten (Hellfeld-Daten) führt zu völlig falschen Schlussfolgerungen. Deshalb gehört die Dunkelfeldforschung (Viktimisierungs- und Selbstberichtstudien) zum Kernbereich heutiger internationaler und europäischer Kriminologie (*Lauritzen* 2010, 501–508; *Krohn, Thornberry, Gibson, Baldwin* 2010, 509–525). Die drei großen kooperativen Verlaufsstudien (Selbstberichtstudien) zur Jugenddelinquenz in Pittsburg/Pennsylvania, Rochester/New York und Denver/Colorado sind ein Meilenstein in der kriminologischen Forschung. Denn sie bilden zusammen den größten Mess-Ansatz, den es jemals in der Delinquenz-Forschung gegeben hat (*Blumstein* 2010, 549–561; *Piquero, Farrington, Blumstein* 2003, 324).

1.1.3.2.3 Experimentelle Kriminologie

Der experimentellen Methode ist in der internationalen und europäischen Kriminologie in den ersten beiden Jahrzehnten des 21. Jahrhunderts eine große Bedeutung beigemessen worden. Die Zahl der Experimente hat sich im letzten halben Jahrhundert, hauptsächlich in den USA, verdoppelt; von 37 in 1957 bis 1981 auf 85 in 1982 bis 2004 (*Farrington, Welsh* 2006, 111). Der experimentelle Forschungsansatz ist am besten für explanatorische und evaluative Studien geeignet. Experiment ist ein Beobachtungs-prozess, der in einer Lage ausgeführt wird, die speziell für diesen Zweck herbeigeführt worden ist (*Maxfield, Babbie* 2011, 184). Die Experimental-Forschung unterscheidet zwei oder mehr Gruppen voneinander. Sie wendet eine Intervention auf eine Gruppe (Experimentalgruppe) an, während eine andere Gruppe (Kontrollgruppe) keine Inter-vention erhält. Nach Anwendung der Intervention prüft sie, ob Unterschiede in den Reaktionen beider Gruppen bestehen (*Kraska, Neuman* 2012, 155). Experimente sind notwendig, um valide vorurteilsfreie Einschätzungen der Wirkungen von Kriminal-Justiz-Interventionen zu erhalten. Experimental- und Kontrollgruppe müssen aller-dings äquivalent sein. Es darf keine systematischen Unterschiede zwischen beiden Gruppen geben, die das Ergebnis des Experiments beeinflussen könnten. Das erreicht man durch Randomisierung: Die Forscher weisen die Probanden nach dem Zufalls-prinzip entweder der Experimental- oder der Kontrollgruppe zu. Randomisierte, kon-trollierte Experimente besitzen eine hohe interne Validität (*Braga* 2009, 413–421), d.h. die gefundene Beziehung zwischen zwei Variablen, z.B. zwischen Intervention und Rückfallkriminalität, ist in der Tat kausal und beruht nicht auf anderen Variablen (*Maxfield, Babbie* 2011, 89).

1.1.3.2.4 Evaluationsforschung

Nachdem der Kongress der USA im Jahre 1996 die kriminologische Abteilung der Universität von Maryland beauftragt hatte, ein unabhängiges, wissenschaftlich rigo-roses Gutachten über von ihm subventionierte Präventionsprogramme zu erstatten (*Sherman, Farrington, Welsh, MacKenzie* 2002), ist die Evaluations-Forschung, die systematische Überprüfung von Interventionen auf ihre methodologische Qualität, in der internationalen und europäischen Kriminologie enorm wichtig geworden (*Bachman, Schutt* 2011, 340–379, *Maxfield, Babbie* 2011, 366–406). Evaluations-For-schung ist die systematische Anwendung von Methoden der Sozialforschung, um die Programm-Notwendigkeit, die Programm-Theorie, die Programm-Verwirklichung, den Programm-Erfolg und seine Nützlichkeit (mit der Kosten-Nutzen-Analyse) zu ermitteln. Die evaluativen Begleitforschungen zu Interventions-Programmen werden mit den folgenden zwei Methoden zusammengefasst:

Der systematische Überblick macht – im Gegensatz zu traditionellen Synthesen – jede Phase des Entscheidungsprozesses zur Qualität evaluativer Untersuchungen unter Einschluss der Fragen transparent, was für den Überblick maßgeblich gewesen ist, welche Kriterien beim Auswahlverfahren der einbezogenen, erfassten, aufge-nommenen Studien angewandt worden sind und welche Methoden benutzt worden sind, um nach Evaluations-Studien zu suchen und um sie zu bewerten. Systematische

Überblicke legen in Einzelheiten dar, wie die Analysen durchgeführt worden sind und wie man zu den Schlussfolgerungen gekommen ist (*Bachman, Schutt* 2011, 369).

Mit der Meta-Analyse ermittelt man den gegenwärtigen Stand der Forschung zu einem Problem in quantitativer Weise. Die Meta-Analyse unterscheidet sich vom traditionellen narrativen Literaturüberblick, in dem der Stand der Forschung qualitativ, aber nicht numerisch zusammengefasst wird (*D.B. Wilson* 2010, 181–208). Man verfolgt mit der Meta-Analyse die Ziele, robuste empirische Beziehungen aufzudecken, Forschungsschwächen zu erkennen, eine statistische Zusammenfassung über ein Gesamtergebnis zu ermitteln und die Probleme der externalen Validität zu überwinden (*Kraska, Neuman* 2012, 165/166). Die externale Validität ist das Gütekriterium der Allgemeingültigkeit des Forschungsergebnisses für andere Gebiete und Populationen (*Maxfield, Babbie* 2011, 89/90).

1.1.4 Die Nebenrichtungen der internationalen und europäischen Kriminologie

Die Nebenrichtungen werden von der Hauptrichtung keineswegs ins Abseits gedrängt. Sie legen vielmehr selbst darauf großen Wert, nicht zur kriminologischen Hauptrichtung zu gehören, und setzen sich deutlich von ihr ab.

1.1.4.1 Die sozialwissenschaftlich-kriminologischen Nebenrichtungen

1.1.4.1.1 Die kritische Kriminologie
Es gibt die kritische Kriminologie, die bis heute nicht präzise definiert ist, seit den 1970er Jahren. Ihre Wurzeln liegen in der marxistischen Kriminologie, ihre Geburtsstätten in den USA und im Vereinigten Königreich. In den späten 1980er und frühen 1990er Jahren kamen neue Richtungen zur marxistischen Kriminologie hinzu: der kritische Feminismus, der linke Realismus, die friedenstiftende Kriminologie und der Postmodernismus (*DeKeseredy* 2011, 27–50). Die Fachgruppe für kritische Kriminologie der „American Society of Criminology (ASC)", die im Jahre 1988 gegründet worden ist, besitzt gegenwärtig nahezu 400 Mitglieder (von annähernd 4.000 Mitgliedern der ASC). Der Mitgliederanteil von etwa 10 Prozent ist ein gutes Indiz für das Gewicht, das die kritische Kriminologie in der internationalen und europäischen Kriminologie besitzt.

Die Hauptrichtung der internationalen und europäischen Kriminologie steht der kritischen Kriminologie heute wohlwollend gegenüber. Man ist der Meinung, dass sie der Hauptrichtung viele wertvolle Anregungen gegeben hat. Man betont die Gemeinsamkeiten: die Ablehnung der Konzeption des Kriminellen als essentiell unterschiedlich vom Nicht-Kriminellen und die Absage an das alleinige Vertrauen auf die Kriminaljustiz bei der Datensammlung für kriminologische Forschungszwecke (*McLaughlin* 2010, 153). Gleichwohl stimmen alle kritischen Kriminologen darin überein, sich bewusst von der Mainstream-Kriminologie und speziell von ihrem Objektivitätsanspruch zu distanzieren. Kritische Kriminologie ist indessen ein außerordentlich vielseitiges Unternehmen: Es gibt so viele Richtungen innerhalb der kritischen Kriminologie, wie kritische Kriminologen vorhanden sind. Einig sind sie sich nur in der Hervorhebung der zentralen Rolle der Ungleichheit der Macht in allen Bereichen der Gesellschaft bei der Kriminalitätsverursachung (*Friedrichs* 2009, 216). Die ungleiche Verteilung von Macht oder von materiellen Ressourcen in der heutigen Gesellschaft bildet den vereinigenden Ausgangspunkt für alle Richtungen der kritischen Kriminologie (*DeKeseredy, Dragiewicz* 2012, 1).

1.1.4.1.2 Die kulturelle Kriminologie

Die kulturelle Kriminologie, ein neuer Zweig der kritischen Kriminologie, ist in der Mitte der 1990er Jahre in den USA und im Vereinigten Königreich entstanden. Ihre begrenzte Bedeutung wird dadurch erkennbar, dass sie während der ersten zwölf Jahrestagungen der ASC im 21. Jahrhundert so gut wie überhaupt nicht diskutiert worden ist (in drei Panels von 870 in San Franzisko, 2010). Aus der Sicht der kulturellen Kriminologie ist die Realität des Verbrechens und der Viktimisierung niemals objektiv und selbstevident erkennbar. Sie befindet sich vielmehr stets in einem Konstruktions-, Interpretations- und Wettbewerbs-Prozess (*Ferrell* 2009, 219–227). Über die Bedeutung des Verbrechens und über seine Wahrnehmung wetteifern diejenigen, die dem Verbrechen vorbeugen und es kontrollieren wollen, die es studieren oder die über es in den Massenmedien berichten wollen, mit denjenigen, die an ihm teilnehmen (*Lilly, Cullen, Ball* 2011, 222). Die Bedeutung des Verbrechens ist das Ergebnis eines komplexen Prozesses, in dem unerlaubte Subkulturen, die Massenmedien, die politischen Autoritäten und die Kriminaljustiz-Professionals über seine Bedeutung streiten (*Ferrell* 2005, 358). Die kulturelle Kriminologie konzentriert sich auf die sinnliche Natur des Verbrechens, auf die Adrenalin-Stöße der „Randarbeit" (Edgework), auf die freiwillige, unerlaubte Risikonahme und die Dialektik von Furcht und Vergnügen bei der Verbrechensbegehung (*J. Young* 2003, 391). Die kulturelle Kriminologie stützt sich im Wesentlichen auf drei Theorien (*Ferrell* 2010a, 249–253; *Ferrell* 2010b, 303–318):

- Nach dem Modell der Medien-Schleifen und -Spiralen ist die Gegenwartsgesellschaft so sehr durch Massenmedien-Darstellung und -Technologie gesättigt, dass zwischen der Verbrechens-Realität und ihrer Massenmedien-Darstellung nicht mehr unterschieden werden kann.
- Nach der Karnevalstheorie (*Presdee* 2004, 275–285; *Presdee* 2000) kann Sozialabweichung, z.B. Drogenkonsum, Banderituale, Brandstiftung, Spritztouren in gestohlenen Autos, am besten als Zirkus, als Karneval verstanden werden. Sie sind gefährliche Exzesse, Lächerlichkeiten und ritualisierte Pöpelhaftigkeiten (*Ferrell* 2009, 221).

– Nach der Randarbeits-Theorie (Edgework-Theory) sind Verbrechen Handlungen der extremen und häufig illegalen Risikonahme. So können beispielsweise Graffiti-Malen und illegale Straßenrennen am besten als Situationen aufgefasst werden, in denen die Teilnehmer „ein Selbstgefühl durch eine erfrischende Mischung von Risiko und Geschicklichkeit" einfordern (*Ferrell* 2009, 220).

Viktimisierungsstudien und statistische Analysen sind – nach der kulturellen Kriminologie – für das Verständnis der interpretativen Dimensionen des Verbrechens unzulänglich: für seine Bedeutung, seine Repräsentation und seine Gefühlsdimension (*Lilly, Cullen, Ball* 2011, 223). Die kulturelle Kriminologie verlässt sich lieber auf die emotionale Subjektivität. Sie geht nach zwei Methoden vor:
– Der ethnographischen Inhaltsanalyse gemäß will sie aus Cartoons, Comicstrips, Kriminalromanen kriminologische Erkenntnisse über die Bedeutung des Verbrechens schöpfen (*Ferrell, Hayward, Young* 2008; *Ferrell, Sanders* 1995).
– Die Rand-Ethnographie (Edge Ethnography) ist eine Reise in „das Spektakel und den Karneval des Verbrechens" (*Tewksbury* 2009, 407). Es geht um das Insider-Verstehen einer gefährlichen, fremden Welt. Es stellt sich die Frage, wie man sich als Teil der devianten Welt fühlt und wie man empfindet, wenn man von der Außenwelt als Sozialabweichler wahrgenommen wird. Der Rand-Ethnograph setzt sich bei seinen Feldforschungen gefährlichen und bedrohlichen Lagen aus (*Tewksbury* 2009, 407).

Die kulturelle Kriminologie vermag nicht zu überzeugen. Die Kriminologie hat nicht die Aufgabe, kriminelles Verhalten durch merkwürdige Theorien und absonderliche Methoden im Sinne des Straftäters zu beschönigen. Dafür sind die Opferschäden zu gravierend.

1.1.4.1.3 Die Konvikt-Kriminologie
Die Konvikt-Kriminologie wird von einer „Bruderschaft" ehemaliger Strafgefangener betrieben, die Kriminologie studiert haben und Kriminologie-Professoren geworden sind (*Newbold, Ross, Richards* 2010, Bd. 1, 207–212; *Ross, Richards, Newbold, Lenza, Grigsby* 2012). Auf der Jahrestagung der ASC in San Franzisko im Jahre 2010 sind von 870 Sitzungen neun (mit 36 Referaten) von Konvikt-Kriminologen organisiert worden. Der erste Kriminologie-Professor, der sich zu seiner kriminellen Vergangenheit bekannte, war *Frank Tannenbaum*, der „Großvater" des Labeling-Ansatzes. Die Idee zu einer Konvikt-Kriminologie hatten *John Irwin* und *Greg Newbold* im Jahre 1989 auf der ASC-Tagung in Reno/Nevada. *Irwin*, der im Januar 2010 verstorben ist und der während der ASC-Jahrestagung in San Franzisko mit einem „Memorial-Panel" geehrt worden ist, verbüßte in den 1950er Jahren eine fünfjährige Freiheitsstrafe wegen Straßenraubes. *Newbold*, ein ehemaliger Drogenhändler, der zu einer Freiheitsstrafe von siebeneinhalb Jahren verurteilt worden ist, gehört heute zu den führenden Krimino-

logen Neuseelands. Gegenwärtig besitzt die „Bruderschaft" Mitglieder in Australien, Kanada, Finnland, Neuseeland, Schweden, im Vereinigten Königreich und in den USA (*Richards, Newbold, Ross* 2009, Bd. 1, 356–363). Die erste Sitzung der Konvikt-Kriminologen zog auf der Jahrestagung der ASC in San Diego/Kalifornien im Jahre 1997 eine große Zuhörerschaft an und verursachte ein erhebliches Massenmedien-Echo. Im Jahre 2003 erschien ein Buch über „Convict Criminology" mit acht Kapiteln von ehemaligen Strafgefangenen und einigen unterstützenden Kapiteln von Nicht-Strafgefangénen (*Ross, Richards* 2003). Die Konvikt-Kriminologie gehört zu den Nebenrichtungen der kritischen Kriminologie. Sie wird von der Hauptrichtung als Bereicherung betrachtet. Denn auf diese Weise werden ehemalige Straftäter in den kriminologischen Forschungsprozess mit eingebunden; ihnen wird „eine Stimme" gegeben. Die zentrale Methode der Konvikt-Kriminologie ist die Ethnographie. Die Konvikt-Kriminologen bringen ihre „Insider-Perspektive" zum Tragen. Denn sie verfügen über Erfahrungen mit der Kriminalitätsbegehung und mit der Kriminaljustiz, speziell mit dem Strafvollzug.

1.1.4.2 Die biokriminologische Nebenrichtung

Die Biokriminologie ist zwar auch eine Nebenrichtung der internationalen und europäischen Kriminologie; sie gehört aber nicht zur Gruppe der kritischen Kriminologie. Hauptrichtung und kritische Kriminologie lehnen sie vielmehr einhellig ab, weil sie die Kriminalitäts-Entstehung auf den individuellen Bereich des Straftäters beschränkt und soziale Faktoren nur insoweit anerkennt, wie sie Bezüge zum Täter aufweisen, also Teil seines sozialen Nahraums sind. Biokriminologie und Psychopathologie (*Bartol/Bartol* 2011, 52–84) nehmen in der internationalen und europäischen Kriminologie eine absolute Randposition ein. Von 738 ASC-Panels in Philadelphia (2009) und 870 Panels in San Franzisko (2010) befassten sich nur jeweils drei mit dieser Richtung. Nach der Biokriminologie ist die Kriminalitätsverursachung auf Unterschiede zwischen Kriminellen und Nichtkriminellen in körperlichen Merkmalen, konstitutionellen Prädispositionen und psychischen Eigenschaften (Anomalien) zurückzuführen (*Walsh* 2002; *Anderson* 2007; *Fishbein* 2001; *Rafter* 2008). Es werden evolutionäre, genetische und biochemische Theorien sowie Zwillings- und Adoptionsstudien zur Begründung dieser Unterschiede herangezogen (*Moffitt, Ross, Raine* 2011). So sollen z.B. Gehirnstrukturen und -funktionen bei Kriminellen und Nichtkriminellen unterschiedlich sein (*Raine* 1993). Eine kriminelle Anlage soll eine wichtige Rolle bei der Prädisposition zur Kriminalität spielen (*Wilson, Herrnstein* 1985; *Hare* 1993). Die gesellschaftsentlastende und deshalb populäre Biokriminologie wird in der internationalen und europäischen Kriminologie aus folgenden Gründen abgelehnt:

- In der Theorie schaltet sie gesellschaftliche Ursachen und zwischenmenschliche Interaktionen bei der Verbrechensentstehung fast völlig aus. Das Verbrechensopfer spielt für sie eine untergeordnete Rolle.
- Methodologisch weisen die biokriminologisch-empirischen Studien gravierende Mängel auf.
- Kriminalpolitisch rechtfertigt sie die Repression, die Masseneinsperrung. Sie kann zu ungerechtfertigten, rechtsstaatlich bedenklichen physischen Eingriffen, z.B. zu Kastration, Gehirnoperation, eugenischen Maßnahmen, führen (*Lilly, Cullen, Ball* 2011, 295–306).

1.1.5 Die kriminalpolitischen Diskussionen der internationalen und europäischen Kriminologie

Die internationale und europäische sozialwissenschaftliche Kriminologie hat in ihren kriminalpolitischen Diskussionen in den ersten beiden Jahrzehnten des 21. Jahrhunderts auf die folgenden drei Grundzüge besonderen Wert gelegt.

1.1.5.1 Grundzüge

1.1.5.1.1 Informelle Kontrolle

Für die Delinquenz- und Kriminalitätskontrolle sind die gesellschaftlichen Institutionen, z.B. Familie, Erziehung, Religion, von großer Bedeutung. Denn diese Institutionen sind Normsysteme, die Verhalten steuern (*Messner, Rosenfeld* 2004, 83–105). Die Wurzeln für delinquentes Benehmen in der Jugendzeit und für kriminelles Verhalten im Erwachsenenalter werden in der Kindheit in der Familie gelegt (*Farrington, Welsh* 2007). Frühes antisoziales Verhalten ist ein Schlüssel-Risiko-Faktor für Delinquenz und kriminelles Verhalten während der Lebensspanne (*Piquero, Farrington, Welsh, Tremblay, Jennings* 2009, 83–120). Mangel an Aufsicht, kriminelle und antisoziale Eltern und Geschwister, unbeständige oder zu harte Disziplin, elterliche Kälte und Zurückweisung sowie physische und sexuelle Misshandlung und Vernachlässigung tragen zur Delinquenz- und Kriminalitätsentstehung maßgeblich bei (*Farrington* 2011, 130–157). Aus systematischen Überblicken und Meta-Analysen ergibt sich, dass Schwestern-Familien-Partnerschafts-Programme (*Olds* 2008, 2–24), Eltern-Erziehungs-Training und die Verbesserung der kognitiven Entwicklung der Kinder effektive Früh-Präventionsprogramme sind (*Welsh, Piquero* 2012, 13–23). In Schul-Gemeinschaften der friedlichen Konflikt-Lösung und der sozialen Unterstützung lernen die Schülerinnen und Schüler prosoziales Verhalten an Modellen und Praktiken des täglichen Lebens (*Bazemore, Schiff* 2012, 77–96). Religiosität vermindert Delinquenz und Kriminalität. In einem systematischen Überblick über 270 Studien, die zwischen 1944 und 2010 unternommen worden sind, kommen 90 Prozent der Untersuchungen (244 von 270) zu diesem Ergebnis (*Johnson, Jang* 2012, 117–150).

1.1.5.1.2 Wissenschaftsprinzip

Die Kriminalpolitik muss auf empirischen und experimentellen Beweis gegründet werden. Die empirischen und experimentellen Studien müssen nach theoretisch und methodisch einwandfreien Prinzipien durchgeführt werden. Kriminalpolitische Entscheidungen dürfen nicht bloß auf Meinungen, Spekulationen, ideologischen Überzeugungen und sensationellen Fällen („moralische Panik") beruhen. Sie müssen in einer wissenschaftsorientierten, rechtsstaatlich-demokratischen Gesellschaft im Interesse der Objektivität auf unabhängiger Evaluation aufbauen (*Blomberg* 2010, 25–30; *Feucht, Innes* 2010, 7–15; *Rosenfeld* 2010, 31–36).

1.1.5.1.3 Formelle Kontrolle

Die Kriminaljustiz ist Ultima Ratio der Delinquenz- und Kriminalitätskontrolle. Damit sie wirksam werden kann, muss sie in die informelle Kontrolle durch die gesellschaftlichen Institutionen gut eingebunden sein. Die Bürgerinnen und Bürger sollten aktiv an **ihrer** Kriminaljustiz teilnehmen. **Alle** Verfahrensbeteiligten sollten im Kriminaljustizverfahren fair und respektvoll behandelt werden. Da Verbrechen physische, psychische und soziale Schäden für Opfer, Täter und Gemeinschaft hervorruft, sollte das Kriminaljustizverfahren Frieden schaffen, Verletzungen heilen und soziale Beziehungen wieder gutmachen. Der Freiheitsentzug sollte auf das notwendigste Maß begrenzt werden. Sanktionen sollten in und mit der Gemeinschaft ausführt werden.

Diese drei Grundlinien werden durch die folgenden sechs Diskussionsbeispiele konkretisiert.

1.1.5.2 Kriminalpolitische Diskussionsbeispiele

1.1.5.2.1 Masseneinsperrung

Anstieg und Abfall der Kriminalität und Wachsen und Nachlassen der Verhängung der Freiheitsstrafe sind zwei voneinander unabhängige Sozialprozesse. Die Verhängung der Freiheitsstrafe entsteht und vergeht in gesellschaftlichen Lernprozessen, an denen Gesetzgebung (Politiker), Gesetzanwendung (Kriminaljustiz-Professionals), Öffentliche Meinung (Journalisten) und Wissenschaft (Experten) maßgeblichen Anteil haben (*H.J. Schneider* 2009, 1041). Ein Verlust an Vertrauen in gesellschaftliche Institutionen schafft politischen Druck in Richtung auf repressive Maßnahmen. Seit den 1970er Jahren ist die Häufigkeit der Freiheitsstrafe und ihrer Länge in den USA erheblich angestiegen. Die USA haben gegenwärtig die höchste Gefangenenzahl in der Welt. Diese Entwicklung ist auf politische Kampagnen über „Being Tough on

Crime" zurückzuführen (*Blumstein* 2007, 2–16), an denen eine Minderheit extrem konservativer Kriminologen beteiligt war:

- In den 1970er Jahren hatten *Robert Martinson* und seine Mitarbeiter (*Martinson* 1974; *Lipton, Martinson, Wilks* 1975) eine Evaluation von 231 Strafanstalts-Behandlungs-Programmen veröffentlicht, die von 1945 bis 1967 durchgeführt worden waren. Aufgrund dieser Evaluation kamen sie zu dem Schluss, dass mit einigen wenigen isolierten Ausnahmen die Strafvollzugs-Behandlungs-Bemühungen keine nennenswerten Wirkungen auf die Straftäter-Rückfälligkeit gehabt hätten. Dieses Ergebnis wurde von den konservativen Massenmedien weit verbreitet und von den extrem konservativen Politikern dankbar aufgenommen. Nur wenige Kriminologen machten darauf aufmerksam, dass die Behandlungsprogramme, die *Martinson* und seine Mitarbeiter untersucht hatten, zum großen Teil keine zuverlässigen theoretischen und methodischen Grundlagen besaßen (*Cullen* 2005, 1–42).
- *Martinson*s Studie wurde durch die Veröffentlichung von äußerst populären, häufig zitierten, weit verbreiteten und einflussreichen Büchern von *James Q. Wilson* und *Richard J. Herrnstein* unterstützt (*J.Q. Wilson* 1975, 1983; *J.Q. Wilson, Herrnstein* 1985). Beide führten die Kriminalitätsentstehung auf individuelle, konstitutionelle Merkmale, auf biologische Prädispositionen und anlagemäßige Wurzeln zurück, die Kriminelle von Nichtkriminellen unterscheiden. Sie befürworteten und empfehlen noch heute die Masseneinsperrung als repressive Maßnahme, auf der der Kriminalitätsrückgang in den USA beruhe (*J.Q. Wilson* 2011, 619–630; *J.Q. Wilson* 2010, 631–446).

Die internationale und europäische Kriminologie teilt diese Auffassung nicht. Sie hält im Gegenteil die Masseneinsperrung für äußerst schädlich (*Lilly, Cullen, Ball* 2011, 12).

- Die Freiheitsstrafe vermindert den Rückfall nicht. Ihre Konsequenzen (antisoziale Gefängniserfahrungen, Stigmatisierung nach der Entlassung) sind vielmehr kriminogen, rückfallverursachend (*Nagin, Cullen, Jonson* 2009; *Durlauf, Nagion* 2011; *Kleiman* 2009; *Tonry* 2012). In Kalifornien kehren 66 Prozent der Gefangenen innerhalb von drei Jahren nach ihrer Entlassung in die Strafanstalt zurück (*Petersilia* 2008).
- Die Masseneinsperrung zerstört die innergroßstädtischen, ohnehin konzentriert benachteiligten Gemeinschaften völlig, aus denen die meisten Inhaftierten kommen (*Clear* 2007; 2008). Sie entstabilisiert die Nachbarschaften und verstärkt die soziale Desorganisation. Besonders negativ werden die Familien und speziell die Kinder der Inhaftierten durch die Masseneinsperrung getroffen (*Murray, Farrington* 2008).
- Der Freiheitsentzug ist allgemein eine entlegitimierende Erfahrung. Die Legitimität der Masseneinsperrung ist äußerst zweifelhaft. Es wäre besser, effektive Alternativen zum Freiheitsstrafvollzug (Verbüßung der Sanktionen in der Gemeinschaft) zu entwickeln (*Tyler* 2010).

1.1.5.2.2 Die Sexualstraftäter-Gesetze

Seit den frühen 1990er Jahren hat die Öffentlichkeit an der Gruppe der Sexualstraftäter ein besonderes Interesse; diese Täterkategorie wird wegen der stereotypen Massenmedien-Darstellung sensationeller Fälle als gesellschaftliche Bedrohung empfunden. Viele U.S.-Staaten haben Registrierungs- und Gemeinschafts-Mitteilungsgesetze erlassen, die die aus der Strafanstalt entlassenen Sexualstraftäter teilweise zur Selbstidentifikation verpflichten und die ihnen Wohnsitzbeschränkungen auferlegen. Diese Gesetze haben sich nicht bewährt; sie haben die Rückfälle nicht verhindert (vgl. die Beiträge in *Wright* 2009). Denn sie stigmatisieren, demütigen, erniedrigen und isolieren den Sexualstraftäter in seiner Gemeinschaft, der für seine Reintegration in die Gemeinschaft der sozialen Unterstützung bedarf. Die Gesetze gehen von einem veralteten Persönlichkeits-Abnormitäts-Konzept aus, das nicht berücksichtigt, dass Sexualdelikte in ihrer Mehrzahl Beziehungsdelikte im sozialen Nahraum sind. Soziale Stabilität und soziale Unterstützung erhöhen die Wahrscheinlichkeit einer erfolgreichen Reintegration des Sexualstraftäters in seine Gemeinschaft. Sexualstraftäter mit einem positiven sozialen Unterstützungssystem haben signifikant niedrigere Rückfallraten. Soziale Bindungen an stabile Berufs- und Familien-Verhältnisse führen zur Verminderung des Rückfalls (*Levenson* 2009, 283).

1.1.5.2.3 Legitimitätsforschung

Legitimität ist das Merkmal, die Eigenschaft, die eine Norm oder eine Autorität besitzt, wenn andere meinen, verpflichtet zu sein, sich dieser Norm oder dieser Autorität freiwillig zu fügen. Eine legitime Autorität ist eine Autorität, die von den Menschen als berechtigt angesehen wird, dass ihre Entscheidungen und Grundsätze (Richtlinien) akzeptiert und durch andere befolgt werden (*Tyler* 2003). Nach der traditionellen Abschreckungstheorie durch Sanktionen ist die Ausweitung der Schwere und Sicherheit der Bestrafung für die Normbefolgung ausschlaggebend. Nach der Verfahrens-Gerechtigkeits-Theorie verinnerlichen Menschen demgegenüber Gerechtigkeits-Normen und -Verpflichtungen, wenn sie im Kriminaljustizverfahren fair und respektvoll behandelt werden und wenn ihre Verfahrens- und Menschenrechte eingehalten werden. Sie stimmen dann dem Gesetz und seiner Anwendung auf freiwilliger Basis zu. Auf die Sorgfalt, die Neutralität, die Folgerichtigkeit und die Widerspruchsfreiheit der Entscheidung kommt es an. Die Menschen sollten im Verfahren Gelegenheit erhalten, am Entscheidungsfindungsprozess teilzunehmen, die eigenen Argumente darzulegen, gehört zu werden und bei der Entscheidung Berücksichtigung zu finden (*Tyler* 2006).

1.1.5.2.4 Restaurative Justiz

Restaurative Mediationsverfahren eignen sich besonders für die Jugendkriminaljustiz (Restorative Youth Conferencing) (*H.J. Schneider* 2001). Im Jahre 1989 ist das

Jugendgerichtssystem in Neuseeland auf restaurative Prinzipien umgestellt worden; im Jahre 2000 folgte die Jugendjustiz Nordirlands (*O'Mahony, Doak* 2009). Restaurative Projekte gibt es darüber hinaus u.a. in Australien, in dem Vereinigten Königreich und in den USA (*Bazemore* 2009, Bd. 2). Nach der Restaurativen Justiz ist das Verbrechen mehr als eine Rechtsgutsverletzung. Es schädigt Opfer, Gemeinschaft und Täter. Die Restaurative Justiz verfolgt drei Prinzipien (*Ness, Strong* 2010):

– Das Wiedergutmachungsprinzip soll Frieden unter allen am Verbrechen Beteiligten schaffen und die Wunden heilen, die durch die Tat entstanden sind.

– Nach der Begegnungs-Konzeption sollen Opfer, Täter und Gemeinschaft die Gelegenheit erhalten, aktiv am Kriminaljustiz-Verfahren so früh und so vollständig teilzunehmen, wie sie es wünschen.

– Nach der Umformungs-Konzeption sollen die durch die Tat zerstörten Beziehungen auf allen Ebenen der Gesellschaft wieder hergestellt werden.

1.1.5.2.5 Problemlösende Gerichte

Problemlösende Gerichte, die es in allen fünfzig U.S.-Staaten gibt, stellen eine neu entstandene, aber rasch wachsende Entwicklung im U.S.-amerikanischen Kriminaljustizsystem dar (*Marble, Worrall* 2009, 2. Bd.). Sie bearbeiten soziale Probleme, wie z.B. Drogenkonsum, Familiengewalt und Gemeinschaftszerrüttung. Das erste Drogengericht ist im Jahre 1989 im Dade County in Florida errichtet worden. Die problemlösenden Gerichte teilen gemeinsame Elemente, die sie von traditionellen Gerichten unterscheiden (*Marble, Worrall* 2009, 2. Bd. 771–779).

– Sie nutzen ihre gerichtliche Autorität, um chronische Sozialprobleme zu lösen.

– Sie gehen über die bloße Aburteilung von Fällen hinaus und versuchen, das zukünftige Verhalten des Angeklagten durch gerichtliche Überwachung seiner therapeutischen Behandlung zu ändern.

– Sie arbeiten mit anderen Kriminaljustizbehörden, Gemeinschaftsgruppen und Sozialdiensten zusammen, um spezielle soziale Resultate, z.B. niedrigere Rückfallraten, eine sicherere Familien-Umgebung und geringeren Drogenkonsum zu erreichen.

Problemlösende Gerichte machen sich Gemeinschafts-Ressourcen zunutze, um die ihren Fällen zugrunde liegenden Ursachen zu erkennen und zu lösen. Sie berücksichtigen hierbei die Bedürfnisse des Täters, des Opfers und der Gemeinschaft. Eine vollständigere gerichtliche Aufsicht ist eine Schlüsselkomponente problemlösender Gerichte. Evaluationen der Drogengerichte seit dem Jahr 2000 haben in ihrer Mehrheit positive Ergebnisse erzielt.

1.1.5.2.6 Behandlungsforschung

Auf dem Gebiet der Theorie der Behandlungsforschung ist das Risiko-Bedürfnis-Ansprechbarkeits-Modell (*Andrews, Bonta* 2010) entwickelt worden. Für die Täterbehandlung gelten drei Prinzipien:

–   Das Niveau der Behandlung ist dem Risiko-Niveau des Täters anzupassen. Täter mit einem hohen Risiko bedürfen einer intensiveren und extensiveren Behandlung, wenn man eine Rückfallverminderung erreichen will.
–   Kriminogene Bedürfnisse, z.B. kriminelle Einstellungen, sind unmittelbare Ziele für die Behandlung. Denn sie sind dynamische Risikofaktoren, die geändert werden können.
–   Behandlungsprogramme sind im Stil und in der Modalität dem anzupassen, was den Fähigkeiten und dem Lebensstil des Täters entspricht.

Zur Rückfallvermeidung bei delinquenten Jugendlichen ist ein meta-analytischer Überblick über zahlreiche Meta-Analysen von Bedeutung (*Lipsey* 2009).

–   Die „therapeutischen" Interventionen, z.B. Fähigkeits-Training, sind signifikant effektiver als die Interventionen, die auf Kontrolle und Zwang gegründet sind, z.B. Überwachung, Abschreckung und Disziplinierung.
–   Die Effektivität der Behandlungs-Programme wächst mit der Qualität der Implementierung (der Programm-Verwirklichung) (mit der Programm-Integrität).
–   Am effektivsten sind kognitiv-behavioristische und soziale Lernprogramme, insbesondere fähigkeitssteigernde Interventionen. Die größten Durchschnitts-Effektstärken erzielen kognitiv-behavioristische Behandlungs-Programme.

Literatur

Aichhorn, A. (1935). Wayward Youth. New York.

Akers, R.L. (2010). A Social Learning Theory of Crime. In: *S.G. Tibbetts/C. Hemmens* (Hrsg.): Criminological Theory. 475–485. Los Angeles, London et al.

Akers, R.L./Sellers, C. (2009). Criminological Theories. 5. Aufl. New York, Oxford.

Alexander, F./Healy, W. (1935, Nachdruck 1969). Roots of Crime. Montclair/N.J.

Anderson, E. (2010). The Code of the Streets. In: *S.G. Tibbetts/C. Hemmens* (Hrsg.): Criminological Theory. 426–436. Los Angeles, London et al.

Anderson, G.S. (2007). Biological Influences on Criminal Behavior. Boca Raton, London, New York.

Andrews, D.A./Bonta, J. (2010). The Psychology of Criminal Conduct. 5. Aufl. Cincinnati/OH.

Aschaffenburg, G. (1913, Nachdruck 1968): Crime and Its Repression. Montclair/N.J.

Bachman, R./Schutt, R.K. (2011). The Practice of Research in Criminology and Criminal Justice. 4. Aufl. Los Angeles, London et al.

Bandura, A. (1979a). Sozial-kognitive Lerntheorie. Stuttgart.

Bandura, A. (1979b). Aggression. Eine sozial-lerntheoretische Analyse. Stuttgart.

Bandura, A. (1997) Self-Efficacy: The Excercise of Control. New York.

Bandura, A. (2001). Social Cognitive Theory: An Agentic Perspective. In: Annual Review of Psychology 52, 1–26.

Barkan, S.E. (2012). Criminology: A Sociological Understanding. 5. Aufl. Boston et al.

Barnes, H.E./Teeters, N.K. (1959). New Horizons in Criminology. 3. Aufl. Englewood Cliffs/N.J.

Bartol, C.R./Bartol, A.M. (2011). Criminal Behavior. A Psychological Approach. 9. Aufl. Boston, Columbus/OH. et al.

Bazemore, G. (2009). Restorative Justice. Theory, Practice, and Evidence. In: *J.M. Miller* (Hrsg.): 21st Century Criminology. A Reference Handbook. Bd. 2, 750–760. Los Angeles, London et al.

Bazemore, G./Schiff, M. (2012). "No Time to Talk": A Cautiously Optimistic Tale of Restorative Justice and Related Approaches to School Discipline. In: *R. Rosenfeld/K. Quinet/C. Garcia* (Hrsg.): Contemporary Issues in Criminological Theory and Research. The Role of Social Institutions. 77–96. Belmont/CA.

Bernard, T.J./Snipes, J.B./Gerould, A.L. (2010). Vold's Theoretical Criminology. 6. Aufl. New York, Oxford.

Blomberg, T.G. (2010). Advancing Criminology in Policy and Practice. In: *N.A. Frost/J.D. Freilich/ T.R. Clear* (Hrsg.): Contemporary Issues in Criminal Justice Policy. 25–30. Belmont/CA.

Blumstein, A.F. (2007). The Roots of Punitiveness in a Democracy. In: Journal of Scandinavian Studies in Criminology and Crime Prevention 8, 2–16.

Blumstein, A. (2010). Some Perspectives on Quantitative Criminology Pre-JQC: and Then Some. In: Journal of Quantitative Criminology 26, 549–561.

Blumstein, A./Cohen, J./Roth, J.A./Visher, C.A. (1986). Criminal Careers and "Career Criminals". Bd. 1, 12. Washington/D.C.

Braga, A.A. (2009). Experimental Criminology. In: *J.M. Miller* (Hrsg.): 21st Century Criminology. A Reference Handbook. Bd. 1, 413–421. Los Angeles, London et al.

Brown, S.E./Esbensen, F.A./Geis, G. (2010). Criminology. Exlaining Crime and Its Context. Cincinnati/ OH.

Buerger, M.E. (2010). President's Crime Commission Report, 1967. In: *B.S. Fisher/S.P. Lab* (Hrsg.): Encyclopedia of Victimology and Crime Prevention. Bd. 2, 656–659. Los Angeles, London.

Clear, T.R. (2007). Imprisoning Communities. How Mass Incarceration Makes Disadvantaged Neighborhoods Worse. New York/NY.

Clear, T.R. (2008). The Effects of High Imprisonment Rates on Communities. In: *M. Tonry* (Hrsg.): Crime and Justice. Bd. 37, 97–132. Chicago, London.

Cohen, L.E./Felson, M. (2011). Routine Activity Theory. In: *F.T. Cullen/R. Agnew* (Hrsg.): Criminological Theory: Past to Present, 4. Aufl. 417–427. Oxford, New York.

Cullen, F. (2005). The Twelve People who Saved Rehabilitation: How the Science of Criminology Made a Difference. In: Criminology 43, 1–42.

DeKeseredy, W.S. (2011). Contemporary Critical Criminology. London, New York.

DeKeseredy, W.S./Dragiewicz, M. (Hrsg.) (2012). Routledge Handbook of Critical Criminology. London, New York.

Durlauf, S.N./Nagin, D.S. (2011). Imprisonment and Crime. Can both be Reduced? In: Criminology and Public Policy 10, 13–54.

Elliott, M.A. (1952). Crime in Modern Society. New York.

Erikson, K.T. (1966). Wayward Puritans. A Study in the Sociology of Deviance. New York, London, Sydney.

Farrington, D.P. (2011). Families and Crime. In: *J.Q. Wilson/J. Petersilia* (Hrsg.): Crime and Public Policy. 130–157. Oxford, New York et al.

Farrington, D.P./Welsh, B. (2006). A Half Century of Randomized Experiments on Crime and Justice. In: M. Tonry (Ed.): Crime and Justice, Bd. 34, 55–132. Chicago, London.

Farrington, D.P./Welsh, B.C. (2007). Saving Children from a Life of Crime. Early Risk Factors and Effective Interventions. Oxford, New York et al.

Ferrell, J. (2005). Cultural Criminology. In: *R.A. Wright/J.M. Miller* (Hrsg.): Encyclopedia of Criminology. Bd. 1, 358/359. New York, London.

Ferrell, J. (2009). Cultural Criminology. In: *J.M. Miller* (Hrsg.): 21st Century Criminology. A Reference Handbook. Bd. 1, 219–227. Los Angeles, London et al.

Ferrell, J. (2010a). Cultural Criminology. In: *F.T. Cullen/P. Wilcox* (Hrsg.): Encyclopedia of Criminological Theory. Bd. 1, 249–253. Los Angeles, London et al.

Ferrell, J. (2010b). Cultural Criminology: The Loose Cannon. In: *E. McLaughlin/T. Newburn* (Hrsg.): The Sage Handbook of Criminological Theory. 303–318. Los Angeles, London et al.

Ferrell, J./Hayward, K./Young, J. (2008). Cultural Criminology. Los Angeles, London et al.

Ferrell, J./Sanders, C.R. (1995). Cultural Criminology. Boston.

Feucht, T.G./Innes, C.A. (2010). Creating Research Evidence: Work to Enhance the Capacity of Justice Agencies for Generating Evidence. In: *N.A. Frost/J.D. Freilich/T.R. Clear* (Hrsg.): Contemporary Issues in Criminal Justice Policy. 7–15. Belmont/CA.

Fishbein, D. (2001). Biobehavioral Perspectives in Criminology. Belmont/CA, Stamford/CT et al.

Friedrichs, D.O. (2009). Critical Criminology. In: *J.M. Miller* (Hrsg.): 21st Century Criminology. A Reference Handbook. Bd. 1, 210–218. Los Angeles, London et al.

Gault, R.H. (1932). Criminology. Boston, New York.

Gillin, J.L. (1926). Criminology and Penology. 3. Aufl. Westport/CT.

Glick, L./Miller, J.M. (2008). Criminology. 2. Aufl. Boston, New York et al.

Glueck, S./Glueck, E.T. (1930). Five Hundred Criminal Careers. Millwood/N.Y.

Hare, R.D. (1993). Without Conscience. The Disturbing World of the Psychopaths Among Us. New York, London.

Haynes, F.E. (1930). Criminology. New York, London.

Hentig, H. von (1947). Crime, Causes and Conditions. New York, London.

Hentig, H. von (1948). The Criminal and His Victim. New Haven/CT.

Hirschi, T. (1969). Causes of Delinquency. Berkeley, Los Angeles.

Hirschi, T. (2011). Social Bond Theory. In: *F.T. Cullen/R. Agnew* (Hrsg.): Criminological Theory: Past to Present, 4. Aufl. 215–223. Oxford, New York.

Horney, J. (2006). An Alternative Psychology of Criminal Behavior. The American Society of Criminology 2005 Presidential Address. In: Criminology 44, 1–16.

Jennings, W.G./Piquero, A.R. (2009). Life Course Criminology. In: *J.M. Miller* (Hrsg.): 21st Century Criminology. A Reference Handbook. Bd. 1, 262–270. Los Angeles et al.

Johnson, B.R./Jang, S.J. (2012). Crime and Religion. Assessing the Role of the Faith Factor. In: *R. Rosenfeld/K. Quinet/C. Garcia* (Hrsg.): Contemporary Issues in Criminological Theory and Research. The Role of Social Institutions. 117–150. Belmont/CA.

Katz, J. (1988). Seductions of Crime. Moral and Sensual Attractions in Doing Evil. New York.

Katz, J. (1991). The Motivation of the Persistent Robber. In: M. Tonry (Ed.): Crime and Justice, Bd. 14, 277–306. Chicago, London.

Kirk, D.S./Laub, J.H. (2010). Neighborhood Change and Crime in the Modern Metropolis. In: *M. Tonry* (Hrsg.): Crime and Justice, Bd. 39, 441–502. Chicago, London.

Kleiman, M.A.R. (2009). When Brute Force Fails. How to Have Less Crime and Less Punishment. Princeton, Oxford.

Kraska, P.B./Neuman, W.L. (2012). Criminal Justice and Criminology Research Methods. 2. Aufl. Boston, New York et al.

Krohn, M.D./Thornberry, T.P./Gibson, C.L./Baldwin J.M. (2010). The Development and Impact of Self-Report Measures of Crime and Delinquency. In: Journal of Quantitative Criminology 26, 509–525.

LaFree, G. (2007). Expanding Criminology's Domain: The American Society of Criminology 2006 Presidential Address. In: Criminology 45, 1–31.

Laub, J.H. (2010). Nurturing the Journal of Quantitative Criminology Through Late Childhood: Retrospective Memories (Distorted?) from a Former Editor. In: Journal of Quantitative Criminology 26, 421–424.

Laub, J.H. (2011). The Life and Work of Travis Hirschi. In: F.T. Cullen/C.L. Jonson/A.J. Myer/F. Adler (Hrsg.): The Origins of American Criminology. 295–331. New Brunswick (USA), London (UK).

Laub, J.H./Sampson, R.J. (1993). Shared Beginnings, Divergent Lives. Delinquent Boys to Age 70. Cambridge/Mass., London/England.

Laub, J.H./Sampson, R.J. (2011). A Theory of Persistent Offending and Desistance from Crime. In: *F.T. Cullen/R. Agnew* (Hrsg.): Criminological Theory: Past to Present. 4.Aufl. 497–503. Oxford, New York.

Laub, J.H./Sampson, R.J. (2011). Sheldon and Eleanor Glueck's Unraveling Juvenile Delinquency Study. The Lives of 1000 Boston Men in the Twentieth Century. In: *F.T. Cullen/C.L. Jonson/ A.J. Myer/F. Adler* (Hrsg.): The Origins of American Criminology. 369–395. New Brunswick (USA), London (UK).

Lauritsen, J.L. (2010). Advances and Challenges in Empirical Studies of Victimization. In: Journal of Quantitative Criminology 26, 501–508.

Levenson, J. (2009). Sex Offender Residence Restrictions. In: *J. Wright* (Hrsg.): Sex Offender Laws. Failed Policies, New Directions. 267–290. New York.

Lilly, J.R./Cullen, F.T./Ball, R.A. (2011). Criminological Theory. Context and Consequences, 5. Aufl. Los Angeles, London et al.

Lipsey, M.W. (2009). The Primary Factors that Characterize Effective Interventions with Juvenile Offenders: A Meta-Analytic Overview. In: Victims and Offenders 4, 124–147.

Lipton, D./Martinson, R./Wilks, J. (1975). The Effectiveness of Correctional Treatment. A Survey of Treatment Evaluation Studies. New York/NY.

Loader, I./Sparks, R. (2010). What Is to Be Done with Public Criminology? In: Criminology and Public Policy 9, 771–781.

Loader, I./Sparks, R. (2011). Public Criminology? London, New York.

Marble, D.H./Worrall, J.L. (2009). Problem-Solving Courts. In: *J.M. Miller* (Hrsg.): 21st Century Criminology. A Reference Handbook. Bd. 2, 771–779. Los Angeles, London et al.

Martinson, R. (1974). What Works? Questions and Answers about Prison Reform. In: The Public Interest. Spring, 22–54.

Maxfield, M.G./Babbie, E.R. (2011). Research Methods for Criminal Justice and Criminology. 6. Aufl. Belmont/CA et al.

McLaughlin, E. (2010). Critical Criminology. In: *E. McLaughlin/T. Newburn* (Eds.): The Sage Handbook of Criminological Theory. 153–174. Los Angeles, London et al.

Messner, S.F./Rosenfeld, R. (2004). „Institutionalizing" Criminological Theory. In: *J. McCord* (Hrsg.): Beyond Empiricism. Institutions and Intentions in the Study of Crime. Advances in Criminological Theory. Bd. 13, 83–105. New Brunswick (USA), London (UK).

Miller, J.M. (2005). Criminology as Social Science. In: *R.A. Wright/J.M. Miller* (Hrsg.): Encyclopedia of Criminology. Bd. 1, 337–338. New York, London.

Miller, J.M. (2009). Criminology as Social Science. Paradigmatic Resiliency and Shift in the 21st Century. In: *J.M. Miller* (Hrsg.): 21st Century Criminology. A Reference Handbook. Bd. 1, 2–9. Los Angeles, London et al.

Moffitt, T.E./Ross, S./Raine, A. (2011). Crime and Biology. In: *J.Q. Wilson/J. Petersilia* (Hrsg.): Crime and Public Policy. 53–87. Oxford, New York.

Murray, J./Farrington, D.P. (2008). The Effects of Parental Imprisonment on Children. In: *M. Tonry* (Hrsg.): Crime and Justice. Bd. 37, 133–206. Chicago, London.

Mutchnick, R.J./Martin, R./Austin, W.T. (2009). Criminological Thought: Pioneers Past and Present. 121–140. Upper Saddle River/N.J., Columbus/OH.

Nagin, D.S./Cullen, F.T./Jonson, C.L. (2009). Imprisonment and Reoffending. In: *M. Tonry* (Hrsg.): Crime and Justice. Bd. 38, 115–200. Chicago, London.

National Opinion Research Center (1967). Criminal Victimization in the United States. Washington/D.C.

Ness, D.W. van/Strong, K.H. (2010). Restoring Justice. An Introduction to Restorative Justice, 4. Aufl. Cincinnati/OH.

Newbold, G./Ross, J.I./Richards, S.C. (2010). Convict Criminology. In: *F.T. Cullen/P. Wilcox* (Hrsg.): Encyclopedia of Criminological Theory. Bd. 1, 207–212. Los Angeles, London et al.

Olds, D.L. (2008). Preventing Child Maltreatment and Crime with Prenatal and Infancy Support of Parents: The Nurse-Family Partnership. In: Journal of Scandinavian Studies in Criminology and Crime Prevention 9, 2–24.

O'Mahony, D./Doak, J. (2009). Restorative Justice and Youth Justice: Bringing Theory and Practice Closer Together in Europe. In: *J. Junger-Tas/F. Dünkel* (Hrsg.): Reforming Juvenile Justice. 165–182. Dordrecht, Heidelberg et al.

Parmelee, M. (1922). Criminology. New York.

Petersilia, J. (2008). California's Correctional Paradox of Excess and Deprivation. In: *M. Tonry* (Hrsg.): Crime and Justice. Bd. 37, 207–278. Chicago, London.

Piquero, A.R./Farrington, D.P./Blumstein, A. (2003). The Criminal Career Paradigm. In: *M. Tonry* (Hrsg.): Crime and Justice. Bd. 30, 359–506. Chicago, London.

Piquero, A.R./Farrington, D.P./Blumstein, A. (2010). Criminal Career Paradigm. Background, Recent Developments, and the Way Forward. In: *S.G. Tibbetts/C. Hemmens* (Hrsg.): Criminological Theory. 631–646. Los Angeles, London et al.

Piquero, A.R./Farrington, D.P./Welsh, B.C./Tremblay, R./Jennings, W.G. (2009). Effects of Early Family/Parent Training Programs on Antisocial Behavior and Delinquency. In: Journal of Experimental Criminology 5, 83–120.

Porterfield, A.L. (1949). Youth in Trouble. Fort Worth/TX.

Presdee, M. (2000). Cultural Criminology and the Carnival of Crime. London.

Presdee, M. (2004). Cultural Criminology: The Long and Winding Road. In: Theoretical Criminology 8, 275–285.

President's Commission on Law Enforcement and Administration of Justice (1967). The Challenge of Crime in a Free Society. Washington/D.C.

Rafter, N. (2008). The Criminal Brain. Understanding Biological Theories of Crime. New York, London.

Raine, A. (1993). The Psychopathology of Crime. Criminal Behavior as a Clinical Disorder. San Diego, New York et al.

Reckless, W.C. (1940). Criminal Behavior. New York, London.

Reckless, W.C. (1961). The Crime Problem. 3. Aufl. New York.

Reckless, W.C. (1970). American Criminology. In: Criminology 8, 4–20.

Reckless, W.C. (1973). The Crime Problem. 5. Aufl. New York.

Reiss, A.J. (1951). Delinquency as a Failure of Personal and Social Controls. In: American Sociological Review 16, 196–207.

Rennison, C.M. (2010). National Crime Victimization Survey (NCVS). In: *B.S. Fisher/S.P. Lab* (Hrsg.): Encyclopedia of Victimology and Crime Prevention. Bd. 2, 579–584. Los Angeles, London.

Rennison, C.M. (2010). Victimization Surveys. In: *B.S. Fisher/S.P. Lab* (Hrsg.): Encyclopedia of Victimology and Crime Prevention. Bd. 2, 985–991. Los Angeles, London.

Richards, S.C./Newbold, G./Ross, J.I. (2009). Convict Criminology. In: *J.M. Miller* (Hrsg.): 21st Century Criminology. A Reference Handbook. Bd. 1, 356–363. Los Angeles, London et al.

Rosenfeld, R. (2010). Raising the Level of Public Debate: Another View of Criminology's Policy Relevance. In: *N.A. Frost/J.D. Freilich/T.R. Clear* (Eds.): Contemporary Issues in Criminal Justice Policy. 31–36. Belmont/CA.

Ross, J.I./Richards, S.C. (2003). Convict Criminology. Belmont/CA.

Ross, J.I./Richards, S./Newbold, G./Lenza, M./Grigsby, R. (2012). Convict Criminology. In: *W.S. DeKeseredy/M. Dragiewicz* (Hrsg.): Routledge Handbook of Critical Criminology. 160–171. London, New York.

Sampson, R.J. (2006). Collective Efficacy Theory: Lessons Learned and Directions for Future Inquiry. In: *F.T. Cullen/J.P. Wright/K.R. Blevins* (Hrsg.): Taking Stock. The Status of Criminological Theory. Advances in Criminological Theory, Bd. 15, 149–167. New Brunswick (USA), London (UK).

Sampson R.J. (2010). Gold Standard Myths: Observations on the Experimental Turn in Quantitative Criminology. In: Journal of Quantitative Criminology 26, 489–500.

Sampson, R.J. (2011a). The Community. In: *J.Q. Wilson/J. Petersilia* (Hrsg.): Crime and Public Policy. 210–236. Oxford, New York et al.

Sampson, R.J. (2011b). Communities and Crime Revisited: Intellectual Trajectory of a Chicago School Education. In: *F.T. Cullen/C.L. Jonson/A.J. Myer, F. Adler* (Hrsg.): The Origins of American Criminology. 63–85. New Brunswick (USA), London (UK).

Sampson, R.J./Laub, H.J. (1993). Crime in the Making. Pathways and Turning Points Through Life. Cambridge/Mass., London/England.

Sampson, R.J./Raudenbush, S.W./Earls, F. (2011). Collective Efficacy and Crime. In: *F.T. Cullen/ R. Agnew* (Hrsg.): Criminological Theory: Past to Present. 4. Aufl. 112–117. Oxford, New York.

Schneider, H.J. (2001). Retributive, rehabilitative oder restaurative Jugend-Kriminal-Justiz. In: *G. Britz/H. Jung/H. Koriath/E. Müller* (Hrsg.): Grundfragen staatlichen Strafens. Festschrift für Heinz Müller-Dietz. 783–801. München.

Schneider, H.J. (2008). Der 15. Weltkongress für Kriminologie. In: MschrKrim 91, 290–398.

Schneider, H.J. (2009). Die Freiheitsstrafe. In: *H.J. Schneider* (Hrsg.): Internationales Handbuch der Kriminologie. Bd. 2, 1025–1048. Berlin.

Schneider, H.J. (2010a). Die kriminelle Persönlichkeit. Eigenschafts- versus Prozess-Modell. In: *D. Dölling/ B. Götting/B.D. Meier/T. Verrel* (Hrsg.), Verbrechen – Strafe – Resozialisierung: Festschrift für Heinz Schöch zum 70. Geburtstag. 145–165. Berlin, New York.

Schneider, H.J. (2010b). Täter, Opfer und Gesellschaft. In: MschrKrim 93, 313–334.

Schneider, H.J. (2010c). Die Europäische Kriminologie zu Beginn des 21. Jahrhunderts. In: MschrKrim 93, 475–501.

Schneider, H.J. (2010d). Die internationale und europäische Kriminologie im ersten Jahrzehnt des 21. Jahrhunderts. In: ZStW 122, 873–896.

Shaw, C.R. (1930, 1966). The Jack-Roller. A Delinquent Boy's Own Story. Chicago, London.

Shaw, C.R. (1931, 1966) The Natural History of a Delinquent Career. Chicago, London.

Shaw, C.R. (1938, 1966). Brothers in Crime. Chicago, London.

Shaw, C.R./McKay, H.D. (1942, 1969). Juvenile Delinquency and Urban Areas. Chicago, London.

Shaw, C.R./McKay, H.D. (2011). Juvenile Delinquency and Urban Areas. In: *F.T. Cullen/R. Agnew* (Hrsg.): Criminological Theory: Past to Present, 4. Aufl. Oxford, New York.

Sherman, L.W. (2010). The Use and Usefulness of Criminology, 1751–2005. Enlightened Justice and Its Failures. In: *S.G. Tibbetts/C. Hemmens* (Hrsg.): Criminological Theory. 36–45. Los Angeles, London et al.

Sherman, L.W./Farrington, D.P./Welsh, B.C./MacKenzie, D.L. (Hrsg.) (2002). Evidence-Based Crime Prevention. London, New York.

Sutherland, E.H. (1924). Criminology. Philadelphia, London.

Sutherland, E.H. (1934, 1939, 1947). Principles of Criminology. 2., 3., 4. Aufl. Chicago, Philadelphia.

Sutherland, E.H. (1940). White Collar Criminality. In: American Sociological Review 5, 1–12.

Sutherland, E.H. (1949). White Collar Crime. New York.

Sykes, G.M./Matza, D. (2011). Techniques of Neutralization. In: *F.T. Cullen/R. Agnew* (Hrsg.): Criminological Theory: Past to Present, 4. Aufl. 112–117. Oxford, New York.

Taft, D.R. (1947). Criminology. New York.

Tewksbury, R. (2009). Edge Ethnography. In: *J.M. Miller* (Hrsg.): 21st Century Criminology. A Reference Handbook, Bd. 1, 406–412. Los Angeles, London et al.

Tonry, M. (2012). Less Imprisonment, Less Crime: A Reply to Nagin. In: *R. Rosenfeld/K. Quinet/ C. Garcia* (Hrsg.): Contemporary Issues in Criminological Theory and Research. The Role of Social Institutions. 317–330. Belmont/CA.

Tyler, T.R. (2003). Procedural Justice, Legitimacy, and the Effective Rule of Law. In: *M. Tonry* (Hrsg.): Crime and Justice. Bd. 30, 283–357. Chicago, London.

Tyler, T.R. (2006). Why People Obey the Law. Princeton, Oxford.

Tyler, T.R. (2010). Legitimacy in Corrections. Policy Implications. In: Criminology and Public Policy 9, 127–134.

Uggen, C./Inderbitzin, M. (2010). Public Criminologies. In: Criminology and Public Policy 9, 725–749.

Useem, B./Piehl, A.M. (2008). Prison State. The Challenge of Mass Incarceration. Cambridge, New York et al.

Walsh, A. (2002). Biosocial Criminology. Introduction and Integration. Cincinnati/OH.

Welsh, B.C./Piquero, A.R. (2012). Investing Where it Counts: Preventing Delinquency and Crime with Early Family-Based Programs. In: *R. Rosenfeld/K. Quinet/C. Garcia* (Hrsg.): Contemporary Issues in Criminological Theory and Research. The Role of Social Institutions. 13–23. Belmont/CA.

Wetzell, R.F. (2000). Inventing the Criminal. A History of German Criminology 1880–1945. Chapel Hill, London.

Wetzell, R.F. (2006). Criminology in Weimar and Nazi Germany. In: *P. Becker/R.F. Wetzell* (Hrsg.): Criminals and Their Scientists. 401–423. New York/N.Y., Washington D.C.

Wetzell, R.F. (2010). Aschaffenburg, Gustav: German Criminology. In: *F.T. Cullen/P. Wilcox* (Hrsg.): Encyclopedia of Criminological Theory. Bd. 1, 58–61. Los Angeles, London et al.

Wickersham Commission (1931). Reports. 14 Bände. Washington/D.C.

Wilson, J.Q. (1975, 1983). Thinking About Crime. 1. und 2. Aufl. New York.

Wilson, D.B. (2010). Meta-Analysis. In: *A.R. Piquero/D. Weisburd* (Hrsg.): Handbook of Quantitative Criminology. 181–208. New York, Dordrecht et al.

Wilson, J.Q. (2010). Crime and Public Policy. In: *S.G. Tibbetts/C. Hemmens* (Hrsg.): Criminological Theory. 631–646. Los Angeles, London et al.

Wilson, J.Q. (2011). Crime and Public Policy. In: *J.Q. Wilson/J. Petersilia* (Hrsg.): Crime and Public Policy. 619–630. Oxford, New York et al.

Wilson, J.Q./Herrnstein, R.J. (1985). Crime and Human Nature. New York.

Wolfgang, M.E./Figlio, R.M./Sellin, T. (1972). Delinquency in a Birth Cohort. Chicago, London.

Wood, A.E./Waite, J.B. (1941). Crime and Its Treatment. New York, Cincinnati, Chicago et al.

Wright R.G. (Hrsg.) (2009). Sex Offender Laws. Failed Policies, New Directions. New York.

Young, J. (2003). Merton with Energy, Katz with Structure: The Sociology of Vindictiveness and the Criminology of Transgression. In: Theoretical Criminology 7, 389–414.

1.2 Schwerpunkte der Kriminologie als Sozialwissenschaft

1.2.1 Die kriminelle Persönlichkeit

Inhaltsübersicht

1.2.1.1 Die kriminologische Relevanz der Persönlichkeit

Der Begriff Persönlichkeit kommt aus dem Lateinischen: personare = hindurchtönen und persona = Rolle, Maske. Mit diesen Bezeichnungen wird dem Terminus bereits Inhalt gegeben. Bei der Persönlichkeit geht es um Merkmale des Menschen, die seine konsistenten und inkonsistenten Muster des Fühlens, Denkens und Verhaltens charakterisieren (*Pervin/Cervone/John* 2005, 31). Die Kriminologie interessiert sich vor allem für zwei Probleme:

- Gibt es eine kriminelle Persönlichkeit? Unterscheiden sich Kriminelle und Nichtkriminelle in ihrer Persönlichkeit (*Schuessler/Cressey* 1950)?
- Ist die kriminelle Persönlichkeit ein konsistenter oder inkonsistenter Kausalfaktor für die Kriminalitätsentstehung (*Metfessel/Lovell* 1942)?

Die erste Frage kann man auf dreierlei Weise beantworten:
- Es gibt eine kriminelle Persönlichkeit, die sich generell von der Persönlichkeit der Nichtkriminellen unterscheidet.
- Die Gruppe der Straftäter kann man in kriminelle und nichtkriminelle Persönlichkeiten unterteilen.
- Eine prosoziale Persönlichkeit kann sich in eine kriminelle verändern und wieder in eine prosoziale zurückverwandeln.

Auch die zweite Frage kann in vierfacher Weise unterschiedlich beurteilt werden. Gerade die Lebenslaufkriminologie versucht, Kontinuität und Diskontinuität im kriminellen Verhalten während der Trajektorien, während der Entwicklungsbahnen krimineller Menschen zu erklären (*Lilly/Cullen/Ball* 2011, 393/394).
- Für eine Kontinuität kriminellen Verhaltens sprechen sich *Michael R. Gottfredson* und *Travis Hirschi* (1990) aus.
- Kontinuität oder Diskontinuität befürwortet *Terrie E. Moffitt* (2011, 477–496).
- Kontinuität und Diskontinuität halten *John H. Laub* und *Robert J. Sampson* (2011, 497–503) für richtig.
- Für Diskontinuität allein tritt *Shadd Maruna* (2001) ein.

1.2.1.2 Die kriminelle Persönlichkeit im kriminologisch-historischen Verlauf

Die deutsche Kriminalpsychologie des 18. und 19. Jahrhunderts beschrieb die Persönlichkeit des Rechtsbrechers nach beständigen negativen Merkmalen (*H.J. Schneider* 1977, 415–458): Er war faul, leichtsinnig, unbeständig, eitel, sorglos, rachsüchtig, grausam, brutal, genusssüchtig, gewissenlos, verlogen, verschlagen und hinterlistig. Diese Deskription ging davon aus, dass die Kriminellen eine vom Normalmenschen unterschiedliche Eigengruppe mit konstanten Persönlichkeitszügen bilden. So sah es auch *Cesare Lombroso* (1902), der seinen geborenen Verbrecher mit folgenden Persönlichkeitszügen charakterisierte: herabgesetzte Berührungs- und Schmerzempfindung, Gleichgültigkeit gegen Verletzungen, Gefühlsabstumpfung, Frühzeitigkeit sexueller Regungen, Faulheit, Fehlen von Gewissensvorwürfen, Haltlosigkeit, große Eitelkeit, Spielleidenschaft, Neigung zum Alkoholismus, Gewalttätigkeit, Flüchtigkeit von Leidenschaften, Aberglaube und außergewöhnliche Empfindlichkeit mit Bezug auf seine eigene Person. Diese statische Sichtweise wurde bereits im Jahre 1915 von *William Healy* in Frage gestellt, der die Persönlichkeit dynamisch als „das Produkt der

Bedingungen und Kräfte" betrachtete, „die sie vom frühesten Augenblick des einzelligen Lebens aktiv geformt haben". Unter dem Einfluss der Tiefenpsychologie sahen *William Healy* und *Augusta F. Bronner* (1936) die Persönlichkeit als Prozess innerpsychischer Konflikte, als Reaktionsprozess auf instinktive Triebe. Ihre kriminelle Persönlichkeit ist gekennzeichnet durch Gefühlsstörungen, z.B. durch Gefühle des Zurückgewiesenseins, der Minderwertigkeit und durch unbewusste Schuldgefühle. An Prozesse der Über- und Untersozialisation knüpfte *Edwin Megargee* (1966) an, der seine kriminelle Persönlichkeit als unter- oder überkontrolliert charakterisierte.

1.2.1.3 Das Eigenschaftsmodell

1.2.1.3.1 Die Psychologie des Eigenschaftsmodells

Nach dem Eigenschaftsmodell ist die Persönlichkeit eine einzigartige Struktur von Eigenschaften, die Wahrnehmungs-, Gefühls-, Denk- und Reaktions-Prädispositionen bilden (*Guilford* 1964, 6). Gordon W. *Allport* (1897–1967) (*Allport* 1937, 1961, 1966) hielt Persönlichkeitszüge für die Quelle der Individualität. Im Jahre 1936 fanden er und sein Mitarbeiter (*Allport/Odbert* 1936) 18.000 Adjektive, die individuelle Persönlichkeitsunterschiede beschreiben. Diese Liste von Adjektiven nahm *Raymond B. Cattell* (1905–1998) (*Cattell* 1979) zum Ausgangspunkt, um eine kleinere Menge von Persönlichkeitsdimensionen zu finden. Er machte einen Unterschied zwischen Oberflächen-Eigenschaften (Surface Traits) und Grundeigenschaften (Source Traits) und befürwortete 16 Grundeigenschaften (*Pervin/Cervone/John* 2005, 309). Nur noch drei Persönlichkeitsdimensionen fand *Hans J. Eysenck* (1916–1997) (*Eysenck* 1961) mit seiner Faktorenanalyse heraus: Extraversion (nach innen oder nach außen orientiert), Neurotizismus (emotional stabil oder instabil) und Psychotizismus (freundlich und rücksichtsvoll oder aggressiv und asozial). Schließlich einigte man sich auf ein Fünf-Faktoren-Modell der Persönlichkeit (*Zimbardo/Gerrig* 2008, 509).

Gegen das Eigenschaftsmodell wurden Einwände erhoben. Besonders *Walter Mischel* (1968) machte geltend, dass das Verhalten von Menschen nicht immer konsistent ist, sondern von Situation zu Situation variiert. Die Persönlichkeits-Dimensionen ändern sich zudem im Lebenslauf, in den verschiedenen Lebensabschnitten. Schließlich sind Eigenschaften lediglich Merkmale, in denen sich Persönlichkeit ausdrückt. Das Eigenschaftsmodell erklärt nicht, woher Persönlichkeitszüge kommen. Ist die Konsistenz, die Langzeitstabilität von Eigenschaften genetisch, anlagemäßig bedingt? Aus der Sicht der kognitiv-sozialen Lerntheoretiker zeigt der Mensch nicht nur konsistentes Verhalten, sondern er ist in seinem Verhalten in bedeutsamer Weise variabel.

1.2.1.3.2 Einige kriminologische Eigenschaftsmodelle

1.2.1.3.2.1 Das psychopathologische Modell

Das psychopathologische Persönlichkeitsmodell ist ein typisches Beispiel für ein statisches Eigenschaftsmodell. Aufgrund klinischer Beobachtungen ist es von dem Psychiater *Kurt Schneider* (1923) (*K. Schneider* 1950, 1992) als einem der ersten entwickelt worden. Er verstand unter Psychopathen „solche abnorme Persönlichkeiten, die an ihrer Abnormität leiden oder unter deren Abnormität die Gesellschaft leidet". „Psychopathen sind abnorme Persönlichkeiten, die infolge ihrer Persönlichkeitsabnormität mehr oder weniger in jeder Lebenssituation, unter allen Verhältnissen zu inneren oder äußeren Konflikten kommen müssen" (*K. Schneider* 1950, 5). Er unterschied zehn Psychopathen-Typen, die er mit **einer** hervorstechenden Eigenschaft zu kennzeichnen suchte: u.a. selbstunsichere, stimmungslabile, explosible, gemütlose, willenlose Psychopathen. Eine Kompilation von 16 Eigenschaften des Psychopathen stellte der US-amerikanische Psychiater *Hervey M. Cleckley* (1941) (*Cleckley* 1950) auf. Nachdem das klinische Konstrukt der Psychopathie in den 1930er und 1940er Jahren und in der Nachkriegszeit in Deutschland eine unrühmliche Rolle gespielt hatte, hielt der kanadische Psychologe *Robert D. Hare* im Jahre 1996 seine Zeit gleichwohl erneut für gekommen. Er versteht unter einem Psychopathen eine ichbezogene Person, die kein Gewissen (keinen Sinn für Recht und Unrecht) besitzt, die kein Einfühlungsvermögen für andere hat und die zur Reue und Schuld unfähig ist, die sie anderen zugefügt hat. *Hare* sagt den Psychopathen innere emotionale Leere, eine Unfähigkeit, aus Erfahrung zu lernen, und einen Mangel an zwischenmenschlicher Wärme nach. Psychopathen gelten für ihn als nicht resozialisierbar, weil sie lernunfähig sein sollen. Das Psychopathie-Konstrukt ist als Theorie unzulänglich (*Andrews/Bonta* 2010, 80). Es ist tautologisch, weil es die Phänomene zu erklären sucht, die es als Definition bereits vorwegnimmt (*Akers/Sellers* 2009, 78; *Walters* 2004), und es ist nicht evaluiert.

Ein ähnliches Abnormitäts-Konstrukt – ebenfalls aufgrund klinischer Fallstudien – haben *Samuel Yochelson* und *Stanton E. Samenow* (1976/1977) entworfen. Bei ihren Kriminellen identifizierten sie 52 kriminelle Denkfehler, abnorme Denkmuster, die zu Entscheidungen führten, Straftaten zu begehen. Kriminelle sind bösartige Menschen, die überheblich sind, die erwarten, für ihr kriminelles Verhalten nicht zur Verantwortung gezogen zu werden, und die ein übersteigertes Selbstbewusstsein besitzen. Der Kriminelle wird mit Denkfehlern geboren. Zu solchen Denkfehlern gehören beispielsweise Impulsivität, Selbstzentriertheit, chronische Verlogenheit, Interesselosigkeit an Erziehung und Schule, sexuelle Aktivität in früher Kindheit und Jugend, extremer Optimismus für die Zukunft, Risikobereitschaft in gefährlichen Situationen, große Freude an rücksichtslosem und kriminellem Verhalten, Manipulationsfähigkeit, übertriebene Furchtsamkeit vor Schmerzen und Verletzungen sowie Selbstüberheblichkeit. Kriminelle werden sehr schnell extrem ärgerlich; sie nehmen an, dass das Eigentum anderer auch ihrem Zugriff offensteht.

Die Persönlichkeits-Abnormitäts-Modelle gehen davon aus, dass Kriminelle eine Eigengruppe bilden, deren Kriminalität weitgehend anlagemäßig bestimmt ist. Beide Annahmen haben sich durch die Dunkelfeldforschung als falsch erwiesen; sie führen nur zu einem Labeling- und Stigmatisierungsprozess des Kriminellen, der seine Kriminalität noch verstärkt.

1.2.1.3.2.2 Das psychodiagnostische Modell

Aufgrund von psychodiagnostischen Tests hat man versucht, Unterschiede in den Persönlichkeiten von Kriminellen und Nichtkriminellen zu konstruieren und ein Modell konsistenter krimineller Eigenschaften empirisch zu bestätigen. Man hat insbesondere zwei Persönlichkeitstests herangezogen: das „Minnesota Multiphasic Personality Inventory (MMPI)" (*Hathaway/Monachesi* 1963) und das „California Psychological Inventory (CPI)" (*Megargee* 1972). Die folgenden beiden Beispiele sind in der Kriminologie besonders beachtet worden (*Barkan* 2012, 152–156; *Cassel/Bernstein* 2007, 78).

Mit dem Rorschach-Test haben *Sheldon* und *Eleanor Glueck* (1950, 1968) eine Gruppe delinquenter, institutionalisierter Jungen und eine Kontrollgruppe von Jungen untersuchen lassen, die nicht delinquent auffällig geworden waren. Die Persönlichkeitszüge ihrer delinquenten Jungen fassen sie – wie folgt – zusammen (*Glueck/Glueck* 1968, 26): Sie waren trotziger, ambivalenter, übelnehmerischer und ungehorsamer als die nichtdelinquenten Jungen. Sie charakterisieren ihre delinquenten Jungen als feindselig, misstrauisch und destruktiv. Sie waren parasitär, destruktiv-sadistisch, impulsiv und wenig selbstkontrolliert. Sie betrachteten sie als weit weniger kooperativ und deutlich weniger konventionell in ihren Ideen, Gefühlen und in ihrem Verhalten als ihre nichdelinquenten Jungen.

Die Methode des Selbstbericht-Delinquenz-Fragebogens wendeten *Avshalom Caspi, Terrie E. Moffitt, Phil A. Silva, Magda Stouthamer-Loeber, Robert F. Krueger* und *Pamela S. Schmutte* (2011, 69–77) auf drei Stichproben männlicher und weiblicher Delinquenter (mit Kontrollgruppen) in Neuseeland und in den USA an. Sie stellten die Persönlichkeitszüge ihrer Probanden mit dem „Multidimensional Personality Questionaire" fest und fanden drei Persönlichkeitsdimensionen heraus: mangelnde Selbstbeherrschung, negative und positive Emotionalität. Die Super-Persönlichkeits-Züge der mangelnden Selbstbeherrschung und der negativen Emotionalität korrelierten mit Kriminalität. Beide Eigenschaften sind – nach ihrer Ansicht – durch biologische und Umwelt-Faktoren beeinflusst. Einige Individuen haben den Hang, die Neigung zu Verbrechen. Aufgrund hoher negativer Emotionalität und niedriger Selbstbeherrschung sind sie geneigt, Ereignisse als bedrohlich zu empfinden und impulsiv zu reagieren. Ihre männlichen und weiblichen Delinquenten waren durch folgende konvergente Persönlichkeitsprofile gekennzeichnet: Impulsivität, Gefahrstreben, Ablehnung konventioneller Werte, aggressive Einstellungen, Verfremdungsgefühle, feindliche zwischenmenschliche Einstellungen, Aufsässigkeit gegenüber Konventionalität und Ausnutzung anderer.

Die Studien nach dem psychodiagnostischen Modell sind allein dann bedeutsam, wenn die angewandten projektiven Tests reliabel (zuverlässig) und valide (gültig) sind. Das ist beim Rorschach-Test z.B. nicht der Fall. Ferner müssen die Studien evaluiert worden sein. Freilich sind die Studien vom theoretischen Ansatz her auch grundlegenden Einwänden ausgesetzt. Die Testzeit-Persönlichkeit gilt nur für den Augenblick der Testanwendung. Sie stimmt nicht unbedingt mit der Tatzeit-Persönlichkeit überein. Durch die Tat, durch die Kriminalität kann sich die Persönlichkeit geändert haben. Die festgestellten Persönlichkeitszüge können Konsequenzen der Kriminalität und nicht ihre Ursachen sein.

1.2.1.3.2.3 Das Super-Eigenschafts- oder das Persönlichkeits-Dimensions-Modell

Mit einer Super-Eigenschaft oder mit drei Persönlichkeitsdimensionen charakterisieren einige Kriminologen ihre kriminelle Persönlichkeit. *Michael R. Gottfredson* und *Travis Hirschi* stellen es (1990) auf die Super-Eigenschaft der Selbstkontrolle ab. Menschen, denen es an Selbstkontrolle mangelt, sind impulsiv, unempfindlich, körperlich, nicht geistig orientiert, risikobereit, kurzsichtig und nichtverbal. Sie haben einen Hang zur Kriminalität und zu analogen Handlungen, weil sie die negativen Folgerungen ihres kriminellen Verhaltens nicht voraussehen. Mangelnde Selbstkontrolle wird als stabiles Konstrukt angesehen, das sich von früher Kindheit über den gesamten Lebenszyklus erstreckt. *Gottfredson* und *Hirschi* betrachten das Wesen der Kriminalität in unmittelbarer Bedürfnisbefriedigung und nicht in anhaltendem Nutzen. Niedrige Selbstkontrolle gilt für sie für alle Typen von Verbrechern, von Jugenddelinquenten bis zu Weiße-Kragen-Kriminellen.

Hans J. Eysenck (1964, 1977) und *Hans J. Eysenck* und *Gisli H. Gudjonsson* (1989) nehmen zur Kennzeichnung ihrer kriminellen Persönlichkeit drei Persönlichkeits-Dimensionen an: Extraversion, Neurotizismus und Psychotizismus. Extrovertierte geraten schnell in Jähzorn, werden rascher aggressiv und sind unzuverlässig. Neurotiker, Menschen mit hoher Emotionalität, lassen sich leichter zu kriminellen Handlungen hinreißen als Personen mit niedriger Emotionalität. Der neurotische Extrovertierte ist der Persönlichkeitstyp, der am höchsten mit kriminellem Verhalten belastet ist. Psychotizismus ist gekennzeichnet durch kalte Grausamkeit, soziale Unempfindlichkeit, Gefühlskälte, Missachtung der Gefahr, lästiges Verhalten, Widerwille anderen gegenüber und Anziehungskraft für das Ungewöhnliche. Psychotizismus findet sich speziell bei hartgesottenen Gewohnheitsverbrechern, die wegen Gewaltdelikten verurteilt worden sind. Klassisches Konditionieren hat – nach *Eysenck* und *Gudjonsson* – eine stärkere Wirkung auf viele Menschen als instrumentelles Lernen. Die meisten Menschen verhalten sich sozialkonform, weil sie während ihrer Kindheit nach den allgemeingültigen Regeln konditioniert (sozialisiert) worden sind. Vor, während und nach einer sozial missbilligten Handlung macht uns unser

Gewissen, ein bedingter Reflex, unbehaglich und ungemütlich. Extrovertierte sind – im Gegensatz zu Introvertierten – wegen der unzulänglichen Erregbarkeit ihres zentralen Nervensystems so schwer konditionierbar; deshalb sind sie für Kriminalität besonders anfällig. Der Konditionierungsprozess ist eine mächtige Kraft bei der Sozialisation der Kinder, speziell bei der Unterdrückung unerwünschten Verhaltens.

1.2.1.3.2.4 Das meta-analytische Modell

Mit der meta-analytischen Methode haben einige Kriminologen versucht, die These der kriminellen Persönlichkeit zu falsifizieren:

Karl F. Schuessler und *Donald R. Cressey* (1950) haben 113 Studien untersucht und bei 42 Prozent der Untersuchungen Unterschiede in der Persönlichkeit der Kriminellen und der Nichtkriminellen gefunden. Sie sahen diese Differenz nicht als ausreichend an. Denn fast alle Studien berücksichtigten die Persönlichkeit von Strafgefangenen, die sich durch die Strafanstalts-Situation geändert haben konnte. Außerdem konnten sie nicht ermitteln, ob kriminelle Persönlichkeitszüge die Ursache oder die Folge der Kriminalität waren.

Zu demselben Ergebnis kamen *Gordon P. Waldo* und *Simon Dinitz* (1967), die 94 Studien überprüften und signifikante Unterschiede in den Persönlichkeiten ihrer kriminellen und nichtkriminellen Gruppen in 81 Prozent der Fälle feststellten. Auch sie konnten nicht ermitteln, ob kriminelle Persönlichkeitszüge die Ursache oder die Konsequenz der Kriminalität waren.

44 Studien, die zwischen 1966 und 1975 veröffentlicht worden waren, überprüfte *David J. Tennenbaum* (1977). In den 44 Studien wurde zu 80 Prozent eine Persönlichkeits-Kriminalitäts-Verbindung gefunden. Aber auch *Tannenbaum* konnte sich nicht zur Bestätigung einer kriminellen Persönlichkeit als Ursache für Verbrechen durchringen.

Zuletzt haben *Joshua D. Miller* und *Donald Lynam* (2001) mit der meta-analytischen Technik 50 Studien untersucht. Sie beschreiben die Persönlichkeitszüge ihrer Kriminellen folgendermaßen: Sie waren feindlich gesinnt, selbstzentriert, gehässig, eifersüchtig und gleichgültig gegenüber anderen. Ihnen mangelte es an Ehrgeiz, Motivation und Ausdauer; sie hatten Schwierigkeiten, ihre Impulse zu kontrollieren, und vertraten nichttraditionelle und nichtkonventionelle Werte und Normen. Gleichwohl sehen *Miller* und *Lynam* diese negativen Persönlichkeitszüge lediglich als Deskription der kriminellen Persönlichkeit und nicht als Verbrechensursachen an.

1.2.1.3.3 Kritik des Eigenschaftsmodells

Die kriminologische Persönlichkeitsforschung hat mit dem Eigenschaftsmodell keine erheblichen Fortschritte gegenüber den Ergebnissen der Kriminalpsychologie des 18. und 19. Jahrhunderts erzielt. Es sind mannigfaltige Kompilationen negativer

Persönlichkeitsmerkmale zusammengestellt worden, die in sich sehr unterschiedlich sind und das Problem der Verbrechensverursachung durch kriminogene Persönlichkeitszüge nicht lösen. Die Schwachstellen des Eigenschaftsmodells der kriminellen Persönlichkeit können – wie folgt – zusammengefasst werden:

- Es geht von der Kontinuität und Konsistenz (Beständigkeit) der kriminellen Persönlichkeit aus. Persönlichkeiten sind aber variabel und entwicklungsfähig. Sie können sich zum Besseren oder Schlechteren während der verschiedenen Abschnitte in ihren Lebensbahnen verändern. Kriminelle sind lern- und resozialisierungsfähig.
- Es betrachtet die kriminelle Population als relativ homogen. Sie bildet eine relativ gleichartige Eigengruppe, deren Persönlichkeitsmerkmale weitgehend anlagemäßig bestimmt sind. Es trägt der Heterogenität und Dynamik der Persönlichkeiten der kriminellen Population indessen zu wenig Rechnung. Es hat einen Labeling-Effekt und löst einen Stigmatisierungsprozess bei den Straftätern aus.

1.2.1.4 Das Prozessmodell

1.2.1.4.1 Psychologie des Prozessmodells

Das Prozessmodell der Persönlichkeit wird von den kognitiv-sozialen Lerntheoretikern *Albert Bandura* (1979, 1986) und *Walter Mischel* (1993, 2004) vertreten. Sie gehen von dem Forschungsergebnis aus, dass dasselbe Individuum in verschiedenen Situationen substanzielle Variationen seines Verhaltens offenbart. Breite situationsfreie Eigenschafsbeschreibungen mit Adjektiven werden nun zu situationsqualifizierenden Charakterisierungen der Person. Der Mensch schafft sich seine Lebenswelt, die ihn umgekehrt wieder beeinflusst. Menschen nehmen aktiv an der kognitiven Organisation ihrer Interaktionen mit ihrer Lebenswelt teil. Bei diesem reziproken Determinismus interagieren das Individuum, sein Verhalten und seine Lebenswelt so miteinander, dass sie einander wechselseitig beeinflussen und verändern. Persönlichkeit ist der kognitiv-soziale und affektive Prozess, der charakteristische **Verläufe** von Gedanken, Gefühlen und Verhalten entstehen lässt. Das Wesen der Persönlichkeit besteht in der unterschiedlichen Art und Weise, wie einmalige Personen Situationen wahrnehmen, Erwartungen über künftige Umstände entwickeln und infolge dieser unterschiedlichen Wahrnehmungen und Erwartungen Verhaltensmuster zeigen. In unterschiedlichen sozialen Situationen kommen unterschiedliche Persönlichkeitsstrukturen ins Spiel. Verhaltens-Prädispositionen oder Persönlichkeitszüge verändern sich von Situation zu Situation. Individuen werden charakterisiert durch stabile, unverwechselbare und hoch bedeutsame Variabilitätsmuster ihres Verhaltens, ihrer Gedanken und ihrer Gefühle über verschiedene Situationstypen hinweg. Die Persönlichkeit eines Individuums wird durch ihre Verhaltenssignatur (*Walter Mischel*), durch die intraindividuelle Stabilität im Muster und in der Organisation ihres Verhaltens, in der

Besonderheit und Stabilität erkennbar, die die kognitiv-sozialen und emotionalen Prozesse eines Individuums kennzeichnen.

Durch kognitiv-soziale und emotionale Lernprozesse erwirbt das Individuum folgende Persönlichkeitsmerkmale:

- Kognitive Kompetenzen und Fertigkeiten bei der Lösung von Konflikten und bei der Bewältigung von Lebensproblemen (Coping-Mechanismen) eignet sich das Individuum durch soziale Interaktion und Beobachtungslernen an.
- Bewertungsmaßstäbe und Erwartungen sowie Einschätzungen der eigenen Person werden internalisiert und beeinflussen Denken, Emotionen und Verhalten.
- Menschen erwerben durch Lernprozesse die Fähigkeit der Selbstregulation. Sie bewerten ihr eigenes Verhalten und reagieren danach in einer emotional befriedigten oder unzufriedenen Art und Weise. Sie entwickeln die Fähigkeit, sich selbst zu motivieren, sich persönliche Ziele zu setzen, Strategien zu lernen, diese Ziele zu erreichen, und ihr fortlaufendes Verhalten zu bewerten und zu modifizieren.

Die Persönlichkeitsprozessdynamik besteht – nach *Walter Mischel* (2004) – aus solchen stabilen, unverwechselbaren **Verläufen** von Gedanken, Gefühlen und Verhalten, die durch Situationstypen aktiviert werden.

1.2.1.4.2 Bisherige kriminologische Prozessmodelle

1.2.1.4.2.1 Das psychoanalytische Modell

Nach dem psychoanalytischen Modell bestimmen psychodynamische Kräfte die Gedanken, Gefühle und das Verhalten der Person (*Cassel/Bernstein* 2007, 80/81; *Walsh/Ellis* 2007, 175/176; *Glick/Miller* 2008, 124/125). Die Persönlichkeit besteht aus drei Instanzen: dem Es, dem Ich und dem Überich, die sich von früher Kindheit an im Sozialisationsprozess herausbilden und die intrapsychisch miteinander interagieren. Das Es ist der unbewusste Teil der Persönlichkeit, der primitive Impulse und unbewusste Triebe und Instinke enthält und der dem Lustprinzip folgt. Das Ich ist die Kontroll- und Regulationsinstanz der Persönlichkeit, der Mediator, der Vermittler zwischen Es und Überich. Es gehorcht dem Realitätsprinzip. Die Wünsche und Forderungen des Es müssen in sozial angemessener Weise befriedigt werden, um negative Konsequenzen zu vermeiden. Das Überich, die Gewissens-Instanz, entwickelt sich, wenn Individuen die Regeln, Verbote und Werte ihrer Eltern und ihrer Kultur internalisieren. Kriminalität entsteht in einem innerpsychischen Konfliktprozess zwischen Es, Ich und Überich. Sie ist das Ergebnis eines unterentwickelten Ich oder Überich und eines unangepassten Es. Die Urtriebe des Es, der Persönlichkeitsinstanz des Trieblebens, durchbrechen das Ich, die Kontroll- und Regulationsinstanz. Die Konflikte zwischen dem Ich und gefährlichen Triebregungen aus dem Es sind zum größten Teil unbewusst. Kriminalität wird innerhalb der Persönlichkeit, durch intrapsychische Konflikte verursacht, die nur durch Introspektion (Selbstbeobachtung) erkannt werden können. Deshalb entzieht sich dieser Verursachungsprozess der empirischen Bestätigung. Denn irrationale und unbewusste Motivationen können empirisch nicht getestet werden. Da das psychoanalytische Modell die Kriminalitätsentstehung aus innerpsychischen und nicht aus interpersonellen Prozessen erklärt, ist es als kognitiv-soziales und emotionales Prozessmodell ungeeignet.

1.2.1.4.2.2 Das Modell der autoritären Persönlichkeit

Diesem Modell gemäß entwickelt sich die autoritäre Persönlichkeit in einem bestimmten Sozialisations-Prozess. Sie verwickelt sich in Kriminalität allerdings nur unter extremen gesellschaftlichen Machtbedingungen, z.B. unter der nationalsozialistischen Gewaltherrschaft (*H.J. Schneider* 2007, 773–776). Die autoritäre Persönlichkeit glaubt an die Überlegenheit der eigenen Gruppe und verachtet fremde Gruppen. Sie befolgt Vorschriften rituell und ist extrem machtorientiert. Die völlige Übereinstimmung mit den Mächtigen ist das Hauptcharakteristikum der autoritären Persönlichkeit (*Adorno/Frenkel-Brunswik/Levinson/Sanford* 1950). Die Erziehung zur autoritären Persönlichkeit ist von ihrer frühen Kindheit an streng und starr. Jede Opposition, Kritik und jeder Mangel an Disziplin werden unbarmherzig von den Eltern und Lehrern unterdrückt. Den Eltern muss das Kind blind gehorchen. Diese Art der Sozialisation bezweckt die unbedingte Unterwerfung des Kindes unter den Willen seiner Eltern und Erzieher, ihre tiefe Bewunderung und Verehrung durch das Kind und die Unterdrückung aller feindlichen und aggressiven Gefühle des Kindes ihnen gegenüber. Die Aggressionen der autoritären Persönlichkeit richten sich dann gegen die Außengruppe und diejenigen, die den Eltern und Erziehern in ihrer Persönlichkeit nicht gleichen. Eine klar umrissene Dichotomie bildet sich heraus: Eltern, Erzieher und alle, die zur autoritären Innengruppe gehören, sind gut und anständig. Die „Außenseiter", die Fremden, die verschieden von der Innengruppe sind, die zur Außengruppe gehören und zudem noch machtlos sind, werden als schlecht abgelehnt und gebrandmarkt.

1.2.1.4.2.3 Das Modell der aggressiven Persönlichkeit

Nach diesem Modell (*Toch* 1969, 1993; *Berkowitz* 1993; *Hollin* 2007, 60/61) ist die aggressive Abfolge in der Wahrnehmung und Interpretation von Situations-Signalen mit gewaltsamem Aufforderungscharakter für die aggressive Persönlichkeit charakteristisch. Gewaltorientierte Persönlichkeiten sind mehr geneigt, Situationssignale aggressiv wahrzunehmen und aggressiv zu interpretieren. Drei Gründe sind für diese Gewaltneigung verantwortlich:
– Gewaltorientierte Persönlichkeiten sind klassisch konditioniert, gewaltsam zu reagieren, weil sie ein solches Reaktionsmuster in ähnlichen Situationen gelernt haben.

– Aggressive Persönlichkeiten haben nicht gelernt, mit zwischenmenschlichen Konflikten friedlich und mit Worten umzugehen. Es fehlen ihnen verbale und soziale Fähigkeiten. Ihr Verhaltensrepertoire ist begrenzt. Sie sind unfähig, alltägliche Infragestellungen ihres Selbstwertgefühls ohne Gewaltanwendung hinzunehmen.

– Die gewaltgeneigte Persönlichkeit bewertet ihr Gewaltverhalten als annehmbare Verhaltensform, als legitime Reaktion auf eine feindliche Welt. Sie hat sich diese Bewertung während ihrer Lebensbahn angeeignet.

1.2.1.4.2.4 Das sozialpsychologische Modell

Es ist anhand von Fallstudien nach der Lebensgeschichte-Methode entwickelt worden (*Shaw* 1930/1966, 1931/1966, 1938/1966; *Snodgrass* 1982; *Gadd/Jefferson* 2007, 124–145). Nach dieser Methode analysiert man den Prozess der Persönlichkeitsbildung und der Entwicklung ihrer kriminellen Rolle. Die Lebensgeschichte gibt Aufschlüsse über die Ereignis-Abläufe im Leben des Delinquenten und über die Art und Weise, in der diese Abläufe zur Entwicklung eines delinquenten Verhaltenstrends beigetragen haben. Die grundlegenden Einstellungen und typischen Reaktionen auf die verschiedenen Situationen werden erkennbar, die für die Beurteilung der delinquenten Persönlichkeit von entscheidender Bedeutung sind. Der Lebenslauf des Delinquenten ist ein negativ sich ständig verstärkender Sozialprozess des Einübens und des Sich-Gewöhnens an Delinquenz. Die delinquente Persönlichkeit ist das Ergebnis ihrer Interaktion mit ihrem sozialen Umfeld. Delinquentes Verhalten ist kein isolierter Akt, sondern ein dynamischer Aspekt des Lebensprozesses. Es ist das Produkt des Prozesses der sozialen Konditionierung, des Prozesses, in dem die delinquente Karriere ihren Ursprung hat und ihre Entwicklung nimmt. Delinquente Gewohnheiten und Einstellungen werden gelernt; der Delinquent identifiziert sich mit den Normen und Erwarungen der delinquenten Szene.

1.2.1.4.3 Stellungnahme zu den bisherigen Prozess-Modellen

Die bisherigen Prozess-Modelle sind Vorläufer des modernen kriminologischen Persönlichkeits-Prozess-Modells. Sie enthalten allerdings nicht alle Gesichtspunkte, die für das moderne kriminologische Persönlichkeits-Prozess-Modell von Bedeutung sind:

– Das psychoanalytische Modell ist insofern problematisch, weil es ein intrapsychisches Prozess-Modell ist, das sich deshalb der empirischen Überprüfung entzieht.

– Das Modell der autoritären Persönlichkeit gilt nur für bestimmte Kriminalitätsformen in bestimmten gesellschaftlichen Situationen. Seine Bedeutung ist deshalb

begrenzt. Allerdings ist aus ihm die Situationsbezogenheit der kriminellen Persönlichkeit bereits gut erkennbar.
– Das Modell der aggressiven Persönlichkeit und das sozialpsychologische Modell betonen diese Situationsbezogenheit mit Recht. Sie machen auch richtig darauf aufmerksam, dass den Straftätern psychosoziale Fähigkeiten fehlen und dass sie delinquente Werte und Normen angenommen haben. Für beide Modelle ist delinquentes Verhalten erlernt.

Alle bisherigen Prozess-Modelle vertreten richtige Gesichtspunkte, die allerdings näherer Ausarbeitung und Ergänzung bedürfen.

1.2.1.4.4 Das neue kriminologische Prozess-Modell

1.2.1.4.4.1 Der kognitiv-soziale und emotionale Lern- und Interaktions-Prozess

Kriminelle Verhaltens-Situations-Reaktionsmuster unterscheiden Kriminelle von Nichtkriminellen (*Horney* 2006, 1–16; *Andrews/Bonta* 2010, 131–155). Diese Verhaltens-Situations-Beständigkeit wird im folgenden kognitiv-sozialen und emotionalen Lern- und Interaktionsprozess erworben:
– Prosoziales und antisoziales Verhalten werden am Verhaltenserfolg, durch Verhaltensbeobachtung und durch Verhaltens-Selbstregulierung erlernt (*Bandura* 1979, 1986).
– Prosoziales Verhalten wird am besten realisiert, wenn starke Bindungen zu prosozialen Institutionen und Menschen bestehen. Ist dies nicht der Fall, kann prosoziales Verhalten nicht gelernt, vielmehr kann antisoziales Verhalten in antisozialen Kontakten erworben werden (*Hirschi* 2011, 215–223).
– Prosoziales wie antisoziales Verhalten eignet man sich durch Reaktion auf Verhalten und durch die Reaktion auf die Reaktion (durch Interaktion) an. In diesem Interaktionsprozess ist wesentlich, welche Bedeutung die Interaktionspartner ihrem Verhalten, der Reaktion auf ihr Verhalten und ihrer Person geben (*H.S. Becker* 1973, 22–35).
– In der Lebensbahn führen anfänglich schwache soziale Bindungen zu hoher delinquenter Verwicklung, und diese Verwicklung schwächt ihrerseits wieder die konventionellen Bindungen (*Thornberry* 2011, 559–570).
– Aus der zunehmenden Verwicklung in die Folgen antisozialen Verhaltens ergibt sich ein eingeschränktes Verhaltensrepertoire. Der Delinquente wird in wachsendem Maße unfähig, sich konventionelle, prosoziale Alternativen zu seinem kriminellen Benehmen anzueignen (*Moffitt* 2011, 477–496).
– Der Lern-Entwicklungs-Prozess erstreckt sich über den gesamten Lebensweg in unterschiedlichen pro- und antisozialen Pfadwegen und Lebensbahnen (*Patterson/DeBaryshe/Ramsey* 2006, 495–501).

1.2.1.4.4.2 Die kriminelle Persönlichkeit und ihre dynamischen, psychosozialen, kriminogenen Merkmale

Die handelnde Persönlichkeit, ihr Verhalten und ihr sozialstruktureller Kontext, in dem sie agiert, ändern sich im interaktiven Prozess, der während der gesamten Lebensspanne abläuft. Persönlichkeit ist deshalb das veränderbare, vorübergehende Augenblicks-Ergebnis eines lebenslangen Lern- und Interaktionsprozesses. Die kriminelle Persönlichkeit erwirbt in ihrer Lebens-Entwicklungs-Bahn folgende Merkmale, die für kriminelles Verhalten ursächlich sein können und die man in prosoziales Verhalten verändern kann:

- Kriminelle Verhaltensabläufe (Skripte, Reaktionsmuster) sind im Gedächtnis als Leitvorstellungen für Verhalten und für Problemlösung gespeichert und werden durch kriminogene Situationen aktiviert.
- Kriminelle Einstellungen und Wertvorstellungen sind Kognitionen über die Angemessenheit kriminellen Verhaltens, über die kriminelle Einschätzung von Umweltsignalen und über die Zuschreibung krimineller Absichten an Interaktionspartner.
- Neutralisationen (Vorabrechtfertigungen kriminellen Verhaltens), kognitive Verzerrungen sind gelernte Denkfehler, mit denen der Kriminelle seine Verantwortlichkeit leugnen kann und die ihm die Begehung kriminellen Verhaltens erleichtern, ohne seine Schuldgefühle zu aktivieren. Sie sind von Delikt zu Delikt und von Straftäter zu Straftäter verschieden (*Sykes/Matza* 2011, 207–214; *Maruna/ Copes* 2005, 221–320).
- Kriminelle Fähigkeiten und Fertigkeiten, z.B. Verbrechenstechniken, kriminelle Orientierungen, Motive, werden in der Lebensbahn gelernt. Mängel an prosozialen Fähigkeiten und Fertigkeiten werden ebenfalls in der Entwicklungsbahn erworben. Kriminellen fehlt z.B. prosoziale Kompetenz, prosoziale Reaktionsfähigkeit und prosoziale Konflikt-Lösungs-Fähigkeit (Coping-Mechanismen). Sie verfügen über geringe Emotionen, z.B. über schwaches Einfühlungsvermögen in ihre Opfer, niedrige prosoziale Beziehungsfähigkeit.
- Gelernte kriminelle Selbstregulation, z.B. Freude an Straftaten, Genugtuung und Selbstbestätigung durch Straftaten, Dominationsstreben, steuert kriminelles Verhalten (*Steffensmeier/Ulmer* 2005; *Katz* 1991, 277–306). Selbstregulations-Mechanismen und -Kompetenzen sind zentral für das Verständnis menschlichen Verhaltens und selbstbestimmten Wandels ebenso wie für den Zusammenhalt und die Stabilität der Persönlichkeit (*Mischel* 2004, 17).

1.2.1.4.4.3 Die kriminelle Persönlichkeits- und Verhaltenssignatur

Die kriminelle Persönlichkeit mit beständigen negativen Eigenschaften gibt es nicht. Dafür ist die kriminelle Population zu heterogen und der einzelne Rechtsbrecher zu einmalig und veränderbar. Eine einheitliche Persönlichkeit von Straftätern bestimmter Kriminalitätsformen, z.B. von Wirtschafts- und Sexualkriminellen, muss ebenfalls ausgeschlossen werden. Denn „kriminelle Spezialisten" sind eine verschwindend kleine Minderheit. Zumeist begehen Straftäter mehrere Kriminalitätsformen hinter- und nebeneinander; sie sind „kriminelle Generalisten". Die Intensität, die Eigenart und Veränderbarkeit (Prozessdynamik) der kriminellen Persönlichkeit sind vielmehr nur individuell durch die unterschiedliche Stabilität ihrer kriminellen Situations-Reaktions-Muster, durch die Abfolge in der kriminellen Wahrnehmung und Interpretation von Situations-Signalen feststellbar. Solche kriminellen Verläufe von Gedanken, Gefühlen, und Verhalten über Situationen hinweg beschreiben kriminogene, dynamische Persönlichkeitszüge, die durch Vorbeugung und Behandlung veränderbar sind.

Die kriminelle Persönlichkeit ist gekennzeichnet durch stabile, unterscheidbare und hoch bedeutsame kriminelle Variabilitätsmuster in ihren Gefühlen, Gedanken und ihrem Verhalten über verschiedene Typen von Situationen hinweg (*Mischel* 2004, 8, 14). Die kriminelle Persönlichkeits- und Verhaltenssignatur (*Walter Mischel*) besteht in der charakteristischen sozial-kognitiven und affektiven Prozessdynamik, die kennzeichnende Muster von Verhalten, Gedanken und Gefühlen hervorbringt und die in unterscheidbaren Situationstypen erkennbar ist. Persönlichkeitszüge, die für die individuelle Verbrechensverursachung von Bedeutung sind, beschreiben die kriminellen Reaktionsmuster auf kriminogene Situationen (*Andrews/Bonta* 2010, 197/198). Aus solchen Verhaltens-Situations-Regelmäßigkeiten kann die Grundstruktur der kriminellen Persönlichkeit ermittelt werden. Intensität, Eigenart und Veränderbarkeit der mehr oder weniger kriminellen Persönlichkeit kann in Persönlichkeits-Prozess- und in Tat-Prozess-Analysen beurteilt werden. Mit der Tat-Prozess-Analyse versucht man, die Straftat in ihrem psycho- und soziodynamischen Kontext auszuleuchten, in dem sie verübt worden ist. Die psychosoziale Entwicklungs-Geschichte des Straftäters gibt Auskunft über seine Entwicklungsvorläufer und Risikofaktoren während seiner Lebensbahn. Es ist das Ziel dieser Persönlichkeits-Prozess-Analyse, die relativ stabilen kriminellen Situations-Reaktions-Muster des Strafäters, den Verlauf seiner Wahrnehmung und Interpretation von kriminogenen Situations-Signalen herauszufinden. Bei der psychosozialen Beurteilung von Straftätern ist es nicht nur notwendig, die Testzeit-Persönlichkeit zu erforschen. Es ist vielmehr geboten, die Tatzeitpersönlichkeit zu erkennen und sie in einen Lebenslauf-Persönlichkeits-Prozess einzuordnen. Zur Beurteilung der Sicherheits-Risiken und Behandlungs-Möglichkeiten des Straftäters ist es unumgänglich, seine kriminogenen, dynamischen Persönlichkeitszüge, seinen kriminellen Pfadweg und seine psychische Ansprechbarkeit diagnostisch und prognostisch zu erkunden.

1.2.1.5 Empirische Unterstützung des Prozess-Modells

1.2.1.5.1 Der kognitiv-soziale und emotionale Lern- und Interaktionsprozess

Dieser Prozess ist durch zahlreiche quantitative und qualitative Untersuchungen empirisch bestätigt worden. Eine quantitative und eine qualitative Studie neueren Datums dienen als Beispiele.

In der quantitativen empirischen Studie (*Loeber/Farrington/Stouthamer-Loeber/White* 2008) stellte man zwei Hauptpfadwege (Entwicklungsbahnen) fest: den prosozialen und den antisozialen. Die Lern- und Interaktionstheorie fand ebenfalls in ihren Daten empirische Bestätigung. Schwache soziale Bindungen verursachen Delinquenz, die wiederum schwache soziale Bindungen zur Folge hat. Im Lebenslauf, im Entwicklungsprozess wird delinquentes Verhalten gelernt.

In der qualitativen Studie (*Steffensmeier/Ulmer* 2005) ist ein Einbrecher und Hehler zwanzig Jahre lang beobachtet und interviewt worden. Seine Netzwerkkomplizen sind befragt worden. Man hat auf diese Weise die Dynamik der kriminellen Karriere ermittelt. Der Karriere-Kriminelle hat aus seiner kriminellen Aktivität materielle, kognitive und emotionale Belohnungen gezogen. Er hat Freude am Verbrechen empfunden; er hat aus seinen kriminellen Identitäten und Rollen Selbstbestätigung erhalten. Die empirische Studie erbrachte folgende kriminologische Erkenntnisse: In einem Prozess der sozialen Interaktion werden Verbrechen gelernt. Es werden gelernt: Techniken der Verbrechensbegehung, kriminelle Orientierungen (Motive, Rationalisierungen) und kriminelle Haltungen, die die Gesetzesverletzung begünstigen. Individuen lernen und internalisieren prokriminelle Normen, Werte, Bedeutungen, Fähigkeiten und Definitionen durch Sozialisation und soziale Lernprozesse innerhalb prokrimineller Gruppen.

1.2.1.5.2 Kriminologische Prognoseforschung

Sie unterstützt in ihren neuesten Entwicklungen (*H.J. Schneider* 2009, 909–946) das Persönlichkeits-Prozess-Modell. Kriminogene, dynamische Persönlichkeitszüge, die kriminelle Verläufe von Gedanken, Gefühlen und Verhalten über Situationen hinweg beschreiben, sind für die Rückfall-Risiko-Einschätzung von höchster Bedeutung. Die aktuarische Rückfallprognose ist der klinischen überlegen. Für die Bewertung der kriminellen Bedrohung muss das Risiko-Einschätzungs-Instrument allerdings neben statischen auch dynamische Prädiktoren aufweisen. Dynamische Risiko-Prädiktoren sind „kriminogene Bedürfnisse" (*Andrews/Bonta* 2010, 31), die veränderbar und deshalb nicht nur für die Rückfall-Einschätzung, sondern auch für die Behandlungsprognose von entscheidender Bedeutung sind. Dynamische Prädiktoren sind die stärksten Prädiktoren für die Einschätzung des Rückfalls und der Behandlungsart und -dauer. Eine dynamische Rückfall-Risiko- und Behandlungs-Einschätzung nach dem dynamischen Persönlichkeitsmodell berücksichtigt die persönliche Entwicklung (Lern- und Interaktions-Erfahrung) ebenso wie die Sozialbezogenheit der Persönlichkeit.

1.2.1.5.3 Verbrechens-Vorbeugungs-Forschung

Die Entwicklungsvorbeugung ist derzeit die effektivste Verbrechens-Verhütungs-Form (*Farrington* 2007, 183–207). Sie hat ihre Grundlage in den Entwicklungs- und Lebenslauftheorien („Developmental and Life-Course Theorien"), die mit dem Persönlichkeits-Prozess-Modell unschwer vereinbar sind. Nach den Entwicklungs- und Lebenslauftheorien entfalten sich Delinquenz und Kriminalität im interaktiven Prozess, der während des gesamten Lebenszyklus abläuft (*H.J. Schneider* 2007, 872/873). Kognitiv-behavioristische Vorbeugungs-Programme sind entworfen worden, um den Probanden zu helfen, sich über ihre gedanklichen und emotiven Prozesse klar zu werden, die sie zu delinquenten und kriminellen Reaktionen verleitet haben, und um solche Prozesse in einer positiven Weise zu ändern. Den Tätern mangelt es an persönlichen Problemlösungs-Fähigkeiten, an kritisch-logischen Denkfähigkeiten und an Planungsfähigkeiten. Kognitiv-behavioristische Ansätze werden im sozialen Fähigkeitstraining, im Training sozialen Problemlösens, in der rational-emotiven Intervention, im kognitiven Fähigkeitsprogramm und im Rückfall-Verhütungs-Modell angewandt. Die Meta-Analysen der kognitiv-behavioristischen Prävention haben gezeigt, dass kognitiv-behavioristische Programme die Delinquenz und Kriminalität in signifikantem Umfang vermindern können.

Aufgrund prospektiver Verlaufsstudien aus Nordamerika, Großbritannien, Australien, Neuseeland und den skandinavischen Ländern hat man folgende Vorbeugungsmethoden befürwortet (*Farrington/Welsh* 2007), deren Grundlage das Persönlichkeits-Prozess-Modell sein kann:

–   Das interpersonelle kognitive Verhaltenstraining der Kinder in ihrem Kindergarten- und Grundschulalter zielt darauf ab, sie prosoziale Methoden der Problemlösung zu lehren und hierdurch ihre Selbstkontrolle zu verbessern. Man entwickelt ihre Fähigkeiten, Konflikte mit Eltern und Gleichaltrigen angemessen und friedlich zu lösen.

–   Beim Eltern-Erziehungs-Training lernen die Eltern, wünschbares Verhalten ihrer Kinder positiv zu verstärken, nicht-punitive Disziplin-Praktiken beständig anzuwenden und Familien-Krisen und -konflikte zu bewältigen. Eltern-Erziehungs-Training ist effektiv. Es vermindert das antisoziale und delinquente Verhalten der Kinder in 20 % der Fälle.

–   Den Lehrern wird im Lehrer-Verhaltens-Training beigebracht, klare Instruktionen und Erwartungen an ihre Schülerinnen und Schüler aufzustellen, sie für wünschbares Verhalten zu belohnen und mit prosozialen Methoden der Problemlösung vertraut zu machen.

1.2.1.5.4 Die kriminologische Behandlungsforschung

Die Anwendung einer Behandlungs-Methode ist immer auch gleichzeitig ein Experiment, das dazu dient, die Validität einer Verbrechens-Verursachungs-Theorie zu testen (*Cullen/Wright/Gendreau/Andrews* 2003, 339–364). Die kognitiv-soziale Lern- und Interaktionstheorie und das Persönlichkeits-Prozess-Modell erhalten den klarsten und überzeugendsten empirischen Beweis durch die Behandlungsforschung. Kognitiv-behavioristische Behandlungsprogramme erzielen höhere Rückfallverminderungen als jedes andere Behandlungsprogramm. Sie umfassen die folgenden Module:

- Auslöschen devianter und Verstärken prosozialer Verhaltens-Abläufe (Skripte),
- Veränderung devianter Einstellungen, Wertvorstellungen und Verbrechensrationalisierungen (kognitive Umstrukturierung),
- Einübung prosozialer Fähigkeiten, z.B. Konfliktlösungsfähigkeiten und prosozialen Verhaltens, Trennung des Straftäters von prokriminellen Assoziationen.

Der Umstand, dass kognitiv-behavioristische Behandlungsprogramme in zahlreichen Meta-Analysen und über viele Länder hinweg beständig Rückfallverminderungen erzielt haben, ist der beredte Beweis dafür, dass der kognitiv-soziale Lern- und Interaktions-Prozess ein integraler Bestandteil für das Verständnis der Verbrechens-Verursachung ist (*MacKenzie* 2006). Die Behandlung ist auf dynamische kriminogene Bedürfnisse der kriminellen Persönlichkeit, auf dynamische Persönlichkeitszüge konzentriert, die unmittelbar mit kriminellem Verhalten verbunden sind und die durch Behandlung geändert werden können. Kriminogene Bedürfnisse sind Mängel in sozialen Kognitionen, z.B. im Verständnis für andere und für soziale Interaktionen, und in Problemlösungs-Fähigkeiten. In dem kognitiven Verhaltenstraining versucht man, durch Wandlungen in Einstellungen, Glaubenssätzen und Denkprozessen dysfunktionales Verhalten zu ändern. Den Probanden werden schlecht angepasste Denkprozesse bewusst gemacht, und sie werden ermutigt, diese Prozesse umzugestalten und zu berichtigen. Ihr impulsives, egozentrisches, unlogisches und rigides Denken wird korrigiert. Sie lernen, die Konsequenzen des eigenen devianten Verhaltens zu bedenken und die Perspektive ihrer Interaktionspartner einzunehmen. Kognitives Verhaltens-Training ist effektiv; es vermindert den Rückfall.

1.2.1.6 Täter-Opfer-Persönlichkeiten: reziproke Prozesse

Täter-Werden und Opfer-Werden entstehen in sozial-kognitiven und emotionalen Lern- und Interaktions-Prozessen. Die Opfer-Persönlichkeit ist ebenso wie die Täter-Persönlichkeit ein Prozess, der dem Opfer vom Täter allerdings aufgezwungen wird. Die Viktimisierung kann in einer Opferkarriere enden (*H.J. Schneider* 2007, 400), in der Opfer-Situations-Reaktions-Muster (Skripte) und Opfer-Neutralisationen – unter

Täter-Druck – gelernt werden können, die in einem Opfer-Behandlungs-Prozess wieder verlernt werden müssen.

Literatur

Adorno, T.W./Frenkel-Brunswik, E./Levinson, D.J./Sanford, R.N. (1950). The Authoritarian Personality. New York, Evanston, London.

Akers, R.L./Sellers, C.S. (2009). Criminological Theories. 5. Aufl. New York, Oxford.

Allport, G.W. (1937). Personality: A Psychological Interpretation. New York.

Allport, G.W. (1961). Pattern and Growth in Personality. New York.

Allport, G.W. (1966). Traits Revisited. In: American Psychologist 21, 1–10.

Allport, G.W./Odbert, H.S. (1936). Trait-Names, a Psychological Study. Psychological Monographs. 47, Nr. 211.

Andrews, D.A./Bonta, J. (2010). The Psychology of Criminal Conduct. 5. Aufl. Cincinnati/Ohio.

Bandura, A. (1979). Sozial-kognitive Lerntheorie. Stuttgart.

Bandura, A. (1986). Social Foundations of Thought and Action. Englewood Cliffs/NJ.

Barkan, S.E. (2012). Criminology. 5. Aufl. Boston et al.

Becker, H.S. (1973). Außenseiter. Zur Soziologie abweichenden Verhaltens. Frankfurt/M.

Berkowitz, L. (1993). Aggression. Its Causes, Consequences and Control. Philadelphia/PA.

Caspi, A./Moffitt, T.E./Silva, P.A./Stouthamer-Loeber, M./Krueger, R.K./Schmutte, P.S. (2011). Personality and Crime: Are Some People Crime Prone? In: *F.T. Cullen/R. Agnew* (Hrsg.): Criminological Theory. 4. Aufl. 69–77. New York, Oxford.

Cassel, E./Bernstein, D.E. (2007). Criminal Behavior. 2. Aufl. Mahwah/NJ., London.

Cattell, R.B. (1979). Personality and Learning Theory. New York.

Cleckley, H.M. (1950). The Mask of Sanity. 2. Aufl. St. Louis.

Cullen, F.T./Wright, J.P./Gendreau, P./Andrews, D.A. (2003). What Correctional Treatment Can Tell Us about Criminological Theory: Implications for Social Learning Theory. In: *R.L. Akers/G.F. Jensen* (Hrsg.): Social Learning Theory and the Explanation of Crime. Advances in Criminological Theory. Bd. 11. 339–364. New Brunswick (USA), London (UK).

Eysenck, H.J. (1961). Dimensions of Personality. London.

Eysenck, H.J. (1964). Crime and Personality. London.

Eysenck, H.J. (1977). Kriminalität und Persönlichkeit. Wien.

Eysenck, H.J./Gudjonsson, G.H. (1989). The Causes and Cures of Criminality. New York, London.

Farrington, D.P. (2007). Developmental and Life-Course Criminology. In: *H.J. Schneider* (Hrsg.): Internationales Handbuch der Kriminologie. Bd. 1. 183–207. Berlin.

Farrington, D.P./Welsh, B.C. (2007). Saving Children from a Life of Crime. Oxford, New York et al.

Gadd, D./Jefferson, T. (2007). Psychosocial Criminology. Los Angeles et al.

Glick, L./Miller, J.M. (2008). Criminology. 2. Aufl. Boston, New York et al.

Glueck, S. u. E. (1950). Unraveling Juvenile Delinquency. Cambridge/Mass.

Glueck, S. u. E. (1968) Delinquents and Nondelinquents in Perspective. Cambridge/Mass.

Gottfredson, M.R./Hirschi, T. (1990). A General Theory of Crime. Stanford/Cal.

Guilford, J.P. (1964). Persönlichkeit. Weinheim/Bergstr.

Hare, R.D. (1996). Psychopathy. A Clinical Construct Whose Time Has Come. In: Criminal Justice and Behavior 23, 25–54.

Hathaway, S.R./Monachesi, E.D. (1963). Adolescent Personality and Behavior. Minneapolis/Min.

Healy, W. (1915, Nachdruck 1969). The Individual Delinquent. Montclair/N.J.

Healy, W./Bronner, A.F. (1936). New Light on Delinquency and its Treatment. New Haven et al.

Hirschi, T. (2011). Social Bond Theory. In: *F.C. Cullen/R. Agnew* (Hrsg.): Criminological Theory. 4. Aufl. 215–223. New York, Oxford.

Hollin, C.R. (2007). Criminological Psychology. In: *M. Maguire/R. Morgan/R. Reiner* (Hrsg.): The Oxford Handbook of Criminology. 43–77. Oxford et al.

Horney, J. (2006). An Alternative Psychology of Criminal Behavior. In: Criminology 44, 1–16.

Katz, J. (1991). The Motivation of the Persistent Robber. In: *M. Tonry* (Hrsg.): Crime and Justice. Bd. 14. 277–306. Chicago, London.

Laub, J.H./Sampson, R.J. (2011). A Theory of Persistent Offending and Desistance from Crime. In: *F.C. Cullen/R. Agnew* (Hrsg.): Criminological Theory. 4. Aufl. 497–503. New York, Oxford.

Lilly, J.R./Cullen, F.C./Ball, R.A. (2011). Criminological Theory. 5. Aufl. Los Angeles, London, New Delhi.

Loeber, R./Farrington, D.P./Stouthamer-Loeber, M./White, H.R. (2008). Violence and Serious Theft. Development and Prediction from Childhood to Adulthood. New York, London.

Lombroso, C. (1902). Die Ursachen und die Bekämpfung des Verbrechens. Berlin.

MacKenzie, D.L. (2006). What Works in Corrections. Cambridge, New York et al.

Maruna, S. (2001). Making Good: How Ex-Convicts Reform and Rebuild their Lives. Washington D.C.

Maruna, S./Copes, H. (2005). What Have we Learned from Five Decades of Neutralization Research? In: *M. Tonry* (Hrsg.): Crime and Justice. Bd. 32. 221–320. Chicago, London.

Megargee, E. (1966). Undercontrolled and Overcontrolled Personality Types in Extreme Antisocial Aggression. Psychological Monographs. 80, 15–27.

Megargee, E. (1972). The California Psychological Inventory Handbook. San Francisco/CA.

Metfessel, M./Lovell, C. (1942). Recent Literature on Individual Correlates of Crime. In: Psychological Bulletin 39, 133–164.

Miller, J.D./Lynam, D. (2001). Structural Models of Personality and their Relation to Antisocial Behavior: A Meta-Analytic Review. In: Criminology 39, 765–798.

Mischel, W. (1968). Personality and Assessment. New York.

Mischel, W. (1993). Introduction to Personality. 5. Aufl. Fort Worth, Philadelphia et al.

Mischel, W. (2004). Toward an Integrative Science of the Person. In: Annual Review of Psychology 55, 1–22.

Mischel, W./Shoda, Y./Smith, R.E. (2004). Introduction to Personality. 7. Aufl. New York.

Moffitt, T.E. (2011). Pathways in the Life Course to Crime. In: *F.C. Cullen/R. Agnew* (Hrsg.): Criminological Theory. 4. Aufl. 477–496. New York, Oxford.

Patterson, G.R./DeBaryshe, B.D./Ramsey, E. (2006). A Developmental Perspective on Antisocial Behavior. In: *F.C. Cullen/R. Agnew* (Hrsg.): Criminological Theory. 3. Aufl. 495–501. Los Angeles et al.

Pervin, L.A./Cervone, D./John, O.P. (2005). Persönlichkeitstheorien. 5. Aufl. München, Basel.

Schneider, H.J. (1977). Psychologie des Verbrechens. In: *R. Sieverts/H.J. Schneider* (Hrsg.): Handwörterbuch der Kriminologie. 2. Aufl. 2. Bd. 415–458. Berlin, New York.

Schneider, H.J. (2007). Verbrechensverhütung. In: *H.J. Schneider* (Hrsg.): Internationales Handbuch der Kriminologie. Bd. 1. 863–892. Berlin.

Schneider, H.J. (2007). Viktimologie. In: *H.J. Schneider* (Hrsg.): Internationales Handbuch der Kriminologie. Bd. 1. 395–433. Berlin.

Schneider, H.J. (2007). Politische Kriminalität. In: *H.J. Schneider* (Hrsg.): Internationales Handbuch der Kriminologie. Bd. 1. 739–792. Berlin.

Schneider, H.J. (2009). Rückfallprognose bei Sexualstraftätern. In: *H.J. Schneider* (Hrsg.): Internationales Handbuch der Kriminologie. Bd. 2. 909–946. Berlin.

Schneider, K. (1923, 1950). Die psychopathischen Persönlichkeiten. 1. Aufl., 9. Aufl. Wien.

Schneider, K. (1992). Klinische Psychopathologie. 14. Aufl. Stuttgart, New York.

Schuessler, K.E./Cressey, D.R. (1950). Personality Characteristics of Criminals. In: American Journal of Sociology 55, 476–484.

Shaw, C.R. (1930, Nachdruck 1966). The Jack-Roller. A Delinquent Boys own Story. Chicago.

Shaw, C.R. (1931, Nachdruck 1966). The Natural History of a Delinquent Career. Chicago, London.

Shaw, C.R. (1938, Nachdruck 1966). Brothers in Crime (1938). Nachdruck Chicago, London.

Snodgrass, J. (1982). The Jack-Roller at Seventy. Lexington/Mass., Toronto.

Steffensmeier, D.J./Ulmer, J.T. (2005). Confessions of a Dying Thief. New Brunswick (USA), London (UK).

Sykes, G.M./Matza, D. (2011). Techniques of Neutralization. In: *F.C. Cullen/R.Agnew* (Hrsg.): Criminological Theory. 4. Aufl. 207–214. New York, Oxford.

Tennenbaum, D.J. (1977). Personality and Criminality: A Summary and Implications of the Literature. In: Journal of Criminal Justice 5, 225–235.

Thornberry, T.P. (2011). Toward an Interactional Theory of Delinquency. In: *F.C. Cullen/R.Agnew* (Hrsg.): Criminological Theory. 4. Aufl. 559–570. New York, Oxford.

Toch, H.H. (1969, 1993). Violent Men. An Inquiry into the Psychology of Violence. 1. Aufl. Chicago, 2. Aufl. Washington/D.C.

Waldo, G.P./Dinitz, S. (1967). Personality Attributes of the Criminal: An Analysis of Research Studies, 1950–65. In: Journal of Research in Crime and Delinquency 4, 185–202.

Walsh, A./Ellis, L. (2007). Criminology. Thousand Oaks, London, New Delhi.

Walters, G.D. (2004). The Trouble with Psychopathy as a General Theory of Crime. In: International Journal of Offender Therapy and Comparative Criminology 48, 133–148.

Wilson, J.Q./Herrnstein, R.J. (1985). Crime and Human Nature. New York.

Yochelson, S./Samenow, S.E. (1976, 1977). Criminal Personality. 2 Bde. New York.

Zimbardo, P.G./Gerrig, R.J. (2008). Psychologie. 18. Aufl. München, Boston et al.

1.2.2 Im Zentrum der Kriminologie: Kriminalpsychologie

Inhaltsübersicht

1.2.2.1 Kriminalpsychologie als Teil der Kriminologie

1.2.2.1.1 Gegenstand und Felder der Kriminalpsychologie

Kriminalpsychologie wird als Anwendung psychologischer Theorie und Methodologie zum Verständnis kriminellen Verhaltens und seiner Änderung verstanden (*Hollin* 2013, 21). Sie ist ein Teil der Kriminologie. Im Kern ist sie die Analyse der kriminellen Persönlichkeit und ihres Verhaltens (ihrer Interaktionen) sowie der Reaktion auf ihr kriminelles Benehmen (durch Vorbeugung und Behandlung) (*Bartol, Bartol* 2011,

7–9). Die Betrachtung der kriminellen Persönlichkeit ist ohne ihren sozialstrukturellen Kontext, in dem sie lebt, nicht möglich (*Akers* 1998). Deshalb sind Soziologie und Psychologie Kerngebiete einer integrierten interdisziplinären Kriminologie (*Blackburn* 1993, 34), deren wichtigste Grundlagenwissenschaft die Sozialpsychologie ist, die sowohl von der Soziologie wie von der Psychologie bearbeitet wird (*Elder* 2001). Kriminalpsychologie hat freilich noch andere Interessengebiete als nur die kriminelle Persönlichkeit und ihr Verhalten. Maßgeblich ist die Trias: Täter, Opfer und Gesellschaft. Die Kriminalpsychologie ist am Opfer, an der informellen Kontrolle (z.B. durch Familie, Schule), an der formellen Kontrolle, am Kriminaljustizsystem, an Gesetzgeber und -anwender (z. B. Polizei-, Richter- und Strafvollzugspsychologie) sowie an situativen Aspekten, an der Psychodynamik der kriminellen Gelegenheit interessiert (*Andrews, Bonta* 2010, 3–44).

Um die Gemeinsamkeiten, aber auch Unterschiede der Kriminalpsychologie der Vergangenheit und der Gegenwart deutlich zu machen, wird insbesondere auf die kriminelle Persönlichkeit und ihre Interaktionen eingegangen. Die wesentlichste Verschiedenheit zwischen gestern und heute liegt im Persönlichkeitskonzept selbst. Man unterscheidet das Eigenschaftsmodell der Vergangenheit, das indessen bisweilen auch heute noch verfolgt wird (vgl. *Cassel, Bernstein* 2007, 78), vom interaktionistischen Prozessmodell, das der psychologischen Forschung gegenwärtig zugrunde liegt. Das Eigenschaftsmodell wird – wie folgt – definiert: Persönlichkeit eines Individuums ist seine einzigartige Struktur von Wesenszügen. Eine Eigenschaft ist jeder abstrahierbare und relativ konstante Wesenszug, hinsichtlich dessen eine Person von anderen Personen unterscheidbar ist (*Guilford* 1964, 6–8). Das Eigenschaftsmodell zeichnet sich durch Beständigkeit, Stabilität und Konsistenz aus; es ist ein statisches Konzept. Der dynamische Interaktionismus der Gegenwart denkt anders: Die handelnde Persönlichkeit, ihr Verhalten und ihr sozialstruktureller Kontext, in dem sie agiert, können sich durch wechselseitige Einflüsse ständig ändern. Persönlichkeit ist deshalb das vorläufige, vorübergehende Ergebnis eines lebenslangen Lern- und Interaktionsprozesses (*Elder* 2001). Sie wird mit *Walter Mischel* (1993, 5) als unterscheidbares Verhaltensmuster (einschließlich Gedanken und Gefühlen) verstanden, das jede Anpassung eines Individuums an Situationen in seinem oder ihrem Leben kennzeichnet. Diese Definition beruht auf der sozial-kognitiven Lerntheorie von *Albert Bandura* (1979a, 1979b), die als allgemeine Perspektive die Interaktion zwischen kognitiven, behavioralen und Umweltdeterminanten betont (*Akers, Sellers* 2009, 85–122). Die sozial-kognitive Lerntheorie geht von einem sein Leben aktiv strukturierenden und gestaltenden Menschen aus (*Akers* 2010, 475–485).

1.2.2.1.2 Ursprünge der Kriminalpsychologie in Deutschland und in den USA

In Deutschland begann die Kriminalpsychologie am Ende des 18. Jahrhunderts mit Werken von *Carl von Eckartshausen* (1752 bis 1803), *Johann Christian Schaumann*

(1768 bis 1821) und *Johann Gottlieb Münch* (1774 bis 1837). Die Ursache des Verbrechens wurde im Prinzip des Bösen, in der bloßen menschlichen Schwäche gesehen. Die Kriminalpsychologie bestand in der Kennzeichnung „des" Kriminellen mit negativen Perspektiven und Persönlichkeitsmerkmalen (*H.J. Schneider* 1977, 415–458; 1987, 94–97). Die Merkmale wurden in Adjektiven und abstrakten Substantiven aus dem allgemeinen Sprachgebrauch aufgezählt, um sie zur Schilderung des Charakters des Kriminellen zu verwenden. Faulheit, Leichtsinn, Unbeständigkeit, Eitelkeit, Sorglosigkeit, Rachsucht, Grausamkeit, brutale Genusssucht, Gewissenlosigkeit, Mangel an Reue, Verlogenheit, Verschlagenheit, Hinterlist sind in diesen kriminalpsychologischen Arbeiten das letzte Resultat der Analyse des empirischen Materials. Einstellungen des Täters, des Opfers und der Gesellschaft zueinander und Beziehungen zwischen Täter, Opfer und Gesellschaft untereinander wurden nicht untersucht. Kriminalpsychologie war reine Verbrecherbeschreibung. Die Ursprünge der Kriminalpsychologie in den USA lagen später als in Deutschland. Allerdings hat *William Healy* in einem der ersten Werke der US-amerikanischen Kriminalpsychologie (1915) bereits die Dynamik und Prozesshaftigkeit krimineller Karrieren, die Bedeutung sozialer Degradierungen und das schwere Betroffensein der Kriminellen in ihrem Selbstbild, in ihrem Selbstwertgefühl und in ihrer Selbstkontrolle durch ihre Tat, aber auch durch die Reaktion der Gesellschaft auf ihre Tat deutlich erkannt.

1.2.2.2 Kriminalpsychologie zu Aschaffenburgs Zeit

1.2.2.2.1 Aschaffenburgs Lebenslauf

Gustav Aschaffenburg, der sich – als Psychiater ungewöhnlich – zeitlebens für die Kriminalpsychologie eingesetzt hat, wurde am 23. Mai 1866 im pfälzischen Zweibrücken geboren. Nach dem Umzug seiner Familie im Jahre 1870 nach Köln wuchs er dort auf und besuchte die dortigen Schulen bis zum Abitur (1885). Er studierte Medizin in Heidelberg, Würzburg, Freiburg i.Br., Berlin und Straßburg. Nach Vertiefungsstudien in Wien und Paris war er ab 1891 an der psychiatrischen Universitätsklinik in Heidelberg tätig. Es folgte eine vorübergehende Beschäftigung als Leitender Arzt an der Beobachtungsabteilung für geisteskranke Verbrecher am Stadtgefängnis Halle. Am 1. Oktober 1904 wurde er als außerordentliches Mitglied an die „Akademie für praktische Medizin" nach Köln berufen. Nach der Neugründung der Kölner Universität wurde er im Jahre 1919 zum Ordinarius für Psychiatrie ernannt. Bis zu seiner Emiritierung im Jahre 1934 füllte er diese Position in Köln aus. Er wurde 1926 mit dem Ehrendoktor der Universität Heidelberg und 1932 mit dem Ehrendoktor der Universität Würzburg geehrt. Zu seinem 60. Geburtstag erhielt er eine Festschrift (*Dohna, Lilienthal* 1926). Von 1928 bis 1934 war er gemeinsam mit dem Kriminologen *Gotthold Bohne* (1890–1958) Direktor des ersten deutschen Kriminalwissenschaftlichen Institutes in Köln.

Als Jude war *Aschaffenburg* bereits 1929/1930 Anfeindungen durch den „Nationalsozialistischen Deutschen Studentenbund" ausgesetzt. Seine Wahl zum Rektor der Universität Köln 1932/1933 wurde durch Gewaltdrohungen der Nationalsozialisten hintertrieben. Die Hassäußerungen ihm gegenüber nahmen in den Jahren 1935 bis 1938 noch zu, während er im Ausland großes Ansehen genoss. Im Januar 1939 ging er mit seiner Frau in die Schweiz, wo er im Zürcher Burghölzli Unterkunft fand. Da sein Aufenthalt in der Schweiz durch die Nationalsozialisten unterbunden wurde, war er gezwungen, im September 1939 in die USA zu flüchten. Dort hatte ihm der aus der Schweiz stammende Psychiater *Adolf Meyer* (1866–1950), der an der Johns Hopkins Universität in Baltimore lehrte, einen Ruf als Forschungsprofessor für Kriminalpsychologie an die „Katholische Universität von Amerika" in Washington D.C. und damit ein Immigrationsvisum verschafft. *Aschaffenburg* ließ sich mit seiner Frau in Baltimore nieder. Dort war er als psychiatrischer Konsiliarius am „Mount Hope Retreat" – einer Privatklinik mit 600 Betten – angestellt. Nebenbei lehrte er noch Kriminalpsychologie an der Johns Hopkins Universität und an der „Katholischen Universität von Amerika" in Washington D.C. Zu seinem 75. Geburtstag im Jahre 1941 schrieb er an *Adolf Meyer*, er fühle sich in den USA heimisch und zufrieden; er habe viele Beweise ernster Anteilnahme in den USA erleben dürfen. Im selben Jahr wurde ihm seine Staatsbürgerschaft in Deutschland aberkannt und sein Vermögen (seine wertvolle Privatbibliothek) beschlagnahmt. Nach seinem Sommerurlaub in Cape May/New Jersey verstarb *Aschaffenburg* am 2. September 1944 in Baltimore. Noch kurz vor seinem Tod war er voll enthusiastischer Pläne für Forschung und Lehre (so *Kanner* 1944 in einem Nachruf; vgl. auch die Dissertationen von *Busse* 1991 und von *Seifert* 1981).

1.2.2.2.2 Aschaffenburgs Einfluss auf die deutsche und europäische Kriminalpsychologie

1.2.2.2.2.1 Die ersten zwei Jahrzehnte des 20. Jahrhunderts
Mehr als 250 wissenschaftliche Arbeiten hat *Aschaffenburg* veröffentlicht; seine Werke sind in zahlreiche Sprachen übersetzt worden. Er unternahm viele Kongress- und Vortragsreisen ins Ausland und war ein begehrter Gastprofessor an zahlreichen ausländischen Universitäten. Im April 1904 gründete er die „Monatsschrift für Kriminalpsychologie und Strafrechtsreform", die er bis zum 26. Jahrgang (1935) einschließlich redigierte. Da *Aschaffenburg* die Kriminologie als Wegbereiterin der Strafrechtsreform verstand, nahm er *Franz von Liszt* in den Kreis der Redaktionsmitglieder auf. Die Monatsschrift wurde zur „wichtigsten deutschen Zeitschrift im Feld (der Kriminologie)" (*Wetzell* 2000, 67). In ihr veröffentlichten in den Jahren 1925 bis 1934 die führenden kriminologischen Köpfe der Welt (*Hentig* 1960, 329/330). Auf den Druck der Nationalsozialisten übertrug *Aschaffenburg* die Redaktion der Monatsschrift mit Wirkung vom 1. Januar 1936 auf ihm nahestehende Kollegen (*Aschaffenburg* 1935;

Gruhle, Sieverts 1953). Mit dem 28. Jahrgang (1937) wurde sie in „Monatsschrift für Kriminalbiologie und Strafrechtsreform" umbenannt, die bis zum 35. Jahrgang (1944) erschien. Nach neunjähriger – durch Krieg und Nachkriegszeit verursachter – Pause kam sie mit dem 36. Jahrgang (Oktober 1953) wieder als „Monatsschrift für Kriminologie und Strafrechtsreform" heraus.

Neben der Herausgabe der Monatsschrift ist die Veröffentlichung seines Buches „Das Verbrechen und seine Bekämpfung" (1903, 1906, 1923 (1933)) *Aschaffenburg*s zweites herausragendes Verdienst für die Kriminalpsychologie. Im Untertitel nennt er sein Buch selbst eine „Kriminalpsychologie". Es ist wohl richtiger, es mit *Günther Kaiser* (1996, 116) als erstes deutschsprachiges Lehrbuch der Kriminologie zu bezeichnen. Denn es enthält in seinem ersten Teil die sozialen Ursachen des Verbrechens (die Kriminalsoziologie) und im zweiten Teil erst die individuellen Ursachen (die Kriminalpsychologie), während der dritte Teil der Bekämpfung des Verbrechens gewidmet ist (der Kriminalpolitik). Auf jeden Fall ist es eine „bahnbrechende Leistung" (*Liszt* 1911/12). Denn hier ist zum ersten Mal eine Integration zwischen Kriminalsoziologie und -psychologie, den beiden Zentralgebieten der Kriminologie, als wechselseitig sich ergänzende Ansätze in der Kriminalätiologie gelungen.

Im ersten Teil seines Buches entwickelt *Aschaffenburg* soziologische Erklärungen für die geographischen und zeitlichen Variationen der Kriminalitätsraten. Eine wesentliche individuelle Ursache des Verbrechens ist die Unzulänglichkeit der Widerstandskraft gegen Versuchungen (*Aschaffenburg* 1903, 100). Das soziale Milieu ist doppelt verantwortlich für die Verbrechensentstehung. Höchste Not und schlechtes Beispiel eines moralisch verdorbenen Milieus stoßen viele Menschen in kriminelle Karrieren (unmittelbarer Sozialeinfluss). Die Verwahrlosung der unteren Schichten führt zu psychischen Degenerationen, die den Täter „sozial unbrauchbar" (*Aschaffenburg* 1903, 162; 1908, 13) machen (mittelbarer Sozialeinfluss). *Aschaffenburg*s Buch ist die erste umfassende Synthese der sozialen und psychischen Ursachen des Verbrechens. *Richard F. Wetzell* (2000, 69, 297/298; vgl. auch *Wetzell* 2006, 2010) unterscheidet zwei Hauptparadigmen in der deutschen Kriminologie der beiden ersten Jahrzehnte des 20. Jahrhunderts: Das *Kraepelin*-Paradigma zielt auf eine Integration der Kriminalbiologie mit der Kriminalpsychologie: Das Verbrechen ist das Ergebnis eines endogenen moralischen Defekts. Demgegenüber stellt es das *Aschaffenburg*-Paradigma auf eine Integration der Kriminalsoziologie mit der Kriminalpsychologie ab: Umweltfaktoren spielen eine entscheidende Doppelrolle bei der Verbrechensverursachung. Denn sie sind unmittelbar und mittelbar wirksam, weil sie auch die psychische Entstehung der Tat beim Rechtsbrecher beeinflussen. In den beiden ersten Jahrzehnten des 20. Jahrhunderts war das *Aschaffenburg*-Paradigma in der deutschen Kriminologie vorherrschend. Das Gewicht verlagerte sich im dritten und vierten Jahrzehnt zu Gunsten des *Kraepelin*-Paradigmas. In der Kriminalpolitik stellte *Aschaffenburg* (1928, 38) der These *Franz von Liszts* (1905, 80), das Strafgesetzbuch sei die magna charta des Verbrechers, die These gegenüber, das Strafgesetzbuch sei die magna charta des friedlichen Staatsbürgers.

1.2.2.2.2.2 Das dritte und vierte Jahrzehnt des 20. Jahrhunderts

Im Jahre 1933, dem Machtübernahmejahr der Nationalsozialisten, unternahm *Aschaffenburg* (1933a) den Versuch, sich gegen nationalsozialistische Angriffe zu rechtfertigen. Unter dem Druck des Zeitgeistes näherte er (*Aschaffenburg* 1929, 91; 1933b) sich am Ende der zwanziger und in den dreißiger Jahren der Kriminalbiologie, vor deren Anwendung er allerdings warnte, da sie noch über keine zuverlässigen Methoden verfüge und sich noch ganz in ihren Anfängen befinde. Die Täterpersönlichkeit blieb für ihn das entscheidende Forschungszentrum, wenn er auch die ätiologische Bedeutung der Anlage höher einschätzte als früher. Sein Buch „Das Verbrechen und seine Bekämpfung" wurde zwar von den deutschsprachigen kriminologischen Lehrbuchautoren (z.B. *Exner* 1944, 1949; *Seelig-Bellavic* o.J.; *Sauer* 1950; *Mezger* 1951) zitiert; es hatte aber keinen wesentlichen Einfluss auf den Aufbau und den Inhalt der Bücher. An seine Stelle trat das Buch „Die psychopathischen Persönlichkeiten" von *Kurt Schneider* (1923), das im deutschsprachigen Raum im dritten und vierten Jahrzehnt und darüber hinaus (vgl. z.B. *Göppinger, Bock, Böhm* 1997, 233–240; „Abnorme Persönlichkeiten") das kriminologische Denken beherrschte.

Die Kriminalpsychologie hat von ihrer frühesten Geschichte (Ende des 18. Jahrhunderts) an den vergeblichen Versuch unternommen, kriminelle und nichtkriminelle Menschen in ihren Persönlichkeitseigenschaften zu unterscheiden. Ein Höhepunkt in dieser Entwicklung war die „Entdeckung" eines kriminellen Typs, des Psycho- oder Soziopathen oder des Menschen mit einer abnormen Persönlichkeitsstörung (*Helfgott* 2008, 119–143). Obgleich der Begriff schon sehr alt ist und auf das „moralische Irresein" des englischen Psychiaters *James Cowles Prichard* (1786–1848) zurückgeht, ist er erst durch Veröffentlichungen von *Kurt Schneider* im Jahre 1923 und *William* und *Joan McCord* im Jahre 1956 in der Kriminologie populär geworden. Unter einem Psychopathen versteht man eine ichbezogene Person, die nicht angemessen in sozialkonforme Einstellungen und Werte sozialisiert ist, die kein Gewissen (keinen Sinn für Recht und Unrecht) entwickelt hat, die kein Einfühlungsvermögen für andere besitzt und die zur Reue und Schuld wegen der Untaten und Schäden unfähig ist, die sie anderen zugefügt hat (*Fishbein* 2001, 53–55). Man sagt dem Psychopathen ferner innere emotionale Leere, eine Unfähigkeit, aus Erfahrung zu lernen, und einen Mangel an zwischenmenschlicher Wärme nach. Psychopathen gelten schließlich als nicht resozialisierbar, weil sie lernunfähig sein sollen. Der Psychopath ist doppelt geschädigt: Er ist zum einen psychisch abnorm. Er ist zum anderen zwar nicht geisteskrank, aber körperlich, seelisch und moralisch minderwertig. Sein Gehirn, seine kortikalen (zur Hirnrinde gehörenden) Funktionen und sein zentrales Nervensystem sollen unreif sein. Psychopathen sollen mit einer biologischen Prädisposition zur Psychopathie geboren werden.

Es gibt bis heute keinen empirischen Beweis dafür, dass Kriminelle stets atypische oder abnorme Persönlichkeiten sind (*Akers, Sellers* 2009, 76–78; *Bernard, Snipes, Gerould* 2010, 37–64). Gleichwohl wird immer wieder eine Beziehung zwischen Psychopathie und Kriminalität hergestellt (*Raine* 1993; *Hare* 1996). Der Begriff der Psychopathie ist viel zu vage und deshalb als psychiatrische Diagnose ungeeignet. Es ist ferner eine kuriose Annahme, dass sozial nicht wünschenswerte Persönlichkeitszüge auf eine kleine Sektion der menschlichen Rasse beschränkt und konzentriert sein sollen (*Blackburn* 1993, 85). Es gibt keinen einzelnen Typ einer abnormen Persönlichkeit, der für Verbrechen anfällig ist. Das Konzept der Psychopathie ist eine „mythische Einheit" (*Blackburn* 1988, 511), die zudem den „Diagnostizierten" stigmatisiert, die ihn brandmarkt. Der Begriff der Psychopathie ist weder für die Theorie noch für die Forschung noch für die Diagnose, Prognose und Behandlung in der klinischen Praxis nützlich (*Andrews, Bonta* 2010, 80–83). Es handelt sich um wenig mehr als ein moralisches Vorurteil, das man als klinische Diagnose maskiert.

1.2.2.2.3 Aschaffenburgs Einfluss auf die US-amerikanische Kriminologie

Im Juni 1909 veranstaltete die Rechtsfakultät der „Northwestern University" in Chicago eine nationale Konferenz, auf der die Gründung des „American Institute of Criminal Law and Criminology" (des Amerikanischen Instituts für Strafrecht und Kriminologie) beschlossen wurde. Da man den Stand der US.-amerikanischen Kriminologie als niedrig beurteilte, entschloss man sich, etwas für ihre rasche Entwicklung zu tun. Ab 1911 veröffentlichte man innerhalb der „Modern Criminal Science Series" (Reihe: Moderne Kriminalwissenschaft) herausragende Werke europäischer Kriminologen in englischen Übersetzungen. Das Buch von *Aschaffenburg* gehörte zu diesen Übersetzungen. Es wurde unter dem Titel: „Crime and Its Repression" im Jahre 1913 veröffentlicht und im Jahre 1968 nachgedruckt. In seiner englischen Übersetzung erlangte das Buch internationales Ansehen (*Wetzell* 2000, 63; bereits *H.J. Schneider* 1981a, 64). *Aschaffenburg*s Buch war Modell für die zahlreichen kriminologischen Lehrbücher (*Reckless* 1970, 8/9), die in den USA in den zwanziger bis fünfziger Jahren erschienen und die die Grundlage für die Entwicklung der US-amerikanischen Kriminologie zur „Marktführerin" in der Welt in den 60er- bis 90er-Jahren und zu Beginn des 21. Jahrhunderts bildeten. Es handelte sich um die kriminologischen Lehrbücher von Soziologen (*Parmelee* 1922, *Sutherland* 1924, *Gillin* 1926, *Haynes* 1930, *Reckless* 1940, *Wood und Waite* 1941, *Sutherland* 1947, *Taft* 1947, *Elliott* 1952, *Barnes* und *Teeters* 1959), aber auch von Psychologen (*Gault* 1932) und Juristen (*Hentig* 1947, 1948). Allen diesen Büchern war gemeinsam, dass sie die psychologische und die soziologische Perspektive zu integrieren versuchten und dass ihr Hauptgewicht auf der Sozialpsychologie ruhte. In allen diesen Büchern ist *Aschaffeenburg*s Buch nicht nur häufig zitiert, sondern sie stützen sich in Aufbau, Inhalt und Konzeption auf das *Aschaffenburg*sche Modell. *Maurice Parmelee*, der das erste US-amerikanische kriminologische Lehrbuch (1922) geschrieben hat, verfasste auch das Vorwort (1913) zu der Übersetzung von *Aschaffenburg*s Buch. Er lobte die sorgfältige realistische Anwendung der sozialen Statistiken, die ein Muster für die US-amerikanischen Statistiken sein könnten (und geworden sind). Er unterstrich die Bedeutung, die Deutschland – dank *Aschaffen-*

*burg*s Bemühungen – für die Kriminalpsychologie bildete. Er schloss sein Vorwort mit dem Statement ab, dass die statistische Methode die einzige exakte Vorgehensweise sei, mit der man etwas über die Verursachung des Verbrechens und über die verschiedenen Arten seiner Behandlung lernen könne. *Walter C. Reckless*, der als Präsident der „Amerikanischen Gesellschaft für Kriminologie" in den Jahren 1964 bis 1966 Wesentliches zum Aufstieg der US-amerikanischen Kriminologie in den folgenden Jahrzehnten bis heute getan hat, würdigte *Aschaffenburg*s Verdienste um die internationale Kriminologie ausführlich (vgl. *Reckless* 1970; 1973, 691). Der einflussreichste US-amerikanische Kriminologe *Edwin H. Sutherland* und seine Nachfolger *Donald R. Cressey* und *David F. Luckenbill* nahmen in allen Auflagen des im 20. Jahrhundert bedeutsamsten kriminologischen Lehrbuchs (vgl. z.B. *Sutherland* 1924; *Sutherland, Cressey* 1978; *Sutherland, Cressey, Luckenbill* 1992) auf *Aschaffenburg* Bezug. In der ersten Auflage seines Kriminologie-Lehrbuchs hatte *Sutherland* (1924, 11) erklärt: „Die Kriminologie bemüht sich um persönliche und um Gruppenphänomene. Als solche ist sie primär soziologisch." Die US-amerikanischen soziologischen Kriminologen richteten sich danach. Sie bearbeiteten – neben ihren sozialstrukturellen Aufgaben – die kriminalpsychologischen Probleme mit. Sie meisterten ihre Aufgabe vorzüglich. Denn sie sahen und sehen die Kriminalpsychologie weniger als biologische, sondern als eine Sozialwissenschaft. Gegenwärtig wird die Kriminalpsychologie von Soziologen (z.B. *Ronald L. Akers, Travis Hirschi*), von Psychiatern (z.B. *Rolf Loeber*) und von Psychologen (z.B. *David P. Farrington, Clive R. Hollin*) gemeinsam entwickelt.

1.2.2.3 Die Kriminalpsychologie der Gegenwart

1.2.2.3.1 Die psychodynamische Theorie

Die psychoanalytische Kriminologie sieht das Verbrechen entweder als Durchbruch der Urtriebe aus dem „Es", der Persönlichkeitsinstanz des Trieblebens, oder als psychisches Rückschlagsphänomen auf onto- oder phylogenetische Urstufen der Libidoentwicklung (Regression) (vgl. die Zusammenfassung von *H.J. Schneider* 1981b). Sie ist wie die Kriminalbiologie aus dem Darwinismus hervorgegangen. Beide haben eine wesentliche Gemeinsamkeit, aber auch entscheidende Unterschiede. *Cesare Lombroso* (1836–1909) und *Sigmund Freud* (1856–1939) stützen sich auf die Theorie, dass der Verbrecher eine Rückschlagserscheinung, einen Atavismus auf frühere Entwicklungsstufen darstellt. Bei *Lombroso* (1890, 1894) ist der Verbrecher ein somatisch-psychischer Rückschlag. *Freud* klammert indessen den somatischen Aspekt aus. Für ihn ist der Verbrecher ein Rückschlagsphänomen auf onto- oder phylogenetische psychische Entwicklungsstufen. Das normale Kind ist der „geborene Verbrecher". Denn es ist ein „polymorph perverses" und „universell-kriminelles" Wesen. Hier liegt indessen der bedeutsamste Unterschied der psychoanalytischen Kriminologie zur Kriminalbiologie: Während die Kriminalbiologie eine scharfe Grenze zwischen schon rein körperlich erkennbaren Kriminellen und „Normalen" aufzurichten sucht, besteht in der psychoanalytischen Kriminologie kein wesentlicher qualitativer Unterschied zwischen Kriminellen und „Normalen". Der Mensch kommt als kriminelles, d.h. sozial nicht angepasstes Wesen auf die Welt. Während es dem „Normalen" gelingt, seine kriminellen Triebregungen teils zu verdrängen, teils im Sinne der Gesellschaft umzuwandeln (zu sublimieren), missglückt dem Kriminellen dieser Anpassungsvorgang. Kriminalität ist also nach dieser Auffassung – von Ausnahmefällen abgesehen – kein „Geburtsfehler", sondern ein Erziehungs-, ein Domestikationsdefekt. Die Kriminalität ist in ihrer Anlage eine allgemein menschliche Erscheinung – das Gegenteil und Gegenstück zur kriminalbiologischen Auffassung *Lombrosos* vom „geborenen Verbrecher". Die psychoanalytische Kriminologie findet die psychogenetischen Wurzeln des Verbrechens in der Frühkindheit des Täters. Sie geht von der Ubiquität des Ödipus- oder Elektrakomplexes aus. Der Ödipuskomplex (Vatermord und Mutterinzest) wird zum Hauptfaktor der Entstehung männlicher Kriminalität. Dasselbe gilt bei dem Elektrakomplex (erotischer Wunsch gegenüber dem Vater, Hassgefühle und Todeswunsch gegenüber der Mutter) für die Verursachung der weiblichen Kriminalität. Für die tiefenpsychologische Auffassung ist das unbewusste, also vom Täter nicht gefühlte, nicht wahrgenommene, nicht vorgestellte, nicht gedachte, nicht erkannte oder nicht „gewollte" seelische Geschehen beim Zustandekommen eines Verbrechens entscheidend und häufig viel wichtiger als bewusste seelische Vorgänge. Die Auseinandersetzung zwischen dem „Ich", der Kontroll- und Regulationsinstanz der Persönlichkeit, und gefährlichen Triebregungen aus dem „Es" ist zum größten Teil unbewusst.

Der psychodynamischen Theorie steht die heutige „Hauptstrom-Kriminologie" (Mainstream Criminology) skeptisch gegenüber (wie bereits *Aschaffenburg*: vgl. *Busse* 1991, 118). Man zweifelt an ihrer empirischen Validität (Gültigkeit) (*Curran, Renzetti* 2001, 78/79). Lediglich ein „klinischer Beweis" wird erbracht, der sich auf subjektive Interpretationen individueller Therapeuten stützt (*Tittle, Paternoster* 2000, 474). Denn die Determinanten menschlichen Verhaltens liegen – für *Freud* – innerhalb der Persönlichkeit. Kriminalität entsteht aus einem intrapsychischen Konflikt, der nur durch Introspektion (Selbstbeobachtung) erkannt werden kann. Psychoanalytische Erklärungen gründen sich deshalb ganz wesentlich auf irrationale und unbewusste Motivationen. Sie können nicht empirisch getestet werden, weil sie – selbst für den Täter – tief im Unbewussten verborgen liegen (*Akers, Sellers* 2009, 71–74).

1.2.2.3.2 Die biopsychologische Theorie

Kriminelles Verhalten ist – nach *Hans Jürgen Eysenck* und *Gisli H. Gudjonsson* (1989; vgl. auch *Eysenck* 1964, 1977) – das Ergebnis einer Interaktion zwischen bestimmten sozialen Außenweltfaktoren und ererbten Anlagen des zentralen Nervensystems. Es kommt also auf die neurologische Beschaffenheit und die einzigartige Sozialisationsgeschichte des Individuums an. Manche Menschen werden mit einer Besonderheit ihres zentralen und autonomen Nervensystems geboren, die sie für Kriminalität anfällig macht. *Eysenck* und *Gudjonsson* unterscheiden zwischen Extrovertierten und Introvertierten. Das Nervensystem der Extrovertierten ist – im Gegensatz zu den Introvertierten – schwer erregbar. Weil Extrovertierte stärkere Bedürfnisse nach Erregung und Antrieb haben, um der alltäglichen Langeweile zu entfliehen, gehen sie höhere Risiken ein und sind geneigter, das Gesetz zu brechen. Die meisten Menschen, die sich kriminell verhalten, sind kortikal untererregt. Hohe kortikale Erregung führt zur Hemmung gegen Kriminalität.

Zwischen drei Temperamenten, die sie mit Kriminalität verbinden, trennen *Eysenck* und *Gudjonsson*: Extraversion, Neurotizismus und Psychotizismus. Extrovertierte geraten schnell in Jähzorn, werden rascher aggressiv und sind unzuverlässig. Neurotiker, Menschen mit hoher Emotionalität, lassen sich leichter zu kriminellen Handlungen hinreißen als Personen mit niedriger Emotionalität. Der neurotische Extrovertierte ist der Persönlichkeitstyp, der am höchsten mit kriminellem Verhalten belastet ist. Psychotizismus ist gekennzeichnet durch kalte Grausamkeit, soziale Unempfindlichkeit, Gefühlskälte, Missachtung der Gefahr, lästiges Verhalten, Widerwille anderer gegenüber und Anziehungskraft für das Ungewöhnliche. Psychotizismus findet sich speziell bei hartgesottenen Gewohnheitsverbrechern, die wegen Gewaltdelikten verurteilt worden sind. Klassisches Konditionieren hat – nach *Eysenck* und *Gudjonsson* – eine stärkere Wirkung auf viele Menschen als instrumentelles Lernen. Die meisten Menschen verhalten sich sozialkonform, weil sie während ihrer Kindheit nach den allgemeingültigen Regeln konditioniert (sozialisiert) worden sind. Vor, während und nach einer sozial missbilligten Handlung macht uns unser Gewissen, ein bedingter Reflex, unbehaglich und ungemütlich. Extrovertierte sind – im Gegensatz zu Introvertierten – wegen der unzulänglichen Erregbarkeit ihres zentralen Nervensystems so schwer konditionierbar; deshalb sind sie für Kriminalität besonders anfällig. Der Konditionierungsprozess ist eine mächtige Kraft bei der Sozialisation der Kinder, speziell bei der Unterdrückung unerwünschten Verhaltens.

Die biopsychologische Theorie (vgl. *Moffitt, Ross, Raine* 2011, 53–87), der die heutige Mainstream-Psychologie nicht kritiklos gegenübersteht (so *Hollin* 2013, 50–60), ist eine Persönlichkeitseigenschaftstheorie und keine Persönlichkeitsverlaufstheorie. Sie hat in jüngster Zeit durch die Dynamisierung des Persönlichkeitsmodells an Bedeutung verloren. Bei Kriminellen hat man zudem kein Vorwiegen von Extrovertierten gefunden (*Einstadter, Henry* 2006, 121). Im übrigen ist die Konditionierbarkeit eines Menschen nicht allein biologisch bestimmt; sie entwickelt sich in Interaktion zwischen genetischen Innen- und sozialen Außenweltfaktoren.

1.2.2.3.3 Die kognitiv-soziale Lerntheorie

Kriminelles Verhalten als Lernverhalten wurde zunächst durch die Theorie der differentiellen Assoziation erklärt, die der US-amerikanische Kriminalsoziologe *Edwin H. Sutherland* (1883–1950) im Jahre 1939 erstmalig und im Jahre 1947 endgültig formulierte. Nach dieser Theorie erlernt ein Mensch kriminelles Verhalten, weil er mit kriminalitätsfreundlichen Definitionen häufiger in Kontakt kommt als mit kriminalitätsfeindlichen Verhaltensmustern (*Sutherland* 1947, 6–9). Mit dieser Aussage lehnt *Sutherland* die Auffassung ab, der Kriminelle sei ein besonderer Menschentyp (*Warr* 2001). Die Kriminologen *Robert L. Burgess* und *Ronald L. Akers* (1966) haben diese Theorie in die Sprache der weiterentwickelten Lerntheorie umformuliert. Die Theorie der unterschiedlichen Verstärkung besagt, dass eine Person die Begehung sozialabweichenden Verhaltens durch Interaktion mit ihrem sozialen Umfeld lernt. In diesem Umfeld werden Folgen mit ihrem Verhalten verknüpft, die sozialabweichendes Verhalten in höherem Ausmaß verstärken (belohnen) als sozialkonformes Verhalten. Ihre Verbindung mit anderen Personen stattet sie mit Definitionen (Einstellungen, Verhaltensbereitschaften) aus, die ihr sozialabweichendes Verhalten wünschenswerter und gerechtfertigter als sozialkonformes Verhalten erscheinen lassen.

Unter den Anreizen, die in der sozialen Interaktion einen Unterschied zwischen sozial erwünschtem und unerwünschtem Verhalten machen, sind verbale Symbole bedeutsam, die aus Gruppenverbalisierungen herrühren (*Akers* 2010). Es gibt zwei Arten solcher Verbalisierungen:

– Die eine Form definiert sozialabweichendes Verhalten als erlaubt und wünschenswert. Diese Verbalisierung ist mit Belohnungen durch die Menschen verbunden, die in einer devianten Subkultur leben.
– Der zweite Typ macht Definitionen unwirksam, die sozialabweichendes Verhalten als unerwünscht erscheinen lassen. Solches Verhalten wird neutralisiert (*Sykes, Matza* 2011, 207–214), wird kognitiv verzerrt, wird als „gerechtfertigt", als „nicht wirklich" sozialabweichend verstanden. Die Verantwortlichkeit des Täters, die Entstehung eines Schadens und das Vorhandensein eines Opfers werden beispielsweise geleugnet.

Nach der kognitiv-sozialen Lerntheorie werden anti- wie prosoziales Verhalten am Verhaltens-Erfolg, „stellvertretend" am Modell, im Selbstbekräftigungs-Prozess und im kognitiv-gesteuerten seelischen Verarbeitungs-Prozess gemachter Erfahrungen gelernt. In neuester Konzeption läuft der individuelle Lernprozess auf der Grundlage eines gesellschaftlichen Lernprozesses ab. Die Makro- und Meso-Variablen bestimmen die Wahrscheinlichkeiten, durch die ein Individuum verschiedenen Arten sozialen Lernens ausgesetzt wird (*Akers* 1998). Die Gleichaltrigengruppe ist dafür verantwortlich, dass die ersten günstigen Gelegenheiten für delinquentes Verhalten genutzt werden. Kein Faktor ist im delinquenten und kriminellen Verhalten so stark wie das Zusammensein mit Gleichaltrigen. Es besteht eine starke Korrelation zwischen delinquentem Verhalten und delinquenten Freunden (*Warr* 2002, 40; *Haynie* 2002). Die empirisch-kriminologische Forschung, die sich auf die kognitiv-soziale Lerntheorie gründet, hat beständige Unterstützung für ihre Lehrsätze erfahren (*Brown, Esbensen, Geis* 2013, 320; *Akers, Jensen* 2010). Die kognitiv-soziale Lerntheorie hat sich in zahlreichen Meta-Analysen über kognitiv-behaviorale Behandlungsprogramme bewährt (*Cullen, Wright, Gendreau, Andrews* 2003; *Pearson, Lipton, Cleland, Yee* 2002).

Durch die Verbrechens-Verführungs-Theorie hat *Jack Katz* (1988) die kognitiv-soziale Lerntheorie ergänzt. Die Euphorie des kriminellen Erfolgs lernt sich ein. Es ist nicht nur die materielle Belohnung, die der Räuber anstrebt. Er wird auch durch die Domination, die Kontrolle belohnt, die er im Augenblick seiner Tat erlebt (*Katz* 1991). In seiner „Innergroßstädtischen Straßen-Gesetz-Theorie" („Inner-City Street Code Theory") hat *Elijah Anderson* (2010) den Neutralisations-Mechanismus modifiziert: Die Großstadt-Straßen-Kultur erfordert zur Selbstbehauptung das Lernen einer Gewaltbereitschaft, die die soziale Interaktion delinquenter Jugendlicher steuert.

1.2.2.3.4 Die Kontrolltheorien

1.2.2.3.4.1 Die Theorie der sozialen Bindung

Nach den Kontroll-Theorien wird sozial-konformes Verhalten erlernt. Die äußere Kontrolle muss über den Verinnerlichungs-Prozess zur inneren, zur Selbst-Kontrolle werden. Die *Freud*sche Psychoanalyse hat auf die Kontroll-Theorien großen Einfluss ausgeübt. Die bedeutsamste Kontrolltheorie ist die Theorie der sozialen Bindung, die *Travis Hirschi* (1969) herausgearbeitet hat. Diese Theorie verknüpft die Entstehung der Jugenddelinquenz und der Erwachsenenkriminalität mit der Schwächung oder dem Bruch von Bindungen, die ein Mensch zur Gesellschaft und ihren Gruppen besitzt. *Hirschi* argumentiert, dass die soziale Bindung einer Person in vier Elemente zerfällt: in die Zuneigung und Anhänglichkeit gegenüber Mitmenschen, in das Engagement, den persönlichen Einsatz für konventionelles Verhalten, in die Inanspruchnahme durch und die Verwicklung in prosoziales Verhalten und in die Billigung und Anerkennung der moralischen Gültigkeit konventioneller Regeln.

*Hirschi*s Kontroll-Theorie ist international die am meisten diskutierte und am häufigsten getestete kriminologische Theorie der letzten 25 Jahre (*Akers, Sellers* 2009, 128). Obgleich sie in der Praxis sehr populär ist, hat eine Metaanalyse von 71 empirischen Tests, die in den Jahren 1970 bis 1991 durchgeführt worden sind (*Kempf* 1993), unterschiedliche Ergebnisse erbracht. Man kritisiert an *Hirschi*s Kontroll-Theorie insbesondere, dass sie die soziale Bindung als dichotomes Merkmal sieht. Sie berücksichtigt die Qualität und die Quantität verschiedener Grade sozialer Bindung nicht. Sie geht auch nicht darauf ein, dass sich soziale Bindung mit dem Alter ändert und entwickelt (Prozesscharakter).

1.2.2.3.4.2 Die Theorie der Selbstkontrolle

Die Theorie der sozialen Bindung haben *Michael R. Gottfredson* und *Travis Hirschi* (1990) zur Theorie der Selbstkontrolle weiterentwickelt (kritisch: *Taylor* 2001). Unter Selbstkontrolle verstehen sie die differenzielle Tendenz der Menschen, kriminelle Handlungen unter allen Umständen, in denen sie sich befinden, zu vermeiden. Niedrige Selbstkontrolle, der Hang, die Neigung zum Verbrechen, besitzt fünf Elemente:

- Kriminelle Handlungen ermöglichen eine einfache und leichte Befriedigung von Wünschen.
- Sie sind aufregend, risikoreich und reizvoll.
- Sie bringen – auf lange Sicht – wenige und magere Vorteile. Sie sind einem Job oder einer legalen Karriere nicht gleichwertig.
- Sie erfordern wenig Fähigkeiten und eine geringe Planung.
- Sie bringen Not und Leid über ihre Opfer. Deshalb sind Menschen mit niedriger Selbstkontrolle ichbezogen, gleichgültig und für die Leiden und Bedürfnisse anderer uneinfühlsam.

Niedrige Selbstkontrolle führt zu kriminellem Verhalten, wenn sich die Gelegenheit dazu ergibt. Jedes Verbrechen hat eine einzigartige Gelegenheitsstruktur (*Gottfredson, Hirschi* 2003). Die Quelle niedriger Selbstkontrolle ist eine unwirksame Kindererziehung. Eltern, die sich um ihre Kinder kümmern, die sie aufmerksam überwachen, die einen Mangel an Selbstkontrolle bei ihnen bemerken und die sie für abweichendes Verhalten bestrafen, tragen zur Sozialisation ihrer Kinder, zu ihrer Selbstkontrolle bei. Die Schule und andere soziale Institutionen beteiligen sich ebenfalls an der Bildung von Selbstkontrolle. Es ist indessen die Familie, in der die wichtigste Sozialisation geschieht.

Die Theorie der Selbstkontrolle wird kritisiert. Man wirft ihr vor, sie sei tautologisch. Denn Hang, Neigung zum Verbrechen und Mangel an Selbstkontrolle seien dasselbe (*Akers, Sellers* 2009, 137; zur Verteidigung ihrer Theorie vgl. *Hirschi, Gottfredson* 2000). *Gottfredson* und *Hirschi* lehnen das „Vielseitigkeits-Konstrukt" („Versatility Construct") ab, nach dem verschiedene Formen von Delinquenz, Kriminalität und Sozialabweichung in verschiedenen Altersstufen unterschiedliche Ursachen haben. Sie beanspruchen, mit ihrer „allgemeinen Theorie" alle Erscheinungsformen der Delinquenz, Kriminalität und Sozialabweichung altersunabhängig zu erklären. In der empirischen Forschung hat sich zwar die niedrige Selbstkontrolle als ein wichtiger Prädiktor für Delinquenz und Kriminalität erwiesen (*Gottfredson* 2006, 77–100). Sie ist aber nicht die einzige Ursache des Verbrechens und kann nicht als allgemeine Verbrechenstheorie gelten. Gleichwohl findet die Theorie der Selbstkontrolle in der empirischen Forschung eine ziemlich beeindruckende Unterstützung (*Pratt, Cullen* 2000; *Hay* 2001).

1.2.2.3.5 Der Labeling Ansatz

1.2.2.3.5.1 Labeling als ein Prozess der symbolischen sozialen Interaktion

Die Theorie der sozialen Interaktion (Labeling) untersucht Wechselwirkungsprozesse zwischen Menschen, die Regeln aufstellen und durchsetzen, und Menschen, die diese Regeln verletzen und als „sozialabweichend" oder „kriminell" benannt werden. Der Interaktionismus in der Kriminologie stützt sich auf den symbolischen Interaktionismus des Sozialpsychologen *George Herbert Mead* (1863–1931). Er sieht die Eigenart zwischenmenschlicher Interaktion darin, dass Menschen nicht nur auf die Handlungen anderer reagieren, sondern dass sie die Handlungen ihrer Interaktionspartner interpretieren oder „definieren" (*Mead* 1976). Das Konzept der Interaktionstheorie hat *Edwin M. Lemert* (2011, 249–252) weiter ausgearbeitet. Er unterscheidet zwischen Primär- und Sekundärabweichung: Primärabweichung hat zahlreiche Ursachen. Der sekundär Abweichende ist ein Mensch, der durch Stigmatisation seine Identität geändert hat und dessen Leben und Selbstverständnis von jetzt an von der Realität der Deviation bestimmt wird.

In den 90er Jahren ist die soziale Interaktionstheorie im Sinne der kognitiv-sozialen Lerntheorie weiterentwickelt worden (*Wellford, Triplett* 1993). Die negative Reaktion auf Primärabweichung wird als Verstärkung der Primärabweichung und als Sozialprozess hin zur Sekundärabweichung verstanden. Die informelle Reaktion durch Familie, Schule, Nachbarschaft kann hierbei wichtiger sein als die formelle Reaktion durch das Kriminaljustizsystem. Informelles Etikettieren kann eine bedeutsame Rolle bei der Entstehung delinquenten Verhaltens spielen (*Paternoster, Jovanni* 1996). Jugendliche können z.B. ein delinquentes Selbstkonzept entwickeln und eine delinquente Rolle annehmen, indem sie sich die negativen Einschätzungen ihrer Eltern, Lehrer und Freunde zuschreiben, die diese von ihnen haben (*Matsueda* 1992). Rollenübernahme (*Heimer, Matsueda* 1994) bedeutet in diesem Zusammenhang, dass sich Jugendliche selbst als Rechtsbrecher sehen, dass sie delinquente Einstellungen übernehmen und dass sie Umgang mit delinquenten Gleichaltrigen pflegen. Delinquente Situationen werden zur Routine, delinquente Skripte zur Gewohnheit.

1.2.2.3.5.2 Die reintegrative Schamtheorie

Der australische Kriminologe *John Braithwaite* (1989, 2011, 253–261) hat die Interaktionstheorie ergänzt. Er sieht die Scham als wichtiges Mittel der informellen Sozialkontrolle an und unterscheidet zwischen wiedereingliederndem und ausgliederndem Schämen. Diese ausschließende Reaktion trennt den Täter durch stigmatisierende, degradierende Formen der sozialen Ablehnung von seiner Gemeinschaft und behandelt ihn als Ausgestoßenen. Bei dem wiedereingliedernden Schämen, der einschließenden, einbeziehenden Reaktion, der Normalisierung, wird die Straftat zwar verurteilt, der Täter wird aber wieder mit seiner Gemeinschaft versöhnt. Durch restaurative, opferzentrierte Gemeinschafts-Polizei-Arbeit versucht man in Canberra/

Australien, das Konzept des wiedereingliedernden Schämens in zwei Experimenten („Canberra Reintegrative Shaming Experiments") praktisch nutzbar zu machen, die von allen Prozess-Beteiligten als nützlich beurteilt werden (*Strang* 2002).

1.2.2.3.6 Lebenslauf- und Entwicklungstheorien

1.2.2.3.6.1 Die Lebenslauf- und Entwicklungsperspektive

Straftaten fügen sich in zeitliche Entwicklungsabläufe ein. Sie entstehen und verschwinden während des Lebenszyklus. Die Entwicklungs-Kriminologie („Developmental Criminology") richtet ihre Aufmerksamkeit auf Entwicklungspfade, -bahnen und -wege; sie bezieht Entwicklungsvorläufer und Risikofaktoren als Prädiktoren in ihre Betrachtung ein (*Bernard, Snipes, Gerould* 2010, 305–326). Nach den Lebenslauftheorien („Life Course Theories") entfalten sich Delinquenz und Kriminalität im interaktiven Prozess, der während der gesamten Lebensspanne abläuft. Die Vertreter der Lebenslauftheorien (*Thornberry* 2011, 559–570; *Laub, Sampson* 2011, 497–503; *Farrington* 2007a, 183–207) studieren die Entwicklung und Dynamik des Problemverhaltens und der Kriminalität unter Berücksichtigung des Alters des Täters. Das soziale Interaktions-Modell konzentriert sich z.B. auf die Zusammenhänge sozialen Lernens während aufeinander folgender Entwicklungs-Phasen. Individuelle Faktoren stehen in Wechselwirkung mit Umweltfaktoren, mit Familie, Schule, Gleichaltrigengruppe. Diese Interaktionen bringen delinquentes Verhalten in der Kindheit hervor, das sich in der Jugendzeit und im Erwachsenenleben fortsetzt.

Eine Lebensbahn ist ein Pfad oder eine Entwicklungslinie über eine Lebensspanne hinweg in solchen Bereichen wie Arbeit, Ehe, Elternschaft und kriminellem Verhalten (*Sampson, Laub* 2001b). Übergänge werden durch spezifische Lebensereignisse markiert, z.B. durch die erste Arbeitsstelle oder den Beginn der Begehung von Straftaten. Sie sind in Lebensbahnen eingeordnet. Wendepunkte markieren den Wandel im Lebenslauf; sie sind abrupte, radikale „Umdreher" oder Chancen im Leben, die die Vergangenheit von der Zukunft trennen (*Sampson, Laub* 1997, 143). Lebensbahnen schließen die Verbindung zwischen Kindheitserlebnissen und Erwachsenenerfahrungen in sich ein (Kontinuität). Übergänge und Wendepunkte können den Verlauf der Lebensbahn ändern; sie können ihr eine neue Richtung geben. Kumulative Kontinuität hält den Straftäter in seiner einmal eingeschlagenen Lebensbahn fest (*Sampson, Laub* 2001b): Die Delinquenz belastet zunehmend die Zukunft. Denn sie ruft negative Konsequenzen in Lebenschancen hervor, speziell unter stigmatisierten und institutionalisierten Jugendlichen. Inhaftierung als Jugendlicher hat Versagen in der Schule und im Beruf zur Folge und schwächt die Gemeinschaftsbindungen, was hinwiederum zu einem Anwachsen der Erwachsenenkriminalität führt (*Sampson, Laub* 2001b, 247). Die Ereignisse in einer Phase des Lebens haben Auswirkungen auf nachfolgende Lebensphasen. Bei dem Forschungsparadigma der Lebenslauf- und Entwicklungstheorien wird darauf geachtet, wann mit der Delinquenz begonnen wird (Anfang), wie lange sie andauert (Beharrlichkeit, Hartnäckigkeit), wie häufig sie verübt wird (Häufigkeit) und wann die Kriminalität aufhört (Abstandnehmen, Beendigung). Beendigung (das Ergebnis) ist abhängig von der Dynamik, die dem Prozss des Abstandnehmens (Ursache) zugrundeliegt. Abstandnehmen ist ein umkehrbarer Übergang. Kriminalität ist ein dynamisches Konzept, speziell wenn man sie über einen längeren Zeitraum beobachtet (*Laub, Sampson* 2003, 37). Manche Entwicklungstheorien argumentieren, es gebe nur oder hauptsächlich Kontinuität (*Gottfredson, Hirschi* 1990). Andere Theorien behaupten, es gebe entweder Kontinuität oder Wandel (*Moffitt* 1993, 2003). Schließlich vertreten Theorien die Meinung, es gebe sowohl Kontinuität wie Wandel (*Sampson, Laub* 1993; *Laub, Sampson* 2003).

Drei Perspektiven stehen im Zentrum der Lebenslauf- und Entwicklungstheorien: Kognitiv-soziale Lerntheorie und Kontrolltheorien werden in Lern- und Kontrollprozessen dynamisiert; sie gründen sich auf die sozialstrukturelle Theorie. Kontinuität und Diskontinuität der Kriminalitätsbahnen sind mit dem breiteren sozialen Kontext verbunden, in dem sich der individuelle Lebenslauf entwickelt. Es ist wichtig, sich daran zu erinnern, dass der Lebenslauf sozial und historisch eingebettet ist (*Benson* 2002; so bereits schon *Aschaffenburg* 1903). Die Entwicklungskriminologie hat drei Hauptziele (*Loeber, Stouthamer-Loeber* 2002):

- Sie beschreibt die zeitlichen Kriminalitätswandlungen des Individuums; sie vergleicht sein Kriminellwerden zu einem bestimmten Zeitpunkt mit seinem Kriminellwerden zu einem anderen Zeitpunkt.
- Der zweite Fokus der Entwicklungskriminologie ist die Identifizierung erklärender oder kausaler Faktoren, die einer Verhaltensentwicklung vorausgehen und einen Einfluss auf ihren Verlauf haben.
- Das dritte Ziel der Entwicklungskriminologie ist ihr Studium wichtiger Übergänge im Lebenszyklus und ihrer Mitveränderungen, die sie auf das Kriminellwerden auslösen.

1.2.2.3.6.2 Die Interaktionsprozess-Theorie

Terence P. Thornberry (2010) hat sie entwickelt: Die Kriminalität wird als Interaktionsprozess verstanden. Kausale Schlüsselfaktoren, wie Zuneigung, Anhänglichkeit gegenüber Mitmenschen, sind nicht statisch, sondern dynamisch. Sie wandeln sich mit der Interaktion des Individuums mit seinen Mitmenschen während seiner Lebensspanne. Delinquente werden nicht nur durch ihr soziales Umfeld beeinflusst, sondern sie üben auch Einfluss auf andere durch ihr delinquentes Verhalten aus. Sie sind Teil des Interaktionsprozesses. Delinquentes Verhalten ist eingebettet in eine Reihe sich wechselseitig kausal verstärkender Netzwerke. In der Lebensbahn führen anfänglich schwache soziale Bindungen zu hoher delinquenter Verwicklung, und diese Verwicklung schwächt ihrerseits wieder die konventionellen Bindungen. Die Wirkungen der Variablen unterscheiden sich mit der Phase der Person in ihrem Lebenslauf. Wenn die Jugendlichen sich von ihrer frühen in ihre mittlere Adoleszenz (15/16 Jahre) bewegen, schwinden die Einflüsse der Eltern und diejenigen der Gleichaltrigen und der Schule werden wichtiger. In derselben Weise tauchen in der späten Jugendzeit neue Variablen auf, wie z.B. Berufstätigkeit, Universität, Militärdienst, Verheiratung. Sie bilden nunmehr die Hauptquellen der Bindungen der Person zur Gesellschaft. Sie spielen eine wichtige Rolle in der Frage, ob die Person mit ihrer Delinquenz fortfährt oder ob sie aufhört. Die anfänglich schwachen sozialen Bindungen führen zu hoher Verwicklung in Delinquenz; diese hohe Verwicklung schwächt weiterhin die konventionellen Bindungen. Die Kombination beider Effekte macht es extrem schwierig, in späteren Jahren soziale Bindungen zur konventionellen Gesellschaft wieder aufzubauen. Schließlich postuliert die Interaktionsprozess-Theorie, dass diese Prozessvariablen systematisch mit der Position der Person in der Sozialstruktur verbunden werden. Die Schicht, der Minderheitsgruppenstatus und die soziale Desorganisation der Nachbarschaft beeinflussen die Anfangswerte der interaktiven Variablen ebenso wie die Verhaltens-Entwicklungs-Bahn.

1.2.2.3.6.3 Das sozial-interaktionistische Entwicklungsmodell

Antisoziales Verhalten ist ein Entwicklungsmerkmal, das früh im Leben einsetzt und sich häufig in der Jugendzeit und im Erwachsenenleben fortsetzt. Frühe Formen antisozialen Verhaltens sind Vorläufer, Vorboten späterer antisozialer Handlungen. Der Schlüssel zum Verständnis dieser Entwicklung ist „sozial-interaktional". Diese Meinung vertreten *Gerald R. Patterson* und seine Mitarbeiterinnen und Mitarbeiter (*G.R. Patterson, B.D. DeBaryshe, E. Ramsey* 1989; *G.R. Patterson, J.B. Reid, T.J. Dishion* 1992). Jeder Schritt in der Handlungs-Reaktions-Kette bedeutet für das antisoziale Kind ein größeres Risiko für eine langfristige soziale Verhaltensstörung und für kriminelles Verhalten. Der Beginn antisozialen Verhaltens liegt in dysfunktionalen Familien, die gekennzeichnet sind durch schroffe, harte, widersprüchliche Disziplin, wenig positive elterliche Beschäftigung mit dem Kind und schlechte Überwachung und Beaufsichtigung. Die sozial-interaktionistische Perspektive nimmt den Standpunkt ein, dass Familienmitglieder die Kinder unmittelbar darin trainieren, sich antisozial zu verhalten. Einen antisozialen Elternteil oder gar zwei antisoziale Elternteile zu haben, ist ein signifikantes Risiko für das antisoziale Verhalten des Kindes. Die Verhaltensstörungen in der Familie führen zu schulischem Misserfolg und zur Zurückweisung durch die normale Gleichaltrigengruppe. Daran schließt sich während der späten Kindheit und in der ersten Phase der Jugendzeit die Aufnahme in eine deviante Gleichaltrigengruppe an. Die devianten Gleichaltrigen lehren die Jugendlichen Einstellungen, Motivationen und Rechtfertigungen antisozialen Verhaltens. Sie zeigen ihnen Gelegenheiten für spezielle delinquente Handlungen (*Lilly, Cullen, Ball* 2011, 396–398).

Gerald R. Patterson und *Karen Yoerger* (1999) haben ein Zwei-Gruppen-Modell aufgestellt. Sie unterscheiden zwischen Früh- und Spätbeginnern. Die Frühbeginner leiden unter mangelhafter frühkindlicher Sozialisation aufgrund unfähiger Erziehungspraktiken der Eltern. Das Versagen der Kinder im Lernen effektiver Selbst- und Sozialkontrolle lässt sie Mitglied in einer devianten Gleichaltrigengruppe werden, was ihre Delinquenz-Intensität verschlimmert. Frühbeginner bilden ein hohes Risiko, sich zu chronischen und ständigen Straftätern in ihrem Erwachsenenleben zu entwickeln. Spätbeginner haben keine misslungene Sozialisation hinter sich. Der Hauptgrund ihrer Delinquenz liegt in ihren assoziativen und interaktiven Beziehungen zu delinquenten Gleichaltrigen-Modellen. Spätbeginner experimentieren mit ihrer Delinquenz während der Mitte bis zum Ende ihres Jugendalters. Da Spätbeginner keine verfehlte Erziehung und Sozialisation hatten, sind ihre sozialen Fähigkeiten relativ intakt geblieben, so dass sie eine große Chance haben, von ihrer Delinquenz wegzukommen, wenn sie sich dem Erwachsenenalter nähern. Zahlreiche empirische Studien haben die *Patterson*-Theorie getestet und zum großen Teil bestätigt (*A.R. Piquero, D.P. Farrington, A. Blumstein* 2003, 400).

1.2.2.3.6.4 Die Theorie des chronischen Lebenslauf-Straftäters und des Jugendzeit-Rechtsbrechers

In dieser Theorie hat *Terrie E. Moffitt* (1993, 2011, 477–496) aufgrund der Dunedin-Längsschnittstudie (Dunnedin = Provinzhauptstadt auf der neuseeländischen Südinsel) herausgearbeitet, dass es mindestens zwei unterschiedliche Typen jugendlicher Straftäter gibt: den chronischen Lebenslauf-Straftäter („Life-Course-Persistent-Offender") und den Jugendzeit-Rechtsbrecher („Adolescence-Limited Perpetrator"). Der chronische Lebenslauf-Straftäter (der Karriere-Kriminelle) fällt mit Verhaltensproblemen, z.B. Wutanfällen, bereits im 3. Lebensjahr auf. Aggressivität in der Kindheit ist ein starker Prädiktor für Gewaltstraftaten in der Jugendzeit und im Erwachsenenleben. Seine ersten Polizeikontakte hat der chronische Lebenslauf-Straftäter – zumeist wegen schwerer nichtgewaltsamer Delikte – schon mit sechs bis zwölf Jahren. Während aller seiner Lebensphasen verübt er beständig extrem häufige und schwere Delikte und besonders Gewaltstraftaten (*Loeber, Hay* 1997). Seine Rechtsbrüche verschärfen sich ständig, und ihre Rückfallgeschwindigkeit nimmt zu. Ein großer Teil der Delikte des chronischen Lebenslauf-Straftäters wird von der Jugend-Kriminal-Justiz überhaupt nicht bemerkt und bleibt im Dunkelfeld. Die Jugendzeit-Rechtsbrecher haben demgegenüber keine Kindheits-Geschichte antisozialen Verhaltens. Durch drei Kriterien unterscheiden sie sich vom chronischen Lebenslauf-Straftäter: Sie fangen mit ihren Straftaten erst nach ihrem 11. bis 13. Lebensjahr an. Sie beenden ihre Rechtsbrüche in der Regel mit etwa 18 Jahren. Die Schwere ihrer Delikte nimmt nicht zu, sie steigert sich nicht (*Lilly, Cullen, Ball* 2011, 398–403).

Die Ursachen der Rechtsbrüche der chronischen Lebenslauf-Straftäter und der Jugendzeit-Rechtsbrecher sind verschieden (*Moffitt* 1997; 2006). Die kriminelle Persönlichkeit des chronischen Lebenslauf-Straftäters entwickelt sich im interaktiven Prozess, der während der gesamten Lebensspanne abläuft. Problemkinder begegnen Problemeltern. Kinder, die zu Überaktivität und Zornausbrüchen neigen, treffen mit

Eltern zusammen, die reizbar und ungeduldig sind und die nur eine schlechte Selbstkontrolle besitzen. Es mangelt ihnen insbesondere an Konfliktlösungs-Fähigkeiten und an Einfühlungsvermögen in ihre Kinder. Das Aufeinandertreffen eines temperamentmäßig schwierigen Kleinkindes mit ungünstigen, widrigen Erziehungspraktiken seiner Eltern leitet einen Lebenslauf beständigen, hartnäckigen kriminellen Verhaltens ein. Verfehlte Eltern-Kind-Begegnungen häufen sich. Zwei Prozesse ermöglichen die kriminelle Beständigkeit:

- Zum einen erweisen sich das Kind und der Jugendliche, die kriminelle Verhaltensabläufe (Skripte) in ihrer Phantasie, durch Beobachtung und eigenes Verhalten gelernt haben, in wachsendem Maße als unfähig, sich konventionelle, prosoziale Alternativen zu ihrem kriminellen Benehmen anzueignen.
- Zum anderen ergibt sich ein eingeschränktes Verhaltens-Repertoire aus der zunehmenden Verwicklung in die Folgen kriminellen Lebensstils. Das Handeln von Personen, die sich in ihrem Lebenslauf beständig kriminell verhalten, wird nämlich in wachsendem Maße durch die Einengung ihrer Wahlmöglichkeiten für prosoziales Benehmen bestimmt.

Kriminelles Verhalten hat negative Konsequenzen, und diese negativen Folgen wirken sich wieder in kriminellem Benehmen aus (wechselseitige Kausaleinflüsse, Negativ-Spirale). Benachteiligte, ungünstige Elternhäuser, Schulen und Nachbarschaften verschlimmern die Lage. Mit der Zeit entwikelt sich langsam und unbemerkt eine kriminelle Persönlichkeit (*Piquero, Moffitt* 2010, 201–222).

Demgegenüber bestehen die Straftaten der Jugendzeit-Rechtsbrecher zum großen Teil aus Gelegenheits-Delinquenz, die von Jugendlichen aus Protest-Haltung gegen ihre Abhängigkeit von Erwachsenen und gegen deren Unreife-Bewertung der Jugend verübt wird (*Moffitt, Caspi, Dickson, Silva, Stanton* 1996). Die Jugendlichen wollen sich aus ihrer Herkunftsfamilie und aus der Schule lösen. Diese Ablösungsbemühungen misslingen in zahlreichen Fällen. Jugendliche, die in Familie und Schule Misserfolg haben, deren Selbstachtung herabgesetzt ist und die nur schwache Bindungen zu Eltern und Lehrern entwikelt haben, wenden sich ihrer Gleichaltrigengruppe zu und versuchen dort, durch Delinquenz, auch Gewalttaten, ihr erschüttertes Selbstvertrauen wiederzugewinnen. Die größte Unterstützung bei Gewalttaten wie Raub und Körperverletzungen leisten unbeaufsichtigte Gleichaltrigengruppen. Die Modernisierung hat die Kluft zwischen körperlicher und sozialer Reife noch vergrößert. Die Dauer der Jugendzeit ist verlängert und die Teilhabe am Berufsleben verzögert. Die hieraus entstehende Kluft belässt Teenager in einem Vakuum von fünf bis zehn Jahren. Finanziell und sozial sind sie noch von ihrer Herkunftsfamilie abhängig; sie haben wenig Spielraum für eigen- und selbständige Entscheidungen.

Mit ihrer Annahme der Erwachsenenrolle hören die meisten delinquenten Jugendlichen mit ihren Straftaten auf. Jugendzeit-Rechtsbrecher haben etwas zu verlieren, wenn sie ihren Rechtsbrüchen nach ihrem 18. Lebensjahr kein Ende setzen. Bevor sie mit ihren Normverletzungen nach ihrem 11. bis 13. Lebensjahr begannen, haben sie sich ein Repertoire prosozialen Verhaltens angeeignet, haben sie „soziales Kapital" angehäuft, das sie nicht aufs Spiel setzen wollen. Sie lassen ihre Straftaten sein (Aging-out). Das Problem besteht nur darin, dass der chronische Lebenslauf-Straftäter in der Menge der Jugendzeit-Rechtsbrecher – von der Jugend-Kriminaljustiz unerkannt – verschwindet. Auf sein kriminelles Verhalten, das nicht selten für Jugendzeit-Rechtsbrecher Vorbild-Funktion hat, wird nicht angemessen reagiert, so dass er mit seinen Straftaten in seinem Erwachsenenleben weitermacht (vgl. auch *Lilly, Cullen, Ball* 2011, 400/401; *Kyvsgaard* 2003, 248).

1.2.2.3.6.5 Die Theorie der altersabgestuften informellen Sozialkontrolle

*Travis Hirschi*s (1969) ursprüngliche Theorie der sozialen Bindung wird durch *Robert J. Sampson* und *John H. Laub* (1993, 1997, 2001a, 2001b; *Laub, Sampson* 2011, 497–503) wiederbelebt: Während der ersten Lebensphasen findet man den wichtigsten sozialen Kontrollprozess in der Familie, die ein Instrument für unmittelbare (Überwachung) und mittelbare Kontrolle (Zuwendung) ist. In Familien, in denen die Disziplin hart und unberechenbar ist und in denen sich Eltern und Kinder wechselseitig ablehnen, sind die Bindungen schwach. Delinquenz ist die Folge. Über die Familie hinaus wird Delinquenz durch schwache Bindung zur Schule und durch Verbindung mit delinquenten Gleichaltrigen gefördert. Eine starke Kontinuität in antisozialem Verhalten verläuft von der Kindheit bis zum Erwachsenenalter über die verschiedenen Bereiche des Lebens. Inhaftierung, ein anderes mögliches Ereignis ständiger delinquenter Verwicklung, schwächt die sozialen Bindungen. Bedeutungsvolle soziale Bindungen können während des Erwachsenenlebens geknüpft werden. Sie sind Wendepunkte, die den Täter in Konformität führen. Schwache soziale Bindungen sind die Grundlage für kriminelle Kontinuität; starke soziale Bindungen sind die Basis für den Wandel zur Konformität. Menschliche Entscheidungen haben Einflüsse auf ihre sozialen Beziehungen. Aber mitunter spielt der Zufall im Leben eine Rolle. Ein Individuum findet einen guten Job, oder es stolpert in eine gute Intimbeziehung hinein. Wenn sich dies ereignet, können sich soziale Bindungen entwickeln, können soziales Kapital und soziale Zwänge entstehen, die noch kürzlich im Leben des Täters abwesend waren. Sie können Kontrolle ausüben. Nicht das Ereignis selbst oder sein Timing sind es, die die bestimmenden Faktoren ausmachen. Es sind vielmehr die Wandlungen in den sozialen Bindungen und die Entstehung sozialen Kapitals, die die Ursachen der Verhaltensänderung sind. Hierbei spielen sozialstrukturelle Faktoren, z.B. Familien-zerrüttung, Arbeitslosigkeit, Wohnmobilität, und der sozioökonomische Status eine indirekte Rolle für die Delinquenzentstehung durch ihre Beeinflussung der sozialen Bindungen (*Laub, Sampson, Allen* 2001).

Aus der Perspektive von *Laub* und *Sampson* (2001, 2003; *Laub, Sampson, Sweeten* 2006, 313–331) sind Daten aus der Kindheit, der Jugend und dem Erwachsenenalter erforderlich, um die Längsschnittmuster des Kriminellwerdens zu erklären. Aus diesem Grund haben sie die Daten, die das Ehepaar *Sheldon* und *Eleanor Glueck*

(1950, 1968) – zusammen mit einem Team von Fachleuten – gesammelt haben, neu aufbereitet, erneut analysiert und weitergeführt. Das Forschungsdesign der *Glueck*s umfasste eine Stichprobe von 500 männlichen Delinquenten im Alter zwischen 10 und 17 Jahren und eine Stichprobe von 500 Nichtdelinquenten im selben Alter. Diese beiden Stichproben wurden – Paar für Paar – nach dem Alter, der ethnischen Herkunft/Rasse, dem Intelligenzquotienten und dem Wohnbezirk in Boston zusammen geordnet, aus dem sie kamen und in dem die Einwohner ein niedriges Einkommen hatten. Über einen Zeitraum von 25 Jahren (1940 bis 1965) trug das *Glueck*-Team umfangreiche Daten von diesen eintausend Jungen an drei Zeitpunkten zusammen: im Alter der Jungen von 14, 25 und 32 Jahren. *Laub* und *Sampson* rekonstruierten und analysierten die Längsschnittdaten in sechs Jahren von 1987 bis 1993 mit ihrem neuen theoretischen Ansatz und mit neuen statistischen Forschungsmethoden. Sie erhoben die Daten aus den Kriminalakten von 475 Delinquenten im Jahre 1993 und führten Lebensgeschichte-Interviews mit 52 Männern (aus der ursprünglichen Stichprobe der 500 Delinquenten) durch, die inzwischen ihr 70. Lebensjahr erreicht hatten. Sie gingen der Frage nach, welche Faktoren die Kriminalitätsstabilität und welche den Kriminalitätswandel erklären. Sie suchten nach Prädiktoren für das Aufhören und die Beständigkeit in der Erwachsenenkriminalität.

Sie gelangten zu folgenden Ergebnissen:

Ursachen der Hartnäckigkeit, der Beharrlichkeit der Kriminalität bestehen in einem Mangel an sozialer Kontrolle, in wenig strukturierten Routineaktivitäten und in absichtlichem menschlichen Handeln. Chronische Lebenslaufstraftäter erfuhren Wohn-, Ehe- und Berufs-Instabilität; sie versagten in der Schule und beim Militär; sie hatten relativ lange Perioden der Inhaftierung. Sie erwiesen sich als unfähig, aus Strukturen in jeder Phase ihres Lebens, speziell aus Beziehungen, die soziale Unterstützung und informelle Kontrolle versprechen, Nutzen zu ziehen.

Heirat, Arbeit, Militärdienst repräsentieren Wendepunkte im Lebenslauf und sind wesentlich für das Verständnis des Wandels der kriminellen Aktivität. Wendepunkte stehen in einem größeren strukturellen und kulturellen Kontext. Die Ehe, speziell eine starke eheliche Zuneigung, hat sich für Männer als Prädiktor für ihr Abstandnehmen von ihrer Kriminalität erwiesen. Das Wachsen sozialer Bindungen ist wie ein Investitionsprozess. Die Ehe beeinflusst das Aufhören, weil sie häufig zu einem signifikanten Wandel in Alltagsroutinen führt. Sie besitzt das Potential, den Ex-Straftäter von seiner delinquenten Gleichaltrigengruppe abzuschneiden. Sie begünstigt das Aufhören mit Kriminalität wegen der unmittelbaren Kontrolle durch den Ehepartner. Berufsstabilität, die stark mit dem Aufhören mit Straftaten verbunden ist, Engagement für die Arbeit und wechselseitige Bindungen der Arbeitnehmer und der Arbeitgeber lassen die informelle Sozialkontrolle wachsen. Die Arbeit als solche verstärkt nicht notwendigerweise die Sozialkontrolle. Es ist vielmehr die Arbeit, die mit Berufsstabilität, mit Arbeitsengagement und wechselseitigen Bindungen gekoppelt ist, die die Sozialkontrolle verstärkt und zu einer Verminderung des

Verbrechens führt. Der Prozess des Abstandnehmens von Rechtsbrüchen kann in die folgenden vier Dimensionen aufgeteilt werden (*Laub, Sampson* 2003, 148/149):

- Abschneiden der Vergangenheit (delinquente Gleichaltrigengruppe) von der Gegenwart (Ehe- und Familienleben),
- Überwachung durch den Ehepartner/Arbeitgeber und Gelegenheiten für soziale Unterstützung,
- Struktur in den Routine-Aktivitäten (geordnetes Alltagsverhalten),
- Gelegenheit für eine Identitätsänderung (Straftäter → Familienvater).

1.2.2.3.6.6 Kriminalpsychologische Verlaufsforschung

Die kriminologischen Längsschnittstudien testen die dynamischen Hypothesen, die den Kern der Entwicklungsmodelle bilden. Die Kerneinheit der Analyse ist das Individuum (*Thornberry, Krohn* 2003). Seit Ende der 80er-Jahre werden in den USA drei koordinierte, prospektive (vorausschauende) Längsschnittforschungsprojekte durchgeführt: in Pittsburg/Pennsylvania, in Rochester/New York und in Denver/Colorado. Diese drei Studien stellen einen Meilenstein in der kriminologischen Forschung dar. Denn sie bilden den größten gemeinsamen Messungsansatz, der jemals bei Delinquenzstudien erreicht worden ist (*Piquero, Farrington, Blumstein* 2003, 374). Die Grundfrage aller dieser Längsschnittstudien ist, welches die Ursprünge und Folgen delinquenter und krimineller Karrieren sind. Die Rochester Jugend Entwicklungsstudie testet die Interaktionsprozesstheorie; sie ist auf chronische, schwere Täter spezialisiert (*Thornberry, Lizotte, Krohn, Smith, Porter* 2003). Das Denver Jugend Gutachten konzentriert sich auf die Beziehung Viktimisierung und Delinquenz sowie auf die Bedeutung der Bandendelinquenz in der Lebensbahn (*Huizinga, Weiher, Espiritu, Esbensen* 2003). Die Pittsburg Jugendstudie hat bisher drei voneinander verschiedene Entwicklungspfade herausgefunden: den offenen und den verdeckten Pfad sowie den Autoritäts-Konflikt-Pfad (*Loeber, Farrington, Stouthamer-Loeber, Moffitt, Caspi, White, Wei, Beyers* 2003; *Loeber, Farrington, Stouthamer-Loeber, White* 2008).

Außerhalb der USA sind die beiden folgenden Längsschnittstudien am bedeutsamsten:

Die Cambridge Studie der delinquenten Entwicklung ist vierzig Jahre alt (*Farrington* 2003b). Sie begann im Jahre 1961. In der Zeit von 1961 bis 2002 wurden 411 in Süd-London im Jahre 1953 geborene Jungen im Alter zwischen 8 und 46 Jahren neunmal persönlich interviewt. Die Kontinuität und Diskontinuität in der Verhaltensentwicklung, die Wirkungen von Ereignissen auf die Entwicklung und die Vorhersage künftigen Verhaltens sollen ermittelt werden (*Piquero, Farrington, Blumstein* 2007).

Die Montreal Längsschnitt- und Experimental-Studie überprüft die Entwicklung antisozialen Verhaltens vom Kindergarten bis zur Oberschule (High School) (*Tremblay, Vitaro, Nagin, Pagani, Séguin* 2003). Sie legt besonderes Gewicht auf die Frühkindheit und die Eltern-Kind-Interaktion. Seit Anfang der 80er-Jahre werden Kindergarten-Jungen in 53 Wohngebieten Montreals mit niedrigem Einkommen untersucht. Mit dieser Studie wurden vor allem Kindheitsprobleme als Vorläufer, Vorboten antisozialen Verhaltens entdeckt: Widerworte, Schreien, Brüllen, Stoßen, Schlagen, Schubsen sind Anzeichen für spätere Schwierigkeiten in der Schule und für schlechte schulische Leistungen (so bereits *Gottfredson, Hirschi* 1990, 102). Körperliche Aggression während des Kindergarten-Alters ist der beste Verhaltensprädiktor für spätere Delinquenz (vgl. auch *Keenan* 2001; *Tremblay, LeMarquand* 2001).

Die prospektiven Längsschnittstudien haben bisher folgende Hauptergebnisse erbracht (*Krohn, Thornberry* 2003; *Lieberman* 2008, 3–20; vgl. auch *Loeber, Farrington* 2008, 257–279):

- Je früher die Kinder mit ihrer Delinquenz beginnen, desto wahrscheinlicher werden Karrieren chronischer Lebenslauf-Straftäter. Hierbei hat das Vorschulalter eine besondere Bedeutung.
- Eine effektive Erziehung im Kindes- und Jugendalter ist von unschätzbarem Wert. Überwachung und Aufsicht sind die wichtigsten Erziehungsvariablen.
- Es besteht eine starke Beziehung zwischen dem kriminellen Verhalten der Eltern und dem delinquenten Verhalten der Kinder. Für diese intergenerationale Übertragung ist das Modellverhalten der Eltern verantwortlich.
- Mangelnde schulische Leistungen und schwaches schulisches Engagement sind konsistente Prädiktoren für Delinquenz und Problemverhalten.
- Ein wechselseitiger Kausalprozess ist gegeben: In dem Maße, in dem delinquentes Verhalten die Assoziation mit Delinquenten und die Verstärkung durch Delinquente erhöht, wächst hinwiederum die Wahrscheinlichkeit anschließenden delinquenten Verhaltens. Bandenmitgliedschaft erleichtert delinquentes Verhalten.
- Ökonomische Nachteile, z.B. Armut, niedrige soziale Schicht, sind entweder direkt oder indirekt mit delinquentem Verhalten verbunden.

1.2.2.3.6.7 Entwicklungsprävention

Kriminalprävention aus der Entwicklungs-Perspektive gründet sich auf die Idee, dass delinquente Aktivität durch Verhaltens- und Einstellungs-Muster hervorgerufen wird, die während der individuellen Entwicklung gelernt werden (*Tremblay, Japel* 2003; *Tremblay, Craig* 1995). Durch Vorbeugung versucht man, Dysfunktionen dadurch zu vermeiden, dass man auf frühe Ursachen einwirkt: durch Verminderung der Risiko- und durch Verstärkung der Schutz-Faktoren während der Kindheit und Jugend. Ziel der risikofokussierten Prävention ist es, den Kausal-Prozess zu verstehen und zu unterbrechen, der zur Delinquenz führt. Das kumulative Risiko-Modell (*Yoshikawa* 1994) geht hierbei davon aus, dass Mehrfach-Risiken kumulative und interaktive Wirkungen erzeugen und dass frühe intensive Interventionen, die zahlreiche Risiko-Faktoren ansprechen, langdauernde, positive Konsequenzen für verschiedene Delinquenz-Ursachen haben werden. Die Präventions-Strategie ist auf die Verhinderung der Entwicklung chronischer Lebenslauftäter gerichtet, deren Entwicklungs-bahn von der pränatalen Lebensphase bis zum Erwachsenwerden verläuft (*Sherman, Farrington, Welsh, MacKenzie* 2002; *Farrington, Welsh* 2007). Man benutzt Präventions-Methoden, die den Eltern und Lehrern helfen, die körperliche, kognitive und sozioemotionale Entwicklung ihrer Kinder zu unterstützen, und die die Selbst- und Impuls-Kontrolle der Kinder verbessern. Im Wesentlichen werden die folgenden vier Vorbeugungs-Methoden angewandt:

- Die Vorschulprogramme (*Howell* 2009, 214/215) entwickeln durch geistige und seelische Bereicherung die kognitiven Fähigkeiten der Kinder, damit sie den späteren Anforderungen durch Schule und Berufsausbildung besser gerecht zu werden vermögen. Sie befähigen sie insbesondere zu positiven zwischenmensch-lichen Interaktionen. Das interpersonelle kognitive Verhaltenstraining der Kinder in ihrem Kindergarten- und in ihrem frühen Grundschulalter ist darauf gerichtet, sie prosoziale Methoden der Problemlösung zu lehren und hierdurch ihre Selbst-kontrolle zu verbessern (*Farrington* 2003a, 14/15).

- Beim Eltern-Erziehungs-Training (*Farrington, Welsh* 2002; 2007) lehrt man die Eltern, klare Erwartungen für pro- und gegen antisoziales Verhalten ihrer Kinder auszusprechen, das Benehmen ihrer Kinder zu beaufsichtigen, Vorläufer posi-tiven und negativen Verhaltens ihrer Kinder zu erkennen, wünschenswertes Verhalten durch Lob, Belohnung und die Gewährung von Sonderrechten zu ver-stärken und unerwünschtes Benehmen in einer maßvollen, vernünftigen und beständigen Weise, z.B. durch die Entziehung von Sonderrechten, zu bestrafen. Die Eltern-Kind-Interaktionen und die Eltern-Interaktionen zu sozialen Syste-men, z.B. zur Schule, werden verbessert. Den Eltern wird beigebracht, körper-liche Strafen zu meiden und Familien-Krisen und -Konflikte friedlich zu lösen.

- Das soziale Kompetenz-Training der Kinder (*Farrington, Welsh* 2003; 2007) ver-sucht, sozial-kognitive Defizite und Verzerrungen aggressiver Kinder zu beheben. Zwischenmenschliches sozial-kognitives Problem-Lösen durch Kommunika-tion, Verhandeln, Treffen von Entscheidungen wird eingeübt. Die Fähigkeiten der Kinder werden verbessert, Emotionen zu erkennen und zu verstehen sowie aggressive Gefühle zu kontrollieren. Die Selbstkontrolle ihres Ärgers und Zorns, ihr Selbstwertgefühl und ihr Einfühlungsvermögen in ihre Interaktionspartner werden gestärkt. Ihnen wird vermittelt, dass aggressives Verhalten weder ange-messen noch annehmbar ist.

- Beim Klassen-Kontingenz-Training der Lehrer (*Gottfredson, Wilson, Najaka* 2002) kommt es auf die proaktive Klassen-Leitung, das kooperative Lernen und das interaktive Lehren an. Die proaktive Klassen-Leitung besteht darin, prosoziale Erwartungen an die Anwesenheit und das Verhalten in der Klasse zu stellen und Lehr-Methoden anzuwenden, die die Ordnung in der Klasse aufrechterhal-ten, um Lernunterbrechungen zu vermeiden. Durch häufiges und beständiges Lob werden die Schülerinnen und Schüler zu konstruktivem Verhalten und zum Lernen motiviert.

Interventionsprogramme, die sich darauf konzentrieren, die Fähigkeiten der Eltern zu verbessern, ihre Kinder zu beaufsichtigen, ihr Fehlverhalten zu erkennen und angemessen zu disziplinieren, sind am erfolgversprechendsten bei der Verminderung antisozialen Verhaltens und der Delinquenz (*Laub, Sampson, Allen* 2001, 108). Insgesamt machen die Erfolge der entwicklungspräventiven Programme deutlich, dass die Lebenslauf- und Entwicklungstheorien eine beachtliche Validität (Gültigkeit) besitzen (vgl. *Farrington* 2003a; *Howell* 2009).

1.2.2.4 Aschaffenburgs Bedeutung für die heutige nationale und internationale Kriminologie

Aschaffenburg ist in der internationalen und auch deutschen Kriminologie unterbewertet. Das *Aschaffenburg*-Paradigma hat *Richard F. Wetzell* (2000, 71, 145, 297/298; 2006; 2010) erkannt. Da sein Thema allerdings die Geschichte der deutschen Kriminologie war, ist er auf die grundsätzliche Übernahme des *Aschaffenburg*-Konzepts durch die US-amerikanischen Lehrbücher der 20er- bis 50er-Jahre nicht eingegangen. Sie hat *Walter C. Reckless* (1970, 8/9; 1973, 691) zum ersten Mal klar erfasst und dargestellt. Zwar haben *Edwin H. Sutherland* (1947) und *Travis Hirschi* (1969) – auf den US-amerikanischen Lehrbüchern der 20er- bis 50er-Jahre aufbauend – entscheidende weitere Akzente gesetzt. Aber auch heute noch steht bei der Hauptrichtung der internationalen Kriminologie die Integration der Kriminalsoziologie mit der Kriminalpsychologie im Zentrum ihres Denkens. *Aschaffenburg* hat 1903 zum ersten Mal in Deutschland und 1913 für die internationale Kriminologie die Relevanz der sozialen Faktoren in der Entwicklung und im Wandel des individuellen Rechtsbrechers betont. Dieses Prinzip ist von den Lebenslauf- und Entwicklungstheorien übernommen worden, die die einflussreichsten Paradigmen der zukünftigen internationalen und deutschen Kriminologie sein werden. *Aschaffenburg*s grundlegender Beitrag für die Entwicklung der Kriminalpsychologie kann nicht hinwegdiskutiert werden.

Literatur

Akers, R.L. (1998). Social Learning and Social Structure: A General Theory of Crime and Deviance. Boston.

Akers, R.L. (2001). Social Learning Theory. In: *R. Paternoster/R. Bachman* (Hrsg.): Explaining Criminals and Crime. 192–210. Los Angeles/CA.

Akers, R.L. (2010). A Social Learning Theory of Crime. In: *S.G. Tibbetts/C. Hemmens* (Hrsg.): Criminological Theory. 475–486. Los Angeles, London, New Delhi et al.

Akers, R.L./Jensen, G.F. (2006). The Empirical Status of Social Learning Theory of Crime and Deviance: The Past, Present, and Future. In: *F.T. Cullen/J.P. Wright/K.R. Blevins* (Hrsg.): Taking Stock – the Status in Criminological Theory: Advances in Criminological Theory. Bd. 15. 37–76. New Brunswick (USA), London (UK).

Akers, R.L./Jensen, G.F. (2010). Social Learning Theory: Process and Structure in Criminal and Deviant Behavior. In: *E. McLaughlin/T. Newburn* (Hrsg.): The Sage Handbook of Criminological Theory. 56–71. Los Angeles, London, New Delhi et al.

Akers, R.L./Sellers, C.S. (2009). Criminological Theories – Introduction, Evaluation and Application. 5. Aufl. New York, Oxford.

Anderson, E. (2010). The Code of the Streets. In: *S.G. Tibbetts/C. Hemmens* (Hrsg.): Criminological Theory. 426–436. Los Angeles, London, New Delhi et al.

Andrews, D.A./Bonta, J. (2010). The Psychology of Criminal Conduct. 5. Aufl. Cincinnati/OH.

Aschaffenburg, G. (1903, 1906, 1923, 1933). Das Verbrechen und seine Bekämpfung. 1. Aufl., 2. Aufl., 3. Aufl., Nachdruck der 3. Aufl. Heidelberg.

Aschaffenburg, G. (1908). Gefängnis oder Irrenanstalt. Neue Zeit- und Streitfragen 5, 107–128.

Aschaffenburg, G. (1913, 1968). Crime and Its Repression. Nachdruck: Montclair/NJ.

Aschaffenburg, G. (1928). Psychiatrie und Strafrecht: Rede gehalten bei der Gründungsfeier der Universität Köln am 5. Mai 1928. Köln.

Aschaffenburg, G. (1929). Der Einfluss Kraepelins auf die Kriminalpsychologie und Kriminalpolitik. In: Archiv für Psychiatrie und Nervenkrankheiten 87, 87–95.

Aschaffenburg, G. (1933a). Neue Horizonte? In: MschrKrim 24, 158–162.

Aschaffenburg, G. (1933b). Kriminalanthropologie und Kriminalbiologie. In: *A. Elster/H. Lingemann* (Hrsg.): Handwörterbuch der Kriminologie. 1. Bd. 825–840. Berlin, Leipzig.

Aschaffenburg, G. (1935). Rückblick und Ausblick. In: MschrKrim 26, 531–5.

Bandura, A. (1979a). Aggression – Eine sozial-lerntheoretische Analyse. Stuttgart.

Bandura, A. (1979b). Sozial-kognitive Lerntheorie. Stuttgart.

Barnes, H.E./Teeters, N.K. (1959). New Horizons in Criminology. 3. Aufl. Englewood Cliffs/N.

Bartol, C.R./Bartol, A.M. (2011). Criminal Behavior – A Psychological Approach. 9. Aufl. Boston, Columbus, Indianapolis et al.

Benson, M.L. (2002). Crime and the Life Course. Los Angeles/CA.

Bernard, T.J./Snipes, J.B./Gerould, A.L. (2010). Vold's Theoretical Criminology. 6. Aufl. New York, Oxford.

Blackburn, R. (1988). On Moral Judgements and Personality Disorders. In: British Journal of Psychiatry 153, 505–512.

Blackburn, R. (1993). The Psychology of Criminal Conduct. Chichester, New York, Brisbane et al.

Braithwaite, J. (1989). Crime, Shame and Reintegration. New York, New Rochelle, Melbourne et al.

Braithwaite, J. (2011). Crime, Shame, and Reintegration. In: *F.T. Cullen/R. Agnew* (Hrsg.): Criminological Theory: Past to Present. 4. Aufl. 253–261. New York, Oxford.

Brown, S./Esbensen, S./Geis, G. (2013). Criminology. 8. Aufl. Cincinnati/OH.

Burgess, R.L./Akers, R.L. (1966). A Differential Association-Reinforcement Theory of Criminal Behavior. In: Social Problems 14, 128–147.

Busse, F. (1991). Gustav Aschaffenburg (1866–1944) Leben und Werk. Diss. Leipzig.

Cassel, E./Bernstein, D.A. (2007). Criminal Behavior. 2. Aufl. Mahwah/NJ., London.

Cullen, F.T./Wright, J.P./Gendreau, P./Andrews, D.A. (2003). What Correctional Treatment Can Tell Us About Criminological Theory: Implications for Social Learning Theory. In: *R.L. Akers/ G.F. Jensen* (Hrsg.): Social Learning Theory and the Explanation of Crime, 339–362. New Brunswick, London.

Curran, D.J./Renzetti, C.M. (2001). Theories of Crime. 2. Aufl. Boston, London, Toronto et al.

Dohna, A. Graf zu/Lilienthal, K. von (Hrsg.) (1926). Beiträge zur Kriminalpsychologie und Strafrechtsreform: Festgabe zum 60. Geburtstag von Gustav Aschaffenburg. Heidelberg.

Einstadter, W.J./Henry, S. (2006). Criminological Theory – An Analysis of Its Underlying Assumption. 2. Aufl. Lanham, Boulder, New York et al.

Elder, G.H. (2001). Time, Human Agency, and Social Change. Perspectives on the Life Course. In: *A. Piquero/P. Mazerolle* (Hrsg.): Life-Course Criminology, 3–20. Stamford/CT, London, Toronto et al.

Elliott, M.A. (1952). Crime in Modern Society. New York.

Eysenck, H.J. (1964). Crime and Personality. London.

Eysenck, H.J. (1977). Kriminalität und Persönlichkeit. Wien.

Eysenck, H.J./Gudjonsson, G.H. (1989). The Causes and Cures of Criminality. New York, London.

Exner, F. (1944). Kriminalbiologie in ihren Grundzügen. 2. Aufl. Hamburg.

Exner, F. (1949). Kriminologie. 3. Aufl. Berlin, Göttingen, Heidelberg.

Exner, F./Lange, J./Sieverts, R. (1936). Vorwort. In: MschrKrim 27, 1.

Farrington, D.P. (2003a). Advancing Knowledge about the Early Prevention of Adult Antisocial Behaviour. In: *D.P. Farrington/J.W. Coid* (Hrsg.): Early Prevention of Adult Antisocial Behaviour. 1–31. Cambridge/UK, New York/NY, Port Melbourne/VIC et al.

Farrington, D.P. (2003b). Key Results from the First Forty Years of the Cambridge Study in Delinquent Development. In: *T.P. Thornberry/M.D. Krohn* (Hrsg.): Taking Stock of Delinquency. 137–183. New York, Boston, Dordrecht et al.

Farrington, D.P. (2007a). Developmental and Life-Course Criminology. In: *H.J. Schneider* (Hrsg.): Internationales Handbuch der Kriminologie. Bd. 1: Grundlagen der Kriminologie. 183–207. Berlin.

Farrington, D.P. (2007b). Childhood Risk Factors and Risk-Focused Prevention. In: *M. Maguire/R. Morgan/R. Reiner* (Hrsg.): The Oxford Handbook of Criminology. 4. Aufl. 602–640. Oxford.

Farrington, D.P./Welsh, B.C. (2002). Family-Based Crime Prevention. In: *L.W. Sherman/D.P. Farrington/ B.C. Welsh/D.L. MaKenzie* (Hrsg.): Evidence-Based Crime Prevention. 22–55. London, New York.

Farrington, D.P./Welsh, B.C. (2003). Family-Based Programs to Prevent Delinquent and Criminal Behavior. In: *H. Kury/J. Obergfell-Fuchs* (Hrsg.): Crime Prevention – New Approaches. 62–90. Mainz.

Farrington, D.P./Welsh, B.C. (2007). Saving Children from a Life of Crime – Early Risk Factors and Effective Interventions. Oxford, New York, Oackland et al.

Fishbein, D. (2001). Biobehavioral Perspectives in Criminology. Stamford/CT, London, Toronto et al.

Gault, R.H. (1932). Criminology. Boston, New York, Chicago et al.

Gillin, J.L. (1926; 1971). Criminology and Penology. 3. Aufl. Nachdruck. Westport/CT.

Glueck, S./Glueck, E. (1950). Unraveling Juvenile Delinquency. Cambridge/Mass.

Glueck, S./Glueck, E. (1968). Delinquents and Nondelinquents in Perspective. Cambridge/Mass.

Göppinger, H./Bock, M./Böhm, A. (1997). Kriminologie. 5. Aufl. München.

Gottfredson, M.R. (2006). The Empirical Status of Control Theory in Criminology. In: *F.T. Cullen/J.P. Wright/K.R. Blevins* (Hrsg.): Taking Stock – the Status in Criminological Theory: Advances in Criminological Theory. Bd. 15. 77–100. New Brunswick (USA), London (UK).

Gottfredson, M.R., Hirschi, T. (1990). A General Theory of Crime. Stanford/CA.

Gottfredson, M.R./Hirschi, T. (2003). Self-Control and Opportunity. In: *C.L. Britt/M.R. Gottfredson* (Hrsg.): Control Theories of Crime and Delinquency: Advances in Criminological Theory. Bd. 12. 5–19. New Brunswick/NJ, London.

Gottfredson, D.C./Wilson, D.B./Najaka, S.S. (2002). School-Based Crime Prevention. In: *L.W. Sherman/ D.P. Farrington/B.C. Welsh/D.L. MaKenzie* (Hrsg.): Evidence-Based Crime Prevention. 56–164. London, New York.

Gruhle, H./Sieverts, R. (1953). Zum Geleit. In: MschrKrim 36, 1–5.

Guilford, J.P. (1964). Persönlichkeit. Weinheim/Bergstr.

Hare, R.D. (1996). Psychopathy – A Clinical Construct Whose Time Has Come. In: Criminal Justice and Behavior 23, 25–54.

Hay, C. (2001). Parenting, Self-Control, and Delinquency: A Test of Self-Control Theory. In: Criminology 39, 707–736.

Haynes, F.E. (1930). Criminology. New York, London.

Haynie, D.L. (2002). Friendship Networks and Delinquency: The Relative Nature of Peer Delinquency. In: Journal of Quantitative Criminology 18, 99–134.

Healy, W. (1915, 1969). The Individual Delinquent. Nachdruck: Montclear/NJ.

Heimer, K./Matsueda, R.L. (1994). Role-Taking, Role Commitment, and Delinquency: A Theory of Differential Social Control. In: American Sociological Review 59, 365–390.

Helfgott, J.B. (2008). Criminal Behavior – Theories, Typologies, and Criminal Justice. Los Angeles, London, New Delhi et al.

Hentig, H. von (1947). Crime: Causes and Conditions. New York, London.

Hentig, H. von (1948). The Criminal & His Victim. New Haven/CT.

Hentig, H. von (1960). Gustav Aschaffenburg 1866–1944. In: *H. Mannheim* (Hrsg.): Pioneers in Criminology, 327–334. London.

Hirschi, T. (1969). Causes of Delinquency. Berkeley, Los Angeles.

Hirschi, T./Gottfredson, M.R. (2000). In Defense of Self-Control. In: Theoretical Criminology 4, 55–69.

Hollin, C.R. (2007). Criminological Psychology. In: *M. Maguire/R. Morgan/R. Reiner* (Hrsg.): The Oxford Handbook of Criminology. 4. Aufl. 43–75. Oxford.

Hollin, C.R. (2013). Psychology and Crime. 2. Aufl. London, New York.

Howell, J.C. (2009). Preventing and Reducing Juvenile Delinquency – A Comprehensive Framework. 2. Aufl. Los Angeles, London, New Delhi et al.

Huizinga, D./Weiher, A.W./Espiritu, R./Esbensen, F. (2003). Delinquency and Crime – Some Highlights from the Denver Youth Survey. In: *T.P. Thornberry/M.D. Krohn* (Hrsg.): Taking Stock of Delinquency. 47–91. New York, Boston, Dordrecht et al.

Kaiser, G. (1996). Kriminologie. 3. Aufl. Heidelberg.

Kanner, L. (1944). In Memoriam: Gustav Aschaffenburg 1866–1944. In: American Journal of Psychiatry 101, 427–428.

Katz, J. (1988). Seductions of Crime – Moral and Sensual Attractions in Doing Evil. New York.

Katz, J. (1991). The Motivation of the Persistent Robber. In: *M. Tonry* (Hrsg.): Crime and Justice. Bd. 14. 277–306. Chicago, London.

Keenan, K. (2001). Uncovering Preschool Precursors to Problem Behavior. In: *R. Loeber/ D.P. Farrington* (Hrsg.): Child Delinquents: Development, Intervention, and Service Needs. 117–134. Thousand Oaks, London, New Delhi.

Kempf, K.L. (1993). The Empirical Status of Hirschi's Control Theory. In: *F. Adler/W.S. Laufer* (Hrsg.): New Directions in Criminological Theory: Advances in Criminological Theory. Bd. 4. 143–185. New Brunswick/USA, London/UK.

Krohn, M.D./Thornberry, T.P. (2003). Common Themes, Future Directions. In: *T.P. Thornberry & M.D. Krohn* (Hrsg.): Taking Stock of Delinquency. 313–326. New York, Boston, Dordrecht et al.

Kyvsgaard, B. (2003). The Criminal Career – The Danish Longitudinal Study. Cambridge/UK.

Laub, J.H./Sampson, R.J. (2001). Understanding Desistance from Crime. In: *M. Tonry* (Hrsg.): Crime and Justice. Bd. 28, 1–69. Chicago, London.

Laub, J.H./Sampson, R.J. (2003). Shared Beginnings, Divergent Lives – Delinquent Boys to Age 70. Cambridge/Mass., London/England.

Laub, J.H./Sampson, R.J. (2011). A Theory of Persistent Offending and Desistance from Crime. In: *F.T. Cullen/R. Agnew* (Hrsg.): Criminological Theory: Past to Present. 4. Aufl. 497–503. New York, Oxford.

Laub, J.H./Sampson, R.J./Allen, L.C. (2001). Explaining Crime Over the Life Course – Toward a Theory of Age-Graded Informal Social Control. In: *R. Paternoster/R. Bachman* (Hrsg.): Explaining Criminals and Crime. 97–112. Los Angeles/CA.

Laub, J.H./Sampson, R.J./Sweeten, G.A. (2006). Assessing Sampson and Laub's Life-Course Theory of Crime. In: *F.T. Cullen/J.P. Wright/K.R. Blevins* (Hrsg.): Taking Stock – the Status in Criminological Theory: Advances in Criminological Theory. Bd. 15. 313–333. New Brunswick (USA), London (UK).

Lemert, E.M. (2011). Primary and Secondary Deviance. In: *F.T. Cullen/R. Agnew* (Hrsg.): Criminological Theory: Past to Present. 4. Aufl. 249–252. New York, Oxford.

Liberman, A.M. (2008). Synthesizing Recent Longitudinal Findings. In: *A.M. Liberman* (Hrsg.): The Long View of Crime – A Synthesis of Longitudinal Research. 3–20. New York.

Lilly, J.R./Cullen, F.T./Ball R.A. (2011). Criminological Theory. 5. Aufl. Los Angeles, London, New Delhi et al.

Liszt,F. von (1905). Strafrechtliche Aufsätze und Vorträge. 2. Bd. Berlin.

Liszt, F. von (1911/1912). Rezension von G. Aschaffenburg „Das Verbrechen und seine Bekämpfung". In: MschrKrim 8, 773.

Loeber, R./Farrington, D.P. (2008). Advancing Knowledge About Causes in Longitudinal Studies: Experimental and Quasi-Experimental Methods. In: *A.M. Liberman* (Hrsg.): The Long View of Crime – A Synthesis of Longitudinal Research. 257–279. New York.

Loeber, R./Farrington, D.P./Stouthamer-Loeber, M./Moffitt, T.E./Caspi, A./White, H.R./Wei, E.H./ Beyers, J.M. (2003). The Development of Male Offending – Key Findings From Fourteen Years of the Pittsburgh Youth Study. In: *T.P. Thornberry/M.D. Krohn* (Hrsg.): Taking Stock of Delinquency. 93–136. New York, Boston, Dordrecht et al.

Loeber, R./Farrington, D.P./ Stouthamer-Loeber, M./White, H.R. (2008). Violence and Serious Theft – Development and Prediction from Childhood to Adulthood. New York, London.

Loeber, R./Hay, D.(1997). Key Issues in the Development of Aggression and Violence from Childhood to Early Adulthood. In: Annual Review of Psychology 48, 371–410.

Loeber, R./Stouthamer-Loeber, M. (2002). The Development of Offending. In: *S. Cote* (Hrsg.): Criminological Theories. 318–323. Thousand Oaks, London, New Delhi.

Lombroso, C. (1894, 1890). Der Verbrecher, Bd. 1 und 2. Hamburg.

Matsueda, R.L. (1992). Reflected Appraisals, Parental Labeling, and Delinquency: Specifying a Symbolic Interactionist Theory. In: American Journal of Sociology 97, 1577–1611.

McCord, W./McCord, J. (1956). Psychopathy and Delinquency. New York, London.

Mead, G.H. (1976). Sozialpsychologie. Darmstadt.

Mezger, E. (1951). Kriminologie. München, Berlin.

Mischel, W. (1993). Introduction to Personality. 5. Aufl. Fort Worth, Philadelphia, San Diego et al.

Moffitt, T.E. (1993). Adolescence-Limited and Life-Course-Peristent Antisocial Behavior: A Developmental Taxonomy. In: Psychological Review 100, 674–701.

Moffitt, T.E. (1997). Adolescence-Limited and Life-Course-Persistent Offending: A Complementary Pair of Developmental Theories. In: *T.P. Thornberry* (Hrsg.): Developmental Theories of Crime and Delinquency. 11–54. New Brunswick/USA, London/UK.

Moffitt, T.E. (2006). A Review of Research on the Taxonomy of Life-Course Persistent Versus Adolescence-Limited Antisocial Behavior. In: *F.T. Cullen/J.P. Wright/K.R. Blevins* (Hrsg.): Taking Stock – the Status in Criminological Theory: Advances in Criminological Theory. Bd. 15. 277–311. New Brunswick (USA), London (UK).

Moffitt, T.E. (2011). Pathways in the Life Course to Crime. In: *F.T. Cullen/R. Agnew* (Hrsg.): Criminological Theory: Past to Present. 4. Aufl. 477–496. New York, Oxford.

Moffitt, T./Caspi, A./Dickson, N./Silva, P./Stanton, W. (1996). Childhood-Onset Versus Adolescent-Onset Antisocial Conduct Problems in Males: Natural History from Ages 3 to 18 Years. In: Development and Psychopathology 8, 399–424.

Moffitt, T.E./Ross, S./Raine, A. (2011). Crime and Biology. In: *J.Q. Wilson/J. Petersilia* (Hrsg.): Crime and Public Policy. 53–87. Oxford, New York, Oackland et al.

Parmelee, M. (1913, 1968). Editorial Preface to this Volume. In: *G. Aschaffenburg* (Hrsg.): Crime and Its Repression. XI bis XV. Nachdruck: Montclair/NJ.

Parmelee, M. (1922). Criminology. New York.

Paternoster, R./Iovanni, L. (1996). The Labeling Perspective and Delinquency: An Elaboration of the Theory and an Assessment of the Evidence. In: *P. Cordella/L. Siegel* (Hrsg.): Readings in Contemporary Criminological Theory. 171–193. Boston.

Patterson, G.R./DeBaryshe, B.D./Ramsey, E. (1989). A Developmental Perspective on Antisocial Behavior. In: American Psychologist 44, 329–335.

Patterson, G.R./Reid, J.B./Dishion, T.J. (1992). Antisocial Boys. Eugene/OR.

Patterson, G.R, Yoerger, K. (1999). Intraindividual Growth in Covert Antisocial Behaviour: A Necessary Precursor to Chronic Juvenile and Adult Arrests? In: Criminal Behaviour and Mental Health 9, 24–38.

Pearson, F.S./Lipton, D.S./Cleland, C.M./Yee, D.S. (2002). The Effects of Behavioral/Cognitive-Behavioral Programs on Recidivism. In: Crime and Delinquency 48, 476–496.

Piquero, A.R./Farrington, D.P./Blumstein, A. (2003). The Criminal Career Paradigm. In: *M. Tonry* (Hrsg.): Crime and Justice. Bd. 30. 359–506. Chicago, London.

Piquero, A.R./Farrington, D.P./Blumstein, A. (2007). Key Issues in Criminal Career Research – New Analyses of the Cambridge Study in Delinquent Development. Cambridge, New York, Melbourne et al.

Piquero, A.R./Moffitt, T.E. (2010). Life-Course Persistent Offending. In: *J.R. Adler/J.M. Gray* (Hrsg.): Forensic Psychology – Concepts, Debates and Practice. 2. Aufl. 201–222. Abingdon, Oxon (UK), New York (NY).

Pratt, T./Cullen, F.T. (2000). The Empirical Status of Gottfredson and Hirschi's General Theory of Crime: A Meta-Analysis. In: Criminology 38, 931–964.

Raine, A. (1993). The Psychopathology of Crime – Criminal Behavior as a Clinical Disorder. San Diego, New York, Boston et al.

Reckless, W.C. (1940). Criminal Behavior. New York, London.

Reckless, W.C. (1970). American Criminology. In: Criminology 8, 4–20.

Reckless, W.C. (1973). The Crime Problem. 5. Aufl. New York.

Sampson, R.J./Laub, J.H. (1993). Crime in the Making – Pathways and Turning Points through Life. Cambridge/Mass., London/England.

Sampson, R.J./Laub, J.H. (1997). A Life-Course Theory of Cumulative Disadvantage and the Stability of Delinquency. In: *T.P. Thornberry* (Hrsg.): Developmental Theories of Crime and Delinquency. 11–54. New Brunswick/USA, London/UK.

Sampson, R.J./Laub, J.H. (2001a). Crime and Deviance in the Life Course. In: *A. Piquero/P. Mazerolle* (Hrsg.): Life-Course Criminology, 21–42. Stamford/CT, London, Toronto. et al.

Sampson, R.J./Laub, J.H. (2001b). Understanding Variability in Lives through Time – Contributions of Life-Course Criminology. In: *A. Piquero/P. Mazerolle* (Hrsg.): Life-Course Criminology, 242–258. Stamford/CT, London, Toronto. et al.

Sauer, W. (1950). Kriminologie als reine und angewandte Wissenschaft. Berlin.

Schneider, H.J. (1977). Psychologie des Verbrechens (Kriminalpsychologie). In: *R. Sieverts/H.J. Schneider* (Hrsg.): Handwörterbuch der Kriminologie. 2. Aufl. 2. Bd. 415–458. Berlin, New York.

Schneider, H.J. (1981a). Hauptrichtungen der Kriminologie. In: *H.J. Schneider* (Hrsg.): Die Psychologie des 20. Jahrhunderts – Band XIV: Auswirkungen auf die Kriminologie, 63–95. Zürich.

Schneider, H.J. (1981b). Psychoanalytische Kriminologie. In: *H.J. Schneider* (Hrsg.): Die Psychologie des 20. Jahrhunderts – Band XIV: Auswirkungen auf die Kriminologie, 114–140. Zürich.

Schneider, H.J. (1987). Kriminologie. Berlin, New York.

Schneider, H.J. (1998a). Kinder- und Jugenddelinquenz. In: *R. Sieverts/H.J. Schneider* (Hrsg.): Handwörterbuch der Kriminologie. 2. Aufl. 5. Bd. 467–502. Berlin, New York.

Schneider, H.J. (1998b). Kriminalitätstheorien. In: *R. Sieverts/H.J. Schneider* (Hrsg.): Handwörterbuch der Kriminologie. 2. Aufl. 5. Bd. 645–668. Berlin, New York.

Schneider, K. (1923, 1950). Die psychopathischen Persönlichkeiten. 1. Aufl., 9. Aufl. Wien.

Seelig, E. & Bellavic, H. (o.J.). Lehrbuch der Kriminologie. 3. Aufl. Darmstadt.

Seifert, D. (1981). Gustav Aschaffenburg als Kriminologe. Diss. Freiburg i.Br.

Sherman, L.W./Farrington, D.P./Welsh, B.C./MacKenzie, D.L. (2002). Preventing Crime. In: *L.W. Sherman/D.P. Farrington/B.C. Welsh/D.L. MaKenzie* (Hrsg.). Evidence-Based Crime Prevention. 1–12. London, New York.

Strang, H. (2002). Repair or Revenge: Victims and Restorative Justice. Oxford.

Sutherland, E.H. (1924). Criminology. Philadelphia, London.

Sutherland, E.H. (1947). Principles of Criminology. 4. Aufl. Chicago, Philadelphia, New York.

Sutherland, E.H./Cressey, D.R. (1978). Criminology. 10. Aufl. Philadelphia, New York, San Jose et al.

Sutherland, E.H./Cressey, D.R./Luckenbill, D.F. (1992). Principles of Criminology. 11. Aufl. Dix Hills, New York.

Sykes, G.M./Matza, D. (2011). Techniques of Neutralization. In: *F.T. Cullen/R. Agnew* (Hrsg.): Criminological Theory: Past to Present. 4. Aufl. 207–214. New York, Oxford.

Taft, D.R. (1947). Criminology. New York.

Taylor, C. (2001). The Relationship between Social and Self-Control: Tracing Hirschi's Criminological Career. In: Theoretical Criminology 5, 369–388.

Thornberry, T.P. (1997). Introduction: Some Advantages of Developmental and Life-Course Perspectives for the Study of Crime and Delinquency. In: *T.P. Thornberry* (Hrsg.): Developmental Theories of Crime and Delinquency. 1–10. New Brunswick/USA, London/UK.

Thornberry, T.P. (2010): Toward an Interactional Theory of Delinquency. In: *S.G. Tibbetts/C. Hemmens* (Hrsg.): Criminological Theory. 712–723. Los Angeles, London, New Delhi et al.

Thornberry, T.P. (2011). Toward an Interactional Theory of Delinquency. In: *F.T. Cullen/R. Agnew* (Hrsg.): Criminological Theory: Past to Present. 4. Aufl. 559–570. New York, Oxford.

Thornberry, T.P./Krohn, M.D. (2003). The Development of Panel Studies of Delinquency. In: *T.P. Thornberry/M.D. Krohn* (Hrsg.): Taking Stock of Delinquency. 1–46. New York, Boston, Dordrecht et al.

Thornberry, T./Lizotte, A.J./Krohn, M.D./Smith, C.A./Porter, P.K. (2003). Causes and Consequences of Delinquency – Findings from the Rochester Youth Development Study. In: *T.C. Thornberry/ M.D. Krohn* (Hrsg.): Taking Stock of Delinquency – An Overview of Findings from Contemporary Longitudinal Studies. 11–46. New York, Boston, Dordrecht et al.

Tittle, C.R./Paternoster, R. (2000). Social Deviance and Crime. Los Angeles.

Tremblay, R.E./Craig, W.M. (1995). Developmental Crime Prevention. In: *M. Tonry/D.P. Farrington* (Hrsg.): Building a Safer Society – Strategic Approaches to Crime Prevention. Crime and Justice. Bd. 19. 151–236. Chicago, London.

Tremblay, R.E./Japel, C. (2003). Prevention during Pregnancy, Infancy, and the Preschool Years. In: *D.P. Farrington/J.W. Coid* (Hrsg.): Early Prevention of Adult Antisocial Behaviour. 205–242. Cambridge/UK, New York/NY, Port Melbourne/VIC et al.

Tremblay, R.E./LeMarquand, D. (2001). Individual Risk and Protective Factors. In: *R. Loeber/ D.P. Farrington* (Hrsg.): Child Delinquents: Development, Intervention, and Service Needs. 137–164. Thousand Oaks, London, New Delhi.

Tremblay, R.E./Vitaro, F./Nagin, D./Pagani, L./Séguin, J.R. (2003). The Montreal Longitudinal and Experimental Study. In: *T.P. Thornberry/M.D. Krohn* (Hrsg.): Taking Stock of Delinquency. 205–254. New York, Boston, Dordrecht et al.

Warr, M. (2001). The Social Origins of Crime: Edwin Sutherland and the Theory of Differential Association. In: *R. Paternoster/R. Bachman* (Hrsg.): Explaining Criminals and Crime. 182–191. Los Angeles/CA.

Warr, M. (2002). Companions in Crime – The Social Aspects of Criminal Conduct. Cambridge/UK, New York/NY.

Wellford, C.F./Triplett, R.A. (1993). The Future of Labeling Theory: Foundations and Promises. In: *F. Adler/W.S. Laufer* (Hrsg.): New Directions in Criminological Theory: Advances in Criminological Theory. Bd. 4. 1–22. New Brunswick/USA, London/UK.

Wetzell, R.F. (2000). Inventing the Criminal – A History of German Criminology, 1880–1945. Chapel Hill, London.

Wetzell, R.F. (2006). Criminology in Weimar and Nazi Germany. In: *P. Becker/R.F. Wetzell* (Hrsg.): Criminals and their Scientists – The History of Criminology in International Perspective. 401–423. Cambridge, New York, Melbourne et al.

Wetzell, R.F. (2010). Aschaffenburg, Gustav: German Criminology. In: *F.T. Cullen/P. Wilcox* (Hrsg.): Encyclopedia of Criminological Theory. 58–61. Los Angeles, London, Ne Delhi et al.

Wood, A.E./Waite J.B. (1941). Crime and its Treatment. New York, Cincinnati, Chicago et al.

Yoshikawa, H. (1994). Prevention as Cumulative Protection: Effects of Early Family Support and Education on Chronic Delinquency and Its Risks. In: Psychological Bulletin 115, 28–54.

1.2.3 Täter, Opfer und Gesellschaft: Kriminologische Opferforschung

1.2.3.1 Das Selbstverständnis der kriminologischen Opferforschung (Viktimologie)

1.2.3.1.1 Konzeptualisierung der kriminologischen Opferforschung

Verbrechen ist nicht nur ein Ereignis. Kriminalität ist nicht allein ein menschliches Verhalten. Sie ist ein Sozialprozess, in den Täter, Opfer und Gesellschaft eingebunden sind. Die kriminologische Opferforschung (Viktimologie) studiert deshalb das Opferwerden (die Viktimisierung) und die Reaktionen auf das Opferwerden als Interaktionsprozesse, die sich auf gesellschaftliche Strukturen und Prozesse gründen. Viktimologie ist eine dynamische Disziplin, eine Sozialwissenschaft im Zentrum der Kriminologie (*Barkan* 2012, 80–109; *Siegel* 2013, 71–97), die sich mit der theoretischen und empirischen Erforschung der Häufigkeit, der Erscheinungsformen und der Ursachen krimineller Viktimisierung befasst (*Kirchhoff* 2010, 112). Sie widmet sich den Konsequenzen der Viktimisierung und den Reaktionen der Gesellschaft und ihrer Institutionen, insbesondere des Kriminaljustizsystems, auf das Opferwerden. Ihr Zentrum ist der Funktionsbereich des Täters, des Opfers und der Gesellschaft. Die Viktimologie ist eine Spezialdisziplin der Kriminologie; ihre Gegenstände sind insbesondere die Interaktionen des Opfers mit dem Täter, mit der Gesellschaft und ihren Institutionen. Argumentationen zu strafprozessualen Opferrechten und zu den Positionen des Opfers im Strafrechtssystem gehören nur insofern als opferpolitische Erwägungen und Empfehlungen (Victim Policy) der Viktimologie an, als sie auf empirisch-evaluierten Datenerhebungen der Viktimologie beruhen. Sind sie normativer Natur und befassen sie sich mit strafrechtsdogmatischen Auslegungsfragen, gehören sie zu den opferbezogenen Aspekten des Strafrechts und des Strafverfahrens (vgl. hierzu *Sautner* 2010; *Hassemer/Reemtsma* 2002; zahlreiche Beiträge in *Schünemann/Dubber* 2000). Besondere Bedeutung hat in jüngster Zeit die international vergleichende Viktimologie (International Comparative Victimology) erfahren, die Viktimisierungsvergleiche zwischen verschiedenen Weltregionen und zwischen Ländern in diesen Weltregionen anstellt (*Dussich* 2010, 129–132).

1.2.3.1.2 Viktimologie im engeren und weiteren Sinne

1.2.3.1.2.1 Historische Perspektiven

Bereits *Edwin H. Sutherland* hat sich in der ersten Auflage seines einflussreichen Lehrbuchs (*Sutherland* 1924, 62–71) mit dem Verbrechensopfer befasst. Danach ging die

Opferperspektive verloren und wurde erst erneut von *Hans von Hentig* (1941, 1948) wiederentdeckt, dem *Stephen Schafer, Marvin E. Wolfgang* und *Menachem Amir* folgten (*Doerner/Lab* 2012, 1–8; *Doerner* 2010). Es entwickelte sich eine Viktimologie im engeren und eine im weiteren Sinne (*H.J. Schneider* 1975, 11–13). Die Viktimologie im weiteren Sinne, die Wissenschaft vom Opfer schlechthin, geht auf *Beniamin Mendelsohn* (1974, 1976) zurück. Er will die Viktimologie nicht auf das Verbrechensopfer beschränkt wissen. Er schlägt vielmehr das Konzept der „Viktimität" vor, unter dem er „das allgemein gebräuchliche Phänomen" versteht, „das alle Kategorien von Opfern charakterisiert, was immer auch die Ursachen ihrer Situation gewesen sein mögen" (*Mendelsohn* 1976, 9; 1974, 27). Er will bio-psycho-soziale Merkmale entdecken, die für **alle** Opfer charakteristisch sind (*Mendelsohn* 1976, 11). Er nimmt an, dass solche Merkmale nicht nur für Verbrechensopfer gelten, sondern auch für Opfer von Naturkatastrophen, von Krankheiten, von Verkehrsunfällen, von Ausbeutung, von Unterdrückung, Folter, Diskriminierung, Unternehmensfehlverhalten. Er will viele Typen von Fahrlässigkeit, Sorglosigkeit, Rücksichtslosigkeit erfassen, die Verletzungen und Schäden verursachen, ohne unbedingt kriminell zu sein. Es ist fraglich, ob es solche Opfermerkmale im *Mendelsohn*schen Sinne überhaupt gibt. Jedenfalls sind sie bisher nicht erkennbar geworden.

Im Gegensatz zu *Mendelsohn*, der die Viktimologie aufs Äußerste ausweitet und dessen Opfermerkmale statisch sind, schlägt *Hans von Hentig* (1941; 1948, 436) einen dynamischen, interaktionistischen Ansatz vor, der auf Verbrechensopfer begrenzt bleiben soll (*Hoyle/Zedner* 2007, 463). Nach ihm ist Viktimologie keine eigenständige, unabhängige Disziplin, sondern eine Subdisziplin der Kriminologie (*Spalek* 2006, 33). Er stützt sich auf den symbolischen Interaktionismus von *George Herbert Mead* (1976), der die Eigenart zwischenmenschlicher Interaktion darin sieht, dass Menschen nicht nur auf die Handlungen anderer reagieren, sondern dass sie die Handlungen ihrer Interaktionspartner interpretieren und „definieren"; auf die Be-Deutung der Handlungen im Interaktionsprozess kommt es an. Viktimisierung entsteht im kognitiv-sozialen Lern- und Interaktionsprozess; der Täter zwingt dem Opfer in diesem Prozess nicht nur seine Viktimisierung auf, sondern in der Viktimisierungs-Situation werden durch das Opferverhalten opferbelastende Vorurteile und Stereotype der Gesellschaft für den Täter konkretisiert. Der Interaktionsansatz ist von *Marvin E. Wolfgang* (1957) in seinem Konzept der Opferpräzipitation weiterentwickelt worden: In der Viktimisierungs-Situation wird das Opferverhalten durch den Täter fehlinterpretiert (illusionäre Situationsverkennung des Täters aufgrund Opferverhaltens).

1.2.3.1.2.2 Viktimologische Richtungen der Gegenwart
Gegenwärtig gibt es international drei Richtungen der Viktimologie:
- Die erste Richtung versteht die Viktimologie als eigenständige Sozialwissenschaft, die alle Opfertypen umfassen und alle Manifestationen menschlichen

Leidens einschließen soll (*Groenhuijsen* 2009; *Garkawe* 2004). Sie ist bis jetzt nicht sonderlich erfolgreich gewesen.

– Die kritische, radikale Richtung definiert die traditionelle Hauptrichtung der Viktimologie als positivistisch: Sie kümmere sich zu ausschließlich um die Feststellung des Ausmaßes und der Häufigkeit der kriminellen Viktimisierung des Individuums durch Straßen-, Gewalt- und Vermögensdelikte (*DeKeseredy* 2010, 244–246; *Walklate* 2009; vgl. auch *Snare* 2004). Die kritische, radikale Richtung will demgegenüber mehr Gewicht auf die sozialstrukturelle Viktimisierung und die Viktimisierung durch Unternehmen, Organisationen sowie durch gesellschaftliche Marginalisation legen (*Görgen* 2009, 240/241; *Wolhuter/Olley/Denham* 2009, 20–28).

– Die dritte Richtung betrachtet die Viktimologie als Spezialgebiet der Kriminologie. Sie ist dynamisch, psychosozial ausgerichtet (*Burgess/Roberts* 2010, 5; *Rock* 2010). Sie hat sich zur Hauptrichtung der Viktimologie entwickelt, die die bevorzugten Viktimisierungsformen der kritischen, radikalen Viktimologie inzwischen in sich aufgenommnen hat, so dass sie nicht mehr als im strengen Sinne positivistisch angesehen werden kann. Sie vertritt einen psychosozialen Verursachungsansatz der Viktimisierung, der sozialstrukturelle, -prozessuale und situative Elemente berücksichtigt (*Wilcox* 2010; *Doerner/Lab* 2012, 76–84). Sie hat durch theoretische und empirische Forschungen Wissenschaftsstatus erreicht (*O'Connell* 2008).

1.2.3.2 Schlüsselkonzept „Viktimisierung" der Hauptrichtung

1.2.3.2.1 Fragestellungen

Die viktimologische Hauptrichtung will das unerkannte, sozial unsichtbare, verborgen gebliebene menschliche Leiden, die Viktimisierung, erkennbar, sozial sichtbar machen. Sie will dadurch der Opfervorbeugung dienen, die psycho-sozialen Opferschäden lindern und die Interaktionsstörungen zwischen Täter, Opfer und Gesellschaft aufheben. Sie strebt keine Ausweitung oder Verschärfung des Strafrechts an. Sie will vielmehr der Friedensstiftung zwischen Täter, Opfer und Gesellschaft gerecht werden. Sie hat in jüngster Zeit folgende Fragestellungen vermehrt bearbeitet:

– Internationale Viktimisierungsstudien der international vergleichenden Viktimologie (*Killias* 2010; *Dijk/Kesteren/Smit* 2007; *Dijk/Manchin/Kesteren/Nevala/Hideg* 2005) haben deutlich gemacht, dass die verschiedenen Viktimisierungshäufigkeiten und -strukturen in unterschiedlichen Weltregionen auf unterschiedliche Sozialstrukturen und -prozesse in diesen Weltregionen und Ländern zurückzuführen sind.

– Die differenzielle Viktimisierung, das unterschiedliche Opferwerden in verschiedenen gesellschaftlichen Gruppen und Segmenten, hat nicht nur die unterschiedliche Viktimisierungsverteilung in der Bevölkerung und die verschiedene Viktimisierungsverwundbarkeit unterschiedlicher Gruppen und Segmente gezeigt. Sie hat wiederum sozialstrukturelle Mängel offengelegt, die das Opferwerden begünstigen. So sind Drogenabhängige (*Stevens/Berto/Frick/Kerschl/McSweeney/Schaaf/Tartari/Turnbull/Trinkl/Uchtenhagen/Waidner/Werdenich* 2007) und sozioökonomisch Benachteiligte (*Nilsson/Estrada* 2006) in verschiedenen europäischen Ländern sowie Immigranten (*McDonald* 2010), geistig und körperlich Behinderte (*Turner/Vanderminden/Finkelhor/Hamby/Shattuck* 2011) vermehrt der Viktimisierung unterworfen. Europäische Länder mit großer Einkommensungleichheit haben erhöhte Viktimisierungsraten (*Wilsem* 2004).

- Die empirische Forschung zur Re-Viktimisierung (Repeat Victimization), zur Viktimisierungs-Wiederholung, zur Mehrfach-Viktimisierung (Multiple Victimization) und zur Serien-Viktimisierung (Series Victimization), hat herausgearbeitet, dass die Viktimisierungs-Erfahrung eine große Bedeutung für die Viktimisierungs-Wiederholung hat (*Ellonen/Salmi* 2011). Viktimisierte haben das höchste Risiko der Re-Viktimisierung (*Karjane* 2011). Eine vorangegangene Viktimisierung ist der beste einzelne Prädiktor künftigen Opferwerdens. Viktimisierungs-Rückfälligkeit hängt maßgeblich von den psychosozialen Verletzungen, dem Viktimisierungstrauma ab. Es kann die psychischen Prozesse des Denkens, Fühlens und Verhaltens ändern. Durch die Täter-Opfer-Interaktion kann die Täterneigung, aber auch die Opferneigung verstärkt werden. Die Viktimisierungseinwirkung kann zur erlernten Hilflosigkeit (*Seligman* 1992), zur Verwundbarkeit, zur Unsicherheit, zum Kontrollverlust und zur Selbstbeschuldigung beim Opfer führen (*Dallier* 2010, 290; *Wilcox* 2010, 980). Potentielle Täter suchen sich solche Opfer mit Selbstbehauptungsschwäche aus. Deshalb ist es für die Verbrechensopferpolitik wesentlich, evaluierte Opfervorbeugungs- und -behandlungsprogramme zu entwickeln, die die durch Viktimisierung hervorgerufene Opferneigung und -verwundbarkeit aufheben. Strafausweitung und -verschärfung sind für die Täter-Opfer-Interaktion bei der Re-Viktimisierung irrelevant.
- Sekundärviktimisierung, Fehlreaktionen nach der Primärviktimisierung, durch die Gesellschaft und ihre Institutionen, z.B. durch Menschen im sozialen Nahraum des Opfers und durch das Kriminaljustizsystem, kann zur Folge haben, dass das Viktimisierungstrauma aufrechterhalten bleibt oder sich noch verschlimmert. Das Opfer muss mit dem Strafverfahren zufrieden sein; es muss im Strafverfahren zu Wort kommen; es bedarf zur Überwindung seines Viktimisierungstraumas der sozialen Unterstützung. Seine Opferrolle darf nicht festgeschrieben werden; es darf durch die Viktimisierungsreaktion nicht retraumatisiert werden (*Volbert* 2008). Verfahrensgerechtigkeit hat für das Lernen der Selbstregulierung, der Eigenverantwortlichkeit für prosoziales Verhalten beim Opfer wie beim Täter eine große Bedeutung (*Tyler* 2006). Das Opfer muss im Strafverfahren fair und behutsam behandelt werden.

1.2.3.2.2 Verursachungskonzept

Der psychosozialen Hauptrichtung liegt demnach folgendes dynamisches Verursachungskonzept der Viktimisierung zugrunde:

- Der Interaktionsprozess der Viktimisierung zwischen Täter und Opfer ereignet sich in sozialstrukturellem und -prozessualem Rahmen. Sozialer Ausschluss, Machtungleichgewicht, Marginalisation, soziale Desorganisation und Gewaltsubkultur spielen als sozialstrukturelle Mängel eine große Rolle. Viktimisierungsfreundliche Vorurteile und Stereotype werden als Neutralisationen (kognitive Verzerrungen) von Täter und Opfer im gesellschaftlichen Prozess gelernt.
- Der Viktimisierungsprozess zwischen Täter und Opfer beginnt in der Familie. Das Kind lernt dort keine wirksamen Konfliktlösungsstrategien. Es mangelt ihm deshalb an Selbstvertrauen und Durchsetzungsfähigkeit. Es eignet sich vielmehr durch sein familiäres Opferwerden seine Opferneigung, -anfälligkeit und -verwundbarkeit an (*McIntyre/Widom* 2011; *Askeland/Evang/Heir* 2011), die sich durch seine Viktimisierung in der Schule (Viktimisierungstrauma!) ständig verstärken. Sein Selbstkonzept, seine Persönlichkeits-Identität ändert sich. In seinem Lebenslauf lernt es ängstliche, unterwürfige Reaktionsmuster (Skripte). Seine Opferanfälligkeit und -verwundbarkeit nehmen zu. Schließlich identifiziert es sich mit seiner Opferrolle.
- Es gibt zwei Opferpfadwege (Viktimisierungs-Trajektorien), die durch die unterschiedliche psychische Verarbeitung der Viktimisierung in der Persönlichkeit des Opfers bedingt sind: der Pfadweg der Opfer-Täter-Abfolge, der Umformung des Opferwerdens in ein Täterwerden, und der Pfadweg der Reviktimisierung, der Viktimisierung in der Kindheit als Vorläufer für die Reviktimisierung im Jugend- und Erwachsenenalter. Freilich kann die Viktimisierung (mit sozialer Unterstützung) auch in ein prosoziales Verhalten psychisch verarbeitet werden.
- Das dynamische Verursachungskonzept der Viktimisierung besitzt schließlich eine situative Komponente. Durch Fehlinterpretation des Opferverhaltens auf Seiten des Täters kann Viktimisierung ausgelöst werden. Hier werden gesellschaftlich gelernte viktimisierungsfreundliche Stereotype in der Tätermotivation wirksam. Der Lebensstil des Opfers, der von Sozialstrukturen und -prozessen bestimmt wird, setzt das Opfer in vermehrtem Umfang viktimogenen (opferverursachenden) Gelegenheiten aus. In diesen Situationen bildet es für den motivierten Täter ein geeignetes Tatobjekt, dem es an wirksamem gesellschaftlichem Schutz mangelt.

1.2.3.3 Viktimisierungstheorien

Die psychosoziale (viktimologische) Hauptrichtung vertritt folgende Verursachungs-theorien im Einzelnen (*Wilcox* 2010), die sie in ihrem dynamischen Verursachungs-konzept miteinander verbindet.

1.2.3.3.1 Sozialstrukturelle Viktimisierung

1.2.3.3.1.1 Sozialer Ausschluss

Sozial ausgeschlossene oder an den Rand der Gesellschaft gedrängte Personen oder soziale Gruppen sind in hohem Maße für Viktimisierung anfällig. Der Grund für ihre Viktimisierungsneigung besteht in ihrer Machtlosigkeit, die auf ihrem mangelnden sozialen Kapital beruht. Ihre Struktur sozialer Netze, ihre Bindungen an ihre Mit-menschen und an ihre sozialen Institutionen, z.B. an ihre Familien, sind zerstört worden. Ihre Verhaltensmöglichkeit und ihre Durchsetzungsfähigkeit innerhalb sozi-aler Interaktionen sind stark eingeschränkt. Sie sind der Kontrolle der gesellschaftli-chen Mehrheit unterworfen. Diese Kontrollunterworfenheit bei Kontrollüberfluss der gesellschaftlichen Mehrheit (Kontrollungleichgewicht) verursacht ihre vermehrte Viktimisierung (*Tittle* 2011). Marginalisierte Gruppen können z.B. Immigranten (*McDonald* 2010), rassische, religiöse oder ethnische Minderheiten oder Obdachlose sein (*vgl. H.J. Schneider* 2011; 2009).

1.2.3.3.1.2 Viktimisierungs-Förderungs-Systeme

Viktimisierungs-Förderungs-Systeme sind soziale Gefüge, die das Opferwerden durch Straftäter unterstützen. Ein solches System ist z.B. das sozial desorganisierte Gebiet. In sozioökonomisch benachteiligten Großstadtbezirken wächst das Viktimisierungs-risiko. Diese Räume sind durch einen Mangel an informeller Kontrolle gekennzeich-net. Nachbarn sind unfähig und nicht bereit, das Verhalten und Erleiden, also auch die Viktimisierung, ihrer Mitbewohner im Auge zu behalten (fehlende kollektive Effektivität) (*Sampson/Raudenbush/Earls* 2011). Wohn-Instabilität schwächt z.B. den Gemeinschafts-Zusammenhalt und führt zu vermehrter Haushalts-Viktimisierung, weil sich kein Netz informeller sozialer Kontrolle zu bilden vermag (*Xie/McDo-wall* 2008). Soziale Beziehungen und prosoziale Interaktionen zwischen Nachbarn spielen indessen für die Bildung sozialen Kapitals eine bedeutsame Rolle (*Vélez* 2001; *Wilsem/Graaf/Wittebrood* 2002).

Ein weiteres Viktimisierungs-Förderungs-System besteht in der Gewaltsubkultur, in der Aggression als angemessene, sogar erwünschte Reaktion angesehen wird und in der man Neutralisationen, Vorabrechtfertigungen, der Gewaltreaktion im Interak-tionsprozess lernt (*Wolfgang/Ferracuti* 2006). In solchen Gewaltsubkulturen über-schneiden sich Täter- und Opferwerden; sie greifen ineinander. Der beste Prädiktor der Viktimisierung ist in einer solchen Subkultur das Ausmaß, in dem ein Individuum kriminelles Verhalten begeht. Das Viktimisierungsrisiko wächst mit der Verwicklung in kriminelles Verhalten (*Berg/Loeber* 2011). Diese Korrelation zwischen Täter- und Opferrollen geht auf dynamische Persönlichkeitszüge zurück, die das Subkultur-Mitglied in der Gewalt-Subkultur erworben hat, die Aggression für dienlich, förderlich und nützlich erachtet. Es sind Risiko-Neigung, Impulsivität, niedrige Selbstkontrolle, Gewaltbereitschaft und die Vorliebe, sich Gewaltsituationen auszusetzen. Diese Persönlichkeitszüge machen sowohl gewalttäter- wie opferanfällig (*Lauritsen/Laub* 2007; *Schreck/Stewart/Osgood* 2008). Ein Beispiel sind Bandenmitglieder, die Gewalt-Viktimisierung besonders häufig erleben (*Taylor/Peterson/Esbensen/Freng* 2007).

1.2.3.3.1.3 Institutionelle Viktimisierung

Unter Institution (z.B. Familie, Schule, Krankenhaus, Kirche, Strafanstalt) versteht man einen sozialen Komplex von Normen, Rollen und Beziehungsgeflechten. Institution ist eine soziale Einrichtung, die nach bestimmten Regeln des Arbeitsablaufs und der Aufgabenverteilung auf Mitarbeiter, die zusammenarbeiten, eine bestimmte Aufgabe erfüllt. Die Gesellschaft ist ein kooperatives System von Institutionen als „Organen" (*Herbert Spencer*). Für die institutionelle Viktimisierung (*H.J. Schneider* 1996; 1994, 109–123) ist die Machtverteilung in einer Institution von großer Bedeutung (*Goffman* 1961; vgl. auch *Mutchnick/Martin/Austin* 2009, 222–240). Alle Entscheidungs- und Kontrollbefugnisse können beim Personal liegen, das sich überlegen und stets im Recht fühlt. Die Insassengruppe kann ohnmächtig sein. Sie spielt nur noch eine reaktive Rolle; sie kann keine Eigeninitiative entwickeln. Bei einseitiger Machtverteilung zwischen Personal und Insassen zu Lasten der Insassen neigt die Gruppe, die praktisch totale Macht über die machtlose Gruppe erhält, dazu, ihren überlegenen Status zu autoritärem und gewaltsamem Verhalten zu missbrauchen (*Haney/Banks/Zimbardo* 1973). In Prozessen symbolischer Interaktion zwischen Personal und Insassen entwickeln die Insassen Reaktionsmuster (Skripte) erlernter Hilflosigkeit (*Seligman* 1992; vgl. auch *Bauer* 2008, 385/386), die Passivität, Angst, Depression, vermehrte Gesundheitsprobleme, niedriges Selbstwertgefühl, mangelnde Motivation zu prosozialem Verhalten und Desinteresse am Leben zur Folge hat. Das Kontrollungleichgewicht, der extreme Mangel an Kontrollfähigkeit bei äußerster Kontrollunterworfenheit der Insassen, verursacht die Viktimisierung.

1.2.3.3.2 Sozialprozess-Viktimisierung

1.2.3.3.2.1 Opferpräzipitation

Opferpräzipitation bedeutet die Einleitung, das Auslösen der Viktimisierung durch das Opferverhalten (*Bouffard* 2010). Das Opfer trägt durch sein Verhalten **scheinbar** zu seinem eigenen Opferwerden bei. Opferpräzipitation ist ein sozialpsychologisches

Konzept, das normativ-verzerrend ausgelegt wird, wenn es als Opferbeschuldigung, Opferprovokation (*Walklate* 2007) missverstanden oder mit Opfersorglosigkeit (*Miethe* 2005, 1700–1703) erklärt wird. *Marvin E. Wolfgang* (1957) hat es aufgrund der dynamischen Sichtweise der Viktimisierung durch *Hans von Hentig* (1941; 1948, 436) in seiner Studie über Tötungsdelikte entwickelt, die wiederum auf den symbolischen Interaktionismus von *George Herbert Mead* (1976) Bezug nimmt. Die Viktimisierung wird als Prozess symbolischer Interaktion zwischen Täter und Opfer verstanden, in dem beide nicht nur auf das Verhalten ihrer Interaktionspartner reagieren, sondern in dem sie es interpretieren und definieren. Aufgrund im gesellschaftlichen Prozess gelernter viktimisierungsfreundlicher Stereotype und Vorurteile interpretiert der Täter das Opferverhalten falsch; er verkennt die Situation illusionär, was ihn nicht von seiner Verantwortlichkeit zu entlasten vermag. Die illusionäre Situationsverkennung des Täters aufgrund Opferverhaltens ist lediglich eine Konkretisierung viktimisierungsunterstützender gesellschaftlicher Stereotype in der Viktimisierungssituation. Der Fokus liegt auf der Fehlinterpretation des Opferverhaltens durch den Täter (*Muftic* 2008). Ein Beispiel für viktimsierungs-auslösendes Opferverhalten ist Opferbetrunkenheit, die den Täter enthemmt und für seine Tat motiviert (*Felson/Burchfield* 2004). Sieht man die Viktimisierung nicht als Täter-Opfer-Interaktion, sondern allein als Fehlverhalten des Täters, auf das das Opferverhalten keinen Einfluss hat, so nimmt man dem potentiellen Opfer jede Motivation zur Selbstverteidigung. Denn es kann – bei dieser Sichtweise – gegen das Fehlverhalten des Täters ohnehin nichts ausrichten. Die empirische Forschung hat freilich gezeigt, dass der Opferwiderstand das Viktimisierungsrisiko bei der Vergewaltigung, beim Raub und beim Einbruch durchaus zu vermindern vermag (*Tark/Kleck* 2004).

1.2.3.3.2.2 Re-Viktimisierung
1.2.3.3.2.2.1 Viktimisierung als Prädiktor der Re-Viktimisierung
Der Viktimisierungsumfang wird mit zwei Viktimisierungsmessungen bestimmt. Die Viktimisierungs-Prävalenz gibt den Anteil der Bevölkerung wieder, der in einem bestimmten Zeitraum dem Opferwerden unterworfen wird. Die Viktimisierungs-Inzidenz informiert über die Häufigkeit, mit der eine Person oder eine Personengruppe viktimisiert wird. Die Viktimisierungs-Inzidenz ist deshalb so wichtig, weil die Viktimisierung ein guter Prädiktor für die Re-Viktimisierung ist (*Murphy* 2011; *Spalek* 2006, 12) und weil man Vorbeugungs- und Behandlungsmaßnahmen auf die Re-Viktimisierten konzentrieren kann, um – kontrollstrategisch – eine möglichst effektive Viktimisierungs-Verminderung zu erreichen.

Die Re-Viktimisierung (Viktimisierungs-Wiederholung) besitzt folgende Formen (*Menard* 2005):
– Mehrfach-Viktimisierung ereignet sich wiederholt in einem Jahr.
– Chronische, permanente, Serien-Viktimisierung erstreckt sich auf mehr als ein Jahr in derselben Population.

- Mit intermittierender (zweiteilig aussetzender) Viktimisierung bezeichnet man ein Opferwerden in wenigstens zwei Jahren. Zwischen beiden Jahren liegt ein Jahr, in dem das Opfer keine Viktimisierung erfährt.

Internationale Viktimisierungsstudien machen deutlich, dass das Phänomen der Re-Viktimisierung in 17 westlichen Industrienationen ähnliche Ausmaße angenommen hat (*Farrell* 2005):
- Ein kleiner Prozentsatz der Opfer erleidet die Re-Viktimisierung. Nur 4,3 Prozent der Opfer, die fünf- oder mehrmals in einem Jahr viktimisert worden sind, erfahren 43,5 % der registrierten Kriminalität (*Wolhuter/Olley/Denham* 2009, 43). Nicht weniger als 70 % der Viktimisierungen werden von 14 % der Befragten berichtet (*Goodey* 2005, 59).
- Das Risiko der Re-Viktimisierung variiert nach den Verbrechensformen. Es ist besonders hoch bei Verbrechen gegen die Person, z.B. bei Gewalt in der Familie, bei sexueller Viktimisierung, bei Misshandlung von Kindern und alten Menschen, bei rassistischen Angriffen und bei Bullying (bei Misshandlung durch Gleichaltrige). Etwa 16 Prozent der Bevölkerung im Vereinigten Königreich erleben Eigentumsdelikte, aber nur 2 % der Bevölkerung 41 % der Eigentumsdelikte. Etwa 8 Prozent der Bevölkerung im Vereinigten Königreich sind Delikten gegen die Person unterworfen, aber nur ein Prozent der Bevölkerung 59 Prozent dieser Delikte (*Farrell* 2005; *Farrell/Bouloukos* 2001).

Die Ursachen der Re-Viktimisierung sind bisher hauptsächlich bei der Einbruchsviktimisierung untersucht worden (*Bottoms/Costello* 2010; *Tseloni/Wittebrood/Farrell/Pease* 2004). Man hat theoretisch zwei Entstehungsgründe unterschieden (*Farrell* 2010; *Grove* 2011; *Farrell/Pease* 2007, 38).
- Der Täter macht sich günstige Tatgelegenheiten (z.B. geringes Risiko, wenig Aufwand, großen Nutzen), die er bei seiner ersten Viktimisierung vorgefunden hat, bei seinen Re-Viktimisierungen zunutze (Verstärkerhypothese).
- Aufgrund besonderer Opfermerkmale, z.B. der Attraktivität des Opfers (*Wittebrood/Nieuwbeerta* 2000), wird es beständig viktimisiert. Es sendet Signale seiner Opferattraktivität aus, die in einem Ansteckungsprozess von mehreren Tätern erkannt werden (Attraktivitätshypothese).

Für beide Hypothesen sprechen einige empirische Untersuchungen (*Sagovsky/Johnson* 2007; *Johnson* 2008); sie sind aber beide bisher nicht ausreichend empirisch bestätigt worden. Die Viktimisierungsneigung (Opferverwundbarkeit) kann nicht allein mit statischen Opfermerkmalen, sie muss vielmehr mit dynamischen psychosozialen Viktimisierungsverläufen erklärt werden.

Die vergangene Viktimisierung hat einen maßgeblichen Einfluss auf das gegenwärtige Opferwerden (*Menard* 2005). Täter- und Opferneigung werden im Interaktionsprozess dadurch erworben, dass die Opferneigung dem Opfer vom Täter aufgezwungen wird. Die Erfahrung der Viktimisierung ändert Individuen und ihre sozialen Umstände in einer Weise, dass sich nachfolgende Viktimisierungsrisiken erhöhen (*Ousey/Wilcox/Brummel* 2008). Das Opfer ändert sein Verhalten und seinen Lebensstil. Die Viktimisierung unterminiert zwei Persönlichkeits-Glaubenssätze:

– die Selbsteffektivität und
– das Vertrauen in die Intentionen anderer.

Das Opfer entwickelt ein Selbstbild der persönlichen Schwäche und der Hilflosigkeit (*Dalhier* 2010, 289/290). Nach dem Persönlichkeits-Prozess-Modell wandeln sich dynamische Persönlichkeitszüge derartig, dass dadurch nachfolgende Re-Viktimisierung mit hervorgerufen wird. Durch die ständige, permanente Viktimisierung erwerben z.B. chronische Verbrechensopfer scheue und unterwürfige Verhaltensmuster. Ihre Durchsetzungsschwäche verstärkt sich ständig. Die Erfahrung der Viktimisierung hat einen Kausaleffekt auf die Re-Viktimisierung (Langzeit-Entwicklung einer Viktimisierungs-Verwundbarkeit) (*Hope/Bryan/Trickett/Osborn* 2001). Viktimisierung in der Kindheit führt z.B. zu einer Zunahme der Verwundbarkeit für nachfolgende Re-Viktimisierung in der Jugend und im Erwachsenenalter (*Widom/Czaja/Dutton* 2008): In ihrer Kindheit sexuell und körperlich misshandelte und vernachlässigte Individuen berichten über eine größere Zahl von Viktimisierungstraumen und -erfahrungen in ihrem Lebenslauf als Personen einer Kontrollgruppe. Alle Formen kindlicher Viktimisierung sind mit einem höheren Risiko einer Lebenszeit-Re-Viktimisierung verbunden. Deshalb ist eine Früh-Intervention bei misshandelten und vernachlässigten Kindern und ihren Familien erforderlich, um nachfolgende Viktimisierungstraumen und -erfahrungen zu vermeiden.

1.2.3.3.2.2.2 Der Täter-Opfer-Lernprozess

Opfermerkmale und -verhalten erklären allein nicht die Opferverwundbarkeit (Victim Vulnerability) und -neigung (Victim Proneness) (a.A. *Goodman Chong* 2009; *Boswell* 2009; *Sloan* 2005; vgl. auch *Schreck* 2010; *Franklin* 2011). Stets ist eine Täter-Opfer-Interaktion notwendig, bei der der Täter der aktive Teil ist, der dem Opfer seine Viktimisierung aufzwingt. Es ist also mehr als zweifelhaft, ob Opfer ihr Opferwerden durch niedrige Selbstkontrolle selbst verursachen (so *Schreck/Stewart/Fisher* 2006). Es ist vielmehr die Viktimisierungserfahrung, die psychosoziale Schädigung des Opfers durch den Täter, durch die das Re-Viktimisierungs-Risiko wächst. Denn unter dem Druck des Täters bilden sich Merkmale, Verhaltensweisen und Lebensstile bei dem Opfer aus, die für Re-Viktimisierung anfällig machen. Die Viktimisierung hat emotionale, kognitive und behavioristische Folgen beim Opfer. Es ändert seine Einstellungen, seine Gefühle und sein Verhalten. Sein Selbstwertgefühl wird beeinträchtigt. Emotionale, kognitive und behavioristische Schädigungen können nicht nur durch den Täter, sondern auch durch die Kriminaljustiz entstehen, die die Bedürfnisse des Opfers missachtet oder es sogar für sein eigenes Opferwerden verantwortlich macht

(*Hume/Hume* 2005, 1707–1710). In einem asymmetrischen Gewöhnungsprozess entstehen Opferneigung und -verwundbarkeit, die sich aus folgenden vier psychischen Komponenten zusammensetzen:
- aus Verhaltensabläufen der Viktimisierung (Skripten), die im Gedächtnis als Leitvorstellungen für Verhalten und für Problemlösung gespeichert sind,
- aus Weltschemata, die Umweltreize viktimell evaluieren,
- aus normativen Glaubenssätzen über die Angemessenheit der Viktimisierung und
- aus emotionalen Prädispositionen (Anfälligkeiten), z.B. aus mangelnden Emotions-Regulations-Fähigkeiten oder viktimellen Reaktionsneigungen.

Bei der psychischen Verarbeitung der Viktimisierung sind drei Opferpfadwege möglich:
- Das Opfer formt seine Viktimisierung in Delinquenz und Kriminalität um. Kindliche Opfer besitzen z.B. ein hohes Risiko, sich zu Tätern in ihrer Jugendzeit und in ihrem Erwachsenenleben zu entwickeln (*Cuevas/Finkelhor/Turner/Ormrod* 2007; *Gover/Jennings-Tomsich/Park/Rennison* 2011).
- Das Opfer kann in seinem Lebenslauf zum Mehrfach-Opfer (Multiple Victim), zum Rückfall-Opfer (Repeat Victim) werden. Viktimisierung in der Kindheit ist in vielen Fällen ein Vorläufer für Re-Viktimisierung im Jugend- und Erwachsenenalter.
- Das Opfer kann aus seiner Viktimisierung lernen. Mit sozialer Unterstützung (Vorbeugungs- und Behandlungsmaßnahmen) kann es die Annahme der Opferrolle verweigern und Hoch-Risiko-Situationen für seine Re-Viktimisierung vermeiden.

1.2.3.3.3 Situative Viktimisierung

Sozialstrukturelle und -prozessuale Viktimisierungstheorien werden durch situative ergänzt und vervollständigt:
- Nach dem Lebensstil-Gelegenheits-Modell (*Hindelang/Gottfredson/Garofalo* 1978, 121; *Mustaine* 2010; *Pauwels/Svensson* 2011; *Hindelang* 2009) werden Menschen durch ihren Lebensstil, durch ihre tagtäglichen Routine-Aktivitäten in ihrem beruflichen und ihrem Freizeit-Bereich, in viktimogene Situationen verwickelt, in denen sie mit potentiellen Tätern in Kontakt kommen und in denen sie potentielle Viktimisierungen riskieren.
- Das Routine-Aktivitäts-Modell (*Cohen/Felson* 2011) hat mit dem Lebensstil-Gelegenheits-Modell große Ähnlichkeit: In einer viktimogenen Situation kommen motivierte Täter mit geeigneten Viktimisierungszielen zusammen, und es mangelt in solchen Situationen an einem fähigen Opferschutz. Die Wahrscheinlichkeit solcher Situationen wird durch Routineaktivität des Opfers in seinem beruflichen und Freizeit-Bereich beeinflusst. Das Opfer befindet sich häufig in der Nähe zum

Verbrechen, z.B. in hoch mit Kriminalität belasteten Großstadtbezirken; es ist oft viktimogenen Situationen ausgesetzt; es ist attraktiv, und es mangelt ihm an einer fähigen Beschützerschaft (*Hope* 2007, 71/72).

1.2.3.4 Viktimisierungs-Studien

1.2.3.4.1 Viktimologische Methoden

Viktimsierungsstudien (Victimization Surveys) enthalten die Ergebnisse von Interviews mit einer randomisierten (nach dem Zufallsprinzip ausgewählten) Stichprobe von Menschen, die danach gefragt werden, ob sie Verbrechensopfer geworden sind (*Rennison* 2010a). Sie können als Querschnittuntersuchungen (mit einer Experimental- und einer Kontrollgruppe) oder als Längsschnittuntersuchungen (mehrfachen Befragungen einer Experimentalgruppe) durchgeführt werden. Es gibt vier verschiedene Formen der Studien zum Opferwerden:

- Die internationalen Viktimsierungsstudien stützen sich auf repräsentative Bevölkerungsstichproben aus zahlreichen Ländern (vgl. *Killias* 2010; *Dijk/Kesteren/Smit* 2007). Sie ermöglichen Vergleiche über das Ausmaß und die Struktur der Viktimisierung in verschiedenen Gesellschaften.
- Die Basis nationaler Befragungen in das Opferwerden ist eine repräsentative Bevölkerungsstichprobe aus einem Land (*Rennison* 2010b). Die beiden bekanntesten nationalen Viktimisierungs-Studien sind die „National Crime Victimization Survey (NCVS)" der USA, die seit 1972 durchgeführt wird, und die „British Crime Survey (BCS)", die es seit 1982 gibt.
- Die lokale Viktimisierungsstudie beschränkt sich auf die Befragung einer repräsentativen Bevölkerungsstichprobe eines Gebietes oder einer Stadt (vgl. z.B. *Schwind/Fetchenhauer/Ahlborn/Weiß* 2001).
- Die spezialisierte Studie zum Opferwerden konzentriert sich auf die Viktimisierung eines speziellen Bevölkerungssegments (z.B. der Frauen oder der Kinder) oder durch ein spezielles Delikt, z.B. durch die sexuelle Misshandlung von Kindern (vgl. *Finkelhor* 1994; *Pereda/Guilera/Forns/Gomez-Benito* 2009).

Eine zweite wichtige viktimologische Methode besteht darin, dass man Verbrechensopfer, deren Opferwerden der Kriminaljustiuz bereits bekannt geworden ist, nach ihren Erfahrungen mit ihrem Opferwerden und mit den Reaktionen auf ihr Opferwerden sowie nach ihren Bedürfnissen befragt (vgl. *Shapland/Willmore/Duff* 1985; *Kilchling* 1995).

1.2.3.4.2 Ursprung und Entwicklung der Viktimsierungsstudien

Im Jahre 1964 hatte die finnische Kriminologin *Inkeri Anttila* (2001, 3–8) die Idee, das Dunkelfeld der verborgen gebliebenen, nicht angezeigten Viktimisierungen durch Bevölkerungsbefragungen in ihr Opferwerden aufzuklären. Die *U.S.-President's Commission on Law Enforcement and Administration of Justice* (1967, 20/21) (*Buerger* 2010) nahm diese Idee auf und gab die erste Viktimisierungsstudie (*National Opinion Research Center* 1967) als Pilot Projekt in Auftrag. Diese Studie ist im Jahre 1976 von einem Panel des National Research Council der USA evaluiert worden (*National Academy of Sciences* 1976). Seit dem Jahre 1973 werden in den USA jährlich Viktimsisierungsstudien (National Crime Victimization Survey/NCVS) auf nationaler Ebene durchgeführt (*Robinson* 2005). Mit der British Crime Survey (BCS) ist im Jahre 1982 begonnen worden. Mit einer Pilot Studie wurde sie im Jahre 1977 vorbereitet (*Sparks/Genn/Dodd* 1977). Die Ergebnisse der letzten British Crime Survey (BCS) hat man im Jahre 2009 veröffentlicht (*Home Office* 2009). In 25 Jahren hat sich die British Crime Survey (BCS) als ein „sehr wichtiges Forschungs-Instrument" erwiesen (*Walker* 2008, 122). Die International Crime Victims Survey (ICVS) gibt es seit 1989. Sie ist seitdem fünfmal unternommen worden (*Kesteren/Dijk* 2010). Im Jahre 2005 ist eine europäische Viktimisierungsstudie hinzugekommen (*Dijk/Manchin/Kesteren/Nevala/Hideg* 2005; *Heiskanen/Viuhko* 2008). Die viktimologische Forschung hat inzwischen herausgearbeitet, dass die polizeiliche Kriminalstatistik nur unzulängliche Kriminalitätsinformationen zu liefern vermag (*Dijk* 2008, 26–33). Freilich haben die Viktimisierungsstudien auch methodische Mängel, an deren Beseitigung ständig gearbeitet wird (*Lauritsen* 2005). So werden z.B. die Gewaltdelikte, insbesondere die Gewalt in engen zwischenmenschlichen Beziehungen, nur sehr mangelhaft erfasst (*Heiskanen/Viuhko* 2008, 10; vgl. auch *Simon/Kresnow/Bossarte* 2008). Gleichwohl sollte die polizeiliche Kriminalstatistik nicht allein zu Aussagen über Häufigkeit, Struktur und Entwicklung der Kriminalität herangezogen werden. Sie muss durch Viktimisierungsstudien ergänzt werden (*Lynch* 2006, 247).

1.2.3.4.3 Phänomenologie der Viktimisierung

1.2.3.4.3.1 Internationale Viktimisierungs-Studien
Die 5. Runde der ICVS (2004/2005) bezieht sich auf dreißig entwickelte und Entwicklungs-Länder und 33 verschiedene Großstädte (*Dijk/Kesteren/Smit* 2007, 41–47). Ende 2005 blickte die ICVS auf 140 Viktimisierungsstudien (Studien zum Opferwerden durch Straftäter) in 78 verschiedenen Ländern mit über 320.000 befragten Probanden zurück:
- Fast 16 Prozent der Bevölkerung in den dreißig teilnehmenden Ländern sind im Jahre 2004 Opfer einer Straftat geworden. Unter den 15 Ländern mit höheren Viktimisierungsraten befinden sich England/Wales, USA und Australien, unter

den 15 Ländern mit niedrigeren Viktimisierungsraten Deutschland, Österreich und Japan.
- In dreißig Ländern und 12 Großstädten beträgt die Anzeigerate für fünf Delikte (Kraftfahrzeug-, Fahrrad- und Einbruchsdiebstahl, versuchter Einbruchsdiebstahl sowie Diebstahl persönlichen Eigentums) 41 Prozent. Die höchsten Anzeigeraten besitzen Österreich (70 %), Belgien (68 %), Schweden (64 %) und die Schweiz (63 %) (*Kesteren/Dijk* 2010, 161).
- Die Verbrechensopfer-Unterstützung war am höchsten in Neuseeland (24 %) und in Schottland (22 %), relativ hoch auch in Österreich (13 %). Deutschland befindet sich mit nur zwei Prozent Opferunterstützung unter den Ländern mit der niedrigsten Opferhilfe (*Kesteren/Dijk* 2010, 166).
- Weltweit sind die höchsten Viktimisierungsraten für Großstadtbewohner in Lateinamerika und Afrika gemessen worden (46 % und 35 %) (*Dijk* 2008, 47–53; *Frate* 2007, 236). Die Länder Europas und Nordamerikas befinden sich – fast ohne Ausnahme – in der mittleren Kategorie. Die niedrigsten Viktimisierungsraten besitzt Asien.

Unter den 18 europäischen Ländern, in denen eine Dunkelfeldforschung durchgeführt worden ist (*Dijk/Manchin/Kesteren/Nevala/Hideg* 2005), haben das Vereinigte Königreich, die Niederlande und Belgien die höchsten Viktimisierungsraten. Schweden, Polen und Deutschland zählen zum Durchschnittsbereich. Die Schweiz besitzt jetzt auch mittlere Viktimisierungsraten (*Killias/Haymoz/Lamon* 2007, 7). Niedrige Raten haben demgegenüber Spanien, Frankreich und Österreich.

1.2.3.4.3.2 Die Viktimisierung von Frauen

Die viktimologische Forschung hat gezeigt, dass die Viktimisierung von Frauen in unterschiedlichem Maße in fast allen Ländern der Erde ein ernstes soziales Problem ist. Sie ist in den Entwicklungsländern weiter verbreitet als in den entwickelten Industrieländern (*Dijk* 2008, 107). Gewalt gegen Frauen ist in den deutschsprachigen Ländern keineswegs selten (*Aromaa/Leppä* 2003, 80; *Yodanis* 2002, 273). Eine „International Violence against Women Survey (IVAWS)" ist in elf Ländern durchgeführt worden. Ergebnisse aus neun Ländern liegen vor (*H. Johnson/Nevala* 2010, 490; *Jaquier/Fisher/H. Johnson* 2011; *Johnson/Ollus/Nevala* 2008):
- In der Mehrzahl der Länder, die studiert worden sind, erfuhren Frauen seit ihrem 16. Lebensjahr in 35 % bis 60 % der Fälle physische oder sexuelle Gewalt.
- In den meisten Ländern sind zwischen 22 % und 40 % der Frauen von ihren Intimpartnern physisch oder sexuell angegriffen worden.
- Zwischen 10 % und 31 % der Frauen sind von Nicht-Intimpartnern sexuell viktimisiert worden.

Nationale Viktimisierungsstudien über Gewalt gegen Frauen sind in Finnland (*Heiskanen/Piispa* 2008) und Italien (*Muratore/Corazziari* 2008) unternommen worden. In Finnland waren 43,5 % aller 18 bis 74 Jahre alten Frauen Opfer von sexueller oder körperlicher Gewalt oder Gewaltdrohung. In Italien belief sich der Umfang der Viktimisierung aller 16 bis 70jährigen Frauen auf 23,7 % sexuelle und 18,8 % physische Gewalt. Die Ergebnisse der IVAWS bestätigen, dass nur eine Minderheit von Fällen der Gewalt gegen Frauen der Polizei berichtet wird. In allen neun Ländern zeigten weniger als ein Drittel ihre gewaltsame Viktimisierung der Polizei an. Frauen melden der Polizei weniger Gewalt durch Partner als Gewalt durch Fremde. Selbst schwere Gewalt durch Partner wird der Polizei nicht berichtet. In Italien bleiben 82,7 % der Vergewaltigungen im Dunkelfeld (*Maffei/Merzagora Betsos* 2007, 473). Von der Minderheit der Fälle, die angezeigt werden, klagt man noch ein beträchtlicheres Minimum an. Von den Angeklagten wird nur ein kleiner Teil verurteilt. Die Wahrscheinlichkeit, dass angezeigte Gewalt gegen Frauen in einer Verurteilung endet, beträgt ein bis fünf Prozent. So werden in der Schweiz 23,5 % der gewaltsamen Viktimisierungen von Frauen der Polizei angezeigt; von diesen angezeigten Viktimsierungen enden 2,6 % in einer Verurteilung (*Killias/Simonin/DePuy* 2005, 84; vgl. auch die Beiträge in *Renzetti/Edleson/Bergen* 2011).

1.2.3.4.3.3 Opfer des weltweiten Menschenhandels

Im Auftrag des Kongresses erstellt das Außenamt der USA jedes Jahr einen Bericht über Menschenhandel (*U.S. Department of State* 2009; *Sigmon* 2008): Moderne Sklaverei (absolute Kontrolle über die Opfer) bezieht sich auf Zwangsarbeit von Frauen, Männern und Kindern in Bordellen, Fabriken, in der Landwirtschaft, in der Fischfang- und Bergbau-Industrie und im Haushalt (*C.J. Smith* 2010). Menschen sind Objekte des Menschenhandels zum Zwecke der Organspenden. Kinder werden zur Kinderarbeit und -prostitution und als Kindersoldaten missbraucht. Sie werden zur Bettelei und zum Diebstahl angehalten. Nicht weniger als 12,3 Millionen Erwachsene und Kinder sind Opfer des weltweiten Menschenhandels. Über die Hälfte sind Frauen und Kinder. Über zwei Millionen Kinder werden zur Kinderprostitution gezwungen. Niedriger Status der Frauen, ihr unzureichender Zugang zur Erziehung, die Beschränkung ihrer Menschenrechte sowie sonstige Diskriminierungen machen Frauen für den Frauenhandel opferanfällig. Durch Anwendung von physischer und sexueller Gewalt werden sie an ihr Opferwerden gewöhnt. Man setzt sich zur Vorbeugung gegen Menschenhandel für eine bessere Zusammenarbeit zwischen Quellen-, Durchgangs- und Zielländern ein (*Perrin* 2010). Man empfiehlt einen opferzentrierten Vorbeugungs- und Kontrollansatz: Die Opfer müssen im Strafverfahren besser geschützt, ihnen muss effektiver geholfen werden. Sie müssen im Strafverfahren größeres Gehör finden. Sie müssen Wiedergutmachung erhalten. Unter 174 Ländern setzen sich 28 für Opferschutz und -hilfe ein; 77 tuen wenig gegen Menschenhandel; bei 52 Ländern sind ihre Vorbeugungs- und Kontrollmaßnahmen unbekannt, und 17 tuen nichts, um dem Menschenhandel vorzubeugen oder ihn zu kontrollieren. Die deutschsprachigen Länder gehören zur ersten Kategorie.

1.2.3.4.4 Ätiologie der Viktimisierung

1.2.3.4.4.1 Die Völkermord-Viktimisierungsstudie

Völkermord (Genozid, Genocidium) ist ein krimineller Prozess der symbolischen Interaktion. Er setzt die Überordnung einer täteranfälligen, mächtigen, mit formeller Autorität ausgestatteten Bevölkerungsgruppe und die Unterordnung einer opferanfälligen machtlosen Bevölkerungsgruppe voraus. Es entwickelt sich eine Überordnungs-Unterordnungs-Interaktion. Die Opferanfälligkeit der Opfergruppe besteht häufig darin, dass sie etwas besitzt, das die Tätergruppe gern haben möchte (*H.J. Schneider* 2007b, 761–765; *Alvarez* 2008, 291; *Smeulers/Hoex* 2010). Ein Beispiel für einen Völkermord im 21. Jahrhundert ist der Genozid in der Darfur-Region des Sudan. Im Februar 2003 begannen Angriffe von sudanesischen Streitkräften und arabischen Milizen auf Afrikaner, die auf Farmen und in Dörfern der Darfur-Region lebten. Nahezu 400.000 Darfur-Afrikaner wurden bei diesen Angriffen getötet, oder sie verschwanden. Mehr als zwei Millionen von ihnen wurden vertrieben und leben in Flüchtlingslagern im Sudan und im Tschad. Das U.S.-State Department ließ im Jahre 2004 die erste Viktimisierungsstudie zum Nachweis des Völkermords (Atrocities Documentation Survey (ADS)) durchführen (*Hagan/Rymond-Richmond* 2009, 58). Dreißig Interviewer befragten zwei Wochen lang 1.136 Flüchtlinge in zehn Flüchtlingslagern und neun Settlements im Ostteil des Tschad nach ihrem Opferwerden. Mit dieser ersten Völkermord-Viktimisierungs-Studie ist zweierlei empirisch nachgewiesen worden:

- Die Vertreibung, Tötung und Vergewaltigung der Opfergruppe der afrikanischen Farmer muss als Völkermord gewertet werden und nicht als Bestrafung von Rebellen, von aufständischen Gruppen, wie die arabisch dominierte Regierung des Sudan behauptet.
- Dieser Völkermord beruht auf einem Konflikt zwischen der arabischen Täter- und der afrikanischen Opfergruppe über Land- und Wasserressourcen. Die machtlosen afrikanischen Farmer besaßen diese Ressourcen, die die mächtige, von der sudanesischen Regierung unterstützte, nomadische Gruppe arabischer Viehzüchter für sich beanspruchte (vgl. auch *Hagan* 2009; *Hagan/Rymond-Richmond/ Parker* 2005). Dieser Konflikt wurde von der sudanesischen Regierung durch eine Arabisierungs-Ideologie und -Kampagne geschürt.

1.2.3.4.4.2 Die Obdachlosen-Viktimisierung

Obdachlose werden von den allgemeinen Viktimisierungsstudien nicht erfasst (*Lynch* 2006, 246). Deshalb sind spezielle Obdachlosen-Viktimisierungsstudien notwendig, die in Kanada (*Gaetz* 2004) und in England (*Newburn/Rock* 2006) unternommen worden sind. In diesen Obdachlosen-Viktimisierungsstudien hat man zwei Ergebnisse erzielt (vgl. auch *Keeshin/Campbell* 2011; *Croal* 2007, 65):

- Die Obdachlosen besitzen hohe Raten an Mehrfach- und Re-Viktimisierung. In Kanada beläuft sich die Viktimisierungsrate für die Bevölkerung auf 25 % und die für 15- bis 24-jährige junge Menschen auf 39 %. In der kanadischen Viktimisierungsstudie für obdachlose junge Menschen ermittelte man eine Viktimisierungsquote von 81,9 %. Nach der englischen Obdachlosen-Viktimisierungsstudie waren zwei Drittel der Obdachlosen der Diebstahls- und über die Hälfte der Gewalt- und Bedrohungs-Viktimisierung ausgesetzt.
- Die Viktimisierungs-Anzeigeraten bei der Polizei sind niedrig. In Kanada zeigten 12,2 % der obdachlosen Straßenjugend ihre Viktimisierung der Polizei an. In England meldeten 10 bis 33 Prozent der Obdachlosen ihre Viktimisierung der Polizei.

Als Ursache für die häufige Viktimisierung der Obdachlosen werden nach dem Lebensstil-Gelegenheits- und dem Routine-Aktivitäts-Modell die Nähe der Obdachlosen zu ihren potentiellen Tätern und der Umstand angenommen, dass sie häufig viktimogenen Situationen ausgesetzt sind (*Tyler/Beal* 2010; *Mustaine/Jasinski* 2010). Ferner wird geltend gemacht, dass die Polizei ihnen zu wenig Respekt entgegenbringt und zu wenig Schutz gewährt, weil sie in ihnen eher Täter denn Opfer sieht.

Dieser allein oder vorwiegend auf Viktimisierungsgelegenheiten abgestellte Erklärungsansatz greift zu kurz. Er berücksichtigt die sozialstrukturelle und -prozessuale Viktimisierung in unzureichendem Maße:

- Obdachlose sind sozial marginalisiert; sie unterliegen einem gesellschaftlichen Ausschlussprozess. Sie werden deshalb viktimisiert, weil sie Obdachlose sind (*H.J. Schneider* 2009, 308, 315; *Institute for the Prevention of Crime* 2008). Die Gruppe der Obdachlosen hat in der Gesellschaft einen untergeordneten Platz zugewiesen bekommen. Obdachlose sind als Mitglieder einer untergeordneten Gruppe potentielle Opfer wegen ihres untergeordneten Status. Sie sind gesellschaftlich per definitionem minderwertig und sozialabweichend und werden deshalb viktimisiert.
- Obdachlose befinden sich in einem Viktimisierungsprozess. Der Grund für ihre Obdachlosigkeit liegt häufig in ihrer Viktimisierung in ihrer Kindheit, in ihrer Herkunftsfamilie, in der sie physisch und sexuell misshandelt und emotional vernachlässigt worden sind (*Crook* 2007; vgl. auch *Wasserman/Clair* 2010). Durch ihr Opferwerden in ihrer Kindheit und Jugend eignen sich Obdachlose – gezwungenermaßen – ihre Opferneigung, -anfälligkeit und -verwundbarkeit (Viktimisierungstrauma!) an, die zu ihrem häufigen Opferwerden als Obdachlose beiträgt. Es ist ihre Viktimisierungserfahrung, ihre psychosoziale Verletzung durch ihre Täter, die sie für Re-Viktimisierung anfällig werden lässt.

Mit einem Forschungsteam des Tokiwa International Victimology Institute hat *Gerd Ferdinand Kirchhoff* (Mito/Japan) die Obdachlosigkeit in Osaka-Kamagasaki untersucht (Homeless Victimization Survey). Von 431 befragten Obdachlosen waren 309 viktimisiert worden (71 % der Obdachlosen), 7 % einmal, 93 % mehrmals im Jahr. Die Eigentums-Viktimisierung machte 93 %, die Gewalt-Viktimisierung 68 % aus. Die Mehrfach-Viktimisierung betrug im Durchschnitt achtmal im Jahr. Die Viktimisierungen (etwa die Hälfte durch andere Obdachlose, die andere Hälfte von außen) verursachten eine eskalierende Unsicherheit und Stress unter den Obdachlosen. Die Entstehung der Viktimisierung der Obdachlosen wird auf mangelnde Kontakte zwischen der Bevölkerung und den Obdachlosen zurückgeführt, die die niedrigste Bevölkerungsschicht bilden. Die Bevölkerung besitzt große Vorurteile den Obdachlosen gegenüber; sie behandelt sie mit Misstrauen und weist sie zurück. Sie verweigert ihnen jeden Respekt. Es herrscht eine große soziale Distanz zwischen der Bevölkerung und den Obdachlosen.

1.2.3.4.4.3 Sexuelle Kindesmisshandlung in der katholische Kirche

Sexuelle Kindesmisshandlung ist ein relativ weitverbreitetes, unterberichtetes und unterkontrolliertes Delikt (*Pereda/Guilera/Forns/Gomez-Benito* 2009; *Finkelhor* 1994; vgl. auch *Burgess/Clements* 2010, 129). Mit der sexuellen Kindesmisshandlung verletzen Priester ihre pastorale Rolle; sie missbrauchen ihre Autorität, und sie machen sich das Vertrauen und die Verletzbarkeit ihrer kindlichen Opfer zunutze. Bei der sexuellen Kindesmisshandlung geht es um die Sexualisierung einer auf Machtungleichgewicht beruhenden pastoralen Beziehung. Sexuelle Kindesmisshandlung ist nicht nur ein Sexualdelikt, sondern vor allem ein Machtmissbrauchsverbrechen (*Fortune* 2008).

Das „John Jay College of Criminal Justice" in New York City hat in den Jahren 2004 und 2006 in zwei deskriptiven Analysen über die Phänomenologie der sexuellen Kindesmisshandlung durch katholische Geistliche in den USA im Zeitraum zwischen 1950 und 2002 berichtet und sie mit der sexuellen Kindesmisshandlung in der Bevölkerung verglichen (*Terry* 2008a). In einer Diözesan-, einer Täter- und einer Opferstudie sind Informationen über nahezu 4.400 klerikale Kindesmisshandler (4 % aller etwa 110.000 Priester und Diakone der USA) und über 10.667 Opfer gesammelt worden (*Terry* 2008b). Von den 4.392 Priestern, denen man sexuelle Kindesmisshandlung zur Last gelegt hat, sind nur 613 der Polizei angezeigt (14 %) und nur 138 (3,6 %) strafgerichtlich verurteilt worden (*White/Terry* 2008, 673). Zur Verursachung der sexuellen Kindesmisshandlung in der katholischen Kirche kommt der viktimologische Mainstream zu folgendem Ergebnis:

Die Macht und Kontrolle ist in vielen katholischen Einrichtungen immer noch zu einseitig zugunsten des Personals verteilt. Diese Verteilung hat negative Auswirkungen auf die Prozesse der symbolischen Interaktion zwischen Priester und Zöglingen. Viele Priester hegen immer noch Gefühle der Überlegenheit und Erhabenheit, die sie als Vorabrechtfertigung eigenen Fehlverhaltens (Neutralisationsmechanismus) einsetzen und mit denen sie gegenüber ihren Zöglingen ein Kontrollungleichgewicht herstellen (*Tittle* 2011). Sie entwickeln dadurch Selbstbestätigung durch Domination, dass sie ihre Zöglinge als unterlegen, als geringerwertig, als Schwächlinge definieren, die tadelnswert sind. Solche Symbolisierungen (Degradierungen, Enthumanisierungen, Demütigungen) gehen in die tagtäglichen Interaktionen der Priester und Zöglinge ein und bestimmen wesentlich ihr Verhalten. Den Zöglingen wird durch Ausnutzung eines klerikalen Kontrollüberflusses eine erlernte Hilflosigkeit (*Seligman* 1992) aufgezwungen, die Passivität, Angst, Depression, vermehrte Gesundheitsprobleme, niedriges Selbstwertgefühl, mangelnde Motivation zu prosozialem Verhalten und Desinteresse am Leben zur Folge hat. Das Kontrollungleichgewicht, hier extremer Mangel an Kontrollfähigkeit bei äußerster Kontrollunterworfenheit der Zöglinge, verursacht die sexuelle Straffälligkeit der Priester.

1.2.3.4.4.4 Viktimisierung in der Strafanstalt

Die Strafanstalt ist eine soziale Institution, eine Gesellschaft innerhalb der Gesellschaft (*Mutchnick/Martin/Austin* 2009, 207–240). In ihr entwickelt sich eine kriminelle Insassen-Subkultur mit einer Machtstruktur, in der der kriminell Mächtigste Wertvorstellungen, Leitbilder und Lebensstile bestimmt. In einem Prisonisierungsprozess, einem Gewöhnungsprozess lernt der Insasse seine Anpassung an die kriminelle Insassen-Subkultur, seine Insassenrolle. In einem Prozess der symbolischen Interaktion (Prisonisierungsprozess) macht sich der machtlosere Insasse mit seiner Viktimisierung vertraut. Die sexuelle, die Eigentums- und Gewaltviktimisierung sind in einer Strafanstalt weit verbreitet (*Karmen* 2010, 45/46; *Booyens* 2008; *Booyens/Hesselink-Louw/Mashabela* 2004). Dieses große Ausmaß an Viktimisierung allein oder vorwiegend auf den gewaltsamen Lebensstil und auf die kriminelle Konfliktlösung in einer Strafanstalt zurückzuführen (*O'Donnell/Edgar* 2009), ist unzureichend, weil dieser Erklärungsansatz keine Anhaltspunkte für Vorbeugungs- und Behandlungsmaßnahmen bietet, um der Viktimisierung entgegenzutreten. In der kriminellen Strafanstalts-Subkultur entwickelt sich vielmehr eine Täter-Opfer-Interaktionsstörung, ein progredienter Viktimisierungsprozess, der vom Täter aus Freude an der Domination, der absoluten Kontrolle des Opfers betrieben wird und in dem das Opfer zunehmend in erlernte Hilflosigkeit (*Seligman* 1992) verfällt (*Leddy/O'Connell* 2002; *Wood/Moir/James* 2009). Ein Strafgefangener wird systematisch, absichtlich, ständig wiederholt und über eine längere Zeit hinweg einer Fülle verschiedenartiger Viktimisierungen durch einen Mitgefangenen oder mehrere Mitgefangene ausgesetzt. Diese Mehrfach-Viktimisierung beruht auf einer Unausgewogenheit in den Macht- und Stärke-Beziehungen, die zu einer Interaktion der Über-Unter-Ordnung und zu chronischem Machtmissbrauch führt. Besonders opferanfällig sind ältere Strafgefangene, die von jüngeren viktimisiert werden (*Kerbs/Jolley* 2007). Da die viktimisierten Strafgefangenen der kriminellen Insassen-Subkultur angehören, zeigen sie ihre Viktimisierung der Strafvollzugsbehörde nicht an (vgl. auch *Daigle* 2012, 354–359; *Holcomb* 2010; *Tewksbury* 2010).

1.2.3.4.4.5 Die Entwicklungs-Viktimisierungs-Studie

Die Kinder gehören zu den am häufigsten viktimisierten Segmenten der Bevölkerung (*Finkelhor* 2007). Wegen der kindlichen Entwicklungs-Verwundbarkeit hat das Opferwerden im Kindes- und Jugendalter enorme schädliche psychosoziale Folgen (*Wise* 2010). Die „Developmental Victimization Survey (DVS)" (*Finkelhor/Ormrod/Turner/Hamby* 2005) versucht, möglichst alle Viktimisierungsformen und ihre Interaktionen untereinander im Kindes- und Jugendalter zu erfassen. In drei Wellen (2002/2003; 2003/2004; 2005/2006) ist eine Stichprobe von 1.467 Kindern und Jugendlichen im Alter zwischen 2 und 17 Jahren mit Telefon-Interviews der 10 bis 17 Jahre alten Teenager und mit Betreuer-Telefon-Interviews der 2 bis 9 Jahre alten Kinder durchgeführt worden. Die Viktimisierungs-Verlaufs-Studie bezog sich auf nicht weniger als 33 Viktimisierungsformen, darunter physische und emotionale Misshandlungen durch Betreuer (Betreuerinnen), Misshandlungen durch Gleichaltrige und sexuelle Viktimsierungen durch Eltern, Bekannte und Fremde.

Folgende Ergebnisse sind erzielt worden:

- Die Viktimisierungsrate der gesamten Stichprobe macht 71 Prozent aus. Mehr als die Hälfte der Stichprobe hatte unter physischen Angriffen zu leiden. Nicht weniger als 22 % der Stichprobe waren Mehrfachopfer (5 bis 22 Viktimisierungen in einem Jahr). Familien-Gewalt und -Konflikt haben speziell negative emotionale Effekte auf Kinder (*Finkelhor/Ormrod/Turner/Holt* 2009).
- Der Viktimisierungsprozess ist ein kausaler Interaktionsprozess zwischen emotionalen und Verhaltensproblemen der Kinder und Jugendlichen einerseits und ihrer Viktimisierung andererseits.
- Die Viktimisierung der Kinder und Jugendlichen ruft ihre emotionalen und Verhaltensprobleme, z.B. Depression, Angst, Traurigkeit, Furchtsamkeit und Zurückgezogenheit, hervor, die wiederum Viktimisierung verursachen. Denn die Täter suchen sich Opfer mit diesen Symptomen aus (*Turner/Finkelhor/Ormrod* 2010).
- Mehrfach-Opfer (mit vier und mehr Viktimisierungen im Jahr) haben ein hohes Re-Viktimisierungs-Risiko zu erwarten. Kinder, die in einem Jahr Opfer geworden sind, tragen ein doppeltes bis siebenfaches Re-Viktimisierungs-Risiko im folgenden Jahr (*Finkelhor/Ormrod/Turner* 2007a, 2007b, 2009). Mit jeder Viktimisierung verstärkt sich die Opfer- ebenso wie die Täteranfälligkeit.

1.2.3.4.4.6 Physische und psychische Viktimisierung von Universitätsstudentinnen und -studenten durch ihre Liebespartner und -parterinnen sowie durch ihre Eltern

Mit der „International Dating Violence Study (IDVS)" von *Murray A. Straus* ist die physische und psychische Viktimisierung von 17.404 Studierenden durch ihre Liebespartner (Romantic Partners) aus 68 Universitäten in 32 Ländern untersucht worden. Außerdem ermittelte man die Viktimisierung dieser Studierenden durch Körperstrafen ihrer Eltern. Man fand hohe Raten an körperlichen Angriffen (Median 25 %) in fast allen Ländern heraus. Zu den Nationen mit den höheren Viktimisierungsraten zählen Großbritannien (33,3 %) und die USA (27,9 %), zu den Nationen mit den niedrigeren Viktimisierungsraten Deutschland (24,3 %) und Japan (17,3 %). Die Viktimisierung von Studentinnen und Studenten war in etwa gleich hoch. Junge Frauen erlitten aber schwerere physische und psychische Verletzungen. Die Viktimisierung der Kinder durch Körperstrafen ihrer Eltern ist ebenfalls in fast allen untersuchten Ländern weit verbreitet. Physische und psychische Aggression der Eltern gegenüber ihren Kindern ist ein ernstes Sozialproblem weltweit. Dagegen helfen nur Eltern-Erziehungs-Programme. Körperstrafen sollten kein Erziehungsmittel, sie sollten illegal sein, aber nicht mit dem Strafrecht geahndet werden. Die Vereinten Nationen haben ihren Mitgliedstaaten die Verbannung von Körperstrafen empfohlen. 24 Länder sind bisher dieser Empfehlung gefolgt.

Mit zwei Sonderauswertungen der IDVS können die Ausführungen ergänzt werden:

–   Es besteht eine Beziehung zwischen Körperstrafen in der Herkunftsfamilie und Partnergewalt bei Liebes- und Ehepaaren (*Douglas/Straus* 2006). Die Anwendung von Körperstrafen in der Herkunftsfamilie ist ein Risikofaktor für die Partnergewalt.

–   Mehrfach-Viktimisierung durch physische, psychische und sexuelle Gewalt ihrer Liebespartner ist bei Universitätsstudierenden weit verbreitet (*Sabina/Straus* 2008). Von ihr betroffen sind 53 % der viktimisierten Studenten und 51,5 % der viktimisierten Studentinnen. Sie ist der stärkste Prädiktor für Depression und posttraumatische Stresssymptome bei jungen Frauen ebenso wie bei jungen Männern.

1.2.3.5 Die Auswirkungen der kriminologischen Opferforschung auf die Opferpolitik

Entwickelte Viktimisierungstheorien und empirische Viktimisierungsstudien wirken sich auf die Opferpolitik aus. Ihr geht es darum, mangelhafte Sozialstrukturen, die die Viktimisierungsprozesse begünstigen, zu beheben und gestörte Interaktionsprozesse zwischen Täter und Opfer und zwischen Opfer und Kriminaljustiz zu unterbrechen.

1.2.3.5.1 Vorbeugung gegen Viktimisierung

1.2.3.5.1.1 Vermeidung extremer Machtungleichgewichte

Um Viktimisierung zu verhüten, müssen extreme Machtungleichgewichte zwischen gesellschaftlichen Gruppen und Segmenten und innerhalb sozialer Institutionen vermieden werden. Soziale Gruppen dürfen nicht an den Rand der Gesellschaft gedrängt und als minderwertig abgewertet werden. Ihnen darf zwischenmenschlicher Respekt und Fairness nicht versagt bleiben. Es ist eine besonders schwere Verletzung ihrer Menschenwürde, wenn sie wegen ihrer bloßen Gruppenzugehörigkeit, wegen ihres bloßen So-Seins viktimisiert werden. Innerhalb gesellschaftlicher Institutionen, z.B. in der Familie, Schule, Kirche, darf Kontrollüberfluss angemaßter Tätermacht und extreme Machtlosigkeit des kontrollunterworfenen Opfers, die durch den Täter geschaffen worden ist, nicht unwidersprochen hingenommen werden. Auf eine Demokratisierung sozialer Institutionen ist gesellschaftlich hinzuarbeiten. Einem extremen Mangel an Kontrollfähigkeit bei äußerster Kontrollunterworfenheit ist durch Opferermutigung entgegenzuwirken.

1.2.3.5.1.2 Vermeidung viktimisierungsfreundlicher Vorurteile

Die Vermeidung viktimisierungsfreundlicher Vorurteile ist deshalb für die Vorbeugung gegen Viktimisierung so bedeutsam, weil sie vom Täter als Neutralisationen (Vorabrechtfertigungen seiner Viktimisierung) eingesetzt werden können. Die gesellschaftlichen Institutionen (z.B. Schule, Kriminaljustiz) müssen deutlich machen, dass Hassdelikte keine Dumme-Jungen-Streiche sind und dass Bullying (Misshandlung Schwächerer) in Familie und Schule nicht mit harmlosen Raufereien und Spaßkloppe verwechselt werden darf. Denn Hassdelikte verursachen schwere psychosoziale Opferschädigungen, und mit Raufereien (Kräftemessen Gleichstarker) wird häufig der Machtmissbrauch des Bullying getarnt. Gewalt in der Familie gegen Frauen und Kinder wird als Privatsache betrachtet. Es geht hier nicht um eine Erweiterung und Verschärfung des Strafrechts, sondern vielmehr um eine klare Stellungnahme der gesellschaftlichen Institutionen, um die schädlichen Folgen der Viktimisierung zu stoppen. Sie müssen mit aller Entschiedenheit verdeutlichen, dass Gewalt, insbesondere gegen Schwächere, nicht widerspruchslos hingenommen und geduldet wird.

1.2.3.5.1.3 Training sozialer Fähigkeiten

Die Verhütung der Viktimisierung im Kindesalter ist deshalb von zentraler Bedeutung, weil diese Viktimisierung sich im Jugend- und Erwachsenenalter in einem Pfadweg der Re-Viktimisierung oder in einem Pfadweg des Täterwerdens negativ auswirken kann. Wenn Kinder mehrfach der Familiengewalt ausgesetzt werden – sei es, dass sie Gewalt zwischen ihren Eltern erleben, sei es, dass sie selbst Opfer physischer oder sexueller Misshandlung werden –, so kann dies ihre kognitive, emotionale und soziale Entwicklung in empfindlicher Weise stören (*Maas/Fleming/Herrenkohl/Catalano* 2010). Das Erleben der Gewalt in ihrer Familie und das Erleiden physischer oder sexueller Viktimisierung lassen sie opfer- oder täteranfällig werden. Deshalb müssen solche Viktimisierungen, auch Körperstrafen, unbedingt vermieden werden.

Durch Eltern- und Kinder-Erziehungs-Training müssen die friedliche Durchsetzungs- und Selbstbehauptungsfähigkeit der Kinder entwickelt werden. Ihr Selbstvertrauen muss sich entfalten, und sie müssen lernen, Konflikte und Krisen friedlich zu lösen. Soziale Kompetenz (Konflikt-Lösungs- und emotionale Regulationsfähigkeit) wirken sich in einer Viktimisierungs-Verhütung im Jugend- und Erwachsenenalter aus. Die Eltern-Kind-Bindung spielt hierbei eine maßgebliche Rolle. Die Entwicklung positiver sozialer Fähigkeiten und prosozialer Bindungsprozesse kann einen langanhaltenden Effekt auf die Verringerung der Viktimisierung in der Lebensspanne haben.

1.2.3.5.2 Vorbeugung gegen Re-Viktimisierung

1.2.3.5.2.1 Opfer-Behandlungs-Programme

Verbrechensopfer bedürfen der Hilfe, und sie streben nach psychosozialer Unterstützung. Eine moderne Opfer-Politik kann ihnen diese Unterstützung nicht verweigern. Es muss vielmehr ein Netz professioneller, staatlicher Opferhilfs- und -behandlungszentren aufgebaut werden. Solche Programme sind erforderlich, um die Reviktimisierung zu vermeiden und um die psychosoziale und psychosomatische Traumatisierung der Viktimisierung zu heilen. Nicht nur Gründe einer humanen und gerechten Opfer-Politik sprechen dafür, das Opfer nicht mehr mit seinen Verletzungen allein zu lassen, die es als Sonderleistung für die Kriminalitätskontrolle erbracht hat. Viele Opfer sind durch ihre Viktimisierung in ihrem Selbstkonzept so schwer getroffen, dass sie in einem Prozess der erlernten Hilflosigkeit dazu neigen, wegen ihrer Selbstbehauptungsschwäche von Kriminellen erneut zum Opfer ausgewählt zu werden (Opferverwundbarkeit). Durch verschiedene Behandlungsmethoden muss sich das Opfer systematisch der traumatischen Erinnerung in einer sicheren und verständnisvollen Umgebung aussetzen und Gefühle der Selbstbeschuldigung und der Stigmatisierung mit der Methode der kognitiven Umstrukturierung überwinden (*Bennice/Risick* 2004).

- Selbstbehauptungs-Training und unterstützende Gruppentherapie gehören zu den traditionellen Behandlungsformen. Im Selbstbehauptungs-Training werden die Durchsetzungsfähigkeit und der Selbstbehauptungswille des Verbrechensopfers gestärkt. Die Gruppentherapie trägt dazu bei, dass sich Verbrechensopfer durch die Mitteilung ihrer Erfahrungen wechselseitig unterstützen.
- Die systematische Desensibilisierung dient der emotionalen Verarbeitung der Viktimisierung. In sicherer, entspannter Atmosphäre müssen die Opfer in ihrer Vorstellung die Tat mit all ihren Emotionen und Befürchtungen erneut durchleben, die sie während ihrer Viktimisierung gehabt haben. Das Verbrechensopfer

erhält die Unterweisung, sich die Angriffsszene so lebensnah wie möglich vorzustellen, sie laut in der Gegenwartszeitform zu beschreiben und seine Gefühle und Ängste auszudrücken (*Gidycz/Rich/Marioni* 2004).

– Die kognitive Umstrukturierung hilft Verbrechensopfern, Erkenntnisverzerrungen wahrzunehmen und psychisch zu verarbeiten. Bestimmte beharrliche Vorstellungen (Opferneutralisationen) können für Angst und Depression anfällig machen. Das Verbrechensopfer kann sich z.B. auf verzerrte Wahrnehmungen über seine Unzulänglichkeit, über seine Unfähigkeit und über seine Hilflosigkeit stützen. Es kann den Gedanken haben, dass es für seine eigene Viktimisierung selbst verantwortlich ist, und es kann sich als Ergebnis des Angriffs für wertlos halten. Kognitive Techniken helfen ihm, solche verzerrten Glaubenssätze zu erkennen, an der Realität zu messen und psychisch zu handhaben.

Verbrechensopfer sind nicht geisteskrank und bedürfen keiner psychiatrischen Behandlung. Ihre Viktimisierung hat sie vielmehr schwer seelisch verletzt. Durch eine speziell auf diese Traumatisierung zielende psychologische Behandlung kann ihnen wesentlich geholfen werden. Für das Gelingen ihres Heilungsprozesses ist es erforderlich, dass die Personen ihres sozialen Nahraums zu ihnen stehen und sie unterstützen.

1.2.3.5.2.2 Ausgleichs- und Schlichtungsverfahren

Retributive (vergeltungs-orientierte) und rehabilitative (behandlungs-orientierte) Paradigmen der Sozialkontrolle weisen den Tätern passive Rollen zu; sie sind Objektive der Bestrafung und Überwachung oder der Behandlung und Erziehung. Opfer und Gemeinschaft schließen sie völlig aus ihrer Betrachtung aus. Das restaurative, restitutive (wiedergutmachungs-orientierte) Paradigma stattet Opfer, Gemeinschaft und Täter mit aktiven Problem-Lösungs-Rollen aus. Während die retributiven und rehabilitativen Paradigmen auf die Vergangenheit (Schuldfeststellung) gerichtet sind, ist das restaurative Paradigma gegenwarts- und zukunftsbezogen. Die Restaurative Justiz will dem Opfer, der Gemeinschaft und dem Täter helfen, die Schäden zu überwinden, die durch die Viktimisierung in der Gegenwart entstanden sind. Sie will durch die aktive Teilnahme von Opfer, Gemeinschaft und Täter am Mediationsverfahren die Gemeinschaftsbeziehungen stärken und die informellen Mechanismen der Sozialkontrolle verbessern, um die Re-Viktimisierung zu verhüten. Sie baut hierbei auf zwei Hypothesen auf:

– Sie hält sich für die Heilung der Schäden, die durch die Viktimisierung entstanden sind, für dienlicher als das konventionelle Strafverfahren.
– Sie erachtet sich für besser geeignet als das traditionelle Strafverfahren, die Häufigkeit der Re-Viktimisierung zu vermindern.

Seit 1995 sind zwölf randomisierte Experimente, davon vier in London und Canberra/ Australien (*Sherman/Strang/Angel/Woods/Barnes/Bennett/Inkpen* 2005), mit dem restaurativen Mediationsverfahren durchgeführt worden; sie haben die beiden Hypothesen mit Experimental- und Kontrollverfahren überprüft, an denen – unter der Leitung von Koordinatoren (Vermittlern) – Täter, Opfer und ihre Familien, Freunde und Unterstützer (Obhutsgemeinschaften) teilgenommen haben. In diesen staatlicherseits vermittelten und beaufsichtigten „Interaktions-Ritualen der Versöhnung" diskutierten Täter und Opfer sowie ihre Obhutsgemeinschaften drei Probleme:

- die Ursachen der Viktimisierung,
- die Konsequenzen der Viktimisierung für alle Beteiligten und
- die Wiedergutmachung der Verletzungen, die durch die Viktimisierung entstanden sind.

Die Übernahme der Verantwortung durch den Täter und seine ernstgemeinte Entschuldigung erwiesen sich wegen ihres hoch-symbolischen Wertes für die Vergebung durch das Opfer als entscheidend. Entschuldigungen sind extrem wichtig für das Opfer, damit die emotionalen Verletzungen geheilt werden, die ihm der Täter zugefügt hat. Mit dieser „Versöhnung durch Reue" sind drei Ergebnisse erzielt worden (*Sherman/Strang* 2009; *Strang* 2002):

- Im Durchschnitt profitieren die Opfer von der Restaurativen Justiz.
- Viele Opfer begrüßen die Versöhnung.
- Die Effekte variieren; aber im Durchschnitt wird eine statistisch signifikante Reduzierung der Häufigkeit der Wiederverurteilung des Täters erkennbar.

Ausgleichs- und Schlichtungsverfahren sind für alle die Delikte, z.B. Gewalt- und Sexualdelikte an Frauen und Kindern im sozialen Nahraum, erfolgversprechend, bei denen wegen niedriger Anzeigeraten hohe Dunkelfelder entstehen. Die niedrigen Verurteilungsraten der wenigen angezeigten Delikte machen deutlich, dass sie sich zur Verhandlung im traditionellen Strafverfahren nicht eignen. Denn die Opfer dieser Delikte streben – in der Regel – keine Bestrafung des Täters an; sie wollen nur, dass ihr Opferwerden aufhört und dass ihr Viktimisierungstrauma geheilt wird (*Votila/ Sambou* 2010).

1.2.3.5.3 Vorbeugung gegen Sekundär-Viktimisierung

1.2.3.5.3.1 Opfer-Sensitivitäts-Training
Die Mitglieder der Kriminaljustiz müssen für die Viktimisierungstraumen der Verbrechensopfer sensibilisiert werden, um eine Verschlimmerung dieser Traumen durch Fehlreaktionen im Kriminaljustizsystem auf das Opferwerden zu vermeiden. Ein Beispiel für ein Opfer-Sensitivitätstraining ist das kulturelle Bewusstseins-Training („Cultural Awareness Training") zur Verhütung der Sekundärviktimisierung bei

Opfern von Hassdelikten. Kulturelles Bewusstsein kann hier als Verständnis für die Verschiedenartigkeit von Kulturen definiert werden. Der Begriff Kultur schließt rassische, ethnische und religiöse Unterschiede ein; er bezieht sich auch auf physische und psychische Behinderungen, auf Alter und Geschlecht und auf eine verschiedene sexuelle Orientierung. Mitglieder des Kriminaljustizsystems sollten Informationen über die verschiedenen Kulturen innerhalb ihrer Gemeinschaft erhalten. In Verhaltens-Trainings-Sitzungen sollten sie mit den Verhaltensstilen und Wertvorstellungen, mit den Bräuchen und Traditionen solcher Kulturen vertraut gemacht werden. Sie sollten lernen, auf das Opferwerden von Mitgliedern verschiedener Minderheiten angemessen zu reagieren. Kulturelles Bewusstseins-Training ist ein beständiger Prozess, der die Einfühlung in die Sorgen und Nöte von ethnischen, rassischen und religiösen Minderheiten ermöglicht. Auf diese Weise werden Sekundär-Viktimisierung durch verfehlte Reaktionen auf das Opferwerden und Re-Viktimisierung durch Rechtsbrecher vermieden, die sich die Selbstbehauptungsschwäche von Mitgliedern verschiedener Minderheiten, z.B. von Obdachlosen, zu Nutze machen.

1.2.3.5.3.2 Opfer-Einwirkungs-Erklärung

Das „Victim Impact Statement" ist eine geschriebene oder gesprochene Darstellung darüber, in welcher Weise die Viktimisierung auf das Opfer und seine Mitopfer (Eltern, Partner, Kinder des Opfers) schädigend eingewirkt hat (*Tolhurst* 2008). Diese Opfer-Erklärung ist in die Strafverfahren zahlreicher Staaten, z.B. in die der USA, Kanadas, Englands/Wales', Neuseelands, Süd-Australiens eingeführt worden. Man hat argumentiert, dieses Statement sei schädlich, weil es bei den Richtern emotionale und inhumane Reaktionen zu Lasten des Täters hervorrufe und weil es deshalb die Freiheits- und Persönlichkeitsrechte des Täters bedrohe (*I.M. Johnson/Morgan* 2008). Diese Argumentation hat sich empirisch als gegenstandslos erwiesen (*Roberts* 2009).
- Die Opfer-Einwirkungs-Erklärungen haben keine negativen Wirkungen auf den Verurteilungsprozess, z.B. auf die Länge der Freiheitsstrafe und die Schwere der verhängten Strafen.
- Die Erklärungen tragen vielmehr zur Zufriedenheit des Opfers mit dem Strafverfahren bei. Denn es fühlt sich dadurch fair und gerecht behandelt, dass es seine Beurteilung der eigenen Viktimisierung zur Geltung bringen kann (*Tyler* 2003).
- Die Erklärungen erleichtern auf diese Weise die Vermeidung der Sekundär-Viktimisierung (der Fehlreaktionen im Strafverfahren) und der Verschlimmerung des Viktimisierungstraumas beim Opfer durch das Gericht, das vielmehr durch die Opfer-Erklärung in die Lage versetzt wird, die psychosozialen Opferverletzungen bei seiner Verhandlungsführung besser zu berücksichtigen.

Es ist zweifelhaft, ob der Sinn und Zweck der Opfer-Einwirkungs-Erklärung auch durch die Nebenklage oder die Beiordnung eines Anwalts erreicht werden kann. Denn die Bedeutung der emotionalen Botschaft, die durch das Opfer persönlich abgegeben wird, sollte nicht unterschätzt werden. Durch die Opfer-Einwirkungs-Erklärung soll das Opfer den Täter nämlich in einer persönlichen zwischenmenschlichen Interaktion für die negativen Konsequenzen seines Verhaltens auf seine Mitmenschen sensibilisieren. Es soll ihn zur Verantwortungsübernahme und zu Reue und Scham emotional bewegen, die keineswegs gesellschaftlich ausschließt, sondern sozial reintegrativ wirkt (*Braithwaite* 2009).

1.2.3.5.3.3 Die Bedeutung der Verfahrensgerechtigkeit

Für die Vorbeugung gegen Sekundär-Viktimisierung haben sich die Ergebnisse der Legitimitätsforschung als bedeutsam erwiesen. Unter Legitimität versteht man das Merkmal einer Regel oder Autorität, das zum Inhalt hat, dass Menschen sich verpflichtet fühlen, sich der Regel oder Autorität freiwillig zu fügen. Eine legitime Autorität ist eine Autorität, von der Menschen annehmen, dass sie berechtigt ist, dass andere ihre Entscheidungen und Regeln akzeptieren und befolgen. Legitimität wird dadurch geschaffen, dass eine Kontrolle von innen hergestellt wird. Der Einzelne übernimmt Eigenverantwortung für die Rechtsbefolgung; er realisiert Selbstregulierung. Durch die Internalisierung (Verinnerlichung) von Normen sieht er sich verpflichtet, Gesetze freiwillig zu befolgen. Für diese Legitimität spielt die Verfahrengerechtigkeit eine wichtige Rolle (*Tyler/Braga/Fagan/Mears/Sampson/Winship* 2007). Ein faires Verfahren sichert einen fairen Verfahrensausgang. Der Richter hört den Argumenten der Verfahrensbeteiligten zu, und er berücksichtigt sie bei seiner Entscheidung. Er ist ehrlich, neutral, nicht vorurteilsbelastet; er bemüht sich um Fairness, Höflichkeit, Respekt vor den Menschen- und Verfassungsrechten der Verfahrensbeteiligten. Er zieht für seine/ihre Entscheidung gute Gründe heran. Die Legitimitätstheorie ist durch zwei empirische Untersuchungen bestätigt worden (*Tyler* 2006). Für die Befragten war ihre Teilnahme am Entscheidungsfindungs-Prozess, ihre Möglichkeit des Vortrags von Argumenten wichtig, denen der Richter zuhört und auf die er in seiner Entscheidung eingeht. Die faire und behutsame Behandlung der Verfahrensbeteiligten durch das Gericht war nicht nur für das Lernen von Selbstregulierung und Eigenverantwortlichkeit für prosoziales Verhalten durch den Täter, sondern auch für die Heilung des Viktimisierungstraumas durch das Opfer wesentlich.

1.2.3.6 Viktimisierung und Strafrecht

Um die Erweiterung und Verschärfung des Strafrechts geht es der internationalen Viktimologie überhaupt nicht. Während der bisherigen dreizehn internationalen Symposien für Viktimologie (in Jerusalem 1973, in Boston 1976, in Münster 1979, in Tokyo/Kyoto 1982, in Zagreb/Kroatien 1985, in Jerusalem 1988, in Rio de Janeiro 1991, in Adelaide/Australien 1994, in Amsterdam 1997, in Montreal 2000, in Stellenbosch/Südafrika 2003, in Orlando/Florida 2006 und in Mito/Japan 2009) ist von einer Erweiterung und Verschärfung des Strafrechts niemals die Rede gewesen. Das Strafrecht ist vielmehr für die Opferhilfe gänzlich ungeeignet. Die Annahme ist unzutreffend, die meisten Opfer besäßen Rache- und Genugtuungsbedürfnisse. Der Täter soll vielmehr mit seiner Viktimisierung aufhören; ihr Viktimisierungstrauma soll behoben werden. Hierfür ist die Wiedergutmachung am erfolgversprechendsten. Sie ist ein Interaktionsprozess zwischen Täter, Opfer und Gesellschaft, der den kriminellen Konflikt heilt und Frieden zwischen den Beteiligten schafft. Sie ist ein kreativer Prozess, eine Persönlichkeits- und Sozialleistung, durch die der Täter seine Verantwortung für die Viktimisierung vor dem Opfer und vor der Gesellschaft übernimmt. Durch Wiedergutmachung, durch die Heilung des kriminellen Konflikts, durch Friedensstiftung zwischen Täter, Opfer und Gesellschaft, wird Rechtstreue eingeübt und Rechtsbewusstsein in der Gesellschaft gestärkt. Die geistig-seelische Auseinandersetzung mit der psychosozialen Verletzung der Person des Opfers (Reue, Entschuldigung) ist eine sozial konstruktive Leistung, die innere Betroffenheit beim Täter zu schaffen und die psychosoziale Schädigung des Opfers zu heilen in der Lage ist. Wiedergutmachung ist eine symbolische Geste der Aussöhnung und damit die Voraussetzung für die Wiederannahme des Täters durch die Gemeinschaft (*H.J. Schneider* 2011).

Literatur

Alvarez, A. (2008). Genocide. In: *C.M. Renzetti/J.L. Edleson* (Hrsg.): Encyclopedia of Interpersonal Violence. Bd. 1. 291/292. Los Angeles et al.

Antilla, I. (2001). Ad Ius Criminale Humanius – Essays in Criminology, Criminal Justice and Criminal Policy. Helsinki.

Aromaa, K./Leppä, S. (2003). Crime Trends: Europe and North America. In: *K. Aromaa/S. Leppä/ S. Nevala/N. Ollus* (Hrsg.): Crime and Criminal Justice Systems in Europe and North America 1995–1997. 71–83. Helsinki.

Askeland, I.R./Evang, A./Heir, T. (2011). Association of Violence Against Partner and Former Victim Experiences: A Sample of Clients Voluntarily Attending Therapy. In: Journal of Interpersonal Violence 26, 1095–1110.

Barkan, S.E. (2012). Criminology – A Sociological Understanding. 5. Aufl. Boston, Columbus, Indianapolis et al.

Bauer, L. (2008). Learned Helplessness. In: *C.M. Renzetti/ J.L. Edleson* (Hrsg.): Encyclopedia of Interpersonal Violence. Bd. 1. 385/386. Los Angeles et al.

Bennice, J.A./Resick, P.A. (2004). A Review of Treatment and Outcome of Post-Trauma Sequelae in Sexual Assault Survivors. In: *J. Petrak/B. Hedge* (Hrsg.): The Trauma of Sexual Assault. 69–97. Chichester/West Sussex/England.

Berg, M.T./Loeber, R. (2011). Examining the Neighborhood Context of the Violent Offending-Victimization Relationship: A Prospective Investigation. In: Journal of Quantitative Criminology 27, 427–451.

Berrin, B. (2010). Just Passing through? International Legal Obligations and Policies of Transit Countries in Combating Trafficking in Persons. In: European Journal of Criminology 7, 11–27.

Booyens, K. (2008). Sexual Victimisation of Male Offenders and Awaiting-Trial Detainees in a South African Correctional Centre. In: Acta Criminologica – Southern African Journal of Criminology 2, 207–226.

Booyens, K./Hesselink-Louw, A./Mashabela, P. (2004). Male Rape in Prison: An Overview. In: Acta Criminologica – Southern African Journal of Criminology 17, 1–13.

Boswell, G. (2009). Child Victims. In: *B. Williams/H. Goodman Chong* (Hrsg.): Victims and Victimisation: A Reader. 45–57. Maidenhead, Berkshire/England.

Bottoms, A.E./Costello, A. (2010). Understanding Repeat Victimization – A Longitudinal Study. In: *S.G. Shoham/P. Knepper/M. Kett* (Hrsg.): International Handbook of Criminology. 649–658. Boca Raton/FL.

Bouffard, L.A. (2010). Victim Precipitation. In: *B.S. Fisher/S.P. Lab* (Hrsg): Encyclopedia of Victimology and Crime Prevention. Bd. 2. 1005–1008. Los Angeles, London, New Delhi et al.

Braithwaite, J. (2009). Restorative Justice. In: *H.J. Schneider* (Hrsg.): Internationales Handbuch der Kriminologie. Bd. 2. 497–505. Berlin.

Buerger, M.E. (2010). President's Crime Commission Report, 1967. In: *B.S. Fisher/S.P. Lab* (Hrsg): Encyclopedia of Victimology and Crime Prevention. Bd. 2. 656–659. Los Angeles, London, New Delhi et al.

Burgess, A.W./Clements, P.T. (2010). Child and Adolescent Victimization. In: *A.W. Burgess/ C. Regehr/A.R. Roberts* (Hrsg.): Victimology – Theories and Applications. 127–171. Boston et al.

Burgess, A.W./Roberts, A.R. (2010). Crime and Victimology. In: *A.W. Burgess/C. Regehr/A.R. Roberts* (Hrsg.): Victimology – Theories and Applications. 1–30. Boston et al.

Cohen, L.E./Felson, M. (2011). Routine Activity Theory. In: *F.T. Cullen/R. Agnew* (Hrsg.): Criminological Theory – Past to Present. 4. Aufl. 417–427. New York, Oxford.

Croall, H. (2007). Social Class, Social Exclusion, Victims and Crime. In: *P. Davies/P. Francis/C. Greer* (Hrsg.): Victims, Crime and Society. 50–77. Los Angeles et al.

Crook, W.P. (2007). Homelessness, the Impact of Family Violence on. In: *N.A. Jackson* (Hrsg.): Encyclopedia of Domestic Violence, 363–367. New York, London.

Cuevas, C.A./Finkelhor, D./Turner, H.A./Ormrod, R.K. (2007). Juvenile Delinquency and Victimization – A Theoretical Typology. In: Journal of Interpersonal Violence 22, 1581–1602.

Daigle, L.E. (2012). Victimology. Los Angeles, London, New Delhi.

Dallier, D.J. (2010). Developmental and Social Victimitzation. In: *B.S. Fisher/S.P. Lab* (Hrsg): Encyclopedia of Victimology and Crime Prevention. Bd. 1. 286–290. Los Angeles, London, New Delhi et al.

DeKeseredy, W.S. (2010). Critical Victimology. In: *B.S. Fisher/S.P. Lab* (Hrsg): Encyclopedia of Victimology and Crime Prevention. Bd. 1. 244–245. Los Angeles, London, New Delhi et al.

DeKeseredy, W.S./Schwartz, M.D. (2011). Theoretical and Definitional Issues in Violence Against Women. In: *C.M. Renzetti/J.L. Edleson/R.K.Bergen* (Hrsg.): Sourcebook on Violence Against Women. 2. Aufl. 3–22. Los Angeles, London, New Delhi et al.

Dijk, J. van (2008). The World of Crime – Breaking the Silence on Problems of Security, Justice, and Development Across the World. Los Angeles et al.

Dijk, J. van/Kesteren, J. van/Smit, P. (2007). Criminal Victimisation in International Perspective – Key Findings from the 2004–2005 ICVS and EU ICS. Den Haag.

Dijk, J. van/Manchin, R./Kesteren, J. van/Nevala, S./ Hideg, G. (2005). The Burden of Crime in the EU. A Comparative Analysis of the European Crime and Safety Survey (EU ICS) 2005. Brüssel.

Doerner, W.G. (2010). Victimology. In: *B.S. Fisher/S.P. Lab* (Hrsg): Encyclopedia of Victimology and Crime Prevention. Bd. 2. 996–1002. Los Angeles, London, New Delhi et al.

Doerner, W.G./Lab, S.P. (2012). Victimology. 6. Aufl. Amsterdam, Boston, Heidelberg et al.

Douglas, E.M./Straus, M.A. (2006). Assault and Injury of Dating Partners by University Students in 19 Countries and its Relation to Corporal Punishment Experienced as a Child. In: European Journal of Criminology 3, 293–318.

Dussich, J.P.J. (2010). Comparative Victimology. In: *B.S. Fisher/S.P. Lab* (Hrsg): Encyclopedia of Victimology and Crime Prevention. Bd. 1. 129–131. Los Angeles, London, New Delhi et al.

Ellonen, N./Salmi, V. (2011). Poly-Victimization as a Life Condition: Correlates of Poly-Victimization among Finnish Children. In: Journal of Scandinavian Studies in Criminology and Crime Prevention 12, 20–44.

Farrell, G. (2005). Progress and Prospects in the Prevention of Repeat Victimization. In: *N. Tilly* (Hrsg.): Handbook of Crime Prevention and Community Safety. 143–170. Cullompton, Devon/ UK, Portland/OR.

Farrell, G. (2010). Repeat Victimization, Theories of. In: *B.S. Fisher/S.P. Lab* (Hrsg): Encyclopedia of Victimology and Crime Prevention. Bd. 2. 768–772. Los Angeles, London, New Delhi et al.

Farrell, G./Bouloukos, A.C. (2001). International Overview: A Cross-National Comparison of Rates of Repeat Victimization. In: *G. Farrell/K. Pease* (Hrsg.): Repeat Victimization, 5–25. Monsey/NY.

Farrell, G./Pease, K. (2007). The Sting in the Tail of the British Crime Survey: Multiple Victimisations. In: *M. Hough/M. Maxfield* (Hrsg.): Surveying Crime in the 21st Century: Commemorating the 25th Anniversary of the British Crime Survey, 33–53. Monsey/NY, USA, Cullompton, Devon/UK.

Felson, R.B./Burchfield, K.B. (2004). Alcohol and the Risk of Physical and Sexual Assault Victimization. In: Criminology 42, 837–859.

Finkelhor, D. (1994). The International Epidemiology of Child Sexual Abuse. In: Child Abuse and Neglect 18, 409–417.

Finkelhor, D. (2007). Developmental Victimology – The Comprehensive Study of Childhood Victimizations. In: *R.C. Davis/A.J. Lurigio/S. Herman* (Hrsg.): Victims of Crime. 9–34. Thousand Oaks et al.

Finkelhor, D./Ormrod, R.K./Turner, H.A. (2007a). Poly-Victimization: A Neglected Component in Child Victimization. In: Child Abuse and Neglect 31, 7–26.

Finkelhor, D./Ormrod, R.K./Turner, H.A. (2007b). Re-Victimization Patterns in a National Longitudinal Sample of Children and Youth. In: Child Abuse and Neglect 31, 479–502.

Finkelhor, D./Ormrod, R.K./Turner, H.A. (2009). Lifetime Assessment of Poly-Victimization in a National Sample of Children and Youth. In: Child Abuse and Neglect 33, 403–411.

Finkelhor, D./Ormrod, R./Turner, H./Hamby, S. (2005). The Victimization of Children and Youth: A Comprehensive National Survey. In: Child Maltreatment 10, 5–25.

Finkelhor, D./Ormrod, R./Turner, H./Holt, M. (2009). Pathways to Poly-Victimization. In: Child Maltreatment 14, 316–329.

Fortune, M.M. (2008). Clergy Sexual Abuse. In: *C.M. Renzetti/J.L. Edleson* (Hrsg.): Encyclopedia of Interpersonal Violence. Bd. 1. 129–131. Los Angeles et al.

Franklin, C.A. (2011). An Investigation of the Relationship between Self-Control and Alcohol-Induced Sexual Assault Victimization. In: Criminal Justice and Behavior 38, 263–285.

Frate, A.A. del (2007). Victimization – An International Perspective. In: *R.C. Davis/A.J. Lurigio/ S. Herman* (Hrsg.): Victims of Crime. 233–252. Thousand Oaks et al.

Gaetz, S. (2004). Safe Streets for whom? Homeless Youth, Social Exclusion, and Criminal Victimization. In: Canadian Journal of Criminology and Criminal Justice 46, 423–455.

Garkawe, S. (2004). Revisiting the Scope of Victimology – How Broad a Discipline should it be? In: International Review of Victimology 11, 275–294.

Gidycz, C.A./Rich, C.L./Marioni, N.L. (2004). Interventions to Prevent Rape and Sexual Assault. In: *J. Petrak/B. Hedge* (Hrsg.): The Trauma of Sexual Assault. 235–259. Chichester/West Sussex/ England.

Görgen, T. (2009). Viktimologie. In: *H.-L. Kröber/D. Dölling/N. Leygraf/H. Sass* (Hrsg.): Handbuch der Forensischen Psychiatrie. Bd. 4: Kriminologie und Forensische Psychiatrie. 236–265. Darmstadt.

Goffman, E. (1961). Asylums: Essays on the Social Situation of Mental Patients and other Inmates. Garden City/NY.

Goodey, J. (2005). Victims and Victimology – Research, Policy and Practice. Harlow/England.

Goodman Chong, H. (2009). Vulnerable Victims and Critical Responses. In: *B. Williams/H. Goodman Chong* (Hrsg.): Victims and Victimisation: A Reader. 41–44. Maidenhead, Berkshire/England.

Gover, A.R./Jennings, W.G./Tomsich, E.A./Park, M./Rennison, C.M. (2011). The Influence of Childhood Maltreatment and Self-Control on Dating Violence: A Comparison of College Students in the United States and South Korea. In: Violence and Victims 26, 296–318.

Groenhuijsen, M. (2009). Does Victimology have a Theoretical Leg to Stand on? Victimology as an Academic Discipline in its own Right? In: *F.W. Winkel/P.C. Friday/ G.F. Kirchhoff/R.M. Letschert* (Hrsg.): Victimization in a Multi-Disciplinary Key: Recent Advances in Victimology. 313–331. Nijmegen/The Netherlands.

Grove, L. (2011). Preventing Repeat Domestic Burglary: A Meta-Evaluation of Studies from Australia, the UK, and the United States. In: Victims and Offenders 6, 370–385.

Grove, L./Farrell, G. (2010). Repeat Victimization. In: *B.S. Fisher/S.P. Lab* (Hrsg): Encyclopedia of Victimology and Crime Prevention. Bd. 2. 766–768. Los Angeles, London, New Delhi et al.

Hagan, J. (2009). Prosecuting Ethnic Cleansing and Mass Atrocity in the Former Yugoslavia and Darfur. In: Journal of Scandinavian Studies in Criminology and Crime Prevention 10, 26–47.

Hagan, J./Rymond-Richmond, W. (2009). Darfur and the Crime of Genocide. New York/NY.

Hagan, J./Rymond-Richmond, W./Parker, P. (2005). The Criminology of Genocide: The Death and Rape of Darfur. In: Criminology 43, 525–561.

Haney, C./Banks, C./Zimbardo, P. (1973). Interpersonal Dynamics in a Simulated Prison. In: International Journal of Criminology and Penology 1, 69–97.

Hassemer, W./Reemtsma, J.P. (2002). Verbrechensopfer, Gesetz und Gerechtigkeit. München.

Heiskanen, M. (2002). Violence Against Women and Victimization Situations According to the ICVS. In: *P. Nieuwbeerta* (Hrsg.): Crime Victimization in Comparative Perspective – Results from the International Crime Victims Survey, 1989–2000. 229–247. Den Haag.

Heiskanen, M./Piispa, M. (2008). Violence Against Women in Finland. Results from Two National Victimisation Surveys. In: *K. Aromaa/M. Heiskanen* (Hrsg.): Victimisation Surveys in Comparative Perspective. 136–144. Helsinki.

Heiskanen, M./Viuhko, M. (2008). European Victimisation Survey. In: *K. Aromaa/M. Heiskanen* (Hrsg.): Victimisation Surveys in Comparative Perspective. 8–15. Helsinki.

Hentig, H. von (1948). The Criminal and His Victim – Studies in the Sociobiology of Crime. New Haven/CT.

Hentig, H. von (1974). Remarks on the Interaction of Perpetrator and Victim (1941). In: *I. Drapkin/ E. Viano* (Hrsg.): Victimology. 45–65. Lexington/Mass. et al.

Hindelang, M.J. (2009). Toward a Theory of Personal Criminal Victimization. In: *B. Williams/H. Goodman Chong* (Hrsg.): Victims and Victimisation: A Reader. 26–40. Maidenhead, Berkshire/ England.

Hindelang, M.J./Gottfredson, M.R./Garofalo, J. (1978). Victims of Personal Crime: An Empirical Foundation for a Theory of Personal Victimization. Cambridge/Mass.

Holcomb, J.E. (2010). Prison Violence. In: *B.S. Fisher/S.P. Lab* (Hrsg): Encyclopedia of Victimology and Crime Prevention. Bd. 2. 662–665. Los Angeles, London, New Delhi et al.

Home Office (2009). Crime in England and Wales 2008/09. Bd. 1: Findings from the British Crime Survey and Police Recorded Crime. London.

Hope, T. (2007). Theory and Method: The Social Epidemiology of Crime Victims. In: *S. Walklate* (Hrsg.): Handbook of Victims and Victimology. 62–90. Cullompton, Devon/UK, Portland/OR.

Hope, T./Bryan, J./Trickett, A./Osborn, D.R. (2001). The Phenomena of Multiple Victimization. In: British Journal of Criminology 41, 595–617.

Hough, M./Maxfield, M./Morris, B./Simmons, J. (2007). The British Crime Survey over 25 Years: Progress, Problems, and Prospects. In: *M. Hough/M. Maxfield* (Hrsg.): Surveying Crime in the 21st Century: Commemorating the 25th Anniversary of the British Crime Survey. 7–31. Monsey/ NY, USA, Cullompton, Devon/UK.

Hoyle, C./Zedner, L. (2007). Victims, Victimization, and Criminal Justice. In: *M. Maguire/R. Morgan/ R. Reiner* (Hrsg.): The Oxford Handbook of Criminology. 4. Aufl. 461–495. Oxford.

Hume, W.M./Hume, S.M. (2005). Victimization, Crime: Financial Loss and Personal Suffering. In: *R.A. Wright/J.M. Miller* (Hrsg.): Encyclopedia of Criminology. Bd. 3. 1707–1711. New York, London.

Institute for the Prevention of Crime (2008). Homelessness Victimization and Crime: Knowledge and Actionable Recommendations. Ottawa.

Jaquier, V./Johnson, H./Fisher, B.S. (2011). Research Methods, Measures, and Ethics. In: *C.M. Renzetti/J.L. Edleson/R.K.Bergen* (Hrsg.): Sourcebook on Violence Against Women. 2. Aufl. 23–48. Los Angeles, London, New Delhi et al.

Johnson, H./Nevala, S. (2010). International Violence Against Women Survey (IVAWS). In: *B.S. Fisher/S.P. Lab* (Hrsg): Encyclopedia of Victimology and Crime Prevention. Bd. 1. 488–491. Los Angeles, London, New Delhi et al.

Johnson, H./Ollus, N./Nevala, S. (2008). Violence Against Women – An International Perspective. New York/NY.

Johnson, I.M./Morgan, E.F. (2008). Victim Impact Statements – Fairness to Defendants? In: *L.J. Moriarty* (Hrsg.): Controversies in Victimology. 2. Aufl. 115–131. Cincinnati/OH.

Johnson, S.D. (2008). Repeat Burglary Victimisation: A Tale of two Theories. In: Journal of Experimental Criminology 4, 215–240.

Karjane, H.M. (2010). Revictimization. In: *B.S. Fisher/S.P. Lab* (Hrsg): Encyclopedia of Victimology and Crime Prevention. Bd. 2. 785–788. Los Angeles, London, New Delhi et al.

Karmen, A. (2010). Crime Victims – An Introduction to Victimology. 7. Aufl. Belmont/CA.

Keeshin, B.R./Campbell, K. (2011). Screening Homeless Youth for Histories of Abuse: Prevalence, Enduring Effects, and Interest in Treatment. In: Child Abuse and Neglect 35, 401–407.

Kerbs, J.J./Jolley, J.M. (2007). Inmate-on-Inmate Victimization Among Older Male Prisoners. In: Crime and Delinquency 53, 187–218.

Kesteren, J. van/Dijk, J. van (2010). Key Victimological Findings from the International Crime Victims Survey. In: *S.G. Shoham/P. Knepper/M. Kett* (Hrsg.): International Handbook of Victimology. 151–180. Boca Raton/FL.

Kilchling, M. (1995). Opferinteressen und Strafverfolgung. Freiburg i.Br.

Killias, M. (2010). International Crime Victimization Survey (ICVS). In: *B.S. Fisher/S.P. Lab* (Hrsg): Encyclopedia of Victimology and Crime Prevention. Bd. 1. 485–487. Los Angeles, London, New Delhi et al.

Killias, M./Haymoz, S./Lamon, P. (2007). Swiss Crime Survey – Die Kriminalität in der Schweiz im Lichte der Opferbefragung von 1984 bis 2005. Bern.

Killias, M./Simonin, M./DePuy, J. (2005). Violence Experienced by Women in Switzerland over their Lifespan – Results of the International Violence Against Women Survey (IVAWS). Bern.

Kirchhoff, G.F. (2010). History and a Theoretical Structure of Victimology. In: *S.G. Shoham/ P. Knepper/M. Kett* (Hrsg.): International Handbook of Victimology. 95–123. Boca Raton/FL.

Lauritsen, J.L. (2005). Social and Scientific Influences on the Measurement of Criminal Victimization. In: Journal of Quantitative Criminology 21, 245–266.

Lauritsen, J.L./Laub, J.H. (2007). Understanding the Link between Victimization and Offending: New Reflections on an old Idea. In: *M. Hough/M. Maxfield* (Hrsg.): Surveying Crime in the 21st Century: Commemorating the 25th Anniversary of the British Crime Survey, 55–75. Monsey/NY, USA, Cullompton, Devon/UK.

Leddy, J./O'Connell, M. (2002). The Prevalence, Nature and Psychological Correlates of Bullying in Irish Prisons. In: Legal and Criminological Psychology 7, 131–140.

Lynch, J.P. (2006). Problems and Promise of Victimization Surveys for Cross-National Research. In: *M. Tonry* (Hrsg.): Crime and Justice. Bd. 34. 229–287. Chicago, London.

Maas, C.D./Fleming, C.B./Herrenkohl, T.I./Catalano, R.F. (2010). Childhood Predictors of Teen Dating Violence Victimization. In: Violence and Victims 25, 131–149.

Maffei, S./Merzagora Betsos, I. (2007). Crime and Criminal Policy in Italy – Tradition and Modernity in a Troubled Country. In: European Journal of Criminology 4, 461–482.

McDonald, W.F. (2010). Immigration and Victimization. In: *B.S. Fisher/S.P. Lab* (Hrsg): Encyclopedia of Victimology and Crime Prevention. Bd. 1. 471–472. Los Angeles, London, New Delhi et al.

McIntyre, J.K./Widom, C.S. (2011). Childhood Victimization and Crime Victimization. In: Journal of Interpersonal Violence 26, 640–663.

Mead, G.H. (1976). Sozialpsychologie. Darmstadt.

Menard, S. (2005). Victimization, Repeated. In: *R.A. Wright/ J.M. Miller* (Hrsg.): Encyclopedia of Criminology. Bd. 3. 1718–1721. New York, London.

Mendelsohn, B. (1974). Victimology and the Technical and Social Sciences: A Call for the Establishment of Victimological Clinics. In: *I. Drapkin/E. Viano* (Hrsg.): Victimology: A New Focus. Bd. 1: Theoretical Issues in Victimology. 25–35. Lexington/Mass. et al.

Mendelsohn, B. (1976). Victimology and Contemporary Society's Trends. In: Victimology 1, 8–28.

Miethe, T.D. (2005). Victim Precipitation. In: *R.A. Wright/ J.M. Miller* (Hrsg.): Encyclopedia of Criminology. Bd. 3. 1700–1703. New York, London.

Muftic, L.R. (2008). Victimology. In: *C.M. Renzetti/J.L. Edleson* (Hrsg.): Encyclopedia of Interpersonal Violence. 737/738. Thousand Oaks/CA et al.

Muratore, M.G./Corazziari, I. (2008). The New Italian Violence Against Women Survey. In: *K. Aromaa/M. Heiskanen* (Hrsg.): Victimisation Surveys in Comparative Perspective. 160–179. Helsinki.

Murphy, L.M. (2011). Childhood and Adolescent Violent Victimization and the Risk of Young Adult Intimate Partner Violence Victimization. In: Violence and Victims 26, 593–607.

Mustaine, E.E./Jasinski, J.L. (2010). Homeless, Violence Against. In: *B.S. Fisher/S.P. Lab* (Hrsg): Encyclopedia of Victimology and Crime Prevention. Bd. 1. 444–446. Los Angeles, London, New Delhi et al.

Mutchnick, R.J./Martin, R./Austin, W.T. (2009). Criminological Thought – Pioneers Past and Present. Upper Saddle River/NJ, Columbus/OH.

National Academy of Sciences (1976). Surveying Crime. Washington D.C.

National Opinion Research Center (1967). Criminal Victimization in the United States: A Report of a National Survey. Washington D.C.

Newburn, T./Rock, P. (2006). Urban Homelessness, Crime and Victimisation in England. In: International Review of Victimology 13, 12–156.

Nilsson, A./Estrada, F. (2006). The Inequality of Victimization – Trends in Exposure to Crime among Rich and Poor. In: European Journal of Criminology 3, 387–412.

O'Connell, M. (2008). Victimology: A Social Science in Waiting? In: International Review of Victimology 15, 91–104.

O'Connor, T. (2005). Victimization, Crime Prevention and Protection. In: *R.A. Wright/J.M. Miller* (Hrsg.): Encyclopedia of Criminology. Bd. 3. 1711–1713. New York, London.

O'Donnell, I./Edgar, K. (2009). Routine Victimisation in Prisons. In: *B. Williams/H. Goodman Chong* (Hrsg.): Victims and Victimisation: A Reader. 309–327. Maidenhead, Berkshire/England.

Ousey, G.C./Wilcox, P./Brummel, S. (2008). Déjà vu All Over Again: Investigating Temporal Continuity of Adolescent Victimization. In: Journal of Quantitative Criminology 24, 307–335.

Parks, S.E./Kim, K.H./Day, N.L./Garza, M.A./Larkby, C.A. (2011). Lifetime Self-Reported Victimization Among Low-Income, Urban Women.: The Relationship between Childhood Maltreatment and Adult Violent Victimization. In: Journal of Interpersonal Violence 26, 1111–1128.

Pauwels, L.J.R./Svensson, R. (2011). Exploring the Relationship between Offending and Victimization: What is the Role of Risky Lifestyles and Low Self-Control? A Test in two Urban Samples. In: European Journal on Criminal Policy and Research. 17, 163–177.

Pereda, N./Guilera, G./Forns, M./Gomez-Benito, J. (2009). The International Epidemiology of Child Sexual Abuse: A Continuation of Finkelhor (1994). In: Child Abuse & Neglect 33, 331–342.

President's Commission on Law Enforcement and Administration of Justice (1967). The Challenge of Crime in a Free Society. Washington D.C.

Rennison, C.M. (2010a). National Crime Victimization Survey (NCVS). In: *B.S. Fisher/S.P. Lab* (Hrsg): Encyclopedia of Victimology and Crime Prevention. Bd. 2. 579–582. Los Angeles, London, New Delhi et al.

Rennison, C.M. (2010b). Victimization Surveys. In: *B.S. Fisher/S.P. Lab* (Hrsg): Encyclopedia of Victimology and Crime Prevention. Bd. 2. 985–991. Los Angeles, London, New Delhi et al.

Roberts, J.V. (2009). Listening to the Crime Victim: Evaluating Victim Imput at Sentencing and Parole. In: *M. Tonry* (Hrsg.): Crime and Justice. Bd. 38. 347–412. Chicago, London.

Robinson, M.B. (2005). National Crime Victimization Survey (NCVS). In: *R.A. Wright/J.M. Miller* (Hrsg.): Encyclopedia of Criminology. Bd. 2. 1015–1019. New York, London.

Rock, P. (2007). Theoretical Perspectives on Victimisation. In: *S. Walklate* (Hrsg.): Handbook of Victims and Victimology. 37–61. Cullompton, Devon/UK, Portland/OR.

Rock, P. (2010). Approaches to Victims and Victimization. In: *E. McLaughlin/T. Newburn* (Hrsg.): The Sage Handbook of Criminological Theory. 464–489. Los Angeles et al.

Sabina, C./Straus, M.A. (2008). Polyvictimization by Dating Partners and Mental Health Among U.S. College Students. In: Violence and Victims 23, 667–682.

Sagovsky, A./Johnson, S.D. (2007). When does Repeat Burglary Victimisation Occur? In: Australian and New Zealand Journal of Criminology 40, 1–26.

Sampson, R.J./Raudenbush, S.W./Earls, F. (2011). Collective Efficacy and Crime. In: *F.T. Cullen/ R. Agnew* (Hrsg.): Criminological Theory – Past to Present. 4. Aufl. 112–117. New York, Oxford.

Sautner, L. (2010). Opferinteressen und Strafrechtstheorien – Zugleich ein Beitrag zum restorativen Umgang mit Straftaten, Innsbruck et al.

Schneider, H.J. (1975). Viktimologie – Wissenschaft vom Verbrechensopfer. Tübingen.

Schneider, H.J. (1994). Kriminologie der Gewalt. Stuttgart, Leipzig.

Schneider, H.J. (1996). Violence in the Institution. In: International Journal of Offender Therapy and Comparative Criminology 40, 5–18.

Schneider, H.J. (2006). Verbrechensopferforschung, -politik und -hilfe: Fortschritte und Defizite in einem halben Jahrhundert. In: MschrKrim 89, 389–404.

Schneider, H.J. (2007a). Viktimologie. In: *H.J. Schneider* (Hrsg.): Internationales Handbuch der Kriminologie. Bd. 1: Grundlagen der Kriminologie. 395–468. Berlin.

Schneider, H.J. (2007b). Politische Kriminalität – Dimensionen, Typologien und Verhaltenssysteme. In: *H.J. Schneider* (Hrsg.): Internationales Handbuch der Kriminologie. Bd. 1: Grundlagen der Kriminologie, 739– 831. Berlin.

Schneider, H.J. (2009). Hass- und Vorurteilskriminalität. In: *H.J. Schneider* (Hrsg.): Internationales Handbuch der Kriminologie. Bd. 2: Besondere Probleme der Kriminologie, 297–338. Berlin.

Schneider, H.J. (2011). Victimological Developments in the World during the Past Three Decades. In: A. Walsh/C. Hemmens (Hrsg.): Introduction to Criminology. 2. Aufl. 577–588. Los Angeles et al.

Schreck, C.J. (2010). Correlates of Victimization. In: *B.S. Fisher/S.P. Lab* (Hrsg): Encyclopedia of Victimology and Crime Prevention. Bd. 1. 158–164. Los Angeles, London, New Delhi et al.

Schreck, C.J./Stewart, E.A./Fisher, B.S. (2006). Self-Control, Victimization, and their Influence on Risky Lifestyles: A Longitudinal Analysis Using Panel Data. In: Journal of Quantitative Criminology 22, 319–340.

Schreck, C.J./Stewart, E.A./Osgood, D.W. (2008). A Reappraisal of the Overlap of Violent Offenders and Victims. In: Criminology 46, 871–905.

Schünemann, B./Dubber, M.D. (Hrsg.) (2000). Die Stellung des Opfers im Strafrechtssystem – Neue Entwicklungen in Deutschland und in den USA. Köln et al.

Schwind, H.-D./Fetchenhauer, D./Ahlborn, W./Weiß, R. (2001). Kriminalitätsphänomene im Langzeit-vergleich am Beispiel einer deutschen Großstadt Bochum 1975 – 1986 – 1998. Neuwied.

Seligman, M.E.P. (1992). Erlernte Hilflosigkeit. 4. Aufl. Weinheim.

Shapland, J./Willmore, J./Duff, P. (1985). Victims in the Criminal Justice System. Aldershot, Hants/ England, Brookfield/VT/USA.

Sherman, L.W./Strang, H. (2009). Crime and Reconciliation: Experimental Criminology and the Future of Restorative Justice. In: Acta Criminologica – Southern African Journal of Criminology 22, 1–14.

Sherman, L.W./Strang, H./Angel, C./Woods, D./Barnes, G.C./Bennett, N./Inkpen, N. (2005). Effects of Face-to-Face Restorative Justice on Victims of Crime in four Randomized, Controlled Trials. In: Journal of Experimental Criminology 1, 367/395.

Siegel, L.J. (2013). Criminology: Theories, Patterns and Typologies. 11. Aufl. Belmont/CA.

Sigmon, J.N. (2008). Combating Modern-Day Slavery: Issues in Identifying and Assisting Victims of Human Trafficking Worldwide. In: Victims and Offenders 3, 245–257.

Simon, T.R./Kresnow, M./Bossarte, R.M. (2008). Self-Reports of Violent Victimization among U.S. Adults. In: Violence and Victims 23, 711–726.

Sloan, J.J. (2005). Victimization Crime: Characteristics of Victims. In: *R.A. Wright/J.M. Miller* (Hrsg.): Encyclopedia of Criminology. Bd. 3. 1703–1707. New York, London.

Smeulers, A./Hoex, L. (2010). Studying the Microdynamics of the Rwandan Genocide. In: British Journal of Criminology 50, 435–454.

Smith, C.J. (2010). Human Trafficking. In: *B.S. Fisher/S.P. Lab* (Hrsg): Encyclopedia of Victimology and Crime Prevention. Bd. 1. 464–467. Los Angeles, London, New Delhi et al.

Snare, A. (2004). Victim Policy – Only for the Good? In: *K. Aromaa/S. Nevala* (Hrsg.): Crime and Crime Control in an Integrating Europe. 32–38. Helsinki.

Spalek, B. (2006). Crime Victims – Theory, Policy and Practice. London, New York.

Sparks, R.F./Genn, H.G./Dodd, D.J. (1977). Surveying Victims – A Study of the Measurement of Criminal Victimization. Chichester et al.

Stevens, A./Berto, D./Frick, U./Kerschl, V./McSweeney, T./Schaaf, S./Tartari, M./Turnbull, P., Trinkl, B./Uchtenhagen, A./Waidner, G./Werdenich, W. (2007). The Victimization of Dependent Drug Users. In: European Journal of Criminology 4, 385–408.

Strang, H. (2002). Repair or Revenge. Victims and Restorative Justice. Oxford.

Sullivan, C.J./Wilcox, P./Ousey, G.C. (2011). Trajectories of Victimization from Early to Mid-Adolescence. In: Criminal Justice and Behavior 38, 85–104.

Sutherland, E.H. (1924). Criminology. Philadelphia, London.

Tark, J./Kleck, G. (2004). Resisting Crime: The Effects of Victim Action on the Outcomes of Crimes. In: Criminology 42, 861–909.

Taylor, T.J./Peterson, D./Esbensen, F.-A./Freng, A. (2007). Gang Membership as a Risk Factor for Adolescent Violent Victimization. In: Journal of Research in Crime and Delinquency 44, 351–380.

Terry, K.J. (2008a). Understanding the Sexual Abuse Crisis in the Catholic Church: Challenges with Prevention Policies. In: Victims and Offenders 3, 31–44.

Terry, K.J. (2008b). Stained Glass: The Nature and Scope of Child Sexual Abuse in the Catholic Church. In: Criminal Justice and Behavior 35, 549–569.

Tewksbury, R. (2010). Rape, Prison. In: *B.S. Fisher/S.P. Lab* (Hrsg): Encyclopedia of Victimology and Crime Prevention. Bd. 2. 723–726. Los Angeles, London, New Delhi et al.

Tittle, C. (2011). Control Balance Theory. In: *F.T. Cullen/ R. Agnew* (Hrsg.): Criminological Theory – Past to Present. 4. Aufl. 571–589. New York, Oxford.

Tolhurst, K.A. (2008). Victim Impact Statements. In: *C.M. Renzetti/J.L. Edleson* (Hrsg.): Encyclopedia of Interpersonal Violence. 732/733. Thousand Oaks/CA et al.

Tseloni, A./Wittebrood, K./Farrell G./Pease, K. (2004). Burglary Victimization in England and Wales, the United States and the Netherlands. In: British Journal of Criminology 44, 66–91.

Turner, H./Finkelhor, D./Ormrod, R. (2010). Child Mental Health Problems as Risk Factors for Victimization. In: Child Maltreatment 15, 132–143.

Tyler, K.A./Beal, M.R. (2010). The High-Risk Environment of Homeless Young Adults: Consequences for Physical and Sexual Victimization. In: Violence and Victims 25, 101–115.

Tyler, T.R. (2003). Procedural Justice, Legitimacy, and the Effective Rule of Law. In: *M. Tonry* (Hrsg.): Crime and Justice. Bd. 30. 283–357. Chicago, London.

Tyler, T.R. (2006). Why People Obey the Law. Princeton, Oxford.

Tyler, T.R./Braga, A./Fagan, J./Mears, T./Sampson, R./Winship, C. (2007). Legitimacy and Criminal Justice: International Perspectives. In: *T.R. Tyler* (Hrsg.): Legitimacy and Criminal Justice. 9–29. New York.

Uotila, E./Sambou, S. (2010). Victim-Offender Mediation in Cases of Intimate Relationship Violence – Ideals, Attitudes, and Practices in Finland. In: Journal of Scandinavian Studies in Criminology and Crime Prevention 11, 189–205.

U.S. Department of State (2009). Trafficking in Persons Report. Washington D.C.

Vélez, M.B. (2001). The Role of Public Social Control in Urban Neighborhoods: A Multi-Level Analysis of Victimization Risk. In: Criminology 39, 837–864.

Volbert, R. (2008). Sekundäre Viktimisierung. In: *R. Volbert/M. Steller* (Hrsg.): Handbuch der Rechtspsychologie. 198–208. Göttingen et al.

Walker, A. (2008). The British Crime Survey: the Experience of Measuring Crime over 25 Years. In: *K. Aromaa/M. Heiskanen* (Hrsg.): Victimisation Surveys in Comparative Perspective. 122–127. Helsinki.

Walklate, S. (2007). Men, Victims and Crime. In: *P. Davies/ P. Francis/C. Greer* (Hrsg.): Victims, Crime and Society. 142–164. Los Angeles et al.

Walklate, S. (2009). Mainstream Victimology. In: *B. Williams/H. Goodman Chong* (Hrsg.): Victims and Victimisation: A Reader. 273–277. Maidenhead, Berkshire/England.

Wasserman, J.A./Clair, J.M. (2010). At Home on the Street – People, Poverty and a Hidden Culture of Homelessness. London.

Welsh, B.C./Farrington, D.P. (2010). Lifestyle Theory. In: *B.S. Fisher/S.P. Lab* (Hrsg): Encyclopedia of Victimology and Crime Prevention. Bd. 1. 527–533. Los Angeles, London, New Delhi et al.

White, M.D./Terry, K.J. (2008). Child Sexual Abuse in the Catholic Church. In: Criminal Justice and Behavior 35, 658–678.

Widom, C.S./Czaja, S.J./Dutton, M.A. (2008). Childhood Victimization and Lifetime Revictimization. In: Child Abuse and Neglect 32, 785–796.

Wilcox, P. (2010). Victimization, Theories of. In: *B.S. Fisher/S.P. Lab* (Hrsg): Encyclopedia of Victimology and Crime Prevention. Bd. 2. 977–984. Los Angeles, London, New Delhi et al.

Wiles, P. (2008). The British Crime Survey. In: *K. Aromaa/M. Heiskanen* (Hrsg.): Victimisation Surveys in Comparative Perspective. 128–131. Helsinki.

Wilsem, J. van (2004). Criminal Victimization in Cross-National Perspective – An Analysis of Rates of Theft, Violence and Vandalism across 27 Countries. In: European Journal of Criminology 1, 89–109.

Wilsem, J. van/Graaf, N.D. de/Wittebrood K. (2002). Variations in Cross-National Victimization – The Impact of Composition and Context. In: *P. Nieuwbeerta* (Hrsg.): Crime Victimization in Comparative Perspective – Results from the International Crime Victims Survey, 1989–2000. 119–140. Den Haag.

Wise, V.D. (2010). Developmental Victimology. In: *B.S. Fisher/S.P. Lab* (Hrsg): Encyclopedia of Victimology and Crime Prevention. Bd. 1. 290–293. Los Angeles, London, New Delhi et al.

Wittebrood, K./Nieuwbeerta, P. (2000). Criminal Victimization during one's Life Course: The Effects of Previous Victimization and Patterns of Routine Activities. In: Journal of Research in Crime and Delinquency 37, 91–122.

Wolfgang, M.E. (1974). Victim-Precipitated Criminal Homicide. In: *I. Drapkin/E. Viano* (Hrsg.): Victimology. 79–92. Lexington/Mass. et al.

Wolfgang, M.E./Ferracuti, F. (2006). The Thesis of a Subculture of Violence. In: *F.T. Cullen/R. Agnew* (Hrsg.): Criminological Theory – Past to Present. 3. Aufl. 147–150. Los Angeles/CA.

Wolhuter, L./Olley, N./Denham (2009). Victimology: Victimisation and Victims' Rights. London, New York.

Wood, J./Moir, A./James, M. (2009). Prisoners' Gang-Related Activity: The Importance of Bullying and Moral Disengagement. In: Psychology, Crime and Law 15, 569–581.

Yodanis, C.L. (2002). Gender Inequality, Sexual Violence, and Fear in Europe. In: *P. Nieuwbeerta* (Hrsg.): Crime Victimization in Comparative Perspective – Results from the International Crime Victims Survey, 1989–2000. 265–281. Den Haag.

Xie, M./McDowall, D. (2008). The Effects of Residential Turnover on Household Victimization. In: Criminology 46, 539–575.

1.3 Kriminologie in den USA, in Europa und in Deutschland im 20. Jahrhundert und zu Beginn des 21. Jahrhunderts

Inhaltsübersicht

1.3.1 Selbstverständnis heutiger Kriminologie

1.3.1.1 Kriminologie als Sozialwissenschaft

Im 20. Jahrhundert hat sich die US.-amerikanische Kriminologie zu einer unabhängigen, selbstständigen internationalen Sozialwissenschaft entwickelt. Die Sozialwissenschaften erforschen – unter Anwendung wissenschaftlicher Methoden – Gesellschaften, ihre Strukturen und Prozesse sowie die Menschen in diesen Gesellschaften, ihre Werte, ihre Persönlichkeiten, ihr Verhalten, ihre Interaktionen, ihre Institutionen und ihre Kulturen (*Kraska/Neuman* 2012, 33; *Bachman/Schutt* 2011, 8). Kriminologie als Sozialwissenschaft hat ihre Wurzeln in der rechtsstaatlich verfassten Demokratie (*LaFree* 2007, 4). Denn nur Demokratien gewährleisten die Unabhängigkeit der Kriminologie, und nur sie bringen die selbstkritische Einsicht in gesellschaftliche Ursachen und in die Notwendigkeit gesellschaftlicher Kontrolle der Delinquenz und Kriminalität auf. In der US.-amerikanischen Kriminologie und in der von ihr stark beeinflussten englischsprachigen und europäischen Kriminologie herrscht ziemliche Einigkeit darüber, dass die Kriminologie eine internationale, unabhängige Tatsachenwissenschaft ist, die Verbrechen als soziales Phänomen, Täter- und Opferwerden sowie Reaktionen auf Verbrechen, Täter- und Opferwerden als Sozialprozesse auf der Grundlage von Sozialstrukturen und -prozessen erforscht (*J.M. Miller* 2009; 2005). Ihre Kern-Teilbereiche sind Phänomenologie, Ätiologie und Kriminalpolitik, um die herum der kriminologische Stoff von den Kriminologen der Welt ausgewählt und angeordnet wird. Die sozialwissenschaftliche Kriminologie entwirft ätiologische und kriminalpolitische Theorien und testet sie mit empirischen und experimentellen Methoden, die sie auf ihre Reliabilität (Zuverlässigkeit) und Validität (Gültigkeit) überprüft.

Das Ziel sozialwissenschaftlicher Kriminologie ist es, Regelmäßigkeiten im sozialen Leben zu entdecken, die für die Verbrechensentstehung und -kontrolle relevant sind. Sie hält sowohl nomothetische wie idiographische Erklärungen für nützliche und wertvolle Forschungsansätze (*Maxfield/Babbie* 2011, 22). Während sich die idiographische Methode intensiv den Besonderheiten eines Einzelfalls zuwendet, versucht der nomothetische Ansatz, Gemeinsamkeiten krimineller Phänomene herauszufinden. Quantitative wie qualitative Studien sind der sozialwissenschaftlichen Kriminologie in gleicher Weise willkommen (*Maxfield/Babbie* 2011, 25). Der Unterschied zwischen quantitativen und qualitativen Studien ist eine Differenzierung zwischen numerischen, zahlenmäßigen und nicht-numerischen Datensammlungen. Im Rahmen der Kriminalpolitik widmet sich die sozialwissenschaftliche Kriminologie der Vorbeugung und der informellen wie formellen Sozialkontrolle der Delinquenz und Kriminalität, die sie als Sozialprozesse versteht, an denen Täter, Opfer und Gesellschaft beteiligt sind. Ein wichtiges Teilgebiet der Kriminalwissenschaften ist die wissenschaftliche Disziplin der „Kriminaljustiz", die sich mit der Anwendung des Strafrechts, dem Überblick über und dem Einblick in das Kriminaljustizsystem befasst (vgl. z.B. *Travis* 2012) und mit dem die sozialwissenschaftliche Kriminologie eng in Forschung und Lehre zusammenarbeitet. Die kriminalwissenschaftlichen Graduiertenschulen der Universitäten der USA nennen sich häufig „Colleges/Schools of Criminology and Criminal Justice".

1.3.1.2 Selbstverständnis deutscher Kriminologie

Über das Selbstverständnis der Kriminologie herrscht in der deutschen Kriminologie keine so große Einigkeit wie in den USA. Zunächst gibt es kriminologische Lehrbücher, deren zentrale Teile aus Reflexionen über das Strafrecht und über seine Anwendung im Kriminaljustizsystem bestehen (*P.-A. Albrecht* 2010; *Eisenberg* 2005). Sie sollten besser – wie international üblich – mit „Kriminaljustiz" bezeichnet werden. Denn sie vermitteln ganz wesentlich „Einblicke in die Wirkungen und Funktionsweisen des Kriminaljustizsystems" (so (*P.-A. Albrecht* 2010 Vorwort). Neben *Hans Joachim Schneider* (vgl. z.B. 1972; 1977a) bekennen sich zur Kriminologie als Sozialwissenschaft auch die schweizerischen Kriminologen *Martin Killias, André Kuhn* und *Marcelo F. Aebi* (vgl. 2011, 1) sowie *Frank Neubacher* (2011, 21), wohl auch *Hans-Dieter Schwind* (2011, 8), der die Kriminologie als eigenständige Schwesterwissenschaft zum Strafrecht auffasst. Ganz anders sehen dies *Michael Bock* (2008) und der schweizerische Kriminologe *Karl-Ludwig Kunz* (2011). Das Konzept des „Täters in seinen sozialen Bezügen", der Verflochtenheit der kriminellen Persönlichkeit mit ihrem Sozialbereich ist für *Bock* das Zentralproblem der Kriminologie. Mit dem atheoretischen multifaktoriellen Ansatz werden Merkmalsausprägungen ausgearbeitet, die als Diagnose- und Prognoseinstrumente für Praktiker der Kriminaljustiz Auskunft über den Grad krimineller Gefährdung des Rechtsbrechers geben und die Beurteilungskriterien bilden sollen, durch die sich (wiederholt) Straffällige von der Durchschnittspopulation unterscheiden. Solche Merkmalskombinationen sollen weder eine kausale Erklärung geben noch eine Behandlungsempfehlung aussprechen. *Bock* steht einer nomothetischen Forschungslogik distanziert gegenüber, während er eine idiographische befürwortet. Für das Verstehensmodell, für die Erfassung qualitativer Sinndeutungen des relevanten Geschehens auf der Basis der wechselseitigen Subjektperspektive der Betroffenen hat sich *Kunz* entschieden. Er spricht sich gegen das quantitative Erklärungsmodell aus, das die Kriminologie als eine empirische Sozialwissenschaft versteht, obwohl gerade quantitative Methoden das Herzstück sozialwissenschaftlicher Forschung überhaupt und kriminologischer Forschung im Besonderen ausmachen (*Piquero/ Weisburd* 2010, 1). Unentschieden ist schließlich *Bernd-Dieter Meier* (2010), nach dem sich die Kriminologie einerseits mit Kriminalität „als einem sozialen Phänomen" (2010, 2) beschäftigt, nach dem sich aber der Täter und das „Verwertungsinteresse des Strafrechts" andererseits (2010, 142) in ihrem Mittelpunkt befinden.

1.3.2 Entwicklung der Kriminologie im 20. Jahrhundert

1.3.2.1 Entwicklung in den USA

1.3.2.1.1 Integration von Kriminalpsychologie mit Kriminalsoziologie

Für den Ursprung der US.-amerikanischen Kriminologie war im 19. Jahrhundert das Konzept des italienischen Kriminalbiologen *Cesare Lombroso* (1835–1909) – zwar nicht so stark wie in Europa (*Fink* 1938) – gleichwohl auch wesentlich bestimmend. In fünf Auflagen seines im Jahre 1876 zum ersten Mal erschienenen und in viele Sprachen übersetzten Buches über den „kriminellen Menschen" (L'uomo delinquente) vertrat er sein ebenso begrüßtes wie abgelehntes Konzept des geborenen Verbrechers (delinquente nato), der sich durch körperliche und psychische Abnormitäten vom Normalmenschen unterscheidet und dessen Häufigkeit er in der letzten Auflage seines Buches auf 35 Prozent der Kriminellen einschätzte (jetzt *Lombroso* 2006; vgl. auch die Lombroso-Biographien: *Horn* 2003; *Gibson* 2002).

Für die Entwicklung der US.-amerikanischen Kriminologie erwies sich indessen – wie der namhafte US.-Kriminologe *Walter C. Reckless* (1899–1988) (*Mutchnick/Martin/Austin* 2009, 121–140) hervorhob (1970; 1973, 691) – die Konzeption des deutschen Kriminologen *Gustav Aschaffenburg* (1866–1944), die er in der ersten Auflage seines Lehrbuchs „Das Verbrechen und seine Bekämpfung" (1903) und in deren Übersetzung „Crime and its Repression" (1913) entwickelt hat, als bedeutsamer. Nach sorgfältigen Quellenstudien des Historikers *Richard F. Wetzell* (2000) ragt *Aschaffenburg*s Konzeption durch zwei Grundgedanken hervor:

- Im Gegensatz zum *Kraepelin*-Paradigma (nach dem Psychiater *Emil Kraepelin* (1856–1926)), das die Integration von Kriminalbiologie mit Kriminalpsychologie vorsieht, spricht sich das *Aschaffenburg*-Paradigma (*Wetzell* 2010, 60) für eine Integration von Kriminalsoziologie mit Kriminalpsychologie als wechselseitig sich ergänzende Ansätze der Verbrechensentstehung aus.
- Für die Verursachung kriminellen Verhaltens hält *Aschaffenburg* die soziale Umwelt für doppelt verantwortlich. Nicht nur das schlechte Beispiel eines verdorbenen moralischen Milieus (unmittelbarer Einfluss), sondern auch die psychische Verwahrlosung durch eine verfehlte Erziehung (mittelbarer Einfluss) verursachen kriminelles Verhalten (*Wetzell* 2010, 59).

1.3.2.1.2 Die Chicago-Schule

Eine enorme Bedeutung für die Entwicklung der US.-amerikanischen Kriminologie im 20. Jahrhundert hatte die kriminalökologische Chicago-Schule, die zum ersten Mal in den 1920er bis 1940er Jahren die Bedeutung des Raumes und seiner baulichen wie sozialen Gestaltung für Kriminalitätsverursachung und -kontrolle entdeckte. Aufgrund quantitativer empirischer Studien arbeiteten *Clifford R. Shaw* und *Henry D. McKay* (*Snodgrass* 2011) heraus (*Shaw/McKay* 1931/1968; 1942/1969), dass die Wurzeln der Jugenddelinquenz im dynamischen Leben der Gemeinschaft liegen. In Gebieten (Nachbarschaften), die unter Armut und ständigem sozialen Wandel leiden, in denen konventionelle Institutionen, wie z.B. Familien, geschwächt sind und die durch ein Wertsystem geprägt werden, in dem man das Verbrechen unterstützt und nährt, wird Jugenddelinquenz von Generation zu Generation durch Interaktionen in Peer Groups (Gleichaltrigengruppen) in sozial desorganisierten Räumen weitergegeben. Die quantitativen Studien sind von *Shaw* (1930/1966; 1931/1966; 1938/1966) durch Fallstudien nach der Lebensgeschichte-Methode unterstützt und ergänzt worden. Der Lebenslauf des Delinquenten ist ein negativ sich ständig verstärkender Sozialprozess des Einübens und des Sich-Gewöhnens an Delinquenz. Die delinquente Persönlichkeit ist das Ergebnis ihrer Interaktion mit ihrem sozialen Umfeld.

Ganz in der Tradition der Chicago-Schule steht *Edwin H. Sutherland* (1883–1950), der in der internationalen Kriminologie als bedeutendster und einflussreichster Kriminologe des 20. Jahrhunderts gilt (*Mutchnick/Martin/Austin* 2011, 94–20). Er entwarf eine sozialpsychologische Theorie des sozialen Lernens kriminellen Verhaltens (*Goff/Geis* 2011, 37–62) und veröffentlichte ihre endgültige Fassung im Jahre 1947 (*Sutherland* 1947, 1–9). Kriminelle sind nicht psychisch abnorm; sie leiden unter keiner Persönlichkeitsstörung, unter keiner Psychopathie, die er als Ausdruck eines neo-lombrosianischen Ansatzes beurteilte (*Sutherland* 1934, 105). Sie lernen kriminelles Verhalten vielmehr aus antisozialen gesellschaftlichen Verhaltensweisen, Wertvorstellungen und Rechtfertigungen. In der *Sutherland-Glueck*-Debatte (1925–1945) (*Laub/Sampson* 1991) prallten zwei kriminologische Grundauffassungen aufeinander. *Sutherland* setzte sich für eine theoriegeleitete empirische Forschung ein, während das Ehepaar *Sheldon* und *Eleanor Glueck* atheoretisch eingestellt war und einem multifaktoriellen Ansatz folgte. Nach *Sutherland* wird kriminelles Verhalten wie jedes andere menschliche Verhalten in Sozialprozessen gelernt. Demgegenüber gehen die *Glueck*s von einer Dichotomie zwischen Kriminellen und Nicht-Kriminellen aus. Das Verbrechen wird von einer Menschenkategorie begangen, die sich vom Normalmenschen körperlich, psychisch und sozial unterscheidet (*Glueck/Glueck* 1950; *Glueck/ Glueck* 1968).

1.3.2.1.3 Der Fehlschlag des multifaktoriellen Ansatzes

Nach drei umfassenden empirischen Forschungsprojekten, die der Jurist *Sheldon Glueck* (1896–1980) und seine Ehefrau, die Pädagogin *Eleanor Glueck* (1898–1972), mit einem interdisziplinär zusammengesetzten Forscherteam in den 1930er und 1940er Jahren unternommen hatten (*Laub/Sampson* 2011a, 370/371), führten sie in den 1950er und 1960er Jahren ihr viertes und bedeutendstes Forschungsprojekt durch (*Glueck/ Glueck* 1950; 1968). Sie verglichen 10 bis 17 Jahre alte, straffällig gewordene Jungen aus dem Jugendstrafvollzug des Staates Massachusetts mit gleichaltrigen Jungen aus öffentlichen Schulen Bostons. Sie ermittelten Merkmalsunterschiede, die ihre delinquenten Jungen charakterisieren: in körperlicher Hinsicht (athletischer Körperbau)

(*Glueck/Glueck* 1956), in psychischer Hinsicht (negativere Eigenschaften) (*Glueck/ Glueck* 1968, 23–27) und in sozialer Hinsicht (belastetere Familienverhältnisse) (*Glueck/Glueck* 1962). Ihre Forschungen stießen in der US.-Kriminologie aus zwei Gründen auf zunehmende Ablehnung:

– Sie gründeten sie auf den atheoretischen Mehrfaktorenansatz und berücksichtigten auf diese Weise lediglich Tätermerkmale, indessen keine gesellschaftlichen und Opfer-Perspektiven. Sie erzielten keinerlei sozialen Vorbeugungs- und Täter- sowie Opfer-Behandlungs-Maßnahmen.

– Ihr Forschungsdesign überholte sich methodologisch. Ihre Experimentalgruppen bestanden nämlich aus Probanden, die von der Kriminaljustiz vorausgelesen waren, und die Nicht-Delinquenz ihrer Kontrollgruppen war nicht empirisch überprüft worden. Schließlich war die Validität (Gültigkeit) ihrer Forschungsinstrumente, z.B. des Rorschach-Tests, nicht ausreichend abgesichert.

1.3.2.1.4 Der Durchbruch der sozialpsychologischen Theorien

Zwei neue Entwicklungen traten an die Stelle der *Glueck*schen Forschungen. In seiner empirischen Forschungsarbeit, die er im Jahre 1969 veröffentlichte und die theoretisch wie methodologisch auch heute noch als vorbildlich gilt (*Akers/Sellers* 2009, 129), geht *Travis Hirschi* (1969; vgl. auch *Laub* 2011, 295–331) von seiner Theorie der informellen Sozialkontrolle, seiner Theorie der sozialen Bindung, einer Übersetzung psychoanalytischer Konzepte in sozialpsychologische Konzeptionen, aus, um sie auf diese Weise empirisch nachweisbar zu machen. Nach seiner Theorie entsteht Delinquenz durch eine Schwächung oder gar den Bruch von Bindungen, die ein Mensch zur Gesellschaft und ihren Institutionen, wie z.B. zur Familie oder Schule, besitzt. Die soziale Bindung einer Person zerfällt in vier Elemente: in Zuneigung, Ergebenheit, Anhänglichkeit (attachment), z.B. den Eltern gegenüber, in Engagement, persönlichen prosozialen Einsatz (commitment), in prosoziale Inanspruchnahme (involvement) und in Billigung, Anerkennung der moralischen Gültigkeit konventioneller Regeln (belief). Seine Theorie testete er mit einem Selbstbericht-Fragebogen an einer Zufallsauswahl von Schülern aus elf Gymnasien (high schools) eines großstädtischen Gebiets im Raum von San Francisco Bay in Kalifornien. Aufgrund der Antworten, die er zur Delinquenz-Begehung erhielt, teilte er sein Sample in zwei Gruppen, in eine Delinquenz- und eine Kontrollgruppe. In seiner Delinquenzgruppe stellte er einen signifikant häufigeren Bruch seiner vier Elemente sozialer Bindung fest.

In der zweiten Forschung, die die *Glueck*schen Studien ersetzte, analysierten *Robert J. Sampson* und *John H. Laub* (*Sampson/Laub* 1993; *Laub/Sampson* 2003) die Daten des *Glueck*schen Probandengutes mit neuem theoretischen und methodischen Konzept erneut. Sie bereiteten sie neu auf und führten sie weiter. Mit ihrer Theorie der altersabgestuften informellen Kontrolle knüpften sie an *Hirschi*s Theorie der sozialen Bindung an (*Lilly/Cullen/Ball* 2011, 403–409), die sie in sozialstrukturelle Zusammenhänge und in soziale Kontrollprozesse brachten, die im Lebenslauf des Rechtsbrechers ablaufen. Sie führten das Konzept des sozialen Kapitals ein, unter dem sie die Ressourcen verstehen, die durch die Qualität sozialer Bindungen geschaffen werden. Wenn sich soziale Bindungen verstärken, erhöht sich das soziale Kapital. Im *Glueck*schen Probandengut suchten sie nach Längsschnittmustern des Kriminellwerdens, nach Faktoren der Kriminalitätsstabilität und nach solchen des Kriminalitätswandels, nach Wendepunkten in der kriminellen Laufbahn. In den Jahren 1987 bis 1993 rekonstruierten sie die *Glueck*schen Daten, und sie ergänzten sie im Jahre 1993 durch Daten aus den Kriminalakten der delinquenten Gruppe. Sie führten Lebensgeschichte-Interviews mit 52 delinquenten Probanden, die inzwischen ihr 70. Lebensjahr erreicht hatten. Sie kamen zu dem Schluss, dass schwache soziale Bindungen zur Kriminalitäts-Kontinuität, starke soziale Bindungen indessen zum Kriminalitätswandel in prosoziales Verhalten führen. Ursachen der Hartnäckigkeit, der Beharrlichkeit der Kriminalität bestehen im Mangel an informeller sozialer Kontrolle, in unstrukturierten Routineaktivitäten und in absichtlichem kriminellem menschlichen Handeln, krimineller Wirksamkeit (Human Agency) Wendepunkte im kriminellen Lebenslauf können durch eine Stärkung des sozialen Kapitals, z.B. durch berufliche und eheliche Stabilität, herbeigeführt werden.

1.3.2.1.5 Das Verbrechensopfer im Sozialprozess

Die Dunkelfeldforschung, die Selbstbericht- und Viktimisierungsstudien, hat die Kriminologie von Grund auf verändert. Bereits *Sutherland* befasste sich im Jahre 1924 in der 1. Auflage seines weit verbreiteten Lehrbuchs mit dem Verbrechensopfer (*Sutherland* 1924, 3. Kapitel: 62–71). Freilich setzte er die Erörterung des Opfergesichtspunktes in den weiteren Auflagen seines Lehrbuchs nicht mehr fort. Erst der deutsche Kriminologe *Hans von Hentig*, der während des Nationalsozialismus (1933–1945) in die USA emigrieren musste, machte in den Jahren 1941 und 1948 nachhaltig auf die Interaktion zwischen Täter und Opfer aufmerksam. Die Viktimisierungsstudien, die auf Initiative der „President's Commission" (1967) (*Buerger* 2010, 656–659), einer Expertenkommission, Ende der 1960er Jahre einsetzten, vermittelten durch jährliche umfassende Befragungen zum Opferwerden seit den 1970er Jahren (*Rennison* 2010, 579–582) die grundlegenden Erkenntnisse, dass die Delinquenz und Kriminalität ubiquitär, allgemein verbreitet sind, dass die meiste Viktimisierung der Kriminaljustiz verborgen, weil unangezeigt bleibt, dass das Dunkelfeld der nichtangezeigten Sexual- und Gewalt-Viktimisierung im sozialen Nahraum besonders groß ist und dass die Viktimisierung bei vielen Opfern beachtliche psychosoziale Schäden hinterlässt. Heute wird die Viktimologie an den zahlreichen US.-amerikanischen kriminologischen Graduiertenschulen bevorzugt gelehrt (*Karmen* 2013; *Doerner/Lab* 2012; *Daigle* 2012), und die kriminologischen Lehrbücher behandeln sie zunehmend in ihren Grundsatzkapiteln (*Siegel* 2013: 3. Kapitel von 15; *Barkan* 2012: 4. Kapitel von 18). Sie ist vom kriminologischen Rand in das kriminologische Zentrum gerückt (*Geis* 1998).

1.3.2.2 Entwicklung in Europa

1.3.2.2.1 Die US.-amerikanische Kriminologie als Vorbild für Europa

Im Ursprung der Kriminologie beherrschte die Kriminalbiologie im 18. und 19. Jahrhundert in Europa das Feld (*Rafter* 2008 und die Beiträge in *Rafter* 2009). Die Italiener *Cesare Lombroso, Raffaele Garofalo* (1852–1934) und *Enrico Ferri* (1856–1929), die maßgeblichen Denker, waren Kriminalbiologen, wenn auch *Ferri* einen sozialen Ansatz ins Gespräch zu bringen versuchte. Zwar bemühten sich die beiden französischen Kriminalsoziologen *Gabriel Tarde* (1843–1904) und *Emile Durkheim* (1858–1917), der kriminalbiologischen Betrachtungsweise soziale Aspekte entgegenzusetzen; ihre Bedeutung blieb indessen begrenzt. Zwei Weltkriege (1914–1918; 1939–1945) und der Nationalsozialismus (1933–1945) zerstörten im 20. Jahrhundert die europäische Kriminologie. Die kriminologische Führung in der Welt ging auf die Kriminologie in den USA über.

Auf der Basis der Konzepte von *Tarde* und *Durkheim*, aber auch der deutschen Soziologen *Georg Simmel* (1858–1918), *Ferdinand Tönnies* (1855–1936) und *Max Weber* (1864–1920) machte man in der Entwicklung der US.-amerikanischen Kriminologie in der ersten Hälfte des 20. Jahrhunderts beachtliche Fortschritte (*H.J. Schneider* 2005). Diese positive Entwicklung wurde in der 2. Hälfte des 20. Jahrhunderts durch die Jahrestagungen der „American Society of Criminology" (ASC) noch gesteigert, die im Jahre 1941 von *August Vollmer* in Berkeley/Kalifornien gegründet worden war und die sich auf ihrer Jahrestagung in San Franzisko im Jahre 2010 mit annähernd 4.000 Teilnehmerinnen und Teilnehmern, zirka 3.480 Referaten zu 54 Themen in 870 Panels als größte jährliche internationale Zusammenkunft der Kriminologen der Welt auswies. In den 1980er und 1990er Jahren nahmen immer mehr europäische Kriminologinnen und Kriminologen an den Jahrestagungen der ASC teil. Deshalb rief man im Jahre 2000 in Den Haag die „European Society of Criminology" (ESC) ins Leben, die ihren juristischen Sitz in Cambridge/UK hat und die – nach bisher 12 erfolgreichen Jahrestagungen – bereits 732 Mitglieder besitzt. Als die führenden Nationen haben sich in der ESC das Vereinigte Königreich, die Niederlande und die skandinavischen Länder erwiesen.

1.3.2.2.2 Die Kriminologie im Vereinigten Königreich und in den Niederlanden

Die Kriminologie im Vereinigten Königreich hat zur US.-amerikanischen eine besondere Beziehung. Vor 1935 gab es sie als akademische Disziplin überhaupt nicht (*Garland* 1988). Ihre Gründungsväter sind *Hermann Mannheim*, der im Jahre 1934 aus Deutschland nach England emigrieren musste und der sich besonders mit internationaler Vergleichender Kriminologie beschäftigte (*Hood* 2004; vgl. auch *H. Mannheim* 1965, 1974), und *Leon Radzinowicz* (1961), ebenfalls ein Immigrant, diesmal aus Polen, der im Jahre 1959 das kriminologische Institut in Cambridge/UK nach US.-amerikanischem Vorbild gründete, das nunmehr das führende kriminologische Institut in Europa ist. Die britischen Lehr- und Handbücher der Kriminologie (vgl. z.B. *Hale/ Hayward/Wahidin/Wincup* 2009; *Carrabine/Cox/Lee/Plummer/South* 2009; *Maguire/ Morgan/Reiner* 2007) unterscheiden sich nur unwesentlich von den US.-amerikanischen. Seit den 1960er Jahren ist die niederländische Kriminologie stark durch die US.-amerikanische beeinflusst worden. Sie legt seitdem starkes Gewicht auf die empirische Forschung und auf die quantitativen Forschungsmethoden (*Junger-Tas/Junger* 2007). Heute gehört das Forschungs- und Dokumentationszentrum des niederländischen Justizministeriums zu den wesentlichsten Förderungsinstitutionen der europäischen Kriminologie. Von diesem Zentrum wird die „International Crime Victims Survey" (ICVS), die „International Self-Report Delinquency Study" (ISRD) und das „European Sourcebook of Crime and Criminal Justice Statistics" betreut.

1.3.2.2.3 Die skandinavische Kriminologie

Die nordische Kriminologie ist seit dem Ende des 2. Weltkriegs (1945) maßgeblich von der US.-amerikanischen beeinflusst worden. Umgekehrt hat die skandinavische Kriminologie durch ihre englischen Veröffentlichungen die nordische kriminologische und insbesondere kriminalpolitische Perspektive der internationalen, namentlich der US.-amerikanischen Kriminologie nahegebracht. Das begann mit zwei Lehrbüchern in englischer Sprache (*Hurwitz* 1952; *Hurwitz/Christiansen* 1983). Es setzte sich mit zwei Buchreihen in englischer Sprache fort (*Scandinavian Studies in Criminology* 1965 bis 1999; *Studies on Crime and Crime Prevention* 1992 bis 1999). Seit dem Jahre 2000 sind die beiden Buchreihen durch die Zeitschrift „Journal of Scandinavian Studies in Criminology and Crime Prevention" ersetzt worden. Sozialwissenschaftlich eingestellte Kriminologen wie *Inkeri Anttila* (2001) aus Finnland, *Nils Christie* (vgl. z.B. 2003) aus Norwegen und *Ulla V. Bondeson* (vgl. z.B. 2007) aus Dänemark übten einen starklen Einfluss auf die internationale Kriminologie aus. Trotz ihrer engen Zusammenarbeit mit der US.-amerikanischen Kriminologie (vgl. z.B. *Tonry/Lappi-Seppälä* 2011) bewahrten die nordischen Kriminologen ihre Eigenständigkeit. So gehören die skandinavischen Länder heute zu den Staaten mit der geringsten Häufigkeit an Freiheitsstrafen und vielen Alternativen zur Freiheitsstrafe, während die US.-amerikanische offizielle Kriminalpolitik zu den höchsten Gefangenenzahlen in der Welt geführt hat (vgl. *H.J. Schneider* 2009a, 1027). In den Jahren 1981/1982 ist das „Helsinki Institute for Crime Prevention and Control, Affiliated with the United Nations" (HEUNI) geschaffen worden, das heute richtungweisende Arbeit für die europäische Kriminologie leistet (vgl. z.B. *Aromaa/Heiskanen* 2008; *Goodey/Aromaa* 2008). Seit dem Jahr 2006 organisiert das „Swedish National Council of Crime Prevention" mit der Verleihung des Stockholm Preises für Kriminologie jährlich Symposien, die die internationale Kriminologie fördern.

1.3.2.3 Entwicklung in Deutschland

1.3.2.3.1 Die Kriminologie in der ersten Hälfte des 20. Jahrhunderts

Zu Beginn und in der Mitte des 19. Jahrhunderts erklärten die deutschen Kriminalpsychologen die Verbrechensentstehung mit Monokausaltheorien (Kriminalität aus Genusssucht, aus Arbeitsscheu) (vgl. *H.J. Schneider* 1977b, 415–458). Die zwei letzten Jahrzehnte des 19. Jahrhunderts standen indessen ganz im Zeichen von *Lombrosos* Annahmen, die auf seinerzeit berühmte Psychiater wie *Hans Kurella, Eugen Bleuler* und *Emil Kraepelin* einen mächtigen Eindruck ausübten (*Wetzell* 2000, 39–71). Man war von dem Gedanken fasziniert, die Kriminellen unterschieden sich durch körperliche und psychische Abnormitäten vom ehrlichen, gesunden Durchschnittsmenschen. Das änderte sich in den ersten beiden Jahrzehnten des 20. Jahrhunderts. Der Kriminologe *Aschaffenburg* und der Kriminalpolitiker *Franz von Liszt* hielten die Kriminalität für ein primär soziales Phänomen. In der Weimarer Republik (1918–1933) überwog freilich wieder die kriminalbiologische Richtung. Zwar betonte beispielsweise *Moritz Liepmann* (1930) soziale Kriminalitätsursachen, und das Denken von *August Aichhorn* (1925) und *Gotthold Bohne* (1931) war z.B. wesentlich von der Psychoanalyse bestimmt. Die Psychoanalytiker hielten die Anlage nicht für erblich bedingt, sondern für ein „Produkt früherer Erlebnisse" (so *Bohne* 1931, 333). In einem gesellschaftlichen Klima der Feindlichkeit gegenüber Kriminalsoziologie und Psychoanalyse wurden diese Versuche jedoch zur Seite gedrängt und ignoriert. Drei Entwicklungen begünstigten die Kriminalbiologie:

- Im Jahre 1923 hat *Kurt Schneider* (1887–1967) erstmalig sein schmales Bändchen über die „psychopathischen Persönlichkeiten" veröffentlicht, das in neun Auflagen „eines der einflussreichsten Werke der deutschen Psychiatrie des 20. Jahrhunderts" war und „einen starken Einfluss auf die Kriminalbiologie" ausübte (so *Wetzell* 2000, 146). Aufgrund klinischer Erfahrung hatte er eine Typologie von zehn psychopathischen Charakteren entworfen, die von der „Durchschnittsbreite der Persönlichkeiten" abwichen (u.a. gemütlose, willenlose Psychopathen).
- In den 1920er Jahren wurde – zunächst im bayrischen, dann im Strafvollzug anderer deutscher Länder – der „kriminalbiologische Dienst" eingerichtet, der mit einem kriminalbiologischen Fragebogen die „unverbesserlichen" von den „besserungsfähigen" Strafgefangenen zu trennen versuchte. Die Kritik von *Liepmann* und *Rudolf Sieverts* an dieser Einrichtung, die keinerlei empirisch-kriminologische Grundlage besaß, blieb unbeachtet (*Wetzell* 2000, 137–142).
- Im Rahmen der Grazer Schule (*Bachhiesl* 2008) vertraten *Adolf Lenz* (1868–1959) (1927) und *Ernst Seelig* (1895–1955) (1936, 67–77) kriminalbiologische Konzepte. Im Jahre 1927 gründete *Lenz* in Wien die „Kriminalbiologische Gesellschaft", die er bis zum Beginn des 2. Weltkriegs (1939) leitete und die sich in fünf Arbeitssitzungen während der 1920er und 1930er Jahre – unter Ausschluss der Mitarbeit von Kriminalsoziologen und Psychoanalytikern – hauptsächlich der Erbbiologie, besonders der Zwillings-, Sippen- und Konstitutionsforschung widmeten.

Die Nationalsozialisten benutzten die Kriminalbiologie für ihre kriminellen Zwecke. In ihrer ideologischen, rassistischen Terminologie sprachen sie von „kriminalitäts-anfälligen Rassen", von einem rassisch-minderwertigen „Menschenschlag", von Kriminellen, insbesondere psychopathischen Rückfallverbrechern als „Volksschäd-lingen", die im Rahmen „rassenhygienischer Schädlingsbekämpfung" „unschädlich gemacht" und aus der gesunden „Volksgemeinschaft" „ausgemerzt" werden müssten. Der Gießener Psychiater *Robert Sommer*, der selbst lombrosianische Konzepte vertrat, hatte bereits im Jahre 1904 eindringlich vor einer solchen Entwicklung gewarnt (vgl. *Sommer* 1904, 309).

1.3.2.3.2 Die Kriminologie in der Nachkriegszeit und in den 1960er Jahren bis zur Gegenwart

Es ist behauptet worden, nach dem Ende des 2. Weltkriegs (1945) hätte die US.-amerikanische Kriminologie die für sie günstige „weltpolitische Lage" ausgenutzt und der deutschen Kriminologie ihre sozialwissenschaftlichen Konzepte „oktroy-iert", aufgezwungen. Man habe einen „Traditionsbruch" herbeigeführt (*Bock*, 2008, 27 und 31/32). Diese Behauptung kann durch zeitgeschichtliche Daten nicht erhärtet werden. Man knüpfte nach dem Zusammenbruch des Nationalsozialismus vielmehr wieder an Konzeptionen an, die vor dem Zusammenbruch gültig gewesen waren:

Kriminologische Lehrbücher, wie z.B. die von *Franz Exner* und *Edmund Mezger*, die in den 1930er und 1940er Jahren erschienen waren, wurden – ohne wesentliche Änderungen – nach 1945 wieder veröffentlicht (vgl. z.B *Mezger* 1934; 1942; 1944; 1951; *Exner* 1939; 1944; 1949). Der durch *Exner* stark beeinflusste schweizerische Jurist *Erwin Frey* stellte in seinem Buch über den frühkriminellen Rückfallverbrecher im Jahre 1951 aufgrund von Aktenstudien eine sehr enge Beziehung zwischen Psycho-pathie und Rückfallverbrechertum und eine „überragende Bedeutung" biologischer Faktoren für die Rückfälligkeit fest.

Unter dem Vorsitz von *Mezger* konstituierte sich die „Kriminalbiologische Gesell-schaft" auf ihrer ersten Nachkriegstagung im Jahre 1951 in München neu. Über ihre Aktivitäten während der nationalsozialistischen Zeit ließ man nichts verlauten. Man vertrat vielmehr die Meinung, die Psychopathie-Lehre von *Kurt Schneider* habe sich „für die Kriminologie fruchtbar und ausreichend erwiesen" (*Leferenz* 1955, 21). Auf ihrer Arbeitstagung in Köln im Jahre 1968 forderte *Thomas Würtenberger*, nunmehr der „schroffen Entgegensetzung von ,Kriminalbiologie' und ,Kriminalsoziologie'" ein Ende zu bereiten und sich mit den Erkenntnissen der US.-amerikanischen Kriminolo-gie auseinanderzusetzen, um „den Bann jener verhängnisvollen Isolierung seit 1933" zu beenden (*Würtenberger* 1968, 7 und 8). Seine Forderung ist im Jahre 1977 auf der Arbeitstagung in Bern mit der (falschen) Behauptung abgeblockt worden, die Rezep-tion der US.-amerikanischen Kriminologie habe stattgefunden, aber nichts gebracht; es sei richtig gewesen, sich jeder Diskussion psychoanalytischer Konzepte zu enthal-ten (*Leferenz* 1978, 2 und 4).

Im Jahre 1958 meldete sich *Kurt Schneider* erneut zu Wort (*K. Schneider* 1958) und pries seine Lehre wegen ihrer „handlichen Kürze". Sein Schüler *Hans Göppinger*, der die Kriminologie allein für die Psychopathologie beanspruchte (*Göppinger* 1962, 316–321), gründete sein Konzept des „Täters in seinen sozialen Bezügen" (*Göppinger* 1971; 1973; 1976; 1980; 1997) und seine „Tübinger Jungtäter-Vergleichsuntersuchung" (*Göppinger* 1983; 1985) auf diese Lehre, die er unschwer mit dem *Glueck*schen Mehrfaktorenansatz in Verbindung brachte. Allerdings hatte sich die Hauptrichtung der US.-amerikanischen Kriminologie in den 1970er und 1980er Jahren bereits von den *Glueck*schen Forschungen abgewendet.

Deutsche Kriminologen, die einen Neuanfang, eine Trendwende aufgrund internationaler Entwicklungen herbeiführen wollten (*H.J. Schneider* 1966, 1969), wies man energisch zurück *G. Kaiser/Schellhoss* 1966; vgl. auch die Beurteilung von *Killias* 2003, 6/7). Gegenüber der sozialwissenschaftlichen Richtung der US.-amerikanischen Kriminologie nahm man eine Abwehrhaltung mit den Behauptungen ein, US.-amerikanische Verhältnisse und Denkweisen seien auf deutsche Sachverhalte unanwendbar (*R. Lange* 1981), deshalb sei die *K. Schneider*sche Psychopathologie „unerschüttert" gültig (*R. Lange* 1970, 234). Die „Rezeption" der US.-amerikanischen Kriminologie erklärte man im Jahre 1975 einfach für beendet (*G. Kaiser* 1975, 68). Zwar hat man diese Haltung im Jahre 1998 bedauert und die „weltweit führende Position" der US.-amerikanischen Kriminologie anerkannt, der fast alle Innovationen zu verdanken seien (*G. Kaiser* 1998). Gleichwohl sind Jahrzehnte vergangen, in denen man – zum Nutzen der deutschen Kriminologie – mit der US.-amerikanischen hätte besser und intensiver zusammenarbeiten können. Die Initiative hierzu musste von der deutschen Kriminologie ausgehen.

Die Hinwendung der deutschen Kriminologie zur internationalen, sozialwissenschaftlichen Richtung ist in den beiden letzten Jahrzehnten des 20. Jahrhunderts nur langsam und zögerlich vonstattengegangen. Seit der Gründung der ESC im Jahre 2000 ist sie unumkehrbar, will man sich nicht in einem deutschen „Sonderweg" europäisch und international isolieren.

1.3.3 Die Kriminologie zu Beginn des 21. Jahrhunderts

1.3.3.1 Die Theorien

Theoretische Kriminologie ist der Grundstein, der Eckpfeiler der Kriminologie (*J.M. Miller* 2009, 2–9). Theorie ist ein System miteinander verbundener Ideen, das Wissen zum Zwecke des Verstehens und/oder der Erklärung zusammenfasst und organisiert (*Kraska/Neuman* 2012, 34 und 62). Theorie und empirische Forschung gehören im kriminologischen Forschungsprozess eng zusammen (*Laub* 2010, 423). Jede Theorie muss mit sozialwissenschaftlich evaluierten Methoden empirisch getestet werden. Sie muss ihre Allgemeingültigkeit mit möglichst zahlreichen Wiederholungsstudien in verschiedenen Ländern und Regionen unter Beweis stellen. Theorien ändern sich mit der Zeit; denn Gesellschaften, in denen Verbrechen entstehen, wandeln sich im Zeitablauf. Die intensivste kriminologische Theorie-Diskussion ist im 20. Jahrhundert und zu Beginn des 21. Jahrhunderts in der US.-amerikanischen Kriminologie geführt worden (vgl. *H.J. Schneider* 2003; 2005b; 2007; 2009d; 2011). Ihr wesentlichstes Ergebnis kann in folgenden „Kerntheorien" zusammengefasst werden.

1.3.3.1.1 Sozialstrukturelle Theorien

Die Grundlagen kriminologischer Ursachenbeurteilung bilden die sozialstrukturellen Theorien.

Jugenddelinquenz und Erwachsenenkriminalität entstehen in sozial desorganisierten Gebieten (*Shaw/McKay* 1931/1968; 1942/1969). Das sind Gebiete konzentrierter Benachteiligung, in denen niemand handeln kann oder will, um ein Problem der Delinquenz oder Kriminalität zu lösen. In solchen Gebieten herrscht ein Mangel an informeller Kontrolle, an der Bereitschaft der Bewohner zu intervenieren, wenn sie bemerken, dass Unrecht geschieht. Die Theorie der kollektiven Effektivität (*Sampson* 2012; 2011) strebt einen Aktivierungsprozess sozialer Bindungen unter Nachbarn an, um gemeinsame Ziele, wie z.B. informelle Verbrechenskontrolle, zu erreichen. Soziale Bindungen müssen aktiviert werden. Bewohner müssen zur Intervention bereit und in der Lage sein. Das hängt zum großen Teil von ihrem wechselseitigen Vertrauen und ihrer wechselseitigen Solidarität ab. Die Theorie der sozialen Desorganisation ist in zahlreichen Ländern durch Wiederholungsstudien empirisch bestätigt worden (vgl. z.B. *Lovenkamp/Cullen/Pratt* 2010).

Soziale Institutionen, z.B. Familie, Schule, Religion, sind Normensysteme, die Verhalten steuern (*Messner/Rosenfeld* 2004). Durch sie und in ihnen werden Straftaten verursacht. Familien bilden den sozialstrukturellen Rahmen zum Lernen delinquenten Verhaltens. Frühes antisoziales Verhalten ist ein Schlüssel-Risiko-Faktor für delinquentes und kriminelles Verhalten während der Lebensspanne (*Welsh/Piquero* 2012). Mangel an Aufsicht, kriminelle und antisoziale Eltern und Geschwister, unbeständige und zu harte Disziplin, elterliche Kälte und Zurückweisung sowie physische und sexuelle Misshandlung und Vernachlässigung tragen zur Delinquenz- und Kriminalitätsentstehung maßgeblich bei (*Farrington* 2011). Erziehungsmängel erhöhen die Wahrscheinlichkeit der Verbrechensbegehung. Es kommt insbesondere auf die erlernte soziale zwischenmenschliche Intelligenz an, auf die Problemlösungsfähigkeit und die Befähigung, die zukünftigen Konsequenzen des eigenen Verhaltens zu überdenken. Diese Eigenschaften werden in Elternhaus und Schule gelernt. Religiosität ist tief verflochten mit sozialen Lernprozessen. Sie fördert die Internalisierung von Definitionen, Einstellungen, Werten und Glaubenssätzen, die Delinquenz und Kriminalität zurückweisen. Sie unterstützt prosoziale Nachahmung, Rollenmodellierung und prosoziale Selbstdefinition. Das ist das Ergebnis eines systematischen Überblicks (*B.R. Johnson/Jang* 2012) über 270 empirische Studien, die zwischen 1944 und 2010 durchgeführt worden sind. Religiosität reduziert Delinquenz und Kriminalität; ihr Missbrauch, z.B. durch Hassprediger, kann freilich auch zur Entstehung und Rechtfertigung von Kriminalität beitragen (*H.J. Schneider* 2009b).

Sozial ausgeschlossene oder an den Rand der Gesellschaft gedrängte soziale Gruppen sind in hohem Maße für Viktimisierung anfällig, weil man ihnen einen minderen sozialen Status zuweist. Aus zahlreichen Studien zum Ausschluss und zur Marginalisierung gesellschaftlicher Segmente ragen die Untersuchung des Völkermords in der Darfur-Region des Sudan (*Hagan/Rymon-Richmond* 2009) und die drei Studien zur Obdachlosen-Viktimisierung in England, Kanada und Japan (*H.J. Schneider* 2010a m.w.N.) heraus. Der Völkermord in der Darfur-Region beruht auf einem Konflikt zwischen der arabischen Täter- und der afrikanischen Opfergruppe über Land und Wasserressourcen. Die machtlosen afrikanischen Farmer besaßen diese Ressourcen, die die mächtige, von der sudanesischen Regierung unterstützte, nomadische Gruppe arabischer Viehzüchter für sich beanspruchte. Dieser Konflikt wurde von der sudanesischen Regierung durch eine Arabisierungskampagne geschürt, die der afrikanischen Opfergruppe einen minderen sozialen Status zumaß. In Kanada, England und Japan haben empirische Studien herausgearbeitet, dass die Obdachlosen – bei niedriger Anzeigerate – eine hohe Viktimisierungsrate besitzen. Die Gruppe der Obdachlosen hat in der Gesellschaft einen untergeordneten Platz zugewiesen bekommen. Obdachlose sind als Mitglieder einer untergeordneten Gruppe potentielle Opfer wegen ihres untergeordneten Status. Sie sind gesellschaftlich per definitionem minderwertig und sozialabweichend und werden deshalb vermehrt Verbrechensopfer.

Delinquenz und Kriminalität sind nicht gleichmäßig im Raum verteilt. Rechtsbrüche konzentrieren sich in kriminellen Brennpunkten, in Mikro-Analyse-Einheiten wie in Gebäuden, Häuserblocks, Straßensegmenten. Polizeiarbeit in Kriminalitäts-Brennpunkten (Hot-Spots-Policing) hat zu signifikanten kurzzeitigen Verbrechensverminderungen geführt (*Braga/Weisburd* 2010). In der modernen Umwelt-Kriminologie (Environmental Criminology) wird gegenwärtig diskutiert, ob man eine nachhaltige Verbrechensverminderung erreicht, wenn man die sozialen Strukturen und Dynamiken kriminologisch analysiert, die den Kriminalitätsschwerpunkten zugrundeliegen (*Mastrofski/Weisburd/Braga* 2010).

1.3.3.1.2 Sozialprozessuale Theorien

Auf der sozialstrukturellen Grundlage bauen die Sozialprozesstheorien auf. Nach diesen Theorien ist kriminelles Verhalten nicht anlagebedingt, und es gibt keine Prädisposition zu kriminellem Verhalten, das nicht pathologisch ist. Es wird vielmehr in gesellschaftlichen und zwischenmenschlichen Prozessen erlernt (*Bandura* 1979; 2001). Man unterscheidet im kognitiv-sozialen Lernprozess mehrere Lernmechanismen (*Akers* 2010).

Kriminelles Verhalten wird durch unmittelbare Verstärkung gelernt. Stellvertretende Verstärkung (Beobachtungslernen) besteht darin, dass der Beobachter sieht, wie sein Modell für sein kriminelles Verhalten belohnt wird. Sie ist ein effektiverer Verhaltensregulator als unmittelbare Verstärkung. Durch Nachahmungslernen wird nicht nur Verhalten, sondern es werden auch Einstellungen, Wertvorstellungen, Gefühle und Verhaltensneutralisationen (Vorab-Rechtfertigungen) erworben. Die gedankliche Vorwegnahme der Belohnung für kriminelles Verhalten erhöht die Wahrscheinlichkeit seiner Begehung; die gedankliche Vorwegnahme der Bestrafung mindert die Wahrscheinlichkeit. Kriminelles Verhalten kann man sich auch durch Selbstverstärkung aneignen. Menschen sind in der Lage, ihr Verhalten dadurch selbst zu regulieren, dass sie sich selbst Anreize für selbstgeschaffene Motivation setzen. Eine wichtige Komponente der Selbstverstärkung ist die Selbsteffektivität, die die Wahrnehmung widerspiegelt, die ein Mensch von sich und seinen Fähigkeiten besitzt (*Bandura* 1997). So kann die Freude an der Domination über das Opfer im Täter-Opfer-Interaktionsprozess eine Demonstration überlegener Selbstwirksamkeit sein (*Katz* 1991).

Prosoziales Lernen wird am besten realisiert, wenn starke Bindungen zu prosozialen Institutionen und Menschen bestehen. Ist dies nicht der Fall, kann prosoziales Verhalten nicht gelernt, vielmehr kann antisoziales Verhalten in antisozialen Kontakten erworben werden. Kriminelles Verhalten wird in kriminellen Trajektorien (Entwicklungs-Pfadwegen, Lebensbahnen) gelernt. Es wird durch vorausgegangenes kriminelles Verhalten stark geprägt. Es schwächt die prosozialen Bindungen und engt das prosoziale Verhaltensrepertoire ein (*Piquero/Farrington/Blumstein* 2010). Es kann in den aufeinander folgenden Entwicklungsphasen der Lebensspanne gleich bleiben oder sich ändern. Es kann mit Wendepunkten im Lebenslauf, z.B. mit der Eheschließung, abnehmen oder gar aufhören; es kann aber auch eskalieren (*Laub/Sampson* 2011b).

Nach dem Persönlichkeits-Prozess-Modell (*H.J. Schneider* 2010b; *Mischel* 2004) ändern sich durch die Viktimisierung die dynamischen Persönlichkeitszüge von Täter und Opfer. Der Täter gewinnt Freude an der Domination; das Opfer kann durch die Traumatisierung unterwürfige Verhaltensmuster (Selbstbehauptungsschwäche) entwickeln. Durch ihren Kontrollverlust der Viktimisierung leiden die Durchsetzungsfähigkeit, die Selbstwirksamkeit und das Vertrauen der Opfer in ihre Mitmenschen. Diese Schädigungen durch ihren Täter tragen zu ihrer Re-Viktimisierung bei. Denn die tätergeneigten Personen wählen sich gerade solche verletzbaren Opfer aus.

1.3.3.1.3 Situative Theorien

Auf der Ebene der situativen Theorien konkretisieren sich sozialstrukturelle Mängel und psychosoziale Lern- und Interaktionsprozesse in der psychosozialen Dynamik der kriminogenen/viktimogenen Situation. Risiko-Orte sind Kriminalitäts-Konzentrations-Orte, die Mängel in ihrer Sozialstruktur aufweisen. An diesen Stellen treffen motivierte Täter auf verletzbare Opfer (oder geeignete Sachen). Viktimisierungsfreundliche Stereotype und Vorurteile, die der Täter in gesellschaftlichen und zwischenmenschlichen Prozessen gelernt hat, treten in der Tätermotivation zutage (illusionäre Situationsverkennung). Er handelt aufgrund gelernter krimineller Verhaltensmuster, Wertvorstellungen und Einstellungen. Die Opferneigung leitet sich aus den erlittenen, traumatisierenden Viktimisierungserfahrungen ab (Opfereignung für den Täter). Dem Opfer wird kein wirksamer Opferschutz zuteil (*Cohen/Felson* 2011). Denn es besteht in diesen viktimogenen Situationen ein Mangel an Interventions-Fähigkeit und -bereitschaft bei den Situationsteilnehmern (mangelnde kollektive Effektivität).

1.3.3.1.4 Kritische Kriminologie

Die kritische Kriminologie ist in den 1970er Jahren in den USA und im Vereinigten Königreich entstanden. Sie hat seitdem eine enorme Ideenvielfalt entwickelt (*DeKeseredy* 2011) und die „Mainstream Criminology", von der sie sich bewusst abhebt, durch zahlreiche Anregungen bereichert. Seit dem Jahre 1988 besitzt die „American Society of Criminology" (ASC) eine Fachgruppe kritische Kriminologie, die etwa zehn Prozent ihrer Mitglieder (von etwa 4.000 ASC-Mitgliedern) umfasst und die eine eigene Zeitschrift (*Critical Criminology. An International Journal*) besitzt. Die zahlreichen Richtungen der kritischen Kriminologie (vgl. die Beiträge in *DeKeseredy/Dragiewicz* 2012) sind sich nur in der Hervorhebung der zentralen Rolle der Ungleichheit der Machtverteilung in allen Bereichen der Gesellschaft bei der Kriminalitätsverursachung einig (*Friedrichs* 2009). Mit der Hauptrichtung der US.-amerikanischen und europäischen Kriminologie hat die kritische Kriminologie zwei wichtige Gemeinsamkeiten (*McLaughlin* 2010, 153): die Ablehnung der Konzeption des Kriminellen als essentiell unterschiedlich vom Nichtkriminellen und die Absage an das alleinige Vertrauen auf die Kriminaljustiz bei der Datensammlung für kriminologische Forschungszwecke. Berücksichtigt man die Ideenvielfalt und Flexibilität der US.-amerikanischen kritischen Kriminologie, so erscheint das alleinige strikte Festhalten der deutschen kritischen Kriminologie am Zuschreibungsansatz (*Kunz* 2011, 185) seltsam eng und unflexibel. Für den Zuschreibungsansatz ist nicht das kriminelle Verhalten, sondern die Reaktion auf dieses Verhalten das kriminologische Problem.

1.3.3.1.5 Biokriminologie

Die Biokriminologie beschränkt die Kriminalitäts-Entstehung auf den individuellen Bereich und erkennt soziale Faktoren nur insoweit an, wie sie Bezüge zum Täter aufweisen, also Teil seines sozialen Nahraums sind (Täterorientierung). Biokriminologie und Psychopathologie (Überblick über Biokriminologie in *Bartol/Bartol* 2011, 52 bis 84) nehmen in der US.-amerikanischen und europäischen Kriminologie eine absolute Randposition ein. Kriminalitätsverursachung ist – nach der Biokriminologie – auf Unterschiede zwischen Kriminellen und Nichtkriminellen in körperlichen Merkmalen, konstitutionellen Prädispositionen und psychischen Eigenschaften zurückzuführen (*Ellis* 2010; *Ellis/Walsh* 2011). Es werden evolutionäre, genetische und biochemische Theorien sowie Zwillings- und Adoptionsstudien zur Begründung dieser Unterschiede herangezogen (*Moffitt/Ross/Raine* 2011). So sollen z.B. Gehirnstrukturen und -funktionen bei Kriminellen und Nichtkriminellen unterschiedlich sein. Die gesellschaftsentlastende und deshalb populäre Biokriminologie wird in der US.-amerikanischen und europäischen Kriminologie aus folgenden Gründen abgelehnt:

- Sie schaltet gesellschaftliche Ursachen und zwischenmenschliche Interaktionen bei der Verbrechensentstehung aus. Das Verbrechensopfer spielt für sie keine Rolle.
- Die biokriminologisch-empirischen Studien leiden an gravierenden methodischen Mängeln.
- Sie rechtfertigt die Repression, die Masseneinsperrung. Soziale Vorbeugung und psychosoziale Täter- und Opferbehandlung sind für sie keine Themen. Sie kann zu rechtsstaatlich bedenklichen körperlichen Eingriffen führen, z.B. zu Kastration, Gehirnoperation, eugenischen Maßnahmen (*Lilly/Cullen/Ball* 2011, 295–327).

1.3.3.2 Die Methoden

1.3.3.2.1 Die internationale Vergleichende Kriminologie

Die internationale Vergleichende Kriminologie (*H.J. Schneider* 2001) ist für das Zusammenwachsen, für die kriminologische Integration Europas von großer Bedeutung. Denn es gilt, die europäische kriminologische Vielfalt und Verschiedenheit zu erkennen und in einer integrativen Europäischen Kriminologie zusammenzuführen. Keine Geringeren als *Hermann Mannheim* (1965; 1974), *Sheldon Glueck* (1964, 304–322) und *Walter C. Reckless* (1940, 3, 247/248) haben bereits zu ihrer Zeit die extreme Nützlichkeit der internationalen Vergleichenden Kriminologie erkannt. Sie ist das Wissenschaftsgebiet, das die Unterschiedlichkeit der Kriminalität, ihrer Verursachung und Kontrolle sowie der Verbrechensfurcht in verschiedenen Sozialstrukturen (Ländern, geographischen Regionen) oder Kombinationen von Sozialstrukturen (Weltregionen) erforscht. Sie verfügt über zwei unterschiedliche Methoden für zwei verschiedene Ziele, die indessen beide wichtig sind.

Empirische oder experimentelle, quantitative oder qualitative Vergleichsstudien ermitteln die Sozialstrukturen und -prozesse von Ländern und Regionen und setzen sie mit den verschiedenen Kriminalitätshäufigkeiten, -strukturen, -entwicklungen und -kontrollen dieser Länder und Regionen in Beziehung (vgl. z.B. *Clinard* 1978; *F. Adler* 1983; *H.J. Schneider* 1992). Auf diese Weise wird aufgeklärt, welche gesellschaftlichen, wirtschaftlichen, politischen und situativen Ursachen zum massenhaften Auftreten von Kriminalität führen.

Die Effektivität von Kriminalitätstheorien und -interventionen in verschiedenen Sozialstrukturen (Ländern, Regionen) wird festgestellt, und es wird überprüft, ob eine wirksame Theorie oder eine effektive Intervention in einem Sozialsystem auch in anderen Sozialsystemen ebenso wirksam ist (Problem der externen Validität, der Allgemeingültigkeit). Die Erklärungskraft kriminologischer Theorien und Interventionen wächst, wenn man sie durch Wiederholungsstudien (Replication Studies) in verschiedenen Sozialstrukturen empirisch testet (Cross-Cultural-Retesting). Empirisch-kriminologische Analysen müssen bewusst mit möglichst gleichen oder gleichwertigen Methoden unter veränderten gesellschaftlichen Bedingungen wiederholt werden, um aufklären zu können, inwieweit die Theorie oder Intervention allgemeingültig ist oder nur für eine bestimmte Gesellschaftsform Gültigkeit besitzt (*H.J. Schneider* 1966, 372/373).

Die Dunkelfeldforschungen (Viktimisierungs- und Selbstberichtstudien) haben der internationalen Vergleichenden Kriminologie Fortschritte gebracht. Die „International Crime Victims Survey" (ICVS), mit der man im Jahre 1989 begonnen hat und die in den Jahren 2004/2005 ihre fünfte Runde durchgeführt hat (*Dijk/Kesteren/Smit* 2007; vgl. auch *Kesteren/Dijk* 2010), blickte Ende 2005 auf 140 Viktimisierungsstudien (Studien zum Opferwerden durch Straftaten) in 78 verschiedenen Ländern mit über 320.000 befragten Probanden zurück. Unter den 18 europäischen Ländern, in denen eine Dunkelfeldforschung unternommen worden ist, haben das Vereinigte Königreich, die Niederlande und Belgien die höchsten Viktimisierungsraten. Schweden, Polen und Deutschland zählen zum Durchschnittsbereich. Niedrige Viktimisierungsraten besitzen Spanien, Frankreich und Österreich. Die internationale Selbstbericht-Delinquenz-Forschung ist – nach einer Pilotstudie – von November 2005 bis Februar 2007 mit dem „International Self-Report-Delinquency Project" (ISRD 2) (*Junger-Tas/Marshall/Enzmann/Killias/Steketee/Gruszczynska* 2010; 2012; *Enzmann/Marshall/Killias/Junger-Tas/Steketee/Gruszczynska* 2010) weitergeführt worden. Man hat 67.883 Selbstbericht-Fragebogen über das Täter- und Opferwerden 12 bis 15 Jahre alter Jugendlicher in 36 Großstädten, 32 Städten mittlerer Größe (etwa 500.000 Einwohner) und 60 Kleinstädten aus 31 Ländern von Schülerinnen und Schülern ausfüllen lassen und ausgewertet, um den Umfang des Täter- und Opferwerdens der Jugend und die empirische Bestätigung von vier Theorien zu testen. Die Selbstberichtstudie ist in 25 europäischen und sechs amerikanischen Ländern ausgeführt worden. Hohe Delinquenzraten fand man in den angloamerikanischen, west- und nordeuropäischen Ländern, niedrigere Raten in den süd- und osteuropäischen und den lateinamerikanischen Ländern. 20 Prozent der Jugendlichen wurden Opfer von Diebstahl, 7,5 Prozent von Gewaltdelikten, und 14 Prozent litten unter Bullying (Opferwerden durch stärkere Gleichaltrige). Die folgenden vier Theorien sind empirisch bestätigt worden: die Theorie der sozialen Desorganisation, die soziale Bindungstheorie, die Selbstkontroll-Theorie und die Routine-Aktivitäts-Theorie.

1.3.3.2.2 Sozialwissenschaftliche Methoden

Quantitative oder qualitative empirische Untersuchungen bestätigen im Forschungs-prozess vorläufig oder verwerfen Theorien. Ein Beispiel für eine moderne quantia-tive empirische Untersuchung ist die Pittsburg Jugend-Studie (*Loeber/Farrington/ Stouthamer-Loeber/White* 2008). Mit dem Delinquenz-Pfad-Modell wird der Lebens-lauf von 1.009 Jungen zwischen ihrem 7. und 25. Lebensjahr untersucht. Der empi-rischen Datenerhebung liegen Selbstberichte, Berichte von Betreuern und Lehrern sowie Strafakten zugrunde. Es wurden zwei Hauptpfadwege (Entwicklungsbahnen) festgestellt: ein prosozialer und ein antisozialer. Die prosoziale Entwicklungsbahn zeichnet sich durch folgende fördernde Faktoren aus: positive Eltern-Kind-Interakti-onen, hohe Beständigkeit der elterlichen Disziplin, niedrige körperliche Züchtigung, gute Aufsicht und Kontrolle, hohe elterliche prosoziale Verstärkung, hohe Beteiligung an Familien-Aktivitäten, gute schulische Leistungen, positive Einstellung zur Schule und Wohnen in einer guten Nachbarschaft. Für den antisozialen Pfadweg sind fol-gende verschärfende Risikomerkmale charakteristisch: niedrige Selbst-Ambitionen, positive Einstellung zur Delinquenz, Straftaten mit Gleichaltrigen, negative Eltern-Kind-Interaktionen, Schuleschwänzen, Weglaufen aus dem Elternhaus.

Eine neuere Einzelfallstudie (*Steffensmeier/Ulmer* 2005), die sich auf 20jährige Beobachtung eines Einbrechers und Hehlers und auf Interviews mit ihm und seinen Netzwerkkomplizen während dieser Zeit gründet, bildet ein Beispiel für die Erar-beitung der Dynamik einer kriminellen Laufbahn. Drei Merkmale des persönlichen Engagements, der persönlichen Bindung an das Verbrechen waren für den Einbre-cher und Hehler charakteristisch:

- Er hat materielle, kognitive, emotionale Belohnungen aus seiner kriminellen Aktivität erhalten.
- Er hat Freude daran gehabt, sich mit anderen zusammenzutun, um Verbrechen zu begehen.
- Er hat Selbstbestätigung aus den Identitäten und Rollen erhalten, die er in seiner kriminellen Aktivität in Szene setzte.

Zur Überprüfung von Vorbeugungs- und Behandlungsprogrammen erlangt das Experiment in der Kriminologie eine immer größer werdende Bedeutung. Ein Expe-riment ist ein systematischer Versuch, die Wirkung von Veränderungen in einem Faktor (in der unabhängigen Variablen) auf einen anderen Faktor (auf die abhängige Variable) zu untersuchen. In der Kriminologie ist die unabhängige Variable häufig eine Art von Intervention und die abhängige Variable ein Maß für die Straffälligkeit (*Farrington* 2006, 124). Das Experiment ist ein Beobachtungsprozess, der in einer Situ-ation ausgeführt wird, die eigens für diesen Zweck herbeigeführt worden ist.

Evaluationsforschung steht im Zentrum der modernen Kriminologie. Sie wird als Aktivität einer Sozialwissenschaft verstanden, die auf die Sammlung, Analyse, Inter-pretation und Kommunikation über das Funktionieren und die Effektivität sozialer Programme gerichtet ist (*Rossi/Lipsey/Freeman* 2004, 2). Die Qualität unserer physischen und sozialen Umgebungen soll verbessert und unser individuelles und kollektives Wohlbefinden soll durch systematisches Hervorbringen und Anwenden von Wissen erhöht werden. Sinn und Zweck der Evaluation ist informierte Aktion.

1.3.3.2.3 Allgemeingültigkeit der Forschungsergebnisse

Kein Land kann wegen der Begrenztheit seiner personellen und finanziellen Ressourcen heute alle seine Probleme der Kriminalität und der Kriminalitätskontrolle durch die alleinige Berücksichtigung seiner eigenen theoretischen und empirischen kriminologischen Forschung lösen. Für die Kriminologie ist die internationale Zusammenarbeit deshalb zur Existenzfrage geworden. Die theoretisch und methodisch beste Forschung Europas und der Welt muss ausgewählt, evaluiert und zusammengefasst werden, um die Gültigkeit ihrer Ergebnisse für das eigene Land zu prüfen. Die Zusammenfassung wird gegenwärtig durch systematische Überblicke und Meta-Analysen geleistet.

Der systematische Überblick macht – im Gegensatz zu traditionellen Synthesen – jede Phase des Entscheidungsprozesses zur Qualität evaluativer Untersuchungen unter Einschluss der Fragen transparent, was für den Überblick maßgeblich gewesen ist, welche Kriterien beim Auswahlverfahren der einbezogenen, erfassten, aufgenommenen Studien angewandt worden sind und welche Methoden benutzt worden sind, um nach Evaluations-Studien zu suchen und um sie zu bewerten. Systematische Überblicke legen in Einzelheiten dar, wie die Analysen durchgeführt worden sind und wie man zu den Schlussfolgerungen gekommen ist (*Bachman/Schutt* 2011, 369 m.w.N.).

Mit der Meta-Analyse ermittelt man den gegenwärtigen Stand der Forschung zu einem Problem in quantitativer Weise. Die Meta-Analyse unterscheidet sich vom traditionellen narrativen Literaturüberblick, in dem der Stand der Forschung qualitativ, aber nicht numerisch zusammengefasst wird (*D.R. Wilson* 2010, 181–208). Man verfolgt mit der Meta-Analyse die Ziele, robuste empirische Beziehungen aufzudecken, Forschungsschwächen zu erkennen, eine statistische Zusammenfassung über ein Gesamtergebnis zu ermitteln und die Probleme der externalen Validität zu überwinden (*Kraska/Neuman* 2012, 165/166). Die externale Validität ist das Gütekriterium der Allgemeingültigkeit des Forschungsergebnisses für andere Gebiete und Populationen (*Maxfield/Babbie* 2011, 89/90).

1.3.3.2.4 Methodische Unterschiede zwischen der täterzentrierten und der sozialwissenschaftlichen Kriminologie

Die täterzentrierte Kriminologie, die sich ausschließlich auf den Täter und seinen sozialen Nahraum konzentriert, ist auch heute noch in der deutschen Kriminologie beliebt (vgl.z.B. *Bannenberg* 2002). Ihre beiden grundlegenden Kennzeichen bestehen darin, dass sie von der Psychopathologie oder dem Mehrfaktorenansatz ausgeht und dass ihre Daten auf der Auswertung von Strafakten beruhen, die sie zu den „klassischen" kriminologischen Methoden zählt (so *Bannenberg* 2009, 359). Die Auswertung von Strafakten in der deutschen Kriminologie ist indessen bereits in den 1960er Jahren von namhaften Kriminologen kritisiert worden (*Radzinowicz* 1961, 56; *H. Mannheim* Bd. 1. 1965, 128). Denn durch die alleinige oder hauptsächliche Sammlung von Daten aus Strafakten ermittelt man eine „Aktenwirklichkeit", weil solche Akten nicht zum Zwecke kriminologischer Forschung, sondern für die Praxis der Kriminaljustiz angelegt worden sind, um die Verurteilung oder den Freispruch des Täters zu ermöglichen. Die sozialwissenschaftliche Kriminologie geht in ihrem Forschungsprozess von Theorien aus, und sie nimmt durch Beobachtung und Befragung (persönliche oder Telefon-Interviews, Fragebogen) unmittelbar Kontakt zur Wirklichkeit auf. Der methodische Unterschied, der zu unterschiedlichen Ergebnissen führt, kann an einem Beispiel verdeutlicht werden. In der US.-amerikanischen (*Moore/Petrie/Braga/McLaughlin* 2003; *Larkin* 2007) wie in der deutschen (*Bannenberg* 2010, 49–68) kriminologischen Forschung hat man Schulschießereien (School Shootings) mit Mehrfachviktimisierungen untersucht. In den US.-amerikanischen Studien sind Fälle umfassend (40 bis 70 Interviews pro Fall) erforscht worden, in denen „School Shootings" stattgefunden haben. Man ging vom psychosozialen Prozess-Modell der Persönlichkeit, von sozialstrukturellen und -prozessualen Theorien, insbesondere der kognitiv-sozialen Lern- und Interaktionstheorie, und von situativen Theorien aus. Man überprüfte demgemäß Prozesse der Persönlichkeit der Beteiligten, ihrer Gemeinschaften (Städte, Vororte), ihrer sozialen Institutionen (Familien, Schulen, Nachbarschaften) und die psychosoziale Dynamik der Tatsituation. Man entdeckte psychosoziale Störungen in den sozialen Institutionen der Täter und in ihren Persönlichkeitsprozessen. Man konnte Vorbeugungsempfehlungen geben. Die deutsche Studie nahm das psychopathologische, täterzentrierte Mehrfaktoren-Modell zur Grundlage. Sie wertete Strafakten über 15 vollendete und versuchte Mordfälle aus den Jahren 1994 bis 2009 mit Mehrfachviktimisierungen aus, und man führte ergänzende Gespräche. Sie kam zu dem Schluss, dass „Amokläufe" an Schulen auf Persönlichkeitsstörungen, insbesondere auf die narzisstische Persönlichkeitsstörung, zurückzuführen sind. In Übereinstimmung mit der kriminologischen Literatur (*H.J. Schneider* 2009c, 753 m.w.N.) kamen die US.-amerikanischen Studien zu dem Ergebnis, dass das Bullying (Viktimisierung schwächerer durch stärkere Gleichaltrige) eine Schlüsselrolle bei den „School Shootings" spielt. Die deutsche Studie kommt indessen zu einem ganz anderen Resultat: „Die Täter fühlten sich oft gemobbt und von Mitschülern und Lehrern gedemütigt. Einer objektiveren Nachprüfung hielt diese Sicht nicht Stand" (*Bannenberg* 2010, 55).

1.3.3.3 Die kriminalpolitischen Diskussionen

Aufgrund der erarbeiteten Theorien und empirischen Forschungen werden kriminalpolitische Diskussionen geführt, deren wesentlicher Inhalt im folgenden Abriss wiedergegeben wird.

Mit der Häufigkeit der Verhängung und der großen Länge der Freiheitsstrafen in den USA ist man nicht einverstanden. Diese Praxis beruht auf Wahlkampagnen der Parteien (*Blumstein* 2007), die durch Veröffentlichungen der kleinen biokriminologischen, extrem konservativ kriminalpolitisch orientierten Richtung der US.-amerikanischen Kriminologie (*J.Q. Wilson* 2011; 1975; 1983; *J.Q. Wilson/Herrnstein* 1985) herbeigeführt und getragen worden sind. Die liberale kriminalpolitische Hauptrichtung der US.-amerikanischen Kriminologie vertritt die Meinung, dass diese Praxis mehr Schaden anrichtet (*Clear* 2007; 2008; *Nagin/Cullen/Jonson* 2009, 115–200) als Nutzen bringt. Zu einer repressiven Kriminalpolitik nimmt man immer dann Zuflucht, wenn die Bevölkerung ihr Vertrauen in die gesellschaftlichen Institutionen, z.B. in die Kriminaljustiz, verloren hat (*Lappi-Seppälä* 2007, 276/277). In Deutschland ist das Vertrauen der Bevölkerung in ihre gesellschaftlichen Institutionen erheblich größer als das Vertrauen des europäischen Durchschnitts (*Roberts* 2007, 167). Es ist deshalb für den Gesetzgeber relativ leicht, eine rationale, pragmatische Kriminalpolitik durchzusetzen. Das Beispiel Finnlands macht dies deutlich. Dort hat eine Zusammenarbeit zwischen Politikern, Kriminaljustiz-Praktikern, Journalisten und Wissenschaftlern eine substantielle Verringerung der Verhängungshäufigkeit und der Länge der Freiheitsstrafen unter Mitnahme der Bevölkerung erreicht (*Lappi-Seppälä* 2006; 2012).

Die Stärkung des Vertrauens der Bevölkerung in ihre Kriminalitätskontrolle kann man auf zweierlei Weise positiv beeinflussen.

Vertrauen in die Kriminalitätskontrolle wird durch die Verfahrens-Gerechtigkeits-Theorie (*Tyler* 2006; *Tyler/Braga/Fagan/Meares/Sampson/Winship* 2007), die empirisch getestet worden ist, weit besser erzielt als durch die traditionelle Abschreckungstheorie. Nach dieser Theorie, die es auf die Abschreckung durch Sanktionen abstellt, ist die Ausweitung der Schwere und Sicherheit der Bestrafung für die Normbefolgung ausschlaggebend. Nach der Verfahrens-Gerechtigkeits-Theorie indessen verinnerlichen Menschen Gerechtigkeits-Normen und -Verpflichtungen, wenn sie im Kriminaljustizverfahren fair und respektvoll behandelt werden und wenn ihre Verfahrens- und Menschenrechte eingehalten werden. Sie stimmen dann dem Gesetz und seiner Anwendung auf freiwilliger Basis zu (*Tyler* 2003).

Vertrauen in die Kriminalitätskontrolle wird bei Opfern, Tätern und ihren Obhutsgemeinschaften auch durch die Restaurative Justiz gestärkt, der es nicht auf die Tatfeststellung und die Schuldermittlung des Täters, sondern auf die Wiedergutmachung des durch die Tat entstandenen Schadens und auf die Wiederherstellung der durch die Tat zerstörten Beziehungen ankommt (*Cullen/Jonson* 2012; *Strang* 2002). In informellen Mediationsverfahren treffen sich – unter der Leitung von Koordinatoren (Vermittlern) – Täter, Opfer und ihre Familien, Freunde und Unterstützer, um die

Ursachen der Viktimisierung, ihre Konsequenzen für alle Beteiligten und die Wiedergutmachung der entstandenen Verletzungen zu besprechen und eine für alle verbindliche Wiedergutmachungs-Vereinbarung zu beschließen. Durch die aktive Teilnahme von Opfern, Tätern und ihren Gemeinschaften werden die Gemeinschaftsbeziehungen gestärkt und die informellen Mechanismen der Sozialkontrolle verbessert.

1.3.4 Kriminologie innerhalb der Rechtswissenschaften

Die Kriminologie ist mehr als nur eine „Wirklichkeitswissenschaft des Strafrechts" (so aber *G. Kaiser* 1996, 173), die Sozialkontrolle mehr als nur eine „strafrechtliche Sozialkontrolle" (so aber *G. Kaiser* 1996, 207 ff.). Die Kriminologie in den USA und in Europa ist eine unabhängige Sozialwissenschaft, der die informelle Sozialkontrolle in den gesellschaftlichen Institutionen, z.B. in Familie, Schule, Berufs- und Freizeitgruppen, genauso wichtig ist wie die formelle Kontrolle der Kriminaljustiz. Gleichwohl sollte die Kriminologie weiterhin innerhalb der „Rechtswissenschaftlichen Fakultät" gelehrt werden. Denn Nüchternheit und Pragmatismus der Juristen tun ihr gut. Darüber hinaus sollten die Juristen auch weiterhin lernen, dass die Rechtssetzung personelle, interpersonelle und soziale Voraussetzungen und die Rechtsanwendung personelle, interpersonelle und soziale Konsequenzen haben. Innerhalb der „European Society of Criminology" kann die deutsche Kriminologie freilich führend und erfolgreich nur dann mitarbeiten, wenn sich einige Graduiertenschulen für Kriminologie und Kriminaljustiz auf die gesamte Kriminologie als unabhängige Sozialwissenschaft konzentrieren.

Literatur

Adler, F. (1983). Nations Not Obsessed with Crime. Littleton/Colorado.

Aichhorn, A. (1925/1957). Verwahrloste Jugend. Nachdruck. Bern, Stuttgart.

Akers, R.L. (2010). A Social Learning Theory of Crime. In: *S.G. Tibbetts/C. Hemmens* (Hrsg.): Criminological Theory. 475–485. Los Angeles u.a.

Akers, R.L./Sellers, C.S. (2009). Criminological Theories. 5. Aufl. New York, Oxford.

Albrecht, P.-A. (2010). Kriminologie – Eine Grundlegung zum Strafrecht. 4. Aufl. München.

Anttila, I. (2001). Ad Ius Criminale Humanius – Essays in Criminology, Criminal Justice and Criminal Policy. Helsinki.

Aromaa, K./Heiskanen, M. (2008) (Hrsg.). Victimisation Surveys in Comparative Perspective. Helsinki.

Aschaffenburg, G. (1903). Das Verbrechen und seine Bekämpfung. Heidelberg.

Aschaffenburg, G. (1913/1968). Crime and its Repression. Nachdruck Montclair/N.J.

Bachhiesl, C. (2008). Die Grazer Schule der Kriminologie – Eine wissenschaftsgeschichtliche Skizze. In: MschrKrim. 91, 87–111.

Bachman, R./Schutt, R.K. (2011). The Practice of Research in Criminology and Criminal Justice. 4. Aufl. Los Angeles, London.

Bandura, A. (1979). Sozial-kognitive Lerntheorie. Stuttgart.

Bandura, A. (1997). Self-Efficacy: The Exercise of Control. New York.

Bandura, A. (2001). Social Cognitive Theory: An Agentic Perspective. In: Annual Review of Psychology. 52, 1–26.

Bannenberg, B. (2002). Korruption in Deutschland und ihre strafrechtliche Kontrolle. Neuwied, Kriftel.

Bannenberg, B. (2009). Korruption. In: *H.J. Schneider* (Hrsg.): Internationales Handbuch der Kriminologie. Bd. 2. 359–383. Berlin.

Bannenberg, B. (2010). So genannte „Amokläufe" aus kriminologischer Sicht. In: *D. Dölling/ B. Götting/B.-D. Meier/T. Verrel* (Hrsg.): Verbrechen, Strafe, Resozialisierung. Festschrift für Heinz Schöch zum 70. Geburtstag. 49–68. Berlin, New York.

Barkan, S.E. (2012). Criminology. 5. Aufl. Boston u.a.

Bartol, C.R./Bartol, A.M. (2011). Criminal Behavior. 9. Aufl. Boston u.a.

Blumstein, A. (2007). The Roots of Punitiveness in a Democracy. In: Journal of Scandinavian Studies in Criminology and Crime Prevention. 8 (Supplement 1), 2–16.

Bock, M. (Herausgeber)/*Göppinger, H.* (Begründer) (2008). Kriminologie. 6. Aufl. München.

Bohne, G. (1931). Individualpsychologische Beurteilung krimineller Persönlichkeiten. In: Internationale Zeitschrift für Individualpsychologie. 9, 330–345.

Bondeson, U.V. (2007). Crime Punishment and Justice. Copenhagen.

Braga, A.A./Weisburd, D.L. (2010). Policing Problem Places – Crime Hot Spots and Effective Prevention. Oxford, New York/NY.

Buerger, M.E. 2010). Presidents's Crime Commission Report, 1967: In: *B.S. Fisher/S.P. Lab* (Hrsg.): Encyclopedia of Victimology and Crime Prevention. 656–659. Los Angeles u.a.

Carrabine, E./Cox, P./Lee, M./Plummer, K./South, N. (2009). Criminology. London, New York.

Christie, N. (2003). Crime Control as Industry – Towards Gulags, Western Style. 3. Aufl. London, New York.

Clear, T.R. (2007). Imprisoning Communities. Oxford, New York/NY.

Clear, T.R. (2008). The Effects of High Imprisonment Rates on Communuties. In: *M. Tonry* (Hrsg.): Crime and Justice. Bd. 37. 97–132. Chicago, London.

Clinard, M.B. (1978). Cities with little Crime – The Case of Switzerland. London, New York u.a.

Cohen, L.E./Felson, M. (2011). Routine Activity Theory. In: *F.T. Cullen/R. Agnew* (Hrsg.): Criminological Theory: Past to Present. 4. Aufl. 417–427. New York, Oxford.

Cullen, F.T./Jonson, C.L. (2012): Correctional Theory – Context and Consequences. Los Angeles, London u.a.

Daigle, L.E. (2012) (Hrsg.). Victimology. Los Angeles, London u.a.

DeKeseredy, W.S. (2011). Contemporary Critical Criminology. London, New York/NY.

DeKeseredy, W.S./Dragiewicz, M. (Hrsg.) (2012). Routledge Handbook of Critical Criminology. London, New York/NY.

Dijk, J. van/Kesteren, J. van/Smit, P. (2007). Criminal Victimisation in International Perspective – Key Findings from the 2004–2005 ICVS and EU ICS. Den Haag.

Doerner, W.G./Lab, S.P. (2012). Victimology. 6. Aufl. Amsterdam, Boston u.a.

Eisenberg, U. (2005). Kriminologie. München.

Ellis, L. (2010). A Theory Explaining Biological Correlates of Criminality. In: *S.G. Tibbetts/C. Hemmens* (Hrsg.): Criminological Theory. 284–292. Los Angeles u.a.

Ellis, L./Walsh, A. (2011). Gene-Based Evolutionary Theories in Criminology. In: *F.T. Cullen/R. Agnew* (Hrsg.): Criminological Theory. Past to Present. 4. Aufl. 43–58. New York, Oxford.

Enzmann, D./Marshall, I.H./Killias, M./Junger-Tas, J./Steketee, M./Gruszczynska, B. (2010). Self-Reported Youth Delinquency in Europe and Beyond: First Results of the Second

International Self-Report Delinquency Study in the Context of Police and Victimization Data. In: European Journal of Criminology. 7, 159–183.

Exner, F. (1939, 1944). Kriminalbiologie in ihren Grundzügen. 1. Aufl. Leipzig 1939, 2. Aufl. Hamburg 1944.

Exner, F. (1949). Kriminologie. 3. Aufl. Berlin, Göttingen u.a.

Farrington, D.P. (2006). Key Longitudinal-Experimental Studies in Criminology. In: Journal of Experimental Criminology. 2, 121–141.

Farrington, D.P. (2011). Families and Crime. In: *J.Q. Wilson/J. Petersilia* (Hrsg.): Crime and Public Policy. 130–157. Oxford, New York/NY.

Fink, A.E. (1938). Causes of Crime – Biological Theories in the United States 1800–1915. London, Oxford.

Frey, E. (1951). Der frühkriminelle Rückfallverbrecher. Basel.

Friedrichs, D.O. (2009). Critical Criminology. In: *J.M. Miller* (Hrsg.): 21st Century Criminology. 210–218. Los Angeles u.a.

Garland, D. (1988). British Criminology Before 1935. In: *P. Rock* (Hrsg.): A History of British Criminology. 1–17. Oxford.

Geis, G. (1998). Crime Victims: From the Wings to Center Stage. In: *H.-D. Schwind/E. Kube/ H.-H. Kühne* (Hrsg.): Festschrift für Hans Joachim Schneider. 315–329. Berlin, New York.

Gibson, M. (2002). Born to Crime – Cesare Lombroso and the Origins of Biological Criminology. Westport/CT, London.

Glueck, S. (1964). Wanted: A Comparative Criminology. In: *S. Glueck/E. Glueck*: Ventures in Criminology. 304–322. London.

Glueck, S./Glueck, E. (1950). Unraveling Juvenile Delinquency. Cambridge/Mass.

Glueck, S./Glueck, E. (1956). Physique and Delinquency. New York.

Glueck, S./Glueck, E. (1962). Family Environment and Delinquency. London.

Glueck, S./Glueck, E. (1968). Delinquents and Nondelinquents in Perspective. Cambridge/Mass.

Göppinger, H. (1962) Die Bedeutung der Psychopathologie für die Kriminologie. In: *H. Kranz* (Hrsg.): Psychopathologie heute. Festschrift für Kurt Schneider. 316–321. Stuttgart.

Göppinger, H. (1971, 1973, 1976, 1980). Kriminologie. 1. bis 4. Aufl. München.

Göppinger, H. (1983). Der Täter in seinen sozialen Bezügen. Berlin, Heidelberg u.a.

Göppinger, H. (1985). Angewandte Kriminologie. Berlin, Heidelberg u.a.

Göppinger, H. (Begründer)/*Bock, M./Böhm A.* (Bearbeiter) (1997). Kriminologie. 5. Aufl. München.

Goff, C./Geis, G. (2011). Edwin H. Sutherland: The Development of Differential Association Theory. In: *F.T. Cullen/C.L. Jonson/A.J. Myer/F. Adler* (Hrsg.): The Origins of American Criminology. 37–62. New Brunswick (USA), London (UK).

Goodey, J./Aromaa, K. (2008). Hate Crime. Helsinki.

Hagan, J./Rymond-Richmond, W. (2009). Darfur and the Crime of Genocide. Cambridge, New York u.a.

Hale, C./Hayward, Wahidin, A./Wincup, E. (2009). Criminology. 2. Aufl. Oxford.

Hentig, H. von (1941). Remarks on the Interaction of Perpetrator and Victim. In: Journal of Criminal Law, Criminology, and Police Science. 31, 303–309.

Hentig, H. von (1948). The Criminal and his Victim. New Haven/Conn.

Hirschi, T. (1969). Causes of Delinquency. Berkeley, Los Angeles.

Hood, R. (2004). Hermann Mannheim and Max Grünhut, Criminological Pioneers in London and Oxford. In: British Journal of Criminology. 44, 469–495.

Horn, D.G. (2003). The Criminal Body – Lombroso and the Anatomy of Deviance. New York, London.

Hurwitz, S. (1952). Criminology. London, Copenhagen.

Hurwitz, S./Christiansen, K.O. (1983). Criminology. London, Boston u.a.

Johnson, B.R./Jang, S.J. (2012). Crime and Religion: Assessing the Role of the Faith Factor. In: *R. Rosenfeld/K. Quinet/C. Garcia* (Hrsg.): Contemporary Issues in Criminological Theory and Research – The Role of Social Institutions. 117–135. Belmont/CA.

Junger-Tas, J./Junger, M. (2007). The Dutch Criminological Enterprise. In: *M. Tonry/C. Bijleveld* (Hrsg.): Crime and Justice in the Netherlands. Crime and Justice. Bd. 35. 115–162. Chicago, London.

Junger-Tas, J./Marshall, I.H./Enzmann, D./Killias, M./Steketee, M./Gruszczynska, B. (Hrsg.) (2010). Juvenile Delinquency in Europe and Beyond. Results of the Second International Self-Report Delinquency Study. Dordrecht, Heidelberg u.a.

Junger-Tas, J./Marshall, I.H./Enzmann, D./Killias, M./Steketee, M./Gruszczynska, B. (2012). The Many Faces of Youth Crime. Contrasting Theoretical Perspectives on Juvenile Delinquency across Countries and Cultures. New York, Dordrecht u.a.

Kaiser, G. (1975). Stand und Entwicklung der kriminologischen Forschung in Deutschland. Berlin, New York.

Kaiser, G. (1996). Kriminologie. 3. Aufl. Heidelberg.

Kaiser, G. (1998). Was heißt „Amerikanische Kriminologie"? Inhalte, Wandlungen und Bedeutung im Selbst- und Fremdverständnis der Kriminologie in den Vereinigten Staaten von Nordamerika. In: *H.-D. Schwind/E. Kube/H.-H. Kühne* (Hrsg.): Festschrift für Hans Joachim Schneider. 539–563. Berlin, New York.

Kaiser, G./Schellhoss, H. (1966). Entwicklungstendenzen der Kriminologie. In: *JZ*. 21, 772–778.

Karmen, A. (2013). Crime Victims. 8. Aufl. Belmont/Calif. u.a.

Katz, J. (1991). The Motivation of the Persistent Robber. In: *M. Tonry* (Hrsg.): Crime and Justice. Bd. 14. 277–306. Chicago, London.

Kesteren, J. van/Dijk, J. van (2010). Key Victimological Findings from the International Crime Victims Survey. In: *S.G. Shoham/P. Knepper/M. Kett* (Hrsg.). International Handbook of Victimology. 151–180. Boca Raton, London u.a.

Killias, M. (2003). Für und wider täterzentrierte Ansätze – Hintergründe einer deutschen Streitfrage des ausgehenden 20. Jahrhunderts. In: *V. Dittmann/J.-M. Jehle* (Hrsg.): Kriminologie zwischen Grundlagenwissenschaften und Praxis. 3–18. Mönchengladbach.

Killias, M./Kuhn, A./Aebi, M.F. (2011). Grundriss der Kriminologie – Eine europäische Perspektive. 2. Aufl. Bern.

Kraska, P.B./Neuman, W.L. (2012). Criminal Justice and Criminology Research Methods. 2. Aufl. Boston, Columbus u.a.

Kunz, K.-L. (2011). Kriminologie. 6. Aufl. Bern, Stuttgart u.a.

LaFree, G. (2007). Expanding Criminology's Domain: The American Society of Criminology 2006 Presidential Address. In: Criminology. 45, 1–31.

Lange, R. (1970). Das Rätsel Kriminalität. Frankfurt/M., Berlin.

Lange, R. (1981). Die Entwicklung der Kriminologie im Spiegel der Zeitschrift für die gesamte Strafrechtswissenschaft. In: ZStW. 31, 151–198.

Lappi-Seppälä, T. (2006). Reducing the Prison Population: Long-Term Experiences from Finland. In: Council of Europe (Hrsg.): Crime Policy in Europe. 139–156. Strasbourg.

Lappi-Seppälä, T. (2007). Penal Policy in Scandinavia. In: *M. Tonry* (Hrsg.): Crime, Punishment, and Politics in Comparative Perspective. 217–295. Chicago, London.

Lappi-Seppälä, T. (2012). Penal Policies in the Nordic Countries 1960–2010. In: Journal of Scandinavian Studies in Criminology and Crime Prevention. 13 (Supplement 1), 85–111.

Larkin, R.W. (2007). Comprehending Columbine. Philadelphia.

Laub, J.H. (2010). Nurturing the Journal of Quantitative Criminology Through Late Childhood: Retrospective Memories (Distorted?) from a Former Editor. In: Journal of Quantitative Criminology. 26, 421–424.

Laub, J.H. (2011). Control Theory: The Life and Work of Travis Hirschi. In: *F.T. Cullen/C.L. Jonson/ A.J. Myer/F. Adler* (Hrsg.): The Origins of American Criminology. 295–331. New Brunswick (USA), London (UK).

Laub, J./Sampson, R. (1991). The Sutherland-Glueck Debate: On the Sociology of Criminological Knowledge. In: American Journal of Sociology. 96, 1402–1440.

Laub, J./Sampson, R. (2003). Shared Beginnings, Divergent Lives. Delinquent Boys to Age 70. Cambridge/Mass., London/England.

Laub, J.H./Sampson, R.J. (2011a). Sheldon and Eleanor Glueck's Unraveling Juvenile Delinquency Study: The Lives of 1.000 Boston Men in the Twentieth Century. In: *F.C. Cullen/C.L. Jonson/ A.J. Myer/F. Adler* (Hrsg.): The Origins of American Criminology. Advances in Criminological Theory. 369–395. New Brunswick (USA), London (UK).

Laub, J.H./Sampson, R.J. (2011b). A Theory of Persistent Offending and Desistance from Crime. In: *F.T. Cullen/R. Agnew* (Hrsg.): Criminological Theory: Past to Present. 4. Aufl. 497–503. New York, Oxford.

Leferenz, H. (1955). Psychopathentypen in kriminologischer Sicht. In: *E. Mezger/E. Seelig* (Hrsg.): Kriminalbiologische Gegenwartsfragen. 13–22. Stuttgart.

Leferenz, H. (1978). 50 Jahre Gesellschaft für die gesamte Kriminologie. In: *H. Göppinger/H. Walder* (Hrsg.): Kriminologische Gegenwartsfragen: Wirtschaftskriminalität, Beurteilung der Schuldfähigkeit. 1–5. Stuttgart.

Lenz, A. (1927). Grundriss der Kriminalbiologie. Wien.

Lilly, J.R./Cullen, F.T./Ball, R.A. (2011). Criminological Theory. 5. Aufl. Los Angeles u.a.

Liepmann, M. (1930). Krieg und Kriminalität in Deutschland. Stuttgart, Berlin u.a.

Loeber, R./Farrington, D.P./Stouthamer-Loeber, M./White, H.R. (2008). Violence and Serious Theft. New York, London.

Lombroso, C. (2006). Criminal Man. Übersetzt und mit einer neuen Einleitung versehen von M. Gibson/N.H. Rafter. Durham, London.

Lowenkamp, C.T./Cullen, F.T./Pratt, T.C. (2010). Replicating Sampson and Groves's Test of Social Disorganization Theory. Revisiting a Criminological Classic. In: *S.G. Tibbetts/C. Hemmens* (Hrsg.): Criminological Theory. 402–417. Los Angeles u.a.

Maguire, M./Morgan, R./Reiner, R. (2007) (Hrsg.). The Oxford Handbook of Criminology. 4. Aufl. Oxford, New York/NY.

Mannheim, H. (1965). Comparative Criminology. Bd. 1 und 2. London.

Mannheim, H. (1974). Vergleichende Kriminologie. Bd. 1 und 2. Stuttgart.

Mastrofski, S.D./Weisburd, D./Braga, A.A. (2010). Rethinking Policing: The Policy Implications of Hot Spots of Crime. In: *N.A. Frost/J.D. Freilich/T.R. Clear* (Hrsg.): Contemporary Issues in Criminal Justice Policy. 251–270. Belmont/CA.

Maxfield, M.G./Babbie, E.R. (2011). Research Methods for Criminal Justice and Criminology. 6. Aufl. Belmont/Cal. u.a.

Meier, B.-D. (2010). Kriminologie. 4. Aufl. München.

McLaughlin, E. (2010). Critical Criminology. In: *E. McLaughlin/T. Newborn* (Hrsg.): The Sage Handbook of Criminological Theory. 153–174. Los Angeles u.a.

Messner, S.F./Rosenfeld, R. (2004). "Institutionalizing" Criminological Theory. In: *J. McCord* (Hrsg.): Beyond Empiricism. 83–105. New Brunswick (USA), London (U.K.).

Mezger, E. (1934, 1942, 1944). Kriminalpolitik auf kriminologischer Grundlage. 1. Aufl., 2. Aufl., 3. Aufl. Stuttgart.

Mezger, E. (1951). Kriminologie. München.

Miller, J.M. (2005). Criminology as Social Science. In: *R.A. Wright/J.M. Miller* (Hrsg.): Encyclopedia of Criminology. Bd. 1. 337–339. New York, London.

Miller, J.M. (2009). Criminology as Social Science. In: *J.M. Miller* (Hrsg.): 21st Century Criminology. Bd. 1. 2–9. Los Angeles.

Mischel, W. (2004). Toward an Integrative Science of the Person. In: Annual Review of Psychology. 55, 1–22.

Moffitt, T.E./Ross, S./Raine, A. (2011). Crime and Biology. In: *J.Q. Wilson/J. Petersilia* (Hrsg.): Crime and Public Policy. 53–87. Oxford, New York/NY.

Moore, M.H./Petrie, C.V./Braga, A.A./McLaughlin, B.L. (2003). Deadly Lessons – Understanding Lethal School Violence. Washington D.C.

Mutchnick, R.J./Martin, R./Austin, W.T. (2009). Criminological Thought – Pioneers Past and Present. Upper Saddle River/NJ, Columbus/Ohio.

Nagin, D.S./Cullen, F.T./Jonson, C.L. (2009). Imprisonment and Reoffending. In: *M. Tonry* (Hrsg.): Crime and Justice. Bd. 38. 115–200. Chicago, London.

Neubacher, F. (2011). Kriminologie. Baden-Baden.

Piquero, A.D./Farrington, D.P./Blumstein, A. (2010). Criminal Career Paradigm. In: *S.G. Tibbetts/ C. Hemmens* (Hrsg.): Criminological Theory. 631–646. Los Angeles u.a.

Piquero, A.R./Weisburd, D. (2010). Introduction. In: *A.R. Piquero/D. Weisburd* (Hrsg.): Handbook of Quantitative Criminology. 1/2. New York/N.Y., Dordrecht. u.a.

Radzinowicz, L. (1961). In Search of Criminology. London, Melbourne u.a.

Rafter, N. (2008). The Criminal Brain. Understanding Biological Theories of Crime. New York, London.

Rafter, N. (Hrsg.) (2009). The Origins of Criminology. Abington/Oxon, New York/NY.

Reckless, W.C. (1940). Criminal Behavior. New York, London.

Reckless, W.C. (1970). American Criminology. In: Criminology. 8, 4–20.

Reckless, W.C. (1973). The Crime Problem. 5. Aufl. New York.

Rennison, C.M. (2010). National Crime Victimization Survey (NCVS). In: *B.S. Fisher/S.P. Lab* (Hrsg.): Encyclopedia of Victimology and Crime Prevention. 579–582. Los Angeles u.a.

Roberts, J.V. (2007). Public Confidence in Criminal Justice in Canada: A Comparative and Contextual Analysis. In: Canadian Journal of Criminology and Criminal Justice. 49, 153–184.

Rossi, P.H./Lipsey, M.W./Freeman, H.E. (2004). Evaluation. Thousand Oaks, London u.a.

Sampson, R.J. (2011). The Community. In: *J.Q. Wilson/J. Petersilia* (Hrsg.): Crime and Public Policy. 210–216. Oxford, New York/NY.

Sampson, R.J. (2012). Great American City. Chicago and the Enduring Neighborhood Effect. Chicago, London.

Sampson, R.J./Laub, J.H. (1993). Crime in the Making. Cambridge/Mass., London/England.

Schneider, H.J. (1966/1969). Entwicklungstendenzen ausländischer und internationaler Kriminologie. In: JZ. 21, 369–381. 24, 182–185.

Schneider, H.J. (1972). Kriminalitätsentstehung und -behandlung als Sozialprozesse. In: JZ. 27, 191–198.

Schneider, H.J. (1977a). Das Verbrechensopfer im Sozialprozess. In: JZ. 32, 620–632.

Schneider, H.J. (1977b). Psychologie des Verbrechens (Kriminalpsychologie). In: *R. Sieverts/ H.J. Schneider* (Hrsg.): Handwörterbuch der Kriminologie. Bd. 2. 415–458. Berlin, New York.

Schneider, H.J. (1992). Crime and its Control in Japan and in the Federal Republic of Germany. In: International Journal of Offender Therapy and Comparative Criminology. 36, 307–321.

Schneider, H.J. (2001). Comparative Criminology: Purposes, Methods and Research Findings. In: *H.N. Pontell/D. Shichor* (Hrsg.): Contemporary Issues in Crime and Criminal Justice – Essays in Honor of Gilbert Geis. 359–376. Upper Saddle River/NJ.

Schneider, H.J. (2003). Die Amerikanische Gesellschaft für Kriminologie (American Society of Criminology). In: MschrKrim. 86, 310–319.

Schneider, H.J. (2005a). Der Ursprung der Weltkriminologie der Gegenwart – Die US-amerikanische Kriminologie in der ersten Hälfte des 20. Jahrhunderts. In: *S.C. Saar/A. Roth/C. Hattenhauer* (Hrsg.): Recht als Erbe und Aufgabe. 299–318. Berlin.

Schneider, H.J. (2005b). Entwicklungen in der nordamerikanischen Kriminologie. In: MschrKrim. 88, 181–206.

Schneider, H.J. (2007). Die U.S.-amerikanische Kriminologie: historische, internationale und interdisziplinäre Aspekte. In: MschrKrim. 90, 48–60.

Schneider, H.J. (2009a). Die Freiheitsstrafe. In: *H.J. Schneider* (Hrsg.): Internationales Handbuch der Kriminologie. Bd. 2. 1025–1048. Berlin.

Schneider, H.J. (2009b). Hass- und Vorurteilskriminalität. In: *H.J. Schneider* (Hrsg.): Internationales Handbuch der Kriminologie. Bd. 2. 297–338.

Schneider, H.J. (2009c). Gewalt in der Schule. In: *H.J. Schneider* (Hrsg.): Internationales Handbuch der Kriminologie. Bd. 2. 727–786. Berlin.

Schneider, H.J. (2009d). Die gegenwärtige Situation der US-amerikanischen Kriminologie. In: MschrKrim. 92, 480–493.

Schneider, H.J. (2010a). Täter, Opfer und Gesellschaft. In: MschrKrim. 93, 313–334.

Schneider, H.J. (2010b). Die kriminelle Persönlichkeit – Eigenschafts- versus Prozess-Modell. In: *D. Dölling/B. Götting/B.-D. Meier/T. Verrel* (Hrsg.): Verbrechen, Strafe, Resozialisierung. Festschrift für Heinz Schöch zum 70. Geburtstag. 145–165. Berlin, New York.

Schneider, H.J. (2011). Ein Jahrzehnt US-amerikanischer Kriminologie. In: MschrKrim. 94, 112–140.

Schneider, K. (1923/1950). Die psychopathischen Persönlichkeiten. 9. Aufl. Wien.

Schneider, K. (1958). „Der Psychopath" in heutiger Sicht. In: Fortschritte der Neurologie, Psychiatrie und ihrer Grenzgebiete. 26, 1–6.

Schwind, H.-D. (2011). Kriminologie – Eine praxisorientierte Einführung mit Beispielen. 21. Aufl. Heidelberg, München u.a.

Seelig, E. (1936). Kriminologie. In: *A. Elster/H. Lingemann* (Hrsg.): Handwörterbuch der Kriminologie und der anderen strafrechtlichen Huilfswissenschaften. 1. Aufl. Bd. 2. 67–77. Berlin, Leipzig.

Shaw, C.R. (1930/1966). The Jack-Roller – A Delinquent Boy's Own Story. Nachdruck. Chicago, London. *Shaw, C.R.* (1931/1966). The Natural History of a Delinquent Career. Nachdruck. Chicago, London.

Shaw, C.R. (1938/1966). Brothers in Crime. Nachdruck. Chicago, London.

Shaw, C.R./McKay, H.D. (1931/1968). Social Factors in Juvenile Delinquency. In: *Wickersham Commission Reports*. Report on the Causes of Crime: Bd. 2. Nachdruck. Montclair/N.J.

Shaw, C.R./McKay, H.D. (1942/1969). Juvenile Delinquency and Urban Areas. Nachdruck: Chicago, London.

Siegel, L.J. (2013). Criminology. 11. Aufl. Belmont/CA. u.a.

Snodgrass, J. (2011). Clifford R. Shaw and Henry D. McKay: Chicago Criminologists. In: *F.T. Cullen/ C.L. Jonson/A.J. Myer/F. Adler* (Hrsg.): The Origins of American Criminology. Advances in Criminological Theory. 17–36. New Brunswick (USA), London (UK).

Sommer, R. (1904). Kriminalpsychologie und strafrechtliche Psychopathologie auf naturwissenschaftlicher Grundlage. Leipzig.

Steffensmeier, D.J./Ulmer, F.T. (2005). Confessions of a Dying Thief. New Brunswick (U.S.A.), London (U.K.).

Strang, H. (2002). Repair or Revenge: Victims and Restorative Justice. Oxford.

Sutherland, E.H. (1924). Criminology. Philadelphia, London.

Sutherland, E.H. (1934). Principles of Criminology. 2. Aufl. Chicago, Philadelphia u.a.

Sutherland, E.H. (1947). Principles of Criminology. 4. Aufl. Chicago, Philadelphia, u.a.

Tonry, M./Lappi-Seppälä, T. (2011) (Hrsg.). Crime and Justice in Scandinavia. Chicago, London.

Travis, L.F. (2012). Introduction to Criminal Justice. 7. Aufl. Amsterdam, Boston u.a.

Tyler, T.R. (2003). Procedural Justice, Legitimacy, and the Effective Rule of Law. In: *M. Tonry* (Hrsg.): Crime and Justice. Bd. 30. 283–357. Chicago, London.

Tyler, T.R. (2006). Why People Obey the Law. Princeton, Oxford.

Tyler, T.R./Braga, A./Fagan, J./Meares, T./Sampson, R./Winship, C. (2007). Legitimacy and Criminal Justice: International Perspectives. In: *T.R. Tyler* (Hrsg.): Legitimacy and Criminal Justice: International Perspectives. 9–29. New York/NY.

Welsh, B.C./Piquero, A.R. (2012). Investing Where it Counts: Preventing Delinquency and Crime with Early Family-Based Programs. In: *R. Rosenfeld/K. Quinet/C. Garcia* (Hrsg.): Contemporary Issues in Criminological Theory and Research – The Role of Social Institutions. 13–28. Belmont/CA.

Wetzell, R.F. (2000). Inventing the Criminal. A History of German Criminology 1880–1945. Chapel Hill, London.

Wetzell, R.F. (2010). Aschaffenburg, Gustav: German Criminology. In: *F.T. Cullen/P. Wilcox* (Hrsg.): Encyclopedia of Criminological Theory. Bd. 1. 58–62. Los Angeles u.a.

Wilson, D.B. (2010). Meta-Analysis. In: *A.R. Piquero/D. Weisburd* (Hrsg.): Handbook of Quantitative Criminology. 181–208. New York/N.Y., Dordrecht u.a.

Wilson, J.Q. (1975; 1983). Thinking about Crime. 1. und 2. Aufl. New York.

Wilson, J.Q. (2011). Crime and Public Policy. In: *J.Q. Wilson/J. Petersilia* (Hrsg.): Crime and Public Policy. 619–630. Oxford, New York/NY.

Wilson, J.Q./Herrnstein, R.J. (1985). Crime and Human Nature. New York.

Würtenberger T. (1968). Die Kriminalbiologische Gesellschaft in Vergangenheit und Gegenwart. In: *H. Göppinger/H. Leferenz* (Hrsg.): Kriminologische Gegenwartsfragen. 1–9. Stuttgart.

Grundlagen der internationalen Kriminologie

2 Kriminologie
   als internationale Wissenschaft

2.1 Geschichte der Kriminologie

2.1.1 Die Bedeutung der Kriminologie-Geschichte für die Lage der Kriminologie in der Gegenwart und für ihre Entwicklung in der Zukunft

Wissenschaftlich begründete Darstellungen der Kriminologie-Geschichte sind selten (vgl. z.B. *Kury* 2007; *Adler, Mueller, Laufer* 2010, 52–70; *Walsh, Ellis* 2007, 53–78); häufig sind solche Darstellungen oberflächlich und ideologisch irreführend. Eine Geschichtslosigkeit, ein Ahistorizismus (Ahistoricism) oder Präsentismus (Presentism), hat sich in der Kriminologie breit gemacht (*LaFree* 2007, 8). Er wird damit begründet, es sei wenig sinnvoll, immer wieder dasselbe „nachzuzeichnen" (*Killias, Kuhn, Aebi* 2011, 1). Dieser Meinung kann nicht zugestimmt werden. Denn die Geschichte kriminologischen Denkens und Forschens bestimmt den Rahmen heutiger und zukünftiger kriminologischer Konzeptionen (*Laub* 2004). Eine allgemein anerkannte Geschichte der Kriminologie gibt es nicht. Deshalb muss man sich die Kriminologie-Geschichte selbst erarbeiten. Das ist zeitraubend und mühsam. Denn man muss die Quellen erschließen und zur inneren wie äußeren Dynamik der geschichtlichen Epoche vordringen, in deren Rahmen die kriminologischen Ideen und Studien entstanden sind.

Wie man dabei nicht vorgehen sollte, wird am Beispiel zweier historischer Darstellungen verdeutlicht:

Die US.-amerikanische Kriminalbiologin *Nicole Rafter* hat unter der Überschrift „die schwärzeste Stunde der Kriminologie" (2008a, 176–198; 2008b; vgl. auch *Rafter*

2009; 2010) die Kriminalbiologie im nationalsozialistischen Deutschland in schaurigen Worten ausgemalt. Sie hat dies – wie sie selbst einräumt (2008a, 177) – ohne das Studium der deutschsprachigen Original-Quellen getan. So wird *Gustav Aschaffenburg* – ohne nähere Begründung – zum „Führer in der kriminalbiologischen Bewegung" gestempelt (2008a, 184). Gleich nach dieser zweifelhaften Erörterung preist sie die gegenwärtige Biokriminologie mit der Begründung, es werde nunmehr die Interaktion zwischen Anlage und Umwelt, die biosoziale Interaktion berücksichtigt (*Rafter* 2008a, 199–236). Diese Begründung ist schwach. Denn die deutschen Kriminalbiologen der 1930er und 1940er Jahre ließen – trotz der Domination der kriminalbiologen Ursachen – eine gewisse Mitwirkung sozialer Faktoren nicht außer Acht. Im letzten Kapitel ihres Buches empfiehlt sie die Biokriminologie für das 21. Jahrhundert und sagt voraus, dass biokriminologische Erklärungen der Verbrechensursachen im 21. Jahrhundert vorherrschend sein würden (*Rafter* 2008a, 239–251).

In der 6. Auflage des von *Hans Göppinger* begründeten Lehrbuchs „Kriminologie" behauptet *Michael Bock* (2008, 32), der militärische Sieg der Alliierten im 2. Weltkrieg (1939–1945) über das nationalsozialistische Deutschland habe zu einem „Traditionsbruch" mit der herkömmlichen deutschen Kriminologie geführt. Denn die US.-amerikanische Kriminologie habe die Unsicherheit der weltpolitischen Lage nach 1945 (nach dem Ende des 2. Weltkriegs) ausgenutzt, um ihre theoretischen und methodischen Konzepte der deutschen Kriminologie aufzuzwingen und ihr ihre Rezeption nahezulegen. Diese Auffassung wird nicht mit historischen Quellen belegt und steht in krassem Widerspruch zu den zeitgeschichtlichen Tatsachen. Sie verkennt, dass man die gegenwärtigen und zukünftigen kriminologischen Probleme Europas und der Welt nicht mit psychopathologischen Konzepten lösen kann. Sie erkennt nicht, dass die hart erarbeiteten kriminalpsychologischen, -soziologischen und -sozialpsychologischen Konzepte der US.-amerikanischen Kriminologie besser geeignet sind, auf die kriminologische Lage in Europa und der Welt einzugehen, und dass sie deshalb in Europa und in der Welt akzeptiert werden.

Gegenüber diesen beiden Studien, die wegen ihrer unzureichenden Begründung mit historischen Originaldaten abzulehnen sind, hat *Richard F. Wetzell* (2000, 2006, 2010) eine gründliche Untersuchung der deutschen Kriminologie-Geschichte zwischen 1880 und 1945 erarbeitet, die mit historischem Quellenmaterial reich dokumentiert worden ist. Er arbeitet heraus, dass das in der deutschen Kriminologie Vorherrschen der Psychopathologie und Kriminalbiologie darauf beruhe, dass die kriminologische Forschung zum größten Teil von Psychiatern ausgeführt worden sei, die ihr eigentliches Gebiet der Geisteskrankheiten auf psychische Abnormität ausgedehnt hätten (*Wetzell* 2000, 295/296). Der Einschluss moralischer Kriterien in die psychiatrischen Diagnosen (Psychopathie) habe zu einem erhöhten Risiko tautologischer Argumentation geführt. Denn kriminelles Verhalten werde mit dem medizinischen Symptom Psychopathie erklärt, weil der Psychopath konventionelle moralische und soziale Normen verletzt habe (*Wetzell* 2006, 419). Dieser Kritik setzt *Wetzell* (2010, 60) das *Aschaffenburg* Paradigma gegenüber, das er in der Integration von Kriminalsoziologie mit Kriminalpsychologie als wechselseitig sich ergänzende Ansätze zur Kriminalitäts-Ursachen-Erklärung erblickt. Denn *Aschaffenburg* habe die Kriminalitäts-Entstehung aus einer doppelten sozialen Ursache erklärt: aus der defekten sozialen Umwelt des Täters unmittelbar und mittelbar aus seiner Persönlichkeit, die durch seine defekte Umwelt geprägt worden sei (*Wetzell* 2010, 59).

2.1.2 Geschichte der Kriminologie in Europa

2.1.2.1 Verbrechen und Strafe im Altertum und im Mittelalter

In der primitiven Gesellschaft diente die Strafe der Besänftigung des Zornes der Götter, wenn ein Tabu (Unverletzliches, Unberührbares) verletzt worden war. Für die Frage nach den Gründen der Übertretung von Tabus war kein Raum. Das Altertum konnte über Verbrechen und Strafen philosophieren. Es standen ihm jedoch keine sozialwissenschaftlichen Forschungsmethoden zur Verfügung, die geeignet gewesen wären, den Ursachen des Verbrechens als Einzel- und der Kriminalität als Massenerscheinung nachzugehen. Immerhin machten sich die griechischen Philosophen Gedanken über die Entstehung der Kriminalität, und *Plato* (428–348 v.Chr.) hielt z.B. mangelhafte Erziehung für einen maßgeblichen Grund (*I. Drapkin* 1983; 1989).

Im christlichen Mittelalter herrschte die Strafauffassung vor, die der Jurist *Benedict Carpzov* (1595–1666) – als einer unter vielen – eindrucksvoll vertreten hat: Das Verbrechen hat nicht nur rechtliche Bedeutung als Verletzung staatlicher Normen, sondern es bedeutet stets auch Sünde wider Gott, Verfehlung geistlichen Lebens. Die staatliche Strafe ist notwendig, weil Gott sie will. Für diese theokratische Strafauffassung trat *Thomas von Aquin* (1225–1274) in ähnlicher Weise ein wie *Martin Luther* (1483–1546). Es war ein wesentliches Prinzip der christlichen Gedankenwelt des Mittelalters, dass durch die Strafe Gottes Zorn über die Missetat vom Land abgewendet, dass das Land also „entsühnt" werden könne. Für das ewige Seelenheil des Verbrechers war entscheidend, dass er selbst durch das Strafleid mit Gott ausgesöhnt wurde. Solange der Rechtsbruch als Verfehlung gegen Gott und als Besessenheit vom Teufel aufgefasst wurde, vermochte sich keine Kriminologie zu entwickeln, die über die Entstehung und Verhütung von Verbrechen nachdachte. Zwar vertrat *Thomas Morus* (1478–1535), dem aufgefallen war, dass trotz der harten Strafpraxis seiner Zeit die Kriminalität zunahm, bereits in seinem Buch „Utopia" (1516) die Auffassung, die Ursachen der Kriminalität lägen in der Gesellschaft. Diese Meinung blieb aber vereinzelt. Denn die theokratische Strafauffassung des Mittelalters gründete sich auf eine außerweltliche Erklärung des Verbrechens, die nicht an örtliche und zeitliche Beschränkungen gebunden und die vom menschlichen Verstand unabhängig war. Erst der Rationalismus des 18. Jahrhunderts eröffnete dem Menschen den geistigen und sozialen Freiraum, der notwendig war, sich mit seiner Konformität, Sozialabweichung und Kriminalität in realer und kritischer Weise auseinanderzusetzen (*Sherman* 2011).

2.1.2.2 Drei Epochen der Kriminologie-Geschichte

In der Geschichte der Kriminologie kann man drei Epochen unterscheiden: die Klassische Schule des 18. Jahrhunderts, die Positivistische Schule zu Ende des 19. Jahrhunderts und die neuzeitliche Kriminologie der Mitte des 20. Jahrhunderts. Neben diesen Epochen und um sie herum haben sich zwar kriminalpsychologische und kriminalsoziologische Strömungen innerhalb der Kriminologie darum bemüht, die kriminelle Persönlichkeit zu erforschen und die Kriminalitätsursachen in der Gesellschaft zu erkunden. Sie haben aber nicht so maßgeblichen Einfluss auf die heutige Gestalt der Kriminologie auszuüben vermocht wie gerade die drei genannten Epochen.

2.1.2.2.1 Die Klassische Schule

Nach der Klassischen Schule sind Intelligenz und Vernunft die grundlegenden Kennzeichen des Menschen; sie sind die Basis der Erklärung seines individuellen und sozialen Verhaltens. Der Mensch kontrolliert sein eigenes Schicksal; er hat einen freien Willen. Die vernunftbestimmte Antwort der Gesellschaft auf das Verbrechen besteht in der Erhöhung der Kosten für seine Begehung und in der Verminderung seines Nutzens. Das so vor die Wahl gestellte Individuum wird sich in vernünftiger Weise konform verhalten.

2.1.2.2.2 Die Positivistische Schule

Die Positivistische Schule teilt diesen Optimismus nicht: Menschliches Verhalten wird von körperlichen, psychischen und sozialen Faktoren bestimmt, die nicht seiner Kontrolle unterliegen. Es ist die Aufgabe der Kriminologie, die physischen, psychischen und sozialen Merkmale des Rechtsbrechers empirisch zu untersuchen. Die Positivisten wollten Menschen wohlwollend zur Tugend, zu beruflichen Fähigkeiten und zur sozialen Disziplin zwingen. Blickt die Klassische Schule auf die Schuld, so richtet die Positivistische Schule ihre Aufmerksamkeit auf den Täter, seine Zukunft und seine Gefährlichkeit. Ist die Klassische Schule rechtsstaatsorientiert, so ist die Positivistische Schule behandlungsorientiert.

2.1.2.2.3 Die moderne Schule

Die neuzeitliche Schule der Kriminologie hat mit der Reaktion auf Sozialabweichung und Kriminalität neue Dimensionen erschlossen: das Verbrechensopfer und die Sozialkontrolle. Es wird nicht mehr nur in statischer Weise nach den Ursachen des

Verbrechens gefragt. Die Kriminalitätsverursachung wird vielmehr als Sozialprozess verstanden, an dem Täter, Opfer und Gesellschaft beteiligt sind. Gleichzeitig werden auch die Sozialprozesse untersucht, durch die Verhalten und Personen als kriminell definiert werden. Insofern interessiert sich die moderne Kriminologie nicht nur für das Verhalten von Personen, die von anderen als kriminell definiert werden, sondern auch für das Verhalten von Personen, die andere als kriminell definieren (z.B. Polizei, Gericht und Strafvollzug). Die moderne Kriminologie hat das Verbrechensopfer und die informelle und formelle Sozialkontrolle entdeckt, die nicht nur in ihrer kriminalitätsverhütenden Aufgabe gesehen, sondern auch in ihrer verbrechenserhaltenden und -fördernden Funktion kritisch beurteilt werden. Moderne Kriminologen verstehen „Kriminalität" und „Krimineller" als Benennungen, die auf Verhalten und Personen angewandt werden. Sie sehen auch ihre Zielsetzung darin, die Sozialprozesse zu analysieren, durch die von solchen Etikettierungen Gebrauch gemacht wird (*Erikson* 1966).

2.1.2.3 Die Klassische Schule im 18. Jahrhundert

2.1.2.3.1 Der Beitrag von Cesare Beccaria
Im Jahre 1764 veröffentlichte der damals noch nicht 26jährige italienische Jurist *Cesare Beccaria* (1738–1794) ein schmales Bändchen unter dem Titel „Dei Delitti e delle Pene" (Über Verbrechen und Strafe) (*Beccaria* 1764; 1966; 1988; 1996), das ihn über Nacht weltbekannt machte, das in kürzester Zeit ins Französische, Englische, Deutsche, Holländische, Polnische, Spanische, Russische und Griechische übersetzt wurde und das mehr als 60 Auflagen erlebte. *Beccaria* stand unter dem geistigen Einfluss der Aufklärung. *Jean-Jacques Rousseau* (1712–1778), *Charles de Montesquieu* (1689–1755) und *Francois-Marie Arouet* (Voltaire) (1694–1778) waren seine philosophischen Vorbilder. Er war selbst überrascht von seinem frühen Bucherfolg, den er nicht mehr zu wiederholen vermochte. Denn er hatte eigentlich nichts Neues und nichts grundlegend Originelles gesagt, nichts, was nicht schon bekannt gewesen wäre (*Mutchnick/ Martin/Austin* 2009, 1–13).

Will man die außerordentliche Wirkung verstehen, die *Beccaria*s Buch in Europa und Nordamerika hatte, so ist es erforderlich, sich die Strafgerichtspraxis des 18. Jahrhunderts zu vergegenwärtigen:

Die Strafgesetze und ihre Anwendung waren grausam und unbestimmt. Korruption und Folter waren weit verbreitet. Todesstrafe und Körperstrafen wurden allenthalben angewandt. Gleichheit vor dem Gesetz war nicht verwirklicht. Zwischen Angeklagtem und Verurteiltem wurde kein Unterschied gemacht. In einigen Ländern Europas wurden immer noch Hexen gefoltert, verurteilt und verbrannt (vgl. zu den Hexenverbrennungen: *Spee* 1987; *Erikson* 1966; *Geis/Bunn* 1982). *Beccaria*s Buch war kurz, verständlich geschrieben und enthielt alle wesentlichen Gedanken zur Strafrechtsreform. Er verwandte klare Begriffe, begründete seine Empfehlungen mit logischen Argumenten und berichtete mit anspruchsloser Einfachheit und Genauigkeit. Gleichwohl erklären diese Vorzüge seines Buches seinen Erfolg noch nicht vollständig. *Beccaria*s Buch traf auf eine Welt, die für seine Gedanken reif war. Er strebte das größte Glück einer möglichst großen Zahl von Menschen an. Er setzte sich für klare, einfache und genaue Strafgesetze ein. Er wandte sich gegen geheime Strafverfahren und gegen die Grausamkeit der Strafen. Er sprach den Menschen das Recht ab, mittels der Todesstrafe anderen Menschen das Leben zu nehmen. Die Abschaffung der barbarischen, grausamen Strafen wird dazu beitragen, dass die Menschen humaner und feinfühliger werden und dass sie weniger Verbrechen begehen. So argumentierte er. Nicht die Schwere der Strafandrohung, sondern die Bestimmtheit und Schnelligkeit, mit der die Strafe der Tat auf dem Fuße folgt, ist für ihre Wirksamkeit maßgebend. Ein Mensch ist so lange schuldlos, bis er vom Gericht verurteilt worden ist (Unschuldvermutung). *Beccaria* setzte sich dafür ein, dass Strafen notwendig, vom Strafgesetz angeordnet und zur Straftat in einem vernünftigen Verhältnis standen und angemessen waren (*Maestro* 1973). Friedrich II. von Preußen, der 1740 die Folter abgeschafft hatte und den *Beccaria* „einen der weisesten Monarchen, einen Philosophen auf dem Thron" nannte, schrieb 1777 in einem Brief an *Voltaire*: „*Beccaria* hat uns nichts zur Klärung übriggelassen. Wir haben nur dem zu folgen, was er geschrieben hat."

2.1.2.3.2 Der Beitrag von John Howard

Einen typisch britisch-pragmatischen Beitrag zur Klassischen Schule der Kriminologie leistete *John Howard* (1726–1790), als er im Jahre 1777 im Alter von 51 Jahren sein Buch „The State of Prisons" (Der Zustand der Strafanstalten) auf eigene Kosten veröffentlichte und an die Abgeordneten des britischen Unterhauses verteilte. Er hatte in fünf Reisen durch ganz Europa mehr als 300 Strafanstalten besucht. In seinem Buch „Der Zustand der Strafanstalten" gibt er einen nüchternen, schonungslos aufrichtigen Reisebericht, in dem er Zahl an Zahl, Tatsache an Tatsache, Strafanstaltsskizze an Strafanstaltsskizze reiht und der keinerlei Übertreibungen oder gar Unwahrheiten enthielt. *Howard*, der kein aufgeregter Eiferer war, überzeugte dadurch, dass er alle Vorgänge und Zustände, über die er berichtete, selbst erlebt und gesehen hatte. Er hatte nämlich seine Forschungsreisen stets mit seinem Notizbuch in der Hand unternommen und auf diese Weise die erste größere empirisch-kriminologische Untersuchung fertiggestellt. Er hatte ferner seine Reisen selbst finanziert und dadurch seine Unabhängigkeit und Selbständigkeit eindrucksvoll unter Beweis gestellt. Er lieferte dem britischen Parlament empirisches Material für seine Gesetzgebung und gab zugleich Anstöße zu Strafvollzugsgesetzen, die 1778 und 1782 erlassen wurden. *Howard* setzte sich für die Menschenrechte und für die Gesunderhaltung der Strafgefangenen ein, deren Lebensbedingungen er zu verbessern suchte. Schuldner, Rechtsbrecher, Arme, Arbeitslose, Prostituierte, Geisteskranke und Kriegsgefangene wurden zu *Howard*s Zeiten noch unterschiedslos gemeinsam in den Strafanstalten eingesperrt. *Howard* sprach sich für eine Trennung der Strafgefangenen nach Alter und Geschlecht aus. Er empfahl luftige und lichterfüllte Crafträume und gute Arbeitsbedingungen für Strafgefangene. Sein Buch, das kurz hintereinander in vier englischen Auflagen erschien, wurde 1780 ins Deutsche und 1788 ins Französische übersetzt. Als Weltbürger versuchte *Howard* nicht nur, die Strafanstalten seines Heimatlandes zu verbessern, sondern er unternahm es auch, durch persönliche Besuche bei europäischen Monarchen Strafvollzugssysteme des Kontinents zu reformieren. So sprach er 1778 persönlich bei Kaiserin Maria Theresia und 1786 bei Kaiser Joseph II, vor, um sich für bessere Lebensbedingungen der Strafgefangenen in den österreichischen Ländern einzusetzen (*Krebs* 1978a, 1978b, 1978c).

2.1.2.4 Kriminalpsychologie im 19. und zu Beginn des 20. Jahrhunderts

2.1.2.4.1 Kriminalpsychologie zum Zwecke der Unterhaltung

Das phantastische Bild der kriminellen Persönlichkeit, das in der Volksmeinung unsicher zwischen Bewunderung und totaler Ablehnung hin und her schwankt, wurde noch durch Veröffentlichungen bestärkt, die sich als „kriminalpsychologisch" verstanden, die sich also einen wissenschaftlichen Anschein gaben. *Francois Gayot de Pitaval* (1673–1743) gab in den Jahren 1734 bis 1743 erstmalig in Paris „merkwürdige Kriminalfälle" in 20 Bänden heraus, die anschaulich und spannend geschildert waren, in denen *Pitaval* aber die Verbrechensmotive nicht psychologisch zu ergründen vermochte. Mit kühler Distanz blieb er kriminalpsychologisch an der Oberfläche, was zum großen Erfolg, zur weiten Verbreitung und zur mannigfaltigen Nachahmung (Der „Deutsche Pitaval", der „Wiener Pitaval", der „Prager Pitaval") seiner Veröffentlichungen beitrug. Denn die Bevölkerung zieht es vor, über Verbrechen aus der Ferne zu phantasieren. Vom Geist der Aufklärung war die Veranschaulichung der Rechtsfälle beeinflusst, die *Paul Johann Anselm von Feuerbach* (1775–1833) in seinen Büchern „Merkwürdige Kriminalrechtsfälle" (zwei Bände, erschienen 1808 und 1811) und „Aktenmäßige Darstellung merkwürdiger Verbrechen" (zwei Bände, erschienen 1828 und 1829) zusammengestellt hat. Er betonte das Außergewöhnliche und Dramatische seiner Kriminalfälle, die er regelmäßig auf einen Grund, auf ein rational erfassbares Motiv seiner Rechtsbrecher zurückführte: der Raubmörder aus Eitelkeit, aus selbstverschuldeter Not, aus Jugendbosheit oder Greiseneinfalt, die Brandstifterin aus Leichtsinn, der Mädchenschlächter aus Rachsucht. Er gab seinen Kriminalfällen etwas Lebensfremdes, Unwirkliches, das er aber gleichwohl rational zu erklären wusste. Gefühl war für ihn nur eine getrübte Abart des Denkens. Unbewusste Motive gab es nicht. Weder *Pitaval* noch *Feuerbach* haben ihre Rechtsbrecher persönlich untersucht. Eben diese Fernperspektive sicherte ihren Büchern und ihren zahllosen Nachahmern ihren Erfolg, trug aber auch zur mangelnden Bewältigung der Probleme der Kriminalität und der Sozialabweichung bei. Zu Beginn des 20. Jahrhunderts haben *Erich Wulffen* (o.J.) und *Albert Hellwig* (1929) die Beziehung des Verbrechers zum Okkultismus (Lehre von der Wahrnehmung übersinnlicher Kräfte), zur Telepathie (Fernfühlen, Wahrnehmen seelischer Vorgänge eines anderen Menschen ohne Vermittlung der Sinnesorgane), zum Spuk und zum Aberglauben betont. Zum Verstehen und zur Verhütung der Kriminalität haben diese Bemühungen wenig beigetragen.

2.1.2.4.2 Angewandte Kriminalpsychologie

Die Kriminalpsychologie diente indessen nicht nur der Unterhaltung, sondern sie setzte sich auch praktische Ziele. Sie wollte den Straftäter im Strafverfahren erkennen und überführen. Dazu bediente man sich im 19. Jahrhundert anspruchsloser Methoden. Mit Hilfe von Gebärdenprotokollen (*Friedreich* 1842) wollte man aus dem Benehmen, aus dem Ausdruck, aus der Haltung einer vor Gericht vernommenen Person auf ihre innere Gemütsverfassung, auf die Gefühle schließen, die der Verhörte bei einzelnen Fragen und Antworten durch seine Gebärden an den Tag legte. Zu Beginn des 20. Jahrhunderts übertrug der Grazer Kriminologe *Hans Groß*, der 1898 das „Archiv für Kriminologie" gründete, das heute hauptsächlich zur kriminalistischen Zeitschrift geworden ist, die bedeutsamen Fortschritte, die die physiologische und experimentelle Psychologie inzwischen gemacht hatten, auf die Vernehmungs- und Aussagepsychologie. In seiner „Kriminalpsychologie" (1905), die 1911 in englischer Übersetzung in den USA erschien, machte er mit den damals neuesten Forschungsergebnissen der physiologischen und experimentellen Psychologie – z.B. anknüpfend an die Lehren *Gustav Theodor Fechner*s (1801–1887) – bekannt: mit Reflexbewegungen, mit Sinneswahrnehmungen, mit Denkvermögen, mit Assoziationen, mit psychischen Phänomenen wie Erinnerung, Gedächtnis, Wille, Gefühl und mit Sinnestäuschungen. Eine Aussagepsychologie entwickelte sich (*Marbe* 1926; *Mönkemöller* 1930; Stern 1926), die sich als Hauptteil der forensischen Psychologie von der Kriminalpsychologie abspaltete. *Albert Hellwig* baute (1927) eine Psychologie des Vernehmenden, des Polizeibeamten, des Richters, des Sachverständigen, eine Psychologie des Vernommenen, des Beschuldigten, des Zeugen und eine Vernehmungstechnik auf. In seiner „Psychologie des Strafverfahrens" stellte *Roland Graßberger* (1968) die Charakteristik der am Strafverfahren Beteiligten und ihrer Tätigkeit, der Phasen und Situationen des Verfahrens dar. Diese Seite der Kriminalpsychologie ist seitdem stark vernachlässigt worden.

2.1.2.4.3 Verbrecherpsychologie

Von ihren Anfängen bis zum Aufkommen der Tiefenpsychologie zu Beginn des 20. Jahrhunderts hat sich die Kriminalpsychologie auf die herabsetzende Kennzeichnung des Kriminellen durch einfache Aufzählung von negativen Persönlichkeitseigenschaften und Merkmalen seines sozialen Nahraums beschränkt. Sie verstand sich allzu lange als beschreibende Oberflächenpsychologie, die in statischer Weise bei der Beschreibung der rationalen Schichten der Persönlichkeit verharrte. Sie schilderte die kriminelle Persönlichkeit einfach mit Wörtern wie Faulheit, Leichtsinn, Unbeständigkeit, Eitelkeit, Sorglosigkeit, Rachsucht, Grausamkeit, brutale Genusssucht, Gewissenlosigkeit, Mangel an Reue, Verlogenheit, Verschlagenheit und Hinterlist. Sie brandmarkte den Rechtsbrecher auf diese Weise, und sie blieb allzu lange nur „Verbrecherpsychologie", weil sie sich zum Forschungsziel setzte, bestimmte Verbrechertypen herauszuarbeiten, und weil sie die Wechselwirkungen zwischen Täter, Opfer und Gesellschaft unberücksichtigt ließ. In der Forschung wandte sie schlichte Methoden an: Strafgefangenen wurden Schreibhefte überlassen, damit sie – ohne Anleitung und Kontrolle – ihre Gedanken und Gefühle niederschreiben konnten (*Jäger* 1906). Die Notizen, Lebensläufe, Aufsätze, Selbstbekenntnisse und Gedichte der Gefangenen wurden einfach interpretiert. Man stellte Strafgefangenen Aufsatzthemen (*Luz* 1928), um alle Fragen, mit denen sich die Kriminalpsychologie befasste, auch „vom Verbrecher selbst" beantworten zu lassen. Der Kriminelle sollte die Ursachen des Verbrechens und die Wirkungen der Verbrechenskontrolle selbst beurteilen. Man glaubte, er müsse es selbst am besten wissen. Man bedachte nicht, dass der Verbrecher die tieferen Ursachen seiner Tat nicht kennt und dass er allzu leicht geneigt sein kann, Rechtfertigungen für sein kriminelles Verhalten zu erfinden und Behauptungen aufzustellen, die ihn vor jeder tieferen Einsicht „schützen".

2.1.2.4.4 Frühe kriminalpsychologische Versuche in Deutschland

Einer der ersten Kriminalpsychologen, der Deutsche *Carl von Eckartshausen*, beklagte sich (1791, 19) über den Strafrichter seiner Zeit: „Wie widersinnig und grausam ist das Verfahren desjenigen, der nichts anderes tut, als dass er der begangenen Tat ihren Namen gibt, im Gesetzbuch das Urteil aufsucht, das über sie unter diesem „Namen" gesprochen wird, und ohne weitere Überlegung den schrecklichsten Ausspruch wagt, den ein Mensch gegen einen Menschen wagen kann, den Ausspruch: Er soll sterben!" (vgl. auch *Kürzinger* 1996, 23–25; 1986). Sein deutscher Kollege *Johann Christian Gottlieb Schaumann* pflichtete ihm (1792, 63) bei, indem er betonte, dass der Strafrichter nicht nur Rechtskenntnisse besitzen, sondern sich auch Einblick in die Persönlichkeit des Rechtsbrechers verschaffen müsse. Er hielt die Kriminalpsychologie bereits für eine empirische Wissenschaft mit den Methoden: Verhaltensbeobachtung, Ausdruckskunde und Biographie. Nach *Johann Christoph Hoffbauer* (1808) soll der Kriminalpsychologe dem Gericht ein Gutachten über den „Gemütszustand" des Täters vorlegen, in dem er sich während seiner Tat befand. Aus dem Prinzip des Bösen wollte *Johann Christian August Heinroth* (1833) das Verbrechen herleiten. Er führte es auf bloße menschliche Schwäche zurück. Genusssucht und Arbeitsscheu waren die beiden vorherrschenden Persönlichkeitszüge des Rechtsbrechers, die *A. Krauss* (1884) in seiner Kriminalpsychologie hervorhebt. Als weitere „vorherrschende Triebfedern" nannte er: Eigennutz, Lügenhaftigkeit, hohe Verstellungskunst und Selbstsucht.

Obgleich *Max Kauffmann* das Verbrechen (1912) mit Schwäche und Leere der Persönlichkeit des Rechtsbrechers, mit seinem Mangel an Überlegung und an Voraussicht in Zusammenhang brachte, findet sich bei ihm doch bereits der Hinweis auf den Umstand, dass auch die Reaktion auf Verbrechen und Rechtsbrecher Kriminalität verursachen kann: „Die Strafe bricht sehr häufig den Trotz, aber sie bricht auch den Stolz und die Selbstachtung" (1912, 250). *Kauffmann* warnt deshalb vor allzu strengen Strafen. *Paul Pollitz* arbeitet (1916) gleichfalls psychische Eigenschaften des Verbrechers heraus: Fehlen des Mitgefühls, herabgesetztes Schmerzgefühl, Gleichgültigkeit gegen Bestrafung, Unempfindlichkeit, Eitelkeit, Neigung zu Spiel, Trunk und sexuellem Verkehr. *Andreas Bjerre*, der ausführliche Gespräche mit Strafgefangenen im Zentralgefängnis von Langholmen bei Stockholm führte und der (1925) Verbrechermonographien aufgrund dieser Gespräche veröffentlichte, erkannte in der Schwäche der Persönlichkeit des Rechtsbrechers, in seiner allgemeinen Lebensuntauglichkeit, in seiner Unfähigkeit, den Anforderungen zu genügen, die das Dasein an jeden Menschen stellt, das Wesen des Verbrechens. Der Rechtsbrecher flieht vor der Wirklichkeit, mit der er nicht fertigwerden kann. Er führt ein Scheinleben, betrügt sich selbst und hat sich selbst aufgegeben. Er besitzt kein Vertrauen mehr zum Dasein. Radikaler Mangel an Selbstvertrauen und lebensfeindlicher Egoismus sind für ihn charakteristisch.

2.1.2.4.5 Der Beitrag der Tiefenpsychologie

Bewegten sich alle diese Versuche im bloßen Beschreiben der verbrecherischen Persönlichkeit, so versuchten Kriminalpsychologen unter dem Einfluss *Sigmund Freud*s (1856–1939) (1915, 5; 1973) dynamisch bis in das Instinkt- und Triebleben des Verbrechers, bis in die unbewussten gefühlsmäßigen Tiefenschichten seiner Persönlichkeit vorzudringen (*Mutchnick/Martin/Austin* 2009, 45–62). Der Engländer *M. Hamblin Smith* wandte als einer der ersten (1922) psychodiagnostische Tests auf Kriminelle an und untersuchte ihr Unbewusstes mit Hilfe der Traumanalyse. Nach dem Amerikaner *David Abrahamsen* (1944) ist der normale Mensch in der Lage, seine latenten, verborgen gebliebenen kriminellen Tendenzen zu kontrollieren und sie in sozial anerkannte Kanäle zu lenken. Das unterscheidet ihn vom Kriminellen, der kein „Überich", keine innere Kontrollinstanz entwickelt hat. Ihm fehlen die seelischen Hemmungen, so dass er seine kriminellen Tendenzen nach außen hin zum Ausdruck bringt. Emotionaler Entzug und gefühlsmäßige Zurückweisung beeinflussen – nach *Walter Bromberg* (1948) – die Entwicklung des „Ich", der psychischen Ausgleichs- und Steuerungsinstanz. Verbrechen ist der Fehlschlag der Bemühung des Ich, Aggression, Hass und Frustration (Zurücksetzung, Versagung) unter Kontrolle zu halten. In den Straftaten des Rechtsbrechers kommen seine unbewussten Konflikte zum Ausdruck (vgl. zur psychoanalytischen Kriminologie eingehend: *H.J. Schneider* 1981b).

2.1.2.5 Kriminalsoziologie im 19. und zu Beginn des 20. Jahrhunderts

Während sich die Kriminalpsychologie mit der Frage befasst, warum der Mensch als einzelner zum Verbrecher wird, beschäftigt sich die Kriminalsoziologie mit dem Problem, inwieweit Häufigkeit und Art der Kriminalität von sozialen Gegebenheiten (z.B. von der Wirtschaftslage) abhängen. Ist die Methode der Kriminalpsychologie die Persönlichkeitserforschung, so konzentriert sich die Kriminalsoziologie auf die Methode der statistischen Massenbeobachtung, um soziale Gesetzmäßigkeiten herauszuarbeiten. Der Mensch wird durch Massenbeobachtung zwar seiner Individualität entkleidet. Er nimmt aber die Gestalt eines Durchschnittsmenschen, einer rechnerischen Größe an, mit deren Hilfe man soziale Gesetzmäßigkeiten herausarbeiten kann. Die sozialen Ursachen der Kriminalität werden erkennbar (*F. Tönnies* 1887).

2.1.2.5.1 Der Beitrag von André-Michel Guerry

In Frankreich begann die erste systematische Sammlung gerichtlicher Kriminalstatistiken. Der erste kriminalstatistische Jahresbericht – bezogen auf das Jahr 1825 – wurde 1827 veröffentlicht. *André-Michel Guerry* (1802–1866) stützte sich bei seinen kriminalstatistischen Forschungen auf das Zahlenmaterial der Jahrgänge 1825 bis 1830. Er erkannte (1833; 2009) als erster die Grundzüge der Altersverteilung der Kriminalität: Sie erreicht ihren Gipfel zwischen dem 25. und dem 30. Lebensjahr. Er entdeckte auch die untergeordnete Bedeutung der Armut für die Entstehung der Kriminalität: Gerade in den ärmsten Departements (Verwaltungsbezirken) Frankreichs kamen Betrug und Diebstahl am seltensten vor. Vermögensverbrechen sind allerdings von der Entwicklung des Handels und der Industrie abhängig. Die wichtigste Ursache der Kriminalität sah er in der Demoralisierung der Bevölkerung, der man nicht durch bloß intellektuellen Unterricht, sondern nur durch die moralisch wichtigere Erziehung im Sinne der Charakterbildung begegnen könne (*Beirne* 1993, 111–141).

2.1.2.5.2 Der Beitrag von Adolphe Jacques Quetelet

Einen noch bedeutenderen Beitrag als *Guerry* zur Entwicklung der Kriminalstatistik leistete der Belgier *Adolphe Jacques Quetelet* (1796–1874). Er verstand die Kriminalität (1835; 2009) als eine gesellschaftliche Erscheinung: Der Mensch ist das Produkt seiner physischen und sozialen Umwelt und seiner individuellen Eigenart. Die Gesellschaft bereitet die Verbrechen vor. Der Täter ist lediglich ihr Werkzeug. Jeder gesellschaftliche Verband bringt mit Notwendigkeit eine bestimmte Zahl und gewisse Arten von Verbrechen hervor, die fast wie eine notwendige Folge aus seiner Organisation erwachsen. „Es gibt ein Budget, das mit einer schauerlichen Regelmäßigkeit bezahlt wird, nämlich das der Gefängnisse, der Galeeren und der Schafotte". *Quetelet* wollte damit sagen, dass sich die kriminelle Wirklichkeit in einer Gesellschaft nach der kriminalstatistisch vorausgesagten Wahrscheinlichkeit gestaltet. Er arbeitete den „Hang zum Verbrechen" in seiner Abhängigkeit von Alter, Geschlecht, Beruf, Erziehung, Klima und Jahreszeit heraus. Unter „Hang zum Verbrechen" verstand er einen Wahrscheinlichkeitswert für einen Durchschnittsmenschen, der nur ein Zahlenausdruck, eine rechnerische Größe ist, die Vergleiche erlaubt: Der „Hang zum Verbrechen" erreicht nach raschem Anstieg seinen Gipfel zwischen dem 20. und dem 25. Lebensjahr, weil die physische Kraft und die Leidenschaften dann am größten sind und durch Vernunft nicht ausreichend gezügelt werden. Bei Männern ist der „Hang zum Verbrechen" viermal häufiger als bei Frauen, weil Frauen mehr unter dem moralischen Einfluss von Gefühlen, von Scham und Bescheidenheit stehen, weil sie wegen ihrer Abhängigkeit und Zurückgezogenheit keine Gelegenheit zur Kriminalitätsbegehung haben und weil ihnen wegen ihrer physischen Schwäche die Ausnutzung von Gelegenheiten zum Verbrechen nicht möglich ist. In Frankreich macht die Zahl der Verbrechen gegen die Person ungefähr ein Drittel des Umfangs der Vermögensdelikte aus. Die Rolle der Armut als Verbrechensursache wird oft überschätzt. *Quetelet* unterstreicht: Es ist der brüske Wechsel zwischen Wohlstand und Elend, der das Verbrechen hervorbringt. Der Verarmte ist überall von Versuchung umgeben. Er wird durch den ständigen Anblick von Luxus und Ungleichheit des Besitzes aufgereizt und entmutigt. Eine große Zahl von Verbrechen bleibt unbekannt, weil sie vom Opfer nicht wahrgenommen oder nicht angezeigt werden. Drei Bedingungen sind – nach *Quetelet* – für die Kriminalitätsverursachung wesentlich: der Wille zum Verbrechen, der auf dem Ausmaß an Moralität der Person beruht, die Gelegenheit zum Verbrechen und die Möglichkeit, diese gegebene Gelegenheit auszunutzen (*Beirne* 1993, 65–110).

2.1.2.5.3 Die Beiträge von Gabriel Tarde und Emile Durkheim

Die Grundlagen zur kriminalsoziologischen Theorie legten die beiden Franzosen *Gabriel Tarde* (1843–1904) und *Emile Durkheim* (1858–1917). *Tarde* entwickelte (1886, 1890/2009; 1912/1968) die Theorie vom kriminellen Berufstyp und von der kriminellen Nachahmung: Das Verbrechen ist ein Handwerk, ein Beruf. Der Berufskriminelle ist in speziellen Techniken geschult. Er macht eine lange Lehrzeit durch. Er besitzt eine eigene Fachsprache. Gegenüber seinen Mitkriminellen verhält er sich nach einem bestimmten Verhaltenskodex. Die mächtige, unbewusste und geheimnisvolle Triebkraft, die alle Phänomene der Gesellschaft einschließlich des Verbrechens erklärt, ist – nach *Tarde* – die Nachahmung, jene im eigentlichsten Sinne soziale „Bewegungsform, kraft deren der Gedanke sich von einem Gehirn zum anderen überträgt". Je engeren Kontakt die Menschen haben, desto mehr ahmen sie sich nach (*Beirne* 1993, 143–185).

Durkheim sah das sozialabweichende Verhalten (1893, 1895a, 1897; vgl. auch 1895b/2009) als normal an; er legte den Grundstein zur Anomietheorie: Sozialabweichendes Verhalten ist unvermeidbar, weil die Gesellschaft eine Mannigfaltigkeit des Verhaltens hervorbringt. Es ist in dem Sinne normal, dass eine Gesellschaft ohne Verbrechen krankhaft überkontrolliert sein würde. Wenn das Verbrechen in einer

Gesellschaft beseitigt wäre, gäbe es in einer solchen Gesellschaft auch keinen Fort-schritt und keinen sozialen Wandel. Die Grundbedingungen sozialer Organisation schließen das Verbrechen in logischer Weise ein. Hat der Kriminelle keine Möglich-keit zur Verbrechensbegehung, so kann sich das Genie auch nicht selbst entfalten. Unter Anomie verstand *Durkheim* Normlosigkeit: In einer Gesellschaft mit menschli-cher Solidarität und sozialem Zusammenhalt ist das Kriminalitätsvorkommen gering. Durch den Prozess des sozialen Wandels, der auf Arbeitsteilung und technischem Fortschritt beruht, werden die einigenden Kräfte der Gesellschaft geschwächt. Leit-bilder und Normen, die die Gesellschaft ordnen, veralten und werden bedeutungslos. Die Schranken der Leidenschaften fallen. Unordnung und soziales Chaos entstehen. Die Gesellschaft zerteilt und zersplittert sich. Der Einzelne wird isoliert. Er nimmt am Leben und an den Erfahrungen anderer nicht mehr teil. Er empfindet anderen gegenüber keinerlei Verpflichtungen. Ohne einen Freund, ohne persönliche Eigenart und ohne die Hilfe der Gruppe endet das Leben in einem bedeutungslosen Nichts. Die Städte werden zu Zitadellen der Einsamkeit. Wenn der soziale Zusammenhalt zer-bricht und die Isolation des Einzelnen wächst, steigt das sozialabweichende Verhal-ten (*Mutchnick/Martin/Austin* 2009, 32–44).

2.1.2.5.4 Die Beiträge von Alexander von Oettingen und Georg von Mayr

Übernahmen die US.-amerikanischen Kriminologen hauptsächlich die Weiterent-wicklung der kriminalsoziologischen Theorie, so wurde die Kriminalstatistik von den beiden Deutschen *Alexander von Oettingen* (1827–1905) und *Georg von Mayr* (1841–1925) weiter vorangetrieben. Für die Erhebung kriminalstatistischer Daten erschie-nen *von Oettingen* (1882, 452–455) folgende Gesichtspunkte wesentlich: Feststellung nicht nur der abgeurteilten, sondern auch der angezeigten Fälle, Bestimmung des Verhältnisses der angezeigten Fälle zu den angeklagten Personen, Gruppierung der Fälle nach Verbrechensarten und Hauptmotiven, Unterscheidung von Verbrechen gegen die Person und Vermögensdelikten, Übersicht über die verhängten Strafen, Registrierung der Rückfälligen, Einführung einer kriminalstatistischen Zählkarte, auf der notorische Vagabunden und Bettler, Gewohnheitsdiebe und -säufer, Prosti-tuierte und Gewohnheitsverbrecher besonders ausgewiesen werden sollten. *Von Oet-tingen* warnte davor, absolute Zahlen miteinander zu vergleichen und aus zu kleinen Mengen zu weitreichende Schlüsse zu ziehen: „Vor allem ist die rohe Vergleichung der offiziellen Zahlen in den durch ganz verschiedene Justizpflege charakterisierten Ländern durchaus unersprießlich, ja irreführend". Er empfahl eine Unterscheidung zwischen Gelegenheits- und Gewohnheitsverbrechertum. Aufgrund der kriminalsta-tistischen Daten wollte er die Verbrechensursachen analysieren, um „neben der juris-tisch feststellbaren Personalschuld der einzelnen Verbrecher die moralische Kollek-tivschuld der Gesellschaft aufzudecken".

Georg von Mayr empfahl (1904/1905), die wirtschaftlichen Schädigungen durch Straftaten, insbesondere durch Vermögensdelikte, in der Kriminalstatistik festzuhalten und für schwere Verbrechen eine genaue dokumentarische Zusammenstellung der einzelnen Fälle zu veröffentlichen. Er unterschied (1911) bereits zwischen Primär- und Sekundärstatistik. Die Aufstellung einer Primärstatistik durch Befragung potentieller Täter und Opfer, z.B. nach der Haushaltsbefragungsmethode, hielt er für undurchführbar: „Nicht einmal die durch Verfehlungen Geschädigten wird man über diese Verfehlungen primärstatistisch befragen können noch weniger selbstverständlich die Verfehler selbst über ihre antisozialen Taten". Allein die Sekundärstatistik, die „infolge des Waltens der staatlichen Repression", aufgrund staatlicher Reaktion auf Verbrechen aufgestellt wird, sah er als realistisch an. Nach *von Mayr* (1911/1912) liefert die Kriminalstatistik Erkenntnisse über „die im Untergrund der Willensentscheidungen waltenden allgemeinen Dispositionen zum Verbrechen ...". Er setzte sich für eine „Motivenstatistik" ein, die die unmittelbaren Tatmotive angeben sollte. Von jedem Strafrichter verlangte er ein präzises Votum über seinen Eindruck von den persönlichen Motiven zur Tat im Strafurteil. Die Reichskriminalstatistik, die seit 1882 auf der Zählung gerichtlicher Strafverfolgungen aufbaute, sollte durch eine Motivenstatistik aufgrund der Gerichtsurteile ergänzt werden, die niemals erstellt worden ist und die wegen der Vielschichtigkeit und schweren Feststellbarkeit der Tatmotive wohl auch nicht wünschbar ist. Ferner sollte eine polizeiliche Kriminalstatistik aufgebaut werden (1913), die sich auf polizeiliche Reaktion auf Verbrechen stützen sollte. Eine solche Statistik gibt es in den USA erst seit 1929 und in der Bundesrepublik Deutschland erst seit 1953.

Von Mayr erkannte bereits, dass man einen Wertmaßstab für die Schwere der Kriminalität entwickeln müsse und dass die staatliche Strafverfolgungsintensität die kriminalstatistischen Daten beeinflusst. Er maß dem unmittelbaren Einfluss der „Nahrungserschwerung und -erleichterung auf die Zu- und Abnahme von Verbrechen" eine zu große Bedeutung bei. Er hat (1917, 950) die parallele Entwicklung der Roggenpreise und der Vermögenskriminalität in ihrer Gesamtheit für die bayerischen Verhältnisse der Jahre 1835 bis 1861 herausgearbeitet und die These aufgestellt: Jeder Sechser, um den das Getreide in dieser Zeit im Preise gestiegen ist, hat einen Diebstahl mehr auf je 100 000 Einwohner verursacht. Das Fallen des Getreidepreises um einen Sechser hat je einen Diebstahl verhütet. Die These von der Parallelität der Getreidepreiskurve und der Diebstahlskurve ließ sich in der Folgezeit nicht aufrechterhalten. Der Brotpreis bestimmte in den Jahren 1835 bis 1861 in Bayern die Lebenshaltung des Arbeiters wesentlich. Das änderte sich indessen um die Jahrhundertwende. In den Jahren 1897 bis 1913 beobachtete man eine Ablösung der Diebstahlskurve von der Getreidepreiskurve. Die allgemeinen Einkommensverhältnisse in dem wirtschaftlich aufblühenden Deutschen Reich hatten sich – ganz ähnlich wie in England und Frankreich – allmählich so weit zum Günstigen verändert, dass nicht jede Erhöhung des Getreidepreises, nicht jede kleine Verteuerung des Brotes, Not und Diebstahl zur Folge hatte. Man erkannte damals vielmehr bereits, dass Armut Diebstahl kaum wesentlich verursacht. Der Engländer *William Douglas Morrison* (1908) arbeitete nämlich heraus, dass England am Ende des 19. Jahrhunderts sechsmal wohlhabender als Italien war und dennoch zwischen 1880 und 1884 eine höhere Diebstahlshäufigkeit hatte. Dasselbe traf – nach *Morrison* – für Frankreich im Verhältnis zu Irland zu. Hier wurde zum ersten Mal so etwas wie Wohlstandskriminalität deutlich.

2.1.2.6 Der Positivismus

Die „Scuola Positiva" *Lombrosos*, *Garofalos* und *Ferris* betrachtete den Verbrecher als eine in der Natur begründete pathologische Erscheinung. Der Kriminelle ist äußerlich durch körperliche Merkmale erkennbar; er ist messbar und vorhersagbar. Man richtete die volle Aufmerksamkeit auf die Erforschung von Tatsachen und insbesondere auf die Untersuchung der kriminellen Persönlichkeit. Man wollte den Ursachen des Verbrechens auf die Spur kommen. Die Gefährlichkeit des Verbrechers sollte Maßstab für seine Behandlung sein. Bei der Kennzeichnung des Kriminellen gelangte man zu ähnlich verschwommenen Begriffen, wie sie heute noch in der Psychopathologie üblich sind (*Wolfgang* 1960, 223).

2.1.2.6.1 Vorläufer des Positivismus

Lombroso hatte eine ganze Reihe von Vorgängern, auf deren Gedanken er sich stützte. Die Phrenologie, die Schädellehre, hatte der deutsche Arzt *Franz Joseph Gall* (1758–1828) entwickelt, der bisweilen als erster Kriminologe angesehen wird (*Savitz/Turner/Dickman* 1977). Aus der Schädelgestaltung schloss er auf den Umfang des unterhalb einer Hervorwölbung gelegenen Gehirnorgans; aus diesem Umfang folgerte er auf die Entwicklung der Geistestätigkeit und auf die psychische Anlage. Er studierte die Verschiedenartigkeiten der Hirn- und Schädelbildung. Das Verbrechen hat – nach Gall – seine Ursache in einer organisierten Anlage des Gehirns. Er lokalisierte im Gehirn einen Raufsinn, einen Mord- und Würgesinn. In den Strafanstalten tastete er an den Köpfen der einzelnen Gefangenen das Verbrechen heraus, wegen dem sie eingesperrt waren. Der englische Psychiater *James Cowles Prichard* (1786–1848) unterschied (1835/2009) zwischen intellektueller und gefühlsmäßiger Seite des menschlichen Seelenlebens. Von der geistigen Erkrankung trennte er die Störungen des Gefühlslebens, die er „moralisches Irresein" nannte. Später verengte er diese Bezeichnung auf die Beeinträchtigung moralischer Gefühle bei einem im Übrigen intakt gebliebenen Seelenleben. Der Franzose *Benedict Augustin Morel* (1809–1873), der Schöpfer der Degenerationslehre, verstand unter Entartung eine „krankhafte Abweichung vom normalen menschlichen Typ, die erblich übertragbar ist und sich progressiv bis zum Untergang entwickelt" (1857/2009). Für die Anhänger der Degenerationslehre waren Kriminelle ebenso wie Irrsinnige entartet; bei beiden war dieselbe erbliche Anlage vorhanden. Nach *Richard von Krafft-Ebing* (1840–1902) ist das moralische Irresein (1876) keine eigene Form der Geisteskrankheit, sondern ein eigentümlicher Entartungsvorgang auf psychischem Gebiet, der den innersten Kern der Individualität, ihre gefühlsmäßigen, ethischen und moralischen Beziehungen trifft. Der französische Psychiater *Prosper Despine* (1822–1892) äußerte die Meinung, dass den moralisch Irren der Sittlichkeitssinn, eine angeborene instinktive Eigenschaft fehle (*Despine* 1968; 2009). Den instinktiven Verbrecher, der durch charakteristische Merkmale wie gedankenlose Unvorsichtigkeit und absoluten Mangel an Reue gekennzeichnet sei, nannte er psychisch anomal, von Geburt an „moralisch irrsinnig". Für den englischen Psychiater *Henry Maudsley* (1835–1918) ist (1872) die Verbrecherklasse eine degenerierte oder krankhafte Abart der menschlichen Gattung. Sie setzt sich aus Charakteren mit ererbter körperlicher und geistiger Minderwertigkeit zusammen. Das mangelnde moralische Gefühl, ein angeborener Fehler in der Organisation des Geistes, ist eine Störung, die ohne Wahnvorstellungen oder Halluzinationen (Trugwahrnehmungen) auftritt und die nur aus einer Verkehrung moralischer Gefühle und Neigungen besteht.

2.1.2.6.2 Der Beitrag von Cesare Lombroso

Auf allen diesen Gedanken hat der italienische Gerichtsmediziner *Cesare Lombroso* (1835–1909) aufgebaut. Er verdichtete die Ideen seiner Vorläufer und durchsetzte sie geschickt mit eigenen empirischen Forschungsergebnissen. Als Gefängnisarzt in Turin untersuchte er Tausende von Gefangenen klinisch und anthropometrisch, indem er die Maßverhältnisse am menschlichen Körper exakt zu bestimmen versuchte; er nahm viele Leichenöffnungen vor. Sein zentrales Werk „L'Uomo Delinquente" (Der kriminelle Mensch) erschien 1876 erstmalig (vgl. jetzt *Lombroso* 1876/2006). In unermüdlichem Fleiß arbeitete er an fünf Auflagen dieses Werkes. Während die erste Auflage nur 252 Seiten besaß, erschien die 5. Auflage 1896 und 1897 in drei Bänden mit insgesamt 1903 Seiten. Er verbreitete seine Gedanken meisterhaft in Kontinentaleuropa und darüber hinaus im angloamerikanischen Raum. Französische und deutsche Ausgaben seines Werkes „Der kriminelle Mensch" wurden 1887 und 1890 veröffentlicht. Der dritte Band der 5. Auflage seines Hauptwerkes kam unter dem Titel: „Die Ursachen und die Bekämpfung des Verbrechens" 1899 in französischer, 1902 in deutscher und 1912 in englischer Sprache in den USA heraus. In diesem Buch hatte er mehr die sozioökonomischen Ursachen der Kriminalität herausgearbeitet. Seine Tochter *Gina Lombroso-Ferrero* schrieb eine Zusammenfassung seines Hauptwerkes in englischer Sprache und veröffentlichte sie 1911 in den Vereinigten Staaten. Er verstand es genial, Schüler und Anhänger auf internationaler Ebene um sich zu scharen, indem er stets das alle Einigende betonte. Mit seinem Schwiegersohn, dem Historiker *Guglielmo Ferrero*, zusammen schrieb er das Buch „Das Weib als Verbrecherin und Prostituierte", das 1894 in deutscher Sprache erschien (vgl. jetzt *Lombroso/Ferrero* 1895/2004). Drei Jahre zuvor war 1891/1892 bereits sein Buch „Der politische Verbrecher", das er zusammen mit *R. Laschi* verfasste, in deutscher Sprache herausgekommen. Trotz seines großen internationalen Einflusses kann *Lombroso* nicht als der Begründer der modernen Kriminologie angesehen werden. Sein eigenständiger bedeutsamer Beitrag zur Kriminologie ist zwar nicht zu leugnen. Mannigfaltige andere kriminalsoziologische und -psychologische Ansätze in Europa und Nordamerika waren zur Entwicklung der modernen Kriminologie aber mindestens ebenso wichtig (*Lindesmith/Levin* 1937). Sein Konzept vom „geborenen Verbrecher" ermöglichte es der Gesellschaft, ihre kriminellen Tendenzen auf die Verbrecher zu übertragen und in sie hineinzusehen (psychischer Vorgang der Projektion) und jede Mitverursachung bei der Entstehung der Kriminalität abzulehnen. Insofern hat seine Theorie vom geborenen Verbrecher für die Gesellschaft eine Entlastungsfunktion. Freilich muss auch berücksichtigt werden, dass er heftig kritisiert (oft missverstanden und angefeindet) wurde und dass er selbst – unter dem Eindruck dieser Kritik – seine Lehre vom geborenen Verbrecher immer wieder verändert und abgewandelt hat. Ganz gleich, ob man nun seinen Beitrag zur Kriminologie als bahnbrechend (*Radzinowicz* 1966, 48/49) oder als eine Sackgasse (*Sutherland* 1924, 74–77) betrachtet, man wird sein unermüdliches Bemühen um eine Erklärung der Verursachung des Verbrechens nicht bestreiten können (vgl. auch die beiden *Lombroso*-Biographien von *Horn* 2003 und *Gibson* 2002).

*Lombroso*s Theorie vom geborenen Verbrecher stützt sich auf vier Hauptaussagen:

-   Der Kriminelle unterscheidet sich vom Nichtkriminellen durch zahlreiche physische und psychische Anomalien.
-   Der Verbrecher ist eine Spielart der menschlichen Gattung, ein anthropologischer Typ, eine Entartungserscheinung.
-   Der Verbrecher ist ein Atavismus, eine „Rückartung" auf einen primitiven, untermenschlichen Typ eines Menschen. Verbrecher sind moderne „Wilde", körperliche und seelische Rückschläge in ein früheres Stadium der Menschheitsgeschichte, in phylogenetische Vergangenheit. Im Verbrecher treten physische und psychische Merkmale auf, die man entwicklungsgeschichtlich für überwunden glaubte.
-   Verbrechen vererbt sich; es entsteht aus einer kriminellen Anlage.

Aus diesen Hauptaussagen wird der Einfluss deutlich, den *Charles Robert Darwin* (1809–1882) auf *Lombroso* ausgeübt hat. *Darwin* hat aufgrund sorgfältiger Beobachtungen 1859 einen Forschungsbericht über die „Entstehung der Arten durch natürliche Zuchtwahl oder die Erhaltung begünstigter Rassen im Kampf ums Dasein" veröffentlicht. Er hat in diesem Werk seine Lehre von der ständigen Wandlung und Höherentwicklung der Arten dargelegt. Bereits Darwin stellte die Hypothese auf, dass es Menschen gäbe, die ihren primitiven Ahnen näher stünden als andere (vgl. *Darwin* 1871a; 2009a; 1871b; 2009b). Seine geborenen Verbrecher charakterisierte *Lombroso* mit folgenden Merkmalen (1894, 229–231):

„Die Diebe haben im allgemeinen sehr bewegliche Gesichtszüge und Hände; ihr Auge ist klein, unruhig, oft schielend; die Brauen gefaltet und stoßen zusammen; die Nase ist krumm oder stumpf, der Bart spärlich, das Haar seltener dicht, die Stirn fast immer klein und fliehend, das Ohr oft henkelförmig abstehend ... Die Mörder haben einen glasigen, eisigen, starren Blick, ihr Auge ist bisweilen blutunterlaufen.

Die Nase ist groß, oft eine Adler- oder vielmehr Habichtsnase; die Kiefer starkknochig, die Ohren lang, die Wangen breit, die Haare gekräuselt, voll und dunkel, der Bart oft spärlich; die Lippen dünn, die Eckzähne groß ... Im allgemeinen sind bei Verbrechern von Geburt die Ohren henkelförmig, das Haupthaar voll, der Bart spärlich, die Stirnhöhlen gewölbt, die Kinnlade enorm, das Kinn viereckig oder vorragend, die Backenknochen breit, – kurz ein mongolischer und bisweilen negerähnlicher Typus vorhanden."

Diesen körperlichen Merkmalen sollten bei geborenen Verbrechern folgende Persönlichkeitszüge entsprechen (1902, 326–327): herabgesetzte Berührungs- und Schmerzempfindung, Gleichgültigkeit gegen Verletzungen, Gefühlsabstumpfung, Frühzeitigkeit sexueller Regungen, Faulheit, Fehlen von Gewissensvorwürfen, Haltlosigkeit, große Eitelkeit, Spielleidenschaft, Neigung zum Alkoholismus, Gewalttätigkeit, Flüchtigkeit von Leidenschaften, Aberglaube und außergewöhnliche Empfindlichkeit in bezug auf ihre eigene Person. Obgleich sich *Lombroso* bei diesen Angaben auf eigene empirische Studien stützte, teilte er für die Häufigkeit von körperlichen Merkmalen und Persönlichkeitszügen keine genaueren Zahlen mit. Das Vorkommen seines kriminellen Typs schätzte er lediglich. Neben seinem geborenen Verbrecher erkannte er noch kriminelle Epileptiker, moralisch Irre, Gelegenheits- und Leidenschaftsverbrecher an. Den Anteil der geborenen Kriminellen an allen Straftätern veranschlagte er in der letzten Auflage seines Werkes „Der kriminelle Mensch" mit etwa 40 %. In seinem Werk „Die Ursachen und die Bekämpfung des Verbrechens" (1902) spricht er nur noch von 33 % für den kriminellen Typ. Die Verbrecherin ist nach *Lombroso* und *Ferrero* (1894, 446) folgendermaßen gekennzeichnet: durch ihren starken Geschlechtstrieb, ihr geringes Muttergefühl und ihre Freude an einem herumschweifenden, zerfahrenen Dasein. Zu diesen Eigenschaften kommen unersättliche Rachsucht, Schlauheit, Grausamkeit, Putzsucht und Verlogenheit hinzu. Die geringere Belastung der Frauen und Mädchen mit Kriminalität erklären *Lombroso* und *Ferrero* mit ihrer „Prostitutionshypothese" (1894, 576): „Die Prostitution ist nur die weibliche Erscheinungsform der Kriminalität, beides sind analoge, parallele Phänomene, die miteinander verschmelzen ...".

Lombroso, seine Mitarbeiter und Anhänger bedienten sich zwar empirischer Methoden. Sie maßen, wogen und beschrieben aber lediglich Kriminelle. Die so mit Hilfe der Anthropometrie, der Wissenschaft von den Maßverhältnissen am menschlichen Körper, gewonnenen Daten interpretierten sie ungeniert, ohne sich um die Repräsentativität ihrer untersuchten Stichprobe und ohne sich um eine normale Kontrollgruppe zu kümmern. *Lombroso* konnte deshalb nicht wissen, wie häufig die von ihm gefundenen verbrecherischen Merkmale in der Normalbevölkerung vorkamen. Verbrechen äußert sich im Ausdruck: in der Handschrift, in der Tätowierung, in der Gaunersprache. Diese schlichten Beschreibungen erlauben lediglich statische eindimensionale Analysen der individuellen Straftäter. Die Persönlichkeit ist indessen ein Prozess. Eine dynamische mehrdimensionale Analyse der Persönlichkeit des Straftäters gelang *Lombroso* niemals. Den Beweis, dass es eine kriminelle Anlage gibt und dass Verbrechen sich vererbt, ist er schuldig geblieben (*Mutchnick/Martin/Austin* 2009, 14–31).

2.1.2.6.3 Die Beiträge von Raffaele Garofalo und Enrico Ferri

Hauptvertreter der italienischen „Positiven Schule" waren neben *Lombroso* die Juristen *Raffaele Garofalo* (1852–1934) und *Enrico Ferri* (1856–1929). *Garofalo* veröffentlichte 1885 zum ersten Mal ein Buch unter dem Titel „Kriminologie". Er beeinflusste damit die Namensgebung für die Tatsachenwissenschaft vom Verbrechen maßgeblich. Dieses Werk kam 1891 in französischer und 1914 in englischer Übersetzung heraus. Er entwickelte das Konzept des „natürlichen Verbrechens". Das Wort „natürlich" wollte er in diesem Zusammenhang nicht im konventionellen Sinne, sondern im Sinne „sozialer Natur" verstanden wissen. Er beabsichtigte damit, den Verbrechensbegriff unabhängig von den Bedingungen und Erfordernissen einer bestimmten Epoche und den speziellen Gesichtspunkten eines konkreten Gesetzgebers definieren zu können. In der Verletzung des durchschnittlichen Maßes an Mitleid und Redlichkeit erblickte er das Wesen des „natürlichen Verbrechens". Der „natürliche Kriminelle", ein bestimmter anthropologischer Typ, ist ein Mensch, der keiner altruistischen (selbstlosen, uneigennützigen) Empfindungen fähig ist und der sich in einem mangelhaften Entwicklungszustand befindet. Dieser Mangel beruht nicht einfach auf sozialen und psychischen Faktoren, sondern er ist auf eine organische Grundlage zurückzuführen. Der echte Kriminelle, der Gewaltverbrecher, der Gewohnheitsverbrecher und Berufsdieb, der unter einer moralischen Anomalie leidet und der deshalb unfähig ist, sich seiner Umgebung anzupassen, muss durch die Todesstrafe vernichtet oder durch die lebenslange oder durch die Freiheitsstrafe von absolut unbestimmter Dauer unschädlich gemacht werden. Die unechten Verbrecher, bei denen die moralische Anomalie mangelnder altruistischer Gefühle nicht so ausgeprägt ist, sollen zur Wiedergutmachung des von ihnen angerichteten Schadens herangezogen werden. Die kriminalpolitische Konzeption *Garofalo*s, die soziale Interessen der Verbrechensbekämpfung überbewertet, führt zu einer inhumanen Entwertung von Individualrechten.

Die kriminalpolitischen Vorstellungen *Ferri*s, der auch ein eifriger Anhänger und Verfechter der Lehre vom geborenen Verbrecher war, sind demgegenüber humaner (*Sellin* 1960). Er erweiterte und ergänzte *Lombroso*s ursprünglich engen kriminalanthropologischen Standpunkt in der Kriminogenese, in der Frage der Verbrechensverursachung um die psychischen und sozialen Faktoren. In seinem Buch über „Kriminalsoziologie", das 1896 in deutscher und 1912 in englischer Ausgabe in den USA erschien, unterschied er zwischen organischen, psychischen und sozialen Einflüssen auf die Kriminalität, die er durch zahlreiche Faktoren (Mehrfaktorenansatz) verursacht sah (1896, 125/126). *Ferri*, der stark durch die französischen Kriminalstatistiker beeinflusst war, lehnte gleichwohl die rein soziologischen Theorien, die den Ursprung des Verbrechens nur aus wirtschaftlichen oder gesellschaftlichen Verhältnissen ableiten, als einseitig ab. Er entwickelte das Gesetz der „kriminellen Sättigung" (1896, 149): „Wie sich in einem Volumen Wasser bei einer bestimmten Temperatur eine bestimmte Menge einer Substanz auflöst und nicht ein Atom mehr, so kommt es auch in einem bestimmten sozialen Milieu, unter bestimmten individuellen und sozialen Bedingungen zur Begehung einer fast bestimmten Zahl von Verbrechen, und es wird weder eines mehr noch eines weniger begangen". Erscheint es uns heute auch verfehlt, ein physikalisches Gesetz in der Kriminologie anzuwenden, so ist *Ferri*s Grundgedanke gleichwohl zutreffend, dass sich Umfang und Art der Kriminalität nach den sozialen Bedingungen richten, die in einem bestimmten Raum maßgeblich sind. *Ferri* war indes' nicht nur Kriminologe, sondern vor allem Kriminalpolitiker. Er leugnete den freien Willen; Gesellschaftsschutz sollte das Ziel der Kriminaljustiz sein. Die strafrechtlichen Maßregeln sollten von der Gefährlichkeit des Straftäters abhängen und ein Verteidigungsmittel der Gesellschaft gegen das Verbrechen bilden. *Ferri* trat für eine Abschaffung der Strafe und für eine individuelle Behandlung des Rechtsbrechers ein. Er befürwortete Strafersatzmittel ökonomischer, politischer und kultureller Art. Durch Maßnahmen sozialer Verteidigung sollte das Verbrechen nicht nur unmittelbar, sondern durch Sozial- und Wirtschaftsgesetzgebung auch mittelbar bekämpft werden (1896, 181/ 182): „Der Gedanke an Strafersatzmittel bedeutet, dass der Gesetzgeber durch die Erforschung des Ursprungs, der Bedingungen und Wirkung der individuellen und kollektiven Tätigkeit zur Kenntnis der psychischen und sozialen Gesetze gelangt, durch die er einen großen Teil der Faktoren, besonders der sozialen Faktoren des Verbrechens, beherrschen und so die Bewegung der Kriminalität indirekt, aber um so sicherer beeinflussen kann". Seine persönliche Begegnung mit *Ferri* schildert *Leon Radzinowicz* (1999, 1–25) im ersten Kapitel seiner Lebenserinnerungen in anschaulicher Weise.

2.1.2.6.4 Auswirkungen des Positivismus
2.1.2.6.4.1 Auswirkungen im europäischen, insbesondere im deutschsprachigen Raum

Die Gedanken *Lombroso*s, *Garofalo*s und *Ferri*s lösten in Europa, insbesondere im deutschsprachigen Raum, aber auch im angloamerikanischen Bereich ein lebhaftes Echo aus. Besonders *Lombroso*s Lehre vom kriminellen Typ fand viele Anhänger, aber auch zahlreiche Kritiker. Der österreichische Psychiater *Moriz Benedikt* (1835–1920) führte (1881; 1881/2009) die Kriminalität auf eine defekte Gehirnorganisation der Rechtsbrecher zurück, die man an den Abnormitäten ihres Schädels erkennen könne. Charakteristisch für die Kriminellen ist – nach *Benedikt* (1887) – eine physische und eine moralische „Neurasthenie", die angeboren ist oder in der Kindheit erworben wird. Unter physischer Neurasthenie verstand er die baldige Erschöpfung der Körperkraft, unter moralischer Neurasthenie das schnelle Versagen der sittlichen Kraft, eine abnorme Widerstandsschwäche gegen sinnliche Triebe. *Hans Kurella* (1858–1916), der die Lehre *Lombroso*s in Deutschland bekannt machte, beobachtete (1893) vermehrt bei Rechtsbrechern Veränderungen in den Windungen und Furchen ihrer Gehirne, unregelmäßige Zahnstellungen und angewachsene Ohrläppchen. Giftmischer haben „einen süßlichen Zug um den Mund". Die eigentümlichen Blicke der Verbrecher erlauben – nach *Kurella* (1910, 37) – wertvolle kriminalpsychologische Aufschlüsse: „Der kalte, wilde Blick des Mörders, der unruhige Blick der Diebe sind unverkennbar. Betrüger und Industrieritter überraschen mitten in dem Versuch, den Biedermann oder die loyale Seele zu spielen, durch stechende Blicke. Eine große, ans Pathologische streifende Unruhe des Blicks findet man oft bei Mördern, manchmal wechselnd mit kaltem, glasigem, unbeweglichem Fixieren."

In der Psychopathie, in einer krankhaften, angeborenen oder erworbenen sittlichen Schwäche sieht Julius *L.A. Koch* (1841–1908) die wesentlichste Ursache für das Gewohnheitsverbrechertum (1894). Zwar erblickt der deutsche Psychiater *Emil Kraepelin* (1856–1926) in dem Verbrechen eine Krankheit des Gesellschaftskörpers, die die Verwirklichung einer fruchtbringenden geselligen Lebensgemeinschaft hindert (1906/1907, 258). Dennoch führt er das Verbrechen ganz wesentlich auf eine angeborene Minderwertigkeit der Veranlagung zurück. Bei den Rechtsbrechern, die mit Entartungszeichen behaftet sind, handelt es sich um Menschen, die aus inneren Gründen, eben wegen ihrer geistigen und sittlichen Minderwertigkeit, dauernd und grundsätzlich gesellschaftsfeindlich sind. Schon der Psychiater *Eugen Bleuler* (1857–1939) hatte (1896) eine ähliche Meinung vertreten. Als bleibender Gewinn der *Lombroso*schen Forschungsarbeiten fällt für den Psychiater *Robert Gaupp* (1904/1905) ins Gewicht, „dass der geborene Verbrecher meistens auch durch seine körperliche Beschaffenheit verrät, dass er anders ist als der gesunde ehrliche Mensch und dass diese Andersartigkeit in seiner inneren Anlage tiefbegründet ist". Der Gießener Psychiater *Robert Sommer* wagt (1904, 309) eine zusammenfassende Beurteilung: „Jedenfalls gibt es ... Menschen, bei denen sich Krankheitsprozesse und pathologische Zustände bekannter Art in keiner Weise nachweisen lassen, während sie einen Hang zu verbrecherischen Handlungen haben. Dies ist der unbestreitbare Kern der Lehre vom geborenen Verbrecher, die – von der Hülle des psychiatrischen Dogmas befreit – sich immer deutlicher als eine kriminalpsychologische Tatsache herausstellen wird." *Sommer* sieht als einer der ersten auch die Gefahren der *Lombroso*schen Thesen: „Die Lehre vom geborenen Verbrecher kann in der Hand von dogmatischen Vertretern der staatlichen Ordnung zu einer furchtbaren Waffe gegen die persönliche Freiheit der Individuen werden."

Unter den Kritikern *Lombroso*s verdient *Adolf Baer* (1893) hervorgehoben zu werden. Mit den Erfahrungen eines Arztes der Strafanstalt Berlin-Plötzensee leugnete er jeden Verbrechertypus im anthropologischen Sinne und jeden physischen und psychischen Atavismus. Er bestritt das Vorkommen einer Verbrecher-Physiognomie. Entartungserscheinungen sind für Kriminelle nicht charakteristisch. „Es gibt keine einzige dieser Anomalien, die nicht auch bei vollkommen unbescholtenen, ehrlichen Menschen angetroffen wird. Manche Anomalie kommt so häufig vor, dass sie als normal gelten kann. ... Wenn es unter den Verbrechern viele gibt, die schwere Missbildungen, mehrfache Erscheinungen und Zeichen anomaler Formation am Schädel und am Gesicht zur Schau tragen, so liegt der Grund nicht am wenigsten darin, dass die Verbrecher zum allergrößten Teil den ärmsten und niedrigsten Bevölkerungsklassen entstammen, aus Klassen, in denen der kindliche Organismus gerade im frühesten Alter am schlechtesten und ungenügendsten ernährt wird." Nach *Baer* (1893, 410) wird das verbrecherische Leben der Nachkommenschaft anerzogen. Für ihn ist das Verbrechen mit dem belgischen Kriminologen *Adolphe Prins* (1886, 13) kein individuelles, sondern ein soziales Phänomen: „Es gibt soziale Verhältnisse, die der sittlichen Gesundheit günstig sind. Hier gibt es keine Neigung, keinen Hang zum Verbrechen. Es gibt ein soziales Milieu, in dem die Atmosphäre verdorben ist, in dem ungesunde Elemente sich anhäufen, in dem das Verbrechen sich wie der Ruß auf dem Rauchfang niederschlägt, in dem der Hang zum Verbrechen fruchtbar wird."

2.1.2.6.4.2 Auswirkungen im angloamerikanischen Bereich

Im angloamerikanischen Bereich fand *Lombroso* zwar auch Nachahmer, sein Einfluss war dort indessen nicht so nachhaltig wie in Europa und machte bald einer kritischen Haltung Platz. Der Engländer *Havelock Ellis* vertrat (1890/1973; 1890/2009) hauptsächlich *Lombroso*sche Ideen. Die Zahl der moralisch defekten, geborenen Verbrecher veranschlagte er indessen nur auf 10 bis 20 %. Er setzte sich sehr stark für eine Behandlung des Rechtsbrechers und für eine Freiheitsstrafe von unbestimmter Dauer ein. Zu den frühen US.-amerikanischen kriminologischen Büchern von *Arthur MacDonald* (1893; 1893/2009) und *August Drähms* (1900; 1971) schrieb *Lombroso* das Vorwort. Die „natürlichen" Kriminellen, wie *MacDonald* (1893) *Lombroso*s „geborene Verbrecher" nannte, bilden – nach seiner Meinung – nur einen sehr kleinen Teil der Verbrecher, weniger als 10 Prozent. *Drähms*, der als Pfarrer in der Strafanstalt San Quentin in Kalifornien tätig war, berichtete (1900) anthropometrische Daten über zweitausend Strafgefangene. Von den Gewohnheits- und Gelegenheitskriminellen unterschied er die „instinktiven" Verbrecher, deren kriminelle Neigung er für angeboren hielt. Eine systematische kriminalstatistische Überprüfung der *Lombroso*schen Forschungsergebnisse unternahmen der englische Psychiater *Charles Buckman Goring* (1870–1919) und der nordamerikanische Anthropologe *Earnest Albert Hooton* (1939a, 1939b). *Goring*, Arzt am englischen Parkhurst Gefängnis, untersuchte 12 Jahre lang 3000 Strafgefangene anthropometrisch und verglich sie mit 1000 Studenten der Universitäten Cambridge und Oxford sowie mit Soldaten der britischen Armee (Kontrollgruppenuntersuchung). Sein Forschungsbericht erschien 1913 (*Beirne* 1993, 187–224). Im Gegensatz zu *Lombroso* fand er keinen physischen, kriminellen Typ, auch keine besonderen körperlichen Kennzeichen, die den Verbrecher charakterisieren. Er verglich 37 physische und sechs psychische Faktoren bei seiner Experimental- und bei seiner Kontrollgruppe und fand heraus, dass Kriminelle etwas kleinere Köpfe haben, dass sie etwas kleiner sind und dass sie nicht so viel wiegen wie nichtkriminelle Personen. Er ermittelte ferner eine niedrigere Intelligenz der Kriminellen.

Aus seinen Forschungsergebnissen entwickelte er (1913) seine Theorie der angeborenen physischen und psychischen Minderwertigkeit der Verbrecher. Ging er auch von einer Interaktion, einer Wechselwirkung von sozialen und anlagemäßigen Faktoren bei der Entstehung der Kriminalität aus, so betrachtete er die konstitutionellen Faktoren doch als überwiegend bei der Verbrechensverursachung. Seine Forschungen erstreckten sich nicht auf den emotionalen, gefühlsmäßigen Bereich seiner Strafgefangenen. Sie berücksichtigen nicht, dass die von ihm gefundenen konstitutionellen Unterschiede – Intelligenz war für ihn ein Erbfaktor – auf sozialen Verschiedenheiten beruhen können. So stammten seine Strafgefangenen meist aus der Unterschicht, die wegen unzureichender Ernährung und schlechter Wohnung ungünstigere Entwicklungsbedingungen in ihrer Kindheit als die Personen seiner Kontrollgruppe hatten. Der Anthropologe der Harvard Universität *Hooton* verglich (1939a, 1939b) etwa 14.000 weiße Strafgefangene mit etwa 3.000 freien US.-amerikanischen Bürgern anthropometrisch. Bei 19 von 33 überprüften Faktoren fand er zwischen krimineller Experimental- und nichtkrimineller Kontrollgruppe statistisch bedeutsame Unterschiede. Die Kriminellen waren physisch minderwertiger in nahezu allen ihren Körpermaßen. Physische Untauglichkeit war von geistiger Minderwertigkeit begleitet. Die Hauptursache dieser körperlichen und geistigen Minderwertigkeit sah er in der Vererbung: Kriminalität ist das Ergebnis des Einflusses der Umgebung auf minderwertige Menschen, die für den Lebenskampf ungeeignet sind und den Umweltdruck nicht aushalten. Das Verbrechen kann – nach *Hooton*s Ansicht – allein beseitigt werden durch die Ausrottung der physisch, geistig und moralisch Ungeeigneten oder durch ihre völlige Absonderung in „sozial keimfreier" Umgebung.

Zu welchen inhumanen kriminalpolitischen Folgerungen kriminalbiologische Forschungsergebnisse führen können, zeigt diese Ansicht *Hooton*s. Ein gefährlicher inhumaner Zug wurde bereits in den kriminalpolitischen Äußerungen *Garofalo*s deutlich. Trotz ihres großen Aufwandes (Untersuchungszeit, Zahl der Versuchspersonen) sind die kriminalbiologischen Forschungsergebnisse *Goring*s und *Hooton*s nicht haltbar. Die Anthropometrie, die Wissenschaft von den Maßverhältnissen am menschlichen Körper, hat für die Beantwortung der Frage nach den Ursachen des Verbrechens nur einen geringen Wert. Dass Körpermaße Indikatoren für physische und psychische Minderwertigkeit sind, ist eine Behauptung, die durch nichts gerechtfertigt ist. Wer wollte behaupten, dass kleine Menschen von geringem Gewicht in der Regel leistungsschwache, unmoralische Menschen sind? Es gibt keine physisch und psychisch „minderwertigen" Körpermaße. Der Schluss von solcher Minderwertigkeit auf Kriminalität ist durch nichts begründet. Die von *Hooton* festgestellten psychischen und physischen Unterschiede unter den Kriminellen waren zudem zahlreicher und schwerwiegender als die Verschiedenartigkeiten zwischen Kriminellen und Nichtkriminellen. Schließlich brauchen diese physischen und psychischen Unterschiede nicht auf Vererbung zu beruhen. Es ist sehr wohl möglich, dass soziale Faktoren, z.B. Unterschichtszugehörigkeit, eine maßgebliche Rolle bei der mangelnden, unzureichenden körperlichen und seelischen Entwicklung von Kindern und Jugendlichen spielen.

2.1.2.6.5 Kritik des Positivismus

Der italienische Positivismus hat manche fruchtbare Anregung gebracht. Er hat die kriminologische Forschung auf die Empirie, die systematisch erarbeitete Erfahrung, konzentriert. Das ist sein Hauptverdienst. Er hat allerdings auch die empirische Forschung zu sehr auf den Rechtsbrecher eingeengt. Die kriminologische Erforschung des Verbrechensopfers und der Gesellschaft kamen viel zu kurz. Das hatte nachteilige kriminalpolitische Konsequenzen. Die Behandlung des Rechtsbrechers wurde zur Ideologie, die sich heute noch in ihrer absoluten Betonung negativ auswirkt. Für die öffentliche Meinung über Verbrechen und Rechtsbrecher hatte der Positivismus die schädlichsten Folgen. Es bildete sich ein populärwissenschaftlich begründetes Vorurteil, dessen Reste heute noch wissenschaftlich bekämpft werden müssen: Der Verbrecher ist äußerlich erkennbar. Er gehört einer sozialen Außengruppe an, die der „gesunden" Gesellschaft die Kriminalität „antut". Der Verbrecher ist ein minderwertiger Untermensch, der unschädlich gemacht, ja vernichtet werden muss, Dieses Bild vom Verbrechen und vom Rechtsbrecher in der Öffentlichkeit, für das der Positivismus nicht allein verantwortlich gemacht werden kann, das er aber gleichwohl objektiv begünstigt hat, ist für kriminelle Ausschreitungen gegenüber Rechtsbrechern, ja gegenüber rassisch und politisch Verfolgten ursächlich geworden, die wir heute nur bedauern können.

2.1.3 Geschichte der Kriminologie in den USA

2.1.3.1 Entwicklung der US.-amerikanischen Kriminologie

2.1.3.1.1 Ursprünge der Kriminologie in den USA
2.1.3.1.1.1 „Kinderretter"

Im 19. Jahrhundert war die US.-amerikanische Kriminologie von Medizinern wie *Isaac Ray* und *Benjamin Rush* beeinflusst (1786/2009), die sich auf *Galls* Phrenologie stützten. Ende des 19. Jahrhunderts wirkten sich *Lombrosos* Gedanken auf *MacDonalds* (1893) und *Drähms'* (1900) Werke aus. *Lombrosos* Einfluss war indessen nicht so stark und nachhaltig wie in Europa (*Fink* 1938). Gegen Ende des 19. Jahrhunderts kümmerten sich die US.-amerikanischen „Kinderretter" um die Kinder- und Jugenddelinquenz. *Charles Loring Brace* (1880/1967; 1893/1971), der zwanzig Jahre unter den „gefährlichen Klassen" in New York City gelebt hatte, erblickte die Ursachen der Delinquenz in den gestiegenen Ehescheidungen der Eltern, in der Übervölkerung der Großstädte und im unmäßigen Alkoholkonsum der Väter. Er wollte die delinquenten Kinder und Jugendlichen in den US.-amerikanischen Westen umsiedeln; sie sollten auf den Farmen unter den Einfluss des „gesunden Landlebens" kommen. *Enoch Cobb Wines* (1880/1968) und *Sarah B. Cooper* (1893/1971) stellten der großstädtischen Korruption die ländliche Reinheit gegenüber: Die moralischen, glücklichen Klassen sollten die gleichgültigen, mittellosen, notleidenden, berufslosen Jugendlichen Reinlichkeit, Ordentlichkeit und Pünklichkeit lehren. Religiöse Charakterbildung durch „noble, weitblickende Männer und Frauen" sollte im Mittelpunkt der Reaktionen auf Delinquenz stehen. Mit kräftiger Nahrung, guter Landluft, frischer Milch und dem Spiel auf den Wiesen und Feldern sollte der durch die Großstadt verwilderten Jugend moralische und religiöse Werte nahegebracht werden.

Die „Kinderretter" setzten es durch, dass im Jahre 1899 in Chikago/Illinois das erste Jugendgericht gegründet wurde. Nach diesem Vorbild nahmen auf Anregung von *Berthold Freudenthal* (1907), der eine Informationsreise in die USA unternommen hatte, im Jahre 1908 die ersten deutschen Jugendgerichte in Frankfurt/M., Berlin und Köln ihre Arbeit auf. Das Hamburger Modell des mit Laien besetzten Jugendwohlfahrtsausschusses, der die Reaktionen auf Kinder- und Jugenddelinquenz bestimmt, wurde durch *Bernhard Bertz* richtungweisend für die skandinavischen Länder; es wurde 1896 durch die norwegische und später durch die schwedische Gesetzgebung übernommen (*Lemert* 1971, 37). Das US.-amerikanische Jugendgericht beschränkte unter dem Vorwand der Erziehungsbedürftigkeit der Jugend die Selbständigkeit und die Verfassungsrechte der Jugendlichen zu stark. In seiner Entscheidung vom 15. Mai 1967 (In re Gault) spricht sich der Oberste Gerichtshof der USA (*Supreme Court* 1967) entschieden dafür aus, rechtsstaatliche Prinzipien im Jugendgerichtsverfahren zu beachten. *Anthony M. Platt* hat (1969; 2009) eine kritische Analyse der Bewegung der Kinderretter vorgelegt: Sie wollten die Kinder vor den körperlichen und moralischen Gefahren der industrialisierten und verstädterten Gesellschaft schützen. Durch rhetorische Dramatisierung verschlimmerten sie aber das Problem. Sie fühlten sich mit sich selbst und mit ihren guten Taten zufrieden. Sie bestätigten sich selbst durch das erhebende Gefühl ihrer Menschlichkeit. Anstatt die Kinder von sich abhängig zu machen, wäre es besser gewesen, sie nach Recht und Gesetz zu behandeln. Für die Mittelschichtsfrauen eröffnete sich ein neues Betätigungsfeld, eine berufliche Ausweitung ihrer traditionellen Hausfrauenrolle. Sie waren besser ausgebildet, hatten viel Freizeit, aber ihre Möglichkeiten für berufliche Karrieren waren begrenzt. So widmeten sie sich den „unglücklichen Kindern", um sie glücklich zu machen, in Wirklichkeit aber: um sich selbst etwas glücklicher zu machen (*H.J. Schneider* 1974, 51–56).

2.1.3.1.1.2 Die Gründung des „American Institute of Criminal Law and Criminology"

Im Juni 1909 veranstaltete die Rechtsfakultät der "Northwestern University" in Chikago eine nationale Konferenz, auf der die Gründung des "American Institute of Criminal Law and Criminology" (des Amerikanischen Instituts für Strafrecht und Kriminologie) beschlossen wurde. Da man den Stand der US.-amerikanischen Kriminologie als niedrig beurteilte, entschloss man sich, etwas für ihre rasche Entwicklung zu tun:

– Ab 1910 gab man eine Zeitschrift heraus, die – ohne Unterbrechung – bis heute erschienen ist und die sich gegenwärtig "Journal of Criminal Law and Criminology" (Zeitschrift für Strafrecht und Kriminologie) nennt.

– Ab 1911 veröffentlichte man innerhalb der "Modern Criminal Science Series" (Reihe: Moderne Kriminalwissenschaft) Werke europäischer Kriminologen in englischen Übersetzungen. Als erster Band dieser Reihe erschien ein Überblick des Spaniers *C. Bernaldo de Quirós* über Kriminalitätstheorien (1911). Als weitere Bände kamen Werke von *Hans Groß* (1911), *Cesare Lombroso* (1912), *Enrico Ferri* (1912), *Gabriel Tarde* (1912), *Gustav Aschaffenburg* (1913), *Raffaele Garofalo* (1914) und *Willem Adriaan Bonger* (1916) heraus. Besonders das Buch des deutschen Psychiaters *Aschaffenburg*, das im Jahre 1903 unter dem Titel „Das Verbrechen und seine Bekämpfung" in erster Auflage in Deutschland erschienen war, übte auf die US.-amerikanische Kriminologie einen bedeutsamen Einfluss aus (*Reckless* 1970, 8/9; 1973, 691). Im Jahre 1941 wurde von *August Vollmer* (1876–1955) die „Amerikanische Gesellschaft für Kriminologie" und im Jahre 1950 an der Universität von Kalifornien in Berkeley die erste US.-amerikanische Schule für Kriminologie gegründet (*Wellford* 2009, 12, 15).

2.1.3.1.1.3 Die Familien-Untersuchungen

Im Auftrag der „New York Prison Association" (New Yorker Gefängnis Gesellschaft) hatte *Richard L. Dugdale* (1841–1883) dreizehn Kreisgefängnisse im Staat New York inspiziert. Aufgrund dieser Erfahrung schrieb er sein Buch über die „Jukes" Familie, das er 1877 (vgl. auch *Dugdale* 1877/2009) veröffentlichte. Er wollte durch die Untersuchung einer kriminellen Familie herausfinden, ob die Kriminalität mehr auf Anlage- oder mehr auf Umweltfaktoren zurückgeführt werden muss. Er kam zu dem Ergebnis, dass Erbfaktoren von Umweltfaktoren begleitet werden, dass sie parallel laufen und miteinander in Wechselwirkung (Interaktion) stehen. Dreißig Jahre später nahm *Henry H. Goddard* (1912) die Familienuntersuchungen mit seiner Studie über die „Kallikak"-Familie wieder auf. Er hatte aus Europa den gerade erst von dem französischen Psychologen *Alfred Binet* (1857–1911) entwickelten und im Jahre 1905 veröffentlichten Intelligenztest mitgebracht, den er in der Jugendstrafanstalt anwandte, in der er Leiter der psychologischen Forschungsabteilung war. In seiner Studie über die „Kallikak"-Familie kam er zu dem Ergebnis, dass nicht Kriminalität, sondern Schwachsinn sich vererbt und dass Schwachsinnige durch Umwelteinflüsse kriminell werden, weil sie unfähig seien, zwischen Recht und Unrecht zu unterscheiden, weil sie ihre Handlungen nicht steuern könnten und weil sie wegen ihres Schwachsinns dem Lebenskampf und dem Umweltdruck nicht gewachsen seien. In zwei weiteren Büchern über Schwachsinn (1914) und über kriminelle Geistesschwäche (1915) veranschlagte *Goddard* den Anteil der Schwachsinnigen an der delinquenten Bevölkerung auf 25 % bis 50 %. Seine These war: Jeder Schwachsinnige ist ein potentieller Krimineller, da er lebensuntüchtig ist und das Unrecht nicht erkennen kann. Diese These wurde durch die spätere kriminologische Intelligenzforschung widerlegt. *Goddard* hatte die Fehler gemacht, dass er seine Intelligenzuntersuchungen an Delinquenten vorgenommen hatte, die sich in einer Strafanstalt befanden, also vom Gericht ausgewählt worden waren, und dass er keine Kontrollgruppe Nichtdelinquenter gebildet hatte. Es erwies sich später bei Intelligenzuntersuchungen der Wehrpflichtigen in den USA anlässlich ihrer Musterung vor dem 1. Weltkrieg, dass der von *Goddard* verwandte Intelligenztest zu viel Schwachsinn diagnostizierte und dass er neu standardisiert (geeicht) werden musste (*Hirschi/Rudisill* 1976).

2.1.3.1.2 Entwicklung der klinischen Kriminologie

Zur Entwicklung der klinischen Kriminologie in den USA trug der Psychiater *William Healy* (1869–1939) (*Healy* 1915/1969) wesentlich bei. Unter klinischer Kriminologie versteht man eine einzelfallbezogene Kriminologie, die mit psychiatrischen und psychologischen Methoden (z.B. mit psychiatrischer Exploration, mit psychodiagnostischen Testverfahren, mit Familien- und Lebenslaufanalysen, mit Aktenstudien) die Persönlichkeit des Täters zu erforschen sucht. *Healy* untersuchte im Jahre 1915 eintausend rückfällige Delinquente im Durchschnittsalter von 15 bis 16 Jahren. Er wollte die Ursachen der Delinquenz im Einzelfall klären, um auf dieser Analyse eine Behandlung aufzubauen. Er bildete keine nichtdelinquente Kontrollgruppe. In seinem Probandengut fand er keinen Beweis dafür, dass die Delinquenz wesentlich durch Vererbung bestimmt wird. Er beurteilte es als unfair, Familienstammbäume als Beweis für die Anlagebedingtheit der Kriminalität heranzuziehen, weil sie keine Umweltanalyse liefern und die soziale Entwicklung nicht deutlich machen. Er konnte in seinem gesamten Probandengut keinen einzigen Fall von „moralischem Irresein", also keinerlei krankhafte Störungen im moralischen Gefühlsleben des Täters bei einem im Übrigen intakt gebliebenen Seelenleben entdecken.

Zusammen mit *Augusta F. Bronner* hat *Healy* (*Healy/Bronner* 1926/1969) viertausend Delinquente untersucht und nach etwa zehn Jahren nachuntersucht. Sie führten körperliche und psychologische Studien durch. Sie überprüften die Lebensläufe und die Familienverhältnisse ihrer Probanden. Sie kamen zu dem Schluss, dass die Delinquenten körperlich keine Sondergruppe bilden, dass sie vielmehr zumeist delinquente Freunde und Kameraden besitzen und dass ihnen elterlicher Rat und elterliche Aufsicht fehlen. Eine Einweisung der Delinquenten in Jugendstrafanstalten hielten sie für schädlich, weil durch solche Einweisung weder eine Besserung noch eine Abschreckung erreicht werde. Zusammen mit dem in die USA emigrierten deutschen Psychoanalytiker *Franz Alexander* untersuchte *Healy* (*Alexander/Healy* 1935/1969) mit den Methoden der freien Assoziation und der Traumanalyse elf Fälle krimineller Menschen. In diesen Fallstudien unterstrichen sie die irrationale, unbewusste und emotionale Motivation der Rechtsbrecher.

In ihrem wohl bedeutendsten Werk haben *Healy* und *Bronner* (*Healy/Bronner* 1936) 105 delinquente Jugendliche mit 105 nichtdelinquenten aufgrund klinischer Diagnosemethoden (psychologischer Tests, psychiatrischer Exploration) miteinander verglichen. Sie stellten fest, dass 92 % ihrer delinquenten Jugendlichen an schweren nichtkrankhaften emotionalen Störungen litten: Sie fühlten sich z.B. von ihren Eltern zurückgewiesen, ungeliebt und unverstanden. *Healy* und *Bronner* erklären aufgrund ihrer Erfahrungen Kinder- und Jugenddelinquenz durch unbewusste Schuld- und Minderwertigkeitsgefühle und durch ein unbewusstes Strafbedürfnis. In ihrem Buch, das sie zusammen mit *Edith M.H. Baylor* und *J. Prentice Murphy* (*Healy/Bronner/ Baylor/Murphy* 1936) veröffentlichten, setzten sie sich dafür ein, delinquente Jugendliche in Pflegefamilien zu erziehen und nicht in Jugendstrafanstalten einzuweisen. Im Jahre 1928 wollten der Mediziner *Max G. Schlapp* und *Edward H. Smith* eine neue Kriminologie auf chemischer Grundlage entwickeln, indem sie die Entstehung der Kriminalität auf Störungen im endokrinen Drüsensystem zurückführten (*Schlapp/ Smith* 1928).

2.1.3.1.3 Sozialer Interaktionismus

Durch die Arbeit des 1909 in Chikago gegründeten „Amerikanischen Instituts für Strafrecht und Kriminologie" wurde die US-amerikanische Kriminologie kräftig angeregt. In den zwanziger Jahren erschienen einige zumeist von Soziologen geschriebene kriminologische Lehrbücher, denen in den dreißiger, vierziger und fünfziger Jahren des vorigen Jahrhunderts zahlreiche weitere folgten. Ihre Zahl macht deutlich, wie sehr sich die kriminologische Lehre in den USA entfaltete. Das erste kriminologische Lehrbuch nach der Gründung des Chikagoer Instituts veröffentlichte im Jahre 1922 der Soziologe *Maurice Parmelee*, der auch zur englischen Übersetzung des Buches von *Aschaffenburg* (*Parmelee* 1913/1969) das Vorwort geschrieben hatte. Die meisten US.-amerikanischen kriminologischen Lehrbücher folgten dadurch bis heute *Aschaffenburg*s Vorbild, dass sie nicht nur Kapitel über soziale und individuelle Ursachen der Kriminalität enthielten, sondern auch die Reaktion auf Kriminalität mit Abschnitten über die Polizei, das Gericht, das Jugendgericht, den Strafvollzug, über Verhütungs- und Behandlungsmethoden in ihre Bücher aufnahmen. *Parmelee* wies in seinem Buch nach, dass es keine geborenen Verbrecher gebe und dass durch Armut Kriminalität nicht verursacht werde. Er erblickte vielmehr in dem Armutsgefühl einen Kriminalitätsentstehungsfaktor. Die niedrige Frauenkriminalität führte er darauf zurück, dass Frauen weniger Gelegenheit zur Verbrechensbegehung besäßen und dass sie nicht so stark dem Existenzkampf ausgesetzt seien wie Männer. Er sagte voraus, dass sich die Frauenkriminalität erhöhen werde, wenn die Frauen eine stärkere wirtschaftliche Unabhängigkeit erhielten. Ein weiteres kriminologisches Lehrbuch, das allerdings im Gegensatz zu *Parmelees* Buch zwei weitere Auflagen (1935, 1945) erlebte, brachte im Jahre 1926 der Soziologe *John Lewis Gillin* erstmalig heraus. Weit über die Häfte seines Buches widmete er der Pönologie (der Wissenschaft von der Strafe). Er versuchte, eine eigene Kriminalitätstheorie zu entwickeln: Das Verbrechen ist das Ergebnis einer Interaktion zwischen Menschen. Sozialer Wandel zerstört die Sitten und Gebräuche und die gesellschaftlichen Institutionen. Durch eine solche soziale Desintegration wird die Kontrolle menschlichen Verhaltens gelockert. Es entsteht Kriminalität, weil das Wertsystem einer Gesellschaft die Persönlichkeiten der einzelnen Menschen mit formt und weil die Gesellschaft durch soziale Desintegration in Untergruppen mit eigenen Wertsystemen (Subkulturen) zerfällt. Die Kriminalität wächst mit der Ungleichartigkeit einer Gesellschaft, weil die Menschen verschiedenen Wertsystemen folgen und die Situationen unterschiedlich definieren. In den Jahren 1927 und 1928 unternahm *Gillin* eine Weltreise und besuchte zahlreiche Strafanstalten. Über den Strafvollzug in der Welt berichtete er in einem Buch, das 1931 erschien (*Gillin* 1931/1969). Die „gesunde Wirkung" des Landlebens auf Strafgefangene schätzte er am Beispiel der Insassen der Strafanstalt Witzwil in der Schweiz folgendermaßen ein: „Ihr Appetit bessert sich, sie schlafen gut, ihre Sorgen und Nöte lassen nach, und sie erwerben eine neue Lebensperspektive." In der Strafanstalt des Staates Wisconsin/USA untersuchte er 486 Strafgefangene (*Gillin* 1946a). Er überprüfte ihre Gefangenenakten und analysierte ihre Lebensläufe. Er bildete eine Kontrollgruppe aus 172 Brüdern der inhaftierten Gruppe, die durch Straftaten nicht aufgefallen waren. Seine Untersuchungen bezogen sich auf drei Tätergruppen: Mörder, Sexualstraftäter und Vermögensverbrecher. Über die Mörder berichtete er vorab in deutscher Sprache (*Gillin* 1933). Über alle drei Tätergruppen veröffentlichte er einen Forschungsbericht, in dem er die Mörder folgendermaßen kennzeichnet: Sie sind unfähig, sich normalen Lebenssituationen anzupassen. Sie haben in ihrer Frühkindheit drastische emotionale Erlebnisse gehabt. Wegen der Instabilität ihrer Persönlichkeit konnten sie mit einer schweren Lebenskrise nicht auf normale Art und Weise fertig werden. *Gillin* schrieb (*Gillin* 1946b) schließlich noch ein Buch über Sozialpathologie, in dem er alle Formen sozialabweichenden Verhaltens abhandelte. Ebenso wie *Gillin* fühlte sich *William I. Thomas* (1923/1969) einer sozialpsychologischen interaktionistischen Erklärung der Verbrechensentstehung verpflichtet: Der Delinquente wendet andere Definitionen auf Situationen an, er nimmt andere Einstellungen Werten gegenüber ein als der Mensch, der prosozialem Herkommen folgt. Mit dem sozialen Wandel wächst die soziale Desorganisation, in der die Menschen ihre Situationen und Werte höchst unterschiedlich definieren. Aus der Unterschiedlichkeit dieser Definitionen erwachsen dann delinquente Konflikte.

2.1.3.1.4 Der Beitrag von Edwin H. Sutherland

Einen bedeutenden Einfluss auf die US-amerikanische Kriminologie übte und übt immer noch der Soziologe *Edwin H. Sutherland* (1883–1950) aus, der sein kriminologisches Lehrbuch in erster Auflage 1924 herausbrachte. *Sutherland* besorgte noch drei weitere Auflagen seines Lehrbuchs selbst (1934, 1939, 1947) (vgl. zu *Sutherlands* Leben und Werk: *Mutchnick/Martin/Austin* 2009, 94–120). Nach seinem Tod im Jahre

1950 kümmerte sich sein Schüler *Donald R. Cressey* um die Neuauflagen des Buchs, das jahrzehntelang das führende kriminologische Lehrbuch in Nordamerika und in der Welt war (zuletzt: *Sutherland/Cressey* 1978; *Sutherland/Cressey/Luckenbill* 1992). Die erste Auflage des *Sutherland*schen Lehrbuchs enthielt ein Kapitel über das Verbrechensopfer (*Sutherland* 1924, 62–71), das jedoch in den weiteren Auflagen weggelassen wurde, weil die Erforschung des Verbrechensopfers in den drei ersten Jahrzehnten des 20. Jahrhunderts noch kein Thema war.

Von der 1. Auflage seines Lehrbuches an wandte sich *Sutherland* gegen eine Stigmatisierung der Kriminellen. Seine Theorie der differentiellen Assoziation, die *Sutherland* erstmalig in der 3. Auflage seines Lehrbuchs im Jahre 1939 formulierte, entstand als Antwort auf die vernichtende Kritik, die *Jerome Michael* und *Mortimer J. Adler* (1933) über die Kriminologie ihrer Zeit äußerten (vgl. *Laub* 2006). *Sutherland* verbesserte die Formulierung in verschiedenen wichtigen Punkten und veröffentlichte sie dann endgültig im Jahre 1947 in der 4. Auflage (*Sutherland* 1947, 1–9). Diese Theorie stellt eine Anwendung des sozialpsychologischen Systems dar, dem *George Herbert Mead* (1863–1931) den Weg gebahnt hat und das gemeinhin als „symbolischer Interaktionismus" bezeichnet wird (*Cressey* 1981, 183–195; *Goff/Geis* 2011a). Die Theorie der differentiellen Assoziation ist eine sozialpsychologische Theorie, die das Verbrechen im Einzelfall, nicht die Kriminalität als Massenerscheinung erklärt: Kriminelles Verhalten ist erlernt. Es wird in der Interaktion mit anderen Menschen in einem Kommunikationsprozess gelernt. Der wesentlichste Teil des Lernens kriminellen Verhaltens spielt sich in Gruppen mit engen persönlichen Beziehungen ab. Das Erlernen kriminellen Verhaltens schließt das Lernen der Techniken zur Ausführung des Verbrechens und der spezifischen Richtungen von Motiven, Trieben, Rationalisierungen und Einstellungen ein.

Seine Studie über den Berufsdieb veröffentlichte *Sutherland* im Jahre 1937. Unter seiner Anleitung schrieb ein Berufsdieb alle kriminologisch bedeutsamen Aspekte auf, die er als Krimineller in zwanzigjähriger Erfahrung gesammelt hatte. *Sutherland* diskutierte darüber hinaus etwa sieben Stunden in der Woche zwölf Wochen lang mit dem Rechtsbrecher. Er fand u.a. heraus: Der Berufsdieb ist gegenüber seinen Berufskollegen loyal; er identifiziert sich mit ihnen. Die Berufsdiebe besitzen ein eigenes Wertsystem. Berufsdiebstahl ist ein Lebensstil einer Gruppe. Über Jahrhunderte haben die professionellen Diebe Spezialwissen gesammelt, das sie durch eine praktische „Lehrlingszeit" weitergeben. In den Jahren 1940, 1945, 1949 erschienen *Sutherland*s Arbeiten über „Weiße-Kragen-Kriminalität", in denen er die Kriminologen auf Verbrechen aufmerksam machte, die von ehrbaren Personen mit hohem sozialem Ansehen, im Rahmen ihres Berufs und unter Verletzung des Vertrauens begangen werden, das man ihnen entgegenbringt. *Sutherland*s Bezeichnung „Weiße-Kragen-Kriminalität" stieß nicht nur auf Begeisterung (*vgl. H. Mannheim* 1974, 564); sie trug ihm auch heftige Kritik ein (*Tappan* 1947a/1970). Die 70 größten Industrie- und Handelsgesellschaften der USA hat er im Jahre 1949 auf Wirtschaftsdelikte hin untersucht (*Sutherland* 1949). Bei allen diesen Gesellschaften stellte er Übertretungen von Handelsbeschränkungen, Wettbewerbsverstöße, Patentverletzungen und Verstöße gegen Urheber- und Warenzeichenrechte, unfaire Arbeitspraktiken, ausgedehnte Betrügereien und ähnliche Straftaten fest. 97 % der von ihm untersuchten Gesellschaften waren rückfällig.

2.1.3.1.5 Kriminologische Kommissionen

Die kriminologische Forschung wird in den Vereinigten Staaten nicht allein den Universitäten und den amtlichen Stellen (Polizei, Ministerien) zum Zwecke der Strafgesetzgebung und -anwendung überlassen. Es hat sich auch eine Tradition herausgebildet, auf regionaler und überregionaler Ebene Kommissionen von Sachverständigen zu bilden, die einige Jahre zusammen arbeiten und in offiziellem oder halboffiziellem Auftrag folgende Aufgaben erfüllen:

- Sie überprüfen kritisch die Strafgesetzanwendung durch die Polizei, die Gerichte und den Strafvollzug und machen Empfehlungen für eine Verbesserung der Praxis der Strafrechtspflege.
- Sie stellen das durch kriminologische Einzelforschungen gesammelte Material zusammen und geben statistische Überblicke.
- Sie erteilen einzelnen Forschern oder Forschungsteams Unteraufträge, bestimmte kriminologische Fragen zu klären.

Bahnbrechend wirkte in den USA ein amtlicher Bericht, der 1922 über die Kriminaljustiz in der Stadt Cleveland im Staate Ohio von den beiden Harvardprofessoren *Roscoe Pound* und *Felix Frankfurter* herausgegeben wurde (*Pound/Frankfurter* 1922/1968). In diesem Bericht wird dargelegt, wie das Kriminaljustizsystem in Cleveland tatsächlich arbeitet und welche Mängel es hat. Auswärtige Sachverständige hatte man zur Erarbeitung des Berichts herangezogen, um die Unvoreingenommenheit der Überprüfung und Darstellung zu sichern. Die Sachverständigenkommission in Cleveland hatte sich nicht das Ziel gesetzt, mit raschen sensationellen Enthüllungen Aufmerksamkeit in der Politik und in der Presse zu erregen. Sie strebte vielmehr wissenschaftliche Gründlichkeit und eine mittel- bis langfristige Reform des Kriminaljustizsystems an. In dem Bericht arbeitete *M.K. Wisehart* (1922/1968) erstmalig heraus, dass Zeitungen nicht nur über Kriminalität berichten, sondern dass sie Kriminalität „erfinden", dass sie das Bild der öffentlichen Meinung über Kriminalität maßgeblich beeinflussen und dass dieses Bild, das die öffentliche Meinung dann über Kriminalität hat, die Strafgesetzanwendung erheblich mitbestimmt.

Weitere Berichte über die Kriminaljustiz in den Staaten Missouri (*Missouri Association for Criminal Justice* 1926/1968) und Illinois (*Illinois Association for Criminal Justice* 1929/1968) wurden in den Jahren 1926 und 1929 veröffentlicht. In dem Bericht über die Kriminaljustiz im Staate Illinois behandelte *John Landesco* (1929/1968, 823–1087) erstmalig das organisierte Verbrechen in Chikago mit wissenschaftlicher Gründlichkeit. In vierzehn Bänden sammelte eine von *George W. Wickersham* geleitete „Nationale

Kommission zur Einhaltung und Durchführung des Rechts" (*National Commission on Law Observance and Enforcement* 1931/1968) das bisher erforschte kriminologische Wissen und legte es zusammen mit ihren Empfehlungen zur Strafgesetzanwendung dem Präsidenten der USA vor. Die Kommission nahm nicht nur zur Praxis der Polizei, der Gerichte und des Strafvollzugs in den USA Stellung, sondern sie berichtete auch über Verbrechenskosten, über Kriminalstatistik und über Ursachen der Kriminalität. In einem für die Kommission erstatteten Gutachten sprach sich *Sam Bass Warner* (1931/1968) für die polizeiliche Kriminalstatistik aus, mit deren Herausgabe das Bundeskriminalamt der USA (Federal Bureau of Investigation) gerade im Jahre 1929 begonnen hatte.

In den Untersuchungen zu den Ursachen der Kriminalität spielte die Arbeitslosigkeit eine verhältnismäßig große Rolle. Die Beschäftigungskarrieren von Strafgefangenen des Sing Sing Gefängnisses in New York City wurden mit ihren kriminellen Karrieren verglichen (*Kleeck* 1931/1968). 52 % der Strafgefangenen waren zwar zur Tatzeit ohne Arbeit. Bei ihnen handelte es sich aber um die schulisch und beruflich am schlechtesten ausgebildete Gruppe, die zuerst entlassen und zuletzt wiedereingestellt zu werden pflegt. Kriminalstatistische Untersuchungen führten zu dem Resultat, dass Arbeitslosigkeit ein bedeutsamer Faktor bei der Entstehung der Vermögenskriminalität ist (*Kleeck/Winslow/Reid* 1931/1968). In ihrer Studie über die sozialen Faktoren der Jugenddelinquenz, die *Clifford R. Shaw* und *Henry D. McKay* (1931, 1968) für die Kommission erstellten, kamen sie zu dem Ergebnis, dass Jugenddelinquenz hauptsächlich in verwahrlosten, heruntergekommenen Großstadtgebieten mit einem niedrigen Gemeinschaftsbewusstsein entsteht, dass emotionale Spannungen und Konflikte innerhalb der Familie zur Verursachung der Delinquenz beitragen und dass Delinquenz aus einer Interaktion zwischen dem Individuum und der Situation erwächst, auf die es reagiert. Schließlich kommt die Kommission in ihrem Bericht über Strafanstalten zu dem Schluss (*National Commission on Law Observance and Enforcement* (1931/1968, Band 9, 170), „dass das Strafanstaltssystem veraltet und unwirksam ist. Es bessert den Kriminellen nicht. Es schützt nicht die Gesellschaft. Es gibt allen Grund anzunehmen, dass es durch die Verhärtung des Strafgefangenen zum Anwachsen der Kriminalität beiträgt".

2.1.3.1.6 Kriminalprognose und Verlaufsforschung
2.1.3.1.6.1 Die Kriminalprognose-Forschung
Im Jahre 1923 begann mit Beiträgen von *Sam Bass Warner* (1923) und *Hornell Hart* (1923) eine neue Forschungsrichtung der Kriminologie: die Prognoseforschung, die sich allerdings zunächst auf die Voraussage des kriminellen Verhaltens im Einzelfall beschränkte. In den USA spielte seinerzeit die Verurteilung zu Freiheitsstrafe von unbestimmter Dauer eine große Rolle. In der Strafanstalt musste also entschieden werden, ob der Strafgefangene bedingt entlassen werden sollte oder nicht. Für eine solche Entscheidung war die Vorhersage wesentlich, ob der Strafgefangene sich in

Zukunft bewähren oder wieder rückfällig werden würde. Man unternahm Längs-schnittuntersuchungen („Follow-Up-Studies"): Man stellte soziale und psychische Merkmale (z.B. Familienverhältnisse, Vorstrafen, Arbeitsgewohnheiten, Intelligenz) einer Gruppe von Strafgefangenen fest und beobachtete sie dann eine Zeit lang nach ihrer Entlassung aus der Strafanstalt. Man teilte die Gruppe nach einer solchen Beobachtung in Rückfällige und Nichtrückfällige und stellte die Unterschiede in den sozialen und psychischen Merkmalen beider Gruppen fest. Die Merkmale, die überdurchschnittlich häufig mit Nichtrückfälligkeit zusammenhingen (korrelier-ten), nahm man als günstige Faktoren (Gutpunkte) in sogenannte Prognosetafeln auf. Man berechnete schließlich den Prozentsatz der Wahrscheinlichkeit der Nicht-rückfälligkeit beim Vorliegen von Faktorenkombinationen. Die Prognosetafeln soll-ten dem Praktiker der Kriminaljustiz als Hilfsmittel für seine Entscheidung dienen, den Strafgefangenen vorläufig zu entlassen oder ihm Strafaussetzung zur Bewährung anstelle einer Freiheitsstrafe zu gewähren. Man wollte solche Entscheidungen, die rein gefühlsmäßig getroffen wurden, auf objektivere wissenschaftliche Daten grün-den. Man ging dabei von der These aus, dass das, was in der Vergangenheit in einer großen Zahl von Fällen kriminogen, kriminalitätsverursachend gewirkt habe, sich auch in Zukunft kriminogen auswirken werde. *Ernest W. Burgess* stellte im Jahre 1928 die erste Prognosetafel aus 21 Faktoren zusammen. Methodische Kritik, z.B. Über-schneidungen von Prognosefaktoren, wandte *George B. Vold* (1931) gegenüber dieser Tafel ein. Die Zuverlässigkeit entwickelter Prognosetafeln überprüfte *Clark Tibbitts* (1931), der entdeckte, dass sich die häufigsten und schwersten Verletzungen der bedingten Entlassung in den ersten zwölf Monaten nach der Entlassung ereignen. Weitere Prognosetafeln entwickelten *Ferris F. Laune* (1936) und *Sheldon* und *Eleanor Glueck* (1930/1975), die die umfangreichsten und gründlichsten kriminologischen Prognoseforschungen unternommen haben. Auf Anregung von *Exner* (1935) erarbei-tete sein Schüler *Robert Schiedt* im Jahre 1936 die erste deutsche Prognosetafel. Der grundsätzliche und stichhaltigste Einwand gegen die Kriminalprognose im Einzelfall besteht darin, dass die Vorhersage eine Eigendynamik im Sinne einer Sich-selbst-erfüllenden-Prophezeiung entwickeln kann.

2.1.3.1.6.2 Verlaufsforschungen von Sheldon und Eleanor Glueck

Der klinischen Tradition *Healys* folgend, hatte der englische Psychologe *Cyril Burt* im Jahre 1925 mit dem täterorientierten Mehrfaktorenansatz eine Fülle von Fakten zur Jugenddelinquenz zusammengetragen. Auf dem Mehrfaktorenansatz bauten auch der Jurist *Sheldon Glueck* (1896–1980) und die Pädagogin *Eleanor Glueck* (1898–1972) alle ihre personal- und kostenaufwendigen empirischen Studien auf (vgl. zu Leben und Werk der *Glueck*s: *Logan* 2010, 82–88). Mit einem interdisziplinär zusammenge-setzten Team von Wissenschaftlern, das zeitweise über dreißig Personen umfasste, unternahmen die *Glueck*s die folgenden vier Forschungsprojekte.

- Mit ihrer „Massachusetts Reformatory" Studie (*Glueck/Glueck* 1930/1975; 1937/1966; 1943/1976) beobachteten sie 510 junge Männer fünfzehn Jahre lang, nachdem sie aus dem „Reformatory" des Staates Massachusetts, einer Strafanstalt für 18- bis 30jährige Rechtsbrecher, in den Jahren 1921 und 1922 entlassen worden waren. Nach 15 Beobachtungsjahren stellten sie fest, dass 32 % ihrer Probanden weiterhin schwere Straftaten verübt und 29 % leichtere Kriminalität begangen hatten. 5 % hatten ihre Kriminalität in den ersten zehn Jahren aufgegeben, waren aber im dritten Beobachtungszeitraum zwischen 10 und 15 Jahren während einer kurzen Zeit noch einmal rückfällig geworden. Im Zeitraum von 15 Jahren hatten sich 33,5 % ihrer Probanden wieder vollständig sozial eingeordnet. Für die Begehung von Rückfallkriminalität machten die *Glueck*s psychische Abnormität („Psychopathie") verantwortlich.
- Mit ihrer Frauen Reformatory Studie (*Glueck/Glueck* 1934a/1971) beobachteten sie fünfhundert kriminelle Frauen fünf Jahre lang, nachdem sie aus der Frauenstrafanstalt des Staates Massachusetts entlassen worden waren. Während dieser fünf Jahre wurden 76 % der Frauen rückfällig. Unter Rückfall verstanden die *Glueck*s jede neue Verurteilung wegen einer Straftat.
- Mit ihrer „Judge Baker Foundation" Studie (*Glueck/Glueck* 1934b/1970; 1940/1976) beobachteten die *Glueck*s etwa eintausend jugendliche Delinquente fünfzehn Jahre lang, die vom Jugendgericht in Boston verurteilt worden waren und die ein psychologisches und psychiatrisches Beobachtungs- und Diagnosezentrum durchlaufen hatten. Nach fünfzehn Jahren, als ihre Probanden im Durchschnitt 29 Jahre alt waren, hatte sich ein Drittel von ihnen sozial wiedereingegliedert.
- Ihr bedeutsamstes Forschungsprojekt war die „Unraveling Juvenile Delinquency" Studie (*Glueck/Glueck* 1950) mit der dazugehörigen Follow-Up-Studie (*Glueck/ Glueck* 1968). Sie ermittelten Merkmals-Unterschiede zwischen 500 offiziell als delinquent definierten Jungen aus dem Jugendstrafvollzugs-System des Staates Massachusetts, aus der Lyman School for Boys in Westborough/Massachusetts und aus der Industrial School for Boys in Shirley/Massachusetts, einerseits und 500 nicht delinquenten Jungen aus öffentlichen Schulen von Boston andererseits. Die 10 bis 17 Jahre alten Jungen wurden 25 Jahre lang beobachtet und dreimal untersucht, als sie 14, 25 und 32 Jahre alt waren.

Die *Glueck*s erzielten u.a. folgende Resultate (Zusammenfassung: *Glueck, S./Glueck, E.* 1974):

- Aufgrund ihrer Forschungen konstruierten sie zahlreiche Voraussagetafeln (vgl. z.B. *Glueck/Glueck* 1959; vgl. auch zu den Einzelheiten: *H.J. Schneider* 1967; 1979; 1981c; 1987, 308–327). Ihr bekanntestes Voraussageinstrument war ihre Prognosetafel mit fünf sozialen Faktoren für männliche jugendliche Delinquente. Die fünf sozialen Faktoren waren: Erziehung des Jungen durch den Vater, Aufsicht der Mutter über den Jungen, Zuneigung des Vaters und der Mutter zum Jungen und Zusammenhalt der Familie (vgl. *H.J. Schneider* 1987, 319).

- Im Hinblick auf die Familie (*Glueck/Glueck* 1962) ermittelten sie, dass die delinquenten Jugendlichen in viel höherem Maße als die gesetzestreuen ohne jede Zuneigung vonseiten ihrer Väter, ihrer Mütter, ihrer Brüder und Schwestern lebten und dass ihre Beziehungen zu ihren Eltern so schlecht waren, dass eine Identifizierung der Jungen mit ihrem Vater unmöglich erschien. Zur Schule entwickelten die Delinquenten eine ausgesprochene Abneigung, und sie fielen durch mannigfaltiges, schwerwiegendes Fehlverhalten in der Schule auf.
- In der Körperbau-Typologie („Somatotyping") schlossen sie sich *Ernst Kretschmer* (1921) und *William H. Sheldon* (*Mutchnick/Martin/Austin* 2009, 80–93) an, die die Annahme vertraten, der Körperbau beeinflusse die Persönlichkeit eines Menschen. Die *Glueck*s kamen aufgrund ihrer Forschungen zu dem Ergebnis, dass ihre Delinquenten in ihrer Gesamtheit einer kernigen und muskulären Erscheinung mit breiten Schultern und einem spitz zulaufenden Rumpf, also den wesentlichen Merkmalen des athletischen Körperbautypes, zuneigen. Das starke Übergewicht des mesomorphen (athletischen) Körperbautyps erachteten die *Glueck*s für ihre Delinquenten als ganz charakteristisch (*Glueck/Glueck* 1956).
- Schließlich fanden die *Glueck*s bei ihren delinquenten Jungen – durch Anwendung des Rorschach-Tests und durch psychiatrische Interviews – typisch ausgeprägte, kennzeichnende Persönlichkeitszüge und Eigenschaften (*Glueck/Glueck* 1968, 25/26): Sie waren feindselig, misstrauisch und destruktiv. Sie waren parasitär, destruktiv-sadistisch, impulsiv und wenig selbstkontrolliert. Die *Glueck*s betrachteten sie als weit weniger kooperativ und deutlich weniger konventionell in ihren Ideen, Gefühlen und in ihrem Verhalten als ihre nichtdelinquenten Jungen.

Trotz des hohen finanziellen und personellen Aufwandes der vier umfangreichen Forschungsprojekte der *Glueck*s haben ihre Arbeiten heute nur noch historische Bedeutung, obgleich sie in den 1930er, 1940er, 1950er und 1960er Jahren weltweites Aufsehen erregt hatten. Durch die *Sutherland-Glueck*-Debatte (1925–1945) beeinflusst, verloren die *Glueck*schen Forschungsarbeiten in der US.-amerikanischen Kriminologie nach und nach immer mehr an Bedeutung (*Laub/Sampson* 1991). Dieser Bedeutungsverlust ist auf drei wesentliche Ursachen zurückzuführen:

Die Grundlage der *Glueck*schen Forschungen bildete ein atheortischer täterorientierter Mehrfaktorenansatz, der kriminalbiologische und psychopathologische Ursachenfaktoren begünstigte. Die *Glueck*s gingen davon aus, dass die Delinquenten eine spezielle Menschenkategorie ausmachen. Dieser Sichtweise standen indessen die Dunkelfeldforschungen, die Selbstbericht- und Viktimisierungsstudien, entgegen, die in der zweiten Hälfte des 20. Jahrhunderts in zahlreichen Ländern, z.B. in den USA, im Vereinigten Königreich und in den Niederlanden, durchgeführt wurden und die die Ubiquität, die allgemeine Verbreitung der Kriminalität, zum Ergebnis hatten (*Rennison* 2010a; 2010b).

Die *Glueck*schen Forschungen sollten die sozialpsychologische Lern- und Interaktionstheorie von *Sutherland* erschüttern, nach der Straftaten von jedem Gesellschaftsmitglied verübt werden kann und nach der kriminelles Verhalten in derselben Weise wie prosoziales Verhalten gelernt wird (*Warr* 2001, 185). In der Psychologie der zweiten Hälfte des 20. Jahrhunderts und demzufolge auch in der Kriminologie (*Akers* 2010) setzte sich indessen immer mehr die kognitiv-soziale Lerntheorie und das auf ihr beruhende Persönlichkeits-Prozess-Modell durch, das dem statischen Persönlichkeits-Modell der *Glueck*s widersprach, aber als Weiterentwicklung der *Sutherland*-schen Lern- und Interaktionstheorie angesehen werden kann.

Seit der Forschungsarbeit von *Travis Hirschi* (1969), die theoretisch und methodisch vorbildlich ist (*Akers/Sellers* 2009, 129), wird die Forschungsmethode der *Glueck*s nicht mehr akzeptiert. Ihr Forschungsdesign bestand nämlich darin, dass ihre Probanden ihrer Experimentalgruppen vom Kriminaljustizsystem vorausgelesen waren und dass die Nicht-Delinquenz ihrer Kontrollgruppen nicht ausreichend geprüft worden war. Schließlich war die Validität (Gültigkeit) ihrer Forschungsinstrumente nicht ausreichend gesichert. So ist z.B. der Rorschach-Test nicht valide.

Aufgrund dieser drei grundsätzlichen Mängel rekonstruierten und analysierten *John H. Laub* und *Robert J. Sampson* (2003, *Sampson/Laub* 1993) die Längsschnittdaten der *Glueck*s in sechs Jahren von 1987 bis 1993 mit ihrem entwicklungstheoretischen Ansatz der altersabgestuften informellen Kontrolle (*Laub/Sampson* 2011b) neu. Mit neuen statistischen Forschungsmethoden erhoben sie im Jahre 1993 die Daten aus den Kriminalakten von 475 Delinquenten und führten Lebensgeschichte-Interviews mit 52 Männern (aus der ursprünglichen Stichprobe von 500 Delinquenten) durch, die inzwischen ihr 70. Lebensjahr erreicht hatten. Sie stellten die Theorie auf, dass für die Kriminalitäts-Entstehung das Ausmaß der informnellen Kontrolle, z.B. der sozialen Institutionen durch Familie, Schule, Nachbarschaft, in den verschiedenen Lebensphasen entscheidend ist. Dieses Ausmaß kann durch strukturelle Wendepunkte, z.B. Eheschließung, durch neue Routineaktivitäten, durch Zuneigungs-Bindungen oder das Engagement für einen neuen Lebensstil beeinflusst werden.

2.1.3.1.7 Die Chicago Schule

In den zwanziger und dreißiger Jahren des 20. Jahrhunderts entwikelte sich in Chikago eine ganz neue Richtung innerhalb der Kriminologie: die kriminalökologische Schule. Die Ökologie ist ein Teil der Biologie, der Pflanzen und Tiere in ihren Beziehungen zu ihrer Umgebung studiert. Zwischen 1860 und 1910 hatte Chikago alle zehn Jahre seine Bevölkerungszahl verdoppelt. Durch Einwanderung war es zu einer Großstadt mit mehr als 2 Millionen Einwohnern vor dem 1. Weltkrieg (1914–1918) angewachsen. Dieser Bevölkerungsanstieg brachte einen enormen sozialen Wandel mit sich, der der Stadt große soziale Probleme verursachte. 1914 wurde *Robert Park* an die Soziologie-Abteilung der Universität Chikago berufen, der sich vorgenommen hatte, zusammen mit *Ernest W. Burgess* die Großstadt Chikago als einen lebendigen sozialen Organismus systematisch zu erforschen. Sie stellten die Theorie der konzentrischen Kreise auf: Sie teilten Chikago in Gebiete ein, die sie kreisförmig um einen gemeinsamen Mittelpunkt anordneten. Sie studierten sodann nicht nur die verschiedenen Sozialprobleme innerhalb dieser Großstadtgebiete, sondern sie versuchten auch, Beziehungen zwischen den Sozialproblemen und den Stadtgebieten herzustellen. *Frederic M. Thrasher* beobachtete sieben Jahre lang 1.313 Banden delinquenter Jugendlicher und veröffentlichte seinen Forschungsbericht 1927 (*Thrasher* 1927/1963). Er kam zu dem Ergebnis, dass die Jugendbande ein soziales „Zwischen"-gebilde ist, das hauptsächlich durch soziale „Zwischen"-gebiete hervorgebracht wird. Unter solchen Zwischengebieten verstand man Übergangsgebiete, Großstadtbezirke, die sich in einem starken sozialen Wandel befanden, in denen die Bevölkerung so schnell wechselte, dass sich keine stabile Sozialstruktur zu bilden vermochte. *Walter C. Reckless* arbeitete im Jahre 1933 (*Reckless* 1933/1969) heraus, dass die Prostituierten in diesen Gebieten mit der größten sozialen Desorganisation (Auflösung der Gemeinschaft) ihrem Gewerbe nachgingen.

Clifford R. Shaw (1895–1957) versuchte im Jahre 1929 (*Shaw* 1929; vgl. zu Leben und Werk von *Shaw*: *Gelsthorpe* 2010, 71–76), in solchen mit Delinquenz hochbelasteten Gebieten die Delinquenz-Ursachen systematisch zu erforschen. Er kam zusammen mit *Henry D. McKay* (*Shaw/McKay* 1931/1968; 1942/1969) in den Jahren 1931 und 1942 zu dem Schluss, dass sich in den Delinquenzgebieten die herkömmlichen Traditionen, die Nachbarschaftseinrichtungen, die gemeinschaftliche Einstellung, durch die Nachbarschaften für gewöhnlich das Verhalten ihrer Kinder kontrollieren, in Auflösung befanden. Eltern und Nachbarn billigten delinquentes Verhalten, so dass die Kinder in einer sozialen Welt aufwuchsen, in der Delinquenz eine annehmbare, gebilligte Verhaltensform darstellte (*Shaw/McKay* 2011). Aufgrund der ständigen systematischen Beobachtung der verschiedenen Stadtgebiete in der Zeit von 1927 bis 1961 fand *Henry D. McKay* (1967) heraus, dass teilweise neue Delinquenzgebiete im Laufe der sozialen Entwicklung entstanden waren und dass sich alte Delinquenzgebiete in einem „Selbstheilungsprozess" in Stadtgebiete gewandelt hatten, die nicht mehr vermehrt mit Delinquenz belastet waren. Die Erwachsenen passten sich in solchem Selbstheilungsprozess veränderten Verhaltensformen und -normen der Großstadtgebiete an; eine neue Gemeinschaft baute sich auf; die zerstörten Beziehungen innerhalb der Gemeinschaften (z.B. der Nachbarschaften) des Großstadtbezirks wurden wieder neu geknüpft; neue Institutionen wuchsen im Großstadtbezirk, die den gewandelten Bedürfnissen ihrer Bewohner besser gerecht wurden. Die Ideen der kriminalökologischen Chicago-Schule breiteten sich über die ganze Welt aus (vgl. zu ihrem Einfluss in Japan: *Yutaka Harada* bei *H.J. Schneider* 2008a, 392). In den USA wurden sie zum Konzept der Gemeinschaftskarriere (*Schuerman/Kobrin* 1986) und zur Theorie der kollektiven Effektivität (*Sampson* 2006, 2011) weiterentwickelt, für die die Anwendung informeller Kontrolle die wechselseitige Hilfe und das gegenseitige Vertrauen der Bewohner eines Gebietes wesentlich ist.

Shaw hat in den Jahren 1930 bis 1938 seine Gebietsanalysen durch Lebens-
laufgeschichten delinquenter Jugendlicher ergänzt und vervollständigt (*Shaw*
1930/1966; 1931/1966; 1938/1966), die er monate-, ja jahrelang befragte und inter-
viewte. Seine Gespräche ergänzte er durch Aktenstudien und die Erhebung anderen
biographischen Materials. Er kam zu dem Schluss, dass innerhalb der Delinquenzbe-
zirke delinquente Techniken und Traditionen spielerisch von einer Generation auf die
nächste übertragen werden und dass sich in Delinquenzgebieten viele Gelegenheiten
für delinquentes Verhalten eröffnen. Der „Jack-Roller", ein 16jähriger Rückfalltäter,
den *Shaw* sechs Jahre lang beobachtete (*Shaw* 1930/1966), hat sein gesamtes Leben
erzählt, nachdem er siebzig Jahre alt geworden war (*Snodgrass* 1982; zu Leben und
Werk von *Shaw* und *McKay*: *Snodgrass* 2011). Er führte seine gute Selbstkontrolle
als Erwachsener auf seine persönliche Reifung zurück. Seine Wiedereingliederung
war freilich unvollständig. Als Erwachsener beging er noch einen Raubversuch. Auf
Betreiben seiner Ehefrau verbrachte er viele Jahre in psychiatrischen Anstalten.

2.1.3.1.8 Soziale Desorganisation, soziales Lernen, Kriminalitätsindex und Kulturkonflikt

2.1.3.1.8.1 Soziale Desorganisation und soziales Lernen

Durch die Lehrbücher der dreißiger Jahre wurde der bis dahin erreichte kriminologische Wissensstand gefestigt. Der Soziologe *Fred E. Haynes* (1930) und der Soziologe
und Psychiater *Clayton J. Ettinger* (1932) vertraten in ihren Büchern die Auffassung,
dass Kriminalität durch soziale Desorganisation entstehe und durch soziales Lernen
weitergegeben werde. *Nathaniel F. Cantor* (1932) maß den wirtschaftlichen Bedingungen für die mittelbare oder unmittelbare Verursachung der Kriminalität eine gewisse
Bedeutung bei. Der Psychologe *Robert H. Gault* (1932), der in seinem Kriminologie-
Lehrbuch auch Fragen der Kriminalistik mitbehandelte, stellte klar, dass Kriminalität
als solche nicht anlagebedingt sein könne, da eine Handlung und deren strafrechtliche Bewertung sich nicht vererben ließen. Die Abnormität eines Menschen, sich
nicht an die konventionellen Verhaltensweisen anderer anpassen zu können, hielt
er demgegenüber für vererbbar. Einen Psychopathen in diesem Sinne definerte er als
eine unausgeglichene ichbezogene Persönlichkeit, die keine Voraussicht besitzt, cha-
rakterschwach ist und sich in ein Phantasieleben flüchtet. Der Psychiater *William A.
White* (1933) versuchte, von psychoanalytischer Seite aus einen Beitrag zur kriminologischen Diskussion zu leisten. Der Soziologe *Albert Morris* (1935) formulierte einmal
mehr die Skepsis gegenüber dem Anstaltsstrafvollzug: „Man kann nicht zur selben
Zeit am Straftäter Rache nehmen und ihn bessern. Man kann ihm nicht zur selben Zeit
jede Verantwortlichkeit entziehen, um ihn zu lehren, Verantwortung zu übernehmen.
Man kann ihn nicht für fünf Jahre unter Bedingungen einsperren, die völlig verschieden von denen sind, die er außerhalb der Strafanstaltsmauern vorfinden wird, und
ihn zur selben Zeit befähigen wollen, ins normale Leben zurückzukehren."

In ihrer Monographie über Film, Delinquenz und Kriminalität versuchten die Chikagoer Soziologen *Herbert Blumer* und *Philip M. Hauser* (1933), die Konzepte der sozialen Desorganisation und der sozialen Lerntheorie auf ihr Problemfeld anzuwenden und empirisch zu untermauern. Der sozialen Brandmarkung delinquenter Jugendlicher durch das Jugendgerichtsverfahren traten *Walter C. Reckless* und *Mapheus Smith* (1932) entgegen. Wie sich der soziale und ökonomische Wandel auf die Kriminalpolitik auswirkte, zeigten *Georg Rusche* und *Otto Kirchheimer* (1939) in ihrer historischen Studie: Nicht nur humanitärer Eifer, sondern auch Möglichkeiten der Profiterzielung waren entscheidende Motive der Strafanstaltsreform. Die weite Anwendung der Todesstrafe im Mittelalter wurde zu Beginn des Kapitalismus eingeschränkt, um menschliches Leben für den Arbeitseinsatz zu erhalten.

2.1.3.1.8.2 Kriminalitätsindex und Kulturkonflikt

Kleinere, sehr spezielle, aber gleichwohl wertvolle Beiträge hat *Thorsten Sellin* zur Kriminologie geleistet (vgl. zu Leben und Werk: *H.J. Schneider* 2005b; vgl. auch *Goff/ Geis* 2011b). Er setzte sich für die Entwicklung eines Kriminalitätsindex (1931) ein, der nicht nur aus einer Auswahl der der Polizei bekanntgewordenen Delikte bestehen sollte, sondern in den auch die Schwerebeurteilung der Delikte durch die Bevölkerung und die Strafverfolgungsintensität der Polizei mit eingehen sollten. Er analysierte die Kriminalitätsentwicklung während der Zeit der wirtschaftlichen Depression (1930–1932) sehr sorgfältig (1937) und formulierte (1938) die „Kulturkonflikt"theorie, nach der Kriminalität durch Konflikte zwischen unterschiedlichen Wertsystemen entstehen kann. *Sellin* ging (1944) den Gründungen der Amsterdamer Zuchthäuser im 16. und 17. Jahrhundert nach, weil diese Strafanstalten bemerkenswerte Schritte im Hinblick auf einen modernen Strafvollzug darstellten. Er untersuchte die Wirkungen der Todesstrafe (1967a) in Staaten, die sie abgeschafft und die sie beibehalten hatten, und die Mordfälle in Strafanstalten (1967b); er sprach sich entschieden gegen die Todesstrafe aus, weil er ihre abschreckende Wirkung nicht zu entdecken vermochte (*Sellin* 1980). Schließlich ging er der Geschichte der Strafsysteme nach, deren Charakteristikum er in der Sklaverei durch moralische und soziale Degradierung und ökonomische Ausnutzung erblickte (*Sellin* 1976).

2.1.3.1.9 Vergleichende Kriminologie und Reaktionsansatz
2.1.3.1.9.1 Vergleichende Kriminologie

Ende der dreißiger bis Anfang der fünfziger Jahre des 20. Jahrhunderts erschienen in den USA Veröffentlichungen, die die Kriminologie erweiterten und ihr neue Betätigungsfelder erschlossen. *Walter C. Reckless* versuchte (1940), die sozialen Ursachen der Kriminalität dadurch zu erkennen, dass er verschiedene Gesellschaften miteinander verglich (vgl. zu Leben und Werk von *Reckless: Mutchnick/Martin/Austin* 2009, 121–140; vgl. auch *Huff/Scarpitti* 2011). Er kennzeichnete die Gesellschaft mit geringer

Kriminalität stichwortartig z.B. folgendermaßen: relative Isolation, äußerst geringe Mobilität ihrer Mitglieder, Homogenität der Bevölkerung in Rasse und Kultur, geringe institutionelle Desorganisation, wenig Unterschiedlichkeit in Schichten und sozialen Gruppen, ein einheitliches System gewohnheitsrechtlicher Regeln oder ein einzelner Sittenkodex, ein hohes Maß informeller Sozialkontrolle unter ihren Mitgliedern. Er beschrieb einfach Gesellschaften mit geringer Kriminalität: eine Indianersiedlung der Labrador Halbinsel z.B. oder das Leben in einem deutschen Dorf. In der sozialen Stabilität erkannte er den Faktor, der die Kriminalität auf niedrigem Niveau hält. Stabilität findet man in ungestörten, isolierten, homogenen, sich nicht stark wandelnden Gesellschaften wie in primitiven Stämmen, Dorfgemeinschaften und religiösen Sekten.

Der Soziologe *Arthur Evans Wood* und der Strafrechtler *John Barker Waite* erörterten in ihrem Kriminologielehrbuch (1941) die Methoden und Theorien der Kriminologie, das Strafrecht und seine Anwendung und – besonders sorgfältig – den Strafvollzug. In dem Vorbeugungskapitel zu seinem Kriminologielehrbuch entwickelte der Soziologe *Donald R. Taft* (1947) das Konzept der „Prädelinquenz", mit dem er das Stadium meinte, in dem sich vernachlässigte und verwahrloste Kinder und Jugendliche befinden, die zwar delinquent gefährdet sind, aber noch keine delinquente Handlung im Sinne eines Verstoßes gegen ein Strafgesetz begangen haben.

Die Chikagoer Erholungskommission ließ Anfang der vierziger Jahre eine Untersuchung über Freizeit und Delinquenz durchführen (*Shanas* 1942). Die Freizeitaktivitäten von 15.000 Jungen und 8.000 Mädchen im Alter zwischen zehn und siebzehn Jahren wurden in fünf Chikagoer Nachbarschaften studiert. Man kam zu dem Ergebnis, dass Delinquente in viel geringerem Umfang an beaufsichtigten Freizeitaktivitäten teilnehmen als Nichtdelinquente und dass Delinquente dafür mehr ins Kino gehen.

2.1.3.1.9.2 Der Reaktionsansatz

In ihrem Kriminologielehrbuch, das in vier Auflagen herauskam (1943, 1945, 1951 und 1959), legten *Harry Elmer Barnes* und *Negley K. Teeters* (1959) einen besonders sorgfältigen und umfangreichen Überblick über den Strafvollzug vor, der in der Gesellschaft der USA seit der Pionierzeit eine große Rolle spielte. Im Kriminologieteil ihres Buches befassten sie sich besonders ausführlich mit dem organisierten Verbrechen und mit der Wirtschaftskriminalität. Zum besseren Verständnis einer juristischen und sozialen Institution untersuchte *Paul W. Tappan* (1947b/1969) die Prozesse der persönlichen und sozialen Interaktion, die sich vor einem Gericht abspielten, das für verwahrloste junge Mädchen zuständig war. Hier kam zum ersten Mal die Reaktionsseite auf Delinquenz mit in den Blick. Man interessierte sich nicht nur für diejenigen, die als delinquent benannt werden, sondern auch für diejenigen, die andere als delinquent definieren. Mit der Dramatisierung des „Bösen" hatte *Frank Tannenbaum* im Jahre 1938 erstmalig etwas Neues beschrieben: Der Prozess des Kriminell-Machens ist ein Prozess des Etikettierens, des Definierens, des Identifizierens, des Absonderns, des Beschreibens, des Betonens, des Bewusst- und Selbstbewusstmachens; er wird als eine Art des Anregens, Nahelegens, Betonens und Hervorrufens eben jener Züge angelegt, über die man sich beklagt.

Bereits *Thomas* (1923), *Sutherland* (1924) und *Gillin* (1926) hatten auf Gedanken des „symbolischen Interaktionismus" aufgebaut. Die Interaktion, die Brücke zwischen Person und Gesellschaft, wurde nunmehr zu einem Zentralbegriff der modernen Kriminologie. Die Eigenart der „symbolischen Interaktion" wird hierbei darin gesehen, dass Menschen nicht nur auf die Handlungen anderer reagieren, sondern dass sie gleichzeitig die Handlungen anderer Menschen interpretieren und definieren (*Blumer* 1972). Zwischen Reiz und Reaktion wird im Falle menschlicher Interaktion eine Interpretation eingeschaltet, die etwas über die Bedeutung ihres jeweiligen Verhaltens für die Interaktionspartner aussagt. *Hans von Hentig* (1887–1974) hatte bereits 1941 auf die Interaktion zwischen Täter und Opfer aufmerksam gemacht (*Hentig* 1941, 303–309). Er hat seine Ansicht später (*Hentig* 1948, 436) verdeutlicht: „Das heimliche Einverständnis zwischen Täter und Opfer ist eine grundlegende Tatsache der Kriminologie. Natürlich gibt es keine Verständigung oder gar bewusste Teilhabe, aber eine Wechselbeziehung und einen Austausch verursachender Elemente."

In seinem Konzept der Sekundärabweichung besitzt die soziale Reaktion für *Edwin M. Lemert* (1951; vgl. auch *Lemert* 2011) eine zentrale Bedeutung. Die Primärabweichung kann zahlreiche Ursachen haben. Der sekundär Abweichende ist indessen ein Mensch, dessen Leben und Identität von der Realität der Sozialabweichung, der Deviation bestimmt wird. *Lemert* hat (1951) die Abfolge der Interaktion aufgezeigt, die zu sekundärer Sozialabweichung führt: primäre Sozialabweichung, soziales Strafen, weitere primäre Sozialabweichungen, stärkere Strafen und Zurückweisung, weitere Sozialabweichungen mit möglichen Feindseligkeiten und Ressentiments gegenüber den Strafenden, Toleranzkrise der Strafenden und Stigmatisation der Sozialabweichenden durch die Gesellschaft, verstärkte Sozialabweichung als Reaktion auf die Stigmatisation und die Bestrafung, endgültige Annahme des Status eines Sozialabweichenden und Anpassungsbemühungen auf der Grundlage der zugeordneten Rolle.

2.1.3.2 Die US.-amerikanische Kriminologie in der Mitte des 20. Jahrhunderts

Trotz rigoroser Kritik an der US-amerikanischen kriminologischen Forschung während der 1. Hälfte des 20. Jahrhunderts in den 30er-Jahren (*Michael/Adler* 1933/1971) muss – vom heutigen Standpunkt aus – gesagt werden, dass die US-amerikanische Kriminologie in der ersten Hälfte des 20. Jahrhunderts eine enorme Aufbauleistung vollbracht hat.

Das Forschungsgebiet der Kriminologie ist erheblich erweitert worden. Die Erforschung des Verbrechens wurde mit neuen Kriminalitätsformen angereichert:

Wirtschaftskriminalität (*Sutherland*) und organisiertes Verbrechen (*Landesco*). Neue Dimensionen wurden der Kriminologie erschlossen: Frauenkriminalität (*Pollak* 1950), Alterskriminalität (*Hentig* 1947, 151–155), das Verbrechensopfer (*Hentig*) sowie Massenmedien und Kriminalität (*Wisehart, Blumer, Hauser*). Die Kriminalstatistik (*Warner, Sellin*) wurde verfeinert und die Kriminalökologie (*Shaw, McKay*) neu entdeckt.

Die kriminologische Theorie ist frisch aufgebaut worden: Die Theorie der Sozialen Desorganisation, eine sozialstrukturelle Theorie (*Shaw, McKay*), und die Theorie der Differentiellen Assoziation, eine soziale Prozesstheorie (*Sutherland*), wurden erstmalig entwickelt. Der symbolische Interaktionismus (*Lemert*) wurde für die Kriminologie fruchtbar gemacht.

In der 1. Hälfte des 20. Jahrhunderts orientierte sich die US-amerikanische Kriminologie sozialwissenschaftlich. Methodenbewusst führte sie empirische Studien in systematischer Weise durch. Mit Straftäter-Biographien (*Sutherland, Shaw*) begann die Karriereforschung. Längsschnittstudien (*Glueck*s) setzten ein. Die Vergleichende Kriminologie (*Reckless*) (vgl. auch *Glueck* 1964, 304–322) bahnte sich an.

Das wichtigste Ergebnis bestand freilich darin, dass die Lehre vom „homo criminalis", vom kriminellen Typ, vom Psychopathen überwunden wurde. Von *Lombroso* und *Ferri* über *Healy* und *Burt* führt eine Entwicklungslinie bis zum Ehepaar *Glueck*. Die *Sutherland-Glueck*-Debatte (*Laub/Sampson* 1991) machte bereits in den 1940er-Jahren dem Mehrfaktorenansatz ein Ende. Eine Entpathologisierung des Rechtsbrechers fand eine neue Grundlage. *Sutherland*, der einflussreichste Kriminologe in der englischsprachigen Welt (*Gibbens* 1979, 65), setzte sich durch. Er bestimmte für die 2. Hälfte des 20. Jahrhunderts die Richtung. Er duldete keine theorielose Kriminologie. Für ihn konnte jeder Mensch kriminell werden. Kriminelles Verhalten wird erlernt wie jedes andere menschliche Verhalten. Es gibt keine kriminelle Kategorie von Menschen (*Warr* 2001). *Sutherland* hatte einen immensen, massiven Einfluss auf die moderne Kriminologie.

2.1.3.3 Schwerpunkte des Aufbaus der US.-amerikanischen Kriminologie in der 2. Hälfte des 20. Jahrhunderts und in den ersten beiden Jahrzehnten des 21. Jahrhunderts

In der 2. Hälfte des 20. Jahrhunderts setzte sich der in der 1. Hälfte begonnene sozialwissenschaftliche Entwicklungsprozess fort. Hier werden nur vier wesentliche Gesichtspunkte skizzenhaft hervorgehoben:

Die Theorie der sozialen Desorganisation, die empirisch bestätigt worden ist (*Sampson/Groves* 1989; *Lowenkamp/Cullen/Pratt* 2010), wurde zur Theorie der kollektiven Effektivität weiterentwickelt (*Sampson/Raudenbush/Earls* 2011), für die die Interkorrelation zwischen informeller Kontrolle, sozialem Zusammenhalt und wechselseitigem Vertrauen zur Kriminalitätskontrolle im Raum von hoher Bedeutung ist.

Die Theorie der Differentiellen Assoziation, die ebenfalls Unterstützung durch die empirisch-kriminologische Forschung erfuhr, wurde in die Sprache der kognitiv-sozialen Lerntheorie erweitert (*Akers* 2010). In neuester Version läuft der individuelle Lernprozess auf der Grundlage eines gesellschaftlichen Lernprozesses ab (*Akers* 1998). Neuentwickelt wurde die Theorie der sozialen Bindung (*Hirschi* 1969; *Laub* 2011; vgl. zu Leben und Werk von *Hirschi: Mutchnick/Martin/Austin* 2009, 283–326), die die Kriminalitätsentstehung mit der Schwächung oder dem Bruch von Bindungen verknüpft, die ein Mensch zur Gesellschaft und ihren Institutionen besitzt. Kognitiv-soziale Lern- und Bindungstheorie wurden in die Lebenslauf- und Entwicklungstheorien (*Farrington* 2007) integriert, nach denen sich Delinquenz und Kriminalität im interaktiven Prozess entfalten, der während der gesamten Lebensspanne abläuft. Von *Aschaffenburg* führt eine Entwicklungslinie über *Sutherland* und *Hirschi* (1969) zu den Lebenslauf- und Entwicklungstheoretikern (vgl. die Beiträge in *Piquero/Mazerolle* 2001).

Die kriminologische Längsschnittforschung hat große Fortschritte gemacht. Seit Ende der 1980er-Jahre werden in den USA drei koordinierte, prospektive (vorausschauende) Längsschnittforschungsprojekte durchgeführt: in Pittsburg/Pennsylvania, in Rochester/New York und in Denver/Colorado (vgl. die Beiträge in *Thornberry/Krohn* 2003). Diese drei Studien stellen einen Meilenstein in der kriminologischen Forschung dar. Denn sie bilden den größten gemeinsamen Messungsansatz, der jemals bei Delinquenzstudien erreicht worden ist (*Piquero/Farrington/Blumstein* 2003). Aus der Perspektive der Lebenslauf- und Entwicklungstheorien sind Daten aus der Kindheit, der Jugend und dem Erwachsenenalter erforderlich, um die Längsschnittmuster des Kriminellwerdens zu erklären. Aus diesem Grund haben *Robert J. Sampson* und *John H. Laub* (*Sampson/Laub* 1993; *Laub/Sampson* 2003) die Daten, die das Ehepaar *Sheldon* und *Eleanor Glueck* (1950/1968) – zusammen mit einem Team von Fachleuten – gesammelt haben, neu aufbereitet, erneut analysiert und weitergeführt.

Die kriminologische Opferforschung (Viktimologie) hat sich enorm entwickelt. Empirische Viktimisierungsstudien ermitteln die Straftaten, die im Dunkelfeld der nicht angezeigten, verborgen gebliebenen Kriminalität liegen. Eine neue Theorie, die Routine-Aktivitäts-Theorie (*Cohen/Felson* 1979/2011), ist entstanden. Für sie sind zur Viktimisierung drei Elemente von entscheidender Bedeutung: das Vorhandensein motivierter Täter, die Existenz eines geeigneten Tatobjekts, einer Person oder Sache, und die Abwesenheit fähiger Beschützer des Tatobjekts gegen Rechtsverletzung. Ein neues kriminalpolitisches Paradigma, das restitutive oder restaurative (wiedergutmachungsorientierte) Paradigma (*Braithwaite* 2009; 1989/2011) ist eine Alternative zur retributiven (vergeltungsorientierten) und rehabilitativen (behandlungsorientierten) Justiz. Restaurative Justiz ist ein Prozess, bei dem alle Parteien, die an einem speziellen Delikt beteiligt sind, zusammenkommen, um gemeinsam die Fragen zu erörtern und zu lösen, wie mit den Nachwirkungen des Delikts und seinen Auswirkungen für die Zukunft umgegangen werden soll.

Wichtig für den weiteren Aufbau der kriminologischen Forschung und Lehre sowie der Kriminalpolitik in den USA erwiesen sich die Arbeiten von vier Sachverständigen-Kommissionen, die ihre umfangreichen Berichte in den Jahren 1967, 1969, 1970 und 1993/94 veröffentlichten:

- Aufgrund des Berichts der „Kommission des Präsidenten zur Rechtsdurchführung und Justizverwaltung" (*President's Commission* 1967), der mit acht Task Force- und zehn Sonder-Reports erschien, wurde zum ersten Mal eine nationale Dunkelfeldforschung (*National Opinion Research Center* 1967) durchgeführt.
- Die „Nationale Kommission über die Ursachen und die Verhütung der Gewalt" (*National Commission* 1969), die mit 13 Task-Force-Berichten veröffentlicht worden ist, wurde wegen der Rassen- und Studentenkrawalle und wegen der Attentate auf führende Politiker der USA in den 1960er Jahren gebildet (vgl. *H.J. Schneider* 1990).
- Die 2. Anti-Gewalt-Kommission, deren Bericht vier Bände umfasste (*National Research Council* 1993/1994), diskutierte insbesondere die Gewalt in der Gesellschaft der USA, z.B. die Gewalt in der Familie, und deren Konsequenzen.
- Die „Commissison on Obscenity and Pornography" (1970) befasste sich in neun Bänden mit der Verbreitung und den Wirkungen obszöner und pornographischer Veröffentlichungen.

2.1.4 Die deutschsprachige Kriminologie im 20. Jahrhundert

Zu Beginn des 20. Jahrhunderts war in der deutschsprachigen Kriminologie anerkannt, dass das Verbrechen ein individuelles, dass die Kriminalität aber auch ein soziales Phänomen ist. Im Laufe der Entwicklung der deutschsprachigen Kriminologie wurde diese grundlegende Erkenntnis dahingehend eingeengt, dass man nur noch den Rechtsbrecher und seine nähere soziale Umgebung betrachtete. Man versuchte, die Persönlichkeit des Rechtsbrechers zu „verstehen".

2.1.4.1 Die Beiträge von Franz von Liszt, Moritz Liepmann und Gustav Aschaffenburg

Franz von Liszt (1851–1919), der 1881 die „Zeitschrift für die gesamte Strafrechtswissenschaft" gründete, die auch eine kriminologische Zeitschrift sein sollte, sich aber immer mehr zur Strafrechtsdogmatik hin entwickelte, unterschied zwischen den sozialen und den individuellen Faktoren bei der Verbrechensentstehung (1905/1970). Er maß aber den gesellschaftlichen Faktoren ungleich größere Bedeutung bei, beschränkte die „gesellschaftlichen Faktoren" aber sogleich auf den sozialen Nahraum des Straftäters. Im Übrigen war *Franz von Liszt* Kriminalpolitiker und die sogenannte Marburger Schule keine kriminologische, sondern eine kriminalpolitische Richtung (vgl.

hierzu *Schwind* 2011, 103–105). *Liszt* kann nur als Kriminalpolitiker gelten, weil er selbst keine kriminologischen Studien unternommen hat (so *Wetzell* 2000, 37). *Moritz Liepmann*, ein Schüler *Franz von Liszts*, der die Kriminalität als soziales Phänomen beurteilte (*Liepmann* 1930), äußerte nach einer Studienreise in die USA, über die er 1927 berichtete, seine Skepsis gegenüber den positiven Wirkungen des Strafvollzugs. Einen großen Einfluss auf die Entwicklung der deutschsprachigen und der internationalen Kriminologie hatte *Gustav Aschaffenburg* mit seinem im Jahre 1903 erstmalig erschienenen Buch „Das Verbrechen und seine Bekämpfung", das 1913 in englischer Sprache in den Vereinigten Staaten veröffentlicht worden ist. *Aschaffenburg*, der 1904 die „Monatsschrift für Kriminalpsychologie und Strafrechtsreform" (heute „Monatsschrift für Kriminologie und Strafrechtsreform") gründete, bekannte sich in der 3. Auflage seines Lehrbuches (1933, 6/7) zu einer kriminologischen Analyse, die die gesamtgesellschaftlichen Entwicklungen mit einschließt. *Aschaffenburg* entwickelte das nach ihm benannte Paradigma, die Integration von Kriminalpsychologie mit Kriminalsoziologie (*Wetzell* 2010, 60), die in den beiden ersten Jahrzehnten des 20. Jahrhunderts die deutschsprachige Kriminologie und im 20. Jahrhundert bis heute die US.-amerikanische Kriminologie maßgeblich beeinflusste. Sie ist gegenwärtig in der Weltkriminologie dominierend.

2.1.4.2 Die Psychoanalyse

Die Wurzeln des Verbrechens in der Persönlichkeit des Rechtsbrechers und ihre dynamischen Verflechtungen mit Außenweltfaktoren versuchten im Anschluss an *Sigmund Freud* (1915) der österreichische Erzieher *August Aichhorn* (1925) und die Psychoanalytiker *Franz Alexander* und *Hugo Staub* (1929) herauszuarbeiten. Die Verbrechensursachen erblickten sie hierbei in einem disharmonischen Elternhaus, in einer gestörten Eltern-Kind-Beziehung und in psychischen Verletzungen in der Frühkindheit. *Alfred Adler* (1924, 1931) stellte die These auf, dass aus einem Minderwertigkeitsgefühl und einem fehlenden Gemeinschaftsgefühl heraus soziale Entmutigung erwachse, aus der wiederum Kriminalität entstehe. Die Psychoanalytiker und Individualpsychologen vermochten sich mit ihren Gedanken im deutschsprachigen Raum nicht durchzusetzen. *Franz Alexander* setzte seine Forschungsarbeit mit *William Healy* (1935) in den Vereinigten Staaten fort. Im angloamerikanischen Raum wurden die Ideen der deutschsprachigen psychoanalytischen Kriminologie aufgenommen und fortgeführt (vgl. z.B. *Ben Karpman* 1935, 1944; *William Healy* und *Augusta F. Bronner* 1936; *John Bowlby* 1952; *Walter Bromberg* 1948; *Edward Glover* 1960). Im deutschen Sprachraum bildete sich eine kriminalbiologische, psychopathologische Gegenströmung, die auch gegenwärtig noch nachwirkt.

2.1.4.3 Die Psychopathologie und Kriminalbiologie

2.1.4.3.1 Die psychopathischen Persönlichkeiten

Im Jahre 1923 hat *Kurt Schneider* erstmalig sein Buch „Die psychopathischen Persönlichkeiten" veröffentlicht, in dem er zehn Psychopathentypen aus klinischer Erfahrung beschrieb, u.a. selbstunsichere, fanatische, geltungsbedürftige, stimmungslabile, gemütlose und willenlose Psychopathen. Die *Kurt Schneider*sche Psychopathologie hat bis heute einen sehr großen Einfluss auf die deutschsprachige Kriminologie ausgeübt (*Hans Göppinger* 1962; *Heinz Leferenz* 1962). Als einer der ersten wandte *Karl Birnbaum* (1926, 1931) diese Psychopathologie in der Kriminologie an: Die psychopathische Konstitution ist erblich bedingt. Gemüts-, Gefühls-, Trieb- und Willensanomalien sind Verbrechensursachen. Der kriminelle Psychopath ist gekennzeichnet durch eine absolute Empfindungs- und Gefühllosigkeit in moralischer und ethischer Beziehung. Das Fortlaufen von Kindern aus dem Elternhaus erklärte *Birnbaum* (1926, 129) aus einem psychopathischen Hang zum Davonlaufen und Sich-Herumtreiben, aus psychopathischer Unstetheit und aus dem Drang nach Abwechslung und Ungebundenheit. Die Hauptverursachungslast liegt beim „Täter", beim „psychopathischen" Jugendlichen; die gestörte Familiendynamik tritt in ihrer Bedeutung zurück. Der Jugendliche wird als „Psychopath" gebrandmarkt. Da Psychopathie angeboren ist, kann man gegen sie nichts tun.

2.1.4.3.2 Die Grazer Schule

Für die beiden Grazer Juristen *Adolf Lenz* (1927, 1928, 1936) und *Ernst Seelig* (1936, 1950) bedeutete die kriminalbiologische Erkenntnis die Erfassung der Persönlichkeit des Rechtsbrechers in ihren Neigungen (Dispositionen) und Gefügen (Strukturen). Beide zogen sich im wesentlichen auf die Kriminalbiologie zurück. Zur Bedeutung der Umwelt schrieb *Lenz* (1927, 11, 20, 21): „Die Umwelt kommt für die Kriminalbiologie nur so weit in Betracht, als sie sich im individuellen Leben widerspiegelt." *Seelig* (1963, 21/22) gliederte die unmittelbaren Ursachen der Verbrechensbegehung in die Umweltlage und die Persönlichkeit des Täters zur Tatzeit. Die Kriminalität als Massenerscheinung wird von ihm zwar auch gesehen, aber als etwas Untergeordnetes behandelt. Kriminalitätsursachen werden als gesamtgesellschaftliche Erscheinungen nicht erkannt. Die Aufteilung krimineller Persönlichkeiten in Typen eröffnete für ihn vielmehr eine Methode, um den Verbrechensursachen auf die Spur zu kommen. *Ernst Seelig* und *Karl Weindler* unterscheiden (1949, 19) acht Typen von Kriminellen: Berufsverbrecher aus Arbeitsscheu, Vermögensverbrecher aus geringer Widerstandskraft, Gewalttäter, Verbrecher aus sexueller Unbeherrschtheit, Krisenverbrecher, primitiv-reaktive Verbrecher, Überzeugungsverbrecher und Verbrecher aus Mangel an Gemeinschaftsdisziplin (vgl. zur Grazer Schule: *Bachhiesl* 2008).

2.1.4.3.3 Psychopathologie und Kriminalbiologie der 1930er und 1940er Jahre

Aufgrund der Zwillings- und erbbiologischen Sippenforschung versuchte man in den 1930er und 1940er Jahren in der deutschen Kriminologie, die Erbfaktoren von den Umweltfaktoren bei der Verbrechensentstehung zu trennen und den Erbfaktoren ein weitaus größeres, sogar entscheidendes Gewicht beizumessen (*Wetzell* 2006). Man argumentierte: Wenn die erbliche Artung ohne Bedeutung ist, so darf ein Vergleich keine Unterschiede zwischen eineiigen und zweieiigen Zwillingspaaren zeigen. Je größer indessen das Gewicht der Anlage ist, umso häufiger muss konkordantes, übereinstimmendes Verhalten Eineiiger eintreten. Die Psychiater *Johannes Lange* (1929), *Friedrich Stumpfl* (1936) und *Heinrich Kranz* (1936) zeichneten die „Lebensschicksale" ihrer Zwillinge sehr eingehend auf und kamen zu dem Ergebnis, dass sich eineiige Zwillinge dem Verbrechen gegenüber ganz vorwiegend konkordant, übereinstimmend, zweieiige ganz vorwiegend diskordant, ungleichförmig verhalten. Sie interpretierten dieses Ergebnis: Die Erbanlage spielt eine ganz überragende Rolle bei der Verbrechensverursachung. Die Stichproben von *Lange, Stumpfl* und *Kranz* waren klein und nicht repräsentativ. Ihre Untersuchungen berücksichtigten keine sozialen Faktoren bei der Erziehung der Zwillinge.

Für *Stumpfl* (1935) war die Psychopathie bei Schwerkriminellen (Rückfallverbrechern) ausschlaggebend. Unter den Verwandten von Rückfallverbrechern fand er mehr Kriminelle, speziell Rückfallverbrecher, als unter den Verwandten von einmalig Bestraften. Die Rückfallverbrecher stufte er fast ausnahmslos als Psychopathen ein. Unter den Leichtkriminellen ermittelte er wesentlich weniger Psychopathen. Er folgerte aus seinen Ergebnissen, dass Erbanlagen die Hauptursachen des Verbrechens sind, und er forderte „rassenhygienische Maßnahmen (Kastration, Sterilisation)" bei Schwerkriminellen. Dass sich unter den Verwandten von Rückfallverbrechern mehr Rückfallverbrecher befinden, braucht nicht auf Vererbung zu beruhen. Rückfallkriminalität unter Verwandten kann durchaus auch auf Lernprozesse im sozialen Nahraum zurückgeführt werden.

Der Jurist *Franz Exner* führte zwar eine Forschungsreise in die USA durch, über die er im Jahre 1935 berichtete. In seinem kriminologischen Lehrbuch, das er in erster (1939) und zweiter Auflage (1944) „Kriminalbiologie" nannte, spielen gesamtgesellschaftliche Faktoren gleichwohl keine wesentliche Rolle. In seinem Lehrbuch, das er nach dem Zusammenbruch des Nationalsozialismus nunmehr (1949) als „Kriminologie" herausbrachte, sind zwar einige US.-amerikanische kriminologische Studien erwähnt. US.-amerikanisches Denken hat *Exner* gleichwohl nicht entscheidend in sein kriminologisches System eingebaut. Er nahm einen „Erbzusammenhang zwischen Psychopathie und Kriminalität" (*Exner* 1949, 119) an und zog die Psychopathielehre ganz entscheidend zur Erklärung der Verursachung der Kriminalität heran (*Exner* 1949, 183–191).

Die Ursache der Straftat ist für *Wilhelm Sauer* (1950) der „Kriminalitätserreger", nämlich der selbstschöpferische Gestaltungswille des Verbrechers, die in der Tiefe seiner Persönlichkeit wurzelnde Willensfreiheit. Als Methode empfiehlt *Sauer* der Kriminologie die intuitive Einfühlung in das Wesen der Kriminalität: „Der reinen Kriminologie in Verbindung mit intuitiver Erkenntnis und Lebenserfahrung kommt grundsätzlich ein höherer Beweiswert zu als der Statistik (*Sauer* 1950, 14). Theoretischer Grundansatz („Kriminalitätserreger") und methodischer Forschungsansatz („intuitive Einfühlung") verlieren sich bei *Sauer* ins Irrationale. Sie stehen zur Kriminologie als empirischer Tatsachenwissenschaft in Widerspruch.

Ebenso wie *Sauer* entfernt sich *Edmund Mezger* (1944; 1951) zu sehr von der sozialen Wirklichkeit; er betont zu einseitig das Verbrechen als individuelle Erscheinung. Kriminologie ist für ihn „die Lehre vom seelisch-körperlichen Ursprung des Verbrechens" (1944, 3); sie wendet biologische und psychologische Erkenntnisse und Methoden auf den rechtsbrechenden Menschen an. *Mezger* bekennt sich (1944, 29) zu einer psychopathischen Verbrechensauffassung. Er weiß sich der Methode des Verstehens, des „subjektiv einfühlenden Nacherlebens" (*Mezger* 1951, 8) verpflichtet.

2.1.4.3.4 Kriminologie der Nachkriegszeit (1950er, 1960er Jahre)

Nach dem 2. Weltkrieg (1939–1945) und dem Zusammenbruch des Nationalsozialismus (1945) trat keine Trendwende, kein „Traditionsbruch" (so aber *Bock* in: *Göppinger* 2008, 32) ein. Im Gegenteil: Die Tradition der Psychopathologie und der intuitiven Erfassung der kriminellen Wirklichkeit wurde beibehalten:

- Die führenden Lehrbücher der 1930er und 1940er Jahre: *Exner* (1939; 1944), *Sauer* (1933) und *Mezger* (1934; 1942; 1944) erschienen ohne wesentliche Änderungen nach 1949 erneut: *Exner* (1949), *Sauer* (1950), *Mezger* (1951).
- Die beiden *Kurt-Schneider*-Schüler: *Hans Göppinger* und *Heinz Leferenz* wurden mit den beiden ersten kriminologischen Lehrstühlen in Tübingen und Heidelberg betraut. *Göppinger* dominierte die deutsche Kriminologie über Jahrzehnte.
- Gegenüber der sozialwissenschaftlichen Richtung der US.-Kriminologie nahm man eine Abwehrhaltung mit den Behauptungen ein, US.-amerikanische Verhältnisse und Denkweisen seien auf deutsche Sachverhalte nicht anwendbar (*R. Lange* 1970; 1981, 159, 168, 176, 182/83, 189, 194), deshalb sei die Psychopathologie *Kurt Schneiders* „unerschüttert" gültig (*R. Lange* 1970, 234), die „Rezeption" der US.-amerikanischen Kriminologie sei erfolglos gewesen (*Leferenz* 1978, 2), und man erklärte sie deshalb einfacdh für beendet (*G. Kaiser* 1975, 68).
- Die großen Erfolge der US.-amerikanischen Kriminologie in der ersten Hälfte des 20. Jahrhunderts (vgl. hierzu *H.J. Schneider* 2005a) ignorierte man. Mit der in den 1950er und 1960er Jahren erschienenen US.-amerikanischen Kriminologie-Literatur (vgl. z.B. *M.A. Elliott* 1952; *R.R. Korn/L.W. McCorkle* 1967; *R.S. Cavan* 1960; *P.W. Tappan* 1960; *H.A. Bloch/G. Geis* 1962; *R.G. Caldwell* 1965; *M.B. Clinard* (1968/1974); *D.R. Cressey* 1953/1973; *M.S. Guttmacher* 1951; *H. Karpman* 1954, *G.B. Vold* 1958) setzte man sich nicht auseinander.
- Deutsche Kriminologen, die einen Neuanfang, eine Trendwende, einen Traditionsbruch aufgrund internationaler Entwicklungen herbeiführen wollten (vgl.

H.J. Schneider 1966; 1969; vgl. auch *M. Killias* 2003), wies man energisch zurück (vgl. *G. Kaiser/H. Schellhoss* 1966). Man unterstellt ihnen noch heute, sie seien auf die Propaganda der US.-amerikanischen Kriminologie hereingefallen (*Bock* in: *Göppinger* 2008, 28 Fn. 122), deren gegenwärtige Domination in der Welt allein auf der Ausnutzung der weltpolitischen Lage nach dem militärischen Sieg der alliierten Mächte nach dem 2. Weltkrieg (1939–1945) über das nationalsozialistische Deutschland beruhe (*Bock* in: *Göppinger*) 2008, 26–28, 31/32).

In der kriminologischen Forschung verfolgte man in der Nachkriegszeit (1950er, 1960er Jahre) weiterhin die Psychopathologie und das ganzheitliche „Verstehen" des einzelnen Rechtsbrechers. Der durch *Exner* stark beeinflusste schweizerische Jurist *Erwin Frey* stellte sehr enge Beziehungen zwischen Psychopathie und Rückfallverbrechertum und eine überragende Bedeutung biologischer Faktoren für die Rückfälligkeit fest (1951, 94). Im Gegensatz zu *Shaws* biographischen Forschungen (1930; 1931; 1938) kam *Frey* – aufgrund von Aktenanalysen – zu dem Ergebnis, „dass bestimmte jugendliche Rechtsbrecher nicht im Laufe einer langsamen Entwicklung (etwa unter ungünstigen Milieueinflüssen) über das Stadium des Gelegenheitsdelinquenten zu Rückfallverbrechern werden, sondern dass sie genatypisch die Disposition zu einer solchen Entwicklung von Geburt an in sich tragen" (1951, 248). Kriminalpolitisch vertrat er eine (unbegründet) pessimistische Haltung: „Die psychopathische Charakterveranlagung als solche hat sich in sämtlichen Fällen gegenüber allen Nacherziehungsversuchen als resistent erwiesen" (1951, 238).

2.1.4.4 Deutschsprachige Kriminologie in der 2. Hälfte des 20. Jahrhunderts

Die negativen Folgen des verlorenen 2. Weltkriegs (1939–1945), die Gewalttaten des Nationalsozialismus (1933–1945), die Entwicklung einer sozialistischen Kriminologie in der DDR (1949–1990) und der unfruchtbare Streit zwischen täter- oder reaktionsorientierter Kriminologie belasteten die deutsche Kriminologie noch in den 1970er bis 1990er Jahren und darüber hinaus. Die deutschen Kriminologen hemmten, behinderten und blockierten sich freilich in dieser Zeit auch gegenseitig.

In den 1970er Jahren beherrschte *Hans Göppinger* mit seinem Lehrbuch (1971; 1973; 1976; 1980) das Feld. Gleichzeitig unternahm er – mit einem interdisziplinären Team von Wissenschaftlern – seine ebenso personal- wie kostenintensive „Tübinger Jungtäter Vergleichsuntersuchung", deren Ergebnisse er der kriminologischen Fachwelt in zwei Monographien (*Göppinger* 1983, 1985) zugänglich machte. Sein Konzept des „Täters in seinen sozialen Bezügen", der „Verflochtenheit der Persönlichkeit mit ihrem Sozialbereich" stützt sich auf den *Glueck*schen multifaktoriellen Ansatz und die *K. Schneider*sche Psychopathenlehre. Diese Grundlagen und die *Göppinger*sche Forschungsmethode sind grundlegend kritisiert worden (vgl. *H.J. Schneider* 2008b). *Göppinger* wollte anhand konstanter, statischer Tätermerkmale das Ausmaß krimineller Gefährdung beim Täter ermitteln, um den Praktikern der Kriminaljustiz ein kriminologisches Diagnose- und Prognose-Instrument an die Hand zu geben.

Die internationale sozialwissenschaftliche Kriminologie sieht das anders:

- Sie geht von sozialwissenschaftlichen Theorien aus und kommt aufgrund empirischer Forschungen zu kriminalpolitischen Empfehlungen, Vorbeugungs- und Täter-Opfer-Behandlungsmaßnahmen.
- Sie bezieht die Interaktionen zwischen Täter, Opfer und Gesellschaft sowie gesellschaftliche Entwicklungen und Situationen in ihre Betrachtungen ein.
- Sie setzt keine Dichotomie (Zweiteilung) zwischen Kriminellen und Nichtkriminellen voraus. Kriminalität ist nicht auf eine Menschenkategorie beschränkt, sondern sie ist ein Kontinuum von mehr oder weniger Kriminellen oder Nicht-Kriminellen, und jeder kann kriminell werden.
- Für die sozialwissenschaftliche Kriminologie ist die informelle Kontrolle durch die sozialen Institutionen, z.B. die Familie (Sozialpolitik), wichtiger als die formelle Kontrolle durch das Kriminaljustizsystem (Strafrecht), das als Ultima Ratio erst in Erscheinung tritt, nachdem die informelle Kontrolle versagt hat.

In den 1980er bis Mitte der 1990er Jahre waren die Lehrbücher von *Günther Kaiser* gefragt: sein Grundriss (1976; 1989; 1993; 1997) in zehn Auflagen und sein großes Lehrbuch (1980; 1988; 1996) in drei Auflagen. Sie wurden in fünf Übersetzungen auch im Ausland bekannt. Für *Kaiser* stehen das Verbrechen als individuelles Problem und die Kriminologie als strafrechtlich orientierte Wissenschaft im Mittelpunkt seines Denkens. Er fühlt sich dem täterorientierten Mehrfaktorenansatz verpflichtet (*Kaiser* 1993, 31; 1996, 44). Die Kriminologie ist für ihn eine „Wirklichkeitswissenschaft des Strafrechts" (*Kaiser* 1993, 78; 1996, 173), die Verbrechenskontrolle eine „strafrechtliche Sozialkontrolle" (*Kaiser* 1993, 109; 1996, 207). *Kaiser* steht vollständig in der deutschsprachigen kriminologischen Tradition, die die Kriminalität als individuelles Problem auffasst und das strafrechtliche Verwertungsinteresse betont. Vom Strafrecht her lässt sich indessen keine selbstständige, unabhängige Kriminologie aufbauen; sie bleibt vielmehr strafrechtliche „Hilfswissenschaft".

Den sozialwissenschaftlichen Ansatz in der deutschsprachigen Kriminologie hat vor allem *Hans Joachim Schneider*, zunächst in Zeitschriftenaufsätzen (vgl. z.B. *H.J. Schneider* 1966; 1969; 1972; 1977) sodann in Büchern (vgl. z.B. *H.J. Schneider* 1974; 1975; 1987; 1993; 1994; 2001) und schließlich in seinen zahlreichen Beiträgen in den von ihm geschäftsführend und allein herausgegebenen Nachschlagewerken (*R. Sieverts/H.J. Schneider* 1975; 1977; 1979; 1998; *H.J. Schneider* 2007/2009) vertreten. Er betrachtet die Kriminologie als Sozialwissenschaft, als eine internationale, interdisziplinäre und unabhängige Tatsachenwissenschaft, die Verbrechen, Täter- und Opferwerden sowie Reaktionen auf Verbrechen, Täter und Opferwerden als Sozialprozesse auf der Grundlage von Sozialstrukturen und -prozessen erforscht. Kriminalität ist nicht nur ein individuelles Problem des Täters und seines sozialen Nahraums, sondern ein gesamtgesellschaftliches Problem, in das sich die individuellen

Probleme des Täter- und Opferwerdens einfügen. Sie entsteht und wird kontrolliert in Sozialprozessen, an denen Täter, Opfer und Gesellschaft beteiligt sind. Das Verbrechen ist keine statische Größe, die dem Täter anhaftet, sondern ein dynamischer Vorgang, ein Interaktions-Lern-Prozess. Die Viktimisierung, die im Zentrum der Kriminologie steht, der Interaktionsprozess zwischen Täter und Opfer und der zwischen Opfer und Kriminaljustiz, hat erhebliche Bedeutung für die Verbrechensentstehung und -kontrolle, für die Täter- und Opfer-Vorbeugung und -Behandlung. Durch das Viktimisierungstrauma können Opferneigung, -anfälligkeit und -verwundbarkeit, Opferverhaltensmuster, -einstellungen und -rollen (z.B. Selbstbehauptungsschwäche) entstehen. Solche psychosozialen Schädigungen des Opfers durch den Täter können sich negativ für das Opfer, für seine weiteren Viktimisierungen in viktimogenen Situationen auswirken. Denn die Täter suchen sich in solchen Situationen die am leichtesten verletzbaren Opfer aus. Der sozialwissenschaftlichen Kriminologie geht es vor allem darum, prokriminelle Verhaltensmuster, Einstellungen und Vorabrechtfertigungen in der Gesellschaft und ihren Institutionen, z.B. in ihren Familien, zu erkennen und durch Vorbeugungsprogramme, z.B. Elterntraining, und durch Täter- und Opfer-Behandlungsprogramme abzubauen.

Für die deutschsprachige Kriminologie ist seit dem Jahr 2000 insofern eine neue Situation entstanden, als am 7./8. April 2000 in Den Haag die „European Society of Criminology (ESC)" gegründet worden ist, die unter starkem Einfluss der „American Society of Criminology (ASC)" steht und die jedes Jahr eine Jahrestagung veranstaltet (vgl. die Berichte über ESC-Jahrestagungen: *H.J. Schneider* 2003; 2004; 2009; 2010). Die „Europäische Gesellschaft für Kriminologie" (ESC) ist sozialwissenschaftlich ausgerichtet, und die sozialwissenschaftlichen Kriminologien des Vereinigten Königreichs, der Niederlande (vgl. *Junger-Tas/Junger* 2007) und der skandinavischen Länder (vgl. *Tonry/Lappi-Seppälä* 2011) sind in ihr führend. Dieser europäischen Kriminologie steht eine deutsche Kriminologie gegenüber, die durch die negativen gesellschaftlichen und wirtschaftlichen Auswirkungen zweier verlorener Weltkriege (1914–1918, 1939–1945), der Verbrechen des Nationalsozialismus (1933–1945), der Teilung Deutschlands in zwei Staaten (1949–1990), durch die Entwicklung einer sozialistischen Kriminologie sowie durch den unfruchtbaren, unnötigen Streit (*Killias* 2003) zwischen täter- und reaktionsorientierter Kriminologie gehemmt, blockiert, gelähmt und fragmentiert worden ist.

2.1.5 Zusammenfassung: Die internationale und die deutschsprachige Kriminologie der Gegenwart

Die gegenwärtige deutschsprachige Kriminologie kann man in drei Richtungen einteilen, wenn man einmal von der inakzeptablen Richtung der Kriminologie als strafrechtlicher Hilfswissenschaft absieht.

- International folgt der Mainstream der Kriminologie der sozialwissenschaftlichen Richtung (*J.M. Miller* 2005; 2009). Im deutschsprachigen Raum bekennen sich – außer *Hans Joachim Schneider* noch *Frank Neubacher* (2011), *Martin Killias, André Kuhn* und *Marcelo A. Aebi* (2011) zur Kriminologie als Sozialwissenschaft.
- International stützt sich die Kritische Kriminolgie, die etwa zehn Prozent der Kriminologen vertreten, die sich bewusst von der Mainstream-Kriminologie abheben, auf eine erstaunliche Ideen- und Facettenvielfalt (*DeKeseredy* 2011; *DeKeseredy/Dragiewicz* 2012). Methodisch verfolgt man auch zahlreiche Ansätze. Die deutschsprachige Kritische Kriminologie verfügt demgegenüber über keine so große Variationsbreite der Theorien und Methoden. Man wendet vor allem die (zweifelhafte) Interpretation des Labeling Approach von *Fritz Sack* (1974) an, dessen blasse Wortprägung Kriminalität als „negatives Gut" unter deutschsprachigen kritischen Kriminologen sehr beliebt ist (*Kunz* 2011, 16). Methodisch bevorzugt man das Verstehensmodell, die „Erfassung der „Sinndeutungen" des relevanten Geschehens aus der Subjektperspektive der Betroffenen" (*Kunz* 2011, 16) und kehrt somit zur methodisch verfehlten deutschen kriminologischen Tradition zurück.
- International sind die täterorientierte Psychopathologie und der mit ihr verbundene täterorientierte Mehrfaktorenansatz schwach ausgeprägt. In der deutschsprachigen und ausländischen forensischen Psychiatrie sind beide allerdings noch stärker vertreten. Die Kriminalitätsverursachung wird auf den individuellen Bereich des Täters und seines sozialen Nahraums beschränkt. Es wird nach Unterschieden zwischen Kriminellen und Nichtkriminellen, nach Tätermerkmalen gesucht, um das Ausmaß der kriminellen Gefährdung des Täters zu ermitteln. Der markanteste Vertreter dieser Richtung ist im deutschsprachigen Raum *Michael Bock* (2007; 2008 (*Bock/Göppinger*)). Es wird allerdings behauptet, dass der Mehrfaktorenansatz auch heute noch am häufigsten vertreten wird (*Meier* 2010, 19), was international unzutreffend ist, für den deutschsprachigen Bereich, der stark forensisch-psychiatrisch geprägt ist, aber möglicherweise richtig sein mag.

Literatur

Abrahamsen, D. (1944, 1969). Crime and the Human Mind. Nachdruck. Montclair/NJ.
Adler, A. (1924). Neurose und Verbrechen. In: Internationale Zeitschrift für Individualpsychologie 3, 1–11.
Adler, A. (1931). Die kriminelle Persönlichkeit und ihre Heilung. In: Internationale Zeitschrift für Individualpsychologie 9, 321–329.
Adler, F./Mueller, G.O.W./Laufer, W.S. (2010). Criminology. 7. Aufl. New York/NY.
Aichhorn, A. (1925/1957). Verwahrloste Jugend. Nachdruck. Bern, Stuttgart.
Akers, R.L. (1998). Social Learning and Social Structure. A General Theory of Crime and Deviance. Boston.

Akers, R.L. (2010). A Social Learning Theory of Crime. In: *S.G. Tibbetts/C. Hemmens* (Hrsg.): Criminological Theory. 475–486. Los Angeles, London, New Delhi et al.

Akers, R.L./Sellers, C.S. (2009). Criminological Theories – Introduction, Evaluation, and Application. 5. Aufl. New York, Oxford.

Alexander, F./Healy, W. (1935/1969). Roots of Crime. Nachdruck. Montclair/NJ.

Alexander, F./Staub, H. (1929/1971). Der Verbrecher und seine Richter. In: *A. Mitscherlich* (Hrsg.): Psychoanalyse und Justiz. 203–382. Frankfurt/M.

Aschaffenburg, G. (1903, 1906, 1923, 1933). Das Verbrechen und seine Bekämpfung. 1. Aufl., 2. Aufl., 3. Aufl., Nachdruck der 3. Aufl. Heidelberg.

Aschaffenburg, G. (1913/1968). Crime and its Repression. Nachdruck. Montclair/NJ.

Bachhiesl, C. (2008). Die Grazer Schule der Kriminologie – Eine wissenschaftsgeschichtliche Skizze. In: MschrKrim 91, 87–111.

Baer, A. (1893). Der Verbrecher in anthropologischer Beziehung. Leipzig.

Barnes, H.E./Teeters, N.K. (1943, 1945, 1951, 1959). New Horizons in Criminology. 1., 2., 3. 4. Aufl. Englewood Cliffs/NJ.

Beccaria, C. (1764). Dei Delitti e delle Pene (Über Verbrechen und Strafen). Mailand.

Beccaria, C. (1764/1966). Le Traité des Délits et des Peines. Mit einer Einleitung von M. Ancel und G. Stefani. Paris.

Beccaria, C. (1764/1988). Über Verbrechen und Strafen. Mit einer Einleitung von W. Alff. Frankfurt/M.

Beccaria, C. (1764/1996). Of Crimes and Punishments. Mit einer Einleitung von M. Wolfgang. New York.

Beirne, P. (1993). Inventing Criminology. Albany/NY.

Benedikt, M. (1881/1981). Anatomical Studies upon Brains of Criminals. Nachdruck. New York.

Benedikt, M. (1881/2009). The Brains of Criminals. In: *N. Rafter* (Hrsg.): The Origins of Criminology. 175–177. Abington, Oxon, New York.

Benedikt, M. (1887). Biologie und Kriminalstatistik. In: ZStW 7, 481–504.

Birnbaum, K. (1926). Die psychopathischen Verbrecher. 2. Aufl. Leipzig.

Birnbaum, K. (1931). Kriminalpsychopathologie und psychobiologische Verbrecherkunde. 2. Aufl. Berlin.

Bjerre, A. (1925). Zur Psychologie des Mordes. Heidelberg.

Bleuler, E. (1896). Der geborene Verbrecher. München.

Bloch, H./Geis, G. (1962). Man, Crime and Society. New York.

Blumer, H. (1972). Society as Symbolic Interaction. In: *J.G. Manis/B. Meltzer* (Hrsg.): Symbolic Interaction. 2. Aufl. 145–154. Boston.

Blumer, H./Hauser, P.M. (1933). Movies, Delinquency, and Crime. New York.

Bock, M. (2007). Kriminologie. 3. Aufl. München.

Bock, M. (Hrsg.), *Göppinger, H.* (Begründer) (2008). Kriminologie. 6. Aufl. München.

Bonger, W.A. (1916/1969). Criminality and Economic Conditions. Boston. Nachdruck: Bloomington, London.

Bowlby, J. (1952). Maternal Care and Mental Health. Genf.

Brace, C.L. (1880/1967). The Dangerous Classes of New York and Twenty Years' Work among Them. Nachdruck. Montclair/NJ.

Brace, C.L. (1893/1971). The Children's Aid Society of New York. In: *National Conference of Charities and Correction* (Hrsg.): History of Child Saving in the United States. 1–34. Nachdruck. Montclair/NJ.

Braithwaite, J. (1989/2011). Crime, Shame, and Reintegration. In: *F.T. Cullen/R. Agnew* (Hrsg.): Criminological Theory: Past to Present. 4. Aufl. 253–261. New York, Oxford.

Braithwaite, J. (2009). Restorative Justice. In: *H.J. Schneider* (Hrsg.): Internationales Handbuch der Kriminologie. Bd. 2: Besondere Probleme der Kriminologie. 497–506. Berlin.

Bromberg, W. (1948/1972). Crime and the Mind. Nachdruck. Westport/CT.

Burgess, E.W. (1928). Factors Determining Success or Failure on Parole. In: Journal of Criminal Law and Criminology 19, 208–210.

Burt, C. (1925). The Young Delinquent. London.

Caldwell, R.G. (1965). Criminology. 2. Aufl. New York.

Cantor, N.F. (1932). Crime, Criminals and Criminal Justice. New York.

Cavan, R.S. (1960). Criminology. 2. Aufl. New York.

Clinard, M.B. (1968/1974). Sociology of Deviant Behavior. 3. Aufl. 1968, 4. Aufl. 1974. New York, Toronto, London et al.

Cohen, L.E./Felson, M. (1979/2011). Routine Activity Theory. In: *F.T. Cullen/R. Agnew* (Hrsg.): Criminological Theory: Past to Present. 4. Aufl. 417–427. New York, Oxford.

Commission on Obscenity and Pornography (1970). Reports. Neun Bände. Washington D.C.

Cooper, S.B. (1893/1971). The Kindergarten in its Bearing upon Crime, Pauperism, and Insanity. In: *National Conference of Charities and Correction* (Hrsg.): History of Child Saving in the United States. 89–115. Nachdruck. Montclair/NJ.

Cressey, D.R. (1953/1973). Other People's Money. Nachdruck. Montclair/NJ.

Cressey, D.R. (1981). Differentielle Assoziation, symbolischer Interaktionismus und Kriminologie. In: *H.J. Schneider* (Hrsg.): Die Psychologie des 20. Jahrhunderts. Bd. XIV: Auswirkungen auf die Kriminologie. 182–195. Zürich.

Darwin, C. (1871a/2009). The Moral Sense. In: N. Rafter (Hrsg.): The Origins of Criminology. 101–104. Abington, Oxon, New York.

Darwin, C. (1871b/2009). On the Development of the Intellectual and Moral Faculties. In: *N. Rafter* (Hrsg.): The Origins of Criminology. 242–244. Abington, Oxon, New York.

DeKeseredy, W.S. (2011). Contemporary Critical Criminology. London, New York.

DeKeseredy, W.S./Dragiewicz, M. (Hrsg.) (2012). Routledge Handbook of Critical Criminology. London, New York.

Despine, P. (1868/2009). The Psychological State of Criminals. In: *N. Rafter* (Hrsg.): The Origins of Criminology. 83–88. Abington, Oxon, New York.

Drähms, A. (1900/1971). The Criminal. Nachdruck. Montclair/NJ.

Drapkin, I. (1983). Criminology. Intellectual History. In: *S.H. Kadish* (Hrsg.): Encyclopedia of Crime and Justice. Bd. 2. 547–556. New York, London.

Drapkin, I. (1989). Crime and Punishment in the Ancient World. Lexington/MA, Toronto.

Dugdale, R.L. (1877). The Jukes. New York.

Dugdale, R.L. (1877/2009). The "Jukes" Family. In: *N. Rafter* (Hrsg.): The Origins of Criminology. 114–119. Abington, Oxon, New York.

Durkheim, E. (1893). De la Division du Travail Social. Paris (deutsch: Über die Teilung der sozialen Arbeit. Frankfurt/M. 1977).

Durkheim, E. (1895a). Les Règles de la Méthod Sociologique. Paris (deutsch: Die Regeln der soziologischen Methode. 2. Aufl. Neuwied, Berlin 1965).

Durkheim, E. (1895b/2009). Crime as a Normal and Useful Phenomenon. In: *N. Rafter* (Hrsg.): The Origins of Criminology. 326–329. Abington/Oxon, New York.

Durkheim, E. (1897). Le Suicide. Paris (deutsch: Der Selbstmord. Neuwied, Berlin 1973).

Eckartshausen, C.v. (1791). Über die Notwendigkeit physiologischer Kenntnisse bei der Beurteilung von Verbrechen. München.

Elliott, M.A. (1952). Crime in Modern Society. New York.

Ellis, H. (1890/1973). The Criminal. Nachdruck. Montclair/NJ.

Ellis, H. (1890/2009). The Results of Criminal Anthropology. In: *N. Rafter* (Hrsg.): The Origins of Criminology. 183–187. Abington, Oxon, New York.

Erikson, K.T. (1966). Wayward Puritans. New York, London, Sydney.

Ettinger, C.J. (1932). The Problem of Crime. New York.

Exner, F. (1935). Kriminalistischer Bericht über eine Reise nach Amerika. Berlin, Leipzig.

Exner, F. (1939, 1944). Kriminalbiologie in ihren Grundzügen. 1. Aufl. Leipzig 1939, 2. Aufl. Hamburg 1944.

Exner, F. (1949). Kriminologie. 3. Aufl. Berlin, Göttingen, Heidelberg.

Farrington, D.P. (2007). Developmental and Life-Course Criminology. In: *H.J. Schneider* (Hrsg.): Internationales Handbuch der Kriminologie. Bd. 1: Grundlagen der Kriminologie. 183–207. Berlin.

Ferri, E. (1896). Das Verbrechen als soziale Erscheinung. Leipzig.

Ferri, E. (1912). Criminal Sociology. Boston.

Fink, A.E. (1938). Causes of Crime – Biological Theories in the United States 1800–1915. London, Oxford.

Freud, S. (1915, 1973). Der Verbrecher aus Schuldbewusstsein. In: Gesammelte Werke. 6. Aufl. 10. Bd. 389–391. Frankfurt/M.

Freudenthal, B. (1907). Amerikanische Kriminalpolitik. Berlin.

Frey, E. (1951). Der frühkriminelle Rückfallverbrecher. Basel.

Friedreich, I.B. (1842). System der gerichtlichen Psychologie. 2. Aufl. Regensburg.

Garofalo, R. (1885). Kriminologie (italienisch). Neapel.

Garofalo, R. (1914/1968). Criminology. Nachdruck. Montclair/NJ.

Gault, R.H. (1932). Criminology. Boston, New York, Chicago.

Gaupp, R. (1904/1905). Über den heutigen Stand der Lehre vom „geborenen Verbrecher". In: MschrKrim 1, 25–42.

Geis, G./Bunn I. (1982). Hexen als Opfer par excellence. In: *H.J. Schneider* (Hrsg.): Das Verbrechensopfer in der Strafrechtspflege. 253–263. Berlin, New York.

Gelsthorpe, L. (2010). Cifford Shaw (1895–1957). In: *K. Hayward/S. Maruna/J. Mooney* (Hrsg.): Fifty Key Thinkers in Criminology. 71–76. London, New York.

Gibbons, D.C. (1979). The Criminological Enterprise. Englewood Cliffs/NJ.

Gibson, M. (2002). Born to Crime – Cesare Lombroso and the Origins of Biological Criminology. Westport/CT, London.

Gillin, J.L. (1926; 1935; 1945/1971). Criminology and Penology. 1., 2. und 3. Aufl. Nachdruck der 3. Aufl. Westport/CT.

Gillin, J.L. (1931/1969). Taming the Criminal. Nachdruck. Montclair/NJ.

Gillin, J.L. (1933). Die Mörder in Wisconsin. In: MschrKrim 24, 257–264.

Gillin, J.L. (1946a). The Wisconsin Prisoner. Studies in Criminogenesis. Madison/WI.

Gillin, J.L. (1946b). Social Pathology. 3. Aufl. New York.

Glover, E. (1960). The Roots of Crime. London.

Glueck, S. (1964). Wanted: A Comparative Criminology. In: *Glueck, S./Glueck, E.* (Hrsg.): Ventures in Criminology. 302–322. London.

Glueck, S./Glueck, E. (1930/1975). Five Hundred Criminal Careers. Nachdruck. Millwood/NY.

Glueck, S./Glueck, E. (1934a/1971). Five Hundred Delinquent Women. Nachdruck. New York.

Glueck, S./Glueck, E. (1934b/1970). One Thousand Juvenile Delinquents. Their Treatment by Court and Clinic. Nachdruck. New York.

Glueck, S./Glueck, E. (1937/1966). Later Criminal Careers. Nachdruck. New York.

Glueck, S./Glueck, E. (1940/1976). Juvenile Delinquents Grown Up. Nachdruck. New York.

Glueck, S./Glueck, E. (1943/1976). Criminal Careers in Retrospect. Nachdruck. Millwood/NY.

Glueck, S./Glueck, E. (1950). Unraveling Juvenile Delinquency. London.

Glueck, S./Glueck, E. (1956). Physique and Delinquency. New York.

Glueck, S./Glueck, E. (1959). Predicting Delinquency and Crime. Cambridge/MA.

Glueck, S./Glueck, E. (1962). Family Environment and Delinquency. London.

Glueck, S./Glueck, E. (1963). Jugendliche Rechtsbrecher – Wege zur Vorbeugung. Stuttgart.

Glueck, S./Glueck E. (1968). Delinquents and Nondelinquents in Perspective. Cambridge/MA.

Glueck, S./Glueck, E. (1974). Of Delinquency and Crime – A Panorama of Years of Search and Research. Springfield/Ill.

Goddard, H.H. (1912/1973). The Kallikak Family. Nachdruck. New York.

Goddard, H.H. (1914). Feeble-Mindedness. New York.

Goddard, H.H. (1915). The Criminal Imbecile. New York.

Göppinger, H. (1962). Die Bedeutung der Psychopathologie für die Kriminologie. In: *H. Kranz* (Hrsg.): Psychopathologie heute. Festschrift für Kurt Schneider. 316–321. Stuttgart.

Göppinger, H. (1971, 1973, 1976, 1980). Kriminologie. 1. bis 4. Aufl. München.

Göppinger, H. (1983). Der Täter in seinen sozialen Bezügen. Berlin, Heidelberg, New York et al.

Göppinger, H. (1985). Angewandte Kriminologie. Berlin, Heidelberg, New York et al.

Göppinger, H. (Begründer), *Bock, M.* (Hrsg.) (2008). Kriminologie. 6. Aufl. München.

Goff, C./Geis, G. (2011a). Edwin H. Sutherland: The Development of Differential Association Theory. In: *F.C. Cullen/C.L. Jonson/A.J. Myer/F. Adler* (Hrsg.): The Origins of American Criminology. Advances in Criminological Theory. Bd. 16. 37–62. New Brunswick/USA, London/UK.

Goff, C./Geis, G. (2011b). Thorsten Sellin: Culture Conflict, Crime, and Beyond. In: *F.C. Cullen/ C.L. Jonson/A.J. Myer/F. Adler* (Hrsg.): The Origins of American Criminology. Advances in Criminological Theory. Bd. 16. 161–174. New Brunswick/USA, London/UK.

Goring, C. (1913/1972). The English Convict. Nachdruck. Montclair/NJ.

Graßberger, R. (1968). Psychologie des Strafverfahrens. 2. Aufl. Wien, New York.

Groß, H. (1905). Kriminal-Psychologie. 2. Aufl. Leipzig.

Groß, H. (1911/1968). Criminal-Psychology. Nachdruck. Montclair/NJ.

Guerry, A.-M. (1833/2009). The Moral Statistics of France. In: *N. Rafter* (Hrsg.): The Origins of Criminology. 270–272. Abington, Oxon, New York.

Guttmacher, M.S. (1951). Sex Offenses. New York.

Hart, H. (1923). Predicting Parole Success. In: Journal of Criminal Law and Criminology 14, 405–413.

Haynes, F.E. (1930). Criminology. New York, London.

Healy, W. (1915/1969). The Individual Delinquent. Nachdruck. Montclair/NJ.

Healy, W./Bronner, A.F. (1926/1969). Delinquents and Criminals. Nachdruck. Montclair/NJ.

Healy, W./Bronner, A.F. (1936). New Light on Delinquency and its Treatment. New Haven.

Healy, W./Bronner, A.F./Baylor, E.M.H./Murphy, J.P. (1936). Reconstructing Behavior in Youth. New York.

Heinroth, J.C.A. (1833). Grundzüge der Kriminalpsychologie. Berlin.

Hellwig, A. (1927). Psychologie und Vernehmungstechnik bei Tatbestandsermittlungen. Berlin.

Hellwig, A. (1929). Okkultismus und Verbrechen. Berlin.

Hentig, H.v. (1941). Remarks on the Interaction of Perpetrator and Victim. In: Journal of Criminal Law, Criminology, and Police Science 31, 303–309.

Hentig, H.v. (1947). Crime: Causes and Conditions. New York, London.

Hentig, H.v. (1948). The Criminal and his Victim. Studies in the Sociobiology of Crime. New Haven/ CT.

Hentig, H.v. (1960). Gustav Aschaffenburg 1866–1944. In: *H. Mannheim* (Hrsg.): Pioneers in Criminology. 327–334. London.

Hirschi, T. (1969). Causes of Delinquency. Berkeley, Los Angeles.

Hirschi, T./Rudisill, D. (1976). The Great American Search: Causes of Crime 1876–1976. In: The Annals of the American Academy of Political and Social Science 423, 15–22.

Hoffbauer, J.C. (1808). Die Psychologie in ihren Hauptanwendungen auf die Rechtspflege. Halle.

Hooton, E.A. (1939a). The American Criminal. New York.

Hooton, E.A. (1939b/1968). Crime and the Man. Nachdruck. New York.

Horn, D.G. (2003). The Criminal Body – Lombroso and the Anatomy of Deviance. New York, London.

Howard, J. (1777/1977). The State of the Prisons. Nachdruck. Abington/Oxon 1977.

Huff, C.R./Scarpitti, F.R. (2011). The Origins and Development of Containment Theory: Walter C. Reckless and Simon Dinitz. In: *F.C. Cullen/C.L. Jonson/A.J. Myer/F. Adler* (Hrsg.): The Origins of American Criminology. Advances in Criminological Theory. Bd. 16. 277–294. New Brunswick/USA, London/UK.

Illinois Association for Criminal Justice (Hrsg.) (1929/1968). The Illinois Crime Survey. Nachdruck. Montclair/NJ.

Jäger, J. (Hrsg.) (1906). Hinter Kerkermauern. Autobiographien und Selbstbekenntnisse, Aufsätze und Gedichte von Verbrechern. Berlin.

Junger-Tas, J./Junger, M. (2007). The Dutch Criminological Enterprise. In: *M. Tonry/C. Bijleveld* (Hrsg.): Crime and Justice in the Netherlands. Crime and Justice. Bd. 35. 115–162. Chicago, London.

Kaiser, G. (1975). Stand und Entwicklung der kriminologischen Forschung in Deutschland. Berlin, New York.

Kaiser, G. (1976, 1989, 1993, 1997). Kriminologie – Eine Einführung in die Grundlagen. 1. Aufl. Heidelberg, Karlsruhe, 8. Aufl., 10. Aufl. Heidelberg.

Kaiser, G. (1980, 1988, 1996). Kriminologie. 1. Aufl., 2. Aufl., 3. Aufl. Heidelberg.

Kaiser, G./Schellhoss, H. (1966). Entwicklungstendenzen der Kriminologie. In: JZ 21, 772–778.

Karpman, B. (1935). The Individual Criminal. Washington D.C.

Karpman, B. (1944). Case Studies in the Psychopathology of Crime. Baltimore.

Karpman, B. (1954). The Sexual Offender and his Offenses. New York.

Kauffmann, M. (1912). Die Psychologie des Verbrechens. Berlin.

Killias, M. (2003). Für und wider täterzentrierte Ansätze – Hintergründe einer deutschen Streitfrage des ausgehenden 20. Jahrhunderts. In: *V. Dittmann/J.-M. Jehle* (Hrsg.): Kriminologie zwischen Grundlagenwissenschaften und Praxis. 3–18. Mönchengladbach.

Killias, M./Kuhn, A./Aebi, M.F. (2011). Grundriss der Kriminologie – Eine europäische Perspektive. 2. Aufl. Bern.

Kleeck, M.v. (1931/1968). Notes on Fluctuations in Employment and in Crime in New York State. In: *National Commission on Law Observance and Enforcement* (Hrsg.): Complete Reports. Bd. 13, Teilband 1. 313–390. Nachdruck. Montclair/NJ.

Kleeck, M.v./Winslow, E.A./Reid, I.D.A. (1931/1968). Work and Law Enforcement. In: *National Commission on Law Observance and Enforcement* (Hrsg.): Complete Reports. Bd. 13, Teilband 1. 163–255. Nachdruck. Montclair/NJ.

Koch, J.L.A. (1894). Die Frage nach dem geborenen Verbrecher. Ravensburg.

Korn, R.R./McCorkle, L.W. (1967). Criminology and Penology. New York, Chicago, San Francisco et al.

Kraepelin, E. (1906/1907). Das Verbrechen als soziale Krankheit. In: MschrKrim 3, 257–279.

Krafft-Ebing, R.v. (1876). Lehrbuch der gerichtlichen Psychopathologie. Erlangen.

Krafft-Ebing, R.v. (1892/2009). Pathological Sexuality. In: *N. Rafter* (Hrsg.): The Origins of Criminology. 65–73. Abington, Oxon, New York.

Kranz, H. (1936). Lebensschicksale krimineller Zwillinge. Berlin.

Krauss, A. (1884). Die Psychologie des Verbrechens. Tübingen.

Krebs, A. (1978a). John Howard. In: *H. Müller-Dietz* (Hrsg.): Freiheitsentzug. 33–36. Berlin.

Krebs, A. (1978b). John Howard. Aus Berichten und Dokumenten. In: *H. Müller-Dietz* (Hrsg.): Freiheitsentzug. 37–40. Berlin.

Krebs, A. (1978c). John Howards Einfluss auf das Gefängniswesen Europas, vor allem Deutschlands. In: *H. Müller-Dietz* (Hrsg.): Freiheitsentzug. 41–65. Berlin.

Kretschmer, E. (1921). Körperbau und Charakter. Berlin.

Kürzinger, J. (1986). Karl von Eckartshausen (1752–1803) und die Anfänge der Kriminalpsychologie in Deutschland. In: *J. Kürzinger/E. Müller* (Hrsg.): Festschrift für Wolf Middendorff zum 70. Geburtstag. 177–192. Bielefeld.

Kürzinger, J. (1996). Kriminologie. 2. Aufl. Stuttgart, München, Hannover et al.

Kunz, K.L. (2011). Kriminologie. 6. Aufl. Bern, Stuttgart, Wien.

Kurella, H. (1893). Naturgeschichte des Verbrechers. Stuttgart.

Kurella, H. (1910). Cesare Lombroso als Mensch und Forscher. Wiesbaden.

Kury, H. (2007). Geschichte der Kriminologie in Europa. In: *H.J. Schneider* (Hrsg.): Internationales Handbuch der Kriminologie. Bd. 1. 53–97. Berlin.

LaFree, G. (2007). Expanding Criminology's Domain: The American Society of Criminology 2006 Presidential Address. In: Criminology 45, 1–31, bes. 4.

Landesco, J. (1929/1968). Organized Crime in Chicago. In: *Illinois Association for Criminal Justice* (Hrsg.): The Illinois Crime Survey. 823–1087. Nachdruck. Montlair/NJ.

Lange, J. (1929). Verbrechen als Schicksal. Studien an kriminellen Zwillingen. Leipzig.

Lange, R. (1970). Das Rätsel Kriminalität – Was wissen wir vom Verbrechen? Frankfurt/M., Berlin.

Lange, R. (1981). Die Entwicklung der Kriminologie im Spiegel der Zeitschrift für die gesamte Strafrechtswissenschaft. In: ZStW 93, 151–198.

Laub, J.H. (2004). The Life Course of Criminology in the United States. Criminology 42, 1–26.

Laub, J.H. (2006). Edwin H. Sutherland and the Michael-Adler Report: Searching for the Soul of Criminology Seventy Years later. In: Criminology 44, 235–257.

Laub, J.H. (2011). Control Theory: The Life and Work of Travis Hirschi. In: *F.C. Cullen/C.L. Jonson/ A.J. Myer/F. Adler* (Hrsg.): The Origins of American Criminology. Advances in Criminological Theory. Bd. 16. 295–331. New Brunswick/USA, London/UK.

Laub, J./Sampson, R. (1991). The Sutherland-Glueck Debate: On the Sociology of Criminological Knowledge. In: American Journal of Sociology 96, 1402–1440.

Laub, J.H./Sampson, R.J. (2003). Shared Beginnings, Divergent Lives – Delinquent Boys to Age 70. Cambridge/MA, London/England.

Laub, J.H./Sampson, R.J. (2011a). A Theory of Persistent Offending and Desistance from Crime. In: *F.T. Cullen/R. Agnew* (Hrsg.): Criminological Theory: Past to Present. 4. Aufl. 497–503. New York, Oxford.

Laub, J.H./Sampson, R.J. (2011b). Sheldon and Eleanor Glueck's Unraveling Juvenile Delinquency Study: The Lives of 1,000 Boston Men in the Twentieth Century. In: *F.C. Cullen/C.L. Jonson/ A.J. Myer/F. Adler* (Hrsg.): The Origins of American Criminology. Advances in Criminological Theory. Bd. 16. 369–395. New Brunswick/USA, London/UK.

Laune, F.F. (1936). Predicting Criminology. Chicago.

Leferenz, H. (1962). Zur Problematik der Psychopathie im Kindes- und Jugendalter. In: *H. Kranz* (Hrsg.): Psychopathologie heute. Festschrift für Kurt Schneider. 355–362. Stuttgart.

Leferenz, H. (1978). 50 Jahre Gesellschaft für die gesamte Kriminologie. In: *H. Göppinger/H. Walder* (Hrsg.): Kriminologische Gegenwartsfragen. Wirtschaftskriminalität, Beurteilung der Schuldfähigkeit. 1–5. Stuttgart.

Lemert, E.M. (1951). Social Pathology. New York, Toronto, London.

Lemert, E.M. (1971). Instead of Court. Diversion in Juvenile Justice. Chevy Chase/Maryland.

Lemert, E.M. (2011). Primary and Secondary Deviance. In: *F.T. Cullen/R. Agnew* (Hrsg.): Criminological Theory: Past to Present. 4. Aufl. 249–252. New York, Oxford.

Lenz, A. (1927). Grundriss der Kriminalbiologie. Wien.

Lenz, A. (1928). Probleme der Kriminalbiologie. In: Kriminalbiologische Gesellschaft (Hrsg.): Mitteilungen: Tagung in Wien 1927. 11–18. Graz.

Lenz, A. (1936). Kriminogene Disposition und Struktur. In: *A. Elster/H. Lingemann* (Hrsg.): Handwörterbuch der Kriminologie und der anderen strafrechtlichen Hilfswissenschaften. 1. Aufl. Bd. 2. 63–67. Berlin, Leipzig.

Liepmann, M. (1927). Amerikanische Gefängnisse und Erziehungsanstalten. Mannheim, Berlin, Leipzig.

Liepmann, M. (1930). Krieg und Kriminalität in Deutschland. Stuttgart, Berlin, Leipzig et al.

Lindesmith, A./Levin, Y. (1937). The Lombrosian Myth in Criminology. In: American Journal of Sociology 42, 653–671.

Liszt, F.v. (1905, 1970). Das Verbrechen als sozial-pathologische Erscheinung. In: *Liszt, F.v.:* Strafrechtliche Aufsätze und Vorträge. Nachdruck. 230–250. Berlin.

Logan, A. (2010). Eleanor Touroff Glueck (1898–1972) and Sheldon Glueck (1896–1980). In: *K. Hayward/S. Maruna/J. Mooney* (Hrsg.): Fifty Key Thinkers in Criminology. 82–88. London, New York.

Lombroso, C. (1876; 1978; 1889; 1896/1897). Der kriminelle Mensch (italienisch). Mailand. 2., 3. 4. (2 Bde.); 5. (3 Bde.) Auflage. Turin.

Lombroso, C. (1890; 1894). Der Verbrecher in anthropologischer, ärztlicher und juristischer Beziehung. 1. Bd. 1894. Hamburg; 2. Bd. 1890. Hamburg.

Lombroso, C. (1902). Die Ursachen und Bekämpfung des Verbrechens. Berlin.

Lombroso, C. (1912/1968). Crime. Its Causes and Remedies. Nachdruck. Montclair/NJ.

Lombroso, C. (2006). Criminal Man. Neu übersetzt und mit neuer Einleitung von M. Gibson/ N.H. Rafter. Durham, London.

Lombroso, C./Ferrero, G. (1894). Das Weib als Verbrecherin und Prostituierte. Hamburg.

Lombroso-Ferrero, G. (1911/1972). Criminal Man. Nachdruck. Montclair/NJ.

Lombroso, C./Ferrero, G. (2004). Criminal Woman. the Prostitute, and the Normal Woman. Neu übersetzt und mit neuer Einleitung von N.H. Rafter/M. Gibson. Durham, London.

Lombroso, C./Laschi, R. (1891; 1892). Der politische Verbrecher. 1. Bd. 1891; 2. Bd. 1892. Hamburg.

Lowenkamp, C.T./Cullen, F.T./Pratt, T.C. (2010). Replicating Sampson and Groves's Test of Social Disorganization Theory. Revisiting a Criminological Classic. In: *S.G. Tibbetts/C. Hemmens* (Hrsg.): Criminological Theory. 402–418. Los Angeles, London, New Delhi et al.

Luz, W. (1928). Ursachen und Bekämpfung des Verbrechens im Urteil des Verbrechers. Heidelberg.

MacDonald, A. (1893). Criminology. New York, London, Toronto.

MacDonald, A. (1893/2009). Evolution, Crime, and Criminals. In: *N. Rafter* (Hrsg.): The Origins of Criminology. 188–191. Abington, Oxon, New York.

Maestro, M. (1973). Cesare Beccaria and the Origins of Penal Reform. Philadelphia.

Mannheim, H. (1974). Vergleichende Kriminologie. Stuttgart.

Marbe, J. (1926). Der Psycholog als Gerichtsgutachter im Straf- und Zivilprozess. Stuttgart.

Maudsley, H. (1872). Crime and Insanitiy. London.

Mayr, G.v. (1867). Statistik der gerichtlichen Polizei im Königreich Bayern und in anderen Ländern. München.

Mayr, G.v. (1904/1905). Die Nutzbarmachung der Kriminalstatistik. In: MschrKrim. 1 (1904/1905), 42–52.

Mayr, G.v. (1911). Forschungsgebiet und Forschungsziel der Kriminalistik. In: ZStW 32, 33–64.

Mayr, G.v. (1911/1912). Kriminalstatistik und „Kriminalätiologie". In: MschrKrim 8, 333–346.

Mayr, G.v. (1913). Nochmals: „Kriminalstatistik und Kriminalätiologie". In: MschrKrim 9, 129–134.

Mayr, G.v. (1917). Statistik und Gesellschaftslehre. 3. Bd.: Moralstatistik mit Einschluss der Kriminalstatistik. Tübingen.

McKay, H.D. (1967). A Note to Trends in Rates of Delinquency in Certain Areas in Chicago. In: *President's Commission on Law Enforcement and Administration of Justice* (Hrsg.): Task Force Report: Juvenile Delinquency and Youth Crime. 114–118. Washington D.C.

Meier, B.-D. (2010). Kriminologie. 4. Aufl. München.

Mezger, E. (1934, 1942, 1944). Kriminalpolitik auf kriminologischer Grundlage. 1. Aufl., 2. Aufl., 3. Aufl. Stuttgart.

Mezger, E. (1951). Kriminologie. München.

Michael, J./Adler, M.J. (1933/1971). Crime, Law and Social Science. Nachdruck. Montclair/NJ.

Miller, J.M. (2005). Criminology as Social Science. In: *R.A. Wright/J.M. Miller* (Hrsg.): Encyclopedia of Criminology. Bd. 1. 337–339. New York, London.

Miller, J.M. (2009). Criminology as Social Science: ••• Paradigmatic Resiliency and Shift in the 21st Century. In: *J.M. Miller* (Hrsg.): 21st Century Criminology. A Reference Handbook. Bd. 1. 2–9. Los Angeles, New Delhi, Singapore et al.

Missouri Association for Criminal Justice (Hrsg.) (1926/1968). The Missouri Crime Survey. Nachdruck. Montclair/NJ.

Mönkemöller, O. (1930). Psychologie und Psychopathologie der Aussage. Heidelberg.

Morel, B.-A. (1857/2009). Degeneration and its Causes. In: *N. Rafter* (Hrsg.): The Origins of Criminology. 89–93. Abington, Oxon, New York.

Morris, A. (1935). Criminology. New York, London, Toronto.

Morrison, W.D. (1908). Crime and its Causes. 3. Aufl. London.

Mutchnick, R.J./Martin, R./Austin, W.T. (2009). Criminological Thought – Pioneers Past and Present. Upper Saddle River/NJ.

National Commission on Law Observance and Enforcement (Hrsg.) (1931/1968). Complete Reports. 14 Bände. Nachdruck. Montclair/NJ. (Wickersham Commission Reports).

National Commission on Law Observance and Enforcement (Hrsg.) (1931/1968). Complete Reports. Bd. 9: Report on Penal Institutions, Probation and Parole. Nachdruck. Montclair/NJ.

National Commission on the Causes and Prevention of Violence (1969). To Establish Justice, to Insure Domestic Tranquility (mit 13 Bänden zu Spezialthemen). Washington D.C.

National Opinion Research Center (1967). Criminal Victimization in the United States: A Report of a National Survey. Washington D.C.

National Research Council (1993/1994). Understanding and Preventing Violence. Vier Bände. Washington D.C.

Neubacher, F. (2011). Kriminologie. Baden-Baden.

Oettingen, A.v. (1882). Moralstatistik in ihrer Bedeutung für die Sozialethik. 3. Aufl. Erlangen.

Parmelee, M. (1913/1968). Editorial Preface. In: *Gustav Aschaffenburg*: Crime and its Repression. XII/XIII. Nachdruck. Montclair/NJ.

Parmelee, M. (1922). Criminology. New York.

Piquero, A.D./Farrington, D.P./Blumstein, A. (2003). The Criminal Career Paradigm. In: *M. Tonry* (Hrsg.): Crime and Justice. Bd. 30. 359–506. Chicago, London.

Piquero, A./Mazerolle, P. (Hrsg.) (2001). Life-Course Criminology. Belmont/CA.

Platt, A.M. (1969/2009). The Child Savers. The Invention of Delinquency. Chicago, London 1969; New Brunswick/NJ., London 2009.

Pollak, O. (1950). The Criminality of Women. Philadelphia.

Pollitz, P. (1916). Die Psychologie des Verbrechers. 2. Aufl. Leipzig, Berlin.

Pound R./Frankfurter, F. (19221968). Criminal Justice in Cleveland. Nachdruck. Montclair/NJ.

President's Commission on Law Enforcement and Administration of Justice (1967). The Challenge of Crime in a Free Society (mit acht Task Force Reports und zehn Sonder-Reports). Washington D.C.

Prichard, J.C. (1835/2009). Moral Insanity. In: *N. Rafter* (Hrsg.): The Origins of Criminology. 54–64. Abington, Oxon, New York.

Prins, A. (1886). Criminalité et Repression. Brüssel.

Quetelet, A. (1835/2009). Criminal Statistics and What They Show. In: *N. Rafter* (Hrsg.): The Origins of Criminology. 273–277. Abington, Oxon, New York.

Quirós, C.B. de (1911). Modern Theories of Criminality. Boston.

Radzinowicz, L. (1966). Ideology and Crime. London.

Radzinowicz, L. (1999). Adventures in Criminology. London, New York.

Rafter, N. (2008a). The Criminal Brain – Understanding Biological Theories of Crime. New York, London.

Rafter, N. (2008b). Criminology's Darkest Hour: Biocriminology in Nazi Germany. In: Australian and New Zealand Journal of Criminology 41, 287–306.

Rafter, N. (Hrsg.) (2009). The Origins of Criminology. Abington, Oxon, New York.

Reckless, W.C. (1933/1969). Vice in Chicago. Nachdruck. Montclair/NJ.

Reckless, W.C. (1940). Criminal Behavior. New York, London.

Reckless, W.C. (1970). American Criminology. In: Criminology 8, 4–20.

Reckless, W.C. (1973). The Crime Problem. New York.

Reckless, W.C./Smith, M. (1932). Juvenile Delinquency. New York, London.

Reiss, A.J. (1981). Soziologische Einflüsse auf die Kriminologie. In: *H.J. Schneider* (Hrsg.): Die Psychologie des 20. Jahrhunderts. Bd. XIV: Auswirkungen auf die Kriminologie. 13–28. Zürich.

Rennison, C.M. (2010a). Victimization Surveys. In: *B.S. Fisher/S.P. Lab* (Hrsg.): Encyclopedia of Victimology and Crime Prevention. Bd. 2. 985–991. Los Angeles, London, New Delhi et al.

Rennison, C.M. (2010b). National Crime Victimization Survey (NCVS). In: *B.S. Fisher/S.P. Lab* (Hrsg.): Encyclopedia of Victimology and Crime Prevention. Bd. 2. 579–584. Los Angeles, London, New Delhi et al.

Rusche, G./Kirchheimer, O. (1939). Punishment and Social Structure. New York.

Rush, B. (1786/2009): The Influence of Physical Causes upon the Moral Faculty. In: *N. Rafter* (Hrsg.): The Origins of Criminology. 45–49. Abington, Oxon, New York.

Sack, F. (1974). Definition von Kriminalität als politisches Handeln: der labeling approach. In: *Arbeitskreis Junger Kriminologen* (Hrsg.): Kritische Kriminologie – Positionen, Kontroversen und Perspektiven. 18–43. München.

Sampson, R.J. (2006). Collective Efficacy Theory: Lessons Learned and Directions for Future Inquiry. In: *F.C. Cullen/J.P. Wright/K.R. Blevins* (Hrsg.): Taking Stock – The Status of Criminological Theory: Advances in Criminological Theory. Bd. 15. 149–167. New Brunswick/USA, London/UK.

Sampson, R.J. (2011). The Community. In: *J.Q. Wilson/J. Petersilia* (Hrsg.): Crime and Public Policy. 210–216. Oxford, New York, Oackland et al.

Sampson, R.J./Groves, W.B. (1989). Community Structure and Crime. Testing Social-Disorganisation Theory. In: American Journal of Sociology 94, 774–802.

Sampson, R.J./Laub, J.H. (1993). Crime in the Making – Pathways and Turning Points through Life. Cambridge/MA, London/England.

Sampson, R.J./Raudenbush, S.W./Earls, F. (2011). Collective Efficacy and Crime. In: *F.T. Cullen/ R. Agnew* (Hrsg.): Criminological Theory: Past to Present. 4. Aufl. 112–125. New York, Oxford.

Sauer, W. (1933). Kriminalsoziologie. 3 Bände. Berlin.

Sauer, W. (1950). Kriminologie. Berlin.

Savitz, L./Turner, S.H./Dickman, T. (1977). The Origin of Scientific Criminology, Franz Joseph Gall as the First Criminologist. In: *R.F. Meier* (Hrsg.): Theory in Criminology. 41–56. Beverly Hills, London.

Schaumann, J.C. (1792). Ideen zu einer Criminalpsychologie. Halle.

Schiedt, R. (1936). Ein Beitrag zum Problem der Rückfallprognose. München.

Schlapp, M.G./Smith, E.H. (1928). The new Criminology – A Consideration of the Chemical Causation of Abnormal Behavior. New York.

Schneider, H.J. (1966/1969). Entwicklungstendenzen ausländischer und internationaler Kriminologie. In: JZ 21, 369–381; 24, 182–185.

Schneider, H.J. (1967). Prognostische Beurteilung des Rechtsbrechers: Die ausländische Forschung. In: *U. Undeutsch* (Hrsg.): Handbuch der Psychologie in 12 Bänden. 11. Bd.: Forensische Psychologie. 397–510. Göttingen.

Schneider, H.J. (1972). Kriminalitätsentstehung und -behandlung als Sozialprozesse – Kritischer Überblick über die kriminologischen Kongresse im Herbst 1971. In: JZ 27, 191–199.

Schneider, H.J. (1974). Jugendkriminalität im Sozialprozess. Göttingen.

Schneider, H.J. (1975). Viktimologie – Wissenschaft vom Verbrechensopfer. Tübingen.

Schneider, H.J. (1977). Die Verbrechensopfer im Sozialprozess – Fortschritte der Viktimologie-Forschung. In: JZ 32, 620–632.

Schneider, H.J. (Hrsg.) (1981a). Die Psychologie des 20. Jahrhunderts. Bd. 14: Auswirkungen auf die Kriminologie. Zürich.

Schneider, H.J. (1981b). Psychoanalytische Kriminologie. In: *H.J. Schneider* (Hrsg.): Die Psychologie des 20. Jahrhunderts. Bd. XIV: Auswirkungen auf die Kriminologie. 114–140. Zürich.

Schneider, H.J. (1981c). Kriminalprognose. In: *H.J. Schneider* (Hrsg.): Die Psychologie des 20. Jahrhunderts. Bd. XIV: Auswirkungen auf die Kriminologie. 816–853. Zürich.

Schneider, H.J. (1987). Kriminologie. Berlin, New York.

Schneider, H.J. (1990). Sondergutachten zu der Arbeit der „National Commission on the Causes and Prevention of Violence" (USA). In: *H.-D. Schwind/J. Baumann u.a.* (Hrsg.): Ursachen, Prävention und Kontrolle von Gewalt. Bd. 3: Sondergutachten. 155–292. Berlin.

Schneider, H.J. (1993). Einführung in die Kriminologie. 3. Aufl. Berlin, New York.

Schneider, H.J. (1994). Kriminologie der Gewalt. Stuttgart, Leipzig.

Schneider, H.J. (2001). Kriminologie für das 21. Jahrhundert. Schwerpunkte und Fortschritte der internationalen Kriminologie – Überblick und Diskussion. Münster, Hamburg, London.

Schneider, H.J. (2003). Die Europäische Gesellschaft für Kriminologie (European Society of Criminology). In: MschrKrim 86, 225–231.

Schneider, H.J. (2004). Fortschritte der europäischen Kriminologie. In: MschrKrim 87, 460–475.

Schneider, H.J. (2005a). Der Ursprung der Weltkriminologie der Gegenwart – Die US-amerikanische Kriminologie in der ersten Hälfte des 20. Jahrhunderts. In: *S.C. Saar/A. Roth/C. Hattenhauer* (Hrsg.): Recht als Erbe und Aufgabe. 299–318. Berlin.

Schneider, H.J. (2005b). Sellin, Thorsten. In: *R.A. Wright/J.M. Miller* (Hrsg.): Encyclopedia of Criminology. Bd. 3. 1494–1496. New York, London.

Schneider, H.J. (Hrsg.) (2007/2009). Internationales Handbuch der Kriminologie. Bd. 1: Grundlagen der Kriminologie. Bd. 2: Besondere Probleme der Kriminologie. Berlin.

Schneider, H.J. (2008a). Der 15. Weltkongress für Kriminologie – Bericht und Stellungnahme. In: MschrKrim 91, 390–398.

Schneider, H.J. (2008b) Theoriegeleitete oder multifaktoriell bestimmte kriminologische Forschung und Praxis. In: MschrKrim 91, 227–234.

Schneider, H.J. (2009). Europäische Kriminologie im Aufwind. In: MschrKrim 92, 76–86.

Schneider, H.J. (2010). Die Europäische Kriminologie zu Beginn der 21. Jahrhunderts. Kriminalität, Kriminologie und Kriminalpolitik in Europa. In: MschrKrim 93, 475–501.

Schneider, K. (1923–1950). Die psychopathischen Persönlichkeiten. 1. bis 9. Aufl. Wien.

Schuerman, L./Kobrin, S. (1986). Community Careers in Crime. In: *A.J. Reiss/M. Tonry* (Hrsg.): Communities and Crime. Crime and Justice. Bd. 8. 67–100. Chicago, London.

Schwind, H.-D. (2011). Kriminologie – Eine praxisorientierte Einführung mit Beispielen. 21. Aufl. Heidelberg, München, Landsberg et al.

Seelig, E. (1936). Kriminologie. In: *A. Elster/H. Lingemann* (Hrsg.): Handwörterbuch der Kriminologie und der anderen strafrechtlichen Hilfswissenschaften. 1. Aufl. Bd. 2. 67–77. Berlin, Leipzig.

Seelig, E. (1950, 1963). Lehrbuch der Kriminologie. 1. Aufl. 1950; 3. Aufl. bearbeitet von *Hanns Bellavic.* Darmstadt.

Seelig, E./Weindler, K. (1949). Die Typen der Kriminellen. Berlin, München.

Sellin, T. (1931). Die Grundlagen eines Kriminalitätsindex. In: MschrKrim 22, 577–597.

Sellin, T. (1937). Research Memorandum on Crime in the Depression. New York.

Sellin, T. (1938). Culture Conflict and Crime. New York.

Sellin, T. (1944). Pioneering in Penology. The Amsterdam Houses of Correction in the Sixteenth and Seventeenth Centuries. Philadelphia.

Sellin, T. (1960). Enrico Ferri 1856–1929. In: *H. Mannheim* (Hrsg.): Pioneers in Criminology. 277–300. London.

Sellin, T. (1967a). Homicides in Retentionist and Abolitionist States. In: *T. Sellin* (Hrsg.): Capital Punishment. 135–138. New York, Evanston, London.

Sellin, T. (1967b). Prison Homicides. In: *T. Sellin* (Hrsg.): Capital Punishment. 154–160. New York, Evanston, London.

Sellin, J.T. (1976). Slavery and the Penal System. New York, Oxford, Amsterdam.

Sellin, T. (1980). The Penality of Death. Beverly Hills, London.

Shanas, E. (1942). Recreation and Delinquency. Chicago.

Shaw, C.R. (1929). Delinquency Areas. Chicago/Ill.

Shaw, C.R. (1930/1966). The Jack-Roller. A Delinquent Boys Own Story. Nachdruck. Chicago, London.

Shaw, C.R. (1931/1966). The Natural History of a Delinquent Career. Nachdruck. Chicago, London.

Shaw, C.R. (1938/1966). Brothers in Crime. Nachdruck. Chicago, London.

Shaw, C.R./McKay, H.D. (1931/1968). Social Factors in Juvenile Delinquency. In: *National Commission on Law Observance and Enforcement* (Hrsg.): Complete Reports. Bd. 13, Teilband 2. Nachdruck. Montclair/NJ.

Shaw, C.R./McKay, H.D. (1942/1969). Juvenile Delinquency and Urban Areas. Nachdruck. Chicago, London.

Shaw, C.R./McKay, H.D. (2011). Juvenile Delinquency and Urban Areas. In: *F.T. Cullen/R. Agnew* (Hrsg.): Criminological Theory: Past to Present. 4. Aufl. 98–104. New York, Oxford.

Sherman, L.W. (2011). The Use and Usefulness of Criminology, 1751–2005. In: *A. Walsh/C. Hemmens* (Hrsg.): Introduction to Criminology. 2. Aufl. 23–31. Los Angeles, London, New Delhi et al.

Sieverts, R./Schneider, H.J. (Hrsg.) (1975, 1977, 1979, 1998). Handwörterbuch der Kriminologie. 2. Aufl. Bd. 2 (1977), Bd. 3 (1975), Bd. 4 (1979), Bd. 5 (1998). Berlin, New York.

Smith, M.H. (1922). The Psychology of the Criminal. London.

Snodgrass, J. (1982). The Jack-Roller at Seventy. Lexington/MA, Toronto.

Snodgrass, J. (2011). Clifford R. Shaw and Henry D. McKay: Chicago Criminologists. In: *F.C. Cullen/C.L. Jonson/A.J. Myer/F. Adler* (Hrsg.): The Origins of American Criminology. Advances in Criminological Theory. Bd. 16. 17–35. New Brunswick/USA, London/UK.

Sommer, R. (1904). Kriminalpsychologie und strafrechtliche Psychopathologie auf naturwissenschaftlicher Grundlage. Leipzig.

Spee, F.v. (1632/1987). Cautio Criminalis oder rechtliches Bedenken wegen der Hexenprozesse. München.

Stern, W. (1926). Jugendliche Zeugen in Sittlichkeitsprozessen. Leipzig.

Stumpfl, F. (1935). Erbanlage und Verbrechen. Berlin.

Stumpfl, F. (1936). Die Ursprünge des Verbrechens. Leipzig.

Supreme Court of the United States (1967). Entscheidung vom 15. Mai 1967: In re Gault. In: *President's Commission on Law Enforcement and Administration of Justice* (Hrsg.): Task Force Report: Juvenile Delinquency and Youth Crime. 57–76. Washington D.C.

Sutherland, E.H. (1924). Criminology. Philadelphia. London.

Sutherland, E.H. (1934, 1939, 1947). Principles of Criminology. 2., 3., 4. Aufl. Chicago, Philadelphia.

Sutherland, E.H. (1937). The Professional Thief by a Professional Thief. Chicago.

Sutherland, E.H. (1940/1977). White-Collar Criminality. In: *G. Geis/R.F. Meier* (Hrsg.): White Collar Crime. 38–49. New York, London.

Sutherland, E.H. (1945/1970). Is "White Collar Crime" Crime? In: *M.E. Wolfgang/L. Savitz/N. Johnston* (Hrsg.): The Sociology of Crime and Delinquency. 2. Aufl. 32–40. New York, London.

Sutherland, E.H. (1949). White Collar Crime. New York, Chicago, San Francisco et al.

Sutherland, E.H. (2012). Crime and Business. In: *B.K. Payne* (Hrsg.): White-Collar Crime. 28–54. Los Angeles, London, New Delhi et al.

Sutherland, E.H./Cressey, D.R. (1955 bis 1978). Principles of Criminology. 5. bis 10. Aufl. Philadelphia, New York, San Jose et al.

Sutherland, E.H./Cressey, D.R./Luckenbill, D.F. (1992). Principles of Criminology. 11. Aufl. Dix Hills/ NY.

Taft, D.R. (1942; 1943; 1945; 1947). Criminology. 1., 2. 3. und 4. Aufl. New York.

Tannenbaum, F. (1938). Crime and the Community. New York, London.

Tappan, P.W. (1947a/1970). Who is the Criminal? In: *M.E. Wolfgang/L. Savitz/N. Johnston* (Hrsg.): The Sociology of Crime and Delinquency. 2. Aufl. 41–48. New York, London, Sydney et al.

Tappan, P.W. (1947b/1969). Delinquent Girls in Court. A Study of the Wayward Minor Court of New York. Nachdruck. Montclair/NJ.

Tappan, P.W. (1960). Crime, Justice, and Correction. New York, Toronto, London.

Tarde, G. (1886). La Criminalité Comparée. Paris.

Tarde, G. (1890/2009). Imitation and Crime. In: *N. Rafter* (Hrsg.): The Origins of Criminology. 315–319. Abington, Oxon, New York.

Tarde, G. (1912/1968). Penal Philosophy. Nachdruck. Montclair/NJ.

Thomas, W.I. (1923/1969). The Unadjusted Girl. Nachdruck. Montclair/NJ.

Thornberry, T.P./Krohn, M.D. (Hrsg.) (2003). Taking Stock of Delinquency. An Overview of Findings from Contemporary Longitudinal Studies. New York, Boston, Dordrecht.

Thrasher, F.M. (1927/1963). The Gang. A Study of 1313 Gangs in Chicago. Nachdruck. Chicago.

Tibbits, C. (1931). Success and Failure in Parole Can Be Predicted. In: Journal of Criminal Law and Criminology 22, 11–50.

Tönnies, F. (1887/1979). Gemeinschaft und Gesellschaft. Nachdruck. Darmstadt.

Tonry, M./Lappi-Seppälä, T. (Hrsg.) (2011). Crime and Justice in Scandinavia. Crime and Justice. Bd. 40, Chicago, London.

Vold, G.B. (1931). Prediction Methods and Parole. Hanover/NH.

Vold, G.B. (1958). Theoretical Criminology. 1. Aufl. New York.

Walsh, A./Ellis, L. (2007). Criminology. Thousand Oaks, London, New Delhi.

Warner, S.B. (1923). Factors Determining Parole from the Massachusetts Reformatory. In: Journal of Criminal Law and Criminology 14, 172–207.

Warner, S.B. (1931/1968). Survey on Criminal Statistics in the United States. In: *National Commission on Law Observance and Enforcement* (Hrsg.): Complete Reports. Bd. 3: Report on Criminal Statistics. 19–147. Nachdruck. Montclair/NJ.

Warr, M. (2001). The Social Origins of Crime: Edwin Sutherland and the Theory of Differential Association. In: *R. Paternoster/R. Bachman* (Hrsg.): Explaining Criminals and Crime – Essays in Contemporary Criminological Theory. 182–191. Los Angeles/CA.

Wellford, C.F. (2009). History and Evolution of Criminology. In: *J.M. Miller* (Hrsg.): 21st Century Criminology – A Reference Handbook. Bd. 1. 10–17. Los Angeles, London, New Delhi et al.

Wetzell, R.F. (2000). Inventing the Criminal. A History of German Criminology 1880–1945. Chapel Hill, London.

Wetzell, R.F. (2006). Criminology in Weimar and Nazi Germany. In: *P. Becker/R.F. Wetzell* (Hrsg.): Criminals and Their Scientists. 401–423. Cambridge, New York, Melbourne et al.

Wetzell, R.F. (2010). Aschaffenburg, Gustav: German Criminology. In: *F.T. Cullen/P. Wilcox* (Hrsg.): Encyclopedia of Criminological Theory. Bd. 1. 58–62. Los Angeles, London, New Delhi et al.

White, W.A. (1933). Crimes and Criminals. New York.

Wines, E.C. (1880/1968). The State of Prisons and of Child-Saving Institutions in the Civilized World. Nachdruck. Montclair/NJ.

Wisehart, M.K. (1922/1968). Newspapers and Criminal Justice. In: *R. Pound/F. Frankfurter* (Hrsg.: Criminal Justice in Cleveland. 515–555. Nachdruck. Montclair/NJ.

Wolfgang, M.E. (1960). Cesare Lombroso 1835–1909. In: *H. Mannheim* (Hrsg.): Pioneers in Criminology. 168–227. London.

Wood, A.E./Waite, J.B. (1941). Crime and its Treatment. New York, Cincinnati, Chicago.

Wulffen, E. (o.J.). Psychologie des Verbrechers. 1. und 2. Bd. Groß-Lichterfelde-Ost.

2.2 Theorien der internationalen Kriminologie

2.2.1 Kriminologische Theorien im Überblick

Inhaltsübersicht

2.2.1.1 Kriminologische Grundlagen der Theorien

2.2.1.1.1 Die Theorie in der sozialwissenschaftlichen Kriminologie

Kriminologie ist eine sozialwissenschaftliche Grundlagendisziplin des Rechts. Sozialwissenschaften erforschen Gesellschaften, ihre Strukturen und Prozesse sowie Menschen in diesen Gesellschaften, ihre Persönlichkeiten, ihre Verhaltensmuster und -stile, ihre Interaktionen, ihre Institutionen und Gruppen, ihre Werte und Kulturen (*Bachman/Schutt* 2011, 8; *Kraska/Neuman* 2012, 33–35). Kriminologie kann man demzufolge als Tatsachenwissenschaft definieren, die sich mit Verbrechen als einem sozialen Problem, mit dem Täter- und Opferwerden und den Reaktionen auf das Täter- und Opferwerden als Sozialprozessen auf der Grundlage von Sozialstrukturen und -prozessen befasst. Der Gegenstandsbereich der sozialwissenschaftlichen Kriminologie geht deshalb über das Täterwerden (mit dem Nahbereich des Täters) weit hinaus. Er umfasst vielmehr auch die gesellschaftlichen Kriminalitätsursachen und ihre Kontrolle sowie das Opferwerden und seine Kontrolle in der Gesellschaft. Damit erweist sich die sozialwissenschaftliche Kriminologie als eine Wissenschaft, die sich nur in einer rechtsstaatlich verfassten Demokratie voll entfalten kann (*LaFree* 2007, 2–4). Denn allein Demokratien gewährleisten die Unabhängigkeit der Kriminologie, und sie allein bringen die selbstkritische Einsicht in gesellschaftliche Ursachen und die Notwendigkeit gesellschaftlicher Kontrolle der Delinquenz und Kriminalität auf. Ihrem Gegenstandsbereich gemäß, der Täter, Opfer und Gesellschaft in sich schließt, unterscheidet die sozialwissenschaftliche Kriminologie Makro-, Meso- und Mikro-Theorien „mittlerer Reichweite" (*Robert K. Merton*). Makrotheorien setzen sich mit den Kriminalitäts-Ursachen und ihrer Kontrolle in der Gesellschaft auseinander. Mesotheorien widmen sich den Kriminalitäts-Ursachen und ihrer Kontrolle in den gesellschaftlichen Institutionen und Gruppen. Mikrotheorien beschäftigen sich schließlich mit dem individuellen Täter- und Opferwerden und seinen Reaktionen in der Gesellschaft.

2.2.1.1.2 Die Theorie im kriminologischen Forschungsprozess

Theoretische Kriminologie ist der Grundstein, der Eckpfeiler der Kriminologie (*J.M. Miller* 2009, 2–9). Theorie ist ein System miteinander verbundener Ideen, das Wissen zum Zwecke des Verstehens und/oder der Erklärung zusammenfasst und organisiert (*Kraska/Neuman* 2012, 62). Theorien müssen in sich logisch und stimmig sein. Ihre Konzepte dürfen nicht unklar formuliert werden. Sie müssen in ihrem Ausdruck (in ihrer Formulierung) sparsam sein, aber die Ursachen möglichst vieler Kriminalitätsformen und die Kontrolle dieser Ursachen möglichst treffsicher erklären. Theorien dürfen nicht tautologisch sein. Von Tautologie spricht man, wenn eine Theorie per definitionem richtig ist oder wenn sie auf einer zirkulären Beweisführung beruht. Ein Beispiel ist: Psychopathen verüben Straftaten, weil sie Psychopathen sind. Eine Theorie muss durch objektive, wiederholbare Beweise empirisch testbar sein. Man muss sie falsifizieren (empirisch widerlegen) können. Eine Theorie, die mit empirischen Studien nicht getestet werden kann, ist kriminologisch unbrauchbar (*Akers/Sellers* 2009, 6).

Theorie und empirische Forschung gehören eng zusammen (*Laub* 2010, 423). Werden die Behauptungen der Theorie durch die Fakten zahlreicher empirischer Studien nicht bestätigt, ist die Theorie falsifiziert. Stimmen die Fakten mit der Theorie überein, gewinnt sie an Glaubwürdigkeit. Alle Theorien streben nach internaler und

externaler Validität (Gültigkeit) (*Maxfield/Babbie* 2011, 191–195). Internale Validität ihrer kausalen Erklärung besitzt eine Theorie, wenn sie die folgenden drei Kriterien erfüllt (*H.J. Schneider* 2007, 234):
- Es besteht eine empirische Korrelation zwischen ihren Verursachungs- und Wirkungsvariablen.
- Die Ursache geht der Wirkung zeitlich voraus.
- Die beobachtete Korrelation zwischen Ursache und Wirkung beruht nicht auf dem Einfluss einer dritten Variablen (einer intervenierenden Variablen).

Externale Validität (internationale Gültigkeit) erreicht eine Theorie dann, wenn internal valide empirische Studien, die auf ihr beruhen, durch möglichst zahlreiche internal valide empirische Wiederholungsstudien in anderen Sozialstrukturen (Ländern) zu übereinstimmenden Ergebnissen kommen.

Jede kriminologische Theorie hat eine ihr entsprechende Kriminalpolitik zur Folge, die sich nicht nur auf formelle Interventionen der Kriminaljustiz, sondern auch auf informelle Reaktionen gesellschaftlicher Institutionen, z.B. der Familie, bezieht. Das informelle Kontrollsystem ist in das Alltagsleben eingebettet; es ist bei der Verbrechensvorbeugung und -kontrolle wirksamer als das offizielle Kriminaljustizsystem. Informelle und formelle Kriminalitätskontrolle beeinflussen sich wechselseitig. Wie Ursachentheorien beweisen müssen, dass sie empirisch valide sind, so müssen Kontrolltheorien, die auf Ursachentheorien aufbauen, durch Evaluationsstudien, zumeist Experimente, den Beweis erbringen, dass sie die Wirkungen erzielen, die sie versprechen. Auch sie müssen internal und external valide sein. Internale Validität ist bei einem Kontroll-Experiment gegeben, das drei Kriterien erfüllt (*H.J. Schneider* 2007, 219):
- zwei Vergleichsgruppen: eine, die experimentelle Bedingungen erhält (z.B. Vorbeugung, Behandlung), und eine, die keine Intervention bekommt,
- Zuweisung von Versuchspersonen nach Zufallsgesichtspunkten zu einer der beiden Vergleichsgruppen (Randomisierung),
- Beurteilung der Änderung in den abhängigen Variablen, z.B. Rückfall, beider Gruppen, nachdem die experimentelle Bedingung verwirklicht worden ist.

Um die externale Validität (Allgemeingültigkeit) zu ermitteln, werden internal valide Ursachenstudien wie Kontrollexperimente weltweit in systematischen Überblicken und Meta-Analysen zusammengefasst. Systematische Überblicke legen in Einzelheiten dar, wie die Zusammenfassung der Analysen durchgeführt worden ist und wie man zu den weltweit gültigen Schlussfolgerungen gekommen ist (*Bachman/Schutt* 2011, 369). Mit Meta-Analysen findet man den gegenwärtigen weltweiten Stand der empirischen oder experimentellen Forschung zu einer kriminologischen Theorie in quantitativer, numerischer Weise heraus (*D.B. Wilson* 2010).

2.2.1.1.3 Die Theorie in der internationalen kriminologischen Ideengeschichte

2.2.1.1.3.1 Theorie-Entwicklung in Europa bis zum 2. Weltkrieg

Die kriminologische Theoriegeschichte beginnt mit der Aufklärung am Ende des 18. Jahrhunderts. Man sah die Ursache des Verbrechens in einer rationalen Kosten-Nutzen-Analyse des Verbrechers. Im 19. Jahrhundert herrschte der Ein-Faktor-Ansatz (z.B. Verbrechen aus Geldgier, aus Rachsucht) vor. Das änderte sich mit der Veröffentlichung des Buches des italienischen Mediziners *Cesare Lombroso* (1839–1909) über den kriminellen Menschen (L'uomo delinquente), das im Jahre 1876 in erster Auflage erschien, das noch vier weitere Auflagen erlebte und das in zahlreiche Sprachen übersetzt worden ist (*Lombroso* 1876/2006). *Lombroso* fand die Ursache des Verbrechens in einem kriminellen Menschentyp (dem geborenen Verbrecher), der sich durch körperliche und psychische Abnormitäten vom Normalmenschen unterscheidet und dessen Häufigkeit er in der letzten Auflage seines Buches auf 35 Prozent der Kriminellen einschätzte. Er kennzeichnete seinen kriminellen Menschentyp mit zahlreichen negativen Persönlichkeitseigenschaften (*Lombroso* 1894, 229–231). Sein Schüler *Enrico Ferri* (1856–1929) versuchte, *Lombroso*s kriminalbiologischen Ansatz durch Studien zu ergänzen, die er „Kriminalsoziologie" nannte und die sich mit der Methode des Mehrfaktorenansatzes mit der Person des Verbrechers und seinem sozialen Nahbereich beschäftigten (*Ferri* 1896). *Lombroso*s Annahmen übten auf seinerzeit berühmte deutsche Psychiater wie *Hans Kurella*, *Eugen Bleuler* und *Emil Kraepelin* einen mächtigen Eindruck aus (*Wetzell* 2000, 39–71). Nach Veröffentlichungen des ersten deutschen kriminologischen Lehrbuchs von *Gustav Aschaffenburg* (1903) und nach Abhandlungen des Kriminalpolitikers *Franz von Liszt* (1905), die beide die Kriminalitätsentstehung als soziales Problem betrachteten, fiel die deutsche Kriminologie in der Zeit der Weimarer Republik (1918–1933) wieder in kriminalbiologische Vorstellungen zurück. Im Jahre 1923 brachte der Psychiater *Kurt Schneider* (1887–1967) sein schmales Bändchen über die „psychopathischen Persönlichkeiten" heraus (*K. Schneider* 1950), das in neun Auflagen „eines der einflussreichsten Werke der deutschen Psychiatrie des 20. Jahrhunderts war und einen starken Einfluss auf die Kriminalbiologie ausübte" (*Wetzell* 2000, 146). Aufgrund klinischer Erfahrung hatte er eine Typologie von zehn psychopathischen Charakteren entworfen, die von der „Durchschnittsbreite der Persönlichkeiten" abwichen (u.a. gemütlose, willenlose Psychopathen). Die Nationalsozialisten missbrauchten (1933–1945) die Kriminalbiologie zur Rechtfertigung ihrer widerlichen Massen-Verbrechen, indem sie – in ihrer Terminologie – behaupteten, sie „merzten" lediglich „kriminelle Rassen", u.a. den „kriminellen Menschenschlag" der Juden und die Psychopathen ihrer politischen Gegner aus.

2.2.1.1.3.2 Theorie-Entwicklung in der US.-amerikanischen Kriminologie

Während Europa nach dem 1. Weltkrieg (1914–1918) unter einer gesellschaftlichen Regression litt, ging die Führung der Weltkriminologie auf die USA über. Die US.-amerikanische Kriminologie folgte der Konzeption von *Aschaffenburg* (so *Reckless* 1970, 4–20; 1973, 688–691), die er in der englischen Übersetzung seines Lehrbuchs (1913) vertreten hatte (*Aschaffenburg* 1913/1968). Für die Verursachung kriminellen Verhaltens hält *Aschaffenburg* die soziale Umwelt für doppelt verantwortlich. Nicht nur das schlechte Beispiel eines verdorbenen moralischen Milieus (unmittelbarer Einfluss), sondern auch die psychische Verwahrlosung durch eine verfehlte Erziehung (mittelbarer Einfluss) lassen kriminelles Verhalten entstehen (*Wetzell* 2010, 59/60). Aufbauend auf Ideen des deutschen Soziologen *Ferdinand Tönnies* (1855–1936) (1887/1979) entwickelte die Chicago-Schule – aufgrund quantitativer empirischer Studien von *Clifford R. Shaw* und *Henry D. McKay* (1931/1968; 1942/1969) – ihre Theorie der sozialen Desorganisation in den 1930er und 1940er Jahren, die die Entstehung der Delinquenz auf Gemeinschaftszerfall zurückführt (*Snodgrass* 2011). Ganz in der Tradition der Chicago-Schule stand *Edwin H. Sutherland* (1883–1950), der eine sozialpsychologische Theorie des sozialen Lernens kriminellen Verhaltens entwarf, deren endgültige Fassung er im Jahre 1947 veröffentlichte (*Sutherland* 1947, 1–9). Kriminelle sind nicht psychisch abnorm; sie leiden unter keiner Persönlichkeitsstörung, unter keiner Psychopathie, die er als Ausdruck eines neo-lombrosianischen Ansatzes beurteilte (*Sutherland* 1934, 105). Sie lernen kriminelles Verhalten vielmehr aus antisozialen gesellschaftlichen Verhaltensmustern, Wertvorstellungen und Rechtfertigungen. In der *Sutherland-Glueck*-Debatte (1925–1945) (*Laub/Sampson* 1991) prallten zwei kriminologische Grundauffassungen aufeinander. *Sutherland* setzte sich für eine theoriegeleitete empirische Forschung ein, während das kriminologische Forscher-Ehepaar *Sheldon* und *Eleanor Glueck* atheoretisch eingestellt war und in vier umfangreichen Forschungsprojekten einem multifaktoriellen Ansatz folgte (*Logan* 2010). Nach *Sutherland* wird kriminelles Verhalten wie jedes andere menschliche Verhalten in Sozialprozessen gelernt. Demgegenüber gehen die *Glueck*s von einer Dichotomie zwischen Delinquenten und Nichtdelinquenten aus. Das Verbrechen wird von einer Menschenkategorie begangen, die sich vom Normalmenschen körperlich, psychisch und sozial unterscheidet und deren Eigenschaften und Merkmale sie in einer Persönlichkeitsstruktur umrissen (*Glueck/Glueck* 1968, 23–28). In der Hauptrichtung der US.-amerikanischen Kriminologie (Mainstream Criminology) setzte sich *Sutherland* mit seiner Konzeption durch. Die Daten des vierten Forschungsprojekts der *Glueck*s sind neu aufbereitet und mit einem neuen theoretischen und methodischen Konzept weitergeführt worden (*Laub/Sampson* 2011, 369–395). Mit ihrer Theorie der altersabgestuften informellen Kontrolle knüpften *John H. Laub* und *Robert J. Sampson* an die Theorie der sozialen Bindung von *Travis Hirschi* (1969) an, die sie in sozialstrukturelle Zusammenhänge und in soziale Kontrollprozesse brachten, die im Lebenslauf des Rechtsbrechers ablaufen (*Sampson/Laub* 1993; *Laub/Sampson* 2003).

2.2.1.1.3.3 Theorie-Entwicklung in der deutschen Kriminologie nach dem 2. Weltkrieg

Die deutschsprachige Kriminologie in der Weimarer Republik (1918–1933) und in der Zeit des Nationalsozialismus (1933–1945) bearbeitete hauptsächlich die Frage, ob sich Verhaltensbereitschaften zur Kriminalitätsbegehung vererben (*Wetzell* 2006, 401–423). Hierfür wurden vor allem Zwillings- und Sippenforschung betrieben. Während des Nationalsozialismus wurde lediglich die Kriminalbiologie geduldet. Nach dem Ende des 2. Weltkriegs und dem Zusammenbruch des Nationalsozialismus (nach 1945) nutzte man nicht die Gunst der Stunde zu einem theoretisch-kriminologischen Neubeginn. Die sozialwissenschaftlichen Theorien der US.-amerikanischen Kriminologie lehnte man vielmehr ab, weil sie auf „deutsche Verhältnisse" unanwendbar seien (*R. Lange* 1970, 234; 1981, 151–198). Man vertrat die Ansicht, die *Kurt Schneider*sche Psychopathologie habe sich für die deutsche Kriminologie als „fruchtbar und ausreichend erwiesen" (*Leferenz* 1955, 21; 1978, 1–5). Das Kriminologie-Lehrbuch von *Hans Göppinger*, der die Kriminologie in der *Kurt-Schneider*-Festschrift allein für die Psychopathologie in Anspruch nahm (*Göppinger* 1962, 316–321), erschien in den 1970er Jahren in vier Auflagen (*Göppinger* 1971; 1973; 1976; 1980), in 1997 in 5. (*Göppinger/Bock/Böhm* 1997) und in 2008 in 6. Auflage (*Bock/Göppinger* 2008). *Göppingers* Konzept des „Täters in seinen sozialen Bezügen" und seine „Tübinger Jungtäter-Vergleichsuntersuchung" (*Göppinger* 1983; 1985) gründete er auf den *Glueck*schen atheoretischen Mehrfaktorenansatz, von dem sich die Hauptrichtung der US.-amerikanischen Kriminologie aber inzwischen bereits abgewandt hatte. In seinem Grundriss (*G. Kaiser* 1993) und seinem Lehrbuch (*G. Kaiser* 1996) veranschaulichte *Günther Kaiser* die Kriminologie als „Wirklichkeitswissenschaft des Strafrechts", die er auf den Mehrfaktorenansatz gründete. Freilich blieben in der deutschsprachigen Kriminologie die sozialwissenschaftlichen Theorien in der zweiten Hälfte des 20. Jahrhunderts und auch zu Beginn des 21. Jahrhunderts lebendig (*H.J. Schneider* 1987; 2001).

2.2.1.1.3.4 Theorie-Entwicklung während der Jahrestagungen der „American Society of Criminology"

Der gegenwärtige Stand der kriminologischen Theoriediskussion ist im Wesentlichen auf Ideen und Ausarbeitungen der US.-amerikanischen Kriminologie zurückzuführen, die nach der Gründung der „American Society of Criminology (ASC)" im Jahre 1941 auf deren Jahrestagungen verwirklicht wurden. Mit annähernd 4.000 Teilnehmerinnen und Teilnehmern zu Beginn des 21. Jahrhunderts entfalteten sich diese Tagungen zu den größten jährlichen Zusammenkünften der Kriminologen der Welt. In den Jahren 1988, 1997 und 2007 befragte man die Teilnehmerinnen und Teilnehmer auch danach, welche Theorien sie am meisten schätzten (*Ellis/Cooper/Walsh* 2008; *Ellis/Walsh* 1999). Auf diese Weise bildeten sich eine kriminologische Hauptrichtung und zahlreiche Nebenrichtungen (*Akers/Sellers* 2009, 14). Die sozialwissenschaftliche Hauptrichtung (Mainstream Criminology) macht mehr als 75 Prozent der Kriminologinnen und Kriminologen aus. Von den Nebenrichtungen sind die kritische Kriminologie mit etwa zehn Prozent und die Biokriminologie mit weniger als zehn Prozent die größten Gruppierungen (*H.J. Schneider* 2011, 112–140). Auf den Jahrestagungen der „European Society of Criminology (ESC)", die im Jahre 2000 nach dem Vorbild der ASC geschaffen worden ist, erhält die europäische Kriminologie durch die sozialwissenschaftlichen Theorien der ASC Unterstützung in ihrer Theorie-Entwicklung.

2.2.1.2 Theorien der kriminologischen Hauptrichtung (Mainstream Criminology)

2.2.1.2.1 Sozialstrukturelle Theorien

2.2.1.2.1.1 Theorien der sozialen Desorganisation

Die Theorien der sozialen Desorganisation gehen davon aus, dass Kriminalität nicht gleichmäßig über den geographischen Raum verteilt ist. Sie konzentriert sich vielmehr auf sozial desorganisierte Gebiete, die durch den Zusammenbruch der sozialen Institutionen der Gemeinschaft, z.B. ihrer Familien, Schulen, Nachbarschaften, gekennzeichnet sind. Es ist die Eigenart der Gemeinschaft des Gebietes, nicht die seiner einzelnen Bewohner, die das Verbrechen hervorruft. Das Konzept der sozialen Desorganisation kann als Unfähigkeit der Gemeinschaft definiert werden, gemeinsame Wertvorstellungen ihrer Bewohner zu verwirklichen und wirksame Sozialkontrollen aufrechtzuerhalten (*Shaw/McKay* 1942/2011, 98–104; *Sampson* 2012; *Kubrin* 2010, 827–834). Soziale Desorganisation ist mit niedrigem ökonomischem Status, Wohn-Unbeständigkeit (schnellem Bewohnerwechsel) und ethnischer Verschiedenartigkeit der Bezirksbewohner verbunden. Die desorganisierte Gemeinschaft leidet an einem zerstörten oder geschwächten System von Freundschafts-, Verwandtschafts- und Bekanntschafts-Netzwerken, die für den laufenden Sozialisationsprozess von entscheidender Bedeutung sind. Nachdem delinquente Traditionen sich eingenistet haben, werden sie von Generation zu Generation durch Interaktionen in Nachbarschafts-Gleichaltrigen-Gruppen (Peer Groups) weitergegeben. Die Theorie der sozialen Desorganisation ist mehrfach empirisch getestet und bestätigt worden (*Sampson/Groves* 1989; *Lowenkamp/Cullen/Pratt* 2003/2010). Eine empirische Studie in 31 europäischen, nord- und südamerikanischen Ländern ist zu dem Resultat gekommen, dass Nachbarschaftsdesorganisation einen starken Einfluss auf die Entstehung der Jugenddelinquenz ausübt (*Junger-Tas/Marshall/Enzmann/Killias/Steketee/Gruszczynska* 2010, 2012). Eine Meta-Analyse von mehr als 200 empirischen Studien, die zwischen 1960 und 1999 angefertigt worden sind, hat ergeben, dass die empirische Unterstützung dieser Theorie „ziemlich stark" ist (*Pratt/Cullen* 2005, 407).

Nach der Theorie der sozialen Desorganisation entsteht durch Solidarität, Zusammenhalt und Integration (durch soziale Bindungen) informelle Sozialkontrolle, die die Kriminalitätsentstehung verhindert. Soziale Bindungen müssen allerdings aktiviert und soziale Ressourcen mobilisiert werden, um eine wirksame Sozialkontrolle zu gewährleisten. Das verlangt die Theorie der kollektiven Wirksamkeit, durch die die Theorie der sozialen Desorganisation weiterentwickelt und vervollständigt worden ist (*Sampson* 2011; *Sampson/Raudenbush/Earls* 1997/2011). Kollektive Effektivität ist ein dynamisches Konzept, das auf wechselseitiger Unterstützung und gegenseitigem Vertrauen der Bewohner eines Gebiets beruht. Sie müssen zur Intervention gegen Kriminalitätsentstehung bereit sein, was zum großen Teil von den Bedingungen wechselseitigen Vertrauens und gegenseitiger Solidarität unter Nachbarn abhängig ist. Durch konzentrierte Benachteiligung, Familienzerrüttung und Wohn-Unbeständigkeit wird kollektive Effektivität untergraben.

Eng verbunden mit der Theorie der sozialen Desorganisation ist die Gemeinschafts-Zerfall-Prozess-Theorie, die davon ausgeht, dass Unordnung und Verfall Anzeichen für einen Gemeinschaftszerfall sind. Die Unordnung hat physische, bauliche (z.B. verfallene Gebäude) und Verhaltens-Komponenten (z.B. Alkoholtrinken und Rauschmittelmissbrauch auf Straßen und Plätzen). Diese Indikatoren sind für Bewohner und Nicht-Bewohner Signale dafür, dass die Gemeinschafts-Selbst-Kontroll-Mechanismen in diesem Gebiet nicht mehr greifen und dass die Gebietsgemeinschaft in Niedergang und Zerfall geraten ist. Durch die Unordnungs-Signale werden kriminell-verhaltensbereite Nichtbewohner angezogen, die Gelegenheiten zu Straftaten wittern. Schlimmer noch ist, dass die Signale bei den Bewohnern Verbrechensfurcht, psychischen Rückzug und Selbst-Isolation hervorrufen. Es wird eine Zerfalls-Spirale (Eigendynamik) in Gang gesetzt, die Delinquenz und Kriminalität sowie weitere Unordnung verursacht (*Skogan* 2012, 1990). Polizeiliches Einschreiten gegen die Unordnung („Zero-Tolerance-Policing") (*J.Q. Wilson/Kelling* 1982/2011) greift zu kurz. Denn die Unordnung ist keine Kriminalitätsursache, sondern lediglich ein Indikator für soziale Desorganisation, die durch Gemeinschafts-Polizei-Arbeit („Community Policing") angegangen werden kann, die die informellen Kontrollmechanismen der Gemeinschaft wieder aufbaut und stärkt. Das wird mit gutem Erfolg in Chicago versucht (*Skogan* 2006; *Skogan/Hartnett* 1997; *National Research Council* 2004, 232–235).

2.2.1.2.1.2 Theorie der sozialstrukturellen Viktimisierung

Sozial ausgeschlossene oder an den Rand der Gesellschaft gedrängte Personen oder soziale Gruppen (soziale Minderheiten) sind in hohem Maße für Viktimisierung (Opferwerden durch Straftaten) anfällig (*Lévay* 2007; *Young* 1999). Der Grund für ihre Viktimisierungsneigung (Verletzbarkeit) liegt in ihrer sozialen Machtlosigkeit, in ihrem minderen sozialen Status, den man ihnen zugewiesen hat. Es mangelt ihnen an sozialem Kapital; denn ihre sozialen Netzwerke, ihre Bindungen an ihre Mitmenschen und an ihre sozialen Institutionen, z.B. ihre Familien, sind nicht unverletzt wirksam. Ihre Verhaltensmöglichkeiten und Durchsetzungsfähigkeiten innerhalb sozialer Interaktionen sind stark eingeschränkt. Diese Kontrollunterworfenheit bei Kontrollüberfluss der gesellschaftlichen Mehrheit (Kontrollungleichgewicht) verursacht ihre vermehrte Viktimisierung (*Tittle* 1995). Marginalisierte Gruppen können z.B. Immigranten, rassische, religiöse oder ethnische Minderheiten oder Obdachlose sein (*H.J. Schneider* 2010b, 323/324 (Obdachlose)).

2.2.1.2.1.3 Die Anomietheorien

Die erste Anomietheorie entwickelte der französische Soziologe *Emile Durkheim* (1858–1917). Für ihn hatte Anomie (Normlosigkeit) die Bedeutung des Zusammenbruchs sozialer Normen und Regeln. Schneller sozialer Wandel verursacht z.B. Anomie, weil traditionelle gesellschaftliche Normen nicht mehr binden, sich neue Leitbilder und Wertvorstellungen aber noch nicht herausgebildet haben (*Bernard/Snipes/Gerould* 2010, 115–132; vgl. zu Durkheim: *Mutchnick/Martin/Austin* 2009, 32–44).

Eine zweite Anomietheorie entwarf der US.-amerikanische Soziologe *Robert K. Merton* (1910–2003) (1938/2011; 1957/1968). Nach seiner Version der Anomietheorie legen die westlichen Gesellschaften zu viel Gewicht auf den monetären Erfolg, und sie betonen zu wenig die legitimen Normen, um diesen Erfolg durch schulische und berufliche Ausbildung und harte Arbeit zu erreichen. Den Grund für die starke Belastung der Unterschicht mit Kriminalität sah er darin, dass die westlichen Gesellschaften ihr die legitimen Möglichkeiten zur Erreichung des Wohlstandsziels blockieren. *Merton*s Anomietheorie dominierte die Theoriediskussion der 1950er und 1960er Jahre. Sie kam in den 1970er Jahren in Verruf, und man schlug vor, sie völlig aufzugeben (*Kornhauser* 1978, 180). *Merton* hatte seine Theorie auf den statistischen Hellfelddaten der offiziell bekannt gewordenen Kriminalität aufgebaut, die eine starke Kriminalitätsbelastung der Unterschicht auswiesen. Das Dunkelfeld (Selbstberichtdaten seit den 1940er Jahren) der nicht angezeigten, verborgen gebliebenen Delinquenz wies jedoch aus, dass die Delinquenz über alle Bevölkerungsschichten verteilt ist (*Akers/Sellers* 2009, 189).

Die Zurückweisung der *Merton*schen Anomietheorie erwies sich als einigermaßen voreilig (*Kubrin/Stucky/Krohn* 2009, 135). In den Jahren 1995 (*Rosenfeld/Messner* 1995/2011) und 2006 (*Agnew* 2006/2011) entstanden zwei neue Anomietheorien, die auch heute noch lebhaft diskutiert werden: die institutionelle Anomietheorie (*Messner/Rosenfeld* 2013) und die Allgemeine Drucktheorie (*Agnew* 2006).

Nach der institutionellen Anomietheorie sind Institutionen Grundlagen der Gesellschaft, die prosoziales wie prokriminelles Verhalten steuern (*Messner/Rosenfeld* 2004). In den westlichen Gesellschaften beherrscht die Institution der Wirtschaft alle nichtökonomischen Institutionen, die deshalb nicht in der Lage sind, Individuen angemessen zu sozialisieren. Der monetäre Erfolg – ob legal oder illegal – wird übertrieben; die Aneignung von Wissen und das Lernen um seiner selbst willen werden abgewertet. Das institutionelle Macht-Ungleichgewicht verhindert die Entwicklung starker Mechanismen externaler und internaler Sozialkontrolle. Bisher sichert nicht genügend empirische Forschung die empirische Validität dieser Theorie, die allerdings bereits dazu geführt hat, nichtökonomische Institutionen wie Familien und Schulen stärker zu fördern (*Akers/Sellers* 2009, 208; *Rosenfeld/Messner* 2011, 121–135).

Nach der Allgemeinen Drucktheorie (*Agnew* 2006) entsteht Druck durch Ereignisse und Bedingungen, die Menschen nicht mögen. Hunderte von Druckphänomenen fallen unter drei Druckkategorien: Druck wird verursacht durch Misserfolg, positiv bewertete Ziele zu erreichen, durch Verlust wertvoller Besitztümer und durch die negative oder aversive Behandlung durch Mitmenschen. Druck führt zu Verbrechen, weil er negative Emotionen wie Ärger und Frustration hervorruft, die wiederum Veränderungsdruck erzeugen.

2.2.1.2.2 Sozialprozesstheorien

Die Sozialprozesstheorien setzen sich mit den Sozialprozessen des Täter- und Opferwerdens (mit ihren Reaktionen) auf der Grundlage von Sozialstrukturen und -prozessen auseinander. Sie folgen dem Prozess-Modell der Täter- und Opfer-Persönlichkeit, das auf der Prozess-Dynamik des Denkens, Fühlens und Verhaltens der Persönlichkeit – über verschiedenartige Situationen hinweg – aufbaut (*H.J. Schneider* 2010a; *Mischel* 2004).

2.2.1.2.2.1 Lern- und Interaktionstheorien

Als erster kriminologischer Lerntheoretiker ist der französische Soziologe *Gabriel Tarde* (1843–1904) hervorgetreten, der die Auffassung verfochten hat, kriminelles Verhalten werde durch Nachahmung (Imitation) erworben (*Tarde* 1912/1968, 293–422). Die Sozialpsychologie von *George Herbert Mead* (1863–1931) machte *Edwin H. Sutherland* für die Kriminologie fruchtbar (*Cressey* 1981): Kriminelles Verhalten wird in einem Prozess symbolischer Interaktion mit anderen, hauptsächlich in Primär- und Intimgruppen, z.B. in der Familie, in Gruppen von Freunden oder Bekannten, gelernt. Eine Person begeht eine kriminelle Handlung, weil er oder sie „Definitionen", z.B. Rationalisierungen, Einstellungen, erworben hat, die prokriminelles Verhalten positiv, prosoziales Verhalten dagegen negativ bewerten (Theorie der differentiellen Assoziation) (*Sutherland* 1947, 1–9). Im Jahre 1966 veröffentlichten *Robert L. Burgess* und *Ronald L. Akers* (1966, 128–147) einen Aufsatz, in dem sie *Sutherland*s sozialpsychologische Theorie nach den Prinzipien der behavioristischen (verhaltensorientierten) Psychologie neu formulierten (Differentielle Verstärkungstheorie).

Im Zuge der kognitiven (erkenntnisorientierten) Erneuerung der Psychologie der späten 1960er Jahre betrachtete man das Lernen nicht mehr nur als automatisches konditioniertes Reagieren auf Verhalten, sondern als aktiven, kognitiv gesteuerten psychischen Verarbeitungsprozess, bei dem auch normative Einstellungen, evaluative Bedeutungen, emotionale Empfindungen und komplexe Denkprozesse erworben werden. Nach der kognitiv-sozialen Lerntheorie des Psychologen *Albert Bandura* (1979; 1986), die der Soziologe *Ronald L. Akers* (2010a; 2010b; *Akers/Sellers* 2012); für die Kriminologie bearbeitet hat, ist Lernen nicht nur Bekräftigungslernen durch unmittelbare Verhaltensverstärkung, durch Verhaltenserfolg oder -misserfolg. Viel wichtiger sind „stellvertretendes" Lernen aus dem Miterleben der Erfahrungen anderer (Beobachtungs- oder Modell-Lernen) und Lernen durch Selbstbekräftigung (Selbstbelohnung oder -bestrafung). Denn Menschen besitzen die Fähigkeit, interne Verhaltensstandards durch Erfahrung zu entwickeln, nach denen sie ihr Verhalten bewerten. Durch solche Selbstregulierung können Gedanken Verhalten steuern. Da Menschen in der Lage sind, die Ergebnisse ihres Verhaltens durch gedanklich vorweggenommene Verstärkung vorauszusehen, können sie nicht nur reaktives, sondern auch proaktives Verhalten realisieren. Die gedankliche Vorwegnahme der Verstärkung für delinquentes Verhalten erhöht seine Wahrscheinlichkeit, die Vorwegnahme der Bestrafung mindert sie.

Da es keine fundamentalen Unterschiede zwischen Kriminellen und Nichtkriminellen gibt, teilen die Straftäter einen großen Teil konventioneller Einstellungen und Wertvorstellungen. Sie billigen kriminelles Verhalten großenteils nicht. Um es dennoch ausführen zu können und dabei ihr gutes Selbstkonzept zu wahren, verwenden sie Neutralisationstechniken, die sie lernen (Neutralisationstheorie) (*Sykes/Matza* 1957/2011; *Maruna/Copes* 2005). Das delinquente Verhalten wird aus zahlreichen Gründen vorab gerechtfertigt. Fünf Neutralisationstechniken dienen als Beispiele: Leugnung der Verantwortlichkeit, Abstreiten einer Verletzung, Verneinung des Opfers, Verdammung der Verurteiler und Berufung auf eine höhere Loyalität.

Die Entwicklung progewaltsamer Einstellungen und Wertvorstellungen erfordert Lernverhalten, z.B. in der Gewalt-Subkultur (Gewalt-Subkultur-Theorie) (*Wolfgang/Ferracuti* 1967/2006). Gewalt bestimmt den Lebensstil der Subkultur-Mitglieder. Die Einstellung, jederzeit und sofort Gewalt anzuwenden, bestimmt das Wertsystem der Gewaltsubkultur und prägt die Identität ihrer Mitglieder. Friedliche Konfliktlösung wird als Schwäche und Feigheit beurteilt, die Unehrenhaftigkeit über die Gruppe und ihre Mitglieder bringt. Die Anwendung von Gewalt wird nicht als falsch wahrgenommen und verursacht keine Schuld- und Reuegefühle. In einer ethnographischen Forschungsarbeit hat *Elijah Anderson* (1999/2010) vier Jahre lang die innergroßstädtische Jugend-Gewalt-Szene beobachtet und seine „Straßen-Gesetz-Theorie" entwickelt: Das Straßengesetz („Code of the Streets") ist Ausdruck der innergroßstädtischen Jugend-Gewalt-Subkultur, die aus der konzentrierten Benachteiligung der innergroßstädtischen Sozialstruktur (soziale Desorganisation) erwächst. „Respekt", der erworben werden muss, ist das Herzstück des Straßengesetzes. Angriffe auf den Respekt erfordern gewaltsame Reaktionen. Eine „harte" (tough) Reputation wird zum Zwecke des Selbstschutzes für notwendig gehalten. Denn – nach Meinung der Jugendlichen – ist auf die Polizei kein Verlass. Man vertraut lieber der eigenen physischen Behauptungsfähigkeit. Gewalt und Drohung mit Gewalt sind für sie die Mechanismen der Sozial-kontrolle. Das Gewalt-Straßengesetz ist für einen großen Teil der innergroßstädtischen Jugendlichen eine Anpassung an ihre begrenzten sozialstrukturellen Möglichkeiten.

Durch kognitive Selbststeuerung, die im Laufe der Erfahrung erworben wird, kontrollieren Menschen ihr Denken, Fühlen und Verhalten zum großen Teil selbst. Selbsteffektivität ist eine wichtige Komponente des Selbststeuerungsprozesses. Die Wahrnehmung der Selbstwirksamkeit stellt eine kognitive Selbstbewertung der eigenen Leistungsfähigkeit dar. Sie beeinflusst ursächlich das Verhalten (*Bandura* 1997; 2001), auch das kriminelle Verhalten. Nach einer zwanzigjährigen Beobachtung eines Einbrechers und Hehlers, nach Interviews mit ihm und seinen Netzwerkkompli-zen stellte man fest, dass er nicht nur materielle, kognitive, emotionale Belohnungen aus seiner kriminellen Aktivität zog, sondern dass seine Straftaten ihm Freude und Genugtuung bereiteten (*Steffensmeier/Ulmer* 2005). Bei persistenten Räubern ermit-telte man, dass sie ihre völlige Domination über alle Beteiligten in der Tatsituation als herausragende eigene Leistungsfähigkeit beurteilten und schätzten (*Katz* 1991).

Die kognitiv-soziale Lerntheorie wird durch den Erfolg von Vorbeugungs- und Behandlungsprogrammen, die sich auf diese Theorie gründen, maßgeblich in ihrer empirischen Validität unterstützt (*Cullen/Wright/Gendreau/Andrews* 2003). Das folgt auch aus einer Meta-Analyse von 133 empirischen Studien (*Pratt/Cullen/Sellers/Winfree/Madensen/Daigle/Fearn/Gau* 2010). Die kognitiv-soziale Lerntheorie hat einen wichtigen Platz im Rahmen der kriminologischen Theoriediskussion erobert (*Kubrin/Stucky/Krohn* 2009, 164).

2.2.1.2.2.2 Die Viktimisierungs-Prozess-Theorie

Die Straftat ist nicht nur ein Verhalten, nicht allein ein Ereignis, sondern ein Prozess, der die Persönlichkeiten des Täters und des Opfers und ihr Verhalten für die Zukunft beeinflusst. Der Täter stärkt durch die Tat seine kriminelle Selbsteffektivität. Durch das Viktimisierungstrauma, z.B. durch Kontrollverlust während der Tat, wird die Selbstwirksamkeit des Opfers verletzt und geschwächt (*Dallier* 2010). Denn unter dem Druck des Täters bilden sich Verhaltensmuster, z.B. Selbstbehauptungsschwäche, und Lebensstile, z.B. scheues und unterwürfiges Verhalten, bei dem Opfer aus, die für Re-Viktimisierung (Viktimisierungs-Wiederholung) anfällig machen. Die Viktimi-sierung hat emotionale, kognitive und behavioristische Folgen beim Opfer. Es ändert seine Einstellungen, seine Gefühle und sein Verhalten. Sein Selbstwertgefühl wird beeinträchtigt.

Verbrechensopfer haben das höchste Risiko der Viktimisierungs-Wiederholung. Eine vorangegangene Viktimisierung ist der beste einzelne Prädiktor künftigen Opfer-werdens. Opfermerkmale und -verhalten erklären alleine nicht die Opferverwundbar-keit (Victim Vulnerability) und -neigung (Victim Proneness). So verursachen Opfer ihr Opferwerden nicht durch niedrige Selbstkontrolle selbst (so aber *Schreck/Stewart/Fisher* 2006). Nach der Viktimisierungs-Prozess-Theorie ist es vielmehr der dynamische psychosoziale Viktimisierungsverlauf, die psychosoziale Schädigung des Opfers durch den Täter, durch die das Re-Viktimisierungs-Risiko wächst. Denn tatgeneigte Rechtsbrecher suchen sich die verletzbaren Verbrechensopfer für ihre Re-Viktimisierung aus (vgl. zu weiteren Viktimisierungstheorien: *Farrell* 2010).

2.2.1.2.2.3 Kontrolltheorien

Neben der Theorie der sozialen Desorganisation und der kognitiv-sozialen Lerntheorie ist die Kontrolltheorie von *Travis Hirschi* (1969/2011) gegenwärtig die Theorie, die von der kriminologischen Hauptrichtung als zentral bewertet wird (*Laub* 2011; zu Hirschi: *Mutchnick/Martin/Austin* 2009, 283–326). Sie verarbeitet kriminologisch das Gedankengut von *Sigmund Freud* (1856–1939), indem sie die *Freud*sche intrapsychische Dynamik in sozialpsychologische Konzepte übersetzt, um sie beobachtbar und empirisch nachweisbar zu machen. *Hirschi* hatte allerdings drei wichtige Vorläufer, die ihm den Weg geebnet haben.

Im Jahre 1951 entwickelte *Albert J. Reiss* (1951, 196–207) als einer der ersten Kontrolltheoretiker den Gedanken, dass delinquentes Verhalten aus der Abwesenheit verinnerlichter Normen und Regeln entsteht, die konformes Verhalten steuern. Aufgrund von Selbstberichtdaten bestätigte *F. Ivan Nye* (1958) nochmals die bereits in den 1940er Jahren empirisch herausgearbeitete Erkenntnis, dass delinquentes Verhalten allgemein verbreitet ist und sich nicht auf eine Kategorie von Jugendlichen beschränkt. *Nyes* besonderes Interesse galt der Untersuchung des Sozialisationsprozesses in der Familie. Wechselseitiger Respekt und gegenseitige Zuneigung zwischen Eltern und Kindern sind die besten Prädiktoren für das prosoziale Verhalten der Kinder. Verinnerlichte Kontrolle ist besser als disziplinäre Kontrolle. Der dritte Vorläufer war *Walter C. Reckless* (1899–1988) (vgl. zu Reckless: *Mutchnick/Martin/Austin* 2009, 121–140), der im Jahre 1961 seine Halt-Theorie (*Reckless* 1961) entwarf, in der er einen guten inneren Halt, ein gutes Selbstkonzept für die Aufrechterhaltung prosozialen Verhaltens hervorhob. Als einer der ersten interessierte sich *Reckless* für das Problem der Resilienz (Widerstandskraft), für die Frage, warum ein Junge in einem Großstadtgebiet mit hoher Delinquenzbelastung nicht delinquent wird.

Auf der Grundlage einer umfassenden empirischen Studie zur Selbstbericht-Delinquenz entwickelte *Hirschi* seine Kontrolltheorie, mit der er vier Jahrzehnte lang die Theorie-Diskussion dominierte und die auch heute noch als vorbildlich gilt (*Lilly/Cullen/Ball* 2011, 109; *Akers/Sellers* 2009, 129). Die Theorie verknüpft die Entstehung der Jugenddelinquenz und der Erwachsenenkriminalität mit der Schwächung oder gar dem Bruch von Bindungen, die ein Mensch zur Gesellschaft und ihren Institutionen besitzt. *Hirschi* argumentiert, dass die soziale Bindung einer Person in vier Elemente zu unterteilen ist: in die Zuneigung und Anhänglichkeit gegenüber Intimpersonen wie den Eltern, in das Engagement, den persönlichen Einsatz für prosoziales Verhalten, in die Inanspruchnahme und Verwicklung in prosoziales Verhalten und in die Billigung und Anerkennung der moralischen Gültigkeit konventioneller Regeln.

Eine große Zahl empirischer Studien hat *Hirschi*s Kontrolltheorie empirisch getestet. Die meisten dieser Studien sind zu dem Schluss gekommen, dass die Theorie durch die empirischen Daten bestätigt wird (*Bernard/Snipes/Gerould* 2010, 211; *Einstadter/ Henry* 2006, 201; *Junger-Tas/Marshall/Enzmann/Killias/Steketee/Gruszczynska* 2012, 334/335). Es wird allerdings auch die Meinung geäußert, dass soziale Bindungen zwar wesentlich sind, aber nicht die einzigen Ursachen der Delinquenz ausmachen (*Lilly/ Cullen/Ball* 2011, 119; *Akers/Sellers* 2009, 134; *Kubrin/Stucky/Krohn* 2009, 195/196).

Die Kontrolltheorien werden ergänzt und zu einem vorläufigen Abschluss gebracht durch die Kontrollgleichgewichtstheorie, die *Charles R. Tittle* im Jahre 1995 (*Tittle* 1995; 2001/2011) veröffentlicht hat und die gegenwärtig lebhaft diskutiert wird. Die Grundaussage dieser Theorie lautet, dass das Verhältnis des Kontrollausmaßes, dem man unterworfen ist, zum Kontrollumfang, den man ausübt, die Wahrscheinlichkeit und den Typ der Straffälligkeit bestimmt (Kontroll-Gleichgewichts-Verhältnis). Die Kriminalitäts-Begehung wird als Mittel gesehen, das Menschen hilft, Mängel an Kontrollfähigkeit (Kontrollunterworfenheit) auszugleichen und Kontrollüberfluss auszunutzen und auszuweiten. Hierbei handeln Rechtsbrecher, die mit ihrer Straftat ein Kontrollungleichgewicht ausgleichen wollen, rationaler als Straftäter ohne Selbstkontrolle, die Rechtsbrüche in irrationaler Weise begehen (*Tittle* 2004).

2.2.1.2.2.4 Labeling und soziale Reaktionstheorie

Der Fokus der Labeling- und sozialen Reaktionstheoretiker ruht auf denjenigen, die auf Straftäter reagieren, die sie „etikettieren" oder die sie in anderer Weise zu kontrollieren suchen. Die Wurzeln zur Labeling-Theorie legte *Frank Tannenbaum*, der im Jahre 1922 bereits die Abschaffung des Freiheitsstrafvollzugs forderte (*Tannenbaum* 1922) und der im Jahre 1938 bekräftigte, dass staatliche Intervention bei der Verbrechenskontrolle wegen ihrer „Dramatisierung des Bösen" kriminogen, kriminalitätsverursachend wirkt (*Tannenbaum* 1938).

Die beiden Hauptvertreter der Labeling-Theorie waren *Edwin M. Lemert* (1992/2011; 1967) und *Howard S. Becker* (1963; 1973; vgl. zu H.S. Becker: *Mutchnick/Martin/Austin* 2009, 241–261). *Lemert* vertrat die Meinung, dass sich der soziale Status des Rechtsbrechers durch die Intervention der Kriminaljustiz ändert und dass er diese Änderung in seinem Selbstkonzept und seiner sozialen Identität verinnerlicht. Er ordnet nunmehr seinen Lebensstil und seine Identität um die Kriminalität herum, die sein Zentrum wird, so dass ständige Straftaten wahrscheinlich werden. Das Ergebnis der staatlichen Intervention ist eine Vertiefung und keine Verminderung der Kriminalität. Deshalb sollte die gesellschaftliche Reaktion auf den Straftäter, aber nicht der Straftäter selbst das Zentralkonzept der kriminologischen Analyse werden. Eine ähnliche Auffassung nahm *H.S. Becker* ein: Die Gesellschaft sichert das Fortbestehen des kriminellen Verhaltens, das zu verhüten sie sich bemüht. Labeling ändert nicht nur die Identität der Person, sondern auch ihre sozialen Beziehungen. Die Kriminaljustiz stigmatisiert den Straftäter und zieht ihn auf diese Weise in seine kriminelle Karriere hinein.

Die soziale Reaktionstheorie konnte empirisch nicht bewiesen werden. Es mangelte an soliden empirischen Daten; die Konzepte erhielten keine adäquate empirische Unterstützung. Die kriminalpolitische Folge der Theorie, nämlich „radikale Nicht-Intervention" (*Schur* 1973), erwies sich als undurchführbar und undurchsetzbar. Diversions-Programme, die das formelle Jugendgerichtsverfahren durch informelle Sanktionen zu ersetzen suchten, brachten nicht den Erfolg, den man von ihnen erwartete (*Akers/Sellers* 2009, 174). Der Labeling-Ansatz, der in den 1950er und 1960er Jahren so populär war und viele Kriminologen faszinierte, verlor am Ende der 1970er Jahre jeden Einfluss. Er scheiterte an seiner eigenen Übertreibung.

Am Ende der 1980er Jahre und in den 1990er Jahren nahmen zwei Kriminologen ihn in gemäßigter Form wieder auf: der australische Kriminologe *John Braithwaite* (1989/2011) und der US.-amerikanische Kriminologe *Lawrence W. Sherman* (1993/2011). *Braithwaite*s Denken kreist um das Konzept des Schämens, unter dem er einen Prozess versteht, der Missbilligung mit der Intention verbindet, bei der zu beschämenden Person Reue hervorzurufen. Er unterscheidet desintegratives (ausgliederndes) von reintegrativem (wiedereingliederndem) Schämen. Die desintegrative, stigmatisierende Form des Schämens, die Kriminalität hervorruft, trennt den Täter durch stigmatisierende, degradierende Zeremonien der sozialen Ablehnung von seiner Gemeinschaft und behandelt ihn als Ausgestoßenen. Bei dem wiedereingliedernden Schämen, der einschließenden, einbeziehenden Reaktion, der Normalisation, die Verbrechen vermindert, wird die Straftat zwar verurteilt, der Täter aber wieder mit seiner Gemeinschaft versöhnt. Beschämen hält *Braithwaite* als Mechanismus der Sozialkontrolle für wichtig. Das kriminelle Verhalten soll als unmoralisch missbilligt werden; dem Straftäter soll demgegenüber Vergebung und soziale Unterstützung zuteil werden. *Braithwaite*s Theorie wird gegenwärtig in Canberra/Australien mit den „Reintegrative Shaming Experiments" empirisch erprobt, mit denen alle Beteiligten bisher Zufriedenheit bekundet haben (*Strang* 2002). Als zweiter Kriminologe, der die Labeling-Theorie in abgeschwächter Form erneut verwendet, ist *Sherman* zu nennen, der eine Trotz- oder Widerstandstheorie entworfen hat, die der Theorie von *Braithwaite* sehr ähnlich ist. Seine zentrale These lautet: Stigmatisierung, Ausschluss und grobe, barsche Behandlung des Straftäters durch die Kriminaljustiz erhöhen lediglich die Wahrscheinlichkeit, dass der Rechtsbrecher rückfällig wird.

Die Labeling-Theorie hat Gesetzgeber und -anwender durchaus wohltuend daran erinnert, mit der Verhängung der Freiheitsstrafe sparsam umzugehen. Denn die gegenwärtige Masseneinsperrung in den USA hat erhebliche negative Konsequenzen hervorgebracht (*Nagin/Cullen/Jonson* 2009; *Clear* 2007).

2.2.1.2.2.5 Lebenslauf- und Entwicklungstheorien

Die Entwicklungskriminologie (Developmental Criminology) richtet ihre Aufmerksamkeit auf kriminelle Entwicklungspfade, -bahnen und -wege (Trajektorien) im Lebenslauf des Täters. Nach dem Grundgedanken der Lebenslauftheorien (Life Course Theories) entfalten sich Delinquenz und Kriminalität im interaktiven Prozess, der während der gesamten Lebensspanne abläuft. Die Lebenslauf- und Entwicklungstheorien sind in ihrer Mehrzahl Ergänzungen und Vertiefungen dreier Theorien, die dynamisiert werden: der Theorie der differentiellen Assoziation, der kognitiv-sozialen Lerntheorie und der sozialen Kontrolltheorie (Bindungstheorie). Bei der Integration (Kombination) dieser drei Theorien wird die Zeitperspektive, der Prozesscharakter der Straftat und des Straftäters entscheidend mitberücksichtigt. Den Prozessen des Täter- und Opferwerdens legt man sozialstrukturelle Mängel (Theorie der sozialen Desorganisation) zugrunde, die kriminelle Verhaltensmuster, Einstellungen und Wertvorstellungen hervorrufen.

Die Entwicklungskriminologie ist aus der modernen Entwicklungspsychologie erwachsen; sie kann in drei Richtungen eingeteilt werden:

Die erste Richtung untersucht phänomenologisch Entwicklung und Dynamik der Deliktsbegehung mit dem Älterwerden der Täter (*Loeber/LeBlanc* 1990; *LeBlanc/Loeber* 1998). Sie interessiert sich für den Wandel der Deliktsformen, -typen und -kategorien im Lebenslauf des Täters: für den Aktivierungsprozess (Kriminalitätsanfang), für den Stabilisierungsprozess (Kriminalitätsverschärfung oder -verminderung) und für den Prozess des Abstandnehmens (Kriminalitätsbeendigung).

Die zweite Richtung verfolgt die Auswirkungen von statischen Täter-Wesenszügen, -Merkmalen, -Eigenschaften oder Täter-Typologien im zeitlichen Ablauf. Ein Beispiel ist das Studium des Wesenszugs des „antisozialen Potentials" im Täterlebenslauf durch *David P. Farrington* (2010, 260–263), der sich bei seinen Arbeiten auf Daten seiner „Cambridge Studie der delinquenten Entwicklung" (*Piquero/Farrington/Blumstein* 2007) stützt. Kritisch ist zu diesem Ansatz zu bemerken, dass man aus einem einzigen Täterwesenszug die Delinquenzentstehung nicht erklären kann, zumal der Wesenszug „antisoziales Potential" sehr subjektiv bestimmbar und vielschichtig ist. Ein zweites Exempel ist die Anwendung der Typologie des chronischen Lebenslauf-Straftäters und des Jugendzeit-Rechtsbrechers durch *Terrie E. Moffitt* (1993/2011), die Daten aus der neuseeländischen „Dunedin Multidisciplinary Health and Development Study" (*Silva/Stanton* 1996) verwendet. Auch hier ist kritisch anzumerken, dass man die Vielgestaltigkeit der Delinquenten nicht in eine zweigestaltige Typologie pressen kann.

Die folgenden drei Theorien lehnen Deviations-Neigungen, Täter-Wesenszüge und Täter-Typologien – als zu statische Elemente – in der Entwicklungskriminologie ab, die sich – nach einigen Entwicklungstheorien – in Trajektorien (Zeitabläufen) realisieren. Stattdessen konzentrieren sie sich dynamisch auf die Interaktionen innerhalb der Trajektorien, die von den Tätern mit ihrer Umwelt aktiv gestaltet werden.

Das zentrale Argument der Interaktionsprozess-Theorie von *Terence P. Thornberry* (1987/2011) lautet: In der Lebensbahn führen anfänglich schwache soziale Bindungen zu hoher delinquenter Verwicklung, und diese Verwicklung schwächt ihrerseits wieder die konventionellen Bindungen (reziproker Effekt). Die Theorie wird durch die „Rochester Youth Development Study" (*Thornberry/Lizotte/Krohn/Smith/Porter* 2003) empirisch abgesichert.

Das Schlüsselkonstrukt des sozialen Entwicklungs-Modells von *Richard F. Catalano* und *J. David Hawkins* (1996; *Catalano/Park/Harachi/Haggerty/Abbott/Hawkins* 2005) bildet die Herausarbeitung zweier Sozialisations-Pfadwege, des prosozialen und des antisozialen. Jugendliche in der prosozialen Trajektorie haben Gelegenheiten, prosoziale Verbindungen anzuknüpfen. Wenn sie geschickt sind, werden sie während dieser Interaktionen gelobt und von prosozialen Gleichaltrigen akzeptiert. Sie schaffen sich auf diese Weise soziales Kapital. Im Gegensatz dazu haben andere Jugendliche Zugang zu antisozialen Gelegenheiten. Wenn sie delinquente Fähigkeiten entwickeln, werden sie dafür verstärkt (belohnt). Sie entwickeln enge soziale Bindungen zu devianten Gleichaltrigen und verinnerlichen antisoziale Werte. Das soziale Entwicklungs-Modell ruht empirisch auf dem „Seattle Social Development Project" (*Hawkins/Smith/Hill/Kosterman/Catalano/Abbott* 2003).

Für die Theorie der altersabgestuften informellen Sozialkontrolle von *Robert J. Sampson* und *John H. Laub* (*Laub/Sampson* 2003/2011) sind schwache soziale Bindungen, Wendepunkte in der kriminellen Trajektorie und der Desistenz-(Kriminalitäts-Beendigungs-)Prozess von wesentlicher Bedeutung. Mit schwachen sozialen Bindungen zu prosozialen Personen und gesellschaftlichen Institutionen wird die Kontinuität kriminellen Verhaltens während der Lebenszeit erklärt. Wendepunkte (Turning Points) unterbrechen kriminelle Trajektorien. Zu solchen individuellen strukturellen Wendepunkten gehören eine Zuneigungs-Heirat/Ehe, geregelte Arbeit/ Berufstätigkeit und ein günstiger Wohnungswechsel. Durch solche Wendepunkte können neue Situationen entstehen: Die kriminelle Vergangenheit kann von der prosozialen Gegenwart abgeschnitten werden. Neue Gelegenheiten können sich für Kontrolle, z.B. durch die Ehepartnerin, und für soziale Unterstützung eröffnen. Durch neue prosoziale Routine-Aktivitäten, z.B. geregelte Berufstätigkeit, kann der Alltag neu strukturiert werden. Aufgrund eines neuen Lebensstils können Selbstwertgefühl und Identität umgeformt werden. Für das Verständnis des persistenten Täterwerdens über die Lebensspanne hinweg ist menschliche Wirksamkeit (Human Agency) für *Sampson* und *Laub* enorm wichtig: Zahlreiche Kriminelle bestehen auf einem kriminellen Lebensstil, weil sie nicht nur materielle Vorteile, sondern psychische Belohnungen aus dem Verbrechen selbst ziehen (*Katz* 1988). Für sie sind Verbrechen attraktiv, anziehend, aufregend, spannend und verlockend. Sie begehen sie trotz Kenntnis der möglichen negativen Folgen. Sowohl für die Wendepunkte wie für den Desistenz-Prozess ist menschliche Wirksamkeit (Human Agency) entscheidend: Die Straftat selbst darf nicht mehr als Belohnung erlebt werden. Der Täter (die Täterin) darf an der Kriminalität keinen Spaß, keine Freude, keine Genugtuung mehr haben.

Die Theorie der altersabgestuften informellen Kontrolle ist von *Laub* und *Sampson* durch die neue Aufarbeitung und Ergänzung des Probandengutes entwickelt worden, das das Forscherehepaar *Sheldon* und *Eleanor Glueck* (*Laub/Sampson* 2011) zusammen mit einem interdisziplinären Team von Wissenschaftlern zusammengetragen hatte.

Seit 1987 bearbeitet die „Pittsburgh Youth Study" (*Loeber/Farrington/Stouthamer-Loeber/White* 2008) empirisch die entwicklungskriminologischen Theorien. Dieses umfassende empirische Projekt konnte die Interaktionsprozess-Theorie von *Thornberry* und das soziale Entwicklungs-Modell von *Catalano* und *Hawkins* bestätigen. Das Typologie-Modell von *Moffitt* konnte demgegenüber keine empirische Zustimmung erreichen.

2.2.1.2.3 Situative Theorie

In der psychosozialen Dynamik der Tatsituation konkretisieren sich Lern- und Interaktionsprozesse des Täters und des Opfers. Nach der Routine Aktivitäts-Theorie (*Cohen/Felson* 1979/2011) treffen in der Tatsituation motivierte Täter auf verletzbare Opfer (oder geeignete Sachen), denen kein wirksamer Schutz zuteil wird. Die Täter-Motivation wird z.B. durch sozial gelernte opferfeindliche Stereotype und Vorurteile sowie durch eine Täter-Selbstwirksamkeit bestimmt, die Freude an der Domination in der Tatsituation zum Inhalt hat. Die Opfereignung für den Täter kann sich z.B. aus den Traumatisierungen ergeben, die das Opfer durch Viktimisierungen hat erleiden müssen. Die Selbstwirksamkeit des Opfers, z.B. seine Selbstbehauptung, kann durch Traumatisierung geschwächt sein. Der mangelnde Opferschutz in der Tatsituation kann in einem Fehlen der Interventions-Fähigkeit und -Bereitschaft der Situationsteilnehmer infolge mangelnder kollektiver Effektivität bestehen.

2.2.1.3 Theorien der kriminologischen Nebenrichtungen

Die Theorien der Nebenrichtungen werden von der Hauptrichtung für wenig wichtig erachtet, deshalb weniger diskutiert und weniger empirisch erforscht. Einige dieser Theorien erklären einfach einen zu kleinen Teil der Kriminalität. Zahlreiche Vertreter der Nebenrichtungen legen darüberhinaus großen Wert darauf, nicht zur kriminologischen Hauptrichtung zu gehören. Sie setzen sich bewusst deutlich von ihr ab.

2.2.1.3.1 Konflikttheorien

Die kriminologischen Konflikttheorien gehen auf den deutschen Soziologen *Georg Simmel* (1858–1918) (1908/1983, 186–255) zurück, der im Konflikt einen fundamentalen gesellschaftlichen Prozess, einen normalen Teil des Lebens erblickte. Kriminologische Konflikttheoretiker gründen ihre Theorien auf die Annahme, dass die Gesellschaft in verschiedene Sektionen gespalten ist, die alle ihre unterschiedlichen Interessen vertreten und die nach Macht streben, um öffentliche Anliegen zu definieren und zu kontrollieren. Kriminalität entsteht aus Unterschieden im ökonomischen Wohlstand, aus dem Widerstreit der Kulturen, aus symbolischen und instrumentellen Kämpfen um Status, Identität, Ideologie, Religion, Ethnizität. Einige Gruppen (Sektionen) gehen als Sieger aus diesen Kämpfen hervor. Sie kontrollieren fortan die Schlüssel-Ressourcen und sind auf diese Weise in der Lage, Verhalten von unterlegenen Gruppen zu kriminalisieren, die von ihren kulturellen Standards und Verhaltensnormen abweichen. Die multidimensionale fragmentierte Gesellschaft trägt den Kern der Kriminalität in sich selbst (*Einstadter/Henry* 2006, 236).

Die heutigen Konflikttheorien besitzen die folgenden drei Vorläufer:

Der niederländische Kriminologe *Willem Adriaan Bonger* (1976–1940) (*van Bemmelen* 1960) entwickelte eine marxistische Konflikttheorie. Die Ursache der Kriminalität liegt für ihn in der kapitalistischen Organisation der Gesellschaft, insbesondere im Privateigentum an den Produktionsmitteln.

Nach der Kulturkonflikt-Theorie von *Thorsten Sellin* (1896–1994) (*H.J. Schneider* 2005) beruht die Kriminalität auf einem Konflikt zwischen den Menschen mit unterschiedlichen Verhaltens-Normen und kulturellen Werten in verschiedenen Gruppen innerhalb der Gesellschaft.

In der Gruppenkonflikt-Theorie von *George B. Vold* (1895–1967) (*Snipes* 2010) kämpfen Gruppen in der Gesellschaft mehr oder weniger beständig darum, ihren Platz in der laufenden Interaktion und im Wettbewerb mit anderen Gruppen zu behaupten oder noch zu verbessern. Konflikt ist auf diese Weise ein Grundprinzip und ein Wesensmerkmal einer funktionierenden Gesellschaft (vgl. zur Vereinigten Konflikttheorie: *Bernard/Snipes/Gerould* 2010, 256/257).

Gegenwärtig werden – auf der Basis ihrer Vorläufer – hauptsächlich drei Konflikttheorien diskutiert:

Nach der Konflikttheorie von *Austin T. Turk* (*Lilly/Cullen/Ball* 2011, 174) entstehen Verbrechen in einem Kriminalisierungs- und Zuschreibungsprozess eines kriminellen Status an ein Individuum, der in der Produktion von Kriminalität endet.

Der Konflikttheoretiker *William J. Chambliss* hat eine marxistische Analyse des US.-amerikanischen Rechtssystems entworfen (*Hamm* 2010). Er vertritt die Meinung, je höher die politische und gesellschaftliche Position einer sozialen Gruppe sei, desto größer sei die Wahrscheinlichkeit, dass ihre Ansichten in Gesetzen verankert werden.

Der bekannteste, am häufigsten zitierte, aber auch umstrittenste Konflikttheoretiker ist *Richard Quinney*, der oft seine theoretische Position gewechselt hat (*Wozniak* 2011). In jüngster Zeit tritt er für eine friedenstiftende Kriminologie ein, die Konflikte nicht durch Staatsgewalt überwinden will, sondern die auf Schlichtung, Mediation, Wiedergutmachung und gemeinnützige Arbeit setzt.

Die Konflikttheorie erklärt zu wenig Kriminalität. Die meisten Verbrechen werden innerhalb von sozialen Gruppen und nicht zwischen sozialen Gruppen begangen. Die meisten Kriminologen sind darüberhinaus Konsenstheoretiker, die davon ausgehen, dass Gesetze und soziale Normen auf einer breiten Übereinstimmung in der Gesellschaft beruhen. Die Konflikttheorien sind wenig empirisch erforscht (*Akers/Sellers* 2009, 231–233).

2.2.1.3.2 Kritische Kriminologie

Die kritische Kriminologie, die zahlreiche kriminologische Schulen umfasst und zu der sich etwa zehn Prozent der Kriminologen international bekennen, gibt es seit den 1970er Jahren (*DeKeseredy/Dragiewicz* 2012). Ihre Wurzeln liegen in der marxistischen Kriminologie, ihre Geburtsstätten in den USA und im Vereinigten Königreich. In den späten 1980er und frühen 1990er Jahren kamen neue Richtungen zur marxistischen Kriminologie hinzu: der kritische Feminismus, der linke Realismus, die anarchistische Kriminologie und der Postmodernismus (*DeKeseredy* 2011). Die feministische Perspektive ist zum großen Teil von der kriminologischen Hauptrichtung übernommen worden (*Renzetti* 2012).

Die Hauptrichtung der internationalen und europäischen Kriminologie steht der kritischen Kriminologie – im Gegensatz zu den 1970er und 1980er Jahren – nicht mehr feindlich gegenüber. Man betont die Gemeinsamkeiten: die Ablehnung der Konzeption des Kriminellen als essentiell unterschiedlich vom Nichtkriminellen und die Absage an das alleinige Vertrauen auf die Kriminaljustiz bei der Datensammlung für kriminologische Forschungszwecke (*McLaughlin* 2010, 153). Kritische Kriminologie ist freilich ein außerordentlich vielseitiges Unternehmen. Es gibt so viele Richtungen innerhalb der kritischen Kriminologie, wie kritische Kriminologen lehren und veröffentlichen. Einig sind sie nur in der Hervorhebung der zentralen Rolle der Ungleichheit der Macht in allen Bereichen der Gesellschaft bei der Kriminalitätsentstehung (*Friedrichs* 2009).

Von den zahlreichen Schulen, die die kritische Kriminologie ihre Heimat nennen, werden die folgenden drei als Beispiele ausgewählt:

- Die anarchistische Kriminologie (*Ferrell* 2010) übt Fundamentalkritik an jeder legalen Autorität und am Gesetz. Sie beurteilt alle Formen der Domination, z.B. rassische Diskriminierung, die Ungleichheit der Geschlechter und die ökonomische Ungerechtigkeit, als schädlich, weil sie die Humanität des Dominierten zerstören. Sie ist für größere Gleichheit, gegen die Privilegien der Mächtigen und setzt sich für den Abolitionismus (die Abschaffung des Strafvollzugs) ein.
- Der linke Realismus (*DeKeseredy/Schwartz* 2012) nimmt die Delikte der Mächtigen sehr ernst. Gleichwohl sind seine Vertreter der Meinung, sich mehr mit der Viktimisierung der Arbeiterklasse und der Gewalt gegen Frauen auseinandersetzen zu müssen. Denn die meisten Delikte würden innerhalb der Arbeiterklasse

begangen. Dennoch wird der kriminogene Effekt des Kapitalismus und des Patriarchats nicht übersehen.

- Nach dem Postmodernismus (*Arrigo/Bersot* 2010) gibt es keine wissenschaftliche Wahrheit. Alle Theorien des „Positivismus" werden ausnahmslos abgelehnt. Es wird bezweifelt, die Realität der Welt erkennen zu können. Wahrheit ist für den Postmodernismus eine Form der Domination. Kriminalität ist die Fähigkeit oder Macht, einem anderen seinen Willen in jedwedem Zusammenhang aufzuzwingen. Der Postmodernismus will jede menschliche Beziehung sorgfältig analysieren, durch die einem anderen Schmerz und Leiden zugefügt werden.

Die Meinungen der kritischen Kriminologen sind so allgemein gehalten, dass sie empirisch nicht nachprüfbar sind. Gleichwohl kann auf die kritische Kriminologie nicht verzichtet werden. Denn sie besitzt die Aufgabe, die theoretische und empirische Forschung der kriminologischen Hauptrichtung zu kritisieren und Alternativen zur Hauptrichtung zu entwickeln.

2.2.1.3.3 Die rationale Wahl- und Abschreckungstheorie

Die rationale Wahl- und Abschreckungstheorie ist eine der ältesten kriminologischen Theorien, die im Rationalismus am Ende des 18. Jahrhunderts hauptsächlich vertreten worden ist. Individuen wählen die Kriminalität auf der Grundlage rationaler Erwägungen über Kosten und Nutzen, die mit dem Verbrechen verbunden sind. Dieser Ansatz bietet eine leicht verständliche, einfache, unkomplizierte Lösung des Verbrechensproblems an. In den 1970er und 1980er Jahren ist er vor allem auf Erkenntnisse der Volkswirtschaftslehre (*G. Becker* 1968) gestützt worden. Mitte der 1980er Jahre haben ihn *Derek B. Cornish* und *Ronald V. Clarke* (1986/2011) näher ausgebaut. Täterinnen und Täter sind rational denkende Menschen, die danach streben, ihre Freude zu mehren und ihr Leiden zu mindern. Sie werden von der Verbrechensbegehung Abstand nehmen, wenn sie die Gewissheit, die Schnelligkeit und die Härte der Bestrafung in Erwägung ziehen.

Die Vertreter der rationalen Wahl- und Abschreckungstheorie nehmen nicht an, dass Kriminelle perfekt rational handeln. Straftäter tun freilich ihr Bestes in den Grenzen an Zeit, Ressourcen und Informationen, die ihnen zur Verfügung stehen (*Clarke/Cornish* 2001). Ihre Rationalität ist rudimentär. Sie treffen Entscheidungen auf der Basis begrenzter Informationen. Sie fällen freilich auch Fehlentscheidungen. Sie nehmen beispielsweise an, dass sie nicht überführt werden können. Der Spaß am Verbrechen überwiegt die möglichen Leiden der Zukunft nach dem Verbrechen.

Die rationalen Wahltheoretiker haben vorrangig Interesse an den Einzelheiten der kriminellen Entscheidungen. Sie fragen danach, warum sich der Straftäter für seine Tat entschieden hat, warum er sein Ziel der Viktimisierung ausgewählt hat, was er für die Effektivität seiner Verbrechensausführung und zur Verhinderung der Verbrechensaufklärung getan hat. Wegen dieser begrenzten Fragestellungen befürworten rationale Wahltheoretiker eine konservative Kriminalpolitik: schnelle, sichere, harte Bestrafung. Sie setzen sich für eine situative Verbrechensverhütung ein. Die Tat-Gelegenheiten werden reduziert. Die Situationsdynamik wird geändert: Die Verbrechensbegehung wird schwieriger und weniger profitabel gemacht.

Die rationale Wahl- und Abschreckungstheorie berücksichtigt zu wenig, dass sozialstrukturelle und -prozessuale Gründe die Entscheidungen und ihre möglichen Folgen für Täterinnen und Täter maßgeblich bestimmen. Es ist für die Entscheidung z.B. von großer Bedeutung, ob der Täter in einem sozial desorganisierten Gebiet aufgewachsen ist, ob er einem kriminellen Pfadweg folgt und ob er sich nach einem kriminellen Wertsystem richtet, das er gelernt hat. Bei der Kriminalitätsabschreckung spielen nicht nur die formellen (kriminaljustiziellen), sondern auch die informellen Sanktionen, z.B. Ablehnung durch die Eltern, die Gleichaltrigen, eine Rolle. Die Straftat kann beim Täter Schuld- und Schamgefühle hervorrufen. Beim Nutzen durch die Straftat geht es nicht nur um Geld, Status und Nervenkitzel, sondern auch um Spaß an der Straftat, um Spannung und Domination in der Tatsituation.

Aus allen diesen Gründen sind harte Strafen, die die Kosten der Straftat erhöhen, von geringer Effektivität. Eine Meta-Analyse über 40 empirisch-valide Studien kommt zu dem Ergebnis, dass die Effektstärke der offiziellen Abschreckung „bescheiden bis geringfügig" ist (*Pratt/Cullen/Blevins/Daigle/Madensen* 2006, 383).

2.2.1.3.4 Eigenschafts- und Merkmalstheorien

Nach den Eigenschafts- und Merkmalstheorien bilden die Kriminellen eine gesellschaftliche Eigengruppe, die sich in körperlichen Merkmalen und psychischen Eigenschaften fundamental von Nichtkriminellen unterscheidet (*Kubrin/Stucky/Krohn* 2009, 49). Kriminalität ist vorwiegend ein individuelles Täterproblem (*DeLisi* 2010). Der Täter besitzt entweder biologische, körperliche Merkmale, die seiner Persönlichkeit zugrunde liegen, oder er verfügt über psychische Eigenschaften, die er in seiner frühen Kindheit durch mangelhafte elterliche Erziehung erworben hat und die sich als kriminelle Neigungen (Verhaltensbereitschaften) in seinem gesamten Lebensweg in kriminellem Verhalten auswirken. Ein so erlangter krimineller Hang ist über die gesamte Lebensspanne hinweg stabil und kann nicht oder kaum geändert werden.

Von diesem Eigenschafts- und Merkmals-Modell hebt sich das Sozialstruktur- und Sozialprozess-Modell ab, für das die Kriminalität vor allem ein psychosoziales Phänomen ist. Aufgrund defekter Sozialstrukturen bildet sich die kriminelle Persönlichkeit in einem Interaktionsprozess, an dem Täter, Opfer und Gesellschaft beteiligt sind (*H.J. Schneider* 2010b). Der Täter lernt in seinem kriminellen Pfadweg, in seiner kriminellen Lebensbahn kriminelle Verhaltensmuster, Einstellungen und Wertvorstellungen, die sich im Zeitablauf wandeln können, die aber auch durch kognitive Verhaltenstherapie (Behandlungseinwirkung auf sein Denken und Verhalten) geändert werden können. Die Erfahrungen, die er in einer Phase seines Lebenswegs macht, haben Auswirkungen auf sein Verhalten in weiteren Phasen seiner Entwicklungs-Trajektorie.

Nur eine verhältnismäßig kleine Gruppe von Kriminologen befasst sich gegenwärtig mit der Kriminalbiologie (*H.J. Schneider* 2011), die man allerdings re-vitalisieren will (so *Rafter* 2008a, 9), obwohl man ihr an sich kritisch gegenübersteht (*Rafter* 2008a, 176–198; 2008b). Bereits *Lombroso* hatte seine Kriminellen mit biologischen Merkmalen gekennzeichnet (*Lombroso* 1894, 229–231). Heute führt man die Kriminalität z.b. auf den athletischen Körperbau, auf Gehirnverletzungen, auf Gehirnstrukturen und -funktionen, die vom Normalhirn abweichen, auf chronische Untererregbarkeit des autonomen, zentralen Nervensystems und auf neuropsychologische Defizite zurück. Mit Familien-, Zwillings- und Adoptionsstudien will man die Vererbbarkeit der Kriminalität beweisen, obwohl Erbeinflüsse empirisch nur sehr schwer von Sozialfaktoren zu trennen sind. Zahlreiche Überblicke über kriminalbiologische Forschungen sind erarbeitet worden (*Moffitt/Ross/Raine* 2011; *Crews* 2009). Zumeist ist man zu dem Ergebnis gekommen, dass die gegenwärtigen wissenschaftlichen Fortschritte in der Kriminalbiologie noch nicht ausreichen, um definitiv bestimmen zu können, dass kriminelles Verhalten biologische Wurzeln besitzt (*Crews* 2009, 199). Die kriminalbiologische Forschung hat noch nicht das methodische Niveau erreicht, das in der sozialwissenschaftlichen Kriminologie üblich geworden ist (*Kubrin/Stucky/Krohn* 2009, 50–53).

Einige Kriminologen, die dem biokriminologischen Theorie-Modell nahestehen, haben Kriminalitäts-Neigungs-Theorien entwickelt, die sich auf statische Persönlichkeitseigenschaften stützen:

- Man beschreibt die kriminelle Population mit zahlreichen negativen psychischen Eigenschaften (*Lombroso* 1902, 326/327; *K. Schneider* 1923; *Glueck/Glueck* 1968, 23–28; *Hare* 1996, 25/26.
- Mit der Faktorenanalyse vermindert man die hohe unübersichtliche Zahl an Persönlichkeitszügen auf einige Persönlichkeitsdimensionen (*Eysenck/Gudjonsson* 1989: Extraversion, hohe Emotionalität, kalte Grausamkeit; *Caspi/Moffitt/Silva/Stouthamer-Loeber/Krueger/Schmutte* 2011: mangelnde Selbstbeherrschung, negative Emotionalität; *Jolliffe/Farrington* 2010: kriminelles Potential: hohe Impulsivität, niedrige Intelligenz, niedriges Einfühlungsvermögen).
- Man charakterisiert die gesamte kriminelle Population mit einem einzigen Super-Persönlichkeitszug: der mangelnden Selbstkontrolle, die für alle Verbrecherpersönlichkeiten und für alle Altersgruppen von Rechtsbrechern gültig sein soll (*Gottfredson/Hirschi* 1990).

Alle Versuche, Persönlichkeitszüge von Kriminellen zu ermitteln, die sich von Eigenschaften Nichtkrimineller unterscheiden, und aus diesen Verschiedenheiten Kriminalitätsentstehungsgründe herzuleiten, sind bisher empirisch nicht nachgewiesen worden (*Akers/Sellers* 2009, 76). Abgesehen von der Tautologie-Frage, die hier im

Raume steht, erscheint es unmöglich, die Heterogenität (Verschiedenartigkeit) und Variabilität (Veränderbarkeit) von Rechtsbrechern auf zahlreiche oder wenige Charakterzüge oder gar auf eine Persönlichkeitsdimension einzuengen. Die Persönlichkeit ist ein Prozess. Die in einer prokriminellen Lebensbahn erlernten Verläufe von kriminellen Verhaltensmustern, Einstellungen und Wertvorstellungen müssen individuell ermittelt werden.

2.2.1.4 Kriminalpolitische Konsequenzen der Theorien

Jede kriminologische Ursachentheorie hat eine bestimmte Kriminalpolitik (Kriminalitätsvorbeugung und -kontrolle) zur Folge. Jede erfolgreich evaluierte und praktisch angewandte Vorbeugungs- und Kontroll-Methode stellt einen Beweis für die empirische Validität (Gültigkeit) der kriminologischen Ursachentheorie dar, die ihr zugrunde gelegt worden ist.

2.2.1.4.1 Kriminalpolitik der Biokriminologie

Die USA haben die höchsten Strafgefangenenzahlen in der Welt (*H.J. Schneider* 2009, 1027). Diese Entwicklung der offiziellen Kriminalpolitik wurde von dem einflussreichen (inzwischen verstorbenen) Politikwissenschaftler *James Q. Wilson* begrüßt (*J.Q. Wilson* 2011), der für die Kriminalbiologie und Psychopathologie eintrat und der in viel zitierten Publikationen (*DeLisi* 2010) eine Medien- und Politikkampagne einleitete (*Blumstein* 2007), die die Abschreckung verfolgt. Zu einer zu harten Bestrafungsneigung (Punitivität), die sich in der Häufigkeit und Länge der Freiheitsstrafe ausdrückt, kommt es immer dann, wenn die Bevölkerung an Vertrauen in die gesellschaftlichen Institutionen eingebüßt hat (*Lappi-Seppälä* 2007). Das ist in den USA der Fall. Denn dort besitzen nur 27 Prozent (im Vergleich zu Deutschland: 62 %) der Bevölkerung Vertrauen in ihre Kriminaljustiz (*Roberts* 2007, 167). Diese negative Haltung kann geändert werden, wenn sich alle gesellschaftlich relevanten Kräfte in einer mäßigen, vernünftigen Kriminalpolitik einig sind. Das hat sich am Beispiel Finnlands gezeigt. Dort konnte eine übergroße Strafgefangenenrate mit Zustimmung der Bevölkerung in eine niedrige umgewandelt werden (*Lappi-Seppälä* 2006).

2.2.1.4.2 Kriminalpolitik des Sozialstruktur- und Sozialprozess-Modells

Die Mehrheitsrichtung in der Kriminologie lehnt die Masseneinsperrung ab (*H.J. Schneider* 2011). Denn es setzt sich immer mehr die Erkenntnis durch, dass ein Übermaß an Freiheitsstrafe eine kriminogene (kriminalitätsfördernde) Wirkung ausübt (*Nagin/Cullen/Jonson* 2009; *Clear* 2007). Stattdessen unterstützt man die folgenden drei Entwicklungen.

Die Verfahrens-Gerechtigkeits-Theorie (*Tyler* 2006; *Tyler/Braga/Fagan/Meares/Sampson/Winship* 2007; *Tyler/Rankin* 2012) schafft dadurch Vertrauen in die Kriminaljustiz, dass sie auf Fairness im Strafverfahren achtet, dass sie die Würde aller Verfahrensbeteiligten und den Respekt ihnen gegenüber betont und dass sie fordert, dass alle Verfahrensbeteiligten angemessen zu Wort kommen und ihre Sicht ihres Falles darstellen können. Anstelle der Abschreckungstheorie, die sich als wenig wirksam erwiesen hat, will die Verfahrens-Gerechtigkeits-Theorie einen kognitiv-sozialen Lernprozess in Gang setzen, durch den der Einstieg in eine prosoziale Lebensbahn ermöglicht wird.

Verbrechensvorbeugung ist wirksamer als Bestrafung. Dieser Grundsatz, der durch Bevölkerungsbefragungen in zahlreichen Ländern bestätigt worden ist (*Roberts/Hastings* 2012), muss durch Elternerziehungstraining und durch Kinderfähigkeitstraining, z.B. durch vorschulische intellektuelle Bereicherung, durch das Lehren prosozialer Methoden des Problemlösens, in die Tat umgesetzt werden (*Farrington/Welsh* 2007). Aus einer Super-Meta-Analyse zahlreicher Metaanalysen folgt, dass therapeutische Interventionen, z.B. Fähigkeitstraining, bei jugendlichen Rechtsbrechern signifikant effektiver sind als Interventionen, die auf Zwang beruhen, z.B. Abschreckung und Disziplinierung (*Lipsey* 2009).

Aufgrund des Risiko-Bedürfnis-Ansprechbarkeits-Prinzips (*Andrews/Bonta* 2010) ist die Behandlung des Rechtsbrechers – nach einer Lebenslauf-Verlaufs-Analyse – auf seine erlernten dynamischen kriminogenen Persönlichkeitszüge zu konzentrieren, die unmittelbar sein kriminelles Verhalten verursacht haben und die durch Behandlung geändert werden können. Es sind nur Behandlungs-Programme zu verwenden, deren theoretische und empirische Validität (Gültigkeit) durch Evaluations-Begleitforschungen abgesichert worden sind. Nach dem gegenwärtigen Stand der Forschung sind dies vor allem Interventionsprogramme, die auf der kognitiv-sozialen Lerntheorie aufbauen (*MacKenzie* 2006, 2012) und die sich in der Praxis bewährt haben.

Literatur

Agnew R. (2006). Pressured into Crime: An Overview of General Strain Theory. Los Angeles.

Agnew R. (2011). Pressured into Crime: General Strain Theory. In: *F.T.Cullen/R. Agnew* (Hrsg.) Criminological Theory: Past to Present. 4. Aufl. 189–197. New York, Oxford.

Akers, R.L. (2010a). Social Learning Theory: Process and Structure in Criminal and Deviant Behavior. In: *E. McLaughlin/T. Newburn* (Hrsg.): The Sage Handbook of Criminological Theory. 56–71. Los Angeles u.a.

Akers, R.L. (2010b). A Social Learning Theory of Crime. In: *S.G. Tibbetts/C. Hemmens* (Hrsg.): Criminological Theory. 474–485. Los Angeles u.a.

Akers, R.L./Sellers, C.S. (2009). Criminological Theories. 5. Aufl. New York, Oxford.

Akers, R.L./Sellers, C.S. (2012). Social Learning Theory. In: *B.C. Feld/D.M. Bishop* (Hrsg.): The Oxford Handbook of Juvenile Crime and Juvenile Justice. 307–335. Oxford, New York.

Anderson, E. (1999/2010). The Code of the Streets. In: *S.G. Tibbetts/C. Hemmens* (Hrsg.): Criminological Theory. 426–436. Los Angeles u.a.

Andrews, D.A./Bonta, J. (2010). The Psychology of Criminal Conduct. 5. Aufl. Cincinnati/OH.

Arrigo, B.A./Bersot, H.Y. (2010). Postmodern Theory. In: *F.T. Cullen/P. Wilcox* (Hrsg.): Encyclopedia of Criminological Theory. Band 2. 728–732. Los Angeles u.a.

Aschaffenburg, G. (1903/1906/1923/1933). Das Verbrechen und seine Bekämpfung. 1. Aufl. (1903), 2. Aufl. (1906), 3. Aufl. (1923), Nachdruck der 3. Aufl. (1933). Heidelberg.

Aschaffenburg, G. (1913/1968). Crime and its Repression (1913). Nachdruck Montclair/N.J.

Bachman, R./Schutt, R.K. (2011). The Practice of Research in Criminology and Criminal Justice. 4. Aufl. Los Angeles u.a.

Bandura, A. (1979). Sozial-kognitive Lerntheorie. Stuttgart.

Bandura, A. (1986). Social Foundations of Thought and Action. Englewood Cliffs/N.J.

Bandura, A. (1997). Self-Efficacy. The Exercise of Control. New York/N.Y.

Bandura, A. (2001). Social Cognitive Theory: An Agentic Perspective. In: Annual Review of Psychology. 52, 1–26.

Becker, G. (1968). Crime and Punishment: An Economic Approach. In: Journal of Political Economy. 76, 169–217.

Becker, H.S. (1963/1973). Outsiders. Studies in the Sociology of Deviance. New York, London 1963 (deutsch: Außenseiter. Frankfurt/M. 1973).

Bemmelen, J.M. van (1960). Willem Adriaan Bonger. In: *H. Mannheim* (Hrsg.): Pioneers in Criminology. 349–363. London.

Bernard, T.J./Snipes, B./Gerould, A.L. (2010). Vold's Theoretical Criminology. 6. Aufl. New York, Oxford.

Blumstein, A. (2007). The Roots of Punitiveness in a Democracy. In: Journal of Scandinavian Studies in Criminology and Crime Prevention. 8 (Supplement 1), 2–16.

Bock, M. (Hrsg.), *Göppinger, H.* (Begründer) (2008). Kriminologie. 6. Aufl. München.

Braithwaite, J. (1989/2011). Crime, Shame, and Reintegration. In: *F.T. Cullen/R. Agnew* (Hrsg.): Criminological Theory: Past to Present. 4. Aufl. 253–261. New York/Oxford.

Burgess, R.L./Akers, R.L. (1966). A Differential Association – Reinforcement Theory of Criminal Behavior. In: Social Problems. 14, 128–147.

Caspi, A./Moffitt, T.E./Silva, P.A./Stouthamer-Loeber, M./Krueger, R.F./Schmutte, P.S. (2011). Personality and Crime: Are Some People Crime Prone? In: *F.T. Cullen/R. Agnew (Hrsg.)*: Criminological Theory: Past to Present. 4. Aufl. 69–77. New York/Oxford.

Catalano, R.F./Hawkins, J.D. (1996). The Social Development Model: A Theory of Antisocial Behavior. In: *J.D. Hawkins* (Hrsg.): Delinquency and Crime. 149–197. Cambridge, New York, Melbourne.

Catalano, R.F./Park, J./Harachi, T.W./Haggerty, K.S./Abbott, R.D./Hawkins, J.D. (2005). Mediating the Effects of Poverty, Gender, Individual Characteristics, and External Constraints on Antisocial Behavior: A Test of the Social Development Model and Implications for Developmental Life-Course Theory. In: *D.P. Farrington* (Hrsg.): Integrated Developmental and Life Course Theories of Offending. 93–123. New Brunswick (U.S.A.), London (U.K.).

Clarke, R.V./Cornish, D.B. (2001). Rational Choice. In: *R. Paternoster/R. Bachman* (Hrsg.): Explaining Criminals and Crime. 23–42. Los Angeles.

Clear, T.R. (2007). Imprisoning Communities. Oxford, New York.

Cohen, L.E./Felson, M. (1979/2011). Routine Activity Theory. In: *F.T. Cullen/R. Agnew* (Hrsg.): Criminological Theory: Past to Present. 4. Aufl. 417–427. New York, Oxford.

Cornish, D.B./Clarke, R.V. (1986/2011). Crime as a Rational Choice. In: *F.T. Cullen/R. Agnew* (Hrsg.): Criminological Theory: Past to Present. 4. Aufl. 400–405. New York, Oxford.

Cressey, D.R. (1981). Differentielle Assoziation, symbolischer Interaktionismus und Kriminologie. In: *H.J. Schneider* (Hrsg.): Die Psychologie des 20. Jahrhunderts. Band 14: Auswirkungen auf die Kriminologie. 182–195. Zürich.

Crews, A.D. (2009). Biological Theory. In: *J.M. Miller* (Hrsg.): 21st Century Criminology. Band 1. 184–200. Los Angeles.

Cullen, F.T./Wright, J.P./Gendreau, R./Andrews, D.A. (2003). What Correctional Treatment Can Tell Us about Criminological Theory. Implications for Social Learning Theory. In: *R.L. Akers/G.F. Jensen* (Hrsg.): Social Learning Theory and the Explanation of Crime. 339–362. New Brunswick (U.S.A.), London (U.K.).

Dallier, D.J. (2010). Developmental and Social Victimization. In: *B.S. Fisher/S.P. Lab* (Hrsg.): Encyclopedia of Victimology and Crime Prevention. Band 1. 286–290. Los Angeles u.a.

DeKeseredy, W.S. (2011). Contemporary Critical Criminology. London, New York.

DeKeseredy, W.S./Dragiewicz, M. (2012). Critical Criminology: Past, Present, and Future. In: *W.S. DeKeseredy/M. Dragiewicz* (Hrsg.): Routledge Handbook of Critical Criminology. 1–8. London, New York.

DeKeseredy, W.S./Schwartz, M.D. (2012). Left Realism. In: *W.S. DeKeseredy/M. Dragiewicz* (Hrsg.): Routledge Handbook of Critical Criminology. 105–116. London, New York.

DeLisi, M. (2010). Wilson, *James Q.* and *Richard J. Herrnstein*: Crime and Human Nature. In: *F.T. Cullen/P. Wilcox* (Hrsg.): Encyclopedia of Criminological Theory. Band 2. 1014–1018. Los Angeles u.a.

Einstadter, W.J./Henry, S. (2006). Criminological Theory. 2. Aufl. Lanham, Boulder u.a.

Ellis, L./Cooper, J.A./Walsh, A. (2008). Criminologists' Opinion about Causes and Theories of Crime and Delinquency: A Follow-Up. In: The Criminologist. 33, 23/24.

Ellis, L./Walsh, A. (1999). Criminologists' Opinion about Causes and Theories of Crime and Delinquency. In: The Criminologist. 24, 4–6.

Eysenck, H.J./Gudjonsson, G.H. (1989). The Causes and Cures of Criminality. New York, London.

Farrell, G. (2010). Repeat Victimization, Theories of. In: *B.S. Fisher/S.P. Lab* (Hrsg.): Encyclopedia of Victimology and Crime Prevention. Band 2. 768–773. Los Angeles u.a.

Farrington, D.P. (2010). Life-Course and Developmental Theories in Criminology. In: *E. McLaughlin/ T. Newburn* (Hrsg.): The Sage Handbook of Criminological Theory. 249–270. Los Angeles u.a.

Farrington, D.P./Welsh, B.C. (2007). Saving Children from a Life of Crime. Oxford, New York.

Ferrell, F. (2010). Anarchist Criminology. In: *F.C. Cullen/P. Wilcox* (Hrsg.): Encyclopedia of Criminological Theory. Band 1. 42–46. Los Angeles u.a.

Ferri, E. (1896). Das Verbrechen als soziale Erscheinung. Leipzig.

Friedrichs, D.O. (2009). Critical Criminology. In: *J.M. Miller* (Hrsg.): 21st Century Criminology. Band 1. 210–218. Los Angeles u.a.

Glueck, S./Glueck, E. (1968). Delinquents and Nondelinquents in Perspective. Cambridge/Mass.

Göppinger, H. (1962). Die Bedeutung der Psychopathologie für die Kriminologie. In: *H. Kranz* (Hrsg.): Psychopathologie heute. Festschrift für Kurt Schneider. 316–321. Stuttgart.

Göppinger, H. (1971, 1973, 1976, 1980). Kriminologie. 1. bis 4. Aufl. München.

Göppinger, H. (1983). Der Täter in seinen sozialen Bezügen. Berlin u.a.

Göppinger, H. (1985). Angewandte Kriminologie. Berlin u.a.

Göppinger, H. (Bearbeiter: *Bock, M./Böhm, A.* (1997). Kriminologie. 5. Aufl. München.

Gottfredson, M.G./Hirschi, T. (1990). A General Theory of Crime. Stanford/Cal.

Hamm, M.S. (2010). *Chambliss, William J.*: Power, Conflict, and Crime. In: *F.T. Cullen/P. Wilcox* (Hrsg.): Encyclopedia of Criminological Theory. Band 1. 141–148. Los Angeles u.a.

Hare, R.D. (1996). Psychopathy: A Clinical Construct Whose Time Has Come. In: Criminal Justice and Behavior. 23, 25–54.

Hawkins, J.D./Smith, B.H./Hill, K.G./Kosterman, R./Catalano, R.F./Abbott, R.D. (2003). Understanding and Preventing Crime and Violence. In: *T.P. Thornberry/M.D. Krohn* (Hrsg.): Taking Stock of Delinquency. 255–312. New York, Boston u.a.

Hirschi, T. (1969). Causes of Delinquency. Berkeley, Los Angeles.

Hirschi, T. (1969/2011) Social Bond Theory In: *F.T. Cullen/R. Agnew* (Hrsg.): Criminological Theory: Past to Present. 4. Aufl. 215–223. New York, Oxford.

Jolliffe, D./Farrington, D.P. (2010). Individual Differences and Offending. In: *E. McLaughlin/T. Newburn* (Hrsg.): The Sage Handbook of Criminological Theory. 40–55. Los Angeles u.a.

Junger-Tas, J./Marshall, I.H./Enzmann, D./Killias, M./Steketee, M./Gruszczynska, B. (Hrsg.) (2010). Juvenile Delinquency in Europe and Beyond. New York/N.Y.

Junger-Tas, J./Marshall, I.H./Enzmann, D./Killias, M./Steketee, M./Gruszczynska, B. (Hrsg.) (2012). The Many Faces of Youth Crime. New York/N.Y.

Kaiser, G. (1993). Kriminologie. Eine Einführung in die Grundlagen. 9. Aufl. Heidelberg.

Kaiser, G. (1996). Kriminologie. 3. Aufl. Heidelberg.

Katz, J. (1988). Seductions of Crime. New York.

Katz, J. (1991). The Motivation of the Persistent Robber. In: *M. Tonry* (Hrsg.): Crime and Justice. Band 14. 277–306. Chicago, London.

Kornhauser, R.R. (1978). Social Sources of Delinquency. Chicago, London.

Kraska, P.B./Neuman, W.L. (2012). Criminal Justice and Criminology Research Methods. 2. Aufl. Boston u.a.

Kubrin, C.E. (2010). *Shaw, Clifford R.* and *Henry D. McKay*: Social Disorganization Theory. In: *F.T. Cullen/P. Wilcox* (Hrsg.): Encyclopedia of Criminological Theory. Band 2. 827–834. Los Angeles u.a.

Kubrin, C.E./Stucky, T.D./Krohn, M.D. (2009). Researching Theories of Crime and Deviance. New York, Oxford.

LaFree, G. (2007). Expanding Criminology's Domain: The American Society of Criminology 2006 Presidential Address. In: Criminology. 45, 1–31.

Lange, R. (1970). Das Rätsel Kriminalität. Frankfurt/M., Berlin.

Lange, R. (1981). Die Entwicklung der Kriminologie im Spiegel der Zeitschrift für die gesamte Strafrechtswissenschaft. In: ZStW 93, 151–198.

Lappi-Seppälä, T. (2006). Reducing the Prison Population: Long-Term Experiences from Finland. In: Council of Europe (Hrsg.): Crime Policy in Europe. 139–156. Strasbourg.

Lappi-Seppälä, T. (2007). Penal Policy in Scandinavia. In: *M. Tonry* (Hrsg.): Crime, Punishment, and Politics in Comparative Perspective. 217–295. Chicago, London.

Laub, J.H. (2010). Nurturing the Journal of Quantitative Criminology Through Late Childhood: Retrospective Memories (Distorted?) from a Former Editor. In: Journal of Quantitative Criminology. 26, 421–424.

Laub, J.H. (2011). Control Theory: The Life and Work of Travis Hirschi. In: *F.T. Cullen/C.L. Jonson/ A.J. Myer/F. Adler* (Hrsg.): The Origins of American Criminology. 295–331. New Brunswick (USA), London (UK).

Laub, J./Sampson, R. (1991). The Sutherland-Glueck Debate: On the Sociology of Criminological Knowledge. In: American Journal of Sociology. 96, 1402–1440.

Laub, J./Sampson, R. (2003). Shared Beginnings, Divergent Lives. Delinquent Boys to Age 70. Cambridge/Mass. u.a.

Laub, J./Sampson, R. (2003/2011). A Theory of Persistent Offending and Desistance from Crime. In: *F.T. Cullen/R. Agnew* (Hrsg.): Criminological Theory: Past to Present. 4. Aufl. 497–503. New York, Oxford.

Laub, J./Sampson, R. (2011). Sheldon and Eleanor Glueck's Unraveling Juvenile Delinquency Study: The Lives of 1.000 Boston Men in the Twentieth Century. In: *F.T. Cullen/C.L. Jonson/A.J. Myer/ F. Adler* (Hrsg.): The Origins of American Criminology. 369–395. New Brunswick (USA), London (UK).

LeBlanc, M./Loeber, R. (1998). Developmental Criminology Updated. In: *M. Tonry* (Hrsg.): Crime and Justice. Band 23. 115–198. Chicago, London.

Leferenz, H. (1955). Psychopathentypen in kriminologischer Sicht. In: *E. Mezger/E. Seelig* (Hrsg.): Kriminalbiologische Gegenwartsfragen. 13–22. Stuttgart.

Leferenz, H. (1978). 50 Jahre Gesellschaft für die gesamte Kriminologie. In: *H. Göppinger/H. Walder* (Hrsg.): Kriminologische Gegenwartsfragen. Heft 13. 1–5. Stuttgart.

Lemert, E.M. (1967). Human Deviance, Social Problems, and Social Control. Englewood Cliffs/ N.J. u.a.

Lemert, E.M. (1992/2011). Primary and Secondary Deviance. In: *F.T. Cullen/R. Agnew* (Hrsg.): Criminological Theory: Past to Present. 4. Aufl. 249–252. New York, Oxford.

Lévay, M. (2007). Social Exclusion: A Thriving Concept in Contemporary Criminology. In: *K. Aromaa* (Hrsg.): Penal Policy, Justice Reform and Social Exclusion. 7–26. Helsinki.

Lilly, J.R./Cullen, F.T./Ball, R.A. (2011). Criminological Theory. 5. Aufl. Los Angeles u.a.

Lipsey, M.W. (2009). The Primary Factors that Characterize Effective Interventions with Juvenile Offenders: A Meta-Analytic Overview. In: Victims and Offenders. 4, 124–147.

Liszt, F. von (1905). Die gesellschaftlichen Faktoren der Kriminalität. In: *F. von Liszt*: Strafrechtliche Vorträge und Aufsätze. Band 2. 433–447. Berlin.

Loeber, R./Farrington, D.P./Stouthamer-Loeber, M./White, H.R. (2008). Violence and Serious Theft. New York, London.

Loeber, R./LeBlanc, M. (1990). Toward a Developmental Criminology. In: *M. Tonry/N. Morris* (Hrsg.): Crime and Justice. Band 12. 375–473. Chicago, London.

Logan, A. (2010). Eleanor Touroff Glueck (1898–1972) and Sheldon Glueck (1896–1980). In: *K. Hayward/S. Maruna/J. Mooney* (Hrsg.): Fifty Key Thinkers in Criminology. 82–88. London, New York.

Lombroso, C. (1894). Der Verbrecher in anthropologischer, ärztlicher und juristischer Beziehung. 1. Band. Hamburg.

Lombroso, C. (1902). Die Ursachen und Bekämpfung des Verbrechens. Berlin.

Lombroso, C. (1876/2006). Criminal Man. Übersetzt und mit einer neuen Einleitung: *M. Gibson/ N.H. Rafter*. Durham/London 2006.

Lowenkamp, C.T./Cullen, F.T./Pratt, C.T. (2003/2010). Replicating Sampson and Groves's Test of Social Disorganization Theory. In: *S.G. Tibbetts/C. Hemmens* (Hrsg.): Criminological Theory. 402–417. Los Angeles u.a.

MacKenzie, D.L. (2006). What Works in Corrections. Cambridge, New York u.a.

MacKenzie, D.L. (2012). Preventing Future Criminal Activities of Delinquents and Offenders. In: *B.C. Welsh/D.P. Farrington* (Hrsg.): Oxford Handbook of Crime Prevention. 466–486. Oxford, New York.

Maruna, S./Copes, H. (2005). What Have We Learned from Five Decades of Neutralization Research? In: *M. Tonry* (Hrsg.): Crime and Justice. Band 32. 221–320. Chicago, London.

Maxfield, M.G./Babbie, E.R. (2011). Research Methods for Criminal Justice and Criminology. 6. Aufl. Belmont/Cal. u.a.

McLaughlin, E. (2010). Critical Criminology. In: *E. McLaughlin/T. Newburn* (Hrsg.): The Sage Handbook of Criminological Theory. 153–174. Los Angeles u.a.

Merton, R.K. (1957/1968). Social Theory and Social Structure. New York, London.

Merton, R.K. (1938/2011). Social Structure and Anomie. In: *F.T. Cullen/R. Agnew* (Hrsg.): Criminological Theory: Past to Present. 4. Aufl. 165–172. New York, Oxford.

Messner, S.F./Rosenfeld, R. (2004). "Institutionalizing" Criminological Theory. In: *J. McCord* (Hrsg.): Beyond Empiricism. 83–105. New Brunswick (USA), London (U.K.).

Messner, S.F./Rosenfeld, R. (2013). Crime and the American Dream. 5. Aufl. Belmont/Cal. u.a.

Miller, J.M. (2009). Criminology as Social Science. In: *J.M. Miller* (Hrsg.): 21st Century Criminology. Band 1. 2–9. Los Angeles u.a.

Mischel, W. (2004). Toward an Integrative Science of the Person. In: Annual Review of Psychology. 55, 1–22.

Moffitt, T.E. (1993/2011). Pathways in the Life Course to Crime (1993). In: *F.T. Cullen/R. Agnew* (Hrsg.): Criminological Theory: Past to Present. 4. Aufl. 477–496. New York, Oxford.

Moffitt, T.E./Ross, S./Raine, A. (2011). Crime and Biology. In: *J.Q. Wilson/J. Petersilia* (Hrsg.): Crime and Public Policy. 53–87. Oxford, New York.

Mutchnick, R.J./Martin, R./Austin, W.T. (2009). Criminological Thought. Pioneers Past and Present. Upper Saddle River/N.J., Columbus/Ohio.

Nagin, D.S./Cullen, F.T./Jonson, C.L. (2009). Imprisonment and Reoffending. In: *M. Tonry* (Hrsg.): Crime and Justice. Band 38. 115–200. Chicago, London.

National Research Council (2004). Fairness and Effectiveness in Policing. Washington D.C.

Nye, F.I. (1958). Family Relationships and Delinquent Behavior. New York, London.

Piquero, A.R./Farrington, D.P./Blumstein, A. (2007). Key Issues in Criminal Career Research. Cambridge, New York u.a.

Pratt, T.C./Cullen, F.C. (2005). Assessing Macro-Level Predictors and Theories of Crime: A Meta-Analysis. In: *M. Tonry* (Hrsg.): Crime and Justice. Band 32. 373–450. Chicago, London.

Pratt, T.C./Cullen, F.C./Blevins, K.R./Daigle, L.E./ Madensen, T.D. (2006). The Empirical Status of Deterrence Theory. A Meta-Analysis. In: *F.T. Cullen/J.P. Wright/K.R. Blevins* (Hrsg.): Taking Stock: The Status of Criminological Theory. 367–395. New Brunswick (U.S.A.), London (U.K.).

Pratt, T.C./Cullen, E.T./Sellers, C.S./Winfree, L.T./ Madensen, T.D./Daigle, L.E./Fearn, N.E./Gau, J.M. (2010). The Empirical Status of Social Learning Theory. A Meta-Analysis. In: Justice Quarterly. 27, 765–802.

Rafter, N. (2008a). The Criminal Brain. Understanding Biological Theories of Crime. New York, London.

Rafter, N. (2008b). Criminology's Darkest Hour: Biocriminology in Nazi Germany. In: Australian and New Zealand Journal of Criminology. 41, 287–306.

Reckless, W.C. (1961). Halttheorie. In: MschrKrim. 44, 1–14.

Reckless, W.C. (1970). American Criminology. In: Criminology. 8, 4–20.

Reckless, W.C. (1973). The Crime Problem. 5. Aufl. New York.

Reiss, A.J. (1951). Delinquency as the Failure of Personal and Social Controls. In: American Sociological Review. 16, 196–207.

Renzetti, C.M. (2012). Feminist Perspectives in Criminology. In: *W.S. DeKeseredy/M. Dragiewicz* (Hrsg.): Routledge Handbook of Critical Criminology. 129–137. London, New York.

Roberts, J.V. (2007). Public Confidence in Criminal Justice in Canada: A Comparative and Contextual Analysis. In: Canadian Journal of Criminology and Criminal Justice. 49, 153–184.

Roberts, J.V./Hastings, R. (2012). Public Opinion and Crime Prevention: A Review of International Trends. In: *B.C. Welsh/D.P. Farrington* (Hrsg.): Oxford Handbook of Crime Prevention. 487–507. Oxford, New York.

Rosenfeld, R./Messner, S.F. (2011). The Intellectual Origins of Institutional-Anomie Theory. In: *F.T. Cullen/C.L. Jonson/A.J. Myer/F. Adler* (Hrsg.): The Origins of American Criminology. 121–135. New Brunswick (USA), London (UK).

Rosenfeld, R./Messner, S.F. (1995/2011). Crime and the American Dream. In: *F.T. Cullen/R. Agnew* (Hrsg.): Criminological Theory: Past to Present. 4. Aufl. 178–188. New York, Oxford.

Sampson, R.J. (2011). The Community. In: *J.Q. Wilson/J. Petersilia* (Hrsg.): Crime and Public Policy. 210–236. Oxford, New York/N.Y. u.a.

Sampson, R.J. (2012). Great American City. Chicago and the Enduring Neighborhood Effect. Chicago, London.

Sampson, R.J./Groves, W.B. (1989). Community Structure and Crime: Testing Social Disorganisation Theory. In: American Journal of Sociology. 94, 774–802.

Sampson, R.J./Laub, J.H. (1993). Crime in the Making. Cambridge/Mass. u.a.

Sampson, R.J./Raudenbush, S.W./Earls, F. (1997/2011). Collective Efficacy and Crime. In: *F.T. Cullen/R. Agnew* (Hrsg.). Criminological Theory: Past to Present. 4. Aufl. 112–117. New York, Oxford.

Schneider, H.J. (1987). Kriminologie. Berlin, New York.

Schneider, H.J. (2001). Kriminologie für das 21. Jahrhundert. Münster u.a.

Schneider, H.J. (2005). Sellin, Thorsten. In: *R.A. Wright/J.M. Miller* (Hrsg.): Encyclopedia of Criminology. Band 3. 1494–1497. New York, London.

Schneider, H.J. (2007). Methoden der Kriminologie. In: *H.J. Schneider* (Hrsg.): Internationales Handbuch der Kriminologie. Band 1. 209–254. Berlin.

Schneider, H.J. (2009). Die Freiheitsstrafe. In: *H.J. Schneider* (Hrsg.): Internationales Handbuch der Kriminologie. Band 2. 1025–1048. Berlin.

Schneider, H.J. (2010a). Die kriminelle Persönlichkeit. In: *D. Dölling/B. Götting/B.-D. Meier/T. Verrel* (Hrsg.): Verbrechen, Strafe, Resozialisierung. 145–165. Berlin, New York.

Schneider, H.J. (2010b). Täter, Opfer und Gesellschaft. In: MschrKrim. 93, 313–334.

Schneider, H.J. (2011). Ein Jahrzehnt US-amerikanischer Kriminologie. In: Monatsschrift für Kriminologie und Strafrechtsreform (MschrKrim). 94, 112–140.

Schneider, K. (1923/1950). Die psychopathischen Persönlichkeiten. 9. Aufl. Wien.

Schreck, C.J./Stewart, E.A./Fisher, B.S. (2006). Self-Control, Victimization, and their Influence on Risky Lifestyles: A Longitudinal Analysis Using Panel Data. In: Journal of Quantitative Criminology. 22, 319–340.

Schur, E.M. (1973). Radical Nonintervention. Englewood Cliffs/N.J. u.a.

Shaw, C.R./McKay, H.D. (1931/1968). Social Factors in Juvenile Delinquency. In: *Wickersham Commission Reports*. Report on the Causes of Crime: Band 2. Nachdruck: Montclair/N.J.

Shaw, C.R./McKay, H.D. (1942/1969). Juvenile Delinquency and Urban Areas. Nachdruck: Chicago, London.

Shaw, C.R./McKay, H.D. (1942/2011). Juvenile Delinquency and Urban Areas. In: *F.T. Cullen/R. Agnew* (Hrsg.): Criminological Theory: Past to Present. 4. Aufl. 98–104. New York/Oxford.

Sherman, L.W. (1993/2011). Defiance Theory. In: *F.T. Cullen/R. Agnew* (Hrsg.): Criminological Theory: Past to Present. 4. Aufl. 262–269. New York, Oxford.

Silva, P.A./Stanton, W.R. (Hrsg.) (1996). From Child to Adult. The Dunedin Multidisciplinary Health and Development Study. Auckland, Oxford, Melbourne, New York.

Simmel, G. (1908/1983). Soziologie. 6. Aufl. Berlin.

Skogan, W. (1990). Disorder and Decline. Berkeley, Los Angeles.

Skogan, W.G. (2006). Police and Community in Chicago. Oxford, New York/N.Y.

Skogan, W.G. (2012). Disorder and Crime. In: *B.C. Welsh/D.R. Farrington* (Hrsg.): The Oxford Handbook of Crime Prevention. 173–188. Oxford, New York/N.Y. u.a.

Skogan, W.G./Hartnett, S.M. (1997). Community Policing Chicago Style. New York, Oxford.

Snipes, J.B. (2010). Vold, George B.: Group Conflict Theory. In: *F.T. Cullen/P. Wilcox* (Hrsg.): Encyclopedia of Criminological Theory. Band 2. 985–987. Los Angeles u.a.

Snodgrass, J. (2011). Clifford R. Shaw and Henry D. McKay: Chicago Criminologists. In: *F.T. Cullen/ C.L. Jonson/A.J. Myer/F. Adler* (Hrsg.): The Origins of American Criminology. 17–35. New Brunswick (USA), London (UK).

Steffensmeier, D.J./Ulmer, F.T. (2005). Confessions of a Dying Thief. New Brunswick (U.S.A.), London (U.K.).

Strang, H. (2002). Repair or Revenge: Victims and Restorative Justice. Oxford.

Sutherland, E.H. (1924). Criminology. Philadelphia. London.

Sutherland, E.H. (1934/1939/1947). Principles of Criminology. 2. 3. und 4. Aufl. Chicago, Philadelphia, New York.

Sykes, G.M./Matza, D. (1957/2011). Techniques of Neutralization. In: *F.T. Cullen/R. Agnew* (Hrsg.): Criminological Theory. Past to Present. 4. Aufl. 207–214. New York, Oxford.

Tannenbaum, F. (1922). Wall Shadows. A Study of American Prisons. New York, London.

Tannenbaum, F. (1938). Crime and the Community. New York, London.

Tarde, G. (1912/1968). Penal Philosophy. Nachdruck Montclair/N.J.

Thornberry, T.P. (1987/2011). Toward an Interactional Theory of Delinquency. In: *F.T. Cullen/R. Agnew* (Hrsg.): Criminological Theory: Past to Present. 4. Aufl. 559–570. New York, Oxford.

Thornberry, T.P./Lizotte, A.J./Krohn, M.D./Smith, C.A./Porter, P.K. (2003). Causes and Consequences of Delinquency. In: *T.P. Thornberry/M.D. Krohn* (Hrsg.): Taking Stock of Delinquency. 11–46. New York. Boston u.a.

Tittle, C.R. (1995). Control Balance. Boulder/Col. u.a.

Tittle, C.R. (2004). Refining Control Balance Theory. In: Theoretical Criminology. 8, 395–428.

Tittle, C.R. (2001/2011). Control Balance Theory. In: *F.T. Cullen/R. Agnew* (Hrsg.): Criminological Theory: Past to Present. 4. Aufl. 571–589. New York, Oxford.

Tönnies, F. (1887/1979). Gemeinschaft und Gesellschaft. Nachdruck: Darmstadt.

Tyler, T.R. (2006). Why People Obey the Law. Princeton, Oxford.

Tyler, T.R./Braga, A./Fagan, J./Meares, T./Sampson, R./Winship, C. (2007). Legitimacy and Criminal Justice: International Perspectives. In: *T.R. Tyler* (Hrsg.): Legitimacy and Criminal Justice: International Perspectives. 9–29. New York.

Tyler, T.R./Rankin, L.E. (2012). Legal Socialization and Delinquency. In: *B.C. Feld/D.M. Bishop* (Hrsg.): Oxford Handbook of Juvenile Crime and Juvenile Justice. 353–372. Oxford, New York.

Wetzell, R.F. (2000). Inventing the Criminal. A History of German Criminology 1880–1945. Chapel Hill, London.

Wetzell, R.F. (2006). Criminology in Weimar and Nazi Germany. In: *P. Becker/R.F. Wetzell* (Hrsg.): Criminals and their Scientists. 401–423. Washington D.C., Cambridge (U.K.) u.a.

Wetzell, R.F. (2010). Aschaffenburg, Gustav: German Criminology. In: *F.T. Cullen/P. Wilcox* (Hrsg.): Encyclopedia of Criminological Theory. Band 1. 58–62. Los Angeles u.a.

Wilson, D.B. (2010). Meta-Analysis. In: *A.R. Piquero/D. Weisburd* (Hrsg.): Handbook of Quantitative Criminology. 181–208. New York/N.Y. u.a.

Wilson, J.Q./Kelling, G.L. (1982/2011). Broken Windows. In: *F.T. Cullen/R. Agnew* (Hrsg.): Criminological Theory: Past to Present. 4. Aufl. 437–448. New York, Oxford.

Wilson, J.Q. (2011). Crime and Public Policy. In: *J.Q. Wilson/J. Petersilia* (Hrsg.): Crime and Public Policy. 619–630. Oxford, New York/N.Y. u.a.

Wolfgang, M.E./Ferracuti, F. (1967/2006). The Thesis of a Subculture of Violence. In: *F.T. Cullen/ R. Agnew* (Hrsg.): Criminological Theory: Past to Present. 3. Aufl. 147–150. Los Angeles/Cal.

Wozniak, J.F. (2011). Becoming a Peacemaking Criminologist: The Travels of Richard Quinney. In: *F.T. Cullen/C.L. Jonson/A.J. Myer/F. Adler* (Hrsg.): The Origins of American Criminology. 223–244. New Brunswick (USA), London (UK).

Young, J. (1999). The Exclusive Society. London u.a.

2.2.2 Kriminologische Theorien im Einzelnen

Inhaltsübersicht

2.2.2.1 Internationale und interdisziplinäre Orientierung

Die Ursachenfrage ist eine Hauptaufgabe der Kriminologie, die bisher dazu keine umfassende Theorie entwickelt hat. In der Kriminologie der Gegenwart gibt es vielmehr zahlreiche „Theorien mittlerer Reichweite" (*Merton* 1968, 68), die in kriminalbiologische, -psychiatrische, -psychologische, -soziologische, sozialpsychologische, viktiminologische, kritisch-radikale, feministische und integrierte Theorien unterteilt werden (*H.J. Schneider* 1987, 359/360). Es ist Zweck dieses Artikels, nach den Maßstäben der „Hauptstrom-Kriminologie" („Mainstream Criminology") über die Theorien zu informieren, die international Zustimmung gefunden und die sich empirisch und praktisch bewährt haben (*Wright/Rourke* 1999). An die traditionell überkommenen Theorien wird hierbei angeknüpft. Es ist ferner Sinn dieser Studie, über den gegenwärtigen Stand der theoretischen Kriminologie, also über ihre Weiter- und Neuentwicklungen, kritisch zu berichten.

2.2.2.2 Theorieprobleme

2.2.2.2.1 Definition

Wissenschaftliche Theorien geben Erklärungen über die Beziehungen zwischen beobachtbaren Phänomenen ab (*Bernard/Snipes/Gerould* 2010, 4). Eine Theorie ist eine Reihe miteinander verbundener Behauptungen und Vorschläge, die erklären, in welcher Beziehung zwei oder mehr Ereignisse oder Faktoren zueinander stehen (*Curran/Renzetti* 2001, 2). Kriminalitätstheorien befassen sich mit den Ursachen und Konsequenzen kriminellen Verhaltens, das dem zeitlichen Wandel unterworfen ist. Sie sind von Zeit und Ort abhängig und entwickeln sich – dem „Zeitgeist" (*Friedrich Hegel*) entsprechend – in einem bestimmten gesellschaftlichen Klima mit bestimmten Wertvorstellungen. Theorien müssen sich bewähren, sie müssen sich an der Empirie, an der Erkenntnis, die auf Erfahrung beruht, messen lassen. Sie sind deshalb so zu formulieren (zu operationalisieren), dass sie durch die Realität bestätigt (verifiziert) oder widerlegt (falsifiziert) werden können. Bestätigung oder Widerlegung sind immer nur vorläufig, bis mit modernen Forschungsmethoden neuere Forschungsergebnisse erzielt werden. Man kann also von einem **immerwährenden Forschungsprozess** reden. Die Schlussfolgerung eines solchen Prozesses, dass eine Ursachenbeziehung besteht, ist stets eine Wahrscheinlichkeitserklärung, niemals die Behauptung der Sicherheit.

2.2.2.2.2 Theorieformen und -konstruktionen

Man teilt die kriminologischen Theorien in Makro-, Meso- und Mikrotheorien ein. Makrotheorien berücksichtigen sozialstrukturelle Faktoren. Mesotheorien sind auf Institutions- und Gruppen-Aspekte gerichtet. Mikrotheorien untersuchen individuelle Variablen; sie sind situations-, täter- oder opferorientiert. Im Folgenden werden eigenschaftsorientierte, sozialstrukturelle und sozialprozessuale Theorieentwicklungen der Kriminologie der Gegenwart diskutiert, deren Grundlagen zumeist in Europa gelegt worden sind. Nach zwei Weltkriegen (1914–1918; 1939–1945) und dem Nationalsozialismus (1933–1945) hat die internationale Theoriediskussion allerdings ihren Schwerpunkt aus Europa in die englischsprachigen Länder, besonders nach Nordamerika, verlegt. Nichtsdestoweniger haben deutsche Soziologen wie *Georg Simmel* (1858–1918) und *Ferdinand Tönnies* (1855–1936) und deutsche Kriminologen wie *Gustav Aschaffenburg* (1866–1944) und *Hans von Hentig* (1887–1974) die nordamerikanische Theoriediskussion wesentlich beeinflusst.

Einheitstheorien unterstreichen spezielle Probleme und stellen empirisch überprüfbare Behauptungen über Forschungsfragen auf. Metatheorien sind „Theorien über Theorien", die selten überprüfbar sind und die am besten als Interpretationen der Realität verstanden werden können (*Williams/McShane* 2004, 7). Eigenschaftstheorien beschreiben Straftäter nach bestimmten Merkmalen und Grenzen sie gegenüber sozialkonformen Menschen ab. Strukturtheorien konzentrieren sich auf die Art und Weise, wie Gesellschaften organisiert sind und welche Konsequenzen diese Organisation auf das menschliche Verhalten hat. Prozesstheorien versuchen zu erklären, wie Menschen kriminell werden. Konsenstheorien sind auf die Annahme gegründet, dass unter den Menschen einer Gesellschaft Übereinstimmung in ihren Grundwerten herrscht. Konflikttheorien basieren auf der Annahme, dass Nichtübereinstimmung allgemein verbreitet ist und dass Menschen Konfliktwerte vertreten. Keine Theorie kann wirklich ohne die Kenntnis des Kontexts verstanden und beurteilt werden, in dem sie ins Leben gerufen worden ist. Wenn eine Theorie nach einer systematischen Beobachtung durch Datenanalyse entwickelt worden ist, nennt man diesen Prozess induktive Theoriekonstruktion. Bei der deduktiven Theoriekonstruktion wird die Theorie durch ein Gedankenexperiment aufgestellt und danach durch empirische Beobachtung überprüft.

2.2.2.2.3 Gütekriterien für die Evaluation

Wenn kriminologische Theorien wissenschaftlich genannt werden wollen, müssen sie wissenschaftliche Kriterien erfüllen (*Akers/Sellers* 2009, 5–15). Das wichtigste Kriterium ist empirische Validität, das Ausmaß, in dem eine Theorie mit sorgfältig gesammelten Beweisen verifiziert oder falsifiziert werden kann. Hauptkriterien sind ferner internale, logische Konsistenz, Widerspruchsfreiheit, Untersuchbarkeit, Nachprüfbarkeit und praktische, wissenschaftlich-kriminalpolitische Nützlichkeit. Die Grundvoraussetzung für eine brauchbare Theorie besteht darin, dass sie klar definierte Konzepte besitzt und dass ihre Vorschläge logisch erklärt und internal widerspruchsfrei sind. Eine wissenschaftliche Theorie muss durch objektiven, wiederholbaren Beweis überprüfbar sein. Wenn eine Theorie anhand empirischer Daten nicht nachprüfbar ist, besitzt sie keinen wissenschaftlichen Wert. Eine Theorie kann nicht überprüfbar sein, wenn die Definitionen ihrer Konzepte und Vorschläge als Tautologie ausgewiesen sind. Eine Tautologie ist eine Erklärung oder Hypothese, die per definitionem zutrifft oder die einen Zirkelschluss enthält. Empirische Validität bedeutet, dass die Theorie durch Forschungsbeweis unterstützt wird. Je stärker die Korrelationen und Assoziationen der Theorie sind, desto größer ist die empirische Validität der Theorie. Jeder Theorie wohnt eine Therapie oder Kriminalpolitik inne. Jede kriminologische Theorie hat Auswirkungen nicht nur für die offizielle Kriminalpolitik, sondern auch dafür, was für und von Familien, Gleichaltrigengruppen, Nachbarschaften, Gemeinschaften getan werden kann. Eine gute Theorie kann überprüft werden und passt in den Beweis der Forschung. Man unterscheidet quantitative von der qualitativen Validierung. Bei der quantitativen Validierung überprüft man die Theorie anhand quantitativer Messmethoden. Die qualitative Validierung konzentriert sich auf die Substanz der Theorie. Logische Folgerichtigkeit, die Fähigkeit, zahlreichen Konfliktpositionen Sinn zu verleihen, und der Grad, mit der die Theorie Menschen sensibilisiert, die sie sonst nicht gesehen hätten, sind qualitative Validitätsmerkmale (*Williams/McShane* 2004, 5). Logische Folgerichtigkeit bedeutet, dass die Theorie keine unlogischen Beziehungen vorschlägt und dass sie internal beständig ist. Eine gute Theorie ist logisch konstruiert und beruht auf empirischen Beweisen.

2.2.2.2.4 Paradigma und Ideologie

Paradigmen sind grundlegender als Theorien und Perspektiven. Es gibt zwei fundamentale Paradigmen in der Kriminologie: das positivistische und das konstruktivistische Paradigma. Das positivistische Paradigma stützt sich auf die Annahme, dass man Wissen über Verbrechen und Kriminaljustiz durch die Methoden der Sozialwissenschaften erwerben kann. Der soziale Konstruktivismus nimmt keine objektive Existenz des Verbrechens an. Er betont demgegenüber, wie Verbrechen, Recht und Kriminaljustiz konzeptualisiert worden sind und weiterhin durch sozial

Handelnde konzeptualisiert werden: Realität besitzt keine unabhängige Existenz außerhalb des menschlichen Geistes. Es gibt einen gemäßigten Konstruktivismus. Nach ihm existiert eine der Konstruktion zugrundeliegende Realität. Es gibt Grenzen des Konstruktivismus; nicht alles ist Konstruktion. Extreme, radikale, strenge, vulgäre Versionen des Konstruktivismus weisen nicht nur die Existenz der Wirklichkeit völlig zurück, sondern sie betrachten reflexiv ihre eigene Theorie als soziale Konstruktion. Verbrechen existiert nicht. Es existieren nur Handlungen, denen man die Bedeutung von Verbrechen verleiht (*Christie* 2004, 3). Kriminalität hat keine ontologische Realität. Verbrechen ist kein Objekt, sondern das Produkt der Kriminalpolitik. Kriminalisierung ist einer der vielen Wege, soziale Wirklichkeit zu konstruieren (*Hulsman* bei *Hale/Hayward/Wahidin/Wincup* 2005, 12). Der radikale Konstruktivismus wird von der Hauptrichtung der internationalen Kriminologie abgelehnt.

Ideologie bezieht sich auf eine Serie von Glaubenssätzen oder Werten, die wir alle oft unbewusst über die Art und Weise entwickeln, in der die Welt existiert oder existieren soll. Eine Ideologie nützt einem Segment der Gesellschaft mehr als allen anderen Segmenten. Individuen werden engstirnig, borniert, und ganze Kulturen werden ethnozentrisch. Sie glauben, dass es nur einen Weg gibt: den richtigen Weg, nämlich ihren Weg (*Brown/Esbensen/Geis* 2013, 10–13). In der Realität ist keine Studie durch vollständige Objektivität charakterisiert. Dennoch müssen Forscher nach Objektivität streben (*Curran/Renzetti* 2001, 4).

2.2.2.3 Die rationale Wahltheorie

Eine der ältesten kriminologischen Theorien stammt aus der klassischen Schule der Mitte des 18. Jahrhunderts (*Beccaria* 1966; *Beccaria* 1996; *Maestro* 1973). *Cesare Beccaria* (1738–1794) ist ihr Begründer. Sie baute auf Vernunft und freier Willensentscheidung auf. Die neoklassische Schule der 70er und 80er Jahre des 20. Jahrhunderts stützt sich hauptsächlich auf Erkenntnisse der Volkswirtschaftslehre (*G. Becker* 1968; 2011). Sie macht rationale ökonomische Gründe für die Verursachung des Verbrechens verantwortlich. Kriminalität beruht auf einer Kosten-Nutzen-Analyse des Täters, auf seiner freien Willensentscheidung, die mit vernünftigen Motiven gewählt worden ist (*Wittig* 1993). Die rationale Wahltheorie ist eine Weiterentwicklung des Neoklassizismus. Ihr Standpunkt ist die Annahme, dass Rechtsbrecher aus ihrem kriminellen Verhalten für sich selbst Nutzen zu ziehen suchen und dass dies das Treffen von Entscheidungen und Wahlen voraussetzt, so verkümmert diese Prozesse auch gelegentlich sein mögen (*Cornish/Clarke* 1986). Sie vertritt ferner die Ansicht, dass diese Prozesse ein gewisses Maß an Rationalität anschaulich machen, obgleich es gezwungenermaßen zeitlich, durch psychische Fähigkeiten des Täters und Verfügbarkeit von Informationen begrenzt ist (*Clarke/Cornish* 1985/2010). Aufgrund dieser Annahmen konzentrieren sich die Vertreter dieser Theorie auf die Tat und nicht auf den Täter.

2.2.2.4 Kriminalbiologische Theorien

2.2.2.4.1 Die Theorie der konstitutionellen Prädisposition

Die kriminologische Theorie des 19. Jahrhunderts hat sich fast vollständig auf die Kriminalbiologie gestützt, die annahm, Kriminalität sei „moralisches Irresein" (moral insanity) und werde – im Zuge der Evolution – durch Degeneration und Vererbung verursacht. Man hielt erbgesundheitliche (eugenische) Maßnahmen für erforderlich. Aus den zahlreichen Vertretern kriminalbiologischer Theorien (vgl. die biokriminologischen Beiträge in *Rafter* 2009) ragt der italienische Mediziner *Cesare Lombroso* (1835–1909) hervor, der sein zentrales Werk über den „kriminellen Menschen" im Jahr 1876 zum ersten Mal in italienischer Sprache herausbrachte und der als Begründer der Kriminologie gilt, obgleich sich alle seine Lehren als falsch erwiesen (vgl. zu *Lombroso*s Lehren: *Lombroso* 1911/2011; 2006; vgl. auch die *Lombroso*-Biographien von *Horn* 2003 und *Gibson* 2002). Die kriminalbiologischen Theorien sind auch heute noch sehr populär. Denn sie sprechen die Gesellschaft von jeder Verantwortung für die Verbrechensentstehung frei, indem sie eine bestimmte Menschenkategorie so definieren, als wohne ihr Kriminalität unabänderlich – aufgrund Vererbung oder Erziehung – inne. Fast alle kriminalbiologischen Forscher räumen heute zwar ein, dass biologische Faktoren nicht allein für die Entstehung der gesamten Kriminalität verantwortlich gemacht werden können (vgl. die Beiträge in *Walsh* und *Beaver* 2009). Ebenso behaupten sie, dass soziale Faktoren das Verbrechen nicht allein verursachen. Es sind – nach der neobiokriminologischen Schule – indessen nicht Gene oder Umwelt, sondern Gene in Interaktion mit der Umwelt, die die Kriminalität hervorrufen, wobei Umwelt nicht räumlich, sondern als Gesamtheit aller sozialer Außenweltfaktoren verstanden wird. Kriminelles Verhalten wird durch Interaktion zwischen dem menschlichen Organismus und der Gesellschaft bestimmt (vgl. die Überblicke von *Caspi/Moffitt/Silva/Stouthamer-Loeber/Krueger/Schmutte* 2011; *Moffitt/Ross/Raine* 2011). Gene können hierbei Verhalten auf dem Weg durch das Gehirn, das Nerven- und das hormonale System beeinflussen, die Pfadmechanismen genannt werden, weil sie genetische Einflüsse zu bahnen in der Lage sind. Es wird eine genetische Prädisposition, eine erblich bedingte Geneigtheit oder Empfänglichkeit für Kriminalität, bei bestimmten Menschen angenommen, die die Begehung von Verbrechen zwar nicht unabänderlich vorherbestimmt, die aber mit einem erhöhten Risiko zur Verübung kriminellen Verhaltens verbunden ist (vgl. im Einzelnen: *Rafter* 2008).

Die Theorie der konstitutionellen Prädisposition wird auch heute noch mit zäher Beharrlichkeit aufgrund von Familien-, Zwillings- und Adoptionsstudien empirisch zu beweisen versucht. Familienuntersuchungen eignen sich schlecht für kriminalbiologische Forschungen, da Anlage- und Umweltfaktoren gerade in der Familie so unauflöslich miteinander verflochten sind, dass ihre Trennung unmöglich ist. Gegenüberstellungen eineiiger und zweieiiger Zwillinge zum Zwecke der Herausarbeitung kriminalbiologischer Unterschiede bei der Kriminalitätsbegehung sind ebenfalls theoretisch zweifelhaft. Denn eineiige Zwillinge pflegen von ihrer Umwelt viel einheitlicher behandelt zu werden als zweieiige geschwisterliche Zwillinge; sie verbringen erheblich mehr Zeit miteinander, und sie identifizieren sich sehr viel stärker miteinander als zweieiige Zwillinge. Bei eineiigen Zwillingen ist deshalb nicht nur der genetische, sondern auch der Umwelteinfluss stärker. Adoptionsstudien haben bisher kriminalbiologische Einflüsse methodologisch am einwandfreisten, aber im Ergebnis auch am geringsten herausgearbeitet (*Katz/Chambliss* 1995, 280). In ihnen versucht man, den Erb- und den Umwelteinfluss auf Kriminalität in folgender Weise festzustellen: Wenn es eine genetische, erblich bedingte Grundlage der Kriminalität gibt, muss eine Beziehung zwischen der Kriminalität der leiblichen Väter und der Delinquenz ihrer leiblichen Kinder, der Adoptivkinder, bestehen. Eine solche Beziehung muss unabhängig von der Kriminalität der Adoptiveltern sein. Wenn – verglichen mit einer Kontrollgruppe – eine große Zahl männlicher delinquenter Adoptierter kriminelle leibliche Väter besitzt, so spricht dies für das Vorhandensein eines genetischen Faktors.

Vertreter der Theorie der konstitutionellen Prädisposition äußern die Meinung, dass ein Überblick über Familien-, Zwillings- und Adoptionsstudien beweist, dass die Verursachung kriminellen Verhaltens zum Teil von der genetischen Vererbung spezifischer biologischer Merkmale der Eltern auf ihre Kinder abhängt. Eine Meta-Analyse kriminalbiologischer Studien (*Walters* 1992/2010) kommt zu einem abgewogeneren Urteil. Sie hat herausgefunden, dass methodisch höher qualifizierte empirische Studien, die nach 1975 erschienen, die konstitutionelle Prädispositions-Hypothese weniger unterstützen als methodisch weniger gut qualifizierte empirische Studien, die vor 1975 veröffentlicht worden waren. Es wird sogar die Auffassung vertreten (*Gottfredson/Hirschi* 1990, 60), dass die genetische Wirkung, wie sie durch Adoptionsstudien festgestellt worden ist, äußerst gering ist. Zusammenfassend kann gesagt werden, dass die 38 Familien-, Zwillings- und Adoptionsstudien, die man in der Meta-Analyse überprüft hat, zwar eine relativ schwache Beziehung zwischen Vererbung und Kriminalität nahelegen, dass aber bisher niemand zu sagen vermocht hat, worin die konstitutionelle Prädisposition – ein vager Begriff – konkret besteht. Allgemein wird in der Literatur (*Walters/White* 1989; *Fishbein* 2001) bemängelt, dass die kriminalbiologische Forschung erhebliche theoretische Defizite und methodologische Unzulänglichkeiten und Begrenzungen bei Planung, Stichprobenerhebung und statistischer Auswertung aufweist (*Crews* 2009).

2.2.2.4.2 Geisteskrankheit und Verbrechen

Die Fehlvorstellung, dass Geisteskranke im Rahmen der Verursachung der Kriminalität eine bedeutsame Rolle spielen, wird durch die Massenmedien noch immer weit verbreitet: Das Verhalten von Geisteskranken gilt als unberechenbar und unvorhersagbar; sie können angeblich ihre eigenen Handlungen nicht kontrollieren. Da gerade die bizarrsten und uneinfühlbarsten Gewaltverbrechen häufig von Geistesgestörten verübt werden, ist solchen Taten und Tätern ihre Publizität sicher. Bei Kapitalverbrechen, die regelmäßig von den Massenmedien berichtet zu werden pflegen, ziehen die Gerichte zumeist Psychiater zu Rate, die den Täter (die Täterin) häufig psychisch gestört finden (Psychiatrisierung des Verbrechens). Es gibt wenige Kriminologen, die der Meinung sind, alle oder auch nur die Mehrheit der Kriminellen seien geisteskrank. Das Problem der Beziehung zwischen Geisteskrankheit und Kriminalität wird indessen immer wieder aufgeworfen (vgl. hierzu im Einzelnen: *Bartol/Bartol* 2011, 207–246). Dieses Problem ist indessen eine Frage der forensischen Psychiatrie, die allerdings dazu neigt, ihren Gegenstandsbereich auf Kosten der Kriminologie erheblich auszuweiten. Geisteskranke Verbrecher machen nicht mehr als fünf Prozent der Kriminellen aus.

2.2.2.5 Kriminalpsychologische Theorien

2.2.2.5.1 Psychopathologische Ansätze

Die Kriminalpsychologie hat von ihrer frühesten Geschichte (zu Beginn des 19. Jahrhunderts) an den vergeblichen Versuch unternommen, kriminelle und nichtkriminelle Menschen in ihren Persönlichkeitseigenschaften zu unterscheiden (*H.J. Schneider* 1977). Ein Höhepunkt in dieser Entwicklung war die „Entdeckung" eines kriminellen Typs, des Psycho- oder Soziopathen oder des Menschen mit einer antisozialen Persönlichkeitsstörung (vgl. zur Persönlichkeitsstörung: *Göppinger/Bock/Böhm* 1997, 233–240). Obgleich der Begriff schon sehr alt ist und auf das „moralische Irresein" des englischen Psychiaters *James Cowles Prichard* (1786–1848) zurückgeht, ist er erst durch Veröffentlichungen von *Kurt Schneider* (1950) im Jahre 1923 und *William* und *Joan McCord* im Jahre 1956 in der Kriminologie populär geworden. Unter einem Psychopathen versteht man eine ichbezogene Person, die nicht angemessen in sozialkonforme Einstellungen und Werte sozialisiert ist, die kein Gewissen (keinen Sinn für Recht und Unrecht) entwickelt hat, die kein Einfühlungsvermögen für andere besitzt und die zur Reue und Schuld wegen der Untaten und Schäden unfähig ist, die sie anderen zugefügt hat. Man sagt dem Psychopathen ferner innere emotionale Leere, eine Unfähigkeit, aus Erfahrung zu lernen, und einen Mangel an zwischenmenschlicher Wärme nach. Psychopathen gelten schließlich als nicht resozialisierbar, weil sie lernunfähig sein sollen. Der Psychopath ist doppelt geschädigt: Er ist zum einen psychisch abnorm. Er ist zum anderen zwar nicht geisteskrank, aber körperlich, seelisch und moralisch minderwertig. Sein Gehirn, seine kortikalen (zur Hirnrinde gehörenden) Funktionen und sein zentrales Nervensystem sollen unreif sein. Psychopathen sollen mit einer biologischen Prädisposition zur Psychopathie geboren werden (*Hare* 2001; 1999; 1996; *Raine* 1993).

Es gibt bis heute keinen empirischen Beweis dafür, dass Kriminelle stets atypische oder abnorme Persönlichkeiten sind. Gleichwohl wird immer wieder eine Beziehung zwischen Psychopathie und Kriminalität hergestellt (*Hare/Hart* 1993; *Hare/ Strachan/Forth* 1993). Der Begriff Psychopathie ist viel zu vage und deshalb als psychiatrische Diagnose ungeeignet. Es ist ferner eine kuriose Annahme, dass sozial nicht wünschenswerte Persönlichkeitszüge auf eine kleine Sektion der menschlichen Rasse beschränkt und konzentriert sein sollen (*Blackburn* 1993, 85). Diese Annahme hat sich durch Dunkelfeldstudien nicht bestätigt. Es gibt keinen einzelnen Typ einer abnormen Persönlichkeit, der für Verbrechen anfällig ist. Das Konzept der Psychopathie ist eine „mythische Einheit" (*Blackburn* 1988, 511), die zudem den „Diagnostizierten" stigmatisiert, die ihn brandmarkt. Der Begriff der Psychopathie ist weder für die Theorie noch für die Forschung noch für die Diagnose, Prognose und Behandlung in der klinischen Praxis nützlich. Die Theorie der Psychopathie hält einer Evaluation nicht stand (*Andrews/Bonta* 2010, 80). Es handelt sich um wenig mehr als ein moralisches Vorurteil, das man als klinische Diagnose maskiert (zu einem Überblick über die „kriminelle Psychopathie" vgl. *Bartol/Bartol* 2011, 171–206).

2.2.2.5.2 Theorie der kriminellen Persönlichkeit

Auf eine starke Betonung genetischer Anlagen stützen sich auch die beiden folgenden kriminalpsychologischen Theorien. Die gesamte internationale Kriminalpsychologie leidet darunter, dass sie kriminalbiologische Faktoren zu sehr hervorhebt und dass sie kognitive (auf die Erkenntnis bezogene) Merkmale und Phänomene der sozialen Lerntheorie zu sehr ausklammert.

Kriminelles Verhalten ist – nach *Hans Jürgen Eysenck* und *Gisli H.Gudjonsson* (1989) – das Ergebnis einer Interaktion zwischen bestimmten sozialen Außenweltfaktoren und ererbten Anlagen des zentralen Nervensystems. Es kommt also auf die neurologische Beschaffenheit und die einzigartige Sozialisationsgeschichte des Individuums an. Manche Menschen werden mit einer Besonderheit ihres zentralen und autonomen Nervensystems geboren, die sie für Kriminalität anfällig macht. *Eysenck* und *Gudjonsson* unterscheiden zwischen Extrovertierten und Introvertierten. Das Nervensystem der Extrovertierten ist – im Gegensatz zu den Introvertierten – schwer erregbar. Weil Extrovertierte stärkere Bedürfnisse nach Erregung und Antrieb haben, um der alltäglichen Langeweile zu entfliehen, gehen sie höhere Risiken ein und sind geneigter, das Gesetz zu brechen. Die meisten Menschen, die sich kriminell verhalten, sind kortikal untererregt. Hohe kortikale Erregung führt zur Hemmung gegen Kriminalität.

Zwischen drei Temperamenten, die sie mit Kriminalität verbinden, trennen *Eysenck* und *Gudjonsson*: Extraversion, Neurotizismus und Psychotizismus. Extrovertierte geraten schnell in Jähzorn, werden rascher aggressiv und sind unzuverlässig. Neurotiker, Menschen mit hoher Emotionalität, lassen sich leichter zu kriminellen Handlungen hinreißen als Personen mit niedriger Emotionalität. Der neurotische Extrovertierte ist der Persönlichkeitstyp, der am höchsten mit kriminellem Verhalten belastet ist. Psychotizismus ist gekennzeichnet durch kalte Grausamkeit, soziale Unempfindlichkeit, Gefühlskälte, Missachtung der Gefahr, lästiges Verhalten, Widerwille anderen gegenüber und Anziehungskraft für das Ungewöhnliche. Psychotizismus findet sich speziell bei hartgesottenen Gewohnheitsverbrechern, die wegen Gewaltdelikten verurteilt worden sind. Klassisches Konditionieren hat – nach *Eysenck* und *Gudjonsson* – eine stärkere Wirkung auf viele Menschen als instrumentelles Lernen. Die meisten Menschen verhalten sich sozialkonform, weil sie während ihrer Kindheit nach den allgemeingültigen Regeln konditioniert (sozialisiert) worden sind. Vor, während und nach einer sozial missbilligten Handlung macht uns unser Gewissen, ein bedingter Reflex, unbehaglich und ungemütlich. Extrovertierte sind – im Gegensatz zu Introvertierten – wegen der unzulänglichen Erregbarkeit ihres zentralen Nervensystems so schwer konditionierbar; deshalb sind sie für Kriminalität besonders anfällig. Der Konditionierungsprozess ist eine mächtige Kraft bei der Sozialisation der Kinder, speziell bei der Unterdrückung unerwünschten Verhaltens.

Die Theorie von *Eysenck* und *Gudjonsson* hat sich empirisch nicht bewährt (vgl. aber *Hollin* 2012, 89–92; 2013, 72–75). Bei den Kriminellen hat man kein Vorwiegen von Extrovertierten gefunden (*Einstadter/Henry* 2006, 121). Im übrigen ist die Konditionierbarkeit eines Menschen nicht allein biologisch bestimmt; sie entwickelt sich in Interaktion zwischen biologischen Innen- und sozialen Außenweltfaktoren. Die Persönlichkeit des Menschen ist ein Prozess (vgl. *H.J. Schneider* 2010).

2.2.2.5.3 Biosoziale Theorie der ererbten kriminellen Tendenzen

Eine der Theorie von *Eysenck* und *Gudjonsson* sehr ähnliche Theorie mit freilich etwas anderem Lernmechanismus hat *Sarnoff A. Mednick* (1977) entwickelt. Auch er unterstreicht: Kriminelle werden durch ihr autonomes Nervensystem untererregt. Eine Folge davon ist ihr Mangel an Furcht, der ihnen erlaubt, sich viel leichter in risikohafte, gefährliche Situationen – unter Einschluss von Kriminalität und Gewalt – zu begeben. Biologische Untererregbarkeit führt dazu, nach Sensationen wie Bandentätigkeit und Kriminalität zu streben, die die Erregbarkeit auf eine optimale Ebene heben. Die mangelnde Erregbarkeit des autonomen Nervensystems wirkt sich auch auf das Nichterlernen sozialadäquaten Verhaltens aus. Kriminell anfällige Menschen lernen sozialkonformes Verhalten schlecht, weil sich ihr vegetatives Nervensystem nur langsam von der Furchterregung einer Strafandrohung erholt. Diese unzulängliche Erholungsfähigkeit ihres vegetativen Nervensystems ist ererbt und angeboren. Die kriminell anfälligen Menschen werden nicht ausreichend für ihre Hemmungen gegen sozialabweichendes Verhalten belohnt. Die Theorie von *Mednick* ist bisher nicht ausreichend empirisch nachgewiesen.

2.2.2.5.4 Die psychoanalytische Theorie

Der Mensch wird psychoanalytisch von Natur aus als ein asoziales, polymorph perverses Wesen beurteilt. Das normale Kind ist der „geborene Verbrecher", der Vatermord der Archetyp des Verbrechens. Die psychoanalytische Kriminologie (vgl. die ausführliche Darstellung von *H.J. Schneider* 1981) sieht das Verbrechen entweder als Durchbruch der Urtriebe aus dem „Es", der Persönlichkeitsinstanz des Trieblebens, oder als psychisches Rückschlagsphänomen auf onto- oder phylogenetische Urstufen der Libidoentwicklung (Regression). Während die Kriminalbiologie eine scharfe Grenze zwischen schon rein körperlich erkennbaren Kriminellen und „Normalen" aufzurichten sucht, besteht in der psychoanalytischen Kriminologie kein wesentlicher qualitativer Unterschied zwischen Kriminellen und „Normalen". Der Mensch kommt als kriminelles, d.h. sozial nicht angepasstes Wesen auf die Welt. Während es dem „Normalen" gelingt, seine kriminellen Triebregungen teils zu verdrängen, teils im Sinne der Gesellschaft umzuwandeln (zu sublimieren), missglückt dem Kriminellen dieser Anpassungsvorgang. Kriminalität ist also nach dieser Auffassung – von Ausnahmefällen abgesehen – kein „Geburtsfehler", sondern ein Erziehungsdefekt, ein Domestikationsdefekt. Die psychoanalytische Kriminologie findet die psychogenetischen Wurzeln des Verbrechens in der Frühkindheit des Täters. Sie geht von der Ubiquität des Ödipus- oder Elektrakomplexes aus. Der Ödipuskomplex (Vatermord und Mutterinzest) wird zum Hauptfaktor der Entstehung männlicher Kriminalität. Dasselbe gilt bei dem Elektrakomplex (erotischer Wunsch gegenüber dem Vater, Hassgefühle und Todeswunsch gegenüber der Mutter) für die Verursachung der weiblichen Kriminalität. Für die tiefenpsychologische Auffassung ist das unbewusste, also vom Täter nicht gefühlte, nicht wahrgenommene, nicht vorgestellte, nicht gedachte, nicht erkannte oder nicht „gewollte" seelische Geschehen beim Zustandekommen eines Verbrechens entscheidend und häufig viel wichtiger als bewusste seelische Vorgänge.

Die kriminalpsychologische Bedeutung seiner Lehre hat *Sigmund Freud* (1856–1939) im Jahre 1915 nur im Grundsatz erkannt (vgl. zu Leben und Werk von *Freud*: *Mutchnick/Martin/Austin* 2009, 45–62). In einer kurzen Bemerkung über den „Verbrecher aus Schuldbewusstsein" (*Freud* 1973) hat er den Grundstein zu einer psychoanalytischen Richtung in der Kriminalpsychologie gelegt, die er indessen selbst nicht weiter ausgebaut hat. Zugrunde liegt die psychoanalytische Lehre vom Ödipuskomplex, der ein unbewusstes Schuldgefühl entstehen lässt. Der Träger dieses Schuldgefühls wird mit seinen verbrecherischen Wünschen nicht fertig. Er begeht die kriminelle Tat und begehrt in ihr die Strafe, um jenes drückende Schuldbewusstsein zu beschwichtigen. Hierbei geht also das Schuldgefühl aus dem Unbewussten der verbrecherischen Tat voraus und folgt ihr nicht etwa erst nach. Der Täter ist sich dabei regelmäßig über diese unbewusste Ersatzbefriedigung für seine verdrängte Triebregung im Unklaren. Solche Menschen begehen das Verbrechen, weil es verboten ist und weil seine Ausführung ihnen eine seelische Erleichterung bringt. Ein sie dauernd belastendes Schuldgefühl unbekannter Herkunft, das in Wahrheit dem Ödipuskomplex entstammt, wird durch das Vergehen an eine bestimmte Tat geknüpft und so in eine bewusstseinsfähige, leichter ertragbare Form gebracht. Es sind Menschen mit besonders strengem Gewissen, deren Über-Ich als moralische Instanz jene verbotenen Ödipuswünsche besonders heftig verurteilt, sehr viel heftiger als die verhältnismäßig harmlos erscheinende reale verbrecherische Handlung. Die Tat wird ausgeführt, um ein aus dem Ödipuskomplex stammendes präexistentes Schuldgefühl an ihre Ausführung anzuknüpfen und durch das Erleiden der Strafe zu mildern. Das manifeste Delikt verhüllt die eigentlich gemeinte Ödipustat. Von dem *Freud*schen Gedanken, dass das Kind sein Leben als asoziales Wesen beginnt, geht auch *August Aichhorn* (1925/1951) aus. Es ist die Aufgabe der Erziehung, das Kind aus dem Zustand der Asozialität in den der sozialen Anpassung zu führen, eine Aufgabe, die nur erfüllt werden kann, wenn die Gefühlsentwicklung des Kindes normal verläuft. Das Kind identifiziert sich mit einem Elternteil und übernimmt dessen Rolle indessen nur dann, wenn sich zwischen ihm und dem Elternteil eine normale, herzliche Beziehung bildet. Dann werden Züge der geliebten Person dem eigenen Wesen einverleibt.

2.2.2.6 Kriminalsoziologische Theorien

2.2.2.6.1 Theorien der sozialen Desorganisation

2.2.2.6.1.1 Ursprung, Inhalt und Kritik der Theorie

In den 1920er bis 1940er Jahren entwickelten die US.-amerikanischen Kriminologen *Clifford R. Shaw* und *Henry D. McKay* (1942/1969; vgl. auch *Snodgrass* 2011) aufgrund empirischer Studien in Chikago die Theorie der sozialen Desorganisation, die nunmehr erweitert worden ist (*Sampson/Raudenbush/Earls* 1997/2011). Soziale Organisation und soziale Desorganisation sind die beiden Endpunkte eines Kontinuums, das sich auf systematische Netzwerke und die Gemeinschafts-Kontrolle bezieht. Ein System, eine Gemeinschaft, ein Sub-System einer Gesellschaft, ist sozial desorganisiert, wenn sein Gemeinschafts-Zusammenhalt zerfällt, wenn seine soziale Kontrolle zusammenbricht und wenn antisoziales Verhalten unter seinen Mitgliedern geduldet wird. Soziales Kapital ist ein gesellschaftliches Gut, das sich in einer intakten Struktur sozialer Netze verkörpert. Mangel an sozialem Kapital ist ein wesentlicher Gesichtspunkt sozial desorganisierter Gebiete (vgl. zur Theorie der sozialen Desorganisation: *Kubrin* 2010, 827–833).

Die Untersuchungen von *Shaw* und *McKay* wurden in dreifacher Hinsicht kritisiert:

– Man warf ihnen vor, dass sie von einer feststehenden sozialen Struktur ihrer Delinquenz-Gebiete ausgingen und dass sie keinen Wandel in der Sozialstruktur ihrer Bezirke beachteten.

– Man machte ferner geltend, dass sie die Frage unbeantwortet gelassen hätten, was zwischen unerwünschten sozialstrukturellen Bedingungen und Verbrechen

geschehe, um Menschen zu veranlassen, das Recht in einem so hohen Maße zu brechen.
– Man wandte schließlich gegen sie ein, dass sie sich zur Feststellung ihrer Delinquenzraten allein auf offizielle Angaben des US.-amerikanischen Kriminaljustizsystems stützten.

2.2.2.6.1.2 Weiterentwicklung und Validität der Theorie

Die Kritik an der Theorie der sozialen Desorganisation ist in folgender Weise ausgeräumt worden:

In einer Langzeitstudie (*Schuerman/Kobrin* 1986) über die Entwicklung von Nachbarschaften im Los Angeles County ist herausgearbeitet worden, dass es so etwas wie eine „Gemeinschafts-Kriminalitäts-Karriere" („Community Crime Carrier") gibt, in der der Gemeinschaftszerfall weiterhin vorangetrieben wird oder in die sich die Gemeinschaftsbeziehungen wieder von Neuem aufbauen. In einem Zerfalls-Zyklus kann der Gemeinschafts-Niedergang verschlimmert oder in einem Wiederaufbau-Prozess spontan oder mit Hilfe von außen wieder rückgängig gemacht werden (Entwicklungs-Modell).

Auf die Frage, was zwischen unerwünschten sozialstrukturellen Bedingungen und der Delinquenzbegehung geschehe, um Menschen zu veranlassen, Straftaten zu begehen, antwortete *Robert J. Sampson* (2011, 2012) mit seiner Theorie der kollektiven Wirksamkeit. Er geht von der sozialen Desorganisation aus, die er als Unfähigkeit einer Gemeinschaftsstruktur definiert, gemeinsame Werte ihrer Bewohner zu verwirklichen und effektive Kontrollen aufrechtzuerhalten. Auf dieser Grundlage und aufbauend auf umfangreichen empirischen Untersuchungen (Kohortenstudien, Interviews, systematischen sozialen Beobachtungen) entwickelte er seine Theorie der kollektiven Wirksamkeit, die er als eine logische Ergänzung (Erweiterung) der systematisch begründeten Theorie der sozialen Desorganisation betrachtete. Kollektive Wirksamkeit versteht er als Verbindung von wechselseitigem Vertrauen und von gemeinsamer Bereitschaft, für das gemeinschaftliche Wohl zu intervenieren. Sozialer Zusammenhalt und informelle Sozialkontrolle sind über Nachbarschaften hinweg miteinander verbunden. Sie sind die beiden Messwerte, die dasselbe latente Konstrukt erschließen, nämlich kollektive Wirksamkeit. Nachbarschaften mit hoher kollektiver Wirksamkeit haben signifikant niedrigere Kriminalitätsraten.

Eine empirische Studie (*Sampson/Groves* 1989), die Selbstberichtdaten über das Täter- und Opferwerden in Großbritannien verwandte („British Crime Surveys"), räumte die Kritik an *Shaw*s und *McKay*s Forschungen aus, sie hätten sich nur auf US.-amerikanische offizielle Kriminalstatistiken verlassen. Die Theorie der sozialen Desorganisation wurde aufgrund von Daten aus Dunkelfeld-Untersuchungen unterstützt, die in Großbritannien durchgeführt worden waren. Diese Studie macht deutlich, dass die Theorie auch in einem anderen Sozialsystem als dem der USA gültig ist.

Eine weitere empirische Untersuchung (Wiederholungsstudie) (*Lowenkamp/Cullen/Pratt* 2003/2010) kommt zu denselben Ergebnissen, die *Sampson* und *Groves* erzielt haben. Die Autoren der Wiederholungsstudie argumentieren indessen nicht für eine theoretische Stagnation. Sie sehen die kriminologische Ursachen-Theorie-Diskussion vielmehr als einen immerwährenden Prozess. In der Theorie der sozialen Desorganisation ist ihnen der Zusammenbruch der informellen sozialen Kontrollen das wesentlichste Merkmal. Die Schwächung dieser Kontrollen und das Lernen und die Übertragung krimineller Verhaltensmuster, Einstellungen, Wertvorstellungen und Rechtfertigungen macht die soziale Desorganisation aus, die durch die Wiederherstellung mitmenschlichen Vertrauens und sozialen Zusammenhalts aufgrund sozialer Unterstützung wieder behoben werden kann. Die Nachbarschaft kann die Fähigkeit entwickeln, gegen Bedingungen vorzugehen, die sich kriminogen (kriminalitätsverursachend) auswirken.

Die Theorie der sozialen Desorganisation ist mehrfach empirisch getestet und bestätigt worden (vgl. *Kubrin/Stucky/Krohn* 2009, 82–106). Eine empirische Studie in 31 europäischen, nord- und südamerikanischen Ländern ist zu dem Resultat gekommen, dass Nachbarschafts-Desorganisation einen starken Einfluss auf die Entstehung der Jugenddelinquenz ausübt (*Junger-Tas/Marshall/Enzmann/Killias/Steketee/Gruszczynska* 2010, 2012). Eine Meta-Analyse von mehr als 200 empirischen Studien, die zwischen 1960 und 1999 angefertigt worden sind, hat ergeben, dass die empirische Unterstützung dieser Theorie „ziemlich stark" ist (*Pratt/Cullen* 2005, 407).

2.2.2.6.1.3 Gemeinschafts-Zerfall-Prozess-Theorie

Neuerlich ist die Theorie der sozialen Desorganisation zur Gemeinchafts-Zerfall-Prozess-Theorie weiterentwickelt worden, in der die Unordnung eines Gebiets eine wesentliche Rolle spielt (*Wilson/Kelling* 1982/2011). Diese Unordnung hat physische, bauliche und Verhaltens-Komponenten, die in enger Verbindung zueinander stehen. Sie ruft soziale Destabilisierung hervor, die ihrerseits größere Unordnung verursacht (Interaktionsprozess). Physische Zeichen der Unordnung sind z.B. Vandalismus, Graffiti-Schmierereien, Beschädigungen an Schulen, Bus-Halte-Stellen, Verkehrszeichen und Straßenlaternen, zerstörte Verkaufsautomaten, herumliegende Abfallhaufen, baufällige, verfallene Gebäude und verlassene, aufgegebene Autowracks. Unordentliches Verhalten besteht z.B. in Betteln, Herumlungern, Belästigungen von Straßenpassanten, Alkoholtrinken und Rauschmittelmissbrauch auf Straßen und Plätzen, in lärmenden Nachbarn. Physische, bauliche und Verhaltens-Anzeichen der Unordnung signalisieren, dass in dem betreffenden Gebiet niemand Anstoß daran nimmt und dass man dort die Unordnung toleriert. Die Bewohner bekommen den Eindruck, dass ihr Wohngebiet unsicher ist. Die Unordnung ist für sie ein Indikator, dass sie durch Gemeinschafts-Selbst-Kontroll-Mechanismen nicht mehr geschützt werden und dass ihre Gemeinschaft in Niedergang und Zerfall geraten ist. Die Unordnungs-Signale ziehen Kriminelle an, die Gelegenheiten zu Straftaten wittern. Schlimmer noch ist, dass die Signale bei den Bewohnern Verbrechensfurcht, psychischen Rückzug und Selbst-Isolation hervorrufen.

Die Nachbarschaften des Stadtgebiets treten in eine Zerfalls-Spirale ein. Die Bewohner befürchten abstoßende, furchterregende Begegnungen und Belästigungen. Die stetig anwachsende Kriminalitätsfurcht untergräbt die Fähigkeit der Gemeinschaft, mit ihren Problemen selbst fertig zu werden. Die Furcht regt den Rückzug der Individuen aus ihrer Gemeinschaft an, schwächt die Mechanismen informeller Kontrolle, trägt zum Niedergang der Familie und Nachbarschaft bei, beschleunigt die negativen Wandlungen in den örtlichen Geschäftsbedingungen und ruft Delinquenz, Kriminalität und weitere Unordnung hervor (*Skogan* 1990; 2012). Die Probleme entwickeln eine Eigendynamik, eine Negativ-Spirale, die die Nachbarschaft immer tiefer in den Zerfall treibt. Die Bewohner fühlen sich erleichtert und sicherer, wenn ihnen die Polizei hilft, die Ordnung aufrecht zu erhalten oder wiederherzustellen.

Polizei und Gemeinschaft sind „Ko-Produzenten" der öffentlichen Sicherheit. Es ist die Aufgabe der Polizei, eine Arbeitspartnerschaft mit der Gemeinschaft und ihren Institutionen, z.B. Schulen, Kirchen, Geschäften, Sozialdiensten, herzustellen. Sie soll nicht allein gegen Unordnung einschreiten („Zero-Tolerance-Policing"). Die Unordnung ist lediglich ein Signal für einen Gemeinschafts-Zerfall-Prozess, der unterbrochen und aufgehalten werden muss. Hierbei besteht der Kern der Polizeirolle darin, die informellen Kontrollmechanismen der Gemeinschaft selbst wieder aufzubauen und zu stärken. Das kann durch die Gemeinschafts-Polizeiarbeit („Community Policing") realisiert werden, die sich in neueren Evaluationsstudien (*Skogan/Hartnett* 1997; *Skogan* 2006) als erfolgreich erwiesen hat. Die Gemeinschafts-Zerfall-Prozess-Theorie hat auch dadurch den Beweis ihrer Gültigkeit erbracht, dass die Polizei dem Gemeinschafts-Zerfall in der New Yorker U-Bahn Einhalt zu gebieten vermochte (*Kelling/Coles* 1996, 108–156).

2.2.2.6.2 Die Anomie-Theorien

2.2.2.6.2.1 Entstehung und Inhalt der Anomie-Theorie

Den Grundstein zur Anomie-Theorie der Kriminalitätsentstehung hat der französische Soziologe *Emile Durkheim* (1858–1917) gelegt (*Bernard/Snipes/Gerould* 2010, 115–132). Wenn im sozialen Wandel traditionelle Normen nicht mehr binden, sich neue Leitbilder und Wertvorstellungen aber noch nicht herausgebildet haben, können Normen zusammenbrechen, kann Normlosigkeit (Anomie) entstehen, die Verursachung von Kriminalität zur Folge hat. Anomie wird freilich – nach *Robert K. Merton* (1910–2003) – auch dann verursacht, wenn man Gesellschaftsmitgliedern die angemessenen Mittel verweigert, die sie benötigen, um kulturell zugelassene Ziele ihrer Gesellschaft, wie z.B. Wohlstand, Macht und Ruhm, zu erreichen (*Merton* 1938/2011; 1968).

2.2.2.6.2.2 Die institutionelle Anomie-Theorie

In jüngster Zeit haben *Steven F. Messner* und *Richard Rosenfeld* (2006, 2013; vgl. auch *Rosenfeld/Messner* 1995/2011a; 2011b) eine institutionelle Anomie-Theorie entwickelt, die die Kriminalitätsentstehung aus der Vorherrschaft der Wirtschaft und der relativen Machtlosigkeit und Entwertung nichtökonomischer Institutionen, z.B. der Familie, Erziehung, Religion, zu erklären sucht. Das institutionelle Machtgleichgewicht ist gestört. In westlichen Gesellschaften wird der Erfolg allein in ökonomischen Kategorien gemessen. Wirtschaftliche Maßstäbe beherrschen auch nichtökonomische Institutionen, so dass sie ihre Sozial-Kontroll-Funktion nicht mehr zu erfüllen vermögen. Die kriminogene „anomische Ethik" (*Rosenfeld/Messner* 1997, 214) besteht darin, dass sie das monetäre Ziel ohne Rücksicht darauf betont, ob es mit moralisch annehmbaren Mitteln erreicht worden ist.

2.2.2.6.2.3 Die allgemeine Drucktheorie

In der neueren kriminologischen Theorie-Diskussion hat *Robert Agnew* das Konzept der Anomie erweitert und umformuliert. Er hat eine allgemeine Drucktheorie (*Agnew* 2006, 2011a) entworfen. Druck wird durch das Auseinanderklaffen von Bestrebungen (idealen Zielen) und Erwartungen einerseits und tatsächlichen Errungenschaften und Erfolgen andererseits hervorgerufen. Straftäter haben oft unrealistische und unbegrenzte Ziele. Ärger, Frustration und Furcht lassen Druck entstehen, und Verbrechen kann eine Antwort sein, diesen Druck zu vermindern. Man will positiv bewertete Ziele erreichen. Man will positive Anreize behalten oder wiederbekommen. Man will negativen Anreizen entgehen oder sie beenden. All das gelingt nicht, so dass Druck und damit Verbrechen entstehen. Die Wirkungen des Druckes können allerdings vermindert werden, wenn eine Person in zwischenmenschlichen Beziehungen gehalten wird, die soziale Unterstützung gewähren. Solche Unterstützung kann einen Puffer-Effekt auf Druck ausüben und soziales Kapital schaffen (*Cullen* 2011; *Cullen/Wright* 1997). Die allgemeine Drucktheorie ist noch nicht durchgetestet worden, aber Vor-Tests waren ermutigend.

2.2.2.7 Sozialpsychologische Theorien

2.2.2.7.1 Kognitiv-soziale Lerntheorie

Kriminelles Verhalten als Lernverhalten wurde zunächst durch die Theorie der differentiellen Assoziation erklärt, die der nordamerikanische Kriminalsoziologe *Edwin H. Sutherland* (1883–1950) im Jahre 1939 erstmalig und im Jahre 1947 endgültig formulierte (*Sutherland* 1947, 1–9; vgl. zu Leben und Werk von *Sutherland: Mutchnick/ Martin/Austin* 2009, 94–120). Nach dieser Theorie erlernt ein Mensch kriminelles Verhalten, weil er mit kriminalitätsfreundlichen Definitionen häufiger in Kontakt kommt als mit kriminalitätsfeindlichen Verhaltensmustern. Die Kriminologen *Robert L. Burgess* und *Ronald L. Akers* haben (1966) diese Theorie zur differentiellen Assoziations-Verstärkungs-Theorie unter Zugrundelegung behavioristischer Prinzipien umformuliert (vgl. auch *Burgess/Akers* 2010). Die Theorie der unterschiedlichen Verstärkung besagt, dass eine Person die Begehung sozialabweichenden Verhaltens durch Interaktion mit ihrem sozialen Umfeld lernt. In diesem Umfeld werden Folgen mit ihrem Verhalten verknüpft, die sozialabweichendes Verhalten in höherem Ausmaß verstärken (belohnen) als sozialkonformes Verhalten. Ihre Verbindung mit anderen Personen stattet sie mit Definitionen (Einstellungen, Verhaltensbereitschaften) aus, die ihr sozialabweichendes Verhalten wünschenswerter und gerechtfertiger als sozialkonformes Verhalten erscheinen lassen.

Unter den Anreizen, die in der sozialen Interaktion einen Unterschied zwischen sozial erwünschtem und unerwünschtem Verhalten machen, sind verbale Symbole bedeutsam, die aus Gruppenverbalisierungen herrühren. Es gibt zwei Arten solcher Verbalisierungen:

Die eine Form definiert sozialabweichendes Verhalten als erlaubt und wünschenswert. Diese Verbalisierung ist mit Belohnungen durch die Menschen verbunden, die in einer devianten Subkultur (*Wolfgang/Ferracuti* 2010) leben.

Der zweite Typ macht Definitionen unwirksam, die sozialabweichendes Verhalten als unerwünscht erscheinen lassen. Solches Verhalten wird neutralisiert (*Sykes/Matza* 1957/2011), wird kognitiv verzerrt, wird als „gerechtfertigt", als „nicht wirklich" sozialabweichend verstanden. Die Verantwortlichkeit des Täters, die Entstehung eines Schadens und das Vorhandensein eines Opfers werden beispielsweise geleugnet.

Nach der kognitiv-sozialen Lerntheorie werden anti- wie prosoziales Verhalten am Verhaltens-Erfolg, „stellvertretend" am Modell, im Selbstbekräftigungs-Prozess und im kognitiv-gesteuerten seelischen Verarbeitungs-Prozess gemachter Erfahrungen gelernt (*Akers* 2010; *Akers/Sellers* 2012). Die Wahrnehmung der Selbstwirksamkeit stellt eine kognitive Selbstbewertung der eigenen Leistungsfähigkeit dar. Sie beeinflusst ursächlich das Verhalten (*Bandura* 1997; 2001), auch das kriminelle Verhalten. In neuester Konzeption läuft der individuelle Lernprozess auf der Grundlage eines gesellschaftlichen Lernprozesses ab. Die Makro- und Meso-Variablen bestimmen die Wahrscheinlichkeiten, durch die ein Individuum verschiedenen Arten sozialen Lernens ausgesetzt wird (*Akers* 1998). Die empirisch-kriminologische Forschung, die sich auf die kognitiv-soziale Lerntheorie gründet, hat beständige Unterstützung für ihre Lehrsätze erfahren (*Akers/Jensen* 2006; *Brown/Esbensen/Geis* 2013, 320, 323). Die kognitiv-soziale Lerntheorie hat sich sowohl in zahlreichen Vorbeugungs- wie Behandlungs-Experimenten empirisch bewährt (*Cullen/Wright/Gendreau/Andrews* 2003).

Durch die Verbrechens-Verführungs-Theorie hat *Jack Katz* (1988) die kognitiv-soziale Lerntheorie ergänzt. Die Euphorie des kriminellen Erfolgs lernt sich ein. Es ist nicht nur die materielle Belohnung, die der Räuber anstrebt. Er wird auch durch die Domination, die Kontrolle belohnt, die er im Augenblick seiner Tat erlebt (*Katz* 1991). In seiner Straßen-Gesetz-Theorie („Inner-City Street Code Theory") hat *Elijah Anderson* (2010) den Neutralisations-Mechanismus modifiziert: Die Großstadt-Straßen-Kultur erfordert zur Selbstbehauptung das Lernen einer Gewaltbereitschaft, die die soziale Interaktion delinquenter Jugendlicher steuert.

2.2.2.7.2 Kontrolltheorien

2.2.2.7.2.1 Vorläufer der Kontrolltheorien

Nach den Kontrolltheorien, die *Albert J. Reiss* (1951), *F. Ivan Nye* (1958) und *Martin Gold* (1963, 1970) als erste vertreten haben, wird sozialkonformes Verhalten erlernt. Für die Erlernung solchen Verhaltens sind formelle und informelle, äußere und innere Kontrollen maßgebend. Die äußere Kontrolle muss über den Internalisations- (oder Interiorisations-)Prozess zur inneren Kontrolle, zur Selbstkontrolle werden. Der Einfluss *Sigmund Freud*s und seiner Psychoanalyse auf die Kontrolltheorien ist unverkennbar (vgl. zu Leben und Werk von *Freud: Mutchnick/Martin/Austin* 2009, 45–62). Die *Freud*sche intrapsychische Dynamik ist freilich in psychosoziale Begriffe übersetzt und damit operationalisierbar, beobachtbar und empirisch nachweisbar gemacht worden.

Für die Entstehung der Delinquenz und der Kriminalität sind nicht nur soziale Ursachen bestimmend. Kriminologen müssen sich auch den persönlichen Beweggründen zuwenden. *Walter C. Reckless* (1899–1988) (1961, 1973, 1981) hat deshalb gefragt, warum ein Junge in einem Großstadtgebiet mit hoher Delinquenzbelastung nicht delinquent wird. Hier kommt der innere Halt ins Spiel, der in der heutigen mobilen Industriegesellschaft wichtiger ist als der äußere Halt, der in der Agrargesellschaft durch Familie, Sippe, Klan, Nachbarschaft, Dorf und Stamm besser als heute dem Einzelnen auferlegt werden konnte. Für den äußeren Halt sind u.a. der Gruppenzusammenhalt, das Zusammengehörigkeitsgefühl und die Identifikation mit einer Person oder mit mehreren Personen in der Gruppe mitbestimmend. Der innere Halt besteht aus Selbstkomponenten, die durch Sozialisation verinnerlicht (internalisiert) worden sind: ein gutes Selbstkonzept, Ich-Stärke, ein gut entwickeltes Ich (Ego) und Überich (Superego). Eine solche positive Selbsteinschätzung dient als Immunisierungsfaktor (insulator) gegen delinquente Einflüsse eines Gebiets mit hoher Delinquenzbelastung und als Puffer gegen delinquente Züge und Schübe (pulls and pushes) (vgl. zu Leben und Werk von *Reckless: Mutchnick/Martin/Austin* 2009, 121–140).

2.2.2.7.2.2 Theorie der sozialen Bindung

Aufgrund der Kontroll-Theorien wird sozial-konformes Verhalten erlernt. Die äußere Kontrolle muss über den Verinnerlichungs-Prozess zur inneren, zur Selbst-Kontrolle werden. Die bedeutsamste Kontrolltheorie ist die Theorie der sozialen Bindung, die *Travis Hirschi* (1969) herausgearbeitet hat (vgl. auch *Laub* 2011). Diese Theorie verknüpft die Entstehung der Jugenddelinquenz und der Erwachsenenkriminalität mit der Schwächung oder dem Bruch von Bindungen, die ein Mensch zur Gesellschaft und ihren Gruppen besitzt. *Hirschi* argumentiert, dass die soziale Bindung einer Person in vier Elemente unterteilt werden kann: in die Zuneigung und Anhänglichkeit gegenüber Mitmenschen, in das Engagement, den persönlichen Einsatz für konventionelles Verhalten, in die Inanspruchnahme durch und die Verwicklung in prosoziales Verhalten und in die Billigung und Anerkennung der moralischen Gültigkeit konventioneller Regeln.

*Hirschi*s Kontroll-Theorie ist international die am meisten diskutierte und am häufigsten getestete kriminologische Theorie der letzten 25 Jahre (*Akers/Sellers* 2009, 128/129). Obgleich sie in der Praxis sehr populär ist, hat eine Metaanalyse von 71 empirischen Tests, die in den Jahren 1970 bis 1991 durchgeführt worden sind, unterschiedliche Ergebnisse erbracht (*Kempf* 1993). Man kritisiert an *Hirschi*s Kontroll-Theorie insbesondere, dass sie die soziale Bindung als dichotomes Merkmal sieht. Sie berücksichtigt die Qualität und die Quantität verschiedener Grade sozialer Bindung nicht. Sie geht auch nicht darauf ein, dass sich soziale Bindung mit dem Alter ändert und entwickelt (Prozesscharakter) (*Morrison* 1995, 186).

2.2.2.7.2.3 Theorie der Selbstkontrolle

Die Theorie der sozialen Bindung haben *Michael R. Gottfredson* und *Travis Hirschi* (1990) zur Theorie der Selbstkontrolle weiterentwickelt: Niedrige Selbstkontrolle ist das Ergebnis einer unwirksamen und unangemessenen Sozialisation. *Gottfredson* und *Hirschi* lehnen das „Vielseitigkeits-Konstrukt" („Versatility Construct") ab, nach dem verschiedene Formen von Delinquenz, Kriminalität und Sozialabweichung in verschiedenen Altersstufen unterschiedliche Ursachen haben. Sie beanspruchen, mit ihrer „allgemeinen Theorie" alle Erscheinungsformen der Delinquenz, Kriminalität und Sozialabweichung altersunabhängig zu erklären. Eben dies bestreiten ihnen ihre Kritiker (*Barlow/Kauzlarich* 2002, 308/309). Jedes Verbrechen oder jeder Verbrechenstyp hat seine einzigartige Gelegenheitsstruktur (*Gottfredson/Hirschi* 2003). Selbstkontrolle wird allerdings durch eine gute elterliche Erziehung in den frühen Lebensjahren vermittelt, während niedrige Selbstkontrolle durch unaufmerksame, lasche elterliche Beaufsichtigung verursacht wird. In einer Meta-Analyse haben *Travis C. Pratt* und *Francis T. Cullen* (2000) festgestellt, dass niedrige Selbstkontrolle ein wichtiger Prädiktor der Kriminalität ist. *Michael R. Gottfredson* hat (2006) über einen guten empirischen Status der Kontroll-Theorie berichtet (vgl. zur Diskussion über die Selbstkontroll-Theorie die Beiträge in *Goode* 2008).

2.2.2.7.2.4 Kontroll-Gleichgewichts-Theorie

Im Jahre 1995 hat *Charles R. Tittle* die Kontroll-Gleichgewichts-Theorie entworfen, die Kontrolle als Begrenzung von Verhaltensmöglichkeiten versteht (vgl. auch *Tittle* 2001/2011). Das Verhältnis des Kontrollausmaßes, dem man unterworfen ist, zum Kontrollumfang, den man ausübt, bestimmt die Wahrscheinlichkeit und den Typ der Straffälligkeit. Die Kriminalitäts-Begehung wird als Mittel gesehen, das Menschen hilft, Kontrollmängel auszugleichen und Kontrollüberfluss auszunutzen und auszuweiten. *Tittle* untescheidet zwischen Autonomie und Repression. Unter Autonomie versteht er den Überfluss an Kontrollfähigkeit bei völligem Fehlen von Kontrollunterworfenheit. Repression besteht für ihn in einem extremen Mangel an Kontrollfähigkeit bei äußerster Kontrollunterworfenheit. Die Unterschiede im Kontrollverhältnis reichen auf einem Kontinuum von extremer Repression bis zu einem Höchstmaß an Autonomie. Das Zentrum des Kontinuums bilden der Ausgleich, das Gleichgewicht, die ungefähr gleichen Ausmaße an Autonomie und Repression. In dieser Zone wird Konformität erwartet. Durch Kontrollungleichgewicht wird Straffälligkeit verursacht.

Die Theorie, die lebhaft diskutiert worden ist (*Tittle* 2004, 1999, 1997; *Jensen* 1999; *Braithwaite* 1997), steht im Gegensatz zu den bisherigen Kontrolltheorien, die Kriminalität lediglich auf niedrige Kontrolle zurückführen. Sie besitzt damit den Vorteil, die Kriminalität der Mächtigen, die Wirtschafts- und politischen Straftaten, mehr als bisher in die kriminologische Untersuchung einzubeziehen.

2.2.2.7.3 Soziale Interaktionstheorie

2.2.2.7.3.1 Labeling als Prozess der sozialen symbolischen Interaktion

Die Theorie der sozialen Interaktion untersucht Wechselwirkungsprozesse zwischen Menschen, die Regeln aufstellen und durchsetzen, und Menschen, die diese Regeln verletzen und als „sozialabweichend" oder „kriminell" benannt werden. Der Interaktionismus in der Kriminologie stützt sich auf den symbolischen Interaktionismus des Sozialpsychologen *George Herbert Mead* (1863–1931). Er sieht die Eigenart zwischenmenschlicher Interaktion darin, dass Menschen nicht nur auf die Handlungen anderer reagieren, sondern dass sie die Handlungen ihrer Interaktionspartner interpretieren oder „definieren".

Einer der Hauptvertreter der Labelingtheorie war *Howard S. Becker* (1963, 1971; vgl. auch *Mutchnick/Martin/Austin* 2009, 241–261): Kriminalität ist die soziale Konstruktion moralischer Unternehmer. Deviantes Verhalten ist Verhalten, das Menschen so benennen (*Becker* 1963, 9). Die Agenten der Sozialkontrolle, die im Auftrag der Mächtigen einer Gesellschaft handeln, kleben den weniger Mächtigen Etiketten an. Die Brandmarkung von Personen mit einem Stigma wird dadurch verursacht, wer sie sind, nicht was sie getan haben. Die Identität, die eine Person annimmt, wird in profunder Weise durch die Art gestaltet, in der andere sie identifizieren und auf sie reagieren. Der zentrale Punkt liegt darin, dass die Schande, die Menschen erleiden, die als delinquent oder kriminell abgestempelt worden sind, sie häufiger als weniger häufig zu weiteren devianten Handlungen ermutigt. Devianz ist keine Qualität, die in der Handlung selbst liegt, sondern sie liegt in der Interaktion zwischen der Person, die die Handlung begeht, und der Person, die auf sie reagiert. Einer der entscheidenden Schritte im Prozess der Ausbildung eines festen Musters abweichenden Verhaltens ist wahrscheinlich die Erfahrung, verhaftet und öffentlich als Mensch mit abweichendem Verhalten abgestempelt zu werden (*Becker* 1963, 31).

Frank Tannenbaum (1938) war der erste Wissenschaftler, der in allgemeinen Begriffen das Prinzip aufstellte, dass die staatliche Intervention wegen der „Dramatisierung des Bösen" kriminogen, kriminalitätsverursachend, wirkt. In den 1960er und frühen 1970er Jahren des 20. Jahrhunderts gewann die Labelingtheorie (oder auch der gesellschaftliche Reaktionsansatz) an Popularität. Die Theorie fuhr in den 1970er Jahren fort, eine wichtige, aber weniger dominierende Rolle zu spielen. Ende der 1970er Jahre fiel die Labelingtheorie ab; sie wurde von zahlreichen Seiten kritisiert. Viele ihrer Vertreter gingen zu anderen Perspektiven über. Nach der Mitte der 1970er Jahre gab *Becker* selbst der Theorie keine weitere wesentliche Bedeutung mehr. Er führte ins Feld, er habe nur „minimal" zum Studium der Deviation beigetragen und er habe niemals die Absicht gehabt, eine Labelingtheorie zu entwerfen (*Akers/Sellers* 2009, 156). Die Labelingtheorie ruft nicht länger das Interesse, den Enthusiasmus, die Beachtung und die Akzeptanz hervor, die sie einst als dominierendes Paradigma in der Kriminologie und Rechtssoziologie erzeugt hat.

Ihr häufigster Mangel liegt darin, dass ihr die empirische Validität fehlt (*Akers/ Sellers* 2009, 156/157). Im Gegensatz zu den Erwartungen der Labeling Theoretiker haben empirische Forschungen wiederholt herausgefunden, dass die Schwere des Verbrechens – nicht der soziale Hintergrund des Täters – der stärkste Bestimmungsfaktor für die Beurteilung der Polizei und der Gerichte ist. Die gesellschaftliche Reaktion ist ein komplexer Prozess. Kriminalpolitisch forderten die Labelingtheoretiker die Entinstitutionalisierung der jugendlichen Gefangenen, sogar die radikale Nichtintervention: *Edwin M. Schur* (1973). Die meisten Forschungen über Diversionsprogramme haben indessen herausgefunden, dass sie – verglichen mit dem üblichen Jugendgerichtsprozess – keinen großen Unterschied in der Verminderung des Rückfalls erbracht haben. Es gibt nicht viele Beweise, die demonstrieren, dass Jugendliche aus Diversionsprogrammen mit weniger Wahrscheinlichkeit neue Delikte verüben als Jugendliche, die den normalen Jugendgerichtsprozess durchlaufen haben (*Akers/Sellers* 2009, 160).

Das Konzept der Interaktionstheorie hat *Edwin M. Lemert* (1952/2011) weiter ausgearbeitet. Er unterscheidet zwischen Primär- und Sekundärabweichung: Primärabweichung hat zahlreiche Ursachen. Der sekundär Abweichende ist ein Mensch, der durch Stigmatisation seine Identität geändert hat und dessen Leben und Selbstverständnis von jetzt an von der Realität der Deviation bestimmt wird. In den 1990er Jahren ist die soziale Interaktionstheorie im Sinne der kognitiv-sozialen Lerntheorie weiterentwickelt worden (*Wellford/Triplett* 1993). Die negative Reaktion auf Primärabweichung wird als Verstärkung der Primärabweichung und als Sozialprozess hin zur Sekundärabweichung verstanden. Die informelle Reaktion durch Familie, Schule, Nachbarschaft kann hierbei wichtiger sein als die formelle Reaktion durch das Kriminaljustizsystem. Informelles Etikettieren kann eine bedeutsame Rolle bei der Entstehung delinquenten Verhaltens spielen (*Paternoster/Iovanni* 1996). Jugendliche können z.B. ein delinquentes Selbstkonzept entwickeln und eine delinquente Rolle annehmen, indem sie sich die negativen Einschätzungen ihrer Eltern, Lehrer und Freunde zuschreiben, die diese von ihnen haben (*Matsueda* 2003). Rollenübernahme (*Matsueda* 2001) bedeutet in diesem Zusammenhang, dass sich Jugendliche selbst als Rechtsbrecher sehen, dass sie delinquente Einstellungen übernehmen und dass sie Umgang mit delinquenten Gleichaltrigen pflegen (*Warr* 2002). Delinquente Situationen werden zur Routine, delinquente Skripte zur Gewohnheit (vgl. zur Kritik an der Labeling-Theorie: *Lilly/Cullen/Ball* 2011, 147–152).

2.2.2.7.3.2 Die Schamtheorie

Der australische Kriminologe *John Braithwaite* (1989/2011) hat die Interaktionstheorie ergänzt. Er sieht die Scham als wichtiges Mittel der informellen Sozialkontrolle an und unterscheidet zwischen wiedereingliederndem und ausgliederndem Schämen. Diese ausschließende Reaktion trennt den Täter durch stigmatisierende, degradierende Formen der sozialen Ablehnung von seiner Gemeinschaft und behandelt ihn als Ausgestoßenen. Bei dem wiedereingliedernden Schämen, der einschließenden, einbeziehenden Reaktion, der Normalisierung, wird die Straftat zwar verurteilt, der Täter wird aber wieder mit seiner Gemeinschaft versöhnt (vgl. die Beiträge im Sammelwerk *Ahmed/Harris/Braithwaite/Braithwaite* 2001). Durch restaurative, opferzentrierte Gemeinschafts-Polizei-Arbeit versucht man in Canberra/Australien, das Konzept des wiedereingliedernden Schämens in zwei Experimenten („Canberra Reintegrative Shaming Experiments") praktisch nutzbar zu machen, die von allen Prozess-Beteiligten als nützlich beurteilt werden (*Strang* 2002).

2.2.2.7.3.3 Die Trotztheorie

Stigmatisierung, Ausschluss und grobe, barsche Behandlung der Täter verstärken nur die Wahrscheinlichkeit ihres Rückfalls. *Lawrence W. Sherman*s (1993/2011) zentrales Konzept ist das des Trotzes oder Widerstands, den er folgendermaßen definiert: die Nettozunahme des Vorkommens, der Häufigkeit oder der Schwere zukünftiger Täterschaft gegen eine sanktionierende Gemeinschaft. Diese Nettozunahme ist durch eine stolze, schamlose Reaktion auf die Anwendung einer Kriminalsanktion verursacht worden. Die Schlüsseleinsicht besteht darin, dass Täter wahrscheinlich trotzig darauf reagieren, wenn sie durch Polizisten und/oder Richter unfair und respektlos behandelt werden. Trotz, Widerstand ereignet sich unter vier Bedingungen, von denen alle notwendig sind:

- Der Täter definiert eine kriminelle Sanktion als unfair.
- Der Rechtsbrecher ist schlecht verbunden mit oder verfremdet von dem Sanktionsagenten oder der Gemeinschaft, die der Agent repräsentiert.
- Der Täter definiert die Sanktion als eine Person stigmatisierend und zurückweisend, nicht als Zurückweisung der Straftat.
- Der Rechtsbrecher verneint oder weigert sich, die Scham anzuerkennen, die die Sanktion als Leid ihm tatsächlich verursacht hat.

Sanktionen werden unter zwei Bedingungen als unfair definiert, von denen eine ausreichend ist:
- Der Sanktionsagent verhält sich dem Täter oder seiner Gruppe gegenüber respektlos, gleichgültig, wie fair die Sanktion auch tatsächlich sein mag.
- Die Sanktion ist tatsächlich willkürlich, diskriminierend, unangemessen hoch, unverdient oder in anderer Weise objektiv ungerecht.

2.2.2.8 Lebenslauf- und Entwicklungstheorien

2.2.2.8.1 Die Lebenslauf- und Entwicklungsperspektive

Straftaten fügen sich in zeitliche Entwicklungsabläufe ein. Sie entstehen und verschwinden während des Lebenszyklus. Die Entwicklungs-Kriminologie („Developmental Criminology") richtet ihre Aufmerksamkeit auf Entwicklungspfade, -bahnen und -wege; sie bezieht Entwicklungsvorläufer und Risikofaktoren als Prädiktoren in ihre Betrachtung ein (*Farrington* 2006; *LeBlanc/Loeber* 1998, 115–198). Nach den Lebenslauftheorien („Life Course Theories") entfalten sich Delinquenz und Kriminalität im interaktiven Prozess, der während der gesamten Lebensspanne abläuft. Die Vertreter der Lebenslauftheorien (vgl. die Beiträge in den Sammelwerken: *Gibson/Krohn* 2013; *Loeber/Farrington* 2012; *Farrington* 2005) studieren die Entwicklung und Dynamik des Problemverhaltens und der Kriminalität unter Berücksichtigung des Alters des Täters. Das soziale Interaktions-Modell konzentriert sich z.B. auf die Zusammenhänge sozialen Lernens während aufeinander folgender Entwicklungs-Phasen. Individuelle Faktoren stehen in Wechselwirkung mit Umweltfaktoren, mit Familie, Schule, Gleichaltrigengruppe. Diese Interaktionen bringen delinquentes Verhalten in der Kindheit hervor, das sich in der Jugendzeit und im Erwachsenenleben fortsetzt (*Sampson/Laub* 2005a).

Eine Lebensbahn ist ein Pfad oder eine Entwicklungslinie über eine Lebensspanne hinweg in solchen Bereichen wie Arbeit, Ehe, Elternschaft und kriminellem Verhalten (*Sampson/Laub* 2001b). Übergänge werden durch spezifische Lebensereignisse markiert, z.B. durch die erste Arbeitsstelle oder den Beginn der Begehung von Straftaten. Sie sind in Lebensbahnen eingeordnet. Wendepunkte zeigen den Wandel im Lebenslauf an; sie sind abrupte, radikale „Umdreher" oder Chancen im Leben, die

die Vergangenheit von der Zukunft trennen (*Sampson/Laub* 1997, 143). Lebensbahnen schließen die Verbindung zwischen Kindheitserlebnissen und Erwachsenenerfahrungen in sich ein (Kontinuität). Übergänge und Wendepunkte können den Verlauf der Lebensbahn ändern; sie können ihr eine neue Richtung geben. Kumulative Kontinuität hält den Straftäter in seiner einmal eingeschlagenen Lebensbahn fest (*Sampson/Laub* 2001b): Die Delinquenz belastet zunehmend die Zukunft. Denn sie ruft negative Konsequenzen in Lebenschancen hervor, speziell unter stigmatisierten und institutionalisierten Jugendlichen. Inhaftierung als Jugendlicher hat Versagen in der Schule und im Beruf zur Folge und schwächt die Gemeinschaftsbindungen, was hinwiederum zu einem Anwachsen der Erwachsenenkriminalität führt (*Sampson/Laub* 2001b, 247). Die Ereignisse in einer Phase des Lebens haben Auswirkungen auf nachfolgende Lebensphasen. Bei dem Forschungsparadigma der Lebenslauf- und Entwicklungstheorien wird darauf geachtet, wann mit der Delinquenz begonnen wird (Anfang), wie lange sie andauert (Beharrlichkeit, Hartnäckigkeit), wie häufig sie verübt wird (Häufigkeit) und wann die Kriminalität aufhört (Abstandnehmen, Beendigung). Beendigung (das Ergebnis) ist abhängig von der Dynamik, die dem Prozess des Abstandnehmens (Ursache) zugrundeliegt. Abstandnehmen ist ein umkehrbarer Übergang. Kriminalität ist ein dynamisches Konzept, speziell wenn man sie über einen längeren Zeitraum beobachtet (*Laub/Sampson* 2003, 37). Manche Theorien argumentieren, es gebe nur oder hauptsächlich Kontinuität (*Gottfredson/Hirschi* 1990). Andere Theorien behaupten, es gebe entweder Kontinuität oder Wandel (*Moffitt* 2003). Schließlich vertreten Theorien die Meinung, es gebe sowohl Kontinuität wie Wandel (*Sampson/Laub* 1993; *Laub/Sampson* 2003).

Drei Perspektiven stehen im Zentrum der Lebenslauf- und Entwicklungstheorien: Kognitiv-soziale Lerntheorie und Kontrolltheorien werden in Lern- und Kontrollprozessen dynamisiert; sie gründen sich auf die sozialstrukturelle Theorie (*Lilly/Cullen/Ball* 2011, 387/388). Kontinuität und Diskontinuität der Kriminalitätsbahnen sind mit dem breiteren sozialen Kontext verbunden, in dem sich der individuelle Lebenslauf entwickelt. Es ist wichtig, sich daran zu erinnern, dass der Lebenslauf sozial und historisch eingebettet ist (*Benson* 2013; so bereits schon *Aschaffenburg* 1903). Die Entwicklungskriminologie hat drei Hauptziele (*Loeber/Stouthamer-Loeber* 2002):

- Sie beschreibt die zeitlichen Kriminalitätswandlungen des Individuums; sie vergleicht sein Kriminellwerden zu einem bestimmten Zeitpunkt mit seinem Kriminellwerden zu einem anderen Zeitpunkt.
- Der zweite Fokus der Entwicklungskriminologie ist die Identifizierung erklärender oder kausaler Faktoren, die einer Verhaltensentwicklung vorausgehen und einen Einfluss auf ihren Verlauf haben.
- Das dritte Ziel der Entwicklungskriminologie ist ihr Studium wichtiger Übergänge im Lebenszyklus und ihrer Mitveränderungen, die sie auf das Kriminellwerden auslösen (vgl. auch den Überblick *Cullen/Benson/Makarios* 2012, 23–45).

2.2.2.8.2 Die Interaktionsprozess-Theorie

Terence P. Thornberry (1987/2011) und *Marvin D. Krohn* (*Thornberry/Krohn* 2005) haben sie entwickelt: Die Kriminalität wird als Interaktionsprozess verstanden. Kausale Schlüsselfaktoren, wie Zuneigung, Anhänglichkeit gegenüber Mitmenschen, sind nicht statisch, sondern dynamisch. Sie wandeln sich mit der Interaktion des Individuums mit seinen Mitmenschen während seiner Lebensspanne. Delinquente werden nicht nur durch ihr soziales Umfeld beeinflusst, sondern sie üben auch Einfluss auf andere durch ihr delinquentes Verhalten aus. Sie sind Teil des Interaktionsprozesses. Delinquentes Verhalten ist eingebettet in eine Reihe sich wechselseitig kausal verstärkender Netzwerke. In der Lebensbahn führen anfänglich schwache soziale Bindungen zu hoher delinquenter Verwicklung, und diese Verwicklung schwächt ihrerseits wieder die konventionellen Bindungen. Die Wirkungen der Variablen unterscheiden sich mit der Phase der Person in ihrem Lebenslauf. Wenn die Jugendlichen sich von ihrer frühen in ihre mittlere Adoleszenz (15/16 Jahre) bewegen, schwinden die Einflüsse der Eltern, und diejenigen der Gleichaltrigen und der Schule werden wichtiger. In derselben Weise tauchen in der späten Jugendzeit neue Variablen auf, wie z.B. Berufstätigkeit, Universität, Militärdienst, Verheiratung. Sie bilden nunmehr die Hauptquellen der Bindungen der Person zur Gesellschaft. Sie spielen eine wichtige Rolle in der Frage, ob die Person mit ihrer Delinquenz fortfährt oder ob sie aufhört. Die anfänglich schwachen sozialen Bindungen führen zu hoher Verwicklung in Delinquenz; diese hohe Verwicklung schwächt weiterhin die konventionellen Bindungen. Die Kombination beider Effekte macht es extrem schwierig, in späteren Jahren soziale Bindungen zur konventionellen Gesellschaft wieder aufzubauen. Schließlich postuliert die Interaktionsprozess-Theorie, dass diese Prozessvariablen systematisch mit der Position der Person in der Sozialstruktur verbunden werden. Die Schicht, der Minderheitsgruppenstatus und die soziale Desorganisation der Nachbarschaft beeinflussen die Anfangswerte der interaktiven Variablen ebenso wie die Verhaltens-Entwicklungs-Bahn.

2.2.2.8.3 Das sozial-interaktionistische Entwicklungsmodell

Antisoziales Verhalten ist ein Entwicklungsmerkmal, das früh im Leben einsetzt und sich häufig in der Jugendzeit und im Erwachsenenleben fortsetzt. Frühe Formen antisozialen Verhaltens sind Vorläufer, Vorboten späterer antisozialer Handlungen. Der Schlüssel zum Verständnis dieser Entwicklung ist „sozial-interaktional". Diese Meinung vertreten *Gerald R. Patterson* und seine Mitarbeiterinnen und Mitarbeiter (*Patterson/DeBaryshe/Ramsey* 2006, 1989; *Patterson/Reid/Dishion* 1992). Jeder Schritt in der Handlungs-Reaktions-Kette bedeutet für das antisoziale Kind ein größeres Risiko für eine langfristige soziale Verhaltensstörung und für kriminelles Verhalten. Der Beginn antisozialen Verhaltens liegt in dysfunktionalen Familien, die gekennzeichnet sind durch schroffe, harte, widersprüchliche Disziplin, wenig positive elterliche Beschäftigung mit dem Kind und schlechte Überwachung und Beaufsichtigung. Die sozial-interaktionistische Perspektive nimmt den Standpunkt ein, dass Familienmitglieder die Kinder unmittelbar darin trainieren, sich antisozial zu verhalten. Einen antisozialen Elternteil oder gar zwei antisoziale Elternteile zu besitzen, ist ein signifikantes Risiko für das antisoziale Verhalten des Kindes. Die Verhaltensstörungen in der Familie führen zu schulischem Misserfolg und zur Zurückweisung durch die prosoziale Gleichaltrigengruppe. Daran schließt sich während der späten Kindheit und in der ersten Phase der Jugendzeit die Aufnahme in eine deviante Gleichaltrigengruppe an. Die devianten Gleichaltrigen lehren die Jugendlichen Einstellungen, Motivationen und Rechtfertigungen antisozialen Verhaltens. Sie zeigen ihnen Gelegenheiten für spezielle delinquente Handlungen.

Gerald R. Patterson und *Karen Yoerger* (1999) haben ein Zwei-Gruppen-Modell aufgestellt. Sie unterscheiden zwischen Früh- und Spätbeginnern. Die Frühbeginner leiden unter mangelhafter frühkindlicher Sozialisation aufgrund unfähiger Erziehungspraktiken der Eltern. Das Versagen der Kinder im Lernen effektiver Selbst- und Sozialkontrolle lässt sie Mitglied in einer devianten Gleichaltrigengruppe werden, was ihre Delinquenz-Intensität verschlimmert. Frühbeginner bilden ein hohes Risiko, sich zu chronischen und ständigen Straftätern in ihrem Erwachsenenleben zu entwickeln. Spätbeginner haben keine misslungene Sozialisation hinter sich. Der Hauptgrund ihrer Delinquenz liegt in ihren assoziativen und interaktiven Beziehungen zu delinquenten Gleichaltrigen-Modellen. Spätbeginner experimentieren mit ihrer Delinquenz während der Mitte bis zum Ende ihres Jugendalters. Da Spätbeginner keine verfehlte Erziehung und Sozialisation hatten, sind ihre sozialen Fähigkeiten relativ intakt geblieben, so dass sie eine große Chance haben, von ihrer Delinquenz wegzukommen, wenn sie sich dem Erwachsenenalter nähern. Zahlreiche empirische Studien haben die *Patterson*-Theorie getestet und zum großen Teil bestätigt (*Piquero/Farrington/Blumstein* 2003, 400).

2.2.2.8.4 Die Theorie des chronischen Lebenslauf-Straftäters und des Jugendzeit-Rechtsbrechers

In dieser Theorie hat *Terrie E. Moffitt* (1993/2011; 2006; *Piquero/Moffitt* 2005) aufgrund der Dunedin-Längsschnittstudie (Dunnedin = Provinzhauptstadt auf der neuseeländischen Südinsel) (*Moffitt/Harrington* 1996) herausgearbeitet, dass es mindestens zwei unterschiedliche Typen jugendlicher Straftäter gibt: den chronischen Lebenslauf-Straftäter („Life-Course-Persistent-Offender") und den Jugendzeit-Rechtsbrecher („Adolescence-Limited Perpetrator"). Der chronische Lebenslauf-Straftäter (der Karriere-Kriminelle) fällt mit Verhaltensproblemen, z.B. Wutanfällen, bereits im 3. Lebensjahr auf. Aggressivität in der Kindheit ist ein starker Prädiktor für Gewaltstraftaten in der Jugendzeit und im Erwachsenenleben. Seine ersten Polizeikontakte hat der chronische Lebenslauf-Straftäter – zumeist wegen schwerer nichtgewaltsamer Delikte – schon mit sechs bis zwölf Jahren. Während aller seiner Lebensphasen verübt er beständig extrem häufige und schwere Delikte und besonders Gewaltstraftaten. Seine Rechtsbrüche verschärfen sich ständig, und ihre Rückfallgeschwindigkeit nimmt zu. Ein großer Teil der Delikte des chronischen Lebenslauf-Straftäters wird von der Jugend-Kriminal-Justiz überhaupt nicht bemerkt und bleibt im Dunkelfeld. Die Jugendzeit-Rechtsbrecher haben demgegenüber keine Kindheits-Geschichte antisozialen Verhaltens. Durch drei Kriterien unterscheiden sie sich vom chronischen Lebenslauf-Straftäter: Sie fangen mit ihren Straftaten erst nach ihrem 11. bis 13. Lebensjahr an. Sie beenden ihre Rechtsbrüche in der Regel mit etwa 18 Jahren. Die Schwere ihrer Delikte nimmt nicht zu, sie steigert sich nicht.

Die Ursachen der Rechtsbrüche der chronischen Lebenslauf-Straftäter und der Jugendzeit-Rechtsbrecher sind verschieden (*Piquero/Moffitt* 2005; *Moffitt* 1997). Die kriminelle Persönlichkeit des chronischen Lebenslauf-Straftäters entwickelt sich im interaktiven Prozess, der während der gesamten Lebensspanne abläuft. Problemkinder begegnen Problemeltern. Kinder, die zu Überaktivität und Zornausbrüchen neigen, treffen mit Eltern zusammen, die reizbar und ungeduldig sind und die nur eine schlechte Selbstkontrolle besitzen. Es mangelt ihnen insbesondere an Konfliktlösungs-Fähigkeiten und an Einfühlungsvermögen in ihre Kinder. Das Aufeinandertreffen eines temperamentmäßig schwierigen Kleinkindes mit ungünstigen, widrigen Erziehungspraktiken seiner Eltern leitet einen Lebenslauf beständigen, hartnäckigen kriminellen Verhaltens ein. Verfehlte Eltern-Kind-Begegnungen häufen sich. Zwei Prozesse ermöglichen die kriminelle Beständigkeit:

Zum einen erweisen sich das Kind und der Jugendliche, die kriminelle Verhaltensabläufe (Skripte) in ihrer Phantasie, durch Beobachtung und eigenes Verhalten gelernt haben, in wachsendem Maße als unfähig, sich konventionelle, prosoziale Alternativen zu ihrem kriminellen Benehmen anzueignen.

Zum anderen ergibt sich ein eingeschränktes Verhaltens-Repertoire aus der zunehmenden Verwicklung in die Folgen kriminellen Lebensstils. Das Handeln von Personen, die sich in ihrem Lebenslauf beständig kriminell verhalten, wird nämlich in wachsendem Maße durch die Einengung ihrer Wahlmöglichkeiten für prosoziales Benehmen bestimmt.

Kriminelles Verhalten hat negative Konsequenzen, und diese negativen Folgen wirken sich wieder in kriminellem Benehmen aus (wechselseitige Kausaleinflüsse, Negativ-Spirale). Benachteiligte, ungünstige Elternhäuser, Schulen und Nachbarschaften verschlimmern die Lage. Mit der Zeit entwikelt sich langsam und unbemerkt eine kriminelle Persönlichkeit.

Demgegenüber bestehen die Straftaten der Jugendzeit-Rechtsbrecher zum großen Teil aus Gelegenheits-Delinquenz, die von Jugendlichen aus Protest-Haltung gegen ihre Abhängigkeit von Erwachsenen und gegen deren Unreife-Bewertung der Jugend verübt wird. Die Jugendlichen wollen sich aus ihrer Herkunftsfamilie und aus der Schule lösen. Diese Ablösungsbemühungen misslingen in zahlreichen Fällen. Jugendliche, die in Familie und Schule Misserfolg haben, deren Selbstachtung herabgesetzt ist und die nur schwache Bindungen zu Eltern und Lehrern entwickelt haben, wenden sich ihrer Gleichaltrigengruppe zu und versuchen dort, durch Delinquenz, auch Gewalttaten, ihr erschüttertes Selbstvertrauen wiederzugewinnen. Die größte Unterstützung bei Gewalttaten wie Raub und Körperverletzungen leisten unbeaufsichtigte Gleichaltrigengruppen. Die Modernisierung hat die Kluft zwischen körperlicher und sozialer Reife noch vergrößert. Die Dauer der Jugendzeit ist verlängert und die Teilhabe am Berufsleben verzögert. Die hieraus entstehende Kluft belässt Teenager in einem Vakuum von fünf bis zehn Jahren. Finanziell und sozial sind sie noch von ihrer Herkunftsfamilie abhängig; sie haben wenig Spielraum für eigen- und selbständige Entscheidungen.

Mit ihrer Annahme der Erwachsenenrolle hören die meisten delinquenten Jugendlichen mit ihren Straftaten auf. Jugendzeit-Rechtsbrecher haben etwas zu verlieren, wenn sie ihren Rechtsbrüchen nach ihrem 18. Lebensjahr kein Ende setzen. Bevor sie mit ihren Normverletzungen nach ihrem 11. bis 13. Lebensjahr begannen, haben sie sich ein Repertoire prosozialen Verhaltens angeeignet, haben sie „soziales Kapital" angehäuft, das sie nicht aufs Spiel setzen wollen. Sie lassen ihre Straftaten sein (Aging-out). Das Problem besteht nur darin, dass der chronische Lebenslauf-Straftäter in der Menge der Jugendzeit-Rechtsbrecher – von der Jugend-Kriminaljustiz unerkannt – verschwindet. Auf sein kriminelles Verhalten, das nicht selten für Jugendzeit-Rechtsbrecher Vorbild-Funktion hat, wird nicht angemessen reagiert, so dass er mit seinen Straftaten in seinem Erwachsenenleben weitermacht (vgl. auch die Kritik an *Moffit*s Theorie bei *Lilly/Cullen/Ball* 2011, 402/403).

2.2.2.8.5 Die Theorie der altersabgestuften informellen Sozialkontrolle

*Travis Hirschi*s (1969) ursprüngliche Theorie der sozialen Bindung wird durch *Robert J. Sampson* und *John H. Laub* (1993, 1997, 2001a, 2001b, 2005b) wiederbelebt (*Lilly/Cullen/Ball* 2011, 404): Während der ersten Lebensphasen findet man den wichtigsten sozialen Kontrollprozess in der Familie, die ein Instrument für unmittelbare (Überwachung) und mittelbare Kontrolle (Zuwendung) ist. In Familien, in denen die Disziplin hart und unberechenbar ist und in denen sich Eltern und Kinder wechselseitig ablehnen, sind die Bindungen schwach. Delinquenz ist die Folge. Über die Familie hinaus wird Delinquenz durch schwache Bindung zur Schule und durch Verbindung mit delinquenten Gleichaltrigen gefördert. Eine starke Kontinuität in antisozialem Verhalten verläuft von der Kindheit bis zum Erwachsenenalter über die verschiedenen Bereiche des Lebens. Inhaftierung, ein anderes mögliches Ereignis ständiger delinquenter Verwicklung, schwächt die sozialen Bindungen. Bedeutungsvolle soziale Bindungen können während des Erwachsenenlebens geknüpft werden. Sie sind Wendepunkte, die den Täter in Konformität führen. Schwache soziale Bindungen sind die Grundlage für kriminelle Kontinuität; starke soziale Bindungen sind die Basis für den Wandel zur Konformität. Menschliche Entscheidungen haben Einflüsse auf ihre sozialen Beziehungen. Aber mitunter spielt der Zufall im Leben eine Rolle. Ein Individuum findet einen guten Job, oder es stolpert in eine gute Intimbeziehung hinein. Wenn sich dies ereignet, können sich soziale Bindungen entwickeln, können soziales Kapital und soziale Zwänge entstehen, die noch kürzlich im Leben des Täters abwesend waren. Sie können Kontrolle ausüben. Nicht das Ereignis selbst oder sein Timing sind es, die die bestimmenden Faktoren ausmachen. Es sind vielmehr die Wandlungen in den sozialen Bindungen und die Entstehung sozialen Kapitals, die die Ursachen der Verhaltensänderung sind. Hierbei spielen sozialstrukturelle Faktoren, z.B. Familienzerrüttung, Arbeitslosigkeit, Wohnmobilität, und der sozioökonomische Status indirekte Rollen für die Delinquenzentstehung durch ihre Beeinflussung der sozialen Bindungen (*Laub/Sampson/Allen* 2001).

Aus der Perspektive von *Laub* und *Sampson* (2001, 2003, 2003/2011a; vgl. auch *Laub/Sampson/Sweeten* 2006) sind Daten aus der Kindheit, der Jugend und dem Erwachsenenalter erforderlich, um die Längsschnittmuster des Kriminellwerdens zu erklären. Aus diesem Grund haben sie die Daten, die das Ehepaar *Sheldon* und *Eleanor Glueck* (1950, 1968) – zusammen mit einem Team von Fachleuten – gesammelt haben, neu aufbereitet, erneut analysiert und weitergeführt (*Laub/Sampson* 2011b). Das Forschungsdesign der *Glueck*s umfasste eine Stichprobe von 500 männlichen Delinquenten im Alter zwischen 10 und 17 Jahren und eine Stichprobe von 500 Nichtdelinquenten im selben Alter. Diese beiden Stichproben wurden – Paar für Paar – nach dem Alter, der ethnischen Herkunft/Rasse, dem Intelligenzquotienten und dem Wohnbezirk in Boston zusammen geordnet, aus dem sie kamen und in dem die Einwohner ein niedriges Einkommen hatten. Über einen Zeitraum von 25 Jahren (1940 bis 1965) trug das *Glueck*-Team umfangreiche Daten von diesen eintausend Jungen an drei Zeitpunkten zusammen: im Alter der Jungen von 14, 25 und 32 Jahren (vgl. zu den Forschungen der *Glueck*s: *West* 2010). *Laub* und *Sampson* rekonstruierten und analysierten die Längsschnittdaten in sechs Jahren von 1987 bis 1993 mit ihrem neuen theoretischen Ansatz und mit neuen statistischen Forschungsmethoden. Sie erhoben die Daten aus den Kriminalakten von 475 Delinquenten im Jahre 1993 und führten Lebensgeschichte-Interviews mit 52 Männern (aus der ursprünglichen Stichprobe der 500 Delinquenten) durch, die inzwischen ihr 70. Lebensjahr erreicht hatten. Sie gingen der Frage nach, welche Faktoren die Kriminalitätsstabilität und welche den Kriminalitätswandel erklären. Sie suchten nach Prädiktoren für das Aufhören und die Beständigkeit in der Erwachsenenkriminalität.

Sie gelangten zu folgenden Ergebnissen:

Ursachen der Hartnäckigkeit, der Beharrlichkeit der Kriminalität bestehen in einem Mangel an sozialer Kontrolle, in wenig strukturierten Routineaktivitäten und in absichtlichem menschlichen Handeln (menschlicher Wirksamkeit; Human Agency). Chronische Lebenslaufstraftäter erfuhren Wohn-, Ehe- und Berufs-Instabilität; sie versagten in der Schule und beim Militär; sie hatten relativ lange Perioden der Inhaftierung. Sie erwiesen sich als unfähig, aus Strukturen in jeder Phase ihres

Lebens, speziell aus Beziehungen, die soziale Unterstützung und informelle Kontrolle versprechen, Nutzen zu ziehen.

Heirat, Arbeit, Militärdienst repräsentieren Wendepunkte im Lebenslauf und sind wesentlich für das Verständnis des Wandels der kriminellen Aktivität. Wendepunkte stehen in einem größeren strukturellen und kulturellen Kontext. Die Ehe, speziell eine starke eheliche Zuneigung, hat sich für Männer als Prädiktor für ihr Abstandnehmen von ihrer Kriminalität erwiesen. Das Wachsen sozialer Bindungen ist wie ein Investitionsprozess. Die Ehe beeinflusst das Aufhören, weil sie häufig zu einem signifikanten Wandel in Alltagsroutinen führt. Sie besitzt das Potential, den Ex-Straftäter von seiner delinquenten Gleichaltrigengruppe abzuschneiden. Sie begünstigt das Aufhören mit Kriminalität wegen der unmittelbaren Kontrolle durch den Ehepartner. Berufsstabilität, die stark mit dem Aufhören mit Straftaten verbunden ist, Engagement für die Arbeit und wechselseitige Bindungen der Arbeitnehmer und der Arbeitgeber lassen die informelle Sozialkontrolle wachsen. Die Arbeit als solche verstärkt nicht notwendigerweise die Sozialkontrolle. Es ist vielmehr die Arbeit, die mit Berufsstabilität, mit Arbeitsengagement und wechselseitigen Bindungen gekoppelt ist, die die Sozialkontrolle verstärkt und zu einer Verminderung des Verbrechens führt. Der Prozess des Abstandnehmens von Rechtsbrüchen kann in die folgenden vier Dimensionen aufgeteilt werden (*Laub/Sampson* 2003, 148/149):

– Abschneiden der Vergangenheit (delinquente Gleichaltrigengruppe) von der Gegenwart (Ehe- und Familienleben),
– Überwachung durch den Ehepartner/Arbeitgeber und Gelegenheiten für soziale Unterstützung,
– Struktur in den Routine-Aktivitäten (geordnetes Alltagsverhalten),
– Gelegenheit für eine Identitätsänderung (Straftäter → Familienvater).

2.2.2.8.6 Kriminologische Längsschnittforschung

Die kriminologischen Längsschnittstudien testen die dynamischen Hypothesen, die den Kern der Entwicklungsmodelle bilden. Die Kerneinheit der Analyse ist das Individuum (*Thornberry/Krohn* 2003). Seit Ende der 1980er-Jahre werden in den USA drei koordinierte, prospektive (vorausschauende) Längsschnittforschungsprojekte durchgeführt: in Pittsburg/Pennsylvania, in Rochester/New York und in Denver/Colorado. Diese drei Studien stellen einen Meilenstein in der kriminologischen Forschung dar. Denn sie bilden den größten gemeinsamen Messungsansatz, der jemals bei Delinquenzstudien erreicht worden ist (*Piquero/Farrington/Blumstein* 2003, 374). Die Grundfrage aller dieser Längsschnittstudien ist, welches die Ursprünge und Folgen delinquenter und krimineller Karrieren sind. Die Rochester Jugend Entwicklungsstudie testet die Interaktionsprozesstheorie; sie ist auf chronische, schwere Täter spezialisiert (*Thornberry/Lizotte/Krohn/Smith/Porter* 2003). Das Denver Jugend Gutachten konzentriert sich auf die Beziehung Viktimisierung und Delinquenz sowie auf die Bedeutung der Bandendelinquenz in der Lebensbahn (*Huizinga/Weiher/Espi-ritu/Esbensen* 2003). Die Pittsburg Jugendstudie hat drei voneinander verschiedene Entwicklungspfade herausgefunden: den offenen und den verdeckten Pfad sowie den Autoritäts-Konflikt-Pfad (*Loeber/Farrington/Stouthamer-Loeber/Moffitt/Caspi/White/Wei/Beyers* 2003).

Außerhalb der USA sind die beiden folgenden Längsschnittstudien am bedeutsamsten:

Die Cambridge Studie der delinquenten Entwicklung ist vierzig Jahre alt (*Farrington* 2003b). Sie begann im Jahre 1961. In der Zeit von 1961 bis 2002 wurden 411 in Süd-London im Jahre 1953 geborene Jungen im Alter zwischen 8 und 46 Jahren neunmal persönlich interviewt. Die Kontinuität und Diskontinuität in der Verhaltensentwicklung, die Wirkungen von Ereignissen auf die Entwicklung und die Vorhersage künftigen Verhaltens sollen ermittelt werden (vgl. auch *Piquero/Farrington/Blumstein* 2007).

Die Montreal Längsschnitt- und Experimental-Studie überprüft die Entwicklung antisozialen Verhaltens vom Kindergarten bis zur Oberschule (High School) (*Tremblay/Vitaro/Nagin/Pagani/Séguin* 2003). Sie legt besonderes Gewicht auf die Frühkindheit und die Eltern-Kind-Interaktion. Seit Anfang der 1980er-Jahre werden Kindergarten-Jungen in 53 Wohngebieten Montreals mit niedrigem Einkommen untersucht. Mit dieser Studie wurden vor allem Kindheitsprobleme als Vorläufer, Vorboten antisozialen Verhaltens entdeckt: Widerworte, Schreien, Brüllen, Stoßen, Schlagen, Schubsen sind Anzeichen für spätere Schwierigkeiten in der Schule und für schlechte schulische Leistungen (so bereits *Gottfredson/Hirschi* 1990, 102). Körperliche Aggression während des Kindergarten-Alters ist der beste Verhaltensprädiktor für spätere Delinquenz (vgl. auch *Keenan* 2001; *Tremblay/LeMarquand* 2001).

Die prospektiven Längsschnittstudien haben bisher folgende Hauptergebnisse erbracht (*Krohn/Thornberry* 2003; vgl. auch die Beiträge in *Liberman* 2008):
– Je früher die Kinder mit ihrer Delinquenz beginnen, desto wahrscheinlicher werden Karrieren chronischer Lebenslauf-Straftäter. Hierbei hat das Vorschulalter eine besondere Bedeutung.
– Eine effektive Erziehung im Kindes- und Jugendalter ist von unschätzbarem Wert. Überwachung und Aufsicht sind die wichtigsten Erziehungsvariablen.
– Es besteht eine starke Beziehung zwischen dem kriminellen Verhalten der Eltern und dem delinquenten Verhalten der Kinder. Für diese intergenerationale Übertragung ist das Modellverhalten der Eltern verantwortlich.
– Mangelnde schulische Leistungen und schwaches schulisches Engagement sind konsistente Prädiktoren für Delinquenz und Problemverhalten.
– Ein wechselseitiger Kausalprozess ist gegeben: In dem Maße, in dem delinquentes Verhalten die Assoziation mit Delinquenten und die Verstärkung durch Delinquente erhöht, wächst hinwiederum die Wahrscheinlichkeit anschließenden delinquenten Verhaltens. Bandenmitgliedschaft erleichtert delinquentes Verhalten.

- Ökonomische Nachteile, z.B. Armut, niedrige soziale Schicht, sind entweder direkt oder indirekt mit delinquentem Verhalten verbunden.

2.2.2.9 Konflikttheorien

2.2.2.9.1 Vorläufer

Es gibt vier verschiedene Vorläufer der Konflikttheorien in der Kriminologie, die unterschiedlich bewertet werden müssen:
- Nach *Georg Simmel* (1983, 186–255) ist der Konflikt ein fundamentaler gesellschaftlicher Prozess. Er ist ein normaler Teil des Lebens und eine Form der Interaktion unter anderen Formen.
- Die wichtigste kriminologische Konflikttheorie ist die marxistische Theorie, die auf den niederländischen Kriminologen *Willem Adriaan Bonger* (1876–1940) zurückgeführt werden kann (vgl. zur Bedeutung von *Bonger* für die Kriminologie: *Junger-Tas/Junger* 2007, 122–126). Die Ursache der Kriminalität liegt in der kapitalistischen Organisation der Gesellschaft, insbesondere im Privateigentum an den Produktsmitteln.
- Nach *Thorsten Sellin* (1938) beruht die Kriminalität auf einem Normen- und Wertkonflikt zwischen verschiedenen Sektoren innerhalb der Gesellschaft (vgl. zu Leben und Werk von *Sellin*: *H.J. Schneider* 2005). Die Menschen in diesen verschiedenen Sektoren lernen unterschiedliche Verhaltensnormen, die – nach seiner Kulturkonflikttheorie – miteinander in Konflikt geraten.
- Eine Gruppenkonflikttheorie hat *George B. Vold* (1958, 203–219; vgl. jetzt auch die vereinigte Konflikttheorie in: *Bernard/Snipes/Gerould* 2010, 256/257) entworfen. Seine Theorie, die es auf Interessengegensätze zwischen unterschiedlichen gesellschaftlichen Gruppen abstellt, kann einen positiven Beitrag für einen Gruppenzusammenhalt und eine Gruppensolidarität leisten.

2.2.2.9.2 Drei Konflikttheorien

In den 1960er und 1970er Jahren des vorigen Jahrhunderts sind drei Kriminologen als Konflikttheoretiker hervorgetreten: *Austin T. Turk, William J. Chambliss* und *Richard Quinney*. Ihre Konflikttheorien waren sehr ähnlich und sind im Wesentlichen auf den Zeitraum der 1960er und 1970er Jahre beschränkt. Sie spielen allerdings heute noch eine gewisse untergeordnete Rolle.

Turk (1969a, 1969b, 2001) beurteilt den Konflikt nicht als Abnormität, sondern als fundamentale soziale Erscheinungsform. Verbrechen entstehen in einem Kriminalisierungs- und Zuschreibungsprozess eines kriminellen Status an ein Individuum, der in der Produktion von Kriminalität endet. Krimineller Status kann Personen zugeschrieben werden: wegen ihrer wirklichen oder phantasierten Eigenschaften, wegen ihres Seins eher als wegen ihres Tuns, wegen der Rechtfertigung realen, eingebildeten oder erfundenen Verhaltens. *Turk* geht es um das Verhalten von Autoritäten, die den Kriminalisierungsprozess kontrollieren, um die logischen Folgerungen des Umstandes, dass einige Menschen Autorität über andere haben. Er unterscheidet kulturelle von sozialen Normen. Kulturelle Normen sind symbolische Normen, die sich auf das beziehen, was erwartet wird. Soziale Normen findet man als Muster tatsächlichen Verhaltens. Sie befassen sich damit, was getan wird, nicht damit, was gesagt wird. Kulturelle und soziale Unterschiede zwischen Autoritäten und Subjekten führen wahrscheinlich zum Konflikt. Je größer der Machtunterschied zwischen Normvollstreckern und Widerständlern ist, desto größer wird die Wahrscheinlichkeit der Kriminalisierung (vgl. *Lilly/Cullen/Ball* 2011, 174–179).

Chambliss sieht sein Buch „Law, Order, and Power", das er im Jahre 1971 zusammen mit *Robert B. Seidman* publizierte, als sein wichtigstes Werk an. Das Buch ist eine marxistische Analyse des US-amerikanischen Rechtssystems, das die Rechtsordnung als einen Selbstbedienungsladen charakterisiert, um Macht und Privileg zu erhalten (*Dodge* 2005). *Chambliss* und *Seidman* argumentieren, dass die Rechtsordnung die Aktivität von Interessengruppen fördert und nicht das öffentliche Interesse im Auge hat. Das angewandte Recht ist eine Kombination der Interessen der Mächtigen und der Interessen von bürokratischen Organisationen, die dieses Recht durchsetzen. Je höher die politische und gesellschaftliche Position einer sozialen Gruppe ist, desto größer ist die Wahrscheinlichkeit, dass ihre Ansichten in Gesetzen verankert werden. Obgleich das Gesetz die Werte und Interessen der mächtigeren Elemente des Schichtensystems komplexer Gesellschaften enthält, wird es von bürokratischen Organisationen mit ihren eigenen Tagesordnungen geschaffen und durchgesetzt. Nach *Chambliss'* Ansicht tendieren Kriminaljustiz-Bürokratien dazu, Menschen aus der Unterschicht strenger, härter zu bestrafen als Menschen aus der Mittel- und Oberklasse, weil Menschen aus den niedrigeren sozialen Schichten wenig als Gegenleistung für Milde anzubieten haben und weil sie nicht in der Lage sind, gegen das soziale System zu kämpfen. Im Hinblick auf die Polizei berufen sich *Chambliss* und *Seidman* (1971) auf den angeblichen Beweis, der zu dem Schluss führt, dass die Polizei als Bürokratie illegal handelt und dass sie in jeder Phase des Gerichtsverfahrens Normen bricht, indem sie bei der Aufklärung von Verbrechen und bei der Verhaftung von Rechtsbrechern brutal vorgeht. Der wichtigste Aspekt der weit verbreiteten Gegenwart des Organisierten Verbrechens besteht darin, dass solche Organisationen ohne die Kooperation des Legalsystems nicht zu existieren in der Lage sind.

Nach *Chambliss'* Ansicht wächst die Entstehung und Durchsetzung des Gesetzes aus dem sozialen Konflikt heraus, und sie trägt zu diesem Konflikt bei und verschlimmert ihn. *Chambliss* schließt, dass die Probleme tiefer liegen, als er ursprünglich angenommen hatte, dass die Marxisten der Wahrheit näher gekommen seien und dass seine eigene Analyse der marxistischen Richtung näher kommen müsse. Er behauptet, dass Handlungen als kriminell definiert werden, weil es im Interesse der herrschenden Klasse liegt, sie so zu benennen. Er bekräftigt, dass Mitglieder der herrschenden Klasse in der Lage sind, die Gesetze ungestraft zu verletzen, während die Mitglieder der unteren Klassen bestraft würden. Er bringt schließlich vor, dass das Strafgesetz sich ausdehnen werde, um das Proletariat zur Unterwerfung zu zwingen, wenn die kapitalistischen Gesellschaften sich immer mehr industrialisieren und sich die Kluft zwischen Bourgeoisie und Proletariat erweitert (vgl. *Lilly/Cullen/Ball* 2011, 179–185).

Im Jahre 1976 betont *Chambliss*, dass die Kontrolleure der Produktionsmittel auch die Produktion von Werten in der Gesellschaft bestimmen. Das dominante Wertsystem unterdrückt die untergeordneten Klassen und dient den Interessen der herrschenden Klasse. Kapitalistische Gesellschaften sind Klassengesellschaften, in denen der grundlegendste Unterschied zwischen der Klasse besteht, die herrscht, und den Klassen, die für die arbeiten, die herrschen. *Chambliss* will weg von der Untersuchung devianter Individuen und hin zur Studie gesellschaftlicher Institutionen, die Deviation definieren. Er fasst seine Konflikthypothesen folgendermaßen zusammen (*Chambliss* 1976, 7):
-   Handlungen werden als kriminell definiert, weil es im Interesse der herrschenden Klasse liegt, sie so zu benennen.
-   Mitglieder der herrschenden Klasse sind in der Lage, ungestraft Gesetze zu brechen, während Mitglieder der unteren Klassen bestraft werden.
-   Personen werden als kriminell etikettiert, ob ihr Verhalten von der Gesellschaft insgesamt toleriert wird oder nicht.
-   Die unteren Klassen werden mit größerer Wahrscheinlichkeit als kriminell benannt, weil die Kontrolle der Bourgeoisie über den Staat die mittleren und oberen Schichten vor Stigmatisation bewahrt.
-   Während sich die kapitalistischen Gesellschaften industrialisieren und sich die Kluft zwischen Bourgeoisie und Proletariat erweitert, verstärkt sich auch das Strafgesetz, um das Proletariat zur Unterwerfung zu zwingen.

Im Jahre 1999 argumentiert *Chambliss*, dass das Verbrechen die USA trotz des Rückgangs der Kriminalitätsraten wegen der Fehlinformationen der Massenmedien, der Politiker und des Kriminaljustizsystems „eingeholt" habe. Er erklärt, dass der Rechtsdurchsetzungs-Industriekomplex von der Errichtung von Strafanstalten profitiert und dass Kriminalitäts-Kontroll-Technologien Mythen über die Bedrohung durch Straßenkriminalität aufrechterhalten.

Richard Quinney, der bekannteste, am häufigsten zitierte, profilierteste und umstrittenste Konfliktkriminologe des späten 20. Jahrhunderts (*Friedrichs* 2005, 1364), änderte seine theoretische Perspektive von Zeit zu Zeit (*Lilly/Cullen/Ball* 2011, 185–192). Er argumentiert zunächst, dass das Gesetz in der kapitalistischen Gesellschaft darauf hinarbeitet, das System zu legitimieren und die Unterdrückung und Ausbeutung der unteren Schichten zu ermöglichen. Er fragt, ob wir überhaupt das Gesetz benötigen und ob wir vielleicht ohne Gesetz besser zurechtkämen. In seinem Buch „Crime and Justice in Society" (1969) betont er, dass die politisch organisierte Gesellschaft sich auf eine Interessenstruktur gründet. Diese Struktur ist gekennzeichnet durch ungleiche Verteilung der Macht und durch Konflikt. Das Gesetz wird als Teil der Interessenstruktur der Gesellschaft gesehen. In seinem Werk „The Social Reality of Crime" (1970) wird der Kriminelle als Person definiert, dem man den Status eines Kriminellen auf der Basis eines öffentlichen Urteils zugesprochen hat. Die US-amerikanische Gesellschaft ist ein kriminogenes Sozialsystem. Die Wissenschaft ist die Kopie der Realität. Den Positivismus weist er völlig zurück. Es gibt keinen Grund, an die objektive Existenz von irgendetwas zu glauben. *Quinney* folgt dem Konstruktivismus. Die soziale Realität besteht aus der bedeutungsvollen Welt des Alltagslebens, das durch den Umstand zusammengehalten wird, dass menschliches Verhalten zielgerichtet ist, dass es Bedeutung für die Handelnden besitzt und dass es im Bewusstsein seiner Konsequenzen ausgeführt wird. Das Verbrechen wird als eine Definition menschlichen Verhaltens erkannt, das durch autorisierte Agenten in einer politisch organisierten Gesellschaft geschaffen wird. Kriminelle Definitionen beschreiben Verhalten, das mit den Interessen von Segmenten der Gesellschaft in Konflikt steht, die die Macht haben, die öffentliche Politik zu gestalten und die Durchsetzung und Verwaltung des Strafgesetzes zu bestimmen. Es ist nicht die Qualität des Verhaltens, sondern die Reaktion auf das Verhalten, die es kriminell werden lässt. Die soziale Realität des Verbrechens wird durch die Formulierung und Anwendung krimineller Definitionen konstruiert.

In seiner Studie „Critique of Legal Order" (1973) knüpft er an diese Gedanken an, die er weiterentwickelt: Positivisten sehen das Recht als natürliches Phänomen an; Konstruktivisten beurteilen es relativistisch, als eine der menschlichen Einrichtungen. *Quinney* will marxistische Gedanken für unsere Zeit nutzbar machen. Nur mit dem Zusammenbruch der kapitalistischen Gesellschaft und der Errichtung einer neuen Gesellschaft, die sich auf sozialistische Prinzipien stützt, kann das Verbrechensproblem gelöst werden. Er fordert einen demokratischen Sozialismus, der sich auf Gleichheit gründet und der jedermann die Möglichkeit gibt, an der Kontrolle seines oder ihres Lebens teilzunehmen. In seiner Studie „Class, State, and Crime" (1977) vertritt *Quinney* die Meinung, der Kapitalismus schaffe eine Überfluss-Gesellschaft, deren Überfluss-Teil sich aus Arbeitslosen zusammensetzt. Nahezu alle Verbrechen in der Arbeiterklasse in der kapitalistischen Gesellschaft sind tatsächlich Überlebensmittel, Versuche, in einer Gesellschaft zu leben, in der das Überleben durch andere kollektive Mittel nicht gesichert ist.

„The Social Reality of Crime" (1970) hat eine konstruktivistische Sicht der Welt angenommen. Die Studie „Critique of Legal Order" (1973) steht ganz in der marxistischen Tradition des strikten Materialismus. Die 2. Auflage seiner Schrift „Class, State, and Crime" (1980) ist stark theologisch gefärbt. Obwohl *Quinney* fortfährt, eine sozialistische Lösung des Kriminalitätsproblems zu befürworten, betont er schließlich die religiöse Natur seines Ziels, indem er so weit geht, den marxistischen Materialismus zugunsten der Theologie von *Paul Tillich* (1886–1965) zurückzuweisen. Er behauptet, dass Gerechtigkeit mehr als eine normative Idee ist. Sie ist angereichert mit der transzendenten Macht des Unbegrenzten und des Ewigen, mit dem Wesen einer göttlichen Offenbarung. Er vertritt die Ansicht, dass *Marx* sich darin geirrt hat, indem er die Religion als bloßes „Opium fürs Volk" betrachtete. Er argumentiert weiter, dass eine soziale Kritik, die nicht die heilige Bedeutung unserer Existenz in Erwägung zieht, systematisch das volle Potential und das Wesen unseres Seins ausklammert.

2.2.2.9.3 Wirkungen

Seit den frühen 1990er Jahren gibt es die friedenstiftende Kriminologie. Im Jahre 1991 ist ein Sammelwerk unter dem Titel „Criminology as Peacemaking" erschienen, das von *Harold E. Pepinsky* und *Richard Quinney* herausgegeben worden ist (vgl. auch *Quinney* 1991/2011). Friedenstiftende Kriminologie akzeptiert die Idee, dass der Konflikt die Wurzel der Kriminalität ist. Sie tritt allerdings für eine Reaktion auf Kriminalität ein, die sich weigert, den Konflikt zu verschärfen und die – stattdessen – auf Schlichtung und Mediation setzt. Während der Krieg gegen Kriminalität („War on Crime") mehr und mehr zu Misstrauen führt, die Bemühungen der Mächtigen sichert, immer mehr Macht über ihre Gegner auszuüben und sogar den Gegner zu zerstören, zielt friedenstiftende Kriminologie darauf ab, Vertrauen und Gemeinschaftssinn zu stärken (*Wozniak* 2011). Für friedenstiftende Kriminologen ist das gegenwärtige Kriminaljustizsystem ein Misserfolg. Denn es wurzelt in eben dem Problem, das es augenscheinlich zu beseitigen bestimmt ist, nämlich in der Gewalt (*DeKeseredy* 2011, 42–47). Friedenstiftende Kriminologen glauben nicht daran, dass sie Gewalt durch Gewalt bekämpfen können. Solche Taktik kann nur zu gewaltsamen Reaktionen auf unsere eigene Gewalt führen (*Arrigo* 2006, 66, 67; *Fuller* 2003, 85–95). Nichtgewaltsame Kriminologen arbeiten mit Mediation, Schlichtung, alternativer Streitregelung, mit Wiedergutmachung (Opferentschädigung) und gemeinnütziger Arbeit (Gemeinschaftsentschädigung). Das zentrale Argument der friedenstiftenden Kriminologen besteht darin, dass individuelle Gewalt nicht durch Staatsgewalt überwunden werden kann.

Die Kriminologische Konflikttheorie hat verhältnismäßig wenig direkten Einfluss auf die konventionelle Kriminologie und die herkömmliche Kriminalpolitik gehabt. Marxistische Konflikttheoretiker bestehen darauf, dass die konventionelle Kriminologie dazu tendiert, das Gesetz als etwas Gegebenes zu akzeptieren, sich auf das Verhalten der Täter zu konzentrieren und nach etwas Pathologischem in diesem Verhalten in biologischen, psychologischen oder sozialen Faktoren zu suchen. Die Kriminellen werden als unterschiedlich zum Rest der Gesellschaft definiert, während in Wahrheit das Problem in der Schaffung und Durchsetzung von Gesetzen liegt, die Kriminelle produzieren. Diese Kritik am Positivismus ist unzutreffend. Die moderne Hauptrichtung der Kriminologie ist nicht nur täterorientiert. Die Wurzeln des Verbrechens liegen nur zu geringen Teilen im Pathologischen. Die sozialwissenschaftliche

Kriminologie ist an einer Entpathologisierung des Kriminellen und seines Verhaltens interessiert. Ursachen des Verbrechens liegen in der Sozialstruktur und in der Interaktion zwischen Täter, Opfer und Gesellschaft. Vorbeugung und Kontrolle der Kriminalität werden auf ihre Effektivität hin evaluiert. Gesetzgebung und Kriminaljustiz unterliegen der kriminologischen Kontrolle.

2.2.2.10 Kritische Theorien

2.2.2.10.1 Die kritische, radikale Kriminologie

In den 1960er und 1970er Jahren war die kritische, radikale Theorie sehr populär. Sie wollte die liberale, pragmatische Hauptstrom-Kriminologie ersetzen und zunächst eine Alternativ-Kriminologie aufbauen (vgl. zur kritischen, radikalen Kriminologie den Überblick von *DeKeseredy* 2011; vgl. auch *Friedrichs* 2009). Speziell in Deutschland war und ist die kritische, radikale Theorie bei einer starken Minderheit von Kriminologen beliebt (vgl. die Sammelwerke: *Janssen/Kaulitzky/Michalowski* 1988 und *Bussman/Kreissl* 1996). Nach der kritischen, radikalen Kriminologie definieren die Mächtigen, was Verbrechen ist, und sie schützen ihre Herrschaftsinteressen durch das Kriminaljustizsystem (vgl. die Beiträge im Sammelwerk von *DeKeseredy/Dragiewicz* 2012). Die Machtlosen werden kriminalisiert. Verbrechen sind vor allem Verletzungen der Menschenrechte (*Henry* 2005, 348). Kritische, radikale Kriminologen stehen in Opposition zur gegenwärtigen kapitalistischen Machtstruktur der Gesellschaft, weil sie auf Ungleichheit beruht. Das Kriminaljustizsystem, das die Straftäter aus der Gesellschaft ausschließt (*Young* 1999), spiegelt die herrschende Machtstruktur wider. Kritische, radikale Kriminologen wollen die gesamte Sozialstruktur und das politische System ändern (vgl. auch die Beiträge im Sammelwerk: *Walton/Young* 1998).

Die britischen Kriminologen *Ian Taylor, Paul Walton* und *Jock Young* (1973; 1975) haben diese Auffassung mit einigem Erfolg vertreten. In Deutschland hat vor allem *Fritz Sack* (1974, 1978) diese Ansicht bekannt gemacht. Die Grundlage der Kriminalität sind Widersprüche des Kapitalismus, der die Arbeiterklasse unterdrückt und ausbeutet (vgl. die Beiträge im Sammelwerk von *Carrington/Hogg* 2002; vgl. für Europa auch *Swaaningen* 1997). Die Verbrechen der Arbeiterklasse sind Anpassungs- und Widerstandsdelikte. Die Verbrechen der Kapitalisten sind Beherrschungs- und Unterdrückungsdelikte. Die Vertreter der marxistischen Theorie haben den Vergleich der kapitalistischen Staaten mit dem real existierenden Sozialismus gescheut. Sie haben insbesondere die enthumanisierenden Lebensbedingungen im real existierenden Sozialismus außer Betracht gelassen. Sie haben sich stets auf zukünftige ideale sozialistische Systeme berufen. Hierdurch ist ihre Theorie empirisch nicht nachweisbar geworden (*Akers/Sellers* 2009, 265). Nach der marxistischen Theorie müssten alle kapitalistischen Systeme eine hohe Kriminalitätsrate haben. Das ist jedoch nicht der Fall, wie die Beispiele der Schweiz und Japans zeigen (*Adler* 1983).

2.2.2.10.2 Der linke Realismus

Der linke Realismus, der Mitte der 1980er Jahre in Großbritannien entstanden ist (*DeKeseredy/Schwartz* 2012) und der nicht nur Einfluss auf Europa, sondern auch in sehr begrenztem Maße auf Nordamerika (*Schwartz* 2002, 439) und Australien ausübt, vertritt eine „Theorie", die aus vier Variablen besteht: Opfer, Täter, Staat und Gemeinschaft (*DeKeseredy* 2011, 37–42). Linke Realisten benutzen die Metapher des Vierecks der Kriminalität, die unterstreicht, dass Kriminologen die folgenden vier Variablen studieren sollten, die miteinander in Interaktion stehen: die Opfer, die Täter, den Staat (die formellen Agenten der Sozialkontrolle) und die allgemeine Öffentlichkeit, die auf Verbrechen reagiert, indem sie die informelle Kontrolle ausübt (*Alvi* 2005, 933). Relative, nicht absolute Armut ist der Schlüssel zum Verständnis der Kriminalität (*DeKeseredy* 2003, 32). Relative Deprivation bezieht sich auf die Idee, dass sich Menschen im Vergleich zu solchen Klassen in der Sozialstruktur unterdrückt fühlen, mit denen sie sich identifizieren und denen sie anzugehören streben. Arme Leute fühlen sich nicht im Nachteil, wenn alle um sie herum arm sind. Das ist allerdings anders in einer Gesellschaft mit eklatanter sozioökonomischer Ungleichheit. In dieser Gesellschaft fühlen sie sich zurückgesetzt. Gesellschaftlicher Ausschluss ist ein weiteres Konstrukt des linken Realismus (*Young* 1999). Kapitalistische Gesellschaften sind ausschließende Gesellschaften. Sie schließen die Arbeitslosen, die Unterprivilegierten, die Opfer und die Rechtsbrecher aus oder marginalisieren sie. Ohne die Opfer der Wirtschaftskriminalität zu übersehen, gründet sich der linke Realismus nicht nur auf das Verständnis für die Viktimisierung des Täters durch den Staat, sondern auch auf die Einsicht der Viktimisierung des Opfers durch den Täter. Die Perspektive zieht die Furcht der machtlosen Opfer in Betracht. Sie nimmt das Verbrechensopfer ernst. Linke Realisten (*Young/Matthews* 1992; *Matthews/Young* 1992) kritisieren, dass kritische, radikale Theorie, die sie idealistische Kriminologie nennen, bisher die Schwere des Verbrechens und den unverhältnismäßig großen Schaden unbeachtet gelassen hat, den die Opfer der Arbeiterklasse durch das Verbrechen erleiden. Sie betonen, dass sich die Kriminalität der Arbeiterklasse hauptsächlich wieder gegen die Arbeiterklasse richtet und dass die Kriminaljustiz wirkliche Fortschritte der Machtlosen über die Mächtigen erzielt hat. Linke Realisten bestehen darauf, dass eine der größten Unzulänglichkeiten der kritischen, radikalen Kriminologie darin besteht, dass sie in erster Linie in ihrer Orientierung theoretisch und abstrakt geblieben ist und dass sie auf diese Weise die empirische Forschung vernachlässigt hat (*Alvi* 2005, 932). Der Unterschied des linken Realismus zu liberalen, pragmatischen Auffassungen der Hauptstrom-Kriminologie ist nicht sehr groß (*Gibbons* 1994, 170).

2.2.2.10.3 Anarchistische und kulturelle Theorien

Ist für die marxistische Theorie der Kapitalismus Stein des Anstoßes, so wendet sich der Anarchismus gegen alle Systeme der Macht und der Autorität. Das Kriminaljustizsystem soll durch eine warme, lebendige „Angesicht-zu-Angesicht"-Justiz, durch ein System kollektiver Verhandlung als Mittel der Problemlösung ersetzt werden. Autorität verwirklicht sich nicht nur in Gefängniszellen und in Armut, sondern in der Errichtung und Verteidigung einer Erkenntnistheorie der Universalität und der Wahrheit (*Ferrell* 2010a; 2010b; 2009; vgl. auch die Beiträge in: *Ferrell/Sanders* 1995). Der Anarchismus hat sich die Enthüllung zum Ziel gesetzt, dass die Gerechtigkeit, durch die das Legalsystem sich selbst definiert, in Wirklichkeit eine Fassade für ein ausgeklügeltes System institutionalisierter Ungerechtigkeit ist. Er wendet sich gegen die relative Machtlosigkeit und Randständigkeit der Jugend. Graffiti-„Malerei", Auto- und Motorradraserei und Vandalismus sind Widerstandsverbrechen gegen die Autorität. Ladendiebstahl untergräbt die kapitalistische Kultur. Graffiti-„Malerei" ist jugendliches Abenteuer. Die Freude daran folgt nicht nur aus ihrer Illegalität, sondern aus dem schöpferischen Spiel und dem ehrfurchtslosen Humor der Täterinnen und Täter und daraus, dass ihre Bedeutung als anarchistischer Widerstand bekräftigt wird. Die anarchistische Theorie ist unrealistisch und empirisch nicht nachprüfbar. Sie rechtfertigt einzelne Formen der Kriminalität mehr als ihnen vorzubeugen und sie zu kontrollieren.

Mit der anarchistischen ist die kulturelle Theorie theoretisch und methodologisch eng verbunden. Kulturelle Kriminologie untersucht die vielen Wege, in denen die Handlungen und Annahmen der Kriminellen, die politischen und organisatorischen Ideologien der Kriminaljustiz und die Dynamiken der Massenmedien und der populären Kultur im Alltagsleben zusammenlaufen (*Ferrell* 2005). Kulturelle Kriminologie will Verbrechen und Kriminaljustiz als kulturelle Konstruktionen „verstehen". Sie untersucht das Symbolische am symbolischen Interaktionismus. Die Massenmedien konstruieren Verbrechen zur Unterhaltung. Die beständige öffentliche Überdramatisierung des Verbrechens im Interesse der Fernseh-Einschaltquoten, der politischen Karrieren und der Errichtung von Gefängnissen bestätigt die These, dass das, was wahr am Verbrechen ist, sich tatsächlich allein auf Fiktion gründet (*Ferrell* 2003). Kulturelle Kriminologie hat ein methodologisches Prinzip und eine theoretische Orientierung in Kraft gesetzt, die ältere positivistische Ideen der Wissenschaft und der wissenschaftlichen Objektivität zugunsten einer Kriminologie zurückweisen, die ihre Basis in der kritischen Interpretation und im aufmerksamen „Verstehen" hat (*Ferrell* 2005). Kulturelle Kriminologen untersuchen die vielen Wege, in denen die gegenwärtige Gesellschaft Verbrechen in die Massenmedien und so in die Unterhaltung bringt: durch Gerichtssaal-Kameras, durch Kriminalfilme, durch „Realitäts"-Fernsehprogramme und durch die Verbreitung von Kriminalitätsnachrichten (*Ferrell* 2005; *Schwartz* 2002, 439).

2.2.2.10.4 Postmodernistische und konstitutive Theorien

Postmodernismus ist eine nihilistische Reaktion auf die positive Sicherheit der Aufklärung (*Arrigo/Bersot* 2010). Mit Modernismus bezeichnet man die historische Periode, die dem Feudalismus des Mittelalters folgte und die bis zur Mitte des 20. Jahrhunderts dauerte. Er löste die religiös orientierte Gesellschaft ab, die an die göttliche Macht, an die kosmische Zentriertheit der Erde, an das Übernatürliche, die Subjektivität und die örtliche Begrenztheit glaubte. Der Modernismus ersetzte diesen Glauben durch das Vertrauen in die Werte der Erneuerung, der Rationalität und der objektiven Analyse, die auf Fortschritt und die Entdeckung der Wahrheit gerichtet waren. Im modernen Zeitalter entwickelte sich die Wissenschaft zur alles beherrschenden Methode, die Welt zu verstehen und zu kontrollieren. Man war von der Überlegenheit der rationalen Logik überzeugt. Der Postmodernismus (*Einstadter/Henry* 2006, 283–307) bezweifelt die Idee, die Realität der Welt erkennen zu können. Er stellt die Überlegenheit der „Wissenschaft" als Methode der Analyse und der Erklärung in Frage. Ihm erscheinen alle Versuche als fraglich, das Leben auf das Wesentliche und auf seine Ursachen zurückzuführen. Er hegt Bedenken gegen den Versuch von Institutionen und Individuen, als „Experten" ihr Wissen über das anderer zu stellen. Wahrheit ist für ihn eine Form der Domination (*Milovanovic* 2012).

Am Ende der 1980er Jahre fand der Postmodernismus Eingang in die Kriminologie. Man versuchte, den „Entkonstruktionismus" („Deconstructionism") und die Chaos-Theorie auf die Kriminologie zu übertragen. Der Entkonstruktionismus bricht das ab und deckt das auf, was aufgebaut worden ist. Die konstitutive (grundlegende) Kriminologie (*Henry/Milovanovic* 1994, 1996) ist eine Richtung des Postmodernismus. Ihr Anliegen kann in zwei Grundthesen zusammengefasst werden:

– Was Kriminalität ist, wird nicht durch das Strafgesetzbuch definiert. Verbrechen ist vielmehr die Fähigkeit oder die Macht, einem anderen seinen Willen in jedwedem sozialen Zusammenhang aufzuzwingen. Es ist die Macht, andere zu verneinen. Das Verbrechensopfer wird zur Nicht-Person, zum Nicht-Menschen degradiert. Das macht seinen Schmerz und sein Leiden aus (vgl. auch die Beiträge in dem Sammelwerk: *Henry/Milovanovic* 1999).
– Die konstitutive Kriminologie weist traditionelle Ansätze der kriminologischen Theorie zurück, die darin bestehen, das Verbrechen auf Mikro-, Meso- und Makro-Ursachen zurückzuführen. Statt dessen will sie jede menschliche Beziehung sorgfältig analysieren, durch die in tatsächlicher oder möglicher Weise Schmerz und Leiden einem anderen auferlegt werden. Diese Beziehung soll in ihrem vollen strukturellen Zusammenhang untersucht, aufgedeckt und in unschädlicher Weise umstrukturiert werden (*Schwartz* 2002, 439/440).

Postmodernismus ist eine Bewegung unter sozialen Theoretikern und unter Philosophen, die skeptisch gegenüber der Wissenschaft, der wissenschaftlichen Methode und ihrem Versprechen ist, Fortschritte mit sich zu bringen. Die Grundpositionen von denen, die sich postmodernistisch nennen, findet sich in einer Anhäufung von Ideen, zu denen die Folgenden gehören: Die Wahrheit ist unerkennbar. Rationales Denken ist nur **eine** Art des Denkens und nicht unbedingt eine überlegene Art. Rationales Denken ist eine Form der Macht. Wissen ist nicht kumulativ. Fakten sind bloß soziale Konstruktionen, die durch verschiedene Wahrheitsansprüche unterstützt werden, die einen Diskurs oder eine Art des Sprechens über Phänomene bilden (*Henry/Milovanovic* 2005, 1245). Konstitutive Kriminologie glaubt – in Übereinstimmung mit ihren postmodernen Wurzeln –, dass Kriminalität und ihre Kontrolle nicht getrennt von ihren historischen, kulturellen und sozialen Zusammenhängen wahrgenommen werden kann, in denen sie entstanden sind.

Konstitutive Kriminologen argumentieren, dass es die Machtbeziehungen sind, die von Menschen durch ihren Diskurs konstruiert werden und die die Motivation, die Skripte und die Stützen für das Spiel zur Verfügung stellen, das die Verletzungen erzeugt, die als Verbrechen benannt werden (*Henry/Milovanovic* 2005, 1246). Schaden wird nicht so sehr durch Ungleichheit hervorgebracht, sondern er ist eingebettet in Beziehungen der Ungleichheit. Auf diese Weise – anstatt spezifische Verbrechensursachen zu ermitteln – bemüht sich die konstitutive Kriminologie, die Wege aufzuzeigen, in denen Unrecht das Hauptergebnis ungleicher Machtbeziehungen ist, und die Wege darzustellen, in denen einige dieser Schäden als Verbrechen etikettiert werden. Verbrecher sind nichts anderes als Menschen, denen man keinen Respekt entgegenbringt, weil sie unterschiedlich sind (*Henry/Milovanovic* 2005, 1247). Der Gebrauch der Unterschiedlichkeit, anderen das Recht zu verweigern, verschieden zu sein und einen Unterschied zu machen, konstituiert den Schaden, der als Verbrechen benannt wird. Kriminaljustiz ist ein exzessiver Hauptinvestor in Schädigung. Konstitutive Kriminologie verlangt, dass das Verbrechen als ein beständiger diskursiver Prozess entkonstruiert werden muss und dass eine Rekonstruierung stattzufinden hat (*Henry/Milovanovic* 2005, 1247/1248). Konstitutitive Kriminologie versteht die Kriminaljustiz, wie sie traditionell praktiziert wird, als Teil desselben Problems, das sie zu kontrollieren vorgibt. Die Grundannahme der konstitutiven Kriminologie über Verbrechen, Täter und Opfer plaziert Kriminalität nicht in der Person und nicht in der Struktur oder Kultur, sondern in der laufenden Hervorbringung sozial schädlicher Machtbeziehungen (*Henry/Milovanovic* 2003).

Konstitutive Kriminologie kann darin kritisiert werden, dass sie keine lebensfähige theoretische Alternative anbietet und dass sie im Hinblick auf das Kriminalitätsproblem unrealistisch ist (*Akers/Sellers* 2009, 254–258).

2.2.2.11 Die feministische Kriminologie

Die feministische Perspektive in der Kriminologie hat sich in den 1970er, 1980er und 1990er Jahren entwickelt (vgl. zu den Anfängen *Hartman/Sundt* 2011). Vorher wurden Rechtsbrecherinnen als körperlich, geistig und seelisch gestörte Persönlichkeiten angesehen (*Lombroso/Ferrero* 2004). Die sozialstrukturellen und -prozessualen Probleme der weiblichen Kriminalität wurden nicht diskutiert. Es geht dem heutigen Feminismus nicht nur um die Erörterung von Frauenfragen, nicht nur um die Ursachen der Unterdrükung von Frauen und Mädchen und um Wege, ihre Benachteiligung zu beenden. Es ist vielmehr das Anliegen des Feminismus in der Kriminologie, die Erfahrungen und Sichtweisen der Frauen zu allen kriminologischen Problemen besser zum Tragen zu bringen (*Chesney-Lind* 1989/2011; vgl. zum modernen Feminismus auch *Heidensohn/Silvestri* 2012).

Feministische Theorien stellen eine große Variationsbreite des Denkens dar. Sie sind aktivistisch und bestrebt, im sozialen Wandel die Vernachlässigung und Unterdrückung der Frauen und Mädchen zu beenden (*Sharp* 2009; *D'Unger* 2005, 559). Feministinnen und Feministen behaupten, dass es keine geschlechtsneutralen Theorien gibt, die in gleicher Weise für Jungen und Männer wie für Mädchen und Frauen anwendbar sind. Sie betonen, dass das Verständnis der sozialen und biologischen Welt hauptsächlich durch Männer entwickelt und verbreitet worden ist, oft indem sie ausschließlich männliche Stichproben bei ihren empirischen Studien verwendeten. Als Ergebnis schlossen solche Untersuchungen häufig Frauen aus; sie repräsentierten sie nicht, und sie unterdrückten sie weiterhin. In feministischer Sicht argumentiert man, dass sich die Kriminologie zu lange mit der Erklärung von Straftaten von Männern gegen Männer aufgehalten hat. Dabei ist die Verwicklung der Frauen und Mädchen in das Verbrechen sowohl als Täterinnen wie auch als Opfer unberücksichtigt geblieben (*Fagan/Belknap* 2002, 685–688). Geschlecht wird nicht naturverwurzelt in der Biologie gesehen, sondern als ein komplexes soziales, historisches und kulturelles Produkt beurteilt (*Daly/Chesney-Lind* 2003). Eine patriarchische Gesellschaft, in der die Rechte und Privilegien der Männer übergeordnet und die der Frauen untergeordnet sind, ist für die übergroße Mehrheit der Gesellschaften in der Geschichte und in der Welt charakteristisch (*Akers/Sellers* 2009, 267–293).

Der Feminismus in der Kriminologie geht von fünf Prinzipien aus (*Groot* 2010; *Daly/Chesney-Lind* 1996, 343):

- Das Geschlecht ist nicht etwa nur ein natürliches Faktum, sondern vielmehr ein komplexes soziales, historisches und kulturelles Produkt.
- Geschlecht und Geschlechtsbeziehungen ordnen soziales Leben und soziale Institutionen in grundlegender Weise.
- Geschlechtsbeziehungen und Konstrukte der Maskulinität und der Feminität sind nicht symmetrisch. Sie sind vielmehr gegründet auf das Organisationsprinzip der männlichen Überlegenheit und der männlichen sozialen und politisch-ökonomischen Domination über Frauen.
- Wissenssysteme spiegeln die Sichtweise der Männer im Hinblick auf die natürliche und soziale Welt wider. Die Produktion von Wissen ist geschlechtsbedingt.
- Frauen und Mädchen sollten im Zentrum der intellektuellen Untersuchung stehen und nicht an der Peripherie, in Unsichtbarkeit und als Anhängsel der Männer.

Eine einheitliche feministische Theorie gibt es in der Kriminologie nicht (*Akers/Sellers* 2009, 272–286). Man unterscheidet vielmehr die folgenden fünf Richtungen (*Barkan* 2012, 227–235; *Renzetti* 2012; *Chesney-Lind* 1989/2011; *Chesney-Lind/Faith* 2001):

- Der liberale Feminismus führt die Ungleichheit und die Diskriminierung der Frauen und Mädchen auf eine andersgeartete Sozialisation in Geschlechtsrollen und -einstellungen zurück. Er erforscht die Ungleichheit der Frauen und Mädchen im Hinblick auf Geschlechtsrollen-Sozialisation, auf den Mangel an Gelegenheit und auf Diskriminierung, an der Frauen und Mädchen leiden. Die liberale feministische Theorie war und ist tief beeinflusst durch die Ideen der Menschenrechte, der Gleichheit und der Freiheiten.
- Der radikale Feminismus sieht das Problem der Ungleichheit der Geschlechter und der Unterordnung der Frauen und Mädchen in der Macht der Männer, im Patriarchat, das seine Wurzeln in der männlichen Aggression und Domination innerhalb des privaten und öffentlichen Bereichs hat. Das Patriarchat kontrolliert die weibliche Arbeitskraft und die weibliche Sexualität. Radikaler Feminismus beurteilt maskuline Macht und maskulines Privileg als die Wurzelursachen aller sozialer Beziehungen und der Ungleichheit zwischen Mann und Frau. Radikale Feministen finden die bedeutsamsten Beziehungen in einer Gesellschaft im Patriarchat, in der maskulinen Kontrolle weiblicher Arbeitskraft und Sexualität. Alle anderen Beziehungen, z.B. die Schicht, sind sekundär und leiten sich aus den Beziehungen zwischen Mann und Frau her.
- Nach dem marxistischen Feminismus beruhen die Geschlechts- und Klassenunterschiede auf den Eigentumsverhältnissen und auf der kapitalistischen Produktionsweise. Der Schlüssel-Erklärungs-Faktor ist die Organisation der Wirtschaft. Frauen werden vor allem durch das Kapital und erst in zweiter Linie durch Männer beherrscht. Für marxistische Feministinnen und Feministen ist die männliche Dominanz eine ideologische Manifestation einer Klassengesellschaft, in der Frauen und Mädchen in erster Linie durch das Kapital und erst an zweiter Stelle durch Männer dominiert werden.
- Nach der sozialistisch-feministischen Theorie werden unsere Lebenserfahrungen sowohl durch die Klasse wie durch das Geschlecht geformt, die untrennbar miteinander verflochten sind. Die Interaktion zwischen Klasse und Geschlecht bestimmt die Organisation der Gesellschaft und strukturiert das Verbrechen in ihr. Die Männer sind die Mächtigen; sie haben deshalb mehr legale und illegale Möglichkeiten, um Verbrechen zu begehen. Sozialistischer Feminismus kombiniert marxistische und radikale Perspektiven, indem er Klasse und Geschlecht oder Kapitalismus und Patriarchat als gleichwertig beurteilt. Nach dem sozialistischen Feminismus interagieren Klasse- und Geschlechtsbeziehungen; sie reproduzieren sich wechselseitig.
- Multikultureller Feminismus, auch multirassischer Feminismus genannt, unterstreicht die Bedeutung der Betrachtung von Rasse und Ethnizität genauso wie von Geschlecht und Klasse. Auf diese Weise haben schwarze Frauen höhere

Raten sowohl an Kriminalität wie an Viktimisierung. Multikulturelle feministische Theorie betont sowohl die Struktur wie die Kultur beim Verstehen der Kriminalität wie der Viktimisierung afrikanisch-amerikanischer Frauen.

Die Theorie der Maskulinität von *James W. Messerschmidt* (1993/2011) ist – streng genommen – keine feministische Theorie. Sie hängt aber eng mit dem kriminologischen Feminismus zusammen und wird seit den 90er Jahren des vorigen Jahrhunderts diskutiert. Nach dieser Theorie wird Maskulinität hervorgebracht; sie ist nichts, was Männern angetan wird oder was ein für alle Mal vorhanden ist. Maskulinität ist niemals statisch, niemals ein fertiges Produkt. Männer konstruieren Maskulinitäten in spezifischen sozialen Situationen. Hegemonische Maskulinität ist eine idealisierte Form der Maskulunität in einer gegebenen historischen Lage. In *Messerschmidt*s Sicht wird in heutigen westlichen Industrienationen hegemonische Maskulinität durch Arbeit im bezahlten Arbeitsmarkt, durch Unterordnung der Frauen und Mädchen, durch Heterosexualität und durch getriebene, unkontrollierbare Sexualität der Männer definiert. Für viele Männer dient das Verbrechen als willkommene Ressource, um ihr Geschlecht herauszustellen und sich von alledem abzugrenzen, was feminin ist. Kriminalität ist für Männer nicht einfach eine Erweiterung ihrer Geschlechtsrolle. Verbrechen durch Männer sind eine Form der sozialen Praxis, die als Ressource herangezogen wird, wenn andere Ressourcen zur Vollendung der Maskulinität unerreichbar sind.

Die feministischen Richtungen in der Kriminologie bearbeiten insbesondere die vier folgenden Probleme (*Barkan* 2012, 227–235):
- das Verallgemeinerungsproblem: Es ist fraglich, ob die bisher entwickelten kriminologischen Theorien ohne weiteres auf Frauen und Mädchen anwendbar sind. Kriminologische Theorien beziehen sich zumeist auf Männer, und sie sind vor allem mit empirischen Daten von Männern getestet worden.
- das Geschlechtsverhältnis-Problem: Es bedarf der näheren Erklärung, warum Frauen und Mädchen weniger und leichtere Kriminalität und Delinquenz verüben als Männer und Jungen und welche Bedeutung der Männlichkeit für die Kriminalitätsentwicklung zukommt. Einige Wissenschaftler beurteilen Männlichkeit oder Maskulinität als kriminogene Bedingung.
- das Viktimisierungsproblem: Die Erscheinungsformen und Ursachen der Anwendung physischer und sexueller Gewalt der Männer gegenüber Frauen müssen noch näher herausgearbeitet werden. Die erste feministische Arbeit in den 1970er Jahren konzentrierte sich auf die Viktimisierung von Frauen durch Vergewaltigung und durch familiäre Gewalt, die bis dahin wenig Aufmerksamkeit gefunden hatten.
- das Problem der Gleichbehandlung von Männern und Frauen im Kriminaljustizsystem. Es ist fraglich, ob das Prinzip der Maskulinität, der Femität oder der Geschlechtsneutralität das Klima im Kriminaljustizsystem bestimmen soll. Der empirische Beweis für eine Geschlechtsdiskriminierung im Kriminaljustizsys-

tem ist sehr unbeständig. Frauen werden für geringere Delikte etwas punitiver, für schwere Straftaten etwas weniger punitiv behandelt. Die Wirkung des Geschlechts ist schwach.

Feministische Theorie steht immer noch in ihren Anfängen. Aus der geringen Zahl der direkten Tests ihrer Hypothesen und aus den Ausführungen ihrer kriminalpolitischen Folgerungen hat sich bis jetzt keine klare Bewertung ihrer empirischen Validität und ihrer kriminalpolitischen Nützlichkeit ergeben (*Akers/Sellers* 2009, 289/290). Man bezweifelt, ob das Geschlecht wirklich die zentrale sozialstrukturelle Kategorie ist, wie es der Feminismus behauptet. Trotz dieser Kritik unterliegt es keinem Zweifel, dass Viktimologie und Feminismus sich wechselseitig gefördert haben und dass der Feminismus die Kriminologie bereits in bleibender Weise beeinflusst hat. Die feministisch orientierte Kriminologie, obgleich relativ neu, hat bereits bedeutsame Beiträge zur Kriminologie geleistet und wird auch in Zukunft weiter gedeihen.

2.2.2.12 Theoretische Integration

Theoretische Integration bedeutet Kombination von zwei oder mehreren bereits existierenden Theorien mittlerer Reichweite zu einer umfassenderen Theorie (*Barkan* 2012, 206/207; *Akers/Sellers* 2009, 295–322; *Barak* 2010). Über den Wert einer solchen Integration gibt es unterschiedliche Meinungen. Befürwortet man ein interdisziplinäres Vorgehen in der Kriminologie, so spricht man sich in der Regel für eine Verschmelzung verschiedener Gesichtspunkte aus. Sieht man die Kriminologie mehr als multidisziplinäre Wissenschaft, so lässt man die verschiedenen Theorien mittlerer Reichweite in Wettbewerb miteinander treten (vgl. zu dem Streit über die Theorienintegration die Beiträge in: *Messner/Krohn/Liska* 1989). Integration will das Beste aus jeder Theorie herausnehmen und dann zu einer umfassenderen neuen Theorie zusammenfügen (vgl. zur Integration von Theorien auch: *Menard* 2005; *Barak* 2002; *Turner/Blevins* 2009; *Kubrin/Stucky/Krohn* 2009, 247–281). Freilich stimmen zahlreiche Aussagen der Einzeltheorien nicht voll überein. Außerdem sind viele Einzeltheorien Ausdruck des „Zeitgeistes" (Hegel) der jeweiligen historischen Periode. Gleichwohl schließen sich zahlreiche Theorien gegenseitig nicht aus, sondern sie können sich sinnvoll ergänzen. Deshalb sind die Integrationsversuche außerordentlich zahlreich (*Bernard/Snipes/Gerould* 2010, 327–345). Hierbei wird am meisten von der Lern- und Kontrolltheorie Gebrauch gemacht. Es würde in diesem Zusammenhang zu weit führen, einen umfassenden Überblick über alle bisherigen Integrationsversuche zu geben, zumal keiner bis jetzt allgemein anerkannt worden ist.

Als Beispiele für die mannigfaltigen Theorienkombinationen wird im Folgenden etwas näher auf die Machtkontrolltheorie von *John Hagan* (*Hagan* 2006; *Hagan/Simpson/Gillis* 2002; *Blackwell* 2010) und die vereinheitlichte Theorie von *Robert Agnew* (2005; 2011a; 2011b; 2011c; 2011d) eingegangen. Die Machtkontrolltheorie will die marxistische und die feministische Theorie mit der Konflikt-, Kontroll- und rationalen Wahltheorie verbinden. Sie will das niedrigere Ausmaß und die geringere Schwere der Frauenkriminalität und der Mädchendelinquenz aus Patriarchat und Klassenstruktur erklären. Beide werden für die stärkere Kontrolle der Frauen und Mädchen innerhalb der Familie verantwortlich gemacht. Die Machtstellung, die die erwachsenen Familienmitglieder am Arbeitsplatz haben, formt die soziale Stellung, die sie in ihrer Familie einnehmen. Berufsbeziehungen strukturieren Familienbeziehungen zwischen den Eltern, zwischen Eltern und Kindern und speziell zwischen Mutter und Tochter. Die Macht der sozialen Klasse wirkt sich am Arbeitsplatz aus. Die Menschen haben eine verhältnismäßige Kontrollmacht über einander. Der Eigentümer der Produktionsmittel kontrolliert den Produktionsprozess. Die Manager und Aufseher kontrollieren die Arbeitnehmer, die niemanden kontrollieren und die lediglich ihre Arbeitskraft feilbieten. Die Arbeitslosen, die zur „Überfluss-Bevölkerung" gehören, haben nicht einmal die Macht, ihre Arbeitskraft zu verkaufen. Die Menschen, die andere kontrollieren, gehören zur Herrschafts-, zur Befehlsklasse („Command-Class"). Die Menschen, die kontrolliert werden, machen die Befehlsempfänger-Klasse („Obey-Class") aus. Die Machtpositionen der sozialen Klassen übertragen sich auf das Familienleben. Die Personen, die relativ mächtige Wirtschaftspositionen der Eigentümerschaft und der Autorität innehaben, haben im Vergleich zu den Personen, die weniger oder gar keine Wirtschaftsmacht besitzen, mehr Macht im familiären Bereich.

Die zweite Dimension der Machtkontrolltheorie ist die Unterscheidung zwischen patriarchalischer und partnerschaftlicher Familienstruktur. In der patriarchalischen Familie, in der eine strenge familiäre Arbeitsteilung zwischen dem berufstätigen Mann und der Hausfrau herrscht, kontrollieren die Männer ihre Ehefrauen und Töchter. Die Mütter passen im Sozialisationsprozess ihre Töchter der traditionellen Arbeitsteilung der Geschlechter an. Im patriarchalischen Familientyp werden die Mädchen und jungen Frauen aufgrund der männlichen Domination und Beaufsichtigung stärker kontrolliert, und sie begehen deshalb weniger Delinquenz als Jungen und junge Männer, denen man größere Freiräume zugesteht. Demgegenüber ist in der partnerschaftlichen Familie mit niedrigerer Arbeitsteilung, etwa in der Mittelschichtsfamilie, in der beide Elternteile berufstätig sind, die soziale Macht weniger nach dem Geschlecht strukturiert. Als Ergebnis herrscht in einer solchen Familie eine geringere geschlechtsorientierte Sozialisation, und die Mütter überwachen ihre Töchter weniger. Weil die Mädchen und jungen Frauen demzufolge dieselben Risiken eingehen wie Jungen und junge Männer, nähert sich ihre Delinquenz in Ausmaß und Schwere der männlichen Delinquenz an. Bei der Erziehung durch einen Elternteil ist derselbe Erfolg zu beobachten.

Die Machtkontrolltheorie ist eine der wenigen integrierten Theorien, die verschiedene kritische strukturelle Makro-Theorien mit individuellen Mikro-Theorien kombinieren. Zumeist werden Mikro-Theorien miteinander verbunden. Feministinnen und Feministen haben die Machtkontrolltheorie heftig kritisiert (*Chesney-Lind* 1989, 20; *Chesney-Lind/Sheldon* 2004, 153–155). Die Emanzipation der Frau und ihre Berufstätigkeit würden für die Delinquenz der Mädchen und jungen Frauen verantwortlich gemacht. Die Machtkontrolltheorie vertrete die These: Mutters Befreiung oder Berufstätigkeit verursacht die Delikte der Töchter. Diese These sei unakzeptabel. In einer empirischen Studie wurde festgestellt, dass der Unterschied zwischen patriarchalischem und partnerschaftlichem Familientyp keinen Einfluss auf die Verursachung der Kinder- und Jugenddelinquenz hat (*Morash/Chesney-Lind* 1991). Schließlich wird an der Machtkontrolltheorie bemängelt (*Curran/Renzetti* 2001, 216–219), dass sie bei ihren Familientypen wichtige Schichtunterschiede und Verschiedenheiten in rassischer und ethnischer Hinsicht sowie im Hinblick auf die Eltern-Kind-Beziehung übersieht.

Die vereinheitlichte Theorie von *Robert Agnew* (2005; 2011a; 2011b; 2011c; 2011d) versucht ebenfalls zahlreiche Theorien miteinander zu integrieren. Verbrechen wird wahrscheinlich, wenn die Zwänge gegen das Verbrechen niedrig und die Motive für das Verbrechen hoch sind. Zwänge und Motive können in fünf Gruppen von Lebensbereichen eingeteilt werden: in das Selbst (in Persönlichkeitszüge der Reizbarkeit und der niedrigen Selbstkontrolle), in die Familie (unzulängliche Erziehungspraktiken der Eltern, keine oder eine schlechte Ehe), in die Schule (negative Schulerfahrungen, begrenzte Erziehung), in Gleichaltrige (Gleichaltrigen-Delinquenz) und in Arbeit (Arbeitslosigkeit, schlechten Job). Die Variablen in jedem Lebensbereich beeinflussen sowohl die Zwänge wie die Motive für das Verbrechen. Die Wirkungen jedes Lebensbereichs ändern sich mit dem Lebenslauf. Die Lebensbereiche interagieren mit dem Verbrechen und untereinander. Das größere soziale Umfeld beeinflusst die Stellung des Individuums in den Lebensbereichen. Die Persönlichkeitszüge der Reizbarkeit und der niedrigen Selbstkontrolle sind teilweise vererbt, teilweise erworben. Sie bestimmen die Art und Weise, wie das Individuum seine soziale Umgebung wahrnimmt, wie es sie erlebt und wie es auf sie reagiert. Zwänge gegen das Verbrechen bestehen in externaler Kontrolle, in dem Interesse an Konformität und in internaler Kontrolle. Externale Kontrolle richtet sich nach der Wahrscheinlichkeit, mit der Individuen überführt und bestraft werden. Interesse an Konformität haben Personen, die viel zu verlieren haben, wenn sie gefasst und bestraft werden: einen guten Job, starke emotionale prosoziale Bindungen und außerordentliches Ansehen bei prosozialen Mitmenschen. Bei der internalen Kontrolle wird der Glaube, Verbrechen sei falsch und unmoralisch, verinnerlicht. Motive für das Verbrechen sind Faktoren, die Individuen dazu verführen und sie dazu drängen, Verbrechen zu begehen. Als Erklärungsmuster können hier die rationale Wahltheorie, die Routine-Aktivitäts-Perspektive, die kognitiv-soziale Lerntheorie und die Drucktheorie dienen. Die Kernaussage der vereinheitlichten Theorie besteht darin, dass die fünf Lebensbereiche Kriminalität verursachen. In unterschiedlichen Lebensphasen haben die verschiedenen Lebensbereiche unterschiedliche Bedeutung. Die Begehung von Verbrechen zu einem Zeitpunkt verstärkt substanziell die Begehung von Verbrechen zu einem späteren Zeitpunkt. Ein Lebensbereich führt mit größerer Wahrscheinlichkeit zum Verbrechen, wenn andere Lebensbereiche dem Verbrechen förderlich sind.

Literatur

Adler, F. (1983): Nations Not Obsessed with Crime. Littleton/Colorado.

Agnew, R. (2005): Why Do Criminals Offend? A General Theory of Crime and Delinquency. Los Angeles/CA.

Agnew, R. (2006): General Strain Theory: Current Status and Directions for Further Research. In: *F.T. Cullen/J.P.Wright/K.R.Blevins* (Hrsg.): Taking Stock – The Status in Criminological Theory. Advances in Criminological Theory. Band 15, 101–123. New Brunswick, London.

Agnew, R. (2011a): Pressured Into Crime: General Strain Theory. In: *F.T. Cullen/R.Agnew* (Hrsg.): Criminological Theory – Past to Present. 4. Aufl., 189–197. New York, Oxford.

Agnew, R. (2011b): Why Criminals Offend: A General Theory of Crime and Delinquency. In: *F.T. Cullen/R.Agnew* (Hrsg.): Criminological Theory – Past to Present. 4. Aufl., 601–615. New York, Oxford.

Agnew, R. (2011c): Revitalizing Merton: General Strain Theory. In: *F.T. Cullen/C.L. Jonson/A.J. Myer/ F. Adler* (Hrsg.): The Origins of American Criminology. Advances in Criminological Theory. Band 16, 137–158. New Brunswick (USA), London (UK).

Agnew, R. (2011d): Toward a Unified Criminology – Integrating Assumptions about Crime, People, and Society. New York, London.

Ahmed, E./Harris, N./Braithwaite, J./Braithwaite, V. (Hrsg.) (2001): Shame Management Through Reintegration. Cambridge/England.

Aichhorn, A. (1925/1951): Verwahrloste Jugend. Bern, Stuttgart.

Akers, R.L. (1998): Social Learning and Social Structure: A General Theory of Crime and Deviance. Boston.

Akers, R.L. (2010): A Social Learning Theory of Crime. In: *S.G. Tibbetts/C. Hemmens* (Hrsg.): Criminological Theory. 475–486. Los Angeles, London, New Delhi u.a.

Akers, R.L./Jensen, G.F. (2006): The Empirical Status of Social Learning Theory of Crime and Deviance: The Past, Present, and Future. In: *F.T. Cullen/J.P. Wright/K.R. Blevins* (Hrsg.): Taking Stock – The Status in Criminological Theory. Advances in Criminological Theory. Band 15, 37–76. New Brunswick, London.

Akers, R.L./Jensen, G.F. (2010): Social Learning Theory: Process and Structure in Criminal and Deviant Behavior. In: *E. McLaughlin/T. Newburn* (Hrsg.): The Sage Handbook of Criminological Theory. 56–71. Los Angeles, London, New Delhi, Singapore, Washington D.C.

Akers, R.L./Sellers, C.S. (2009): Criminological Theories. 5. Aufl. Oxford, New York.

Akers, R.L./Sellers, C.S. (2012): Social Learning Theory. In: *B.C. Feld/D.M. Bishop* (Hrsg.): The Oxford Handbook of Juvenile Crime and Juvenile Justice. 307–335. Oxford.

Alvi, S. (2005): Left Realism. In: *R.A. Wright/J.M. Miller* (Hrsg.): Encyclopedia of Criminology, Vol. 2, 931–933. New York, London.

Anderson, E. (2010): The Code of the Streets. In: *S.G. Tibbetts/C. Hemmens* (Hrsg.): Criminological Theory. 426–436. Los Angeles, London, New Delhi u.a.

Andrews, D.A./Bonta, J. (2010): The Psychology of Criminal Conduct. 5. Aufl. Cincinnati/OH.

Arrigo, B.A. (2006): Criminal Behavior. Upper Saddle River/NJ.

Arrigo, B.A./Bersot, H.Y. (2010): Postmodern Theory. In: *F.T. Cullen/P. Wilcox* (Hrsg.): Encyclopedia of Criminological Theory. Band 2, 728–732. Los Angeles, London, New Delhi u.a.

Aschaffenburg, G. (1903/1906/1923/1933): Das Verbrechen und seine Bekämpfung. 1. Aufl. (1903), 2. Aufl. (1906), 3. Aufl. (1923), Nachdruck der 3. Aufl. (1933). Heidelberg.

Aschaffenburg, G. (1913/1968): Crime and its Repression. Nachdruck Montclair/N.J.

Bandura, A. (1997): Self-Efficacy. The Exercise of Control. New York/NY.

Bandura, A. (2001): Social Cognitive Theory: An Agentic Perspective. In: Annual Review of Psychology. 52, 1–26.

Barak, G. (2002): Integrative Theories. In: *D. Levinson* (Hrsg.): Encyclopedia of Crime and Punishment, Vol. 2, 904–907. Thousand Oaks, London, New Delhi.

Barak, G. (2010): Integrative Criminology. In: *E. McLaughlin/T. Newburn* (Hrsg.): The Sage Handbook of Criminological Theory. 175–192. Los Angeles, London, New Delhi, Singapore, Washington D.C.

Barkan, S.E. (2012): Criminology. 5. Aufl. Boston, Columbus, Indianapolis u.a.

Barlow, H.D./Kauzlarich, D. (2002): Introduction to Criminology. 8. Aufl., Upper Saddle River/NJ.

Bartol, C.R./Bartol, A.M. (2011): Criminal Behavior – A Psychological Approach. 9. Aufl. Upper Saddle River/NJ. Boston, Columbus, Indianapolis.

Beccaria, C. (1966): Über Verbrechen und Strafen. Frankfurt/M.

Beccaria, C. (1996): Of Crimes and Punishments. New York.

Becker, G. (1968): Crime and Punishment: An Economic Approach. In: Journal of Political Economy. 76, 169–217.

Becker, G.S. (2011): The Economics of Crime. In: *A. Walsh/C. Hemmens* (Hrsg.): Introduction to Criminology. 2. Aufl., 97–121. Los Angeles, London, New Delhi u.a.

Becker, H.S. (1963): Outsiders – Studies in the Sociology of Deviance. New York, London.

Becker, H.S. (1971): Außenseiter – Zur Soziologie abweichenden Verhaltens. Frankfurt/Main.

Benson, M.L. (2013): Crime and the Life Course. New York, London.

Bernard, T.J./Snipes, J.B./Gerould, A.L. (2010): Vold's Theoretical Criminology. 6. Aufl. New York, Oxford.

Blackburn, R. (1988): On Moral Judgements and Peronality Disorders. The Myth of Psychopathic Personality Revisited. In: British Journal of Psychiatry. 153, 505–512.

Blackburn, R. (1993): The Psychology of Criminal Conduct. Chichester, New York, Brisbane u.a.

Blackwell, B.S. (2010): Hagan, John: Power-Control Theory. In: *F.C. Cullen/P. Wilcox* (Hrsg.): Encyclopedia of Criminological Theory. Vol. 1, 413–417. Los Angeles, London, New Delhi u.a.

Bonger, W.A. (1936): An Introduction to Criminology. London.

Braithwaite, J. (1989): Crime, Shame and Reintegration. New York, New Rochelle, Melbourne u.a.

Braithwaite, J. (1997): Charles Tittle's Control Balance and Criminological Theory. In: Theoretical Criminology. 1, 77–97.

Braithwaite, J. (1989/2011): Crime, Shame, and Reintegration. In: *F.T. Cullen/R.Agnew* (Hrsg.): Criminological Theory – Past to Present. 4. Aufl., 253–261. New York, Oxford.

Brown, S.E./Esbensen, F.-A./Geis, G. (2013): Criminology – Explaining Crime and Its Context. 8. Aufl. Amsterdam, Boston, Heidelberg u.a.

Burgess, R.L./Akers, R.L. (1966): A Differential Association-Reinforcement Theory of Criminal Behavior. In: Social Problems. 14, 128–147.

Burgess, R.L./Akers, R.L. (2010): A Differential Association-Reinforcement Theory of Criminal Behavior. In: *H. Copes/V. Topalli* (Hrsg.): Criminological Theory – Readings and Retrospectives. 227–238. New York.

Bussmann, K.-D./Kreissl, R. (Hrsg.) (1996): Kritische Kriminologie in der Diskussion. Opladen.

Carrington, K./Hogg, R. (Hrsg.) (2002): Critical Criminology – Issues, Debates, Challenges. Cullompton/Devon, Portland/OR.

Caspi, A./Moffitt, T.E./Silva, P.A./Stouthamer-Loeber, M./ Krueger, R.F./Schmutte, P.S. (2011): Personality and Crime: Are Some People Crime Prone? In: *F.T. Cullen/R.Agnew* (Hrsg.): Criminological Theory – Past to Present. 4. Aufl., 69–77. New York, Oxford.

Catalano, R.F./Park, J./Harachi, T.W., Haggerty, K.P./Abbott, R.D./Hawkins, J.D. (2005): Mediating the Effects of Poverty, Gender, Individual Characteristics, and External Constraints on Antisocial Behavior: A Test of the Social Development Model and Implicantions for Developmental Life-Course Theory. In: *D.P. Farrington* (Hrsg.): Advances in Criminological Theory, Vol. 14:

Integrated Developmental and Life-Course Theories of Offending. 93–123. New Brunswick, London.

Chambliss, W.J. (1976): Functional and Conflict Theories of Crime: The Heritage of Emile Durkheim and Karl Marx. In: W.J. Chambliss/M. Mankoff (Hrsg.): Whose Law? What Order? 1–28. New York, Santa Barbara, London u.a.

Chambliss, W.J. (1999): Power, Politics, and Crime. Boulder/CO, Oxford.

Chambliss, W.J./Seidman, R.B. (1971): Law, Order, and Power. Reading/Mass., Menlo Park/CA, London u.a.

Chesney-Lind, M. (1989): Girls' Crime and Women's Place: Toward a Feminist Model of Female Delinquency. In: Crime and Delinquency. 35, 5–29.

Chesney-Lind, M. (2010): Doing Feminist Criminology. In: H. Copes/V. Topalli (Hrsg.): Criminological Theory – Readings and Retrospectives. 420–423. New York.

Chesney-Lind, M. (1989/2011): A Feminist Theory of Female Delinquency. In: F.T. Cullen/R.Agnew (Hrsg.): Criminological Theory – Past to Present. 4. Aufl., 341–347. New York, Oxford.

Chesney-Lind, M./Faith, K. (2001): What About Feminism? Engendering Theory-Making in Criminology. In: R. Paternoster/R. Bachman (Hrsg.): Explaining Criminals and Crime. 287–302. Los Angeles/CA.

Chesney-Lind, M./Shelden, R.G. (2004): Girls, Delinquency, and Juvenile Justice. 3. Aufl. Belmont/CA, Singapore, Southbank/Vict.

Christie, N. (2004): A Suitable Amount of Crime. London, New York.

Clarke, R./Cornish, D.B. (1985/2010): Modeling Offenders' Decisions: A Framework for Research and Policy. In: H. Copes/V. Topalli (Hrsg.): Criminological Theory – Readings and Retrospectives. 10–19. New York.

Cohen, L.E./Felson, M. (2010): Social, Change and Crime Rate Trends: A Routine Activity Approach. In: H. Copes/V. Topalli (Hrsg.): Criminological Theory – Readings and Retrospectives. 36–43. New York.

Cohen, L.E./Felson, M. (2011): Routine Activity Theory. In: F.T. Cullen/R.Agnew (Hrsg.): Criminological Theory – Past to Present. 4. Aufl., 417–427. New York, Oxford.

Cornish, D./Clarke, R. (1986): Introduction. In: D.B. Cornish/R.V. Clarke (Hrsg.): The Reasoning Criminal. 1–16. New York, Berlin, Heidelberg u.a.

Crews, A.D. (2009): Biological Theory. In: J.M. Miller (Hrsg.): 21st Century Criminology – A Reference Handbook. Vol. 1, 184–200. Los Angeles, London, New Delhi u.a.

Cullen, F.T. (2011): Social Support and Crime. In: F.T. Cullen/R.Agnew (Hrsg.): Criminological Theory – Past to Present. 4. Aufl., 590–600. New York, Oxford.

Cullen, F.T./Benson, M.L./Makarios, M.D. (2012): Developmental and Life-Course Theories of Offending. In: B.C. Welsh/D.P. Farrington (Hrsg.): The Oxford Handbook of Crime Prevention. 23–45. Oxford.

Cullen, F.T./Wright, J.P. (1997): Liberating the Anomie-Strain Paradigm: Implications from Social-Support Theory. In: N. Passas/R. Agnew (Hrsg.): The Future of Anomie Theory. 187–206. Boston.

Cullen, F.T./Wright, J.P./Gendreau, P./Andrews, D.A. (2003): What Correctional Treatment Can Tell Us About Criminological Theory: Implications for Social Learning Theory. In: R.L. Akers/ G.F. Jensen (Hrsg.): Social Learning Theory and the Explanation of Crime. 339–362. New Brunswick, London.

Curran, D.J./Renzetti, C.M. (2001): Theories of Crime. 2. Aufl., Boston, London, Toronto u.a.

Daly, K./Chesney-Lind, M. (1996): Feminism and Criminology. In: P. Cordella/L. Siegel (Hrsg.): Readings in Contemporary Criminological Theory. 340–364. Boston.

Daly, K./Chesney-Lind, M. (2003): Feminism and Criminology. In: F.T. Cullen/R. Agnew (Hrsg.): Criminological Theory – Past to Present. 2. Aufl., 413–422. Los Angeles.

DeKeseredy, W. (2003): Left Realism on Inner-City Violence. In: *M.D. Schwartz/S.E. Hatty* (Hrsg.): Controversies in Critical Criminology. 29–41. Cincinnati/OH.

DeKeseredy, W.S. (2011): Contemporary Critical Criminology. London, New York.

DeKeseredy, W.S./Dragiewicz, M. (Hrsg.) (2012): Routledge Handbook of Critical Criminology. London, New York.

DeKeseredy, W.S./Schwartz, M.D. (2012): Left Realism. In: *W.S. DeKeseredy/M. Dragiewicz* (Hrsg.): Routledge Handbook of Critical Criminology. 105–116. London, New York.

Dodge, M. (2005): Chambliss, William J. In: *R.A. Wright/J.M. Miller* (Hrsg.): Encyclopedia of Criminology, Vol. 1, 154–155. New York, London.

D'Unger, A. (2005): Feminist Theories of Criminal Behavior. *In: R.A. Wright/J.M. Miller* (Hrsg.): Encyclopedia of Criminology, Vol. 1, 559–565. New York, London.

Einstadter, W.J./Henry, S. (2006): Criminological Theory. 2. Aufl. Lanham, Boulder, New York u.a.

Eysenck, H.J./Gudjonsson, G.H. (1989): The Causes and Cures of Criminality. New York, London.

Fagan, A.A./Belknap, J. (2002): Feminist Theory. In: *D. Levinson* (Hrsg.): Encyclopedia of Crime and Punishment, Vol. 2, 685–688. Thousand Oaks, London, New Delhi.

Farrington, D.P. (2003a): Developmental and Life-Course Criminology: Key Theoretical and Empirical Issues -The 2002 Sutherland Award Address. In: Criminology. 41, 221–255.

Farrington, D.P. (2003b): Key Results from the First Forty Years of the Cambridge Study in Delinquent Development. In: *T.P. Thornberry/M.D. Krohn* (Hrsg.): Taking Stock of Delinquency. 137–183. New York, Boston, Dordrecht u.a.

Farrington, D.P. (Hrsg.) (2005): Integrated Developmental and Life-Course Theories of Offending. Advances in Criminological Theory, Vol. 14. New Brunswick, London.

Farrington, D.P. (2006): Building Developmental and Life-Course Theories of Offending. In: *F.T. Cullen/J.P.Wright/K.R.Blevins* (Hrsg.): Taking Stock – The Status in Criminological Theory. Advances in Criminological Theory. Band 15, 335–364. New Brunswick, London.

Ferrell, J. (2003): Cultural Criminology. In: *M.D. Schwartz/S.E. Hatty* (Hrsg.): Controversies in Critical Criminology. 71–84. Cincinnati/OH.

Ferrell, J. (2005): Cultural Criminology. In: *R.A. Wright/J.M. Miller* (Hrsg.): Encyclopedia of Criminology. Vol. 1, 358–359. New York, London.

Ferrell, J. (2009). Cultural Criminology. In: *J.M. Miller* (Hrsg.): 21st Century Criminology. Band 1, 219–227. Los Angeles, London, New Delhi u.a.

Ferrell, J. (2010a): Anarchist Criminology. In: *F.C. Cullen/P. Wilcox* (Hrsg.): Encyclopedia of Criminological Theory. Vol. 1, 42–46. Los Angeles, London, New Delhi u.a.

Ferrell, J. (2010b): Cultural Criminology. In: *F.C. Cullen/P. Wilcox* (Hrsg.): Encyclopedia of Criminological Theory. Vol. 1, 249–253. Los Angeles, London, New Delhi u.a.

Ferrell, J./Sanders, C.R. (1995): Cultural Criminology. Boston.

Fishbein, D. (2001): Biobehavioral Perspectives in Criminology. Belmont/CA, Stamford/CT, London.

Freud, S. (1973): Der Verbrecher aus Schuldbewusstsein (1915). In: Gesammelte Werke. 10. Band, 6. Aufl., 389–391. Frankfurt/M.

Friedrichs, D.O. (2005): Quinney, Richard. In: *R.A. Wright/J.M. Miller* (Hrsg.): Encyclopedia of Criminology. Vol. 3, 1364–1365. New York, London.

Friedrichs, D.O. (2009): Critical Criminology. In: *J.M. Miller* (Hrsg.): 21st Century Criminology – A Reference Handbook. Vol. 1, 210–218. Los Angeles, London, New Delhi u.a.

Fuller, J. (2003): Peacemaking Criminology. In: *M.D. Schwartz/S.E. Hatty* (Hrsg.): Controversies in Critical Criminology. 85–95. Cincinnati/OH.

Gibbons, D.C. (1994): Talking about Crime and Criminals. Englewood Cliffs/N.J.

Gibson, M. (2002): Born to Crime – Cesare Lombroso and the Origins of Biological Criminology. Westport/CT, London.

Gibson, C.L./Krohn, M.D. (Hrsg.) (2013): Handbook of Life-Course Criminology – Emerging Trends and Directions for Future Research. New York, Heidelberg, Dordrecht u.a.

Glueck, S./Glueck, E. (1950): Unraveling Juvenile Delinquency. Cambridge/Mass.

Glueck, S./Glueck, E. (1968): Delinquents and Nondelinquents in Perspective. Cambridge/Mass.

Göppinger, H./Bock, M./Böhm, A. (1997): Kriminologie. 5. Aufl. München.

Gold, M. (1963): Status Forces in Delinquent Boys. Ann Arbor/Michigan.

Gold, M. (1970): Delinquent Behavior in an American City. Belmont/CA.

Goode, E. (2008): Out of Control – Assessing the General Theory of Crime. Stanford/CA.

Gottfredson, M.R. (2006): The Empirical Status of Control Theory in Criminology. In: *F.T. Cullen/ J.P. Wright/K.R.Blevins* (Hrsg.): Taking Stock – The Status in Criminological Theory. Advances in Criminological Theory. Band 15, 77–100. New Brunswick, London.

Gottfredson, M.R./Hirschi, T. (1990): A General Theory of Crime. Stanford/CA.

Gottfredson, M.R./Hirschi, T. (2003): Self-Control and Opportunity. In: *C.L. Britt/M.R. Gottfredson* (Hrsg.): Advances in Criminological Theory. Vol. 12: Control Theories of Crime and Delinquency. 5–19. New Brunswick, London.

Goot, B.L. (2010): Chesney-Lind, Meda: Feminist Model of Female Delinquency. In: *F.C. Cullen/ P. Wilcox* (Hrsg.): Encyclopedia of Criminological Theory. Vol. 1, 152–156. Los Angeles, London, New Delhi u.a.

Hagan, J. (2006): A Power-Control Theory of Gender and Delinquency. In: *F.T. Cullen/R. Agnew* (Hrsg.): Criminological Theory – Past to Present. 3. Aufl., 254–262. Los Angeles.

Hagan, J./Simpson, J./Gillis, A.R. (2002): Class in the Household – A Power-Control Theory of Gender and Delinquency. In: *S. Cote* (Hrsg.): Criminological Theories – Bridging the Past to the Future. 151–158. Thousand Oaks, London, New Delhi.

Hale, C./Hayward, K./Wahidin, A./Wincup, E. (Hrsg.) (2005): Criminology. Oxford.

Hare, R.D. (1996): Psychopathy: A Clinical Construct Whose Time Has Come. In: Criminal Justice and Behavior. 23, 25–54.

Hare, R.D. (1999): Without Conscience – The Disturbing World of the Psychopaths Among Us. New York, London.

Hare, R.D. (2001): Psychopaths and their Nature. In: *A. Raine/J. Sanmartín* (Hrsg.): Violence and Psychopathy. 5–34. New York, Boston, Dordrecht u.a.

Hare, R.D./Hart, S.D. (1993): Psychopathy, Mental Disorder, and Crime. In: *S. Hodgins* (Hrsg.): Mental Disorder and Crime. 104–115. Newbury Park, London, New Delhi.

Hare, R.D./Strachan, C.E./Forth, A.E. (1993): Psychopathy and Crime: A Review. In: *K. Howells/ C.R. Hollin* (Hrsg.): Clinical Approaches to the Mentally Disordered Offender. 165–178. Chichester, New York, Brisbane u.a.

Hartman, J.L./Sundt, J.L. (2011): The Rise of Feminist Criminology: Freda Adler. In: *F.T. Cullen/ C.L.Jonson/A.J. Myer, A.J./F. Adler* (Hrsg.): The Origins of American Criminology. Advances in Criminological Theory. Band 16, 205–220. New Brunswick (USA), London (UK).

Heidensohn, F./Silvestri, M. (2012): Gender and Crime. In: *M. Maguire/R. Morgan/R. Reiner* (Hrsg.): The Oxford Handbook of Criminology. 5. Aufl., 336–369. Oxford.

Henry, S. (2005): Critical Criminology. *In: R.A. Wright/J.M. Miller* (Hrsg.): Encyclopedia of Criminology. Vol. 1, 347–351. New York, London.

Henry, S./Milovanovic, D. (1994): The Constitution of Constitutive Criminology – A Postmodern Approach to Criminological Theory. In: *D. Nelken* (Hrsg.): The Futures of Criminology. 110–133. London, Thousand Oaks, New Delhi.

Henry, S./Milovanovic, D. (1996): Constitutive Criminology. London, Thousand Oaks, New Delhi.

Henry, S./Milovanovic, D. (Hrsg.) (1999): Constitutive Criminology at Work – Applications to Crime and Justice. Albany/NY.

Henry, S./Milovanovic, D. (2003): Constitutive Criminology. In: *M.D. Schwartz/S.E. Hatty* (Hrsg.): Controversies in Critical Criminology. 57–69. Cincinnati/OH.

Henry, S./Milovanovic, D. (2005): Postmodernism and Constitutive Theories of Criminal Behavior. In: *R.A. Wright/J.M. Miller* (Hrsg.): Encyclopedia of Criminology. Vol. 2, 1245–1249. New York, London.

Hirschi, T. (1969): Causes of Delinquency. Berkeley, Los Angeles/CA.

Hollin, C.R. (2012): Criminological Psychology. In: *M. Maguire/R. Morgan/R. Reiner* (Hrsg.): The Oxford Handbook of Criminology. 5. Aufl., 81–112. Oxford.

Hollin, C.R. (2013): Psychology and Crime – An Introduction to Criminological Psychology. 2. Aufl. London, New York.

Horn, D.G. (2003): The Criminal Body – Lombroso and the Anatomy of Deviance. New York, London.

Huff, C.R./Scarpitti, F.R. (2011): The Origins and Development of Containment Theory: Walter C. Reckless and Simon Dinitz. In: *F.T. Cullen/C.L. Jonson/A.J. Myer/ F. Adler* (Hrsg.): The Origins of American Criminology. Advances in Criminological Theory. Band 16, 277–294. New Brunswick (USA), London (UK).

Huizinga, D./Weiher, A.W./Espiritu, R./Esbensen, F. (2003): Delinquency and Crime – Some Highlights from the Denver Youth Survey. In: *T.P. Thornberry/M.D. Krohn* (Hrsg.): Taking Stock of Delinquency. An Overview of Findings from Contemporary Longitudinal Studies. 47–91. New York, Boston, Dordrecht, London, Moscow.

Janssen, H./Kaulitzky, R./Michalowski, R. (Hrsg.) (1988): Radikale Kriminologie. Bielefeld.

Jensen, G.F. (1999): A Critique of Control Balance Theory: Digging into Details. In: Theoretical Criminology. 3, 339–343.

Jolliffe, D./Farrington, D.P. (2010): Individual Differences and Offending. In: *E. McLaughlin/T. Newburn* (Hrsg.): The Sage Handbook of Criminological Theory. 40–55. Los Angeles, London, New Delhi, Singapore, Washington D.C.

Junger-Tas, J./Junger, M. (2007): The Dutch Criminological Enterprise. In: *M. Tonry/C. Bijleveld* (Hrsg.): Crime and Justice in the Netherlands. 115–162. Chicago, London.

Junger-Tas, J./Marshall, I.H./Enzmann, D./Killias, M./Steketee, M./Gruszczynska, B. (Hrsg.) (2010): Juvenile Delinquency in Europe and Beyond – Results of the Second International Self-Report Delinquency Study. New York.

Junger-Tas, J./Marshall, I.H./Enzmann, D./Killias, M./Steketee, M./Gruszczynska, B. (Hrsg.) (2012): The Many Faces of Youth Crime. New York, Dordrecht, Heidelberg u.a.

Katz, J. (1988): Seductions of Crime – Moral and Sensual Attractions in Doing Evil. New York.

Katz, J. (1991): The Motivation of the Persistent Robber. In: *M. Tonry* (Hrsg.): Crime and Justice. Vol. 14, 277–306. Chicago, London.

Katz, J./Chambliss, W.J. (1995): Biology and Crime. In: *J.F. Sheley* (Hrsg.): Criminology. 2. Aufl., 275–303. Belmont/CA, Albany, Bonn u.a.

Keenan, K. (2001): Uncovering Preschool Precursors to Problem Behavior. In: *R. Loeber/ D.P. Farrington* (Hrsg.): Child Delinquents: Development, Intervention, and Service Needs. 117–134. Thousand Oaks, London, New Delhi.

Kelling, G.L./Coles, C.M. (1996): Fixing Broken Windows. New York.

Kempf, K.L. (1993): The Empirical Status of Hirschi's Control Theory. In: *F. Adler/W.S. Laufer* (Hrsg.): New Directions in Criminological Theory. 143–185. New Brunswick/USA, London/UK.

Krohn, M.D./Thornberry, T.P. (2003): Common Themes, Future Directions. In: *T.P. Thornberry/ M.D. Krohn* (Hrsg.): Taking Stock of Delinquency. 205–254. New York, Boston, Dordrecht u.a.

Kubrin, C.E. (2010): Shaw, Clifford R., and Henry D. McKay: Social Disorganization Theory. In: F.C. Cullen/P. Wilcox (Hrsg.) Encyclopedia of Criminological Theory. Band 2. 827–834. Los Angeles, London, New Delhi.

Kubrin, C.E./Stucky, T.D./Krohn, M.D. (2009): Researching Theories of Crime and Deviance. New York, Oxford.

Laub, J.H. (2011): Control Theory: The Life and Work of Travis Hirschi. In: *F.T. Cullen/C.L. Jonson/ A.J. Myer/F. Adler* (Hrsg.): The Origins of American Criminology. Advances in Criminological Theory. Band 16, 295–331. New Brunswick (USA), London (UK).

Laub, J.H./Sampson, R.J. (2001): Understanding Desistance from Crime. In: *M. Tonry* (Hrsg.): Crime and Justice. Vol. 28, 1–69. Chicago, London.

Laub, J.H./Sampson, R.J. (2003): Shared Beginnings, Divergent Lives – Delinquent Boys to Age 70. Cambridge/Mass., London/England.

Laub, J./Sampson, R. (2003/2011a): A Theory of Persistent Offending and Desistance from Crime. In: *F.T. Cullen/R. Agnew* (Hrsg.): Criminological Theory: Past to Present. 4. Aufl., 497–503. New York, Oxford.

Laub, J.H./Sampson, R.J. (2011b): Sheldon and Eleanor Glueck's Unraveling Juvenile Delinquency Study: The Lives of 1.000 Boston Men in the Twentieth Century. In: *F.T. Cullen/C.L. Jonson/ A.J. Myer/F. Adler* (Hrsg.): The Origins of American Criminology. Advances in Criminological Theory. Band 16, 369–395. New Brunswick (USA), London (UK).

Laub, J.H./Sampson, R.J./Allen, L.C. (2001): Explaining Crime over the Life Course – Towards a Theory of Age-Graded Informal Social Control. In: *R. Paternoster/R. Bachman* (Hrsg.): Explaining Criminals and Crime. 97–112. Los Angeles/CA.

Laub, J.H./Sampson, R.J./Sweeten, G.A. (2006): Assessing Sampson and Laub's Life-Course Theory of Crime. In: *F.T. Cullen/J.P. Wright/K.R. Blevins* (Hrsg.): Taking Stock – The Status in Criminological Theory. Advances in Criminological Theory. Band 15, 313–333. New Brunswick, London.

LeBlanc, M./Loeber, R. (1998): Developmental Criminology Updated. In: *M. Tonry* (Hrsg.): Crime and Justice. Vol. 23, 115–198. Chicago, London.

Lemert, E.M. (1952/2011): Primary and Secondary Deviance. In: *F.T. Cullen/R.Agnew* (Hrsg.): Criminological Theory – Past to Present. 4. Aufl., 249–252. New York, Oxford.

Liberman, A.M. (Hrsg.) (2008): The Long View of Crime – A Synthesis of Longitudinal Research. New York.

Lilly, J.R./Cullen, F.T./Ball, R.A. (2011): Criminological Theory – Context and Consequences. 5. Aufl. Los Angeles, London, New Delhi.

Loeber, R./Farrington, D.P. (Hrsg.) (2012): From Juvenile Delinquency to Adult Crime – Criminal Careers, Justice Policy, and Prevention. Oxford.

Loeber, R./Stouthamer-Loeber, M. (2002): The Development of Offending. In: *S. Cote* (Hrsg.): Criminological Theories – Bridging the Past to the Future. 318–323. Thousand Oaks, London, New Delhi.

Loeber, R./Farrington, D.P./Stouthamer-Loeber, M./Moffitt, T.E./Caspi, A./White, H.R./Wei, E.H./ Beyers, J.M. (2003): The Development of Male Offending – Key Findings From Fourtheen Years of The Pittsburgh Youth Study. In: *T.P. Thornberry/M.D. Krohn* (Hrsg.): Taking Stock of Delinquency. 93–136. New York, Boston, Dordrecht u.a.

Lombroso, C. (1876/2006): Criminal Man. Übersetzt und mit einer neuen Einleitung von *M. Gibson* und *N.H. Rafter*. Durham/London.

Lombroso, C. (2011): The Criminal Man. In: *F.T. Cullen/R.Agnew* (Hrsg.): Criminological Theory – Past to Present. 4. Aufl., 29–31. New York, Oxford.

Lombroso, C./Ferrero, G. (2004): Criminal Woman, the Prostitute, and the Normal Woman. Durham, London.

Lowenkamp, C.T./Cullen, F.T./Pratt, T.C. (2003/2010): Replicating Sampson and Groves's Test of Social Disorganization Theory – Revisiting a Criminological Classic. In: *S.G. Tibbetts/ C. Hemmens* (Hrsg.): Criminological Theory. 402–418. Los Angeles, London, New Delhi u.a.

Maestro, M. (1973): Cesare Beccaria and the Origins of Penal Reform. Philadelphia.

Matsueda, R.L. (2001): Labeling Theory – Historical Roots, Implications, and Recent Developments. In: *R. Paternoster/R. Bachman* (Hrsg.): Explaining Criminals and Crime. 223–241. Los Angeles/CA.

Matsueda, R.L. (2003): Reflected Apparaisals, Parental Labeling, and Delinquency. In: *F.T. Cullen & R. Agnew* (Hrsg.): Criminological Theory. 2. Aufl., 308–315. Los Angeles/CA.

Matthews, R./Young, J. (Hrsg.) (1992): Issues in Realist Criminology. London, Newbury Park, New Delhi.

McCord, W./McCord, J. (1956): Psychopathy and Delinquency. New York, London.

McLaughlin, E. (2010): Critical Criminology. In: *E. McLaughlin/T. Newburn* (Hrsg.): The Sage Handbook of Criminological Theory. 153–174. Los Angeles, London, New Delhi, Singapore, Washington D.C.

Mednick, S.A. (1977): A Biosocial Theory of the Learning of Law-Abiding Behavior. In: *S.A. Mednick/K.O. Christiansen* (Hrsg.): Biosocial Bases of Criminal Behavior. 1–8. New York, Toronto, London u.a.

Menard, S. (2005): Integrated Theories of Criminal Behavior. In: *R.A. Wright/J.M. Miller* (Hrsg.): Encyclopedia of Criminology. Vol. 2, 744–750. New York, London.

Merton, R.K. (1968): Social Theory and Social Structure. New York, London.

Merton, R.K. (1938/2011): Social Structure and Anomie. In: *F.T. Cullen/R.Agnew* (Hrsg.): Criminological Theory – Past to Present. 4. Aufl., 165–172. New York, Oxford.

Messerschmidt, J.W. (2006): Masculinities and Crime. In: *F.T. Cullen/R. Agnew* (Hrsg.): Criminological Theory – Past to Present. 3. Aufl., 383–393. Los Angeles.

Messerschmidt, J.W. (1993/2011): Masculinities and Crime. In: *F.T. Cullen/R.Agnew* (Hrsg.): Criminological Theory – Past to Present. 4. Aufl., 357–368. New York, Oxford.

Messner, S./Krohn, M.D./Liska, A.E. (Hrsg.) (1989): Theoretical Integration in the Study of Deviance and Crime: Problems and Prospects. Albany/NY.

Messner, S.F./Rosenfeld, R. (2006): The Present and Future of Institutional-Anomie Theory. In: *F.T. Cullen/J.P. Wright/K.R. Blevins* (Hrsg.): Taking Stock – The Status in Criminological Theory. Advances in Criminological Theory. Band 15, 127–148. New Brunswick, London.

Messner, S.F./Rosenfeld, R. (2013): Crime and the American Dream. 5. Aufl. Belmont/CA. u.a.

Milovanovic, D. (2012): Postmodern Criminology. In: *W.S. DeKeseredy/M. Dragiewicz* (Hrsg.): Routledge Handbook of Critical Criminology. 150–159. London, New York.

Moffitt, T.E. (1997): Adolescence-Limited and Life-Course-Persistent Offending: A Complementary Pair of Developmental Theories. In: *T.P. Thornberry* (Hrsg.): Advances in Criminological Theory. Vol. 7: Developmental Theories of Crime and Delinquency. 11–54. New Brunswick, London.

Moffitt, T.E. (2003): Life-Course Persistent and Adolescence-Limited Antisocial Behaviour: A 10-Year Research Review and Research Agenda. In: *B. Lahey/T.E. Moffitt/A. Caspi* (Hrsg.): The Causes and Conduct Disorder and Serious Juvenile Delinquency. 49–75. New York/NY.

Moffitt, T.E. (2006): A Review of Research on the Taxonomy of Life-Course Persistent Versus Adolescence-Limited Antisocial Behavior. In: *F.T. Cullen/J.P. Wright/K.R. Blevins* (Hrsg.): Taking Stock – The Status in Criminological Theory. Advances in Criminological Theory. Band 15, 277–311. New Brunswick, London.

Moffitt, T.E. (1993/2011): Pathways in the Life Course to Crime. In: *F.T. Cullen/R.Agnew* (Hrsg.): Criminological Theory – Past to Present. 4. Aufl., 477–496. New York, Oxford.

Moffitt, T.E./Harrington, H.L. (1996): Delinquency: The Natural History of Antisocial Behaviour. In: *P.A. Silva/W.R. Stanton* (Hrsg.): From Child to Adult. 163–185. Oxford, Melbourne, New York.

Moffitt, T.E./Ross, S./Raine, A. (2011): Crime and Biology. In: *J.Q. Wilson/J. Petersilia* (Hrsg.): Crime and Public Policy. 53–87. Oxford, New York.

Morash, M./Chesney-Lind, M. (1991): A Re-Formulation and Partial Test of Power Control Theory. In: Justice Quarterly. 8, 347–377.

Morrison, W. (1995): Theoretical Criminology: From Modernity to Post-Modernism. London.

Mutchnick, R.J./Martin, R./Austin, W.T. (2009): Criminological Thought – Pioneers Past and Present. Upper Saddle River/NJ.

Nye, F.I. (1958): Family Relationships and Delinquent Behavior. New York.

Paternoster, R./Iovanni, L. (1996): The Labeling Perspective and Delinquency: An Elaboration of the Theory and an Assessment of the Evidence. In: *P. Cordella/L. Siegel* (Hrsg.): Readings in Contemporary Criminological Theory. 171–193. Boston.

Patterson, G.R./DeBaryshe, B.D./Ramsey, E. (1989): A Developmental Perspective on An tisocial Behavior. In: American Psychologist. 44, 329–335.

Patterson, G.R./DeBaryshe, B.D./Ramsey, E. (2006): A Developmental Perspective on Antisocial Behavior. In: *F.T. Cullen/R.Agnew* (Hrsg.): Criminological Theory – Past to Present. 3. Aufl., 495–501. Los Angeles/CA.

Patterson, G.R./Reid, J.B./Dishion, T.J. (1992): Antisocial Boys. Eugene/OR.

Patterson, G.R./Yoerger, K. (1999): Intraindividual Growth in Covert Antisocial Behaviour: A Necessary Precursor to Chronic Juvenile and Adult Arrests? In: Criminal Behaviour and Mental Health. 9, 24–38.

Pepinsky, H.E./Quinney, R. (Hrsg.) (1991): Criminology as Peacemaking. Bloomington/Indiana.

Peskin, M./Raine, A. (2010): Postmodern Theory. In: *F.C. Cullen/P. Wilcox* (Hrsg.): Encyclopedia of Criminological Theory. Vol. 2, 728–736. Los Angeles, London, New Delhi u.a.

Piquero, A.R./Farrington, D.P./Blumstein, A. (2003): The Criminal Career Paradigm. In: *M. Tonry* (Hrsg.): Crime and Justice. Vol. 30, 359–506. Chicago, London.

Piquero, A.R./Farrington, D.P./Blumstein, A. (2007): Key Issues in Criminal Career Research – New Analysis of the Cambridge Study in Delinquent Development. Cambridge, New York, Melbourne u.a.

Piquero, A.R./Moffitt, T.E. (2005): Explaining the Facts of Crime: How the Developmental Taxonomy Replies to Farrington's Invitation. In: *D.P. Farrington* (Hrsg.): Integrated Developmental and Life-Course Theories of Offending. 51–72. New Brunswick, London.

Pratt, T.C./Cullen, F.T. (2000): The Empirical Status of Gottfredson and Hirschi's General Theory of Crime: A Meta-Analysis. In: Criminology. 38, 931–964.

Pratt, T.C./Cullen, F.C. (2005): Assessing Macro-Level Predictors and Theories of Crime: A Meta-Analysis. In: *M. Tonry* (Hrsg.): Crime and Justice. Band 32, 373–450. Chicago, London.

Quinney, R. (1969): Crime and Justice in Society. Boston.

Quinney, R. (1970): The Social Reality of Crime. Boston.

Quinney, R. (1973): Critique of Legal Order – Crime Control in Capitalist Society. Boston.

Quinney, R. (1977, 1980): Class, State, and Crime. 1. und 2. Aufl. New York, London.

Quinney, R. (1991/2011): Peacemaking Criminology. In: *F.T. Cullen/R.Agnew* (Hrsg.): Criminological Theory – Past to Present. 4. Aufl., 310–319. New York, Oxford.

Rafter, N. (2008): The Criminal Brain – Understanding Biological Theories of Crime. New York, London.

Rafter, N. (Hrsg.) (2009): The Origins of Criminology. Abingdon, Oxon.

Raine, A. (1993): The Psychopathology of Crime – Criminal Behavior as a Clinical Disorder. San Diego, New York, Boston u.a.

Reckless, W.C. (1961): Halttheorie. In: Monatsschrift für Kriminologie und Strafrechtsreform. 44, 1–14.

Reckless, W.C. (1973): The Crime Problem. 5. Aufl. New York.

Reckless, W.C. (1981): Containment Theory: An Attempt to Formulate a Middle-Range Theory of Deviance. In: *I.L. Barak-Glantz/C.R. Huff* (Hrsg.): The Mad, the Bad, and the Different. 67–75. Lexington, Toronto.

Reiss, A.J. (1951): Delinquency as the Failure of Personal and Social Controls. In: American Sociological Review. 16, 196–207.

Renzetti, C.M. (2012): Feminist Perspectives in Criminology. In: *DeKeseredy, W.S./Dragiewicz, M.* (Hrsg.): Routledge Handbook of Critical Criminology. 129–137. London, New York.

Roberts, J.V./Hastings, R. (2012): Public Opinion and Crime Prevention: A Review of International Trends. In: *B.C. Feld/D.M. Bishop* (Hrsg.): The Oxford Handbook of Juvenile Crime and Juvenile Justice. 487–507. Oxford.

Rosenfeld, R./Messner, S.F. (1997): Markets, Morality, and an Institutional-Anomie Theory of Crime. In: *N. Passas/R. Agnew* (Hrsg.): The Future of Anomie Theory. 207–224. Boston.

Rosenfeld, R./Messner, S.F. (1995, 2011a): Crime and the American Dream. In: *F.T. Cullen/R.Agnew* (Hrsg.): Criminological Theory – Past to Present. 4. Aufl., 178–188. New York, Oxford.

Rosenfeld, R./Messner, S.F. (2011b): The Intellectual Origins of Institutional-Anomie Theory. In: *F.T. Cullen/C.L. Jonson/A.J. Myer/F. Adler* (Hrsg.): The Origins of American Criminology. Advances in Criminological Theory. Band 16, 121–135. New Brunswick (USA), London (UK).

Sack, F. (1974): Definition von Kriminalität als politisches Handeln: der Labeling Approach. In: Arbeitskreis Junger Kriminologen (Hrsg.): Kritische Kriminologie. 18–43. München.

Sack, F. (1978): Probleme der Kriminalsoziologie. In: *R. König* (Hrsg.): Handbuch der empirischen Sozialforschung. Band 12: Wahlverhalten, Vorurteile, Kriminalität. 2. Aufl., 192–492. Stuttgart.

Sampson, R.J. (2006): Collective Efficacy Theory: Lessons Learned and Directions for Future Inquiry. In: *F.T. Cullen/J.P. Wright/K.R. Blevins* (Hrsg.): Taking Stock – The Status in Criminological Theory. Advances in Criminological Theory. Band 15, 149–167. New Brunswick, London.

Sampson, R.J. (2011): The Community. In: *J.Q. Wilson/J. Petersilia* (Hrsg.): Crime and Public Policy. 210–236. Oxford, New York/NY. u.a.

Sampson, R.J. (2012): Great American City. Chicago and the Enduring Neighborhood Effect. Chicago, London.

Sampson, R.J./Groves, W.B. (1989): Community Structure and Crime. Testing Social Disorganization Theory. In: American Journal of Sociology. 94, 774–802.

Sampson, R.J./Laub, J.H. (1993): Crime in the Making. Cambridge/Mass., London.

Sampson, R.J./Laub, J.H. (1997): A Life-Course Theory of Cumulative Disadvantage and the Stability of Delinquency. In: *T.P. Thornberry* (Hrsg.): Advances in Criminological Theory. Vol. 7: Developmental Theories of Crime and Delinquency. 133–161. New Brunswick, London.

Sampson, R.J./Laub, J.H. (2001a): Crime and Deviance in the Life Course. In: *A. Piquero/P. Mazerolle* (Hrsg.): Life-Course Criminology. 21–44. Belmont/CA, Stamford/Ct, London u.a.

Sampson, R.J./Laub, J.H. (2001b): Understanding Variability in Lives through Time. In: *A. Piquero/ P. Mazerolle* (Hrsg.): Life-Course Criminology. 242–258. Belmont/CA, Stamford/Ct, London u.a.

Sampson, R.J./Laub, J.H. (2005a): A Life-Course View of the Development of Crime. In: The Annals of the American Academy of Political and Social Science. 602, 12–45.

Sampson, R.J./Laub, J.H. (2005b): A General Age-Graded Theory of Crime: Lessons Learned and the Future of Life-Course Criminology. In: *D.P. Farrington* (Hrsg.): Advances in Criminological Theory, Vol. 14: Integrated Developmental and Life-Course Theories of Offending. 165–181. New Brunswick, London.

Sampson, R.J./Raudenbush, S.W./Earls, F. (1997/2011): Collective Efficacy and Crime. In: *F.T. Cullen/R.Agnew* (Hrsg.): Criminological Theory – Past to Present. 4. Aufl., 112–117. New York, Oxford.

Schneider, H.J. (1977): Psychologie des Verbrechens. In: *R. Sieverts/H.J. Schneider* (Hrsg.): Handwörterbuch der Kriminologie. 2. Aufl., 2. Band, 415–458. Berlin, New York.

Schneider, H.J. (1981): Psychoanalytische Kriminologie. In: *H.J. Schneider*: Die Psychologie des 20. Jahrhunderts. Band XIV: Auswirkungen auf die Kriminologie. 114–140. Zürich.

Schneider, H.J. (1987): Kriminologie. Berlin, New York.

Schneider, H.J. (2005): Sellin, Thorsten. In: *R.A. Wright/J.M. Miller* (Hrsg.): Encyclopedia of Criminology, Vol. 3, 1494–1496. New York, London.

Schneider, H.J. (2010): Die kriminelle Persönlichkeit – Eigenschafts- versus Prozess-Modell. In: *D. Dölling/B. Götting/B.-D. Meier/T. Verrel* (Hrsg.): Verbrechen – Strafe – Resozialisierung: Festschrift für Heinz Schöch. 145–165. Berlin, New York.

Schneider, K. (1923/1950): Die psychopathischen Persönlichkeiten. 9. Aufl., Wien.

Schuerman, L./Kobrin, S. (1986): Community Careers in Crime. In: *A.J. Reiss/M. Tonry* (Hrsg.): Communities and Crime. 67–100. Chicago, London.

Schur, E.M. (1973): Radical Non-Intervention – Rethinking the Delinquency Problem. Englewood Cliffs/NJ.

Schwartz, M.D. (2002): Critical Criminology. In: *D. Levinson* (Hrsg.): Encyclopedia of Crime and Punishment, Vol. 1, 437–440. Thousand Oaks, London, New Delhi.

Sellin, T. (1938): Culture Conflict and Crime. New York/NY.

Sharp, S.F. (2009): Feminist Criminology. In: *J.M. Miller* (Hrsg.): 21st Century Criminology. Vol. 1, 245–252. Los Angeles, London, New Delhi u.a.

Shaw, C.R./McKay, H.D. (1942/1969): Juvenile Delinquency and Urban Areas. Chicago, London.

Sherman, L.W. (2010a): The Use and Usefulness of Criminology, 1751–2005 – Enlightened Justice and Its Failures. In: *S.G. Tibbetts/C. Hemmens* (Hrsg.): Criminological Theory. 36–45. Los Angeles, London, New Delhi u.a.

Sherman, L.W. (2010b): Defiance, Compliance and Consilience: A General Theory of Criminology. In: *E. McLaughlin/T. Newburn* (Hrsg.): The Sage Handbook of Criminological Theory. 360–390. Los Angeles, London, New Delhi, Singapore, Washington D.C

Sherman, L.W. (1993/2011): Defiance Theory. In: *F.T. Cullen/R.Agnew* (Hrsg.): Criminological Theory – Past to Present. 4. Aufl., 262–269. New York, Oxford.

Silva, P.A./Stanton, W.R. (Hrsg.) (1996): From Child to Adult. The Dunedin Multidisciplinary Health and Development Study. Oxford, Melbourne, New York.

Simmel, G. (1983): Soziologie. 6. Aufl., Berlin.

Skogan, W.G. (1990): Disorder and Decline. Berkeley, Los Angeles.

Skogan, W.G. (2006): Police and Community in Chicago. Oxford, New York/NY.

Skogan, W.G. (2012): Disorder and Crime. In: *B.C. Welsh/D.R. Farrington* (Hrsg.): The Oxford Handbook of Crime Prevention. 173–188. Oxford, New York/NY. u.a.

Skogan, W.G./Hartnett, S.M. (1997): Community Policing, Chicago Style. New York, Oxford.

Snodgras, J. (2011): Clifford R. Shaw and Henry D. McKay: Chicago Criminologists. In: *F.T. Cullen/ C.L. Jonson/A.J. Myer/F. Adler* (Hrsg.): The Origins of American Criminology. Advances in Criminological Theory. Vol. 16, 17–35. New Brunswick (USA), London (UK).

Strang, H. (2002): Repair or Revenge: Victims and Restorative Justice. Oxford.

Sutherland, E.H. (1947): Principles of Criminology. 4. Aufl., Chicago, Philadelphia, New York.

Swaaningen, R. van (1997): Critical Criminology – Visions from Europe. London, Thousand Oaks, New Delhi.

Sykes, G.M./Matza, D. (1957/2011): Techniques of Neutralization. In: *F.T. Cullen/R.Agnew* (Hrsg.): Criminological Theory – Past to Present. 4. Aufl., 207–214. New York, Oxford.

Tannenbaum, F. (1938): Crime and the Community. New York, London.

Taylor, I./Walton, P./Young, J. (1973): The New Criminology. London, Boston.

Taylor, I./Walton, P./Young, J. (Hrsg.) (1975): Critical Criminology. London, Boston.

Thornberry, T.P. (1987/2011): Toward an Interactional Theory of Delinquency. In: *F.T. Cullen/R.Agnew* (Hrsg.): Criminological Theory – Past to Present. 4. Aufl., 559–570. New York, Oxford.

Thornberry, T.P./Krohn, M. (2003): The Development of Panel Studies of Delinquency. In: *T.P. Thornberry/M.D. Krohn* (Hrsg.): Taking Stock of Delinquency. 1–9. New York, Boston, Dordrecht u.a.

Thornberry, T.P./Krohn, M.D. (2005): Applying Interactional Theory to the Explanation of Continuity and Change in Antisocial Behavior. In: *D.P. Farrington* (Hrsg.): Advances in Criminological Theory. Vol. 14: Integrated Developmental and Life-Course Theories of Offending. 183–209. New Brunswick, London.

Thornberry, T.P./Lizotte, A.J./Krohn, M.D./Smith, C.A./Porter, P.K. (2003): Causes and Consequences of Delinquency – Findings from the Rochester Youth Development Study. In: *T.P. Thornberry/M.D. Krohn* (Hrsg.): Taking Stock of Delinquency. 11–46. New York, Boston, Dordrecht u.a.

Tittle, C.R. (1995): Control Balance. Boulder/Col. u.a.

Tittle, C.R. (1997): Thoughts Stimulated by Braithwaite's Analysis of Control Balance Theory. In: Theoretical Criminology. 1, 99–110.

Tittle, C.R. (1999): Continuing the Discussion of Control Balance. In: Theoretical Criminology. 3, 344–352.

Tittle, C.R. (2004): Refining Control Balance Theory. In: Theoretical Criminology. 8, 395–428.

Tittle, C.R. (2001/2011). Control Balance Theory. In: *F.T. Cullen/R. Agnew* (Hrsg.): Criminological Theory: Past to Present. 4. Aufl., 571–589. New York, Oxford.

Tremblay, R.E./LeMarquand, D. (2001): Individual Risk and Protective Factors. In: *R. Loeber/ D.P. Farrington* (Hrsg.): Child Delinquents: Development, Intervention, and Service Needs. 137–164. Thousand Oaks, London, New Delhi.

Tremblay, R.E./Vitaro, F./Nagin/D./Pagani, L./Séguin, J.R. (2003): The Montreal Longitudinal and Experimental Study – Rediscovering the Power of Descriptions. In: *T.P. Thornberry/M.D. Krohn* (Hrsg.): Taking Stock of Delinquency. 205–254. New York, Boston, Dordrecht u.a.

Turk, A.T. (1969a): Criminality and Legal Order. Chicago.

Turk, A.T. (1969b): Introduction. In: *W. Bonger*: Criminality and Economic Conditions. 3–20. Bloomington, London.

Turk, A.T. (2001): Conflict Theory. In: *P.A. Adler/P. Adler/J. Corzine* (Hrsg.): Encyclopedia of Criminology and Deviant Behavior. Band 1: Historical, Conceptual, and Theoretical Issues. 46–51. Philadelphia/PA.

Turner, M.G./Blevins, K.R. (2009): Theoretical Integration. In: *J.M. Miller* (Hrsg.): 21st Century Criminology – A Reference Handbook. Vol. 1, 340–348. Los Angeles, London, New Delhi u.a.

Vold, G.B. (1958): Theoretical Criminology. New York.

Walsh, A./Beaver, K.M. (2009): Biosocial Criminology – New Directions in Theory and Research. New York, London.

Walters, G.D. (1992/2010): A Meta-Analysis of the Gene-Crime Relationship. In: *S.G. Tibbetts/C. Hemmens* (Hrsg.): Criminological Theory. 267–284. Los Angeles, London, New Delhi u.a.

Walters, G.D./White, T.W. (1989): Heredity and Crime: Bad Genes or Bad Research? In: Criminology. 27, 455–485.

Walton, P./Young, J. (Hrsg.) (1998): The New Criminology Revisited. New York, London.

Warr, M. (2002): Companions in Crime – The Social Aspects of Criminal Conduct. Cambridge/UK, New York/NY.

Wellford, C.F./Triplett, R.A. (1993): The Future of Labeling Theory: Foundations and Promises. In: *F. Adler/W.S. Laufer* ((Hrsg.): New Directions in Criminological Theory. 1–22. New Brunswick/ USA, London/UK.

West, D. (2010): Glueck, Sheldon, and Eleanor Glueck: The Origins of Crime. In: *F.C. Cullen/P. Wilcox* (Hrsg.): Encyclopedia of Criminological Theory. Vol. 1, 373–379. Los Angeles, London, New Delhi u.a.

Williams, F.P./McShane, M.D. (2004): Criminological Theory. 4. Aufl. Upper Saddle River/N.J.

Wilson, J.Q./Kelling, G.I. (1982/2011): Broken Windows. In: *F.T. Cullen/R.Agnew* (Hrsg.): Criminological Theory – Past to Present. 4. Aufl., 437–448. New York, Oxford.

Wittig, P. (1993): Der rationale Verbrecher. Berlin.

Wolfgang, M.E./Ferracuti, F. (2010): The Subculture of Violence: Towards an Integrated Theory in Criminology. In: *H. Copes/V. Topalli* (Hrsg.): Criminological Theory – Readings and Retrospectives. 191–196. New York.

Wozniak, J.F. (2011): Becoming a Peacemaking Criminologist: The Travels of Richard Quinney. In: *F.T. Cullen/C.L. Jonson/A.J. Myer/F. Adler* (Hrsg.): The Origins of American Criminology. Advances in Criminological Theory. Band 16, 223–244. New Brunswick (USA), London (UK).

Wright, R.A./Rourke, J. (1999): The Most-Cited Scholars and Works in Criminological Theory. In: *W.S. Laufer/F. Adler* (Hrsg.): Advances in Criminological Theory. Vol. 8: The Criminology of Criminal Law. 493–512. New Brunswick, London.

Young, J. (1999): The Exclusive Society – Social Exclusion, Crime and Difference in Late Modernity. London, Thousand Oaks, New Delhi.

Young, J./Matthews, R. (1992) (Hrsg.): Rethinking Criminology: The Realist Debate. London, Newbury Park, New Delhi.

2.3 Umwelt-Kriminologie: Kriminalgeographie und -ökologie

2.3.1 Das Konzept der Umwelt-Kriminologie

Umwelt-Kriminologie (Environmental Criminology) ist international in den 1970er und 1980er Jahren stark diskutiert worden (*Brantingham/Brantingham* 1981; 1984; *H.J. Schneider* 1978; 1987, 327–358). In jüngster Zeit nimmt das Interesse an der Umwelt-Kriminologie in der englischsprachigen Welt, in Nord-Europa und in den Niederlanden wieder enorm zu (*Cozens* 2008, 168). Umwelt-Kriminologie, ein Untergebiet der Kriminologie, legt Gewicht auf die Erklärung und Verhütung krimineller Ereignisse (*Lab* 2014). Sie interessiert sich für die kriminogenen/viktimogenen Elemente der Kriminalitäts-Szene, für die Psycho- und Sozio-Dynamik der Verbrechens-Situation. Der Gelegenheitsaspekt ist ihr für die Verbrechensverursachung und -verhütung der Zentralgesichtspunkt. Die physische und soziale Umwelt-Perspektive trennt sie fundamental von einer täterorientierten Kriminologie, nach der die Kriminalitäts-Entstehung auf eine Gruppe von Tätern mit kriminellen Dispositionen (Verhaltensbereitschaften) beschränkt ist, die anerzogen oder ererbt worden sind. Das Verhalten einer kriminellen Persönlichkeit wird vielmehr ganz wesentlich von der Situation mitbestimmt (*H.J. Schneider* 2010b). Denn ihr Verhalten kann sich von Situation zu Situation ändern (*Mischel* 2004). Für die Umwelt-Kriminologie ist die Umwelt-Gestaltung ein essentielles Mittel, um das Risiko der Viktimisierung zu vermindern. In die Situations-Dynamik, in die Person-Situation-Interaktion, sind – auf gesellschaftsprozessualer Grundlage – Täter, die kriminelles Verhalten in Sozialprozessen gelernt haben, und Opfer eingebunden, die häufig durch Viktimisierung bereits geschädigt worden sind.

2.3.2 Geschichte der Umwelt-Kriminologie

2.3.2.1 Die französisch-belgische kartographische Schule

Im Jahre 1827 veröffentlichte Frankreich seine erste offizielle Kriminalstatistik. Diese Daten wurden von den Forschern der französisch-belgischen kartographischen Schule benutzt, die Gesellschafts- und Umwelteinflüsse bei der Verbrechensentstehung betonten. *Adolphe Quételet* (1796–1874) und *André Michel Guerry* (1802–1866) stellten schattierte Karten Frankreichs her und fanden zwei bemerkenswerte Forschungsergebnisse (*Courtright/Mutchnick* 2002; *Quetélet* 1842/2010):
– Die wohlhabendsten Regionen Frankreichs hatten die höchsten Raten an Vermögensdelikten. Sie schlossen daraus, dass nicht Armut, sondern Gelegenheit für die Verursachung der Vermögenskriminalität verantwortlich ist.
– Gewalt- und Vermögensdelikte waren nicht gleichmäßig im Raum verteilt. Es gab vielmehr Verbrechensschwerpunkte, die über viele Jahre unverändert blieben. Die Kriminalitäts-Konzentrationen führten sie auf soziale Ursachen zurück: auf großen Wohlstand bei extremer sozialer Ungleichheit.

2.3.2.2 Die Chicago-Schule

Die Chicago-Schule der 1920er bis 1940er Jahre stellte die individualistische Erklärung der Delinquenz infrage. Sie arbeitete die konzentrische Zonentheorie heraus, nach der Kriminalität am höchsten im zentralen Geschäftsbezirk Chicagos war und nach der sie in den kreisförmigen Zonen nach außen hin stark abnahm. Diese Theorie erwies sich als nicht auf alle Großstädte anwendbar. Zukunftsweisender ist allerdings das kriminalökologische Prinzip, das sie erarbeiteten (*Shaw* 1929; *Shaw/McKay* 1942/1969). Delinquenz wird durch die Sozialstruktur eines Raumes bestimmt, die mit der Baustruktur in Interaktion steht. Sie ist nicht nach dem Zufallsprinzip auf die ganze Stadt verteilt, sondern sie ist auf bestimmte Gebiete konzentriert. *Clifford R.*

Shaw und *Henry D. McKay* kennzeichnen ihre sozial desorganisierten Gebiete mit drei Merkmalen (*Shaw/McKay* 1942/2011):
- Mangel an Solidarität (keine Werteübereinstimmung),
- Zerfall des sozialen Zusammenhalts, der sozialen Bindungen unter Nachbarn, und
- fehlende soziale Integration (mangelhafte soziale Interaktionen zwischen Nachbarn).

Insgesamt fehlt es an informeller Kontrolle, dem Schlüsselfaktor für die Kriminalprävention innerhalb eines Gebiets (*Kubrin/Stucky/Krohn* 2008). Die Theorie der sozialen Desorganisation ist durch empirische Wiederholungsstudien mehrfach – auch international – bestätigt worden (vgl. z.B. *Lowenkamp/Cullen/Pratt* 2010).

2.3.2.3 Verbrechensvorbeugung durch Raumgestaltung

Das Konzept der Verbrechensvorbeugung durch Raumgestaltung geht davon aus, dass die Umwelt delinquentes Verhalten unmittelbar verursacht (*Paulsen/Robinson* 2004, 88). Es verschiebt den Schwerpunkt vom Straftäter zur Umwelt. Der traditionelle Fokus liegt auf der Reaktion nach der Verbrechensbegehung und auf der Behandlung des Rechtsbrechers. Wichtiger und effektiver ist es, etwas gegen das Verbrechen vor seiner Begehung zu tun. Es ist möglich, Verbrechen zu verhüten, indem man Umweltreize entfernt, die kriminelles Verhalten hervorrufen. Umweltänderungen müssen durchgeführt werden, die prosoziales Verhalten verstärken und Straftaten reduzieren. *C. Ray Jeffery* (1971), der Erfinder dieses Modells, versuchte, biopsychosoziale mit Umwelt-Gesichtspunkten bei der Entstehung des Verbrechens zu integrieren (*Jeffery* 1977; 1990, 398–425). Die starke Orientierung auf biologische Faktoren machte das Modell praktisch unanwendbar (*Lab* 2010a). Es ist heute nur noch geschichtlich bedeutsam.

2.3.3 Dimensionen der Umwelt-Kriminologie

2.3.3.1 Makro-, Meso- und Mikro-Umwelt-Kriminologie

Die Umwelt-Kriminologie unterscheidet zwischen Makro-, Meso- und Mikro-Analyse- und Reaktions-Raum-Einheiten.

Die Makro-Umwelt-Kriminologie stellt Kriminalitäts- und Kriminaljustiz-Vergleiche aufgrund von sozialstrukturellen Studien zwischen Ländern, Regionen, Provinzen und Städten an. Die französisch-belgische kartographische Schule hat mit solchen Vergleichen begonnen. In der modernen internationalen Kriminologie erzielen vergleichende Länderstudien (vgl. *H.J. Schneider* 1992) durchaus praktisch verwertbare Ergebnisse.

Die Meso-Umwelt-Kriminologie untersucht die Kriminalität und ihre Kontrolle in Untergebieten von Städten, in Stadtteilen, Gemeinschaften und Nachbarschaften. Die Chicago-Schule hat diesen methodischen Umwelt-Ansatz ihren theoretischen und empirischen Untersuchungen zugrunde gelegt.

Die Mikro-Umwelt-Kriminologie hat sich auf das Studium von Häuserblocks, Straßenecken und -segmenten spezialisiert. Sie ist der heute in der Umwelt-Kriminologie vorherrschende methodische Ansatz (*Weisburd/Groff/Yang* 2012; *Weisburd/Bruinsma/Bernasco* 2009).

2.3.3.2 Kriminal-Kartographie, -Geographie und -Ökologie

Die Begriffe der Kriminal-Kartographie, -Geographie und -Ökologie werden in der gegenwärtigen Umwelt-Kriminologie nur unzureichend voneinander getrennt.

Kriminal-Kartographie (Crime Mapping) ist eine Methode, mit der man Rauminformationen über kriminelle Ereignisse dazu benutzt, um räumliche Regelmäßigkeiten über kriminelle Aktivität zu erkunden (*Swatt* 2009). Für die Kriminal-Kartographie benutzt man heute eine computerisierte Kriminal-Kartographie-Technologie.

Die Kriminal-Geographie befasst sich mit der räumlichen Verteilung krimineller Aktivität. Sie identifiziert geographische Kriminalitäts- und Kriminaljustiz-Muster, Verbrechensfurcht-Gebiete und die Ausbreitung des Sicherheitsgefühls, der Einstellungen der Bevölkerung gegenüber Verbrechen und Kriminaljustiz. Sie geht auf Tätermobilität, die Wege und Bewegungen der Täter von ihren Wohnungen zu ihren Tatorten und zurück, und auf die regionalen Verschiedenheiten in der Reaktion auf Kriminalität ein. Kriminalätiologisch nimmt sie eine unmittelbare kriminogene/viktimogene Wirkung der physischen Umgebung an (Raum-Determinismus).

Die Kriminal-Ökologie erforscht die Interaktion zwischen dem physischen und sozialen Raum einerseits und dem Täter- und Opferwerden im Raum andererseits. Die physische Gestaltung des Raumes beeinflusst die Raum-Sozialstruktur, die ihrerseits das Täter- und Opferwerden im Raum hervorrufen kann (indirekte kriminogene/viktimogene Wirkung der physischen Raumgestaltung). Durch physische Raumgestaltung kann eine Raum-Sozialstruktur geschaffen werden, die die Kriminalitäts-Intervention, die Entdeckung und Ergreifung des Täters ermutigt. Menschliches Verhalten gestaltet den Raum; es wirkt auf den Raum ein und formt seine physische und soziale Struktur, die auf menschliches Verhalten zurückwirkt, die es verändert, verstärkt und motiviert (*H.J. Schneider* 1987, 328).

2.3.3.3 Umwelt-Kriminalität

Ein wesentlicher Gegenstand der Umwelt-Kriminologie ist die Zerstörung der Umwelt durch Umweltdelikte, durch die Kontamination der Erde, des Wassers, der Luft und durch die illegale Entsorgung hochgiftigen Abfalls. Durch unzureichend kontrollierte Tiefsee-Ölbohrungen und havarierte Öltanker werden z.B. die Meere verschmutzt. Durch radioaktive Strahlung beschädigter Atomkraftwerke wird die Luft verunreinigt. Die Luftverschmutzung ruft jedes Jahr den Tod von 300.000 Europäern durch Herz-Kreislauf-Erkrankungen und Lungenkrebs hervor (*Barkan* 2012, 331). Es sterben jährlich mehr Menschen wegen Umwelt- als wegen Tötungsdelikten (*Burns* 2009, 481–489). Umweltkriminalität wird seit Mitte der 1980er Jahre kriminologisch erforscht. Es ist außerordentlich schwierig, Daten über das Ausmaß, die Struktur und die Entwicklung von Umweltdelikten zu bekommen (*Ross* 2005, 503–505). Die internationalen Bemühungen zum Schutz der Umwelt, z.B. gegen die Erderwärmung, sind völlig unzureichend. Wirtschaftsunternehmen sind vornehmlich, aber nicht ausschließlich Verursacher der Umweltkriminalität. Das Organisierte Verbrechen hat die illegale Müllentsorgung als lohnende Einnahmequelle entdeckt.

2.3.4 Theorien der Umwelt-Kriminologie

2.3.4.1 Die Verbrechens-Muster-Theorie

Die Verbrechens-Muster-Theorie (Crime Pattern Theory) (*Brantingham/Brantingham* 2013; 2008, 78–93) ist eine kriminalgeographische Theorie. Nach ihr sind Verbrechen vor allem Nebenprodukte der tagtäglichen Routine-Aktivitäts-Muster der Menschen. Diese Muster entwickeln sich häufig in ihren Aktivitätsknoten, in ihren Räumen, zu denen Menschen wiederholt gehen und an denen sie eine substantielle Zeit verbringen. Ihr Zuhause, ihre Arbeitsstelle, Einkaufs- und Verwaltungsbezirke sowie Erholungs- und Unterhaltungszentren sind Beispiele für solche Aktivitätsknoten. Die Pfadwege zwischen diesen Knoten, Transit-Systeme, Weg-Netzwerke und Spazierpfade sammeln und beschränken menschliche Aktivität. Diese Pfadwege sind häufig Verbrechens-Schauplätze für zahlreiche Täter. Vermögensdelikte ereignen sich in der Nähe von Aktivitätsknoten, in der Nähe von Hauptstraßen, von öffentlichen Transit-Stationen und von Autobahnausfahrten. Die Zusammensetzung von Knoten und Pfadwegen zwischen ihnen nennt man den Aktivitätsraum. Das Gebiet in Sichtweite zum Aktivitätsraum wird als Bewusstseins-Raum bezeichnet. Die meisten Menschen pflegen ein Netzwerk der Familie, der Verwandten, der Freunde und Bekannten. Der wahrscheinliche Verbrechens-Begehungs-Raum befindet sich in der Nähe des Aktivitäts- und Bewusstseins-Raumes der Täter. Der Begehungsraum wird allerdings erweitert durch den Aktivitäts- und Bewusstseins-Raum ihrer sozialen Netzwerke. Opfer werden in der Nähe ihrer Aktivitätsknoten viktimisiert. Die Kriminalitätsbegehung konzentriert sich auf Verbrechens-Generations- und Attraktions-Gebiete sowie auf die physischen, sozialen und ökonomischen Ränder von Wohn- und Geschäftsgebieten innerhalb der Städte. Verbrechens-Generations-Gebiete ziehen hohe Zahlen von Menschen an, die sich dort im Laufe ihrer täglichen Routine aufhalten. Einkaufszentren, Unterhaltungsgebiete und Sportstadien sind Beispiele. Verbrechens-Attraktions-Gebiete sind wegen ihrer Gelegenheiten zur Begehung spezieller Verbrechenstypen bekannt. Rotlicht-Bezirke mit zahlreichen Bars, Prostitutionsstraßen und große Parkplätze zählen zu diesen Gebieten. Verbrechen sind Ereignisse oder Serien von Ereignissen, die sich dann zutragen, wenn eine Person mit einiger krimineller Bereitschaft einem geeigneten Ziel in einer Situation begegnet, die dazu angetan ist, ihre kriminelle Bereitschaft zu aktivieren (*P.L. Brantingham* 2010; *Madensen/Eck* 2013). Für die Verbrechens-Muster-Theorie haben die Verbrechens-Gelegenheit und die Abwesenheit von Opferschutz eine zentrale Bedeutung für die Kriminalitätsverursachung. Bei entsprechender Verbrechensbereitschaft des Täters wird die Viktimisierung bei Zieleignung ausgelöst. Für die Verbrechensbereitschaft spielen Verbrechens-Umwelt-Schablonen eine große Rolle. Es handelt sich um Umwelt-„Images" (-Bilder, -Vorstellungen) über die Geeignetheit des ins Auge gefassten Tatorts zur Verbrechensbegehung: geistige Verbrechens-Schablonen, die mit jedem gelungenen Delikt verstärkt werden. Verbrechen können aus Ärger, Rache, dem Wunsch nach „Thrill" (Erregung, Nervenkitzel, Spannung) oder wegen erhoffter ökonomischer oder emotionaler Vorteile ausgelöst werden. Die Zieleignung richtet sich nach den Merkmalen des Ziels und nach den Kriterien seiner Umgebung. Verbrechens-Auslöser stellen sich in Routine-Situationen ein, die durch die Umgebung des Zieles, durch Vergangenheits-Erfahrungen und Verbrechens-Schablonen bestimmt werden (*Brantingham/Brantingham* 1993/2010).

2.3.4.2 Die Raum-Verteidigungs-Theorie

Die Raum-Verteidigungs-Theorie (Defensible Space Theory) (*Newman* 1972; 1973; 1980) ist eine kriminalökologische Theorie. Nach ihr sind der physische Plan (das Layout), die physische Gestaltung, das physische Design und der physische Grundriss eines Raumes Grundfaktoren, die seine soziale Dynamik bestimmen, die wiederum Einflüsse auf das Verhalten potentieller Täter und Opfer ausübt. Elemente der phyischen Raumstruktur sind Indikatoren für die Sozialstruktur des Raumes, die sich auf das Verhalten potentieller Täter und Opfer auswirkt (*Cozens* 2008, 170).

2.3.4.2.1 Drei Komponenten der Raum-Verteidigungs-Theorie
Nach der Raum-Verteidigungs-Theorie sind drei Komponenten dafür verantwortlich, dass die Delinquenz und Kriminalität im Raum durch die Bewohner gut kontrolliert werden (*Reynald* 2010a; 2010b).

Der Territorialitätssinn der Bewohner beeinflusst ihre Einstellungen zu ihrem Raum, ihre Raum-Verantwortlichkeit und ihre Raum-Kontrolle, positiv. Man erreicht eine Stärkung des Territorialitätssinns durch Raum-Unterteilung in kleinere Kontroll- und Einflusszonen, mit denen sich Raum-Benutzer identifizieren und die potentielle Straftäter abschrecken können. Klar definierte Zonen der territorialen Kontrolle und des territorialen Einflusses werden durch physische und symbolische Barrieren geschaffen. Physische Barrieren bestehen aus Mauern, Zäunen und Schranken. Symbolische Barrieren schließen Hecken, Sträucher, Büsche und andere Bepflanzungsformen oder Landschaftsgestaltungen sowie Eigentums-Kennzeichen und Namensschilder ein. Man unterteilt den Raum in einen öffentlichen, halböffentlichen, halbprivaten und privaten Raum. Von einem Raum, der öffentlich ist, in dem die Anwesenheit einer Person nicht infrage gestellt wird, geht man durch Barrieren in halböffentliche und halbprivate Räume, in denen man seine Gegenwart rechtfertigen muss. Dort ist die Breite möglichen Verhaltens stark eingeschränkt, während auf öffentlichen Plätzen und Straßen eine große Vielfalt von Verhaltensweisen geduldet wird. Aus halböffentlichen und halbprivaten Räumen, die von Mitbewohnern informell kontrolliert werden, gelangt man in die privaten Räume, die durch die halböffentlichen und halbprivaten Räume geschützt werden (vgl. im Einzelnen *H.J. Schneider* 1987, 341–358). Durch die Beschränkung des Zugangs zu privaten Räumen erreicht man zweierlei: Zum einen sendet man sozialpsychologisch die Botschaft, dass der Eintritt in private Räume limitiert ist. Zum anderen informiert man von außen Kommende darüber, dass halböffentliche und halbprivate Räume durch Mitbewohner und private Räume durch ihre Bewohner gut kontrolliert werden.

Die natürliche Überwachung ist der zweite wesentliche Bestandteil der Raum-Verteidigungs-Theorie. Die physische Umgebung wird so geplant und angelegt, dass die Bewohner in den Stand versetzt werden, die öffentlichen Straßen und Plätze ihres Umfeldes im Laufe der regulären tagtäglichen Aktivitäten in ihrer Wohnung regelmäßig und beiläufig zu beobachten. Durch die natürliche Überwachung wird die Wahrscheinlichkeit der Entdeckung potentieller Straftäter gefördert. Die Verbrechensfurcht der Bewohner lässt nach. Das Sicherheitsgefühl der legalen Raumbenutzer wird dadurch gestärkt, dass sie berechtigterweise annehmen, sich unter der ständigen, beiläufigen Beobachtung ihrer Mitbewohner zu befinden.

Das Image des Gebietes bestimmt – als dritte wesentliche Komponente der Raum-Verteidigungs-Theorie – die öffentliche Wahrnehmung seiner Reputation. Image und Milieu sind Mechanismen, die von der äußeren Erscheinung eines Gebietes abhängig sind. Ein heruntergekommenes, baufälliges, vernachlässigtes und schlecht instand gehaltenes Gebiet signalisiert potentiellen Rechtsbrechern einen niedrigen Grad der Sorge und Kontrolle seiner Bewohner. Wenn ein Wohngebiet sauber ist und gut instand gehalten wird, vermittelt es den Eindruck, dass seine Bewohner sich um ihr Gebiet kümmern, dass sie es beaufsichtigen und kontrollieren und dass sie stolz auf ihr Gebiet sind (*Reynald* 2010a; 2010b).

2.3.4.2.2 Interaktion der physischen und sozialen Struktur des Raumes
Gelegenheiten zum Verbrechen hängen sowohl von den Aktivitätsformen eines Gebietes, die sozialstrukturell bestimmt werden, als auch von den Umweltkennzeichen,

der physischen Struktur des Raumes, ab. Beide interagieren, um Raumverteidigung hervorzubringen. Sie bestimmen nicht nur die Verbrechensgelegenheiten, sondern sie beeinflussen auch die Wahrscheinlichkeit der Intervention und die Entdeckung und Ergreifung des Täters (*Reynald/Elffers* 2009). Fähige Opfer-Beschützerschaft hängt hierbei von der Beobachtungs- und Interventions-Bereitschaft der Bewohner, von ihrer Fähigkeit und Bereitschaft ab, potentielle Täter zu entdecken und zu stellen (*Reynald* 2010a; 2010b; 2011). Die Homogenität der Bewohner und das Ausmaß ihrer sozialen Bindungen sind Schlüsselvariablen der Interaktion der Bewohner mit ihrem Gebiet (*Reynald* 2010a; 2010b). Der Umfang des sozialen Zusammenhalts kann einen Schutzfaktor gegen kriminelle Viktimisierung im Raum bilden. Raumverteidigung kann nicht geschaffen werden ohne den Wunsch und die Fähigkeit der Bewohner, ihr Gebiet zu beeinflussen und zu kontrollieren (*Reynald/Elffers* 2009, 33/34). Es handelt sich um psychosoziale Prozesse, die das Funktionieren des Raumes formen. Menschliche Territorialität ist ein sozial-behavioristisches Konstrukt. Ein starker Gemeinschaftssinn, starke soziale Bindungen mit anderen Bewohnern festigen die informelle soziale Kontrolle, die nur dann geschaffen werden kann, wenn das physische und soziale Potential der Bewohner zur Kontrolle belebt wird. Das physische Kontrollpotential wächst, wenn Zeichen der Eigentümerschaft, der Ordentlichkeit und der Raumverteidigung zunehmen (*Reynald/Elffers* 2009, 35).

2.3.4.3 Die Theorie der kollektiven Effektivität

Die Theorie der kollektiven Effektivität (*Sampson/Raudenbush/Earls* 1997/2011) ist eine sozialstrukturelle und -prozessuale Theorie, die aber – nichtsdestoweniger – kriminalökologische Bedeutung besitzt. Sie baut auf der Theorie der sozialen Desorganisation auf, gilt für Gebiete konzentrierter Benachteiligung durch Armut, zerrüttete Familien, Wohn-Instabilität und große Populationen von Immigranten und betont den Zusammenbruch sozialer Institutionen in diesen Gebieten: der Familie, der Schule, der Kirche. Sie stützt sich auf das Konzept des sozialen Kapitals, einer Ressource, die aus sozialen Beziehungen erwächst (*Sampson* 2006). Im Unterschied zur Theorie der sozialen Desorganisation betont sie, dass das Ressourcen-Potential aktiviert werden muss (*Sampson* 2011). Kollektive Effektivität ist ein Aktivierungsprozess sozialer Bindungen unter Nachbarn, um gemeinsame Ziele, wie z.B. informelle Verbrechenskontrolle, zu erreichen (*Kirk* 2010). Soziale Bindungen müssen aktiviert werden. Bewohner müssen zur Intervention bereit und in der Lage sein. Das hängt zum großen Teil von ihrem wechselseitigen Vertrauen und ihrer wechselseitigen Solidarität ab. Auf dem Nachbarschaftsniveau beruht die Bereitschaft der Bewohner eines Gebiets, für die öffentliche Sicherheit zu intervenieren. Es stützt sich zum großen Teil auf ihr wechselseitiges Vertrauen und auf ihre gemeinsamen Erwartungen. Es ist das wechselseitige Vertrauen und die gemeinsame Bereitschaft, für das öffentliche Wohl zu intervenieren, die den Nachbarschafts-Kontext dessen definieren, was kollektive Effektivität ausmacht (*Sampson* 2011, 215). Hierbei ist kollektive Effektivität nicht nur ein sozialstrukturelles Konzept. Die Nachbarschaften stehen in einer ständigen „Gemeinschaftskarriere", in einem Sozialprozess, der sowohl zur Re- wie zur Destabilisierung führen kann (*Kirk/Laub* 2010; *Schuerman/Kobrin* 1986).

2.3.4.4 Die Gemeinschafts-Zerfalls-Prozess-Theorie

Soziale Desorganisation wird in einem Gemeinschafts-Zerfalls-Prozess verursacht, an dessen Beginn Unordnung und Vernachlässigung stehen. Die Unordentlichkeit hat physische, bauliche und Verhaltens-Komponenten, die eng miteinander verbunden sind. Sie ruft soziale Destabilisierung hervor, die ihrerseits größere Unordnung ver- ursacht (Interaktionsprozess). Physische Zeichen der Unordnung sind z.B. Vanda- lismus, Graffiti-Schmierereien, Beschädigungen an Schulen, Bus-Halte-Stellen, Verkehrszeichen und Straßenlaternen, zerstörte Verkaufsautomaten, herumliegende Abfallhaufen, baufällige, verfallene Gebäude und verlassene, aufgegebene Auto- wracks. Unordentliches Verhalten besteht z.B. in Betteln, Herumlungern, Belästigun- gen von Straßenpassanten, Alkoholtrinken und Rauschmittelmissbrauch auf Straßen und Plätzen, in lärmenden Nachbarn. Physische, bauliche und Verhaltens-Anzeichen der Unordnung signalisieren, dass in dem betreffenden Gebiet niemand Anstoß daran nimmt und dass man dort die Unordnung toleriert. Die Bewohner bekommen den Eindruck, dass ihr Wohngebiet unsicher ist. Die Unordnung ist für sie ein Indikator, dass sie durch Gemeinschafts-Selbst-Kontroll-Mechanismen nicht mehr geschützt werden und dass ihre Gemeinschaft in Niedergang und Zerfall geraten ist. Die Unord- nungs-Signale ziehen Kriminelle an, die Gelegenheiten zu Straftaten wittern. Schlim- mer noch ist, dass die Signale bei den Bewohnern Verbrechensfurcht, psychischen Rückzug und Selbst-Isolation hervorrufen. Die Nachbarschaften des Stadtgebiets treten in eine Zerfalls-Spirale (*Skogan* 2012; 1990), in eine „Gemeinschafts-Krimina- litäts-Karriere" (*Schuerman/Kobrin* 1986), ein. Die Bewohner befürchten abstoßende, furchterregende Begegnungen und Belästigungen. Die stetig anwachsende Kriminali- tätsfurcht untergräbt die Fähigkeit der Gemeinschaft, mit ihren Problemen selbst fertig zu werden (*Skogan* 1986). Die Furcht regt den Rückzug der Individuen aus ihrer Gemeinschaft an, schwächt die Mechanismen informeller Kontrolle, trägt zum Niedergang der Familie und Nachbarschaft bei, beschleunigt die negativen Wand- lungen in den örtlichen Geschäftsbedingungen und ruft Delinquenz, Kriminalität und weitere Unordnung hervor. Die Probleme entwickeln eine Eigendynamik, eine Negativ-Spirale, die die Nachbarschaft immer tiefer in den Zerfall treibt. Die Bewoh- ner fühlen sich erleichtert und sicherer, wenn ihnen die Polizei hilft, die Ordnung aufrechtzuerhalten oder wiederherzustellen. Polizei und Gemeinschaft sind „Ko-Pro- duzenten" der öffentlichen Sicherheit. Es ist die Aufgabe der Polizei, eine Arbeits- Partnerschaft mit der Gemeinschaft und ihren Institutionen, z.B. Schulen, Kirchen, Geschäften, Sozialdiensten, zu suchen. Sie soll nicht nur gegen Unordnung einschreiten („Zero-Tolerance-Policing"). Die Unordnung ist lediglich ein Signal für einen Gemeinschafts-Zerfalls-Prozess, der unterbrochen und aufgehalten werden muss. Hierbei besteht der Kern der Polizei-Rolle darin, die informellen Kontroll-Mechanismen der Gemeinschaft selbst wieder aufzubauen und zu stärken. Das kann durch die problemorientierte Polizei-Arbeit („Problem-Oriented Policing") realisiert werden, die die sozialstrukturellen und -prozessuzalen Probleme angeht, die der physischen und sozialen Unordnung zugrundeliegen.

2.3.5 Polizei-Arbeit in Kriminalitäts-Brennpunkten

2.3.5.1 Kriminalitäts-Konzentrations-Schwerpunkte

Die Mehrzahl der Verbrechen konzentriert sich auf wenige Brennpunkte (Hot Spots), auf Mikro-Analyse-Einheiten wie Gebäude, Häuserblocks, Straßensegmente. Nach dem weltweit experimentell bestätigten „Minneapolis-Hot-Spots-Patrol-Experiment" (*Sherman/Gartin/Buerger* 2010) kamen über die Hälfte (50,4 %) aller Polizei-Notruf-Anrufe, für die ein Polizeieinsatz (Funkstreifenwagen) notwendig geworden ist, von nur 3,3 Prozent aller Großstadt-Adressen. Das gilt für Raubüberfälle, Autodiebstähle und Vergewaltigungen. An 230 Brennpunkten ereigneten sich fünf und mehr dieser drei Delikte, an 54 Brennpunkten mehr als zehn. Auch Gewalttaten in der Familie, Körperverletzungen und Einbruchsdiebstähle waren auf wenige Brennpunkte begrenzt. In Seattle/Washington blieben die Verbrechens-Brennpunkte in 18 Trajektorien (Raum-Zeit-Bahnen) über einen Zeitraum von 14 Jahren (1989–2002) unverändert bestehen (*Weisburd/Groff/Yang* 2012; *Weisburd/Bushway/Lum/Yang* 2004) Die Kriminalitätsformen in diesen Brennpunkten waren heterogen zusammengesetzt.

2.3.5.2 Verbrechenskontrolle in Kriminalitäts-Brennpunkten

Die Polizei fokussiert ihre begrenzten Ressourcen in zunehmendem Maße auf Kriminalitäts-Schwerpunkt-Räume. Sie verstärkt dort ihre Patrouillen, Festnahmen, Verhaftungen, Razzien und Ermittlungen. Diese einfache Verstärkung der Polizei-Präsenz und -Sichtbarkeit reicht für mäßige, kurzzeitige Verbrechensreduktionen aus (*Braga* 2010, 2005; *Braga/Bond* 2008). Sechs Experimentalstudien sind zu dem Ergebnis gekommen, dass Polizeiarbeit in Kriminalitäts-Brennpunkten (Hot-Spots-Policing) zu signifikanten Verbrechensminderungen führt (*Mastrofski/Weisburd/Braga* 2010; *National Research Council* 2004, 237–240). Sichtbare Polizei-Präsenz schreckt potentielle Täter ab. Polizei-Arbeit in Verbrechens-Brennpunkten kann allerdings zu Null-Toleranz-Polizei-Arbeit führen, die ineffektiv ist. Null-Toleranz-Strategien, die bereits bei Bagatelldelikten einschreiten, um schwere Delikte zu vermeiden, richten mehr Schaden an, als sie nützen.

Längerfristige Kriminalitäts-Verminderungs-Erfolge kann die Polizei nur auf zweierlei Weise erzielen (*Braga/Weisburd* 2010):

Sie richtet ihre Konzentration auf die physischen und sozialen Strukturen und Dynamiken, die den Kriminalitäts-Schwerpunkten zugrundeliegen. In Zusammenarbeit mit anderen zuständigen städtischen Behörden und in Sicherheitspartnerschaft mit den Bewohnern der Verbrechensbrennpunkte muss sie die zugrundeliegenden Bedingungen, Situationen und Dynamiken ändern, die die Brennpunkte für Kriminelle so attraktiv machen. Diese problemorientierte Polizei-Arbeit (Problem-Oriented Policing) hat sich als erfolgreich erwiesen (*Weisburd/Teleop/Hinkle/Eck* 2010).

Selbstregulative Sozialkontrolle, die auf die Legitimität der Polizei setzt, ist effektiver als sanktions-orientierte Polizei-Arbeit (*Tyler/Braga/Fagan/Meares/Sampson/ Winship* 2007, 14). Selbstregulation der Bürger (ihre freiwillige Gesetzesbefolgung) erreicht man durch Verfahrensgerechtigkeit. Der Bürger muss die Möglichkeit haben, seine Sicht der Probleme darzustellen. Die Polizei muss ihre Entscheidungen nach objektiven Kriterien und nicht nach persönlichen Auffassungen treffen. Während der Polizei-Bürger-Interaktionen sind die Bürger fair und respektvoll zu behandeln. Die Bürger müssen den Eindruck haben, dass ihr Wohlergehen, ihre Bedürfnisse und Sorgen im Zentrum der polizeilichen Aktivität stehen. Das Verfahrens-Gerechtigkeits-Modell (*Tyler* 2006; 2003) sollte gerade in Verbrechens-Brennpunkten von der Polizei ernst genommen werden.

2.3.6 Die situative Verbrechensverhütung

2.3.6.1 Gelegenheits- und Sozialdynamik der kriminogenen/ viktimogenen Situation

In der psychosozialen Dynamik der kriminogenen/viktimogenen Situation konkretisieren sich die sozialstrukturellen Mängel der Gesellschaft und die psychosozialen Lern- und Interaktionsprozesse von Täter und Opfer. Risiko-Orte sind Kriminalitäts-Konzentrations-Räume, die Mängel in ihrer Sozialstruktur aufweisen. An diesen Stellen treffen motivierte Täter auf verletzbare Opfer (oder geeignete Sachen). Stereotype und Vorurteile, die der Täter in gesellschaftlichen und zwischenmenschlichen Prozessen gelernt hat, treten in der Tätermotivation zutage (illusionäre Situationsverkennung). Er handelt aufgrund gelernter krimineller Verhaltensmuster, Wertvorstellungen und Einstellungen. Die Opferneigung leitet sich aus den erlittenen, traumatisierenden Viktimisierungserfahrungen ab (Opfereignung für den Täter) (*H.J. Schneider* 2010a). Dem Opfer wird kein wirksamer Opferschutz zuteil (*Cohen/ Felson* 1979/2011). Denn es besteht in diesen kriminogenen/viktimogenen Situationen ein Mangel an Interventions-Fähigkeit und -Bereitschaft der Bewohner der Kriminalitäts-Konzentrations-Räume, in denen sich der Tatort befindet (*Sampson/Rautenbush/ Earls* 1979/2011).

Die Situations-Präventions-Theoretiker (*Clarke* 2010a; 2010b; *Eck* 2010) stellen es darauf ab, dem Täter die Gelegenheit zur Verbrechensbegehung zu entziehen, indem sie sie unattraktiver, risikoreicher, weniger lohnend und schwerer durchführbar machen. Das Entdeckungs-Risiko bei der Verbrechensbegehung wird erhöht, der Zugang zum Verbrechensziel begrenzt (Target Hardening) (*Clarke* 2010b, 879). Man geht hierbei davon aus, dass der Täter eine durch den Alltag begrenzte Kosten-Nutzen-Analyse anstellt, indem er die Erlangung des Nutzens und die Risiken des Scheiterns der ins Auge gefassten Tat gegeneinander abwägt (*Eck* 2010, 161) Grundsätzlich sind drei Strategien der situativen Verbrechensverhütung denkbar (*Felson/Boba* 2010, 154/155):

– Nach der natürlichen Strategie ist die Raumgestaltung, Design und Layout des Raumes, entscheidend. Die Interaktion der Bewohner, ihr Sinn für Raum-Eigentum und -Verantwortlichkeit, muss gefördert werden.
– Nach der organisierten Strategie spielen Polizei und Sicherheitspersonal die wesentlichste Rolle. Sie sind fähige und interventionsbereite Beschützer für die potentiellen Opfer.
– Nach der mechanischen Strategie werden Alarmanlagen und Videokameras installiert, um den Opfer-Zugang zu kontrollieren und den Raum zu überwachen. Diese Vorrichtungen sind – nach der mechanischen Strategie – in der Lage, einen potentiellen Täter abzuwehren und eine Verbrechens-Gelegenheit zu blockieren.

Gelegenheiten, motivierte Täter, für den Täter geeignete Opfer (oder Gegenstände) und die Abwesenheit fähiger Beschützer bestimmen die kriminogenen/viktimogenen Situationen (*Felson/Boba* 2010). Die Situations-Präventions-Theoretiker berücksichtigen allerdings zu wenig die gesellschaftlichen und zwischenmenschlichen Interaktions-Prozesse, in die kriminogene/viktimogene Situationen eingebunden sind. Täter sind aufgrund gesellschaftlicher Lern- und zwischenmenschlicher Interaktions-Prozesse in höchst unterschiedlichem Maße zur Verbrechensbegehung bereit. Opfer sind aufgrund gesellschaftlicher Lern- und zwischenmenschlicher Interaktions-Prozesse, insbesondere durch voraufgegangene Viktimisierungen (*H.J. Schneider* 2010a), in sehr verschiedener Weise für den Täter geeignet. Die Gelegenheit ist zwar keineswegs die einzige, aber doch eine wesentliche Verbrechensursache.

2.3.6.2 Vorbeugungsstrategien der Raum-Verteidigungs-Theorie

Nach der Raum-Verteidigungs-Theorie sind zwei Vorbeugungsstrategien entwickelt worden (*Reynald* 2010a, 224):

– Die Aktivitäts-Unterstützungs-Strategie stellt es darauf ab, die legale, prosoziale Benutzung des Raumes, z.B. seiner Parks, seiner Spielplätze, zu verstärken, um den illegalen, antisozialen Gebrauch, z.B. den Drogenhandel, Vandalismus, zu verhindern. Die Organisation sozialer Ereignisse wird gefördert, um die Schaffung eines Beziehungs-Netzwerks unter den Bewohnern und einen kraftvoll pulsierenden Sinn für Gemeinschaftskultur zu unterstützen.

– Nach der Raum-Image-Pflege-Strategie sind die ständige Instandhaltung und physische Erneuerung eines Gebietes erforderlich, um sein positives Raum-Image zu entwickeln und aufrecht zu erhalten. Dem baulichen Zerfall eines Gebietes ist z.B. dadurch entgegen zu wirken, dass leerstehende, verfallende Gebäude abgerissen werden. Positive Raum-Einstellungen der Bewohner, z.B. Stolz auf das eigene Wohngebiet, sind zu fördern.

2.3.6.3 Die Verbrechens-Gelegenheits-Blockade

Aufgrund von Evaluationen mit hoher methodischer Qualität hat man in den USA, in Kanada, in den Niederlanden, in Schweden und Norwegen sowie in Australien durch Vergleiche zwischen Experimental- und Kontrollgebieten ermittelt, wie der Raum gestaltet sein muss, damit er ein kollektives Wirksamkeitsgefühl erzeugt (*Welsh/Farrington* 2009).

– Straßenbeleuchtungen in großstädtischen und städtischen Zentren sowie in Wohngebieten erzielen einen Kriminalitätsrückgang um 20 bis 30 Prozent (*Welsh/Farrington* 2009, 17; 2010, 530–534). Verbesserte Straßenbeleuchtung war mit einem vermehrten Gebrauch der öffentlichen Straßen und Plätze durch die Bewohner verbunden (*Welsh/Farrington* 2009, 36).

– Aufgrund eines Fernsehüberwachungs-Anlage-Systems (Closed-Circuit-Television-System) in einem großen Vergnügungszentrum Tokios ging die Kriminalität um 21,8 Prozent zurück (*Harada* in *H.J. Schneider* 2008, 392). Die Video-Überwachung ist am effektivsten bei der Reduktion von Kraftfahrzeugdiebstählen auf Parkplätzen (Effektstärke 41 %) (*Welsh/Farrington* 2009, 20; *Farrington/Welsh* 2007, 8).

– Die Straßensperrung (Street Closure) (*Welsh/Farrington/O'Dell* 2010, 7; *Conklin* 2013, 369/370) und Verkehrsberuhigung werden zur Verbrechensminderung als wirksam beurteilt.

Die Verbrechens-Gelegenheits-Blockade-Maßnahmen sind bei Vermögensdelikten effektiver als bei Gewaltdelikten. Die Verstärkung des Stolzes der Bewohner auf ihr Wohngebiet verursacht einen Verbrechensrückgang.

2.3.6.4 Vor- und Nachteile der situativen Verbrechensvorbeugung

Die situative Verbrechensvorbeugung hat Vor- und Nachteile:

Man wendet gegen sie ein, sie begünstige die Festungsmentalität und führe in einen Überwachungsstaat. Nur die Reichen könnten sich Situations-Präventions-

Maßnahmen leisten; die Kriminalität werde auf die ärmere, benachteiligte Bevölkerung verlagert. Durch situative Verbrechensvorbeugung werde eine furchtsame, misstrauische Gesellschaft geschaffen (*Wortley* 2010). Alle diese Einwände treffen nur auf Maßnahmen zu, denen es allein darum geht, Verbrechens-Gelegenheiten zu blockieren. Sie sind auf sozialstrukturelle Verhütungs-Strategien, z.B. nach der Theorie der kollektiven Effektivität, nicht anwendbar.

Man macht ferner gegen die situative Verbrechensvorbeugung geltend, sie führe nur zu einer Verdrängung, Verlagerung (Displacement) der Kriminalität. Es würden Straftaten zu anderen Zeiten, an anderen Orten und mit anderen Mitteln begangen; sie richteten sich gegen andere Zielobjekte. Andere oder sogar schwerere Verbrechenstypen würden verübt. Nach dem gegenwärtigen Forschungsstand gibt es Beweise für eine teilweise, aber nicht für eine vollständige territoriale Verlagerung. Viele Täter scheuen den Zeitaufwand und die Bemühungen, um Kriminalitätsgelegenheiten in anderen Gebieten zu finden (*Braga/Weisburd* 2010, 18). Sie bevorzugen Tatorte in der Nähe ihrer Wohnung. Sie vermeiden Tatorte, mit denen sie nicht vertraut sind, die ihnen fremd sind. Unvertraute Tatorte bieten ihnen schlechtere Gelegenheiten und ein höheres Entdeckungsrisiko (*Weisburd/Groff/Yong* 2012; *Weisburd/Wyckoff/Ready/Eck/Hinkle/Gajewski* 2006).

Diffusion (Verbreitung) der Verhütungseffekte auf angrenzende Nachbarschaftsräume kommt häufig vor (*Lab* 2014, 111–133). Die günstigen Einflüsse (Vorteile) einer Intervention auf Nachbarschaftsräume, die nicht das Ziel der Intervention waren, breiten sich deshalb aus, weil die Täter die wahre Reichweite und den wahren Anwendungsbereich der Vorbeugungsmaßnahmen überschätzen (*Clarke* 2010b, 882).

2.3.7 Verbrechens-Wissenschaft

Die Umwelt-Kriminologie ist eine gut etablierte Unterdisziplin der Kriminologie. Sie bearbeitet die Erklärung und Verhütung krimineller Ereignisse. Sie ist integriert in die Kriminologie als Sozialwissenschaft, die das Täter- und Opferwerden auf gesellschaftlicher Grundlage erforscht. Eine Abspaltung der Umwelt-Kriminologie, die die Bezeichnung Verbrechens-Wissenschaft (Crime Science) erhalten und die sich allein auf kriminelle Ereignisse und Situationen konzentrieren soll, von der Kriminologie, die sich auf Täter und ihre Dispositionen beschränken soll (*Clarke* 2010a), ist abzulehnen. Denn eine solche Abspaltung würde zur Oberflächlichkeit, zu einem Mangel an Wissenschaftlichkeit sowohl der Kriminologie als auch ihrer Unterdisziplin, der Umwelt-Kriminologie, führen, die dann nur noch Symptome und nicht mehr die ihnen zugrundeliegenden sozialen und zwischenmenschlichen Ursachen bearbeiten würde (*Wortley* 2010, 884).

Literatur

Barkan, S.E. (2012). Criminology. 5. Aufl. Boston, Columbus u.a.

Braga, A.A. (2005). Hot Spots Policing and Crime Prevention: A Systematic Review of Randomized Controlled Trials. In: Journal of Experimental Criminology. 1, 317–342.

Braga, A.A. (2010). Crime Hot Spots. In: *F.T. Cullen/P. Wilcox* (Hrsg.): Encyclopedia of Criminological Theory. 1. Band, 230–234. Los Angeles u.a.

Braga, A.A./Bond, B.J. (2008). Policing Crime and Disorder Hot Spots: A Randomized Controlled Trial. In: Criminology. 46, 577–607.

Braga, A.A./Weisburd, D.L. (2010). Policing Problem Places. Crime Hot Spots and Effective Prevention. Oxford, New York/NY.

Brantingham, P.L. (2010). Crime Pattern Theory. In: *B.S. Fisher/S.P. Lab* (Hrsg.): Encyclopedia of Victimology and Crime Prevention. 1. Band, 192–198. Los Angeles u.a.

Brantingham, P.J./Brantingham, P.L. (1981) (Hrsg.). Environmental Criminology. Beverly Hills, London.

Brantingham, P.J./Brantingham, P.L. (1984). Patterns in Crime. New York, London.

Brantingham, P.J./Brantingham, P.L. (2008). Crime Pattern Theory. In: *R. Wortley/L. Mazerolle* (Hrsg.): Environmental Criminology and Crime Analysis. 78–93. Cullompton/Devon, Portland/ Oregon.

Brantingham, P.L./Brantingham, P.J. (1993/2010). Nodes, Paths, and Edges. Considerations on the Complexitiy of Crime and Physical Environment (1993). In: *M.A. Andresen/P.J. Brantingham/ J.B. Kinney* (Hrsg.): Classics in Environmental Criminology. 273–310. Boca Raton, London, New York.

Brantingham, P.J./Brantingham, P.L. (2013). The Theory of Target Search. In: *F.T. Cullen/P. Wilcox* (Hrsg.): The Oxford Handbook of Criminological Theory 535–553. Oxford, New York.

Burns, R.G. (2009). Environmental Crime. In: *J.M. Miller* (Hrsg.): 21st Century Criminology. A Reference Handbook. Band 2, 481–489. Los Angeles u.a.

Clarke, R.V. (2010a). Crime Science. In: *E. McLaughlin/T. Newburn* (Hrsg.): The Sage Handbook of Criminological Theory. 271–283. Los Angeles u.a.

Clarke, R.V. (2010b). Situational Crime Prevention. In: *B.S. Fisher/S.P. Lab* (Hrsg.): Encyclopedia of Victimology and Crime Prevention. Band 2, 879–884. Los Angeles u.a.

Cohen, L.E./Felson, M. (1979/2011). Routine Activity Theory. In: *F.T. Cullen/R. Agnew* (Hrsg.): Criminological Theory: Past to Present. 4. Aufl. 417–427. New York, Oxford.

Conklin, J.E. (2013). Criminology. 11. Aufl. Boston, Columbus u.a.

Courtright, K.E./Mutchnick, R.J. (2002). Cartographic School of Criminology. In: *D. Levinson* (Hrsg.): Encyclopedia of Crime and Punishment. Band 1, 175–177. Thousand Oaks, London, New Delhi.

Cozens, P. (2008). Crime Prevention Through Environmental Design. In: *R. Wortley/L. Mazerolle* (Hrsg.): Environmental Criminology and Crime Analysis. 153–177. Cullompton/Devon, Portland/ Oregon.

Eck, J.E. (2010): Clarke, Ronald V.: Situational Crime Prevention. In: *F.T. Cullen/P. Wilcox* (Hrsg.): Encyclopedia of Criminological Theory. 1. Band, 159–166. Los Angeles u.a.

Farrington, D.P./Welsh, B.C. (2007). Closed-Circuit Television Surveillance and Crime Prevention. Stockholm.

Felson, M./Boba, M. (2010). Crime and Everyday Life. 4. Aufl. Los Angeles u.a.

Harada, Y. (2008) bei H.J. Schneider: Der 15. Weltkongress für Kriminologie. In: Monatsschrift für Kriminologie und Strafrechtsreform. 91, 392.

Jeffery, C.R. (1971). Crime Prevention Through Environmental Design. Beverly Hills, London.

Jeffery, C.R. (1990). Criminology. Englewood Cliffs/N.J.

Kirk, D.S. (2010). Sampson, Robert J.: Collective Efficacy Theory. In: *F.T. Cullen/P. Wilcox* (Hrsg.): Encyclopedia of Criminological Theory. Band 2, 802–805. Los Angeles u.a.

Kirk, D.S./Laub, J.H. (2010). Neighborhood Change and Crime in the Modern Metropolis. In: *M. Tonry* (Hrsg.): Crime and Justice. Band 39, 441–502. Chicago, London.

Kubrin, C.E./Stucky, T.D./Krohn, M.D. (2008). Researching Theories of Crime and Deviance. New York.

Lab, S.P. (2010a). Jeffery, C. Ray: Crime Prevention Through Environmental Design. In: *F.C. Cullen/ P. Wilcox* (Hrsg.): Encyclopedia of Criminological Theory. Band 1, 494–496. Los Angeles u.a.

Lab, S.P. (2010b). Diffusion of Benefits. In: *B.S. Fisher/S.P. Lab* (Hrsg.): Encyclopedia of Victimology and Crime Prevention. Band 1, 293–296. Los Angeles u.a.

Lab, S.P. (2014). Crime Prevention. Approaches, Practices, and Evaluations. 8. Aufl. Amsterdam, Boston u.a.

Lowenkamp, C.T./Cullen, F.C./Pratt, T.C. (2010). Replicating Sampson and Groves's Test of Social Disorganisation Theory. In: *S.G. Tibbetts/C. Hemmens* (Hrsg.): Criminological Theory. 402–418. Los Angeles u.a.

Madensen, T.D./Eck, J.E. (2013). Crime Places and Place Management. In: The Oxford Handbook of Criminological Theory. 554–578. Oxford, New York/NY.

Mastrofski, S.D./Weisburd, D./Braga, A.A. (2010). Rethinking Policing: The Policy Implications of Hot Spots of Crime. In: *N.A. Frost/J.D. Freilich/T.R. Clear* (Hrsg.): Contemporary Issues in Criminal Justice Policy. 251–264. Belmont/CA u.a.

Mischel, W. (2004). Toward an Integrative Science of Psychology. In: Annual Review of Psychology. 55, 1–22.

Mischel, W./Shoda, Y./Smith, R.E. (2004). Introduction to Personality. 7. Aufl. Hoboken/N.J.

National Research Council (2004). Fairness and Effectiveness in Policing. The Evidence. 237–240. Washington/D.C.

Newman, O. (1972). Defensible Space. People and Design in the Violent City. London.

Newman, O. (1973). Architectural Design for Crime Prevention. Washington D.C.

Newman, O. (1980). Community of Interest. Garden City/NY.

Paulsen, D.J./Robinson, M.B. (2004). Spatial Aspects of Crime. Boston u.a.

Quételet, L.A.J. (1842, 2010). Of the Development of the Propensity to Crime. In: *M.A. Andresen/ P.L. Brantingham/J.B. Kinney* (Hrsg.): Classics in Environmental Criminology. Boca Raton, London, New York.

Reynald, D.M. (2010a). Crime Prevention Through Environmental Design. In: *B.S. Fisher/S.P. Lab* (Hrsg.): Encyclopedia of Victimology and Crime Prevention. 1. Band, 220–225. Los Angeles u.a.

Reynald, D.M. (2010b). Defensible Space. In: *B.S. Fisher/S.P. Lab* (Hrsg.): Encyclopedia of Victimology and Crime Prevention. 1. Band, 271–276. Los Angeles u.a.

Reynald, D.M. (2010c). Guardians on Guardianship: Factors Affecting the Willingness to Supervise, the Ability to Detect Potential Offenders, and the Willingness to Intervene. In: Journal of Research in Crime and Delinquency. 47, 358–390.

Reynald, D.M. (2011). Translating CPTED into Crime Prevention Action: A Critical Examination of CPTED as a Tool for Active Guardianship. In: European Journal on Criminal Policy and Research. 17, 69–81.

Reynald, D.M./Elffers, H. (2009). The Future of Newman's Defensible Space Theory. In: European Journal of Criminology. 6, 25–46.

Ross, D.E. (2005). Environmental Crimes. In: *R.A. Wright/J.M. Miller* (Hrsg.): Encyclopedia of Criminology. Band 1, 503–505. New York, London.

Sampson, R.J. (2006). Collective Efficacy Theory: Lessons Learned and Directions for Future Inquiry. In: *F.T. Cullen/J.P. Wright/K.R. Blevins* (Hrsg.): Taking Stock. The Status of Criminological Theory. 149–167. New Brunswick (U.S.A.), London (U.K.).

Sampson, R.J. (2011). The Community. In: *J.Q. Wilson/J. Petersilia* (Hrsg.): Crime and Public Policy. 210–236. Oxford, New York.

Sampson, R.J./Raudenbush, S.W./Earls, F. (1997/2011). Collective Efficacy and Crime. In: *F.C. Cullen/R. Agnew* (Hrsg.): Criminological Theory: Past to Present. 4. Aufl. 112–117. New York, Oxford.

Schneider, H.J. (1978). Stadtplanung und Baugestaltung im Dienste der Verbrechensverhütung. In: *F. Kaulbach/W. Krawietz* (Hrsg.): Recht und Gesellschaft. 579–588. Berlin.

Schneider, H.J. (1987). Kriminologie. Berlin, New York.

Schneider, H.J. (1992). Crime and its Control in Japan and in the Federal Republic of Germany. In: International Journal of Offender Therapy and Comparative Criminology. 36, 307–321.

Schneider, H.J. (2010a). Das Verbrechensopfer gestern und heute. In: Kriminalistik. 64, 627–635.

Schneider, H.J. (2010b). Die kriminelle Persönlichkeit. In: *D. Dölling/B. Götting/B.-D. Meier/T. Verrel* (Hrsg.): Verbrechen – Strafe – Resozialisierung. Festschrift für Heinz Schöch. 145–165. Berlin, New York.

Schuerman, L./Kobrin, S. (1986). Community Careers in Crime. In: *A.J. Reiss/M. Tonry* (Hrsg.): Communities and Crime. 67–100. Chicago, London.

Shaw, C.R. (1929). Delinquency Areas. Chicago/Ill.

Shaw, C.R./McKay, H.D. (1942, 1969). Juvenile Delinquency and Urban Areas. Chicago, London.

Shaw, C.R./McKay, H.D. (1942/2011). Juvenile Delinquency and Urban Areas. In: *F.T. Cullen/R. Agnew* (Hrsg.): Criminological Theory: Past to Present. New York, Oxford.

Sherman, L.W./Gartin, P.R./Buerger, M.E. (2010). Hot Spots of Predatory Crime. In: *S.G. Tibbetts/ G. Hemmens* (Hrsg.): Criminological Theory. 141–162. Los Angeles u.a.

Skogan, W.G. (1986). Fear of Crime and Neighborhood Change. In: *A.J. Reiss/M. Tonry* (Hrsg.): Communities and Crime. 2203–229. Chicago, London.

Skogan, W.G. (1990). Disorder and Decline. Berkeley, Los Angeles.

Skogan, W.G. (2012). Disorder and Crime. In: *B.C. Welsh/D.P. Farrington* (Hrsg.): The Oxford Handbook of Crime Prevention. 173–188. Oxford, New York/NY.

Swatt, M.L. (2009). Crime Mapping. In: *J.M. Miller* (Hrsg.): 21st Century Criminology. A Reference Handbook. Band 1, 398–405. Los Angeles u.a.

Tyler, T.R. (2003). Procedural Justice, Legitimacy, and the Effective Rule of Law: In: *M. Tonry* (Hrsg.): Crime and Justice. Band 30, 283–357. Chicago, London.

Tyler, T.R. (2006). Why People Obey the Law. Princeton, Oxford.

Tyler, T.R./Braga, A./Fagan, J./Meares, T./Sampson, R./Winship, C. (2007). Legitimacy and Criminal Justice: International Perspectives. In: *T.R. Tyler* (Hrsg.): Legitimacy and Criminal Justice: International Perspectives. 9–29. New York.

Weisburd, D./Bushway, S./Lum, C./Yang, S.-M. (2004). Trajectories of Crime at Places: A Longitudinal Study of Street Segments in the City of Seattle. In: Criminology. 42, 283–321.

Weisburd, D./Wyckoff, L.A./Ready, J./Eck, J.E./Hinkle, J.C./Gajewski, F. (2006). Does Crime Just Move Around the Corner? A Controlled Study of Spatial Displacement and Diffusion of Crime Control Benefits. In: Criminology. 44, 549–591.

Weisburd, D./Bruinsma, G.J.N./Bernasco, W. (2009). Units of Analysis in Geographic Criminology: Historical Development, Critical Issues and Open Questions. In: *D. Weisburd/W. Bernasco/ G.J.N. Bruinsma* (Hrsg.): Putting Crime in its Place. Units of Analysis in Geographic Criminology. 3–31. New York.

Weisburd, D./Telep, C.W./Hinkle, J.C./Eck, J.E. (2010). Is Problem-Oriented Policing Effective in Reducing Crime and Disorder? In: Criminology and Public Policy. 9, 139–172.

Weisburd, D./Groff, El.R./Yang, S.-M. (2012). The Criminology of Place. Street Segments and our Understanding of Crime Problem. Oxford, New York/NY. u.a.

Welsh, B.C./Farrington, D.P. (2009). Making Public Places Safer. Surveillance and Crime Prevention. Oxford, New York.

Welsh, B.C./Farrington, D.P. (2010). Lighting. In: *B.S. Fisher/S.P. Lab*: Encyclopedia of Victimology and Crime Prevention. Band 1, 530–534. Los Angeles u.a.

Welsh, B.C./Farrington, D.P./O'Dell, S.J. (2010). Effectiveness of Public Area Surveillance for Crime Prevention. Stockholm.

White, R./Heckenberg, D. (2011). Environmental Horizons Scanning and Criminological Theory and Practice. In: European Journal on Criminal Policy and Research. 17, 87–100.

Wortley, R. (2010). Situational Crime Prevention, Critiques of. In: *B.S. Fisher/S.P. Lab* (Hrsg.): Encyclopedia of Victimology and Crime Prevention. Band 2, 884–887. Los Angeles u.a.

2.4 Methoden der internationalen Kriminologie

2.4.1 Grundlagen

2.4.1.1 Erfahrungswissen und Sozialwissenschaft

Lebenserfahrung und gesunder Menschenverstand können in der ständigen Wiederholung von Fehlern bestehen. Eine Überverallgemeinerung, eine verfehlte Schlussfolgerung, ereignet sich immer dann, wenn wir meinen, dass das, was wir beobachtet haben, oder das, was wir in einigen Fällen wahrgenommen haben, für alle Fälle zutrifft. Wir schließen immer von Leuten und Sozialprozessen, mit denen und in denen wir interagieren, aber wir vergessen manchmal, dass unsere Erfahrungen begrenzt sind. Die soziale Welt ist ein komplexer Ort. Auswahlbeobachtung bedeutet, dass wir nur auf Dinge schauen, die sich in Übereinstimmung mit unseren Vorlieben und Glaubenssätzen befinden. Demgegenüber ist Validität (Gültigkeit) das Ziel der Sozialforschung (*Kraska/Neuman* 2012, 33–35). Sie ist erreicht, wenn unsere Statements und Schlussfolgerungen über die empirische Realität richtig sind. Hierbei besagt empirisch das Zugänglichsein für unsere Sinnesorgane. Es besagt, dass wir Variablen und ihre Wechselwirkungen mit anderen Variablen erkennen und dass wir ihr Vorhandensein messen können. Kriminologie ist eine empirische Sozialwissenschaft, die wissenschaftliche Methoden anwendet, um Individuen, Gesellschaften und Sozialprozesse zu erforschen. Kriminologische Forscher wenden nicht nur die Methoden der Sozialwissenschaft an, sie modifizieren diese Methoden auch gemäß ihren Gegenständen, die Kriminologie z.B. gemäß dem Verbrechen, dem Verbrecher, dem Verbrechensopfer und der Kriminaljustiz. Sozialwissenschaft stützt sich auf logische, systematische Methoden, um Fragen zu beantworten. Sie tut dies in einer Weise, die es anderen Forschern erlaubt, die angewandten Methoden zu überprüfen (*Bachman/Schutt* 2011, 9). Es kommt nicht auf die Meinung von Kriminologen an. Die Fakten müssen für sich selbst sprechen. Der Kriminologe muss sich um Objektivität bemühen, die allerdings nur sehr schwer zu erreichen ist. Die Wissenschaft besitzt zwei Säulen: Logik oder Rationalität und Beoachtung (*Maxfield/Babbie* 2011, 11). Empirische Forschung ist ein konstanter Prozess, der ganz wesentlich auch aus Wiederholungsstudien besteht. Solche Studien dienen der Wiederholung von Experimenten und empirischen Studien, die dieselben Methoden wie die ursprünglichen Experimente und Studien anwenden. Verifizierung ist hierbei die Bekräftigung von Forschungsergebnissen oder die Erreichung einer größeren Sicherheit von Resultaten durch Ergänzungsbeobachtungen (*Hagan* 2010, 7–10). Reine oder Grundlagenwissenschaft beschäftigt sich mit der Anhäufung neuen Wissens zum Nutzen der Wissenschaft oder der Entwicklung des Wissenschaftsfeldes. Angewandte Wissenschaft ist praktische Forschung, die sich der Lösung unmittelbarer kriminalpolitischer Probleme widmet.

2.4.1.2 Kategorien sozialwissenschaftlicher Forschung

Die kriminologische Forschung verfolgt die folgenden vier Ziele (*Kraska/Neuman* 2012, 20–23; *Bachmann/Schutt* 2011, 9–13):
- Deskriptive Forschung befasst sich mit der Definition und der Beschreibung personaler und sozialer Phänomene. Sie bemüht sich z.B. darum, Umfang, Struktur, Entwicklung und Verteilung der Kriminalität und der Sozialabweichung zu ermitteln.
- Die exploratorischen Untersuchungen klären die Frage, welche (kriminelle und nichtkriminelle, deviante und nichtdeviante) Bedeutung dem Verhalten von Menschen zugeschrieben wird; sie prüfen die Gründe, die zu solchen Definitionsprozessen führen.
- Die explanatorische Forschung versucht, die Ursachen und Wirkungen kriminellen und devianten Verhaltens zu erkennen.
- Die evaluative Forschung beurteilt die Zuverlässigkeit und Gültigkeit anderer empirischer und experimenteller Forschungsarbeiten und Interventionsmethoden. Sie kontrolliert auf diese Weise die empirische und experimentelle kriminologische Forschung methodologisch.

2.4.1.3 Philosophien der Kriminologieforschung

Die kriminologische Forschung beruht auf folgenden philosophischen Strömungen (*Kraska, Neuman* 2012, 51–61; *Bachman/Schutt* 2011, 71–79):

Forscher mit einer positivistischen Philosophie glauben, dass es eine objektive Wirklichkeit gibt, die unabhängig von den Auffassungen derer existiert, die sie beobachten; es ist das Ziel der Wissenschaft, die Realität besser zu verstehen. Diese Philosophie ist traditionell mit der Wissenschaft verbunden. Für Positivisten ist deviantes Verhalten ein beobachtbares Objekt. Sie versuchen, ihre persönlichen Vorurteile zu kontrollieren. Deviantes Verhalten selbst muss erklärt werden. Korrelationen zwischen kriminellem Verhalten und persönlichen wie sozialen Merkmalen sind für Positivisten äußerst wichtig. Kriminalität ist kein einfaches Produkt eines Prozesses sozialer Konstruktion. Es gibt eine materiale Realität des Verbrechens unabhängig von sozialen und juristischen Definitionen.

Konstruktivisten glauben, dass soziale Wirklichkeit gesellschaftlich konstruiert ist und dass das Ziel der Sozialwissenschaften darin besteht, besser zu verstehen, welche Bedeutung Menschen der Realität beimessen. Konstruktivisten meinen, dass Wissenschaftler ein Bild der Realität konstruieren, das auf ihren eigenen Vorurteilen und Vorlieben sowie auf den Interaktionen mit anderen beruht. Was erklärt werden muss, ist indessen – nach ihrer Meinung – die kulturelle Definition und die soziale Reaktion auf ein Verhalten. Konstruktivismus (oder auch Konstruktionismus) betont die Rolle der Interpretation, der Menschen, die einem Verhalten eine bestimmte Bedeutung geben oder die ihm Sinn verleihen, wenn sie es als deviant einstufen. Konstruktivisten halten Deviation für irreal; verständlicherweise sind sie weit davon entfernt, sie zu studieren. Sie sind mehr an den Fragen interessiert, ob und warum eine gegebene Handlung von der Gesellschaft als deviant definiert worden ist. Das führt zum Studium der Menschen, die andere als deviant definieren, z.B. der Polizei. Konstruktivisten vertreten folgende Standpunkte: Wenn ein Verhalten nicht auf die Reaktion von Menschen zurückgeführt werden kann, ist es in sich bedeutungslos. Deviantes Verhalten ist eine subjektive Erfahrung und sollte deshalb mit Subjektivität und Einfühlungsvermögen studiert werden. Das Ziel der Wissenschaft kann nur darin bestehen, intersubjektive Übereinstimmung zwischen Wissenschaftlern über das Wesen der Realität zu erreichen.

Zwischen den Auffassungen der Positivisten und der Konstruktivisten gibt es eine Synthese, einen dritten Weg (*Best* 2003, 92; *Thio* 2004, 12). Die Behauptung, ein soziales Problem sei sozial konstruiert, schließt nicht in sich, dass dieses Problem nicht existiert, sondern es heißt lediglich, dass man dem Problem eine bestimmte Bedeutung durch Interpretation zugeteilt hat. Deviantes Verhalten ist sowohl eine reale Handlung als auch eine Bezeichnung, ein Etikett. Wenn kein realer Akt existiert, gibt es kein deviantes **Verhalten**. Wenn keine Bezeichnung vorhanden ist, gibt es kein **deviantes** Verhalten.

2.4.1.4 Die Rolle der Theorie in der Kriminologie-Forschung

Theorie ist ein Erklärungssystem; sie besteht aus Annahmen und Vorschlägen. Sie ist der Versuch, plausible Erklärungen für die Realität zu finden (Maxfield/Babbie 2011, 30–50). Hypothese ist ein konkretes Statement, das aus einer allgemeineren Theorie hergeleitet wird. Eine Forschungshypothese stellt eine erwartete Beziehung zwischen Variablen in positiver Hinsicht auf, z.B. Armut verursacht Verbrechen. Eine Null-Hypothese ist ein Statement, das von keinem Unterschied ausgeht und das statistisch getestet werden kann. Das wichtigste Erfordernis für eine Theorie ist ihre empirische Testbarkeit (Kraska/Neuman 2012, 62/63). Kriminologische Forschung besteht darin, Theorie durch empirische Daten zu bestätigen. Deduktive Argumentation bewegt sich hierbei von der Theorie zur konkreten Realität, zu empirischen Daten. Im Gegensatz dazu gehen bei der induktiven Argumentation die empirischen Daten der Theorie voraus. Konzepte, aus denen die Theorie besteht, sind abstrakte Bezeichnungen der Realität, und sie stehen am Beginn jeglichen wissenschaftlichen Unternehmens. Variable ist das empirische Gegenstück eines Konzeptes. Das Konzept gehört in den Bereich der Theorie, die Variable in den Bereich der Empirie. Der Prozess der Operationalisierung quantifiziert ein Konzept und verwandelt es aus einer abstrakten verbalen Einheit in eine messbare Quantität oder Variable. Man unterscheidet unabhängige von abhängigen Variablen. Eine unabhängige Variable ist eine Variable, von der man annimmt, dass sie zu einer Veränderung einer anderen Variablen führt. Bei abhängigen Variablen setzt man voraus, dass sie sich unter dem Einfluss einer unabhängigen Variablen verändern. Die Richtung der Assoziation ist von Bedeutung. Sie ist positiv, wenn die unabhängige Variable zunimmt und zugleich die abhängige Variable wächst. Wenn man zu dem Ergebnis kommt, dass eine Variable abnimmt, wenn die andere Variable sich ebenfalls vermindert, ist die Richtung gleichfalls positiv. Bei einer positiven Beziehung bewegen sich die unabhängige und die abhängige Variable in dieselbe Richtung. Wenn eine Variable wächst, während die andere abnimmt, ist die Beziehung dagegen negativ oder invers. Die kriminologische Forschung entwickelt sich in fünf Phasen (Hagan 2010, 19):

- Problem-Formulierung (theoretische Erwägungen, Literaturüberblick).
- Forschungsdesign (Typ eines experimentellen oder empirischen Ansatzes, Querschnitts- oder Verlaufsuntersuchung. Stichprobenerhebung).
- Datensammlung (Beobachtung, Befragung).
- Analyse und Präsentation der Ergebnisse (statistische Analyse, theoretische Interpretation).
- Schlussfolgerungen, Begrenzungen (kriminalpolitische Erwägungen).

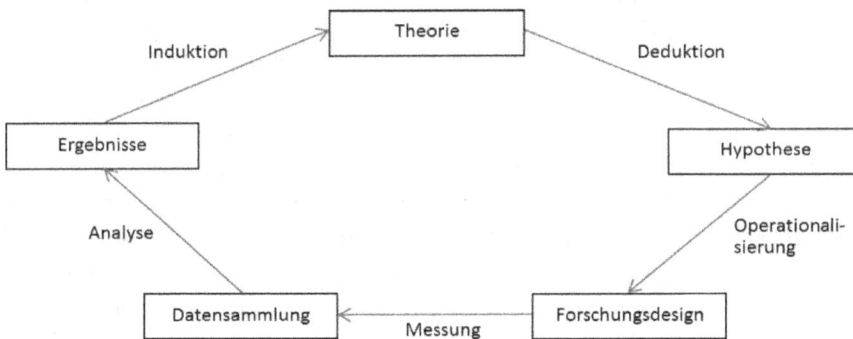

Abb. 1: Modell des Forschungsprozesses

2.4.1.5 Strategien kriminologischer Forschung

Kriminologische Forschung wird in qualitativer und in quantitativer Methode durchgeführt. Qualitative Methode unterscheidet sich von quantitativer durch die Verwendung nicht-numerischer Daten (*Maxfield/Babbie* 2011, 25–28). Quantitative Methoden sind Methoden wie Befragungen und Experimente, die Veränderungen im sozialen Leben in Form von Kategorien aufzeichnen, die sich im Ausmaß wandeln. Daten, die als quantitativ behandelt werden, sind entweder Zahlen oder Merkmale, die nach ihrer Größe eingeteilt werden. Quantifikation kann unsere Beobachtungen deutlicher machen. Sie kann es leichter machen, unsere Daten zusammenzufassen und zu verbinden. Sie eröffnet den Weg statistischer Analyse, die von den einfachen Durchschnittsmaßen bis zu komplexen Formeln und mathematischen Modellen reicht (*Maxfield/Babbie* 2011, 25–28). In der quantitativen Forschung werden Konzepte einem numerischen Wert zugeordnet, während in der qualitativen Forschung Konzepte als empfindlich machende Ideen oder als Bezeichnungen angesehen werden, die unser Verständnis befördern (*Hagan* 2010, 15/16). Qualitative Forschung hat zum Ziel, die Realität, die untersucht werden soll, zu „verstehen" (*Max Weber*). Qualitative Forschung ist die Anwendung von Beobachtungstechniken und/oder Dokumentenanalysen als primären Mitteln, etwas über Personen oder Gruppen und ihre Merkmale zu erfahren. Manchmal wird qualitative Forschung Feldarbeit genannt, weil die Forscher in die Lebensläufe und Welten derjenigen eintauchen, die sie studieren.

Quantitative Methoden werden häufig gebraucht, wenn die Forschungsgegenstände explanatorischer, deskriptiver oder evaluativer Art sind. Exploration ist das am weitesten verbreitete Motiv für die Benutzung qualitativer Methoden, obgleich Forscher diese Methoden auch für deskriptive und evaluative Zweke anwenden. Während quantitative Forscher das Ziel der Entwicklung des Verständnisses akzeptieren, das konkret das wiedergibt, was sich in der realen Welt ereignet, betonen qualitative Forscher stattdessen das Ziel des „authentischen" Verstehens eines Sozialprozesses oder einer sozialen Umgebung (*Bachman/Schutt* 2011, 281–283). Qualitative Forschung ist häufig induktiv: Die Forscher beginnen mit der Beobachtung sozialer Interaktion oder mit einem Tiefeninterview sozial oder asozial Handelnder und entwickeln dann eine Erklärung für das, was sie gefunden haben. Sie testen keine Hypothese, sondern sie versuchen, sozialen und asozialen Phänomenen Sinn zu verleihen. Erklärungen der qualitativen Forschung sind reichhaltiger und feiner strukturiert als die, die sich aus der quantitativen Forschung ergeben; sie sind aber auf wenige Fälle und ein begrenztes Gebiet gegründet. Quantitative Forschung wendet mathematische Modelle und die Prinzipien der Messmethode an, wie sie aus den Naturwissenschaften auf die soziale Welt übertragen worden sind. Eine positivistische Vorstellung der Kausalität, die menschliches Verhalten vorherzusagen sucht, hat weite Akzeptanz erfahren. Quantitative Forschung ist formalisiert; sie beginnt und endet mit numerisch definierten Variablen. In der qualitativen Forschung diktiert der zu untersuchende Forschungsgegenstand die Untersuchungsmethode. Qualitative Forschung ist deshalb sehr methodenreich und offen für alle möglichen Forschungstechniken. Fallstudien stützen sich auf die Untersuchung zahlreicher Quellen der Information, z.B. auf Interviews, Beobachtungen und Dokumente. Die Anwendung zahlreicher Methoden, auch Triangulation genannt, spiegelt den Versuch wider, ein Tiefenverständnis der in Frage kommenden Phänomene zu sichern. Triangulation wird als kein Werkzeug und keine Strategie, sondern als eine Alternative zur Validierung verstanden. Durch Triangulation soll ein empirisch gefundenes Ergebnis bestätigt werden. Forscher versuchen, qualitative mit quantitativen oder wenigstens quasistatistischen Methoden zu integrieren. Es ist nicht sinnvoll, eine Forschungsstrategie gegen die andere auszuspielen (vgl. aber *Kunz/Besozzi* 2003). Sowohl qualitative wie quantitative Methoden haben ihren Wert.

2.4.1.6 Forschungsethische Probleme

Genauso, wie Forscher bestimmte Methoden nicht anwenden, wenn sie zu unpraktisch oder zu teuer sind, verwenden sie auch keine Verfahren, wenn sie sich als unethisch erweisen. Unethisch nennt man den Verstoß gegen die Verhaltensstandards eines bestimmten Berufs oder einer bestimmten Gruppe. Die Weltgemeinschaft kriminologischer Forscher besitzt ebenso einen Ehrenkodex wie die „Akademie für Kriminaljustiz-Wissenschaften" und die „Amerikanische Gesellschaft für Kriminologie" (*Hagan* 2010, 28–63; *Dantzker/Hunter* 2012, 19–29). Schaden für Teilnehmer, für Forscher oder Drittpersonen ist eine mögliche Bedrohung in Feldstudien, die Informationen von oder über Personen sammeln, die kriminelles Verhalten praktizieren. Menschen nicht zu verletzen, ist eine einfache Norm, die in der Theorie leicht anzuwenden ist, die aber in der Praxis schwer befolgt werden kann. Kriminologische Forschung dringt oft, freilich nicht immer, in das Leben von Menschen ein. Sie erfordert häufig, dass Menschen ihre persönlichen Informationen offen legen – Informationen, die ihren Freunden und Bekannten vorenthalten bleiben.

Die Teilnahme an Experimenten muss freiwillig sein. Niemand darf zur Teilnahme gezwungen werden. Anonymität und Vertraulichkeit müssen gewahrt bleiben. Man spricht von Anonymität, wenn ein Forscher keine bestimmte Information mit keiner bestimmten Person verbinden kann. Vertraulichkeit bedeutet, dass ein Forscher in der Lage ist, eine Information mit der Identität einer bestimmten Person zu verknüpfen, dass er aber im Wesentlichen verspricht, das nicht öffentlich zu tun. Manchmal ist es nützlich, ja sogar notwendig, dass sich Forscher denjenigen zu erkennen geben, die sie studieren wollen. Menschen zu täuschen, ist unethisch. Gleichwohl sind bestimmte empirische und experimentelle kriminologische Forschungsprojekte ohne eine gewisse Irreleitung der Versuchspersonen nicht sinnvoll. Freilich muss die Verheimlichung durch zwingende wissenschaftliche oder verwaltungstechnische Notwendigkeiten gerechtfertigt werden. Selbst in diesen Fällen ist die Rechtfertigung umstritten (*Maxfield/Babbie* 2011, 51–79).

Der Forscher hat ethische Verpflichtungen auch gegenüber seinen Kolleginnen und Kollegen. Methodische Unzulänglichkeiten und Fehler sind in den Forschungsberichten kenntlich zu machen. Feldbeobachtungen krimineller Aktivitäten, die der Polizei nicht berichtet worden sind, bergen für kriminologische Forscher erhebliche Risiken in sich. Nach dem Strafrecht zahlreicher Staaten kann in diesen Fällen der Forscher wegen Strafverfolgungsbehinderung oder Teilnahme an einem Verbrechen belangt werden. Der Forscher erwirbt Wissen darüber, dass Forschungsprobanden illegale Handlungen begangen haben, durch Selbstberichtuntersuchungen oder Feldinterviews. In vielen Staaten kann der Forscher wegen dieses Wissens vor Gericht geladen und zur Aussage gezwungen werden. Wenn der Feldarbeiter in natürlicher Umgebung mit dem Kriminellen zusammen in Erscheinung tritt, geht er ein gewisses Risiko der polizeilichen Festnahme ein. Denn von der Polizei kann nicht erwartet werden, dass sie beim ersten Zugriff einen Unterschied zwischen Straftätern und Feldarbeitern macht, wenn beide eng zusammenarbeiten.

Während ihrer Forschungsarbeiten können Forscher irreguläre und illegale Handlungen des Personals von öffentlichen Agenturen entdecken. Sie sind dann mit der ethischen Frage konfrontiert, solche Information den Strafverfolgungsbehörden zu melden. Fast jeder stimmt der Meinung zu, dass es unethisch ist, jemanden für Forschungszwecke zur Begehung von Verbrechen zu verleiten. Einige Bandenmitglieder haben kriminologischen Forschern angeboten, zur Illustration ihrer Gewaltbereitschaft ein „Drive-by Shooting" (eine Schießerei zwischen Banden in nebeneinander fahrenden Autos) zu beobachten. Die Forscher haben solche Einladungen abgelehnt. Viel schwieriger ist die Frage, welchen Gebrauch Kriminelle von der Bezahlung für ein Interview mit ihnen machen. Ein ethisches Problem folgt auch aus der Situation, wenn eine erwünschte Behandlung einer Experimentalgruppe gewährt, einer Kontrollgruppe demgegenüber vorenthalten wird, wenn in einem Experiment einige Täter angeklagt werden, andere dagegen verschont bleiben. Sieht man ein solches Vorgehen als unethisch an, so führt das zum Scheitern jeder Behandlungsforschung. Es muss möglich sein, zwischen nützlichen und ineffektiven oder sogar schädlichen Behandlungsformen selbst auf Kosten von Mitgliedern der Kontrollgruppe unterscheiden zu können. Die Behandlungszuweisung nach dem Zufallsprinzip (Randomisierung) in experimentellen Studien wirft ähnliche Fragen auf. Ist es ethisch, einigen Menschen eine Behandlung nach Zufallsprinzipien zukommen zu lassen und anderen nicht? Einige Juristen verwechseln das Wort „zufällig" mit den Wörtern willkürlich und launenhaft. Forscher sehen Zuweisung nach Zufall im Allgemeinen als ein ethisches Verfahren für die Entscheidung darüber an, wie potentiell nützliche oder schädliche experimentelle Behandlungsformen voneinander zu unterscheiden sind. Die Auswahl nach Zufall ist nicht willkürlich oder vorurteilsbehaftet. Das entscheidende Merkmal besteht in der Erklärung, dass Zufallszuweisung jedem Probanden die gleiche Chance für die Teilnahme an einem experimentellen Programm einräumt.

Staatliche und private Organisationen (unter Einschluss der Universitäten), die Forschung an Menschen durchführen, müssen Komitees bilden, die Forschungspläne daraufhin überprüfen, ob sie unethische Methoden enthalten. Die Norm der freiwilligen Teilnahme ist für gewöhnlich dann erfüllt, wenn die Versuchspersonen über die Forschungsverfahren informiert worden sind und ihre Einwilligung zur Teilnahme erteilen. Forscher gehen das Problem für gewöhnlich dadurch an, dass sie den Probanden wenigstens teilweise die Wahrheit oder die leicht modifizierte Version dessen sagen, warum die Forschung durchgeführt wird. In allen diesen Fällen besteht das fundamentale ethische Dilemma in dem Konflikt zwischen dem Recht der Forscher, neues Wissen zu entdecken, und dem Recht der Probanden, vor unnötigen Eingriffen in ihre Privatsphäre bewahrt zu bleiben. Als Beispiel für ethische Probleme in einer experimentellen Untersuchung wird im Folgenden etwas näher auf die Gefängnissimulation von *Craig Haney, Curtis Banks* und *Philip Zimbardo* (1973) eingegangen. Diese Forscher wollten ermitteln, ob die Hang- oder Neigungs-Hypothese oder die Situations-Hypothese für die gewaltsame Atmosphäre in den Strafanstalten zutrifft. Mit der Hang- oder Neigungs-Hypothese vertritt man die Meinung, dass Strafanstalten brutal und enthumanisierend sind, weil die Menschen, die in ihnen arbeiten oder eingesperrt sind, brutal und enthumanisierend sind. Mit der Situationshypothese ist man demgegenüber der Ansicht, die Strafanstaltsumgebung sei selbst brutal und enthumanisierend; auf die Persönlichkeitsmerkmale von Menschen, die in ihnen arbeiten oder eingesperrt sind, komme es nicht an.

In Palo Alto, einer Universitätsstadt in Kalifornien, erschienen Zeitungsanzeigen, in denen nach Freiwilligen für das Leben in einem künstlichen Gefängnis gesucht wurde. 75 Interessenten meldeten sich. Sie wurden sorgfältig interviewt und psychodiagnostisch getestet. Nur die 21 körperlich und seelisch stabilsten, lediglich die sozial reifsten mit dem geringsten antisozialen Vorverhalten wurden ausgewählt. Zehn wurden nach Zufall dazu bestimmt, die Rolle der „Strafgefangenen" zu spielen. Elf Versuchspersonen wurde – ebenfalls nach dem Zufallsverfahren – die Rolle der „Aufsichtsbeamten" zugewiesen.

Im Psychologischen Institut der Stanford Universität wurde eine „Strafanstalt" möglichst naturgetreu eingerichtet. Die 21 Versuchspersonen erhielten eine Bezahlung von je 15 US-Dollar pro Tag und Person. Das Experiment sollte zwei Wochen dauern. Die Versuchspersonen waren gewarnt worden. Man hatte sie darauf hingewiesen, dass ihre Freiheiten und ihre Verfassungsrechte eingeschränkt werden würden. Keine der Versuchspersonen erhielt irgendeine Ausbildung. Den „Aufsichtsbeamten" sagte man nur, sie möchten ein „vernünftiges Maß an Ordnung" aufrechterhalten. Die Versuchsleiter hatten ihnen allerdings ausdrücklich und unbedingt verboten, körperliche Strafen anzuwenden. Die „Aufsichtsbeamten" glaubten, die Versuchsleiter seien vor allem am Verhalten der „Strafgefangenen" interessiert. In Wirklichkeit ging es in dem Experiment um den Einfluss des simulierten, wirklichkeitsgetreu nachgeahmten Gefängnisses auf die Interaktionen zwischen „Aufsichtsbeamten" und „Strafgefangenen".

Die „Aufsichtsbeamten" wurden in Uniformen eingekleidet; sie mussten acht Stunden pro Tag arbeiten. Die „Strafgefangenen" erhielten Gefangenenkleidung und Gefangenenkost; sie blieben 24 Stunden in ihren Zellen, konnten jedoch zeitlich begrenzte Besuche von Freunden und Verwandten empfangen. Verborgene Kameras und Mikrophone zeichneten die Interaktionen zwischen „Aufsichtsbeamten" und „Strafgefangenen" auf. Die Versuchsleiter arbeiteten mit der Polizei eng zusammen. Wirkliche Polizeibeamte holten die „Straftäter" von zu Hause ab; sie verhafteten sie. Die „Straftäter" wurden durchsucht und in einem Polizeiauto in Handschellen zum Polizeirevier gebracht. Dort wurden ihnen die Fingerabdrücke genommen. Vor

Einweisung in die Strafanstalt wurden sie entlaust und über ihre Rechte nach dem Strafvollzugsgesetz und nach der Hausordnung belehrt. Sie mussten ihre persönliche Habe abgeben. Als Gefangenenkleidung erhielten sie Kittel, die ihre Entmännlichung symbolisieren und sie in den Augen der „Aufsichtsbeamten" und in ihrer eigenen Sicht lächerlich machen sollten. Die „Aufsichtsbeamten" mussten sie mit „Herr Aufseher" anreden. Sie selbst wurden nur mit Nummern bezeichnet.

Das Experiment gelangte zu folgenden Ergebnissen:

- Fünf von zehn „Strafgefangenen" mussten am zweiten Tag ihres „Strafanstaltsaufenthaltes" vorzeitig entlassen werden. Sie litten an Weinkrämpfen, Wutanfällen, Angst, Depressionen und psychosomatischen Symptomen.
- Die „Strafgefangenen" hatten ihre „Hilflosigkeit" schnell gelernt. Sie verhielten sich unterwürfig und passiv. Sie verloren ihre Selbständigkeit und Unabhängigkeit. Sie lehnten sich selbst ab und verfielen in Depression, in Niedergeschlagenheit.
- Obgleich man „Aufsichtsbeamten" und „Strafgefangenen" die Wahl gelassen hatte, *jede* Form der Interaktion zu praktizieren (negative oder positive, hilfreiche oder ablehnende Interaktionen), war negatives, feindliches und unpersönliches Verhalten für ihre Begegnungen charakteristisch. Ihre Gespräche waren ohne persönliche Note und menschliche Wärme. Die häufigste Form ihres verbalen Verhaltens waren Befehle, die die „Aufsichtsbeamten" gaben.
- Das Strafvollzugsexperiment musste nach sechs Tagen vorzeitig abgebrochen werden. Die ständigen Belästigungen und Quälereien der „Strafgefangenen" durch die „Aufsichtsbeamten" hatten so zugenommen, dass sie für die „Strafgefangenen" unerträglich geworden waren. Die Entscheidungen der „Aufsichtsbeamten" waren willkürlich. Sie beschimpften, bedrohten und demütigten die „Strafgefangenen". Die „Aufsichtsbeamten" bedauerten den Abbruch des Experiments; sie hatten Gefallen an ihrer Rolle gefunden. Ein Verhalten, das nicht hart und anmaßend war, wurde von ihnen als Zeichen der Schwäche beurteilt. Wenigstens ein Drittel aller „Aufsichtsbeamten" legte ein so aggressives und unmenschliches Verhalten den „Strafgefangenen" gegenüber an den Tag, dass die Versuchsleiter glaubten, die Fortsetzung des Experiments nicht mehr verantworten zu können.

Auf folgende Gründe war der negative Ausgang des Experiments zurückzuführen:

- Die einseitige Machtverteilung zwischen Personal- und Insassengruppe hatte ein beträchtliches Machtgefälle durch Machtsymbole sozial sichtbar gemacht, so dass die soziale Macht zur Hauptdimension des Verhaltens wurde, über die man jeden und alles definierte. Sowohl „Aufsichtsbeamte" wie „Strafgefangene" richteten ihr Verhalten nach stereotypen Vorstellungen aus, die über die Wärter- und Gefangenenrolle in der öffentlichen Meinung herrschen.
- Der Machtmissbrauch der „Aufsichtsbeamten" war dadurch begünstigt worden, dass sie Uniformen tragen durften und dass sie mit der Polizei zusammenarbei-

teten (soziale Sichtbarkeit der Machtsymbole). Es wirkte sich ferner negativ aus, dass sie keine Ausbildung erhalten hatten.
– Die „Strafgefangenen" hatten sehr schnell ihre Hilflosigkeit gelernt. Sie kamen in einen Prozess der Selbstabwertung hinein. Ihre Bekleidung mit Kitteln und ihre Bezeichnung mit Nummern trugen wesentlich zu diesem Selbstabwertungsprozess bei. Auch die Degradierungszeremonien, denen sie unterworfen waren (z.B. Anlegen von Handschellen, Abnahme ihrer Fingerabdrücke, Entlausung, Abgabe ihrer persönlichen Habe), hatten eine negative Wirkung. Schließlich war von Bedeutung, dass sie die „Aufsichtsbeamten" mit „Herr Aufseher" anreden mussten.

Für den negativen Ausgang des Experiments war nicht die Aggressivität psychopathischer Persönlichkeiten (der „Aufsichtsbeamten") verantwortlich. Denn die seelisch stabilsten und geistig gesundesten Bewerber waren ausgewählt, und die Rollen als „Wärter" und „Gefangene" waren nach Zufall zugeteilt worden. Das negative Ergebnis war vielmehr auf die Situation in der Strafanstalt, auf die einseitige Machtverteilung und die damit verbundene falsche Ausrichtung der symbolischen Interaktionen zwischen „Wärtern" und „Gefangenen" zurückzuführen.
Den Forschern warf man Folgendes vor:
– Sie hätten die Versuchspersonen über den wahren Sinn des Experiments im Unklaren gelassen.
– Sie hätten die Versuchspersonen geschädigt. Denn die Gefangenenwärter hätten die Macht erhalten, die Regeln im Laufe des Experiments zu modifizieren, und ihr Verhalten sei zunehmend brutal geworden.

Die Forscher entgegneten:
– Auf andere Weise seien die Hang-/Situations-Hypothesen nicht zu evaluieren gewesen.
– Sie hätten Gruppentherapie und „Debriefing"-Sitzungen angewandt, in denen sie sich vergewissert hätten, dass die negativen Erfahrungen mit der Zeit psychisch verarbeitet worden seien.

2.4.2 Forschungsformen

2.4.2.1 Experiment und Quasiexperiment

Ein Experiment ist ein systematischer Versuch, die Wirkung von Veränderungen in einem Faktor (in der unabhängigen Variablen) auf einen anderen Faktor (auf die abhängige Variable) zu untersuchen (*Maxfield/Babbie* 2011, 182–217). In der Kriminologie ist die unabhängige Variable häufig eine Art von Intervention und die abhängige Variable ein Maß für die Straffälligkeit (*Farrington* 2006, 124). Experiment ist ein

Beobachtungsprozess, der in einer Situation ausgeführt wird, die extra für diesen Zweck herbeigeführt worden ist. Die Kontrolle der unabhängigen Variablen durch den Experimentator ist der Kern des Experiments. Die Durchführung von Experimenten ist speziell angemessen für das Testen von Hypothesen. Sie ist geeignet für die Explanation und die Evaluation. Der kausale Effekt besteht darin, dass der Wandel in einer unabhängigen Variablen die Änderung in einer abhängigen Variablen herbeiführt, wenn alle anderen Variablen gleich bleiben. Drei Kriterien stehen für die kausale Erklärung:

- Es besteht eine empirische Korrelation zwischen den Verursachungs- und Wirkungs-Variablen.
- Die Ursache geht der Wirkung zeitlich voran.
- Die beobachtete Korrelation zwischen Ursache und Wirkung beruht nicht auf dem Einfluss einer dritten Variablen (einer intervenierenden Variablen).

Echt ist eine Beziehung zwischen zwei Variablen nur dann, wenn sie nicht auf die Veränderung durch eine dritte Variable zurückzuführen ist. Wenn eine dritte, eine äußere Variable die Wandlung verursacht, wird eine unechte Beziehung zwischen unabhängiger und abhängiger Variable geschaffen. Die Untersuchung besitzt dann keine interne Validität mehr.

Echte Experimente haben wenigstens drei Merkmale:

- Zwei Vergleichsgruppen: eine, die experimentelle Bedingungen erhält (z.B. Behandlung, Intervention), und eine andere, die keine Behandlung/Intervention bekommt.
- Zuweisung der Versuchspersonen nach Zufallsgesichtspunkten zu einer der beiden (oder mehreren) Vergleichsgruppen (Randomisierung).
- Beurteilung der Änderung in den abhängigen Variablen beider Gruppen, nachdem die experimentelle Bedingung verwirklicht worden ist.

In kriminologischen Experimenten sind Kontrollgruppen nicht nur zum Schutz gegen ungewollte Effekte der Experimente selbst wichtig, sondern auch gegen Wirkungen von Ereignissen, die sich außerhalb des Laboratoriums im Laufe des Experiments zutragen. Randomisierung ist das zentrale Merkmal des klassischen Experiments. Das wichtigste Charakteristikum der Randomisierung besteht darin, dass sie Experimental- und Kontrollgruppen hervorbringt, die statistisch äquivalent sind.

Alle echten Experimente haben einen Posttest, mit dem die Ergebnisse beider Vergleichsleichsgruppen gemessen werden, nachdem die Experimentalgruppe ihre Behandlung erhalten hat. Jede Forschung, die eine Hypothese testet, benötigt einen Posttest. Die unabhängigen und die abhängigen Variablen werden miteinander verglichen, nachdem die unabhängige Variable ihren Effekt oder keinen Effekt gezeigt hat. Echte Experimente haben auch einen Vortest, mit dem die Variablen vor der experimentellen Intervention gemessen werden. Zuweisung nach Zufallsgesichtspunkten, manchmal Randomisierung genannt, ist das Merkmal, das die Vergleichsgruppen in einem echten Experiment zu einem so mächtigen Mittel macht, um die Wirkungen der Behandlung zu erkennen.

Durch Experimente (*Sherman/Berk* 2005; *Berk/Ladd/Graziano/Baek* 2005) kann ermittelt werden, welche Reaktionsmaßnahme auf Kriminalität einer anderen im Hinblick auf Rückfallhäufigkeit und Sicherheit im Strafvollzug überlegen ist. Für ein Experiment ist es unerlässlich, dass es auf keinem Auswahlartefakt, auf keiner Auswahlverzerrung beruht. Das folgende Problem ist ein Beispiel dafür: Delinquente Jugendliche, die vor ein Jugendgericht kommen, neigen mehr zu einem Rückfall als delinquente Jugendliche, die Diversion, eine außergerichtliche Maßnahme erhalten. Dieser Umstand kann auf einer Stigmatisierung, einer Brandmarkung des delinquenten Jugendlichen durch das Jugendgericht beruhen (Labeling Theorie). Er kann aber auch darauf zurückgeführt werden, dass delinquente Jugendliche mit einer ungünstigen Vorhersage vor das Jugendgericht kommen, während delinquente Jugendliche mit einer günstigen Vorhersage eine außergerichtliche Maßnahme erhalten. Die Stigmatisierungshypothese hat bisher keine empirische Unterstützung erfahren (*Smith/ Paternoster* 2005). Der Hauptvorteil randomisierter, auf Zufallsauswahl beruhender Experimente besteht in ihrer hohen internalen Validität. Randomisierte Experimente, die sowohl unabhängige wie abhängige Variablen kontrollieren, stellen fest, welche Interventionen auf Kriminalität wirksam und welche unwirksam sind. Die Anzahl der randomisierten Experimente hat sich von 37 in den Jahren 1957 bis 1981 auf 85 in den Jahren 1982 bis 2004 verdoppelt (*Farrington/Welsh* 2006a). Sie werden hauptsächlich in den USA durchgeführt. Randomisierte Experimente sind speziell nützlich für das Testen kausaler Hypothesen und für die Evaluation gut-definierter Technologien. Solche Experimente sind ausgeführt worden, um die kriminalitätsvermindernden Wirkungen der Polizeiarbeit, der Vorbeugung, des Strafvollzugs, der Gerichte und der Gemeinschaften zu untersuchen.

Von einem Quasiexperiment spricht man, wenn durch Anpassung (Matching) und nicht durch Auswahl nach Zufall (Randomisierung) gleichartige Experimental- und Vergleichsgruppen geschaffen werden. Anpassung bedeutet, dass man die Teilnehmer an Experimental- und Vergleichsgruppen jeweils nach gleichen Merkmalen, z.B. Alter und Geschlecht, auswählt. Bei der individuellen Anpassung werden individuelle Fälle in der Behandlungsgruppe ähnlichen Individuen in der Vergleichsgruppe zugeordnet. Bei der Gesamtanpassung wird eine Vergleichsgruppe identifiziert, die der Behandlungsgruppe insgesamt ähnlich ist. Es gibt zwei Haupttypen des quasiexperimentellen Designs (*Maxfield/Babbie* 2011, 201–217).
- Beim nichtäquivalenten Kontrollgruppen-Entwurf werden experimentelle und Vergleichsgruppe vor der Intervention bestimmt, sie werden aber nicht durch Zuweisung nach Zufallsgesichtspunkten geschaffen. Eine Kohortenstudie kann als nichtäquivalentes Kontrollgruppen-Verfahren angesehen werden. Eine Kohorte wird als eine Gruppe von Probanden definiert, die zur selben Zeit in eine Institution eintreten oder die sie zur selben Zeit verlassen (*Maxfield/Babbie* 2011, 204/205).

- Vor- und Nachdesigns haben einen Prä- und einen Posttest, aber keine Vergleichsgruppe. Die Versuchspersonen, die zu einem früheren Zeitpunkt der Behandlung ausgesetzt worden sind, dienen zu einem späteren Zeitpunkt als ihre eigene Kontrollgruppe.

Das Problem der internalen Validität ist das Problem der intervenierenden Variablen. Historische Ereignisse können sich im Laufe des Experiments ereignen, die die experimentellen Ergebnisse durcheinander bringen. Menschen ändern sich beständig, ob sie sich in einem Experiment befinden oder nicht. Solche Änderungen beeinflussen die Ergebnisse des Experiments. Oft beeinträchtigt der Prozess des Testens und des wiederholten Testens das Verhalten der Menschen und verwirrt die experimentellen Resultate. Der Hawthorne Effekt dient als Beispiel für Reaktivität. Er resultiert in atypischem Verhalten und in ungewöhnlichen Haltungen auf Seiten der Versuchspersonen. Er ist das Ergebnis des Bewusstseins der Probanden, studiert zu werden (*Hagan* 2010, 72/73). Externale Validität erörtert das Problem der Verallgemeinerbarkeit, ob nämlich Resultate aus Experimenten in einer Situation (Zeit, Ort) in einer anderen Situation Geltung haben oder ob eine Behandlung, die für eine Population wirksam ist, ähnliche Wirkungen auf eine andere Gruppe hat (*Maxfield/Babbie* 2011, 89).

Als Beispiele für Experimente werden die „Reintegrative Shaming Experiements" im Folgenden dargestellt, die das „Australian Institute of Criminology" (1999) in Canberra durchführt (vgl. auch *Strang* 2002):

Bis zu 18jährige Täter von Eigentumsdelikten und bis zu 30jährige Rechtsbrecher von Gewaltstraftaten, die ihre Tat voll zugeben und sich für ihren Rechtsbruch verantwortlich erklären, werden nicht angeklagt und gehen nicht vor Gericht, sondern nehmen freiwillig an einer Konferenz teil. Alle diese Rechtsbrecher, die Straftaten mittlerer Schweregrade begangen hatten, konnten sich zu jeder Zeit (bis zum Ende der Konferenz) für ein normales Gerichtsverfahren entscheiden. Im Rahmen der kriminologischen Begleitforschung (Evaluation) wurde im Vergleich zur Experimentalgruppe, die an einer Konferenz teilnahm, eine Kontrollgruppe gebildet, die vor Gericht ging. Die Versuchspersonen wurden nach dem Zufallsprinzip dem Gericht oder der Konferenz zugeteilt. Die ethischen Aspekte eines solchen auf Zufall beruhenden Tests in der Kriminaljustiz waren von der Ethik-Kommission der „Australischen Nationaluniversität" vorher geprüft worden. In der Konferenz diskutiert die Experimentalgruppe (Täter, Opfer und ihre Obhutsgemeinschaften: z.B. Familien, Nachbarschaften, Gleichaltrigengruppen) in Gegenwart eines ausgebildeten Vermittlers, was sich während der Tat ereignet hat, in welcher Weise sie jeden der Beteiligten in Mitleidenschaft gezogen hat und wie der Schaden repariert werden kann. Eine Vereinbarung wird zwischen allen an der Tat Beteiligten unter Vermittlung des Mediators über das getroffen, was getan werden kann, um das Opfer, die Gemeinschaft und den Täter selbst möglichst so zu stellen, wie sie vor der Tat gestanden haben. Im Experiment mit Eigentumstätern sind 175 Fälle (mit 251 Tätern), im Experiment mit Gewaltrechtsbrechern 100 Fälle (mit 121 Tätern) und ihre dazugehörigen Kontrollgruppen von der kriminologischen Begleitforschung bisher beobachtet worden. Ermittelnde Polizeibeamte und Mediatoren haben Fragebogen ausgefüllt. Opfer, Täter und ihre beiderseitigen Unterstützer sind interviewt worden.

Folgende Ergebnisse sind bisher erzielt worden (Die Experimente werden weitergeführt.): Die Konferenz hatte – im Vergleich zur Gerichtsverhandlung – auf die Opfer eine wohltuende, heilende Wirkung im Hinblick auf ihre Gefühle der Würde, des Selbstrespekts und des Selbstvertrauens; sie verminderte die Verlegenheit und Scham, die durch die Viktimisierung hervorgerufen worden waren. 93 Prozent der Opfer der Experimentalgruppe stimmten darin überein, dass sie eine Gelegenheit gehabt hätten, den Verlust und die Verletzung zu erklären, die mit der Tat verbunden gewesen seien. 88 Prozent äußerten die Meinung, sie seien in der Lage gewesen, ihre Auffassungen darzulegen. Die Konferenz ist kein Null-Summen-Spiel, bei dem die Verbesserung der Rechte des einen die Verschlechterung der Rechte des anderen zur Folge hat. Im Vergleich zur Gerichtsverhandlung gewinnen im Mediationsverfahren vielmehr Opfer und Täter. Wenn sie direkt miteinander interagieren, besteht eine viel größere Chance, Einfühlung und Verständnis auf beiden Seiten zu entwickeln. Zwei Drittel (66 Prozent) der Täter und Opfer berichteten beide einen Gewinn im Hinblick auf das Ausmaß ihrer Teilnahme an der Konferenz. In allen Punkten, die sich auf Kontrolle, Unparteilichkeit, Ethik und Besserungsfähigkeit beziehen, wurde in 75 Prozent der Fälle ein beiderseitiger Gewinn erzielt. In Konferenzen besteht die starke Tendenz, dass empathische Gefühle einer Partei dazu führen, das Einfühlungsvermögen der anderen Partei positiv zu beeinflussen.

2.4.2.2 Befragung (quantitative Forschung)

Die Befragung ist eine der verbreitetsten Methoden der Datensammlung in den Sozialwissenschaften. Unter Befragung versteht man einen zielgerichteten sozialen Interaktions-Vorgang, dessen objektive Erfassung nur unter Einschluss des Kontextes möglich ist, in dem er stattfindet. Die Befragung kann mündlich in einem Interview oder schriftlich durch Versendung von Fragebogen durchgeführt werden; sie ist ein Mittel normativer Orientierung, d.h. in einer Beziehung zwischen Fragesteller und Befragtem werden Verhaltenserwartungen ausgebildet (*Atteslander/Kopp* 1999, 147). Die wissenschaftliche Befragung unterscheidet sich von der alltäglichen durch die Kontrolliertheit jeder einzelnen Befragungsphase. Man trennt strukturiertes und unstrukturiertes Interview, geschlossene und offene Befragung, standardisiertes und nicht-standardisiertes Interview voneinander (*Atteslander/Kopp* 1999, 152–157):

- Für das strukturierte Interview muss, bevor die eigentliche Feldarbeit beginnen kann, ein Fragebogen konstruiert werden. Der Fragebogen legt den Inhalt, die Anzahl und die Reihenfolge der Fragen fest. Beim unstrukturierten Interview wird die gesamte Last der Kontrolle auf den Interviewer übertragen.

- Die Unterscheidung geschlossene – offene Befragung bezieht sich auf die Form der einzelnen Fragen, die im Fragebogen enthalten sind und vom Interviewer gestellt werden. Die geschlossene Frage ist so formuliert, dass dem Befragten mit der Frage gleichzeitig eine Reihe von Antwortmöglichkeiten vorgelegt werden, aus denen er die für ihn zutreffende Alternative auswählen muss. Bei der offenen Frage ist der Befragte völlig frei in seinem Antwortverhalten.
- Die Unterscheidung standardisiertes – nicht-standardisiertes Interview hat die Verwendungsweise von Antwortkategorien zum Gegenstand. Beim standardisierten Interview geht es darum, die individuell verschiedenen Antworten nach Kategorien zu ordnen, so dass sich für die befragte Gruppe gewisse Häufigkeitsverteilungen ergeben. Beim nicht-standardisierten Interview wird auf die Kategorisierung der Antworten verzichtet.

Das Tiefeninterview ist intensiver und detaillierter als das gewöhnliche Interview. Es ist speziell nützlich in Fall- und Lebenslaufstudien. In Selbstberichtstudien werden die Probanden nach der nicht-angezeigten Kriminalität befragt, die sie in einer relativ kurzen Zeit vor ihrer Befragung (etwa innerhalb eines halben Jahres vorher) verübt haben. Sie sollen Auskunft geben über die Häufigkeit und die Art ihres Kriminellwerdens, über den Schaden, den sie den Opfern zugefügt haben, und über alle übrigen Einzelheiten ihres Täterwerdens. Neben diesem kriminalstatistischen Dunkelfeld, das die tatsächlich begangenen und wahrgenommenen, aber den Strafverfolgungsbehörden verborgen gebliebenen und von ihnen nicht registrierten Delikte enthält, entwerfen Selbstberichtstudien ein Bild des „Dunkelfeldes krimineller Karrieren", das für die Entdeckung von Rückfalltätern, Berufsverbrechern und gefährlichen Intensivtätern von großer kriminologischer Bedeutung ist. Denn viele verurteilte Rechtsbrecher haben weit mehr Straftaten begangen, als die Strafverfolgungsbehörden entdeckt haben oder als sie ihnen nachweisen konnten.

Befragungen zum Opferwerden und Opferbefragungen sind ferner wesentliche kriminologische Forschungsmethoden. Man kann eine repräsentative Stichprobe von Haushalten danach befragen, ob der Haushalt selbst oder ob Mitglieder des Haushalts Verbrechensopfer geworden sind („Victimization Surveys"). Eine zweite wichtige kriminologische Forschungsmethode besteht darin, dass man Verbrechensopfer, deren Opferwerden der Kriminaljustiz bereits bekannt geworden ist, nach ihren Erfahrungen mit ihrem Opferwerden und mit den Reaktionen auf ihr Opferwerden sowie nach ihren Bedürfnissen befragt. Die Befragungen zum Opferwerden und die Opferbefragungen haben wesentliche Fortschritte erzielt. Sie haben neue Informationen über die Häufigkeit des Opferwerdens, über das Ausmaß der körperlichen und seelischen Verletzung und den Umfang des materiellen Verlustes, über Sicherheitsgefühl und Verbrechensfurcht von Opfern und Nichtopfern, über das Risiko des Opferwerdens, über die Erfahrungen des Opfers mit seinem Opferwerden, über die Anzeigebereitschaft der Bevölkerung und ihre Teilnahme an und über ihre Einstellung gegenüber dem Kriminaljustizsystem, über die Wirksamkeit dieses Systems und schließlich über

Zufriedenheit und Unzufriedenheit der Bevölkerung mit Polizei, Gerichten, Bewährungshilfe und Strafvollzug hervorgebracht.

Antworten aus offenen Befragungen müssen kodiert werden, bevor sie in der Computer-Analyse ausgewertet werden können. Der Hauptmangel einer geschlossenen Befragung besteht darin, dass der Forscher die Antworten strukturiert. Auf diese Weise kann die Antwortliste bestimmte Kriminalitätsprobleme vernachlässigen, die die Befragten für wichtig ansehen. Die Beantwortung nach sozialer Erwünschtheit ist eines der Probleme, das kriminologische Befragungen in der allgemeinen Bevölkerung erschwert. Ferner kann die Reihenfolge der Fragen während der Befragung die Beantwortung beeinflussen. Die Beantwortungsrate ist der Prozentsatz der verschickten Fragebogen, die beantwortet und zurückgeschickt werden. Eine Beantwortungsrate von wenigstens 50 Prozent ist angemessen für die Analyse und den Forschungsbericht. Eine Beantwortungsrate von 60 Prozent ist gut, eine von 70 Prozent sehr gut. Persönliche Interviews erreichen eine höhere Beantwortungsrate als Befragungen in Briefform. Eine Befragung in Form persönlicher Interviews sollte eine Beantwortungsrate von wenigstens 80 bis 85 Prozent erbringen. Verschickte, elektronische und Gruppen-Fragebogen werden von den Befragten selbst ausgefüllt. Während persönlicher und Telefon-Interviews stellt der Versuchsleiter die Fragen und schreibt die Antworten auf. Am persönlichen Interview ist die soziale Interaktion zwischen Interviewer und Befragtem einzigartig.

Durch die Befragungsstudie zur zwischenmenschlichen Gewaltanwendung von *Hans H. Toch* (1969, 1993) soll die kriminologische Modifikation der Befragungsmethode etwas näher veranschaulicht werden:

Strafgefangene interviewten Strafgefangene, bedingt entlassene Strafgefangene andere bedingt Entlassene und Polizeibeamte andere Polizeibeamte. Menschen wurden befragt, die an Gewalthandlungen beteiligt waren. Gleichgestellte, Laien als Forschungshelfer erkundigten sich aus folgenden Gründen bei Gleichgestellten: Die natürliche Sprache, der Umgangston sollte bewahrt bleiben. Durch Kleidung und Ausdrucksverhalten sollte die soziale Distanz vermindert werden. Durch ein partnerschaftliches Verhältnis zwischen Interviewer und Interviewtem sollte vermieden werden, dass sich der Befragte als Objekt der Forschung vorkam. Das Interview wurde zwar strukturiert; der Interviewer erhielt genaue Anweisungen. Er konnte diese Anweisungen aber flexibel anwenden. Es kam *Toch* darauf an, den Zusammenhang zu verstehen, in dem sich Gewalthandlungen ereigneten, und auf diese Weise die Bedeutung der Gewalthandlung für den Gewalttäter, seine Gefühle, Einstellungen, Motive und Wahrnehmungen zu ermitteln. *Toch* bezog auch die Gewaltanwendung durch und gegen Polizeibeamte in seine Untersuchung mit ein. In diesem Zusammenhang wurden Polizeiakten zusätzlich herangezogen. Es wurden 344 Gewalthandlungen insgesamt analysiert. Folgende Personen wurden interviewt: 32 Polizeibeamte, die gewaltsam angegriffen worden waren, 19 Männer, die Polizisten gegenüber tätlich geworden waren, 44 Strafgefangene und 33 bedingt entlassene Strafgefangene.

Toch kam zu folgenden Ergebnissen: Der Gewalttäter hat ein übertriebenes Selbstwertstreben. Er will mit seiner Gewalthandlung sein Selbstbild verteidigen und sein Selbstwertgefühl stärken. Er glaubt, seine soziale Position und sein soziales Ansehen seien fragwürdig. Er ist nicht von seinem eigenen Wert überzeugt. Er ist äußerst empfindlich gegenüber einem Verhalten, das seine persönliche Unverletzlichkeit und seine Männlichkeit in Frage zu stellen geeignet ist. Die Niederlage des Angreifers oder des Angegriffenen trägt dazu bei, den eigenen Status, das eigene Prestige zu erhalten oder zu festigen. Wenn der Gewalttäter Erfolg hat, so zeigt ihm dies, dass sich Gewalttätigkeit auszahlt. Misserfolg macht ihm demgegenüber deutlich, dass er noch größere Härte anwenden muss, um erfolgreich zu sein. Gewalt schafft Achtung, und Achtung ist für ihn das Maß persönlicher Wertschätzung. Obgleich diese grundlegenden Annahmen ihren Ursprung in subkulturellen Normen und frühkindlichen Erlebnissen haben, nehmen sie durch Verwirklichung, Lernen am Erfolg Gestalt an. Die Konfrontation ereignet sich zwischen zwei Symbolen, nicht zwischen zwei wirklichen Menschen. Das Verhalten und die Persönlichkeiten beider Gewaltanwender werden in der Interaktion zwischen beiden von beiden falsch interpretiert. Die Mehrheit der gewaltgeneigten Personen hat nicht gelernt, mit zwischenmenschlichen Konflikten friedlich und mit Worten umzugehen. Es fehlen ihnen verbale und soziale Fähigkeiten. Die Gewaltanwendung ist ein Ausdruck der Hilflosigkeit. Das Verhaltensrepertoire der Gewalttäter ist begrenzt. Ihre Aggression erhält für sie die Bedeutung einer brüsken Zusammenfassung der Argumente, die sie nicht in Worte zu kleiden vermögen. Der Interaktionspartner wird als Objekt zur Befriedigung eigener Bedürfnisse missbraucht; sein Leiden dient der eigenen Genugtuung. Motiv ist Angst, die man nicht zu fürchten braucht, wenn man sie bei anderen erregt.

2.4.2.3 Qualitative Forschung

Die überwiegende Mehrzahl qualitativer kriminologischer Forschung kann in die beiden Kategorien Intensivinterview (Fallstudie) und teilnehmende Beobachtung (Feldforschung) eingeteilt werden. Das Intensivinterview ist eine qualitative Methode, die aus einer offenen, relativ unstrukturierten Befragung besteht, in der der Interviewer Tiefeninformationen über die Gefühle, Erfahrungen und Wahrnehmungen des Befragten zu erhalten sucht. Mit dem Tiefeninterview ist in der Regel eine Verhaltensbeobachtung der Versuchsperon (Fallstudie) verbunden. Beispiele für solche Fallstudien haben *Edwin H. Sutherland* (1937), *Clifford R. Shaw* (1930, 1931, 1938), *Carl B. Klockars* (1974), *Jon Snodgrass* (1982), *Derrell J. Steffensmeier* (1986), *Steffensmeier* und *Jeffery T. Ulmer* (2005) vorgelegt. Sie haben das Leben und das Verhalten von Kriminellen und Delinquenten mit deren Hilfe nachgezeichnet, die teilweise noch nicht polizeilich festgenommen und strafgerichtlich verurteilt worden waren. Qualitative Forscher wollen nicht vor allem vorformulierte Hypothesen testen. Sie versuchen vielmehr zu entdecken, was Menschen denken und wie und warum sie in bestimmten sozialen Situationen so handeln, wie sie handeln. Nur nach vielen Beobachtungen entwickeln qualitative Forscher allgemeine theoretische Grundsätze, die mit ihren empirischen Beobachtungen übereinstimmen. Qualitative Methoden sind am nützlichsten, wenn man neue Gesichtspunkte erkunden, dem Studium bisher entzogene Gruppen untersuchen oder die Bedeutung bestimmen will, die die Menschen ihrem Leben und ihrem Verhalten geben (*Noaks/Wincup* 2004; *Flick* 2002 und die Beiträge in *Denzin/Lincoln* 2003).

Teilnehmende Beobachtung (Feldforschung) ist eine qualitative Methode der Datensammlung, die die Entwicklung einer länger andauernden Beziehung zwischen Menschen umfasst, während sie ihren alltäglichen Beschäftigungen nachgehen (*Bachman/Schutt* 2011, 256). Beispiele für teilnehmende Beobachtung sind die Studie von *Jerome H. Skolnick* (1966, 1994) zur Polizeiforschung und die Untersuchung von *Francis A.J. Ianni* und *Elizabeth Reuss Ianni* (1972) zum organisierten Verbrechen. Bei der teilnehmenden Beobachtung muss der Forscher Überidentifikation mit der studierten Gruppe ebenso vermeiden wie Abneigung gegen sie. Weil Feldforscher Teil der sozialen Situation werden, die sie studieren, liegt es nahe, dass sie auf einem persönlichen, emotionalen Niveau beeinflusst werden (*Ferrell* 1998). Zur selben Zeit sehen die Probanden den Forscher nicht nur als Forscher, sondern als Bekannten, Freund oder Rivalen. Selbst wenn sich Forscher ihrer Forscherrolle bewusst sind, bringt der vermehrte Kontakt Sympathie mit sich, und die Sympathie schläfert die kritische Haltung ein. Der Begriff teilnehmender Beobachter repräsentiert tatsächlich ein Kontinuum von Rollen. Er reicht vom vollständigen Beobachter, der nicht an Gruppenaktivitäten teilnimmt und der sich öffentlich als Forscher zu erkennen gibt, bis zum verdeckten Beobachter, der genauso wie alle anderen Gruppenmitglieder handelt und der seine Forscherrolle nicht offenlegt. Viele Feldarbeiter entwickeln eine Rolle, die zwischen beiden Extremen liegt, indem sie einerseits öffentlich bestätigen, dass sie Forscher sind, andererseits sich aber nichtsdestoweniger an Gruppenaktivitäten beteiligen. In der vollständigen Beobachtung sehen Forscher die Vorgänge tatsächlich so, wie sie sich ereignen, ohne die Teilnehmer zu stören.

Die tatsächliche Gegenwart als Beobachter ändert die soziale Situation, die beobachtet wird. Der Beobachter sieht auf diese Weise, was Individuen tun, wenn sie beobachtet werden. Dieser Umstand wird als reaktiver Effekt bezeichnet. Er darf nicht verwechselt werden mit dem, was Individuen tun, wenn sie nicht beobachtet werden. Um das Potential für reaktive Effekte zu vermindern und um Zugang zu sonst unzugänglichen Schauplätzen zu erreichen, haben einige Forscher die Rolle eines verdeckten Teilnehmers angenommen. Indem sie so handeln, halten sie ihre Forschung geheim. Sie versuchen ihr Bestes, um sich so wie alle anderen Teilnehmer in einer sozialen Umgebung oder Gruppe zu benehmen. Verdeckte Teilnahme ist auch als vollständige Teilnahme bekannt. Forscher können enorme psychische Spannung speziell in Situationen erleben, in denen man von ihnen erwartet, dass sie Stellung in einem Konflikt innerhalb der beobachteten Gruppe beziehen oder dass sie sich an kriminellen oder anderen Handlungen beteiligen. Zahlreiche Kriminologen verdammen verdeckte Beobachtung als unethisch. Andere führen ins Feld, dass mit einer Verdammung der verdeckten Beobachtung viele wichtige kriminologische Forschungsprojekte unmöglich gemacht würden. Ein wenig passive oder aktive Irreführung versetzt den kriminologischen Forscher in die Lage, an Daten heranzukommen, die für ihn sonst unerreichbar bleiben. Wenn der Forscher die Vertraulichkeit wahrt, wenn er sich seinen Probanden gegenüber verantwortungsbewusst verhält und wenn er sie nicht direkt belügt, kann ein gewisses Mindestmaß an Täuschung gerechtfertigt sein (*Bachman/Schutt* 2011, 77/78).

Bei der teilnehmenden Beobachtung verursacht der Gruppenzugang und die Gruppenakzeptanz gewisse Probleme. Eine wichtige Praxis, die für Feldstudien charakteristisch ist, besteht in der Aufzeichnung extensiver und detaillierter Feldnotizen und Tagebücher. Aufgezeichnete Feldnotizen sind die primären Mittel, Daten aus der teilnehmenden Beobachtung zu sichern. Das gewöhnliche Verfahren besteht darin, sich kurze Notizen über die wesentlichen Punkte der Beobachtung zu machen. Diese kurzen Notizen dienen als Gedächtnisstützen beim Abfassen der endgültigen Feldnotizen zu einem späteren Zeitpunkt. Mit Hilfe kurzer vorläufiger Notizen erinnern sich Forscher für gewöhnlich ziemlich genau daran, was sich zugetragen hat, solange die endgültigen Feldnotizen innerhalb von 24 Stunden nach der Beobachtung niedergeschrieben werden. Regelmäßig dauert das Schreiben der Feldnotizen ebenso lange wie das Beobachten selbst. Feldnotizen müssen so vollständig, detailliert und wahrheitsgetreu wie möglich sein. Das sorgfältige Aufzeichnen von Beobachtungen zahlt sich für den Forscher aus. Seite für Seite legen ihm Feldnotizen neue Konzepte, kausale Verbindungen und theoretische Vorschläge nahe.

Als Beispiele für qualitative Forschung soll etwas näher auf sechs Fallstudien eingegangen werden, die über die tödliche Schulgewalt für den U.S. Kongress erstellt worden sind (*Moore/Petrie/Braga/McLaughlin* 2003): Die „Nationale Akademie der Wissenschaften" hat das Mandat, die U.S. Bundesregierung in wissenschaftlichen Fragen zu beraten. Der U.S. Kongress (Senat und Repräsentantenhaus) beauftragte den „Nationalen Forschungsrat" dieser Akademie, die tödliche Schulgewalt in großstädtischen, vorstädtischen und ländlichen Gebieten wissenschaftlich zu untersuchen. Der U.S. Kongress wollte anhand detaillierter Fallstudien und eines Literaturüberblicks wissen, welche Ursachen zu so einer extremen tödlichen Gewalt in Schulen führten und was Individuen und Institutionen tun könnten, um solche Mehrfachviktimisierungen zu vermeiden. Im Jahre 2001 hat der „Nationale Forschungsrat" eine interdisziplinäre Expertenkommission zum Studium der tödlichen Schulgewalt ins Leben gerufen, die empirische Untersuchungen von sechs Schulen und Gemeinschaften in Auftrag gegeben hat, die Ereignisse der tödlichen Schulgewalt erfahren hatten, bei denen mehr als eine Person getötet worden war.

In ihren sechs Fallstudien benutzten die empirischen Forscherteams die induktive, explanatorische, qualitative Methode. Sie zogen Zeitungsberichte, offizielle Schul-, Polizei- und Gerichtsakten, Statistiken und psychologische Gutachten über den Täter heran. Sie führten im Durchschnitt über vierzig Interviews pro Fallstudie mit dem Täter, seiner Familie, seinen Bekannten, Freunden, mit den Mitopfern, z.B. Familienmitgliedern der Opfer, mit Zeugen der Schießerei, mit Lehrern, Lehrerinnen, Mitschülern und Mitschülerinnen des Täters, mit Polizei, Richtern, bedeutenden Persönlichkeiten der Gemeinschaft und Vertretern der Gemeindeverwaltung durch. Es wurden situative Faktoren ermittelt, z.B. die näheren Umstände der Schießerei, Warnsignale für das Ereignis und unmittelbare Bedingungen in der Gemeinschaft, die die Motivation des Täters beeinflussten. Den individuellen Ursachen wurde nachgegangen: Die Persönlichkeit des Täters, sein familiärer Hintergrund, seine Stellung in seiner Gleichaltrigengruppe, seine schulischen Leistungen und seine Erfahrungen mit Waffen wurden erforscht. Die Gemeinschaftsfaktoren wurden aufgeklärt: der ökonomische Status der Gemeinschaft, ihre Stabilität und ihr Zusammenhalt, ihr Vorrat an sozialem Kapital, an gegenseitigem Vertrauen und an der Übernahme von Mitverantwortung. Erkundigungen über die Schule wurden eingezogen: über ihre Organisation, über Lehrer-Charakteristiken, über ihre Erziehungs- und Disziplinarpolitik und -praxis, über ihre Sicherheitsvorkehrungen. Schließlich wurde die Reaktion der Gemeinschaft auf die Tat und ihre Konsequenzen erfragt.

Aufgrund der sechs Fallanalysen wurden im Wesentlichen folgende Ergebnisse erarbeitet:

- Die tödliche Schulgewalt ereignete sich in Gemeinschaften, die relativ gut ökonomisch, sozial und politisch entwickelt sind. Die betroffenen Vorstädte und ländlichen Gemeinschaften sind verhältnismäßig wohlhabend und homogen (weiße Mittelschicht!). Ein rapider sozialer Wandel, zumeist zum Besseren, ist allerdings mit sozialer Instabilität verbunden.
- In diesen Gemeinschaften trennt eine große Kluft die Jugendkultur von der Erwachsenenwelt. Wenn die Erwachsenen im Leben der Jugendlichen nicht gegenwärtig sind, ist es auch nicht möglich, ihre Kinder Erwachsenenwerte wie Selbstvertrauen, Selbstdisziplin, Höflichkeit, gegenseitigen Respekt, Geduld, Großmut und Einfühlungsvermögen in andere zu lehren.
- Ein ausgesprochenes, einheitliches Schulmassenmörder-Profil gibt es nicht. Allerdings häufen sich die Tätermerkmale, -tendenzen und -neigungen. Am ausgeprägtesten war die intensive Sorge der Täter um ihre soziale Position in ihrer Schule und in ihrer Gleichaltrigengruppe. Einige wenige waren isolierte Einzelgänger. Alle anderen hatten einen Status, der als marginal beschrieben werden kann. Sie waren Randpersonen in ihrer Schule und in ihrer Gleichaltrigengruppe.
- In der Mehrzahl der Fälle spielt Tyrannisieren („Bullying") eine Schlüsselrolle in dem Angriff. Einige der Täter haben intensives Tyrannisieren und Schikanieren während einer sehr langen Zeit erfahren müssen. Das Tyrannisieren beruht auf einer Unausgewogenheit in den Stärke-Beziehungen, die zu einer Interaktion der Über-Unter-Ordnung und zu chronischem Machtmissbrauch führt. Es hat negative Konsequenzen für das Opfer (psychosoziale Opferschäden, z.B. Selbstmordgedanken, verborgene Depression) ebenso wie für den Täter, der mit

großer Wahrscheinlichkeit weitere Gewalttaten verübt. Denn er fühlt sich durch seine „Erfolge" (Quälen schwächerer Kinder, Tierquälerei) bestärkt.

- In allen Fällen erleichterte der einfache und mühelose Zugang zu und die ausgedehnten Erfahrungen des Täters mit Waffen die tödliche Schulgewalt. Der Schulmassenmörder interessiert sich nicht für die Beschäftigungen normaler Teenager: für Autos, Sport, die Annäherungen an das weibliche Geschlecht. Er ist vielmehr von Waffen, Sprengstoff und Gewalt in den Massenmedien fasziniert. Besitz und Gebrauch einer Waffe wird für ihn zum Symbol der Macht und Kontrolle.
- Der Schulmassenmörder spielt sein Vorhaben viele Wochen und Monate vor seiner Tat in seiner Phantasie durch; er probt sie wieder und wieder in seiner Vorstellung. Schulmassenmörder verbalisieren ihren bevorstehenden Angriff häufig in Form von Bedrohungen, Prahlereien, Absichtserklärungen, unangemessenem Spott und Warnungen. Beim größten Teil der Angriffe wissen andere Schüler von dem Vorhaben vor der Tat.

2.4.2.4 Sekundärdaten-Analysen

Bei Sekundärdaten-Analysen werden Daten erneut analysiert, die ursprünglich für andere Zwecke und von anderen zusammengestellt worden sind. Beispiele sind die Analysen polizeilicher Kriminalstatistiken, von Strafakten, Archivmaterial, persönlichen Dokumenten, biographischen und autobiographischen Informationen.

Bei Kriminalstatistiken und Strafakten erfasst die Kriminaljustiz Daten für eigene Zwecke: z.B. zum Tätigkeitsnachweis (Kriminalstatistik) oder zur staatsanwaltschaftlichen Anklage und strafgerichtlichen Verurteilung von Straftätern. Die kriminologischen Forschungsbedürfnisse sind keineswegs deckungsgleich mit den Praktiken der Erstellung von Kriminalstatistiken und Strafakten. Analysiert der kriminologische Forscher die Kriminalstatistiken und Strafakten erneut, so macht er sich die Sicht der Praktiker der Kriminaljustiz zu eigen. Ein neueres Beispiel für eine Strafaktenanalyse ist die Studie von *Britta Bannenberg* (2002) über die Korruption in Deutschland. Solche Untersuchungen sind in der kriminologischen Forschung mit Vorsicht zu verwenden. Denn offiziell gesammelte Daten sind in einem Produktionsprozess kriminellen Verhaltens zustande gekommen, in dem die Praktiker der Kriminaljustiz eine bedeutsame Rolle spielen (*Kitsuse/Cicourel* 2005).

Von anderen erhobene Daten kann man auch zum Vergleich heranziehen. Die historische Forschung bietet sich hier an. Man kann z.B. die Kriminalitätsstruktur, die Sozialstruktur, die Kriminalitätsprozesse und Sozialprozesse einer vergangenen Zeit mit denen der Gegenwart vergleichen. Aus historischen Ereignissen und Prozessen kann man theoretische Schlussfolgerungen ziehen. Es geht hier nicht um die bloße Beschreibung berühmter Kriminalfälle (vgl. hierzu z.B. *Geis/Bienen* 1998; *Barak* 1996). Es werden vielmehr gesellschaftliche Strukturen und Prozesse zur Erklärung der Kriminalitätsstrukturen und -prozesse herangezogen. So hat beispielsweise *Kai*

T. Erikson (1966) gesellschaftliche Prozesse bei der Besiedlung der Massachusetts Bai durch die Puritaner zur Erklärung von Kriminalitätswellen verwandt. Ebenso schließt *Henner Hess* (1993) aus historischem Archivmaterial auf den Ursprung der italienischen Mafia.

Ein weiterer Vergleich ist zwischen geographischen Einheiten möglich. Die Kriminalkartographie gibt Aufschluss über die Verteilung der Kriminalität im Raum. In geographischen Karten von Städten werden beispielsweise Tatorte und Täterwohnsitze eingezeichnet. Die Kriminalökologie befasst sich mit der Beziehung der Raumgestaltung zur Verbrechensentstehung. Der Vergleichenden Kriminologie ist die interkulturelle Forschung, der Ländervergleich wichtig. So hat z.B. *Hans Joachim Schneider* (2001, 294–314) der Kriminalitätshöhe, -struktur und -kontrolle in Japan die Kriminalitätshöhe, -struktur und -kontrolle in Deutschland gegenübergestellt. Er hat die Kriminalitätsunterschiede in beiden Ländern aus dem Vergleich sozialstruktureller und -prozessualer Daten zu begründen versucht.

Unter Inhaltsanalyse versteht man die systematische qualitative und quantitative Untersuchung von Kommunikationsformen. So kann man die Beziehung oder Nichtbeziehung zwischen Gewaltdarstellung in den Massenmedien (veröffentlichter Meinung), Einstellung der Bevölkerung zur Gewalt und ihrer Kontrolle, Verbrechensfurcht (öffentlicher Meinung) und krimineller Wirklichkeit (Ermittlungen der Kriminaljustiz, Forschungsergebnisse der Kriminologie) festzustellen versuchen (*H.J. Schneider* 2001, 127–148).

2.4.2.5 Querschnitt- und Verlaufsschnittanalysen

Eine Querschnittstudie ist eine empirische Forschung, mit der man Daten über zahlreiche Fälle und mannigfaltige Variablen zu einem bestimmten oder für einen bestimmten Zeitpunkt erhebt und in der man eine Untersuchungsgruppe mit einer Kontrollgruppe vergleicht. Einen der sorgfältigsten Gruppenvergleiche hat *Travis Hirschi* (1969) unternommen. Er hat tiefenpsychologische Konzepte in empirisch nachprüfbare sozialpsychologische Begriffe übersetzt und auf diese Weise operationalisierbar gemacht. Er hat Schüler und Schülerinnen nach ihrem Selbstbericht in eine delinquente und eine nichtdelinquente Gruppe geteilt und miteinander verglichen. Aufgrund der gefundenen Unterschiede hat er seine Kontrolltheorie entwickelt, die in den letzten dreißig Jahren zur weltweit am meisten zitierten und empirisch bestätigten Delinquenzverursachungstheorie geworden ist. Querschnittstudien können historische und Entwicklungstrends nicht entflechten (entwirren), und die Beschreibung und Analyse des Wandels in der Entwicklung erfordert die Ausarbeitung einer Verlaufsanalyse (*Menard* 2005, 355).

Eine Verlaufsstudie ist eine empirische Forschung, mit der man Daten zu mehreren Zeitpunkten oder für mehrere Zeitpunkte sammelt und in der man den zeitlichen Wandel innerhalb derselben Fälle zu ermitteln sucht. Man unterscheidet retrospektive und prospektive Verlaufsstudien sowie Kohortenuntersuchungen. In der retrospektiven Verlaufsuntersuchung werden zu einem bestimmten Zeitpunkt – rückschauend – Daten für mehr als eine Periode erhoben. Diese Form der Verlaufsstudie hat einen begrenzten Wert. Denn sie kann nur Daten über das offiziell bekanntgewordene Täterwerden aus Akten ermitteln. Bei der prospektiven, vorausschauenden Verlaufsuntersuchung wird die zu überprüfende Stichprobe von Probanden im Voraus festgelegt, bevor die Geschehnisse sich ereignen, die man für relevant hält. Die Daten werden dann mit dem Zeitablauf wiederholt erhoben. Mit der prospektiven Verlaufsstudie kann man Ursache-Wirkungs-Mechanismen, Entwicklungsabläufe und die Effektivität von Interventionen des Kriminaljustizsystems besonders gut herausfinden. Eine spezielle Form der Verlaufsuntersuchung ist die Kohortenstudie, bei der die Probanden eine Gemeinsamkeit, z.B. das Geburtsjahr, miteinander teilen. Eine der bedeutsamsten Verlaufsuntersuchungen ist die Cambridge-Studie der delinquenten Entwicklung (*Piquero/Farrington/Blumstein* 2007). Sie ist über vierzig Jahre alt. Sie begann im Jahre 1961. In der Zeit von 1961 bis 2002 sind 411 in Süd-London im Jahre 1953 geborene Jungen im Alter zwischen 8 und 46 Jahren neunmal persönlich interviewt worden. Die Kontinuität und Diskontinuität in der Verhaltensentwicklung, die Wirkungen von Ereignissen auf die Entwicklung und die Vorhersage künftigen Verhaltens sind ermittelt worden.

Aus der Perspektive von *John H. Laub* und *Robert J. Sampson* (*Sampson/Laub* 1993; *Laub/Sampson* 2003) sind Daten aus der Kindheit, der Jugend und dem Erwachsenenalter erforderlich, um die Längsschnittmuster des Kriminellwerdens zu erklären. Aus diesem Grund haben sie die Daten, die das Ehepaar *Sheldon* und *Eleanor Glueck* (1950, 1968) – zusammen mit einem Team von Fachleuten – gesammelt haben, neu aufbereitet, erneut analysiert und weitergeführt. Das Forschungsdesign der *Glueck*s umfasste eine Stichprobe von 500 männlichen Delinquenten im Alter zwischen 10 und 17 Jahren und eine Kontrollgruppe von 500 Nichtdelinquenten im selben Alter. Diese beiden Gruppen wurden – Paar für Paar – nach dem Alter, der ethnischen Herkunft/Rasse, dem Intelligenzquotienten und dem Wohnbezirk in Boston zusammen geordnet, aus dem sie kamen und in dem die Einwohner ein niedriges Einkommen hatten. Über einen Zeitraum von 25 Jahren (1940 bis 1965) trug das *Glueck*-Team umfangreiche Daten von diesen eintausend Jungen an drei Zeitpunkten zusammen: im Alter der Jungen von 14, 25 und 32 Jahren. *Laub* und *Sampson* rekonstruierten und analysierten die Verlaufsdaten in sechs Jahren von 1987 bis 1993 mit ihrem neuen theoretischen Ansatz (Entwicklungskriminologie) und mit neuen statistischen Forschungsmethoden (Verlaufsanalysen). Sie erhoben die Daten aus den Kriminalakten von 475 Delinquenten im Jahre 1993 und führten Lebensgeschichte-Interviews mit 52 Männern (aus der ursprünglichen Stichprobe der 500 Delinquenten) durch, die inzwischen ihr 70. Lebensjahr erreicht hatten. Sie gingen der Frage nach, welche Faktoren die Kriminalitätsstabilität und welche die Desistenz (Abstehen von Delinquenz) erklären. Sie suchten nach Prädiktoren für das Aufhören und die Beständigkeit in der Erwachsenenkriminalität.

2.4.3 Der Forschungsprozess

2.4.3.1 Konzeptualisierung und Operationalisierung

Konzepte sind abstrakte Bezeichnungen für die Realität; sie sind der Beginn aller wissenschaftlichen Unternehmungen. Sie dürfen nicht mit der Realität selbst verwechselt werden; Konzepte sind symbolische menschliche Erfindungen oder Konstrukte, die versuchen, das Wesen der Realität einzufangen. Man kann nicht sicher sein, dass alle Forscher dieselbe Definition oder dieselbe Bedeutung mit einem Konzept verbinden. Deshalb bedarf es der Konzeptualisierung, die einen Prozess bildet, in dem man präzise bestimmt, was man meint, wenn man bestimmte Begriffe benutzt (*Maxfield/Babbie* 2011, 110/111). In der deduktiven Forschung hilft die Konzeptualisierung, Teile einer abstrakten Theorie in eine testbare Hypothese zu übersetzen, die spezifische Variablen umfasst. In der induktiven Forschung ist die Konzeptualisierung ein wichtiger Teil eines Prozesses, der benutzt wird, um verbundenen Beobachtungen Sinn zu verleihen (*Bachman/Schutt* 2011, 82–88). An die Konzeptualisierung schließt sich im kriminologischen Forschungsprozess die Operationalisierung an. Unter operationaler Definition eines Konzepts versteht man eine Definition, die präzise herausarbeitet, wie ein Konzept gemessen werden soll. Genau genommen ist eine operationale Definition eine Beschreibung der „Operationen", die man unternehmen will, um das Konzept zu messen. Operationalisierung ist der Prozess der Entwicklung operationaler Definitionen; sie umfasst die Beschreibung, wie aktuelle Messungen vorgenommen werden sollen (*Maxfield/Babbie* 2011, 35/36). Mit dem Beginn jedes Forschungsprojektes ist ein Literaturüberblick verbunden, der Informationen über das Problem vermittelt, das untersucht werden soll, und in dem herausgearbeitet wird, welche Anstrengungen andere Forscher bereits unternommen haben, um das Problem zu lösen.

2.4.3.2 Stichprobenerhebung

Für den kriminologischen Forschungsprozess ist die Stichprobenerhebung von wesentlicher Bedeutung. Denn es ist häufig aus Zeit- und Ressourcenmangel nicht möglich, die Erhebungsgesamtheit (Population) zu untersuchen. Die Stichprobe (das Sample) ist eine Teilmenge, das verkleinerte Abbild der Grundgesamtheit (Population), die den vollständigen Satz von Elementen (z.B. Individuen, Städten, Ländern, Strafanstalten, Schulen) enthält, über die man informiert werden möchte. Die Sample-Verallgemeinerbarkeit ist gegeben, wenn eine Schlussfolgerung, die auf dem Sample beruht, für die gesamte Population zutrifft. Von externaler Validität spricht man demgegenüber, wenn sich die Verallgemeinerungs-Fähigkeit der Ergebnisse einer Gruppe, Population oder Umgebung auf eine andere Gruppe, Population oder Umgebung übertragen lässt. Die Sample-Verallgemeinerbarkeit hängt von der

Stichproben-Qualität ab, die sich aus dem Umfang des Stichprobenfehlers bestimmt. Er kann als Unterschied zwischen den Charakteristiken des Samples und den Merkmalen der Population definiert werden, von der das Sample ausgewählt worden ist. Je größer der Stichprobenfehler, desto weniger repräsentativ ist das Sample, desto geringer ist die Verallgemeinerbarkeit seiner Ergebnisse. Wenn ein zu kleines Sample in einem Experiment oder einem Feldforschungsprojekt untersucht worden ist, empfiehlt es sich, die Studie in einer anderen Umgebung zu wiederholen (Replikations-Studie). Ein Sample ist repräsentativ, wenn es in jeder Hinsicht, die potentiell für die Studie relevant ist, der Population entspricht, aus der es ausgewählt worden ist. Die Verteilung der Charakteristiken unter den Elementen des repräsentativen Samples muss dieselbe wie die Verteilung dieser Merkmale in der gesamten Population sein. In einem nichtrepräsentativen Sample sind einige Charakteristiken über-, andere unterrepräsentiert (*Bachman/Schutt* 2011, 115/116).

Stichproben-Methoden, die uns im Voraus zu wissen erlauben, wie wahrscheinlich es ist, dass jedes Element einer Population in dem Sample vertreten sein wird, sind Wahrscheinlichkeits-Stichproben. Sie stützen sich auf ein Zufalls-Auswahl-Verfahren. Auswahlwahrscheinlichkeit ist die Erwartung, dass ein Element aus der Population im Sample vertreten sein wird. Wenn die Samplegröße im Verhältnis zur Population abnimmt, wird auch die Auswahlwahrscheinlichkeit kleiner. Zufallswahrscheinlichkeit ist das fundamentale Element der Wahrscheinlichkeits-Stichproben-Erhebung. Das wesentliche Charakteristikum der Zufallsauswahl besteht darin, dass jedes Element der Population eine voneinander unabhängige Chance besitzt, in das Sample ausgewählt zu werden. Man unterscheidet folgende Wahrscheinlichkeits-Stichproben-Methoden (*Bachmann/Schutt* 2011, 117–133):

- Die einfache Zufalls-Stichproben-Erhebung erfordert ein Verfahren, das – strikt auf der Grundlage des Zufalls – Zahlen erzeugt oder Fälle identifiziert.
- Die symstematische Zufalls-Stichproben-Erhebung ist eine Variante (Spielart) der einfachen Zufalls-Stichproben-Erhebung. Sie beruht typisch auf einer Liste von Elementen. Wenn eine solche Liste greifbar ist, wählt der Forscher in ihr alle Elemente für sein Sample aus. Enthält die Liste 10.000 Elemente und möchte man ein Sample mit 1.000 Elementen haben, so bestimmt man jedes 10. Element der Liste für das Sample. Um 1.000 aus einer Liste von 10.000 systematisch auszuwählen, beginnt man den Selektionsvorgang bei einer Zufallszahl zwischen 1 und 10.
- Geschichtete Stichprobenerhebung ist eine Methode, um einen größeren Grad an Repräsentativität zu erreichen. Die letztendliche Funktion der Schichtung besteht darin, die Population in homogene Untergruppen zu teilen und dann die angemessene Zahl von Elementen aus jeder Untergruppe auszuwählen.
- Unverhältnismäßig geschichtete Stichprobenerhebung ist ein Weg, um eine ausreichende Zahl seltener Fälle dadurch zu bekommen, dass man ein Sample bildet, das unverhältnismäßig viel seltene Fälle im Verhältnis zur Population enthält. Weil die Viktimisierung durch schwere Straftaten, z.B. Mord, Raub, auf nationa-

ler Ebene relativ selten ist, wird ein unverhältnismäßiges Sample von Personen erhoben, die in großstädtischen Gebieten wohnen, in denen schwere Verbrechen häufiger vorkommen.

Nicht-Wahrscheinlichkeits-Stichproben-Erhebungen sind zwar nicht repräsentativ, sie haben aber nicht selten einen heuristischen Wert. Zwei Beispiele sollen erwähnt werden:

- Bei der Stichprobenerhebung aufs Geratewohl werden Elemente ausgewählt, weil sie leicht erreichbar und unschwer zu finden sind. Ein Versuchsleiter steht an der Straßenecke und spricht jeden Fußgänger und jede Fußgängerin an, der/die vorbeigeht. Universitätslehrer führen häufig Befragungen unter ihren Studierenden durch, die an einer großen Vorlesung teilnehmen. Die Leichtigkeit einer solchen Methode erklärt ihre Popularität. Allerdings werden selten Daten von allgemeinem Wert auf diese Weise gewonnen.
- Bei der Schneeball-Stichproben-Erhebung identifizieren Stichprobenelemente andere Stichprobenelemente für den kriminologischen Forscher. Da man die Population aktiver, nichtüberführter Krimineller nicht kennt, ist es nicht möglich, eine Zufallsstichprobe Krimineller zusammenzustellen. Um eine (nichtrepräsentative) Stichprobe von Straftätern zu bilden, bedarf es der Schneeball-Stichproben-Erhebung. Sie beginnt mit der Identifizierung eines Rechtsbrechers oder einer kleinen Zahl von Straftätern. Dann wird der eine Rechtsbrecher oder die kleine Zahl von Straftätern gebeten, andere Kriminelle zu benennen, die an der empirischen Studie teilnehmen möchten.

2.4.3.3 Die Entwicklung von Skalen

Bei der Messung von Variablen unterscheidet man vier Ebenen (*Bachman/Schutt* 2011, 100–106):

- Die Nominal-Messebene (auch kategoriale oder qualitative Ebene) identifiziert Variablen, deren Werte keine mathematische Interpretation besitzen. Sie haben lediglich die Merkmale der wechselseitigen Ausschließlichkeit und der Erschöpfbarkeit für sich und liefern bloß Namen oder Bezeichnungen für Charakteristiken. Die Variablen Geschlecht, Ethnizität, Beruf und Religion gehören beispielsweise dazu.
- Variablen, deren Merkmale eine logische Rangordnung haben, sind auf der Ordinalebene plaziert. Die Zahlen kennzeichnen die relative Position oder die Ordnung der Variablen.
- Die Zahlen, die die Werte einer Variablen auf der Intervall-Messebene anzeigen, repräsentieren festgesetzte Maßeinheiten, haben aber keinen absoluten Nullpunkt. Eine Intervallebene der Messung wird durch eine Skala geschaffen, die festgesetzte Maßeinheiten, aber keinen absoluten Nullpunkt besitzt.

– Die Zahlen, die die Werte einer Variablen auf der Verhältnisebene der Messung anzeigen, repräsentieren festgesetzte Maßeinheiten und einen absoluten Nullpunkt. Sie schließen sich wechselseitig aus und sind erschöpfend, so dass jeder Variablen nur ein Wert beigemessen werden kann.

Im Fall der Dichotomien, die Spezialfälle vom Standpunkt der Messebenen sind, haben die Variablen nur zwei sich ausschließende Werte. Alle drei quantitativen Maße – auf der Ordinal-, der Intervall- und Verhältnisebene – erlauben kriminologischen Forschern, ihren Variablen einen Ordnungsrangplatz zu geben.

2.4.3.4 Messqualität: Reliabilität und Validität

Nicht jede empirische oder experimentelle Forschungsarbeit über die Ursachen der Kriminalität besitzt dieselbe methodologische Qualität. Zunächst muss sie drei Kausalitätskriterien erfüllen:
– Das erste Erfordernis einer kausalen Verbindung zwischen zwei Variablen bezieht sich darauf, dass die beiden Variablen miteinander korrelieren.
– Das zweite Erfordernis einer kausalen Beziehung besteht darin, dass die Ursache der Wirkung zeitlich vorangeht.
– Das dritte Erfordernis einer kausalen Beziehung lautet dahingehend, dass die beobachtete empirische Korrelation zwischen zwei Variablen nicht hinwegdiskutiert werden kann, dass sie nicht auf dem Einfluss einer dritten Variablen beruht, die die Ursache beider Variablen bildet.

Sodann muss die Forschungsarbeit Zuverlässigkeits- und Gültigkeitskriterien entsprechen (*Kraska/Neuman* 2012, 113/114; 167–171; 220):
– Von Reliabilität (Zuverlässigkeit) spricht man dann, wenn eine spezielle Messtechnik, die man wiederholt auf dasselbe Objekt anwendet, zu jeder Zeit dasselbe Resultat hervorbringt. Messungszuverlässigkeit (Reliablität) ist – grob gesprochen – dasselbe wie Messungsbeständigkeit und -stabilität.
– Der Validität (Gültigkeit) entsprechen Messeinheiten dann, wenn sie das anzeigen, was sie messen wollen.

Es gibt verschiedene Reliabilitätskriterien, von denen die folgenden zwei als Beispiele genannt werden sollen:
– Manchmal ist es angemessen, dieselbe Messung mehr als einmal vorzunehmen. Wenn es keinen Grund für die Erwartung gibt, dass sich die Information geändert hat, sollte das Messergebnis zu allen Zeiten dasselbe sein (Test-Retest-Reliablität, Intra-Beurteiler-Reliablität). Wenn die Messergebnisse voneinander abweichen, ist die Messmethode – nach dem Ausmaß der Variation – nicht reliabel.

– Wenn mehrere Forscher an einem Projekt arbeiten, um dieselben Personen, Ereignisse, Plätze einzuschätzen, ist die Zwischen-Beobachter-Reliablität ihr Ziel. Wenn Beobachter dieselben Instrumente benutzen, um dieselben Personen oder Sachen zu bewerten, sollten ihre Einschätzungen dieselben oder mindestens sehr ähnlich sein (Interrater-Reliabilität).

Folgende vier Validitätsformen sind am wichtigsten:
– Die Konstruktvalidität klärt auf, ob das theoretische Konstrukt, das der empirischen oder experimentellen Studie zugrunde liegt, angemessen operationalisiert und implementiert worden ist.
– Eine beobachtete Verbindung zwischen zwei Variablen hat internale Validität, wenn die Beziehung tatsächlich kausal ist und nicht auf Wirkungen einer anderen oder mehrerer anderer Variablen zurückgeführt werden kann.
– Statistische Schlüssigkeits-Validität bezieht sich auf unsere Fähigkeit, zu bestimmen, ob ein Wandel in der angenommenen Ursache statistisch mit einer Änderung in der vermuteten Wirkung verbunden ist.
– Externale Validität befasst sich damit, ob Forschungsergebnisse über Ursache und Wirkung in gleicher Weise auf andere Städte, Nachbarschaften und Populationen angewandt werden können.

2.4.3.5 Datenanalyse

Der Forschungsprozess geht mit der Einordnung der gefundenen Ergebnisse in die zugrunde gelegte Theorie zu Ende. Eine quantitative Analyse bereitet die theoretischen Erwägungen vor. Um die Daten aufbereiten zu können, werden sie zuvor kodiert. Unter „kodieren" versteht man die Zuweisung numerischer Werte auf Antworten (Informationen), die durch Forschungsinstrumente gesammelt worden sind. Die Datenanalyse wird durch deskriptive und Schlussfolgerungsstatistiken geleistet. Die deskriptive Statistik wird gebraucht, um die Verteilung der Variablen und die Beziehung unter den Variablen deutlich zu machen. Die Schlussfolgerungsstatistik befasst sich mit Verallgemeinerungen eines Samples und einer Population, aus der die Stichprobe ausgewählt worden ist. Wenn man von Samples auf größere Populationen verallgemeinert, benutzt man die Schlussfolgerungsstatistik, um die Signifikanz einer beobachteten Beziehung zu messen. Im Folgenden wird auf einige statistische Operationen eingegangen, die häufig verwandt werden (*Bachman/Schutt* 2003, 331–375; *Maxfield/Babbie* 2001, 379–419):
– Eine Häufigkeitsverteilung zeigt die Zahl, Prozentzahl (die relative Häufigkeit) oder beide an, die den Werten oder Gruppen von Werten einer jeden Variablen entsprechen.

- Maße zentraler Tendenz sind: der Modus, der häufigste Wert der Verteilung, der Median, das mittlere Merkmal in einer Rangverteilung beobachteter Merkmale, und das arithmetische Mittel, das den Durchschnitt der Verteilungswerte anzeigt.
- Messbereich ist ein Variationsmaß, das nach dem höchsten Wert in der Verteilung abzüglich des niedrigsten Wertes berechnet wird.

Die Varianz ist die Durchschnittsabweichung jedes Falles vom arithmetischen Mittel im Quadrat. Auf diese Weise zieht die Varianz den Umfang in Erwägung, durch den jeder Fall vom arithmetischen Mittel abweicht.

- Das Assoziationsmaß ist ein Typ deskriptiver Statistik, der benutzt wird, um die Stärke der Assoziation (der Verbindung, der Beziehung von Variablen) zusammenzufassen. Die Abschätzung der Wahrscheinlichkeit, dass eine Assoziation nicht auf Zufall beruht, wird auf zahlreiche Schlussfolgerungsstatistiken gegründet.
- Eine solche Schlussfolgerungsstatistik ist der Chiquadrat-Test. Die Wahrscheinlichkeit, dass eine Assoziation nicht auf Zufall beruht, wird üblicherweise in einer Zusammenfassungsform berichtet. Das heißt: Die Wahrscheinlichkeit, dass eine Assoziation zwischen zwei Variablen auf Zufall beruht, ist weniger als 5 aus 100 (5 %). Statistische Signifikanz bedeutet, dass die Verbindung zweier Variablen mit Wahrscheinlichkeit nicht auf Zufall beruht.
- Die *Pearson* Produkt-Moment Korrelation ist ein Maß für die Richtung und Stärke der Verbindung zwischen zwei quantitativen Variablen. Korrelationen sind standardisiert; sie fallen zwischen Null und Eins, und sie sind entweder positiv oder negativ.
- Mehrfach-Regression ist ein Verfahren, in dem man viele Variablen, potentiell kombiniert, um die abhängige Variable, für die man sich interessiert, vorherzusagen. Intervenierende, Fremd- oder Außenvariable ist hierbei eine Variable, deren Einfluss eine Beziehung zwischen zwei Variablen unecht macht, weil sie sowohl die abhängige wie die unabhängige Variable verursacht.
- Wenn mehrere Prädiktor-Variablen konzeptionell unklar und verschwommen sind, erlaubt die Faktorenanalyse häufig, die Faktoren auf einen schmaleren Satz grundsätzlicherer Faktoren zu vermindern, die dann an Stelle des ursprünglicheren Satzes verwendet werden können (*Balkwell* 2001, 186).

2.4.4 Evaluationsforschung

2.4.4.1 Begriff und Geschichte

Evaluation bedeutet, den Wert eines Objekts zu ermitteln und festzustellen. Programmevaluation oder Evaluationsforschung wird als Aktivität einer Sozialwissenschaft verstanden, die auf die Sammlung, Analyse, Interpretation und Kommunikation über das Funktionieren und die Effektivität sozialer Programme gerichtet ist.

Die Qualität unserer physischen und sozialen Umgebungen soll verbessert und unser individuelles und kollektives Wohlbefinden soll durch systematisches Hervorbringen und Anwenden von Wissen erhöht werden. Sinn und Zweck der Evaluation ist informierte Aktion. Programmevaluation ist der Gebrauch sozialwissenschaftlicher Methoden, um systematisch die Wirksamkeit sozialer Interventionsprogramme zu überprüfen. Diese Überprüfung geschieht mit Verfahren, die ihrem politischen und organisatorischen Umfeld angeglichen und die für soziale Aktion bestimmt sind, um die sozialen Bedingungen zu verbessern (*Rossi/Lipsey/Freeman* 2004, 16; *Fournier* 2005; *Bickman* 2005). Die Evaluation wendet soziale Forschungsverfahren an, um Beweise über die Leistungsfähigkeit eines Programms zu sammeln, zu analysieren und zu interpretieren. Sie macht Gebrauch von den Techniken und Konzepten sozialwissenschaftlicher Disziplin und beabsichtigt, für die Verbesserung von Programmen und zur Information über soziale Aktion nützlich zu sein, die dazu bestimmt sind, soziale Probleme zu lösen. Die Sorge um die Zuweisung von Ressourcen macht es unerlässlich, die Effektivität sozialer Interventionen zu evaluieren. Die Programmevaluation schließt die Beurteilung eines oder mehrerer Gebiete von fünf Bereichen ein: die Bedürfnisse und Erfordernisse eines Programms, das Programmdesign, seine Implementierung (Aus- und Durchführung), das Programmergebnis und seine Effizienz. Externe Evaluation wird von einem Evaluator durchgeführt, der nicht von der Programmorganisation angestellt ist, die das Objekt der Evaluation bildet (*Barrington* 2005).

Evaluation als Wissenschaft ist in den 1960er und 1970er Jahren des vorigen Jahrhunderts entstanden (*Shadish/Luellen* 2005). Maßgeblichen Anteil an dieser Entstehung hatte *Donald T. Campbell* (1917–1996) (*Mathison* 2005a), der im Jahre 1969 einen Artikel über Reformen als Experimente in der Zeitschrift „American Psychologist" veröffentlichte. Er trat für eine experimentierende Gesellschaft ein. Politik- und Programm-Entscheidungen sollten aus ständigen sozialen Experimenten hervorgehen, die Wege testen, wie man soziale Bedingungen verbessern kann. Die Zeitschrift „Evaluation Review" kam erstmalig im Jahre 1976 heraus. Die „Evaluation Research Society" entstand in den 1970er Jahren und ging im Jahre 1986 in die „American Evaluation Association" über, die etwa 3.000 Mitglieder hat. Inzwischen gibt es Evaluationsgesellschaften in über 50 Ländern. Die Zeitschrift „Evaluation" erscheint ab 1995.

2.4.4.2 Evaluationsformen

2.4.4.2.1 Quantitative und qualitative Evaluation

Die Evaluationsforschung ist charakterisiert durch eine Debatte über quantitative und qualitative Evaluation (*Dantzker/Hunter* 2012, 55–78; *Greene/Henry* 2005). Diese Debatte hat ihre Wurzeln in der philosophischen Diskussion über realistische und konstruktivistische Ontologie. Das quantitative Paradigma stützt sich auf die positivistische Philosophie. Es hat die westliche Sozialwissenschaft in ihrer Geschichte dominiert. Das qualitative Paradigma gründet sich auf die konstruktivistische Richtung in der Philosophie. Streitig sind Deduktion und Unabhängigkeit. Die Positivisten argumentieren folgendermaßen: Deduktion erfordert, dass Erwartungen und Hypothesen aus Theorien hergeleitet werden, wie die Welt funktioniert. Unabhängigkeit verlangt Distanz zum Programm, das evaluiert wird. Die Programmqualität wird strikt auf der Grundlage des Beweises über Programm-Wirkungen erhoben. Es darf keine Vermischung mit der Ideologie geben. Der Evaluator muss nach Objektivität und Wertfreiheit streben. Das ist ein täglicher Kampf und ein Lernen aus dem Beweis.

Qualitative Evaluatoren lehnen das theoriegeleitete, deduktive, hypothesentestende Modell ab. Nach ihrer Meinung gibt es keine Tatsachen-Wert-Dichotomie. Fakten und Werte sind unausweichlich miteinander verbunden. Unabhängigkeit und Objektivität sind weder möglich noch wünschbar. Menschen handeln mit Zweckbestimmtheit. Diese Intentionalität hat ihre Wurzeln in den Bedeutungen, mit denen Menschen verschiedene Phänomene konstruieren. Konstruierte Bedeutungen leiten und formen menschliches Verhalten. Es geht den Konstruktivisten darum, menschliches Verhalten zu „verstehen". Es muss erkannt und unterschiedliche kontextuale Bedeutungen, die von verschiedenen Teilnehmern in einem gegebenen Zusammenhang konstruiert worden sind, müssen sichtbar gemacht werden. Es gibt für Konstruktivisten keine Wertfreiheit. Man muss Charakter und Qualität der Programmerfahrung „verstehen". Ein solches „Verstehen" kann durch die Beobachtung am Ort des Geschehens, durch zeitlich unbegrenzte Interviews, durch Inhaltsanalyse von Dokumenten und Akten erreicht werden. Nach den Positivisten besteht die Rolle des Evaluators darin, ein neutraler Mittler von Information zu sein. Für die Konstruktivisten ist Nähe zum gründlichen kontextualen Verstehen notwendig. Denn – nach ihrer Auffassung – sichert Distanz keine Unabhängigkeit. Sie verhindert nur gründliches kontextuales Verstehen. Das Verhältnis zwischen Positivisten und Konstruktivisten ist inzwischen durch respektvolle Koexistenz gekennzeichnet. Die US Bundesregierung und der US Kongress bestehen allerdings auf einem wissenschaftlich begründeten Beweis, insbesondere auf experimenteller Basis.

2.4.4.2.2 Realistische Evaluation

Sie fragt nicht: Was ist wirksam? Ist das Programm erfolgreich? Sie fragt: Was ist wirksam für wen, unter welchen Umständen, in welcher Hinsicht und in welcher Weise? Sie bringt eine getestete Theorie hervor über das, was wirksam ist für wen und unter welchen Umständen (*Pawson/Tilley* 2005, 1997; *Tilley* 2000). Sie beginnt mit einer Theorie und endet mit einer Theorie, die die Ausgangstheorie (vorläufig) bestätigt (verifiziert) oder nicht bestätigt (falsifiziert). Sie entwickelt und testet Theorien, ob sie wirken, für wen und in welchem Kontext sie erfolgreich sind. Die empirischen Tests bestätigen die Theorie, sie beweisen sie nicht. Programme sind Theorien, die in soziale Systeme eingebettet sind. Realistische Evaluationen beschäftigen sich mit dem

Testen von Theorien und mit ihrer Verfeinerung. Sie sind **Kontext-Mechanismus-Wirkungs-Muster-Konfigurationen** („Context-Mechanism-Outcome-Pattern Configurations") (*Pawson/Tilley* 2005, 365). Sie sind Modelle, die anzeigen, wie Programme Mechanismen für wen und unter welchen Bedingungen aktivieren, um Verhaltensänderungen oder Ereignisse oder Zustandsregelmäßigkeiten hervorzubringen. Evaluation aus der realistischen Perspektive ist ein sich wiederholender Prozess, der folgende Phasen umfasst (*Pawson/Tilley* 2005):
– Die Entwicklung von Erklärungen (Theorien) aus Beobachtungen,
– die Formulierung von Arbeitshypothesen,
– das Testen der Hypothesen an verfügbaren Daten und
– die Sammlung neuer Daten.

Die realistische Evaluation lehnt die experimentelle und die konstruktivistische Evaluation ab. Sie macht folgende Einwände gegen die experimentelle Evaluation geltend: Sie sei zu formal und zu undifferenziert. Sie trage der Differenziertheit und Dynamik der Realität des Lebens keine Rechnung. Sie beachte keine Lebenszusammenhänge und -mechanismen. Sie greife lediglich einige wenige Variablen aus der Vielfalt der Variablen heraus.

2.4.4.2.3 Formative Evaluation

Man unterscheidet die formative Evaluation von der summativen (*Mathison* 2005b). Die formative Evaluation ist internal, nach innen, auf das Programm gerichtet. Summative Evaluation ist external; sie wendet sich nach außen, an den Beurteiler von außen. Qualitative Evaluatoren tendieren dazu, sich an formativer Evaluation zu orientieren: Das Programm wird dadurch verbessert, dass man seine Manager mit Information versorgt. Summative Evaluation ist Erfolgsbeurteilung. Die Evaluation ist formativ, wenn sie während der Entwicklung und Ausführung des Programms mit der Absicht durchgeführt wird, eine Rückkoppelung zu erreichen, damit der Evaluand Fortschritte macht. Formative Evaluation kann sich auch auf Programmpläne und -entwürfe beziehen. Sie fokussiert sich in typischer Weise auf die Bestimmung, ob sich das Programm – wie geplant – entwickelt, auf das Erkennen von Hindernissen und unerwarteten Möglichkeiten und auf die Feststellung von Verbesserungen im Laufe des Programms, die die Wahrscheinlichkeit des Programmeffektes erhöhen. Es handelt sich um eine strukturierte Art und Weise, das Programmpersonal mit Rückkoppelung zu versorgen, die dazu bestimmt ist, eine Feinabstimmung der Durchführung des Programms zu ermöglichen. Die formative Evaluation ist für den internen Gebrauch bestimmt.

2.4.4.3 Der Evaluationsprozess

Der Evaluationsprozess entwickelt sich in fünf Phasen (*Bachman/Schutt* 2011, 345–356):
- Bedürfnis-Beurteilung: Fragen über die sozialen Bedingungen, die ein Programm zu verbessern gedenkt, und das Bedürfnis (die Notwendigkeit) nach einem solchen Programm.
- Beurteilung der Programm-Theorie: Fragen nach der Programm-Konzeptualisierung und nach dem Design.
- Beurteilung des Programm-Prozesses (oder Prozess-Evaluierung): Fragen über Programm-Operationen, über die Implementierung und über Dienstleistungs-Zuteilung.
- Ergebnis-Beurteilung (Ergebnis-Evaluation): Fragen nach dem Programm-Ergebnis und seinem Einfluss.
- Effizienz-Beurteilung: Fragen nach den Programm-Kosten und nach der Kosten-Effektivität (Kosten-Nutzen-Analyse).

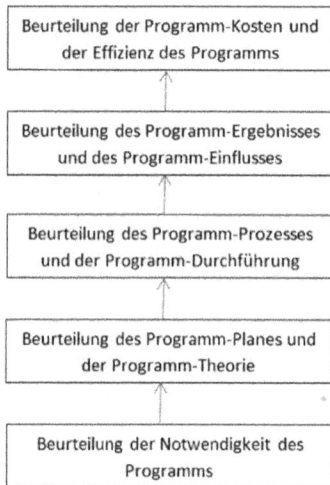

Abb. 2: Evaluationshierarchie

2.4.4.3.1 Bedürfnis- und Notwendigkeits-Beurteilung (Needs Assessment)
Die Notwendigkeits-Beurteilung ist ein Prozess oder eine systematische Reihe von Verfahren, die man zum Zweck unternimmt, Prioritäten zu setzen und Entscheidungen über ein Programm oder über organisatorische Verbesserungen oder über die Zuweisung von Ressourcen zu fällen (*Altschuld/Kumar* 2005). Die Prioritäten beruhen auf identifizierten Bedürfnissen, die im Hinblick auf Interessenvariablen gemessene Diskrepanzen (Lücken, Breschen) zwischen der gegenwärtigen Lage (was ist) und der erwünschten Lage (was sein soll) von Gruppen oder Organisationen ausmachen. Die allgemeinen Schritte im Bedürfnis-Beurteilungs-Prozess sind im Anfang die Konzen-

tration auf den Untersuchungsbezirk, die Bestimmung und Prioritätensetzung für das, was getan werden soll, die Sicherung des gegenwärtigen Zustandes, die Ermittlung der gegenwärtigen und zukünftigen Lage, die Herstellung der Rangordnung der Diskrepanzen, die Kausalanalyse der größten Diskrepanzen, die Auswahl einer Lösungsstrategie und der Entwurf eines Aktionsplans zur Verwirklichung. Der Bedürfnis-Beurteilungs-Prozess bedarf selbst der Evaluation, obwohl das häufig versäumt wird. In diesem Prozess können sich mannigfaltige Komplikationen ergeben. Zu viele Bedürfnisse können bei unzulänglichen Ressourcen geltend gemacht werden. Zwischen kurz- und langfristigen Bedürfnissen muss unterschieden werden. Die Bedürfnisermittlung und Prioritätensetzung sind im Angesicht des Wertepluralismus und der Wertephilosophie in einer Demokratie äußerst schwierig. Die Definitionen der Delinquenz und der Kriminalität sind komplex. Die Prävalenz zahlreicher Variablen, z.B. Vergewaltigung und sexueller Missbrauch an Kindern, ist unterberichtet. Die Dunkelfeldproblematik muss beachtet werden.

2.4.4.3.2 Programmtheorie

Eine Programmtheorie (Programmkonzeptualisierung) ist die Konzeption dessen, was getan werden muss, um den beabsichtigten sozialen Nutzen zu erbringen:
- die deutlich ausgesprochene Programmtheorie,
- die implizierte, stillschweigende (unausgesprochene) Programmtheorie (*Chen* 2005).

Die Wirkungs- und Einflusstheorie (Impact Theory) des Programms besteht aus Annahmen über den Wandlungsprozess, der durch das Programm in Gang gesetzt wird, und aus den verbesserten Bedingungen, die man als Ergebnis erwartet. Die „Impact Theory" umreißt das Wirkungsziel und die Wirkungsursache. Sie ist eine Kausaltheorie, die die Ursache-Wirkungs-Abfolgen beschreibt. Die Prozesstheorie ist demgegenüber eine Kombination des Programm-Organisationsplans mit dem Dienstleistungsnutzungsplan zu einer umfassenden Beschreibung der Annahmen und Erwartungen darüber, wie sich ein Programm wahrscheinlich verwirklichen wird (*Rossi/Lipsey/Freeman* 2004, 133–168).

Der Organisationsplan einer Prozesstheorie umfasst die Annahmen und Erwartungen darüber, was das Programm bewirken muss, um die Transaktionen zwischen der Zielpopulation und dem Programm zustande zu bringen, die die beabsichtigten Wandlungen in den Sozialbedingungen hervorbringen sollen. Der Programmorganisationsplan enthält die Funktionen und Aktivitäten, die man als Leistung von dem Programm erwartet, und die personellen, finanziellen und physischen Ressourcen, die seine Durchführung erfordern. Der Dienstleistungs-Nutzungs-Plan besteht aus Annahmen und Erwartungen darüber, wie man den Anfangskontakt mit der Zielpopulation herstellt und wie man ihn bis zur Vollendung der beabsichtigten Dienste aufrechterhält. In seiner einfachsten Form veranschaulicht ein Dienstleistungsnutzungsplan den Ablauf der Ereignisse, durch die man erwartet, dass die beabsichtigten Klienten mit den beabsichtigten Dienstleistungen interagieren (*Rossi/Lipsey/Freeman* 2004, 133–168).

Bei den Programm-Misserfolgen unterscheidet man Durchführungs-Misserfolge von Theorie-Misserfolgen. Bei den Durchführungs-Misserfolgen (Implementation Failures) sind die Ergebnisse schlecht, weil die Programm-Aktivitäten, von denen man angenommen hatte, dass sie die erwünschten Verbesserungen erbringen würden, nicht angemessen durchgeführt worden sind. Bei den Theorie-Misserfolgen (Theory Failures) erreicht das Programm die erwünschten Ziele nicht, weil die Programmtheorie fehlerhaft ist.

2.4.4.3.3 Beurteilung und Beaufsichtigung des Programmprozesses

Die Prozessevaluation verifiziert, was das Programm ist, wie es durchgeführt wird und wie gut es seine Funktionen erfüllt (*Rossi/Lipsey/Freeman* 2004, 169–201). Sie stützt sich auf die Programmprozesstheorie. Programm-Prozess-Beaufsichtigung (Monitoring) ist die systematische und beständige Dokumentation der Schlüsselaspekte der Programmleistung, die beurteilt, ob das Programm – wie beabsichtigt und nach einem angemessenen Standard – durchgeführt wird. Die Programm-Prozess-Evaluation beantwortet die beiden Schlüsselfragen:

– Erreicht das Programm die geeignete, angemessene Zielpopulation?
– Stimmen die Dienstleistungszuteilung und die Unterstützungsfunktionen überein mit den Programmplan-Spezifikationen und mit anderen angemessenen Standards?

Der Evaluator und andere verantwortliche Personen müssen nicht nur die Programmleistung beschreiben, sondern sie müssen auch beurteilen, ob sie zufriedenstellend ist.

2.4.4.4 Evaluationsergebnis

2.4.4.4.1 Zuverlässigkeit der Forschungs- und Interventions-Methoden

Aus dem Evaluationsergebnis kann man die Zuverlässigkeit der Forschungs- und Interventions-Methoden entnehmen (*Rossi/Lipsey/Freeman* 2004, 203–232). Zwei Beurteilungsmaße sind von spezieller Bedeutung: Reliabilität und Validität. Die Reliabilität eines Forschungsinstrumentes ist das Ausmaß, in dem es dieselben Ergebnisse hervorbringt, wenn es des Öfteren gebraucht wird, um auf dasselbe Objekt einzuwirken. Die Validität eines Forschungsinstrumentes ist das Ausmaß, in dem es das misst, was es zu messen vorgibt. Man kann fünf Validitätskriterien voneinander unterscheiden (*Farrington/Gottfredson/Sherman/Welsh* 2002):

- Die internale Validität macht Aussagen darüber, ob die Intervention eine Wirkung entfaltet, ob die Korrelation zwischen Intervention und Wirkung echt ist und ob keine intervenierenden Variablen das Evaluationsergebnis verfälschen (*Thomas* 2005a).
- Die deskriptive Validität gibt Auskunft über die angemessene Darstellung der Schlüsselaspekte der Evaluationsforschung.
- Nach der statistischen Schlüssigkeitsvalidität erkennt man, ob Ursache und Wirkung der Intervention in einer statistisch signifikanten Verbindung stehen.
- Es ist das Ziel der Konstruktvalidität, darüber Erkenntnisse zu vermitteln, ob das theoretische Konstrukt, das der Intervention zugrunde liegt, angemessen operationalisiert und implementiert worden ist.
- Die externale Validität ist ein Messinstrument, mit dem man ermittelt, ob der gefundene Programmeffekt generalisierbar, ob er auf Programme an anderen Orten und zu anderen Zeiten übertragbar ist (*Thomas* 2005b).

2.4.4.4.2 Beurteilung des Programmeinflusses

Mit Feldexperimenten kann man den Programmeinfluss ermitteln (*Rossi/Lipsey/Freeman* 2004, 233–264). Man unterscheidet Feldexperimente, die auf zufälliger Auswahl beruhen (Randomized Field Experiments), von Feldexperimenten, bei denen die Zuschreibung zu gleichartigen Gruppen durch andere Mittel als reine Zufallszuschreibung erreicht wird. Randomisierte Experimente sind die Flaggschiffe der Einflussbeurteilung, weil sie – wenn gut durchgeführt – die glaubhaftesten Schlussfolgerungen über Programmeffekte enthalten. Sie vergleichen Personen, die nach Zufall einer Zielgruppe zugewiesen werden, die eine Intervention erlebt (Interventionsgruppe), mit Personen einer Zielgruppe, die keiner solchen Intervention unterworfen werden (Kontrollgruppe). In den Sozialwissenschaften werden kausale Beziehungen in Wahrscheinlichkeiten ausgedrückt. Randomisierung ist die Zuweisung potentieller Ziele zu einer Interventions- und einer Kontrollgruppe auf Zufallsbasis, so dass jede Einheit in der Zielpopulation dieselbe Wahrscheinlichkeit wie jede andere besitzt, für die Interventions- oder die Kontrollgruppe gewählt zu werden. Die Umstände, in denen randomisierte Feldexperimente ethisch und praktisch an Menschen durchgeführt werden können, sind begrenzt. Da die Forscher z.B. nicht im Vorhinein wissen, welche Interventionen hilfreich sein werden und welche nicht, können sie eventuell den Kontrollpersonen etwas vorenthalten, das möglicherweise für sie nützlich sein könnte. Freilich wird mit dieser Argumentation die Behandlungsforschung jedweder Evaluation entzogen, so dass der Umstand entscheidend sein muss, dass jede Person **dieselbe** Wahrscheinlichkeit wie jede andere besitzt, für eine der beiden Gruppen, für die Behandlungs- oder Kontrollgruppe, gewählt zu werden. In Quasi-Experimenten wird die Gruppenzuschreibung durch andere Mittel, z.B. durch Anpassung (Matching), erreicht. Anpassung ist die Konstruktion einer Kontrollgruppe durch Auswahl von Zielpersonen (individuell oder als Ansammlung), die in spezifischen

Charakteristiken der Interventionsgruppe – mit Ausnahme der Zufügung der Intervention – gleich sind. Es ist nur notwendig, dass Interventions- und Kontrollgruppe in Gesamtkategorien und in der Hinsicht identisch sind, die für das Evaluationsergebnis erheblich ist.

2.4.4.4.3 Metaanalyse und Metaevaluation

Mit der Metaanalyse wird eine Gruppe von Studien statistisch analysiert (*Rossi/Lipsey/Freeman* 2004, 3001–330). Man misst die Stärke des Interventionseffektes und testet, ob unterschiedliche Interventionsbedingungen die Effektivität beeinflussen. Eine Metaanalyse integriert nur Ergebnisse von Studien, die quantitative Resultate vermitteln. Metaanalysen stützen sich auf die Sammlung von Wiederholungen, Untersuchungen derselben Frage durch den Gebrauch annähernd derselben quantitativen Forschungsmethoden. Die Qualität der Metaanalyse hängt von der Qualität der Forschung ab, wie sie sich in der zugänglichen Literatur dokumentiert (*Bangert-Drowns* 2005).
Metaanalysen schreiten in typischer Weise in vier Phasen voran:
-   Suche und Auswahl relevanter Studien,
-   Kodierung von Studienmerkmalen,
-   Übersetzung der Studienergebnisse in ein metrisches System,
-   Analyse und Interpretation der Studienmerkmale und der Ergebnisse.

Metaevaluation ist die Evaluation von Evaluationen (und von Evaluatoren) (*Scriven* 2005). Das Schlüsselelement von Metaevaluationen besteht darin, dass sie Evaluationen **evaluieren**, auf die sie Bezug nehmen. Sie fassen sie nicht nur zusammen. Metaevaluation ist ein reflexives (selbstbezügliches) Verfahren. Der Evaluator ist der Evaluation selbst nicht entzogen. Eine Metaevaluation ist der Ausdruck einer allgemeinen wissenschaftlichen Verpflichtung zur unabhängigen Bestätigung von Schlussfolgerungen. Triangulation ist der Gebrauch von Mehrfachmethoden.

2.4.4.4.4 Qualitätsstandards für die Evaluationsforschung

Nicht jede empirische Forschungsarbeit besitzt dieselbe methodologische Qualität. In systematischen Überblicken und Metaanalysen versucht man, die besten Studien zu ermitteln. Das sollte mit methodologischen Qualitätsskalen geschehen. Eine solche Skala ist die Maryland Wissenschafts-Methoden-Skala („Maryland Scientific Methods Scale") (*Farrington/Gottfredson/Sherman/Welsh* 2002). Mit ihr ermittelt man Messwerte vor und nach dem Programm unter experimentellen und vergleichbaren Kontrollbedingungen. Die Maryland Skala besitzt die folgenden fünf Stufen:
-   Korrelation zwischen dem Präventions-Programm und der Kriminalitätsmessung an einem bestimmten Zeitpunkt,

- Kriminalitätsmessung vor und nach dem Programm (ohne vergleichbare Kontrollbedingungen),
- Kriminalitätsmessung vor und nach dem Programm mit experimentellen und vergleichbaren Kontrollbedingungen,
- Kriminalitätsmessung vor und nach dem Programm mit mehrfachen Experimental- und Kontrollbedingungen, damit andere Variablen kontrolliert werden können, die die Kriminalität beeinflussen,
- zufällige Zuweisung von Programm- und Kontrollbedingungen zu den Einheiten.

Die methodologische Qualität wird im Hinblick darauf festgestellt, was unter welchen Bedingungen auf welche Population und in welcher Weise wirkt.

2.4.4.4.5 Darstellung von Programmeffekten

In einer Einfluss-Evaluation wird der Programm-Effekt als Differenz zwischen dem Ergebnis erscheinen, das an Programmzielen gemessen wird, die eine Intervention bekommen, und dem Ergebnis, das die Ziele gehabt haben würden, wenn sie keine Intervention erhalten hätten (*Rossi/Lipsey/Freeman* 2004, 303). Um die statistische Bedeutung eines Programmeffektes zu beschreiben, verwenden Evaluatoren Effekt-Stärke-Statistiken, wie sie z.B. eine standardisierte Mittelwert-Differenz oder – für Ergebnisse, die binär sind (die aus zwei Elementen bestehen) – ein Unterschieds-verhältnis (Odds ratio) darstellen (*Rossi/Lipsey/Freeman* 2004, 328). Wenn ein Ergebnis nicht statistisch signifikant ist, hat der Evaluator keine wissenschaftliche Grundlage für seine Behauptung, dass es existent ist.

Um den Programmeffekt anschaulich darzustellen, sind zwei Statistiken von besonderer Bedeutung:
- Die standardisierte Mittelwert-Differenz ist eine Effektstärke-Statistik, die die Mittelwert-Ergebnis-Differenz zwischen einer Interventions- und einer Kontroll-gruppe in Standard-Abweichungs-Einheiten zum Ausdruck bringt.
- Das Unterschiedsverhältnis (Odds ratio) ist eine Effektstärke-Statistik, die die Unterschiedlichkeit eines erfolgreichen Ergebnisses für die Interventions-gruppe im Verhältnis zur Kontrollgruppe ausdrückt (*Rossi/Lipsey/Freeman* 2004, 329/330).

Das größte Problem der Messung eines Programmeffektes ist der Ausfall (Attrition) von Zielpersonen. Ein solcher Ausfall kann auf zweierlei Weise zustande kommen:
- Zielpersonen steigen aus der Interventions- oder Kontrollgruppe aus (In-Program-Failures) oder können nicht mehr erreicht werden.
- Zielpersonen weigern sich, bei der Ergebnismessung mitzuarbeiten.

2.4.4.5 Effizienz-Evaluation

Der Vergleich von Kosten und Nutzen sozialer Programme ist eine der wichtigsten Betrachtungen bei der Entscheidung, Programme zu erweitern, sie fortzusetzen oder sie zu beenden (*Welsh* 2003; *Nagin* 2001; *Welsh/Farrington* 2000; vgl. auch die Beiträge in *Welsh/Farrington/Sherman* 2001). Während Kosten-Nutzen-Analysen Nutzen und Kosten unmittelbar in vergleichbaren finanziellen Bezeichnungen miteinander vergleichen, beziehen Kosten-Effektivitäts-Analysen Kosten – ausgedrückt in finanziellen Bezeichnungen – auf Einheiten erreichter Ergebnisse. Eine Ex ante Effizienz-Analyse ist eine Effizienz-(Kosten-Nutzen- oder Kosten-Effektivitäts-)Analyse, die vor der Programmdurchführung als Teil der Programmplanung unternommen wird, um die Nettoergebnisse in Verbindung mit den Kosten abzuschätzen. Eine ex post Effizienz-Analyse ist eine Effizienz(Kosten-Nutzen oder Kosten-Effektivitäts-)Analyse, die unternommen wird, nachdem die Ergebnisse des Programms bekanntgeworden sind.

2.4.4.6 Evaluationsbeispiele

Die „Campbell Verbrechen und Justiz Gruppe", die man im Februar 2000 in Philadelphia gegründet hat, ist ein internationales Netzwerk von Forschern, das systematische Überblicke von Hoch-Qualitäts-Forschung, die weltweit mit effektiven Methoden durchgeführt worden ist, vorbereitet, erneuert und verbreitet, um Verbrechen zu vermindern und die Qualität der Justiz zu verbessern. Diese Überblicke werden gebraucht, um auf Beweis gegründete Kriminalpolitik zu fördern und zukünftige Evaluations-Forschung zu leiten (*D.L. MacKenzie* 2012, 466–486).

Das Konzept des systematischen Überblicks (*Farrington/Petrosino* 2000) gründet sich auf wissenschaftlichen Beweis, nicht auf Meinung, Mutmaßung und Anekdote. Die Einbeziehungskriterien machen deutlich, warum bestimmte Studien in die Evaluation eingereiht werden und andere ausgeschlossen sind. Die systematische Suche nach Studien ist dazu bestimmt, mögliche Vorurteile zu vermindern. Die Berichterstatter müssen ausdrücklich darlegen, wie sie ihre Suche nach potentiellen Studien durchgeführt haben, um solche Vorurteile zu verringern. Jede Studie wird nach Einbeziehungskriterien (z.B. internaler Validität, Kontrollgruppenvergleich) mit gerechtfertigten Ausschlüssen geprüft. Systematische Überblicke über ein Themengebiet bestehen aus folgenden Inhalten: Hintergrund des Überblicks, seine Ziele, Strategien der Literatursuche, Selektionskriterien für die Studien, Strategien der Datensammlung und Analyse. Randomisierte, auf zufälliger Auswahl beruhende Experimente sind in der Lage, Wirkungen mit der höchsten internalen Validität, mit großer Überzeugungskraft zu demonstrieren. Die Technik der zufälligen Zuweisung besteht darin, dass der Forscher eine Stichprobe potentieller Einheiten, entweder Menschen oder Räume, nimmt und einigen Behandlung und anderen Kontrollbedingungen zuweist (*Weisburd* 2000, 183). Der erste Schritt im Prozess der

Beurteilung der wissenschaftlichen Exaktheit von Studien ist darin gegeben, dass man möglichst viele Studien in einem Zielgebiet lokalisiert (*MaKenzie* 2000). Der zweite Schritt umfasst die wissenschaftliche Prüfung der Exaktheit der Studien nach der Maryland Wissenschafts-Methoden Skala (Maryland Scientific Methods Scale) (*Farrington/Gottfredson/Sherman/Welsh* 2002).

Die folgenden sechs Evaluations-Überblicke sollen als Beispiele dienen.

2.4.4.6.1 Die positiven Wirkungen kognitiv-behavioristischer Programme auf Straftäter

Kognitiver Behaviorismus nimmt an, dass Kognitionen (Erkenntnisse) Verhalten dergestalt beeinflussen, dass Menschen ihre kognitive Aktivität kontrollieren und ändern können und dass Änderungen in Erkenntnissen zu Wandlungen im Verhalten führen (*Wilson/Bouffard/MacKenzie* 2005). Kognitiv-behavioristische Vorbeugungsprogramme sind entworfen worden, um den Klienten zu helfen, sich über ihre gedanklichen Prozesse klar zu werden, die zu schlecht angepassten behavioristischen Reaktionen führen, und um solche Prozesse in einer positiven Weise zu ändern (*D.L. MacKenzie/R. Freeland* 2012, 771–798). Den Tätern mangelt es an persönlichen Problemlösungsfähigkeiten, an kritisch-logischen Denkfähigkeiten und an Planungsfähigkeiten. Kognitiv-behavioristische Ansätze werden im sozialen Fähigkeitstraining, im Training sozialen Problemlösens, in der rational-emotiven Intervention, im kognitiven Fähigkeitsprogramm und im Rückfall-Verhütungs-Modell angewandt. Alle relevanten Evaluationen sind identifiziert worden, die die spezifischen Einbeziehungskriterien des kognitiven Behaviorismus aufweisen. Ein Codierungsprotokoll wurde erstellt. Rückfall-Ergebnis-Daten der Einzelstudien sind in Effektstärken umgeformt worden, die es erlaubten, die Ergebnisse der Studien miteinander zu vergleichen. Hoch-Qualitäts-Studien weisen einen 16-prozentigen Unterschied zwischen Experimental- und Kontrollgruppe auf: 42 Prozent Rückfall bei der Experimental- und 58 Prozent Rückfall bei der Kontrollgruppe (*Wilson/Bouffard/MacKenzie* 2005). Die Meta-Analysen der kognitiv-behavioristischen Prävention haben gezeigt, dass kognitiv-behavioristische Programme den Rückfall in signifikantem Umfang vermindern können (vgl. auch *Pearson/Lipton/Cleland/Yee* 2002).

2.4.4.6.2 Ein systematischer Überblick über mehrsystemische Therapie

Unter mehrsystemischer Therapie versteht man eine intensive, kurzzeitige, auf Familien und auf Gemeinschaft gegründete Intervention für Jugend und Familie. Die Interventionen finden in mehrfachen sozialen Systemen (z.B. in Familien, Gleichaltrigengruppen, Schulen und Nachbarschaften) statt. Der spezielle Behandlungstyp wird nach den speziellen Bedürfnissen der jungen Person ausgewählt; deshalb ist die Behandlungsart für jede Person unterschiedlich. Die Behandlung kann individuelle, Familien-, Gleichaltrigen-, Schulen- und Gemeinschaftsinterventionen unter Einschluss von Eltern- und Fähigkeitstraining umfassen. In einer Meta-Analyse über Präventionsprogramme, die sich auf die Familie gründen, fanden *David P. Farrington* und *Brandon C. Welsh* (2003, 142/3) heraus, dass mehrsystemische Therapieprogramme nach ihrer Effektstärke zu den erfolgreichsten Programmen gehören. Eine weitere Studie zeigte eine bemerkenswert große Effektstärke und 63 Prozent Verminderung der Verhaftung in der Experimentalgruppe im Vergleich zur Kontrollgruppe (*Farrington/Welsh* 2005, 19).

2.4.4.6.3 Wirkungen des Kinder-Fähigkeits-Trainings auf die Verhütung antisozialen Verhaltens

Eine Meta-Analyse über soziales Fähigkeitstraining als Maßnahme zur Verhütung antisozialen Verhaltens bei Kindern und Jugendlichen haben *Friedrich Lösel* und *Andreas Beelmann* (2003) erstellt. Aggressionsanfällige Schemata des sozialen Informationsprozesses, unzureichende Selbstkontrolle, Defizite im Lösen sozialer Probleme, deviante Annahmen, Mängel der prosozialen Interaktionsfähigkeiten sind empirisch solide Risikofaktoren für antisoziales Verhalten. Das Kinder-Fähigkeits-Training zielt auf das Lernen nichtaggressiver Arten sozialer Wahrnehmung, von Zuschreibung und Selbstkontrolle, auf Ärger-Wut-Handhabung, Opfer-Einfühlung, zwischenmenschliches Problemlösen, Interaktion und verwandte Fähigkeiten ab. Von der Einbeziehung von Primärstudien in die Meta-Analyse des Kinder-Fähigkeits-Trainings wurden rigorose Kriterien methodologischer Qualität gefordert:

- Die zugrunde gelegten Studien mussten eine Evaluation enthalten, die speziell ein soziales Trainingsprogramm zur Vorbeugung antisozialen Verhaltens bei Kindern und Jugendlichen zum Gegenstand hat.
- Die Studien mussten nach einem randomisierten Kontrollgruppen-Design aufgebaut sein. Man musste Experimental- und Kontrollgruppe in einem wirklichen experimentellen (randomisierten) Design verglichen haben.
- Präinterventions- und Postinterventionsdaten mussten erhoben worden sein.

Bei der Literatursuche zum Thema erhielt man 851 Artikel. Nach Anlegung der Einbeziehungskriterien verblieben als letztendliche Datenbasis für die Meta-Analyse 135 Experimental- und Kontrollgruppenvergleiche. Weniger als zehn Prozent der Vergleiche mit einer Nachbearbeitungszeit haben ihre Ergebnisse später als ein Jahr nach dem Training gemessen. Ungefähr 85 Prozent der Programme stützten sich auf behavioristische und/oder auf kognitive Modelle sozialen Lernens. Das Durchschnittsalter der trainierten Kinder variierte von vier bis achtzehn Jahren. Eine Misserfolgsrate von 50 Prozent in der Kontrollgruppe vorausgesetzt, beläuft sich die Misserfolgsquote in der Experimentalgruppe auf etwa 19 Prozent weniger. Die höchsten Effekte bei der Wirkungsevaluation fand man bei kognitiven oder kognitiv-behavioristischen Programmen. Die meisten Programme sind auf die kognitiv-soziale Lerntheorie gegründet. Gut umgesetzte (implementierte), kognitiv-behavioristische Programme, die sich an hochrisiko-behaftete Jugendliche richten, die bereits Verhaltensprobleme gezeigt haben, sind besonders effektiv.

2.4.4.6.4 Ein systematischer Überblick über die Wirkungen von Drogengerichten auf den Rezidivismus

Das erste Drogengericht wurde im Dade County, Florida, im Jahre 1989 gegründet (vgl. die Beiträge in *Nolan* 2002). Nahezu 1.200 Drogengerichte (Drug Courts) bestanden im Jahre 2001 in den USA. England, Schottland, Irland, Australien und Kanada haben in den letzten Jahren Programme nach dem U.S.-Modell errichtet. Das Drogenge-richtsprogramm kombiniert Intensivkontrolle, Drogentestung, Drogenbehandlung und gerichtliche Überwachung im Laufe von etwa zwei Jahren. Während des Pro-gramms überwacht der Drogenrichter den Fortschritt des Drogenabhängigen durch regelmäßig anberaumte Status Hearings (*Abadinsky* 2004, 228–229; *Sanford/Arrigo* 2005; *Schneider* 2003, 313). Über die Wirksamkeit des Drogengerichts haben *Denise C. Gottfredson/Stacy S. Najaka* und *Brook Kearley* (2003) eine Studie veröffentlicht. In ihr sind 235 Täter nach Zufall dem Drogengericht oder der üblichen Behandlung zugewiesen worden. Das typische Drogengericht überwacht den Drogenmissbrauch seiner Klienten, weist seinen Klienten eine Behandlung zu, die von Organisationen angeboten wird, die sich auf die Gemeinschaft gründen, verlangt wenigstens drei Kontakte in der Woche mit der Behandlungsorganisation, zwei Urintests pro Woche und einen wöchentlichen oder zweiwöchentlichen Kontakt mit dem Drogenrichter. Das Drogengericht verwendet eine Erhöhung der Häufigkeit von Gerichts-Status-Hearings, Urinanalysen und Behandlungen als Sanktionen gegen den Rückfall, und sechzig Prozent der Drogengerichte machen vom Freiheitsentzug Gebrauch. Schließlich verhängt das Drogengericht Freiheitsstrafen, wenn das Programm erfolg-los beendet wird. Die Klienten des Drogengerichts haben eine signifikant geringere Wahrscheinlichkeit, wieder verhaftet zu werden. Die Ergebnisse zeigen an, dass das Drogengerichts-Programm kriminelles Verhalten in einer Population drogenabhän-giger chronischer Täter vermindert. Während einer Follow-up-Zeit von zwei Jahren wurden 66.2 Prozent der Drogengerichts-Klienten, aber 81.3 Prozent der Klienten der Kontrollgruppe erneut verhaftet. In einem systematischen Überblick von 42 Drogen-gerichts-Evaluationen kamen *David B. Wilson/Ojmarrh Mitchell* und *Doris Layton MacKenzie* (2005) zu dem Schluss, dass Drogengerichtsprogramme bei der Reduktion des Rückfalls effektiv sind (vgl. auch *Gottfredson/Najaka/Kearley/Rocha* 2006).

2.4.4.6.5 Die Effektivität der Behandlung von Sexualstraftätern

Eine Meta-Analyse über kontrollierte Ergebnisevaluationen von Sexualstraftäter-Behandlung haben *Friedrich Lösel* und *Martin Schmucker* (2005) vorgelegt. Von 2.039 Dokumenten, die in fünf Sprachen veröffentlicht worden sind, enthielten 69 Studien 80 Vergleiche zwischen behandelten und unbehandelten Tätern, die die Einbeziehungskriterien erfüllten. Organische Behandlungen (chirurgische Kastration, hormonale Medikation) wiesen größere Effekte auf als psychosoziale Interventionen. Unter den psychologischen Programmen zeigten kognitiv-behavioristische Ansätze die nachhaltigsten Erfolge. Die durchschnittliche Rate des sexuellen Rückfalls betrug 11,1 Prozent bei der Behandlungsgruppe und 17,5 Prozent bei der Kontrollgruppe. In einer der umfangreichsten Meta-Analysen integrierte man 43 Studien über psychologische Behandlung von Sexualstraftätern. Der durchschnittliche Rückfall bei Sexualdelikten betrug 12,3 Prozent für die behandelten und 16,8 Prozent für die unbehandelten Gruppen (*Hanson/Gordon/Harris/Marques/Murphy/Quinsey* 2002).

Einwände gegen solche Rückfalluntersuchungen beziehen sich auf drei Umstände:

– Das Rückfallkriterium ist regelmäßig die Wiederbegehung eines Sexualdelikts, wie sie durch Verhaftung, Verurteilung und Selbstbericht gemessen wird. Täterselbstberichte haben indessen gezeigt, dass große Zahlen von Sexualdelikten nicht zu Verhaftungen und Verurteilungen führen, sondern im Dunkelfeld bleiben (*Marques/Day/Nelson/West* 1994, 32).

– Die durchschnittliche Follow-up-Periode, in der der Rückfall gemessen wird, beträgt regelmäßig vier bis fünf Jahre. Mit längeren Follow-up-Perioden (von 15 bis 25 Jahren) wachsen indessen die Rückfallraten auf 35 bis 45 Prozent (*Hanson* 2001, 92).

– Es herrscht kein Einvernehmen darüber, wie man Behandlungsverweigerer und -versager rückfallmäßig einschätzt. Sie machen bis zu 35 Prozent der Behandlungsgruppe aus und sind besonders hoch mit Rückfall belastet.

2.4.4.6.6 Die Wirksamkeit der Videoüberwachung und der verbesserten Straßenbeleuchtung auf Kriminalität

Den Einsatz von Videokameras zur Überwachung von Kriminalitätsschwerpunkten und die Verbesserung der Straßenbeleuchtung haben *Brandon C. Welsh* und *David P. Farrington* (2004) auf ihre Effektivität der Verbrechensverhütung überprüft. Sie haben Experimental- und Kontrollgebiete miteinander verglichen. Die Meta-Analysen von 19 Videoüberwachungs- und 13 Straßenbeleuchtungs-Evaluationen erbrachten den Beweis, dass beide Interventionen in gleicher Weise bei der Verbrechensreduzierung effektiv sind. Im Videoüberwachungsgebiet (Experimentalgebiet) verringerte sich die Kriminalität um 21 Prozent. Im Straßenbeleuchtungs-Experimentalgebiet ließ die Kriminalität im Vergleich mit dem Kontrollgebiet um 22 Prozent nach. Effektivere Straßenbenutzung stärkt die informelle Kontrolle und den Gemeinschaftszusammenhalt. Das positivere Bild des Gebiets, der gewachsene Gemeinschaftsstolz und der Gemeinschaftsoptimismus führen dazu, dass die Bewohner eine größere informelle Sozialkontrolle über potentielle Täter ausüben (Interaktionsprozess) (vgl. auch *Welsh/Farrington* 2006; *Farrington/Welsh* 2006b).

Literatur

Abadinsky, H. (2004). Drugs – An Introduction. 5. Aufl. Belmont/CA, Singapore, Southbank/Vict.

Alpert, G.P./MacDonald, J.M. (2001). Understanding Social Science Research – Applications in Criminology and Criminal Justice. Prospect Heights/Ill.

Altschuld, J.W./Kumar, D.D. (2005). Needs Assessment. In: *S. Mathison* (Hrsg.): Encyclopedia of Evaluation. 276/277. Thousand Oaks, London, New Delhi.

Atteslander, P./Kopp, M. (1999). Befragung. In: *E. Roth/K. Heidenreich/H. Holling* (Hrsg.): Sozialwissenschaftliche Methoden – Lehr- und Handbuch für Forschung und Praxis. 5. Aufl., 146–174. München, Wien.

Australian Institute of Criminology (1999). Reintegrative Shaming Experiments. Canberra/ACT.

Bachman, R./Schutt, R.K. (2011). The Practice of Research in Criminology and Criminal Justice. 4. Aufl. Los Angeles, London, New Delhi u.a.

Balkwell, J.W. (2001). Criminology Research Methods, Quantitative. In: *C.D. Bryant* (Hrsg.): Encyclopedia of Criminology and Deviant Behavior. Band 2. 183–187. Philadelphia/PA, Florence/KY, Hove/UK.

Bangert-Drowns, R.L. (2005). Meta-Analysis. In: *S. Mathison* (Hrsg.): Encyclopedia of Evaluation. 248/249. Thousand Oaks, London, New Delhi.

Bannenberg, B. (2002). Korruption in Deutschland und ihre strafrechtliche Kontrolle – Eine kriminologisch-strafrechtliche Analyse. Neuwied, Kriftel.

Barak, G. (Hrsg.) (1996). Representing O.J. – Murder Criminal Justice and Mass Culture. Guilderland, New York.

Barrington, G.V. (2005). External Evaluation. In: *S. Mathison* (Hrsg.): Encyclopedia of Evaluation. 150/151. Thousand Oaks, London, New Delhi.

Berk, R.A./Ladd, H./Graziano, H./Baek, J.-H. (2005). A Randomized Experiment Testing Inmate Classification Systems. In: *S. Bushway/D. Weisburd* (Hrsg.): Quantitative Methods in Criminology. 15–42. Aldershot/Hunts, Burlington/VT.

Best, J. (2003). Deviance: The Constructionist Stance. In: *P.A. Adler/P. Adler* (Hrsg.): Constructions of Deviance – Social Power, Context, and Interaction. 4. Aufl. 90–98. Belmont/CA, Singapore, South Melbourne u.a.

Bickman, L. (2005). Evaluation Research. In: *S. Mathison* (Hrsg.): Encyclopedia of Evaluation. 141. Thousand Oaks, London, New Delhi.

Bushway, S.D./Thornberry, T.P./Krohn, M.D. (2005). Desistance as a Developmental Process: A Comparison of Static and Dynamic Approaches. In: *S. Bushway/D. Weisburd* (Hrsg.): Quantitative Methods in Criminology. 417–441. Aldershot/Hunts, Burlington/VT.

Chen, H.-T. (2005). Program Theory. In: *S. Mathison* (Hrsg.): Encyclopedia of Evaluation. 340–342. Thousand Oaks, London, New Delhi.

Dantzker, M.L./Hunter, R.D. (2012). Research Methods for Criminology and Criminal Justice. 2. Aufl. Sudbury/MA, Mississauga/Ontario, London.

Denzin, N.K./Lincoln, Y.S. (2000). Introduction – The Discipline and Practice of Qualitative Research. In: *N.K. Denzin/Y.S. Lincoln* (Hrsg.): Handbook of Qualitative Research. 2. Aufl., 1–28. Thousand Oaks, London, New Delhi.

Denzin, N.K./Lincoln, Y.S. (Hrsg.) (2003). Strategies of Qualitative Inquiry. 2. Aufl. Thousand Oaks, London, New Delhi.

Erikson, K.T. (1966). Wayward Puritans – A Study in the Sociology of Deviance. New York, London, Sydney.

Farrington, D.P. (2003). Key Results from the First Forty Years of the Cambridge Study in Delinquent Development. In: *T.P. Thornberry/M.D. Krohn* (Hrsg.): Taking Stock of Delinquency – An

Overview of Findings from Contemporary Longitudinal Studies. 137–183. New York, Boston, Dordrecht.

Farrington, D.P. (2006). Key Longitudinal-Experimental Studies in Criminology. In: Journal of Experimental Criminology. 2, 12–141.

Farrington, D.P./Gottfredson, D.C./Sherman, L.W./Welsh, B.C. (2002). The Maryland Scientific Methods Scale. In: *L.W. Sherman/D.P. Farrington/B.C. Welsh/D.L. MacKenzie* (Hrsg.): Evidence-Based Crime Prevention. London, New York.

Farrington, D.P./Petrosino, A. (2000). Systematic Reviews of Criminological Interventions: The Campbell Collaboration Crime and Justice Group. In: International Annals of Criminology 38, 49–66.

Farrington, D.P./Welsh, B.C. (2003). Family-Based Prevention of Offending: A Meta-Analysis. In: Australian and New Zealand Journal of Criminology. 36, 127–151.

Farrington, D.P./Welsh, B.C. (2005). Randomized Experiments in Criminology: What have we Learned in the Last Two Decades? In: Journal of Experimental Criminology. 1, 9–38.

Farrington, D.P./Welsh, B.C. (2006a). A Half Century of Randomized Experiments on Crime and Justice. In: *M. Tonry* (Hrsg.): Crime and Justice. Band 34, 55–132. Chicago, London.

Farrington, D.P./Welsh, B.C. (2006b). Improved Street Lighting. In: *B.C. Welsh/D.P. Farrington* (Hrsg.): Preventing Crime – What Works for Children, Offenders, Victims, and Places. 209–224. Dordrecht.

Ferrell, J. (1998). Criminological Verstehen – Inside the Immediacy of Crime. In: *J. Ferrell/M.S. Hamm* (Hrsg.): Ethnography at the Edge – Crime, Deviance, and Field Research. 20–42. Boston.

Flick, U. (2002). An Introduction to Qualitative Research. London, Thousand Oaks, New Delhi.

Fournier, D.M. (2005). Evaluation. In: *S. Mathison* (Hrsg.): Encyclopedia of Evaluation. 139/140. Thousand Oaks, London, New Delhi.

Geis, G./Bienen, L.B. (1998). Crimes of the Century – From Leopold and Loeb to O.J. Simpson. Boston.

Glueck, S. und *E.* (1950). Unraveling Juvenile Delinquency. Cambridge/Mass.

Glueck, S. und *E.* (1968). Delinquents and Nondelinquents in Perspective. Cambridge/Mass.

Goode, E. (2001). Deviant Behavior. 6. Aufl. Upper Saddle River/N.J.

Gottfredson, D.C./Najaka, S.S.Kearley, B. (2003). Effectiveness of Drug Treatment Courts: Evidence From A Randomized Trial. In: Criminology and Public Policy 2, 171–196.

Gottfredson, D.C./Najaka, S.S./Kearley, B.W./Rocha, C.M. (2006). Long-Term Effect of Participation in the Baltimore City Drug Treatment Court: Results from an Experimental Study. In: Journal of Experimental Criminology 2, 67–98.

Greene, J.C./Henry, G.T. (2005). Qualitative – Quantitative Debate in Evaluation. In: *S. Mathison* (Hrsg.): Encyclopedia of Evaluation. 345–350. Thousand Oaks, London, New Delhi.

Hagan, F.E. (2003/2006). Research Methods in Criminal Justice and Criminology. 6. u. 7. Aufl. Boston, New York, San Francisco u.a.

Hagan, F.E. (2010). Research Methods in Criminal Justice and Criminology. 8. Aufl. Upper Saddle River/NJ, Columbus/Ohio.

Haney, C./Banks, C./Zimbardo, P. (1973). Interpersonal Dynamics in a Simulated Prison. In: International Journal of Criminology and Penology 1, 69–97.

Hanson, R.K. (2001). Sex Offender Risk Assessment. In: *C.R. Hollin* (Hrsg.): Handbook of Offender Assessment and Treatment. 85–96. Chichester, New York, Weinheim u.a.

Hanson, R.K./Gordon, A./Harris, A./Marques, J.K./Murphy, W.-D./Quinney, V.L. (2002). First Report of the Collaborative Outcome Data Project on the Effectiveness of Psychological Treatment for Sex Offenders. In: Sexual Abuse: A Journal of Research and Treatment, 14, 169–194.

Hess, H. (1993). Mafia, Ursprung, Macht und Mythos. Freiburg, Basel, Wien.

Hirschi, T. (1969). Causes of Delinquency. Berkeley, Los Angeles.

Ianni, F.A.J./Reuss-Ianni, E. (1972). A Family Business. Kinship and Social Control in Organized Crime. London.

Kitsuse, J.I./Cicourel, A. (2005). A Note on the Uses of Official Statistics. In: *S. Bushway/D. Weisburd* (Hrsg.): Quantitative Methods in Criminology. 191–199. Aldershot/Hunts, Burlington/VT.

Klockars, C.B. (1974). The Professional Fence. London.

Kraska, P.B./Neuman, W.L. (2012). Criminal Justice and Criminology Research Methods. 2. Aufl. Boston, Columbus, Indianapolis u.a.

Kunz, K.-L./Besozzi, C. (2003). Zur Einführung. In: *K.-L. Kunz/C. Besozzi* (Hrsg.): Soziale Reflexivität und qualitative Methodik – Zum Selbstverständnis der Kriminologie in der Spätmoderne. 7–14. Bern, Stuttgart, Wien.

Laub, J.H./Sampson, R.J. (2001). Understanding Desistance from Crime. In: *M. Tonry* (Hrsg.): Crime and Justice. Band 28, 1–69. Chikago, London.

Laub, J.H./Sampson, R.J. (2003). Shared Beginnings, Divergent Lives – Delinquent Boys to Age 70. Cambridge/Mass., London/England.

Lipsey, M.W./Wilson, D.B. (2005). The Efficacy of Psychological, Educational, and Behavioral Treatment. – Conformation From Meta-Analysis. In: *S. Bushway/D. Weisburd* (Hrsg.): Quantitative Methods in Criminology. 65–93. Aldershot/Hunts, Burlington/VT.

Lösel, F./Beelmann, A. (2003). Effects of Child Skills Training in Preventing Antisocial Behavior: A Systematic Review of Randomized Evaluations. In: Annals of the American Academy of Political and Social Science 587, 84–109.

Lösel, F./Schmucker, M. (2005). The Effectiveness of Treatment for Sexual Offenders: A Comprehensive Meta-Analysis. In: Journal of Experimental Criminology. 1, 117–146.

MacKenzie, D.L. (2000). Evidence-Based Corrections: Identifying Works. In: Crime and Delinquency 46, 457–471.

MacKenzie, D.L./Freeland, R. (2012). Examining the Effectiveness of Juvenile Residential Programs. In: *B.C. Feld/D. M. Bishop* (Hrsg.): The Oxford Hansbook of Juvenile Crime and Juvenile Justice. 771–798. Auckland, Cape Town, Dares Salam u.a.

MacKenzie, D.L. (2012). Preventing Future Criminal Activities of Delinquents and Offenders. In: *B.C. Welsh/D.P. Farrington* (Hrsg.): The Oxford Handbook of Crime Prevention. 466–486. Oxford, New York Oackland u.a.

Marques, J.K./Day, D.M./Nelson, C./West, M.A. (1994). Effects of Cognitive-Behavioral Treatment on Sex Offender Recidivism – Preliminary Results of a Longitudinal Study. In: Criminal Justice and Behavior 21, 28–54.

Mathisen, S. (2005a). Campbell, Donald T. In: *S. Mathisen* (Hrsg.): Encyclopedia of Evaluation. 37. Thousand Oaks, London, New Delhi.

Mathisen, S. (2005b). Formative Evaluation. In: *S. Mathisen* (Hrsg.): Encyclopedia of Evaluation. 160. Thousand Oaks, London, New Delhi.

Maxfield, M.G./Babbie, E.R. (2011). Research Methods for Criminal Justice and Criminology. 6. Aufl. Belmont/CA u.a.

Menard, S. (2005). Cross-Sectional and Longitudinal Research. In: *R.A. Wright/J.M. Miller* (Hrsg.): Encyclopedia of Criminology. Band 1, 352–356. New York, London.

Moore, M.H./Petrie, C.V./Braga, A.A./McLaughlin (Hrsg.) (2003). Deadly Lessons – Understanding Lethal School Violence. Washington D.C.

Nagin, D.S. (2001). Measuring the Economic Benefits of Developmental Prevention Programs. In: *M. Tonry* (Hrsg.): Crime and Justice. Band 28, 347–384. Chicago, London.

Noaks, L./Wincup, E. (2004). Criminological Research – Understanding Qualitative Methods. London, Thousand Oaks, New Delhi.

Nolan, J.L. (Hrsg.) (2002). Drug Courts in Theory and in Practice. New York.

Pawson, R./Tilley, N. (1997). Realistic Evaluation. Thousand Oaks/CA.

Pawson, R./Tilley, N. (2005). Realistic Evaluation. In: *S. Mathison* (Hrsg.): Encyclopedia of Evaluation. 362–367. Thousand Oaks, London, New Delhi.

Pearson, F.S./Lipton, D.S./Cleland, C./Yee, D.S. (2002). The Effects of Behavioral/Cognitive-Behavioral Programs on Recidivism. In: Crime and Delinquency 48, 476–496.

Piquero, A.R./Farrington, D.P./Blumstein, A. (2007). Key Issues in Criminal Career Research – New Analysis of the Cambridge Study in Delinquent Development. Cambridge, New York, Melbourne u.a.

Rossi, P.H./Lipsey, M.W.Freeman, H.E. (2004). Evaluation – A Systematic Approach. 7. Aufl. Thousand Oaks, London, New Delhi.

Sanford, J.S./Arrigo, B.A. (2005). Lifting the Cover on Drug Courts: Evaluation Findings and Policy Concerns. In: International Journal of Offender Therapy and Comparative Criminology 49, 239–259.

Schneider, H.J. (2001). Kriminologie für das 21. Jahrhundert. Schwerpunkte und Fortschritte der internationalen Kriminologie – Überblick und Diskussion. Münster, Hamburg, London.

Schneider, H.J. (2003). Die Amerikanische Gesellschaft für Kriminologie (American Society of Criminology). In: Monatsschrift für Kriminologie und Strafrechtsreform 86, 310–319.

Scriven, M. (2005). Metaevaluation. In: *S. Mathison* (Hrsg.): Encyclopedia of Evaluation. 249–251. Thousand Oaks, London, New Delhi.

Shadish, W.R./Luellen, J.K. (2005). History of Evaluation. In: *S. Mathisen* (Hrsg.): Encyclopedia of Evaluation. 183–186. Thousand Oaks, London, New Delhi.

Shaw, C.R. (1930). The Jack-Roller – A Delinquent Boy's Own Story. Chicago, London.

Shaw, C.R. (1931). The Natural History of a Delinquent Career. Chicago, London.

Shaw, C.R. (1938). Brothers in Crime. Chicago, London.

Sherman, L.W./Berk, R.A. (2005). The Specific Deterrent Effects of Arrest for Domestic Assault. In: *S. Bushway/D. Weisburd* (Hrsg.): Quantitative Methods in Criminology. 3–14. Aldershot/Hunts, Burlington/VT.

Skolnick, J.H. (1966; 1994). Justice without Trial – Law Enforcement in Democratic Society. 1. und 3. Aufl. New York, Oxford, Singapore u.a.

Smith, D.A./Paternoster, R. (2005). Formal Processing and Future Delinquency: Deviance Amplification as Selection Artifact. In: *S. Bushway/D. Weisburd* (Hrsg.): Quantitative Methods in Criminology. 165–187. Aldershot/Hunts, Burlington/VT.

Snodgrass, J. (1982). The Jack-Roller at Seventy. A Fifty-Year Follow-Up. Lexington/Mass., Toronto.

Stake, R.E. (2000). Case Studies. In: *N.K. Denzin/Y.S. Lincoln* (Hrsg.): Handbook of Qualitative Research. 2. Aufl., 435–454. Thousand Oaks, London, New Delhi.

Steffensmeier, D.J. (1986). The Fence – In the Shadow of Two Worlds. Totowa/NJ.

Steffensmeier, D.J./Ulmer, J.T. (2005). Confessions of a Dying Thief – Understanding Criminal Careere and Illecgal Enterprise. New Brunswick (USA), London (UK).

Strang, H. (2002). Repair or Revenge: Victims and Restorative Justice. Oxford.

Sutherland, E.H. (1937). The Professional Thief – By a Professional Thief. Chicago.

Thio, A. (2004). Deviant Behavior. 7. Aufl. Boston/MA.

Thomas, C.L. (2005a). Internal Validity. In: *S. Mathison* (Hrsg.): Encyclopedia of Evaluation. 208. Thousand Oaks, London, New Delhi.

Thomas, C.L. (2005b). External Validity. In: *S. Mathison* (Hrsg.): Encyclopedia of Evaluation. 151/152. Thousand Oaks, London, New Delhi.

Tilley, N. (2000). Doing Realistic Evaluation of Criminal Justice. In: *V. Jupp/P. Davies/P. Francis* (Hrsg.): Doing Criminological Research. 97–113. London, Thousand Oaks, New Delhi.

Toch, H. (1969, 1992). Violent Men. An Inquiry into the Psychology of Violence. 1. und 2. Aufl. Chicago, Washington D.C.

Weisburd, D. (2000). Randomized Experiments in Criminal Justice Policy: Prospects and Problems. In: Crime and Delinquency 46, 1181–193.

Welsh, B.C. (2003). Economic Costs and Benefits of Primary Prevention of Delinquency and Later Offending: A Review of the Research. In: *D.P. Farrington/J.W. Coid* (Hrsg.): Early Prevention of Adult Antisocial Behaviour. 318–355. Cambridge/UK, New York/NY, Port Melbourne u.a.

Welsh, B.C./Farrington, D.P. (2000). Monetary Costs and Benefits of Crime Prevention Programs. In: *M. Tonry* (Hrsg.): Crime and Justice. Band 27, 305–361. Chicago, London.

Welsh, B.C./Farrington, D.P. (2004). Surveillance for Crime Prevention in Public Space: Results and Policy Choices in Britain and America. In: Criminology and Public Policy 3, 497–526.

Welsh, B.C./Farrington, D.P. (2006). Closed-Circuit Television Surveillance. In: *B.C. Welsh/David P. Farrington* (Hrsg.): Preventing Crime – What Works for Children, Offenders, Victims, and Places. 193–208. Dordrecht.

Welsh, B.C./Farrington, D.P./Sherman, L.W. (2001). Costs and Benefits of Preventing Crime. Boulder/CO, Oxford.

Wilson, D.B./Bouffard, L.A./MacKenzie, D.L. (2005). A Quantitative Review of Structured, Group-Oriented, Cognitive-Behavioral Programs for Offenders. In: Criminal Justice and Behavior 32, 172–204.

Wilson, D./Mitchell, O./MacKenzie, D.L. (2005). A Systematic Review of Drug Court Effects on Recidivism. Vortrag: 14. Weltkongress für Kriminologie. Philadelphia/PA.

Grundlagen der internationalen Kriminologie

3 Die internationale Zukunft der Kriminologie:
  Zusammenfassung und Ausblick anhand
  der Ursachenforschung

3.1 Zusammenfassung und Ausblick

Inhaltsübersicht

3.1.1 Internationalisierung der Kriminologie

Im 20. Jahrhundert und zu Beginn des 21. Jahrhunderts hat sich die Kriminologie in den USA und in den englischsprachigen Ländern zu einer unabhängigen Sozialwissenschaft entwickelt (*H.J. Schneider* 2011b). In der Gegenwart breitet sich die sozialstrukturelle und -prozessuale Hauptrichtung der Kriminologie (Mainstream

Criminology) mit rasanter Geschwindigkeit international aus. Das gilt vor allem für die bevölkerungsreichsten Länder wie Brasilien (*Rodrigues* 2011), Indien (*Poornachandra* 2011) und die Volksrepublik China (*Xiu/Tingyao* 2011). Diese Länder werden im 21. Jahrhundert die führende Rolle in der internationalen Kriminologie übernehmen. Für sie ist die kriminalbiologische, psychopathologische Täter-Kriminologie des 19. Jahrhunderts (vgl. die Beiträge in *Rafter* 2009) wenig attraktiv. Denn diese auf den individuellen Kriminellen zugeschnittene Kriminologie löst die sozialstrukturellen und -prozessualen Kriminalitätsprobleme dieser Länder nicht. Sie orientieren sich vielmehr an der sozialstrukturellen, -prozessualen, situativen Kriminologie, wie sie sich im 20. Jahrhundert und zu Beginn des 21. Jahrhunderts in den USA entwickelt hat (vgl. *H.J. Schneider* 2003; 2005; 2007a; 2009a; 2011a). Deshalb besitzt die US.-amerikanische Kriminologie derzeit die führende Position in der Welt (*H.J. Schneider* 2011a).

In der heraufkommenden Weltkriminologie können sich nur größere Einheiten anstelle einzelner nationaler Kriminologien behaupten. Deshalb haben sich kontinentale Kriminologien gebildet, z.B. die europäische Kriminologie im Jahre 2000 (*H.J. Schneider* 2010c) und die asiatische Kriminologie im Jahre 2009 (*Liu/Hebenton/Jou* 2013). In der europäischen Kriminologie haben Länder wie das Vereinigte Königreich (*Brunton* 2011), die Niederlande (*Junger-Tas/Junger* 2007) und die skandinavischen Länder (vgl. die Beiträge in *Tonry/Lappi-Säppälä* 2011) führende Positionen eingenommen. Sie sind dadurch charakterisiert, dass sie sich im 20. Jahrhundert und zu Beginn des 21. Jahrhunderts der sozialwissenschaftlichen Hauptrichtung der Kriminologie angeschlossen haben, die von mehr als zwei Dritteln der Kriminologen der Welt vertreten wird. Die kritische Kriminologie, zu der sich etwa zehn Prozent der Kriminologen bekennen, nimmt demgegenüber eine Randrolle ein. Sie ist mehr eine Ergänzung und Erweiterung der sozialstrukturellen, -prozessualen Hauptrichtung als ein Gegensatz zu ihr. Sie ist ein Betätigungsfeld für Individualisten und in so viele Schulen aufgeteilt, wie kritische Kriminologen forschen und lehren (vgl. den Überblick bei *DeKeseredy* 2011 und die Beiträge in *DeKeseredy/Dragiewicz* 2012). Eine wirklich unterschiedliche Position zur Hauptrichtung nimmt – nach wie vor – die psychopathologisch-multifaktorielle Kriminologie ein, mit der sich weniger als zehn Prozent der Kriminologen identifizieren (*Rafter* 2008a).

3.1.2 Grundlagen der kriminologischen Ursachenforschung

3.1.2.1 Phänomenologie der Ursachenforschung

Durch die kriminologische Dunkelfeldforschung, durch die Ermittlung der nicht angezeigten, nicht bekannt gewordenen Kriminalität aufgrund Studien in das Täter- und Opferwerden, hat die kriminologische Ursachenforschung eine völlig neue veränderte Tatsachengrundlage erhalten.

- Der psychopathologische, multifaktorielle Ansatz gründet seine empirischen Forschungen auf die Untersuchung von Straftätern, also von bekannt gewordenen Kriminellen, die die Kriminaljustiz durchlaufen und von ihr ausgelesen werden. Die Kriminalität ist für diesen Ansatz ein individuelles Täterproblem. Die Verbrechensopfer und die Gesellschaft bleiben hier außerhalb jeder Betrachtung.
- Die Selbstbericht- und Viktimisierungsstudien der Dunkelfeldforschung, die Befragungen in das Täter- und Opferwerden haben die Aufmerksamkeit der Kriminologinnen und Kriminologen auf die Prozesse des Täter- und Opferwerdens innerhalb gesellschaftlicher Strukturen und Prozesse gelenkt. Der ungleich breiter gewordene Untersuchungsgegenstand der kriminologischen Ursachenforschung bezieht sich jetzt auf Täter, Opfer und Gesellschaft. Er versucht, das Täter- und Opferwerden innerhalb der Gesellschaft und die formellen und informellen Reaktionen auf das Täter- und Opferwerden innerhalb der Gesellschaft zu erforschen.

Zahlreiche Länder haben periodisch wiederkehrende nationale Befragungen in das Opferwerden durch Straftäter (Victimization Surveys) eingerichtet (*Dijk* 2011). Durch sie wird die objektive Sicherheitslage, die Kriminalitätshäufigkeit und -struktrur in großer Wirklichkeitsnähe erkennbar, ohne durch unterschiedliche Anzeigeraten der Bevölkerung verzerrt zu sein (*Dijk* 2008). Sie liefern freilich auch Daten zur subjektiven Sicherheitslage, zur Anzeigebereitschaft, zur Einstellung der Bevölkerung gegenüber der Kriminaljustiz und zu ihrer Verbrechensfurcht (*Kesteren/Dijk* 2010), die für die kriminologische Ursachenforschung von Bedeutung sind.

International sind Selbstberichtstudien („International Self-Report-Delinquency Studies" (ISRD) zuletzt 2010/2012) (*Junger-Tas/Marshall/Enzmann/Killias/Steketee/ Gruszczynska* 2010; 2012) in 31 Ländern, Viktimisierungsstudien („International Crime Victim Surveys", (ICVS) zuletzt 5. Runde 2007) (*Dijk/Kesteren/Smith* 2007) in 30 Ländern und 33 Großstädten und eine Studie zur Gewalt gegen Frauen („International Violence against Women Survey" (IVAWS)) (*Johnson/Ollus/Nevala* 2008) im Jahre 2008 in 9 Ländern durchgeführt worden. Diese internationalen Studien erlauben nicht nur Vergleiche zur Kriminalitäts-Häufigkeit und -Struktur in verschiedenen Sozialstrukturen (Ländern) (*Mayhew/Dijk* 2012). Empirische oder experimentelle, quantitative oder qualitative Vergleichsstudien können auch die Sozialstrukturen und -prozesse ermitteln und sie mit den verschiedenen Kriminalitätshäufigkeiten, -strukturen, -entwicklungen und -kontrollen in Beziehung setzen. Auf diese Weise können sie ermitteln, welche gesellschaftlichen, wirtschaftlichen, politischen und situativen Ursachen zum massenhaften Auftreten von Kriminalität, Opferwerden und Verbrechensfurcht führen.

Auf evaluativer Ebene ermittelt man die Effektivität von Kriminalitätstheorien und -interventionen in verschiedenen Sozialsystemen und überprüft, ob eine wirksame Theorie oder eine effektive Intervention in einem Sozialsystem in anderen Sozialsystemen ebenso wirksam ist (externale theoretische Validität, Allgemeingültigkeit einer Theorie oder Intervention). Die Erklärungskraft kriminologischer und viktimologischer Theorien und Interventionen gewinnt, wenn man sie durch Wiederholungsstudien (Replication Studies) in verschiedenen Sozialstrukturen und Kulturen empirisch oder experimentell testet. Empirisch-kriminologische Analysen müssen bewusst mit möglichst gleichen oder gleichwertigen Methoden unter veränderten kulturellen und gesellschaftlichen Bedingungen wiederholt werden (Cross-Cultural-Retesting), um aufklären zu können, inwieweit die einzelnen Ergebnisse allgemeingültig oder kulturell bedingt oder auf eine bestimmte Gesellschaftsform begrenzt sind.

Alle bisherigen Studien zum Täter- und Opferwerden auf gesellschaftlicher Grundlage haben klar herausgearbeitet, dass Delinquenz und Kriminalität ubiquitäre, allgemein verbreitete Phänomene sind und dass es keine kriminelle Menschenkategorie gibt, die sich von der nicht kriminell registrierten Bevölkerung in Merkmalen und Eigenschaften unterscheidet. Das Dunkelfeld des physischen und sexuellen Opferwerdens von Frauen und Kindern in gesellschaftlichen Institutionen, wie z.B. in der Familie, ist wegen mangelnder Opfer-Anzeige-Bereitschaft besonders groß, so dass empfindliche psychosoziale Schäden entstehen, die häufig für den ganzen Lebenslauf des Opfers bestimmend sind.

3.1.2.2 Der kriminalätiologische Forschungsprozess

Mit der Entstehung einer breiteren sozialen Tatsachengrundlage für die kriminologische Ursachenforschung ist die Entwicklung einer kriminalätiologischen Methodologie verbunden, die für den kriminalätiologischen Forschungsprozess von fundamentaler Bedeutung ist, deren Prinzipien hier aber nur angedeutet werden können (vgl. ausführlich *H.J. Schneider* 2007).

Die theoretische Kriminologie ist der Grundstein, der Eckpfeiler der Kriminologie. Theorien sind miteinander verbundene Ideen, die unser Tatsachenwissen zum Zwecke des Verstehens und des Erklärens zusammenfassen, ordnen und organisieren (*Kraske/Neuman* 2012, 62). Für die internationale, sozialwissenschaftliche Kriminologie ist das Prinzip von grundlegender Bedeutung, dass jede kriminalätiologische Studie vom internationalen theoretischen Forschungsstand ausgeht und ihre Ergebnisse in diesen Forschungsstand einordnet. Dabei kommt es der modernen kriminologischen Ursachenforschung auf die Zusammenfassung und Ordnung sozialstruktureller, -prozessualer und situativer Gesichtspunkte an.

Im kriminalätiologischen Forschungsprozess gehören Theorie und empirische Forschung eng zusammen; sie bedingen und beeinflussen sich wechselseitig. Jede Theorie strebt empirische Validität an; sie muss sich an den Tatsachen beweisen. Durch Forschungstechniken wie Interview, Beobachtung, Befragung (Survey) müssen die Fakten möglichst unmittelbar und wirklichkeitsnah aufgenommen werden (*Kraska/Neuman* 2012, 173). Die Zusammenfassung von Begutachtungen im Strafverfahren und die Auswertung von Strafakten sind keine kriminologischen Methoden, die aussagekräftig genug sind (a.A. für die Auswertung von Strafakten: *Bannenberg* 2009, 359). Denn Strafakten und Begutachtungen werden für Zwecke der Strafverfolgung und nicht mit dem Ziel des Erkennens und Verstehens von Verbrechensursachen angefertigt.

Jede empirisch-kriminologische Ursachenmethode muss sich der Evaluation (Beurteilung, Bewertung) stellen. Sie muss ihre Zuverlässigkeit (Reliabilität) und Gültigkeit (Validität) beweisen. Mit der internalen, kausalen Validität muss nachgewiesen werden, dass die Kriminalität auf der angegebenen Ursache und nicht auf einer anderen Ursache (auf einer intervenierenden Variablen) beruht (*Maxfield/Babbie* 2011, 89). Jede Intervention, die auf einer Verbrechensursachen-Theorie aufbaut, muss empirisch oder experimentell belegen, dass die von ihr angestrebte Wirkung (Vorbeugung, Behandlungserfolg) tatsächlich eintritt und welche Effektstärke sie erreicht (auf Beweis beruhende Kriminalpolitik) (*Bachman/Schutt* 2011, 369–371).

Das international durch Wiederholungsstudien in verschiedenen Ländern erreichte Wissen zu einem kriminologischen Problem muss zum Zwecke der Forschung, Lehre und Praxis zusammengefasst und bewertet werden (externale Validität, Allgemeingültigkeit). Hierfür sind zwei Methoden entwickelt worden (*Bachman/Schutt* 2011, 369/370): Im Unterschied zum traditionellen Literaturbericht ist der systematische Überblick auf Transparenz gerichtet. Er macht sein Überblicksziel, seine Überblicksmethode und seine Bewertungsmaßstäbe für die Auswahl der referierten Literatur deutlich. Die Meta-Analyse ist ein quantifizierter Überblick, der eine numerische Methode anwendet. Er behandelt die zusammengefassten Studien wie Fälle, deren Variablen er misst und statistisch analysiert und deren Ergebnisse er errechnet (vgl. dazu ausführlich *D.B. Wilson* 2010, 181–208).

3.1.2.3 Geschichtliche Entwicklung der kriminologischen Ursachenforschung

Die gegenwärtige Lage der kriminologischen Ursachenforschung basiert auf einer geschichtlichen Entwicklung, die in der 2. Hälfte des 19. Jahrhunderts begann, sich im 20. Jahrhundert fortsetzte und zu Beginn des 21. Jahrhunderts eine vorläufige Durchgangsphase erreichte.

3.1.2.3.1 Ursachenforschung in der zweiten Hälfte des 19. und in der ersten Hälfte des 20. Jahrhunderts

Es war der italienische Mediziner *Cesare Lombroso* (1829–1909) (vgl. die *Lombroso*-Biographien von *Gibson* 2002 und *Horn* 2003), der als einer der Ersten die Verbrechensursachen auf Fakten gründen wollte. In seinem Buch über den kriminellen Menschen (*Lombroso* 1890; 1894), dessen erste Auflage im Jahre 1876 in italienischer Sprache erschien, das noch vier weitere Auflagen erlebte (Zusammenfassung der fünf Auflagen: *Lombroso* 2006) und das in zahlreiche Sprachen übersetzt worden ist, machte er seinen Menschentyp des „geborenen Verbrechers" für die Kriminalitätsentstehung verantwortlich. Bar jedes Theorie- und Methodenbewusstseins sammelte er körperliche und psychische Abnormitäten, die seinen Tätertyp – im Unterschied zum Normalmenschen – charakterisieren sollten. Er kennzeichnete seinen kriminellen Menschen durch zahlreiche negative Persönlichkeitseigenschaften (*Lombroso* 1902, 326/327). Sein Schüler *Enrico Ferri* (1856–1929) fügte mit der Methode des atheoretischen Mehrfaktorenansatzes den körperlichen und psychischen Anomalien noch Merkmale hinzu, die sich auf den sozialen Nahbereich des Täters bezogen (*Ferri* 1896).

In Deutschland übten *Lombroso*s Annahmen auf seinerzeit berühmte Psychiater wie *Hans Kurella, Eugen Bleuler* und *Emil Kraepelin* einen mächtigen Eindruck aus (*Wetzell* 2000, 39–71). Das *Kraepelin*-Paradigma (nach dem Psychiater *Emil Kraepelin* 1856–1926)), die Integration der Kriminalbiologie in die Kriminalpsychologie, entwickelte sich. Ihm setzte *Gustav Aschaffenburg* im ersten deutschen kriminologischen Lehrbuch (1903) sein *Aschaffenburg*-Paradigma, die Integration der Kriminalsoziologie in die Kriminalpsychologie, entgegen (*Wetzell* 2000, 69, 298). Beide Paradigmen standen am Anfang des 20. Jahrhunderts in Widerstreit, bis der Psychiater *Kurt Schneider* (1887–1967) sein schmales Bändchen über die „psychopathischen Persönlichkeiten" im Jahre 1923 herausbrachte (*K. Schneider* 1950). Er pathologisierte die Kriminellen, die in seiner Sicht abnorme Persönlichkeiten waren, die von der „Durchschnittsbreite der Persönlichkeiten" abwichen. Die von ihm beanspruchte wissenschaftliche Objektivität ließ sich nicht aufrechterhalten. In Wirklichkeit waren seine Psychopathentypen, z.B. gemütlose, willenlose Psychopathen, rein subjektive, wertgeladene Bezeichnungen (*Wetzell* 2006, 406), die den so Benannten herabsetzten und brandmarkten. Die Nationalsozialisten missbrauchten (1933–1945) die Kriminalbiologie und die Psychopathologie zur ideologischen Rechtfertigung ihrer rassistischen Massenverbrechen.

3.1.2.3.2 Ursachenforschung in der US.-amerikanischen Kriminologie

Für die Entwicklung der US.-amerikanischen Kriminologie erwies sich die theoretische Konzeption von *Gustav Aschaffenburg*, die er in der 1. Auflage seines deutschen Lehrbuchs (1903) und in deren englischer Übersetzung (1913) vertreten hatte, als bedeutsam (so *Reckless* 1970, 1973, 688–691). Nach sorgfältigen Quellenstudien des Historikers *Richard F. Wetzell* (2000) ragt seine Konzeption durch zwei Grundgedanken hervor:

- Er spricht sich für eine Integration von Kriminalsoziologie mit Kriminalpsychologie als wechselseitig sich ergänzende Ansätze der Verbrechensentstehung aus (*Wetzell* 2010, 60).
- Für die Verursachung kriminellen Verhaltens hält er die soziale Umwelt für doppelt verantwortlich. Nicht nur das schlechte Beispiel eines verdorbenen moralischen Milieus (unmittelbarer Einfluss), sondern auch die psychische Ver-

wahrlosung durch eine verfehlte Erziehung (mittelbarer Einfluss) verursachen kriminelles Verhalten (*Wetzell* 2010, 59).

Die Chicago-Schule konkretisierte diese theoretische Konzeption. Aufbauend auf Ideen des deutschen Soziologen *Ferdinand Tönnies* (1855–1936) (*Tönnies* 1887/1979) entwickelte sie ihre Theorie der sozialen Desorganisation. Aufgrund quantitativer empirischer Studien, die *Clifford R. Shaw* und *Henry D. McKay* in den 1930er und 1940er Jahren unternahmen (*Shaw/McKay* 1931/1968; 1942/2011), führte sie die Entstehung der Delinquenz auf Gemeinschaftszerfall zurück (unmittelbarer Einfluss) (*Snodgrass* 2011). Die quantitativen Studien sind von *Shaw* durch Einzelfallstudien (*Shaw* 1930/1966; 1931/1966; 1938/1966) nach der Lebensgeschichte-Methode unterstützt und ergänzt worden. Der Lebenslauf des Delinquenten ist ein negativ sich ständig verstärkender Sozialprozess des Einübens und Sich-Gewöhnens an Delinquenz. Die delinquente Persönlichkeit ist das Ergebnis ihrer Interaktion mit ihrem sozialen Umfeld (mittelbarer sozialer Einfluss).

Unter dem Eindruck einer vernichtenden Kritik des Juristen *Jerome Michael* und des Philosophen *Mortimer J. Adler* (1933/1971) an der Wissenschaftlichkeit der damaligen Kriminologie (*Laub* 2006) entwarf *Edwin H. Sutherland* (1883–1950) seine Theorie der differentiellen Assoziation, die eine Theorie des sozialen Lernens kriminellen Verhaltens ist und deren endgültige Fassung er im Jahre 1947 veröffentlichte (*Sutherland* 1947, 1–9). Kriminelle sind nicht psychisch abnorm; sie leiden unter keiner Persönlichkeitsstörung, unter keiner Psychopathie, die er als Ausdruck eines neo-lombrosianischen Ansatzes beurteilte (*Sutherland* 1934, 105). Sie lernen kriminelles Verhalten vielmehr aus antisozialen gesellschaftlichen Verhaltensmustern, Wertvorstellungen und Rechtfertigungen. In der *Sutherland-Glueck*-Debatte (1925–1945) (*Laub/Sampson* 1991) prallten zwei kriminologische Grundauffassungen aufeinander. *Sutherland* setzte sich für eine theoriegeleitete empirische Forschung ein, während das kriminologische Forscherehepaar *Sheldon* und *Eleanor Glueck* atheoretisch eingestellt war und in vier umfangreichen Forschungsprojekten einem multifaktoriellen Ansatz folgte (*West* 2010).

Nach drei umfassenden empirischen Forschungsprojekten, die der Jurist *Sheldon Glueck* (1896–1980) und seine Ehefrau, die Pädagogin *Eleanor Glueck* (1898–1972), mit einem interdisziplinär zusammengesetzten Forscherteam in den 1930er und 1940er Jahren unternommen hatten (*Logan* 2010), führten sie in den 1950er und 1960er Jahren ihr viertes und bedeutendstes Forschungsprojekt durch (*Laub/Sampson* 2011). Sie verglichen 10 bis 17 Jahre alte, straffällig gewordene Jungen aus dem Jugendstrafvollzug des Staates Massachusetts mit gleichaltrigen Jungen aus öffentlichen Schulen Bostons. Sie ermittelten Merkmalsunterschiede, die die delinquenten Jungen charakterisierten: in körperlicher Hinsicht (athletischer Körperbau) (*Glueck/Glueck* 1956), in psychischer Hinsicht (negativere Eigenschaften) (*Glueck/Glueck* 1968, 23–27) und in sozialer Hinsicht (belastetere Familienverhältnisse) (*Glueck/Glueck* 1962).

Die atheoretische, multifaktorielle Annahme der *Glueck*s, es gebe einen körperlich, psychisch und sozial charakterisierten Tätertyp, setzte sich in der US.-amerikanischen Kriminologie nicht durch. Zwei neue Entwicklungen traten vielmehr an die Stelle der *Glueck*schen Forschungen:

Nach seiner Theorie der informellen Sozialkontrolle, die *Travis Hirschi* im Jahre 1969 veröffentlichte und die er in methodisch einwandfreier Weise empirisch bestätigte (*Akers/Sellers* 2009, 129), entsteht Delinquenz durch eine Schwächung oder gar den Bruch von Bindungen, die ein Mensch zur Gesellschaft und ihren Institutionen, z.B. zur Familie und Schule, besitzt.

In der zweiten Forschung, die die *Glueck*schen Studien ersetzte, analysierten *Robert J. Sampson* und *John H. Laub* (*Sampson/Laub* 1993; *Laub/Sampson* 2003) die Daten des *Glueck*schen Probandengutes mit neuem thoretischen und methodischen Konzept erneut. Mit ihrer Theorie der altersabgestuften informellen Kontrolle knüpften sie an *Hirschi*s Theorie der sozialen Bindung an. Ursachen der Hartnäckigkeit, der Beharrlichkeit der Kriminalität bestehen im Mangel an informeller sozialer Kontrolle, in unstrukturierten Routineaktivitäten und in krimineller Wirksamkeit eines Menschen (Human Agency).

3.1.2.3.3 Ursachenforschung der deutschen Kriminologie in der 2. Hälfte des 20. und zu Beginn des 21. Jahrhunderts

Die deutsche Kriminologie in der Weimarer Republik (1918–1933) und in der Zeit des Nationalsozialismus (1933–1945) widmete sich hauptsächlich der Erbbiologie, besonders der Zwillings-, Sippen- und Konstitutionsforschung (*Wetzell* 2006), um die Erblichkeit der Kriminalität zu beweisen. Kriminalsoziologen und Psychoanalytiker wurden von jeder Diskussion ausgeschlossen. Während des Nationalsozialismus duldete man lediglich die Kriminalbiologie. Nach dem Ende des 2. Weltkriegs und dem Zusammenbruch des Nationalsozialismus (nach 1945) nutzte man nicht die Gunst der Stunde zu einer Neuorientierung der kriminologischen Ursachenforschung. Die sozialwissenschaftlichen Theorien der US.-amerikanischen Kriminologie lehnte man vielmehr ab, weil sie auf „deutsche Verhältnisse" unanwendbar seien (*R. Lange* 1970, 234; 1981). Man vertrat die Ansicht, die *Kurt Schneider*sche Psychopathologie habe sich für die deutsche Kriminologie als „fruchtbar und ausreichend erwiesen" (*H. Leferenz* 1955, 21; 1978). Das Kriminologie-Lehrbuch von *Hans Göppinger*, der die Kriminologie in der Kurt-Schneider-Festschrift allein für die Psychopathologie in Anspruch nahm (*Göppinger* 1962), erschien in den 1970er Jahren in vier Auflagen (*Göppinger* 1971, 1973, 1976, 1980), in 1997 in 5. (*Göppinger/Bock/Böhm* 1997) und in 2008 in 6. Auflage (*Bock/Göppinger* 2008). *Göppinger*s Konzept des „Täters in seinen sozialen Bezügen" und seine „Tübinger Jungtäter Vergleichsuntersuchung" (*Göppinger* 1983; 1985) gründete er auf den *Glueck*schen atheoretischen Mehrfaktorenansatz, mit dem er unschwer die Psychopathologie verband, von dem sich aber die Hauptrichtung der US.-amerikanischen Kriminologie inzwischen bereits abgewandt hatte. Der Weg der

Ursachenforschung der deutschen Kriminologie für die 1990er Jahre und den Beginn des 21. Jahrhunderts war damit gebahnt. Er lautete: Vorherrschaft des atheoretischen Mehrfaktorenansatzes (*Kaiser* 1996, 44; *Meier* 2010, 19), den die Kriminologie als „Wirklichkeitswissenschaft des Strafrechts" (*Kaiser* 1996, 173) vertritt.

3.1.2.3.4 Ursachenforschung auf den Jahrestagungen der „American Society of Criminology"

Der gegenwärtige Stand der kriminologischen Ursachenforschung ist im Wesentlichen auf Theorie-Neu- und Weiter-Entwicklungen und auf empirische Theorie-Bearbeitungen zurückzuführen, die – nach der Gründung der „American Society of Criminology" (ASC) im Jahre 1941 – auf deren Jahrestagungen als permanenter Prozess realisiert worden sind (*H.J. Schneider* 2003; 2005; 2007a; 2009a; 2011a). Mit annähernd 4.000 Teilnehmerinnen und Teilnehmern zu Beginn des 21. Jahrhunderts entfalteten sich diese Tagungen zu den größten jährlichen Zusammenkünften der Kriminologen der Welt. In den Jahren 1988, 1997 und 2007 befragte man die Teilnehmerinnen und Teilnehmer danach, welche Verbrechens-Ursachen-Forschungen sie für die begründetsten hielten (*Ellis/Cooper/Walsh* 2008; *Ellis/Walsh* 1999). Auf diese Weise bildeten sich eine kriminologische Hauptrichtung und zahlreiche Nebenrichtungen (*Akers/Sellers* 2009, 14). Die sozialwissenschaftliche Hauptrichtung (Mainstream Criminology) macht mehr als 75 Prozent der Kriminologinnen und Kriminologen aus (*H.J. Schneider* 2011a). Von den Nebenrichtungen sind die kritische Kriminologie mit etwa zehn Prozent (*DeKeseredy* 2011, 22) und die Biokriminologie mit weniger als zehn Prozent (*Conklin* 2013, 103) die größten Gruppierungen. Auf den Jahrestagungen der „European Society of Criminology" (ESC), die im Jahre 2000 nach dem Vorbild der ASC geschaffen worden ist, erhält die europäische Kriminologie durch die sozialwissenschaftlichen Ursachenforschungen der ASC Unterstützung in ihrer Entwicklung zu einer unabhängigen Sozialwissenschaft im Rahmen der Rechtswissenschaften (*H.J. Schneider* 2010c).

3.1.3 Die Ursachenforschung der sozialstrukturellen, -prozessualen und situativen Kriminologie (Prozess-Kriminologie)

3.1.3.1 Die theoretische Ursachenforschung

3.1.3.1.1 Die sozialstrukturelle Ursachenforschung

Die *Theorien der sozialen Desorganisation* gehen davon aus, dass Kriminalität nicht gleichmäßig über den geographischen Raum verteilt ist. Sie konzentriert sich vielmehr auf sozial desorganisierte Gebiete, die durch den Zusammenbruch der sozialen Institutionen der Gemeinschaft, z.B. ihrer Familien, Schulen, Nachbarschaften, gekennzeichnet sind. Es ist die Eigenart der Gemeinschaft des Gebietes, nicht die seiner einzelnen Bewohner, die das Verbrechen hervorruft. Das Konzept der sozialen Desorganisation kann als Unfähigkeit der Gemeinschaft definiert werden, gemeinsame Wertvorstellungen ihrer Bewohner zu verwirklichen und wirksame Sozialkontrollen aufrechtzuerhalten (*Shaw/McKay* 1942/2011; *Sampson* 2012; *Kubrin* 2010). Soziale Desorganisation ist mit niedrigem ökonomischem Status, Wohn-Unbeständigkeit (schnellem Bewohnerwechsel) und ethnischer Verschiedenartigkeit der Bezirksbewohner verbunden. Die desorganisierte Gemeinschaft leidet an einem zerstörten oder geschwächten System von Freundschafts-, Verwandtschafts- und Bekanntschafts-Netzwerken, die für den laufenden Sozialisationsprozess von entscheidender Bedeutung sind. Nachdem delinquente Traditionen sich eingenistet haben, werden sie von Generation zu Generation durch Interaktionen in Nachbarschafts-Gleichaltrigen-Gruppen (Peer Groups) weitergegeben. Die Theorie der sozialen Desorganisation ist mehrfach empirisch getestet und bestätigt worden (*Sampson/Groves* 1989; *Lowenkamp/Cullen/Pratt* 2003/2010). Eine empirische Studie in 31 europäischen, nord- und südamerikanischen Ländern ist zu dem Resultat gekommen, dass Nachbarschaftsdesorganisation einen starken Einfluss auf die Entstehung der Jugenddelinquenz ausübt (*Junger-Tas/Marshall/Enzmann/Killias/Steketee/Gruszczynska* 2010; 2012). Eine Meta-Analyse von mehr als 200 empirischen Studien, die zwischen 1960 und 1999 angefertigt worden sind, hat ergeben, dass die empirische Unterstützung dieser Theorie „ziemlich stark" ist (*Pratt/Cullen* 2005).

Nach der Theorie der sozialen Desorganisation entsteht durch Solidarität, Zusammenhalt und Integration (durch soziale Bindungen) informelle Sozialkontrolle, die die Kriminalitätsentstehung verhindert. Soziale Bindungen müssen allerdings aktiviert und soziale Ressourcen mobilisiert werden, um eine wirksame Sozialkontrolle zu gewährleisten. Das verlangt die *Theorie der kollektiven Wirksamkeit*, durch die die Theorie der sozialen Desorganisation weiterentwickelt und vervollständigt worden ist (*Sampson* 2011; *Sampson/Raudenbush/Earls* 1997/2011). Kollektive Effektivität ist ein dynamisches Konzept, das auf wechselseitiger Unterstützung und gegenseitigem Vertrauen der Bewohner eines Gebiets beruht. Sie müssen zur Intervention gegen Kriminalitätsentstehung bereit sein, was zum großen Teil von den Bedingungen wechselseitigen Vertrauens und gegenseitiger Solidarität unter Nachbarn abhängig ist. Durch konzentrierte Benachteiligung, Familienzerrüttung und Wohn-Unbeständigkeit wird kollektive Effektivität untergraben.

Eng verbunden mit der Theorie der sozialen Desorganisation ist die *Gemeinschafts-Zerfall-Prozess-Theorie*, die davon ausgeht, dass Unordnung und Verfall Anzeichen für einen Gemeinschaftszerfall sind. Die Unordnung hat physische, bauliche (z.B. verfallene Gebäude) und Verhaltens-Komponenten (z.B. Alkoholtrinken und Rauschmittelmissbrauch auf Straßen und Plätzen). Diese Indikatoren sind für Bewohner und Nicht-Bewohner Signale dafür, dass die Gemeinschafts-Selbst-Kontroll-Mechanismen in diesem Gebiet nicht mehr greifen und dass die Gebietsgemeinschaft in Niedergang und Zerfall geraten ist. Durch die Unordnungs-Signale werden kriminell-verhaltensbereite Nichtbewohner angezogen, die Gelegenheiten zu Straftaten wittern. Schlimmer noch ist, dass die Signale bei den Bewohnern Verbrechensfurcht, psychischen Rückzug und Selbst-Isolation hervorrufen. Es wird eine Zerfalls-Spirale (Eigendynamik) in Gang gesetzt, die Delinquenz und Kriminalität sowie weitere Unordnung verursacht (*Skogan* 2012; 1990). Polizeiliches Einschreiten gegen die Unordnung („Zero-Tolerance-Policing") (*J.Q. Wilson/Kelling* 1982/2011) greift zu kurz. Denn die Unordnung ist keine Kriminalitätsursache, sondern lediglich ein Indikator für soziale Desorganisation, die durch Gemeinschafts-Polizei-Arbeit („Community Policing") angegangen werden kann, die die informellen Kontrollmechanismen der Gemeinschaft wieder aufbaut und stärkt. Das wird mit gutem Erfolg in Chicago versucht (*Skogan* 2006; *Skogan/Hartnett* 1997; *National Research Council* 2004, 232–235).

Nach der *Theorie der sozialstrukturellen Viktimisierung* sind sozial ausgeschlossene oder an den Rand der Gesellschaft gedrängte Personen oder soziale Gruppen (soziale Minderheiten) in hohem Maße für Viktimisierung (Opferwerden durch Straftaten) anfällig (*Levay* 2007; *Young* 1999). Der Grund für ihre Viktimisierungsneigung (Verletzbarkeit) liegt in ihrer sozialen Machtlosigkeit, in ihrem minderen sozialen Status, den man ihnen zugewiesen hat. Es mangelt ihnen an sozialem Kapital; denn ihre sozialen Netzwerke, ihre Bindungen an ihre Mitmenschen und an ihre sozialen Institutionen, z.B. ihre Familien, sind nicht unverletzt wirksam. Ihre Verhaltensmöglichkeiten und Durchsetzungsfähigkeiten innerhalb sozialer Interaktionen sind stark eingeschränkt. Diese Kontrollunterworfenheit bei Kontrollüberfluss der gesellschaftlichen Mehrheit (Kontrollungleichgewicht) verursacht ihre vermehrte Viktimisierung (*Tittle* 1995). Marginalisierte Gruppen können z.B. Immigranten, rassische, religiöse oder ethnische Minderheiten oder Obdachlose sein (vgl. zur Verletzbarkeit der Obdachlosen: *H.J. Schneider* 2010b, 323/324).

3.1.3.1.2 Die sozialprozessuale Ursachenforschung

Die sozialprozessuale Ursachenforschung setzt sich mit den Sozialprozessen des Täter- und Opferwerdens (und mit ihren Reaktionen) auf der Grundlage von gesellschaftlichen Strukturen und Prozessen auseinander. Sie folgt damit dem Prozess-Modell der Täter- und Opfer-Persönlichkeit, das auf der Prozess-Dynamik des Denkens, Fühlens und Verhaltens der Persönlichkeit – über verschiedenartige Situationen hinweg – aufbaut (*H.J. Schneider* 2010a; *Mischel* 2004).

3.1.3.1.2.1 Lern- und Interaktionstheorien

Als erster kriminologischer Lerntheoretiker ist der französische Soziologe *Gabriel Tarde* (1843–1904) hervorgetreten, der die Auffassung verfochten hat, kriminelles Verhalten werde durch Nachahmung (Imitation) erworben (*Tarde* 1912/1968). Die Sozialpsychologie von *George Herbert Mead* (1863–1931) machte *Edwin H. Sutherland* für die Kriminologie fruchtbar (*Cressey* 1981): Kriminelles Verhalten wird in einem Prozess symbolischer Interaktion mit anderen, hauptsächlich in Primär- und Intimgruppen, z.B. in der Familie, in Gruppen von Freunden oder Bekannten, gelernt. Eine Person begeht eine kriminelle Handlung, weil er oder sie „Definitionen", z.B. Rationalisierungen, Einstellungen, erworben hat, die prokriminelles Verhalten positiv, prosoziales Verhalten dagegen negativ bewerten (Theorie der differentiellen Assoziation) (*Sutherland* 1947, 1–9).

Im Zuge der kognitiven (erkenntnisorientierten) Erneuerung der Psychologie der späten 1960er Jahre betrachtete man das Lernen nicht mehr nur als automatisches konditioniertes Reagieren auf Verhalten, sondern als aktiven, kognitiv gesteuerten psychischen Verarbeitungsprozess, bei dem auch normative Einstellungen, evaluative Bedeutungen, emotionale Empfindungen und komplexe Denkprozesse erworben werden. Nach der kognitiv-sozialen Lerntheorie des Psychologen *Albert Bandura* (1979; 1986), die der Soziologe *Ronald L. Akers* (2010a; 2010b; *Akers/Sellers* 2012) für die Kriminologie bearbeitet hat, ist Lernen nicht nur Bekräftigungslernen durch unmittelbare Verhaltensverstärkung, durch Verhaltenserfolg oder -misserfolg. Viel wichtiger sind „stellvertretendes" Lernen aus dem Miterleben der Erfahrungen anderer (Beobachtungs- oder Modell-Lernen) und Lernen durch Selbstbekräftigung (Selbstbelohnung oder -bestrafung). Denn Menschen besitzen die Fähigkeit, internale Verhaltensstandards durch Erfahrung zu entwickeln, nach denen sie ihr Verhalten bewerten. Durch solche Selbstregulierung können Gedanken Verhalten steuern. Da Menschen in der Lage sind, die Ergebnisse ihres Verhaltens durch gedanklich vorweggenommene Verstärkung vorauszusehen, können sie nicht nur reaktives, sondern auch proaktives Verhalten realisieren. Die gedankliche Vorwegnahme der Verstärkung für delinquentes Verhalten erhöht seine Wahrscheinlichkeit, die Vorwegnahme der Bestrafung mindert sie.

Da es keine fundamentalen Unterschiede zwischen Kriminellen und Nichtkriminellen gibt, teilen die Straftäter einen großen Teil konventioneller Einstellungen und Wertvorstellungen. Sie billigen kriminelles Verhalten großenteils nicht. Um es dennoch ausführen zu können und dabei ihr gutes Selbstkonzept zu wahren, verwenden sie Neutralisationstechniken, die sie lernen (Neutralisationstheorie) (*Sykes/Matza* 1957/2011). Das delinquente Verhalten wird aus zahlreichen Gründen vorab gerechtfertigt. Fünf Neutralisationstechniken dienen als Beispiele: Leugnung der Verantwortlichkeit, Abstreiten einer Verletzung, Verneinung des Opfers, Verdammung der Verurteiler und Berufung auf eine höhere Loyalität.

Durch kognitive Selbststeuerung, die im Laufe der Erfahrung erworben wird, kontrollieren Menschen ihr Denken, Fühlen und Verhalten zum großen Teil selbst. Selbsteffektivität ist eine wichtige Komponente des Selbststeuerungsprozesses. Die Wahrnehmung der Selbstwirksamkeit stellt eine kognitive Selbstbewertung der eigenen Leistungsfähigkeit dar. Sie beeinflusst ursächlich das Verhalten (*Bandura* 1997; 2001), auch das kriminelle Verhalten. Bei persistenten Räubern ermittelte man, dass sie ihre völlige Domination über alle Beteiligten in der Tatsituation als herausragende eigene Leistungsfähigkeit beurteilten und schätzten (*Katz* 1991, 277–306).

Die kognitiv-soziale Lerntheorie wird durch den Erfolg von Vorbeugungs- und Behandlungsprogrammen, die sich auf diese Theorie gründen, maßgeblich in ihrer empirischen Validität unterstützt (*Cullen/Wright/Gendrau/Andrews* 2003). Das folgt auch aus einer Meta-Analyse von 133 empirischen Studien (*Pratt/Cullen/Sellers/ Winfree/Madensen/Daigle/Fearn/Gau* 2010). Die kognitiv-soziale Lerntheorie hat einen wichtigen Platz im Rahmen der kriminologischen Ursachenforschung errungen (*Kubrin/Stucky/Krohn* 2009, 164).

3.1.3.1.2.2 Die Viktimisierungs-Prozess-Theorie

Die Straftat ist nicht nur ein Verhalten, nicht allein ein Ereignis, sondern ein Prozess, der die Persönlichkeiten des Täters und des Opfers und ihr Verhalten für die Zukunft beeinflusst. Der Täter stärkt durch die Tat seine kriminelle Selbsteffektivität. Durch das Viktimisierungstrauma, z.B. durch Kontrollverlust während der Tat, wird die Selbstwirksamkeit des Opfers verletzt und geschwächt (*Dallier* 2010). Denn unter dem Druck des Täters bilden sich Verhaltensmuster, z.B. Selbstbehauptungsschwäche, und Lebensstile, z.B. scheues und unterwürfiges Verhalten, bei dem Opfer aus, die für Re-Viktimisierung (Viktimisierungs-Wiederholung) anfällig machen. Die Viktimisierung hat emotionale, kognitive und behavioristische Folgen beim Opfer. Es ändert seine Einstellungen, seine Gefühle und sein Verhalten. Sein Selbstwertgefühl wird beeinträchtigt.

Verbrechensopfer haben das höchste Risiko der Viktimisierungs-Wiederholung. Eine vorangegangene Viktimisierung ist der beste einzelne Prädiktor künftigen Opferwerdens. Opfermerkmale und -verhalten erklären alleine nicht die Opferverwundbarkeit (Victim Vulnerability) und -neigung (Victim Proneness). So verursachen Opfer ihr Opferwerden nicht durch niedrige Selbstkontrolle selbst (so aber *Schreck/Stewart/ Fisher* 2006). Nach der Viktimisierungs-Prozess-Theorie ist es vielmehr der dynamische psychosoziale Viktimisierungsverlauf, die psychosoziale Schädigung des Opfers durch den Täter, durch die das Re-Viktimisierungs-Risiko wächst. Denn tatgeneigte Rechtsbrecher suchen sich die verletzbaren Verbrechensopfer für ihre Re-Viktimisierung aus (zu weiteren Viktimisierungstheorien: *Farrell* 2010).

3.1.3.1.2.3 Kontrolltheorie

Neben der Theorie der sozialen Desorganisation und der kognitiv-sozialen Lerntheorie ist die Kontrolltheorie von *Travis Hirschi* (1969/2011) gegenwärtig die Theorie, die von der kriminologischen Hauptrichtung als zentral bewertet wird (*Laub* 2011; *Mutchnick/Martin/Austin* 2009, 283–326). Sie verarbeitet kriminologisch das Gedankengut von *Sigmund Freud* (1856–1939), indem sie die *Freud*sche intrapsychische Dynamik in sozialpsychologische Konzepte übersetzt, um sie beobachtbar und empirisch nachweisbar zu machen.

Auf der Grundlage einer umfassenden empirischen Studie zur Selbstbericht-Delinquenz entwickelte *Hirschi* seine Kontrolltheorie, mit der er vier Jahrzehnte lang die Theorie-Diskussion dominierte und die auch heute noch als vorbildlich gilt (*Lilly/Cullen/Ball* 2011, 109; *Akers/Sellers* 2009, 129). Die Theorie verknüpft die Entstehung der Jugenddelinquenz und der Erwachsenenkriminalität mit der Schwächung oder gar dem Bruch von Bindungen, die ein Mensch zur Gesellschaft und ihren Institutionen besitzt. *Hirschi* argumentiert, dass die soziale Bindung einer Person in vier Elemente zu unterteilen ist: in die Zuneigung und Anhänglichkeit gegenüber Intimpersonen wie den Eltern, in das Engagement, den persönlichen Einsatz für prosoziales Verhalten, in die Inanspruchnahme und Verwicklung in prosoziales Verhalten und in die Billigung und Anerkennung der moralischen Gültigkeit konventioneller Regeln.

Eine große Zahl empirischer Studien hat *Hirschis* Kontrolltheorie empirisch getestet. Die meisten dieser Studien sind zu dem Schluss gekommen, dass die Theorie durch die empirischen Daten bestätigt wird (*Bernard/Snipes/Gerould* 2010, 211; *Einstadter/Henry* 2006, 201; *Junger-Tas/Marshall/Enzmann/Killias/Steketee/Gruszczynska* 2012, 334/335). Es wird allerdings auch die Meinung geäußert, dass soziale Bindungen zwar wesentlich sind, aber nicht die einzigen Ursachen der Delinquenz ausmachen (*Lilly/Cullen/Ball* 2011, 119; *Akers/Sellers* 2009, 134; *Kubrin/Stucky/Krohn* 2009, 195/196).

3.1.3.1.2.4 Lebenslauf- und Entwicklungstheorien

Die Entwicklungskriminologie (Developmental Criminology) richtet ihre Aufmerksamkeit auf kriminelle Entwicklungspfade, -bahnen und -wege (Trajektorien) im Lebenslauf des Täters. Nach dem Grundgedanken der Lebenslauftheorien (Life Course Theories) entfalten sich Delinquenz und Kriminalität im interaktiven Prozess, der während der gesamten Lebensspanne abläuft. Die Lebenslauf- und Entwicklungstheorien sind in ihrer Mehrzahl Ergänzungen und Vertiefungen dreier Theorien, die dynamisiert werden: der Theorie der differentiellen Assoziation, der kognitiv-sozialen Lerntheorie und der sozialen Kontrolltheorie (Bindungstheorie). Bei der Integration (Kombination) dieser drei Theorien wird die Zeitperspektive, der Prozesscharakter der Straftat und des Straftäters entscheidend mitberücksichtigt. Den Prozessen des Täter- und Opferwerdens legt man sozialstrukturelle Mängel (Theorie der sozialen Desorganisation) zugrunde, die kriminelle Verhaltensmuster, Einstellungen und Wertvorstellungen hervorrufen.

Die Entwicklungskriminologie ist aus der modernen Entwicklungspsychologie erwachsen; sie kann in drei Richtungen eingeteilt werden:

Die erste Richtung untersucht phänomenologisch Entwicklung und Dynamik der Deliktsbegehung mit dem Älterwerden der Täter (*Loeber/LeBlanc* 1990; *LeBlanc/Loeber* 1998). Sie interessiert sich für den Wandel der Deliktsformen, -typen und -kategorien im Lebenslauf des Täters: für den Aktivierungsprozess (Kriminalitätsanfang), für den Stabilisierungsprozess (Kriminalitätsverschärfung oder -verminderung) und für den Prozess des Abstandnehmens (Kriminalitätsbeendigung).

Die zweite Richtung verfolgt die Auswirkungen von statischen Täter-Wesenszügen, -Merkmalen, -Eigenschaften oder Täter-Typologien im zeitlichen Ablauf. Ein Beispiel ist das Studium des Wesenszugs des „antisozialen Potentials" im Täterlebenslauf durch *David P. Farrington* (2010, 260–263) der sich bei seinen Arbeiten auf Daten seiner „Cambridge Studie der delinquenten Entwicklung" (*Piquero/Farrington/Blumstein* 2007), stützt. Kritisch ist zu diesem Ansatz zu bemerken, dass man aus einem einzigen Täterwesenszug die Delinquenzentstehung nicht erklären kann, zumal der Wesenszug „antisoziales Potential" sehr subjektiv bestimmbar und vielschichtig ist. Ein zweites Exempel ist die Anwendung der Typologie des chronischen Lebenslauf-Straftäters und des Jugendzeit-Rechtsbrechers durch *Terrie E. Moffitt* (1993/2011), die Daten aus der neuseeländischen „Dunedin Multidisciplinary Health and Development Study" (*Silva/Stanton* 1996) verwendet. Auch hier ist kritisch anzumerken, dass man die Vielgestaltigkeit der Delinquenten nicht in eine zweigestaltige Typologie pressen kann.

Die folgenden drei Theorien lehnen Deviations-Neigungen, Täter-Wesenszüge und Täter-Typologien – als zu statische Elemente – in der Entwicklungskriminologie ab, die sich – nach einigen Entwicklungstheorien – in Trajektorien (Zeitabläufen) realisieren. Stattdessen konzentrieren sie sich dynamisch auf die Interaktionen innerhalb der Trajektorien, die von den Tätern mit ihrer Umwelt aktiv gestaltet werden.

Das zentrale Argument der Interaktionsprozess-Theorie von *Terence P. Thornberry* (1987/2011) lautet: In der Lebensbahn führen anfänglich schwache soziale Bindungen zu hoher delinquenter Verwicklung, und diese Verwicklung schwächt ihrerseits wieder die konventionellen Bindungen (reziproker Effekt). Die Theorie wird durch die „Rochester Youth Development Study" (*Thornberry/Lizotte/Krohn/Smith/Porter* 2003) empirisch abgesichert.

Das Schlüsselkonstrukt des sozialen Entwicklungs-Modells von *Richard F. Catalano* und *J. David Hawkins* (*Catalano/Hawkins* 1996; *Catalano/Park/Harachi/Haggerty/ Abbott/Hawkins* (2005) bildet die Herausarbeitung zweier Sozialisations-Pfadwege, des prosozialen und des antisozialen. Jugendliche in der prosozialen Trajektorie haben Gelegenheiten, prosoziale Verbindungen anzuknüpfen. Wenn sie geschickt sind, werden sie während dieser Interaktionen gelobt und von prosozialen Gleichaltrigen akzeptiert. Sie schaffen sich auf diese Weise soziales Kapital. Im Gegensatz dazu haben andere Jugendliche Zugang zu antisozialen Gelegenheiten. Wenn sie delinquente Fähigkeiten entwickeln, werden sie dafür verstärkt (belohnt). Sie entwickeln enge soziale Bindungen zu devianten Gleichaltrigen und verinnerlichen antisoziale Werte. Das soziale Entwicklungs-Modell ruht empirisch auf dem Seattle Social Development Project (*Hawkins/Smith/Hill/Kosterman/Catalano/Abbott* 2003).

Für die Theorie der altersabgestuften informellen Sozialkontrolle von *Robert J. Sampson* und *John H. Laub* (*Laub/Sampson* 2003/2011b) sind schwache soziale Bindungen, Wendepunkte in der kriminellen Trajektorie und der Desistenz-(Kriminalitäts-Beendigungs-)Prozess von wesentlicher Bedeutung. Mit schwachen sozialen Bindungen zu prosozialen Personen und gesellschaftlichen Institutionen wird die Kontinuität kriminellen Verhaltens während der Lebenszeit erklärt. Wendepunkte (Turning Points) unterbrechen kriminelle Trajektorien. Zu solchen individuell strukturellen Wendepunkten gehören eine Zuneigungs-Heirat/Ehe, geregelte Arbeit/ Berufstätigkeit und ein günstiger Wohnungswechsel. Durch solche Wendepunkte können neue Situationen entstehen: Die kriminelle Vergangenheit kann von der prosozialen Gegenwart abgeschnitten werden. Neue Gelegenheiten können sich für Kontrolle, z.B. durch die Ehepartnerin, und für soziale Unterstützung eröffnen. Durch neue prosoziale Routine-Aktivitäten, z.B. geregelte Berufstätigkeit, kann der Alltag neu strukturiert werden. Aufgrund eines neuen Lebensstils können Selbstwertgefühl und Identität umgeformt werden. Für das Verständnis des persistenten Täterwerdens über die Lebensspanne hinweg ist menschliche Wirksamkeit (Human Agency) für *Sampson* und *Laub* von großer Bedeutung: Zahlreiche Kriminelle bestehen auf einem kriminellen Lebensstil, weil sie nicht nur materielle Vorteile, sondern psychische Belohnungen aus dem Verbrechen selbst ziehen (*Katz* 1988). Für sie sind Verbrechen attraktiv, anziehend, aufregend, spannend und verlockend. Sie begehen sie trotz Kenntnis der möglichen negativen Folgen. Sowohl für die Wendepunkte wie für den Desistenz-Prozess ist menschliche Wirksamkeit (Human Agency) entscheidend: Die Straftat selbst darf nicht mehr als Belohnung erlebt werden. Der Täter (die Täterin) darf an der Kriminalität keinen Spaß, keine Freude, keine Genugtuung mehr haben. Die Theorie der altersabgestuften informellen Kontrolle ist von *Laub* und *Sampson* durch die neue Aufarbeitung und Ergänzung des Probandengutes entwickelt worden, das das Forscherehepaar *Sheldon* und *Eleanor Glueck* (*Laub/Sampson* 2011a) zusammen mit einem interdisziplinären Team von Wissenschaftlern zusammengetragen hatte.

3.1.3.1.3 Situative Ursachenforschung

In der psychosozialen Dynamik der Tatsituation konkretisieren sich Lern- und Interaktionsprozesse des Täters und des Opfers. Nach der Routine Aktivitäts-Theorie (*Cohen/Felson* 1979/2011) treffen in der Tatsituation motivierte Täter auf verletzbare Opfer (oder geeignete Sachen), denen kein wirksamer Schutz zuteil wird. Die Täter-Motivation wird z.B. durch sozial gelernte opferfeindliche Stereotype und Vorurteile sowie durch eine Täter-Selbstwirksamkeit bestimmt, die Freude an der Domination in der Tatsituation zum Inhalt hat. Die Opfereignung für den Täter kann sich z.B. aus den Traumatisierungen ergeben, die das Opfer durch Viktimisierungen hat erleiden müssen. Die Selbstwirksamkeit des Opfers, z.B. seine Selbstbehauptung, kann durch Traumatisierung geschwächt sein. Der mangelnde Opferschutz in der Tatsituation kann in einem Fehlen der Interventions-Fähigkeit und -Bereitschaft der Situationsteilnehmer infolge mangelnder kollektiver Effektivität bestehen.

3.1.3.2 Zwei empirische Verlaufsforschungen als Beispiele

Zwei empirische Verlaufsforschungen veranschaulichen als Beispiele die sozial-wissenschaftlich-kriminologische Ursachenforschung.

3.1.3.2.1 Die Pittsburgh Jugendstudie

Sie ist eine der maßgebendsten prospektiven (vorausschauenden) Verlaufsforschungen über die Entwicklung männlicher Kinder- und Jugenddelinquenz (*Loeber/Farrington/Stouthamer-Loeber/White* 2008). Mit dem Delinquenz-Pfad-Modell wird der Lebenslauf von 1.009 Jungen zwischen ihrem 7. und 25. Lebensjahr prospektiv ermittelt. Die empirische Datenerhebung konzentriert sich auf Selbstberichte sowie Berichte von Betreuern und Lehrern, die durch das Studium von Strafakten ergänzt werden. Theoretisch liegt der empirischen Studie das soziale Entwicklungsmodell von *J. David Hawkins* zugrunde, das *Sutherland*s Theorie der differentiellen Assoziation mit der kognitiv-sozialen Lerntheorie und der Kontrolltheorie integriert. Dieses Modell ist im Wesentlichen empirisch bestätigt worden. Es wurden zwei Hauptpfadwege (Entwicklungsbahnen) festgestellt: ein prosozialer und ein prodelinquenter. Die Interaktionstheorie von *Terence P. Thornberry* fand ebenfalls in den Daten empirische Bestätigung. Schwache soziale Bindungen verursachen Delinquenz, die wiederum schwache soziale Bindungen zur Folge hat. Im Lebenslauf, im Entwicklungsprozess wird delinquentes Verhalten gelernt. Leichtere Formen der Straffälligkeit gehen schwereren voraus (Eskalationsmodell). Weniger als ein Viertel der Frühdelinquenten hört mit schweren Straftaten auf. Dieser Umstand spricht dafür, dass früher Delinquenzbeginn ein Prädiktor für spätere schwere Straffälligkeit und eine längere delinquente Karriere ist. Die prosoziale Entwicklungsbahn zeichnet sich durch folgende fördernde Faktoren aus: positive Eltern-Kind-Interaktionen, hohe Beständigkeit der elterlichen Disziplin, niedrige körperliche Züchtigung, gute Aufsicht und Kontrolle, hohe elterliche prosoziale Verstärkung, hohe Beteiligung an Familien-Aktivitäten, gute schulische Leistungen, positive Einstellung zur Schule und Wohnen in einer guten Nachbarschaft. Für den prodelinquenten Pfadweg sind folgende verschärfende Risikoindikatoren charakteristisch: niedrige Selbst-Ambitionen, positive Einstellung zur Delinquenz, Straftaten mit Gleichaltrigen, negative Eltern-Kind-Interaktionen, Schuleschwänzen, Weglaufen aus dem Elternhaus.

3.1.3.2.2 Eine Einzelfallstudie

Eine neuere Einzelfallstudie (*Steffensmeier/Ulmer* 2005), die sich auf 20jährige Beobachtung eines Einbrechers und Hehlers und auf Interviews mit ihm und seinen Netzwerkkomplizen während dieser Zeit gründet, bildet ein Beispiel für die Erarbeitung der Dynamik eines prokriminellen Pfadwegs, einer prokriminellen Entwicklungsbahn. Drei Indikatoren des persönlichen Engagements, der persönlichen Bindung an das Verbrechen waren für den Einbrecher und Hehler charakteristisch:

- Er hat materielle, kognitive, emotionale Belohnungen aus seiner kriminellen Aktivität erhalten.
- Er hat Freude daran gehabt, sich mit anderen zusammenzutun, um Verbrechen zu begehen.
- Er hat Selbstbestätigung aus den Identitäten und Rollen erhalten, die er in seiner kriminellen Aktivität in Szene setzte.

In einem Prozess der sozialen Interaktion werden Verbrechen gelernt. Es werden gelernt: Techniken, Verbrechen zu begehen, kriminelle Orientierungen (Motive, Rationalisierungen) und kriminelle Haltungen, die die Gesetzesverletzung begünstigen. Individuen lernen und internalisieren prokriminelle Normen, Werte, Bedeutungen, Fähigkeiten und Definitionen durch Sozialisation und soziale Lernprozesse innerhalb prokrimineller Gruppen. Die sorgfältige Einzelfallstudie bestätigt empirisch die kognitiv-soziale Lerntheorie und in deren Rahmen die große Bedeutung der Selbststeuerung sowie insbesondere der Selbsteffektivität (Human Agency).

3.1.4 Die Ursachenforschung der Merkmals- und Eigenschaftskriminologie

Nach den Eigenschafts- und Merkmals-Erklärungs-Ansätzen bilden die Kriminellen eine gesellschaftliche Eigengruppe, die sich in körperlichen Merkmalen und psychischen Eigenschaften fundamental von Nichtkriminellen unterscheidet (*Kubrin/Stucky/Krohn* 2009, 49). Kriminalität ist vorwiegend ein individuelles Täterproblem (*DeLisi* 2010). Der Täter besitzt entweder biologische, körperliche Merkmale, die seiner Persönlichkeit zugrunde liegen, oder er verfügt über psychische Eigenschaften, die er in seiner frühen Kindheit durch mangelhafte elterliche Erziehung erworben hat und die sich als kriminelle Neigungen (Verhaltensbereitschaften) in seinem gesamten Lebensweg in kriminellem Verhalten auswirken. Ein so erlangter krimineller Hang ist über die gesamte Lebensspanne hinweg stabil und kann nicht oder kaum geändert werden.

Von diesem Eigenschafts- und Merkmals-Modell hebt sich das Sozialstruktur- und Sozialprozess-Modell ab, für das die Kriminalität vor allem ein psychosoziales Phänomen ist. Aufgrund defekter Sozialstrukturen bildet sich die kriminelle Persönlichkeit in einem Interaktionsprozess, an dem Täter, Opfer und Gesellschaft beteiligt sind (*H.J. Schneider* 2010a). Der Täter lernt in seinem kriminellen Pfadweg, in seiner kriminellen Lebensbahn kriminelle Verhaltensmuster, Einstellungen und Wertvorstellungen, die sich im Zeitablauf wandeln können, die aber auch durch kognitive Verhaltenstherapie (Behandlungseinwirkung auf sein Denken und Verhalten) geändert werden können. Die Erfahrungen, die er in einer Phase seines Lebenswegs macht, haben Auswirkungen auf sein Verhalten in weiteren Phasen seiner Entwick-lungs-Trajektorie.

3.1.4.1 Die Erklärungsansätze

3.1.4.1.1 Die Kriminalbiologie
Nur eine verhältnismäßig kleine Gruppe von Kriminologen befasst sich gegenwärtig mit der Kriminalbiologie (*H.J. Schneider* 2011a), die man allerdings re-vitalisieren will (so *Rafter* 2008a, 9), obwohl man ihr an sich kritisch gegenübersteht (*Rafter* 2008a, 176–198; 2008b). Bereits *Lombroso* hatte seine Kriminellen mit biologischen Merkma-len gekennzeichnet (*Lombroso* 1894, 229–231). Heute führt man die Kriminalität z.B. auf den athletischen Körperbau, auf Gehirnverletzungen, auf Gehirnstrukturen und -funktionen, die vom Normalhirn abweichen, auf chronische Untererregbarkeit des autonomen, zentralen Nervensystems und auf neuropsychologische Defizite zurück. Mit Familien-, Zwillings- und Adoptionsstudien will man die Vererbbarkeit der Krimi-nalität beweisen, obwohl Erbeinflüsse empirisch nur sehr schwer von Sozialfaktoren zu trennen sind. Zahlreiche Überblicke über kriminalbiologische Forschungen sind erarbeitet worden (vgl. z.B. *Moffitt/Ross/Raine* 2011; *Crews* 2009). Zumeist ist man zu dem Ergebnis gekommen, dass die gegenwärtigen wissenschaftlichen Fortschritte in der Kriminalbiologie noch nicht ausreichen, um definitiv bestimmen zu können, dass kriminelles Verhalten biologische Wurzeln besitzt (so z.B. *Crews* 2009, 199). Die kriminalbiologische Forschung hat noch nicht das methodische Niveau erreicht, das in der sozialwissenschaftlichen Kriminologie üblich geworden ist (*Kubrin/Stucky/ Krohn* 2009, 50–53).

3.1.4.1.2 Die täterzentrierten Ansätze
Einige Kriminologen, die dem biokriminologischen Erklärungs-Modell nahestehen, haben Kriminalitäts-Neigungs-Ansätze entwickelt, die sich auf statische relativ kons-tante Persönlichkeitseigenschaften stützen:
- Man beschreibt die kriminelle Population mit zahlreichen negativen psychischen Eigenschaften (*Lombroso* 1902, 326/327; *K. Schneider* 1923; *Glueck/Glueck* 1968, 23–28; *Hare* 1996, 25/26).
- Mit der Faktorenanalyse vermindert man die hohe unübersichtliche Zahl an Persönlichkeitseigenschaften auf einige Persönlichkeitsdimensionen: Extraver-sion, hohe Emotionalität, kalte Grausamkeit (*Eysenck/Gudjonsson* 1989), man-gelnde Selbstbeherrschung, negative Emotionalität (*Caspi/Moffitt/Silva/Stoutha-mer-Loeber/Krueger/Schmutta* 2011); kriminelles Potential: hohe Impulsivität, niedrige Intelligenz, niedriges Einfühlungsvermögen (*Jolliffe/Farrington* 2010).
- Man charakterisiert die gesamte kriminelle Population mit einem einzigen Super-Persönlichkeitszug: der mangelnden Selbstkontrolle, die für alle Verbrecher-

persönlichkeiten und für alle Altersgruppen von Rechtsbrechern gültig sein soll (*Gottfredson/Hirschi* 1990).

Alle Versuche, Persönlichkeitszüge von Kriminellen zu ermitteln, die sich von Eigenschaften Nichtkrimineller unterscheiden, und aus diesen Verschiedenheiten Kriminalitätsentstehungsgründe herzuleiten, sind bisher empirisch gescheitert (*Akers/Sellers* 2009, 76). Die Heterogenität (Verschiedenartigkeit) und Variabilität (Veränderbarkeit) krimineller Persönlichkeiten (*H.J. Schneider* 2010a) machen es unmöglich, die Population von Rechtsbrechern auf zahlreiche Charakterzüge, wenige Persönlichkeitsdimensionen oder gar auf eine einzige Persönlichkeitsdimension einzuengen. Die Persönlichkeit ist ein Prozess. Die in einer prokriminellen Lebensbahn erworbenen Verläufe krimineller Verhaltensmuster, Einstellungen und Wertvorstellungen müssen in jeweils individuellen Lebenslaufanalysen ermittelt werden.

3.1.4.2 Zwei empirische Merkmalsforschungen als Beispiele

Die folgenden beiden empirischen Studien sind Beispiele für das Forschungs-Modell der psychopathologischen, multifaktoriellen Kriminologie.

Die *Marburger Kinderdelinquenzstudie* (*Remschmidt/Walter* 2009) bezieht sich auf die Grundgesamtheit aller Kinder, die während eines Zeitraums von 1962 bis 1971 bei der Staatsanwaltschaft des Marburger Landgerichts aktenkundig geworden sind. Die Ermittlungsakten sind im Jahre 1972 retrospektiv ausgewertet worden. Zwischen 1975 und 1977 sind 263 Probanden – u.a. mit Interviews und psychodiagnostischen Testverfahren – persönlich untersucht worden. Die delinquenten Kinder unterschieden sich von den nicht delinquent registrierten Kindern in vier Persönlichkeitsmerkmalen: Extraversion, emotionale Labilität, Nervosität und in spontaner Aggressivität. Die Studie kommt zu dem Schluss, dass ein früher Delinquenzbeginn keine kriminelle Karriere prognostiziert, selbst dann nicht, wenn mehrere Straftaten polizeilich bekannt geworden sind. Sie setzt sich damit in Widerspruch zu den meisten internationalen Verlaufsstudien (*Piquero/Weiss* 2012, 40), die eine kleine Tätergruppe identifiziert haben, die früh in ihrer Kindheit mit Delinquenz beginnt und ihre Straftaten im Erwachsenenalter fortsetzt. Diese Tätergruppe ist durch frühen Beginn und durch Straftaten-Begehungs-Persistenz während ihres Lebens charakterisiert.

In der *Marburger Tötungs- und Gewaltdelinquenzstudie* (*Remschmidt* 2012) sind die kinder- und jugendpsychiatrischen Begutachtungen zusammengefasst, die im Zeitraum von 1976 bis 2007 an 114 Tötungs- und Gewaltdelinquenten in der Marburger Klinik für Kinder- und Jugendpsychiatrie durchgeführt worden sind. Auf diese Weise sollten kriminologische Risiko- und Belastungsfaktoren ermittelt werden, die gewalttätiges Verhalten bei Kindern und Jugendlichen verursachen. Bei 96 (84,2%) der Tötungs- und Gewaltdelinquenten sind psychiatrische Symptome, zumeist Persönlichkeitsstörungen, festgestellt worden. Psychopathische Persönlichkeitszüge, z.B. Empathiedefizite, erwiesen sich als delinquenzbegünstigend und besaßen eine bemerkenswerte Kontinuität. Der umfangreiche jugendpsychiatrische Arbeitsbericht macht deutlich, dass die forensische Psychiatrie in der deutschen Kriminologie eine überaus große Rolle spielt.

3.1.5 Unterschiede in der Ursachenforschung der sozialwissenschaftlichen und der psychopathologisch multifaktoriellen Kriminologie

In der gegenwärtigen kriminologischen Ursachenforschung steht der sozialwissenschaftlichen Richtung, die international mehrheitlich vertreten wird, immer noch eine psychopathologisch multifaktorielle gegenüber, die zwar international eine geringe, zudem abnehmende Bedeutung besitzt, der in Deutschland aber vor wie nach ein nicht geringer Teil der Kriminologen folgt. Am Problem der Mehrfachtötung in Schulen, das sowohl von der sozialwissenschaftlichen wie von der psychopathologisch multifaktoriellen Kriminologie untersucht worden ist, werden deshalb die Unterschiede beider Richtungen in Zielsetzung, Methode und Ergebnissen deutlich gemacht.

3.1.5.1 Zwei empirische Studien nach der sozialwissenschaftlichen Methode

Der US.-amerikanische Kongress (Senat, Repräsentantenhaus) beauftragte den „Nationalen Forschungsrat" der „Nationalen Akademie der Wissenschaften" im Jahre 2001 damit, die Ursachen der tödlichen Schulgewalt kriminologisch zu erforschen. Es wurde eine interdisziplinäre Expertenkommission eingesetzt, die empirische Untersuchungen von sechs Schulen und Gemeinschaften in Auftrag gegeben hat, die Ereignisse der tödlichen Schulgewalt erfahren hatten (*National Research Council* 2003; *H.J. Schneider* 2006). Kernpunkt der sozialwissenschaftlichen Studien waren im Durchschnitt vierzig bis siebzig Interviews (Befragungen) pro Fallstudie der sechs empirischen Studien mit den Tätern, ihren Familien, ihren Bekannten, Freunden, mit den Mitopfern, z.B. Familienmitgliedern der Opfer, mit Zeugen der Schießerei, mit Lehrern, Lehrerinnen, Mitschülern, Mitschülerinnen der Täter, mit Polizei, Richtern, bedeutenden Persönlichkeiten der Gemeinschaft und Vertretern der Gemeindeverwaltung.

Man erzielte folgende Ergebnisse, die in der interdisziplinären Expertenkommission diskutiert worden sind:
- Die Gemeinschaften befanden sich in einem rapiden Wandel, zumeist zum Besseren, der eine Instabilität der Sozialstruktur hervorrief. Zwischen Jugendkultur und der Erwachsenenwelt herrschte eine tiefe Kluft. Es fehlte der Jugend an Beratung und Anleitung durch Erwachsene, zumeist durch ihre Eltern.

- Die Schulen, in denen sich die Schießereien zutrugen, waren stark gewaltbelastet. Bullying, das Quälen schwächerer Schüler durch Stärkere, spielt eine Schlüsselrolle, ohne dass es von Lehrern und Lehrerinnen wahrgenommen und beachtet worden wäre. Es beruht auf der Unausgewogenheit in den Stärke-Beziehungen, die zu einer Über-Unter-Ordnung und zu einem chronischen Machtmissbrauch der Stärkeren führt.
- Eine Struktur konstanter Eigenschaften der Schul-Mehrfachtötungs-Täter wurde nicht gefunden. Das Motiv der Mehrfachtötung entfaltete sich vielmehr in einem Pfadweg, in einer Entwicklungsbahn, in der die Faszination für Waffen bei den Tätern eine immer größere Bedeutung gewann. Den Waffengebrauch empfand der Mehrfachtötungs-Täter in zunehmendem Maße als anziehend, aufregend, spannend und verlockend. Mit der Waffe fühlte er sich mächtig. Denn in der Schule und in seiner Gleichaltrigengruppe war er zwar kein Außenseiter, aber eine Randperson.

Eine der ersten Schulschießereien hat im Jahre 1999 in der Columbine High School in Littleton/Colorado/USA stattgefunden. Zwei 17- und 18-jährige Schüler töteten dreizehn Lehrer, Schüler und Schülerinnen sowie sich selbst. Das Schulklima in der Columbine High School ist eingehend geprüft worden (*Larkin* 2007). Bullying war an der Schule alltäglich. Sie besaß ein exzellentes Sportprogramm und ein hervorragendes Football-Team. Hiermit verbunden war freilich auch ein Maskulinitätskult und die Domination und Hegemonie der führenden Athleten in der Peer-Gruppen-Struktur. Schüler und Schülerinnen, die nicht sportlich begeistert waren, wurden tagtäglich gnadenlos drangsaliert. Die beiden Täter standen am unteren Ende der Peer-Status-Struktur. Ihre Maskulinität wurde angezweifelt; sie galten als homosexuelles Paar. Monate nach der Schießerei hatte sich die alte Sozialstruktur in der Schule wieder eingespielt. Man sah die Täter als Psychopathen an, die die Schießerei allein verursacht hatten.

3.1.5.2 Eine empirische Studie nach der psychopathologisch multifaktoriellen Methode

Auf psychopathologisch multifaktorieller Grundlage wurden in der deutschen Kriminologie Strafakten von 18 vollendeten und versuchten Mordfällen aus den Jahren 1994 bis 2009 (ein Fall aus 1978) mit Mehrfachtötungen „aus unklarem Motiv" ausgewertet (*Bannenberg* 2010; 2012a; 2012b). Die Täter standen im Alter von 14 bis 18 Jahren. Die Strafaktenauswertung wurde zusätzlich ergänzt durch Gespräche, z.B. mit Hinterbliebenen aus Täter- und Opferfamilien. Man fand bei den Tätern eine narzisstische Persönlichkeitsstörung. Sie empfanden eine überzogene Kränkbarkeit und Ichbezogenheit. Es fehlte ihnen an Mitleid und Empathie. Sie waren in der Regel Einzelgänger und Außenseiter, allerdings keine Mobbingopfer. Sie „fühlten sich oft gemobbt und von Mitschülern und Lehrern gedemütigt. Einer objektiveren Nachprüfbarkeit hielt diese Sicht nicht Stand" (so *Bannenberg* 2010, 55). Die Mehrheit der internationalen Kriminologen vertritt – im Gegensatz dazu – die Erkenntnis, dass ein großer Teil der Schulschießereien auf das Bullying zurückzuführen ist (*H.J. Schneider* 2009b, 753 m.w.N.; *Siegel/Welsh* 2012, 381).

Nach der psychopathologisch multifaktoriellen Kriminologie-Richtung verursacht ein persönlich gestörter Täter die Schulschießerei, um seine Hass- und Rachephantasien auszuagieren. Nach der sozialwissenschaftlichen Richtung sind Täter- und Opferwerden bei Schulschießereien Sozialprozesse innerhalb defekter Sozialstrukturen und -prozesse gesellschaftlicher Institutionen wie z.B. Familien, Schulen, Gemeinschaften. Während beide Richtungen in strafrechtlicher Hinsicht für dieselben Konsequenzen, nämlich die Verantwortlichkeit der Täter, eintreten, legt die sozialwissenschaftliche Richtung erheblich größeres Gewicht auf Vorbeugung und Täter- sowie Opferbehandlung. Gesellschaftliche Institutionen wie Familie, Schule, Gemeinschaft sind in erheblich höherem Maße durch die Gestaltung ihrer Sozialstrukturen und -prozesse vorbeugend verpflichtet, für das Unterbleiben von Täter- und Opferwerden durch Gewalthandlungen zu sorgen.

3.1.6 Konsequenzen kriminologischer Ursachenforschung für die Kriminalpolitik

Die psychopathologisch multifaktorielle Richtung der Kriminologie ist an einer schnellen und harten Bestrafung des Täters interessiert. Sie ist von der Wirksamkeit der Abschreckung überzeugt (*J.Q. Wilson* 2011, 621). Die sozialwissenschaftliche Richtung hält den Freiheitsstrafvollzug für unwirksam, sogar für kriminogen, verbrechensverursachend (*Nagin/Cullen/Jonson* 2009; *Jonson* 2013). Er zerstört die informelle Sozialkontrolle, indem er die soziale Desorganisation in den kriminalitätsbelasteten Gebieten, aus denen die meisten Strafgefangenen kommen, noch vergrößert (z.B. Belastung der Familie, der Arbeitsstelle) (*Clear* 2008). Eine Meta-Analyse zur neueren Abschreckungsforschung kommt zu dem Ergebnis, dass die Effektstärke zur Abschreckung durch Bestrafung „bescheiden bis geringfügig" ist (*Pratt/Cullen/ Blevins/Daigle/Madensen* 2006, 383).

Die sozialwissenschaftliche Kriminologie unterstützt die folgenden auf Beweis gegründeten kriminalpolitischen Prinzipien:

Die soziale Desorganisation eines mit Kriminalität belasteten Gebietes kann durch problemorientierte Polizeiarbeit weitgehend behoben werden (*Braga/Weisburd* 2010). In Zusammenarbeit mit anderen Sozialbehörden und in Sicherheitspartnerschaft mit den Bewohnern der betroffenen Gebiete müssen auf die dynamischen Ursachen eingewirkt werden, die der kriminellen Belastung zugrundeliegen. Problemorientierte Polizeiarbeit hat sich bewährt (*Weisburd/Telep/Hinkle/Eck* 2010).

Kollektive Wirksamkeit, wechselseitige Unterstützung und gegenseitiges Vertrauen der Bewohner, ist die Grundlage für eine effektive informelle Sozialkontrolle. Die Polizei kann zu dieser kognitiven Selbsteffektivität aufgrund der Verfahrens-Gerechtigkeits-Theorie (*Tyler* 2006; *Tyler/Braga/Fagan/Meares/Sampson/Winship* 2007) beitragen, indem sie den Bewohnern mit Fairness, Höflichkeit und Respekt vor ihren Bürgerrechten begegnet (*Tyler* 2003). Hierdurch wird das Vertrauen in die Kriminaljustiz, insbesondere in die Polizei, gestärkt und ein Einstieg oder Wiedereinstieg in eine prosoziale Entwicklungsbahn erleichtert (*Lappi-Seppälä* 2008).

Die Begegnung des Rechtsbrechers mit der Kriminaljustiz kann entweder zu einer Desintegration (weiteren Ausgliederung aus der Gemeinschaft) oder zu einer Reintegration (Wiedereingliederung in die Gemeinschaft) führen. Stigmatisierende, degradierende Zeremonien behandeln ihn als sozial Ausgestoßenen. Ein restaurativer, restitutiver Prozess mit dem Ziel, den Schaden wiedergutzumachen, der durch die Tat für Opfer, Gesellschaft und Täter entstanden ist, verurteilt zwar die Tat, nimmt den Täter durch materielle und psychosoziale Wiedergutmachung aber wieder in die Gemeinschaft auf (*Braithwaite* 2009). Das restaurative Verfahren hat bisher durch etliche Experimente international gute Ergebnisse erzielt (*Sherman/Strang* 2011).

Zahlreiche Bevölkerungsbefragungen haben international den Beweis erbracht, dass die Bevölkerung die Vorbeugung vor der Bestrafung bevorzugt (*Roberts/Hastings* 2012). Für die Vorbeugung ist es niemals zu früh und niemals zu spät. Sie bezieht sich z.B. auf Eltern-Erziehungs-Training, soziale Fähigkeits-Trainings-Programme, interpersonelle kognitive Konflikt-Lösungs-Programme. Ein Überblick über zahlreiche Meta-Analysen kommt zu dem Resultat, dass Fähigkeits-Training und kognitive Verhaltenstherapie effektiver sind als Abschreckung und Zwang (*Lipsey* 2009).

Selbstregulations-Mechanismen und Kompetenzen sind zentral für das Verständnis menschlicher Wirksamkeit (Human Agency) und selbstbestimmten Wandels (*Mischel* 1993/2004). Die Behandlung von Straftätern ist auf ihre dynamischen Persönlichkeitszüge zu konzentrieren, die unmittelbar mit ihrem kriminellen Verhalten verbunden sind und die durch Behandlung geändert werden können (*Andrews/Bonta* 2010). Kognitiv soziale Lernstrategien haben sich bisher am besten bewährt (*MacKenzie* 2012). Hierbei ist kollektive Wirksamkeit (Vertrauensbildung in der Gemeinschaft) (*Sampson* 2011) ebenso wichtig wie individuelle Selbstwirksamkeit (die Grundsatzentscheidung des Individuums für eine prosoziale Entwicklungsbahn) (*Laub/Sampson* 2003/2011b, 500/501).

Literatur

Akers, R.L. (2010a). Social Learning Theory: Process and Structure in Criminal and Deviant Behavior. In: *E. McLaughlin/T. Newburn* (Hrsg.): The Sage Handbook of Criminological Theory. 56–71. Los Angeles u.a.

Akers, R.L. (2010b). A Social Learning Theory of Crime. In: *S.G. Tibbetts/C. Hemmens* (Hrsg.): Criminological Theory. 474–485. Los Angeles.

Akers, R.L./Sellers, C.S. (2009). Criminological Theories. 5. Aufl. Oxford, New York.

Akers, R.L./Sellers, C.S. (2012). Social Learning Theory. In: *B.C. Feld/D.M. Bishop* (Hrsg.): The Oxford Handbook of Juvenile Crime and Juvenile Justice. 307–335. Oxford, New York.

Andrews, D.A./Bonta, J. (2010). The Psychology of Criminal Conduct. 5. Aufl. Cincinnati/OH.

Aschaffenburg, G. (1903/1906/1923/1933). Das Verbrechen und seine Bekämpfung. 1. Aufl. (1903), 2. Aufl. (1906), 3. Aufl. (1923). Nachdruck der 3. Aufl. (1933). Heidelberg.

Aschaffenburg, G. (1913/1968). Crime and its Repression. Nachdruck Montclair/N.J.

Bachman, R./Schutt, R.K. (2011). The Practice of Research in Criminology and Criminal Justice. 4. Aufl. Los Angeles u.a.

Bandura, A. (1979). Sozial-kognitive Lerntheorie. Stuttgart.

Bandura, A. (1986). Social Foundations of Thought and Action. Englewood Cliffs/N.J.

Bandura, A. (1997). Self-Efficacy: The Exercise of Control. New York/NY.

Bandura, A. (2001). Social Cognitive Theory: An Agentic Perspective. In: Annual Review of Psychology. 52, 1–26.

Bannenberg, B. (2009). Korruption. In: *H.J. Schneider* (Hrsg.): Internationales Handbuch der Kriminologie. Band 2. 359–383. Berlin.

Bannenberg, B. (2010). So genannte „Amokläufe" aus kriminologischer Sicht. In: *D. Dölling/B. Götting/B.-D. Meier/T. Verrel* (Hrsg.): Verbrechen, Strafe, Resozialisierung. Festschrift für Heinz Schöch. 49–68. Berlin, New York.

Bannenberg, B. (2012a). Verhinderung schwerer Schulgewalt – Fallstudie einer Amoktat. In: *E. Hilgendorf/R. Rengier* (Hrsg.): Festschrift für Wolfgang Heinz. 371–380. Baden-Baden.

Bannenberg, B. (2012b). Sogenannte Amokläufe junger Täter. Mehrfachtötungen aus unklarem Motiv. In: *H. Remschmidt*: Tötungen und Gewaltdelikte junger Menschen. 77–104. Berlin, Heidelberg.

Bernard, T.J./Snipes, J.B./Gerould, A.L. (2010). Vold's Theoretical Criminology. 6. Aufl. New York, Oxford. *Bock, M.* (Hrsg.)/*Göppinger, H.* (Begründer) (2008). Kriminologie. 6. Aufl. München.

Braga, A.A./Weisburd, D.L. (2010). Policing Problem Places – Crime Hot Spots and Effective Prevention. Oxford, New York/NY.

Braithwaite, J. (2009). Restorative Justice. In: *H.J. Schneider* (Hrsg.): Internationales Handbuch der Kriminologie. Band 2. 497–506. Berlin.

Brunton, A. (2011). Great Britain: Criminology and Criminal Justice. In: *C.J. Smith/S.X. Zhang/R. Barberet* (Hrsg.): Routledge Handbook of International Criminology. 400–410. London, New York.

Caspi, A./Moffitt, T.E./Silva, P.A./Stouthamer-Loeber, M./Krueger, F.F./Schmutte, P.S. (2011). Personality and Crime: Are Some People Crime Prone? In: *F.T. Cullen/R. Agnew* (Hrsg.): Criminological Theory – Past to Present. 4. Aufl., 69–77. New York, Oxford.

Catalano, R.F./Hawkins, J.D. (1996). The Social Development Model: A Theory of Antisocial Behavior. In: *J.D. Hawkins* (Hrsg.): Delinquency and Crime. 149–197. Cambridge, New York, Melbourne.

Catalano, R.F./Park, J./Harachi, T.W./Haggerty, K.P./Abbott, R.D./Hawkins, J.D. (2005). Mediating the Effects of Poverty, Gender, Individual Characteristics, and External Constraints on Antisocial Behavior: A Test of the Social Development Model and Implications for Developmental Life-Course Theory. In: *D.P. Farrington* (Hrsg.): Advances in Criminonolgical Theory. Band 14: Integrated Developmental and Life Course Theories of Offending. 93–123. New Brunswick, London.

Clear, T.R. (2008). The Effects of High Imprisonment Rates on Communities. In: *M. Tonry* (Hrsg.): Crime and Justice. Band 37. 97–132. Chicago, London.

Cohen, L.E./Felson, M. (2010). Social, Change and Crime Rate Trends: A Routine Activity Approach. In: H. Copes/V. Topalli (Hrsg.) Criminological Theory – Readings and Retrospectives. 36–43. New York.

Cohen, L.E./Felson, M. (1979/2011). Routine Activity Theory. In: F.T. Cullen/R. Agnew (Hrsg.): Criminological Theory: Past to Present. 4. Aufl. 417–427. New York, Oxford.

Conklin, J.E. (2013). Criminology. 11. Aufl. Boston u.a.

Cressey, D.R. (1981). Differentielle Assoziation, symbolischer Interaktionismus und Kriminologie. In: H.J. Schneider (Hrsg.): Die Psychologie des 20. Jahrhunderts. Band 14: Auswirkungen auf die Kriminologie. 182–195. Zürich.

Crews, A.D. (2009). Biological Theory. In: J.M. Miller (Hrsg.): 21st Century Criminology – A Reference Handbook. Band 1. 184–200. Los Angeles, London, New Delhi u.a.

Cullen, F.T./Wright, J.P./Gendreau, P./Andrews, D.A. (2003). What Correctional Treatment Can Tell Us About Criminological Theory: Implications for Social Learning Theory. In: R.L. Akers/ G.F. Jensen (Hrsg.): Social Learning Theory and the Explanation of Crime. 339–362. New Brunswick, London.

Dallier, D.J. (2010). Developmental and Social Victimization. In: B.S. Fisher/S.P. Lab (Hrsg.): Encyclopedia of Victimology and Crime Prevention. Band 1. 286–290. Los Angeles u.a.

DeKeseredy, W.S. (2011). Contemporary Critical Criminology. London, New York.

DeKeseredy, W.S./Dragiewicz, M. (Hrsg.) (2012). Routledge Handbook of Critical Criminology. London, New York.

DeLisi, M. (2010). Wilson, James Q., and Richard J. Herrnstein: Crime and Human Nature. In: F.T. Cullen/P. Wilcox (Hrsg.): Encyclopedia of Criminological Theory. Band 2. 1014–1018. Los Angeles u.a.

Dijk, J.v. (2008): The World of Crime. Los Angeles u.a.

Dijk, J.v. (2011). Quantitative Criminology. Crime and Justice Statistics across Nations. In: J.C. Smith/S.X. Zhang/R. Barberet (Hrsg.): Routledge Handbook of International Criminology. 38–52. London, New York.

Dijk, J.v./Kesteren, J.v./Smit, P. (2007). Criminal Victimisation in International Perspective – Key Findings from the 2004–2005 ICVS and EU ICS. Den Haag.

Einstadter, W.J./Henry, S. (2006). Criminological Theory. 2. Aufl. Lanham, Boulder, New York u.a.

Ellis, L./Cooper, J.A./Walsh, A. (2008). Criminologists' Opinion about Causes and Theories of Crime and Delinquency: A Follow-Up. In: The Criminologist. 33, 23/24.

Ellis, L./Walsh, A. (1999). Criminologists' Opinion about Causes and Theories of Crime and Delinquency. In: The Criminologist. 24, 4–6.

Eysenck, H.J./Gudjonsson, G.H. (1989). The Causes and Cures of Criminality. New York, London.

Farrell, G. (2010). Repeat Victimization, Theories of. In: B.S. Fisher/S.P. Lab (Hrsg.): Encyclopedia of Victimology and Crime Prevention. Band 2. 768–773. Los Angeles u.a.

Farrington, D.P. (2010). Life Course and Development Theories in Criminology. In: E. McLaughlin/ T. Newburn (Hrsg.): The Sage Handbook of Criminological Theory. 249–270. Los Angeles u.a.

Ferri, E. (1896). Das Verbrechen als soziale Erscheinung. Leipzig.

Gibson, M. (2002). Born to Crime – Cesare Lombroso and the Origins of Biological Criminology. Westport/CT, London.

Glueck, S./Glueck, E. (1950). Unraveling Juvenile Delinquency. Cambridge/Mass.

Glueck, S./Glueck, E. (1956). Physique and Delinquency. New York/N.Y.

Glueck, S./Glueck, E. (1962). Family Environment and Delinquency. London.

Glueck, S./Glueck, E. (1968). Delinquents and Nondelinquents in Perspective. Cambridge/Mass.

Göppinger, H. (1962) Die Bedeutung der Psychopathologie für die Kriminologie. In: H. Kranz (Hrsg.): Psychopathologie heute. Festschrift für Kurt Schneider. 316–321. Stuttgart.

Göppinger, H. (1971, 1973, 1976, 1980). Kriminologie. 1. bis 4. Aufl. München.

Göppinger, H. (1983). Der Täter in seinen sozialen Bezügen. Berlin, Heidelberg u.a.

Göppinger, H. (1985). Angewandte Kriminologie. Berlin u.a.

Göppinger, H./Bock, M./Böhm A. (1997). Kriminologie. 5. Aufl. München.

Gottfredson, M.R./Hirschi, T. (1990). A General Theory of Crime. Stanford/CA.

Hare, R.D. (1996). Psychopathy: A Clinical Construct Whose Time Has Come. In: Criminal Justice and Behavior. 23, 25–54.

Hawkins, J.D./Smith, B.H./Hill, K.G./Kosterman, R./Catalano, R.F./Abbott, R.D. (2003). Understanding and Preventing Crime and Violence. In: *T.P. Thornberry/M.D. Krohn* (Hrsg.): Taking Stock of Delinquency. 255–312. New York, Boston u.a.

Hirschi, T. (1969). Causes of Delinquency. Berkeley, Los Angeles.

Hirschi, T. (1969/2011). Social Bond Theory. In: *F.T. Cullen/R. Agnew* (Hrsg.): Criminological Theory: Past to Present. 4. Aufl. 215–223. New York, Oxford.

Horn, D.G. (2003). The Criminal Body – Lombroso and the Anatomy of Deviance. New York, London.

Johnson, H./Ollus, N./Nevala, S. (2008). Violence Against Women. An International Perspective. New York.

Jolliffe, D./Farrington, D.P. (2010). Individual Differences and Offending. In: *E. McLaughlin/ T. Newburn* (Hrsg.): The Sage Handbook of Criminological Theory. Los Angeles, London, New Delhi, Singapore, Washington D.C.

Jonson, C.L. (2013). The Effects of Imprisonment. In: *F. Cullen/P. Wilcox* (Hrsg.): The Oxford Handbook of Criminological Theory. 672–690. Oxford, New York u.a.

Junger-Tas, J./Junger, M. (2007). The Dutch Criminological Enterprise. In: *M. Tonry/C. Bijleveld* (Hrsg.): Crime and Justice in the Netherlands. Crime and Justice. 115–162. Chicago, London.

Junger-Tas, J./Marshall, I.H./Enzmann, D./Killias, M./Steketee, M./Gruszczynska, B. (Hrsg.) (2010). Juvenile Delinquency in Europe and Beyond – Results of the Second International Self-Report Delinquency Study. New York.

Junger-Tas, J./Marshall, I.H./Enzmann, D./Killias, M./Steketee, M./Gruszczynska, B. (Hrsg.) (2012). The Many Faces of Youth Crime. New York, Dordrecht, Heidelberg u.a.

Kaiser, G. (1996). Kriminologie. 3. Aufl. Heidelberg.

Katz, J. (1988). Seductions of Crime – Moral and Sensual Attractions in Doing Evil. New York.

Katz, J. (1991). The Motivation of the Persistent Robber. In: *M. Tonry* (Hrsg.): Crime and Justice. Bd. 14. 277–306. Chicago, London.

Kesteren, J.v./Dijk, J.v. (2010). Key Victimological Findings from the International Crime Victims Survey. In: *S.G. Shoham/P. Knepper/M. Kett* (Hrsg.). International Handbook of Victimology. 151–180. Boca Raton, London u.a.

Kraska, P.B./Neuman, W.L. (2012). Criminal Justice and Criminology Research Methods. 2. Aufl. 33–35. Boston u.a.

Kubrin, C.S. (2010). Shaw, Clifford R. and Henry D. McKay: Social Disorganization Theory. In: *F.T. Cullen/P. Wilcox* (Hrsg.): Encyclopedia of Criminological Theory. Band 2. 827–834. Los Angeles, London, New Delhi u.a.

Kubrin, C.E./Stucky, T.D./Krohn, M.D. (2009). Researching Theories of Crime and Deviance. New York, Oxford.

Lange, R. (1970). Das Rätsel Kriminalität. Frankfurt/M., Berlin.

Lange, R. (1981). Die Entwicklung der Kriminologie im Spiegel der Zeitschrift für die gesamte Strafrechtswissenschaft. In: ZStW. 31, 151–198.

Lappi-Seppälä, T. (2008). Trust, Welfare and Political Culture. Explaining Differences in National Penal Policies. In: *M. Tonry* (Hrsg.): Crime and Justice. Band 37. 313–387. Chicago, London.

Larkin, R.W. (2007). Comprehending Columbine. Philadelphia.

Laub, J.H. (2006). Edwin H. Sutherland and the Michael-Adler Report: Searching for the Soul of Criminology Seventy Years Later. In: Criminology. 44, 235–257.

Laub, J.H. (2011). Control Theory: The Life and Work of Travis Hirschi. In: *F.T. Cullen/C.L. Jonson/ A.J. Myer/F. Adler* (Hrsg.): The Origins of American Criminology. 295–331. New Brunswick (USA), London (UK).

Laub, J./Sampson, R. (1991). The Sutherland-Glueck Debate: On the Sociology of Criminological Knowledge. In: American Journal of Sociology. 96, 1402–1440.

Laub, J./Sampson, R. (2003). Shared Beginnings, Divergent Lives – Delinquent Boys to Age 70. Cambridge/Mass., London/England.

Laub, J.H./Sampson, R.J. (2011a). Sheldon and Eleanor Glueck's Unraveling Juvenile Delinquency Study: The Lives of 1.000 Boston Men in the Twentieth Century. In: *F.C. Cullen/C.L. Jonson/ A.J. Myer/F. Adler* (Hrsg.): The Origins of American Criminology. Advances in Criminological Theory. Band 16, 369–395. New Brunswick (USA), London (UK).

Laub, J./Sampson, R. (2003/2011b). A Theory of Persistent Offending and Desistance from Crime. In: *F.T. Cullen/R. Agnew* (Hrsg.): Criminological Theory: Past to Present. 4. Aufl. 497–503. New York, Oxford.

LeBlanc, M./Loeber, R. (1998). Developmental Criminology Updated. In: *M. Tonry* (Hrsg.): Crime and Justice. Band 23. 115–198. Chicago, London.

Leferenz, H. (1955). Psychopathentypen in kriminologischer Sicht. In: *E. Mezger/E. Seelig* (Hrsg.): Kriminalbiologische Gegenwartsfragen. 13–22. Stuttgart.

Leferenz, H. (1978). 50 Jahre Gesellschaft für die gesamte Kriminologie. In: *H. Göppinger/H. Walder* (Hrsg.): Kriminologische Gegenwartsfragen. Heft 13. 1–5. Stuttgart.

Lévay, M. (2007). Social Exclusion: A Thriving Concept in Contemporary Criminology. In: *K. Aromaa* (Hrsg.): Penal Policy, Justice Reform and Social Exclusion. 7–26. Helsinki.

Lilly, J.R./Cullen, F.T./Ball, R.A. (2011). Criminological Theory. 5. Aufl. Los Angeles, London, New Delhi.

Lipsey, M.W. (2009). The Primary Factors that Characterize Effective Interventions with Juvenile Offenders: A Meta-Analytic Overview. In: Victims and Offenders. 4, 124–147.

Liu, J./Hebenton, S./Jou, S. (2013). Progress of Asian Criminology: Editors' Introduction. In: *J. Liu/ B. Hebenton/S. Jou* (Hrsg.): Handbook of Asian Criminology. 1–7. New York/NY.

Loeber, R./LeBlanc, M. (1990). Toward a Developmental Criminology. In: *M. Tonry/N. Morris* (Hrsg.): Crime and Justice. Band 12. 375–473. Chicago, London.

Loeber, R./Farrington, D.P./Stouthamer-Loeber, M./White, H.R. (2008). Violence and Serious Theft. New York, London.

Logan, A. (2010). Eleanor Touroff Glueck (1898–1972) and Sheldon Glueck (1896–1980). In: *K. Hayward/S. Maruna/J. Mooney* (Hrsg.): Fifty Key Thinkers in Criminology. 82–88. London, New York.

Lombroso, C. (1890; 1894). Der Verbrecher. Zwei Bände. Hamburg.

Lombroso, C. (1894). Der Verbrecher in anthropologischer, ärztlicher und juristischer Beziehung. 1. Band. 229–231. Hamburg.

Lombroso, C. (1902). Die Ursachen und die Bekämpfung des Verbrechens. Berlin.

Lombroso, C. (2006). Criminal Man. Übersetzt und mit neuer Einleitung von *M. Gibson* und *N.H. Rafter*. Durham/London.

Lombroso, C. (1911/2011). The Criminal Man. In: *F.T. Cullen/R. Agnew* (Hrsg.): Criminological Theory – Past to Present. 4. Aufl. 29–31. New York, Oxford.

Lowenkamp, C.T./Cullen, F.T./Pratt, T.C. (2003/2010). Replicating Sampson and Groves's Test of Social Disorganization Theory – Revisiting a Criminological Classic. In: *S.G. Tibbetts/C. Hemmens* (Hrsg.): Criminological Theory. 402–417. Los Angeles, London, New Delhi u.a.

MacKenzie, D.L. (2012). Preventing Future Criminal Activities of Delinquents and Offenders. In: *B.C. Welsh/D.R. Farrington* (Hrsg.): Oxford Handbook of Crime Prevention. 466–486. Oxford, New York.

Maxfield, M.G./Babbie, E.R. (2011). Research Methods for Criminal Justice and Criminology. 6. Aufl. Belmont/Cal. u.a.

Mayhew, P./Dijk, J.v. (2012). Assessing Crime through International Victimization Surveys. In: *D. Gadd/S. Karstedt/S.F. Messner* (Hrsg.): The Sage Handbook of Criminological Research Methods. 253–267. Los Angeles u.a.

Meier, B.-D. (2010). Kriminologie. 4. Aufl. München.

Michael, J./Adler, M.J. (1933/1971). Crime, Law and Social Science. Nachdruck. Montclair/NJ.

Mischel, W. (1993/2004). Toward an Integrative Science of the Person. In: Annual Review of Psychology. 55, 1–22.

Moffitt, T.E. (1993/2011): Pathways in the Life Course to Crime. In: *F.T. Cullen/R. Agnew* (Hrsg.): Criminological Theory – Past to Present. 4. Aufl., 477–496. New York, Oxford.

Moffitt, T.E./Ross, S./Raine, A. (2011). Crime and Biology. In: *J.Q. Wilson/J. Petersilia* (Hrsg.): Crime and Public Policy. 53–87. Oxford, New York.

Mutchnick, R.J./Martin, R./Austin, W.T. (2009). Criminological Thought – Pioneers Past and Present. Upper Saddle River/NJ.

Nagin, D.S./Cullen, F.T./Jonson, C.L. (2009). Imprisonment and Reoffending. In: *M. Tonry* (Hrsg.): Crime and Justice. Bd. 38. 115–200. Chicago, London.

National Research Council (2003). Deadly Lessons. Understandings Lethal School Violence. Washington D.C.

National Research Council (2004). Fairness and Effectiveness in Policing. Washington D.C.

Piquero, A.D./Farrington, D.P./Blumstein, A. (2007). Key Issues in Criminal Career Research – New Analysis of the Cambridge Study in Delinquent Development. Cambridge, New York, Melbourne u.a.

Piquero, A.R./Weiss, D.B. (2012). Heterogeneity in Delinquency. In: *B.C. Feld/D.M. Bishop* (Hrsg.): The Oxford Handbook of Juvenile Crime and Juvenile Justice. 31–46. Oxford, New York.

Poormachandra, P. (2011). India: The State of Criminology in a Developing Nation. In: *C.J. Smith/S.X. Zhang/R. Barbaret* (Hrsg.): Routledge Handbook of International Criminology. 419–428. London, New York.

Pratt, T.C./Cullen, F.C. (2005). Assessing Macro-Level Predictors and Theories of Crime: A Meta-Analysis. In: *M. Tonry* (Hrsg.): Crime and Justice. Band 32. 373–450. Chicago, London.

Pratt, T.C./Cullen, F.C./Blevins, K.R./Daigle, L.E./Madensen, T.D. (2006). The Empirical Status of Deterrence Theory. A Meta-Analysis. In: *F.T. Cullen/J.P. Wright/K.R. Blevins* (Hrsg.): Taking Stock: The Status of Criminological Theory. 367–395. New Brunswick (U.S.A.), London (U.K.).

Pratt, T.C./Cullen, E.T./Sellers, C.S./Winfree, L.T./ Madensen, T.D./Daigle, L.E./Fearn, N.E./Gau, J.M. (2010). The Empirical Status of Social Learning Theory. A Meta-Analysis. In: Justice Quarterly. 27, 765–802.

Rafter, N. (2008a). The Criminal Brain. Understanding Biological Theories of Crime. New York, London.

Rafter, N. (2008b). Criminology's Darkest Hour: Biocriminology in Nazi Germany. In: Australian and New Zealand Journal of Criminology. 41, 287–306.

Rafter, N. (Hrsg.) (2009). The Origins of Criminology. Abington, Oxon.

Reckless, W.C. (1970). American Criminology. In: Criminology. 8, 4–20.

Reckless, W.C. (1973). The Crime Problem. 5. Aufl. New York.

Remschmidt, H./Walter, R. (2009). Kinderdelinquenz. Heidelberg.

Remschmidt, H. (2012). Tötungs- und Gewaltdelikte junger Menschen. Berlin, Heidelberg.

Roberts, J.V./Hastings, R. (2012). Public Opinion and Crime Prevention: A Review of International Trends. In: *B.C. Feld/D.M. Bishop* (Hrsg.): The Oxford Handbook of Juvenile Crime and Juvenile Justice. 487–507. Oxford.

Rodrigues, C.D. (2011). Brazil: The State of Criminology. In: *C.J. Smith/S.X. Zhang/R. Barberet* (Hrsg.): Routledge Handbook of International Criminology. 313–323. London, New York.

Sampson, R.J. (2011). The Community. In: *J.Q. Wilson/J. Petersilia* (Hrsg.): Crime and Public Policy. 210–236. Oxford, New York/NY. u.a.

Sampson, R.J. (2012). Great American City. Chicago and the Enduring Neighborhood Effect. Chicago, London.

Sampson, R.J./Groves, W.B. (1989). Community Structure and Crime: Testing Social Disorganisation Theory. In: American Journal of Sociology. 94, 774–802.

Sampson, R.J./Laub, J.H. (1993). Crime in the Making. Cambridge/Mass., London.

Sampson, R.J./Raudenbush, S.W./Earls, F. (1997/2011): Collective Efficacy and Crime. In: *F.T. Cullen/R. Agnew* (Hrsg.): Criminological Theory – Past to Present. 4. Aufl., 112–117. New York, Oxford.

Schneider, H.J. (2003). Die Amerikanische Gesellschaft für Kriminologie (American Society of Criminology). In: Monatsschrift für Kriminologie und Strafrechtsreform (MschrKrim.) 86, 310–319.

Schneider, H.J. (2005). Entwicklungen in der nordamerikanischen Kriminologie. In: MschrKrim. 88, 181–194.

Schneider, H.J. (2006). Tödliche Lektionen. Kriminalpsychologie tödlicher Schulgewalt. In: *J. Obergfell-Fuchs/M. Brandenstein* (Hrsg.): Nationale und internationale Entwicklungen in der Kriminologie. Festschrift für Helmut Kury. 193–202. Frankfurt/Main.

Schneider, H.J. (2007a). Die US.-amerikanische Kriminologie: historische, internationale und interdisziplinäre Aspekte. In: MschrKrim. 90, 48–60.

Schneider, H.J. (2007b). Methoden der Kriminologie. In: *H.J. Schneider* (Hrsg.): Internationales Handbuch der Kriminologie. Band 1. 209–254. Berlin.

Schneider, H.J. (2009a). Die gegenwärtige Situation der US-amerikanischen Kriminologie. In: MschrKrim. 92, 480–493.

Schneider, H.J. (2009b). Gewalt in der Schule. In: *H.J. Schneider* (Hrsg.): Internationales Handbuch der Kriminologie. Band 2. 727–786. Berlin.

Schneider, H.J. (2010a). Die kriminelle Persönlichkeit. In: *D. Dölling/B. Götting/B.-D. Meier/T. Verrel* (Hrsg.): Verbrechen, Strafe, Resozialisierung. 145–165. Berlin, New York.

Schneider, H.J. (2010b). Täter, Opfer und Gesellschaft. In: MschrKrim. 93, 313–334.

Schneider, H.J. (2010c). Die Europäische Kriminologie zu Beginn des 21. Jahrhunderts. In: MschrKrim. 93, 475–501.

Schneider, H.J. (2011a). Ein Jahrzehnt US-amerikanischer Kriminologie. In: MschrKrim. 94, 112–140.

Schneider, H.J. (2011b). Die Kriminologie als Sozialwissenschaft. In: Juristische Rundschau. 2011, 287–299.

Schneider, K. (1923/1950). Die psychopathischen Persönlichkeiten. 9. Aufl. Wien.

Schreck, C.J./Stewart, E.A./Fisher, B.S. (2006). Self-Control, Victimization, and their Influence on Risky Lifestyles: A Longitudinal Analysis Using Panel Data. In: Journal of Quantitative Criminology. 22, 319–340.

Shaw, C.R. (1930/1966). The Jack-Roller – A Delinquent Boy's Own Story. Nachdruck. Chicago, London.

Shaw, C.R. (1931/1966). The Natural History of a Delinquent Career. Nachdruck. Chicago, London.

Shaw, C.R. (1938/1966). Brothers in Crime. Nachdruck. Chicago, London.

Shaw, C.R./McKay, H.D. (1931/1968). Social Factors in Juvenile Delinquency. In: *Wickersham Commission Reports*. Report on the Causes of Crime: Band 2. Nachdruck. Montclair/N.J.

Shaw, C.R./McKay, H.D. (1942/1969). Juvenile Delinquency and Urban Areas. Chicago, London.

Shaw, C.R./McKay, H.D. (1942/2011). Juvenile Delinquency and Urban Areas. In: *F.T. Cullen/R. Agnew* (Hrsg.): Criminological Theory: Past to Present. 4. Aufl. 98–194. New York, Oxford.

Sherman, L.H./Strang, H. (2011). Restorative Justice. The Evidence. In: *G. Johnstone* (Hrsg.): A Restorative Justice Reader. 292–319. London, New York/NY.

Siegel, L.J./Welsh, B.C. (2012). Juvenile Delinquency. 11. Aufl. Belmont/Cal., Singapore, Southbank/Vict.

Silva, P.A./Stanton, W.R. (Hrsg.) (1996). From Child to Adult. The Dunedin Multidisciplinary Health and Development Study. Auckland, Oxford, Melbourne, New York.

Skogan, W.G. (1990). Disorder and Decline. Berkeley, Los Angeles.

Skogan, W.G. (2006). Police and Community in Chicago. Oxford, New York/NY.

Skogan, W.G. (2012). Disorder and Crime. In: *B.C. Welsh/D.R. Farrington* (Hrsg.): The Oxford Handbook of Crime Prevention. Oxford, New York/NY. u.a.

Skogan, W.G./Hartnett, S.M. (1997). Community Policing Chicago Style. New York, Oxford.

Snodgrass, J. (2011). Clifford R. Shaw and Henry D. McKay: Chicago Criminologists. In: *F.T. Cullen/C.L. Jonson/A.J. Myer/F. Adler* (Hrsg.): The Origins of American Criminology. Advances in Criminological Theory. Vol. 16. 17–36. New Brunswick (USA), London (UK).

Steffensmeier, D.J./Ulmer, F.T. (2005). Confessions of a Dying Thief. New Brunswick (U.S.A.), London (U.K.)

Sutherland, E.H. (1934/1939/1947). Principles of Criminology. 2., 3. und 4. Aufl. Chicago, Philadelphia, New York.

Sykes, G.M./Matza, D. (1957/2011). Techniques of Neutralization. In: *F.T. Cullen/R. Agnew* (Hrsg.): Criminological Theory: Past to Present. 4. Aufl. 207–214. New York, Oxford.

Tarde, G. (1912/1968). Penal Philosophy. Nachdruck Montclair/N.J.

Thornberry, T.P./Lizotte, A.J./Krohn, M.D./Smith, C.A./Porter, P.K. (2003). Causes and Consequences of Delinquency. In: *T.P. Thornberry/M.D. Krohn* (Hrsg.): Taking Stock of Delinquency. 11–46. New York. Boston u.a.

Thornberry, T.P (1987/2011). Toward an Interactional Theory of Delinquency (1987). In: *F.T. Cullen/R. Agnew* (Hrsg.): Criminological Theory: Past to Present. 4. Aufl. 559–570. New York, Oxford.

Tittle, C.R. (1995). Control Balance. Boulder/Col. u.a.

Tönnies, F. (1887/1979) Gemeinschaft und Gesellschaft. Nachdruck. Darmstadt.

Tonry, M./Lappi-Seppälä, T. (Hrsg.). Crime and Justice in Scandinavia. Chicago, London.

Tyler, T.R. (2003). Procedural Justice, Legitimacy, and the Effective Rule of Law. In: *M. Tonry* (Hrsg.): Crime and Justice. Band 30. 283–357. Chicago, London.

Tyler, T.R. (2006). Why People Obey the Law. Princeton, Oxford.

Tyler, T.R./Braga, A./Fagan, J./Meares, T./Sampson, R./Winship, C. (2007). Legitimacy and Criminal Justice: International Perspectives. In: *T.R. Tyler* (Hrsg.): Legitimacy and Criminal Justice: International Perspectives. 9–29. New York/NY.

Weisburd, D./Telep, W./Hinkle, J.C./Eck, E. (2010). Is Problem-Oriented Policing Effective in Reducing Crime and Disorder? In: Criminology and Public Policy. 9 (2010), 139–172.

West, D. (2010). Glueck, Sheldon, and Eleanor Glueck: The Origins of Crime. In: *F.T. Cullen/P. Wilcox* (Hrsg.): Encyclopedia of Criminological Theory. Vol. 2. 373–379. Los Angeles, London, New Delhi u.a.

Wetzell, R.F. (2000). Inventing the Criminal. A History of German Criminology 1880–1945. Chapel Hill, London.

Wetzell, R.F. (2006). Criminology in Weimar und Nazi Germany. In: *P. Becker/R.F. Wetzell* (Hrsg.): Criminals and their Scientists. 401–423. Washington D.C., Cambridge (U.K.), u.a.

Wetzell, R.F. (2010). Aschaffenburg, Gustav: German Criminology. In: *F.T. Cullen/P. Wilcox* (Hrsg.): Encyclopedia of Criminological Theory. Band 1. 58–62. Los Angeles u.a.

Wilson, D.B. (2010). Meta-Analysis. In: *A.R. Piquero/D. Weisburd* (Hrsg.): Handbook of Quantitative Criminology. 181–208. New York/N.Y., Dordrecht u.a.

Wilson, J.Q./Kelling, G.I. (1982/2011). Broken Windows In: *F.T. Cullen/R. Agnew* (Hrsg.): Criminological Theory – Past to Present. 4. Aufl. 437–448. New York, Oxford.

Wilson, J.Q. (2011). Crime and Public Policy. In: *J.Q. Wilson/J. Petersilia* (Hrsg.): Crime and Public Policy. 619–630. Oxford, New York/N.Y. u.a.

Xiu, L./Tingyao, J. (2011). People's Republic of China: The State of Criminology. In: *C.J. Smith/ S.X. Zhang/R. Barbaret* (Hrsg.): Routledge Handbook of International Criminology. 486–496. London, New York.

Young, J. (1999). The Exclusive Society. London u.a.

Sachregister

(Die Zahlen bezeichnen die Seiten)

www.ingramcontent.com/pod-product-compliance
Lightning Source LLC
Chambersburg PA
CBHW050836300326
41935CB00043B/1751